ISBN 978-0-266-20682-8
PIBN 10960244

1 MONTH OF
FREE
READING

at

www.ForgottenBooks.com

By purchasing this book you are
eligible for one month membership to
ForgottenBooks.com, giving you
unlimited access to our entire
collection of over 1,000,000 titles via
our web site and mobile apps.

To claim your free month visit:
www.forgottenbooks.com/free960244

English
Français
Deutsche
Italiano
Español
Português

www.forgottenbooks.com

Mythology Photography **Fiction**
Fishing Christianity **Art** Cooking
Essays Buddhism Freemasonry
Medicine **Biology** Music **Ancient
Egypt** Evolution Carpentry Physics
Dance Geology **Mathematics** Fitness
Shakespeare **Folklore** Yoga Marketing
Confidence Immortality Biographies
Poetry **Psychology** Witchcraft
Electronics Chemistry History **Law**
Accounting **Philosophy** Anthropology
Alchemy Drama Quantum Mechanics
Atheism Sexual Health **Ancient History**
Entrepreneurship Languages Sport
Paleontology Needlework Islam
Metaphysics Investment Archaeology
Parenting Statistics Criminology
Motivational

.EUCLIDIS

ELEMENTA

EDIDIT

I. L. HEIBERG,

DR. PHIL.

—— ——

UOL. V

CONTINENS ELEMENTORUM QUI FERUNTUR
LIBROS XIV—XV ET SCHOLIA IN ELEMENTA
CUM PROLEGOMENIS CRITICIS ET APPENDICIBUS.

LIPSIAE

IN AEDIBUS B. G. TEUBNERI.

MDCCCLXXXVIII.

PRAEFATIO.

Hoc uolumine praeter prolegomena critica coɪ
tinetur

1. Elementorum qui fertur liber XIV, h. e. Hypsicl
Alexandrini de dodecaedro et icosaedro disputatio. ɪ
qua emendanda praeter codices PBV, quos ipse contuɪ
his subsidiis nouis usus sum

v — cod. Uaticanus 1038 forma maxima, membrɪ
naceus, saec. XIII; in principio colore rubɪ
signum bibliothecae Parisiensis impressum es·
nam hic quoque codex sicut Vat. 190 Parisic
Peyrardo transmissus fuit. continet a) Elemeɪ
torum II, 8 — XV fol. 1—108ʳ (cum scholi
nonnullis); excidit quaternio α, in folio 1 in im
mg. sinistro manus 2 posuit β.*) — b) optic

---

*) Quaterniones γ—ι numeros suos et in mg. sup. m. 1 ɪ
in inf. m. 2 habent, ια—μη in inf. solo m. 2 (μη des. in fol. 88
fol. 384 nullum ostendit numerum; ιγ, κα, λδ VI tantum folɪ
habent, λγ autem X, ιζ IV tantum; cum ea des. Heron). ɪ
fol. 233ʳ in imo mg. est ιβ corr. in ιγ m. 1 et ita deinceps (
fol. 376 λα); computantur hi numeri a fol. 187 (Ptolemaeuɪ
praeterea in fol. 852, ubi incipiunt apotelesmata Ptolemae
est α m. 1 in mg. sup.

uetera fol. 103—111ʳ cum scholiis.
nomena prop. 1—3 et partem 4ta
ἀεὶ φανερῶν ὁ ᾱδε̄), fol. 111—112. —
in Data fol. 113—114. — e) Data fol
— f) Heron περὶ μέτρων fol. 130
ἡ ἄκενα ἔχει πόδας β̄). — g) Pto.
ταξις I—XIII fol. 137—323ʳ (nam fo
desunt). — h) uaria scripta Ptolem.
—384 (fol. 334—335, 336ʳ, 351
fol. 384ᵘ medio desinunt apotelesm.
(τοῦ ἡλίου πρὸς τά). totus codex e
eleganti calligraphi exercitati scripti
pendiis paucis et fere in extremis ue
patis. ipse contuli.

M — cod. Monacensis 427 bombycini
Hypsiclis habet fol. 234—240 (sc
241—244 fragmentum Marini in data
codicis saeculo XII—XIII a Fried
buitur (antecedunt fol. 1—233 comme
in Elementa, saec. XI—XII secunc
Friedleinium in editione Procli p. 1);
p. 318; ipse codicem non uidi. ex
librum Hypsiclis edidit Friedlein Bul
compagni VI p. 493 sq., cuius coll
sum.*)

---

*) Cum Friedleinius in notis scripturam editio
adferre soleat, tamen est, ubi tacite aliam script
praebeat, fortasse codicem Monacensem secutus.
non constet, illis locis scripturam eius in notas re
eius nomine.

Cum libri XIV — XV, qui feruntur, in editio
Theonis non fuerint (nam liber XV duobus saecul
eo inferior est, et in multis codd. Theoninis neq
hic neque ille legitur), in his libris aliam ratione
inter P et Theoninos intercedere exspectandum es
nec fallit nos exspectatio. nam in his libris tam lon
abest, ut P integriorem melioremque scripturam pra
beat ceteris, ut potius inter deteriores numerandus s
itaque hac in parte ex alio antigrapho descriptus e
id quod ea quoque re confirmatur, quod inter libros XI
et XIV interposita sunt Data. itaque archetypum ill
recensionem antiquam praebens, unde libri I — XI
desumpti sunt, hos solos continebat. de Datis iudiciu
penes collegam sit.

horum codicum optimus est M, qui non eo tantu
a reliquis differt, quod librum XIV solum sine libro X
continet, sed omnino aliam recensionem uerboru
Hypsiclis praebet, quam meliorem esse ceteris oste
dunt loci, quales sunt p. 2, 13, 15 sq.; 4, 1 (κρίνοντι ·
κρινοῦντι); 6, 22 ('Αριστεροῦ — 'Αρισταίου); 6, ;
(συγκρίσει pro σύγκρισις, quam scripturam incredibi
prope est Friedleinium diserte improbasse); cfr. pra
terea p. 2, 4, 16; 6, 7; interpolationibus reliquoru
caret p. 10, 9; 16, 9; 18, 13. itaque scripturam codi
M praetuli, ubicumque sine damno fieri potuit; qua
quam is quoque satis multos errores habet, maxi
in omittendo (ex archetypo compendiis scripto eu
originem ducere adparet ex p. 6, 16; 8, 3; 24, 1
inter ceteros primus locus debetur codici V, qui sae
solus cum M consentit (uelut p. 2, 12; 4, 3; 6, 2, 4,
8, 17, 18, 24; 10, 2; 12, 3, 7; 22, 19; 26, 19; ;

Left margin notes:

hae-
τῶν
inus
129.
des.
ſύν-
136
23ᵘ
in
pte
inu
m-
ur-

m
ol.
rs
ri-
cli
m
I⁴
ce
n-
us

sis
tu
oc
to

14, 17, 23, 24).*) PB𝐯 cognatos esse ostendit 𝐮
communis lacuna p. 36, 11. in primis inter PB ta
arta coniunctio est (u. p. 2, 4; 8, 2, 21; 10, 1; 12, 1⸗
16, 5; 22, 3; 24, 8, 10; 26, 14; 32, 22; 34, 1, 4), ut 𝐞⸗
eodem antigrapho eos descriptos esse necesse est;
nam quominus P ex ipso B descriptum esse putemus
obstant et loci, ubi P𝐯 consentiunt (p. 2, 11; 12, 11;
26, 5; 32, 10) et p. 10, 20, ubi BV𝐯 communem la-
cunam habent. V𝐯 concordant p. 6, 9; 8, 24; 10, 1;
22, 3. communia omnium codicum menda rarissima
leuiaque sunt (uelut p. 10, 10; 20, 9; cfr. p. 2, 4).

2. Elementorum qui fertur liber XV saec. VI a
discipulo Isidori Milesii mechanici Cnopolitani e scholis
magistri confectus (u. p. 67 not.). praeter codices PBV𝐯
accessit inde a p. 50, 17

m — codex Uenetus St. Marci 303 bombycinus
saec. XIV binis columnis scriptus. in fol. 1, ubi
incipit liber XV p. 50, 17 ἐζητήθη, adscriptum
„Bessarionis cardinal. Tuscul." continet praeter
librum XV optica uetera, catoptrica, Ptolemaei
Almagestum manu uetustiore cum scholiis, aliaque
scripta mathematica uel astronomica. contuli ipse.
etiam in hoc libro, ut par est, ratio codicum PBV𝐯
eadem est. V optimus est**), et ad eum adcedit m,
ubi exstat (p. 50, 23; 52, 1; 54, 4, 15, 21; 56, 22; 58,
1, 11; 60, 1, 8; 62, 13; p. 62, 13, 20 V ad simili-
tudinem codicis m correctus est; cfr. p. 58, 23. etiam
in mendis conspirant, uelut p. 58, 4, 5, 14; 60, 4, 16, 24;

---

*) Cfr. p. 2, 13; 12, 17, ubi V e correctura scripturam co-
dicis m habet.

**) Uideantur u. c. p. 42, 1, 10; 46, 8; 48, 17.

14; cfr. p. 62, 18). ceterum manus 2 codicis V, nquam interdum ueram scripturam restituit (u. ter locos iam adlatos p. 40, 5; 44, 4; 48, 13; 56, 21; 18), tamen saepius interpolatoris esse uidetur . 46, 5, 7, 11; 48, 12; 50, 2*)). PB deterrimi sunt aepissime etiam in uitiis minutioribus consentiunt ι. 40, 2; 42, 1, 11, 13, 14, 19; 44, 3, 8, 14; 48, 2, 8, ι2, 13, 18, 25; 50, 1, 19; 52, 6; 54, 10, 17; 56, 23; l; 60, 12, 13; 62, 19, 21; 64, 4); neque tamen P } descriptus est (u. p. 40, 10; 46, 7 et p. 42, 9, in archetypo communi fuit scriptura codicis P, n librarius codicis B omisit, quia non intellexit). res communes sunt p. 50, 20; 64, 10; 66, 11 al. es codices nostros ex archetypo compendiis scripto ιatos esse adparet ex p. 54, 15, ubi compendium buli ὥστε (φ) uarie a librariis deprauatum est; n p. 42, 11 e compendio δ\ (h. e. διά) factum est Ͻή uel δέ.

ι. Scholia in Elementa maximam partem inedita, e multis codicibus excerpsi, quorum notas scholiis infra adpositas hic explicabo**)

— scholia codicis P manu prima litteris minoribus non sine compendiis scripta; cfr. p. XLVIII.

) Hoc loco v cum V m. 2 conspirat; cfr. p. 40, 10; 42, 4. aeterea p. 42, 11. interpolatio in v est p. 50, 20 al.

‘) Litterae, quas uncis inclusi, codices significant, qui ium, de quo agitur, habent, sed quorum scripturam non ιm adnotaui. in scholiis recentioribus conferendis minutias graphicas, uelut ν ἐφελκυστικόν et similia, plerumque ; ne hoc quidem semper adnotaui, ubi numeri signis nulibus uerbisue scripti sint.

P^2 — scholia codicis P duabus uel tribus manibus recentioribus, sed tamen ex parte satis antiquis in marginibus liberis aut, ubi locus deerat, in schedis membranae uilioris hic illic insutis scripta.

P^3 — scholia pauca in P manu recentissima neglegenter margini inlita.

F — scholia codicis F manu prima litteris uncialibus compendiis plurimis scripta, quorum nonnulla euanuerunt.

F^2 — scholia codicis F recentiore manu addita.

B — scholia codicis B a manu ipsi codici aequali, sine dubio plerumque Arethae (u. Maas Mélanges Graux p. 754), sed alibi alio atramento nec omnia eodem tempore scripta.

B^1 — scholia codicis B manu satis antiqua atramento furuo scripta, quae aliquanto tamen recentior est manu prima; nam fol. 180^n (schol. ad X, 6 nr. 51) initium scholii manus primae repetit, sine dubio quia iam tum lectu difficile erat. eadem manus interdum atramento pallidiore utitur (fol. 179^n enim et fol. 195^r idem scholium in fine atramento furuo, initio pallido scriptum est).

B^2 — scholia codicis B manu recenti atramento fusco,

B^3 — scholia codicis B alia manu recenti atramento rauo,

B^4 — scholia codicis B manu recentissima et neglegenti scripta. haec manus praeter minutias quasdam (διὰ τό cet.) nihil scripsit extra librum X. B^2 rarior est nec fere librum II egre-

ditur, in quo libro etiam inter uersus nonnulla
adleuit; eadem folia prima codicis inquinauit.
a folio 245ᵘ (X, 91) omnes manus recentiores
desinunt (u. schol X, 91 nr. 405).

b — scholia codicis b manu prima, interdum litteris
minoribus.

b¹ — scholia codicis b manu antiqua atramento liuido.

b² — scholia manu Theodori Cabasilae in b adscripta.

b³ — scholia codicis b manu recentiori scripta; sed
fortasse b² et b³ eadem manus est; nam in ma-
nibus recentioribus huius codicis distinguendis
collationi meae rapide confectae parum confido.

β β² β³ — notaui manus b b² b³, ubi in priore codicis
parte, quae definitiones propositionesque solas
continet, scholia adscripserunt.

Vᵃ — scholia codicis V eadem manu scripta, quae
ipsum codicem inde a fol. 235 exarauit; interdum
subtilior est.

Vᵇ — scholia codicis V ea manu scripta, qua prior
pars codicis. in scholiis interdum neglegentior
est, nec atramento eodem semper utitur; sed
manum eandem esse, adparet ex fol. 131ᵘ—132ʳ,
ubi scriptura sensim neglegentior fit. huc etiam
notulas quasdam atramento furuo scriptas rettuli,
in quibus haec manus uel certe simillima ele-
gantiorem et diligentiorem scripturam adfectat.
Vᵇ post Vᵃ scripsisse scholia sua, inde colligi
potest, quod alicubi scholium manus Vᵇ nota
aliqua (κείμενον) manus Vᵃ interrumpitur.

Vᶜ — scholia codicis V fol. 283—292 manu Vᵃ scripta.

V¹ — scholia codicis V manu satis antiqua atramento

q^2 — scholia codicis q manu recentiore atramento liuido scripta.

q^3 — scholia codicis q manu recenti litteris magnis atramento badio neglegenter scripta. interdum atramento nigriore scriptura euanida renouata est.

r — scholia codicis Parisini 2345 membran. saec. XIII partim in fol. 1 — 5 partim in margine scripta.

s — scholia codicis Parisini 2346 chartac. saec. XV.

t — scholia codicis Parisini 2373 bombyc. saec. XIV partim ante Elementa (fol. 36ᵘ, u. app. II) partim in margine partim in fine codicis (fol. 123) scripta.

u — scholia codicis Parisini 2762 chartac. saec. XV (continet inter alia mathematica Elementorum libb. I — VIII).

x — scholia codicis Parisini 2366 chartac. saec. XVI fol. 198 — 209 (ad libros I — X additis in fine computationibus quibusdam).

y — scholia codicis Parisini 2343 chartac. saec. XVI in textu.

p — scholia codicis Parisini 2466 membr. saec. XII (p).

Coisl. — scholia codicis Coisliniani 174.

A — scholia codicis Ambrosiani C 311 inf., chartac. saec. XV—XVI.

m — scholia codicis Ueneti St. Marci 309 chartac. saec. XIV (continet Elementorum libb. I—II fol. 162—183).

n — scholia codicis Ueneti St. Marci 300 chartac. saec. XIV.

:ule   f — scholia codicis Laurentiani XXVIII, 6 membran.
       saec. XIII — XIV, qui e V descriptus est (u.
]ue   p. XXVI). manu prima in ipso textu scripta sunt
lut   et manibus $V^a V^b V^1$ maxime respondent.
1m f^1 — scholia codicis f postea manu recenti in mar-
itu   gine addita.

· · l — scholia codicis Laurent. XXVIII, 2 bombyc.
ito   saec. XIII—XIV maximam partem manu prima,
       nonnulla tamen duabus manibus recentioribus
to   scripta.
er λ — scholia codicis Laurent. XXVIII, 8 membran.
       saec. XIV manu prima scripta. fol. 3—6 codicis
it   scholiis quibusdam occupata sunt (fol. 1—2 ma-
V   thematica nonnulla neglegenter scripta continent,
t-   fol. 7 figuras duas; in fol. 8 demum incipit
a,   Elementorum liber I).
·e Maglb. — scholia codicis bibliothecae Magliabec-
i-   chianae Florentinae XI, 53 chartac. saec. XV
)-   manu prima scripta.
n   q — scholia codicis Parisini 2344 (q) manu prima
f   scripta; ductus litterarum colorque atramenti
       interdum et inter se et a manu textus paullulum
)i   discrepat, neque tamen ita, ut de manu alia
s   cogitari possit.
e q^a — scholia codicis q manu paullo neglegentiore,
       sed quae a manu 1 proxime absit, rarissime addita.
      q^b — scholia codicis q alia manu uetusta, et ipsa
       rarissima, scripta.
      q^o — scholia codicis q manu 1 fol. 358—366.
      q^1 — scholia codicis q hic illic manu satis antiqua
       ductu nitido atramento nigerrimo scripta.

q^2 — scholia codicis q manu reçentiore atramento
liuido scripta.

q^3 — scholia codicis q manu recenti litteris magnis
atramento badio neglegenter scripta. interdum
atramento nigriore scriptura euanida renouata est.

r — scholia codicis Parisini 2345' membran. saec.
XIII partim in fol. 1—5 partim in margine
scripta.

s — scholia codicis Parisini 2346 chartac. saec. XV.

t .— scholia codicis Parisini 2373 bombyc. saec. XIV
partim ante Elementa (fol. 36^n, u. app. II)
partim in margine partim in fine codicis (fol. 123)
scripta.

u — scholia codicis Parisini 2762 chartac. saec. XV
(continet inter alia mathematica Elementorum
libb. I—VIII).

x — scholia codicis Parisini 2366 chartac. saec. XVI
fol. 198—209 (ad libros I—X additis in fine
computationibus quibusdam).

y — scholia codicis Parisini 2343 chartac. saec. XVI
in textu.

p — scholia codicis Parisini 2466 membr. saec. XII (p).

Coisl. — scholia codicis Coisliniani 174.

A — scholia codicis Ambrosiani C 311 inf., chartac.
saec. XV—XVI.

m — scholia codicis Ueneti St. Marci 309 chartac.
saec. XIV (continet Elementorum libb. I—II
fol. 162—183).

n — scholia codicis Ueneti St. Marci 300 chartac.
saec. XIV.

his correctionibus discrepantiae codicis V propriae eliminantur. maiorem cum φ congruentiam adipiscimur his locis

II p. 326, 19 *B*, *Γ*, non *Γ*, *B*.

II p. 366, 2 ὁ habet.

II p. 368, 3 καί habet.

II p. 378, 3 τῶν ante *ΔE* non habet.

in locis, ubi scripturam codicis V dubiam esse significaui, nunc haec corrigo et addo:

II p. 312, 2 alterum *E* in ras. est (etiam ἔστιν correctum est).

III p. 4, 8 fortasse γίνεται legitur, sed macula obscuratum; ἄν non habet.

III p. 20, 21 uidetur fuisse ὅστε a manu 1, corr. in ὥσπερ m. 2.

III p. 36, 15 ὁπόσων in V est.

III p. 44, 13 τά in τό corr. m. 1.

III p. 326, 10 pro τοῦ est τὸ͞, pro *ZM* post ras. 1 litt. ϛᵘ m. 1.

praeterea addendum est:

I p. 194, 20 καὶ ληφθῇ αὐτῶν τὰ κέντρα] mg. m. 1.

II p. 34, 15 ἄλλα] mg. m. 1.

II p. 214, 5—7 uerba in mg. scripta altero loco prorsus cum p congruunt, nisi quod τοῦ *HB* est pro τῷ *HB* et semper τουτ ⁘., altero loco μέρος ἐστίν hab. pro ἐστι μέρος.

II p. 216, 15 τοὺς *B*] e corr. 16. ἐπεί — 17. *Δ*] mg. m. 1—2.

III p. 106 ante X, 36 non ἑξῆς habet, sed ἑξʹ.

III p. 334, 16 καί — 17. σύμμετροι] mg. m. 2.

IV p. 70, 17 παράλληλά ἐστι m. 1, corr. m. rec.

IV p. 95 figura in XI, 31 eadem est ac nostra, nisi quod ⅋ in ras. est et pro ŏ*) ponitur ⋔ (α habet). uol. IV app. 1, 6 etiam in V additum est pro scholio in fine libri XII manu Vᵃ. de IV app. 1, 7 u. infra p. 657 not.

I p. 42 coroll. 2 bis in V legitur, semel m. 1 (non m. 2) tale, quale in notis dedi, nisi quod initio add. πόρισμα et in fine hab. ποιήσουσῑ, altero loco m. 2 ut F. corol. p. 43 not. a m. 2 est (non m. 1).

IV p. 172, 10 καί — 12 πυραμίδα] etiam mg. m. 1 V, sed πάλιν pro ἄρα et ⊖ lin. 11 e corr.**)

IV p. 176, 11 mg. γρ. κἂν ἕτερόν τι σχῆμα ἔχῃ ἡ βάσις τοῦ πρίσματος q.

IV p. 228, 6 idem πόρισμα quod P etiam V mg. m. 1.

IV p. 256, 14 ὁ ꙅΟΠ — 17 μέν] etiam mg. Vᵃ (πεντα- πλάσιος corr. ex τετράπλ., ἀλλ' pro ἀλλά).

IV p. 296, 22 πάλιν — p. 298, 1 ΕΚ] etiam mg. Vᵇ.

III p. 82, 16 ση. ὅτι ἡ ̅ε̅κ̅ ἐνταῦθα ἀντὶ τῆς ̅υ̅π̅ο̅ κεῖται mg. m. 2 B.

Ad III, 24 in P mg. m. rec. ἐν ἄλλοις οὕτως εὗρον τὸ δὲ αεβ τμῆμα ἐπὶ τὸ γζδ μὴ ἐφαρμόσει, ἀλλὰ παρ- αλλάξει ὡς τὸ γηδ, κύκλος δὲ κύκλον οὐ τέμνει κατὰ πλείονα σημεῖα ἢ δύο. ἀλλὰ καὶ τέμνει ὁ γηδ τὸν γζδ κατὰ πλείονα σημεῖα ἢ δύο τὰ γ, η, δ· ὅπερ ἐστὶ ἀδύνατον. additamentum post V, 4 (II p. 16, 19) in E non m. rec., sed m. 1 pro scholio scriptum est. ad II. p. 338, 17 et 340, 12 male citaui app. nr. 24 et 25 pro nr. 25 et 26. cetera, quae in ipsius operis tenor correxi, hic non repetam. quod accentus spiritusque

---

*) Haec littera in solo P seruata ŏ est, h. e. ου, s.
**) De collationibus ceterorum codicum multo rarius dubito

persaepe (interdum etiam ridicula paene constantia,
ut II p. 434) interierunt, id non mea culpa factum est.
in testimoniis addendum, definitiones plerasque
libri I cum postulatis quinque et communibus con-
ceptionibus 2, 3, 1 latine uersas legi in fragmento ab
Hultschio post Censorinum edito p. 60 — 63 (ἴσων I
p. 4, 2 habet; def. 13 om.; in def. 15, quae omnino
breuior est et corrupta — u. Hultsch Neue Jahrb. 1880
p. 288 — om. et ἦ καλεῖται περιφέρεια et πρὸς τὴν
τοῦ κύκλου περιφέρειαν; def. 18 hemicyclium circuli
dimidium, deinde seq. def. 19; in def. 21 ante ἔχον
p. 6, 13 e coniectura add. unum, codd. ide habent; initio
postulatorum „postulata geometrarum sunt quinque“;
seq. sine titulo κοιν. ἔνν. 2, 3, 1).

cum IV p. 336, 15 sq. cfr. Pappus V, 37 p. 358
ὅτι δὲ πλείω τῶν ε̄ τούτων ἀδύνατόν ἐστιν εἰρεῖν
ἄλλα σχήματα ἴσοις καὶ ὁμοίοις ἰσοπλεύροις πολυγώνοις
περιλαμβανόμενα, καὶ ὑπὸ τοῦ Εὐκλείδου καὶ ὑπό τινῶν
ἄλλων ἀποδέδεικται.

De notis numeralibus arabicis, quae in scholiis
Uindobouensibus maxime in libro X occurrunt, hoc
tantum commemorabo, scholia illa manu V^b, h. e. sine
dubio saec XII, exarata esse. pro numero 5 usurpatur O,
nostrum uero 0 punctum est uel ⁰; prorsus similes sunt
series numerorum in B fol. 32^u (ad initium libri II) m. rec.
ἰψμⳏοϥⲛⲁϑ et in b ad II, 1 m. rec. ψῆφος ἰνδικὴ
αβγδεϛζηϑι:—
ἰψμⳏοϥⲛⲁϑ
Scr. Hauniae mense Martio MDCCCLXXXVII.

I. L. Heiberg.

b*

PROLEGOMENA CRITICA.

Uix ulli alii operi antiquitatis id contigit, quod in Ele-
mentis Euclidis factum uidemus, ut inde a primo tempore, quo
editum sit, ad nostrum usque aeuum idoneum haberetur, quod
proposito suo satisfaceret. Constat enim, Euclidem in Elementis
hoc sibi proposuisse, ut artem, quam uocant, mathematicam
scriberet, unde huius scientiae studiosi solida doctrinae initia
et apta fundamenta ad difficiliores gradus scientiae adgrediendos
caperent. et liber eius statim tanto fauore exceptus est, ut
ceteros libros eiusdem generis, inter quos Elementa Theudii
non ita multo ante edita erant, prorsus obscuraret et ex usu
manibusque hominum remoueret; ad nos saltim nihil fere nisi
nomina et breuissima notitia eorum peruenit (Proclus in Eucl.
p. 66 sq. ex Eudemo). quare uidemus, reliquos mathematicos
Graecos ad unum omnes ad Elementa Euclidis adpellare, rebus
in iis demonstratis tamquam certis omnibusque notis uti, hoc
fundamento sua opera instruere, sicut iam Proclus p. 71, 17 sq.
recte obseruauit. etiam iis, qui mathematicam professi non
essent, satis notum fuisse hoc opus adparet ex locis plurimis,
quibus nominatur et citatur, ubi occasio rerum mathemati-
carum commemorandarum scriptoribus non mathematicis oblata
est, quorum locorum potiores posui in libro, qui inscribitur
Litterargeschichtliche Studien über Euklid p. 30 et p. 193 sq.
et hodie quoque pueri et in Britannia et in Suecia et aliis locis
primam mathematices notitiam ex hoc libro uenerabili hauriunt;
Britannis quidem nomen Euclidis prope in adpellatiuum cessit.
     Per tam longum temporis spatium fieri non potuit, quin
multa mutarentur et sensim a pristina operis forma declinarent,
quamquam propter res uel mediocriter doctis notas et perspicuas
certisque quasi formulis expositas minus quam alibi in hoc opere
describendo peccauerunt librarii. rursus autem, cum Elementa
manibus magistrorum et discipulorum tererentur, multis locis
interpolabantur, quae docentibus discentibusque ad uerba Eu-
clidis explicanda utilia uidebantur, quod idem in omnibus eius

modi operibus antiquitatis factum uidemus uelut in libris gram
maticorum, in lexicis cet. itaque ut tempus et genera haru
interpolationum distinguamus, quod uel praecipuum opus ei e
qui fata Elementorum persequi uelit, ante omnia necesse e
ut certum aliquod fundamentum quaeramus, unde disquisi
nostra in utramque partem exire possit. quare ab editio
Theonis incipiendum esse putaui. sed prius quam de singul
disputamus, ostendendum, qua auctoritate in ea restituend
nitamur.

Cap. I.

Quibus auctoribus de editione Theonis iudicari po

Cardo huius quaestionis in loco illo memorabili comme
tariorum Theonis in Ptolemaeum est, ubi legimus (I p. 201 e
Halma = p. 50 ed. Basil.) ὅτι δὲ οἱ ἐπὶ ἴσων κύκλων τομὰ
πρὸς ἀλλήλους εἰσίν, ὡς αἱ γωνίαι, ἐφ᾽ ὧν βεβήκασι, δέδειχ
ἡμῖν ἐν τῇ ἐκδόσει τῶν στοιχείων πρὸς τῷ τέλει τοῦ ἕκτ
βιβλίου. itaque cum hoc additamentum paene omnes codic
nostri in VI, 33 habeant, e recensione Theonis profecti sunt,
id quod plerumque ipsi titulis suis (ἐκ τῆς Θέωνος ἐκδόσεω
et simil.) testantur. iam cum Peyrardus in cod. Vat. 190 nequ
interpolationem illam neque hunc titulum inueniret, suo iure
hunc codicem recensionem Theone antiquiorem continere iudi-
cauit. et librarium codicis P siue potius archetypi eius dua
illas recensiones nouisse et dedita opera antiquam praetulisse,
adparet e scholio memorabili, quod IV p. 263 not. edidi: τοῦτ
τὸ θεώρημα ἐν τοῖς πλείστοις τῆς νέας ἐκδόσεως οὐ φέρεται,
ἐν δὲ τοῖς τῆς παλαιᾶς εὑρίσκεται (XIII, 6 in P exstat, in
nonnullis Theoninis deest). itaque comparatis codd. Theoninis
et P de mutationibus a Theone factis in uniuersum iudicare
possumus.

iam primum ad breuem notitiam codicis Vat. 190, quam
dedi I p. VIII, uberiorem descriptionem adiungam.

Codex Uaticanus igitur graecus numero 190 signatus,
membran. forma 4ta, nunc duobus constat uoluminibus, quae
sine dubio olim coniuncta erant. codex ipse, qui saeculo X
tribuendus est, totus eadem manu nitida et adcurata scriptus
est litteris oblongis, atramento badio. in singulis paginis
binae columnae. spiritus accentusque plerumque deerant, multis
locis manibus recentioribus additi sunt, sed inconstanter (in
libris XIV et XV et in scholiis prorsus omittuntur). cor-

recturae aliae manu prima factae sunt, sed plerumque atramento pallidiore, aliae manu recentissima (P m. rec.), aliae compluribus manibus satis antiquis uel eadem manu alibi alio atramento (P m. 2). continet fol. 1—2 indicem totius codicis; deinde sequuntur duo folia chartacea sine numeris, de quibus Peyrardus adscripsit „ceci est un déchiffrement du commencement de ce qui suit sur parchemin"; continent, quae infra edidi p. 71, 2 καί — p. 76, 18 σύστοιχα (cfr. p. 71 not.). fol. 3—13 scholium nostrum I, 1; haec 11 folia membran. numeros antiquos non habent, sed numerata sunt manu hodierna, sicut totus codex. fol. 14—174 Elem. I—X, 86 in quaternionibus XIX a manu 1 numeris ᾱ — ῑ̅θ̅ in summo margine dextro primi folii signatis. initio saepe folia membran. foliorumue partes adsuta sunt, quae in numero paginarum computantur, in quaternionibus non computantur; continent scholia m. 2. uolum. II fol. 175—247 Elem. X, 87 — XIII. fol. 248—249 Marini comm. in Data sine auctoris nomine, iisdem litteris deminutis scriptum, quibus manus prima in scholiis utitur. fol. 250—281 Data. fol. 282 scholia in Data litteris minoribus. fol. 283—292 Elem. XIV—XV. fol. 293—340 Theonis commentarium εἰς τοὺς προχείρους κανόνας Πτολεμαίου lib. I—III et partem libri IV (des. τὸν ἐπὶ τῆς καρδίας τοῦ λέοντος), initio litteris deminutis. uol. II quaternionibus XX unaque ternione (λδ, in quaternione λε incipit Theon` constat numeris ᾱ — μ̅ signatis. in ultimo folio signum est bibliothecae imperialis Parisinae rubro colore adlitum. Peyrardus multos locos codicis pulcherrimi et praeter initium anemque optime conseruati graphio cerussato notare sustinuit.*) deinde ad codices, quibus ad editionem Theonis restituendam nouae sum, et quos I p. VIII—IX breuiter significaui, transeamus.

codex igitur Laurentianus XXVIII, 3 membranaceus forma 4ta pulchra peritaque manu scriptus est saec. X. librarius compendiis plurimis non modo in scholiis, sed etiam in uerbis Euclidis utitur.**) continet Element. I—XV, optica, phaenomena. sed male habitus est. nam non modo plurimis locis

---

*) In quaternione α folia 7—8 ante folia 3—6 transposita sunt, ita ut folia codicis 16—23 ita ordinanda sint 18—23, 16—17. etiam error II p. 408, 5 e transpositione foliorum archetypi ortus est. ceterum ex hoc loco et ex errore I p. 210, 28 colligo, archetypum codicis P litteris uncialibus scriptum fuisse.

**) Correcturae factae sunt et manu 1 et manu 2 satis antiqua

scriptura antiqua, quae euanuerat, a manu saec. XVI renoua
et obscurata est, sed eadem manus, praeterquam quod mult
lacunas minores pergameno rupto laceratoque ortas resarcinai
pannis pergameni recentis adglutinatis, totas partes codicis si
dubio tempore et situ ita exesas, ut legi non possent, in pe
gameno albo nigrisque punctis hic illic distincto suppleu
maiores illae lacunae scripturae antiquae absumpserunt VII,
p. 216, 20 ἐστιν — IX, 15 p. 378, 6 δεῖξαι, quae manu il
recenti, quam φ significaui, in XXIII foliis suppleta sunt (e
ciderunt quaterniones ϑ et ι), et finem inde a XII, 3 p. 154,
πυρα· (in HMΘ IV p. 144, 1 desinit quaternio ιζ, ex qu
ternione ιη unum tantum folium exstat). itaque praeter parte
extremam elementorum etiam optica et phaenomena mai
recenti debentur, nec scimus, quid praeter element. I—X
cod. F ab initio continuerit. nam cum φ in scriptura euani
renouanda et in lacunis minoribus explendis plerumque*) nu
codice alio usa esse uideatur — documento sint III p. 288,
ubi εἰσιν ἁ- in ἄρα ἡ ἀη renouauit, p. 290, 2, ubi EK e pagi
opposita litteris χϕυ expressis commaculatum est, unde φ ι
nouando effecit νϕχ, p. 324, 6, ubi συγκείμενον ἐκ τῶν ἁ
τῶν AH, quorum uerborum certa exstant uestigia, in ἀπὸ τῆς
renouauit φ, quamquam sic dimidium loci euanidi uacat; c
etiam IV p. 116, 9 —, contra in duobus illis supplementis ma
ribus codicem Laurent. XXVIII, 6 saec. XIII—XIV descripsit; un
concluditur, cod. F tum demum esse resarcinatum, cum in mar
Mediceorum peruenisset. hoc ad demonstrandum φ cum La
XXVIII, 6 magna ex parte et in libris arithmeticis et in stere
metricis, opticis, phaenomenis contuli et in scripturis tant
inueni concordiam, quanta maior cogitari non possit. un
adferam. IV p. 164, 11 in τυγχάνοντα ultima littera in La
XXVIII, 6 ita scripta est (ω), ut lineola finalis paullo mai
sit; et in φ legimus τυχάνωται (sed ι erasum). iam cod
ille Laur. XXVIII, 6 (membran. forma 4ta), quem littera
significaui, e cod. Uindob. V descriptus est. nam primum int
libros VII—VIII sicut φ scholium illud in textu habet m.
quod II p. 432, 21 sq. edidimus, et quod in V in spatio uac

_____

*) Interdum enim librarius, ubi suo ingenio parum co
fidebat, hic quoque Laur. XXVIII, 6 usus est, uelut IV p. 80,
ubi pro ἴση (sic e uestigiis certis in F fuisse adparet) cum
et Laur. XXVIII, 6 βάσις posuit.

inter libros illos relicto ab eadem manu, qua maxima pars
scholiorum illius codicis scripta est (V*), postea insertum est.
sed documentum uel certissimum e ratione scholii ad II, 18
(infra p. 256) peto. ibi enim in V scholium 90 primum scriptum
erat; deinde cum postea schol. 89 adderetur, locus angustior
erat, ita ut prior pars usque ad τὸ δίς p. 256, 10 ante schol. 90,
reliqua post illud poneretur. itaque cum schol. 90 in medio
scholio 89 interponeretur, librarius codicis Laur. f ad sensum
non adtendens omnia deinceps descripsit; postea demum errorem
animaduertit et uerba ποιοῦσι — ἑξῆς in scholio 89 deleuit
finique adiunxit. quo quid potest esse clarius? et reuera f
semper fere cum V in scripturis scholiisque — noua postea
addidit manus recentior (f¹) — consentit et prorsus eadem opera
continet, quae V (praeter elementa I—XV optica antiqua et
phaenomenorum recensionem meliorem, sed in fine mutilam).
hinc igitur adparet, cur φ et V tanto opere concordent.

codex Bodleianus Dorvillianus X, 1 inf. 2, 80 membranaceus
est forma 4ta, elementorum libros I—XV continens cum scholiis
multis. fol. 1 computationes quasdam continet manu recenti
saec. XV, ut uidetur), fol. 2—4ʳ quaedam de libro X elemen-
torum (n. infra p. 708 nr. 22) manu Arethae, in mg. et in fine
fol. 4ʳ quaedam mathematica manu rec., quae continuantur
fol. 4ᵘ—5ʳ. fol. 5ᵘ epigramma hoc manu Arethae

Εὐκλείδης μέτρων ἀψευδέας εὗρε κελεύθους
γραμμῇ καὶ κέντρῳ κύκλον ἐρεισάμενος

mathematica quaedam manibus recentioribus. fol. 6 — 14
pergameni crassi uilisque manu recenti neglegenter scripta
continent elem. I ad I, 14 p. 38, 17 ἄρα ὑπό (saec. XIII, titulus
est Εὐκλείδου στοιχείων ᾱ ἀπὸ συνουσιῶν τοῦ Θέωνος). cum
fol. 15ʳ litterae multae euanidae sint, adparet, unam quater-
nionem*) aliquando periisse, ita ut fol. 15 primum esset
fol. 2—5 tum alio loco posita fuisse uidentur), et postea pos-
teriorem aliquem ad lacunam explendam initium describi iussisse,
quod ob genus scripturae nouem folia pro octo occupauit. de
fonte huius supplementi nihil constat; in fol. 6 librarius scriptu-
ram antiquam imitari uoluit. fol. 15—118ʳ Elem. I, 14 — VI fin.
manu elegantissima saec. IX, cuius exempla u. apud Watten-

---

*) fol. 15ʳ numerus quaternionis β fuit, sed euanuit, sicut
in quaternionibus IX primis. litterae euanidae fol. 15ʳ saepe
manu recenti renouatae sunt.

*usually regarded as the oldest minuscule codex [888], until Gardthausen
publ. a facsim. ft. a copy of the Gospels wr. by the monk Nicolaus in 835
or the mon. of St. Saba, now in the Dead Sea. Taylor, Alphabet II 1883*

bachium et ,Velsen tab. II et in tabulis 65—66 societatis Pala
graphicae Britannicae. in uerbis Euclidis compendiis paucissin
in fine linearum maxime, utitur, accentus spiritusque raro :
didit (fecit plerumque manus recentior). fol. 118 — 120ʳ p
blemata nonnulla m. 1; sed litteris maiusculis; continuan
man. 1 fol. 120ᵘ—121, plurimis compendiis. fol. 122 diuisioɪ
quasdam (cfr. infra p. 719) manu Arethae. fol. 123 — 3
elem. VII—XV eadem manu, qua fol. 15—118. ultimum foliɪ
numero 887 signari debuit; nam errore a pag. 855 ad pag. ɪ
(pro 356) transitur. sed quaternionum numeri, qui antiqui su
sed tamen post adscripta scholia positi (nam in quat. κϑ ɪ
merus in mg. sinistro, non dextro, ut solet, collocatus est, qɪ
in dextro locus a scholio occupatus est), recte procedunt usɕ
ad μ𝑔 (praeter μ𝑧, quae ternio est, in ɪε et ɪϑ septem tantɪ
folia sunt, sed uestigia octaui, quod recisum est). fol. 3ɪ
duas subscriptiones scripsit Arethas, quas edidit primus D
villius ad Charit. p. 229

1) ἐγράφη χειρὶ στεφάνου κληρικοῦ μηνὶ σεπτεμβρίῳ ɪ
   ζ ἔτει κόσμου ˏϛϙζ (eadem uerba repetit deinde man. reɪ
   codex igitur scriptus est anno p. Chr. 888 (u. Wattenbɑ
   ad tab. II).

2) ἐκτησάμην ἀρέϑας πατρεὺς τὴν παροῦσαν βίβλον ΰϋ ιδ.
   hoc Aretha, diacono Patrensi, postea archiepiscopo Caesareɪ
   eiusque bibliotheca u. Maᴀᴀsius Mélanges Graux p. 749 s
   ubi etiam breuiter indicauit, quid in nostro codice iɪ
   scripserit Arethas.*)

   has subscriptiones sequuntur uersus parum elegantes, qɪ
eosdem in V post finem libri XV et in Laur. XXVIII, 2, 3,
innenimus (primus edidit Dorvillius l. c.)

     Εὐκλείδης νόον ὀξὺν ἀειζώοις γραμμαῖσι
     πάντα τε (in ras.) ἀτρεκέως ἐξερέεινε βροτοῖς,

---

*) Scripsit litteris uncialibus maximam partem scholiorɪ
antiquorum, numeros propositionum librorum posteriorum, sɪ
scriptiones librorum I—IX, notas aliquot in figuris, al., praeɪ
ea, quae supra indicaui. idem litteris minusculis errores aliqɪ
librarii correxit. sunt etiam correcturae manus aliquanto
centioris (m. 2), quae duobus generibus atramenti utitur (eandɪ
manum esse, adparet ex fol. 179ᵘ et 195ʳ, ubi in eodem scho
uariatur atramentum; recentiorem eam esse manu 1, ex fol. 1ɪ
colligo, ubi initium scholii repetit, quia man. 1 euanuerɪ
correcturae manus recentis rarissimae sunt.

ὑπκόσα μήσατο τηλεθόωσα φύσις συμβαίνειν
σχήμασιν ἠδ' ὄγκοις, θειμέλιόν γε τόδε
πάσης μὲν τεκτηνάμενος σοφίης, κόσμῳ δὲ
παντὶ ἑῆς προλιπὼν σύμβολον εὐμαθίης.

in margine quaedam atramento dedita opera commaculata
sunt; fuit fortasse nomen monasterii uel bibliothecae alicuius
Italiae; ibi enim Dorvillium hunc codicem praeclarum nactum
esse credo; ipse silet. fol. ult. (sine numero) uaria, quae legi
nequeunt, illeuit man. rec.

de codice V longiore disputatione opus est propter diuersi-
tatem scripturae. codex igitur Uindobonensis philos. Gr. 103
apud Lambecium VII p. 391, apud Nesselium XXXI, 13, initio
membranaceus est, in fine bombycinus, folia 292 comprehendens
forma maxima. continet elem. I—XV fol. 1—254ʳ (in fine
libri XV epigramma illud legitur ut in Bodl.; deinde Bus-
beckius scripsit τέλος εὐκλείδου στοιχείων), optica fol. 254ᵘ
—271ᵘ, phaenomena fol. 272—282, scholia in elem. fol. 283—292
in fine mutila. in primo ultimoque foliis Busbeckius scripsit
„Augerius de Busbecke comparauit Constantinopoli" (cfr. Mosel·
Gesch. d. kk. Hofbibl. zu Wien p. 32). fol. 1—183 (quaterniones
α—κγ; numeri quaternionum plerumque et in primo et in ultimo
folio notati sunt, sed interdum euanuerunt) sine ullo dubio
eadem manu scripta sunt, sed et ductus et atramentum et
membrana inaequabilia sunt (atramentum hic illic uiride).
fol. 184 (inc. III p. 338, 4 τετραγώνων) — 189ʳ med. (des. IV
p. 4. 23 κατασταθῇ) eodem atramento, sed litteris minoribus
gracilioribusque. usque ad fol. 190 membrana eadem est (est
quaternio κδ; nam 1 folium recisum est), sed fol. 191—202 (κε)
membranae sunt crassioris formaeque paullo breuioris, atra-
mento badio. fol. 189ʳ med. — 200ʳ scripta sunt manu celeri
et neglegenti, quae initio elegantiam quandam adfectat, sed
post paucos uersus festinantiae cedit; in fol. 189—190 atra-
mentum furuum est. fol. 200ᵘ — 202 manu nitida, sine dubio
eadem, quae scripsit fol. 184—189; atramentum badium; uersus
item fol. 202ᵘ litterae maiores sunt ad paginam explendam
(des. IV p. 96, 23, ubi in mg. additur οὕτως ἐν ἄλλῳ). fol.
203—234 eadem manu, membrana, atramento, quibus fol. 1—183
quaterniones 4 in primo folio signati κς κζ κη κθ, in ultimo
binis numeris κζ—κς, κη—κζ, κθ—κη, λ—κθ; fol. 202ᵘ est
κς—κε, sed fol. 191ʳ κε tantum ea manu, qua scripti sunt nu-
meri minores, ut uidetur, eadem, quae fol. 189—200 scripsit;

numeri maiores in fine quaternionum manui primae debentur
in fol. 285ʳ primi uersus septem et dimidius eadem manu, qu
proxime antecedentia (des. IV p. 264, 21 *BAE*); deinde scriptu
ita sensim in eam manum transit, quae scripsit fol. 184—18
ut adpareat, has duas saltim non differre nisi fortasse calame
atramentum idem est. deinde in fol. 285ᵘ haec manus atr
mento manente in tertiam uelocem cursiuamque sensim m
tatur, quae eadem maiorem scholiorum partem scripsit (Vᵃ
hac manu reliqua pars quaternionis λ (ita in fol. 242 signa
est) scripta est. tum sequitur pars bombycina (inc. IV p. 320,
δή). prima quaternio (fol. 243—250) initio et in fine notatu
λα et similiter ceterae (λβ—λs fol. 251—282), sed in pri
folio quaternionum λβ, λγ, λδ praeterea a m. 1 leguntur num
ι, ια, ιβ. in folio 282 desinunt phaenomena in fine muti
haec omnia (fol. 243—282) in charta bombycina tenui laeu
gataque eadem manu Vᵃ scripta sunt, sed ductus atramentumqu
ob materiae diuersitatem aliam speciem prae se ferunt. ulti
pars fol. 283—292 (scholia) aliud genus bombycinae crassior
nec laeuigatae et propterea alium ductum manus Vᵃ habe
quaternio λς (fol. 283—290) numerum in fine habet et praeter
in fol. 284, quia imus margo folii 283 recisus est. e quaternion
λζ duo tantum folia exstant. correcturae sunt et primae e
secundae manus, scholia multarum manuum, quarum duae co
dici aequales.

  his omnibus perpensis nunc credo, totum codicem eodem
fere tempore scriptum esse nec repugnem, si quis eum ab
eodem homine scriptum esse contendat; nam quamquam ductu
scripturae, si primam et ultimam partem conferas, satis differt,
tamen ratio implicata scripturae, pergameni, atramenti non
simul mutatorum et manuum inter se transitus in fol. 285 hanc
sententiam commendant. hoc saltim constat, totum codicem
iam, cum Laur. XXVIII, 6 ex eo describeretur, talem fuisse,
qualem nunc habeamus (scholia tamen recentiora et fol. 283
—292 in Laur. non sunt; desinit enim in phaenomenis eodem
loco abruptus, quo Uindob.). quare nunc totum codicem saeculo XII
tribuo; neque enim manus prima fol. 1—183 ad posterius tempus
referri posse uidetur. iam ante saec. XIII bombycinam in
oriente in usu fuisse, quod a palaeographis addubitari uideo,
adparet ex catalogo codicum monasterii cuiusdam Raedesti
saec. XI apud Sathas μεσαιων. βιβλ. I p. 50. sed ut ab eodem
homine partes diuersae scriptae uideri possunt, ita constat, eas

circiter 120 paginis*) respondebunt. ita eo fere per-
ι. ubi desinit pars prima fol. 183 = III p. 338). fortasse
s duo uolumina erant, quorum alterum praeter quater-
λβ — λζ etiam κδ — λα (fol. 184—250) continebat, quae,
man. 1 folia 191—202 numeris κε, κς signamus, ipsae
)uem sunt quaterniones. deinde inde, quod phaenome-
pars extrema deest, et quod in phaenomenis desinit
uo λε, concludimus, olim unum praeterea folium ad-
quo amisso demum quaterniones λς et λζ adnexae sint;
ι posterior et ipsa mutilata est. denique fol. 184—202,
l lacunam certis finibus circumscriptam explendam scripta
guit et natura scripturae in fol. 202 extr. et numerus
n quaternionis κε (quia XII folia erant, manus 1 eam
s κε, κς notauit), ex duobus antigraphis et inter se
s et ab antigrapho reliquae partis codicis discrepantibus
ta sunt. nam fol. 184—189ʳ med. (III p. 338, 4 — IV
) e codice simili codici P descripta sunt, ut e scripturae
su adparet. nam non solum discrepantiae maiores, quae
ιtionibus Theonis positae sunt, codicum P V in hac parte
nes sunt (III p. 338, 9, 13, 20; 340, 18; 342, 8, 14, 23;
, 10, 15, 17; 346, 8, 17, 20; 348, 15, 18; 350, 4, 16;
, 8, 10, 13, 16, et in singulis paginis sequentibus; de
cfr. IV p. 2, 7), sed etiam in erroribus consentiunt
342, 17; 348, 12; 354, 17; 358, 8; 360, 14, 19; 362, 2, 8;
404, 7; 406, 15; 412, 4; 414, 20) et omnino in scripturis
ιs, etiam in minutiis (III p. 342, 11, 15; 344, 9; 348, 21;
.: 356. 5. 22: 358. 3. 11: 360. 3. 21: 362. 19: 370, 1:

modi, ut in alterutro facillime a librario errari potuerit.
tamen crediderim, V ex ipso P descriptum esse; na
p. 362, 14 (ubi καί delendum est); 414, 3; 416, 3 — 4
litteris figurae III p. 346, 6; 358, 1; 364, 3, 17; 404, 15 V
Theoninis contra P consentit nec intellegitur, quo mod
consensus ortus esse posset, si V ex P descriptus esset; :
enim his locis librario causa erat emendandi (III p. 3¹
344, 7; 348, 7, 14; 354, 21; 358, 8 (τῶν); 360, 21; 36¹
368, 17; 404, 19; 406, 17; 408, 21; 412, 4, 6; 414, 1 ¹ₚ
parum ualent, quia ibi emendatio facile a librario codi
reperiri poterat; III p. 344, 6—7; 346, 19, 22; 364, 9; 4
iam in P error correctus est; etiam III p. 370, 17 scri
cod. V e scriptura cod. P orta esse poterat). sed antiqⁿ
cod. V certe codici P simillimus fuit, quare in hac par
editio Theonis solis codicibus FBb nititur, V ad P adce
    reliqua pars foliorum, de quibus hic loquimur (189ʳ
—202) e codice Bononiensi b descripta est. nam IV p.⁵
in b τό et τῷ in τῷ et τό a man. 1 correcta sunt et iɪ
additum est οὕτως ἐν ἄλλῳ ad hanc correcturam respi
iam haec ipsa uerba etiam in V, ubi in textu nullum uesti
est correcturae (habet τῷ et τό ut b corr.), in mg. sunt fol.
eadem manu atramentoque, quibus textus. unde sequitur, ¹
descriptum esse (neque enim credo, librarium cod. V his ɪ
significare uoluisse, se hanc partem ex alio antigrapho sump
nam etiam fol. 184—189 aliunde petita sunt tacite). et re
IV p. 4, 24—96, 23 Vb saepe consentiunt (u. p. 6, 5, 26;
10, 14, 24; 12, 12; 14, 13; 16, 15, 19; 18, 19; 20, 23; 2?
48, 19; 64, 6; 70, 17; 72, 9, 10; 76, 13; 78, 22; 80, 8,
82, 2, 14, 15, 19, 26; 84, 23; 88, 3, 5; 90, 8; 94, 13; 96, ²
352, 19; cfr. p. 8, 19; 10, 22, 23; 20, 12; 20, 25—22, 5; 3¹
50, 1; 72, 2; 80, 11; 82, 23; 90, 11, 15, 16, 19; 350, 14, 2¹
p. 6, 3, 23; 12, 12, 22, 23; 16, 6, 7, 16; 18, 5, 12; 26, 23; ¹
32, 12; 34, 13, 24; 36, 5, 10; 40, 13; 44, 3, 5, 13, 15, 24; 4¹
48, 24; 52, 16; 58, 22; 60, 2; 62, 20; 64, 17; 66, 13; 6¹
70, 2, 11 (nam p. 70, 1—13 manum β secutus est V,
omnino plerasque correcturas marginales codicis b recepit, ¹
manus secundae ut p. 92, 25; 94, 5 sq.); 74, 2, 6, 15; ²
82, 5, 6; 92, 10; 344, 5, 11, 15; 346, 12, 13; 348, 13, 14; 350, ¹
errores codicis b a librario in V correcti esse possunt. u
tamen alii loci sunt, ubi adparet, alio quoque codice
esse librarium codici B simili; u. imprimis p. 62, 15

p. 10, 1; 18, 3; 24, 10; 26, 17; 30, 5; 32, 2; 46, 16; 50, 20; 62, 9. 14; 348, 3, 18; 350, 10, 20, 24; 352, 27; per se minus ualent p. 26, 2; 34, 9; 346, 14, 15; 348, 6, 20; 350, 8, 9, 15).

itaque si haec omnia animo coniunxerimus, ita rem se habere putauerim. librarius codicis V primum fol. 1—183 descripsit ex antigrapho, in quo perierant quaterniones duae comprehendentes III p. 338, 4 — IV p. 96, 23. sed cum lacunam animaduerteret, unam quaternionem eiusdem pergameni seposuit. deinde post lacunam rursus idem exemplar descripsit usque ad finem phaenomenorum. postea aliud antigraphum ad lacunam explendam circumspexit et inde fol. 184—189^r sumpsit; sed cum animaduerteret, id alius generis esse, rursus ex alio fol. 189^r —202 descripsit, et cum lacuna maior esset, quam putauerat, XII folia alius pergameni sumere coactus est praeter quaternionem primitus sepositam. primum duo fecit uolumina (fol. 1—183 et 184—282) adiuncta parte bombycina, deinde, postquam perierat fol. ultimum, ex duobus unum additis duabus praeterea quaternionibus; ultimae quaternionis aliquot folia reuulsa interiisse, nil mirum est.

Iam ceteros codices Theoninos a me usurpatos describere pergam.

cod. Bononiensis bibliothecae communalis*) numeris 18—19 signatus membranaceus est saec. XI ex duobus uoluminibus constans forma 4ta una manu scriptus compendiis multis usa; in mg. scholia habet et manu prima et duabus uel tribus recentioribus scripta, quorum nonnulla recentissima manu Theodori Cabasilae scripta sunt (titulum saepe habent θεοδώρου τοῦ καβασίλα uel θεοδώρου, raro δημετρίου, h. e. Demetrii Cydonii, qui amicus erat Nicolai Cabasilae). is Theodorus, sine dubio a Nicolao oriundus, olim codicem nostrum possidebat; in quaternione ιϛ scripsit ὦ χριστὲ βοήθει μοι καβασίλᾳ θεοδώρῳ. continet 1) in XIV quaternionibus (α — ιδ in mg. superiore medio), in quibus numerus foliorum sibi non constat, definitiones propositionesque solas (sine demonstrationibus) elementorum libb. I—XIII et datorum (XCIII). 2) in quaternionibus legitimis, quarum numeri m. 1 in mg. sup. dextro notati sunt, προοίμια τῆς γεωμετρίας (= anonym. ap. Hultschium Hero p. 252, 24 τέρηται — p. 274, 14) et elementorum libb. I—XIII. in priore

*) Cui donatus est a uiro docto s. XVIII A. Magnani soc. Iesu, inter quorum codices erat rr. LXXXII — LXXXIII.

uolumine sunt quaterniones α — ις (des. II p. 346, 3 ὁ *A*), in altero ιζ—λε; λε desinit IV p. 330, 26 Γ*Δ*, ubi in mg. legitur λείπει φύλλα ις. deinde in quaternionibus λη — μ sequuntur data prop. 39 (inc. ἀχθεῖσα τῇ θέσει) — 86 (des. ὁ κύκλος δίδοται τῷ μεγέθει); in quat. λη legitur λείπει ἡ ἀρχή. de scriptura huius codicis in elem. XII (et XI extr.) u. IV app. 2 p. 385 sq.

de codd. Parisinis 2344 (q) et 2466 (p), membranaceo utroque saec. XII non multum habeo, quod addam. ille forma maxima est una manu scriptus cum scholiis plurimis compplurium manuum; continet fol. 1—16ʳ [εἰς τ]ὰ τοῦ Εὐκλείδου στοιχεῖα προλαμβανόμενα ἐκ τῶν Πρόκλου σποραδὴν καὶ κατ᾽ ἐπιτομήν (inc. εὗρηται ἡ γεωμετρία, cfr. Hultsch Hero p. 252g des. τῶν εὐθυγράμμων σχημάτων ἐπιστήμην); deinde fol. 16ᵘ

$$διῄρηται\ δὲ\ τριχῶς\ τὸ\ α'\ β'$$

εἰς τὴν τῶν τρι- γώνων γένεσιν	εἰς τὴν τῶν παρ- αλληλογράμμων θεωρίαν	εἰς τὴν τῶν τρι- γώνων καὶ παρ- αλληλογράμμων κοινωνίαν καὶ σύγκρισιν.

reliqua pars paginae uacat.

deinde elem. I — XIII fol. 17 — 357 (desunt II p. 336, 12 — 372, 15; u. II p. XVIII); ante libb. VII et X folia aliquot scholiis solis impleta sunt. fol. 358 — 366 scholia sola continent.

cod. Paris. p forma 4ta duabus manibus scriptus est, quarum pulchrior fol. 1 — 58ʳ scripsit in membrana bona, neglegentior fol. 58ᵘ — 64ᵘ in eadem membrana, fol. 65 — 289 in membrana tenui rugosaque, in qua uestigia sunt scripturae saec. VIII — IX erasae (fuit interpretatio Graeca ueteris testamenti, u. Philologus XLIV p. 354). continet elem. I — XIII (post XI, XII, XIII scholia quaedam habet).

ultimo loco commemorabo palimpsestum Londinensem Musei Britannici add. 17211 (u. IV p. VI et III p. III). quinque folia sunt saec. VII — VIII, quae in cod. Syriaco Musei Brit. 687 saec. IX continentur (uol. II fol. 49—53); in singulis paginis binae columnae sunt; dimidium fol. 50 periit (u. Wright Catalogue of Syriac mss. in the Br. Mus. II p. 548 sq.). anno 1847 per Augustum Pacho e conuentu Syriaco Mariae Deiparae in deserto Nitriano Aegypti sito in Museum Britannicum adlatus est codex Syriacus 687, cuius uolumen I (add. 17210) notissima

illa Iliadis fragmenta continet palimpsesta (u. Catalogue of
ancient mss. in the Br. Mus. I p. 6), uol. II praeter nostra
fragmenta etiam particulas noui testamenti (fol. 1—48). putant,
cum ex codd. CCL iis esse, quos Moses Nisibenus anno 932
monasterio illi donauerit.

Itaque si ad editionem Theonis cognoscendam ex altera
parte cod. P, ex altera Theoninos comparauerimus, adcidere
poterunt casus hi

I. consentiunt

a) aut omnes Theonini cum P; tum scriptura communis, etiam
si corrupta uel interpolata est, Theone, h. e. saec. IV,
antiquior est.

b) aut nonnulli Theonini cum P; tum hi ueram scripturam
Theonis praebent, reliqui Theonini aberrant; uelut PFb
contra BV consentiunt IV p. 106, 8, 21; 116, 8; PFV I
p. 204, 18 al.; PFq IV·p. 146, 28; 844, 11; Pbq II p. 286, 13;
312, 23; 314, 12; 328, 18; IV p. 248, 15; 250, 8; 252, 11;
258, 27; 260, 10, 23; 264, 6, 7, 8; 266, 5, 6, 24; 270, 2; 276, 1;
280, 19; 282, 11; 284, 9, 11, 16; 286, 13, 16; 294, 25; 296,
18, 24: 316, 5, 7; 322, 6; 328, 9; 368, 2, 22; 370, 10; 372, 11.
maxime in eo deprauati sunt codd. Theonini, quod alius
alibi interpolatus est, quae interpolationes recentiores ope
ceterorum Theoninorum cum P consentientium remoueri
possunt. quo modo interpolatio sensim luxuriet et bonos
quoque codices obrepat, optime iis locis illustratur, ubi
uerba in nonnullis Theoninis interpolata in bonis codicibus
manu recentiore addita sunt, uelut I p. 52, 16; 98, 7; 272, 22;
II p. 168, 5; 228, 16; 290, 15; 322, 6; 326, 13; 328, 3; 332, 5;
402, 5: 420, 7; III p. 284, 13; 880, 6; IV p. 270, 1 et definitio
analogiae II p. 2, 7; 4, 6; definitio rationis ordinatae II
p. 6, 13; propositio tota II app. p. 428 (VII, 20); cfr. prae-
terea IV p. 62, 15; 132, 5. interpolationem sibi propriam
habet F III p. 128, 21; 228, 11; IV p. 62, 2 al.; B IV p. 92, 10;
V III p. 56, 12; 176, 19; 178, 19; 296, 3; 310, 4; 312, 5;
336, 25; IV p. 378, 9 al.; h (unde hic illic interpolatio in
alios quoque codices m. 2 irrepsit) III p. 268, 12; 282, 2;
294, 9; 298, 5; 344, 2; 346, 14; 358, 15, 17; 404, 20; 406, 21;
IV p. 348, 4, 13 al.

c) aut denique unus solus codex Theoninus contra reliquos
cum P consentit; tum quoque hic ueram scripturam Theonis
habere putandus est, ita ut haec comparatio quasi mensura

c*

sit bonitatis fidelitatisque codd. Theoninorum. nullus eorum
tam saepe solus cum P in uera et integra scriptura tuenda
consentit quam F, et etiam in rebus minutis mediisque con-
sensus horum duorum codicum magnus est (u. I p. 58, 10;
106, 9, 12, 18; 108, 26; 112, 6; 116, 4*); 118, 18; 140, 8;
144, 23; 152, 20; 154, 16**); 166, 1; 180, 22; 188, 1;
194, 4, 8; 206, 2, 18, 19; 210, 16; 214, 16; 222, 11; 230, 8;
234, 1; 244, 4; 252, 20, 22; 254, 22; 272, 15, 16, 19; 278, 12;
280, 8; 282, 4; 286, 3; 292, 2, 4; 302, 20, 25; 318, 18; II p. 12, 4;
22, 14; 28, 18; 132, 25; 142, 16; 158, 4; 160, 18; 394, 9;
400, 16; 402, 5; 404, 11, 22; III p. 12, 21; 46, 17; 58, 18;
128, 22; 150, 18; 196, 20; 256, 6, 23; 258, 8; 260, 16; 272, 27;
IV p. 26, 4; 72, 17; 76, 18; 108, 16; 188, 12; 142, 17***);
152, 25 et praeter I p. 126, 22; 254, 10; 284, 18, ubi F (m. 1)
e correctura scripturam codicis P habet, fortasse etiam I
p. 80, 16; 238, 8; 262, 1; 298, 4; 330, 17; IV p. 348, 18;
praeterea hi loci addantur, quibus F m. 1 cum P congruit,
sed a manu posteriore scripturam reliquorum Theoninorum
habet: I p. 92, 9; 188, 5, 20; 190, 25; 192, 20; 194, 10;
204, 18; 228, 14; 230, 23; 238, 7; 244, 7; 250, 10; 252, 24;
258, 13; 266, 13; 284, 20; 288, 24; 290, 18; 296, 11; 298, 3;
306, 23; II p. 20, 23; 72, 7; 86, 10; 132, 16; 190, 1 sq.;
418, 18; 420, 17; III p. 48, 9; 166, 19; 184, 7; 196, 17;
334, 1; IV p. 44, 2; 180, 12; minutissima quaedam ortho-
graphica pleraque neglexi). haec igitur demonstrant, F
fidelius quam ceteros recensionem Theonis seruasse. unde
sequitur, codicem P in iis partibus, ubi F desit, maius ali-
quanto pondus habere, etiamsi solus a Theoninis BVbq
discrepet. ea de causa scripturam codicis P recepi II p. 232, 2;
268, 9; 282, 1, 23; 298, 2; IV p. 158, 16; 172, 1; 178, 16;
190, 3; 192, 14; 204, 20; 212, 2; 224, 9; 236, 9; 256, 13;
282, 4; 300, 13†); 312, 16, potueram etiam II p. 238, 11;

---

*) Cum his sex locis, ubi δύο pro δυσί ex optimis codd.
restitutum est, cfr. I p. 56, 22; 58, 1; 254, 10; IV p. 62, 21;
80, 3, 20; etiam I p. 304, 5; IV p. 120, 17 δύο e P recipi potest;
sed IV p. 60, 11 P δυσί habet, p. 66, 1 P et alii.
**) His tamen locis duobus ποιεῖν fortasse etiam in V fuit.
***) Cum hoc loco (ἡμίσεως PF, ἡμίσεος cet.) cfr. IV p. 188, 14;
sed IV p. 144, 5 etiam F ἡμίσεος habet.
†) Etiam IV p. 302, 7; 328, 24 codici P obtemperandum fuit.

240, 13; 272, 7 (cfr. p. 272, 10); 274, 10*); 344, 20; 364, 27;
368, 22; IV p. 250, 2 (cfr. p. 252, 11); 258, 20; 274, 2 et 10
(cfr. p. 270, 21); 332, 9 et in primis IV p. 248, 12; 250, 27
(cfr. p. 252, 1 b); dubii sunt II p. 286, 20; 328, 17, cfr.
p. 342, 18; IV p. 244, 14 et in primis IV p. 204, 12, 13;
218, 23; 272, 16, 17; 282, 25; 306, 17.

quanta inter P F necessitudo intercedat, magis etiam
ex iis locis perspicitur, quibus iidem errores in utroque co-
dice inueniuntur, uelut I p. 8 extr. (αἴτ. 6); 76, 7; 280, 14;
236, 14; 250, 8; 296, 20; 400, 3; III p. 184, 5; 208, 12; cfr. I
p. 2, 13; 10, 11; 118, 13; 284, 15—16; 262, 5; II p. 164, 18;
III p. 374, 12. quamquam hic illic consensus fortuitus esse
potest, quod I p. 108, 2; 254, 19; II p. 116, 12; III p. 90, 26;
92, 22; 106, 4; 178, 13**); 306, 10; 346, 22; IV p. 2, 7 ad-
cidisse puto, tamen negari non potest, nonnullos horum
errorum eius modi esse, ut artiorem aliquam necessitudinem
codd. P F arguant. hoc ita explicandum esse putauerim,
ut dicamus, errores illos iam in eo exemplari recensionis
antiquae fuisse, in quod Theon ipse mutationes suas intulerit,
ut archetypus editionis suae esset bibliopolaeque describen-
dum traderetur. Theon igitur eos non animaduertit, cuius
rei infra alia exempla adferam, et cum erroribus typo-
graphicis nostrorum librorum impressorum conferri possunt.

sed quamquam F Theoninorum longe optimus est, ceteri
quoque interdum alius alio loco solus cum P consentit, solus
scripturam Theonis genuinam seruauit. hoc in genere haec
collegi:

soli consentiunt P B I p. 166, 26; 270, 17; II p. 20, 24;
306, 27; 342, 14; 350, 15; III p. 46, 19; 134, 16; 168, 4;
228, 9 sq.; 308, 2; 376, 21; IV p. 6, 23; 82, 18; 90, 10;
106, 20; 124, 18; 132, 5; 152, 7; 198, 8; 218, 8; 222, 23;
236, 24; 244, 6; 256, 3; 310, 23; 326, 21, 23; 354, 19, 22.
loci paucissimi, ubi P B in erroribus conspirant, casui de-
bentur, uelut I p. 18, 4; 180, 11; 210, 18; 268, 1; III
p. 404, 6; IV p. 150, 17; 278, 2; 352, 11 (III p. 290, 12;

---

*) Cfr. II p. 228, 2, ubi contra B p φ, quibus addendus V
errore omissus, receptum est ἀλλ' ὡς.
**) Hic ἤ uncis liberandum est; nam fortuito errore omissum
est; cfr. III p. 170, 1; 172, 8; 174, 26; 368, 1. cum F b in mendo
fortuito conspirat *P III p. 366, 13, cum B* p II p. 110, 1.

876, 18, 22 nihil ualent, quia hic P postea ad similitr
codicis B correctus est). PV (exceptis III p. 838 — I
I p. 10, 19; 12, 1, 2; 34, 11; 60, 20; 66, 8, 9; 204,
218, 10; 280, 9; II p. 82, 9; 76, 15, 19; 102, 1; 1!
136, 18; 142, 25; 146, 2, 3; 150, 10; 180, 6; 200, 7; 3
($\overset{\circ}{o}$ τε pro τε $\overset{\circ}{o}$); 882, 27; 892, 24; III p. 20, 17; !
24, 9; 28, 10, 28; 34, 22; 42, 28; 66, 5, 11, 14; !
112, 1, 17, 18; 114, 22; 116, 13; 148, 2; 160, 16, 17; 1
164, 18; 168, 26; 178, 20; 182, 18; 190, 1, 17; 206,
216, 25; 234, 2, 11, 12; 238, 10, 20; 252, 18; 254, :
260, 13; 266, 25; 270, 1, 27; 276, 3; 284, 21; 326, 10; 3
878, 7; 884 app. 8; 400, 16; IV p. 136, 1; 142, 13; .
170, 18; 210, 14; 212, 8, 14, 22; 218, 7; 220, 10; 222,
240, 26; 242, 2; 268, 4; 308, 23; 312, 9; 328, 26; 3:
868, 27; 874, 19 (cum V omnino codici F affinis s!
mirum est, V in partibus, ubi F deest, saepius quan
solum cum P consentire); cfr. etiam I p. 10, 17; 2!
II p. 196, 4; 200, 9 (de quibus duobus locis cfr. tamen p. I
et II p. 156, 1, ubi correctio in V cum P congruit
pauci, ubi communes errores deprehenduntur, partim
sunt (I p. 58, 8; II p. 102, 15; 164, 18; III p. 224, 14; 2!
partim eius modi, ut casu factum esse possit (I p.
44, 2; 82, 4; 120, 8, 9, 11; 198, 18; II p. 166, 2; 1
III p. 58, 18; 108, 10; 116, 19; 250, 17; 254, 13; 2
IV p. 20, 4; 34, 19; 112, 11; 118, 5; 276, 9; 354, 11).

Pb I p. 86, 20; 92, 1; II p. 242, 8; 290, 14; 346, 11; :
874, 3; III p. 28, 15; 88, 12; 168, 14; 170, 9; 200, 24; !
258, 9; 270, 7; 274, 23; IV p. 10, 1; 16, 5; 24, 23;
30, 5, 6; 34, 5; 62, 14; 88, 21*); 100, 9; 102, 1, 9; 1(
118, 8; 250, 2; 252, 1, 26; 272, 11; 296, 18; 346, 1; !
370, 7; cfr. III p. 212, 17; IV p. 60, 18; 100, 8, 10; !
254, 11. errores communes fortuiti et leues I p. 4!
III p. 96, 7; 164, 7; IV p. 12, 12; 34, 2; 56, 15; 6
cfr. I p. 84, 8.

Pq IV p. 158, 2; 162, 15; 166, 7; 180, 13; 192, 1; 1!
204, 10; 208, 27; 224, 1, 4, 7, 8, 20; 226, 17; 228, 2

---

*) His igitur nouem locis V, qui in hac parte (IV p. ·
e b descriptus est (p. XXXII), scripturam ceterorum T!
norum habet, sine dubio e codice simili cod. B petitam (u.
contra IV p. 30, 12; 34, 13 casu V cum P solus consent

15, 27; 236, 1; 240, 18, 23; 246, 11, 13, 16; 266, 7; 282, 1;
334, 17; 338, 12; 370, 23; 378, 11, 23. errores fortuiti com-
munes IV p. 164, 5; 268, 7; 284, 23; 298, 6; 336, 20.
Uidimus igitur, regulam supra p. XXXV sub littera c
propositam interdum casu eludi. sed hoc idem in regulis a et b
fit; nam est, ubi P aut cum omnibus Theoninis aut cum com-
pluribus in erroribus apertis conspiret. hic illic fieri potest,
ut error Theonem fefellerit, sicut supra in F uidimus (p. XXXVII),
sed sine dubio multo plures casu in utraque codicum familia,
sponte orti sunt; et fere tales sunt, ut sexcenties a quouis
librario committantur. a certissimo exemplo incipiam. II p. 300, 8
enim P et φ (qui e V descriptus est; V autem hunc errorem
non habet) uerba quaedam in mg. habent; cfr. IV p. 186, 8.
hoc quoque ad totum genus errorum casu communium illustran-
dum utile est, quod in termino technico μέσης ἀποτομή factum
uidemus; nam cum genetiuus μέσης in P saepe seruatus sit,
etiam ubi in omnibus uel plerisque uel saltim uno et altero
Theoninorum falso ad ἀποτομή adcommodatus est, quasi sit
media apotome, non mediae (u. III p. 226, 21; 240, 3, 23; 242, 2, 5;
244, 26; 280, 12; 284, 19; 286, 1, 5; 290, 7, 22, 24; 308, 21; 314, 1;
334, 6, 8, 9, 11, 18; 336, 12; 344, 20; 346, 1, 15; 348, 2, 7;
350, 1, 2), tamen est, ubi idem error etiam in P irrepserit
(III p. 226, 7; 228, 2, 7; 230, 17; 238, 23; 284, 12; sed p. 280, 8
corr. m. 1), interdum etiam iis locis, ubi plerique Theonini
uerum tenent, id quod demonstrat, librarios solos in culpa esse.
eadem ratio est in συνίσταται — συνέσταται I p. 12, 14; 162, 18;
cfr. IV p. 68, 15; 290, 21; u. etiam IV p. 186, 24; in litteris
figurae I p. 78, 13; II p. 282, 12; IV p. 150, 17, 18, 25, 26;
152, 1; 200, 4, 6, 11; 250, 7; in homoeoteleutis II p. 250, 3;
III p. 330, 8; 402, 7, 20; in σύμμετρος — ἀσύμμετρος III p. 40, 23;
322, 14; u. praeterea I p. 76, 4 (cfr. IV p. 292, 1); I p. 196, 13;
II p. 38, 3 (cfr. IV p. 76, 19); II p. 68, 28; 72, 9; 76, 6;
188, 4; 206, 21; 210, 1 (cfr. p. 280, 3; 336, 12); II p. 320, 8;
392, 3, 17; III p. 20, 2; 208, 7; 246, 25; 276, 22; 338, 3; 376, 7;
396, 15; 398, 14; 408, 21; IV p. 4, 12; 154, 22; 194, 12. conferri
potest etiam II p. 96, 16, ubi res ob ordinem uerborum parum
constantem certa est. dubii loci sunt I p. 150, 27; IV p. 6, 8
et in οὔτω II p. 128, 8; IV p. 96, 11 (cfr. IV p. 106, 1), quia
de errore non constat. hic alios quoque locos colligam, ubi
scriptura dubia et insolita testimonio codicis P uniusque et
alterius Theoninorum defenditur. III p. 250, 5 μία μόνη P V,

μία μόνον BFb, sed p. 254, 1 μόνη in solo V est, sicut p. 242, 2; 246, 24; 248, 5; cfr. p. 236, 23 (ubi μόνον in P om., μόνη V et F, sed corr.) et p. 246, 5 (μόνη V et e corr. F); et p. 238, 23; 240, 23; 244, 26 omnes μία μόνον habent; sed μία μόνη etiam p. 238, 20 in PV legitur nec improbandum uidetur. pro διαιρεῖ Theon III p. 280, 21 futurum posterioris Graecitatis διελεῖ inculcauit et idem fecisse uidetur p. 48, 21; 160, 12, quamquam his locis forma insolita a librariis nonnullis in διέλη uel διέλῃ corrupta est; p. 276, 8 PV διαιρεῖ seruauerunt. sed p. 286, 14; 292, 16; 298, 1 διελεῖ in omnibus codd. est (etiam in P), nec hanc formam reiicere audeo, cum constet, aequabilitatem sermonis Euclidem minime secutum esse.*) ordo uerborum insolitus ἡ ΑΕ μέν III p. 382, 7 tot codd. bonis confirmatur (PBFb), ut eum quamuis dubitans relinquendum putauerim; itaque fortasse II p. 164, 17 τῇ ΚΑ μέν cum PF conseruandum (contra III p. 334, 15 PV solitum ordinem, BFb illum habent). conferri potest mirus ordo uerborum in ἴση μέν IV p. 92, 19, ubi B solus dissentit. at τὸ ΑΖ δέ, quod P III p. 10, 10 habet, non magis recipiendum quam ἡ ΒΕ δέ III p. 332, 7 e BFb. cum semper alibi πολλαπλασιάζειν legatur, II p. 186, 14 πολυπλασιάζειν recipere nolui; sed II p. 318 septies in P est πολυπλασιάσας, et quattuor locis (p. 318, 13, 15, 17, 18) eandem formam habet b. tamen crediderim, hic casum aliquem dominari, praesertim cum b non semper cum P conspiret. similis dubitatio est in forma οὐθέτερος, quam III p. 348, 19; 350, 4 praebent P et nonnulli Theonini, sicut I p. 2, 1 οὐθέν, et cum de forma per se dubitari nequeat (u. Curtius Leipziger Studien VI p. 189 sq.), a codicum testimonio discedendum non putaui; sed III p. 332, 21; 360, 11, 12 non est, cur e solo P recipiatur, ne p. 360, 18 quidem e PV; nam p. 360, 17 in V solo est, quae inconstantia casum prodit. III p. 266, 15 omissio satis dura in PBF defenditur simili loco p. 332, 10; quare potius in ceteris interpolatio quam in his error communis, qui explicari uix possit, statuenda est. in formula τὰς δύο γωνίας ταῖς δυσὶ (δύο) γωνίαις in conseruando τάς fere consentiunt

---

*) Hac de re conferri potest, quod II p. 6, 9; 60, 19 legitur σύνδυο λαμβανόμενα καὶ ἐν τῷ αὐτῷ λόγῳ, cum II p. 60, 24; 62, 20, 24; 64, 2; 66, 7 καί omittatur; p. 66, 14 καί e P recipi poterat. item II p. 250, 24; 260, 22 in omnibus est οὐ pro solito μή; quare II p. 290, 14 οὐ e Pb recipere non dubitaui.

codices (u. tamen I p. 26, 19 Pbp), cum a Proclo omittatur
I p. 56, 22; 62, 2 et melius absit*); ταῖς uero saepius omittunt
(I p. 16, 9; 18, 19 Ppb; p. 28, 13 Pp; p. 56, 22 Proclus,
p. 58, 24; 60, 2; 62, 2; 66, 10; 308, 25; IV p. 120, 26 omnes uel
meliores); itaque etsi interdum in bonis codd. (I p. 60, 22;
276, 19) uel etiam in omnibus (I p. 26, 13, 19; IV p. 320, 2)
legitur, fortasse ubique delendum. angulum significari posse
ἡ ὑπὸ τῶν ΑΟΜ, nunc uix crediderim; itaque III p. 294, 3
τῶν, quod in Pb est, cum BFV deleo; qui error quam promptus
fuerit librariis — nocuit τὸ ὑπὸ τῶν ΑΟΜ, h. e. ΑΟ✕ΟΜ—,
demonstrant loci, quales sunt III p. 298, 11 (BFb), IV
p. 20, 24 (P). ne αἱ ΒΑΓ, ΑΓΒ quidem (omisso ὑπό) ferri
posse credo, etsi I p. 44, 21 in Pp, F m. 1, IV p. 350, 5 in P
et BV m. 1 ita traditum est. hic adtigi quaestionem paruam
illam quidem, sed ei non prorsus neglegendam, qui aliquando
lexicon mathematicum Graecum scripturus est, quae est de
formulis mathematicorum Graecorum in rebus mathematicis per
litteras notandis. non dico de ordine ipsarum litterarum; neque
enim hic locus est promendi, quae de ea re collegi**), quam-
quam hoc quoque cum aestimatione codicum coniunctum est.
sed duas alias res huc pertinentes tractabo. primum constat,
Graecos in producto siue rectangulo significando dicere τὸ ὑπὸ
τῶν ΑΒ, ΒΓ; sed interdum in codd. media littera duarum
rectarum communis semel tantum ponitur, ut sit τὸ ὑπὸ τῶν
ΑΒΓ, id quod in angulis semper fit (ἡ ὑπὸ ΑΒΓ h. e. ∟ΑΒΓ).
et hoc in codd. optimis tam saepe reperitur, ut uix reiiciendum
sit (III p. 54, 9; 96, 16, 24; 98, 1, 26; 100, 8; 102, 16; 108, 3;
122, 17, 18; 180, 8, 4; 182, 15; 188, 7; 190, 9 sq.; 192, 17; 194, 1;
196, 9; 204, 24; 206, 1; 326, 2; IV p. 26, 14 sq.; 248, 15 sq.;
278. 5 sq.; 286, 2; 294, 25; 368, 25 al.; recipiendum I p. 296, 3;
II p. 52, 4, 5; V saepius quam ceteris formam ΑΒ, ΒΓ retinet),
quamquam inconstantia codicum in tali re nonnihil offendit
IV p. 368, 25 idem uersus utramque formam coniungit). alterum

---

*) Non debui tamen IV p. 120, 26 uncis includere (u.
p. 121 not.).
**) Hoc tantum breuiter indicabo, mathematicos Graecos
in rectis, angulis cet. per litteras significandis id non spectasse,
ut eadem res semper iisdem litteris eodem ordine notaretur.
litteras eo ordine sumebant, quo in quoque loco ei sese offere-
bant, qui demonstrationem in figura digito sequebatur.

est articulus uel positus uel omissus ante litteras uelut το ἀπὸ
[τῆς] ΓΔ τετράγωνον, τὸ ὑπὸ [τῶν] ΑΓ, ΓΒ περιεχόμενον ὀρθο-
γώνιον, ὡς ἡ ΑΒ πρὸς [τὴν] ΓΔ οὕτως ἡ ΑΕ πρὸς [τὴν] ΓΖ.
hic quoque tanta est exemplorum copia, ut articulus non semper
retineri possit, quamquam hic quoque codices parum sibi con-
stant (V saepe solus articulum habet, uelut III p. 204, 12 sq.;
IV p. 262, 18 sq.; 280, 23; 282, 12; 288, 4; 366, 13; 370, 4;
372, 9; 380, 8; cum aliis paucis IV p. 278, 5; 282, 11; 284, 3).
non raro in P solo deest (I p. 124, 25; 130, 24; 144, 19; 150, 2;
158, 12, 27; 258, 6; 296, 9; II p. 52, 7, 9; 54, 25 sq ; 56, 22, alibi
sexcenties), etiam ubi articulus abesse non potest (II p. 136, 2, 11);
sed rursus aliis locis cum V eum retinet (II p. 86, 15 sq.;
88, 10 sq.; 104, 16; 106, 13 sq.; 110, 1 sq.; 112, 11 sq.; 116, 12 sq.;
146, 2 sq.; 170, 24); II p. 314, 12 P cum bq (u. II p. XIV),
III p. 50, 7 cum b articulum omittit, IV p. 238, 10 solus,
p. 238, 12 cum melioribus. in tanta inconstantia rem in medio
relinquam et iam ad propositum reuertar; restat enim in com-
paratione codicis P et Theoninorum casus alter

II. P et omnes Theonini dissentiunt. tum
a) si Theonini etiam inter se dissentiunt, P semper fere uerum
habet, Theonini uarie post Theonem interpolati sunt. exemplo
sint I p. 250, 9; 332, 8; II p. 40, 9; 88, 3; 234, 17; 382, 7;
III p. 30, 1; 100, 5—6; 108, 8; 126, 12; 202, 19 (ubi ἐστιν
delendum); 238, 14, 17; 250, 16; 328, 1; 404, 4; IV p. 2, 7*);
36, 25; 64, 6; 90, 19; 174, 8; 196, 22; 254, 26; 302, 14.
etiam II p. 164, 8 scriptura codd. PF eo confirmatur, quod
reliqui Theonini non consentiunt; praeterea conferri potest
IV p. 138, 16 ubi HZΔ P, ḦŻΔ F, ZHΔ V, HΔZ Bq.
hic enim scriptura codicis P et eo confirmatur, quod BVq
inter se dissentiunt, et quod F m. 1 cum P consentit; nam
in F interdum ordo litterarum cum P consentiens punctis
in uulgarem mutatus est (II p. 176, 12, 17; III p. 192, 16;
IV p. 130, 19), nec dubito, quin loci huius generis iis ad-
numerandi sint, quibus F a m. 2 ad formam uulgarem re-
dactus est (u. supra p. XXXVI). itaque III p. 144, 28 ΑΒ
e P et F m. 1 recipi potest.
b) si Theonini omnes inter se contra P conspirant

---

*) Cfr. IV p. 16, 12 et p. 20, 6, ubi fortasse τῷ αὐτῷ e P
recipiendum.

α) aut in Theoninis communis error est, qui ad Theonem referri non potest (quamquam hic illic fieri potest, ut eum mendum aliquod latuerit, cum archetypum editionis suae concinnaret), sed interdum sponte in omnibus fortuito ortus est (uelut I p. 280, 23; II p. 36, 7 — collato p. 34, 4 —; III p. 246, 25; 344, 5; 346, 4; IV p. 200, 5; 234, 21), saepius autem ad commune nostrorum codicum archetypum referendus est (I p. 58, 15; 288, 16 — cfr. lin. 2 —; 258, 8; 262, 5; 276, 14; II p. 30, 5; 34, 24; 44, 24 — cfr. lin. 3 —; 62, 26 — cfr. p. 66, 16 —; 80, 6; 114, 8; 118, 18; 126, 17; 136, 19; 150, 12; 204, 24; 232, 4; 252, 1, 22; 282, 6; 292, 8; 296, 6, 7; 330, 2; III p. 28, 26; 40, 11; 56, 16; 68, 6; 90, 16; 104, 20; 304, 8; 384, 18; 412, 10, 11; 414, 22; IV p. 26, 19 — ubi scriptura cod. P recipienda est —; 64, 7 — cfr. lin. 8 —; 94, 1; 124, 11; 148, 22; 162, 21; 166, 8—9; 220, 2; 252, 5; et fortasse etiam II p. 116, 2; 120, 16; 172, 10; 350, 18; III p. 314, 11; IV p. 30, 24).[*] huc ii quoque loci pertinent, ubi in litteris figurae erratum est in Theoninis, qui saepe dissensu erroris suspicionem confirmant (u. I p. 242, 12; 244, 8, 14; 250, 19; 264, 6; 292, 21 sq.; 304, 7 sq.; 314, 10; II p. 406, 8 sq.; III p. 88, 4; 98, 11; 134, 17; 140, 13 sq.; 142, 2 sq.; IV p. 26, 14, 15; 86, 16; 94, 5 sq.; 250, 8 sq.; 260, 22; 312, 7 sq.; 322, 18; 358, 16 sq.).

β) aut in P mendum fortuitum, uelut I p. 166, 17; 168, 6; II p. 86, 24; 356, 18; III p. 192, 10; 198, 10; 274, 8; 284, 10; IV p. 200, 8; 288, 16; 334, 4 et sine dubio etiam I p. 54, 4; II p. 90, 19; in litteris I p. 166, 25; 190, 22. minutias colligere supersedeo.[**] hoc tantum addam, saepe aliquid in P excidisse, plerumque propter ὁμοιοτέλευτον; u. I p. 32, 15; 72, 25; 74, 1; 94 17; 156, 21; 160, 6; 192, 8—5; 194, 13, 17; 298, 15; 318, 10; II p. 224, 17; 234, 2; 274, 21; 312, 8, 9; III p. 248, 12; 268, 12; 270, 7; 288, 11; 302, 6; 320, 16; IV p. 118, 24; 144, 13; 238, 1; 242, 4; 266, 22; 304, 8; fortasse etiam I p. 60, 4 (cfr.

---

[*] Non adfero III p. 374, 5, 8, quia totus ille locus in P stea additus est.

[**] De scriptura τρίτον I p. 314, 19, 22 dubitari potest; que enim per se peruersa est; u. Archimedis opp. III p. IV; I p. 314, 18 τρίτον etiam in P est.

p. 60, 24); 118, 19; 156, 22; 176, 18; II p. 88, 28; 268,
III p. 222, 8; 316, 2; IV p. 336, 5.*)

γ) aut P interpolatus est, uelut I p. 2, 14; 64, 20; 72,
74, 11, 20; 128, 4; II p. 62, 18; 202, 8 sq.; 260, 8; 324, 6
390, 10; III p. 212, 8; IV p. 244, 15; 282, 26; 300, 2;
enim locis de interpolatione uix dubitari potest.
quanto incertiores hi loci sunt II p. 24, 8**); 204,
III p. 96, 1; 108, 7***); et loci haud ita pauci, ubi i
eiusdem modi additamenta deprehendimus, qualia m
Theoni infra uindicabimus (τρίγωνον II p. 128,
IV p. 14, 8†); εὐθεῖα I p. 34, 13, 14; IV p. 142,
ἐπ᾿ εὐθείας I p. 42, 14; γωνία I p. 250, 9, 19; 252,
256, 18; 264, 7; II p. 92, 15; 180, 20; τετράγω
p. 150, 23; πλευρά II p. 138, 23; χωρίον III p. 290,
μήκει III p. 260, 12; σύμμετρος III p. 56, 15; ὁ
I p. 228, 20; στερεόν IV p. 76, 19; βάσις IV p. 110,
ὁμοίως III p. 82, 18; πάλιν I p. 148, 3; 252, 11;
I p. 8, 15; πεσεῖται I p. 170, 14; ἐστίν I p. 64, 7; 264
II p. 96, 18; 146, 7; III p. 78, 10; 92, 5; 96, 15,
108, 14; 120, 6; 126, 12; 128, 5; 146, 11; 168, 12; 170,
174, 3; 186, 20; 230, 9; 252, 7; 258, 22; 290, 2; 380,
384, 16; εἰσίν III p. 78, 1). sed etsi de uno et al
loco antea aliter censui et etiam nunc dubito††), tam
si summam spectes, nunc quidem credo, haec o
interpolationibus codicis P tribuenda esse, cum rep

---

*) De I p. 130, 8; 132, 20; 148, 20 nunc dubito uellem
uerba ibi in P omissa uncis inclusa esse; nam facillime
plicatur, quo modo Theoni in mentem uenerit ea addere,
facile in P excidere potuerunt.

**) Nam F fortuito tantum cum P consentire, ostendit or
uerborum parum sibi constans.

***) Saltim Theonis nomen in notis criticis tam confide
ponere non debui, id quod etiam in nonnullis locorum
quentium ualet.

†) I p. 98, 18 τρίγωνον aegre caremus; nam sicut cert
est, Euclidem aliquando dixisse τὸ ΑΒΓ τρίγωνον τοῦ ΑΕ
et similia (u. infra), ita forma τὸ ΑΒΓ τοῦ ΑΕΓ τριγώνου
modum dubia est.

††) Uelut ἔσται II p. 56, 10; 58, 8 ob consensum horum
corum fortasse recipiendum fuit. rursus constantiae cod. P
δή post ὁμοίως addendo II p. 24, 1; 28, 12 non tantum tribu
ut δή, quod uix Graecum est, recipiam.

quam procliue fuerit librariis talia addere (III p. 846, 19
χωρίον in P manu 1 deletum est; librarius igitur inter-
polationem, quae ei sub stilum uenerat, ipse temperi
animaduertit); nec intellego, aut cur Theon haec delere
uoluerit, aut quo modo librarius archetypi nostrorum
codicum Theoninorum in omittendo, quae ne minimam
quidem offensionem haberent, immo saepe orationem
planiorem redderent, tam saepe peccare potuerit. multo
facilius intellegitur, cur librarius codicis P haec addiderit.

δ) aut denique mutationem ipsius Theonis habemus; — ὅπερ
προέκειτο εὑρεῖν.

Quas mutationes Theonis cum perlustrauerimus, inueniemus,
ut par est, eum in Elementis edendis nihil fere mutasse, nisi ubi
causam aliquam, interdum futilem illam quidem, et quae nobis
non probetur, sed aliquam tamen, qualiscumque esset, sibi
habere uisus esset. et quamquam de meritis eius non nimis
honorifice iudico, tamen a me impetrare non possum, ut dis-
crepantias leuissimas, ubi et scriptura Theoninorum et ea,
quam P praebet, per se bona est et probabilis, Theoni tribuam.
quare iis locis, ubi ne minima quidem excogitari potest causa,
cur Theon, si scripturam codicis P ante oculos haberet, eam mu-
tauerit, non statim codici P principatus debetur, nisi constantia
quaedam in discrepantiis ostendit, eas non in casu aliquo, sed
in uoluntate positas esse. in iis, quae ἀδιάφορα sunt, eandem
legem, quae in rebus criticis omnino regnat, sequendam puto,
scilicet ut uetustati fontium ius suum seruetur. et uetustiores
esse fontes editionis Theoninae negari non potest. nam non
solum palimpsestus Londinensis, qui cum ceteris codd. nostris
artissima cognatione coniunctus est, duobus saeculis minimum
antiquior est codice P, sed etiam reliqui Theonini eo modo
inter se cohaerent, ut ab archetypo communi, quod inter eos
et ipsam editionem Theonis interesse supra p. XLIII demonstraui,
compluribus membris mediis dirempti esse iudicandi sint; quare
cum ipsi codicem P aetate uel aequent uel superent, arche-
typum illud longe eum superat. itaque eo magis ratio habenda
est mutationum, quibus librarios interpolatoresque (nam horum
quoque manus supra p. XLIV deprehendimus) editionem anti-
quam. cuius testem solum cod. P habemus, inquinauisse ueri simile
est.*) negari non potest, rationem, quam exposui, hoc habere

_____

*) Hanc sententiam cum in studiis Euclideis p. 180 ad-

incommodum, quod iudicium de editione Theonis non semper
causis certis confirmari possit, sed ex opinione probabilitatis
interdum pendeat, quo fit, ut multa arbitrio relinquantur. haec
qui considerauerit, non mirabitur, me de multis locis iudicium,
quod in ipso opere concepissem, eo absoluto, cum omnia clariora,
collecta, ad perlustrandum promptiora essent, paullatim mutasse.
sed hoc incommodum eo minuitur, quod ii loci, de quibus du-
bitari potest, plerumque non magnum momentum habent, et
quod de editione Theonis omnino probabilitate sola iudicamus,
quoniam ueri simile est, multas scripturas, quas nunc e nostris
codd. Theoni tribuimus, pluribus codd. Theoninis collatis Theone
posteriores inuentum iri.

earum discrepantiarum, quas $\dot{\alpha}\delta\iota\dot{\alpha}\varphi o\varrho\alpha$ uocaui, et in quibus
Theoninos, non P, sequendos esse existimaui, quia Theoni im-
putari non possunt, haec sunt exempla potiora I p. 182, 7;
264, 5 ($\tau o\tilde{\iota}\varsigma \delta\acute{\epsilon}$); 274, 7; II p. 118, 11; 122, 8; 186, 1, 8; III
p. 290, 1, 2; 312, 3; 320, 28, 29*); in litteris I p. 102, 22;
II p. 28, 1, 4; 126, 18; 410, 21; III p. 38, 14; 320, 15; IV p. 22, 2
(III p. 162, 4; IV p. 40, 26 fortasse scripturam codicis P re-
cipere non debui); minutias omisi. in ordine uerborum maior
est numerus locorum: I p. 188, 14; 172,·10; 198, 19—20; 208,
21—22; 228, 24; 232, 8—9; 282, 1; 328, 17; 330, 11**); II
p. 32, 13; 42, 15; 394, 4; III p. 70, 19; 92, 23; 190, 3; IV
p. 34, 22; 70, 9—10; 122, 18. scripturam codicis P dubitanter
recepi his locis, qui fortasse melius huic classi adnumerandi
erant: III p. 48, 3; 174, 11; 214, 4; 230, 6; 232, 8 (ubi tamen
propter F magis ad partes codicis P inclino); 312, 14; 384, 17;
IV p. 128, 7; 130, 10, 12. in rebus orthographicis nullum est
momentum codicum. quare II p. 192, 6 $\alpha\iota\epsilon\acute{\iota}$ pro $\dot{\alpha}\epsilon\acute{\iota}$ Theoni
tribuere non debui. qui inconstantiam codicum hac in re
cognoscere uelit, comparet IV p. 144, 9; 146, 20; 148, 6, 18;
166, 9; 190, 13; 198, 8; 214, 4, 8, 17, 18, 24; 244, 25; 312, 28;
314, 9, ubi inter $\dot{\epsilon}\lambda\acute{\alpha}\sigma\sigma\omega\nu$ et $\dot{\epsilon}\lambda\acute{\alpha}\tau\tau\omega\nu$ ita uacillant P et Theonini,

---

umbrassem, quaedam oblocutus est H. Weissenbornius Philol.
Anzeiger XV p. 39; sed mihi non persuasit. quare sententiam
meam pluribus explicandam duxi.

*) Nam consensum codicis V fortuitum esse, ostendit ipsa
inconstantia.

**) Hoc loco fieri potest, ut ordinem Theon mutauerit ob
sententiam relatiuam.

)rmam semper restituere non tanti esse putauerim;
ι curaui, ne duae formae nimis inter se eodem loco
ıtur.

p. 338, 4 — IV p. 4, 23 eadem prorsus ratio est,
.bi praeter P etiam V editionem antiquam praebet;
bio Theonis e PV prorsus eodem modo iudicanda
libi e P solo. inter Theoninos hic quoque F ad
ɔ antiquam (PV) proxime adcedit (III p. 340, 4;
4, 4; 408, 8; 410, 22); cum V solo in rebus leuissimis
ıtit III p. 344, 8; 348, 13; 350, 1, 4; 358, 8; 364, 19;
8, 5; 410, 2. item casu factum est, ut consentiant
348, 16 et (in numeris propositionum) p. 356, 8;
:6, 14; Vb III p. 364, 12; 370, 9; 406, 13; 414, 9;
. 352, 17; VFb III p. 358, 5; 360, 1; 370, 10 (rursus
17 fieri potest, ut τε in Pb sponte interpolatum
)rroribus certis codicum PV u. supra p. XXXI. de
: et de ἐστίν in Theoninis omisso p. 350, 5; 362, 18;
)itare licet; cfr. etiam p. 414, 1. cum P aliquanto
juam V (hic proprios errores habet III p. 338, 22;
22; 346, 10, 15; 348, 18, 19; 350, 3; 352, 1, 9, 11;
356, 15, 18; 358, 2, 10; 360, 6; 364, 1; 366, 5, 6;
; 406, 19; 408, 10, 21; 410, 14; 414, 12, 21, plerumque
s et iam a manu 1 correctos; ἀδιάφορα sunt III
348, 19; 358, 19; 364, 5), et cum III p. 414, 16 V
ιterpolatus sit, quaeritur, num alicubi V et Theonini
unem interpolationem habeant. hoc factum esse
. 342, 6; 360, 8, et p. 410, 5 quidem interpolatio
rope certa est (etiam p. 410, 25 αὐτοῖς in PV for-
)olatum est).

s (p. XXIV), librarium codicis P siue potius archetypi
ıonem antiquam dare uoluisse. itaque si scribendi
:polationesque remouerimus, de integritate scripturae
ıae non est, cur dubitemus, ne ibi quidem, ubi
ι manu prima statim facta est (uelut I p. 18, 25;
, 21; 108, 2; 112, 12; 124, 24; 194, 19; 200, 17;

—

)rrectura V consentit cum F III p. 364, 1, cum B
m b p. 360, 11, cum Bb p. 348, 19; 350, 3; 408, 16,
nis omnibus p. 338, 20; 348, 15; 350, 7—8; 352,
358, 20; 360, 14; 364, 2; 366, 11; 410, 18. III
: de collatione dubito.

202, 12; 218, 6; 220, 8; 288, 21; II p. 20, 25; 30, 8; 50, 13;
142, 20; 314, 7, 24; 316, 3; III p. 202, 19; 322, 23; 324, 14
334, 14; 366, 2). sed multis locis manus 1 postea alio ar
mento correcturas fecit, maxime addendo, quae in textu de
derantur; et ex ratione scholiorum libri primi constat, h
manum primam posteriorem nouis fontibus usam esse (nam
scripta sunt scholia libri I, quae P solus habet). ita
uidendum, ne in supplementis illis codice Theonino usa
et quamquam saepe emendationes huius manus aperte u
sunt et certa menda tollunt, siue eas ex archetypo ipso co
P siue e libro aliquo Theonino sumpsit (u. I p. 68, 2; 100,
104, 15; IV p. 14, 3; 182, 2; 248, 9; 256, 9; 346, 18; 370, 18,
tamen saepius etiam talia supplet, quae et superuacua
et difficulter errore librarii non oscitantis in P excidere pote
eius modi additamenta in primis sunt demonstrationes ab
X, 1, 6, 9 (III app. 1—3; nam etiam III app. 2 a ma
posteriore in mg. addita est); haec cum sine dubio e
Theonino interpolata sint, idem factum esse potest I p. 4
cfr. 102, 19; p. 60, 25; 74, 9; 106, 1; III p. 148, 9, 11; 182,
272, 17; 316, 24; 332, 22; IV p. 28, 19; 58, 1 (η̃); 60, 4; 10
140, 24; 252, 9; 260, 16; 288, 16; 336, 12; 376, 21; nam
locis omnibus manus 1 postea*) supplementa addidit,
nunc damno, quamquam hic illic additamenta illa sine
spicionis nota praetermisi. cum toto hoc genere conferri pot
etiam correctio IV p. 32, 8 in P mg. a manu prima post
adscripta.

manus recentioris, quae et ipsa in P quaedam correxit, nu
prorsus auctoritas est; nam apertissime scripturas Theoninor
inuexit, uelut in VI, 33 (u. praeterea I p. 66, 1; 138, 13; 196, 1
232, 4; II p. 16, 19; 142, 20; 206, 8; 258, 13; 268, 10; III p. 10, 1
120, 19; 150, 7 sq.; 152, 20 sq.), easque e libro Theonino
optimo sumpsit (u. I p. 234, 1; II p. 206, 15; 228, 16).

---

*) Alia res est, ubi man. 1 in P statim quaedam
addidit, quae interpolationem sapiunt, uelut I p. 14, 22; 86, 1
XII, 16 coroll. (IV p. 228 not. crit.; cfr. V p. XVIII); I p. 14,
V fortuito cum P consentit. de interpolationibus quibusda
quas Theonini in uerbis Euclidis, P in mg. tantum habet, post
uidebimus. — II p. 400, 11 of A, Γ fortasse postea add.
manu 1. IV p. 374, 13 additamentum a man. 1 postea factum
fortasse omitti potest, praesertim cum etiam in V in mg. si

Iam restat, ut de cognatione codd. Theoninorum a me usurpatorum — nam de reliquis Theoninis a me hic illic inspectis alio loco agam — paucis exponamus. quamquam constat, codd. FBVbpq omnes a communi archetypo, quod ipsa editione Theonis recentius est, deriuatos esse (u. supra p. XLIII), tamen ex iis locis, quos p. XXXVI sq. adtuli, adparet, eos inter se alium ex alio descriptum non esse. qui enim, si ita esset, fieri posset, ut singuli multis locis soli cum P in scriptura genuina consentirent? de solo p ibi non dixi; quare hic ab eo incipiam. p igitur cum B artissima cognatione coniunctum esse, ostendunt scripturae horum codicum fere conspirantes, etiam in erroribus memorabilibus, ut ἐπιφάνειαν pro ἐπαφήν I p. 288, 4. neque tamen credo, p ex ipso B descriptum esse. obstant enim loci aliquot, ubi Pp consentiunt: I p. 28, 13; 134, 5; 174, 8; 188, 14; 288, 10; II p. 184, 2; per se minus ualent I p. 8, 19; 46, 11; 134, 20; 182, 7; II p. 208, 21; 266, 19 et in litterarum ordine consensus I p. 124, 11; 126, 22; 132, 21; 138, 22, 25; 144, 17; 148, 22; 162, 6, 8; 192, 21; 198, 23; 202, 13. 21; II p. 54, 28; 264, 14. errores communes plerumque fortuitos adnotaui hos: I p. 60, 15; 122, 26; 204, 3; 298, 23; II p. 192, 8; 268, 14 et praeterea I p. 138, 5, ubi consensum mero casui deberi adparet ex p. 142, 4. etiam I p. 136, 6 tunc credo, οὖν fortuito in ambobus interpolatum esse. I p. 6, 3 Pbp soli consentiunt in uero ordine uerborum. rursus scholium ad VII, 39 (II app. p. 432) initio libri VIII in textum receptum coniunctionem quandam cum V significat.

ceterum stemma codicum FBVbq dari non potest; nam et in consensu et in dissensu tanta est horum codicum inconstantia, ut adpareat, eos eodem fere gradu ab archetypo distare, huc adcedit, quod codicum familiae correcturis inter se permixtae sunt. uelut in V, cuius librarium in quadam saltim parte codice codici P simili usum esse ostendimus, etiam alibi uestigia sunt, quae eo ducunt, ut putemus, cum ex hoc codice correctum esse. nam additamentum in IX, 19 (u. infra p. 406 cet. 1) uix ex alio codice petitum esse potest; quare idem fons est additamenti secundi in IX, 19 (u. ibid.), quod etiam ex F sumptum esse potuit. contra interpolatio manifesta in IX, 30 infra p. 408) aliunde est petita. haec tria additamenta deinde in f in textum recepta sunt. eodem refero, quod III p. 122, 6; IV p. 198, 17 aperta menda codicis P solius in V illata sunt correcturis; cfr. I p. 54, 11; III p. 70, 3; IV p. 290. 13. sed

librarius in codice V corrigendo etiam alium codicem usurpas
nam in additamentis illis IX, 19 et 30 adscriptum est manu.
ἐν τῷ βιβλίῳ τοῦ ἐφεσίον οὐ κεῖται (οὐ om. f), ἐν τῷ βιβ
τοῦ ἐφεσίον οὐχ εὑρέθη (sic etiam f), τοῦτο ἐν τῷ βιβλίῳ
ἐφεσίον οὐκ ἔνι (om. f), quae uerba librarius postea adies
cum V correctum cum nono exemplari conferret. quis f
ille Ephesius saeculi XII diuinare non possumus. commemora
etiam ad X, 23 coroll. in V (III p. 69 not.): τὸ δὲ ἑξῆς
εὑρέθη ἐν τῷ βιβλίῳ τοῦ ἐφεσίον καὶ ἐκατήθη*); quae ibi si
ficantur uerba, in P leguntur, sed alio loco, in FBb omittu
nisi quod in B addita sunt m. 2. correcturae codicis V m
cum B consentiunt (I p. 72, 7; 212, 18 ἐν ἄλλῳ οὕτως γράφε
cfr. II p. 198, 13), modo cum F (I p. 64, 11 et saepius, ub
m. 1 cum P congruit); I p. 8 extr.; 92, 9; 278, 12; II p. 52, 9—1
V m. 2 cum PF consentit. inter V et q cognationem aliqu
esse, in scholiis certe, adparet ex scholio ad I, 30 nr. 109,
uerba καὶ τὸ λ' ἀποδείκνυσι p. 179, 9 in Vq bis leguntur, cu
rei causa est, quod in medio scholio in V interpositum
(post ἀποδείκνυσι) additamentum illud I p. 72, 7 not. crit. d
praeterea errores communes IV p. 196, 3, 21; 248, 11; 268, 3
378, 24. de F hoc memorabile uidetur, interdum manum 1 int
polationes Theoninorum deteriorum inuexisse uideri (I p. 80, 1
III p. 110, 21; 264, 19); sed ob paucitatem locorum res ince
est. F m. 2 interdum memorabiliter cum b congruit (III p. 102,
156, 12; IV p. 40, 13; cfr. p. 36, 9, 25 et p. 2, 7); rursus in
III p. 102, 4; IV p. 36, 9, 25 scriptura codicis F in mg. est (
a m. 1. B m. 2 persaepe corrigendo scripturas codicis P i
culcat, uelut III p. 216, 7; 218, 14; 240, 21; 260, 12; 306,
314, 11; 320, 20; 326, 8; 334, 8; 410, 25; IV p. 148, 22 et fal
p. 380, 6; cum PV consentit III p. 412, 22; IV p. 2, 12; 34, 1
222, 17 et falso p. 290, 13; B m. rec. et F I p. 242, 2. error
notabiliores codicum Bq communes sunt IV p. 166, 19; 196, 1
208, 17; 214, 16, 27; 222, 17, codicum Bb II p. 370, 8; 372, 7
374, 14; III p. 112, 1 alibi. in b interdum scripturae codicis
correctura restitutae sunt, uelut IV p. 310, 27; 312, 13; 316, 1
324, 22; 328, 15 (bq consentiunt IV p. 326, 6, 16; 328, 3
IV p. 104, 28 Fb corollarium omittunt soli (addidit in b manu
prima).

---

*) Nescio, an κατεῖν significare possit: cum contempt
reiicere.

denique palimpsestus L semper fere cum B consentit, etiam
in mendis apertis (u. Philologus XLIV p. 366), uelut III p. 48, 5, 7;
92, 23; 94, 4, 7; 96, 2, 6, 7, 16; 240, 10, 15; 242, 8, 12; 244, 4;
358, 24; 360, 1; 362, 11; IV p. 298, 5, 26. discrepantiae paucae
et fere leuissimae sunt (III p. 46, 5, 8, 19; 94, 13, 24, 25; 96, 12;
242, 20, 22, 23; 244, 2, 3, 4, 6; 358, 19, 20, 23, 25; 360, 8, 16, 19;
362, 1, 9, 13; IV p. 296, 22, 23; 298, 1, 3, 5, 11, 23 in solo *r*
positae sunt, quod in L semper fere in ἐστιν et εἰσιν additur;
paullo maiores sunt III p. 48, 7; 92, 21; 96, 3, 9, 13, 19, 20;
242, 11; 244, 9; 358, 21; 360, 8, 13, 23; IV p. 296, 13, 18;
errores in solo L reperiuntur III p. 94, 5, 8; 240, 22; 242, 7;
360, 8, 24; IV p. 296, 3, 8, 17, 18; 298, 12).

Horum igitur codicum ope nobis licet codicem P com-
parantibus de editione Theonis ueri similiter iudicare, sed ueri-
similitudine quadam contenti esse cogimur. nam primum saepe
difficile est diiudicatu, utrum scriptura codicis P re uera genuina
sit, reliquorum a Theone illata, an hi Euclidis manum prae-
beant, P errorem. deinde fieri potest, ut inter codices Theoninos,
quos conferre non potui, unus et alter sit, qui alicubi ad P
propius adcedat quam mei, id quod iudicium de scriptura
Theonis mutaret. omnino credibile est, editionem Theonis
minus a P discrepasse, quam Theonini mei ostendant, quoniam
constat, eos communi archetypo ab illa diremptos esse. sed
cum et antiquissimi sint et tam inter se dissimiles, ut commune
illud archetypum, quod ex eorum scripturis restitui potest, longo
temporis interuallo a Theone distare non possit, sperare pos-
sumus, nos iam nostrorum codicum auctoritate confisos in uni-
uersum recte de mutationibus Theonis iudicium facere posse,
etiamsi codices postea collati scripturam aliquot locorum mu-
taturi sint.

iam igitur ad mutationes Theonis colligendas editionemque
eius restituendam transeamus.

Cap. II.

De recensione Theonis.

Primum igitur Theon, ubi in codicibus suis aliquid inuenit,
quod contra mathematicam peccat, errorem, ut editorem decet,
emendare conatus est. lacunas tamen incuriasque, quae in
libris stereometricis maxime occurrunt, non animaduertit. hoc
eius studio rarissime tantum opus erat, quia rarissime eiusmodi

d*

errores uel ab Euclide uel a librariis commissi sunt; recon-
ditiores enim, ut dixi, non intellexit. huius generis conatus
Theonis his locis inueni:
VI, 19 Euclides corollarium addidit uix satis ipsa pro-
positione confirmatum. quare id Theon mutauit τρίγωνον pro
εἶδος reponens et genuinum corollarium post VI, 20 demon-
stratione addita collocauit; cfr. II p. 181 not.
IX, 19 recte intellexit, conclusionem p. 384, 18 sq. falsam
esse, siue Euclides ipse, quod magis crediderim, siue librarii
errauerunt (si librarii in culpa sunt, totam demonstrationis
tenorem mutauerunt, quod parum credibile est, si Euclides
uerum dederat). quare totam demonstrationem immutauit, sed
parum feliciter; neque enim eum casum pertractat, ubi Δ, B, Γ
deinceps proportionales non sunt; ea ipsa de causa in προτάσει
scripsit εἰ pro πότε (p. 384, 3, 6); cfr. II p. 385 not.
In VIII, 4 autem quod ἀνάλογον in plerisque Theoninis
omittitur, uix emendationi Theonis debetur; nam p. 278, 18;
280, 14 in V additum est a manu 1, in q in textu est. et
fortasse usus insolitus uerborum ἑξῆς ἀνάλογον defendi potest
(II p. 279 not.).*)
IX, 11 corollarium prorsus necessarium omisit, credo, quia
ob errorem scribendi p. 862, 11 κατὰ τόν pro ἐπὶ τό sensum
non perspiceret. etiam IV p. 336, 19 ob scripturam mendosam
(quid in P fuerit, nescimus, sed rasura ipsa ostendit, aliquid
peccatum fuisse) coniecturam uiolentam nec uerisimilem (ἀλλ'
οὐδὲ ἄλλων δύο) periclitatus esse uideri potest.
His locis igitur, etsi uerum non uidit, aliquid tamen in
emendando secutus est et recte errorem subesse perspexit. alibi
autem sine causa uerba Euclidis falsa ratus prauo iudicio mu-
tauit, quae diligentius consideranti recte uel saltim cum ex-
cusatione iusta scripsisse Euclides uidetur. cuius generis haec
habeo exempla.
III, 24 p. 226, 8 sq. ἤτοι ἐντὸς αὐτοῦ πεσεῖται ἢ ἐκτὸς ἢ
παραλλάξει ὡς τὸ ΓΗΔ, καὶ κύκλος κύκλον τέμνει κατὰ πλείονα
σημεῖα ἢ δύο· ὅπερ ἐστὶν ἀδύνατον, quae habet P, optime in-
tellegi possunt, quamquam, cum uerba καὶ κύκλος — δύο ad
postremum tantum membrum (παραλλάξει) referantur, aliquid

---

*) Euclidem non semper euitasse uerbis a se definitis alio
quoque sensu uti, demonstrat usus formulae δι' ἴσου II p. 18 not.;
cfr. ἀναστρέψαντι III p. 232, 7 (quasi conuersio quaedam est X
propositionis 16; cfr. III p. 234, 2 sq.).

offensionis habet clausula ὅπερ ἐστὶν ἀδύνατον de omnibus tribus dicta (cfr. I p. 227 not.). Theon tamen duobus primis membris ad plenam demonstrationem necessariis deletis suo arbitrio ita locum refinxit ἀλλὰ παραλλάξει· κύκλος δὲ κύκλον οὐ τέμνει κτλ.

Corollarium post V, 7 ab Euclide apte et temperi collocatum iam e V, 4 deducere posse sibi uisus est Theon; quare ibi collocauit addita demonstratione non nimis adcurata, et tamen commodum, quod solum inde capi posset in demonstratione prop. VII, neglexit (II p. 25 not.).

Praeclarum exemplum mutationis temerariae habemus in VI, 14; ibi enim pro ἰσογωνίων (παραλληλογράμμων) p. 110, 24 scripsit Theon (παραλληλογρ.) μίαν μιᾷ ἴσην ἐχόντων γωνίαν, et eodem modo p. 112, 2 ad falsam analogiae speciem prop. XV mutauit (contra inconstanter ἰσογωνίων reliquit p. 114, 7 et 9); eodem pertinet, quod p. 112, 5 omisit τε καὶ ἰσογώνια. cod. P hic manum Euclidis retinere, demonstrat et scriptura Theonis VI, 16 p. 118, 25; 120, 17 (ne dicam de p. 114, .7—9) et Philoponus codicem P sequens.

II p. 156, 14 quaedam omisit falsa figura deceptus; u. II p. 157 not. 2. XI deff. 27 et 28 permutauit Theon polyedra secundum numerum planorum ordinans, cum Euclides aptius ea secundum genera planorum ordinauisset; cum P hic facit Psellus. V deff. 6—7 maxime propter Campanum dubitari potest, an ordo codicis P genuinus non sit, quamquam per se aptior est ordine ex codd. Theonis recepto.

XI, 1 Theoni displicuit locus p. 8, 20—22, ubi breuiter et subobscure, sed recte ratio redditur, cur duarum rectarum diuersarum pars communis esse non possit; quare ad axioma nouum confugit (u. not. crit.; scriptura codicis P etiam in quosdam codd. Theoninos irrepsit).

XI, 38 cum Euclides de solo cubo demonstrauisset, quia hic casus oeconomiae Elementorum satisfaceret (u. IV p. 181 not.), Theon recte obseruauit, eandem demonstrationem de quouis parallelepipedo ualere (nec hoc Euclides non uidisse putandus est), non recte pro casu speciali generalem propositionem substituit pro κύβου scribens στερεοῦ παραλληλεπιπέδου p. 180, 2, 5, 7, 11; 132, 14; 184, 1.

XII, 7 coroll. non dubito, quin iam Theon scripturam imperfectam habuerit et ea ipsa de causa omiserit καὶ ὡς — ἕκαστον p. 176, 13—14; eodem loco immerito omisit τοιοῦτο lin. 11

et καί lin. 12 (nam scriptura falsa lin. 12 αὐτὸ τό uel τὸ αὐτό nunc librariis, non Theoni imputo; cfr. IV p. 177 not.).

XII, 17 cum intellegeret Theon, perpendicularem a *K* ad *B* Φ in ipso Φ cadere, per reliquam demonstrationem a p. 288, 7 pro Ω scripsit Φ, sed non demonstrauit, *K* Φ perpendicularem esse, nec uidit, Euclidem, cum nihil ad demonstrationem ipsam referret, utrum *K* Φ an *K* Ω sumeret, prudenter cauisse, ne demonstratio sine causa longior fieret; cfr. IV p. 289 not.

Minora nec ad rem, sed ad uerba sola fere pertinentia haec sunt:

IV, 15 coroll. pro ὁμοίως δὲ τοῖς ἐπὶ τοῦ πενταγώνου p. 318, 4 scripsit καί, cum putaret, eadem dici lin. 7 ἀκολούθως τοῖς ἐπὶ τοῦ πενταγώνου; in quo fallitur, u. I p. 819 not. 2.

V def. 10 ὁμοίως p. 4, 13 obscurum ei uisum est (est autem satis clarum); quare reposuit obscurius ἐπὶ πλείους (sc. λόγους) ex VIII, 8 p. 276, 21 (cfr. p. 26, 7) petitum.

IX, 3 p. 844, 23 pro δεύτερος scripsit τέταρτος, quia ita legitur in VIII, 23; sed hic, ubi propositio illa aliis uerbis citatur, δεύτερος recte se habet. prorsus eiusdem generis est, quod in IX, 11 p. 860, 25 ἐλάχιστος in ἐλάττων mutauit, quia lin. 20 est ὁ ἐλάττων τὸν μείζονα, immemor, numerum *B* non modo numero *E* minorem esse, sed etiam ex quattuor *B*, *Γ*, *Δ*, *E* minimum. aliquatenus similis est correctio X, 33 p. 100, 21, ubi σύμμετρον in διπλάσιον mutauit praecedentia respiciens; sed caput est, duo rectangula commensurabilia esse. etiam VIII, 21 p. 380, 22 (cfr. II p. XVII) scripturam per se bonam ὁ *E* τὸν *Γ* in ὁ *H* τὸν *B* mutauit, quia hae litterae proxime et antecedunt et sequuntur.

XI, 36 p. 124, 20 paullo neglegentius scripsit Euclides ἑκατέρᾳ τῶν *Α Ξ*, *E Δ* pro *EZ*, *E Δ*, Theon infelici coniectura posuit ἑκάστῃ τῶν *Α Ξ*, *EZ*, *EH*.

XII, 3 p. 148, 23 iusto durius ex ἴσας τε καὶ ὁμοίας ad τῇ ὅλῃ audiri uoluit Euclides ὁμοίας tantum (nam partem toti aequalem esse, nemini in mentem uenire posse putauit); Theon minus confidenter de peritia lectorum iudicauit et ὁμοίας diserte addidit.

IV, 1 p. 272, 14 οὔ prorsus inutiliter inculcauit; nam optime sic fluit oratio: εἰ δὲ μείζων (respondet ad εἰ μὲν ἴση lin. 11) ... κείσθω cet.

De scriptura ἐάν I, 13 p. 86, 2 Theoni tribuenda nunc dubito, cum inter ὡς ἄν, ὅταν et ἐάν mire fluctuent auctores (u. not. crit.

et Studien p. 185), ita ut difficile sit diiudicatu, quid Euclides scripserit; I p. 86, 24 etiam P *ἰάν* habet.

His locis igitur errores deprehendere sibi uisus est Theon; alibi orationis formam meliorem reddere mutando se posse putauit, et primum emendationes, si dis placet, ampliores has collegi:

VIII, 3 p. 278, 1—7, ubi breuitati studuit.

IX, 2 p. 342, 5—6, ubi ad formam propositionis ipsius respexit.

IX, 15 p. 376, 3 sq., ubi sic scripsit Euclides (cfr. p. 377 not.): *ἐὰν δὲ δύο ἀριθμοὶ πρός τινα ἀριθμὸν πρῶτοι ὦσιν, καὶ ὁ ἐξ αὐτῶν γενόμενος πρὸς τὸν λοιπὸν πρῶτός ἐστιν· ὥστε ὁ ἐκ τῶν ΖΔ, ΔΕ πρὸς τὸν ΕΖ πρῶτός ἐστιν· ὥστε καὶ ὁ ἐκ τῶν ΖΔ, ΔΕ πρὸς τὸν ἀπὸ τοῦ ΕΖ πρῶτός ἐστιν. ἀλλ' κτλ.*; Theon autem omissa VII, 24 ab Euclide contra morem suum omnibus uerbis citata: *καὶ ὁ ἐκ τῶν ΖΔ, ΔΕ ἄρα πρὸς τὸν ΕΖ πρῶτός ἐστιν. ἐὰν δὲ δύο ἀριθμοὶ πρῶτοι πρὸς ἀλλήλους ὦσιν, ὁ ἀπὸ τοῦ ἑνὸς αὐτῶν γενόμενος πρὸς τὸν λοιπὸν πρῶτός ἐστιν· ὥστε ὁ ἐκ τῶν ΖΔ, ΔΕ καὶ πρὸς τὸν ἀπὸ τοῦ ΕΖ πρῶτός ἐστιν. ἀλλά κτλ.* itaque quasi ad compensandam propositionem omissam aliam VII, 25 citauit. alia exempla u. uol. III p. 224, 18 sq., IV p. 140, 24 sq., p. 160, 13 sq. (u. app. I, 4 p. 356), p. 170, 6 sq., p. 216, 13 sq. et minora cum additamentis (u. infra) coniuncta III p. 52, 14 sq., p. 166, 14 sq., IV p. 172, 3 sq.; cfr. etiam III p. 112, 9. contra IV p. 256, 14 sq. uerba Euclidis in formam breuiorem redegit; cfr. IV p. 188, 5 sq.

Plerumque tamen mutationes illae ad pauca tantum uerba minoresque sententiarum partes pertinent, quae aliqua de causa . aliter conformare ei libuit, uelut

uol. I p. 58, 3 pro *ἡ δὲ πρὸς τῷ Α γωνία τῆς πρὸς τῷ Δ γωνίας* reposuit, quod usitatius est, *γωνία δὲ ἡ ὑπὸ ΒΑΓ γωνίας τῆς ὑπὸ ΕΔΖ*; idem fecit II p. 88, 22; IV p. 278, 12, cfr. III p. 96, 11; contra II p. 94, 3—4 illam formam restituit, sine dubio ad similitudinem p. 92, 16 et p. 94, 7.

I p. 88, 22 pro *εἰσιν ἴσα* perspicuitati consulens scripsit *ἴσον τὸ ΕΒΓΔ τῷ ΔΒΓΖ*; eodem modo III p. 22, 21 *εἰ γὰρ ἔσται σύμμετρα* mutauit ·in *εἰ γὰρ σύμμετρόν ἐστι τὸ Α τῷ Β.* eiusdem fere generis est, quod II p. 234, 18 pro *αὐτούς* scripsit *τοὺς Δ, Β;* cfr. III p. 156, 11; p. 298, 21; p. 300, 15. contrarium factum uidemus IV p. 206, 23, cfr. I p. 234, 22; II p. 84, 11. conferri potest etiam *I* p. 318, 4, ubi pro *τῶν κατὰ τον*

κύκλον διαιρέσεων scripsit τῶν *A, B, Γ, Δ, E, Z* σημείων. etiam
I p. 298, 19 uellem recepissem scripturam cod. P τῶν λοιπῶν
γωνιῶν; nam nunc τῶν πρὸς τοῖς *H, Θ* γωνιῶν Theoni tribuendum
esse uideo.

I p. 144, 25 pro ἴση δὲ ἡ *HZ* τῇ *ΓΔ* recipiendum erat
e P: ἀλλὰ τὸ ἀπὸ τῆς *HZ* ἴσον ἐστὶ τῷ ἀπὸ τῆς *ΓΔ*, et
illud Theoni tribuendum. etiam I p. 154, 10 scripturam cod. P
et Campani nunc non dubitassem recipere; nam ueri simile
est, Theonem non modo uerba ἴση γὰρ ἡ *AB* τῇ *BΔ* addidisse,
sed etiam ordinem mutasse ad sequentia lin. 11 respicientem.
I p. 162, 11 quoque fieri potest, ut P uerum praebeat τὸ ἀπὸ
τῶν *BE, EΔ*, et ut Theon ob sequentia lin. 12 τὸ *BΔ* scripserit,
quamquam ob Campanum res incerta est.

I p. 262, 13 cum in aequatione pro *ZΔ²* substituendum
esset *ZB² + BΔ²*, praetulit ἴσον δὲ τὸ ἀπὸ τῆς *ZΔ* τοῖς ἀπὸ
τῶν *ZB, BΔ* pro τῷ δὲ ἀπὸ τῆς *ZΔ* ἴσα ἐστὶ τὰ ἀπὸ τῶν *ZB, BΔ*.

I p. 266, 17 explicandi causa ἦν δὲ καί mutauit in ὑπό-
κειται δέ (contra II p. 412, 1 pro καὶ ὑπόκειται ὁ scripsit ὁ δέ,
fortasse quia hoc non ab initio suppositum est, sed postea ad-
cessit). eadem de causa II p. 184, 16 pro ἔστι dedit ἐδείχθη,
II p. 274, 15 ἐδείχθη δὲ καί pro ἀλλά. cfr. etiam III p. 84, 22 sq.

III p. 126, 3 praeterquam quod ὡς ἐπάνω ἐδείξαμεν e media
sententia ad finem remouit, litteras permutauit et pro ἐλάσσονα
posuit μείζονα, quia sub hac ipsa forma propositio demonstrata
est in lemmate X, 41.

III p. 306, 22 quia in proportione ordo est *AH, AH ⫞ HB, HB*,
ordinem uerborum mutauit; aliquatenus similis est locus II
p. 312, 25.

III p. 250, 2 breuiorem formam μία δέ κτλ. ad similitu-
dinem propositionis ipsius (p. 248, 4) pluribus uerbis redegit.
idem studium breuitatem Euclidis explicandi causa est, cur
III p. 344, 6 pro ἦ οὐ scripserit ἑαυτῇ ἦ τῷ ἀπὸ ἀσυμμέτρου.
omnino saepius anxiae cuidam diligentiae inseruit, quasi lecto-
ribus aut fatuis aut maleuolis scribat, uelut cum III p. 204, 15
ἑκατέρα τῶν *AE, EB* ἑκατέρᾳ τῶν *ΓZ, ZΔ* in ἡ μὲν *AE* τῇ *ΓZ*,
ἡ δὲ *EB* τῇ *ZΔ* mutat, uel III p. 250, 9 ἀσύμμετρον τῷ συγ-
κειμένῳ ἐκ τῶν ἀπ᾽ αὐτῶν (quod p. 104, 14 intactum reliquit;
cfr. autem p. 234, 13) in ἀσύμμετρον τὸ συγκείμενον ἐκ τῶν
ἀπ᾽ αὐτῶν τῷ δὶς ὑπ᾽ αὐτῶν; cfr. etiam III p. 286, 13. eodem
pertinet, quod multis locis, ubi Euclides breuiter scripsit τὰ
προκείμενα uel προειρημένα, omnibus uerbis expressit, quae hac

formula commode significantur (u. III p. 116, 22; 232, 1, 20; 234, 17; 246, 15; 248, 11, 16; 250, 1, 12, cfr. etiam p. 232, 21 et IV p. 296, 5 τὰ πρότερα in τὴν πυραμίδα mutatum, sed n. IV p. 304, 13).

etiam II p. 288, 14; III p. 2, 11; 224, 1 sq.; IV p. 170, 11—14; 366, 2 mutauit, quia sic clarius ei proponi uidebantur. et eodem referri potest II p. 54, 16; 86, 23, ubi καὶ ἐναλλάξ in ἐναλλάξ ἄρα mutauit, cfr. III p. 110, 3; et alia in re IV p. 222, 6 (τουτέστιν ὅτι pro καί).

III p. 58, 5 ordinem uerborum rectum, sed submolestum mutando commodiorem reddidit. idem fecit III p. 142, 14; 260, 15, ubi τῇ Δ et τῇ Α a ῥητῇ interiectis uerbis σύμμετρόν ἐστι et σύμμετρος dirimi noluit. etiam III p. 50᾽ 26; 52, 14 uerba σύμμετρός ἐστι ad finem reiicere placuit. et III p. 306, 12 praetulit commune uerbum ἐστι ante periodum per μέν et δέ diuisam poni quam in primo membro; itaque I p. 230, 16, ubi eadem prorsus ratio est in ἔστωσαν, scriptura codicis P recipienda erat, recepta Theoni tribuenda. sed hic necessario multa dubia sunt. cfr. etiam II p. 188, 13 sq.

II p. 250, 17 et 21 γεγονὸς ἂν εἴη τὸ ἐπιταχθέν Theoni displicuit ut problemati aptius; quare scripsit δῆλον ἂν εἴη τὸ ζητούμενον; idem fecit II p. 252, 12. Euclidis in uerbis eligendis indicium item improbauit III p. 86, 4—5; 192, 24; IV p. 170, 20; cfr. etiam III p. 46, 12. etiam in uocabulis mathematicis haud ita raro usum Euclidis sine causa uel etiam cum damno reliquit. uelut I p. 194, 24; 196, 18 pro uerbo ἐφάπτεσθαι dedit simplex ἅπτεσθαι non animaduersa subtilitate antiquiorum in his uerbis distinguendis (u. I p. 217 not. crit.); cfr. I p. 296, 12 (ἁφή pro ἐπαφή). I p. 254, 15 πρὸς ὀρθάς ἐστιν, quod defenditur gemino loco I p. 250, 24, in πρὸς ὀρθὰς ἧκται mutauit; cfr. IV p. 354, 13. II p. 162, 7 et 13 pro ἀναγραφομένου maluit παραβαλλομένου, III p. 250, 13 προκείμενα pro προειρημένα, IV p. 216, 22 διήχθω pro ἐκβεβλήσθω (sed ἀποτμήματα pro τμήματα IV p. 190, 5, ubi F deest, librariis imputare malo). IV p. 204, 24 pro τὴν αὐτὴν κορυφὴν ἔχουσα substituit ἰσουφής, IV p. 234, 27 ἐκ πυραμίδων (συγκείμενον) pro exquisitiore πυραμίσι (περιεχόμενον). — de III p. 152, 20 dubito. etiam mutatam clausulam illam propositionum ποιῆσαι uel δεῖξαι minus confidenter commemoro, quia saepe compendiis ambiguis scribebatur, et interdum unus et alter Theoninorum cum P congruit, uelut III, 25 p. 230, 9; ibi enim non dubito,

quin ex PF recipiendum sit δεῖξαι, quia πόρισμα est, u. Studien
p. 61; item in III, 1 p. 168, 15 e P recipiendum δεῖξαι, sicut
factum est VII, 3 p. 198, 13 (cfr. p. 194, 12). omnino in om-
nibus propositionibus, quas l. l. p. 61 porismata esse significaui,
nunc ex omnibus uel saltim (ut in X, 3 et 4) e melioribus codd.
δεῖξαι restitutum est exceptis VI, 11—13, quamquam, si pro-
positionis formam spectes, ποιῆσαι aptius uidetur. unde opinio
mea de porismatis haud mediocriter confirmatur. etiam in X,
27—35, 48 — 53, 86 — 90, quas l. l. p. 62 uix recte e numero
porismatum seclusi, nunc fere δεῖξαι legitur, sed plerumque
exigua auctoritate, cum clausula illa plerumque in codd. Theo-
ninis omissa sit, in P compendio scripta; X, 85 p. 258, 12 in
omnibus codd., p. 260, 18; 264, 24 in nonnullis deterioribus est
εὑρεῖν porismatum proprium (Studien p. 62). magis etiam de
I, 10 p. 30, 24 dubito, ubi P solus δεῖξαι habet (γρ. ποιῆσαι
mg. m. 1), ut in simili propositione III, 30 p. 240, 16. IV p. 84, 13;
36, 7; 68, 17; 84, 12 δεῖξαι uix defendi potest, quamquam dubi-
tandi locum relinquit et consimilis ratio harum propositionum
et in duabus ultimis consensus unius uel etiam plurium Theo-
ninorum. IV p. 240, 9 Theon forma conclusionis permotus δεῖξαι
pro ποιῆσαι scripsisse uidetur.

hoc in genere pono etiam, quod interdum litteras figurarum
permutauit, uelut X, 52 p. 150, 7 sq. ad similitudinem prop. 49
et fortasse etiam XII, 6 inde a p. 170, 21. cfr. etiam uol. III
p. 158, 22 (ΑΒΓΔ pro breuiore ΑΓ), IV p. 138, 5 (ΑΒΓΔΕ,
ΖΗΘΚΛ pro ΑΒΓ, ΖΗΘ), IV p. 310, 18 sq. de I p. 234, 24
dubito, quia ibi F plerumque cum P consentit; quare mutatio
Theone posterior uidetur.

Interdum ad minutias sermonis putide corrigendas more
magistellorum ineptorum descendit, uelut cum in hac formula
διῃρῆσθω καὶ κατὰ τὸ Δ ὥστε καί primum καί huius uerbi
repetitione offensus constanter omittit (III p. 122, 1; 124, 26;
130, 9; 132, 4 (p. 134, 1 demum etiam in P om. καί)). II p. 370, 16
οὐδενί correxit in οὐδετέρῳ; et fortasse II p. 402, 11 ἕκαστος
cum P pro ἑκάτερος retinendum, cum Euclides in talibus rebus
parum religiosus sit. IV p. 210, 25 pro τὴν κορυφήν reposuit
τὰς κορυφάς per se melius, sed non necessarium. III p. 352, 5
offensus est uerbis τὸ μεῖζον ἢ ΔΗ et reposuit ἡ μείζων ἢ ΔΗ
(si testimonio codicis B credimus); sed auditur ὄνομα. cum
hoc loco conferri potest II p. 172, 5, ubi τμῆμα ἢ ΑΕ (pro τὸ
ΑΕ Theoninorum) fortasse cum P retinendum. II p. 298, 13 sub-

molestum *ἑκατέρου* deleuit tamquam minus necessarium. saepius pro participio temporis praesentis usitatius perfecti scripsit, uelut III p. 414, 2; IV p. 282, 15; 326, 3 et 5 (ubi scripturam cod. P receptam esse oportuit); cfr. III p. 218, 14. saepe etiam futurum praesenti praetulit, uelut in *τέμνει* I p. 170, 21—22 (cfr. p. 174, 19), in *δύναται* III p. 92, 17; 202, 16; IV p. 250, 14, in *προσαρμόζει* III p. 238, 20 (cfr. p. 236, 22), in *ψαύει* IV p. 240, 4 (hoc recipiendum ex P), in *ἔχει* II p. 88, 28 (*ἔχει* recipiendum), in *μετρεῖ, μετροῦσι* II p. 194, 3; 260, 25; 412, 25, ubi nunc praesens cum P probo (et omnino librarii quoque saepe futurum inculcauerunt, uelut II p. 312, 23 BV; II p. 314, 24 Vb; III p. 14, 17 P; II p. 262, 9, 13, 17, 23 P; II p. 264, 3, 4 P; III p. 240, 21 P; de II p. 290, 6 et III p. 356, 19 dubito). eodem modo in *ἐστι — ἔσται* uariatur; I p. 96, 7; II p. 46, 6; 384, 7; IV p. 164, 12 *ἔσται* Theoni tribui potest; III p. 4, 9 *ἐστι* nunc mihi uerum uidetur collato III p. 8, 3; etiam I p. 234, 2; 320, 7; III p. 60, 17 in P librarius *ἔσται* scripsit pro *ἐστι*; de II p. 350, 25; III p. 336, 9; IV p. 200, 1 rem in medio relinquo. Theoni autem sine dubio tribuendum *περιέχῃ* bis pro *περιέχουσα* substitutum III p. 226, 6; 228, 1, *ῇ* ter omissum II p. 200, 18; 210, 7; 212, 12 (sed pepercit p. 202, 18), *ἄρα* ter retractum III p. 154, 23; 240, 4; IV p. 84, 9 et fortasse etiam I p. 180, 8; IV p. 240, 20 (cfr. transpositio eiusdem particulae III p. 14, 14 et loci memorabiliores infra adlati), bis *ἔτι τε* pro *καὶ ἔτι* III p. 234, 13; 254, 4, numerus pluralis saepius pro singulari post subiecta neutrius generis substitutus I p. 94, 12; III p. 18, 22*); III p. 2, 18; IV p. 12, 4; 232, 5; 302, 1; III p. 412, 22 (cfr. IV p. 248, 11, ubi -σαν in P erasum), *ὁμοίως ὡς ἐν τῷ* pro *ὁμοίως τῷ*, quod nota illa Graecorum neglegentia dictum est, III p. 90, 4, *ὡς* additum III p. 364, 2. minus certa et leuissima fere sunt, quae his locis mutata sunt: I p. 6, 11; 264, 5; II p. 20, 24; 38, 20, 22; III p. 56, 20; 84, 5; 126, 2; 206, 18; 250, 8; 282, 19; 334, 19; 362, 10; IV p. 180, 11; 204, 10; 218, 1, quorum maximam partem Theoni tribuerim. contra *ὁ* ter male additum II p. 184, 12;

---

*) Neque tamen praetermittendum est, saepius etiam in Theoninis *ἐστι* legi, in P *εἰσι*, uelut III p. 294, 4; IV p. 74, 23; 102, 10, 12; cfr. *ἔσονται* IV p. 108, 12; et omnino pluralis numerus librariis posterioribus procliuior est; cfr. IV p. 76, 3, ubi *ἐστι* in P in *εἰσι* correctum est. — comparari potest *ἴσα* pro *ἴσον* post *τὸ ὑπὸ* .. *μετὰ* .. a Theone substitutum I p. 264, 5 (sed IV p. 346, 1; 366, 14; 368, 11 pluralis in plerisque est).

188, 2, 3 librariis, non Theoni debetur, quoniam secundo loco
B cum P in eo omittendo consentit. III p. 204, 16; 408, 14
καί pro δέ Theoni tribueris, sicut fortasse etiam I p. 248, 4;
sed III p. 118, 25; 176, 18 δέ in Theoninis est, καί in P.
IV p. 54, 21; 58, 1 ἤ a Theone bis additum puto ad euitandam
constructionem durissimam ἐλασσόνων τεσσάρων; itaque fortasse
etiam IV p. 338, 3 πλειόνων ἐξ γωνιῶν ferri potest. II p. 276, 21
pro ἕως cum coniunctiuo in Theoninis est ἕως οὗ, sed cum
utrumque in Elementis reperiatur (ἕως III p. 374, 11, ἕως οὗ
III p. 8, 2; IV p. 166, 8), res incerta est; comparandum tamen,
quod IV p. 10, 18 pro εἰ ... ἤ in Theoninis est εἰ ... ἄν.
II p. 376, 5; III p. 52, 14 in locis alio quoque modo a Theone
mutatis e P receptum est ὥστε pro ἄρα, et idem IV p. 70, 9
factum esse potuit; sed obstant II p. 264, 12; III p. 350, 7,
ubi ἄρα P, ὥστε Theonini (loco posteriore ἄρα recepi propter V),
id quod ostendit, in hac re arbitrium librariorum, non uolun-
tatem editoris regnare.   eadem inconstantia est in αἱ δέ et
καὶ ἔτι αἱ post αἱ μέν permutandis; nam IV p. 56, 8; 82, 17
δέ P, καὶ ἔτι Theonini, IV p. 60, 18 καὶ ἔτι P, δέ Theonini;
fortasse ubique rarius et insolentius καὶ ἔτι (post μέν) prae-
ferendum, quod IV p. 64, 4 in omnibus codd. est. III p. 200, 13
ἐπεί a Theone additum esse potest; sed cum a librario cod. P
bis in ἐπεί omittendo erratum est (III p. 166, 12; IV p. 210, 3),
hic quoque errorem supponere licet. II p. 376, 19 ὑπό pro
rariore, sed in numeris recto ἐκ a librario, non a Theone sub-
stitutum est; nam II p. 376, 21 b cum P facit, et etiam IV
p. 124, 8 a librariis nonnullis falso ὑπό pro ἐκ scriptum est;
cfr. II p. 376, 11 V q. contra II p. 376, 8 ἀπό pro ἐκ non sine
causa Theoni tribuatur; nam ὁ γενόμενος ἐκ de quadrato in-
solenter dicitur; sed de toto loco aliter iudicandum est, u. supra
p. LV. postremo loco rem pertractabo, quae paullo latius patet.
ubi ad demonstrationem rei alicuius propositae adiungendam
transitur, saepissime ἐπεί tantum ponitur, rarius καὶ ἐπεί, ἐπεί
γάρ, ἐπεὶ οὖν; sed nudum illud ἐπεί librariis displicuit, qui
uel καί uel οὖν plurimis locis addiderunt (u. I p. 114, 19;
208, 21; II p. 20, 13; 168, 16; 234, 22; 236, 19; 240, 14; 248, 4;
262, 16; 282, 14; III p. 102, 19; 166, 10; 170, 13; 184, 7; IV
p. 112, 17; 118, 14; 172, 21; 260, 10; 272, 11; 276, 1; 368, 22).
P his locis plerumque cum optimo quoque Theoninorum inter-
polationis manifestae expers est; est tamen, ubi librarius pec-
cauerit (II p. 234, 22 γάρ add., III p. 170, 13 καί); itaque

II p. 286, 15 καί cum Theoninis delendum, fortasse etiam I
p. 238, 10 cum Bp, sed hic F cum P facit. quoniam igitur
in his formulis a librariis toties uariatur (cfr. praeterea I p. 252, 1;
II p. 68, 8; 340, 9; III p. 282, 20), difficile est diiudicatu, num
ἐπεὶ οὖν ter pro καὶ ἐπεί substitutum (I p. 296, 11; II p. 86, 24;
III p. 72, 9) re uera Theoni ipsi tribui possit, quod feci III
p. 72, idque eo magis, quod III p. 112, 6 ἐπεὶ οὖν in P est,
καὶ ἐπεί in Theoninis. nunc eo inclinauerim, ut omnibus locis,
ubi codices fluctuent, ἐπεί restituendum esse putem. etiam de
addito οὖν I p. 218, 3; II p. 70, 7; III p. 86, 18 uel καί II p. 14, 25;
IV p. 254, 26 uel γάρ III p. 334, 20 caute iudicandum est;
nam haec ueri similius librariis quam ipsi Theoni tribuuntur.

In hoc toto genere mutationum ad orationis formam spec-
tantium hoc praecipue Theon studuit, ut omnia, quae proprii
aliquid haberent et a solita forma abhorrerent, mutando tolleret
et ad unam eandemque quasi normam exigeret. huc iam ex
locis proxime adlatis unus et alter spectat, sed magis per-
spicuum hoc eius studium est in exemplis, quae sequuntur:
I p. 64, 20 ἔστω μείζων, εἰ δυνατόν] ἔστω, εἰ δυνατόν, μείζων
Theon, quae est forma uulgaris. solitum ordinem uerborum
item restituit I p. 192, 3; III p. 182, 27; 194, 4; 198, 9; 298, 10*);
IV p. 186, 3; 188, 5 (cfr. p. 189 not.); de II p. 156, 8; 346, 6;
III p. 52, 10; IV p. 70, 11; 152, 5; 186, 17 Theoni tribuendis
dubito. I p. 292, 7 uero non dubito, quin Theon ordine in-
solito, sed probo (cfr. uerbi causa I p. 302, 1; 310, 19; 312, 20;
316, 21; IV p. 80, 29) offensus ἄρα transposuerit in eum locum,
quo est I p. 274, 20; 278, 5; 284, 5; 290, 3; 294, 11 al.; miror,
cur non idem fecerit I p. 272, 21; 280, 13; 286, 18. ne III
p. 364, 21 quidem durissimi uerborum ordinis ἐκ δύο ὀνομάτων
ἐστὶν ἄρα mutationem Theoni tribuere dubitauerim; magis
dubius locus est II p. 366, 23, sed fortasse ibi quoque scriptura
ὃ μέρος ἄρα e P recipienda.

eadem ratione in uerbis eligendis noua omnia euitat et
tollit, uelut cum pro ὅτι (quia) scribit ἐπειδήπερ III p. 124, 23;
128, 15 (ὅτι in hac significatione nusquam alibi, quod meminerim,
in Elementis occurrit, sed Euclides omnino ad partem non mathe-
maticam sermonis sui parum adtendit nec legibus putidis se
adstrinxit, quod horum locorum causa, quos hic tractamus,

---

*) Cfr. III p. 294, 3; 302, 12. alia orationis forma est
p. 282, 13; 288, 14.

semel dictum sit), διπλασίων pro διπλῇ III p. 104, 1, quod
multo rarius est, κοινὸν προσκείσθω pro κοινὸν δέ prorsus in-
solito II p. 160, 10, ἀλλὰ δή, uulgarem ad propositionem con-
uersam transitum (u. uerbi causa II p. 314, 8), pro πάλιν δή
II p. 312, 4; cfr. δή additum in simili loco II p. 316, 1. eiusdem
fere generis est III p. 414, 1 εἶδος pro ἐπίπεδον; III p. 192, 18
παράκειται pro ἐστι, pro παραβέβληται III p. 186, 17 (cfr. 20);
306, 3 (cfr. 7); γάρ pro δή III p. 198, 20 ad similitudinem
p. 196, 14 (sed cfr. p. 192, 24); AB pro χωρίον III p. 304, 8
(ut p. 296, 8; 300, 8 al.); ὅπερ in clausula theorematum notissima
pro ἄ, quod hic tantum reperitur, sed non sine causa, III
p. 158, 16; αὐτῇ pro ταύτῃ III p. 346, 8 (ad similitudinem
p. 344, 4 al.); III p. 50, 11, 12, 14, 16 τετράκις pro τετρακλάσιον
propter lin. 10, 12; I p. 90, 15 pro insolito κατά, quod de-
fenditur loco simili I p. 276, 4, uulgare ἐπί. magis dubii hi
loci sunt: II p. 334, 16; III p. 20, 11; IV p. 70, 8, ubi in P
error esse potest; cfr. etiam II p. 108, 3; 372, 1. ἀπό pro ἐπί
falso (post perfectum) substitutum IV p. 194, 8; 198, 14 non
Theoni imputo, sed librariis etiam alibi illud praeferentibus
(IV p. 200, 8 q, p. 204, 23; 206, 7 V). fieri potest, ut I p. 92, 18;
94, 16; II p. 78, 9; III p. 12, 20 (hic quidem in P errore scri-
bendi δέ est) e P recipienda sit δή particula; nam cum rarior
sit exceptis certis quibusdam formulis (λέγω δή, ὁμοίως δή al.)
Theon fortasse uulgatius ἄρα restituit; cfr. III p. 348, 18 (δή P,
οὖν Theonini). si codicibus in talibus minutiis fides est, II p. 46,
24 — 25 pro καὶ εἰ scripsit κἄν, quia ita est lin. 23 (sed u.
p. 40, 17 al.).

aliquanto maiora et fere ad constructionem sententiarum
formasque uerborum pertinentia haec sunt:

III p. 146, 21 πρὸς τὸν ΒΓ λόγον μὴ ἔχειν μήτε μὴν πρὸς
τὸν ΑΓ] πρὸς ἑκάτερον αὐτῶν λόγον μὴ ἔχειν Theon; cfr. III
p. 152, 16.

III p. 204, 9 διῃρῆσθω] διῃρημένη Theon; nam ita legitur
III p. 186, 13; 188, 23; 192, 11; 196, 2; 198, 5; sed cfr. p. 200, 10.
simile est, quod III p. 234, 18 pro ἡ καλουμένη scripsit καλείσθω
δέ, sicut III p. 232, 21 καλείσθω δὲ ἡ μετὰ ῥητοῦ μέσον τὸ
ὅλον ποιοῦσα pro ἡ προειρημένη, quia ita est p. 226, 11; 228, 6;
sed cfr. p. 224, 11; 232, 2.*) praeterea III p. 248, 10 pro

*) καλεῖται pro καλείσθω, quod in hac formula alibi semper
legitur, e P III n. 106, 23; 116, 1 recipere non audeo, sed
p. 226, 11 ferri possit.

προσαρμοζέτω scripsit προσαρμόζουσα, sicut est p. 242, 6; 246, 9;
sed cfr. p. 240, 4 (alia rursus forma est p. 238, 1; 250, 11;
unde adparet, quam non sibi constet Euclides in minutiis).
III p. 328, 1 durum et insolitum ἀσύμμετρον, quod significat
Α Η² + Η Β² unam magnitudinem esse, in ἀσύμμετρα mutauit.
etiam I p. 118, 13; 120, 16 τῷ περιεχομένῳ ὀρθογωνίῳ, quam-
quam concinnius est Theoninum τοῖς περιεχομένοις ὀρθογωνίοις,
recipiendum erat et propter constantiam discrepantiae et propter
I p. 120, 20; 122, 14. III p. 4, 27; 6, 4 pro ἢ τὸ ἥμισυ scripsit
τοῦ ἡμίσεως ad proxime praecedens ἔλασσον τοῦ ἡμίσεως p. 4, 26
adcommodatum; contra IV p. 238, 13 fortasse e P recipiendum
est διπλασίου pro ἢ διπλάσιον; nam eo loco ἢ διπλάσιον saepius
legitur (lin. 6, 17, 18) et a Theone in lin. 13 restitutum esse
potest. IV p. 58, 11 εἶσι, quod satis insolitum est (cfr. uerbi
causa IV p. 62, 5 et I p. 52, 22), in ἔστωσαν mutauit (III
p. 366, 22 ἔστι pro ἔστω error est). IV p. 170, 1 ad uerba
propositionis ipsius p. 168, 26 adcommodauit. III p. 398, 12
ὥστε ... ἔστι pro ὥστε ... εἶναι Theoni tribuendum uidetur,
quia indicatiuus longe frequentior est; tum etiam II p. 80, 1
cum P scribendum μὴ ἔλασσον εἶναι (III p. 362, 8 ποιεῖν
librariis debetur). II p. 380, 19 uicinitas praesentis μετρεῖ
toties repetiti uel Theonem uel librarium induxit, ut ἐμέτρει,
quod prorsus recte dicitur (cfr. p. 35 not.), in μετρεῖ mutaret;
II p. 34, 24 quidem ὑπερέχει pro ὑπερεῖχε sine dubio error est
librarii, non Theonis; nam altero loco etiam in Bp seruatum est.
VI, 10 p. 104, 22 in protasi a Theone additum est εὐθείᾳ,
ut cum conclusione p. 106, 23 congruat (cum P consentit Sim-
plicius). eodem modo XIII, 12 p. 288, 8 consensum prota-
seos et conclusionis restituit, fortasse etiam X, 81 p. 246, 1;
XI, 11 p. 32, 8 et praeterea II, 7 p. 136, 27; II, 8 p. 142, 5,
quos locos confirmat similitudo (hic igitur προειρημένον e P
recipiendum; cfr. III p. 60, 2). sed quamquam plerumque πρό-
τασις et συμπέρασμα ad uerbum congruunt, tamen est, ubi plus
minusue inter se discrepent (u. I, 43, 47; III, 11, 12, 13, 15, 20, 31;
VI, 8*), 27; XI, 14; XII, 3).
praeterea et addendo et omittendo normam regulamque
sermonis restituit. addidit I p. 126, 14 καὶ εἰς αὐτὰς ἐμπέπτωκεν
εὐθεῖα ἡ ΓΒ; cfr. p. 126, 5 al. I p. 258, 23 κοινόν. II p. 46, 13

*) Cum hoc loco (II p. 80, 27) conferri potest I p. 40, 7,
ubi cum codd. ποιήσουσιν retineri potest (ποιοῦσιν Proclus et
I p. 40, 24).

ληφθέντα κατάλληλα; cfr. p. 44, 8. II p. 58, 2 ἐκεῖνο; cfr.
p. 32, 3. II p. 94, 1 ἑκατέρα ἑκατέρᾳ, ut I p. 16, 15; sed
u. IV p. 130, 21. II p. 358, 12 καὶ τῶν ἕνα διαλειπόντων.
III p. 6, 12 ἐκκειμένων, ut p. 4, 5; sed u. p. 8, 13. III p. 122, 25
εἰς τὰ ὀνόματα; cfr. p. 120, 22; eadem uerba superuacua ad-
didit III p. 124, 19; 130, 3, 24; 132, 19. III p. 182, 13 ἑκατέρᾳ
τῶν ΜΛ, ΗΖ. III p. 198, 20 τοῖς πρὸ τούτου, ut p. 190, 17;
192, 24; sed u. p. 196, 14. III p. 232, 20 τῇ ὅλῃ; cfr. p. 228, 4;
232, 1. III p. 234, 23 πλάτος ποιοῦν τὴν ΔΖ (cfr. p. 328, 5).
III p. 346, 17 ἑαυτῇ; cfr. lin. 12. III p. 348, 15 προσαρμόζουσα
— 17 ἑαυτῇ; cfr. p. 344, 4; 346, 8. IV p. 58, 19 πάντῃ μετα-
λαμβανόμεναι; cfr. lin. 6 et p. 52, 14, 18. IV p. 320, 3 πλευραῖς;
cfr. II p. 174, 18. dubii loci sunt II p. 104, 11 (κείσθωσαν),
III p. 378, 7; IV p. 254, 12 nec prorsus certus III p. 332, 10
ἀποτομή — 11 ΑΒ (notandum tamen, quod etiam lin. 12 in
Theoninis est γάρ pro οὖν). omisit III p. 182, 2 et 7 δίς; cfr.
X, 40. III p. 218, 21 εἰ τύχοι. III p. 334, 19 ἐστιν; cfr. p. 382, 11.
III p. 336, 16 γάρ, ut p. 314, 1; 318, 11; 322, 22; 326, 20;
330, 21; 334, 8; sed u. I p. 224, 24; III p. 342, 13.*) IV
p. 122, 19 τῆς προτάσεως. huc fortasse referri possunt etiam
II p. 334, 23 (ἐπεί), III p. 26, 1 (ἀριθμόν), IV p. 280, 17 (ἄρα).

Ex locis hic adlatis comparatisque adparet, Theonem saepe
illum quidem, sed non semper solitam orationis formam re-
stituisse. si quis putet, me nimis inique de Theone iudicare
hanc inconstantiam ei imputantem, conferat, quae iam adlaturus
sum exempla, quae tam multa tamque inter se similia sunt,
ut de casu aliquo cogitari non possit:

I p. 102, 21 pro ἐνέπεσεν scripsit ἐμπέπτωκεν, quia hanc
formam hucusque solam habuit Euclides (p. 74, 12; 78, 2; 80, 6);
sed ἐνέπεσεν intactum reliquit p. 106, 14; 108, 25; cfr. p. 148, 5;
II p. 82, 12.

II p. 68, 15 ἔστιν ἄρα ὡς in ἅς ἄρα mutauit; sed cum
animaduerteret, illam formam rursus p. 70, 9; 76, 13; 78, 13
occurrere, non modo intactum reliquit, sed etiam p. 82, 20 ὡς
ἄρα in ἔστιν ἄρα ὡς mutauit.**)

I p. 280, 11 omisit ἐγγεγράφθω ὡς ὁ ΖΗΕ, p. 284, 5 addidit
περιγεγράφθω ὡς ὁ ΑΒΓ propter p. 282, 10.

_____

*) Itaque etiam I p. 230, 15; II p. 358, 8 γάρ cum P re-
tineri oportuit; cfr. II p. 122, 12; 268, 8.
**) Tamen ἔστιν ἄρα ὡς etiam ante p. 68, 15 satis frequens
est, uelut p. 64, 12, 25; 66, 11, ne plura.

III p. 170, 8 τοῖς προδεδειγμένοις P, τοῖς πρότερον δε-
δειγμένοις Theon, at p. 176, 8 hoc P, illud Theon.

III p. 204, 4 καὶ αὐτή omisit, quamquam legitur p. 200, 4;
p. 206, 11 reliquit, p. 208, 25; 338, 20 addidit (p. 210, 18 om.
et P et Theon).

IV p. 296, 5 τὰ πρότερα P, τὴν πυραμίδα Theon; at
p. 300, 12 τὴν πυραμίδα P, τὰ πρότερον Theon. fortasse huc
referri possunt loci, quos p. LX de αἱ δέ et καὶ ἔτι αἱ collegi;
cfr. enim IV p. 58, 13; 62, 13.

Similis inconstantia est, quod I p. 282, 8 pro Δ, B, Γ sub-
stituit ZΔ, ZB, ZΓ, p. 280, 2, 9; 290, 22; 292, 8 autem re-
liquit, et quod II p. 858, 8 pro ὁσοιδηποτοῦν, quod defenditur
simili loco p. 354, 17, scripsit ὁποσοιδηποτοῦν, p. 862, 17 autem
illud pro hoc recepit; alibi fere legitur ὁποσοιοῦν; dubium est
propter P₂ II p. 408, 12.

Praecipuum tamen laborem recensendi in eo posuit, ut
additamentis lacunas, quas deprehendere sibi uisus est, expleret
ratiocinationemque Euclidis, ubi breuiter intermediisque omissis
exposita erat, suppleret planioremque redderet.

primum igitur propositiones totas, quarum locum et usum
esse putauit, interpolare non dubitauit, quale est additamentum
eius in VI, 33 (cfr. II p. 183 not. et appendix p. 424 sq.), de
quo ipse gloriatur comm. in Ptolem. I p. 201. sed etiam in
libro VII propositionem, quae uulgo est uicesima secunda (II
app. p. 430), addidit, fortasse etiam II p. 428 (uulgo VII, 20),
quamquam hoc propter B incertum est.*) In VI, 27 casum
alterum addidit (cfr. II p. 420), post X, 12 lemma (u. III app. 5
p. 382), II, 4 et III, 16 corollaria; utrum etiam V, 19 et VI, 20
corollaria, quae P in mg. a manu prima habet, a Theone ad-
dita sint necne, dubitari potest, maxime propter XII, 8, ubi
corollarium, quod et ipsum in P in mg. est a manu 1, ab
Euclide uix omissum erat; u. p. LXXXIV. eadem de causa de ori-
gine definitionis 5 libri VI dubitari potest; u. II p. 73 not. 2.
certius uidetur, demonstrationes alteras, ἄλλως quae uocantur,
hic illic a Theone interpolatas esse (uelut in II, 4 p. 374, VII, 31

―――

*) Hanc propositionem propositioni 17 libri VI respondere
uoluit, quia VI, 16 in VII, 19 de numeris repetitur; illam ad-
didit ad similitudinem propositionis 23 libri V, quia plerasque
propositiones libri V hic denuo de numeris demonstrari uidit;
sed u. II p. 229 not.

p. 432, et fortasse etiam in X, 1 p. 374, 6 p. 376, 9 p. 378, quae tres demonstrationes in P in mg. a manu 1 postea additae sunt), quamquam pleraeque antiquiores sunt.

cum eo genere mutationum, quod supra p. LXVI commemoraui, conferri potest, quod II p. 304, 8; 322, 14 pro διὰ τὰ αὐτά demonstrationem plene repetitam substituit. ceterorum additamentorum ampliorum haec genera distinguo:

explicationes bonas illas quidem, sed parum necessarias addidit II´ p. 60, 27, ubi ad uerba Euclidis καὶ δι᾽ ἴσου ἐν τῷ αὐτῷ λόγῳ ἔσται illustranda adiecit ὡς τὸ Α πρὸς τὸ Γ, οὕτως τὸ Δ πρὸς τὸ Ζ; prorsus similis locus est II p. 146, 14, suppares explicationes per τουτέστι adnexae X def. 3 bis (p. 2, 10 et 14) et III p. 30, 2, paulloque aliter II p. 170, 24; III p. 212, 27; 214, 7. saepe, ubi Euclides rectam aliquam uel punctum similiaque uniuerse significauerat, Theon ad omnem dubitationem excludendam litteras, quibus in figura definitur, adiecit, uelut I p. 232, 4 ἐπὶ ἴσων εὐθειῶν [τῶν ΒΓ, ΕΖ], I p. 248, 4 τῆς [κατὰ τὸ Β] ἀφῆς; u. II p. 108, 4; 270, 13—14; III p. 206, 6; 332, 22; IV p. 216, 13; 218, 6, 14; 236, 12; 274, 10; 280, 5; cfr. I p. 130, 15—16; 138, 13; II p. 164, 20; 206, 8; 262, 18; 264, 4; 304, 11; 354, 8 (u. II p. XX not.); 400, 15; 402, 3. de I p. 80, 16 ad Theonem referendo dubito propter F mg. aliter quoque, quod Euclides significauerat, adcuratius definiendum putauit interdum cum quadam significatione causae paruaque aliqua uerborum mutatione, uelut I p. 78, 8; 196, 11—12; II p. 322, 24; III p. 100, 5; cfr. II p. 112, 22. συνθέντι addidit III p. 116, 9, καὶ ἐναλλάξ III p. 336, 25; 338, 9. conferri potest etiam I p. 276, 13, ubi nunc non dubito, quin scriptura codicis P unice uera sit. sed II p. 38, 28 breuior forma orationis, quam habet P, uix defendi potest.

studio explicandi expoliendique, quae Euclides breuiter neglegentiusque paullo lectorum iudicio confisus expresserat, haec quoque additamenta Theonis debentur: I p. 320, 25 ὅ ἐστιν ἰσόπλευρόν τε καὶ ἰσογώνιον, II p. 2, 7 πρὸς ἄλληλα, II p. 26, 3 ἕως οὗ τὸ γενόμενον μεῖζον γένηται τοῦ Δ, II p. 74, 4 ὄντα τὴν ἀπὸ τοῦ Α ἐπὶ τὴν ΒΔ κάθετον ἀγομένην, II p. 138, 11 ὁμοίων, II p. 188, 19 ἀνίσων, II p. 108, 21 τυχοῦσαν, II p. 74, 11 ὁσαιδηποτοῦν, III p. 136, 6 ἡ ὅλη, cfr. IV p. 248, 5 τῆς ὅλης, IV p. 116, 21 ὑπὸ τῶν καθέτων. iam ex his exemplis sunt, quae ostendant, Theonem interdum in rebus mathematicis Euclidem additamentis suis supplere et corrigere uoluisse, id

quod magis etiam ex sequentibus adparet: I p. 70, 23; 72, 8, 25
καὶ ἐπὶ τὰ αὐτὰ μέρη addidit, II p. 158, 23 ὁμοίῳ τε καὶ
ὁμοίως ἀναγραφέντι; cfr. additamenta in VI, 28 p. 162, 6—9,
de quibus u. p. 163 not. 1. eiusdem generis est, quod II
p. 290, 8; 294, 14; 298, 15; 356, 26 interpolauit ἐξῆς hic non
magis necessarium quam κατὰ τὸ συνεχές V deff. 9—10, III
p. 86, 2 οὐδὲ μείζονι αὐτοῦ, IV p. 234, 25 καὶ ἐπὶ τοῦ αὐτοῦ
ἡμισφαιρίου; u. praeterea III p. 84, 1; IV p. 158, 1 (cfr. ib.
lin. 9); 222, 20; II p. 258, 13. II p. 366, 5 in πρῶτον addendo,
II p. 66, 5 in ἀνάλογον errauit Theon.

aliis locis additamenta et supplementa magis ad orationis
duritiam breuitatemque quandam tollendam spectant, uelut cum
in formula breui εἰ γὰρ μή et similibus (μὴ γάρ, εἰ γάρ, εἰ
γὰρ οὐ) uerbose supplet, quae eleganter omissa sunt (II p. 232, 14;
268, 14; 362, 22; 368, 23; 404, 14; cfr. II p. 250, 24; 282, 24 sq.;
390, 6 et locus aliquatenus similis in ἢ οὐ III p. 12, 18; etiam
III p. 182, 19 fortasse huc referri potest).*)

expositionem amplificauit II p. 212, 17; III p. 44, 8; 132, 20;
cfr. III p. 410, 18.

alterum genus interpolationum est, ubi conclusio aliqua
praeuia et quasi gradus demonstrationis additur, uelut I p. 180, 2
αἱ ἄρα BE, EZ ἴσαι εἰσὶ τῇ AZ, I p. 278, 24 ὥστε καὶ ἡ ΔE
τῇ ΔH ἐστιν ἴση; u. praeterea I p. 66, 1; 288, 17; II p. 96, 17;
206, 8; 290, 3; 414, 1; III p. 10, 16; 150, 9; 182, 20; 282, 9.
III p. 264, 19 propter F mg. fortasse non Theoni tribuendum
est additamentum his simile; I p. 244, 2 in P error esse potest,
quod magis etiam de II p. 120, 15 dicendum, ubi ob con-
structionem et similitudinem membrorum error prope certus
est. per ὥστε, ut in exemplo secundo, conclusio interpolata
inducitur II p. 140, 12; III p. 168, 1; IV p. 154, 2, per δή
II p. 272, 20 et in loco non prorsus simili II p. 164, 2. con-
ferri possunt I p. 274, 18; III p. 410, 16, ubi conclusionem
finalem ante συμπέρασμα addidit; de III p. 344, 17 propter b
dubito.

tertium genus est amplificatio praemissorum membro inter-
medio interpolato, quod per δέ uel ἀλλά infertur praemissisque
ab Euclide datis adnectitur, uelut II· p. 164, 20 ἀλλὰ τὸ KM
τῷ HB ὅμοιόν ἐστιν, u. II p. 304, 9; III p. 334, 21 (h. l. inter-

---

*) Utrum Theon an librarii pro καὶ τὰ ἐξῆς III p. 280, 5;
322, 17 uerba propositionis reposuerint, non audeo decernere.

polationem arguit III p. 314, 25). III p. 114, 19 ῥητὸν δὲ τὸ
συγκείμενον ἐκ τῶν ἀπὸ τῶν ΑΒ, ΒΓ; u. III p. 154, 7; de
II p. 150, 15 nunc propter μέν dubito, III p. 110, 21 propter
F incertum est; praeterea hic etiam conclusio addita est, sicut
etiam II p. 278, 14; III p. 162, 4 interpolatio paullo maior est.
cum hoc genere etiam III p. 312, 11; 336, 4; 360, 2—3*) et
interpolationes artificiosae I p. 150, 1; II p. 394, 8; IV p. 258, 16
conferri possunt.

his exemplis postremis in quartum genus interpolationum
traducimur uarium et multiplex, quod continet causae indica-
tionem a Theone additam. priori generi adfines hi loci sunt:
II p. 40, 1; 156, 18 et interpolationes maiores II p. 214, 8;
III p. 352, 8; IV p. 132, 5; cfr. etiam I p. 306, 2 sq.; II p. 268, 10,
ubi causa per ἐπεί infertur. saepius tamen postea adiicitur
per γάρ adnexa, uelut I p. 262, 14; III p. 52, 14; 104, 3; IV
p. 216, 1; 220, 19; 282, 26; per εἴπερ III p. 120, 19. memo-
rabilis locus est III p. 62, 8, quia ibi in P scholium est addi-
tamento Theonis simile; cum ipsa forma (διὰ τό ...) cfr. III
p. 206, 5. ad hoc genus etiam I p. 276, 19 sq. referri potest.

Sequuntur additamenta minora, quae fere intra unum uel
paucissima uocabula consistunt perspicuitatis uel concinnitatis
causa adiecta. quo in genere multa necessario dubia sunt,
neque omnia Theoni tribuenda esse adfirmauerim, sed in multis
uocabulis additis exemplorum copia tanta est, ut Theonis manum
hic saltim agnoscere cogamur. unde in ceteris quoque huius
generis interpolationibus suspicio oritur, Theonem ne in iis
quidem culpa liberandum.

in codicibus igitur Theoninis additum inuenimus αὐτοῖς
in hac formula οἱ τὸν αὐτὸν λόγον ἔχοντες [αὐτοῖς] II p. 290, 22;
292, 18; 364, 29; III p. 410, 5 (et re uera saepissime ab Euclide
additum est, uelut in ipsa prop. VII, 33, ne plura; sed ne-
cessarium non est; II p. 274, 22; 378, 17; 380, 12; 412, 9 in
Theoninis bonis omittitur cum P, III p. 410, 25 contra P).
praeterea addidit αὐτῶν II p. 68, 28; αὐτά III p. 46, 2; αὐτῷ
(ipsi) III p. 86, 1; αὐτό III p. 112, 23.

τρίγωνον I p. 94, 20; II p. 78, 14; 88, 24; 102, 2; 116, 24;
136, 2; IV p. 152, 15; 160, 4; 162, 19, 22.

τετράγωνον I p. 150, 21, 22; III p. 26, 8 sq.; 28, 3, 6; 212, 1;
240, 20; 262, 13; IV p. 146, 8 et fortasse I p. 144, 24.

---

*) Cum hoc loco cfr. additamentum Theonis III p. 282, 17.

ὀρθογώνιον II p. 122, 17; III p. 236, 17 et sine dubio etiam I p. 154, 5, ubi huic uocabulo uncos addi uolo. περιεχομένῳ ὀρθογωνίῳ addidit I p. 156, 12.

παραλληλόγραμμον II p. 152, 11; 158, 18, 26; IV p. 102, 8, 24.

μέγεθος II p. 42, 16; III p. 4, 16; 12, 2; 14, 21.

ἀριθμός II p. 200, 21; 410, 25; III p. 18, 27; 20, 3; 24, 22, 26, 27; 26, 5 sq.; 410, 4 et sine dubio etiam II p. 198, 1; 222, 7; 224, 15.

μονάς II p. 300, 10 et sine dubio iam p. 222, 7; nam diuersitas generis (ἡ Α — τὸν Δ) sufficit ad errorem euitandum.

σημεῖον III p. 184, 25; 300, 22; IV p. 214, 4.

πλευρά II p. 90, 1 et fortasse etiam II p. 318, 9; τῶν πλευρῶν II p. 108, 25.

στερεόν IV p. 96, 19; 212, 24.

κύκλου I p. 166, 21; 168, 9.

εὐθεῖα I p. 294, 4; 320, 9; IV p. 228, 26; δύο εὐθεῖαι II p. 108, 1.

μήκει III p. 40, 18 sq.; 48, 16, 18; 52, 14, 22; 54, 5; 150, 7; 254, 20; 350, 4

ῥητή III p. 214, 3; 350, 16.

γωνία I p. 216, 20 (cfr. p. 218, 12); 250, 8; 256, 17; 274, 8; 304, 7; IV p. 56, 21.

etiam χωρίον certum est additamentum III p. 342, 14, ubi etiam ordinem uerborum mutauit Theon. magis dubia sunt μέρει III p. 54, 7 (P mg. m. 1), σφαίρα IV p. 242, 8, ἐπιπέδῳ IV p. 10, 15 (cfr. tamen p. 50, 2), βάσις IV p. 110, 26, πολύγωνον IV p. 212, 19, ὕψος IV p. 224, 25, εὐθύγραμμον IV p. 158, 22 (de εὐθύγραμμοι IV p. 122, 22, quod prorsus superuacuum est, non dubito); sed similitudo multorum locorum ex iis, quos supra adtuli certiores, facit, ut ueri simile sit, haec quoque uocabula a Theone addita esse; nam adparet, eum in locis, qualis est ὡς δὲ τὸ MN ὕψος πρὸς τὸ ΠΝ, concinnitatis causa substantiuum etiam altero loco ponere praetulisse (cfr. uerbi causa II p. 318, 9; III p. 26, 9, 12, 25, 29 al., sed u. IV p. 104, 4, 14, 16, 17, 18 al.).

in adiectiuis similis interpolatio est I p. 278, 2 καὶ λοιπή ἐρα ἡ ὑπὸ MΛN [λοιπῇ] τῇ ὑπό κτλ.; item IV p. 64, 15. alterum necessarium non esse, adparet ex II p. 124, 23; 132, 16; III p. 352, 7. etiam ὀρθῇ I p. 308, 23 aperte eadem de causa interpolatum est. II p. 54, 11 ἴσον bis addidit Theon ex p. 54, 7

petitum. ne de πάλιν quidem interpolato I p. 252, 14; 284, 2;
III p. 240, 14 dubito. u. praeterea III p. 28, 28 ἕτερός τις,
II p. 366, 16 ἄλλον, II p. 46, 6 ἀνάλογον, III p. 78, 17 τρεῖς,
cfr. III p. 100, 3 et fortasse III p. 142, 20 (nam hic P m. 1
οἱ habet) δύο. nescio, an μόνον III p. 80, 1; 94, 19 omitti
possit; III p. 286, 22 in loco prorsus diuerso uidetur a Theone
additum esse; neque enim propter p. 288, 20 necessarium est.
δοθεισῶν IV p. 8, 19 prorsus inutile est et sine dubio Theoni
debetur. idem ut orationem planiorem redderet, inutiliter
addidit ὄντα II p. 74, 4; IV p. 110, 15; ὄν II p. 162, 12; ὄντος
III p. 6, 16 (de ὤν II p. 196, 9 dubito; nam post μείζων fa-
cillime excidere potuit in P); τυγχάνοντα IV p. 164, 11; συγ-
κείμενον III p. 174, 10; ἐγγραφομένου IV p. 272, 21; κείσθω
IV p. 260, 5; ποιείτω II p. 312, 26; cfr. ἔστω III p. 404, 2;
εἰσὶ σύμμετροι III p. 56, 15, cfr. σύμμετρόν ἐστι III p. 316, 1;
ἴση ἐστίν I p. 182, 8; fortasse etiam ἀπό I p. 126, 22. huc
pertinet etiam οὕτως in hac formula ὡς δὲ τὸ Γ πρὸς τὸ Δ,
[οὕτως] τὸ Ε πρὸς τὸ Ζ saepe additum II p. 46, 19; 56, 22;
90, 2; 272, 20; 274, 5; 288, 1; 318, 20; 350, 1; III p. 36, 25;
76, 28; 364, 7; 378, 12 (casui debetur, quod οὕτως II p. 64,
16, 17, 18, 22, 24; 274, 14 in omnibus Theoninis deest, quod
quam facile fieri possit, ostendunt II p. 64, 15, 21, 26, ubi in
melioribus deest). cfr. omnino p. LXIII sq.

    iam his exemplis ultimis ad minutias orationem spectantes
peruentum est, sed restant etiam minutiora.

    sexcenties addidit ἐστί, imprimis post ἄρα, sed etiam post
alia uocabula uelut μείζων, μέρος, σύμμετρος al., u. I p. 58, 6;
112, 10; 144, 6; 148, 14; 206, 22; II p. 100, 22; 206, 11; 412, 6;
420, 8; III p. 66, 2; 102, 16; 170, 7; 172, 13; 174, 5; III p. 158,
8, 10; 166, 5; 176, 10; 180, 22; 236, 3; 268, 7; 308, 5; 310, 9;
314, 25; 320, 13, 15; 324, 17; 328, 6, 18; 334, 15; 336, 10, 11;
338, 13; 342, 23; 358, 17; 362, 20; 364, 13; 366, 11; 410, 10;
412, 7; IV p. 24, 23; 96, 26; 120, 15; 146, 17; 164, 7; 170, 15;
172, 10; 262, 16; 346, 16; 380, 6 (his duobus locis appendicis
uncos omisi). etiam post ἴσος additur I p. 66, 8; III p. 284, 4;
IV p. 14, 9, sed multo saepius anteponitur (ἐστιν ἴσος) I p. 84, 7;
112, 8; 304, 6; 308, 8; II p. 84, 6; 90, 11; 92, 24; IV p. 152, 2;
cfr. II p. 164, 12 [ἐστιν] ὅμοιον; IV p. 276, 21 [ἐστι] διπλῆ.*)

    *) Itaque, cum Theon hunc uerborum ordinem ἐστιν ἴσον
praetulisse uideatur, fortasse ii loci, ubi Theonini hunc habent,

[ἐστὶν] ὡς III p. 88, 5; 146, 6; cfr. p. 282, 24; 832, 4. βάσις μέν [ἐστι] IV p. 160, 7; 174, 18; 190, 23; cfr. p. 214, 3 βάσις [μέν ἐστιν]. de III p. 170, 20; IV p. 286, 6 dubito, an errore in P omittatur ἐστίν; I p. 304, 7 error manifestus est. εἰσί quoque satis frequenter a Theone additum est, u. I p. 172, 6; 290, 15, 21; II p. 202, 9; 376, 24; III p. 28, 21; 30, 15; 200, 21; 352, 13; 364, 3; IV p. 116, 7; 196, 16; aliquanto magis dubii loci sunt II p. 294, 1; 322, 11; IV p. 164, 11.

in formula, qua ad demonstrationem transitur, λέγω δή uel nudum λέγω habet Euclides; sed hoc Theoni displicuit, qui saepe δή addidit, uelut II p. 22, 24; 832, 8; 356, 1, 12; III p. 174, 26; 284, 12; cfr. δεικτέον [δή] III p. 190, 16; 192, 23; itaque etiam I p. 84, 3; II p. 194, 24; 196, 24 δή uncis includendum est; u. etiam I p. 816, 8; III p. 148, 9, ubi δή in P supra scriptum est postea (u. p. XLVIII). quam facile interpolatum sit, adparet ex I p. 188, 14; 314, 6; II p. 314, 24; 336, 8; 402, 5; III p. 78, 4; 320, 20, ubi in compluribus codd. bonis omittitur. similiter οὖν III p. 24, 21; 54, 14 a Theone interpolatum est (sed II p. 402, 3 uix omitti potest).*)

in apodosi ἄρα saepe in Theoninis interpolatum est, uelut I p. 102, 21 (uncis notandum erat), II p. 322, 3; 336, 10; 356, 3, 5; 392. 10; III p. 114, 13; 140, 19 (prorsus similes sunt loci p. 154, 10; 268, 16; quare hoc quoque loco ἄρα delendum); 230, 15; 282, 19; 320, 11; 344, 15; IV p. 20, 10; 232, 27. contra I p. 100, 15; 200, 18; II p. 202, 8; III p. 74, 1; 112, 9; 118, 11 in Theoninis deest in apodosi, in P exstat, sine dubio interpolatum**) (quare corrigatur II p. 202, 8).

P alterum, Theoni tribuendi sunt (I p. 106, 1; 140, 10; II p. 98, 7; 334, 15; III p. 204, 18, 19; 208, 17; IV p. 120, 23; 280, 13). non dubitarem, nisi obstarent loci, ubi contrarium factum est, I p. 144, 9; 182, 7; 204, 3; III p. 188, 23; 314, 4; IV p. 44, 5; 66, 11; 232, 8.

*) Contra I p. 282, 1 οὖν in P interpolatum est; fortasse etiam III p. 14, 7 delendum.

**) Ceterum in hac particula uel addenda uel omittenda summa est inconstantia codicum. II p. 150, 9; IV p. 244, 19 cum P, I p. 106, 24; II p. 308, 6 cum P aliisque codd. bonis omitti posse uidetur (I p. 172, 20; 206, 19 alia correctio adhibenda est). sed I p. 92, 21; II p. 130, 1; 328, 10; III p. 128, 11; 150, 14; 192, 21; 246, 24; 258, 26; IV p. 28, 17; 250, 8; 256, 13; 270, 8 falso in P omissum est, I p. 320, 5; 328, 5; III p. 300, 3 μέν II p. 348, 13 certissime Theoni debetur; respondet enim uerbis τὸν δὲ B κτλ. ab eo pro lin. 14—22 substitutis. etiam IV p. 90, 12 (uncis includatur); 212, 10, 13 ei tribuendum uidetur. quare ueri non dissimile est, eundem Theonem hanc particulam etiam I p. 38, 21; 140, 6; II p. 318, 22; 354, 3; III p. 104, 7; 210, 12; IV p. 104, 19; 184, 19; 258, 19 interpolasse. nam Euclidem in talibus rebus non nimis religiosum sibique constantem fuisse, ut saepius iam obseruauimus, ostendunt loci I p. 160, 20; 272, 15; 280, 8, ubi in formula solita κέντρῳ μέν ... διαστήματι δέ cum P et Theoninis bonis (ultimo loco omnibus) μέν sublatum est.*) μήν III p. 120, 9 utrum a Theone additum sit an errore in P omissum, diiudicare non ausim.

demonstrationem plerumque per γάρ adiungit Euclides, sed interdum particulam omisit; Theon autem eam addidit II p. 118, 16; 326, 12; 396, 10; III p. 178, 12; 410, 20; IV p. 110, 9. fortasse etiam οὖν, quod I p. 54, 8 praebet P pro γάρ, defendi potest. I p. 28, 23; 104, 25 γάρ librario codicis P debetur; cfr. IV p. 218, 15.

τις sine dubio a Theone additum est in locis consimilibus II p. 236, 18; 238, 10. idem uocabulum II p. 196, 9 fortasse cum P omitti potest; nam comparatis p. 190, 14; 194, 7; 198, 11 intellegitur, cur Theoni in mentem uenerit id concinnitatis causa adiicere. ne de τινες quidem II p. 254, 13 addito dubitauerim; II p. 262, 14 τινα in Pp omissum est.

difficillima quaestio est de particulis τε et καί, quia plerumque nihil prorsus interest, utrum ponantur necne. in iis ob inconstantiam codicum ueri simile est maximam partem discrepantiarum, si non omnes, librariis imputandam esse. uelut in formula ὅ τε ἡγούμενος τὸν ἡγούμενον καὶ ὁ ἑπόμενος τὸν ἑπόμενον novem locis, si recte numeraui, in omnibus codd. est illud τε (II p. 232, 20; 238, 26; 250, 5; 272, 19; 330, 12;

_____

in P aliisque aeque falso, I p. 222, 24; II p. 268, 11; III p. 246, 21; 302, 26 in Theoninis bonis uel omnibus. I p. 66, 10; II p. 360, 6; III p. 160, 24; IV p. 58, 1, ubi omitti non potest, in P m. 1 supra scriptum est; idem factum est III p. 88, 1, ubi omitti poterat.

*) II p. 136, 1; III p. 252, 4 μέν in P manifesto errore additum est; quare etiam II p. 34, 20; 38, 23; 68, 1; III p. 278, 8 interpolatori deberi potest uideri. II p. 272, 21; 306, 7 (cfr. uol. II p. XIII); IV p. 234, 27 res incerta, quia hic deficit F.

364, 12; 378, 17; 380, 12; 386, 10), II p. 292, 19 deest in P solo, II p. 280, 21 in Pbq (u. uol. II p. X). itaque his duobus locis Theoni non debetur et sine dubio genuinum est. I p. 72, 24 P solus omisit; neque necessarium est; nam in loco simili p. 72, 1 etiam in melioribus Theoninis deest (p. 70, 21 in his solis, non in P).

τε porro his locis in P solo deest et sine damno omitti potest I p. 86, 23; 96, 10; II p. 274, 17; 282, 7; 324, 8; 354, 10; IV p. 84, 6; 150, 21; 228, 5; 278, 11; 322, 13*); 334, 13. de I p. 136, 21 dubito; nam τε a librario codicis P ad euitandam constructionem τε — μετά insolitam illam quidem, sed bonam (Eutocius in Archimed. III p. 350, 4), omissum esse potest; I p. 122, 26 in eadem constructione τε omittunt Pp. contra I p. 244, 8, 10; II p. 126, 7; 424, 20; IV p. 322, 8 τε cum Theoninis delendum uidetur.

καί his locis a Theone interpolatum esse potest (ubi interpolatio certior uidebatur, et ubi cod. F deficit, καί uel deleui uel uncis inclusi, in ceteris reliqui) I p. 72, 10; 242, 12; 296, 18; 298, 6; II p. 96, 21; 104, 8; 208, 9; 210, 17; 356, 4; 400, 10; 402, 11; III p. 80, 6; 56, 9; 86, 23; 142, 3; 154, 8; 198, 12; 206, 8; 234, 2; 236, 12; 238, 12; 868, 20; IV p. 80, 26; 364, 14. at I p. 228, 18; IV p. 820, 4 καί errore in P omissum, III p. 54, 14; 120, 4; 278, 17; 320, 2; 362, 8; IV p. 278, 7 errore additum, sicut II p. 302, 1, ubi librarius ipse correxit. ceteris quoque locis, ubi καί in P solo legitur, plerumque delendum existimauerim (I p. 106, 20; 204, 8; II p. 54, 27; 78, 19; 90, 4; 142, 14; 256, 21; 274, 12; 310, 10; III p. 126, 14; 230, 2; 258, 16; 398, 1; IV p. 218, 4; 242, 7), quamquam est, ubi καί aegre cum Theoninis desideres, uelut I p. 288, 15; III p. 10, 4; ubi F non habemus, καί contra ceteros Theoninos retineri potest II p. 322, 30; 348, 23; IV p. 154, 23; 172, 5; 224, 6 et fortasse etiam in locis gemellis II p. 326, 21; 382, 2.

Constat igitur, Theonem in eo uel praecipuam operam posuisse, ut amplificaret explicaretque, quae ab Euclide breuiter dicta essent. quare per se non maxime est ueri simile, eundem Theonem breuitatis studio adductum aliquando quaedam omisisse, nec omnino credibile esset, nisi certum quoddam genus omissionum in primis maxime libris tam saepe occurreret, ut

---

*) Cfr. IV p. 338, 17, 20, ubi τε in paene omnibus codd. omissum est.

casu factum esse uix credi possit. nam in expositione (ἔκθεσις
quae uocatur), in qua Euclides plerumque omnes hypotheses
propositionis repetit, multis locis in Theoninis codd. aliquid
omissum est, uelut I p. 12, 22 τῇ δοθείσῃ εὐθείᾳ; cfr. p. 256, 7
τῇ δοθείσῃ γωνίᾳ εὐθυγράμμῳ; p. 80, 13 εὐθεῖαν πεπερασμένην;
p. 84, 18 παραλληλογράμμῳ; p. 92, 12 καὶ ἐπὶ τὰ αὐτὰ μέρη,
item p. 94, 11; p. 202, 8 αἱ ΑΒ, ΓΔ; p. 232, 23 γωνία; p. 232, 24
ἔστιν ἴση; p. 242, 4 ἡ ὑπὸ ΒΑΓ; II p. 162, 12 τῆς ΑΒ; p. 314, 22
ἀριθμοί; III p. 90, 26 et p. 334, 8 μήκει; p. 106, 26 ὅλη; p. 250, 11
αὐτῇ; p. 340, 18 ἔστω; IV p. 196, 20 κῶνον; p. 220, 1 κύκλων;
cfr. p. 274, 17. itaque etiam I p. 174, 10 σημεῖον; I p. 10, 17
εὐθείας πεπερασμένης cum P retineri potest.

iam cum constare uideatur, Theonem hic diligentiam Euclidis
tamquam nimiam improbasse et breuitati studuisse, uidendum,
ne alibi quoque Euclidis uerba in breuiorem formam redegisse
sit existimandus.

I p. 94, 8 igitur propter p. 92, 12; 94, 11 uix dubitari
potest, quin in protasi omiserit καὶ ἐπὶ τὰ αὐτὰ μέρη (quod
in symperasmate p. 96, 1—2 etiam in P omittuntur, nihil de-
monstrat; cfr. supra p. LXIII; p. 92, 9; 94, 4 propter F res dubia
est). minus certum est, quod I p. 42, 8 et p. 44, 7 γωνιῶν in
Theoninis omittitur; nam apud Proclum etiam deest. II p. 354, 12
sine dubio κατὰ τὸ συνεχές a Theone omissum est; respexit
enim ad II p. 350, 23 (etiam in transponendis uerbis ἑξῆς ...
ἀριθμοί). etiam IV p. 148, 23 τε καὶ ὁμοίας a Theone omissa
sunt, qui omnino totum locum refinxit. II p. 342, 4 P secutus
sum, quia ibi F non habemus. cum locis supra p. LXIV adlatis,
ubi omisit, quae singulare aliquid haberent, conferri possunt
I p. 82, 21; III p. 126, 7 et 10; 228, 13 (cfr. p. 229 not.);
384, 5; 402, 21 (cfr. lin. 8); IV p. 210, 25; 322, 13 (IV p. 22, 22
adderem, nisi correctura in B a m. 1 esset).

etiam III p. 14, 10 intellegi potest, Theonem τὸ Ε ἄρα τὰ
Α, Β, Γ μετρεῖ propter lin. 11 superuacua esse putauisse.
III p. 8, 20 ordine uerborum offensus μέγεθος omisisse uidetur;
nam τὸ ΑΒ γὰρ μέγεθος durius est quam τὸ ΑΒ γάρ. etiam
breuior forma orationis I p. 284, 12 sq.; II p. 142, 20 sq.; 348, 14 sq.;
III p. 122, 19; 404, 15 editorem sapit, non librarium; cfr. I p. 112,
4—5; 208, 23; 230, 4. — II p. 270, 18 (cfr. p. 378, 17); 302, 12;
306, 6; 328, 11; 330, 6; 352, 12; 368, 6; 370, 2; 376, 3; IV
p. 172, 6; 364, 18 P secutus sum, propterea quod in hac parte
codice F destituti sumus. incertiora sunt, quae I p. 248, 15;

304, 16; II p. 156, 1; III p. 112, 7; 344, 10; IV p. 124, 16
e solo P recepi.

clausula illa sollemnis ὅπερ ἔδει δεῖξαι (ποιῆσαι) tam saepe
in P solo seruata est, ut suspicari liceat, Theonem in ea omit-
tenda neglegentiorem fuisse; u. I p. 38, 1; 320, 26; 332, 9;
II p. 316, 21; 340, 19 (?); 400, 3 (?); 424, 20; III p. 22, 1;
40, 14; 64, 2; 76, 16; 82, 10; 86, 7; 104, 9; 106, 20; 108, 15;
110, 8; 114, 2, 22; 118, 17; 122, 21; 124, 16; 130, 20; 140, 4;
142, 16; 146, 16; 148, 24; 152, 9; 154, 13; 170, 20; 186, 1;
190, 23; 194, 14 et per totum fere librum X (praeter eos, quos
citaui, XLIII locis). quominus haec omnia pro certo Theoni
imputem, prohibet librariorum in hac formula uel addenda uel
omittenda inconstantia (saepe compendio significabatur potius
quam scribebatur); nam interdum in PF solis seruata est,
saepe in omnibus codd. omissum uel saltim in pluribus me-
lioribusque (u. I p. 202, 2; II p. 312, 15; III p. 34, 5; 88, 18;
92, 24; 96, 8; 304, 9; 312, 24), rarius falso adiectum (IV p. 96, 23;
112, 6). sed quod post corollaria fere in Theoninis omissum
est, Theoni ipsi tribuere non dubito (u. II p. 138, 16; 194, 12;
III p. 16, 8; 370, 4; IV p. 122, 26; 176, 14); nam uidetur con-
sulto a more Euclidis discessisse. ille enim, si testimonio co-
dicis P confidimus, ubi corollarium propositioni subiunxit,
plerumque clausulam illam in ipsius propositionis fine non
posuit, sed eam post corollarium cum propositione cohaerens
et quasi eius partem ultimo loco adiunxit (praeter locos ad-
latos cfr. III, 1 et p. 169 not.; III, 16; VI, 8, 19; XIII, 16, 17;
repugnant inter alia IV, 15; VIII, 2; XI, 33.*) saepius ὅπερ
ἔδει δεῖξαι etiam in fine propositionis ipsius interpolatum est,
uelut II p. 54, 23; 102, 21; 130, 7; 138, 9; 194, 8; III p. 16, 2;
IV p. 122, 19 alibi).

His omnibus perpensis sequitur, Theonem in Elementis
edendis parum curasse, ut, quae Euclides re uera ipse scrip-
sisset, e libris manuscriptis erueret restitueretque, eumque
multo magis id spectasse, ut iis, qui ex Elementis mathematicam
discerent, difficultates remouendo explanandoque consuleret.
quare editio eius cum editionibus grammaticorum Alexandri-
norum comparanda non est, sed potius cum opera Eutocii in
Apollonio edendo et cum interpolata recensione nonnullorum

---

*) In IV, 5 et 16 singularis est ratio porismatis; cfr. I
p. 319 not. 1.

operum Archimedis ab homine Byzantino facta, de qua disputaui
Neue Jahrbücher Suppl. XI p. 384 sq. inter quos medium locum
obtinet, illo inferior diligentia, hoc peritia mathematices longe
superior. nobis, quorum hoc solum interest scire, quid Euclides
scripserit, non probari operam Theonis longe alia uoluntate
susceptam, quis mirabitur? discipulis eius in Museo Alexandrino,
quorum causa sine dubio editionem suam curauit, — ibi enim
saec. IV post Chr. n. mathematicam eum professum esse, testis
est Suidas — non displicuit, et a posterioribus Graecis haec
editio fere sola describebatur et lectitabatur, ita ut recensio
antiquior uno tantum codice ad nostrum tempus seruaretur.
propter hunc fauorem fortunae nobis congratulemur, Theoni
hoc concedamus, uix meliora nobisque utiliora ab eo exspectari
potuisse, quam quae praestitit, editionemque eius, si non ad
Euclidis uerba restituenda, at tamen ad studium peritiamque
mathematices apud Alexandrinos quarti saeculi cognoscenda
et ad rationem recensendi editorum antiquorum illustrandam
plurimum conferre.

Cap. III.

De interpolationibus erroribusque ante Theonem ortis.

Ex iis, quae in cap. I disputauimus, adparet, scripturam
codicis P et Theoninorum communem, si pauca fortuita ex-
cipias, talem nobis Euclidem praestare, qualis a Graecis sae-
culi quarti legeretur. sed tum iam plus annis sexcentis Ele-
menta per manus librariorum mathematicorumque tradita erant.
itaque certum est, uerba Euclidis iam tum mendis inquinata
fuisse. ea partim librariis partim interpolatoribus tribui possunt.
quod ad librarios adtinet, iam supra p. XXXVII uidimus, quaedam
Theonem fefellisse, quae a posterioribus in nonnullis codicibus
emendata sunt. hic primum errores aliquot adferemus, qui
in omnibus codd. nostris reperiuntur nec fortuito orti esse
possunt in utrisque, sed ad fontem communem Theone anti-
quiorem referendi sunt. eius generis est ἀπτέσθω pro ἐφ-
απτέσθω I p. 216, 23, quam distinctionem Theon non curauit
(u. supra p. LVII), ἀνάλογον additum II p. 58, 17, ἐστιν ad-
ditum I p. 188, 19 (cfr. p. 182, 9), ἄν omissum III p. 410, 7,
καὶ ὑπὸ τὸ αὐτὸ ὕψος IV p. 90, 7, 13 omissum; aliquanto
grauior error est I p. 186, 10 et in III, 8 (u. uol. I p. 187 not.).
alibi fortasse non error librarii, sed neglegentia quaedam
Euclidis in culpa est; u. I p. 131 not., p. 281 not., p. 283 not. 2,

p. 321 not., II p. 135 not., p. 153 not. 2, p. 279 not., p. 307 not. 2, p. 355 not., III p. 283 not., IV p. 294, 7 (δυνάμει omissum; cfr. P p. 324, 14), IV p. 125 not. 2. nam difficillimum est diiudicatu, quid Euclides hoc in genere committere potuerit, quid non potuerit, et contra consensum codicum tam bonorum cautissime adhibenda est coniectura, ubicunque non intellegitur, qua causa motus librarius aliquis rectam scripturam uitiare sustinuerit. itaque rationem Simsoni (Euclidis elementorum libri priores sex item undecimus et duodecimus ex uersione latina Federici Commandini sublatis iis quibus olim libri hi a Theone aliisue uitiati sunt et quibusdam Euclidis demonstrationibus restitutis. Glasguae 1756, 4to) non probo; nam quamquam plerumque — nam ne hic quidem semper — suo iure errores ad mathematicam spectantes notat, in eo errare mihi quidem uidetur, quod hos omnes Theoni aliisque interpolatoribus tribuit; neque enim licet Euclidem „ab omni naeuo uindicare", ut uerbis Hieronymi Saccherii (Euclides ab omni naeuo uindicatus. Mediolani 1733) utar. uelut p. 376 rectissime in VI, 23 uituperat λόγον τὸν συγκείμενον ἐκ τῶν πλευρῶν pro eo, quod est ἐκ τῶν τῶν πλευρῶν (sc. λόγων), neque tamen dubito, quin ita scripserit Euclides (cfr. II p. 147 not.). fortasse etiam III p. 24, 26 defendi potest scriptura codicum PF τοῦ δὲ Γ πρὸς τὸν Δ λόγου pro τοῦ δὲ τοῦ Γ πρὸς κτλ. in libris stereometricis maxime errores nec paucissimi nec lenissimi adgnoscendi sunt, quos eo minus Euclidi tribuere dubito, quod haec pars geometriae tum demum diligentius pertractari coepta erat (u. XI, 21, 24, 26, de qua cfr. IV p. 81 not. 2; XII, 17, cfr. IV p. 241 not.). ceterum Simsonus saepe recte acuteque uerum uidit, et interdum obiectiones eius auctoritate codicis P confirmatae sunt, uelut in VI def. 5 (u. II p. 73 not. 2).

supra p. LXIII dixi, συμπέρασμα non semper ad uerbum cum protasi consentire. itaque fortasse I p. 96, 2 καὶ ἐπὶ τὰ. αὐτὰ μέρη cum codd. nostris omitti possunt, quamquam in protasi p. 94, 8 in P aliisque exstant. ne‘hoc quidem negari posse uidetur, Euclidem συμπέρασμα interdum omnino nullum addidisse; nam .in libris VIII—IX saepissime omittitur; cfr. praeterea I p. 74, 17; 306, 17; II p. 140, 15; 198, 13. itaque hoc quoque concedendum, Euclidem aliquando in conclusionibus longioribus pro uerbis propositionis posuisse breuiter καὶ τὰ ἑξῆς; nam inde a libro X hoc tam saepe et tanto inter omnes codices consensu fit, ut ante Theonem factum esse necesse sit, nec, si uerum quaerimus, ulla est causa, cur ipsi Euclidi hanc breuitatem abiudicemus. quare etiam I p. 174, 2; 182, 13; 188, 23; 264, 17; 268, 4 codicum consensui nunc obtemperandum esse puto. ubi uero unus uel pauci tantum codices formam breuiorem habent, plenior retinenda est (uelut II p. 68, 21; 70, 22; 126, 20; IV p. 16, 17); nam in talibus rebus arbitrium et consuetudo librariorum imperat, uelut a IV p. 30, 23 in V solo καὶ τὰ ἑξῆς saepissime occurrit (p. 36, 5; 44, 16; 46, 17; 50, 5; 52, 8; 54, 17 al., p. 196, 9); I p. 176, 2·in Theoninis est καὶ τὰ ἑξῆς, contra III p. 78, 13; 80, 11 in P solo; III p. 36, 4 alii alio loco uerba propositionis abrumpunt. ubi καὶ τὰ ἑξῆς legitur, clausula illa ὅπερ ἔδει δεῖξαι omittitur; III p. 28, 13 in solis Theoninis addita est. si hos locos excipias, ita raro in omnibus codicibus omittitur, ut dubitari possit, an semper restituenda sit, praesertim cum in codd. saepe compendio scribatur, et omnino auctoritas eorum in hac re non magna sit (III p. 82, 10 in P seruata est, in Theoninis omissa).

erroribus ante Theonem ortis eos quoque locos, paucissimos sane, adnumero, ubi scriptura uera in uno solo Theoninorum seruata est; ibi enim plerumque coniectando inuenta esse putanda est, uelut I p. 300, 5 (V, si collationi fides est); 320, 10 (p); II p. 26, 7 (V; cfr. p. 276, 21); 158, 3 (V); 388, 14 (F); III p. 196, 20 (F); 292, 20 (V); 364, 22 (B); I p. 244, 11 Γ, quod uix omitti potest (p. 244, 17 in P error esse uidetur), in solo F m. 1 insertum est; cfr. II p. 157 not. 1 (FV). II p. 202, 8 error codicis P iam a Theone legebatur; nam inde orta est eius emendatio parum felix (cfr. p. LII). II p. 376, 19 uero ὥστε fortasse cum codd. retineri potest mutata interpunctione, ita ut a καί lin. 22 apodosis ad ἐπεί lin. 18 incipiat. alii quoque loci hic praetermittendi sunt, quibus uerba Euclidis communi mendo uitiata esse constat, num Theone id antiquius sit, non constat, quia error librariis in promptu erat, uelut III p. 370, 7, 9, 22; cfr. II p. 353 not. et III p. 132, 24, ubi error fortuitus in P ex parte cum interpolatione certa (cfr. supra p. LVI) Theoninorum conspirat. eiusdem generis est III p. 218, 16, ubi ἤ delendum uidetur, etsi tenent codices omnes (cfr. III p. 218, 19; 222, 8); ut adpareat inconstantia, cfr. loci similes III p. 232, 17; 296, 12, 16; 300, 11, ubi ἤ in solo P est (p. 234, 15 in PB), p. 236, 19; 302, 18, ubi P omisit, p. 300, 3, ubi omnes omittunt denique p. 350, 7, 8; 406, 4, 20. cfr. omnino p. XXXIX sq.

I p. 8, 9 V, I p. 8, 17 F soli cum aliis fontibus antiquissimis consentire uidentur, sed hi loci tam pauci sunt, ut nihil inde concludi possit.

Restat autem unum genus mendorum antiquorum, quod et latius patuit et manifestius coargui potest, interpolationum.

primum per se parum ueri simile est, Euclidem duas demonstrationes unius propositionis dare uoluisse, et haec dubitatio confirmatur, si naturam harum demonstrationum alterarum consideramus. nam inter eas sunt, quae certissime ab Euclide profectae non esse demonstrari possint. uelut quis credat, Euclidem ipsum demonstrationes receptas improbasse et postea nouas breuiores uel magis perspicuas addidisse, quas receptis praeferendas esse diserte significaret? sine dubio, si ita sentiret, eas recepisset, receptas omisisset. hac de causa damnandae demonstrationes nouae VI, 20 p. 418 (ἑτέρως προχειρότερον δείξομεν), X, 90 p. 400 (συντομώτερον), XII, 17 p. 358 (προχειρότερον). nec minus suspectae sunt demonstrationes nouae in ipso contextu per ἢ καὶ οὕτως, ἢ καὶ ἄλλως, similia moleste adnexae, quales sunt III, 7 p. 326, III, 8 p. 328, cfr. III, 31 p. 332, X, 32 lemma p. 392, XIII, 18 p. 378. aliae nunc auctoritate codicis P, ubi postea in mg. additae sunt, Theoni tr.butae sunt uel saltim ex uerbis Euclidis ipsius remotae (II, 4; VII, 31; X, 1, 6, 9, u. supra p. XLVIII). aliae rursus, ut X. 105 et 106 (III app 25—26), et loco et uicinitate interpolationum manifestarum arguuntur; cfr. X, 115 p. 402. haec omnia cum spuria esse constet, paucae etiam, quae restant demonstrationes alterae per se probae (III, 9 p. 328, III, 10 p. 330, VI, 30 p. 422, VI, 31 p. 424, XI, 22 p. 344), in suspicionem uocantur. nam facile intellegitur fieri potuisse, ut magistro uel editori alicui alia demonstratio in mentem ueniret, quae ei magis placeret, siue iure siue iniuria, Euclidiana. documento sunt demonstrationes nouae non in omnibus codicibus interpolatae, uelut IX, 22 p. 436 in F solo, XIII, 5 p. 362 in P (b q).*) etiam quae in codd. aliorum operum mathematicorum Graecorum inueniuntur demonstrationes alterae, si non omnes (nam in Archimed. de sph. et cyl. II, 8 genuina esse

---

* Quod Knochius Untersuch. über die neuaufgef. Scholien des Proklus. Herford 1865 p. 37 significat, has ἄλλως e Proclo excerptas esse, errat; nec in solo libro I desunt, quo argumento uti uidetur. longe antiquiores sunt.

uideri potest), at pleraeque suppositiciae sunt (de phaenomenis
u. Studien über Euklid p. 47 sq.); in Apollonio Eutocius non-
nullas addidit (Neue Jahrbücher Suppl. XI p. 361 sq.).

eiusdem generis eae dilatationes demonstrationum sunt,
ubi, cum Euclides more geometrarum antiquorum unum solum
casum tractasset, interpolator reliquos addidit. et in XI, 23
interpolatio manifestissima est (u. IV p. 69 not.). in III, 11
additamentum prorsus inutile est (I p. 330); in VI, 27 p. 420,
multis de causis suspectum (II p. 161 not. 2), Theonis est.

in lemmatis quoque saepe est, cur dubitemus. non modo
nonnulla a Theone (III p. 382 nr. 5) uel etiam post eum (in V
ad X, 27, 29, 31, 32, 33, 34, u. III p. 386 sq.) interpolata sunt.
sed etiam inter ea, quae omnes codices tuentur, non pauca
suspecta sunt, maxime lemma ante X, 60 p. 180, quo iam III
p. 128, 17 tacite utitur (III p. 181 not.). etiam de lemmate
VI, 22 satis, opinor, constat; nam per ambages demonstrat,
quod e VI, 20 statim concludi poterat, qua apertissime in re
simili Euclides usus est VI, 28 p. 164, 16 (u. II p. 165 not. 2),
ubi eadem occasio lemmatis fuerat. X, 20 p. 384 nr. 7 de-
monstrare conatur, quod in X def. 4 suppositum est; quod ab-
surdum est. XII, 4 p. 162 hoc in lemmate offendit, quod de
altitudinibus in figura non ductis nec per litteras signatis dis-
seritur; neque enim hoc moris est Euclidis; praeterea τὰ παρ-
αλληλεπίπεδα τὰ ἀπὸ τῶν εἰρημένων πρισμάτων ἀναγραφόμενα
u sermone Euclidis abhorret; ἀναγράφεται enim quadratum in
recta, solidum in figura plana, nunquam parallelepipedum in
prismate. de XIII, 2 p. 254 u. p. 255 not. (p. 254, 11 Euclides
dixisset ὅτι οὐδὲ ἐλάττων ἐστὶν ἡ διπλῆ τῆς ΑΓ τῆς ΓΒ).
praeterea in lemmatis VI, 22, XII, 4, XIII, 2 id quoque non-
nihil offensioni est, quod ad propositiones praecedentes pertinent
et postea ostendunt, quae in propositione usurpata sunt; eo
enim ratio artificiosa, qua disciplina Elementorum exstructa
est, turbatur et corrumpitur. eadem de causa suspecta sunt
lemmata XI, 23, XIII, 13 (tum delendum IV p. 290, 18 ὡς ἑξῆς
δειχθήσεται, id quod discrepantiis codicum ad p. 290, 18 magno
opere confirmatur), XIII, 18, per se parum necessaria. sunt
etiam inter haec lemmata, contra quae e scholiis antiquis
documenta peti possint.*) lemma ad XII, 2 quoque, quod

---

*) Ne hoc quidem praetereundum est, quod is, qui glossema
IV p. 292, 27 sq. addidit, sine dubio lemma XIII, 13 p. 294

iam Simsono p. 405 displicuit, supplementum demonstrationis antecedentis praebet; sed hoc deleto delendum etiam ὡς ἐμ- προσθεν ἐδείχθη IV p. 168, 15; 246, 12. remanent in solo libro X undecim lemmata, quae ad propositiones sequentes pertinent et impedimenta demonstrationes earum remorantia remouent (cfr. Proclus in Eucl. p. 211). eorum maxime lemma X, 41 ob introductionem III p. 118, 20 sq. (... δείξομεν ἤδη προεκθέμενοι λημμάτιον τοιοῦτον), quae ad interpolatorem non impudentissimum referri non potest, adgredi non audeo, neque contra lemmata X, 13, 16, 21, 32, 53 habeo quod dicam. duo lemmata post X, 28 dubia reddunt uerba in fine alterius III p. 86, 3—6 manifeste interpolata, sed fortasse haec sola delenda sunt. iudicium de lemmatis post X, 18 et 23, quae dirimi nequeunt (III p. 68, 15 ὡσαύτως δὲ τοῖς ἐπὶ τῶν ῥητῶν εἰρη- μένοις, h. e. X, 18 lemm.), a uerbis κατά τινα τῶν προειρημένων τρίπων p. 58, 5—6, p. 60, 1, p. 70, 3 (in Theonmis om.) pendet. quae cum uix satis commode explicari possint, quia rectae longitudine commensurabiles esse supponuntur et ea de causa utroque modo (et longitudine et potentia) commensurabiles sunt, et ea et lemmata delenda sunt, cum praesertim lemmata cum additamentis aperte spuriis (III app. 6 p. 382 et 8 p. 384)*) coniuncta sint. lemma post X, 9 una cum X, 10 iudicandum est, quo pertinet, et in utroque tam multa sunt, quae offendant, ut uix retineri possint. nam primum X, 10 nititur propositione sequenti (III p. 32, 24 sq.), quod Euclides nunquam commisit. deinde ne minima quidem causa est, cur commemorentur numeri plani non similes (III p. 30, 20 sq.; 32, 13). denique ἐμάθομεν γάρ p. 32, 15 lectoris manum produnt. huc adcedit, quod P a manu 1 in prop. XI numerum ι' habet, non ια', unde con- cludi posse uidetur, prop. X olim numero suo caruisse. remoueatur igitur cum lemmate suo ab Elementis; nemo desiderabit.

lemmatis interpolatis etiam propositio, quae uulgo est XI, 38, adnumeranda est (IV app. 3 p. 354); est enim lemma ad XII, 17 p. 232, 20. sed in b deest, et iam librarius codicis P

non habuit; tum enim additamento nihil opus erat. omnino contra haec lemmata adferri potest, Euclidem in libris stereo- metricis multa etiam difficiliora sine demonstratione adsumere, u uerbi causa IV p. 239 not. 1.

*) App. 8 in solis PV est (B m. 2) et ad app. 6 respicit 'u. p. 385 not.); app. 6 nomen Euclidis ne adfectat quidem (καλεῖ p. 382, 14).

libros ea carentes nouerat (p. 354 not.). itaque sine dubio de-
lenda est, praesertim cum loco prorsus prauo collocata sit nec
omnino opus sit (u. Simsonus p. 404). paullo aliter res se
habet in XIII, 6 p. 262. hanc enim propositionem librarius
codicis P (siue potius archetypi eius) in editione antiqua re-
periebat, in plerisque autem exemplaribus editionis Theoninae
deerat (IV p. 263 not.); et deest in bq (q tamen in fine libri XII
similem habet, sicut etiam pro scholio Vᵃ, u. IV app. 6 p. 360).
nec dubitari potest, quin XIII, 6, qualem recepimus, ab Euclide
profecta non sit. nam primum in ipso P ad XIII, 17 p. 326, 19
scholium legitur, quod inutile esset, si XIII, 6 antecederet,
quippe quod idem breuius ostendat. itaque cum hoc scholium
scriberetur, XIII, 6 nondum erat interpolata. hoc quoque su-
spectum est, demonstrationem alteram prop. V post XIII, 6
in P collocari; unde concludendum est, hanc demonstrationem
(IV app. 7 p. 362) ante XIII, 6 interpolatam esse — nam inter-
polatam eam esse, certum est et propter rationem uniuersam
demonstrationuum alterarum (u. supra p. LXXIX) et quia praeter
P solus q eam in textu habet (b mg. m. 1, V m. 1 pro scholio)
— et postea demum interposita prop. VI a propositione sua
diremptam. etiam analyses propp. I—V in BV (et in P) post
XIII, 6 leguntur (IV p. 364 not.), quia haec propositio post
eas interpolata est; nam post prop. V locus iis est. deinde
etiam ipsa propositio VI suspecta est, quod in προτάσει pro-
ponitur demonstrandum, partes apotomas esse, in ipsa autem
propositione p. 264, 5 sq. additur, minorem primam apotomen
esse (in scholio illo codicis P haec offensio remota est p. 378, 5).*)
itaque Theon recte fecit, quod XIII, 6 non recepit, et fortasse
tum nondum irrepserat in exemplar editionis antiquae, quo
utebatur. postea igitur ex exemplaribus interpolatis illius
editionis, quale exemplar fuit antigraphum codicis P, etiam in
nonnulla exemplaria editionis Theoninae (BV) transiit; tamen
hoc quoque fieri potest, ut iam a Theone in editione antiqua
in mg. inuenta sit et eodem modo in editione eius collocata
in aliis apographis omissa, in aliis in textum recepta sit (cfr. Vq).

damnata igitur XIII, 6 uideamus de XIII, 17 p. 326, quo
solo loco usurpari uidetur. ibi enim p. 326, 19 disertis uerbis
citatur: ἐὰν δὲ ῥητὴ γραμμὴ ἄκρον καὶ μέσον λόγον τμηθῇ,

---

*) Omnino satis esset demonstrare, partem maiorem apo-
tomen esse; nam hoc utitur.

ἑκάτερον τῶν τμημάτων ἄλογός ἐστιν ἀποτομή. sed hunc locum
et ipsum suspectum reddit usus prorsus non Euclidianus uocabuli
γραμμή pro εὐθεῖα (u. I def. 4).*) et eodem loco p. 326, 7
οἷον — 14 ἐστιν ἡ PΣ sine dubio interpolata sunt; neque enim
uocabulum οἷον lin. 7 neque citata lin. 9—10 propositio 15
libri V cum usu Euclidis conuenit. itaque uidendum, ne
Euclides tantum p. 326, 1—7 PΣ, 15 ἴση — 19 κύβον, 22—23
scripserit et lectori permiserit, ut ex XIII, 1 concluderet, partem
maiorem rectae rationalis secundum rationem extremam ac
mediam sectae·apotomen esse, quod neque difficile est neque
in libris stereometricis incredibile (u. p. LXXX not.).

in corollariis de uniuerso genere dubitari nequit; pleraque
omnia et necessaria sunt et genuina iis tamen exceptis, ubi
ipsi codices fluctuant, uelut de coroll. I, 15 p. 42**) omittendo
non dubito, quamquam Proclus Psellusque id tuentur. etiam
coroll. III, 31 p. 246 et VI, 20 cor. 2 aperte subditiua sunt (u. I
p. 247 not.); sine dubio iam ante Theonem in mg. addita erant.
coroll. VII, 3 p. 198 not. longe post Theonem interpolatum est ad
lacunam demonstrationis II p. 254, 4 (u. p. 255 not.) supplendam.
de corollariis a Theone interpolatis u. supra p. LXV. partes corol-
lariorum interpolatae sunt I p. 284 17—20 (u. p. 285 not.) et
II p. 102, 26 — 104, 2; hic enim uerba καὶ ἔτι κτλ. non habuit
is, qui II p. 172, 17; III p. 96, 21 sq.; IV p. 334, 19 sq. hanc
ipsam proportionem e VI, 4, 8 demonstrauit; itaque puto, ea iam
ante Theonem in mg. addita fuisse ab interpolatore aliquo et a
Theone ibi relicta esse, sicut in F sunt; deinde corollarium et
in P et in nonnullos Theoninos receptum est, in aliis (V enim a
m. 2 demum id habet) omissum (de porismatis in mg. scriptis
cfr. P XII, 8 coroll.); P saltim ὅπερ ἔδει δεῖξαι p. 102, 26 seruauit,
quae uerba et ipsa additamentum arguunt et ideo in Bp remota
sunt. imprimis saepe in corollariis adumbratio demonstrationis
ab interpolatoribus addita est, qui uererentur, ne statim ad-
pareret; at demonstrationem corollarii dare absurdum est
(u. Proclus in Eucl. p. 301 sq.). ea de causa deleo II p. 54,
24—28; p. 130, 12—14; III p. 28, 17 — 30, 5 (etiam aliis de
causis suspecta, u. p. 31 not. 1); p. 68, 12 — 14 (obscura);
IV p. 176, 10 — 14 (corrupta); delerem etiam IV p. 106, 3

---

*) ἄλογός ἐστιν ἀποτομή omisso ἡ καλουμένη uel ἡ καλεῖται
ferri potest; legitur enim in codd. bonis IV p. 284, 9; 326, 22.
**) Coroll. 2 ad I, 15 in nonnullis codd. interpolatum est
propter XI, 28, ubi tacite usurpatur; u. IV p. 65 not.

f*

ἐπείπερ — 4 δευτέραν, nisi totum corollarium suspectum haberem, quod inutile est et in Fb omittitur (itaque si spurium est, idem in eo factum est, quod in VI, 8 extr. p. 102). scholia explicationesque manifeste interpolata, quae plerumque ipsa forma (καλεῖ, ἐκάλεσε) arguuntur. u. III app. 4, 6, 16, 17, 18, 19, 20, 21, 22; quod ex his in V omittuntur nr. 16, 17 et in mg. sunt nr. 4, 18, 19, 20, 22, eo confirmatur, eiusmodi additamenta primum (ante Theonem) in mg. scripta fuisse et Theonem ea eodem loco recepisse, unde postea in P nonnullisque Theoninis in textum irrepserint.*) eadem prorsus ratio est in magno illo additamento IV app. nr. 8 p. 364—376 (analyses et syntheses propp. I—V libri XIII); nam hoc totum interpolatum esse, certissimum est, quippe quod toto genere a ratione institutoque Elementorum abhorreat. hoc quoque a principio in mg. fuit; neque enim aliter explicari potest, quo modo factum sit, ut prior tantum pars (u. IV p. 364 not.) in textu sit in V, reliqua in mg. postea addita (quam libere in talibus appendicibus collocandis librarii uersati sint, inde adparet, quod in codd. quibusdam analyses illae singulis propositionibus adiectae sunt). ceterum cum hic locus reliquiae antiquioris harum rerum expositionis analyticae, siue Theaeteti siue Eudoxi ea fuit, esse uideatur (u. Pappus V, 72 p. 410 οὐ διὰ τῆς ἀναλυτικῆς λεγομένης θεωρίας, δι' ἧς ἔνιοι τῶν παλαιῶν ἐποιοῦντο τὰς ἀποδείξεις τῶν προειρημένων σχημάτων), hic adiungam aliud eiusdem generis glossema. nam III app. 27 p. 408—412 subditiuum esse constat, non solum quod inter additamenta manifesto spuria interponitur, sed etiam quia haec demonstratio post X, 9 prorsus inutilis est, quippe quae casum quendam illius propositionis uerbose ostendat. iam ex Aristotele (anal. pr. I, 28 et 44) cognoscimus, hanc ipsam demonstrationem ei notam fuisse, et ueri similiter Hankelius (Beiträge zur Gesch. d. Math. p. 102) eam ad Pythagoreos ipsos huius doctrinae auctores rettulit. itaque hic quoque additamentum studio historico interpolatum deprehendimus.

dixi supra, ut iam ab aliis intellectum est, uelut a Gregorio p. 326, qui iure eo offensus est, quod scholii finis a sequentibus stereometricis pendet, etiam scholium illud III app. 28 p. 412—416 in extremo libro X additum spurium esse, et hoc uerum esse

_____

*) Cfr. V, 19 app. p. 418 et VI def. 5 quae Theon e mg. ed. antiquae recepit; u. praeterea p. LXXXII—LXXXIII. eodem referendae scripturae Theonis III p. 62, 8; IV p. 170, 11 cum additamentis marginalibus codicis P congruentes.

cum ex titulo ipso (σχόλιον) in P seruato adparet, tum a scho-
liasta X nr. 1 p. 416 disertis uerbis confirmatur, qui in eo
tantum errat, quod Theoni hanc interpolationem tribuit; multo
enim antiquior est; et sine dubio hoc de suo ingenio prompsit;
nam quod adiicit καί τινες ἄλλοι, ostendit, eum de auctore
nihil certi compertum habuisse. mihi quidem satis ueri simile
uidetur, hoc initium fundamentumque amplioris de irrationalibus
disquisitionis ab Apollonio petitum esse, quem scimus de hac
materia scripsisse.

constat igitur, extremam partem libri X totam subditiuam
esse (III app. p. 402—416); quare cum Augusto eam in ap-
pendicem reieci. sed etiam de X, 112—115 dubito. neque
enim usquam usui sunt, et cum X, 111 aptissime ad finem
perducta est disputatio de irrationalibus XIII, quarum con-
spectum dat conclusio illa III p. 352—356, quae disputatio et
per se omnibus numeris absoluta. est optimeque distributa et
ad analysin corporum solidorum regularium necessaria. utitur
enim praeter X, 73 (XIII, 6, 11) etiam X, 94 et 97 (XIII, 11
et XIII, 6), et cum his propositionibus opus ei esset, paucioribus
defungi non potuit, quam quae dedit, nisi disciplinam abrum-
pere imperfectamque relinquere uellet; nam propp. 98—102
arte cum prop. 97 cohaerent, et propp. 103—111 quasi cumulum
addunt toti doctrinae. propp. 112—115 contra neque cum re-
liqua disciplina irrationalium XIII Euclidianarum connexae sunt
neque in libris stereometricis usurpantur. sunt quasi semina nouae
disciplinae subtiliorisque disputationis irrationales ipsas per se
solas tractantis. itaque cum inter prop. 115 et scholium illud ex-
tremum similitudo quaedam sit, quippe quae genera irrationalium
augeant, non dubito, quin hae quoque propositiones 112—115 e
doctrina Apollonii promptae sint; nam antiquae sunt et bonae.
hoc saltim constare putauerim, eas ab Euclide scriptas non esse.

iam de reliquis interpolationum generibus uideamus.
a certissima incipiamus. IV p. 120, 3—15 enim nemo du-
bitabit, quin interpolata sint ad explicandum illud ὁμοίως δὴ
δείξομεν p. 120, 2. optime Simsonus p. 403 „uerisimile enim
est eam a quodam editore textui additam fuisse, ut ex verbis
similiter demonstrabimus coniicere licet; ea enim non solent
addi, nisi quando demonstratio non traditur". addi poterat,
uocabulum οὕτως p. 120, 3 prorsus insolito loco positum esse.

eiusdem generis est IV p. 80, 14—27, quem locum miror
Simsonum l. c. non in probasse. nam primum absurdum est

post uerba διὰ τὰ αὐτὰ δὴ καί κτλ. p. 80, 18 demonstrationem ipsam addere; de iis enim idem prorsus ualet, quod de ὁμοίως δείξομεν Simsonus monuit. deinde haec periodus ἐπειδήπερ ἐὰν ἀπολάβωμεν ... καὶ ἐπιξεύξωμεν ... ἐπεί ... ἐστιν ἴση, ὧν ... ὑπόκειται ἴση, λοιπὴ ἄρα κτλ. iusto implicatior et sine exemplo in Elementis est. et iam ipsum uocabulum ἐπειδήπερ suspectum est (de Archimede cfr. Neue Jahrb. Suppl. XIII p. 572). nam glossemata usitatissima, quae causae indicationem ab Euclide tamquam superuacuam perspicuamque omissam addunt, plerumque ab hac coniunctione incipiunt; u. II p. 166, 14, ubi etiam mentio parallelogrammi HΠ praua est (u. p. 167 not.), IV p. 208, 14 ἐπειδήπερ — 17 γωνίας, quae nexum sententiarum conturbant (sententia enim ἐπειδήπερ — ὀρθὼν interposita apodosis ab ἐπεί tam longe remota est, ut anacoluthice repeteretur ἐπεὶ οὖν περὶ ἴσας γωνίας), IV p. 292, 9—12, quae nimis uerbosa sunt (u. p. 293 not.), IV p. 292, 27 — 294, 3, et ipsa superuacua et male cohaerentia (εἶναι p. 294, 1 enim non habet, quo referatur). alius formae, sed generis eiusdem et aeque manifestae interpolationes sunt IV p. 42, 3 διὰ τὰ αὐτά — 8 ὀρθάς (u. p. 43 not.), IV p. 108, 1 εἰ γάρ — 4 ἄρα, p. 108, 11 εἰ γάρ — 12 ἴσα, de quibus satis, opinor, dixi p. 109 not. 1.

interdum propositiones antea demonstratae falso repetitae sunt, ubi usus earum est, id quod Euclides non facit, nisi ubi post longum spatium propositione aliqua utitur et eam in memoriam lectorum reuocandam esse putat (uelut VIII, 8 in IX, 1, VIII, 20 in IX, 2, VIII, 23 in IX, 3, VII, 24 in IX, 15). eius generis est II p. 376, 7 ἐάν — 10 ἐστιν (VII, 25); neque enim tales citationes postea per γάρ adnectere solet, sed fere eas praemittit, uelut hoc ipso loco VII, 24 (p. 376, 3 sq.); rursus III p. 98, 12 ἐὰν δέ — 14 μέσων suspecta sunt, quia propositio simillima VI, 17 bis tacite eodem loco usurpata est; IV p. 334, 21 καὶ ἐπεί — 23 δευτέρας delenda sunt, quia eadem definitione in proxime antecedentibus ter tacite utitur (p. 328, 16, 25; 330, 6); cfr. III p. 229 not.

demonstrationem membris intermediis interpositis explicare uoluit interpolator his locis: I p. 84, 7 καὶ βάσις ἄρα ἡ ΑΓ τῇ ΔΒ ἴση; neque enim ulla est causa bases commemorandi, et ἄρα p. 84, 8, si haec uerba retinentur, falsum est; I p. 206, 18 καὶ ἡ ΑΔ τῆς ΜΝ μείζων ἐστίν, I p. 208, 1 καὶ ἡ ΒΓ τῆς ΖΗ μείζων ἐστίν, III p. 176, 13 αἱ ΒΑ, ΑΕ ῥηταί εἰσι δυνάμει μόνον σύμμετροι parum necessariu sunt et ob ἄρα particulam necessariam omissam su-

specta; II p. 358, 14 οἱ *B, Γ* ἄρα πρὸς ἀλλήλους λόγον ἔχουσιν
ὃν τετράγωνος ἀριθμὸς πρὸς τετράγωνον ἀριθμόν et p. 358, 19
ὥστε οἱ *Δ, B* ὅμοιοι ἐπίπεδοί εἰσιν uix genuina sunt; nam *A*
quadratum esse ex VII, 13 et VIII, 24 facile concluditur, cum
sit *B : Γ — Δ : B*, et *B, Γ* quadrati sint; et hoc modo in cubo
ratiocinatur p. 360, 3 — 7; II p. 366, 8 μετρεῖ δὲ καὶ τὸν *Δ*·
ὁ *E* ἄρα τοὺς *A, Δ* μετρεῖ delenda sunt, quia hoc tantum de-
monstrandum est (p. 362, 22), *E* numerum *A* metiri; III p. 74, 20
τὸ *ΔB* καί ἐστιν ἴσον τῷ *ΚΘ*, ῥητὸν ἄρα ἐστὶ καί ferri ne-
queunt, cum iam p. 74, 14—15 eodem modo demonstratum sit,
ΚΘ rationale esse; III p. 348, 9 καὶ ἀσύμμετρον τὸ *ΒΓ* τῷ *ΒΔ*
recte iam ab Augusto deleta sunt (u. p. 349 not.); IV p. 124, 12
καὶ συμπεπληρώσθω τὸ *ΕΚ* στερεὸν παραλληλεπίπεδον suspecta
sunt, quia moleste et insolito dirimunt, quae coniungenda sunt,
κείσθω τῇ μὲν *B* ... τῇ δὲ *A* ..., nec in constructione talia
omittere dubitat Euclides; IV p. 320 denique lin. 11 ἔστιν
ἄρα ὡς συναμφότερος ἡ *NO, OP* πρὸς τὴν *ON*, οὕτως ἡ *NO*
πρὸς τὴν *OP* et lin. 13 ἔστιν ἄρα ὡς ἡ *ΣN* πρὸς τὴν *NO*,
οὕτως ἡ *NO* πρὸς τὴν *OΣ* subditiua sunt; nam ex XIII, 5
statim concludimus, *NΣ* in *O* secundum rationem extremam ac
mediam sectam esse.

etiam explicatio inutilis III p. 62, 7 τουτέστιν ἡ ἴσον αὐτῷ
τετράγωνον δυναμένη (cfr. X def. 4) subditiua est.

minora sunt et fortasse librariis tribuenda αἱ et τάς inter-
polata I p. 64, 13 et αὐτῶν aperte falsum II p. 156, 13 (om.
FV, u. II p. 157 not. 1). I p. 316, 1 ferri possunt ταῖς ὑπὸ
ΕΗΔ, ΔΗΓ, ΓΗΒ, nec necessario cum V m. 1 delenda, etsi
abesse poterant.

additamenta consimilia in VII, 27 et VIII, 13 (καὶ ἀεὶ περὶ
τοὺς ἄκρους τοῦτο συμβαίνει II p. 242, 20—21; 308, 14—15),
quae superuacua sunt, quia per se intellegitur, propositionem
etiam de numeris secundo et tertio loco productis ualere et
de quadratis cubisque demonstratam ad ceteras potentias
transferri posse, suspecta sunt, etiam quia ἄκροι insolenter
dictum est (p. 243 not.), et quia ne uerbo quidem in demon-
strationibus commemorantur. fortasse eidem interpolatori de-
bentur II p. 4, 13 καί — 14.

interpolatorem non peritissimum geometriae fuisse, osten-
dunt glossemata falsa τοῖς κώνοις IV p. 202, 28 (u. p. 203 not.),
ὧν αἱ ἐφεστῶσαι οὐκ εἰσὶν ἐπὶ τῶν αὐτῶν εὐθειῶν IV p. 112,
20, 23; 116, 7, τῶν δὲ ἴσων στερεῶν παραλληλεπιπέδων, ὧν τὰ

ὕψη πρὸς ὀρθάς ἐστι ταῖς βάσεσιν αὐτῶν, ἀντιπεπόνθασιν αἱ βάσεις τοῖς ὕψεσιν IV p. 112, 25 — 114, 1, ἂν δὲ στερεῶν παραλληλεπιπέδων τὰ ὕψη πρὸς ὀρθάς ἐστι ταῖς βάσεσιν αὐτῶν, ἀντιπεπόνθασι δὲ αἱ βάσεις τοῖς ὕψεσιν, ἴσα ἐστὶν ἐκεῖνα IV p. 116, 2—4 (de his Simsonus monuit p. 402, u. IV p. 113 not.). sed cum in hac ipsa propositione XI, 34 sine dubio uerba p. 116, 9—11 ἐπί τε γὰρ πάλιν τῆς αὐτῆς βάσεώς εἰσι τῆς ΞΡ καὶ ὑπὸ τὸ αὐτὸ ὕψος καὶ οὐκ ἐν ταῖς αὐταῖς εὐθείαις subditiua sint, quia hic quoque ultimis uerbis „inepte excluditur casus alter", fortasse non solum uerba supra notata, sed etiam uerba postremo loco simillima ἐπί τε γὰρ τῆς αὐτῆς βάσεώς εἰσι τῆς ΖΚ καὶ ὑπὸ τὸ αὐτὸ ὕψος p. 112, 18—19 et addito πάλιν p. 112, 21—23 praetereaque p. 116, 6—7 delenda sunt. cfr. etiam de III, 8 quae dixi I p. 187 not. 1.

Haec sunt, quae ex ipsa re nullo auxilio extrinsecus petito nullique testimonio antiquo freti interpolata esse intellegere possimus. est tamen, ubi praeter locos iam adlatos dubitari posse credam. uelut in III, 16 contra morem Euclidis (u. I, 29; 32 al.) est, quod I p. 208, 16—18 non statim omnia, quae demonstranda sunt, commemorantur, sed primum tantum. itaque non sine causa de p. 208, 9 καί — 14 ἐλάττων et p. 210, 4 — 212, 7 dubitaueris, praesertim cum per se suspecta sint (u. Simson p. 350); sed cum mos ille in III, 7 et 8 non seuere obseruatus sit, et constet, angulos mixtos iam antiquitus tractatos esse (Proclus in Euclid. p. 125 sq.; cfr. I def. 8—9; in catoptricis usui sunt), nihil certi adfirmare audeo. eadem prorsus causa dubitandi est in III, 31, ubi I p. 240, 21 καὶ ἔτι — 23 ὀρθῆς, p. 244, 7—18 fortasse spuria sunt; tum etiam III def. 7 delenda. etiam de IV, 16 dubito, non solum quia de pentecaidecagono alibi non agit, sed etiam quia in sermone sunt, quae offendant (u. I p. 321 not.).*) cfr. tamen Proclus p. 269, 11 sq.

Restant definitiones interpolatae, non dicam de VI def. 5; nam ea a Theone interpolata*esse potest, quamquam in P a m. 1 in mg. additur (u. supra p. LXXXIV). sed in libro I constat, definitionem segmenti p. 6, 1 (u. not.) interpolatam esse, quippe quae etiam III def. 6 loco aptiore legatur et a Proclo omittatur. etiam VI def. 2 cum Simsono reiicio (II p. 73 not. 1), nec VII def. 10 retinendam esse puto (u. Studien über Eukl.

---

*) In his tamen ἐγγεγράφθω p. 318, 18 (u. p. 319 not. 4) numerandum non est; u. enim IV p. 232, 17.

p. 198 sq.).*) praeterea de XI def. 11 ualde dubito. priorem enim partem antiquiorem Euclide esse, ueri simile est; nam *ἐπιφάνεια* p. 4, 11 pro *ἐπίπεδον* positum est more antiquiorum (u. Proclus p. 116, 17 sq.). itaque fortasse Euclides ipse definitionem priorum *στοιχειωτῶν* seruauit, praesertim cum definitio ipsius angulos solidos planis comprehensos solos comprehendat, antiqua autem etiam alia genera (*γραμμῶν* et *γραμμαῖς* p. 4, 11—12; utrumque genus diserte distinguit Hero def. 24). hoc quoque commemorandum, definitionem dubiam priore loco positam esse (nam si posterior dubia esset, non dubitarem, quin hoc quoque *ἄλλως* tollendum esset, sicut sine dubio II p. 6, 12 *ἤ* — 13 *μέσων*). tamen non nego, mirum esse, Euclidem duas definitiones dedisse uocabulo *ἄλλως* alteri praemisso, nec repugnauerim, si quis uerba *στερεά* — *ἄλλως* p. 4, 10—12 ad interpolationes supra p. LXXXIV commemoratas referre uoluerit.

de ceteris definitionibus maxime libri primi rectissime iudicat Paulus Tannery, uir doctissimus et de mathematicis Graecis optime meritus (sur l'authenticité des axiomes d'Euclide p. 7), Euclidem ex Elementis antiquioribus eas quoque admisisse, quarum nullus in Elementis suis usus esset; uelut cum *ἑτερόμηκες, ῥόμβος, τραπέζιον, ῥομβοειδές* definit (I def. 22), quamquam haec uocabula nunquam usurpauit; putauit enim, nec immerito, *στοιχείωσιν* uocabulorum quoque mathematicorum sibi dandam esse.

aliam uero eiusdem uiri docti sententiam non probo. putat enim, communes conceptiones (I p. 10) omnes interpolatas esse (de postulatis quoque 4—5 dubitat, sed ipse argumentis suis non multum tribuere uidetur, l. c. p. 11). sed cum constet (Proclus p. 194, 20 sq.), iam Apollonium Pergaeum**) eas habuisse, interpolatio in tempus tam antiquum remouetur, ut nihil dici possit ueri dissimilius. quo modo, quaeso, factum est, ut Apollonium fugeret, axiomata, quae impugnaret, ab Euclide ipso profecta non esse? aut quid a mathematicis inter Euclidem et Apollonium committi potuit, quod non ipsi Euclidi imputare possimus?

---

*) De deff. duabus libri V post Theonem interpolatis u. p. XXXV.

**) Hunc uirum de primis mathematices fundamentis scripsisse (*Ἀπολλώνιος ἐν τῇ καθόλου πραγματείᾳ* Marinus in Dat. p. 2), non editionem Elementorum emendatam dedisse, contra eundem Tanneryium disputaui in *Philologi* uol. XLIII p. 488 sq.

neque enim licet cum Tanneryio l. c. p. 11 interpolationem
Apollonio posteriorem esse statuere, nisi uerbis Procli l. c. uim
adferre uelis, nec quod de uocabulo κοιναὶ ἔννοιαι Stoicorum
proprio dicit Tannery, magni momenti est. nam etiamsi con-
cedamus — quod equidem nescio, quomodo diiudicari possit —,
Euclidem ipsum uocabulum illud non nouisse, tamen κοιναὶ
ἔννοιαι ipsa forma ab postulatis, quae omnia ab ἠτῆσθω p. 8, 7
pendent et infinitiuum habent, satis manifesto distinguuntur
(et reuera Euclides titulum κοιναὶ ἔννοιαι habuisse non uidetur,
cum Proclus p. 193 sq. ἀξιώματα habeat). itaque nunc quoque
— pace uiri egregii dixerim — pro certo existimo, κοιν. ἔνν.
1—3 saltim ab Euclide ipso profectas esse. de κοιν. ἔνν. 7—8
confiteor, aliquanto maiorem causam esse dubitandi, cum ab
Herone omittantur et apud Capellam aliosque desiderentur. sed
cum a Proclo, qui alias quasdam reiicit, sine suspicione lege-
rentur, incerta est res. sed quicquid id est, hoc constat, κοιν.
ἔνν. 9, quae in codd. nostris sedem sibi constantem nondum
habeat, satis recenti tempore*) interpolatam esse, quia in I, 4
p. 18, 12 opus esse uisum est. ne de κοιν. ἔνν. 4, 5, 6 quidem
dubitandum esse credo; neque enim uideo, qua ratione negari
possit, Proclum eas in quibusdam fontibus non repperisse. cum
harum interpolatione aliae connexae sunt. nam II p. 70, 17
uix ambigi potest, quin in eiusmodi periodo καὶ [ἐπεὶ] ἐὰν
[ἀνίσοις ἴσα προστεθῇ, τὰ ὅλα ἄνισά ἐστιν, ἐὰν ἄρα] τῶν κτλ.
uerba uncis inclusa, quae intolerandam duritiam molestiamque
sermonis habeant, delenda sint (nisi forte interpolatio peius
etiam grassata est, u. p. 71 not. 3), praesertim cum non ostendant,
quod erat ostendendum. hoc si uerum est, oritur suspicio etiam
de locis similibus I p. 90, 2; 92, 1 τὰ δὲ τῶν ἴσων ἡμίση
ἴσα ἀλλήλοις ἐστίν, p. 112, 16 τὰ δὲ τῶν ἴσων διπλάσια ἴσα
ἀλλήλοις ἐστίν.

itaque Euclides putandus est eas tantum κοινὰς ἐννοίας
recepisse, quae maxime essent necessariae, et quarum usus latius
pateret; nam praeter receptas hic illic aliis utitur magis sin-
gularibus, uelut iis, de quibus dixi II p. 247 not., et in libro X
τὸ δὲ ὑπὸ ἀλόγου καὶ ῥητῆς περιεχόμενον ὀρθογώνιον ἄλογόν
ἐστιν (prop. 38 p. 112, 20; 41 p. 118, 14; 75 p. 230, 14 al.).**)

*) Recentius etiam est, quod I p. 11 in notis adtuli axioma
in B omissum, in Fb in mg. scriptum; in margine a Theone
relictum et in P et in Theoninos aliquot irrepsit; cfr. p. LXXXIV.

**) Euclidem etiam alibi (nec in stereometricis tantum, de

Uidimus iam, etiam ex aliis auctoribus Elementa citantibus aliquando auxilium peti posse. colligamus igitur uno loco, quae eius modi passim in notis adtulimus, et a Proclo teste praecipuo *) incipiamus.

constat igitur, Proclum uel codices uel alios fontes habuisse, unde adpareret, nonnullas κοινὰς ἐννοίας spurias esse (u. p. XC); etiam quod definitionem segmenti omittit I p. 6, demonstrat, eum fontes puriores nobis habuisse. itaque non est, cur miremur, eum etiam in I def. 15 uetera illa glossemata ἢ καλεῖται περιφέρεια p. 4, 10 et πρὸς τὴν τοῦ κύκλου περιφέρειαν p. 4, 12 omittere, sicut fontes alii antiquissimi, Hero (eum prius glossema habuisse, non, ut antea putaui, ex Heronis def. 29 pro certo concludi potest), Taurus, Sextus Empiricus, alii. itaque etiam alibi, ubi omittit, quae omnes codices tenent, fortasse ei obtemperandum est, uelut in ἀλλήλαις I p. 20, 3, 5; 22, 19, 21; 68, 17; 70, 21, in ἑκατέρα ἑκατέρᾳ p. 16, 15; 62, 7 (cfr. p. 66, 15), in ἐστίν p. 6, 20 et in primis p. 10, 11, in δύο p. 8, 17 (F); 50, 6, τρεῖς p. 76, 17, in καί p. 92, 9; 94, 8. alibi rursus iniuria aliquid omisit, uelut p. 6, 10 (contra Heronem), p. 70, 21; de p. 52, 18 dubito; p. 10, 10; 14, 18; 26, 14; 38, 5; 84, 13 non est, cur a scriptura codicum discedamus et scripturam Procli recipiamus neque per se neque ulla constantia discrepantiae commendabilem. si locos supra adlatos excipias, quos fortasse ex aliquo fonte antiquo, uelut commentario uetustiore, desumpsit Proclus, codex eius non optimus fuisse uidetur; interdum enim cum deterioribus nostris consentit (cum BV in errore aperto p. 5, 2, cum b p. 6, 9; 54, 3, cum V p. 54, 4; 68, 17; cfr. p. 6, 12, 13; 42, 6) nec interpolatione in nostris non obuia prorsus libera uidetur fuisse (u. p. 6, 3; 38, 5**); 42, 7; 62, 3; 78, 20; 102, 8); etiam definitio p. 6, 1—2 et συμπέρασμα alterum p. 12, 16—17 subditiua uidentur, et de

---

quibus u. LXXXI) rebus non demonstratis uti, notaui II p. 345 not., quacum conferri potest, quod etiam in X, 5 p. 18, 3 usurpatur VII def. 20, quamquam in ea quoque de numeris, non de unitate agitur.

*) Hoc ita nec dico nec dixi, ut in uerba Procli iurandum esse credam; sed praecipuum eum dico, quia nemo tot Elementorum locos citauit. quod Weissenbornii causa (Philol. Anz. XV p. 40 sq.) moneo.

**) Hic scripturam codicum confirmat II p. 176, 20 (in notis crit. nescio quo errore citaui p. 295, 17).

corollario I, 15 p. 42, 1—4, quod praeter Proclum e codd.
nostris F solus in textu habet, prope certum est; qua de causa
ne p. 62, 8 quidem scriptura Procli et codicis F communis
recipienda. cum P solo tribus tantum locis consentit (p. 6, 11
δέ pro τε; p. 56, 22 δύο pro δυσί; p. 96, 7 ἐστι pro ἔσται), nec
hinc concludi potest, Proclum editione antiqua usum esse*)
(quos in studiis Euclideis p. 185 adtuli locos, nunc codicum
scripturis plenius cognitis aliter se habere compertum est);
cum P et quibusdam Theoninis conspirat p. 4, 1; 6, 3; 8, 19;
90, 9, 10; 92, 9; 94, 8, cum Theoninis contra P aliosque fontes
p. 42, 8. maxime memorabiles ii loci sunt, ubi Proclus cum
uno et altero codicum nostrorum scripturam aperte ueram
habet, uelut p. 6, 1 τοῦ κύκλου omittit cum bp (confirmant
Hero aliique), p. 8, 9 in ordine uerborum cum V et quibusdam
fontibus antiquis consentit, p. 8, 17 cum F δύο omittit sicut alii
fontes antiqui. de talibus locis cfr. quae dixi p. LXXVIII.**)
inter scripturas Procli proprias paucae praeferendae sunt, uelut
p. 36, 3; 38, 6; 60, 2; 76, 17 δύο pro δυσί (cfr. p. XXXVI not.*))
et fortasse p. 8, 11 γράψαι pro γράφεσθαι; de p. 20, 5; 22, 21
εἰσι pro ἔσονται, p. 42, 6; 76, 14 πλευράς pro τῶν πλευρῶν,
p. 6, 6; 16, 12 πλευρῶν pro εὐθειῶν ob constantiam dubi-
tari potest, sed ultima saltim discrepantia interpolationem
olet; etiam p. 40, 7 nostri codd. uerum habere uidentur. in
adiaphoris codices nostros sequendos esse puto, cum consensus
eorum tempore aetatem Procli superet (u. p. 6, 9; 6, 17; 10, 4,
10—11; 60, 3; 110, 12, 13 et in ordine uerborum p. 2, 14, 15;
6, 16; 8, 3; 8, 18; 10, 3; 16, 10; 28, 19; 50, 4; 54, 21; 56, 23;
76, 15, 16; p. 52, 15 alibi nostrorum codicum ordinem, alibi
proprium habet). sed negari nequit, eum hic illic uestigia
scripturae integrioris seruasse, siue eam e codice integriore
siue ex aliis fontibus prompsit; cuius rei exempla hoc loco eo
magis colligenda esse statui, quod in editione ibi tantum ei
obtemperaui, ubi aliud accessit testimonium, et quod Weissen-
bornius (Philol. Anz. XV p. 40 sq.) Proclo omnem fidem abrogat.
    de ceteris fontibus externis breuis esse possum (u. Studien
p. 186 sq.). qui Theone antiquiores sunt, plerumque cum optimis

---

*) De I, 13 p. 36, 2 nunc dubito.
**) Memorabile est, quod in b p. 4, 12 πρὸς τὴν τοῦ κύκλου
περιφέρειαν erasa sunt; uidetur igitur ex Proclo alioue fonte
antiquo correctus.

codd. nostris consentiunt, uelut Hero*) I p. 4, 1; p. 166, 11;
II p. 72, 7, et cum P solo II p. 2, 7; cfr. I p. 164, 6 (etiam
in libro V definitionem analogiae omittit); I p. 164, 9 fortuito
cum V consentit; cfr. etiam p. 164, 15 (p). quod I deff. 11—12,
V deff. 6—7 permutat et V def. 10 omittit, nullius momenti
est ob genus totum definitionum Heronianarum (in libris X—XI
liberius definitiones Euclidis ad suum usum transformat). magis
memorabile est, eum def. 2 libri VI habere; sed u. II p. 73 not. 1.
interpolationes I p. 4, 12; 6, 1 non habet, nec credibile est, eum
glossema eiusdem generis p. 4, 10 iam in Elementis legisse; nam I
def. 15 formam genuinam habent auctores posteriores Taurus,
Sextus Empiricus, Proclus. puto enim, Elementa saeculo fere tertio
interpolatione maxime uitiata esse; nam Sextus Empiricus textum
integrum habuit, Iamblichus contra interpolatum (u. Studien
p. 197 sq.), sed sine dubio etiam exemplaria integriora diu in
manibus hominum fuerunt, nec interpolatio omnia occupauit,
sicut uidemus, nostros codices interpolationibus a Iamblicho
commemoratis carere.

auctores Theone posteriores nostris codicibus non ante-
cellere, non est, quod miremur; de Ammonio u. I p. 4, 1 (= Pbp);
de Simplicio u. I p. 4, 1 (= BFV); 166, 11 (= PBp); II
p. 104, 22 (= P); I p. 8, 9 cum Proclo et V consentit; de
Olympiodoro u. I p. 62, 8 (= PBVp); de Eutocio u. I p. 10, 6
(interpolationem habet); 52, 16 (= PVbp); in III, 8 meliorem
scripturam habuisse uidetur; sed VI def. 5 iam habet. de
Philopono difficilis est quaestio; nam diuersis codicibus usus
esse uideri potest, nisi locos, ubi integriorem scripturam habet,
e fontibus antiquioribus transsumpsit. I def. 15 enim modo
sine glossematis antiquis (in phys. h IIII), modo cum altero (et
cum ambo eodem tempore interpolata esse necesse sit, ipse
prius omisisse putandus est) citat, I p. 4, 1 modo uerborum
ordinem deteriorum codicum, modo meliorum (in phys. i IIII),
I p. 4, 2 modo ἴσων**) habet cum codd. (in anal. p. 65), modo

---

*) Quamquam in definitionibus Heronianis, quae feruntur,
sunt, quae interpolationes post Heronem factas arguant, tamen
maxima ex parte eas ab Herone profectas esse puto; certe
antiquae sunt. sed uerba Euclidis plerumque tam libere red-
dunt, ut in rebus criticis non magni momenti sint.
**) Commemorandum tamen, ἴσων in P omissum esse I p. 168, 3,
ubi haec def. citatur.

omittit cum Ammonio aliisque (in phys. i IIII), I p. 36, 2 modo
ἐάν habet cum Proclo, modo ὅταν cum P. I p. 6, 13; 10, 10;
38, 5 cum codd. contra Proclum conspirat; I p. 8, 11, 19 cum
codd. deterioribus, II p. 110, 24 contra cum P consentit; inter-
polationes Theone antiquiores habet I p. 10, 12; II p. 72, 13—15;
III p. 408 (nam app. 27 adgnoscit comm. in anal. pr. p. LXI sq.,
in anal. post. fol. 30ᵃ, u. Studien p. 212 sq.). de interpolatione
quadam in VII def. 8 in quibusdam codd. a diasceuasta Philoponi
reperta u. II p. 185 not. 1.

in hac tota quaestione, quae est de locis Euclidianis apud
posteriores citatis, hoc quoque loco iis contentus fui, quae in
studiis Euclidianis collegeram; nam quas nunc habemus editiones
plerorumque commentariorum Aristotelicorum, eae in rebus cri-
ticis neque habiles sunt nec satis fide dignae. si quando omnes
illi commentarii ea diligentia editi erunt, qua Simplicii in
libros de coelo, inuestigatio locorum Euclidianorum denuo fa-
cienda est et utilius faciliusque fieri poterit.

Apud Byzantinos uiguisse studium Elementorum, testimonio
sunt et scholia Byzantina paene innumerabilia et codices per-
multi a saeculo nono ad decimum quartum in oriente scripti. hoc
quoque commemorandum, in catalogis bibliothecarum maxime
Constantinopolitarum saeculi XV a Foerstero editis (de anti-
quitatibus et libris mss. Cnopolitanis. Rostoch. 1877) plures
referri codices (in bibliotheca Iacobi Marmareti p. 18 nr. ι΄
Εὐκλείδους βιβλίον ὅλον τὸ κείμενον, καὶ ἕνε τὸ χαρτὶ βιββάκινο,
in bibliotheca ignota p. 28 nr. ροβ΄ ὁ Εὐκλείδης ὅλον τὸ κεί-
μενον, Rhaedesti p. 31 Εὐκλείδου γεωμετρικά, apud patriarcham
p. 32 Euclides explicatus in charta bibacina), sicut etiam in
catalogo codd. ecclesiae sancti sepulchri Cnopoli apud Sathas
μεσαιων. βιβλ. I p. 295 nr. 105 Εὐκλείδου περὶ ἀρχῶν τῆς μαθη-
ματικῆς, nr. 109 Εὐκλείδου γεωμετρικόν (sed hi duo codd. ex-
cerpta continere uidentur, qualia edidit Hultschius in Herone
p. 41 sq.). de studiis Euclidianis saeculi undecimi testis est
Psellus (Studien p. 172 et p. 213 sq.; cfr. quae ipse de mathe-
maticis studiis suis narrat apud Sathas μεσαιων. βιβλ. IV p. 121);
codice usus est cum deterioribus nostris fere consentienti (u.
I p. 4, 1; 6, 12—13; 36, 2; 42, 1; cum Proclo I p. 8, 3, cum
Ammonio aliisque I p. 4, 2, cum Philopono II p. 130, 11, cum
P solo IV p. 8, 5—9, cum P aliisque II p. 186, 22).

saec. XIII—XIV studium mathematices subtilioris paene
perierat, et uulgo intra geometriam planam et tritissima quaeque

e doctrina numerorum stabant homines, ut adparet e loco praeclarissimo Theodori Metochitae (Sathas *μεσαιων. βιβλ.* I p. *πε'* sq.).
narrat enim, se, cum scholas grammaticorum rhetorumque percurrisset, post logicam Aristotelis ad mathematicam animum
conuertisse, sed frustra magistros doctrinae subtilioris quaesisse
(p. *πζ') οὐ γὰρ εἶχον, ὅ, τι δρῴην ἂν ἐκλελοιπότος παρ' ἡμῖν
οὐκ οἶδ' ὅπως πάλαι τῶν χρόνων τοῦδε τοῦ σπουδάσματος·
πόλλ' ἔτη γὰρ ἤδη καὶ μαθηματικῆς ἀκριβείας οὐδεὶς οὔτε δι
δάσκαλος οὔτ' ἀκροατὴς ὤφθη παραπλησίως καθάπερ καὶ τῶν
ἄλλων ... τοσούτῳ δ' οὖν ἧρκει μόνον τοῖς νῦν περὶ λόγους
ἔχουσι καὶ ταύτῃ πως ἀμηγέπη προσσχεῖν καὶ ἅψασθαι καθάπερ
ὀφειλήν τινα τῇ φιλοσοφίᾳ καὶ τῷ πρὸς αὐτὴν ἔρωτί πως ἂν
εἴποι τις ἀποτιννύουσιν, ὅσον τῇ περὶ τοὺς ἀριθμοὺς εἰσαγωγικῇ
Νικομάχου προστυχεῖν καὶ τῇ τοῦ Εὐκλείδου περὶ τὰ γεωμετρικὰ
στοιχειώσει καὶ τοῦτο μέχρι τινός, καὶ τὸ πλέον ἦν ὅσον περὶ
τὴν τῶν ἐπιπέδων θεωρίαν καὶ τούτων μάλισθ', ὅσ' ἐπιπολῆς,
ὡς ἄν ἐρεῖ τις, ἔχοι καὶ οὐ βαθεῖαν πράττεται τοῦ προσιόντος
σφίσι καὶ προσαπτομένου κατάληψιν καὶ περίνοιαν· τῶν γὰρ
ἐν τῷ δεκάτῳ τῆς στοιχειώσεως ῥητῶν* (p. *πη') τε καὶ ἀλόγων
γραμμῶν τε καὶ εἰδῶν καὶ τῶν ποικίλων ἀποτομῶν ἀνίδεος ὡς
εἰπεῖν ἦν ἄρρητός τε καὶ ἄλογος σφίσιν ἡ ἐπόπτεια ... τὴν δὲ
περὶ τὰ στερεὰ τῆς ἐπιστήμης πολυπραγμοσύνην*) καὶ μάλιστα
τὴν τῶν περὶ τὰ κωνικὰ θαυμάτων τῆς μαθηματικῆς ἄρρητον
παντάπασι καὶ ἀνεννόητον .. κτλ.* (p. *ρβ'*); postea se discipulum
fuisse Manuelis Bryennii et ab eo maxime astronomiam didicisse,
mox autem, cum suo Marte Almagestum legere uellet, se intellexisse multa mathematices cognitione ad hoc studium opus
esse; quare se studiose legisse *στοιχεῖα* Euclidis *ἐν ἐπιπέδοις*
et *ἐν στερεοῖς, ὀπτικά, κατοπτρικά, δεδομένα, φαινόμενα,* Theodosium, Apollonium.

studiorum saeculi XIV testes sunt Isaac Argyrus et Barlaam
(Studien p. 171 sq.), posterioris temporis Demetrius Cydonius
et Theodorus Cabasilas, de quorum scholiis u. supra p. XXXIII.

e studiis Byzantinorum etiam recensio breuior libri XII in
cod. b seruata (IV app. II p. 385 sq.) orta est, sed ante saec. VIII;
nam certa sunt uestigia huius recensionis apud Arabes (u. Zeitschrift für Mathematik u. Physik XXIX hist.-litt. Abth. p. 7 sq.).

---

*) Cfr. scholium manu recentissima in B ad X, 91 adscriptum (u. infra nr. 405 p. 563), ubi queritur aliquis de neglectis libris X—XIII.

facta est ad codicem editionis antetheoninae (l. c. p. 13), sed
tanto opere discrepat, ut ad scripturam antiquam eruendam
parum utilis sit. quid de discrepantiis Arabum sentiam, in
disputatione, quam citaui, pluribus dixi nec hic quaestionem
difficilem retractabo, quippe quae editis demum uersionibus
Arabicis ad finem perduci possit. sed tamen fata Elementorum
apud Arabes breuiter narranda sunt (u. Klamroth Zeitschrift
d. deutschen morgenländ. Gesellschaft XXXV p. 270 sq. et
Steinschneider Zeitschrift für Mathematik u. Physik XXXI hist.-
litt. Abth. p. 81 sq.).

iam saec. VIII regnante Almansur chalifa Elementa Con-
stantinopoli ad Arabes peruenerunt, si Hagio Khalfae III p. 91
fides est. saec. IX Hajjaj ben Jusuf ea Arabice interpretatus
est, cuius interpretationis duae erant editiones; altera correctior
iussu Mamuni chalifae, prior Haruni confecta erat; in altera
sine dubio codicibus Graecis a Mamuno Cnopoli arcessitis usus
erat Hajjaj (Hag. Khalfa I p. 81). Hajjaj non tam id studuit,
ut uerbum uerbo redderet, quam ut liber discipulis aptus esset.
saec. X Ishak ben Hunein denuo Elementa interpretatus est,
Graeca uerba pressius secutus, ceterum interpretatione Hajjajana
tamquam fundamento usus. eius interpretationem Thabit ben
Korra postea emendauit ope codicum Graecorum. nouam inter-
pretationum Arabicarum recensionem saec. XIII dedit Nassir-
eddinus Tusi. libros XIV—XV Arabice interpretatus est Costa
ben Lucca. quamquam praeter priorem editionem interpretationis
Hajjajanae horum omnium codices non pauci exstant, tamen
recensio Nassiredini sola edita est (Romae 1594 et, ut uidetur,
Cnopoli 1801); de duabus interpretationibus nonnulla dedit
Klamroth, quae sufficiunt ad desiderium plenioris notitiae com-
mouendum. Arabes enim codicibus recensionis antiquae usi
sunt, qui in libris XI extremo et XII cum excerpto Bononiensi
congruebant, sed addendo, demendo, mutando formam genuinam
corruperunt, sicut demonstrasse mihi uideor (Zeitschr. f. Math.
u. Phys. XXIX hist.-litt. Abth. p. 1—22). hae discrepantiae
fontium Arabicorum a Klamrothio notatae sunt:

omittunt analyses XIII, 1—5, omnia lemmata, corollaria
praeter VI, 8; VIII, 2; X, 3, definitiones IV, 3—7; VII, 9
(uel 10); XI, 5—7, 15, 17, 23, 25—28 (VI def. 5 et definitiones
spurias libri V p. 2, 7; 6, 13 habent, praeterea in libro VI
nouam definitionem sextam sine ullo dubio subditiuam, sicut
cetera Arabum additamenta, et in codd. Arabicis ut dubiam

notatam), propositiones VIII, 16, 17; X, 7, 8, 13, 16, 24, 112,
113, 114, app. 5, 27—28; XI app. 3; XII, 6, 13, 14 (cfr. Bonon.),
praeterea librum XV a p. 48, 16, omnes demonstrationes alteras,
nisi quod in X, 105—106 (app. 25—26) loco genuinarum sub-
stitutae sunt, et in libro VII app. p. 428, 23 — 432, 8 (Nasir-
eddin praeterea solus VI, 12; X, 27 — 28 omisit). horum om-
nium nonnulla etiam in bonis codd. Graecis, maxime in P*),
omittuntur uel tamquam dubia notantur (X app. 5, XI app. 3,
VII app. p. 428—432), ex ceteris quaedam iam aliis de causis
suspecta sunt (VII def. 10; X, 112—114; app. 27—28, demon-
strationes alterae, lemmata corollariaque nonnulla, analyses
XIII, 1—5); sed quoniam maior pars eorum, quae ab Arabibus
omittuntur, neque in Graecis fontibus antiquioribus uel saltim
aetate supparibus abest neque omnino abesse potest, etiam in
ceteris fides Arabibus detrahitur, praesertim cum interpolatio-
nibus deteriorum codicum Graecorum propriis non careant
(VI def. 5, VII def. analogiae et rationis ordinatae) et locos
merito suspectos habeant (VI def. 2; X, 115; XIII, 6; cfr.
quod X app. 25 — 26 pro X, 105 — 106 habent); fieri potest,
ut haec omnia, quaedam iure, quaedam iniuria, suo Marte
omiserint, cum constet, eos in uerbis Euclidis seruandis
parum religiosos fuisse (u. praefatio cod. Bodl. arab. 280
saec. XIII fortasse a Nasireddino scripta apud Nicoll et Pusey
Catalog. codd. orientt. Bodl. II² p. 260 sq.). eadem de causa
non magni momenti est, quod saepe ab ordine definitionum
propositionumque Graecarum discrepant (in libro V deff. 11—12
falso permutant, sicut VI deff. 3—4, in VII hic est ordo inde
a def. 11: 12, 14, 13, 15, 16, 19, 20, 17, 18, 21, 22, 23, in XI
hic: 1, 2, 3, 4, 8, 10, 9, 13, 14, 16, 12, 21, 22, 18, 19, 20,
11, 24; in propositionibus hae sunt discrepantiae: in libro III
propp. 11 — 12 coniunctae sunt**), in V propp. 12 — 13 com-
mutatae, in VI ordo est 1—8, 18, 11, 12, 9, 10, 14—17, 19,
20, 18, 21, 22, 24, 26, 23, 25, 27—30, 32, 31, 33, in VII: 1—20,
22, 21, 23—28, 31, 32, 29, 30, 33—39, in IX: 1—13, 20, 14—19,
21—25, 27, 26, 28—36 et ante 30 duae propp. nouae, in X
praeter omissas: 1—12, 15, 14, 17—28, 26—28, 25, 29—30, 81
in duas resoluta, 82 item, 33—111, 115; in XI: 1—30, 31 in
duas resoluta, 32, 34 in duas resoluta, 33, 35—39; in XII:

*) Omittunt etiam additamentum Theonis VI, 33 p. 424 sq.
**) Etiam in libro XIV saepius complures propositiones
coniunguntur.

1—5, 7, 9, 8, 10, 12, 11, 15, 16—18; cfr. Bononiensis; in XIII:
1—3 in binas resolutae, 5, 4, 6, 7, 12, 9, 10, 8, 11, 13, 15,
14, 16—18).*)

quantum fructus in singulis ad rem criticam ex inter-
pretationibus Arabicis peti possit, non liquet, cum nondum
editae sint; ex locis a Klamrothio citatis, qui cum Bononiensi
comparari possunt, adparet, Arabes in uertendo Graeca ali-
quando ad uerbum secutos esse.

de commentariis Arabum in Elementa omnia collegit Stein-
schneider l. c. p. 86 sq., nec opus est hic copias eius repetere;
sed ex iis adparet, quantum Arabes Euclidi et tribuerint et
debuerint; nam iis quoque magister erat mathematices.

interpretationes Hebraicas duas idem commemorat l. c. p. 85,
alteram incerti temporis e Latino factam, alteram saec. XIII
ad interpretationem Ishaki confectam.

de interpretationibus Armenica et Persica nihil innotuit
praeter breuem notitiam apud Wenrich de auctor. Graecor.
versionib. p. 184.

Cap. IV.
De Elementorum apud occidentales fatis.

Cum ceteris doctrinae Graecae operibus etiam Elementa
ad notitiam Romanorum peruenerunt, quamquam iste populus
inliteratus et uero amore scientiae destitutus „metiendi ratio-
cinandique utilitate huius artis modum terminauit", ut satis
scite obseruauit Cicero (Tusc. I, 5). primus apud Romanos
Euclidem nominat Cicero (de orat. III, 132), nec ueri simile est,
Elementa tum Latine conuersa fuisse uel omnino in studiis Roma-
norum locum magnum obtinuisse; nam etiam quod Quintilianus
I, 10, 34 sq. de geometriae utilitate dicit, ultra primas mathe-
matices notiones non progreditur (uelut cum sic incipit „in
geometria partem fatentur esse utilem teneris aetatibus. agitari
namque animos et acui ingenia et celeritatem percipiendi uenire
inde concedunt; sed prodesse eam non ut ceteras artes, cum
perceptae sint, sed cum discatur, existimant"). et quam pauca
geometriae excerpta agrimensoribus Romanis satisfecerint, ad-
paret e Balbi libro de mensuris (Agrimens. I p. 97 sq.), ubi

---

*) In communibus notionibus discrepare non uidentur;
postul. 4—5 suo loco leguntur, κοιν. ἕνν. 9 non inter postulata
legitur, sed eodem loco, quo in editione mea.

definitiones nonnullae ex Elem. lib. I adferuntur. ceterum
Mauritius Cantor in libro egregio „Die roemischen Agrimen-
soren" Leipzig 1875 demonstrauit, eos pleraque non ex Euclide,
sed ex Herone petisse ingenio operisque genere iis magis familiari.
etiam quae in fragmento Censorino adscripto (Censorinus ed.
Hultsch p. 60—63) ex Elementis transsumpta sunt, intra de-
finitiones, postulata, communes conceptiones se continent. tamen
Elementa sensim etiam apud Romanos in circulum artium libera-
lium recepta sunt (cfr. Ussing Erziehung u. Jugendunterricht
bei den Griechen u. Roem. p. 188); nam Martianus Capella
VI, 724 haud obscure innuit, Elementa tum omnibus philosophis
certe familiaria fuisse. sed sine dubio Graece legebantur. nam
quae Capella VI, 708 sq. habet, ipse e Graeco fonte excerpsit,
ut Graeca uerba plurima ostendunt (conferri potest, quod I
def. 1 falso uertit: „punctum uero est, cuius pars nihil est");
sed dubito, an non ex Euclide ipso (cfr. Studien p. 202 sq.).
in quibusdam cum Herone aliisque fontibus uetustis consentit,
uelut quod quinque tantum postulata, tria axiomata habet;
I p. 4, 2 cum Ammonio, Philopono, aliis, p. 8, 9 cum Proclo
aliisque, p. 8, 17 cum F et Proclo consentit; in I def. 15 pri-
mum tantum glossema habet, I p. 6, 1 τοῦ κύκλου omittit,
definitionem segmenti non habet.

  ceterum eodem fere tempore conatum esse uirum aliquem
doctum Elementa Latine conuertere constat e codice palimpsesto
Ueronensi nr. 40 (Blume Iter ital. I p. 263), quem descripsit
Guilelmus Studemund. continet fragmenta uersionis liberrimae
uel potius redactionis nouae Elementorum libb. XI—XIII (in
codice numerantur XIV et XV, quod quo modo factum sit,
non intellego, nisi forte pars est maioris operis encyclopaedici)
alio propositionum ordine. codex palimpsestus saeculi fere IV
esse fertur et sine dubio ipsum exemplar interpretatoris est
(haec Cantor Vorlesungen üb. Gesch. der Math. I p. 478 sq.;
nam Studemundus ipse nondum haec fragmenta edidit). num
propositum suum ad finem perduxerit, nescimus, neque omnino
de ratione, quae inter hanc interpretationem ceterosque fontes
intercedit, quidquam constat. primus, ut uidetur, Latinam
interpretationem Elementorum dedit Boetius (u. Cassiodorii
uar. I, 45 translationibus enim tuis . . . Nicomachus arith-
meticus, geometricus Euclides audiuntur Ausoniis; cfr. idem
de geometr. p. 577 Euclidem translatum in Romanam linguam
idem uir magnificus Boetius dedit); quadriuium enim, quod

g*

uocatur, e fontibus Graecis 4 operibus Latine edidit. sed quae
in codd. plurimis nunc fertur geometria Boetii, ne talis quidem,
qualis a Friedleinio e cod. Erlangensi 288 s. XI edita est (de
codd. interpolatis u. Roem. Feldmesser I p. 377 sq., II p. 64 sq.;
p. 79 sq.), a Boetio profecta est, sed saec. XI ex fontibus com-
pluribus conflata (u. Weissenborn Abhandl. z. Gesch. d. Math. II
p. 185 sq.; cfr. quae dixi Philolog. XLIII p. 507 sq.). sed
quamquam hoc opus et recens est et mendosissime in codd.
scriptum, tamen uestigia sunt scripturae bonae et antiquae
(glossemata in I def. 15 p. 4, 10—12 om., item τοῦ κύκλου et
def. segmenti p. 6, 1; I p. 6, 3, 6; 8, 9, 17 al. cum Proclo con-
sentit; quinque postulata et tria axiomata sola habet).*) quam
unde habeat, nescimus. sed hoc constat, falsarium interpre-
tationem Latinam Elementorum habuisse, unde I, 1—3 petiuerit
(p. 390—393 ed. Friedlein). et interpretationem Latinam saec.
X—XI exstitisse, ostendit Maximilianus Curtze (Bursian Jahres-
berichte 1884 p. 19; cfr. quae de cod. Monac. 560 dixit
Friedlein Boet. p. 373).**) hac interpretatione Curtzius eos usos
esse contendit, qui interpretationes medio aeuo usurpatas con-
fecerunt, Adelhardus et Campanus. hos uiros, si summam spectes,
e fonte Arabico Elementa interpretatos esse, uel ex uocabulis
Arabicis apud eos obuiis pro certo concludi potest (Studien
p. 178)***), sed quae ratio inter eos intercedat, nondum ex-
ploratum est; neque enim sententia Weissenbornii (Abhandl.
z. Gesch. d. Math. II p. 141 sq.) probari potest, utrumque suo
Marte Elementa ex Arabico transtulisse. immo ita se res ha-
bere uidetur, ut in codd. quibusdam†) significatur, Adelhardum

----

*) Boetius ipse axiom. 6 et 9 nouit (Arithm. p. 91, op.
p. 165), I def. 11 (op. p. 181), def. 2 (op. p. 145), def. 3 (op.
p. 146), def. 5 (op. p. 146), def. 15 (sine glossematis) et def. 22
(op. p 187) citat.
**) Geometriam Boetii continet etiam cod. Harleian. 3595
fol. 57 sq.
***) Ubi scriptum oportuit: helmuayn ῥόμβος, similis hel-
muayn ῥομβοειδής, helmuaripha τραπέζιον.
†) Uelut cod. Harleian. 5404: per Adelhardum Batonensem
ex arabico in lat. translat., Harl. 5266 m. rec.: liber Euclidis
phy quem transtulit adelardus batoniensis de arab. in lat.,
Mus. Brit. add. 22783: geometria Euclidis cum commento Cam-
pani explicit, cod. Bodl. Canon. Lat. 309: explicit geometria
euclidis cum commento Campani nouariensis.

(saec. XII) interpretem esse, Campanum Nouariensem (saec. XIII) commentatorem. *) sed de hac re nondum satis explorata hic pluribus disputare nolo. Campanus igitur sine Adelhardus multis locis cum interpretationibus Arabicis consentit, sed teste Klamrothio nullam earum, quas hodie nouimus, fideliter exprimit, cum praeterea codices non leuiter ab editione (Uenetiis 1482, repetita Uincentiae 1491) dissentiant necdum collati sint, non tanti esse putaui editionem illam cum codd. Graecis conferre. hoc tantum commemorabo, Campanum multum et in ordine propositionum et in demonstrationibus a codd. nostris differre et plurima additamenta habere. sed restant uestigia fontis purioris, uelut quod additamentum Theonis in VI, 33 non habet; alia quaedam suis locis notaui, sed, ut nunc est, in rebus criticis parum utilis est.

Ex hac igitur interpretatione medium aeuum Euclidis fundamentorumque mathematices notitiam pro sua facultate petebat; quare et codices plurimi eius exstant (uelut in bibliotheca Amploniana Erfurtensi, quae eos continet libros, quibus litterarum studiosi saec. XV in studiis utebantur, duo exstant), et prima omnium librorum mathematicorum prelo impressa est. primus apud occidentales Elementa Graece exstare nouit Iohannes Boccatius (Comm. sopra la commedia di Dante I p. 404), sine dubio a Barlaamo magistro suo, qui de Euclide scripsit, edoctus.

deinde Iohannes Regiomontanus, cuius exemplar interpretationis Adelhardi nunc in bibliotheca ciuitatis Norimbergensis adseruatur, et qui eam edere uoluit emendatam (Gassendi op. V p. 530 Euclidis elementa editione Campani euulsis tamen plerisque mendis, quae proprio etiam indicabuntur commentariolo)**), in Italia, sine dubio apud Bessarionem amicum, Graecos codices uidit et animaduertit, quantum a Latinis Cam-

---

*) Interpretationem Gerardi Cremonensis (saec. XII; liber Euclidis tractatus XV, u. Boncompagni vita ed op. di Gherardo Cremon. p. 5) non habemus. etiam Leonardus Pisanus ab Arabibus pendet (Weissenborn Philol. Anz. XV p. 44).

**) Editio rarissima Uenet. 1509 Campanum continet a Luca Paciolo emendatum, u. Weissenborn Die Uebersetz. d. Eukl. durch Campano u. Zamberto p. 30 sq.; ib. p. 56 sq. describitur editio Parisina a. 1516, quae Campanum et Zambertum coniungit (repetita cum mutationibus paucis Basil. 1537, iterum ib. 1546).

pani discreparent (u. epistola eius ad Chr. Roderum Hambur-
gensem a. 1471 scripta apud Murr Memorabilia bibliothecar.
Norimberg. I p. 190 sq., ubi Campanum grauiter uituperat;
uelut p. 191 „quem scrupulum“ inquit „et Campanus anim-
aduertens hoc principium — agitur de αἶ*. 5 — inter petitiones
stolide collocauit, quamuis Greci inter communes sententias
ordinarint. sed Arabes nonnulli a ministerio demonstrationis
penitus reiecerunt hoc proloquium aliter quidem equidistantes
lineas definiendo“).

e codice Graeco primus Elementorum partes Latine uersas
edidit Georgius Ualla, qui libros XIV—XV aliis interpretatio-
nibus suis adiunxit Uenetiis 1498 (Neue Jahrb. Suppl. XII p. 377)
et deinde in opus ingens de expetendis et fugiendis rebus
(Uenet. 1501) non paucas propositiones cum demonstrationibus
scholiisque recepit (u. ib. p. 379 sq.). usus est cod. Mutin. III B 4
saec. XV (u. Cenni storici della bibl. Estense p. 11 nr. LVI:
codice cartaceo in 4° del secolo XV. Fu di Giorgio Valla,
poscia di Alberto Pio; de fatis bibliothecae Uallae u. Philolog.
XLII p. 432 sq.). nam glossemata quaedam huius codicis pro-
pria habet Ualla, uelut I p. 26, 2 τὸ ὅλον τοῦ μέρους μεῖζόν
ἐστιν mg. Mut., utpote totum quam pars Ualla XI, 3, I p. 124, 4
ὡς ὅλον τοῖς μέρεσι supra scr. Mut., utpote totum partibus
Ualla XI, 12, I p. 122, 10 ὡς τετραγώνου πλευρά supra scr.
Mut., utpote quadrati latus Ualla XI, 12; cfr. praeterea I p. 124, 2
ΓΔΕΒ] γδβε Mut., cdbe Ualla; διήχθω] ἤχθω Mut., ducatur
Ualla; p. 124, 19 ἐστί] ἔσται Mut., erit Ualla; p. 126, 6 ΓΗΒ]
βηγ Mut., bgc Ualla; p. 126, 17 ΒΓΗ] ηγβ Mut., gcb Ualla;
p. 126, 24 καί — ΓΒ] om. Mut., Ualla; p. 126, 26 τὰ ἄρα — ΓΒ]
om. Mut., Ualla. de scholiis eius alibi uidebimus.

cum menda editionis Campani codicibus Graecis magis
magisque cognitis semper plura deprehenderentur et adpareret,
eum Euclidem neque genuinum neque totum dedisse, desiderium
ueri Euclidis cognoscendi ortum est, quo motus Bartholomaeus
Zambertus Uenetus Euclidem totum e codicibus Graecis sibi
interpretandum sumpsit (Uenet. 1505), quem librum rarissimum
diligenter descripsit Weissenbornius (Die Uebersetzungen des
Euklid durch Campano und Zamberto p. 12 sq.), qui idem (l. c.
p. 21 sq.) eos locos collegit, ubi Zambertus in adnotationibus
suis Campanum eiusque interpretandi morem uituperat.*)

---

*) Utrum idem ex his locis recte concluserit, Zambertum

titulus est (u. Weissenborn p. 18) „Euclidis megarensis philosophi Platonici mathematicarum ianitoris. habent in hoc uolumine quicunque ad mathematicam substantiam aspirant, elementorum libros XIII cum expositione Theonis insignis mathematici, quibus multa, quae deerant, ex lectione graeca sumpta addita sunt, nec non plurima peruersa et prepostere voluta in Campani interpolatione ordinata digesta et castigata sunt" cet. praeterea adfero e praefatione catoptricorum (Weissenborn p. 24, ed. a. 1546*) p. 504): „sicut lectio sese habet graeca, sic ueritatem colentes nuda, pura, sincera et fideli sumus interpretatione interpretati. noluimus enim eos imitari, qui ex auctoribus aliqua decerpunt, aliqua omittunt et aliqua permutant" cet. et e praefatione Datorum (Weissenborn p. 25, ed. a. 1546 p. 542): „Euclides namque Megarensis Mathematicus praeclarissimus, qui omnium mathematicarum disciplinarum unus est qui nobis fores reserat, in primis nimis peruerse interpretatus studentium animos pluribus annis ambiguos tenuit. nam cum illud, quod illius esse asseritur uolumen studentes legerent, miris laruis, somniis et phantasmatibus, quibus ille interpres barbarissimus illud refersit, offensi neque auctori fidem adhibebant neque illi detrahere audebant. quare cum nos his disciplinis operam per plures annos accommodauerimus uolentesque nostris laboribus studentium communi utilitati consulere, ipsius Euclidis elementorum uolumina tresdecim ex Theonis traditione non minoribus uigiliis quam laboribus, quibus per septennium insudauimus, ex graecia in Italiam deduximus". quibus uerbis cum Campanus haud obscure significetur, adparet causa, cur Zambertus suam interpretationem confecerit. quo codice Graeco in Elementis (nam in prolegomenis Marini ad Data codicem „e bibliotheca senatoria", h. e. Marciana Uenetiis, habuit, ut ipse dicit p. 537 ed. Basil.) usus sit, neque ipse dicit, neque ego adhuc indagare potui. hoc tantum adfirmare possum, eum codicibus Marcianis usum non esse; neque enim inter eos est, qui plus quam XIII libros contineat, cum tamen Zambertus etiam libros XIV—XV interpretatus sit, nec in locis memorabilibus, ubi scripturam Marcia-

nesciuisse, Campanum ex Arabico Euclidem transtulisse, necne, nunc quidem dubito.
    *) De editionibus Campanum et Zambertum coniungentibus u. supra p. CI not. **).

norum enotaui, cum ullo prorsus et constanter consentit. ne
eo quidem codice, qui nunc Lugduni Batauorum adseruatur
(Leid. 7), usus est, quamquam ipse eum descripsit; nam obstant
temporum rationes, quoniam interpretationem absoluerat a. 1500
(u. Weissenborn p. 16) et codicem descripsit a. 1504—1505 (in
fine phaenomenorum legitur $\bar{\alpha}\bar{\varphi}\bar{\delta}$ φεβρουαρίω κε et in fine
Datorum διὰ τοῦ (!) χειρὸς βαρθολομαίου ζαμβέρτου τῇ τοῦ δε-
κεμβρίου ἡμέρᾳ ιβ ἔτει αφε); praeterea in XII, 5 desinit (in
μεῖζον IV p. 166, 1).*) sed quidquid id est, codex eius de-
terioribus adnumerandus est, quippe qui plerasque interpola-
tiones Theoninorum habeat, uelut II app. p. 428, definitionem
rationis ordinatae; cfr. I p. 48, 20. memorabile uidetur, quod
in XI, 38 p. 130, 2 et κύβον et παραλληλεπιπέδου habuit; scribit
enim p. 386: „si solidi parallelepipedi" cet., deinde: „aliter.
si cubi" cet. (in propositione illud tantum habet).

Graeci Euclidis editio princeps prodiit Basileae 1533 apud
Heruagium cura Simonis Grynaei, qui in praefatione dicit, se
duobus codicibus usum esse, quorum „alterum Lazarus Bayfius**)
Uenetiis, alterum Parrhysiis Ioann. Rvellius***) amicis, mihi
ipsi Procli commentaria Oxonii Ioann. Claymundus candide
suppeditabat, uiri optimi et humanissimi" cet. eos mihi contigit
reperire. codicem enim Uenetum fuisse Marc. 301 discimus ex
errore ed. Basileensis quodam II p. 16, 2, ubi pro τὰ K, $\varLambda$
habet τοῦ κλ; et hoc in solo Marc. 301 ita scriptum inueni.
hinc simul adparet, ipsum codicem hunc fundamentum esse
editionis, et „exemplar alterum", unde in mg. scripturas dis-
crepantes excerpsit Grynaeus, Parisiis quaerendum esse. est
cod. Paris. Gr. 2343 chartac., Memmianus s. XVI, qui continet
Elem. I—XV cum scholiis nonnullis, quae in textum recepta
sunt; in primo folio rubro colore scriptum est Ρωδόλφος χρυ-

---

*) Continet fol. 1—173 Elem. I—IX, fol. 173—174 scholia
quaedam in lib. X; fol. 175—177 uacant; fol. 178—315 Elem.
X—XII, 5; fol. 316—318 uacant; fol. 319—331 catoptrica,
fol. 331—360 phaenomena; fol. 361—383 opticorum editionem
nouam cum scholiis, fol. 383—433 Data; fol. 434—438 uacant;
fol. 439—452 excerpta e Proclo; fol. 453 uacat; fol. 454—459
Marinum in Data. fol. 439^r legitur „a me Io. Francisco
Asulano".

**) Lazare de Baïf, uir doctus, qui tum legatus regis Galliae
apud Uenetos fuit; † 1547.

***) Jean Ruel medicus Gallus 1479—1537, Graece doctus.

σεῖος, et in mg. multa Graece et Latine adscripta sunt, uelut fol. 70

> perfer vlixeo reflantem pectore sortem
> in tumido quisquis nasque renasque salo
> Aenosinus Nauarchus.

hic codex igitur semper cum scripturis iis concordat, quas Grynaeus in mg. ex „exemplari altero" enotauit, uelut I p. 24, 6—7 Uenet. 301 et Grynaeus cum mea editione consentiunt, mg. Grynaeus „οὐκ ἄρα μείζων ἐστὶ τῆς αγ. quaedam hic inserit exemplar aliud"; ἄτοκον. οὐκ ἄρα μείζων ἐστὶ τῆς αγ. ὁμοίως δὴ δείξομεν, ὅτι οὐδὲ ἡ αγ μείζων ἐστὶ τῆς αβ. ἴση ἄρα. οὐκ ἄρα ἄνισος κτλ. Paris. 2343.

I p. 68, 3 μείζων ἐστὶ τῆς ἐντὸς καὶ ἀπεναντίον γωνίας τῆς ὑπὸ εζη· ἀλλὰ καὶ ἴση· ὅπερ ἐστὶν ἀδύνατον Uenet. 301, Grynaeus; sed mg. „aliud exemplar sic ἴση ἐστὶ τῇ ἐντὸς καὶ ἀπεναντίον τῇ ὑπὸ εζη· ὅπερ ἀδύνατον. habet utrumque recte"; et ita Paris. 2343 (corr. m. 2).

I p. 138, 23 καὶ το ΚΔ ἄρα κτλ.] Uenet. 301, Grynaeus; mg. „variat hic exemplar alterum, sed frustra". καὶ τετράγωνον γὰρ καὶ τὸ ηρ ἀπὸ τῆς ηκ εὐθείας, ἥ ἐστι ἴση τῇ γβ, ἥπερ ἴση τῇ βδ ἐστι. καὶ τῷ κδ ἄρα τὸ ηρ κτλ. Paris. 2343.

I p. 154, 24 ἀπολαμβανομένης] Uenet., Grynaeus; mg. „alii προσλαμβανομένης"; ita Paris. (corr. m. 2).

II p. 286, 13 sq. ed. Basil. scripturam codd. BVφ habet, sed in mg. „non habet exemplar alterum et videtur nihil huc pertinere"; Paris. cum nostris concordat.

III app. 5 p. 382 hab. ed. Basil. ut ιγ, sed mg. „in altero exemplari lemma est. itaque uariat numerus deinceps"; sine numero Paris.

III app. 8 p. 384 hab. ed. Basil., mg. „non habet exemplar alterum"; om. Paris.

III app. 9 p. 386 hab. ut κη ed. Basil., mg. „hanc exemplar alterum non habebat nec uidetur esse autoris"; om. Paris.

III app. 10 p. 388 hab. ed. Basil.; mg. „non habet alterum exemplar"; om. Paris.; item in III app. 11 p. 388; 12 p. 390; 14 p. 392; 15 p. 394.

III app. 18 p. 396 mg. Grynaeus „addit exemplar alterum"; om. Uenet., hab. Paris.; item III app. 19 p. 396; 20 p. 398; 21 p. 398; 22 p. 400.

IV p. 36, 9 ed. Basil. scripturam codicis b habet, sed in mg. nostram („alterum graecum exemplar sic"), quae etiam in Paris. est.

e cod. Parisino 2343 praeterea petiuit, quod ad XI, 1 in mg. habet: πᾶσαν γὰρ δυνατὸν εὐθεῖαν ἐπ' εὐθείας ἐκβαλεῖν (ita enim mg. Paris. 2343) et scholia p. 54 ed. Basil. σχόλιον εἰς τὸ ε̄ ἀδήλου (Paris. fol. 56 sine titulo, mg. m. 2 „in librum quintum σχόλιον“), p. 67—68 ed. Basil. σχόλιον εἰς τὸ ϛ ἀδήλου (Paris. fol. 70 cum hoc ipso titulo multisque correctionibus manus 2, quae in ed. Basil. receptae sunt).*)

sed interdum scripturam codicis Parisini recepit Grynaeus et per „exemplar alterum“ codicem Uenetum significauit, uelut III app. 25—26 p. 404 sq. („non habet alterum graecum exemplar“ „alterum graecum exemplar non habet“ mg. Grynaeus; in Uenet. om., hab. Paris. numeris ϱιη ϱιθ signata, quos in ϱις ϱιζ mutauit m. 2 addito in mg. „om. hoc**) alterum graecum exemplar“).

praeter Uenet. 301 et Paris. 2343 Grynaeus etiam Zambertum consuluit. u. ad IX, 19 „quia Zampertus Graecum sine dubio exemplar secutus exacta diuisione membrorum hic utitur et singula membra demonstrationibus exequitur, voluimus eam lectionem inserere; est enim pernecessaria; licet neutrum nostrum exemplar tale quicquam haberet“ (hic Zambertus sine dubio errorem codicum perspexit et de suo meliora restituit). item ad IX, 30 mg. „addit hic quaedam Zampertus, quae non videntur Euclidis“ (in fine propositionis Zambertus quaedam addidit), ad X, 32 ed. Basil. (III p. 92, 1 ed. meae) „sic habet exemplar latinum“ (et Zamb. et. ed. Basil. cum meis codd. concordant; de Uenet. et Paris. nihil compertum habeo), ad X ϱιη ed. Basil. (III p. 412, 20 ed. meae) „addit hic aliam rursus eiusdem demonstrationem latinum exemplar“ (de suo addidit Zambertus „priorum dilucidiorem explanationem“ per numeros, p. 344 ed. 1546, ubi mg. „Graecus non habet“), ad XI, 26 (IV p. 80, 14) „sic habet latinum θπλ τῇ ὑπὸ ζηγ, sed eodem tendunt“ („qui sub θπλ ei qui sub ζηγ est aequalis“ Zambertus p. 370), ad X, 30 (IV p. 90, 1) „variat exemplar latinum, sed eodem recidunt“ (Zambertus p. 378 in litteris differt), ad XI, 31 (IV p. 92, 10) „ponit enim exemplum in non

---

*) Itaque sine dubio ipse Paris. 2343 in manibus typothetarum fuit ad cod. Uenetum supplendum. in Paris. fol. 93ᵘ scholium est ad VII def. 1 (οἱ φιλόσοφοι διαιροῦνται κτλ.), quod initio recipere uoluit Grynaeus; nam in principio m. 2 correctum est; sed ab instituto destitit.

**) Haec duo uerba pro certo dignosci non possunt.

prorsus similibus solidis, quod interpres latinus hic omisit"
(additamentum codicis B habet et Grynaeus et Zambertus),
ib. „stantes hic la(ti)num addidit, uerum nihil est" („stantes"
apud Zambertum p. 374 respondet Graeco αἱ ἐφεστηκυῖαι IV
p. 92, 8), ib. „αβ latinum habet, sed perinde est" (pro *A M*
p. 92, 21 Zambertus p. 374 hab. αβ), ib. „ϱφ latinum habet,
sed est idem" (sed in ed. a. 1546 est ψυ ut in ed. Basil.), ad
XI, 40 (IV p. 134, 14) „latinum γϑ, sed perinde est" (sed
Zambertus p. 887 ηο habet, sicut Grynaeus; his duobus locis
igitur interpretatio Zamberti in editione Heruagiana a. 1546
ad Graecam editionem a. 1533 correcta est).

cum et Uenet. 301 et Paris. 2348 deterrimus sit, adparet,
quam nulla sit auctoritas editionis principis. sed tamen diu
fons fundamentumque textus Graeci Elementorum mansit. nam
quae deinde prodierunt editiones, non eo consilio factae sunt,
ut uerba Euclidis e codicibus Graecis integriora restituerentur,
sed ut mathematices studiosis modico pretio habile compendium
pararetur Elementorum, quae tum in scholis a professoribus
mathematices uulgo docebantur. eius generis hae sunt

Euclidis elementorum libri XV. Romae 1545; „Antonio
Altovito in primis eruditissimo Angelus Caianus s. p. d." (ex
praef. adfero: omnes enim tibi affert elementorum libros —
hos XV esse non ignoras — cum integros tum emendatos tum
etiam a sexcentis rebus quasi purgatos, quae nec Euclidis in-
genium illud prope diuinum neque perspicuitatem .. redolere
penitus videbantur); continet propositiones solas (sine demon-
strationibus) omnium XV librorum Graece.

Euclidis elementorum geometricorum libri VI conversi in
latinum sermonem a Ioach. Camerario, edebat Lipsiae Georg.
Ioach. Rhet(icus) 1549; in praef. „nobis hoc potissimum in ad-
ornanda interpretatione noua consilium fuit, ut studiosi harum
disciplinarum ad Graecam linguam discendam inuitarentur".

Euclidis Elementorum libri XV Graece et Latine. Lutetiae
1558 (repetita ib. 1573, 1598); in praef. (ad candidum lectorem
St. Gracilis praefatio, Lutet. 4 Id. Apr. 1557) Gracilis narrat,
opus susceptum esse hortante Io. Magnieno professore mathe-
matices Parisiensi; in libb. I—VI se temporis angustiis coactum
nihil fere mutasse, in ceteris autem emendasse, „quae subobscure
vel parum commode in sermonem latinum e graeco translata
videbantur", in lib. X uero interpretationem Petri Montaurei
(bibliothecarii Aurelianensis † 1571, de cuius studiis Euclidianis

u. Heilbronner hist. math. p. 159) totam recepisse. propositiones
solas habet, additis scholiis quae uocat nonnullis, h. e. III
p. 222, 9 sq.; p. 352, 18 sq.; IV p. 336, 15 sq.; V p. 28, 17
— 32, 9; p. 48, 16 — 50, 16.

Euclidis quindecim Elementorum Geometriae primum ex
Theonis commentariis Graece et Latine. cui accesserunt Scholia
. . . authore Cunrado Dasypodio Scholae Argentinensis pro-
fessore. Argentorati 1564 (repetita cum Herone ib. 1570 siue,
ut iu aliis exemplaribus est, 1571). ex praef. ed. prioris „annis
viginti sex nostri Gymnasii consuetudo fuit, ut, qui ex classibus
ad publicas lectiones promouentur, primum audiant Euclidis
librum . . . fui et ego quoque nostro Typographo author et
suasor, ut, cum nulla amplius extarent exemplaria, hunc libellum
imprimeret, ne bona et fructuosa scholae nostrae constitutio
intercideret“. ex praef. alterius „sed et hunc primum Elemen-
torum Euclidis librum in lucem nunc edo, cum propter ea,
quae ante sunt dicta, tum etiam quod hic potissimum liber
in omnibus fere Gymnasiis praelegatur, in nostris vero scholis
iis, qui in prima sunt curia, proponatur“.

Euclidis qvindecim elementorum Geometriae secundum ex
Theonis commentariis Graece et Latine . . . per Cunr. Dasy-
podium . . . Argentorat. 1564 (cum Barlaamo). ex praef.
„mihique satis erit . . . in studiosorum gratiam aliquid fecisse“.

Propositiones reliquorum librorum Geometriae Euclidis
Graece et Latine in usum eorum, qui volumine Euclidis careut.
Per Cunr. Dasypodium. Argentorat. 1564. ex praef. „quare
ut in duobus prioribus libellis, quos in lucem edidi, bonos
adolescentes adhortatus sum ad studium Geometriae, ita et hoc
in loco faciam . . . . verum ne hortator solum, sed et adiutor
essem, volui in gratiam studiosorum propositiones reliquorum
Euclidis librorum Graece et Latine edere, eo sane consilio,
quod cogitarem, mutilatum quippiam esse, si primus et se-
cundus liber tantum imprimeretur . . . . . necesse est, ut eadem
frequenti lectione sibi quisque faciat familiaria; molestum vero
est integrum Euclidis volumen perpetuo hinc et inde circum-
ferre; arbitrabar igitur, si in libellum redigeretur minorem,
commodius esse omnibus geometriae studiosis haec percipere
elementa.“

has omnes editiones e Basileensi pendere, adparet ex er-
roribus quibusdam, qui, ut ostendit collatio codicis Ueneti 301,
in ed. principe commissi sunt a typographis, et qui in illis

editionibus seruati sunt, uelut II p. 6, 16 γίνηται] γίνεται ed.
Basil., Caian., Rhet., Grac., Dasyp. (γίνηται cod. Uenet. 301);
I p. 36, 6 ποιείτω] ποιήτω ed. Basil., Dasyp. itaque quae propria habent, coniecturae editoris tribuenda sunt, uelut II p. 6, 20
ἄλλο τι πρὸς ἡγούμενον] Caian., Rhet., Grac., Dasyp. in mg.,
ἡγούμενον πρὸς ἄλλο τι ed. Basil., Dasyp.; II p 2, 4 ἐλάττονος]
Caian., Grac., ἐλάσσονος Basil., Rhet., Dasyp. (sed lin. 5 ἐλάττονος omnes); II p. 4, 17 ἐστί] Dasyp., ἐστίν Basil., Caian.,
Rhet., Grac. Gracilis X ῥις ῥιζ ed. Basil. omisit, sine dubio
nota illa marginis Basil. permotus (sic etiam Dasyp.).*) quod
idem quarto loco inter deff. libri V habet ἀναλογία δέ ἐστιν
ἡ τῶν λόγων ὁμοιότης, quam ceteri cum ed. Basil. post V def. 7
collocant, id auctoritate editionis Zamberti a. 1546 fecit. hoc
quoque commemorandum est, I p. 50, 4 ἐπί in ed. Basil. compendio impressum esse; quo factum est, ut Caian. et Rhet. ἀπό
ederent (ἐπί Grac., Dasyp.). in libb. XIV—XV ed. Basil. solum
4 et 5 propositiones numeris signauit; quare ne Caian., Grac.
quidem plures habent (Dasyp. XIII tantum libros habet).

Dasypodius tamen interdum editionem Basil. ex Proclo
emendauit; inde habet I p. 4, 20 ὑπ' αὐτῆς τῆς τοῦ κύκλου
περιφερείας (nam ita Proclus Grynaei p. 44), ubi ὑπὸ τῆς τ. κ. π.
ed. Basil., ἀπὸ τῆς τ. κ. π. Caian., Rhet., Grac.; p. 6, 11 ἔτι
δέ (ἔτι τε ed. Basil., Caian., Rhet., Grac.), p. 88, 5 ἐπί (περί
ed. Basil., Caian., Rhet., Grac.), p. 42, 6 προσεκβληθείσης (ἐκβληθείσης ed. Basil., Caian., Rhet., Grac.), p. 6, 12 et 13 μίαν
(om. ceteri).

Apud Scheibel Einleitung in die mathem. Bücherkenntniss
I p. 6 sq. aliae quoque editiones textus Graeci commemorantur.
sed ea saltim, quae a. 1580 Basileae a Grynaeo edita esse dicitur
(auctore Heilbronnero p. 159), numquam exstitit. editiones
a. 1536 Orontii Finaei, a. 1550 Scheubelii (libb. I—VI), a. 1554
Parisiis (elem. arithmet.), a. 1573 Dasypodii numquam uidi.
ne ex interpretationibus quidem ullum subsidium critices
peti potest. editio Basil. a. 1546 Campani et Zamberti sane
a Christiano Herlin mathematico correcta est; sed praeterquam quod interdum Zambertum ad edit. Basil. a. 1538 correxisse uidetur (u. supra p. CVII), nihil fecit, nisi ut hic illic,
ubi Zambertus uocabulum Graecum minus commode interpretatus erat, hoc ipsum ex ed. Basil. a. 1533 adponeret, uelut

---

*) Caianus om. X ιδ ed. Basil. nota ad X ιγ deceptus.

p. 113 ad V def. 4 Zamb. „proportio vero est rationum iden-
titas" addidit ὁμοιότης, quod ex V def. 8 ed. Basil. petiuit;
Zambertus habuit ταυτότης, et ita legitur in omnibus codd.,
qui hanc definitionem quarto loco habent.*) de Herlino u.
praef. Heruagii: „collatum est itaque exemplar Iacobi Fabri
Stapulensis ductu Parisiis ante aliquot annos excusum [u. supra
p. CI not. **)] ad fidem Graeci exemplaris [h. e. ed. Basil. 1683]
a doctissimo uiro Christiano Herlino**) mathematicarum di-
sciplinarum publico apud Argentinenses professore, cui acceptum
feras, quicquid hic aut ad Graecum exemplar aut alioqui docte
restitutum uideris."

iam uero Nicolaus Tartalea, qui a. 1565 italicam Elemen-
torum interpretationem edidit (repetita Uenet. 1585), ne editio-
nem quidem Graecam adiit; certe eam non nominat, ubi
exemplaria, quae auditores in manibus habeant, enumerat
(seconda lettione 11: „la prima tradottione dal Campano",
„la seconda fatta da Bartolomeo Zamberto Ueneto, che uiue
ancora", „la stampa di Parise ouer d' Alemagna, nella quale
hanno incluso le predette ambedue traduttioni, ma per un
certo modo, qual è piu presto atto a generare confusione in
cadauno studente che altramente", „la nostra traduttione fatta
in uolgare"; nam editione altera Tartaleae utor).

Inter interpretes solus Federicus Commandinus codice Graeco
usus est (Euclidis Elementorum libri XV una cum scholiis an-
tiquis. Pisauri 1672, ed. altera ib. 1619; e praef. ed. pr. ad
Franciscum Mariam II Urbinatum principem: „Orontius quidem
Phinaeus ... priores tantum sex libros nulla graeci codicis
ratione habita [itaque. de editione graeca a. 1586 iusta est
causa dubitandi, u. supra p. CIX] edidit. Iacobi uero Peletarii
in eadem re labor eo etiam minus probatur, quod Campani
editionem ex arabica conuersam lingua magis quam graecam
sequi noluerit. alii autem peracuti sane ingenii homines ἀνα-
λύσεις geometricas in priores sex libros conscripserunt, cetera
tamen non sunt prosecuti. at Candalla ... parum tamen, ut
audio, eo nomine commendatur, quod longius iter ab Euclide

---

*) Hinc simul adparet, quo iure supra p. CIX conten-
derim, Gracilem h. l. hanc editionem secutum esse.

**) Idem uir cum Dasypodio edidit: Analyses geometriae
sex librorum Euclidis. Argent. 1566, in quo libro propositiones
libb. I—VI Graece continentur; textus idem est atque in ceteris
Dasypodii editionibus.

auerterit et demonstrationes, quae in graecis codicibus habentur,
uelut inelegantes et mancas suis appositis reiecerit"). *)
Commandinus igitur, qui omnino de mathematicis Graecis
optime meritus est, praeter ed. Basil. a. 1538 (quam citat fol. 68
„in graeco codice impresso haec desiderantur λέγω ὅτι ἐστὶν
ὡς τὸ α πρὸς τὸ γ οὕτω τὸ δ πρὸς τὸ ζ"; om. ed. Basil. V, 23
p. 64, 5—6 ed. meae; ib. „hoc loco in graeco codice impresso
et in Zamberti versione multa inseruntur supervacanea, quae
a nobis consulto omissa sunt"; II p. 64, 16 — 66, 3 enim, ubi
additamentum p. 65 not. habet, in formam breuioiem redegit
Comm., sine dubio suo Marte; fol. 247 b „Graecus codex cor-
ruptus est, qui haec habet"; sequitur scriptura ed. Basil.
p. 261, 40—43, V p. 28, 4 sq. ed. meae, quam corrigit), etiam
codicem Graecum habuit, sed tam raro eum commemorat, ut
uix pro certo indicari possit (fol. 44 b ἐπὶ τὰ αὐτὰ μέρη
I p. 224, 8 „in uetusto codice haec non leguntur, quamquam
ad demonstrationem necessaria sint"; hab. Basil., Zamb., m. 2 V;
fol. 131 b „quamquam hoc ex illo perspicue appareat, tamen
secundum lemma, quod in Graecis codd. inuenitur, hoc loco
apponere non inutile iudicauimus"; est III app. 10, quod ad X
ιζ habet alter cod. Grynaei, e nostris V solus); de scholiis
eius alibi uidebimus.

ad Commandinum fere confugerunt, qui postea Elementa
interpretati sunt, uelut Simsonus ad eius interpretationem ad-
nexit adnotationes suas criticas, quarum p. LXXVII mentionem
fecimus.

eadem interpretatio Commandini etiam in editionem Oxo-
niensem transiit (praef. „traductionem plerumque secuti sumus
Federici Commandini, at infinitis in locis castigatam, praecipue
ex libris clarissimi Edvardi Bernhardi **) Astronomiae olim
professoris Saviliani in bibliotheca Bodleiana adseruatis"), quam
curauit Dav. Gregorius Oxon. 1708 fol., et quae ad hunc diem
sola est editio operum omnium Euclidis. de subsidiis huius

---

*) Candallae interpretatio prodiit Paris. 1566 (repetita
ib. 1578).
**) † 1697; hic uir corpus mathematicorum ueterum XIV
uoluminibus comprehensum edere uoluit, quorum conspectum
dedit Fabricius Bibl. Gr. II p. 564 sq. uol. I comprehensurum
erat Euclidis Elementorum libb. XV „iuxta editionem Graecam
Basileae 1533 collatam cum Mss. Gr. Bodl. Arch. B 25 et
Bodl. S. 4. 9".

editionis ita Gregorius in praef.: „primo" inquit „textum Grae-
cum quod attinet, ut is quam emendatissimus et castigatissimus
prodiret, modis omnibus curauimus, adhibitis, prout opus esset,
in consilium mss. codicibus haud paucis melioris notae, quos
in hunc ipsissimum usum Academiae pridem legarat magnus
Savilius, ut et castigationibus eius propria manu adscriptis ad
marginem editionis Hervagianae. accessit singularis et nun-
quam satis praedicanda amicissimi D. Ioannis Hudsoni S. T. P.
protobibliothecarii Bodleiani industria in expoliendis Graecis
hisce .... textum Hervagianum ante paullo, quam in typo-
graphorum manus traderetur, accurate interpungendum et distin-
guendum curavit, Latina cum Graecis per totum, in elementis
praesertim ac Datis, summa fide contulit. ubi ea a se invicem
discrepantia deprehenderentur, vel etiam Graecum ipsum su-
spectum haberetur, consulti illico mss. codices, quorum lectio,
si cum Latinis congrueret, ad marginem adscripta exstabat,
sin minus, apposita stellula, ut exinde indicandi occasio mihi
daretur, utra demum lectio Geometricis rationibus magis con-
veniret." iam hinc adparet, non codicem aliquem, sed editionem
principem Hervagii fundamentum esse editionis Oxoniensis, et
codices ibi tantum inspectos esse, ubi Hudsono aliqua de causa
suspecta esset scriptura editionis Basil. et hoc confirmatur
emendationibus adnotationibusque Gregorii perlustratis. n um
cum plerumque editionem Basil. sequatur, hic illic in imo mg.
adnotat, aut aliquid e codd. receptum esse (uelut p. 225 in
X, 16 ed. meae), aut aliquid in codd. — nam plerumque de
compluribus dicit*) — omissum esse recte (uelut p. 175 in
VIII, 5; p. 196 in IX, 12; p. 201 in IX, 19; p. 206 in IX, 33;
p. 218 in X, 9, alibi) uel perperam (p. 305 „deest in cod. ms."),
aut omnino aliter in codd. legi (uelut p. 97 in V, 4; p. 221
in X, 11; notabilis est locus p. 251 „in mss. $\text{ἔσται ἡ } AB \text{ κατὰ}$
$\text{τὸ αὐτὸ τμῆμα τὸ } \Gamma \text{ διαιρέσει διαιρεθεῖσα κατὰ τὸ } \Delta$", quae
fere est scriptura mendosa codicis P III p. 122, 6—7); inter-
dum de suo scripturam edit. Basil. mutat, uelut p. 82 (IV, 5
coroll.), p. 220 (X, 10—11 permutat); p. 329 (XI, 1 „hic in
ora codd. mss. adscribitur $\text{πᾶσαν γὰρ δυνατὸν εὐθεῖαν ἐπ'}$
εὐθείας ἐκβαλεῖν") miro modo cum ed. Basil. consentit (u.
supra p. CVI); cfr. etiam p. 337.

---

*) P. 187 codicem Bodleianum nominat, p. 256 codicem
Sauilianum.

quibus codicibus usus sit, non reperi; codices Sauilianos
Oxonii in Bodleiana non uidi.

Post Gregorium nulla editio Graeca in lucem prodiit ante
Peyrardum, qui Parisiis a. 1814 — 1818 tribus uoluminibus in
4to Elementa et Data edidit.*) is enim, cum a. 1808 iussu
Napoleonis I e bibliothecis Italiae optimi codices eligerentur
et Parisios mitterentur, impetrauit, ut e bibliotheca Uaticana
suum in usum a legato Gallorum com. de Peluse codices
antiquissimi Elementorum 190 et 1038 Parisios mitterentur
(etiam Uat. 204 eodem tempore Parisiis fuit; sed omnes tres
a. 1814 possessoribus legitimis restituti sunt; errat Weissen-
bornius Philol. Anz. XV p. 86), et cum praestantiam cod.
Uat. 190 perspexisset, consilium cepit opera Euclidis ge-
nuina Graece Latine Francogallice edendi ope huius codicis
(u. praef. eius I p. XII). multa inde in textum recepit, in
appendice conspectum scripturae ed. Oxoniensis et codicis 190
dedit, hic illic scripturas Uat. 1038 et XXI codd. Paris. (u.
praef. I p. XXVIII sq.) enotauit. ita uiam Elementa emendandi
monstrauit, sed is quoque iniuria editionem Basil., quam funda-
mentum esse editionis Oxon. recte intellexerat (praef. I p. XII),
e codd. emendandam potius quam prorsus abiiciendam putauit,
ut textus Elementorum nouo fundamento constitueretur. ex
editoribus posterioribus I. G. Camerer, qui cum Haubero Elem.
I — VI edidit duobus uoluminibus Berolini 1824 — 1825 (cum
interpr. Lat. et commentario) et Neidius (Elem. I—VI, XI, XII
cum glossario Halis Sax. 1825) a Peyrardo pendent, E. F. August
(Elem. I—XIII Berolini 1826—1829) pressius uestigia codicis P
sequitur quam Peyrardus, cuius adparatum in appendice dedit
non diligentissime, et cod. Uindob. V (u. uol. I p. 309; II p. 309)
inspexit saltim; praeterea Proclum respexit (I p. XII; quos ib.
p. XIII commemorat codd. Monac. tres, Elementa non continent).

De interpretationibus commentariisque recentioribus paene
innumeris omnium fere linguarum non dico, quippe quae saepe
ad interpretationem aliquam Latinam facta sint; certe noua
subsidia critica nec habuerunt nec quaesiuerunt, cum aliud iis
propositum esset.

---

*) Iam a. 1804 interpretationem Francogallicam Elemen-
torum ediderat libb. I—IV, XI, XII; ed. secunda ib. 1809 etiam
lib. V et X, 1 continet; usus est ed. Oxon. et Simsono.

HYPSICLIS LIBER

SIUE

ELEMENTORUM LIBER XIV

QUI FERTUR.

Euclides, edd. Heiberg et Menge. V.

Βασιλείδης ὁ Τύριος, ὦ Πρώταρχε, παραγενηθεὶς
εἰς Ἀλεξάνδρειαν καὶ συσταθεὶς τῷ πατρὶ ἡμῶν διὰ
τὴν ἀπὸ τοῦ μαθήματος συγγένειαν συνδιέτριψεν αὐτῷ
τὸν πλεῖστον τῆς ἐπιδημίας χρόνον. καί ποτε ζητοῦντες
5 τὸ ὑπὸ Ἀπολλωνίου συγγραφὲν περὶ τῆς συγκρίσεως
τοῦ δωδεκαέδρου καὶ τοῦ εἰκοσαέδρου τῶν εἰς τὴν αὐτὴν
σφαῖραν ἐγγραφομένων, τίνα ἔχει λόγον πρὸς ἄλληλα,
ἔδοξαν ταῦτα μὴ ὀρθῶς γεγραφηκέναι τὸν Ἀπολλώνιον,
αὐτοὶ δὲ ταῦτα καθάραντες ἔγραψαν, ὡς ἦν ἀκούειν
10 τοῦ πατρός. ἐγὼ δὲ ὕστερον περιέπεσον ἑτέρῳ βιβλίῳ
ὑπὸ Ἀπολλωνίου ἐκδεδομένῳ περιέχοντί τινα ἀπόδειξιν
περὶ τοῦ προκειμένου, καὶ μεγάλως ἐψυχαγωγήθην ἐπὶ
τῇ τοῦ προβλήματος ζητήσει. τὸ μὲν οὖν ὑπὸ Ἀπολ-
λωνίου ἐκδοθὲν ἔοικε κοινῇ σκοπεῖν· καὶ γὰρ περι-
15 φέρεται δοκοῦν ὕστερον γεγράφθαι φιλοπόνως· ὅσα
δ' ἐγὼ δοκῶ δεῖν, ὑπομνηματισάμενος ἔκρινα προσ-
φωνῆσαί σοι διὰ μὲν τὴν ἐν ἅπασι τοῖς μαθήμασι,

Εὐκλείδου ιδ. Ὑψικλέους τὰ εἰς Εὐκλείδην ἀναφερόμενα V;
Ὑψικλέους τὸ εἰς Εὐκλείδην ἀναφερόμενον P Bγ; τὸ εἰς Εὐκλείδην
ἀναφερόμενον ιδ Ὑψικλέους M. 1. Βασιλίδης P. Πρόταρχε v.
παραγενόμενος v. 4. ζητοῦντες] ζητοῦντες ειλοῦνται M,
διελόντες V, διελοῦντες PB, διελθόντες v. 5. γραφέν PBVv.
7. ἔχει λόγον] λόγον ἔχει ταῦτα PBVv. 8. γεγραφέναι
PBVv. 9. διακαθάραντες BVv, διακαθάροντες P. ἐγρά-
ψαμεν M; fort. ἔγραψαν μέν. 11. ἐνδεδομένῳ Pv. καὶ
περιέχοντι PBVv. τινα] om. PBVv. Post ἀπόδειξιν add.

Basilides Tyrius, mi Protarche, cum Alexandriam
uenisset et patri meo esset commendatus, propter com-
mune mathematices studium maiorem peregrinationis
partem cum eo degit. qui quum forte librum ab
Apollonio de comparatione dodecaedri et icosaedri in
eadem sphaera inscriptorum, quamnam inter se pro-
portionem habeant, conscriptum examinarent, hoc non
recte Apollonium exposuisse censuerunt, ipsi autem
haec emendate exposuerunt, sicut a patre meo audire
licebat. ego uero postea in alium librum ab Apollonio
editum incidi, qui demonstrationem quandam de hac
quaestione continebat, et magnopere captus sum studio
problematis illius examinandi. iam librum ab Apol-
lonio editum omnibus notum esse par est; etenim
uulgo circumfertur postea, ut uidetur, adcurate con-
scriptus. ego autem, quae opus esse uidebantur, com-
mentatus ad te mittere constitui, quippe qui et propter
peritiam totius mathematices imprimisque geometriae

ὑγιῆ, V, ὑγιῶς PBv.   12. ὑποκειμένου PBv.   18. τῇ] τε P.
ουν] m. 2 V, om PBv.   Post Ἀπο- in fine lineae ras. 4
litt. P.   · 14. ἔοικεν PB.   15. δοκοῦν] τὸ δ᾽ ὑφ᾽ ἡμῶν δοκοῦν
PBVv.   γεγραφεν, supra scr. αι m. rec., P; γεγραφέναι BVv.
16. δ᾽ ἐγώ] om. PBVv.   δοκῶ δεῖν] scripsi; δοκεῖν corr.
in δεῖν M, δοκεῖν PBVv.   17. μέν] om. PBVv.   ἅπασιν P.
τοῖς] om. PBVv.   μαθήμασιν, corr. ex μαθηματικήν m. 1, P.

1*

μάλιστα δὲ ἐν γεωμετρίᾳ προκοπὴν ἐμπειρικῶς κρι-
νοῦντι τὰ ῥηθησόμενα, διὰ δὲ τὴν πρὸς τὸν πατέρα
συνήθειαν καὶ τὴν πρὸς ἡμᾶς εὔνοιαν εὐμενῶς ἀκου-
σομένῳ τῆς πραγματείας. καιρὸς δ' ἂν εἴη τοῦ μὲν
5 προοιμίου πεπαῦσθαι, τῆς δὲ συντάξεως ἄρχεσθαι.

Ἡ ἀπὸ τοῦ κέντρου κύκλου τινὸς ἐπὶ τὴν τοῦ
πενταγώνου πλευρὰν τοῦ εἰς τὸν αὐτὸν κύκλον ἐγ-
γραφομένου κάθετος ἀγομένη ἡμίσειά ἐστι συναμφο-
τέρου τῆς τε τοῦ ἑξαγώνου καὶ τῆς τοῖ δεκαγώνου
10 πλευρᾶς τῶν εἰς τὸν αὐτὸν κύκλον ἐγγραφομένων.

ἔστω κύκλος ὁ ΑΒΓ, καὶ ἐν τῷ ΑΒΓ κύκλῳ ἔστω
πενταγώνου πλευρὰ ἡ ΒΓ, καὶ εἰλήφθω κέντρον τοῦ
κύκλου τὸ Δ, καὶ ἐπὶ τὴν ΒΓ ἀπὸ τοῦ Δ κάθετος
ἤχθω ἡ ΔΕ, καὶ ἐκβεβλήσθωσαν ἐπ' εὐθείας τῇ ΔΕ
15 εὐθεῖαι αἱ ΕΖ, ΔΛ. λέγω, ὅτι ἡ ΔΕ ἡμίσειά ἐστι
τῆς τοῦ ἑξαγώνου καὶ τῆς τοῦ δεκαγώνου τῶν εἰς τὸν
αὐτὸν κύκλον ἐγγραφομένων.

ἐπεζεύχθωσαν γὰρ αἱ ΔΓ, ΓΖ, καὶ κείσθω τῇ ΕΖ
ἴση ἡ ΗΕ, καὶ ἀπὸ τοῦ Η σημείου ἐπὶ τὸ Γ ἐπεζεύχθω
20 ἡ ΗΓ. ἐπεὶ οὖν πενταπλασία ἐστὶν ὅλου τοῦ κύκλου
ἡ περιφέρεια τῆς ΒΖΓ περιφερείας, καί ἐστι τῆς μὲν
ὅλου τοῦ κύκλου περιφερείας ἡμίσεια ἡ ΑΓΖ, τῆς δὲ
ΒΖΓ ἡμίσεια ἡ ΖΓ, καὶ ἡ ΑΓΖ ἄρα περιφέρεια πεντα-
πλασία ἐστὶ τῆς ΖΓ περιφερείας. τετραπλῆ ἄρα ἐστὶν
25 ἡ ΑΓ τῆς ΖΓ. ὡς δὲ ἡ ΑΓ πρὸς τὴν ΖΓ, οὕτως

---

1. ἐμπείρως PBV, ἐμπύρως v.   κρίνοντι PBVv.   2.
πατέρα] in ras. m. 1 B.   3. καί — εὔνοιαν] om. M.   ἀκου-
ομένῳ PB, et v, sed o in ras.   4. δέ P.   εἴη προοιμίου μὲν
PBVv.   6. α' P.   8. συναμφοτερ, supra ϱ ras., M.   9. τοῦ
ἑξαγώνου] ἐκ τοῦ κέντρου PBVv.   10. πλευρᾶς] om. PBVv.
τῶν] mut. in τοῦ m. 2 V.   τόν] mut. in τῶν v.   ἐγγραφο-
μένων] mut. in ἐγγραφομένου m. 2 V.   11. ἔστω] (alt.) om.
PBVv.   12. πενταγώνου] πενταγώνου ἰσοπλεύρου PBVv.

erudite aestimaturus sis, quae dicentur, et propter
usum familiarem patris mei tuamque erga me bene-
uolentiam fauenti animo disputationem meam sis ac-
cepturus. uerum iam tempus est praefandi finem
facere et ipsius rei expositionem adgredi.

Recta a centro circuli cuiuslibet ad latus pentagoni
in circulo inscripti perpendicularis ducta dimidia est
laterum coniunctorum hexagoni decagonique in eodem
circulo inscriptorum.

Sit circulus $ABΓ$, et in circulo $ABΓ$ latus pentagoni
sit $BΓ$, et sumatur centrum circuli $Δ$, et ad $BΓ$ a $Δ$ per-

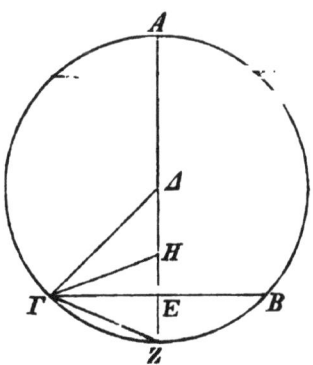

pendicularis ducatur $ΔE$, et
producatur $ΔE$, et fiant EZ,
$ΔΔ$ rectae. dico, $ΔE$ dimi-
diam esse laterum hexagoni
et decagoni in eodem cir-
culo inscriptorum. ducantur
enim $ΔΓ$, $ΓZ$, et ponatur
$HE = EZ$, et ab H puncto
ad $Γ$ ducatur $HΓ$. iam
quoniam ambitus totius cir-
culi quintuplo maior est arcu
$BZΓ$, et $ΔΓZ$ dimidius est ambitus totius circuli, et

κέντρον] τὸ κέντρον PBVv.   13. BΓ] BE B.   ἀπὸ τοῦ Δ]
om. PBVv.   14. ἐκβεβλήσθω PBVv.   ἐπ᾽ — 15. ΔΔ] ἡ
ΔE ἐπὶ τὸ Z V.   14. τῇ] scripsi; τῆς MPBv.   15. εὐθεῖαι
— ΔΔ] εὐθεῖα ἡ ΔEZ PBv.   ἐστιν B.   16. τῆς] τῆς τε V.
τῆς] om. PBVv.   τῶν] πλευρᾶς τῶν PBVv.   17. αὐτόν]
om. v.   19. HE] corr. ex KE V, EH v.   ἀπό — Γ] om. V.
σημείον] om. PBv.   20. ἐπεὶ οὖν] ἐπεί PBv, καὶ ἐπεί V.
21. BZΓ] corr. ex BZ m. 2. V, ΔZΓ B.   22. Post κύκλου
del. ἡ P.   ΑΓZ] BΓZ M.   23. ZΓ] corr. ex Γ m. 1 v.
ΑΓZ] ΑZΓ MPBv.   24. ἐστίν P.   ἐστίν] om. V.

ἡ ὑπὸ ΑΔΓ πρὸς τὴν ὑπὸ ΖΔΓ γωνίαν. τετραπλῆ
ἄρα ἡ ὑπὸ ΑΔΓ τῆς ὑπὸ ΖΔΓ. διπλῆ δὲ ἡ ὑπὸ
ΑΔΓ τῆς ὑπὸ ΕΖΓ· διπλῆ ἄρα καὶ ἡ ὑπὸ ΕΖΓ
τῆς ὑπὸ ΗΔΓ. ἔστι δὲ καὶ ἡ ὑπὸ ΕΖΓ ἴση τῇ ὑπὸ
5 ΕΗΓ. διπλῆ ἄρα καὶ ἡ ὑπὸ ΕΗΓ τῆς ὑπὸ ΗΔΓ.
ἴση ἄρα ἡ ΔΗ τῇ ΗΓ. ἀλλὰ ἡ ΗΓ τῇ ΖΓ. ἐστιν
ἴση. ἴση ἄρα καὶ ἡ ΔΗ τῇ ΖΓ. ἴση δὲ καὶ ἡ ΗΕ
τῇ ΕΖ. ἴση ἄρα καὶ ἡ ΔΕ συναμφοτέρῳ τῇ ΕΖΓ.
κοινὴ προσκείσθω ἡ ΔΕ. συναμφότερος ἄρα ἡ ΔΖΓ.
10 διπλῆ τῆς ΔΕ. καί ἐστιν ἡ μὲν ΔΖ ἴση τῇ τοῦ
ἑξαγώνου πλευρᾷ, ἡ δὲ ΖΓ ἴση τῇ τοῦ δεκαγώνου·
ἡ ΔΕ ἄρα ἡμίσειά ἐστι τῆς τε τοῦ ἑξαγώνου καὶ τῆς
τοῦ δεκαγώνου τῶν εἰς τὸν αὐτὸν κύκλον ἐγγρα-
φομένων.

15　　φανερὸν δὴ ἐκ τοῦ ἐν τῷ ιγ΄ βιβλίῳ θεωρήματος,
ὅτι ἡ ἀπὸ τοῦ κέντρου τοῦ κύκλου ἐπὶ τὴν πλευρὰν
τοῦ ἰσοπλεύρου τριγώνου κάθετος ἀγομένη ἡμίσειά
ἐστι τῆς ἐκ τοῦ κέντρου τοῦ κύκλου.

Ὁ αὐτὸς κύκλος περιλαμβάνει τό τε τοῦ δωδε-
20 καέδρου πεντάγωνον καὶ τὸ τοῦ εἰκοσαέδρου τρίγωνον
τῶν εἰς τὴν αὐτὴν σφαῖραν ἐγγραφομένων. τοῦτο δὲ
γράφεται ὑπὸ μὲν Ἀρισταίου ἐν τῷ ἐπιγραφομένῳ
τῶν ε̄ σχημάτων συγκρίσει, ὑπὸ δὲ Ἀπολλωνίου ἐν τῇ
δευτέρᾳ ἐκδόσει τῆς συγκρίσεως τοῦ δωδεκαέδρου πρὸς
25 τὸ εἰκοσάεδρον, ὅτι ἐστὶν ὡς ἡ τοῦ δωδεκαέδρου ἐπι-

1. ΖΔΓ] ΖΓΔ M. 2. ἄρα] ἄρα ἐστίν PBv. διπλῆ
— 4. ΗΔΓ] om. M. 4. ὑπό] om PBv. ἔστιν B. καί]
om. PBv. 5. καί] om. PBv. ΕΗΓ τῆς ὑπό] bis v. 6.
ΗΔ τῇ ΓΗ Friedlein tacite. ἡ] m. 2 V. ΖΓ] ΓΖ Friedlein.
7. ΖΓ] ΓΖ Friedlein. ἴση] ἔστι MPVv, ἔστιν B; corr.
mg. m. 1 M. ΗΕ] ΗΓ, Γ eras., B. 8. τῇ] τῆς P. ΕΖ]
ΕΖ ἴση PBVv. καί] om. PBv. συναμφοτέροις M, sed corr.
ἡ] τῆς P. 9. κοινή] eras. V, om. v. προσκείσθω V.

$ZΓ = \frac{1}{3}BZΓ$, erit etiam $AΓZ = 5ZΓ$. quare $AΓ=$
$4ZΓ$. est autem $AΓ:ZΓ = ∟AΔΓ:ZΔΓ$ [VI, 33].
itaque $∟AΔΓ = 4ZΔΓ$. uerum $∟AΔΓ = 2EZΓ$
[III, 20]. quare etiam $∟EZΓ = 2HΔΓ$. est autem
etiam

$$∟EZΓ = EHΓ \text{ [I, 4]}.$$

itaque etiam $∟EHΓ = 2HΔΓ$. quare $ΔH = HΓ$
[I, 32; I, 6]. uerum $HΓ = ZΓ$ [I, 4]. itaque etiam
$ΔH = ZΓ$. est autem etiam $HE = EZ$. quare etiam

$$ΔE = EZ + ZΓ.$$

communis adiiciatur $ΔE$. itaque $ΔZ + ZΓ = 2ΔE$.
et $ΔZ$ lateri hexagoni aequalis est, $ZΓ$ autem lateri
decagoni aequalis. ergo $ΔE$ dimidia est laterum hexa-
goni decagonique in eodem circulo inscriptorum.

Iam e propositione [XII] libri XIII manifestum est,
rectam a centro circuli ad latus trianguli aequilateri
perpendicularem ductam dimidiam esse radii circuli.

Idem circulus et pentagonum dodecaedri et trian-
gulum icosaedri in eadem sphaera inscriptorum com-
prehendit. hoc uero ab Aristaeo exponitur in libro,
qui inscribitur comparatio quinque solidorum, ab Apol-
lonio autem in editione altera comparationis dode-

$ΔE$] $EΔ$ Friedlein, $ΔE$ τοῖς $EZΓ$ v.   ἄρα] ἄρα ἐστίν
PBv.   11. πλευρᾷ] om. PBVv.   12. ἐστιν P.   τῆς] (alt.)
om. PBVv.   15. πόρισμα mg. m. rec. V.   φανερόν — 18:
κύκλου] uncis incl. Friedlein.   15. δή] corr. ex δεῖ m. rec. P,
ex δέ M, ὅτι v.   τοῦ] τῶν PBVv.   ιγ′] τρισκαιδεκάτῳ
PBv.   θεωρήματος ιβ′ dubitans Friedlein (prauo uerborum
ordine), θεωρημάτων PBVv.   16. κέντρου] πεντεκαιδεκάτου
M (confudit κ et ιε); item p. 8 lin. 3.   17. τοῦ τριγώνου
τοῦ ἰσοπλεύρου PBVv.   18. ἐστιν P.   ἐκ] ἀπό M.   κύκλου·
ὅπερ ἔδει δεῖξαι P.   19. β′ mg. P.   20. τό] om. P.   22.
Ἀριστερῷ PBVv.   23. τῶν ε̄] ε̄ V, πέντε PBv.   σύγκρισις
PVv et e corr. m. 2 B.

φάνεια πρὸς τὴν τοῦ εἰκοσαέδρου ἐπιφάνειαν, οὕτως
καὶ αὐτὸ τὸ δωδεκάεδρον πρὸς τὸ εἰκοσάεδρον διὰ τὸ
τὴν αὐτὴν εἶναι κάθετον ἀπὸ τοῦ κέντρου τῆς σφαίρας
ἐπὶ τὸ τοῦ δωδεκαέδρου πεντάγωνον καὶ τὸ τοῦ εἰκο-
5 σαέδρου τρίγωνον. γραπτέον δὲ καὶ ἡμῖν αὐτοῖς, ὅτι
ὁ αὐτὸς κύκλος περιλαμβάνει τό τε τοῦ δωδεκαέδρου
πεντάγωνον καὶ τὸ τοῦ εἰκοσαέδρου τρίγωνον τῶν
εἰς τὴν αὐτὴν σφαῖραν ἐγγραφομένων, προγραφέντος
τοῦδε.

10 Ἐὰν εἰς κύκλον πεντάγωνον ἰσόπλευρόν τε καὶ
ἰσογώνιον ἐγγραφῇ, ἡ ὑπὸ δύο πλευρὰς ὑποτείνουσα
καὶ ἡ τοῦ πενταγώνου συναμφότερος δυνάμει τῆς ἐκ
τοῦ κέντρου πενταπλασία ἐστίν.

ἔστω κύκλος ὁ ΑΒΓ, καὶ ἐν τῷ ΑΒΓ κύκλῳ πεν-
15 ταγώνου πλευρὰ ἔστω ἡ ΑΓ, καὶ εἰλήφθω τὸ κέντρον
τοῦ κύκλου τὸ Δ, καὶ ἐπὶ τὴν ΑΓ κάθετος ἤχθω ἡ
ΔΖ καὶ ἐκβεβλήσθω ἐπὶ τὰ Β, Ε, καὶ ἐπεζεύχθω ἡ
ΑΒ. λέγω, ὅτι τὰ ἀπὸ τῶν ΒΔ, ΑΓ τετράγωνα
πενταπλάσιά ἐστι τοῦ ἀπὸ τῆς ΔΕ τετραγώνου.

20 ἐπεζεύχθω ἡ ΑΕ· δεκαγώνου ἄρα ἐστὶν ἡ ΑΕ.
καὶ ἐπεὶ διπλῆ ἐστιν ἡ ΒΕ τῆς ΕΔ, τετραπλάσιον
ἄρα ἐστὶ τὸ ἀπὸ τῆς ΒΕ τοῦ ἀπὸ τῆς ΕΔ. τῷ δὲ ἀπὸ
τῆς ΒΕ ἴσα ἐστὶ τὰ ἀπὸ τῶν ΒΑΕ. τετραπλάσια
ἄρα τὰ ἀπὸ τῶν ΒΑΕ τοῦ ἀπὸ τῆς ΔΕ. πενταπλάσια

---

2. τὸ αὐτό Μ.   τό] (tert.) δέ PB.   8. κάθετον] εὐθεῖαν Μ.
4. τό] om. P.   πεντάγωνον — εἰκοσαέδρου] om. P.   5.
γραπτέον] γ in ras. m. 1 P.   γραπτέον — 7. τρίγωνον] om. Μ.
7. πεντάγωνον — εἰκοσαέδρου] om. P.   8. αὐτήν] om. Μ.
10. τετράγωνον V, corr. m. 2.   τε καὶ ἰσογώνιον] om.
PBVv.   11. ἡ] om. Μ.   ἡ ὑπὸ — 13. ἐστίν] τὸ ἀπὸ τῆς
πλευρᾶς τοῦ πενταγώνου καὶ τὸ ἀπὸ τῆς ὑπὸ δύο πλευρῶν (corr.
in πλευράς V) τοῦ πενταγώνου (ἐάν add. P) ὑποτεινούσης εὐ-
θείας πενταπλάσιον ἔσται (ἔστι V) τοῦ ἀπὸ τῆς ἐκ τοῦ κέντρου

caedri ad icosaedrum, esse, ut superficies dodecaedri
ad superficiem icosaedri sit, ita etiam ipsum dode-
caedrum ad icosaedrum, quod eadem recta a centro
sphaerae ad pentagonum dodecaedri perpendicularis sit
et ad triangulum icosaedri. uerum etiam ipsis nobis
exponendum est, eundem circulum et pentagonum
dodecaedri et triangulum icosaedri in eadem sphaera
inscriptorum comprehendere, hoc praemisso:

Si in circulum pentagonum aequilaterum aequi-
angulumque inscribitur, recta sub duobus lateribus
pentagoni subtendens et latus pentagoni coniuncta
radii potentia quintupla sunt.

sit circulus $A B \varGamma$, et in circulo $A B \varGamma$ latus pen-
tagoni sit $A \varGamma$, et sumatur centrum circuli $\varDelta$, et ad

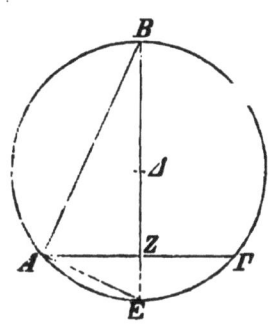

$A \varGamma$ perpendicularis ducatur $\varDelta Z$,
et producatur ad B, E, et du-
catur $A B$. dico, esse
$$B A^2 + A \varGamma^2 = 5 \varDelta E^2.$$
ducatur $A E$. $A E$ igitur
decagoni latus est. et quon-
iam est $B E = 2 E \varDelta$, erit
$B E^2 = 4 E \varDelta^2$. est autem
$B A^2 + A E^2 = B E^2$. itaque
$B A^2 + A E^2 = 4 \varDelta E^2$. quare

τοῦ κύκλου (τοῦ κύκλου om. V) PBVv.   16. ἐπί] e corr. B.
ἦχϑω] om. PBVv.   17. ἐμβεβλήσϑω v et P, sed corr. m.
rec.   τά] τό PBv.   18. τῶν] τοῦ PBv.   BA] in ras. V.
19. τῆς] corr. ex τοῦ V, om. PBv.   20. δωδεκαγώνου B?
ἐστίν] om. PBVv.   21. ἐστιν] om. V.   EΔ] BΔ PB.   22.
ἐστί] om. PBVv.   EΔ] ΔE PVv.   τῷ] e corr. V.   23.
ἴσα] ἴσον M.   τά] τό M.   BA, AE PBVv.   24. τῶν] om. PBv.
BA, AE Vv.   τῆς) om. PBV, τοῦ v.   πενταπλάσια] om. Vv

ἄρα ἐστὶ τὰ ἀπὸ τῶν ΒΑΕ, ΕΔ τοῦ ἀπὸ τῆς ΔΕ.
τοῖς δὲ ἀπὸ τῶν ΔΕ, ΕΑ ἴσον ἐστὶ τὸ ἀπὸ τῆς ΑΓ.
πενταπλάσια ἄρα τὰ ἀπὸ τῶν ΑΒ, ΑΓ τοῦ ἀπὸ τῆς ΔΕ.
Τούτου δεδειγμένου δεικτέον, ὅτι ὁ αὐτὸς κύκλος
5 περιλαμβάνει τό τε τοῦ δωδεκαέδρου πεντάγωνον καὶ
τὸ τοῦ εἰκοσαέδρου τρίγωνον τῶν εἰς τὴν αὐτὴν
σφαῖραν ἐγγραφομένων.
ἐκκείσθω ἡ τῆς σφαίρας διάμετρος ἡ ΑΒ, καὶ
ἐγγεγράφθω εἰς αὐτὴν δωδεκάεδρόν τε καὶ εἰκοσάεδρον,
10 καὶ ἔστω ἐν μὲν τοῦ δωδεκαέδρου πεντάγωνον τὸ
ΓΔΕΖΗ, τοῦ εἰκοσαέδρου δὲ τρίγωνον τὸ ΚΛΘ.
λέγω, ὅτι αἱ ἐκ τῶν κέντρων τῶν περὶ αὐτὰ κύκλων
ἴσαι εἰσί, τουτέστιν ὅτι ὁ αὐτὸς κύκλος περιλαμβάνει
τό τε ΓΔΕΖΗ πεντάγωνον καὶ τὸ ΚΛΘ τρίγωνον.
15 ἐπεξεύχθω ἡ ΔΗ· κύβου ἄρα ἐστὶν ἡ ΔΗ. ἐκ-
κείσθω δή τις εὐθεῖα ἡ ΜΝ, ὥστε πενταπλάσιον εἶναι
τὸ ἀπὸ τῆς ΑΒ τοῦ ἀπὸ τῆς ΜΝ. ἔστι δὲ καὶ ἡ τῆς
σφαίρας διάμετρος δυνάμει πενταπλασία τῆς ἐκ τοῦ
κέντρου τοῦ κύκλου, ἀφ' οὗ τὸ εἰκοσάεδρον ἀναγέ-
20 γραπται. ἡ ΜΝ ἄρα ἴση ἐστὶ τῇ ἀπὸ τοῦ κέντρου
τοῦ κύκλου, ἀφ' οὗ τὸ εἰκοσάεδρον ἀναγέγραπται.

---

1. ἄρα] ὥστε Vv, δὲ PB.   ἐστί] om. PBVv.   τά]
supra scr. m. rec. P.   τῶν] om. PB.   ΒΑΕ — 2. τῶν] om.
PB. 1. ΒΑΕ] ΒΑ, ΑΕ Vv. ἄρα τὰ ἀπὸ ΒΑ, ΑΕ, ΕΔ .... ΔΕ
mg. m. 2 P.   ΕΔ] ΕΔ πενταπλάσιά ἐστιν V, ΕΔ πεντα-
πλάσια v.   τῆς] om. PBVv.   2. δέ] om. v.   τῶν] om. v.
ΔΕ, ΕΑ] ΑΕ, ΕΔ V.   ἴσον] corr. ex ὅσον m. 2 P.   ἐστί]
om. PBVv.   τό] τῷ M.   τῆς] om. PBv.   ΑΓ] ΓΑ P.
3˙ ἄρα ἐστί PBVᵛ.   ἀπό] ὑπὸ B.   τῶν] om. PBv.   ΑΒ]
ΒΑ PBVv.   τῆς] om. PBVv.   ΔΕ] ΔΕ ο) P.   4. γ' P.
5. τε] om. M.   9. αὐτήν] τὴν αὐτὴν σφαῖραν PBVv; δη-
λονότι εἰς τὴν σφαῖραν mg. M.   10. ἔστω] corr. ex ἐν τῷ
m. 1 P.   μέν] μὲν τό PBVᵛM, corr. Friedlein.   11. ΓΔΕΖΗ]
Η supra scr. m. 1 P.   τοῦ] om. PBVv.   ΚΛΘ] Θ in ras. B,
ΚΛΒ P.   13. εἰσί] εἰσίν PB.   τουτέστι M.   14. ΚΛΘ]

$BA^2 + AE^2 + EA^2 = 5 \Delta E^2$. uerum $A\Gamma^2 = \Delta E^2 + EA^2$
[XIII, 10]. ergo
$$AB^2 + A\Gamma^2 = 5 \Delta E^2.$$
Hoc demonstrato demonstrandum est, eundem circulum comprehendere et pentagonum dodecaedri et triangulum icosaedri in eadem sphaera inscriptorum.

ponatur diametrus sphaerae AB, et in ea inscribatur et dodecaedrum et icosaedrum, et pentagonum dodecaedri sit $\Gamma \Delta EZH$, triangulus autem icosaedri

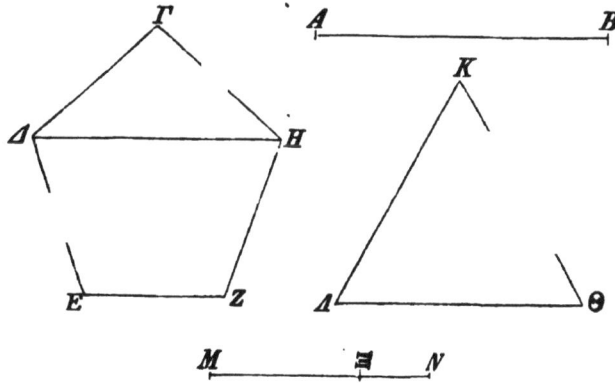

$KA\Theta$. dico, radios circulorum ea comprehendentium aequales esse, hoc est, eundem circulum et pentagonum $\Gamma \Delta EZH$ et triangulum $KA\Theta$ comprehendere. ᵡ ducatur ΔH. ΔH igitur cubi est latus [XIII, 17]. iam ponatur recta aliqua MN eius modi, ut sit $AB^2 = 5 MN^2$. uerum etiam diametrus sphaerae potentia quintuplo maior est radio circuli, in quo ico-

ΘKA Friedlein tacite, $AK\Theta$ P.   15. ΔH] ΔHN P.
ἐστίν] πλευρά PBVv.   17. τῆς] om. PBv.   τῆς MN]
MN PBv.   ἔστιν B.   18. ἐκ τοῦ] ἀπό M.   20. ἡ — 21.
ἀναγέγραπται] om. BVv.   20. ἄρα — 21. κύκλου] ἐστιν ὁ
τοῦ κύβου τοῦ P.

τετμήσθω ἡ ΜΝ ἄκρον καὶ μέσον λόγον κατὰ τὸ Ξ,
καὶ ἔστω μεῖζον τμῆμα ἡ ΜΞ. δεκαγώνου ἄρα ἡ ΜΞ.
καὶ ἐπεὶ πενταπλάσιόν ἐστι τὸ ἀπὸ τῆς ΑΒ τοῦ ἀπο
τῆς ΜΝ, τριπλάσιον δὲ τὸ ἀπο τῆς ΒΑ τοῦ ἀπὸ τῆς
5 ΔΗ, τρία ἄρα τὰ ἀπὸ ΔΗ ἴσα εἰσὶ πέντε τοῖς ἀπὸ
ΜΝ. ὡς δὲ τρία τὰ ἀπὸ ΔΗ πρὸς τρία τὰ ἀπὸ ΓΗ,
οὕτως πέντε τὰ ἀπὸ ΜΝ πρὸς πέντε τὰ ἀπὸ ΜΞ.
πέντε δὲ τὰ ἀπὸ ΜΞ καὶ πέντε τὰ ἀπὸ ΜΝ ἴσα εἰσὶ
πέντε τοῖς ἀπὸ ΚΛ. πέντε ἄρα τὰ ἀπὸ ΚΛ ἴσα εἰσὶ
10 τρισὶ τοῖς ἀπὸ ΓΗ καὶ τρισὶ τοῖς ἀπὸ ΔΗ. ἀλλα
πέντε μὲν τὰ ἀπὸ ΚΛ ἴσα εἰσὶ δεκαπέντε τοῖς ἀπὸ
τῆς ἐκ τοῦ κέντρου τοῦ περιγραφομένου περὶ τὸ ΘΚΛ
τρίγωνον κύκλου, τρία δὲ τὰ ἀπὸ ΔΗ καὶ τρία τὰ
ἀπὸ ΓΗ ἴσα εἰσὶ ιε τοῖς ἀπὸ τῆς ἐκ τοῦ κέντρου τοῦ
15 περιγραφομένου κύκλου περὶ τὸ ΓΔΕΖΗ· προεδείχθη
γὰρ τὸ ἀπὸ ΔΗ μετὰ τοῦ ἀπὸ ΓΗ πενταπλάσια τοῦ
ἀπὸ τῆς ἐκ τοῦ κέντρου τοῦ κύκλου τοῦ περιγραφο-
μένου περὶ τὸ πεντάγωνον τὸ ΓΔΕΖΗ. δεκαπέντε
ἄρα τὰ ἀπὸ τῆς ἐκ τοῦ κέντρου ἴσα ἐστὶ δεκαπέντε
20 τοῖς ἀπὸ τῆς ἐκ τοῦ κέντρου· ἡ ἄρα διάμετρος ἴση τῇ
διαμέτρῳ.

ὁ αὐτὸς ἄρα κύκλος περιλαμβάνει τό τε τοῦ δω-

---

1. Ξ] Ζ Ρ.   2. μεῖζον] τὸ μεῖζον ΡΒVν.   δεκαγώνου
— ΜΞ] in ras. m. 2 post ras. 3 litt. V, om. M.   ἡ] bis v.
3. ἐστι] om. ΡΒν.   τῆς] om. ΡΒν.   ἀπὸ τῆς] om. ΡΒν.
4. ΜΝ] corr. ex ΝΜ V.   τῆς] om. ΡΒν.   ΒΑ] ΑΒ
Friedlein tacite. τῆς] om. ΡΒν.   5. ἀπό] ἀπὸ τῶν Friedlein.
εἰσί] om. ΡΒVν.   ἀπό] ἀπὸ τῶν Friedlein.   7. οὕτως]
οὕτως ἐστί ΡΒν.   ΜΞ] ΜΖ Ρ. Dein add. πέντε ἄρα τὰ ἀπὸ
ΚΛ ἴσα ἐστὶ (om. V) τρισὶ τοῖς ἀπὸ ΔΗ καὶ τρισὶ τοῖς ἀπὸ
ΓΗ ΡΒVν.   8. πέντε δέ — 10. ΔΗ] om. ΡΒVν.   11. Κ.Λ]
ΚΛ Ρν.   εἰσί] ἐστί ΡVν, ἐστίν Β.   δεκαπέντε] δέκα καὶ
πέντε Vν, δὲ καὶ πέντε Ρ, δέκα (α post ras. 1 litt.) καὶ πέντε Β.
12. τῆς] τῶν ΡΒVν.   τῆς ἐκ] om. Μ; τῶν ἐκ Friedlein.

saedrum constructum est [XIII, 16 coroll.]. quare
MN aequalis est radio circuli, in quo icosaedrum
constructum est. iam MN secundum rationem ex-
tremam ac mediam in Ξ secetur, et maior pars sit $M\Xi$.
itaque $M\Xi$ latus est decagoni.[1]) et quoniam est
$AB^2 = 5MN^2$, $BA^2 = 3\varDelta H^2$ [XIII, 15], erit
$3\varDelta H^2 = 5MN^2$. uerum $3\varDelta H^2 : 3\varGamma H^2 = 5MN^2 : 5M\Xi^2$.[2])
est autem $5M\Xi^2 + 5MN^2 = 5K\varLambda^2$ [XIII, 16; 10].
itaque $5K\varLambda^2 = 3\varGamma H^2 + 3\varDelta H^2$. $5K\varLambda^2$ autem ae-
qualia sunt quindecim quadratis radii circuli circum
triangulum $\varTheta K\varLambda$ descripti [XIII, 12], et $3\varDelta H^2 + 3\varGamma H^2$
aequalia sunt quindecim quadratis radii circuli circum
$\varGamma\varDelta EZH$ descripti; antea [p. 8, 10 sq.] enim demon-
strauimus, esse $\varDelta H^2 + \varGamma H^2$ quintuplo maiora quadrato
radii circuli circum pentagonum $\varGamma\varDelta EZH$ descripti.
itaque quindecim quadrata radii quindecim quadratis
radii aequalia sunt. ergo diametrus diametro ae-
qualis est.

Ergo idem circulus comprehendit et pentagonum

---

1) Nam MN latus hexagoni siue radius circuli est. itaque
si adiicimus latus decagoni, tota recta ἄκρον καὶ μέσον λόγον
secta est et maior pars est latus hexagoni [XIII, 9]; tum ex
XIII, 5 conuersa concludi potest, latere hexagoni ἄκρον καὶ
μέσον λόγον secto maiorem partem esse latus decagoni.
2) Nam $\varDelta H$ recta ἄκρον καὶ μέσον λόγον secta maior pars
est $\varGamma H$ [XIII, 8]; tum u. infra p. 32, 10 sq.

$\varTheta K\varLambda$] $K\varLambda\varTheta$ PBVv. 13. κύκλου] om. M. 14. εἰσί] ἐστί
PBVv. ιε] δέκα καὶ πέντε PBVv. τῆς] τοῦ V. 16.
τό] τά PBVv. τῆς $\varDelta H$ et τῆς $\varGamma H$ Friedlein. 17. τοῦ κύκλου]
om. PBv, supra scr. V. 18. τό] (alt.) corr. ex τά δ V. δεκα-
πέντε] ιε V. 19. ἴσα — 20. κέντρου] om. M. 19. δεκα-
πέντε] τοῖς δεκαπέντε PBv, ιε V. 20. τῆς] e corr. V. Post
κέντρου add. ἐν ἄρα τῶν ἀπὸ τῆς ἐκ τοῦ κέντρου ἴσον ἐστὶ τῶν
ἐκ τοῦ κέντρου V, ἴσον ἄρα ἐστὶν ἐνὶ τῶν ἀπὸ τῆς ἐκ τοῦ κέν-
τρου PBv. ἴση] ἴση ἐστί Pv, ἴση ἐστίν B.

δεκαέδρου πεντάγωνον καὶ τὸ τοῦ εἰκοσαέδρου τρί-
γωνον τῶν εἰς τὴν αὐτὴν σφαῖραν ἐγγραφομένων.

Ἐὰν ᾖ πεντάγωνον ἰσόπλευρόν τε καὶ ἰσογώνιον
καὶ περὶ αὐτὸ κύκλος, καὶ ἀπὸ τοῦ κέντρου κάθετος
5 ἐπὶ μίαν πλευρὰν ἀχθῇ, τὸ τριακοντάκις ὑπὸ μιᾶς
τῶν πλευρῶν καὶ τῆς καθέτου ἴσον ἐστὶ τῇ τοῦ δω-
δεκαέδρου ἐπιφανείᾳ.

ἔστω πεντάγωνον ἰσόπλευρόν τε καὶ ἰσογώνιον τὸ
ΑΒΓΔΕ καὶ περὶ το πεντάγωνον κύκλος ὁ ΑΓΔ,
10 καὶ εἰλήφθω τὸ κέντρον τοῦ κύκλου τὸ Ζ, καὶ ἀπὸ
τοῦ Ζ ἐπὶ τὴν ΓΔ κάθετος ἤχθω ἡ ΖΗ. λέγω, ὅτι
τὸ τριακοντάκις ὑπὸ ΓΔ, ΖΗ ἴσον ἐστὶ δώδεκα πεντα-
γώνοις τοῖς ΑΒΓΔΕ.

ἐπεζεύχθωσαν αἱ ΓΖ, ΖΔ. ἐπεὶ οὖν τὸ ὑπὸ ΓΔ,
15 ΖΗ διπλάσιόν ἐστι τοῦ ΓΔΖ τριγώνου, τὸ ἄρα πεν-
τάκις ὑπὸ ΓΔ, ΖΗ δέκα τρίγωνά ἐστι. καὶ πάντα
ἑξάκις. τὸ ἄρα τριακοντάκις ὑπὸ ΓΔ, ΖΗ ἴσον ἐστὶ
τῇ τοῦ δωδεκαέδρου ἐπιφανείᾳ.

ὁμοίως δὴ δείξομεν, ὅτι, ἐὰν ᾖ ἰσόπλευρον τρί-
20 γωνον τὸ ΑΒΓ καὶ περὶ αὐτὸ κύκλος καὶ τὸ κέντρον
τοῦ κύκλου τὸ Δ, κάθετος δὲ ἐπὶ τὴν ΒΓ ἡ ΔΕ, τὸ
τριακοντάκις ὑπὸ ΒΓ, ΔΕ ἴσον ἐστὶ τῇ τοῦ εἰκοσαέδρου
ἐπιφανείᾳ.

ἐπεὶ γὰρ πάλιν τὸ ὑπὸ ΔΕ, ΒΓ διπλάσιόν ἐστι
25 τοῦ ΔΒΓ τριγώνου, δύο ἄρα τρίγωνα τὰ ΔΒΓ ἴσα

---

3. δ' P. 4. αὐτό] τοῦτο PBVv. 5. μιᾶς] μίαν P. 8. πεντα-
γώνιον P. 9. ὁ ΑΓΔ] om. PBVv. 10. καί] om. P. τοῦ
κύκλου] om. PBVv. 12. τό] om. B. ὑπό] ὑπὸ τῆς Friedlein
tacite. ΖΗ] ΗΖ PBVv. ἐστί] om. PBV. 13. ΑΒΓΔ M.
Dein del. καί V. 14. ἐπεί] καὶ ἐπεί V, ἐπί P. οὖν] om.
PBVv. 15. ΖΗ] ΗΖ BVv. ΓΔΖ] ΓΖΔ Friedlein. 16.
ΖΗ] ΗΖ PV. Dein del. διπλ. ἐστι V. τρίγωνα] corr. in τρι-
γώνῳ (?) m. 2 V. ἐστι] ἐστιν ἴσα (corr. in ἴσον m. 2 V)· τὰ

dodecaedri et triangulum icosaedri in eadem sphaera inscriptorum.

Si datum est pentagonum aequilaterum et aequiangulum et circum id descriptus circulus, et recta a centro ad latus quodlibet perpendicularis ducitur, rectangulum unius lateris rectaeque perpendicularis tricies sumptum superficiei dodecaedri aequale est.

sit $ABΓΔE$ pentagonum aequilaterum et aequiangulum et circum pentagonum circulus $AΓΔ$, et sumatur centrum circuli Z, et a Z ad $ΓΔ$ perpendicularis ducatur ZH. dico, esse $30 ΓΔ \times ZH = 12 ABΓΔE$.

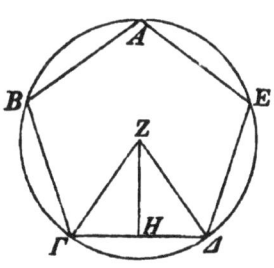

ducantur $ΓZ, ZΔ$. iam quoniam est $ΓΔ \times ZH = 2 ΓΔZ$, erit $5 ΓΔ \times ZH = 10 ΓΔZ$. et utrumque sexies. $30 ΓΔ \times ZH$ igitur superficiei dodecaedri aequalia sunt.

Iam similiter demonstrabimus, si $ABΓ$ triangulus aequilaterus sit et circum eum circulus et centrum circuli $Δ$, et $ΔE$ ad $BΓ$ perpendicularis, esse $30 BΓ \times ΔE$ superficiei icosaedri aequalia.

nam rursus $ΔE \times BΓ = 2 ΔBΓ$. et utrumque

δὲ δέκα τρίγωνα δύο ἐστὶ (om. V) πεντάγωνα (corr. ex τετράγωνα m. 2 V, dein add. ἐστι) PBVv. πάντα] πέντε B. 17. τριακοντάκοις v. ZH] HZ BVv. Post ἐστί add. δώδεκα πενταγώνοις. δώδεκα δὲ πεντάγωνα ἢ τοῦ δωδεκαέδρου ἐστὶν ἐπιφάνεια· τὸ ἄρα τριακοντάκις ὑπὸ ΓΔ, ZH ἴσον ἐστί PBVv. 19. ὅτι] ὅτι καί PBVv. ἰσόπλευρον τρίγωνον] τρίγωνον ἰσόπλευρον ὡς PBVv. 21. τὸ Δ] καί V. δέ — BΓ] om. PBVv. 22. ἐστί] om. V. 25. ΔBΓ] ABΓ PBM. τρίγωνον] om. PBVv. τρίγωνα] corr. ex τριγώνων m. 1 P. τὰ ΔBΓ] om. PBVv. ἐστιν ἴσα V.

ἐστὶ τῷ ὑπο ΔΕ, ΒΓ. καὶ πάντα τρίς· ἓξ ἄρα τρί-
γωνα τὰ ΔΒΓ ἴσα τρισὶ τοῖς ὑπὸ ΔΕ, ΒΓ. ἓξ δὲ
τρίγωνα τὰ ΔΒΓ δύο ἐστὶ τρίγωνα τὰ ΑΒΓ. τρία
ἄρα τὰ ὑπὸ ΔΕ, ΒΓ ἴσα ἐστὶ δυσὶ τοῖς ΑΒΓ. καὶ
5 πάντα δεκάκις. τὸ ἄρα τριακοντάκις ὑπὸ ΔΕ, ΒΓ
ἴσον ἐστὶν εἴκοσι τοῖς ΑΒΓ τριγώνοις, τουτέστι τῇ
τοῦ εἰκοσαέδρου ἐπιφανείᾳ. ὥστε καὶ ὡς ἡ τοῦ δωδε-
καέδρου ἐπιφάνεια πρὸς τὴν τοῦ εἰκοσαέδρου ἐπι-
φάνειαν, οὕτως τὸ ὑπὸ τῆς πλευρᾶς αὐτοῦ καὶ τῆς
10 ἀπὸ τοῦ κέντρου τοῦ περὶ τὸ ΑΒΓΔΕ πεντάγωνον
κύκλου ἐπ' αὐτὴν καθέτου ἀγομένης πρὸς τὸ ὑπὸ τῆς
πλευρᾶς τοῦ εἰκοσαέδρου καὶ τῆς ἀπὸ τοῦ κέντρου τοῦ
περὶ τὸ τρίγωνον κύκλου ἐπ' αὐτὴν καθέτου ἀγομένης
τῶν εἰς τὴν αὐτὴν σφαῖραν ἐγγραφομένων εἰκοσαέδρου
15 καὶ δωδεκαέδρου.

Τούτου δήλου ὄντος δεικτέον, ὅτι ὡς ἡ τοῦ δω-
δεκαέδρου ἐπιφάνεια πρὸς τὴν τοῦ εἰκοσαέδρου ἐπι-
φάνειαν, οὕτως ἡ τοῦ κύβου πλευρὰ πρὸς τὴν τοῦ
εἰκοσαέδρου πλευράν.

20 ἐκκείσθω κύκλος ὁ περιλαμβάνων τό τε τοῦ δω-
δεκαέδρου πεντάγωνον καὶ τὸ τοῦ εἰκοσαέδρου τρί-
γωνον τῶν εἰς τὴν αὐτὴν σφαῖραν ἐγγραφομένων ὁ
ΑΒΓ, καὶ ἐγγεγράφθω εἰς τὸν ΑΒΓ κύκλον εἰκοσαέδρου
μὲν πλευρὰ ἡ ΓΔ, δωδεκαέδρου δὲ ἡ ΑΓ. τριγώνου
25 μὲν ἄρα ἰσοπλεύρου ἐστὶ πλευρὰ ἡ ΓΔ, πενταγώνου

---

1. καί] ΚΑ Ρ, δέκα Β. πάντα] πέντε Β. τρίς] τρεῖς
Βν. 2. ΔΒΓ] corr. ex ΑΒΓ Ρ. ἴσα ἐστί PBVv. 3.
τά] ὡς τά PBVv. ΔΒΓ] ΔΓΒ PBVv. δύο — 4. ΒΓ]
om. PBVv. 4. ἴσον Ρ. δυσί] δύο PBVv. 5. παντα]
πεντα- PB. 6. εἴκοσιν Friedlein. 7. καί] ἔσται PBVv.
9. Post οὕτως add. τὸ ὑπὸ ΓΔ, ΖΗ πρὸς τὸ ὑπὸ ΒΓ, ΔΕ.
ἐκ δὴ τούτου φανερόν, ὅτι ὡς (pro ὅτι ὡς hab. ὅπως Ρ) ἡ τοῦ

ter. itaque $6 \varDelta B \varGamma = 3 \varDelta E \times B \varGamma$. uerum $6 \varDelta B \varGamma$ $= 2 A B \varGamma$. et utrumque decies. itaque erunt

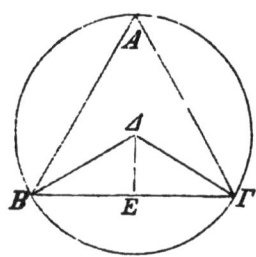

$30 \varDelta E \times B \varGamma = 20 A B \varGamma$, hoc est superficiei icosaedri aequalia.

quare etiam ut superficies dodecaedri ad superficiem icosaedri, ita rectangulum comprehensum latere illius et recta a centro circuli circum pentagonum $A B \varGamma \varDelta E$ descripti ad id perpendiculari ducta ad rectangulum comprehensum latere icosaedri et recta a centro circuli circum triangulum descripti ad id perpendiculari ducta in dodecaedro et icosaedro in eadem sphaera inscriptis.

Hoc demonstrato ostendendum, esse latus cubi ad latus icosaedri, ut sit superficies dodecaedri ad superficiem icosaedri.

ponatur circulus $A B \varGamma$ comprehendens et pentagonum dodecaedri et triangulum icosaedri in eadem sphaera inscriptorum [p. 10, 4 sq.], et in circulo $A B \varGamma$ inscribatur latus icosaedri $\varGamma \varDelta$, dodecaedri autem $A \varGamma$.

δωδεκαέδρου ἐπιφάνεια πρὸς τὴν τοῦ εἰκοσαέδρου ἐπιφάνειαν οὕτως PBVv; mg. ≩ P. αὐτοῦ] τοῦ πενταγώνου PBVv. 10. ἀπό] ἐκ Vv, ὑπὸ τῆς ἐκ PB. περὶ τό] in ras. V. A B Γ Δ E] om. PBVv. 11. ὑπὸ τῆς πλευρᾶς τοῦ] in ras. V (τοῦ bis). 12. ἀπό] ἐκ V, ὑπό PBv. κέντρου] ἐκ κέντρου v. 13. τρίγωνον] corr. ex πεντάγωνον V. ἐπ' αὐτῆς P. 16. ε' P. δῆλου] om. M. ὄντως v, sed corr. ὅτι] ὅτι ἐστίν V, ὅτι ἔσται PBv. 17. ἐπιφάνειαν] om. PBVv. 20. ὁ] om. PBVv. Ante τό del. εἰκοσαέδρου m. 1 P. 23. A B Γ] corr. in Δ B Γ P, Δ B Γ BVv. A B Γ] Δ B Γ PBVv. εἰκοσαέδρου — 24. A Γ] om. PBVv. 25. ἄρα] om. PBVv. ἐστί] om. PBVv.

δὲ ἡ ΑΓ. καὶ εἰλήφθω τὸ κέντρον τοῦ κύκλου τὸ Ε,
καὶ ἀπὸ τοῦ Ε ἐπὶ τὰς ΔΓ, ΓΑ κάθετοι ἤχθωσαν αἱ
ΕΖ, ΕΗ, καὶ ἐκβεβλήσθω ἐπ' εὐθείας τῇ ΕΗ εὐθεῖα ἡ
ΗΒ, καὶ ἐπεζεύχθω ἡ ΒΓ, καὶ ἐκκείσθω κύβου πλευρὰ ἡ Θ.
5 λέγω, ὅτι ἐστὶν ὡς ἡ τοῦ δωδεκαέδρου ἐπιφάνεια πρὸς τὴν
τοῦ εἰκοσαέδρου ἐπιφάνειαν, οὕτως ἡ Θ πρὸς τὴν ΓΔ.
ἐπεὶ γὰρ συναμφοτέρου τῆς ΒΕ, ΒΓ ἄκρον καὶ
μέσον λόγον τετμημένης τὸ μεῖζον τμῆμά ἐστιν ἡ ΒΕ,
καί ἐστι συναμφοτέρου μὲν τῆς ΕΒΓ ἡμίσεια ἡ ΕΗ,
10 τῆς δὲ ΒΕ ἡμίσεια ἡ ΕΖ, τῆς ΕΗ ἄρα ἄκρον καὶ
μέσον λόγον τεμνομένης τὸ μεῖζον τμῆμά ἐστιν ἡ ΕΖ.
ἔστι δὲ καὶ τῆς Θ ἄκρον καὶ μέσον λόγον τεμνομένης
τὸ μεῖζον τμῆμα ἡ ΓΔ. ὡς ἄρα ἡ Θ πρὸς τὴν ΓΔ,
οὕτως ἡ ΕΗ πρὸς τὴν ΕΖ. ἴσον ἄρα τὸ ὑπὸ ΖΕ, Θ
15 τῷ ὑπὸ ΓΔ, ΕΗ. καὶ ἐπεί ἐστιν ὡς ἡ Θ πρὸς τὴν
ΓΔ, οὕτως τὸ ὑπὸ ΖΕ, Θ πρὸς τὸ ὑπὸ ΓΔ, ΖΕ,
τῷ δὲ ὑπὸ ΖΕ, Θ ἴσον ἐστὶ τὸ ὑπὸ ΓΔ, ΕΗ, ὡς ἄρα
ἡ Θ πρὸς τὴν ΓΔ, οὕτως τὸ ὑπὸ τῶν ΓΔ, ΗΕ πρὸς
τὸ ὑπὸ τῶν ΓΔ, ΖΕ, τουτέστιν ἡ τοῦ δωδεκαέδρου
20 ἐπιφάνεια πρὸς τὴν τοῦ εἰκοσαέδρου ἐπιφάνειαν. ὡς
ἄρα ἡ τοῦ δωδεκαέδρου ἐπιφάνεια πρὸς τὴν τοῦ
εἰκοσαέδρου ἐπιφάνειαν, οὕτως ἡ Θ πρὸς τὴν ΓΔ.

---

2. ΔΓ, ΓΑ] ΓΔ, ΑΓ Friedlein.   3. ΕΗ] ΗΕ PBVv.   τῇ
ΕΗ] scripsi; τῆς ΕΗ PBv, τῆς ΕΒ Μ, ἡ ΕΗ corr. ex ἡ Η
m. 2 V.   εὐθεῖα ἡ ΗΒ] ἐπὶ τὸ Β in ras. V.   4. καί] (prius)
m. 2 V.   6. ἐπιφάνειαν] om. PBVv.   7. τῆς] τῶν V.   ΒΕ,
ΒΓ] ΕΒ, ΒΓ corr. ex ΕΒΓ m. 2 V, ΕΒΓ PBv.   9. συν-
αμφότερος P.   ΕΒΓ] supra add. β m. 2 V.   ἡμίσει͜ᾳ B.   10.
τῆς] (alt.) καὶ τῆς PBVv.   ἄρα] supra scr. m. 1 v.   11.
τετμημένης V.   ἐστιν] om. V.   ΕΖ] in ras. m. 2 V.
12. ἔστι — 13. ΓΔ] m. 2 V.   12. ἔστιν B.   μέσον] μετά P.
τετμημένης BV, τετμημένα P, τετμημένοις v, sed corr.
m. 1.   13. ΓΔ] (prius) ΑΓ Friedlein.   Dein add. ὡς ἐν τῷ
δωδεκαέδρῳ ἐδείχθη PBVv, in V supra scr. πορίσματι.   14.

$\Gamma\varDelta$ igitur latus est trianguli aequilateri, $\varLambda\Gamma$ autem pentagoni. et sumatur centrum circuli E, et ab E ad $\varDelta\Gamma$, $\Gamma\varLambda$ perpendiculares ducantur EZ, EH, et EH in directum producatur, ut fiat HB, et ducatur $B\Gamma$, et ponatur latus cubi Θ. dico, esse $\Theta : \Gamma\varDelta$, ut sit superficies dodecaedri ad superficiem icosaedri.

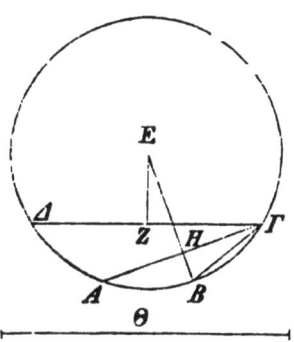

nam quoniam recta $BE + B\Gamma$ secundum rationem extremam ac mediam secta maior pars est BE [XIII, 9], et $EH = \frac{1}{2}(EB + B\Gamma)$ [p. 4, 6 sq.], et $EZ = \frac{1}{2}BE$ [p. 6, 15 sq.], recta EH secundum rationem extremam ac mediam secta maior pars est EZ [u. infra p. 32, 10 sq.]. uerum etiam recta Θ secundum rationem extremam ac mediam secta maior pars est $\Gamma\varLambda$ [XIII, 17 coroll.]. itaque [u. infra p. 32, 10 sq.]

$$\Theta : \Gamma\varLambda = EH : EZ.$$

quare $ZE \times \Theta = \Gamma\varLambda \times EH$. et quoniam est

$$\Theta : \Gamma\varLambda = ZE \times \Theta : \Gamma\varLambda \times ZE,$$ et

$\Gamma\varLambda \times EH = ZE \times \Theta$, erit

$$\Theta : \Gamma\varLambda = \Gamma\varLambda \times EH : \Gamma\varLambda \times ZE,$$

hoc est [p. 14, 3 sq.] superficies dodecaedri ad superficiem icosaedri. ergo ut superficies dodecaedri ad superficiem icosaedri, ita $\Theta : \Gamma\varLambda$.

ZE, Θ] Θ, ZE PBVv. 15. $\Gamma\varLambda$ — 16. πρὸς τὸ ὑπό] om. M. 16. ZE, Θ] Friedlein; Θ, EZ PBVv. 17. δέ] om. P. ZE, Θ] Friedlein; Θ, EZ PBVv. EH] HE PBVv. 18. τῶν] om. PBVv. 19. τῶν] om. PBVv. ZE] EZ P. ἡ] ὡς ἡ PBVv. 20. ὡς — 22. ἐπιφάνειαν] om. PBVv. 22. Θ] corr. ex $H\Theta$. V. Post $\Gamma\varLambda$ add. ὅπερ ἔδει δεῖξαι P.

Καὶ ἄλλως δεῖξαι, ὅτι ἐστὶν ὡς ἡ τοῦ δωδεκαέδρου
ἐπιφάνεια πρὸς τὴν τοῦ εἰκοσαέδρου ἐπιφάνειαν, οὕτως
ἡ τοῦ κύβου πλευρὰ πρὸς τὴν τοῦ εἰκοσαέδρου πλευ-
ράν, προγραφέντος τοῦδε·

5   ἔστω κύκλος ὁ ΑΒΓ, καὶ ἐγγεγράφθωσαν εἰς τὸν
ΑΒΓ κύκλον πενταγώνου ἰσοπλεύρου πλευραὶ αἱ ΑΒ,
ΑΓ, καὶ ἐπεζεύχθω ἡ ΒΓ, καὶ εἰλήφθω τὸ κέντρον
τοῦ κύκλου τὸ Δ, καὶ ἀπὸ τοῦ Α ἐπὶ τὸ Δ ἐπεζεύχθω
ἡ ΑΔ, καὶ ἐκβεβλήσθω ἐπ' εὐθείας τῇ ΑΔ εὐθεῖα
10   ἡ ΔΕ, καὶ κείσθω τῆς μὲν ΑΔ ἡμίσεια ἡ ΔΖ, ἡ δὲ
ΗΓ τῆς ΓΘ ἔστω τριπλῆ. λέγω, ὅτι τὸ ὑπὸ ΑΖ, ΒΘ
ἴσον ἐστὶ τῷ πενταγώνῳ.

     ἀπὸ γὰρ τοῦ Β ἐπὶ τὸ Δ ἐπεζεύχθω ἡ ΒΔ. ἐπεὶ
διπλῆ ἐστιν ἡ ΑΔ τῆς ΔΖ, ἡμιολία ἄρα ἐστὶ τῆς ΑΔ
15   ἡ ΑΖ. πάλιν ἐπεὶ τριπλῆ ἐστιν ἡ ΗΓ τῆς ΓΘ, διπλῆ
ἡ ΗΘ τῆς ΘΓ. ἡμιολία ἄρα ἐστὶν ἡ ΗΓ τῆς ΘΗ.
ὡς ἄρα ἡ ΖΑ πρὸς τὴν ΑΔ, οὕτως ἡ ΓΗ πρὸς τὴν
ΗΘ. ἴσον ἄρα τὸ ὑπὸ ΑΖ, ΗΘ τῷ ὑπὸ ΔΑ, ΓΗ.
ἡ δὲ ΓΗ τῇ ΒΗ ἴση. τὸ ἄρα ὑπὸ ΑΔ, ΒΗ τῷ ὑπὸ
20   ΖΑ, ΗΘ ἴσον ἐστίν. ἀλλὰ τὸ ὑπὸ ΑΔ, ΒΗ δύο
ἐστὶ τρίγωνα τὰ ΑΒΔ. καὶ τὸ ὑπὸ ΑΖ, ΗΘ ἄρα
δύο ἐστὶ τρίγωνα τὰ ΑΒΔ. ὥστε καὶ πέντε ἄρα τὰ
ὑπὸ ΑΖ, ΗΘ δέκα ἐστὶ τρίγωνα. δέκα δὲ τρίγωνα
δύο ἐστὶ πεντάγωνα. πέντε ἄρα τὰ ὑπὸ ΑΖ, ΗΘ
25   δύο πενταγώνοις ἴσα ἐστίν. ἐπεὶ οὖν διπλῆ ἐστιν ἡ

1. ϛ' P.   καί] om. PBVv.   ἄλλῶ v.   ὡς] m. 2 V.   5.
ἐγγεγράφθω PBV.   6. ΑΒΓ] ΑΒ M.   πλευραὶ αἱ] om. P.
9. ἡ] εὐθεῖα ἡ PBVv.   τῇ] scripsi; τῆς PBVvM.   10.
ἡμίσεια] εὐθείας ἡμίσεια PBVv.   ΔΖ] Ζ in ras. m. 2 V.
11. τριπλῆ ἔστω PBVv.   13. ἐπεί] καὶ ἐπεί V.   14. διπλῆ v.
ἐστί] om. V, ἐστίν PB.   15. ΗΓ] ΓΗ P.   16. ἡ] om. P,
δὲ ἡ BVv.   ἐστίν] om. V.   ΗΓ] ΓΗ v.   17. τήν] om.

Aliter quoque demonstrari potest, esse latus cubi ad latus icosaedri, ut sit superficies dodecaedri ad superficiem icosaedri, hoc praemisso:

sit circulus $AB\Gamma$, et in circulo $AB\Gamma$ inscribantur latera pentagoni aequilateri AB, $A\Gamma$, et ducatur $B\Gamma$,

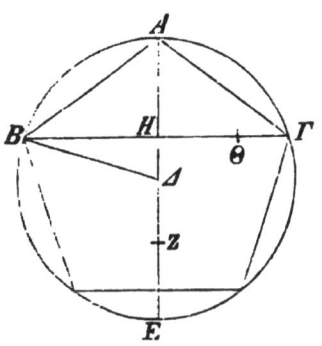

et sumatur centrum circuli $\varDelta$, et ab A ad $\varDelta$ ducatur $A\varDelta$, et $A\varDelta$ in directum producatur, ut fiat $\varDelta E$, et ponatur $\varDelta Z = \frac{1}{2} A\varDelta$, $H\Gamma = 3\,\Gamma\Theta$. dico, $AZ \times B\Theta$ pentagono aequale esse.

• nam a B ad $\varDelta$ ducatur $B\varDelta$. quoniam est $A\varDelta = 2\,\varDelta Z$, erit $AZ = \frac{3}{2} A\varDelta$. rursus quoniam est $H\Gamma = 3\,\Gamma\Theta$, erit $H\Theta = 2\,\Theta\Gamma$. quare $H\Gamma = \frac{3}{2}\Theta H$. itaque $ZA : A\varDelta = \Gamma H : H\Theta$. quare $AZ \times H\Theta = \varDelta A \times \Gamma H$. uerum $\Gamma H = BH$. itaque erit

$$A\varDelta \times BH = ZA \times H\Theta.$$

est autem $A\varDelta \times BH = 2\,AB\varDelta$. quare etiam

$$5\,AZ \times H\Theta = 10\,AB\varDelta.$$

Hinc figuras om. M.

PBVv.   τήν] om. PBVv.   18. ἄρα] ἄρα ἐστί PBv.   ὑπό] ἀπό M.   HΘ] ΘH PBV.   ΔA] AΔ Friedlein.   19. BH] HB Friedlein.   ἴση] ἴση ἐστί PVv, ἴση ἐστίν B.   BH] HB Friedlein.   Dein add. ἴσον ἐστί PBVv.   20. ZA, HΘ ἴσον ἐστίν· ἀλλὰ τό] AZ, ΘH· τὸ δέ PBVv.   BH] HB Friedlein. 21. τά] ὡς τά PBVv.   AZ] ZA Friedlein.   ἄρα] om. M. 22. τρίγωνα] om. PBVv.   ABΔ] ABΓ P.   ὥστε καί] om. PBVv.   ἄρα] deleo.   23. ὑπό] ἀπό Mv.   HΘ] ΘH P. τρίγωνά ἐστι PBVv.   24. ὑπό] ἀπό M.   25. ἐστί PVv. ἐπεὶ οὖν] καὶ ἐπεί BVv, καὶ ἐπεὶ δέ P.   δηπλῆ v, sed corr.

ΗΘ τῆς ΘΓ, τὸ ὑπὸ ΑΖ, ΗΘ διπλοῦν ἐστι τοῦ ὑπὶ
ΑΖ, ΘΓ. δύο ἄρα τὰ ὑπὸ ΑΖ, ΘΓ ἴσα ἐστὶ τῷ ὑπὸ
ΑΖ, ΗΘ. καὶ δέκα ἄρα τὰ ὑπὸ ΑΖ, ΘΓ ἴσα ἐστὶ
πέντε τοῖς ὑπὸ ΑΖ, ΗΘ, τουτέστι δύο πενταγώνοις.
5 ὥστε πέντε τὰ ὑπὸ ΑΖ, ΘΓ ἴσα ἐστὶν ἑνὶ πενταγώνῳ.
πεντάκις δὲ τὰ ὑπὸ ΑΖ, ΘΓ ἴσα ἐστὶ τῷ ὑπὸ ΑΖ, ΘΒ,
ἐπειδὴ πενταπλῆ ἐστιν ἡ ΘΒ τῆς ΘΓ, καὶ κοινὸν ὕψος
ἐστὶν ἡ ΑΖ. τὸ ἄρα ὑπὸ ΑΖ, ΒΘ ἴσον ἐστὶν ἑνὶ
πενταγώνῳ.

10 Τούτου δήλου ὄντος νῦν ἐκκείσθω ὁ περιλαμβάνων
κύκλος τό τε τοῦ δωδεκαέδρου πεντάγωνον καὶ τὸ τοῦ
εἰκοσαέδρου τρίγωνον τῶν εἰς τὴν αὐτὴν σφαῖραν ἐγγρα-
φομένων ὁ ΑΒΓ, καὶ ἐγγεγράφθωσαν εἰς τὸν ΑΒΓ
κύκλον πενταγώνου ἰσοπλεύρου πλευραὶ αἱ ΒΑ, ΑΓ, καὶ
15 ἐπεζεύχθω ἡ ΒΓ, καὶ εἰλήφθω τὸ κέντρον τοῦ κύκλου τὸ
Ε, καὶ ἀπὸ τοῦ Α ἐπὶ τὸ Ε ἐπεζεύχθω ἡ ΑΕ, καὶ ἐκβε-
βλήσθω ἐπὶ τὸ Ζ, καὶ ἔστω ἡ ΑΕ τῆς ΕΗ διπλῆ, τριπλῆ
δὲ ἡ ΚΓ τῆς ΓΘ, καὶ ἀπὸ τοῦ Η τῇ ΑΖ πρὸς ὀρθὰς
ἤχθω ἡ ΗΜ, καὶ ἐκβεβλήσθω ἐπ' εὐθείας ἡ ΗΔ τῇ
20 ΗΜ. τριγώνου ἄρα ἰσοπλεύρου ἐστὶν ἡ ΔΜ. ἐπε-
ζεύχθωσαν αἱ ΑΔ, ΑΜ. ἰσόπλευρον ἄρα ἐστὶ τὸ ΑΔΜ
τρίγωνον. καὶ ἐπεὶ τὸ μὲν ὑπὸ ΑΗ, ΘΒ ἴσον ἐστὶ
τῷ πενταγώνῳ, τὸ δὲ ὑπὸ ΑΗΔ τῷ ΑΔΜ τριγώνῳ,
ἔστιν ἄρα ὡς τὸ ὑπὸ ΑΗ, ΘΒ πρὸς τὸ ὑπὸ ΔΗΑ,
25 οὕτως τὸ πεντάγωνον πρὸς τὸ τρίγωνον. ὡς δὲ τὸ

---

1. τό] καὶ τό V.   ΑΖ — 2. τὰ ὑπό] om. P.   1. ΗΘ]
corr. in ΘΗ m. 1 V; dein add. ἄρα.   ἐστιν Β.   τοῦ] τό Β.
2. τὰ ὑπὸ ΑΖ, ΘΓ] om. M.   ἐστί] ἐστὶ ἑνί v, ἐστὶν ἑνί
PBV.   3. ΗΘ] ΘΗ PBVv.   καί] om. Vv.   δέκα] δεκα-
πέντε v.   καὶ δέκα — ἐστί] om. PB.   4. πέντε] om. v.
ὑπό] ἀπό M.   τουτέστιν Β.   πεντάγωνα Βv.   5. ΑΖ]
ΑΘ PB.   ΘΓ] ΖΗ P.   6. τά] τό P.   ὑπό] ἀπό M.   ἐστί]
ἐστίν Βv.   ΘΒ] ΒΘ Friedlein.   7. ΘΒ] ΒΘ Friedlein.

uerum 10 $AB\Delta$ duobus pentagonis aequales sunt. iam quoniam $H\Theta = 2\Theta\Gamma$, erit $AZ \times H\Theta = 2AZ \times \Theta\Gamma$. itaque etiam 10 $AZ \times \Theta\Gamma = 5AZ \times H\Theta$, hoc est duobus pentagonis aequalia. quare $5AZ \times \Theta\Gamma$ uni pentagono aequalia sunt. uerum $5AZ \times \Theta\Gamma = AZ \times \Theta B$, quoniam $\Theta B = 5\Theta\Gamma$, et AZ altitudo est communis. ergo $AZ \times B\Theta$ uni pentagono aequale est.

Hoc ostenso iam ponatur circulus $AB\Gamma$ comprehendens et pentagonum dodecaedri et triangulum icosaedri in eadem sphaera inscriptorum [p. 10, 4 sq.], et in circulo $AB\Gamma$ inscribantur latera pentagoni aequilateri BA, $A\Gamma$, et ducatur $B\Gamma$, et sumatur centrum circuli E, et ab A ad E ducatur AE et producatur ad Z, et sit

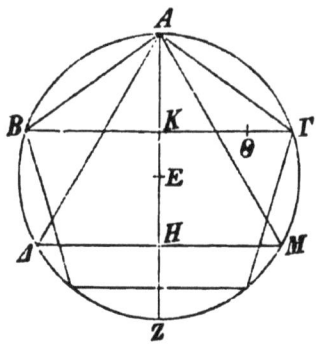

$AE = 2EH$, $K\Gamma = 3\Gamma\Theta$, et ab H ad AZ perpendicularis ducatur HM, et HM in directum producatur, ut fiat $H\Delta$. itaque ΔM latus est trianguli aequilateri [p. 6, 15 sq.]. ducantur $A\Delta$, AM. $A\Delta M$ igitur triangulus aequilaterus est. et quoniam $AH \times \Theta B$

---

8. ἐστίν] om. V. $B\Theta$] ΘB PV.   10. ζ' P.   ὄντως v, sed corr.   κύκλος ὁ περιλαμβάνων PBVv.   11. τό] (alt.) om. V. 13. ὁ $AB\Gamma$] om. PBVv.   14. πλευραί] om. P.   16. ἐμβε-βλήσθω v.   17. ἐπί] ἡ AE ἐπί PBVv.   ἔστω] ἔσται B. EH] E P.   18. $\Gamma\Theta$] $\Theta\Gamma$ Friedlein.   19. ὑγϑῳ] om. PBv.   ἡ HM — 20. $H\overline{M}$] ἡ ΔM PBVv.   20. ἐστίν ἰσο-πλεύρου PBVv.   ἐπεζεύχθωσαν — 21. AM] om. PBVv.   21. ἐστίν PB.   22. μέν] om. V.   23. τό] τῷ v. $AH\Delta$] AH, $H\Delta$ Vv.   τῷ] om. P. $A\Delta M$] om. PBVv.   τρίγωνον P. 24. $\Delta H\Delta$] ΔH, $H\Delta$ v et m. 2 V.

ὑπὸ ΒΘ, ΑΗ πρὸς τὸ ὑπὸ ΔΗΑ, οὕτως ἡ ΒΘ πρὸς
τὴν ΔΗ. καὶ ὡς ἄρα δώδεκα αἱ ΘΒ πρὸς εἴκοσι τὰς
ΔΗ, οὕτως δώδεκα πεντάγωνα πρὸς εἴκοσι τρίγωνα,
τουτέστιν ἡ τοῦ δωδεκαέδρου ἐπιφάνεια πρὸς τὴν τοῦ
5 εἰκοσαέδρου. καί εἰσι δώδεκα μὲν αἱ ΒΘ δέκα αἱ ΒΓ·
ἡ μὲν γὰρ ΒΘ τῆς ΘΓ ἐστι πενταπλῆ, ἡ δὲ ΒΓ τῆς
ΘΓ ἐστιν ἑξαπλῆ. ἓξ ἄρα αἱ ΒΘ ἴσαι εἰσὶ πέντε ταῖς
ΒΓ. καὶ τὰ διπλάσια δέ. εἴκοσι δὲ αἱ ΔΗ δέκα
εἰσὶν αἱ ΔΜ· διπλῆ γὰρ ἡ ΔΜ τῆς ΔΗ. ὡς ἄρα
10 δέκα αἱ ΒΓ πρὸς δέκα τὰς ΔΜ, οὕτως ἡ τοῦ δωδε-
καέδρου ἐπιφάνεια πρὸς τὴν τοῦ εἰκοσαέδρου ἐπι-
φάνειαν. καί ἐστιν ἡ μὲν ΒΓ ἡ τοῦ κύβου πλευρά,
ἡ δὲ ΔΜ ἡ τοῦ εἰκοσαέδρου. καὶ ὡς ἄρα ἡ τοῦ
δωδεκαέδρου ἐπιφάνεια πρὸς τὴν τοῦ εἰκοσαέδρου
15 ἐπιφάνειαν, οὕτως ἡ ΒΓ πρὸς τὴν ΔΜ, τουτέστιν ἡ
τοῦ κύβου πλευρὰ πρὸς τὴν τοῦ εἰκοσαέδρου πλευράν.

Δεικτέον δή, ὅτι καὶ εὐθείας οἱασδηποτοῦν τμη-
θείσης ἄκρον καὶ μέσον λόγον, ὡς ἔχει ἡ δυναμένη
τὸ ἀπὸ τῆς ὅλης καὶ τὸ ἀπὸ τοῦ μείζονος τμήματος
20 πρὸς τὴν δυναμένην τὸ ἀπὸ τῆς ὅλης καὶ τὸ ἀπὸ τοῦ
ἐλάσσονος τμήματος, τοῦτον ἔχει τὸν λόγον ἡ τοῦ
κύβου πλευρὰ πρὸς τὴν τοῦ εἰκοσαέδρου πλευράν.

ἔστω ὁ περιλαμβάνων κύκλος τό τε τοῦ δωδεκαέδρου
πεντάγωνον καὶ τὸ τοῦ εἰκοσαέδρου τρίγωνον τῶν εἰς
25 τὴν αὐτὴν σφαῖραν ἐγγραφομένων ὁ ΑΘΒ, καὶ εἰλήφθω

1. ὑπό] (alt.) m. 2 V.   ΔΗΑ] ΔΗ, ΗΑ v et m. 2 V.
οὕτως] om. PBVv.   2. τήν] om. PBVv.   δώδεκα] ιβ
corr. ex ηβ V.   ΘΒ] ΒΘ Friedlein.   5. εἰσι] ἐστι PBVv.
δέκα] δέκα δέ BVv.   6. ΒΘ] ΘΒ P.   7. ΘΓ] ΓΘ
Friedlein.   ἐστιν] om. PBVv.   ἓξ] ιβ V, δώδεκα PBv.   εἰσι]
εἰσιν PB, εἰσίν εἰσι v.   πέντε] δέκα PBVv.   8. καί — δέ]
om. PBVv.   εἴκοσι] αἱ εἴκοσι M.   αἱ] ἡ PBVv.   δέκα]
δὲ καί PB.   9. εἰσίν] om. B.   γάρ] ἄρα Bv.   10. δέκα]

pentagono aequale est [p. 20, 5 sq.], et $AH \times HA = AAM$, erit, ut $AH \times \Theta B : AH \times HA$, ita pentagonum ad triangulum. est autem

$$B\Theta \times AH : AH \times HA = B\Theta : AH.$$

itaque etiam ut $12\,\Theta B : 20\,AH$, ita duodecim pentagona ad uiginti triangulos, hoc est superficies dodecaedri ad superficiem icosaedri. et $12\,B\Theta = 10\,B\Gamma$; nam $B\Theta = 5\,\Theta\Gamma$, $B\Gamma = 6\,\Theta\Gamma$; quare $6\,B\Theta = 5\,B\Gamma$; et dupla quoque aequalia sunt. est autem $20\,AH = 10\,AM$; nam $AM = 2\,AH$. itaque ut $10\,B\Gamma : 10\,AM$, ita superficies dodecaedri ad superficiem icosaedri. et $B\Gamma$ latus est cubi [XIII, 17], AM autem latus icosaedri. quare etiam ut superficies dodecaedri ad superficiem icosaedri, ita $B\Gamma : AM$, hoc est latus cubi ad latus icosaedri.

Iam demonstrandum est, qualibet recta secundum rationem extremam ac mediam secta, esse latus cubi ad latus icosaedri, ut sit recta quadrato totius quadratoque partis maioris aequalis quadrata ad rectam quadrato totius quadratoque partis minoris aequalem quadratam.

sit $A\Theta B$ circulus comprehendens et pentagonum dodecaedri et triangulum icosaedri in eadem sphaera

---

(prius) δὲ καί PB.   Post AM add. τουτέστιν ὡς ἡ $B\Gamma$ πρὸς AM PBVv.   12. καί ἐστιν — 15. ἐπιφάνειαν] om. V.   12. $B\Gamma$ ἡ] $B\Gamma$ M.   κύβου] κύκλου M.   13. AM ἡ] AM P. εἰκοσαέδρου] εἰκοσαέδρου πλευρά edd., εἰκοσαέδρου ἐπιφάνεια Bv.   καί — 14. δωδεκαέδρου] om. P.   14. δεκαέδρου B. 15. οὕτως ἡ $B\Gamma$ πρὸς τὴν AM] del. m. 1 V.   τήν] om. PVv.   16. κύβου] κύκλου M.   17. η′ P.   ἠσδηποτοῦν PBVv.   τμηθείσης] om. V.   18. ὡς] τμηθείσης, ὃν λόγον V; ὃν λόγον Bv, om. P.   21. ἐλάττονος Friedlein, comp. V. τοῦτο v.   22. κύβου] κύκλου M.   23. ὁ — κύκλος] κύκλος (κύβος B) ὁ AB ($A\overset{\cdot}{P}$) περιλαμβάνων PBVv.   24. τοῦ] om. v. 25. ὁ $A\Theta B$] om. PBVv.

τὸ κέντρον τοῦ κύκλου τὸ Γ, καὶ προσεκβεβλήσθω τις,
ὡς ἔτυχεν, ἀπὸ τοῦ Γ σημείου ἡ ΓΒ καὶ τετμήσθω
ἄκρον καὶ μέσον λόγον κατὰ τὸ Δ, καὶ τὸ μεῖζον
τμῆμα ἔστω ἡ ΓΔ. δεκαγώνου ἄρα πλευρά ἐστιν ἡ
5 ΓΔ τοῦ εἰς τὸν αὐτὸν κύκλον ἐγγραφομένου. ἐκκείσθω
δὴ εἰκοσαέδρου πλευρὰ ἡ Ε, δωδεκαέδρου δὲ ἡ Ζ,
κύβου δὲ ἡ Η. ἡ μὲν ἄρα Ε τριγώνου ἰσοπλεύρου
ἐστὶ πλευρά, ἡ δὲ Ζ πενταγώνου τοῦ εἰς τὸν αὐτὸν
κύκλον ἐγγραφομένου, ἡ δὲ Ζ τῆς Η μεῖζόν ἐστι τμῆμα
10 ἄκρον καὶ μέσον λόγον τεμνομένης. ἐπεὶ ἡ Ε ἴση ἐστὶ
τῇ τοῦ ἰσοπλεύρου τριγώνου πλευρᾷ, ἡ δὲ τοῦ τρι-
γώνου τοῦ ἰσοπλεύρου πλευρὰ δυνάμει τριπλασία ἐστὶ
τῆς ΒΓ [τριπλάσιον ἄρα ἐστὶ τὸ ἀπὸ τῆς Ε τοῦ ἀπὸ
τῆς ΒΓ], ἔστι δὲ καὶ τὰ ἀπὸ τῶν ΓΒΔ τριπλάσια
15 τοῦ ἀπὸ ΓΔ, ὡς ἄρα τὸ ἀπὸ τῆς Ε πρὸς τὸ ἀπὸ τῆς
ΓΒ, οὕτως τὰ ἀπὸ τῶν ΓΒ, ΒΔ πρὸς τὸ ἀπὸ τῆς ΓΔ.
ἐναλλάξ, ὡς τὸ ἀπὸ Ε πρὸς τὰ ἀπὸ ΓΒ, ΒΔ, οὕτως
τὸ ἀπὸ ΓΒ πρὸς τὸ ἀπὸ ΓΔ. ὡς δὲ τὸ ἀπὸ ΒΓ
πρὸς τὸ ἀπὸ ΓΔ, οὕτως τὸ ἀπὸ Η πρὸς τὸ ἀπὸ Ζ·
20 μεῖζον γάρ ἐστι τμῆμα ἡ Ζ τῆς Η. καὶ ὡς ἄρα τὸ
ἀπὸ Ε πρὸς τὰ ἀπὸ ΓΒ, ΒΔ, οὕτως τὸ ἀπὸ Η πρὸς
τὸ ἀπὸ Ζ. ἐναλλὰξ καὶ ἀνάπαλιν· ὡς ἄρα τὸ ἀπὸ Η
πρὸς τὸ ἀπὸ Ε, οὕτως τὸ ἀπὸ Ζ πρὸς τὰ ἀπὸ ΓΒΔ.

2. ὡς — σημείου] ἀπὸ τοῦ Γ ὡς ἔτυχεν εὐθεῖα PBVv.
ΓΒ] ιβ P, Β Β.   3. τό] (alt.) ἔστω V.   4. ἔστω] om. V,
ἐστιν PBv.   πλευρά ἐστιν] πλευρά V, ἐστι πλευρά PBv.   5.
ΓΔ] ΔΓ in ras. m. 2 V.   τοῦ] τόν v.   αὐτόν] om. Pv.   9.
μεῖζον] corr. ex μεῖζων m. 1 P.   10. ἄκρον — τεμνομένης]
καί PBVv.   ἐστίν B.   12. ἐστί] om. V.   13. τριπλάσιον
— 14. ΒΓ] om. M.   13. ἐστί] om. V.   14. ἐστί] ἔστιν Β.
τῶν] om. PBv.   ΓΒΔ] ΓΒ, ΒΔ Vv, ΒΓΔ PB.   15. ΓΔ]
τῆς ΓΔ Friedlein.   ὡς ἄρα — 16. ΓΔ] καί PBVv.   17.
ὡς] ὡς ἄρα PBVv.   τῆς Ε Friedlein.   τῶν ΓΒ idem.
18. ΓΒ] ΒΓ P, τῆς ΓΒ Friedlein.   τῆς ΓΔ idem.   ΒΓ]

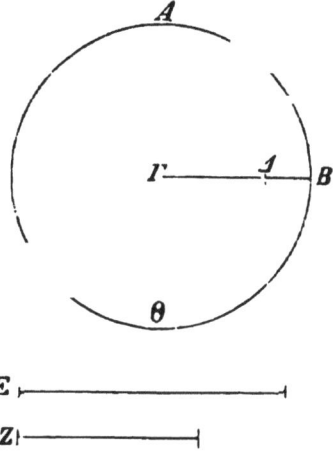

inscriptorum [p. 10, 4 sq.], et sumatur centrum circuli Γ, et a puncto Γ recta aliqua ducatur ΓB et in $\varDelta$ secundum rationem extremam ac mediam secetur, et pars maior sit $\Gamma \varDelta$. itaque $\Gamma \varDelta$ latus est decagoni in eodem circulo inscripti [p. 13 not. 1]. iam ponatur latus icosaedri E, dodecaedri autem Z, cubi autem H. E igitur latus est trianguli aequilateri, Z autem pentagoni in eodem circulo inscripti, et Z maior pars est rectae H secundum rationem extremam ac mediam sectae [XIII, 17 coroll.]. quoniam E lateri trianguli aequilateri aequalis est, latus autem trianguli aequilateri quadratum triplo maius est recta $B\Gamma$ [XIII, 12], et etiam $\Gamma B^2 + B\varDelta^2 = 3\,\Gamma \varDelta^2$ [XIII, 4], erit $E^2 : \Gamma B^2 = \Gamma B^2 + B\varDelta^2 : \Gamma \varDelta^2$. permutando $E^2 : \Gamma B^2 + B\varDelta^2 = \Gamma B^2 : \Gamma \varDelta^2$. est autem

$$B\Gamma^2 : \Gamma \varDelta^2 = H^2 : Z^2 \text{ [u. infra p. 32, 10 sq.];}$$

nam Z maior pars est rectae H. quare etiam

$$E^2 : \Gamma B^2 + B\varDelta^2 = H^2 : Z^2.$$

τῆς ΓB idem.   19. τῆς Γ⊿ idem.   οὕτως] οὕτως ἐστί Pv, οὕτως ἐστίν B.   τό] τά P.   τῆς H Friedlein.   τῆς Z idem.   20. γάρ] in ras. m. 1 P.   21. τῆς E Friedlein.   E — οὕτως τὸ ἀπό] om. P.   τά] e corr. V.   τῶν ΓB Friedlein.   H] τῆς Z M.   22. Z] τῆς H M.   καὶ ἐναλλὰξ καί PBVv.   H πρὸς τὸ ἀπό] τῆς M.   23. τὸ ἀπό] ἡ M, -ό in ras. B.   Z] corr. in B m. 2 B.   τὰ ἀπό] τό P.   ΓB⊿] τῶν ΓB⊿ Friedlein; ΓB, B⊿ PBVv.

τῷ δὲ ἀπὸ Ζ ἴσα τὰ ἀπὸ ΒΓΔ· ἡ γὰρ τοῦ πεντα-
γώνου πλευρὰ δύναται τήν τε τοῦ ἑξαγώνου πλευρὰν
καὶ τὴν τοῦ δεκαγώνου τῶν εἰς τὸν αὐτὸν κύκλον
ἐγγραφομένων. ὡς ἄρα τὸ ἀπὸ τῆς Η πρὸς τὸ ἀπὸ
5 τῆς Ε, οὕτως τὰ ἀπὸ ΒΓΔ πρὸς τὰ ἀπὸ ΓΒΔ. καὶ
ὡς ἄρα τὸ ἀπὸ τῆς Η πρὸς τὸ ἀπὸ τῆς Ε, οὕτως
εὐθείας ἄκρον καὶ μέσον λόγον τεμνομένης τὸ ἀπὸ
τῆς δυναμένης τὸ ἀπὸ τῆς ὅλης καὶ τὸ ἀπὸ τοῦ μεί-
ζονος τμήματος πρὸς τὸ ἀπὸ τῆς δυναμένης τὸ ἀπὸ
10 τῆς ὅλης καὶ τὸ ἀπὸ τοῦ ἐλάττονος τμήματος. καί
ἐστιν ἡ μὲν Η κύβου πλευρά, ἡ δὲ Ε εἰκοσαέδρου.

Ἐὰν ἄρα εὐθεῖα ἄκρον καὶ μέσον λόγον τμηθῇ,
ἔσται ὡς ἡ δυναμένη τὴν ὅλην καὶ τὸ μεῖζον τμῆμα
πρὸς τὴν δυναμένην τὴν ὅλην καὶ τὸ ἔλαττον τμῆμα,
15 οὕτως ἡ τοῦ κύβου πλευρὰ πρὸς τὴν τοῦ εἰκοσαέδρου
πλευρὰν τῶν εἰς τὴν αὐτὴν σφαῖραν ἐγγραφομένων.

Καὶ δεικτέον, ὅτι ὡς ἡ τοῦ κύβου πλευρὰ πρὸς τὴν
τοῦ εἰκοσαέδρου, οὕτως τὸ στερεὸν τοῦ δωδεκαέδρου
πρὸς τὸ στερεὸν τοῦ εἰκοσαέδρου.

20 ἐπεὶ γὰρ ἴσοι κύκλοι περιλαμβάνουσι τό τε τοῦ
δωδεκαέδρου πεντάγωνον καὶ τὸ τοῦ εἰκοσαέδρου τρί-
γωνον τῶν εἰς τὴν αὐτὴν σφαῖραν ἐγγραφομένων, ἐν
δὲ ταῖς σφαίραις οἱ ἴσοι κύκλοι ἴσον ἀπέχουσιν ἀπὸ

---

1. τῆς Ζ Friedlein. ἴσα] ἴσα εἰσί Vv, ἴσα εἰσίν PB. ΒΓΔ]
τῶν ΒΓΔ Friedlein, ΒΓ, ΓΔ v et V (ΓΔ in ras.). 3. δω-
δεκαγώνου V?, sed corr. τῶν — 4. ἐγγραφομένων] om.
PBVv. τό] τά v. τῆς] om. PBv. 5. τῆς] om. PBv.
ΒΓΔ] τῶν ΒΓΔ Μ; ΒΓ, ΓΔ v et V (alt. Γ in ras.). ΓΒΔ]
τῶν ΓΒΔ Μ, ΓΔ Β Β; ΔΓΒ Ρ; ΓΒ, ΒΔ Vv. Deinde add.
ὡς δὲ τὰ ἀπὸ ΒΓΔ (ΒΓ, ΓΔ v et e corr. V) πρὸς τὰ ἀπὸ
ΓΒΔ (ΓΔ Β Β; ΓΒ, ΒΔ Vv), οὕτως εὐθείας ἡσδηποτοῦν ἄκρον
καὶ μέσον λόγον τεμνομένης ἡ δυναμένη (ἡ δυναμένη om. V)
τὸ ἀπὸ τῆς (ἀπὸ τῆς in ras., add. δυναμένης τὸ ἀπὸ τῆς e
corr. V) ὅλης καὶ τὸ (τῷ v) ἀπὸ τοῦ μείζονος τμήματος πρὸς

permutando et e contrario igitur erit

$$H^2 : E^2 = Z^2 : \Gamma B^2 + B\varDelta^2.$$

uerum $B\Gamma^2 + \Gamma\varDelta^2 = Z^2$; nam latus pentagoni quadratum aequale est lateri hexagoni laterique decagoni in eodem circulo inscriptorum [XIII, 10]. itaque $H^2 : E^2 = B\Gamma^2 + \Gamma\varDelta^2 : \Gamma B^2 + B\varDelta^2$. quare etiam ut $H^2 : E^2$, ita recta secundum rationem extremam ac mediam secta quadratum rectae quadrato totius quadratoque partis maioris aequalis quadratae ad quadratum rectae quadrato totius quadratoque partis minoris aequalis quadratae. et H latus est cubi, E autem icosaedri.

Ergo si recta secundum rationem extremam ac mediam secatur, erit ut recta toti partique maiori aequalis quadrata ad rectam toti partique minori aequalem quadratam, ita latus cubi ad latus icosaedri in eadem sphaera inscriptorum.

Et demonstrandum, esse uolumen dodecaedri ad uolumen icosaedri, ut sit latus cubi ad latus icosaedri.

nam quoniam circuli aequales et pentagonum dodecaedri et triangulum icosaedri comprehendunt in eadem sphaera inscriptorum [p. 10, 4 sq.], iu sphaeris

---

τὴν δυναμένην (τὴν δυν. om. V) τὸ ἀπὸ (τὸ ἀπό supra scr. m. 1 V, dein add. τῆς δυναμένης τὸ ἀπό) τῆς ὅλης καὶ τὸ ἀπὸ τοῦ ἐλάσσονος (ἐλάττονος P) τμήματος PBVv.   6. τὸ ἀπὸ τῆς] corr. in ἡ V.   H] N P.   τὸ ἀπὸ τῆς] corr. in τήν V.   7. εὐθείας ἠσδηποτοῦν PBVv.   τὸ ἀπὸ τῆς δυναμένης] ἡ δυναμένη PBVv.   8. τῆς] (alt.) om. M.   9. τὸ ἀπὸ τῆς δυναμένης] τὴν δυναμένην PBVv.   τό] πρὸς τό P.   10. ἐλάσσονος Bv.   14. ἔλασσον Bv.   15. πλευρά] om. V.   16. πλευράν] om. PBVv.   αὐτήν] om. P.   17. ϑ' P.   καὶ δεικτέον] δεικτέον δὴ νῦν PBVv.   20. ἴσοι] ἴσο P.   περιλαμβάνουσιν B, ὑπερλαμβανομενουσιν οἱ (del. m. 1) P.   21. τργωνον P.   22. εἰς] οις P.

τοῦ κέντρου, αἱ ἄρα ἀπὸ τοῦ κέντρου τῆς σφαίρας
ἐπὶ τὰ τῶν κύκλων ἐπίπεδα κάθετοι ἀγόμεναι ἴσαι
τέ εἰσι καὶ ἐπὶ τὰ κέντρα τῶν κύκλων πεσοῦνται.
ὥστε αἱ ἀπὸ τοῦ κέντρου τῆς σφαίρας ἐπὶ τὸ κέντρον
5 τοῦ περιλαμβάνοντος κύκλου τό τε τοῦ εἰκοσαέδρου
τρίγωνον καὶ τὸ τοῦ δωδεκαέδρου πεντάγωνον κάθετοι
ἀγόμεναι ἴσαι εἰσίν. ἰσοϋψεῖς ἄρα εἰσὶν αἱ πυραμίδες
αἱ βάσεις ἔχουσαι τὰ τοῦ δωδεκαέδρου πεντάγωνα καὶ
αἱ βάσεις ἔχουσαι τὰ τοῦ εἰκοσαέδρου τρίγωνα. αἱ δὲ
10 ἰσοϋψεῖς πυραμίδες πρὸς ἀλλήλας εἰσὶν ὡς αἱ βάσεις.
ὡς ἄρα τὸ πεντάγωνον πρὸς τὸ τρίγωνον, οὕτως ἡ
πυραμίς, ἧς βάσις μέν ἐστι τὸ πεντάγωνον, κορυφῇ
δὲ τὸ κέντρον τῆς σφαίρας, πρὸς τὴν πυραμίδα τὴν
βάσιν μὲν ἔχουσαν τὸ τρίγωνον, κορυφὴν δὲ τὸ κέν-
15 τρον τῆς σφαίρας. καὶ ὡς ἄρα δώδεκα πεντάγωνα
πρὸς εἴκοσι τρίγωνα, οὕτως δώδεκα πυραμίδες πεντα-
γώνους βάσεις ἔχουσαι πρὸς εἴκοσι πυραμίδας τρι-
γώνους βάσεις ἐχούσας. καὶ δώδεκα μὲν πεντάγωνα
ἡ τοῦ δωδεκαέδρου ἐστὶν ἐπιφάνεια, εἴκοσι δὲ τρί-
20 γωνα ἡ τοῦ εἰκοσαέδρου ἐπιφάνεια. ἔστιν ἄρα ὡς ἡ
τοῦ δωδεκαέδρου ἐπιφάνεια πρὸς τὴν τοῦ εἰκοσαέδρου,
οὕτως ιβ πυραμίδες πενταγώνους ἔχουσαι βάσεις πρὸς
εἴκοσι πυραμίδας τριγώνους βάσεις ἐχούσας. καί εἰσι
ιβ μὲν πυραμίδες πενταγώνους βάσεις ἔχουσαι τὸ στε-
25 ρεὸν τοῦ δωδεκαέδρου, εἴκοσι δὲ πυραμίδες τριγώνους
βάσεις ἔχουσαι τὸ στερεὸν τοῦ εἰκοσαέδρου. καὶ ὡς

---

1. αἱ — κέντρον] om. P.   ἄρα] γάρ BVv.   3. εἰσιν
PB.   πεσοῦνται] πίπτουσιν PBVv.   4. τὸ κέντρον] corr.
in τὰ κέντρα V.   5. τοῦ] corr. in τῶν V.   κύκλον (corr. in
κύκλων V) τοῦ (om. V, supra scr. τοῦ τε m. 2) περιλαμβάνοντος
PBVv.   τε] om. M.   6. τό] supra add. τοῦ m. 2 V.   κά-
θετοι — 7. εἰσιν] ἴσαι (ἴσα P) εἰσί(ν), τουτέστιν αἱ κάθετοι

autem circuli aequales aequaliter a centro distant
[Theodos. sphaer. I, 6], rectae a centro sphaerae ad
plana circulorum perpendiculares ductae aequales sunt
et in centra circulorum cadent. quare rectae a centro
sphaerae ad centra circulorum comprehendentium et
triangulum icosaedri et pentagonum dodecaedri per-
pendiculares ductae aequales sunt. itaque pyramides,
quae bases habent pentagona dodecaedri, et quae bases
habent triangulos icosaedri, eandem altitudinem habent.
pyramides autem, quae eandem altitudinem habent,
eam inter se rationem habent quam bases [XII, 6].
itaque ut pentagonum ad triangulum, ita pyramis,
cuius basis est pentagonum, uertex autem centrum
sphaerae, ad pyramidem, quae basim habet triangulum,
uerticem autem centrum sphaerae. quare etiam ut
duodecim pentagona ad uiginti triangulos, ita duodecim
pyramides bases pentagonas habentes ad uiginti py-
ramides bases triangulas habentes. et duodecim penta-
gona superficies est dodecaedri, uiginti autem tri-
anguli superficies icosaedri. itaque ut superficies
dodecaedri ad superficiem icosaedri, ita duodecim
pyramides bases pentagonas habentes ad uiginti pyra-
mides bases triangulas habentes. et duodecim pyra-
mides bases pentagonas habentes uolumen est dode-

PBVv.   9. αἱ] (prius) om. M.   12. ἐστιν P.   τό] τὸ τοῦ δω-
δεκαέδρου PBVv.   13. τήν (alt.) — 14. τό] ἧς βάσις μέν (om.
PB) ἐστι τὸ τοῦ εἰκοσαέδρου PBVv.   14. κορυφῇ PBVv.   15.
δώδεκα] ιβ̄ V et sic saepius.   16. εἴκοσι] κ̄ V, et sic saepius.
18. μέν] om. PBVv.   19. ἐπιφάνειά ἐστιν PBVv.   εἴκοσι
— 20. ἐπιφάνεια] om. P.   20. ἐπιφάνεια] corr. ex ἐπιφάνια v.
Deinde add. ἐστιν BVv.   21. εἰκοσαέδρου ἐπιφάνειαν PBVv.
22. ιβ̄] δώδεκα PBv.   βάσεις ἔχουσαι PBVv.   23. ἔχουσαι P.
24. ιβ̄] δώδεκα PBv.   25. δωδεκαέδρου — 26. τοῦ] om. M.

ἄρα ἡ τοῦ δωδεκαέδρου ἐπιφάνεια πρὸς τὴν τοῦ εἰ-
κοσαέδρου ἐπιφάνειαν, οὕτως τὸ στερεὸν τοῦ δω-
δεκαέδρου πρὸς τὸ στερεὸν τοῦ εἰκοσαέδρου. ὡς δὲ
ἡ ἐπιφάνεια τοῦ δωδεκαέδρου πρὸς τὴν ἐπιφάνειαν
5 τοῦ εἰκοσαέδρου, ἐδείχθη ἡ τοῦ κύβου πλευρὰ πρὸς
τὴν τοῦ εἰκοσαέδρου πλευράν. καὶ ὡς ἄρα ἡ τοῦ
κύβου πλευρὰ πρὸς τὴν τοῦ εἰκοσαέδρου πλευράν,
οὕτως τὸ στερεὸν τοῦ δωδεκαέδρου πρὸς τὸ στερεὸν
τοῦ εἰκοσαέδρου.

10 Ὅτι δέ, ἐὰν δύο εὐθεῖαι ἄκρον καὶ μέσον λόγον
τμηθῶσιν, ἐν ἀναλογίᾳ εἰσὶ τῇ ὑποκειμένῃ, δείξομεν
οὕτως·

τετμήσθω γὰρ ἡ μὲν ΑΒ ἄκρον καὶ μέσον λόγον
κατὰ τὸ Γ, καὶ τὸ μεῖζον αὐτῆς τμῆμα ἔστω ἡ ΑΓ.
15 ὁμοίως δὲ καὶ ἡ ΔΕ ἄκρον καὶ μέσον λόγον τετμήσθω
κατὰ τὸ Ζ, καὶ τὸ μεῖζον αὐτῆς τμῆμα ἔστω ἡ ΔΖ.
λέγω, ὅτι ὡς ὅλη ἡ ΑΒ πρὸς τὴν ΑΓ, οὕτως ὅλη ἡ
ΔΕ πρὸς τὸ μεῖζον τμῆμα τὴν ΔΖ.

ἐπεὶ γὰρ τὸ μὲν ὑπὸ ΑΒΓ ἴσον ἐστὶ τῷ ἀπὸ ΑΓ,
20 τὸ δὲ ὑπὸ ΔΕΖ ἴσον ἐστὶ τῷ ἀπὸ ΔΖ, ἔστιν ἄρα ὡς
τὸ ὑπὸ ΑΒΓ πρὸς τὸ ἀπὸ ΑΓ, οὕτως τὸ ὑπὸ ΔΕΖ
πρὸς τὸ ἀπὸ ΔΖ. καὶ ὡς τὸ τετράκις ἄρα ὑπὸ ΑΒΓ
πρὸς τὸ ἀπὸ τῆς ΑΓ, οὕτως τὸ τετράκις ὑπὸ ΔΕΖ
πρὸς τὸ ἀπὸ ΔΖ. καὶ συνθέντι ὡς τὸ τετράκις ὑπὸ
25 ΑΒΓ μετὰ τοῦ ἀπὸ ΑΓ πρὸς τὸ ἀπὸ ΑΓ, οὕτως τὸ
τετράκις ὑπὸ ΔΕΖ μετὰ τοῦ ἀπὸ ΔΖ πρὸς τὸ ἀπο

---

2. ἐπιφάνειαν] om. PBVv.   5. ἐδείχθη] οὕτως ἐδείχθη
PBVv. ἡ] om. M.   8. τὸ στερεόν] ἡ P. στερεόν] πλεῦρον P.
10. ὅτι] καὶ ἑξῆς ὅτι BV, καὶ τὰ ἑξῆς. ὅτι Pv.   δέ] om. BVv.
11. εἰσίν PB.   13. γάρ] om. V. ΑΒ] ΑΒ εὐθεῖα PBVv.
14. καὶ τό] τὸ δέ PBVv. τμῆμα αὐτῆς PBv. ἡ] τό V.
15. δέ] δή V. 16. τμῆμα αὐτῆς PBVv. 17. ὡς] ἐστὶν ὡς

caedri, uiginti autem pyramides bases triangulas
habentes uolumen icosaedri. quare etiam ut superficies
dodecaedri ad superficiem icosaedri, ita uolumen do-
decaedri ad uolumen icosaedri. demonstrauimus autem,
esse latus cubi ad latus icosaedri, ut sit superficies
dodecaedri ad superficiem icosaedri [p. 16, 16 sq.].
ergo etiam ut latus cubi ad latus icosaedri, ita uolumen
dodecaedri ad uolumen icosaedri.

Sin duae rectae secundum rationem extremam ac
mediam secentur, eas eam habere rationem, quam
proposuimus, hoc modo demonstrabimus:

secetur enim AB secundum rationem extremam
ac mediam in Γ, et maior eius pars sit $A\Gamma$. similiter
autem etiam ΔE in Z secundum rationem extremam
ac mediam secetur, et maior eius pars sit ΔZ. dico,
esse $AB : A\Gamma = \Delta E : \Delta Z$.

$$\text{nam quoniam } AB \times B\Gamma = A\Gamma^2,$$
$$\Delta E \times EZ = \Delta Z^2, \text{ erit}$$
$$AB \times B\Gamma : A\Gamma^2 = \Delta E \times EZ : \Delta Z^2.$$

itaque etiam $4AB \times B\Gamma : A\Gamma^2 = 4\Delta E \times EZ : \Delta Z^2$.
et componendo
$$4AB \times B\Gamma + A\Gamma^2 : A\Gamma^2 = 4\Delta E \times EZ + \Delta Z^2 : \Delta Z^2.$$

PBv.   τήν] τὸ μεῖζον τμῆμα τήν PBVv.   ὅλη] ἡ ὅλη P.
18. ΔE] ΔE οὕτως ἡ ὅλη P.   τήν] τό M.   19. AB, BΓ
Vv.   τῷ] τό P.   τῆς AΓ Friedlein.   20. ΔE, EZ Vv.
τῷ] corr. ex τό m. 2 V.   21. ὑπό] corr. ex ἀπό m. 2 B.
AB, BΓ v.   τῆς AΓ Friedlein.   ΔE, EZ v.   22. τῆς
ΔZ Friedlein.   ὡς] ὡς ἄρα V.   τό] eras. V.   ἄρα] om. V.
ὑπό] om. PB.   AB, BΓ PBVv.   23. τῆς] om. V.   AΓ]
AΓ ἐστιν PBv.   τό] om. P.   ΔE, EZ PBVv.   24. ΔZ]
τῆς ΔΔ M.   ὡς] ἐστιν ὡς PBv.   τό] om. P.   25. ABΓ]
B supra scr. m. 2 V; AB, BΓ v.   τῆς AΓ Friedlein.   ἀπό]
om. PBVv.   τῆς AΓ Friedlein.   οὕτω P.   26. ΔE, EZ
v et m. 2 V.   τῆς ΔZ Friedlein.   ἀπό] om. Bv.

ΔΖ. ὥστε καὶ ὡς τὸ ἀπὸ συναμφοτέρου τῆς ΑΒΓ
πρὸς τὸ ἀπο τῆς ΑΓ, οὕτως τὸ ἀπὸ συναμφοτέρου
τῆς ΔΕΖ πρὸς τὸ ἀπὸ τῆς ΔΖ. καὶ μήκει ὡς συν-
αμφότερος ἡ ΑΒΓ μετὰ τῆς ΑΓ, τουτέστι δύο αἱ ΑΒ,
5 πρὸς τὴν ΑΓ, οὕτως συναμφότερος ἡ ΔΕΖ μετὰ τῆς
ΔΖ, τουτέστι δύο αἱ ΔΕ, πρὸς τὴν ΔΖ. καὶ τὰ
ἡμίση, ὡς ἡ ΑΒ πρὸς ΑΓ, οὕτως ἡ ΔΕ πρὸς ΔΖ.

καὶ ὅτι εὐθείας οἱασδηποτοῦν ἄκρον καὶ μέσον
λόγον τμηθείσης τὸν λόγον, ὃν ἔχει ἡ δυναμένη τὸ
10 ἀπὸ τῆς ὅλης καὶ τὸ ἀπὸ τοῦ μείζονος τμήματος πρὸς
τὴν δυναμένην τὸ ἀπὸ τῆς ὅλης καὶ τὸ ἀπὸ τοῦ ἐλάτ-
τονος τμήματος, τοῦτον ἔχει ἡ τοῦ κύβου πλευρὰ πρὸς
τὴν τοῦ εἰκοσαέδρου πλευράν. δεδειγμένου δὲ καὶ
τοῦδε, ὅτι ὡς ἡ τοῦ κύβου πλευρὰ πρὸς τὴν τοῦ
15 εἰκοσαέδρου πλευράν, οὕτως ἡ τοῦ δωδεκαέδρου ἐπι-
φάνεια πρὸς τὴν τοῦ εἰκοσαέδρου ἐπιφάνειαν τῶν εἰς
τὴν αὐτὴν σφαῖραν ἐγγραφομένων, προσενηνεγμένου
δὲ καὶ τοῦδε, ὅτι ὡς ἡ τοῦ δωδεκαέδρου ἐπιφάνεια
πρὸς τὴν τοῦ εἰκοσαέδρου ἐπιφάνειαν, καὶ αὐτὸ τὸ
20 δωδεκάεδρον πρὸς τὸ εἰκοσάεδρον διὰ τὸ ὑπὸ τοῦ
αὐτοῦ κύκλου περιλαμβάνεσθαι τό τε τοῦ δωδεκαέδρου
πεντάγωνον καὶ τὸ τοῦ εἰκοσαέδρου τρίγωνον, δῆλον,
ὅτι, ἐὰν εἰς τὴν αὐτὴν σφαῖραν ἐγγραφῇ δωδεκάεδρόν

1. τῆς ΔΖ Friedlein.   ὡς τό] om. P.   ἀπό] ὑπό P.
τῆς — 2. συναμφοτέρου] om. PB.   1. ΑΒ, ΒΓ PBv.   2.
συναμφοτέρου τῆς] om. v.   3. ΔΕ, ΕΖ corr. ex ΔΕ, ΕΔ v.
τῆς] om. Pv.   ὡς] corr. ex ὁ m. 2 V.   4. ΑΒ, ΒΓ v. Dein
add. πρὸς (τὴν V) ΑΓ οὕτως συναμφότερος (οὖν ἀμφ. P) ἡ
ΔΕΖ (ΔΕ, ΕΖ v, Δᴱᴢ V) πρὸς (τὴν add. V) ΔΖ (καί supra
scr. V) συνθέντι ὡς συναμφότεραι (-ροι PBv) αἱ ΑΒΓ (ΑΒ,
ΒΓ v) PBVv.   τῆς] om. PB.   τουτέστι — ΑΒ] om. PBVv.
5. τήν] om. PBVv.   ΑΓ] ΑΒ B.   συναμφότεραι αἱ
PBVv.   ΔΕ, ΕΖ v.   6. Post ΔΖ add. πρὸς ΔΖ PBVv.

quare etiam [II, 8]

$$(AB + B\Gamma)^2 : A\Gamma^2 = (\varDelta E + EZ)^2 : \varDelta Z^2.$$

et longitudine

$$AB + B\Gamma + A\Gamma : A\Gamma = \varDelta E + EZ + \varDelta Z : \varDelta Z,$$

hoc est $2AB : A\Gamma = 2\varDelta E : \varDelta Z$. et sumptis dimidiis

$$AB : A\Gamma = \varDelta E : \varDelta Z.$$

Et qualibet recta secundum rationem extremam ac mediam secta, latus cubi ad latus icosaedri eam rationem habere, quam habeat recta quadratis totius partisque maioris aequalis quadrata ad rectam quadratis totius partisque minoris aequalem quadratam [p. 24, 17 sq.]. tum hoc quoque demonstrato, superficiem dodecaedri ad superficiem icosaedri in eadem sphaera inscriptorum eam rationem habere, quam habeat latus cubi ad latus icosaedri, et deinde hoc adiecto, ipsum dodecaedrum ad icosaedrum eam rationem habere, quam habeat superficies dodecaedri ad superficiem icosaedri, quia et pentagonum dodecaedri et triangulus icosaedri eodem circulo comprehenduntur, adparet, si in eadem sphaera inscribantur dodecaedrum et icosaedrum, recta qualibet secundum rationem extremam ac mediam secta, eam rationem illa habitura

---

τουτέστιν B. τήν] om. PBVv. τά] τῶν ἡγουμένων τά PBVv. 7. ἡ] τουτέστιν ἡ PBVv. τὴν ΑΓ Friedlein. τὴν ΔZ idem. Dein add. ο):)~ P. 8. καί] δεδειγμένου δὴ τοῦδε PBVv. ἠσδηποτοῦν BVv. 9. λογών v. τὸν λόγον ὅν] ὃν λόγον PBVv. 11. ὅλης — ἐλάττονος] in ras. m. 1 P. τὸ ἀπό] om. PBVv. ἐλάσσονος BVv. 12. κύβου] corr. ex κύκλου m. 2 V. 13. πλευράν] om. V. δέ] δή P. καί] om. Bv. 15. πλευράν] om. V. δωδεκαέδρου v. 17. προσηνεγμένον P. 18. Post δωδεκαέδρου del. πεντάγωνον V. 19. καί] mg. m. 1 V. 22. τό] om. M. Post δῆλον una litt. deleta macula V.

τε καὶ εἰκοσάεδρον, λόγον ἕξει εὐθείας ἡσδηποτοῦν
ἄκρον καὶ μέσον λόγον τμηθείσης ὡς ἡ δυναμένη τὸ
ἀπὸ τῆς ὅλης καὶ τὸ ἀπὸ τοῦ μείζονος τμήματος πρὸς
τὴν δυναμένην τὸ ἀπο τῆς ὅλης καὶ τὸ ἀπὸ τοῦ ἐλάτ-
5 τονος τμήματος.

Τούτων δὴ πάντων γνωρίμων ἡμῖν γενομένων
δῆλον, ὅτι, ἐὰν εἰς τὴν αὐτὴν σφαῖραν ἐγγραφῇ δω-
δεκάεδρόν τε καὶ εἰκοσάεδρον, τὸ δωδεκάεδρον πρὸς
τὸ εἰκοσάεδρον λόγον ἕξει εὐθείας ἡσδηποτοῦν ἄκρον
10 καὶ μέσον λόγον τεμνομένης ὡς ἡ δυναμένη τὴν ὅλην
καὶ τὸ μεῖζον τμῆμα πρὸς τὴν δυναμένην τὴν ὅλην
καὶ τὸ ἔλαττον τμῆμα. ἐπεὶ γάρ ἐστιν ὡς τὸ δω-
δεκάεδρον πρὸς τὸ εἰκοσάεδρον, οὕτως ἡ τοῦ δωδε-
καέδρου ἐπιφάνεια πρὸς τὴν τοῦ εἰκοσαέδρου ἐπιφά-
15 νειαν, τουτέστιν ἡ τοῦ κύβου πλευρὰ πρὸς τὴν τοῦ
εἰκοσαέδρου πλευράν, ὡς δὲ ἡ τοῦ κύβου πλευρὰ πρὸς
τὴν τοῦ εἰκοσαέδρου πλευράν, οὕτως εὐθείας ἡσδη-
ποτοῦν ἄκρον καὶ μέσον λόγον τετμημένης ἡ δυναμένη
τὴν ὅλην καὶ τὸ μεῖζον τμῆμα πρὸς τὴν δυναμένην
20 τὴν ὅλην καὶ τὸ ἔλαττον τμῆμα, ὡς ἄρα τὸ δωδε-
κάεδρον πρὸς τὸ εἰκοσάεδρον τῶν εἰς τὴν αὐτὴν
σφαῖραν ἐγγραφομένων, εὐθείας ἡσδηποτοῦν ἄκρον
καὶ μέσον λόγον τετμημένης ἡ δυναμένη τὴν ὅλην καὶ
τὸ μεῖζον τμῆμα πρὸς τὴν δυναμένην τὴν ὅλην καὶ
25 τὸ ἔλαττον τμῆμα.

---

1. λόγον — 8. εἰκοσάεδρον] bis P. 1. ἕξουσιν V, ἔξωσιν
PBv. Dein add. ὂν v et m. 2 V. οἱασδηποτοῦν PBVr. 2.
ὡς] om. PBVv. δυναμένης P. 4. ἐλάσσονος BVv. 6.
γινομένων V, γενόμενα P. 8. τε] om. BVv. (in repetitione
omnia eadem habet P, nisi quod supra ἐλάττονος add. σ lin. 4,
lin. 6 γνωρήμων γενομένων, lin. 8 τε om.). τὸ δωδεκάεδρον
πρὸς τὸ εἰκοσάεδρον] om. M. Ante δωδεκάεδρον del. δέ r.

esse, quam habeat recta quadratis totius partisque
maioris aequalis quadrata ad rectam quadratis totius
partisque minoris aequalem quadratam.

Iam his omnibus a nobis perspectis adparet, si in
eadem sphaera dodecaedrum et icosaedrum inscribantur,
recta qualibet secundum rationem extremam ac mediam
secta, dodecaedrum ad icosaedrum eam rationem habi-
turum esse, quam habeat recta quadratis totius par-
tisque maioris aequalis quadrata ad rectam quadratis
totius partisque minoris aequalem quadratam. nam
quoniam est, ut dodecaedrum ad icosaedrum, ita
superficies dodecaedri ad superficiem icosaedri, hoc
est latus cubi ad latus icosaedri, et ut latus cubi
ad latus icosaedri, ita, recta qualibet secundum ra-
tionem extremam ac mediam secta, recta quadratis
totius partisque maioris aequalis quadrata ad rectam
quadratis totius partisque minoris aequalem quadratam,
erit ut dodecaedrum ad icosaedrum in eadem sphaera
inscripta, ita, recta qualibet secundum rationem ex-
tremam ac mediam secta, recta quadratis totius par-
tisque maioris aequalis quadrata ad rectam quadratis
totius partisque minoris aequalem quadratam.

---

9. ἕξει] ἕξει ὅν PBVv.   οἱασδηκοτοῦν PBVv.   10. λόγον]
om. P.   τετμημένης PBv, τμηθείσης V.   ὡς] om. PBVv,
ὅλη M, corr. Friedlein.   11. τό — 12. καί] om. PBv.   12.
ἔλασσον M.   14. ἐπιφάνειαν — 16. πλευράν] om. PBVv.
17. πλευράν] om. PBVv.   οὕτως] οὕτως ἐστίν PBVv.   20.
ἔλασσον M.   δεκάεδρον P.   22. εὐθείας] οὕτως εὐθείας
PBVv.   25. ἔλασσον M. In fine Ὑψικλέους τὸ εἰς Εὐκλείδην
ἀναφερόμενον ιδ P.   Lin. 6 — 25 uncis inclusit Gregorius,
del. Peyrardus, et prorsus superuacua sunt.

ELEMENTORUM QUI FERTUR

LIBER XV.

Εἰς τὸν δοθέντα κύβον πυραμίδα ἐγγράψαι.
Ἔστω ὁ δοθεὶς κύβος ὁ ΑΒΓΔΕΖΗΘ, εἰς ὃν δεῖ
πυραμίδα ἐγγράψαι. ἐπεζεύχθωσαν αἱ ΑΓ, ΑΕ, ΓΕ,
ΑΘ, ΕΘ, ΘΓ. φανερὸν δή, ὅτι τὰ ΑΕΓ, ΑΘΕ,
5 ΑΘΓ, ΘΓΕ τρίγωνα ἰσόπλευρά ἐστιν. τετραγώνων
γάρ εἰσι διάμετροι αἱ πλευραί. πυραμὶς ἄρα ἐστὶν ἡ
ΑΕΓΘ· καὶ ἐγγέγραπται εἰς τὸν δοθέντα κύβον.

Εἰς τὴν δοθεῖσαν πυραμίδα ὀκτάεδρον ἐγ-
γράψαι.
10 Ἔστω ἡ δοθεῖσα πυραμὶς ἡ ΑΒΓΔ, ἧς κορυφὴ
τὸ Δ σημεῖον, εἰς ἣν δεῖ ὀκτάεδρον ἐγγράψαι. τε-
τμήσθωσαν αἱ ΑΒ, ΑΓ, ΑΔ, ΒΔ, ΒΓ δίχα τοῖς
Ε, Ζ, Η, Θ, Κ, Λ σημείοις, καὶ ἐπεζεύχθωσαν αἱ
ΘΚ, ΘΛ, ΕΖ, ΖΗ καὶ αἱ λοιπαί. καὶ ἐπεὶ ἡ ΑΒ
15 διπλῆ ἐστιν ἑκατέρας τῶν ΘΚ, ΗΖ, ἴση ἄρα ἐστὶν ἡ

Εὐκλείδου ιε Βν et seq. ras. 3 litt. V; Εὐκλείδου ιδ P.
1. α΄ P. παραμίδα ν, sed corr. 2. ἔστιν ΡΒ. δεῖ]
corr. ex δή m. 1 P. 3. ΓΕ] corr. ex ΓΣ m. 1 P. 5. ΘΓΕ]
m. 2 V, om. PΒν. ἔστι ΡVν. 6. εἰσι] εἰσιν Β, mut. in
εἰσιν ἴσων m. 2 V. 8. β΄ P. 10. ΑΒΓ Βν. ἧς — 12.
δίχα] P, καὶ τετμήσθω, corr. in καὶ τετμήσθωσαν m. 2 V; καὶ
τετμήσθω ν et supra scr. m. 2 B. 12. δίχα] δίχα κατά P,
αἱ πλευραὶ δίχα in ras. V. 13. Η, Θ] in ras. V. 15. ἐστίν]
(alt.) om. V.

In datum cubum pyramidem[1]) inscribere.
Sit datus cubus $ABΓΔEZHΘ$, in quem oportet
pyramidem inscribere. ducantur
$AΓ$, AE, $ΓE$, $AΘ$, $EΘ$, $ΘΓ$. iam
manifestum est, triangulos $AEΓ$,
$AΘE$, $AΘΓ$, $ΘΓE$ aequilateros esse;
nam latera diametri sunt quadrato-
rum.[2]) ergo $AEΓΘ$ pyramis[1]) est;
et in datum cubum inscripta est.

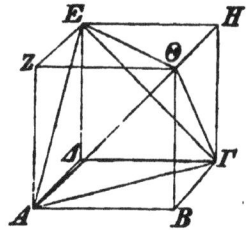

In datam pyramidem[1]) octaedrum inscribere.
Sit data pyramis[1]) $ABΓΔ$, cuius uertex sit $Δ$
punctum, in quam oportet
octaedrum inscribere. AB,
$AΓ$, $AΔ$, $BΔ$, $BΓ$ punctis
E, Z, H, $Θ$, K, $Λ$ in binas
partes aequales secentur, et
ducantur $ΘK$, $ΘΛ$, EZ, ZH
cet. et quoniam[3])
$AB = 2ΘK = 2HZ$,

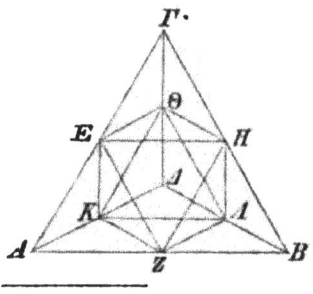

1) Sc. ἐκ τεσσάρων τριγώνων ἰσοπλεύρων; cfr. XIII, 13.
2) Sc. aequalium.
3) Quae sequuntur prorsus corrupta sunt; saltim post ὀρθο-
γώνιον p. 42 lin. 3 maior est lacuna. sed iam a manu scriptoris
demonstratio minus proba fuisse uidetur; cfr. lin. 15.

ΘΚ τῇ ΗΖ καὶ παράλληλος. ὁμοίως καὶ ἡ ΘΗ τῇ
ΖΚ ἴση τέ ἐστι καὶ παράλληλος. ἰσόπλευρον ἄρα
ἐστὶ τὸ ΘΚΖΗ. λέγω, ὅτι καὶ ὀρθογώνιον. ἐὰν γὰρ
ἀπὸ τῆς ΚΛ κάθετοι ἀχθῶσιν ἐπὶ τὰ ἐπίπεδα τὰ
5 ΕΖΒΗ, ΖΓΕΗ, ΕΖΘΚ, ΚΛΛΗ, ὁμοίως δείξομεν
τὰ ἐπὶ τοῦ ΘΚΖΗ τετραγώνου ἰσόπλευρα.

Εἰς τὸν δοθέντα κύβον ὀκτάεδρον ἐγγράψαι.

Ἔστω ὁ δοθεὶς κύβος ὁ ΑΒΓΔΕΖΗΘ, καὶ εἰλήφθω
τὰ κέντρα τῶν ἐφεστώτων τετραγώνων τὰ Κ, Λ, Μ, Ν,
10 καὶ ἐπεζεύχθωσαν αἱ ΚΛ, ΛΜ, ΜΝ, ΝΚ. λέγω, ὅτι
τὸ ΚΛΜΝ τετράγωνόν ἐστιν. ἤχθωσαν διὰ τῶν
Κ, Λ παράλληλοι αἱ ΞΟ, ΠΟ. ἐπεὶ οὖν διπλῆ ἐστιν
ἡ μὲν ΠΟ τῆς ΟΚ, ἡ δὲ ΞΟ τῆς ΟΛ, ἴση ἐστὶ τῇ
ΚΟ ἡ ΟΛ. διὰ τὰ αὐτὰ δὴ καὶ ἡ ΜΞ τῇ ΞΛ. τὸ
15 ἄρα ἀπὸ ΚΛ διπλάσιόν ἐστι τοῦ ἀπὸ ΟΛ. διὰ τὰ
αὐτὰ δὴ καὶ τὸ ἀπὸ ΜΛ διπλάσιόν ἐστι τοῦ ΛΞ.
ἴσον ἄρα τὸ ἀπὸ ΚΛ τῷ ἀπὸ ΜΛ. ἰσόπλευρον ἄρα
ἐστὶ τὸ ΚΛΜΝ. καὶ φανερόν, ὅτι καὶ ὀρθογώνιον.
εἰλήφθω τῶν ΒΔ, ΕΗ δύο τετραγώνων τὰ κέντρα
20 τὰ Ρ, Σ, καὶ ἐπεζεύχθωσαν αἱ ΡΛ, ΡΜ, ΡΚ, ΡΝ,
ΣΚ, ΣΛ, ΣΜ, ΣΝ. καὶ φανερόν, ὅτι ἰσόπλευρά

ΘK rectae HZ et aequalis est et parallela. eodem modo etiam ΘH rectae ZK et aequalis est et parallela. itaque ΘKZH aequilaterum est. dico, idem rectangulum esse. nam si a $K\Lambda$ ad plana $EZBH$, $Z\Gamma EH$, $EZ\Theta K$, $K\Lambda\Lambda H$ perpendiculares duxerimus, eodem modo demonstrabimus triangulos in quadrato ΘKZH erectos aequilateros esse.

In datum cubum octaedrum inscribere.

Sit datus cubus $AB\Gamma\Delta EZH\Theta$, et sumantur centra quadratorum erectorum K, Λ, M, N, et ducantur $K\Lambda$, ΛM, MN, NK. dico, $K\Lambda MN$ quadratum esse. du-

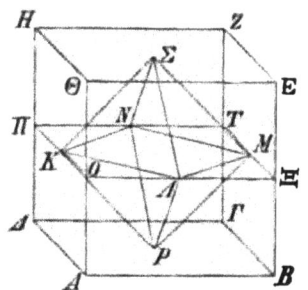

cantur per K, Λ parallelae ΞO, ΠO. iam quoniam est $\Pi O = 2OK$, $\Xi O = 2O\Lambda$, erit $KO = O\Lambda$. eadem de causa etiam $M\Xi = \Xi\Lambda$. itaque $K\Lambda^2 = 2O\Lambda^2$ [I, 47]. eadem de causa etiam $M\Lambda^2 = 2\Lambda\Xi^2$. quare $K\Lambda^2 = M\Lambda^2$. itaque $K\Lambda MN$ aequilaterum est. et manifestum est, idem rectangulum esse. sumantur duorum quadratorum $B\Delta$, EH centra P, Σ, et ducantur $P\Lambda$, PM, PK, PN, ΣK, $\Sigma\Lambda$, ΣM, ΣN. et mani-

ἐστι τὰ ποιοῦντα τὸ ὀκτάεδρον τρίγωνα· τῷ γὰρ αὐτῷ
λόγῳ ἀποδείξομεν.

Εἰς τὸ δοθὲν ὀκτάεδρον κύβον ἐγγράψαι.

Εἰλήφθω τῶν περὶ τὰ ΑΒΓ, ΑΓΔ, ΑΒΕ, ΑΔΕ
5 τρίγωνα κύκλων τὰ κέντρα τὰ Η, Θ, Κ, Δ, καὶ ἐπε-
ζεύχθωσαν αἱ ΗΘ, ΗΚ, ΘΔ, ΛΚ. λέγω, ὅτι τὸ
ΗΘΚΛ τετράγωνόν ἐστιν. ἤχθωσαν διὰ τῶν Η, Θ,
Κ, Δ ταῖς ΒΓ, ΒΕ, ΓΔ, ΔΕ παράλληλοι αἱ ΜΟ,
ΜΝ, ΝΞ, ΞΟ. ἐπεὶ οὖν ἰσόπλευρόν ἐστι τὸ ΑΒΓ
10 τρίγωνον, ἡ ἀπὸ τοῦ Α ἐπὶ τὸ Θ κέντρον τοῦ περὶ
τὸ ΑΒΓ τρίγωνον κύκλου δίχα τέμνει τὴν πρὸς τῷ Α
γωνίαν τοῦ ΑΒΓ τριγώνου. ἴση ἄρα ἡ ΝΘ τῇ ΜΘ.
διὰ τὰ αὐτὰ δὴ ἴση ἐστὶ καὶ ἡ ΗΟ τῇ ΜΗ. ἴση ἄρα
καὶ ἡ ΘΜ τῇ ΗΜ, ἐπείπερ καὶ ἡ ΟΜ τῇ ΜΝ ἴση
15 ἐστίν. καὶ ἐστιν ὀρθὴ ἡ ὑπὸ ΗΜΘ· ἐξ οὗ φανερόν,
ὅτι ἡ ΗΘ ἴση ἐστὶ τῇ ΗΚ. διὰ τὰ αὐτὰ δὴ καὶ αἱ
λοιπαί. ἐπεὶ οὖν παραλληλόγραμμόν ἐστι τὸ ΗΘΚΛ,
ἐν ἑνί ἐστιν ἐπιπέδῳ. καὶ ἐπεὶ ἥμισύ ἐστιν ἑκατέρα
τῶν ὑπὸ ΗΘΜ, ΝΘΔ ὀρθῆς, λοιπὴ ἄρα ἡ ὑπὸ ΗΘΔ

---

3. δ΄ P. τό] τόν v et B, sed corr. δοθέντα P et B, sed
corr. 4. ΑΒΕ] om. v. ΑΔΕ] mg. m. 2 V, om. PBv. 6.
ΗΚ] ΘΛ v. ΘΛ] ΛΚ v. ΛΚ] ΚΗ v. 7. ΗΑΚΛ P.
8. ΔΕ] Δ in ras. V, ΓΕ PB. 11. δίχα κύκλου P. 12.
γωνίαν] τῷ ΒV, om. v. τριγώνου γωνίαν V. ἡ] καὶ ἡ
ΘΜ V, sed corr. ΘΜ P. 13. ἐστίν PB. ἡ ΗΟ] ΗΝ P,
ἡ ΝΘ ΒVv. ΜΗ] ΝΗ, Ν in ras., V; ΝΛ v, ΘΗ PB.
14. ΗΜ] ΗΝ, Ν in ras., V; ΜΗ v. ΟΜ] scripsi; ΘΜ
PB, ΘΝ V, ΝΞ v. ΜΝ] ΘΚ in ras. V. 15. ἐστί v.
ΗΜΘ] mut. in ΗΝΘ V, ΗΘΛ v. 16. ΗΘ] ΘΗ P.
ἐστίν P. 18. ἡμίσεια v, m. 2 V. 19. ὑπό] ὑ- e corr. B.
ΗΘΜ] ΗΘΗ PB, ΗΘΝ V in ras. m. 2. ΝΘΔ] ΜΘΛ
in ras. m. 2 V. ὀρθῆς — ΗΘΛ] om. v. ὀρθῆς] ὀρθή
PB et V, sed corr. m. 2. ΗΘΛ] ΗΛΘ B; ΛΘ V, Η add.
m. 2.

festum est, triangulos octaedrum efficientes aequilateros esse; nam eadem ratione[1]) demonstrabimus.

In datum octaedrum cubum inscribere.
Sumantur H, Θ, K, $\varLambda$ centra circulorum circum triangulos $\varLambda B \varGamma$, $\varLambda \varGamma \varDelta$, $\varLambda B E$, $\varLambda \varDelta E$ circumscriptorum, et ducantur $H\Theta$, HK, $\Theta \varLambda$, $\varLambda K$.

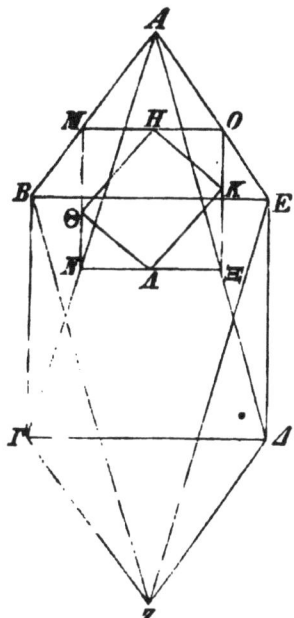

dico, $H\Theta K \varLambda$ quadratum esse. ducantur per H, Θ, K, $\varLambda$ rectis $B\varGamma$, BE, $\varGamma \varDelta$, $\varDelta E$ parallelae $MO, MN, N\varXi, \varXi O$. iam quoniam triangulus $\varLambda B \varGamma$ aequilaterus est, recta ab $\varLambda$ ad Θ centrum circuli circum triangulum $\varLambda B \varGamma$ circumscripti angulum ad $\varLambda$ positum trianguli $\varLambda B \varGamma$ in duas partes aequales diuidit. quare $N\Theta = M\Theta$. eadem de causa etiam $HO = MH$. itaque etiam $\Theta M = HM$, quoniam etiam $OM = MN$. et $\angle HM\Theta$ rectus est. unde manifestum est, esse $H\Theta = HK$.[2]) eadem de causa etiam reliquae. iam quoniam $H\Theta K \varLambda$ parallelogrammum est, in uno plano positum est [XI, 7]. et quoniam uterque $H\Theta M$, $N\Theta \varLambda$ dimidia pars est recti, etiam reliquus $H\Theta \varLambda$ rectus est; et similiter reliqui.

---

1) Haec ratio in prop. 2 exposita esse debuit; sed ibi uel scribae uel scriptoris uitio male habita est.
2) Dici debuit, esse etiam $OK = K\varXi = HO$.

ἐστι τὰ ποιοῦντα τὸ ὀκτάεδρον τρίγωνα· τῷ γὰρ αὐτῷ λόγῳ ἀποδείξομεν.

Εἰς τὸ δοθὲν ὀκτάεδρον κύβον ἐγγράψαι.

Εἰλήφθω τῶν περὶ τὰ ΑΒΓ, ΑΓΔ, ΑΒΕ, ΑΔΕ
5 τρίγωνα κύκλων τὰ κέντρα τὰ Η, Θ, Κ, Λ, καὶ ἐπε-
ζεύχθωσαν αἱ ΗΘ, ΗΚ, ΘΛ, ΛΚ. λέγω, ὅτι τὸ
ΗΘΚΛ τετράγωνόν ἐστιν. ἤχθωσαν διὰ τῶν Η, Θ,
Κ, Λ ταῖς ΒΓ, ΒΕ, ΓΔ, ΔΕ παράλληλοι αἱ ΜΟ,
ΜΝ, ΝΞ, ΞΟ. ἐπεὶ οὖν ἰσόπλευρόν ἐστι τὸ ΑΒΓ
10 τρίγωνον, ἡ ἀπὸ τοῦ Α ἐπὶ τὸ Θ κέντρον τοῦ περὶ
τὸ ΑΒΓ τρίγωνον κύκλου δίχα τέμνει τὴν πρὸς τῷ Α
γωνίαν τοῦ ΑΒΓ τριγώνου. ἴση ἄρα ἡ ΝΘ τῇ ΜΘ.
διὰ τὰ αὐτὰ δὴ ἴση ἐστὶ καὶ ἡ ΗΟ τῇ ΜΗ. ἴση ἄρα
καὶ ἡ ΘΜ τῇ ΗΜ, ἐπείπερ καὶ ἡ ΟΜ τῇ ΜΝ ἴση
15 ἐστίν. καὶ ἐστιν ὀρθὴ ἡ ὑπὸ ΗΜΘ· ἐξ οὗ φανερόν,
ὅτι ἡ ΗΘ ἴση ἐστὶ τῇ ΗΚ. διὰ τὰ αὐτὰ δὴ καὶ αἱ
λοιπαί. ἐπεὶ οὖν παραλληλόγραμμόν ἐστι τὸ ΗΘΚΛ,
ἐν ἑνί ἐστιν ἐπιπέδῳ. καὶ ἐπεὶ ἥμισύ ἐστιν ἑκατέρα
τῶν ὑπὸ ΗΘΜ, ΝΘΛ ὀρθῆς, λοιπὴ ἄρα ἡ ὑπὸ ΗΘΛ

---

3. δ΄ P. τό] τόν v et B, sed corr. δοθέντα P et B, sed
corr. 4. ΑΒΕ] om. v. ΑΔΕ] mg. m. 2 V, om. PBv. 6.
ΗΚ] ΘΛ v. ΘΛ] ΛΚ v. ΛΚ] ΚΗ v. 7. ΗΛΚΛ P.
8. ΔΕ] Δ in ras. V, ΓΕ PB. 11. δίχα κύκλου P. 12.
γωνίαν] τῷ ΒV, om. v. τριγώνου γωνίαν V. ἡ] καὶ ἡ
ΘΜ V, sed corr. ΘΜ P. 13. ἐστίν PB. ἡ ΗΟ] ΗΝ P,
ἡ ΝΘ BVv. ΜΗ] ΝΗ, Ν in ras., V; ΝΛ v, ΘΗ PB.
14. ΗΜ] ΗΝ, Ν in ras., V; ΜΗ v. ΟΜ] scripsi; ΘΜ
PB, ΘΝ V, ΝΞ v. ΜΝ] ΘΚ in ras. V. 15. ἐστί v.
ΗΜΘ] mut. in ΗΝΘ V, ΗΘΛ v. 16. ΗΘ] ΘΗ P.
ἐστίν P. 18. ἡμίσεια v, m. 2 V. 19. ὑπό] ὑ- e corr. B.
ΗΘΜ] ΗΘΗ PB, ΗΘΝ V in ras. m. 2. ΝΘΛ] ΜΘΛ
in ras. m. 2 V. ὀρθῆς — ΗΘΛ] om. v. ὀρθῆς] ὀρθή
PB et V, sed corr. m. 2. ΗΘΛ] ΗΛΘ B; ΛΘ V, Η add.
m. 2.

festum est, triangulos octaedrum efficientes aequilateros esse; nam eadem ratione[1]) demonstrabimus.

In datum octaedrum cubum inscribere.

Sumantur *H*, *Θ*, *K*, *Λ* centra circulorum circum triangulos *ABΓ*, *ΛΓΔ*, *ABE*, *ΛΔE* circumscriptorum,

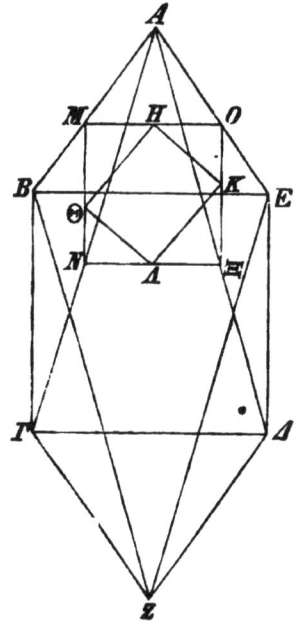

et ducantur *HΘ*, *HK*, *ΘΛ*, *ΛK*. dico, *HΘKΛ* quadratum esse. ducantur per *H*, *Θ*, *K*, *Λ* rectis *BΓ*, *BE*, *ΓΔ*, *ΔE* parallelae *MO*, *MN*, *NΞ*, *ΞO*. iam quoniam triangulus *ABΓ* aequilaterus est, recta ab *Λ* ad *Θ* centrum circuli circum triangulum *ABΓ* circumscripti angulum ad *Λ* positum trianguli *ABΓ* in duas partes aequales diuidit. quare *NΘ* = *MΘ*. eadem de causa etiam *HO* = *MH*. itaque etiam *ΘM* = *HM*, quoniam etiam *OM* = *MN*. et ∟ *HMΘ* rectus est. unde manifestum est, esse *HΘ* = *HK*.[2]) eadem de causa etiam reliquae. iam quoniam *HΘKΛ* parallelogrammum est, in uno plano positum est [XI, 7]. et quoniam uterque *HΘM*, *NΘΛ* dimidia pars est recti, etiam reliquus *HΘΛ* rectus est; et similiter reliqui.

---

1) Haec ratio in prop. 2 exposita esse debuit; sed ibi uel scribae uel scriptoris nitio male habita est.
2) Dici debuit, esse etiam *OK* = *KΞ* = *HO*.

ὀρθή ἐστιν. ὁμοίως καὶ αἱ λοιπαί. τετράγωνον ἄρα
ἐστὶ τὸ ΗΘΚΛ. δυνατὸν δὲ τὰ ἐξ ἀρχῆς λαμβάνοντα
τὰ Η, Θ, Κ, Λ κέντρα καὶ παραλλήλους ἀγαγόντα τὰς
ΜΝ, ΝΞ, ΞΟ, ΟΜ ἐπιζεῦξαι τὰς ΗΘ, ΘΛ, ΛΚ, ΚΗ
5 καὶ εἰπεῖν τὸ ΗΘΚΛ τετράγωνον. ἐὰν δὴ λάβωμεν
καὶ τῶν λοιπῶν τριγώνων τὰ κέντρα καὶ ἐπιζεύξωμεν
κατὰ τὰ αὐτά, δείξομεν τὰ λοιπὰ τετράγωνα καὶ ἕξομεν
εἰς τὸ δοθὲν ὀκτάεδρον κύβον ἐγγεγραμμένον.

Εἰς τὸ δοθὲν εἰκοσάεδρον δωδεκάεδρον ἐγ-
10 γράψαι.

Ἐκκείσθω πεντάγωνον τοῦ εἰκοσαέδρου τὸ ΑΒΓΔΕ
καὶ τὰ κέντρα τῶν κύκλων τῶν περὶ τὰ ΑΖΕ, ΑΖΒ,
ΒΖΓ, ΖΓΔ, ΔΖΕ τρίγωνα τὰ Η, Θ, Κ, Λ, Μ, καὶ
ἐπεζεύχθωσαν αἱ ΗΘ, ΘΚ, ΚΛ, ΛΜ, ΜΗ. καὶ πάλιν
15 ἐπιζευχθεῖσαι αἱ ΖΗ, ΖΘ, ΖΚ ἐκβεβλήσθωσαν ἐπὶ
τὰ Ξ, Ν, Ο. δίχα δὴ τμηθήσονται αἱ ΕΑ, ΑΒ, ΒΓ
τοῖς Ξ, Ν, Ο σημείοις. καὶ ὡς ἡ ΝΞ πρὸς ΝΟ,
οὕτως ἡ ΗΘ πρὸς ΘΚ. ἴση ἄρα καὶ ἡ ΘΗ τῇ ΘΚ.
ὁμοίως δὲ καὶ αἱ λοιπαὶ τοῦ ΗΘΚΛΜ πενταγώνου
20 πλευραὶ ἴσαι δειχθήσονται. λέγω, ὅτι καὶ ἰσογώνιον.
ἐπεὶ γὰρ δύο αἱ ΝΞ, ΝΟ παρὰ δύο τὰς ΗΘ, ΘΚ

---

2. ἐστίν P. λαμβάνοντα] corr. in λαβόντα m. 2 V. 3.
τάς] ταῖς Bv. 5. εἰπών, corr. in ποιῆσαι m. 2 V. ΘΚΛ V,
ΘΚΛΗ m. 2. 6. ἐπιζεύξομεν P. 7. κατά] καί BVv.
Post αὐτά add. ποιήσωμεν mg. m. 2 V. δείξωμεν P et v,
sed corr. ἕξωμεν P. 8. τὸν δοθέντα PBv. Post ἐγγε
γραμμένον add. ὅπερ ἔδει δεῖξαι P, ὅπερ ἔδει ποιῆσαι Bv.
9. ε´ P. τόν v. 11. εἰκοσαέδρου] corr. in δωδεκαέδρου
m. 2 V. τό] τοῦ P. ΑΒΓΔΕΖ P. 12. τῶν] (alt.) supra
scr. V. τά] τό PBv et V, corr. m. 2. 13. Post Μ add.
Ν PB, in V 1 litt. del. 14. ΜΗ] in ras. V, ΜΝ B. 16.
δίχα — 17. Ο] om. v. 16. δή] om. P. 17. Ο] ΟΝ P.
ΝΞ] ΞΝ v. 18. ΘΗ] ΘΝ PBv. ΘΚ] ΗΜ Vv, ΟΜ PB.
19. ΗΘΚΛΜ] om. V. 20. ἰσογώνιοι BV. 21. ΝΞ] ΗΞ P.

itaque $H\Theta K\Lambda$ quadratum est. fieri autem potest, ut centra ab initio posita sumentes et parallelas ducentes MN, $N\Xi$, ΞO, OM ducamus $H\Theta$, $\Theta\Lambda$, ΛK, KH et $H\Theta K\Lambda$ quadratum declaremus.[1]) iam si etiam reliquorum triangulorum centra sumpserimus et eodem modo rectas duxerimus, reliqua quadrata esse demonstrabimus et in dato octaedro cubum inscriptum habebimus.

In datum icosaedrum dodecaedrum inscribere.

Ponatur pentagonum icosaedri[2]) $AB\Gamma\Lambda E$ et circulorum circum triangulos AZE, AZB, $BZ\Gamma$, $Z\Gamma\Lambda$,

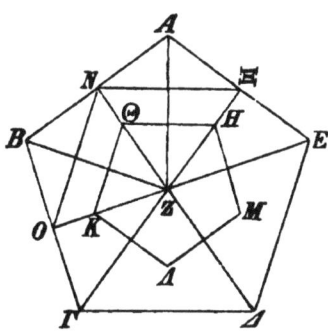

ΛZE circumscriptorum centra H, Θ, K, Λ, M, et ducantur $H\Theta$, ΘK, $K\Lambda$, ΛM, MH. et rursus ductae ZH, $Z\Theta$, ZK producantur ad Ξ, N, O. itaque EA, AB, $B\Gamma$ punctis Ξ, N, O in binas partes aequales diuidentur. et

$$N\Xi : NO = H\Theta : \Theta K.$$

itaque etiam $\Theta H = \Theta K$. similiter demonstrabimus, etiam reliqua latera pentagoni $H\Theta K\Lambda M$ aequalia esse. dico, idem aequiangulum esse. nam quoniam duae $N\Xi$, NO duabus $H\Theta$, ΘK parallelae sunt, aequales

---

1) Quid haec sibi uelint, nescio; εἰπεῖν corruptum uidetur.
2) H. e. pentagonum a basibus triangulorum circum Z uerticem icosaedri positorum effectum. expositio constructionis hic, ut semper fere in libro XV, iusto breuior est, sicut multo magis etiam pleraeque demonstrationes ipsae.

ἴσας γωνίας περιέχουσιν, καὶ τὰ λοιπὰ φανερά. νε-
νοήσθω ἀπὸ τοῦ Ζ ἐπὶ τὸ τοῦ ΑΒΓΔΕ πενταγώνου
ἐπίπεδον κάθετος ἠγμένη, ἥτις πεσεῖται ἐπὶ τὸ κέντρον
τοῦ περὶ τὸ πεντάγωνον κύκλου. ἐὰν δὴ ἀπὸ τοῦ Ν
5 ἐπὶ τὸ σημεῖον, καθ' ὃ συμβάλλει ἡ ἀπὸ τοῦ Ζ κά-
θετος, ἐπιζεύξωμεν καὶ διὰ τοῦ Θ παράλληλον αὐτῇ
ἀγάγωμεν, φανερόν, ὅτι συμβάλλει τῇ ἀπὸ τοῦ Ζ
καθέτῳ, καὶ ἡ ἀπὸ τοῦ Θ παράλληλος ὀρθὴν γωνίαν
περιέξει μετὰ τῆς ἀπὸ τοῦ Ζ καθέτου. πάλιν ἐὰν
10 ἐπιζεύξωμεν ἀπὸ τῶν Ζ, Η ἐπὶ τὸ κέντρον τοῦ περὶ
τὸ ΑΒΓΔΕ πεντάγωνον κύκλου καὶ ἐπὶ τὸ σημεῖον,
καθ' ὃ συμβάλλει ἡ ἀπὸ τοῦ Θ τῇ ἀπὸ τοῦ Ζ ἐπι-
ζευγνυμένῃ, ὀρθὴν γωνίαν περιέξει μετὰ τῆς αὐτῆς·
ἐξ οὗ φανερόν, ὅτι ἐν ἑνὶ ἐπιπέδῳ ἐστὶ τὸ ΗΘΚΛΜ
15 πεντάγωνον.

Δεῖ εἰδέναι ἡμᾶς, ὅτι, ἐάν τις ἐρεῖ ἡμῖν· πόσας
πλευρὰς ἔχει τὸ εἰκοσάεδρον; φήσομεν οὕτως· φανερόν,
ὅτι ὑπὸ εἴκοσι τριγώνων περιέχεται τὸ εἰκοσάεδρον,
καὶ ὅτι ἕκαστον τρίγωνον ὑπὸ τριῶν εὐθειῶν περι-
20 έχεται· δεῖ οὖν ἡμᾶς πολλαπλασιάσαι τὰ εἴκοσι τρίγωνα
ἐπὶ τὰς πλευρὰς τοῦ τριγώνου· γίνεται δὲ ἑξήκοντα·
ὧν ἥμισυ γίνεται τριάκοντα. ὁμοίως δὲ καὶ ἐπὶ δω-
δεκαέδρου πάλιν· ἐπειδὴ δώδεκα πεντάγωνα περιέχουσι
τὸ δωδεκάεδρον, πάλιν δὲ ἕκαστον πεντάγωνον ἔχει πέντε
25 εὐθείας, ποιοῦμεν δωδεκάκις πέντε· γίνονται ἑξήκοντα.

---

1. περιέχουσι Vv.   2. Post Ζ 1 litt. del. V.   τό] om. P.
ΑΒΓΔΕΖ PB.   ἐπταγώνου PB.   4. Post Ν del. E V.   6.
Θ] corr. ex ro m. 1 v.   8. ἀπὸ τοῦ Θ] in ras. V.   Θ] E
PB.   9. Ζ] om. P.   10. τῶν] in ras. V.   Η] del. V,
om. v.   11. πενταγώνου V.   κύκλον PB.   ἐπεί P.   12.
Post Θ add. m. 2: ἀπὸ τοῦ Μ εὐθεῖαν ἀγάγωμεν V.   τῇ]
mut. in ἡ m. 2 V, τῷ v.   Ζ] Μ εὐθεῖαν ἀγάγωμεν, ἡ ἀπὸ
τοῦ Μ v; Ζ mut. in Μ m. 2 V; Η PB.   13. ὀρθή PB et V,

angulos comprehendunt [XI, 10], et reliqua manifesta
sunt. fingatur a Z ad planum pentagoni $ABΓΔE$
perpendicularis ducta, quae cadet in centrum circuli
circum pentagonum circumscripti. iam si ab N ad
punctum, in quo perpendicularis a Z ducta cum plano
concurrit, rectam duxerimus et per Θ ei parallelam
duxerimus, manifestum est, hanc cum perpendiculari a Z
ducta concurrere, et rectam a Θ ductam cum perpen-
diculari a Z ducta rectum angulum comprehensurum
esse. rursus si a punctis Z, H ad centrum circuli
circum pentagonum $ABΓΔE$ circumscripti et ad
punctum, in quo recta a Θ ducta cum recta a Z ducta
concurrit, rectas duxerimus, haec cum eadem illa rectum
angulum comprehendet; unde manifestum[1]) est, pen-
tagonum $H\Theta K\Lambda M$ in uno plano esse positum.

Oportet nos scire, si quis nobis dixerit: quot latera
habet icosaedrum? — tum nos ita responsuros esse:
manifestum est, icosaedrum uiginti triangulis com-
prehendi, et singulos triangulos tribus rectis com-
prehendi. quare oportet, multiplicemus uiginti tri-
angulos in latera trianguli; fiunt sexaginta; quorum
dimidium fit triginta. et similiter rursus etiam in
dodecaedro. quoniam duodecim pentagona dodecaedrum
comprehendunt, et rursus singula pentagona quinas

---

1) Ne haec quidem demonstratio satis clara accurataue
est; praeterea constructio ipsa dodecaedri omissa est.

---

corr. m. 2. $\gamma\omega\nu i\alpha\nu$] $\tilde{\phi}$ PB; $\gamma\omega$ V m. 1, $\gamma\tilde{\omega}$ m. 2. $\alpha\dot\upsilon\tau\tilde\eta\varsigma$]
$\kappa\alpha\vartheta\acute{\epsilon}\tau o\upsilon$ v.   14. $\acute{\epsilon}\sigma\tau i\nu$ B.   16. $\eta\mu\tilde\alpha\varsigma$] del. V.   17. $\acute{\epsilon}\chi\eta$
PBv.   18. $\epsilon i\kappa o\sigma\iota$] $\bar\kappa$ V, et similiter saepius. $\pi\epsilon\rho\iota\acute{\epsilon}\chi\epsilon\tau\alpha\iota$]
$\pi\epsilon\rho\iota\acute{\epsilon}\chi\epsilon\iota$ B, et P, corr. m. rec.   19. $\acute{o}\tau\iota$] $\tau\iota$ P. $\pi\epsilon\rho\iota\acute{\epsilon}\chi\eta\tau\alpha\iota$ v.
23. $\acute{\epsilon}\pi\epsilon\iota\delta\acute{\eta}$] $\acute{\epsilon}\pi\epsilon i$ V. $\pi\epsilon\rho\iota\acute{\epsilon}\chi o\upsilon\sigma\iota\nu$ P.   25. $\delta\omega\delta\epsilon\kappa\acute{\alpha}\kappa\iota$ PB.
$\kappa\alpha i\ \gamma i\nu o\nu\tau\alpha\iota$ V.

Euolides, edd. Heiberg et Menge. V.

πάλιν τὸ ἥμισυ· γίνεται τριάκοντα. διὰ τί δὲ τὸ
ἥμισυ ποιοῦμεν; ἐπειδὴ ἑκάστη πλευρά, εἴτε ᾗ τρί-
γωνον ἢ πεντάγωνον ἢ τετράγωνον, ὡς ἐπὶ κύβου, ἐκ
δευτέρου λαμβάνεται. ὁμοίως δὲ τῇ αὐτῇ μεθόδῳ καὶ
5 ἐπὶ τοῦ κύβου καὶ ἐπὶ τῆς πυραμίδος καὶ τοῦ ὀκταέδρου
τὰ αὐτὰ ποιήσας εὑρήσεις τὰς πλευράς.

Εἰ δὲ βουληθείης πάλιν ἑκάστου τῶν πέντε σχη-
μάτων εὑρεῖν τὰς γωνίας, πάλιν τὰ αὐτὰ ποιήσας
μέριζε παρὰ τὰ ἐπίπεδα τὰ περιέχοντα μίαν γωνίαν
10 τοῦ στερεοῦ, οἷον, ἐπειδὴ τὴν τοῦ εἰκοσαέδρου γωνίαν
περιέχουσι πέντε τρίγωνα, μέριζε παρὰ τὰ πέντε· γί-
νονται δώδεκα γωνίαι τοῦ εἰκοσαέδρου. ἐπὶ δὲ τοῦ
δωδεκαέδρου τρία πεντάγωνα περιέχουσι τὴν γωνίαν·
μέρισον παρὰ τὰ τρία, καὶ ἕξεις εἴκοσι γωνίας οὔσας
15 τοῦ δωδεκαέδρου. ὁμοίως δὲ καὶ ἐπὶ τῶν λοιπῶν
εὑρήσεις τὰς γωνίας.

Ἐζητήθη, πῶς ἐφ' ἑκάστου τῶν πέντε στερεῶν
σχημάτων ἑνὸς ἐπιπέδου τῶν περιεχόντων ὁποιονοῦν
δοθέντος εὑρίσκεται καὶ ἡ κλίσις, ἐν ᾗ κέκλιται πρὸς
20 ἄλληλα τὰ περιέχοντα ἐπίπεδα ἕκαστον τῶν σχημάτων.
ἡ δὲ εὕρεσις, ὡς Ἰσίδωρος ὁ ἡμέτερος ὑφηγήσατο μέγας
διδάσκαλος, ἔχει τὸν τρόπον τοῦτον· ὅτι μὲν ἐπὶ τοῦ
κύβου κατ' ὀρθὴν τέμνουσι γωνίαν τὰ περιέχοντα
αὐτὸν ἐπίπεδα ἄλληλα, φανερόν. ἐπὶ δὲ τῆς πυραμίδος
25 ἐκτεθέντος ἑνὸς τριγώνου κέντροις τοῖς πέρασι τῆς
μιᾶς πλευρᾶς, διαστήματι δὲ τῇ ἀπὸ τῆς κορυφῆς ἐπὶ

---

1. τό] τῶν PB.   τό] τῶν B, ὧν P, τά v.   2. εἴτε]
scripsi; ἥτε PB et V m. 1; κἀν τε v, V m. 2.   ᾗ] in ras. P.
3. ἢ πεντάγωνον] om. v.   5. τοῦ] (prius) om. PBV.   7.
πάλιν] πάντων v.   9. μέριζε παρά] corr. ex μεριζετωαρα? v.
παρά] $\overset{\varepsilon}{\pi}$ m. 2 V.   11. περιέχον P, corr. m. rec.   τά] P
m. rec., V m. 2, B; τάς v, PV m. 1.   γίνονται] corr. ex γινο-

habent rectas, facimus duodecies quinque; fiunt sexaginta. rursus dimidium; fit triginta. sed cur dimidium sumimus? quia singula latera, siue triangulus est siue pentagonum siue quadratum ut in cubo, bis sumuntur. similiter autem eadem ratione etiam in cubo, pyramide, octaedro eadem faciens latera inuenies.

Sin rursus angulos uniuscuiusque quinque figurarum inuenire uolueris, rursus iisdem factis cum planis unum angulum solidi comprehendentibus diuide, uelut cum quinque trianguli angulum icosaedri comprehendant, cum quinque diuide. fiunt duodecim anguli icosaedri. in dodecaedro autem tria pentagona angulum comprehendunt. cum tribus diuide; habebis uiginti angulos dodecaedri. similiter autem etiam in reliquis angulos inuenies.

Quaesitum est, quo modo in unaquaque quinque figurarum solidarum etiam quolibet plano dato eorum, quae figuram comprehendunt, inueniatur inclinatio, secundum quam plana comprehendentia singularum figurarum inter se inclinata sunt. cuius rei inuentio praeeunte Isidoro magno magistro nostro hanc habet rationem. iam primum in cubo manifestum est, plana eum comprehendentia inter se secundum angulum rectum secare. in pyramide autem exposito uno tri-

---

μένας m. rec. P.   12. δώδεκα] δεκαδύο PBv.   γωνίας P, corr. m. rec.   13. περιέχοντα P.   14. οὖσας γωνίας P. · 17. Hic incipit m fol. 1.   πῶς] τῶν P.   18. ὁποιονοῦν] -ιον- in ras. V; ὁποιοῦν v, ὁποσοιοῦν ὅ B. Dein add. σχήματος mg. m. 2 P.   19. καί] om. v.   κλῆσις PB.   κέκληται PB. 20. ἕκαστον] ἐν ἑκάστῳ v.   21. ἡ δέ] del. macula V. μέγας] om. m.   22. ἐπί] ἐκ v.   23. γωνίαν τέμνουσι PBv.   τέμνουσιν P.   24. αὐτά m.   26. διάστημα P.   δέ] m. 2 V.

4*

τὴν βάσιν καθέτῳ ἀγομένῃ περιφέρειαι γραφεῖσαι
τεμνέτωσαν ἀλλήλας· καὶ αἱ ἀπὸ τῆς τομῆς ἐπὶ τὰ
κέντρα ἐπιζευγνύμεναι εὐθεῖαι περιέξουσι τὴν κλίσιν
τῶν περιεχόντων τὴν πυραμίδα ἐπιπέδων. ἐπὶ δὲ τοῦ
5 ὀκταέδρου ἀπὸ τῆς πλευρᾶς τοῦ τριγώνου ἀναγραφέντος
τετραγώνου κέντροις τοῖς πέρασι τῆς διαγωνίου, δια-
στήματι δὲ ὁμοίως τῇ τοῦ τριγώνου καθέτῳ γεγράφ-
θωσαν περιφέρειαι· καὶ πάλιν αἱ ἀπὸ τῆς κοινῆς τομῆς
ἐπὶ τὰ κέντρα ἐπιζευγνύμεναι εὐθεῖαι περιέξουσι τὴν
10 λείπουσαν εἰς τὰς δύο ὀρθὰς τῆς ἐπιζητουμένης κλί-
σεως. ἐπὶ δὲ τοῦ εἰκοσαέδρου ἀπὸ τῆς πλευρᾶς τοῦ
τριγώνου ἀναγραφέντος πενταγώνου ἐπεζεύχθω ἡ ὑπὸ
δύο πλευρὰς ὑποτείνουσα εὐθεῖα, καὶ κέντροις τοῖς
πέρασιν αὐτῆς, διαστήματι δὲ τῇ τοῦ τριγώνου καθέτῳ
15 γραφεισῶν περιφερειῶν αἱ ἀπὸ τῆς κοινῆς τομῆς ἐπὶ
τὰ κέντρα ἐπιζευγνύμεναι περιέξουσι τὴν λείπουσαν
ὁμοίως εἰς τὰς δύο ὀρθὰς τῆς κλίσεως τῶν τοῦ εἰκο-
σαέδρου ἐπιπέδων. ἐπὶ δὲ τοῦ δωδεκαέδρου ἐκτεθέντος
ἑνὸς πενταγώνου ἐπιζευχθείσης ὁμοίως τῆς ὑπὸ δύο
20 πλευρὰς ὑποτεινούσης εὐθείας κέντροις τοῖς πέρασιν
αὐτῆς, διαστήματι δὲ τῇ ἀγομένῃ καθέτῳ ἀπὸ τῆς
διχοτομίας αὐτῆς ἐπὶ τὴν παράλληλον αὐτῇ πλευρὰν
τοῦ πενταγώνου γεγράφθωσαν περιφέρειαι· καὶ αἱ ἀπὸ
τοῦ σημείου, καθ' ὃ συμβάλλουσιν ἀλλήλαις, ἐπὶ τὰ
25 κέντρα ἐπιζευγνύμεναι ὁμοίως περιέξουσι τὴν λεί-
πουσαν εἰς τὰς δύο ὀρθὰς τῆς κλίσεως τῶν ἐπιπέδων
τοῦ δωδεκαέδρου.

οὕτω μὲν οὖν ὁ εἰρημένος εὐκλεέστατος ἀνὴρ τὸν

---

1. ἀγομένῃ καθέτῳ PBv.   περιφέρειαι P.   3. περι-
έξουσιν B, περιέχουσι v.   κλῆσιν P.   5. ἀπὸ τῆς] bis P.

angulo centris unius lateris terminis et radio recta
perpendiculari a uertice ad basim ducta arcus de-
scribantur et inter se secent; tum rectae a sectione
ad centra ductae inclinationem planorum pyramidem
comprehendentium comprehendent. in octaedro autem
quadrato in latere trianguli descripto centris terminis
diagonalis et radio similiter perpendiculari trianguli
arcus describantur; tum rursus rectae a communi
sectione ad centra ductae angulum ad duos rectos
inclinationis quaesitae deficientem comprehendent. in
icosaedro autem in latere trianguli pentagono descripto
ducatur recta sub duobus lateribus subtendens, et si
centris terminis eius radioque perpendiculari trianguli
arcus descripserimus, rectae a communi sectione ad
centra ductae similiter angulum ad duos rectos incli-
nationis planorum icosaedri deficientem comprehendent.
in dodecaedro autem exposito uno pentagono similiter
ducta recta sub duobus lateribus subtendente centris
terminis eius et radio recta a puncto medio eius ad latus
pentagoni ei parallelum perpendiculari ducta arcus de-
scribantur; tum rectae ab eo puncto, in quo concurrunt,
ad centra ductae similiter angulum ad duos rectos
inclinationis planorum dodecaedri deficientem com-
prehendent.

Ita igitur clarissimus ille uir harum rerum rationem

6. τῆς] corr. εx τοῦ m. 2 V, τοῦ P.   διαγώνου PB, δια-
γωνονίου v.   8. αἱ] om. m.   9. περιέξουσιν B.   10. λοί-
πουσαν v.   12. ἐπιζευχθῶσιν (prius ι in ras.) P.   14. αὐτοῖς
m, corr. m. 1.   τῇ] om. P.   16. λοίπουσαν v.   19. ἐπι-
ζευχθήσεις v.   22. αὐτῇ] αὐτήν P.   23. αἱ] supra scr.
m. 1 V, om. v m.   25. ἐπιζευγνυμένη corr. ex ἐπιζευγνύμενον
m. 1 P.   περιέξουσιν B.   28. οὖν] om. m.

περὶ τῶν εἰρημένων ἀποδέδωκε λόγον σαφοῦς ἐφ᾽
ἑκάστῳ φαινομένης αὐτῷ τῆς ἀποδείξεως. ἐπὶ δὲ τῷ
πρόδηλον γενέσθαι τὴν ἐν αὐτοῖς ἀποδεικτικὴν θεωρίαν
τὸν λόγον ἐφ᾽ ἑκάστου σαφηνίσω, καὶ πρότερον ἐπὶ τῆς
5 πυραμίδος.

νενοήσθω πυραμὶς ὑπὸ τεσσάρων ἰσοπλεύρων τρι-
γώνων περιεχομένη ἡ ΑΒΓΔ τοῦ ΑΒΓ βάσεως νο-
ουμένου, κορυφῆς δὲ τοῦ Δ. καὶ τμηθείσης τῆς ΑΔ
πλευρᾶς δίχα κατὰ τὸ Ε ἐπεζεύχθωσαν αἱ ΒΕ, ΕΓ.
10 καὶ ἐπεὶ ἰσόπλευρά ἐστι τὰ ΑΔΒ, ΑΔΓ τρίγωνα, καὶ
δίχα τέτμηται ἡ ΑΔ, αἱ ΒΕ, ΓΕ ἄρα κάθετοί εἰσιν
ἐπὶ τὴν ΑΔ. λέγω, ὅτι ἡ ὑπὸ ΒΕΓ γωνία ὀξεῖά
ἐστιν. ἐπεὶ γὰρ διπλῆ ἐστιν ἡ ΑΓ τῆς ΑΕ, τετρα-
πλάσιόν ἐστι τὸ ἀπὸ τῆς ΑΓ τοῦ ἀπὸ τῆς ΑΕ. ἀλλὰ
15 τὸ ἀπὸ τῆς ΑΓ ἴσον ἐστὶ τοῖς ἀπὸ τῶν ΑΕ, ΕΓ·
ὥστε τὸ ἀπὸ ΑΓ πρὸς τὸ ἀπὸ ΓΕ λόγον ἔχει, ὃν δ
πρὸς γ̄. καί ἐστιν ἴση ἡ ΓΕ τῇ ΕΒ· τὸ ἄρα ἀπὸ
ΒΓ ἔλαττόν ἐστι τῶν ἀπὸ ΒΕ, ΕΓ. ὀξεῖα ἄρα ἐστὶν
ἡ ὑπὸ ΒΕΓ. ἐπεὶ οὖν δύο ἐπιπέδων τῶν ΑΒΔ, ΑΔΓ
20 κοινὴ τομή ἐστιν ἡ ΑΔ, καὶ τῇ κοινῇ τομῇ πρὸς ὀρθὰς
εἰσιν εὐθεῖαι ἐν ἑκατέρῳ τῶν ἐπιπέδων ἠγμέναι αἱ ΒΕ,
ΕΓ καὶ ὀξεῖαν γωνίαν περιέχουσιν, ἡ ὑπὸ ΒΕΓ ἄρα
γωνία ἡ κλίσις ἐστὶ τῶν ἐπιπέδων. καί ἐστι δεδομένη·
δέδοται γὰρ ἡ ΒΓ πλευρὰ οὖσα τοῦ τριγώνου, καὶ
25 ἑκατέρα τῶν ΒΕ, ΕΓ κάθετος οὖσα τοῦ ἰσοπλεύρου
τριγώνου. κέντροις τοίνυν τοῖς Β, Γ, τουτέστι τοῖς
πέρασι τῆς μιᾶς πλευρᾶς, διαστήματι δὲ τῇ τοῦ τρι-

---

1. ἀποδέδωκεν PB. σαφῶς V? 2. αὐτό v. τῷ]
corr. ex τό V, τοῦ PBv. 3. ἐν αὐτοῖς] ἑαυτῆς v. 4. ἀφ᾽ v.
ἑκάστῳ PBv. 6. ε̄ P mg. νενοείσθω m. 7. νοουμένου]
γινομένου m. 8. δέ] om. P. 9. αἱπεζεύχθωσαν v. 10.
καί] om. PB. ΑΔΒ] ΑΒΔ m. 13. ἐστι m. γάρ] corr.

reddidit, cum demonstratio in singulis ei manifesta uideretur. uerum ut ratio demonstrationis earum adpareat, in singulis rem explicabo; et primum in pyramide.

Fingatur pyramis quattuor triangulis aequilateris comprehensa $AB\Gamma\varDelta$, ita ut $AB\Gamma$ basim fingamus,

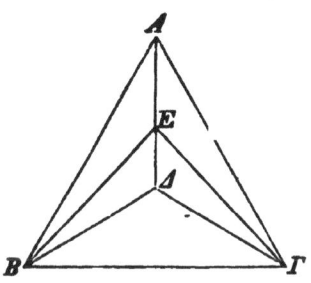

uerticem autem $\varDelta$. et latere $A\varDelta$ in E in duas partes aequales diuisa ducantur BE, $E\Gamma$. et quoniam trianguli $A\varDelta B$, $A\varDelta\Gamma$ aequilateri sunt, et $A\varDelta$ in duas partes aequales diuisa est, BE et ΓE ad $A\varDelta$ perpendiculares sunt. dico, angulum $BE\Gamma$ acutum esse. nam quoniam $A\Gamma = 2AE$, erit

$$A\Gamma^2 = 4AE^2.$$

uerum $A\Gamma^2 = AE^2 + E\Gamma^2$; quare $A\Gamma^2 : \Gamma E^2 = 4:3$. et $\Gamma E = EB$. itaque $B\Gamma^2 < BE^2 + E\Gamma^2$. quare $\angle BE\Gamma$ acutus est [II, 13]. iam quoniam duorum planorum $AB\varDelta$, $A\varDelta\Gamma$ communis est sectio $A\varDelta$, et ad communem sectionem in utroque plano perpendiculares ductae sunt BE, $E\Gamma$ et angulum acutum comprehendunt, $\angle BE\Gamma$ inclinatio est planorum [XI def. 6]. ea autem data est; nam $B\Gamma$ data est, quippe quae latus sit trianguli, et utraque BE, $E\Gamma$, quippe quae perpendiculares sint trianguli aequianguli [tum

γώνου καθέτῳ γραφόμεναι περιφέρειαι τέμνουσιν ἀλ-
λήλας κατὰ τὸ Ε σημεῖον, καὶ αἱ ἀπ᾽ αὐτοῦ ἐπὶ τὰ
Β, Γ ἐπιζευγνύμεναι εὐθεῖαι περιέξουσι τὴν κλίσιν
τῶν ἐπιπέδων· τοῦτο δὲ ἦν τὸ εἰρημένον. καὶ ὅτι
5 μὲν κέντροις τοῖς Β, Γ, διαστήματι δὲ τῇ τοῦ τρι-
γώνου καθέτῳ γραφόμενοι κύκλοι τέμνουσιν ἀλλήλους,
φανερόν· ἑκατέρα γὰρ τῶν ΒΕ, ΕΓ μείζων ἐστὶ τῆς
ἡμισείας τῆς ΒΓ. οἱ δὲ κέντροις τοῖς Β, Γ, διαστή-
ματι δὲ τῇ ἡμισείᾳ τῆς ΒΓ γραφόμενοι κύκλοι ἐφ-
10 άπτονται ἀλλήλων· εἰ δὲ ἐλάττων ᾖ, οὐδὲ ἐφάπτονται
οὐδὲ τέμνουσιν· εἰ δὲ μείζων, πάντως τέμνουσιν. καὶ
οὕτως ὁ περὶ τῆς πυραμίδος σαφής τε καὶ ἀκόλουθος
ταῖς ἀποδείξεσι φαίνεται λόγος.

Νενοήσθω δὴ πάλιν ἐπὶ τετραγώνου τοῦ ΑΒΓΔ
15 πυραμὶς κορυφὴν ἔχουσα τὸ Ε καὶ τὰ περιέχοντα αὐτὴν
δίχα τῆς βάσεως τρίγωνα ἰσόπλευρα. ἔσται δὴ ἡ ΑΒΓΔΕ
πυραμὶς ἥμισυ ὀκταέδρου. τετμήσθω μία πλευρὰ ἑνὸς
τριγώνου ἡ ΑΕ δίχα κατὰ τὸ Ζ, καὶ ἐπεζεύχθωσαν
αἱ ΒΖ, ΔΖ. ἴσαι ἄρα εἰσὶν αἱ ΒΖ, ΔΖ καὶ κάθετοι
20 ἐπὶ τὴν ΑΕ. λέγω, ὅτι ἡ ὑπὸ ΒΖΔ γωνία ἀμβλεῖά
ἐστιν. ἐπεζεύχθω γὰρ ἡ ΒΔ. καὶ ἐπεὶ τετράγωνόν ἐστι
τὸ ΑΓ, διάμετρος δὲ ἡ ΒΔ, τὸ ἀπὸ τῆς ΒΔ διπλάσιόν
ἐστι τοῦ ἀπὸ τῆς ΔΑ. τὸ δὲ ἀπὸ τῆς ΔΑ πρὸς τὸ
ἀπὸ τῆς ΔΖ λόγον ἔχει, ὡς ἐν τῷ πρὸ τούτου εἴρηται,
25 ὃν δ πρὸς γ. καὶ τὸ ἀπὸ τῆς ΒΔ ἄρα πρὸς τὸ ἀπὸ
τῆς ΔΖ λόγον ἔχει, ὃν η πρὸς γ. ἴση δὲ ἡ ΔΖ τῇ
ΖΒ. τὸ ἄρα ἀπὸ τῆς ΒΔ τῶν ἀπὸ τῶν ΒΖ, ΖΔ

---

1. καθέτῳ] bis m.   τέμνωσιν P.   2. κατά] ὡς κατά P.
ἀπ᾽] ἐπ᾽ m.   3. περιέξουσιν B.   6. καθέτου P.   8. ἡμι-
σύας v.   οἱ] ἡ m.   9. ἐφάπτοντε v.   10. εἰ] ἤ v.   11.
εἰ — τέμνουσιν] in ras. m. 1 v.   τέμνουσι Vm.   12. ουτος
ΡΥv.   13. ταῖς] τοῖς P.   ἀποδείξεσιν B.   14. ϛ΄ P.

cfr. dat. 38]. arcus igitur centris *B*, *Γ*, hoc est terminis unius lateris, et radio perpendiculari descripti inter se secant in *E*, et rectae ab eo ad *B*, *Γ* ductae inclinationem planorum comprehendent. hoc autem erat praeceptum. et circulos centris *B*, *Γ* et radio perpendiculari trianguli descriptos inter se secare, manifestum est; nam utraque *BE*, *EΓ* maior est dimidia *BΓ*. circuli autem centris *B*, *Γ* et radio ½*BΓ* descripti inter se contingunt. sin minor est radius, ne contingunt quidem, nedum secent. sin maior est, omnino secant. et ita ratio pyramidis perspicua et demonstrationibus conueniens adparet.

Iam rursus in quadrato *ABΓΔ* pyramis fingatur uerticem habens *E* et trianguli comprehendentes eam

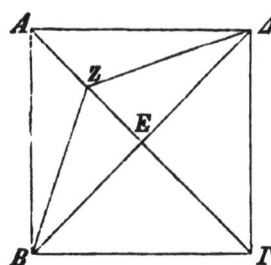

praeter basim aequilateri. itaque pyramis *ABΓΔE* dimidia erit octaedri. unum latus unius trianguli *AE* in *Z* in duas partes aequales secetur, et ducantur *BZ*, *ΔZ*. itaque *BZ*, *ΔZ* aequales sunt et ad *AE* perpendiculares. dico, ∠*BZΔ* obtusum esse. ducatur enim *BΔ*. et quoniam quadratum est *AΓ*, diametrus autem *BΔ*, erit *BΔ² = 2ΔA²*. est autem, ut in praecedenti dictum est [p. 54, 16]

ἐννοείσθω ∇m.   16. *δή*] om. P, *δέ* B∇m.   *ABΓΔEZ* P.
19. *καί*] om. m.   21. *τετράγωνόν ἐστι τὸ AΓ*] corr. ex *τετραπλάσιόν ἐστι τὸ ἀπό* m. 2 ∇.   22. *τό*] (alt.) corr. ex *ὁ* m. 2 ∇.   *τῆς*] om. PB∇.   *BΔ*] *AΔ* P, *BΔ ἄρα* ∇ (*ἄρα* del. m 2).   23. *τοῦ*] *τῷ* PB.   25. *ὄν*] *ὡς ἡ* P.   *δ*] seq. ras. ∇, *δ τό* ∇.   *BΔ*] *B* e corr. ∇.   *ἀπό*] om. P.   26. *λόγον* P. *ΔZ*] *ZΔ* P.   27. *τῶν*] (prius) *πρός τό* ∇.

μείζόν ἐστιν. ἀμβλεῖα ἄρα ἐστὶν ἡ ὑπὸ ΒΖΔ [γωνία].
καὶ ἐπεὶ δύο ἐπιπέδων τῶν ΑΒΕ, ΑΔΕ τεμνόντων
ἄλληλα κοινὴ τομή ἐστιν ἡ ΑΕ, καὶ πρὸς ὀρθὰς αὐτῇ
ἐν ἑκατέρῳ τῶν ἐπιπέδων ἠγμέναι εἰσὶν αἱ ΒΖ, ΖΔ
5 περιέχουσαι ἀμβλεῖαν, ἡ ὑπὸ ΒΖΔ ἄρα γωνία ἡ λεί-
πουσά ἐστιν εἰς τὰς δύο ὀρθὰς τῆς κλίσεως τῶν ΑΒΕ,
ΑΔΕ ἐπιπέδων. ἐὰν ἄρα δοθῇ ἡ ὑπὸ ΒΖΔ, δέδοται
καὶ ἡ εἰρημένη κλίσις. ἐπεὶ οὖν δέδοται τὸ τρίγωνον
τοῦ ὀκταέδρου, καὶ μία πλευρά ἐστι τοῦ ὀκταέδρου
10 ἡ ΑΔ, καὶ ἀπ' αὐτῆς τετράγωνον ἀναγέγραπται τὸ
ΑΓ, δέδοται καὶ ἡ ΒΔ διάμετρος οὖσα τοῦ τετραγώνου.
ἀλλὰ μὴν καὶ αἱ ΒΖ, ΖΔ κάθετοι τοῦ τριγώνου.
ὥστε καὶ ἡ ὑπὸ ΒΖΔ γωνία δέδοται. ἀναγραφέντος
ἄρα τετραγώνου ἀπὸ τῆς πλευρᾶς τοῦ τριγώνου ὡς
15 τοῦ ΑΓ καὶ ἐπιζευχθείσης τῆς διαμέτρου ὡς τῆς ΒΔ
ἐὰν κέντροις τοῖς Β, Δ, διαστήματι δὲ τῇ τοῦ τριγώνου
καθέτῳ κύκλους ἐγγράψωμεν, τέμνουσιν ἀλλήλους κατὰ
τὸ Ζ, καὶ αἱ ἀπὸ τοῦ Ζ ἐπὶ τὰ κέντρα ἐπιζευγνύμεναι
εὐθεῖαι περιέξουσι τὴν κλίσιν τὴν ὑπὸ ΒΖΔ, ἥτις
20 ἐστὶν ἡ λείπουσα, ὡς εἴρηται, εἰς τὰς δύο ὀρθὰς τῆς
τῶν ἐπιπέδων κλίσεως. καὶ ἐνταῦθα δὲ σαφὲς μέν,
ὡς ἑκατέρα τῶν ΒΖ, ΖΔ μείζων ἐστὶ τῆς ἡμισείας
τῆς ΒΔ, καὶ διὰ τοῦτο ἐπὶ τῆς ὀργανικῆς κατασκευῆς
ἀνάγκη τέμνειν τοὺς κύκλους ἀλλήλους. καὶ ἐκ τῆς
25 ἀποδείξεως δὲ δῆλον γέγονεν, ὡς ἡ ΒΔ πρὸς μὲν τὴν
ΔΖ δυνάμει λόγον ἔχει, ὃν ἡ πρὸς γ' τῆς δὲ ἡμισείας
τῆς ΒΔ δυνάμει ἐστὶ τετραπλασία. ὥστε διὰ τοῦτο

---

1. ἐστιν] ἐστι καί P, ἐστιν καί Β, ἐστι v. γωνία] om.
Vm. 3. καί] αἱ δέ Β? 4. αἱ] ὡς αἱ v, αἱ δέ Vm. 5.
περιέχουσαι] corr. ex περιέχουσιν m. 2 V. ἡ] om. P. ΒΖΔ]
ΒΕΔ PBv, Ζ in ras. m. 2 V. ἄρα] om. m. ἡ] om. Vm.

$\varDelta \varDelta^2 : \varDelta Z^2 = 4:3$. quare etiam $B\varDelta^2 : \varDelta Z^2 = 8:3$. uerum $\varDelta Z = ZB$. itaque $B\varDelta^2 > BZ^2 + Z\varDelta^2$. ergo $\angle BZ\varDelta$ óbtusus est [II, 12]. et quoniam AE communis est sectio duorum planorum ABE, $A\varDelta E$ inter se secantium, et in utroque plano ad eam perpendiculares ductae sunt BZ, $Z\varDelta$ obtusum angulum comprehendentes, $\angle BZ\varDelta$ is est, qui ad duos rectos inclinationis planorum ABE, $A\varDelta E$ deficit [XI def. 6]. itaque dato $\angle BZ\varDelta$ etiam inclinatio illa data erit. iam quoniam triangulus octaedri datus est, et $A\varDelta$ latus est octaedri, et in eo quadratum descriptum est $A\Gamma$, data est $B\varDelta$, quippe quae diametrus est quadrati. uerum BZ, $Z\varDelta$ perpendiculares trianguli et ipsae datae sunt. quare etiam $\angle BZ\varDelta$ datus est [dat. 38]. itaque in latere trianguli quadrato descripto uelut $A\Gamma$ et ducta diametro uelut $B\varDelta$ si centris B, $\varDelta$ et radio perpendiculari trianguli circulos descripserimus, inter se secabunt in Z, et rectae a Z ad centra ductae inclinationem $BZ\varDelta$ comprehendent, quae ea est, quae, ut diximus, ad duos rectos inclinationis planorum deficit. et hic quoque perspicuum est, utramque BZ, $Z\varDelta$ maiorem esse dimidia $B\varDelta$; quare in constructione mechanica necesse est, circulos inter se secare. et simul e demonstratione adparuit, esse $B\varDelta^2 : \varDelta Z^2 = 8:3$;

---

7. ἐάν] ἐν, corr. m. 1, P.   δέδοται] δέδεικται P.   8. ἐπί v, ἐπειδή P.   9. καί — ὀκταέδρου] om. P.   11. καί] supra scr. V, om. PBv.   13. ἢ] corr. ex αἱ m. 2 V.   BZE PBv et V, sed corr.   14. ἄρα] ἄρα τοῦ Vm.   15. ἐπιζευχθήσης v, sed corr.   17. καθέτου κύκλου ἐγγράψομεν P.   ἐγγράψωμεν] immo γράψωμεν.   19. περιέχουσι Vm.   τήν] (alt) om. P. εἴ τις P.   21. δέ] om. m.   σαφῶς m, -ῶς supra scr. v.   22. μείζων] om. Vm.   23. B⊿] BΛ P; B⊿ μείζων m, μείζων add. m. 2 V.   26. ἢ] in ras. m. 1 B, ἢ ἢ V, om. P.

μείζονα γίνεσθαι ἑκατέραν τῶν ΒΖ, ΖΔ τῆς ἡμισείας
τῆς ΒΔ. καὶ ταῦτα μὲν ἐπὶ τοῦ ὀκταέδρου.

Ἐπὶ δὲ τοῦ εἰκοσαέδρου νενοήσθω πεντάγωνον
ἰσόπλευρόν τε καὶ ἰσογώνιον τὸ ΑΒΓΔΕ, ἐπὶ δὲ
5 τούτου πυραμὶς κορυφὴν ἔχουσα τὸ Ζ ὡς τὰ περι-
έχοντα αὐτὴν τρίγωνα ἰσόπλευρα εἶναι. ἔσται δὴ
ἡ ΑΒΓΔΕ πυραμὶς μέρος εἰκοσαέδρου σχήματος.
τετμήσθω μία πλευρὰ ἑνὸς τριγώνου ἡ ΖΓ δίχα
κατὰ τὸ Η, καὶ ἐπεζεύχθωσαν αἱ ΒΗ, ΗΔ ἴσαι τε
10 οὖσαι καὶ κάθετοι γινόμεναι ἐπὶ τὴν ΓΖ. λέγω, ὅτι
ἡ ὑπὸ ΒΗΔ γωνία ἀμβλεῖά ἐστιν. καί ἐστιν αὐτόθεν
φανερόν. ἐπιζευχθεῖσα γὰρ ἡ ΒΔ ἀμβλεῖαν μὲν ὑπο-
τείνει τὴν ὑπὸ ΒΓΔ τοῦ πενταγώνου γωνίαν. ταύτης
δὲ μείζων ἡ ὑπὸ ΒΗΔ· ἐλάττονες γὰρ αἱ ΒΗ, ΗΔ
15 τῶν ΒΓ, ΓΔ. ὁμοίως δὴ τοῖς πρὸ τούτου ὅτι ἡ ὑπὸ
ΒΗΔ γωνία ἡ λείπουσά ἐστιν εἰς τὰς δύο ὀρθὰς τῆς
κλίσεως τῶν ΒΖΓ, ΓΖΔ τριγώνων. ταύτης δοθείσης
δεδομένη ἔσται καὶ ἡ κλίσις τῶν τοῦ εἰκοσαέδρου
ἐπιπέδων. ἀπὸ γὰρ τῆς πλευρᾶς τοῦ τριγώνου τοῦ
20 εἰκοσαέδρου ἀναγραφέντος πενταγώνου ἐπιζευχθείσης
τῆς ὑπὸ δύο πλευρὰς ὑποτεινούσης τοῦ πενταγώνου
ὡς ἐπὶ τῆς καταγραφῆς τῆς ΒΔ δεδομένης, ὁμοίως δὲ
καὶ τῶν ΒΗ, ΗΔ καθέτων τῶν τριγώνων, δέδοται
καὶ ἡ ὑπὸ ΒΗΔ. εἰ γὰρ κέντροις τοῖς πέρασι τῆς
25 ὑπὸ δύο πλευρὰς ὑποτεινούσης τοῦ πενταγώνου ὡς

---

1. τῶν] τήν PBv. 3. νενοείσθω m. 4. τε καὶ ἰσο-
γώνιον] om. Vm. ΑΒΓΔ P. 8. δὴ μία PBv. 10. γε-
νόμεναι P. ΓΖ] ΚΞ P. 11. ἐστιν] (prius) ἐστι Vvm.
αὐτόθι Vγ 12. ἀμβλεῖα PB. 13. ΒΔΗ PB. 14. ΒΗΔ]
Η e corr. V, ΒΓΔ v, ΒΔΗ PB. ἐλάττονες — ΗΔ] in ras.
m. 1 v. 15. ΒΓ] Β in ras. V. τούτου] τοῦ P, τούτου
δείξομεν m. 16. ὀρθάς] om. Vm. 17. ΒΖΓ, ΓΖΔ] e

et $B\varDelta^2 : (\tfrac{1}{2}B\varDelta)^2 = 4 : 1.$ quare utraque BZ, $Z\varDelta$ maior est quam $\tfrac{1}{2}B\varDelta$. et hactenus de octaedro.

In icosaedro autem fingatur pentagonum aequilaterum et aequiangulum $AB\varGamma\varDelta E$, in hoc autem pyramis uerticem habens Z, ita ut trianguli eam comprehendentes aequilateri sint. pyramis igitur $AB\varGamma\varDelta E$ pars erit icosaedri. iam unum latus alicuius trianguli $Z\varGamma$ in H in duas partes aequales secetur, et ducantur BH, $H\varDelta$, quae et aequales sunt et ad $\varGamma Z$ perpendiculares. dico, $\angle BH\varDelta$ obtusum esse. et per se manifestum est. ducta enim $B\varDelta$ sub $B\varGamma\varDelta$ angulo pentagoni subtendit, qui obtusus est; eo autem maior $\angle BH\varDelta$ [I, 21]; nam $BH + H\varDelta < B\varGamma + \varGamma\varDelta$. iam eodem modo, quo antea, demonstrabimus, $\angle BH\varDelta$ eum esse, qui ad duos rectos inclinationis triangulorum $BZ\varGamma$, $\varGamma Z\varDelta$ deficiat. quo dato inclinatio planorum icosaedri et ipsa data erit. nam in latere trianguli icosaedri pentagono constructo et ducta recta, quae sub duobus lateribus subtendit, ut in figura $B\varDelta$, si haec data est et simul BH, $H\varDelta$ perpendiculares triangulorum, etiam $\angle BH\varDelta$ datus est [dat. 38]. si enim centris terminis rectae sub duobus lateribus sub-

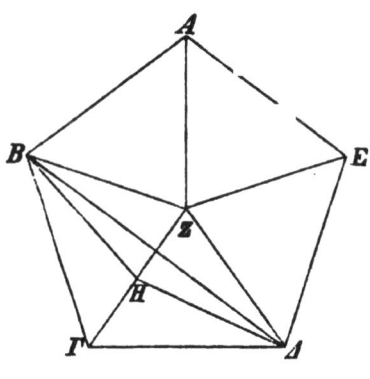

τῆς ΒΔ, διαστήματι δὲ τῇ τοῦ τριγώνου καθέτῳ κύκλοι
γραφῶσιν, τέμνουσιν ἀλλήλους ὡς κατὰ τὸ Η, καὶ αἱ
ἀπὸ τοῦ Η ἐπὶ τὰ Β, Δ ἐπιζευγνύμεναι εὐθεῖαι περι-
έξουσι τὴν λείπουσαν εἰς τὰς δύο ὀρθὰς τῆς τῶν ἐπι-
5 πέδων κλίσεως. καὶ ἐνταῦθα δὲ ἐκ μὲν τῆς καταγραφῆς
δῆλόν ἐστιν, ὅτι ἑκατέρα τῶν ΒΗ, ΗΔ μείζων ἐστὶ
τῆς ἡμισείας τῆς ΒΔ, εἶναι δὲ καὶ ἐπὶ τῆς ὀργανικῆς
κατασκευῆς ἀποδειχθῆναι.

νενοήσθω χωρὶς ἰσόπλευρον μὲν τρίγωνον τὸ ΘΚΛ,
10 ἀπὸ δὲ τῆς ΚΛ πεντάγωνον ἀναγεγράφθω τὸ ΚΜΝΞΛ,
καὶ ἐπεζεύχθω ἡ ΜΛ, καὶ ἤχθω κάθετος τοῦ ΘΚΛ
τριγώνου ἡ ΘΟ. λέγω, ὅτι ἡ ΘΟ μείζων ἐστὶ τῆς
ἡμισείας τῆς ΜΛ. ἀχθείσης ἀπὸ τοῦ Κ ἐπὶ τὴν ΜΛ
καθέτου τῆς ΚΠ, ἐπεὶ ἡ ὑπὸ ΚΛΠ μείζων ἐστὶ τρίτου
15 ὀρθῆς, τουτέστι τῆς ὑπὸ ΚΘΟ, συνεστάτω τῇ ὑπὶ
ΚΘΟ ἴση ἡ ὑπὸ ΠΛΡ. ἡ ἄρα ΠΛ κάθετός ἐστιν
ἰσοπλεύρου τριγώνου, οὗ πλευρὰ ἡ ΡΛ. ὥστε τὸ ἀπὸ
ΡΛ πρὸς τὸ ἀπὸ ΛΠ λόγον ἔχει, ὃν ὁ δ̄ πρὸς γ̄.
μείζων δὲ ἡ ΚΛ τῆς ΛΡ. τὸ ἄρα ἀπὸ ΚΛ πρὸς τὸ ἀπὸ
20 ΛΠ μείζονα λόγον ἔχει ἢ ὁ δ̄ πρὸς γ̄. ἔχει δὲ καὶ πρὸς
τὸ ἀπὸ ΘΟ, ὃν ὁ δ̄ πρὸς γ̄. ἡ ἄρα ΚΛ πρὸς τὴν ΛΠ
μείζονα λόγον ἔχει ἤπερ πρὸς τὴν ΘΟ. μείζων ἄρα ἡ
ΘΟ τῆς ΛΠ.

1. τῆς] τοῖς P. καθέτου P. 2. γραφῶσι PVm. τέ-
μνωσιν P. ἀλλήλον V, corr. m. 2. αἱ] om. m. 4. τῆς]
om. v. 6. μείζον v. 7. ΒΓΔ PBv. 9. νενοήσθω]
-ή- in ras. m. 11. ΜΛ] ΗΛ P. 12. μεῖζον v, corr. m. 1.
13. ΜΛ] ΜΛ τῆς Β, ΜΛ τῆς ὑποτεινούσης τὴν κλίσιν τῶν
ἐπιπέδων m; ὑποτεινούσης τὴν κλίσιν τῶν ἐπιπέδων mg. m.
2 V. τήν] τῆς PBv. 14. τρίτου] τοῦ τρίτου Vm. 15.
τῆς] τοῦ v. συνεστάτα P. 16. ΠΛ] om. m. 18. ΡΛ]
ΛΡ P. ὁ] om. P. γ̄] τὸ γ̄ V, τὰ γ̄ m. 19. ΚΛ] Κ in
ras. m. 2 V, ΜΛ PB. ΚΛ] Κ in ras. m. 2 V, ΜΛ PB. 20.
ΛΠ] ΛΚ B, ΔΚ P. ὁ] ὃν P. τὰ γ̄ m. καί] om.

tendentis pentagoni, ut $B\varDelta$, radio autem perpendiculari triangoli circuli describuntur, inter se secant, ut in H, et rectae ab H ad B, $\varDelta$ ductae angulum comprehendent, qui ad duos rectos inclinationis planorum deficit. et hic quoque e figura manifestum est, utramque BH, $H\varDelta$ maiorem esse quam $\tfrac{1}{4}B\varDelta$; fieri autem potest,[1]) ut etiam in constructione mechanica demonstretur.

fingamus seorsum triangulum aequilaterum $\varTheta K\varLambda$, et in $K\varLambda$ pentagonum construatur $KMN\Xi\varLambda$, et du-

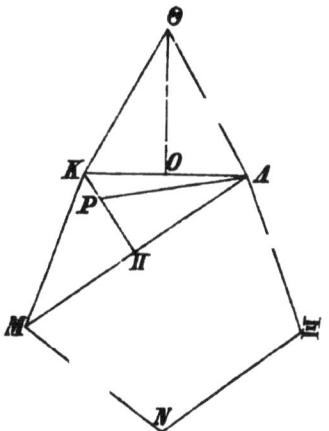

catur $M\varLambda$, et ducatur $\varTheta O$ perpendicularis trianguli $\varTheta K\varLambda$. dico, esse

$$\varTheta O > \tfrac{1}{4}M\varLambda.$$

ducta a K ad $M\varLambda$ perpendiculari recta $K\varPi$, quoniam $\angle K\varLambda\varPi$ maior est tertia parte recti, hoc est

$$\angle K\varLambda\varPi > K\varTheta O,$$

construatur $\angle \varPi\varLambda P = K\varTheta O$. itaque $\varPi\varLambda$ perpendicularis est trianguli aequilateri, cuius latus est $P\varLambda$. quare

$P\varLambda^2 : \varLambda\varPi^2 = 4 : 3$. est autem $K\varLambda > \varLambda P$. itaque $K\varLambda^2 : \varLambda\varPi^2 > 4 : 3$ [V, 8]. est autem etiam $K\varLambda^2 : \varTheta O^2 = 4 : 3$. quare $K\varLambda : \varLambda\varPi > K\varLambda : \varTheta O$. ergo [V, 10]

$$\varTheta O > \varLambda\varPi.$$

---

1) Nam pro $\varepsilon\tilde{\imath}\nu\alpha\iota$ lin. 7 scribendum uidetur $\check{\varepsilon}\sigma\tau\iota$. demonstratio organica sine synthetica sequitur.

PB, m. 2 V.   21. $\check{o}\nu$] om. B, in ras. m. 2 V. $\grave{o}$] om. P.
$\acute{\eta}$] in ras. V. $K\varLambda$] K corr. ex M m. 2 V, $M\varLambda$ PB. $\tau\acute{\eta}\nu$]
om. m, $\tau\acute{o}\nu$ V.

Ἐπὶ δὲ τοῦ δωδεκαέδρου οὕτως· νενοήσθω ἓν τε-
τράγωνον τοῦ κύβου, ἀφ' οὗ τὸ δωδεκάεδρον ἀνα-
γράφεται, τὸ ΑΒΓΔ καὶ δύο ἐπίπεδα τοῦ δωδεκαέδρου
τὰ ΑΕΒΖΗ, ΗΔΘΓΖ. λέγω δὴ καὶ ἐνταῦθα δεδο-
5 μένην εἶναι τὴν κλίσιν τῶν δύο πενταγώνων. τετμήσθω
ἡ ΖΗ δίχα κατὰ τὸ Κ, καὶ ἀπὸ τοῦ Κ τῇ ΖΗ πρὸς
ὀρθὰς ἤχθωσαν ἐν ἑκατέρῳ τῶν ἐπιπέδων αἱ ΚΔ, ΚΜ,
καὶ ἐπεζεύχθω ἡ ΜΔ. φημὶ δὴ πρῶτον, ὅτι ἡ ὑπὸ
ΜΚΔ γωνία ἀμβλεῖά ἐστιν. δέδεικται γὰρ ἐν τῷ ιγ'
10 βιβλίῳ τῶν στοιχείων ἤτοι τῆς συστάσεως τοῦ δωδε-
καέδρου, ὅτι ἡ ἀπὸ τοῦ Κ κάθετος ἀγομένη ἐπὶ τὸ
ΑΒΓΔ τετράγωνον ἡμίσειά ἐστι τῆς πλευρᾶς τοῦ
πενταγώνου. ὥστε ἐλάττων ἐστὶ τῆς ἡμισείας τῆς ΜΔ,
καὶ διὰ τοῦτο ἡ ὑπὸ ΜΚΔ γωνία ἀμβλεῖά ἐστιν.
15 συναποδέδεικται δὲ ἐν αὐτῷ τῷ θεωρήματι, ὅτι καὶ τὸ
μὲν ἀπὸ ΚΔ ἴσον ἐστὶ τῷ ἀπὸ τῆς ἡμισείας τῆς πλευρᾶς
τοῦ κύβου καὶ τῷ ἀπὸ τῆς ἡμισείας τῆς πλευρᾶς τοῦ
πενταγώνου. ὥστε τὴν αὐτὴν τὴν ΚΔ καὶ τὴν ΚΜ
ἴσας οὔσας μείζονας εἶναι τῆς ἡμισείας τῆς ΜΔ. τῆς
20 ἄρα ὑπὸ ΜΚΔ γωνίας δοθείσης ἡ λείπουσα εἰς τὰς
δύο ὀρθὰς ἡ κλίσις ἔσται τῶν ἐπιπέδων δηλονότι δε-
δομένη. ἐπεὶ οὖν ἡ πλευρὰ τοῦ ΑΒΓΔ τετραγώνου
ἡ ὑποτείνουσά ἐστι τὰς δύο πλευρὰς τοῦ πενταγώνου,
δέδοται δὲ τὸ πεντάγωνον, δέδοται ἄρα ἡ ΜΔ. δέδοται
25 δὲ καὶ ἑκατέρα τῶν ΜΚ, ΚΔ· κάθετοι γάρ εἰσιν ἀπὸ

---

1. θ' P.   ἐπεί P.   4. ΑΕΒΖΗ] litt. ΒΖΗ in ras. m.
2 V, ΑΕΖ PB.   ΗΔΘΓΖ] mg. m. 2 V, ΔΘΓ PB, ΗΘ v.
δεδομένα PB.   7. ΚΜ] ΚΗ P.   9. ἐστι BVvm.   10.
βιβλίῳ] om. v.   ἤτοι] corruptum; οι P et supra scr. ητ B;
fort. ἐκ.   στάσεως V?   14. ἐστι PVvm.   17. τῷ] corr.
ex τό m. 2 V, τό P.   18. τήν] (alt.) supra scr. m. 1 v.   19.
τῆς ἡμισείας] τῶν ἡμισέων m et in ras. m. 2 V.   20. ΜΚΔ]
Μ e corr. v.   22. τοῦ] τῶ v.   23. ἡ] om. m.   ἐστιν P.

In dodecaedro autem hoc modo: fingatur quadratum aliquod cubi, in quo dodecaedrum construitur, $ABΓΔ$ et duo plana dodecaedri $AEBZH, HΔΘΓZ$. dico, hic quoque datam esse inclinationem duorum pentagonorum. ZH in K in duas partes aequales secetur, et a K ad ZH perpendiculares in utroque plano ducantur $KΔ, KM$, et ducatur $MΔ$. iam primum dico, $\angle MKΔ$ obtusum esse. nam in libro tertio decimo elementorum ex constructione dodecaedri demonstratum est, rectam a K ad quadratum $ABΓΔ$ perpendicularem

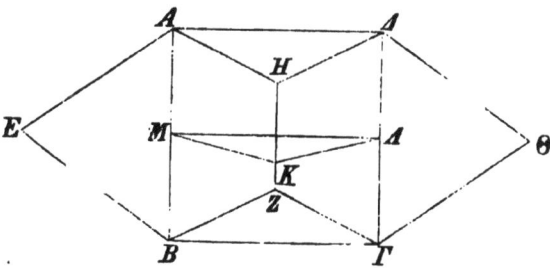

ductam dimidiam esse lateris pentagoni [XIII, 17 p. 318, 12]. quare minor est quam $\frac{1}{2}MΔ$; qua de causa $\angle MKΔ$ obtusus est. in eo autem ipso theoremate simul demonstratum est, esse etiam $KΔ^2$ quadrato dimidii lateris cubi et quadrato dimidii lateris pentagoni aequale[1]). quare eadem $KΔ$ et KM, quae aequales sunt, maiores sunt quam $\frac{1}{2}MΔ$. itaque dato $\angle MKΔ$ adparet, eum, qui ad duos rectos deficiat angulus inclinationis, datum fore. iam quoniam latus quadrati $ABΓΔ$ recta est, quae sub duobus lateribus pentagoni subtendit, et pentagonum datum est, $MΔ$ data est. uerum etiam utraque $MK, KΔ$ data est;

---

1) Nam in figura uol. IV p. 323 est $ΨΘ^2 = OΘ^2 + ΨO^2$.

τῆς διχοτομίας τῆς ὑπὸ δύο πλευρὰς ὑποτεινούσης ἐπὶ
τὴν παράλληλον αὐτῇ πλευρὰν τοῦ πενταγώνου ὡς
τὴν ΖΗ· δέδοται ἄρα καὶ ἡ ὑπὸ ΔΚΜ ἡ λείπουσα,
ὡς εἴρηται, εἰς τὰς δύο ὀρθὰς τῆς ἐπιζητουμένης κλί-
5 σεως. καλῶς ἄρα ἐπὶ τῆς ὀργανικῆς κατασκευῆς εἶπεν,
ως χρὴ δοθέντος τοῦ πενταγώνου ἐπιζεῦξαι τὴν ὑπο-
τείνουσαν ὑπὸ δύο πλευράς, ἥτις ἴση γίνεται τῇ πλευρᾷ
τοῖ κύβου, καὶ κέντροις τοῖς πέρασιν αὐτῆς, διαστήματι
δὲ τῇ ἀπὸ τῆς διχοτομίας ἀγομένη καθέτῳ ἐπὶ τὴν
10 παράλληλον αὐτῇ τοῦ πενταγώνου πλευράν, ὡς ἐπὶ
τῆς καταγραφῆς αἱ ΚΛ, ΚΜ, γράφειν περιφερείας καὶ
ἀπὸ τοῦ τῆς συμβολῆς τῶν περιφερειῶν σημείου ἐπὶ
τὰ κέντρα ἐπιζεῦξαι εὐθείας περιεχούσας τὴν λείπουσαν
εἰς τὰς δύο ὀρθὰς τῆς κλίσεως τῶν ἐπιπέδων. ὅτι
15 γὰρ ἡ ΚΛ κάθετος μείζων ἐστὶ τῆς ἡμισείας τῆς ΜΛ,
εἴρηται, ὡς ἐν τοῖς στοιχείοις συναποδέδεικται τοῦτο.

---

1. ἐπί] ὑπό v.   7. ἥτις] ἐπεί v.   9. τῇ] τήν v.   ἐπί]
ἐπέ v.   10. πλευρᾷ v.   11. αἱ] ἡ P.   Post ΚΛ add. τῇ
PBVv, in V del.   γράφειν περιφερείας] dubitans scripsi;
γραφεῖσαι περιφέρειαι PBVvm.

nam a puncto medio rectae sub duobus lateribus sub-
tendentis ad latus pentagoni ei parallelum, ut ZH,
perpendiculares sunt. itaque etiam $L\,\varDelta KM$ datus est,
qui, ut diximus, ad duos rectos inclinationis quaesitae
deficit. bene igitur in constructione mechanica dixit
[p. 52, 18 sq.], oportere dato pentagono rectam sub
duobus lateribus subtendentem ducere, quae lateri
cubi aequalis fit, et centris terminis eius, radio autem
recta a puncto medio ad latus pentagoni ei parallelum
perpendiculari ducta, ut in figura sunt $K\varDelta$, KM,
arcus describere et a puncto, ubi concurrunt arcus, ad
centra rectas ducere, quae angulum ad duos rectos in-
clinationis planorum deficientem comprehendant; nam
dictum est [p. 64, 15 sq.], in elementis simul demon-
stratum esse, perpendicularem $K\varDelta$ maiorem esse
quam $\frac{1}{2}M\varDelta$.[1])

---

1) Quod necessarium est ad demonstrandum, circulos con-
currere.

Quamquam pars posterior huius libelli inde a p. 48
aliquanto melior est quam prior, tamen hic quoque demon-
strationes satis obscurae et peruersae sunt, cum constructiones
ipsae ab Isidoro breuiter indicatae (p. 50 sq.) probae sint. iam
cum uideamus, etiam in priore parte demonstrationes maxime
uituperandas esse, manifestum est, eas ibi quoque discipulo
nondum satis erudito deberi, cum Isidorus mechanicus mecha-
nicas ('ργανικάς) constructiones sine demonstrationibus tradi-
disse uideatur. nam libellum a discipulo aliquo Isidori Milesii
mechanici clarissimi saeculi sexti scriptum esse, satis opinor
constat (Studien üb. Eukl. p. 156).

SCHOLIA IN ELEMENTA.

In librum I.

1. [Τὴν γεωμετρίαν διαιρούσ]ιν εἴς τε τὴν ἐπί-
πεδον καὶ τὴν στερεομετρίαν, καὶ ὑπὸ ταύτας ἀνάγουσι
πάσας τὰς ὕλῃ χρωμένας, οἶον·ἀστρονομίαν, γεωδεσίαν
καὶ τὰς ἄλλας, ὅσαι ὑπὸ μηχανικὴν τελοῦσι. ὑπὸ δὲ
ἀριθμητικὴν ἄγουσι μουσικήν, λογιστικήν. ἐπεὶ οὖν   5
περὶ τὸ συνεχὲς ἔχει γεωμετρία, δῆλον, ὅτι γνῶσιν
αὐτὴν δεῖ λέγειν. γνώσεων δὲ οὐσῶν αἰσθήσεως,
φαντασίας, πείρας, ἐμπειρίας, τέχνης, ἐπιστήμης καὶ
τῆς μὲν αἰσθήσεως τὰ ἐκτὸς ὁρώσης αἰσθητά, φαν-
τασίας δὲ τὰ ἐντός, αἰσθητὰ μέντοι, λοιπὸν δὲ τῆς   10
πείρας ἐπὶ τῶν πρακτῶν γινωσκούσης τὸ πρᾶγμα, οἶον
ἐπὶ ἰατρικῆς ὅταν προσαγαγὼν τόδε τὸ φάρμακον γνῷ,
ὅτι ὠφελήσει τόδε τὸ πάθος καὶ πάλιν τόδε τὸ κολ-
λύριον, ἕκαστον μέντοι κατὰ μίαν χρῆσιν, εἶτα ἐκ
πολλῶν πειρῶν λαμβάνει λόγον τινὰ καθ' ὅλου, ὅτι,   15
ἐπειδὴ καὶ τόδε τὸ πάθος ὠφέλησεν τόδε τὸ φάρμακον,
ἔοικεν καθ' ὅλου πρὸς τόδε τὸ πάθος ἐπιτήδειον εἶναι,
καὶ οὕτως καθ' ὅλου γινώσκει καὶ ἔχειν λέγεται ἐμ-

---

1. Habet P man. 1 fol. 3—13; initium deest, quia sine
dubio unum, fortasse plura etiam folia interciderunt. pars prior
difficilis est lectu; qua de causa manus recentissima eam in
fol. 1—2 repetiuit non sine erroribus. in fine multa euanida
manu recentiore renouata sunt. euanida uncis [ ] inclusi.

3. γεοδεσίαν.

πειρίαν, ἀλλ᾽ ὁρᾷς, ὅτι αἰτίαν οὐκ ἔχει, δι᾽ ἣν προσ-
αγόμενον τῷδε τῷ πάθει ὠφελεῖ. ἐὰν δὲ ζητήσας
εὕρῃ, ὅτι τόδε μὲν τὸ πάθος, εἰ τύχοι, ἐστὶν ὑγρόν,
τόδε δὲ τὸ φάρμακον ξηρόν, τὰ δὲ ἐναντία τῶν ἐναν-
5 τίων ἰάματα, ἔχει καὶ τὴν αἰτίαν, καί ἐστι τὸ τοιοῦτον
τέχνη καὶ διαφέρει τῆς ἐμπειρίας τῷ λόγον καὶ αἰτίαν
λαβεῖν. ἐπειδὴ δὲ τῶν γνώσεων τούτων τῶν ἐχουσῶν
λόγον αἱ μὲν οὕτως ἔχουσιν, ὡς καὶ τὴν ὑποκειμένην
ὕλην φθαρτὴν ἔχειν, αἱ δὲ ὡς ἀείδιον, τὴν μὲν περὶ
10 ἀείδιον ὕλην ἔχουσαν ἐπιστήμην ὀνομάζουσιν, τὴν δὲ
περὶ φθαρτὴν τέχνην. τὰ δὴ μαθήματα οὔτε αἴσθησις
)γιγνώσκει· μερικῶν γὰρ γνωστική· οὔτε φαντασία·
καὶ γὰρ αὕτη μερικῶν ἐστι γνωστική, εἰ καὶ ἐντὸς ὁρᾷ·
ἀλλ᾽ οὔτε πεῖρα· λόγον γὰρ καὶ αἰτίαν οὐκ ἔχει πρὸς
15 τῷ μηδὲ τὸ καθ᾽ ὅλου γινώσκειν· οὔτε ἐμπειρία δὲ
οὔτε τέχνη· ὕλη γὰρ τῶν μαθημάτων ἀείδιος καὶ
ἑστῶσα. λείπεται ἄρα ἐπιστημονικὴν εἶναι τὴν γνῶσιν
αὐτῶν. ὥστε γεωμετρία ἐστὶ ἡ γνῶσις. καὶ ἐπειδὴ
οὔτε ἔξωθέν ἐστι γνωστική, οὔτε μερικῶν πραγμάτων
20 οὔτε ὁλικῶν μέν, ἄνευ δὲ αἰτίας, ἢ ὁλικῶν μὲν καὶ
μετ᾽ αἰτίας, περὶ φθαρτὰ δέ, ποιεῖται τὴν γνῶσιν·
περὶ γὰρ ἀείδια· εἰκότως γνῶσιν αὐτὴν δεῖ λέγειν ἐπι-
στημονικήν, ἵνα χωρίσωμεν αἰσθήσεως, φαντασίας,
πείρας, ἐμπειρίας, τέχνης, περὶ σχήματα ἔχουσαν. ἐπειδὴ
25 δὲ οὐ μόνον περὶ σχήματα ἔχει, ἀλλὰ καὶ περὶ διαιρέσεις
αὐτῶν καὶ συνθέσεις, εἰκότως λεκτέον περὶ σχήματα
καὶ τὰ τούτων πάθη, λόγους τε καὶ συνθέσεις καὶ
διαιρέσεις. καὶ οὗτος μὲν ὅρος τῆς γεωμετρίας, τὴν
δὲ γενομένην αὐτῆς ἐπίδοσιν ἰστέον, ὡς ἔφαμεν, ἐν

---

18. ἢ] corruptum; fort. τις.   21. φθαρτά] ἄφθαρτα.

τῇ καθ᾽ ἡμᾶς περιόδῳ γεγενῆσθαι, μάλιστα δὲ ἐν τοῖς
κατὰ Πλάτωνα χρόνοις· ὁ δὲ Εὐκλείδης γέγονεν μὲν
κατὰ τὸν πρῶτον Πτολεμαῖον, τὰ δὲ σποραδὴν ὑπὸ
τῶν παλαιοτέρων θεωρηθέντα συνήγαγεν αὐτὸς εἰς
στοιχείωσιν τάξιν αὐτοῖς καὶ ἀποδείξεις ἀκριβεστέρας   5
ἐπιθεὶς ὡς πρὸς στοιχείωσιν. οὐ γὰρ ὅσον λέγειν δυ-
νατόν, γράφει ταῦτα, ἀλλ᾽ ὅσα στοιχειοῦν πέφυκεν,
καὶ δι᾽ ὧν καὶ τὰ μὴ γραφόμενα ἔστιν εὑρίσκειν·
εὑρήσεις δὲ τοὺς συλλογισμοὺς καὶ ἀπὸ αἰτιῶν καὶ
ἀπὸ τεκμηρίων, πάντας δὲ ἀνελέγκτους καὶ ἐπιστημο-   10
νικούς· πάσας τε ὁρᾶν ἔξεστι τὰς τῆς διαλεκτικῆς με-
θόδους διαιρετικήν, ὁριστικήν, ἀποδεικτικήν, ἀναλυ-
τικήν. ὁ δὲ σκοπὸς τῆς πραγματείας ἐστὶν διπλοῦς
κατά τε τὴν τῶν πραγμάτων φύσιν καὶ πρὸς τὴν τῶν
ἐντυγχανόντων ὠφέλειαν. πρὸς μὲν γὰρ αὐτὰ τὰ   15
πράγματα βλέποντές φαμεν περὶ τῶν κοσμικῶν σχη-
μάτων εἶναι τὴν πρόθεσιν· πέρας γὰρ ἡ τῶν πέντε
σχημάτων διδασκαλία, ἃ καὶ Πλάτων εἰς τὴν τῶν
στοιχείων σύστασιν παραλαμβάνει. πρὸς δὲ τὴν τῶν
ἐντυγχανόντων ὠφέλειάν φαμεν στοιχείωσιν γράφειν·   20
ἀπὸ γὰρ τούτων ὁρμώμενοι καὶ τὰ ἄλλα δυνησόμεθα
γινώσκειν, χωρὶς δὲ τούτων οὐδέν· διὸ καὶ στοιχείωσις
ὀνομάζεται. τῶν δὲ θεωρημάτων καλουμένων τῶν μὲν
στοιχείων, τῶν δὲ στοιχειωδῶν τῶν μὲν στοιχείων
ὀνομαζομένων ἡ θεωρία διικνεῖται πρὸς τὴν τῶν ἄλλων   25
ἐπιστήμην, καὶ ἀφ᾽ ὧν ἐν τοῖς λοιποῖς ἀπόροις παρα-
γίνεται λύσις, στοιχειωδῶν δὲ ὅσα διατείνει μὲν ἐπὶ
πλέον, οὐ μέντοι ἐπὶ πάντα, οἷον τὸ ἐν τοῖς τριγώνοις
τὰς ἀπὸ τῶν γωνιῶν καθέτους ἐπὶ τὰς πλευρὰς κα[θ᾽

---

4. παλαιωτέρων.   θεωρηθέντα] θητεθέντα?   6. προ-
στοιχείωσιν.   18. πραγματίας.

ἓν ση]μεῖον συμπίπτειν. πάλιν τῶν στοιχείων δίχα
λεγομένων· καὶ γὰρ τὸ κατασκευάζον τοῦ κατασκευαζο-
μένου, ὡς τὸ πρῶτον θεώρημα τοῦ δευτέρου, καὶ τὸ
εἰς ἁπλούστερον διαιρεῖται τὸ σύνθετον, ὡς τὰ αἰτή-
5 ματα στοιχεῖα τῶν θεωρημάτων· κατὰ δὴ τὸ σημαι-
νόμενον τοῦτο καὶ τὰ παρ' Εὐκλείδῃ λέγεται στοιχεῖα,
τὰ μὲν περὶ τὰ ἐπίπεδα, τὰ δὲ περὶ τὰ στερεὰ τὴν
πραγματείαν ἔχοντα. ἐπεὶ οὖν ἡ γεωμετρία ἐπιστήμη,
διττὴ δὲ αὕτη, ἡ μὲν ἐξ ὑποθέσεως, ἡ δὲ ἀνυπόθετος,
10 αὕτη [δὲ] ἐξ ὑποθέσεως, ἀνάγκη τὸν τὴν γεωμετρίαν
συντάττοντα χωρὶς μὲν παραδοῦναι τὰς ἀρχάς, χωρὶς
δὲ τὰ ἀπὸ τῶν ἀρχῶν, καὶ τῶν μὲν ἀρχῶν, εἰ καὶ
τῷ τελείῳ φιλοσόφῳ εἰσὶν ἀποδεικταί, μὴ διδόναι
λόγον, τῶν δὲ μετὰ τὰς ἀρχάς, ὃ καὶ Εὐκλείδης καθ'
15 ἕκαστον ὡς εἰπεῖν ποιεῖται βιβλίον. τὰς δὴ κοινὰς
ταύτας ἀρχὰς διαιρεῖ εἴς τε τὰς ὑποθέσεις καὶ τὰ
αἰτήματα καὶ ἀξιώματα· διαφέρει γὰρ ταῦτα ἀλλήλων.
ὅταν μὲν γὰρ γνώριμον ᾖ καὶ καθ' αὐτὸ πιστὸν τὸ
παραλαμβανόμενον, ἀξίωμα λέγεται, ὅταν δὲ μὴ ἔχῃ
20 μὲν ἔννοιαν ὁ ἀκούων αὐτόπιστον, τίθεται δὲ ὅμως
καὶ συγχωρεῖ τὸ λαμβανόμενον, ὑπόθεσίς ἐστιν· οἷον
τὸ τὸν κύκλον εἶναι σχῆμα τοιόνδε τὸ τρίγωνον, ὃ
αὐτόθεν μὲν οὐκ ἔχει, συγχωρούμενον δὲ ὅμως· ὅταν
δὲ καὶ ἄγνωστον ᾖ τὸ λεγόμενον καὶ μὴ συγχωροῦντος
25 τοῦ μανθάνοντος ὅμως λαμβάνηται, αἴτημα τοῦτο κα-
λοῦμεν, ὡς τὸ πάσας τὰς ὀρθὰς γωνίας ἴσας εἶναι.
καὶ οὕτως μὲν Ἀριστοτέλης ταῦτα διορίζεται· τινὲς δὲ
πάντα ὑποθέσεις προσεῖπον, ἄλλοι δὲ ἀξιώματα. πάλιν
δὲ αὖ τὰ ἀπὸ τῶν ἀρχῶν εἰς προβλήματα διαιρεῖται

---

3. Scrib. καὶ τὸ εἰς ὃ ἁπλούστερον ὂν διαιρεῖται. cfr. Procl.
p. 78, 5.   22. τὸ τρίγωνον] scrib. ᾖ τὸ τρίγωνον.

καὶ θεωρήματα, τὰ μὲν τὰς γενέσεις περιέχοντα τῶν σχημάτων, τὰ δὲ τὰ καθ' αὐτὰ συμβεβηκότα ἑκάστοις δεικνύοντα. καί φασιν πᾶν πρόβλημα ἐπιδέχεσθαι τῶν κατηγορουμένων τῆς ἐν αὐτῷ ὕλης αὐτό τε ἕκαστον καὶ τὸ ἀντικείμενον. λέγω δὲ ὕλην μὲν αὐτὸ τὸ γένος, 5 περὶ οὗ ἡ ζήτησις, οἷον τρίγωνον ἢ τετράγωνον, σύμπτωμα δὲ τὸ καθ' αὐτὸ συμβεβηκός, ἴσον ἄνισον τομὴν θέσιν ἢ ἄλλο τι τοιοῦτον. ὅταν μὲν οὖν προτείνῃ τις ποιῆσαι, πρόβλημα λέγεται· ὅταν δὲ τὸ ὂν θεωρῆσαι, θεώρημα· καὶ ὅλως τὰ μὲν θεωρήματα καθόλου 10 ἐστί, τὰ δὲ προβλήματα οὐκ ἔστι.

τοσαῦτα καὶ περὶ τούτων. τοῦ δὲ πρώτου βιβλίου ὁ σκοπός ἐστι τὰς ἀρχὰς παραδοῦναι τῆς τῶν εὐθυγράμμων θεωρίας. εἰ γὰρ καὶ φύσει τελειότερος ὁ κύκλος, ἀλλ' ἡμῖν τοῖς ἀτελεστέροις μᾶλλον ἡ περὶ 15 τούτων ἁρμόσει θεωρία· τοῖς αἰσθητοῖς οἰκεῖα τὰ εὐθύγραμμα, τοῖς δὲ νοητοῖς ὁ κύκλος, καὶ ἀπὸ τῶν εὐθυγράμμων ἡ γένεσις κατὰ Πλάτωνα τοῖς τέτρασι στοιχείοις. διαιρεῖται δὲ τὸ βιβλίον τριχῆ· τὸ μὲν γὰρ πρῶτον τὴν τῶν τριγώνων ἰδιότητα ἐμφανίζει, τὸ δεύτερον τῶν 20 παραλληλογράμμων, τὸ τρίτον τὴν κοινωνίαν αὐτῶν.

Σημεῖόν ἐστι οὗ μέρος οὐθέν.

ἀπὸ τῶν συνθέτων ἐπὶ τὸ ἁπλούστερον ἀναδεδράμηκεν, ἀπὸ μὲν τοῦ τριχῆ διαστατοῦ ἐπὶ τὸ διχῆ, ἀπὸ δὲ τούτου ἐπὶ τὸ ἐφ' ἕν, ἀφ' οὗ εἰς τὸ πάσης διαιρέ- 25 σεως καθαρεῦον ἀναδραμὼν τὴν ἀρχὴν ποιεῖται· ἐπειδὴ δὲ τὰ πέρατα ταῦτα πολλαχοῦ διὰ τὴν ἁπλότητα τῆς τῶν συνθέτων ὑποστάσεως δοκεῖ τιμιώτερα εἶναι, πολλαχοῦ δὲ συμβεβηκόσιν ἔ[οι]κεν, λέγω μὲν, ὅτι τὰ ἄυλα καὶ

---

1. περιέχοντα] bis, sed corr.   12. Mg. τοῦ ά βιβλίου ὁ σκοπός.   19. Mg. ὅτι τριχῆ διαιρεῖται τὸ ά βιβλίον.

ἐν χωριστοῖς ὑφεστῶτα λόγοις ἀεὶ τὴν ἀρχικωτέραν
ὑπόστασιν ἐκληρώσατο τῶν συνθέτων, οἷον ἐν νῷ καὶ
ψυχαῖς· ἐκεῖ γὰρ τὰ ἁπλούστερα τῶν συνθέτων ἐστὶν
ὑποστατικά. τὰ δὲ ὕλης δεόμενα καὶ ἐν ἄλλοις ἑδρα-
5 ζόμενα κατὰ τὸ σύνθετον μᾶλλον ἔχει τὴν ὑπόστασιν,
καί εἰσιν οὐσιώδεις μᾶλλον οἱ τοιοῦτοι λόγοι. διὰ
τοῦτο ἐν φαντασίᾳ καὶ τοῖς αἰσθητοῖς προηγουμένως
μᾶλλόν εἰσιν οἱ τῶν περατουμένων λόγοι, ἑπόμενοι
δὲ οἱ τῶν περατούντων. ἵνα γὰρ τὸ σῶμα μὴ εἰς
10 ἀπειρίαν ἐκπέσῃ, ἡ τῆς ἐπιφανείας γέγονεν φύσις, καὶ
ἵνα μὴ αὕτη, ἡ τῆς γραμμῆς, καὶ τὸ σημεῖον ἕνεκα
τῆς γραμμῆς. τρανέστερον γὰρ ἡ ὕλη τοὺς συνθετω-
τέρους ἧπερ τοὺς ἁπλουστέρους ὑπεδέξατο. πῶς οὖν
ἐν νῷ καὶ ψυχῇ πάντων ὄντων ἀμερῶν ἐν ὕλῃ τὰ μὲν
15 προηγουμένως ἐμερίσθη, τὰ δ' ἔμεινεν ἀμερῆ; ἢ καὶ
ἐν τούτοις τάξις ἐστίν; τὰ μὲν γὰρ ἑνοειδέστερα τῶν
εἰδῶν ἐστι, τὰ δὲ συνθετώτερα, καὶ τὰ μὲν πέρατι
σύστοιχα, τὰ δὲ ἀπειρίᾳ. καὶ τὸ σημεῖον ἀμερὲς ὂν
ἐκεῖ πάντῃ κατὰ τὸ πέρας ὑφέστηκεν, ἔχει δὲ τὴν
20 ἄπειρον δύναμιν κρυφίως, καθ' ἣν ἀπογεννᾷ πάντα.
ὁ δὲ τοῦ σώματος λόγος τῆς τοῦ ἀπείρου μετέχει
μᾶλλον δυνάμεως· διὸ καὶ ἐφ' ἄπειρον τέμνεται. τὰ
δὲ μεταξὺ τούτων τὰ μὲν πρὸς τῷ πέρατι, τὰ δὲ
πρὸς τῷ ἀπείρῳ ἐστί. πέρας οὖν καὶ τὸ σημεῖον
25 ὑπάρχον ἐν τῇ μεθέξει τὴν οἰκείαν φυλάττει δύναμιν,
ἔχον δὲ τὴν ἀπειρίαν κρυφίως ἀπειραχῶς ἐμφαίνεται
ἐν τοῖς ὑπ' αὐτοῦ περατουμένοις. καὶ ἐπεὶ δύναμις
ἦν ἐκεῖ πάντα τίκτουσα, δυνάμει καὶ τοῦτο προῆλθεν
φυλάττον μὲν τὴν ἀμερίαν, δεύτερον δὲ κατ' οὐσίαν
30 ὑπάρχον τῶν συνθέτων· μᾶλλον γὰρ ἡ ὕλη μετέσχεν

_____

2. συνθέντων, sed. corr.; item lin. 8.   13. ἧπερ] ἢ περί.

τῶν σωμάτων ἢ τῆς ἐπιφανείας καὶ ταύτης μᾶλλον ἢ
τῆς γραμμῆς καὶ ταύτης ἢ τοῦ σημείου· ὁ γὰρ τοῦ
σημείου λόγος πάσης ἐξηγεῖται τῆς σείρας. διὸ καὶ
ἄλλα μὲν ἄλλων πέρατα, τὸ δὲ σημεῖον πάντων. ὅτι
δὲ οὐ κατ᾽ ἐπίνοιάν ἐστι μόνον, ὡς οἱ ἀπὸ τῆς στοᾶς 5
φασιν, ἀποβλέψασιν εἰς τὰς περιφορὰς καὶ τὰ κέντρα
τούτων καὶ τοὺς πόλους γίνεται δῆλον· τά τε γὰρ
κέντρα κατ᾽ οὐσίαν ὑφέστηκεν συνεκτικὰ τῶν σφαιρῶν
ὄντα καὶ οἱ ἄξονες καὶ οἱ πόλοι. οὕτως καὶ ἐπὶ τοῖς
κέντροις καὶ τοῖς πόλοις οἱ Πυθαγόρειοι τάττουσιν 10
δύναμιν ῾Ρέας μὲν σφραγίδα τους πόλους ὀνομάζοντες,
Ζανὸς δὲ πύργον τὸ τοῦ παντὸς κέντρον, ἰυγγικὰς δὲ
καὶ φρουρητικὰς αὐτοῖς δυνάμεις ἀποδιδόασιν οἱ βάρ-
βαροι. ἆρ᾽ οὖν τὸ σημεῖον μόνον ἀμερὲς ἢ καὶ τὸ
νῦν ἐν χρόνῳ καὶ ἡ μονὰς ἐν ἀριθμῷ καὶ τὸ κίνημα 15
ἐν κινήσει; περὶ πάντων μὲν οὖν ὁ πρῶτος διαλέξεται
φιλόσοφος, περὶ δὲ τῶν καθ᾽ ἕκαστα ὁ κατὰ την
οἰκείαν ἐπιστήμην· μόνον γὰρ οὐχὶ λέγει σαφῶς ὁ
γεωμέτρης, ὅτι τὸ κατ᾽ ἐμὲ ἀμερὲς σημεῖόν ἐστιν.
ἐπειδὴ δὲ οἱ ἀποφατικοὶ λόγοι, ὥς φησιν ὁ Παρμενίδης, 20
προσήκουσιν ταῖς ἀρχαῖς καὶ τοῖς πέρασι· πᾶσα γὰρ
ἀρχὴ τῶν ἀπ᾽ αὐτῆς προϊόντων καθ᾽ ἑτέραν οὐσίαν
ὑφέστηκεν, καὶ αἱ τούτων ἀποφάσεις τὴν ἐκείνων δη-
λοῦσιν ἡμῖν ὑπόστασιν· διὰ τοῦτο καὶ Εὐκλείδης τοῖς
ἀποφατικοῖς ἐχρήσατο λόγοις ἐπὶ τῆς κατ᾽ αὐτὸν ἀρχῆς. 25
οἱ δὲ Πυθαγόρειοι τὸ σημεῖον ὁρίζονται μονάδα θέσιν
ἔχουσαν· οἱ γὰρ ἀριθμοὶ καὶ σχημάτων καὶ φαντασίας
καθαρεύουσιν. τὸ δὲ σημεῖον ἐν φαντασίᾳ προτείνεται.
πῶς οὖν οὐ μορφωτικῶς ὁρᾶται; ὅτι τῆς φανταστικῆς

---

2. ὁ] οὐ; cfr. Proclus p. 89, 10.   10. Πυθαγόριοι.   26.
Πυθαγόριοι.

κινήσεως τὸ εἶδος οὔτε μεριστόν ἐστιν μόνως οὔτε
ἀμερές· οὔτε γὰρ ἂν τοὺς πολλοὺς τύπους ὑπεδέχετο
τοὺς δευτέρους τῶν πρώτων ἀμυδρῶν ὄντων. διττὴν
οὖν ἔχουσα δύναμιν τὸ σημεῖον ἐν τῷ ἀμερεῖ αὐτῆς
5 ὑποδέχεται.

Γραμμὴ δὲ μῆκος ἀπλατές.

δευτέραν ἔχει τάξιν ἡ γραμμή, καθ' ὅσον τὸ πρῶτον
ἔχει διάστημα καὶ ἀπλούστατον, ὅπερ ὁ γεωμέτρης
μῆκος ἐκάλεσεν προσθεὶς τὸ ἀπλατές, ἐπειδὴ καὶ γραμμὴ
10 πρὸς τὴν ἐπιφάνειαν ἀρχῆς ἐπέχει λόγον· διὸ τὸ μὲν
σημεῖον ἀποφατικῶς μόνως ἐδίδαξεν, τὴν δὲ γραμμὴν
καὶ ἀποφατικῶς καὶ καταφατικῶς. ἀπλατὴς δὲ ὡς τῶν
ἄλλων καθαρεύουσα διαστημάτων· πᾶν γὰρ τὸ ἀπλατὲς
καὶ ἀβαθές ἐστιν· διόπερ οὐ προσέθηκεν, ὅτι καὶ
15 ἀβαθές. ἀλλ' οὗτος μὲν ὁ ὅρος τέλειος, ὁ δὲ ῥύσιν
εἰπὼν σημείου τὴν γραμμὴν ἔοικεν ἀπὸ τῆς γενικῆς
αἰτίας αὐτὴν παράγειν καὶ οὐ πᾶσαν γραμμήν, ἀλλὰ
τὴν ἄυλον· ταύτην γὰρ ὑφίστησι τὸ σημεῖον ἀμερὲς
ὄν. ἀλλὰ ταῦτα μὲν οὕτως, οἱ δὲ Πυθαγόρειοι τὸ
20 μὲν σημεῖον ἀνάλογον ἐλάμβανον μονάδι, δυάδι δὲ
τὴν γραμμὴν καὶ τριάδι τὸ ἐπίπεδον, τετράδι δὲ τὸ
σῶμα. καίτοι Ἀριστοτέλης τριαδικῶς προσεληλυθέναι
φησὶ τὸ σῶμα ὡς διάστημα πρῶτον λαμβάνων τὴν
γραμμήν.

25 Γραμμῆς δὲ πέρατα σημεῖα.

πᾶν τὸ σύνθετον ἀπὸ τοῦ ἁπλοῦ, καὶ πᾶν τὸ με-
ριστὸν ἀπὸ τοῦ ἀμερίστου καταδέχεται τὸν ὅρον, καὶ
τούτων εἰκόνες ταῖς ἀρχαῖς προτείνονται τῶν μαθη-
μάτων. ὅταν γὰρ τὴν γραμμὴν ὑπὸ τῶν σημείων

---

19. πυθαγόριοι.

περατοῦσθαι λέγει, δῆλός ἐστιν αὐτὴν καθ' αὑτὴν
ἄπειρον ποιῶν. ὥσπερ οὖν ἡ δυὰς ὑπὸ τῆς μονάδος
ὁρίζεται, οὕτως καὶ ἡ γραμμὴ ὑπὸ σημείου. ἀλλ' ἐν
μὲν φαντασίᾳ καὶ τοῖς αἰσθητοῖς αὐτὰ τὰ σημεῖα πε-
ρατοῖ, ἐν δὲ τοῖς ἄλλοις εἴδεσι προϋφέστηκεν ὁ ἀμέ- 5
ριστος τοῦ σημείου λόγος, προιὼν δ' ἐκεῖθεν οὗτος ὁ
πρῶτος ἐπ' ἄπειρον ἑαυτὸν διαστήσας καὶ κινούμενος
ἐπ' ἄπειρον καὶ ῥέων κρατεῖται μὲν ὑπὸ τῆς οἰκείας
ἀρχῆς, ἐνίζεται δὲ ὑπ' αὐτῆς καὶ περιλαμβάνεται. ἐκεῖ
μὲν οὖν, ὅπερ ἔφην, τὸ πέρας ἐξῄρηται, ἐνταῦθα δὲ 10
τὸ ἐν αὐτῷ ὑφεστός, καὶ τοῦτο φέροι ἂν ἔνδειξιν
θαυμαστὴν τοῦ τὰ εἴδη μένοντα μὲν ἐφ' ἑαυτῶν κατ'
αἰτίαν προηγεῖσθαι τῶν μετεχόντων, ἐπιδόντα δὲ ἐκεί-
νοις ἑαυτὰ κατὰ τὴν ἐκείνων ἰδιότητα τὴν ὑπόστασιν
λαμβάνειν συμπληθυνόμενα τοῖς ὑποκειμένοις καὶ ἀπο- 15
πίπτοντα τῆς οἰκείας φύσεως. καὶ μὴν καὶ τοῦτο χρὴ
εἰδέναι, ὅτι τριχῶς τῇ γραμμῇ κέχρηται ὁ γεωμέτρης·
καὶ γὰρ ὡς ἐφ' ἑκάτερα πεπερασμένη, ὡς ἐπὶ τοῦ
πρώτου θεωρήματος, καὶ ἐφ' ἑκάτερα ἄπειρα, ὡς ὅταν
λέγῃ ἐπὶ τὴν δοθεῖσαν εὐθεῖαν ἄπειρον, καὶ ὡς πε- 20
περασμένῃ μὲν κατὰ τὸ ἕτερον, ἀπείρῳ δὲ κατὰ τὸ
ἕτερον, ὡς ἐπ' ἐκείνου τοῦ προβλήματος· ἐκ τριῶν
εὐθειῶν, αἵ εἰσιν ἴσαι ταῖς δοθείσαις εὐθείαις, τρί-
γωνον συστήσασθαι. πρὸς δὲ τούτοις κἀκείνῳ ἐπι-
στήσωμεν, ὅτι γραμμῆς πέρατά φησι σημεῖα οὔτε τῆς 25
ἀπείρου οὔτε πάσης τῆς πεπερασμένης· ἔστι γάρ τις
γραμμὴ καὶ πεπερασμένη καὶ οὐκ ἔχουσα πέρατα ση-
μεῖα, οἷα ἡ κυκλικὴ καὶ εἴ τις τοιαύτη. μήποτε οὖν
γραμμὴν ὁρᾶν δεῖ, καθ' ὅσον ἐστὶ γραμμή.

---

16. χρῆν, sed corr.   19. Scrib. ἀπείρῳ.   22. προβλή-
ματος] in ras. m. 1.

Εὐθεῖα γραμμή ἐστιν, ἥτις ἐξ ἴσου τοῖς ἐφ' ἑαυτῆς σημείοις κεῖται.

Πλάτων μὲν δύο τὰ ἁπλούστατα γραμμῆς εἴδη θέμενος εὐθεῖαν καὶ περιφερῆ τἆλλα πάντα ἐκ τούτων 5 ἐφίστησι κατὰ μίξιν, ὅσα τε ἑλικοειδῆ καὶ ἴσα κατὰ τὰς τομὰς ὑφίσταται εἴδη καμπύλων γραμμῶν. καὶ ἔοικεν τὸ μὲν σημεῖον εἰκόνα φέρειν τοῦ ἑνός· ἀμερὲς γὰρ καὶ τοῦτο. καὶ ἐπειδὴ μετὰ τὸ ἓν ὑπέστη τὸ πέρας, τὸ ἄπειρον, τὸ μικτόν, καὶ αἱ τῶν γραμμῶν 10 ἰδιότητες ἀπεικονίζονται τὰ τρία ἐκεῖνα, καὶ τῷ μὲν πέρατι ἀνάλογον ἡ περιφέρεια, τῷ δ' ἀπείρῳ τὸ εὐθύ· ἐπ' ἄπειρον γὰρ ἐκβαλλόμενον οὐ παύεται· τῷ δὲ μικτῷ τὸ ἐκ τούτων μικτόν. καὶ μέντοι καὶ Ἀριστοτέλης περὶ τῶν γραμμῶν τὴν αὐτὴν ἔχει τῷ Πλάτωνι διάνοιαν. 15 ἀμφισβητοῦσι δέ τινες πρὸς τὴν διαίρεσιν ταύτην καί φασιν μὴ δύο μόνας εἶναι τὰς ἁπλᾶς. ἀλλὰ καὶ τρίτην ἄλλην τὴν περὶ κύλινδρον ἕλικα γραφομένην· καὶ αὕτη γάρ, φασίν, ὁμοιομερής ὥσπερ αἱ ἄλλαι αἱ ἁπλαῖ ἥ τε περιφερής· ἐφαρμόζει γὰρ καὶ ταύτης τὰ μόρια 20 ἑαυτοῖς τῶν ἄλλων μικτῶν οὐκ ἐχουσῶν τοῦτο τὸ ἰδίωμα. οὔτε γὰρ ἡ περὶ κῶνον οὔτ' ἡ περὶ σφαῖραν οὔτ' ἡ περὶ ἄλλο σχῆμα ὁμοιομερής. μήποτε οὖν, φασί, τρεῖς αἱ ἁπλούσταται γραμμαί· λέξομεν δὴ πρὸς αὐτούς, ὅτι ὁμοιομερής μὲν ἡ τοιαύτη γραμμή. καὶ 25 δέδειχεν Ἀπολλώνιος τοῦτο ἐν τῷ περὶ ἑλίκων, ἁπλῆ δὲ οὐδαμῶς ἐστιν· οὐ γὰρ ταὐτὸν ὁμοιομερὲς καὶ ἁπλοῦν· ὁμοιομερὴς μὲν γὰρ καὶ χρυσὸς καὶ ἄργυρος, ἀλλ' οὐχ ἁπλοῦν. οὐδὲ ἡ τῆς κυλινδρικῆς ἕλικος γένεσις ἁπλῆ· γεννᾶται γὰρ τῆς μὲν εὐθείας κύκλῳ

κινουμένης περὶ τὸν ἄξονα, τοῦ δὲ σημείου ἐπὶ τῆς
εὐθείας. δύο τοίνυν αἱ κινήσεις αἱ ἀπογεννῶσαι καὶ
τὴν τοιαύτην ἕλικα· οὐκ ἄρα τὸ ἁπλοῦν ἀποδώσομεν
αὐτῇ, καὶ ὀρθῶς ὁ Γεμῖνος ἐκ πλειόνων μὲν κινήσεων
ὑφίστασθαι καί τινα τῶν ἁπλῶν γραμμῶν· οὐ μέντοι 5
πᾶσαν εἶναι τὴν τοιαύτην μικτήν, ἀλλὰ τὴν ἐξ ἀνο-
μοίων. καὶ γὰρ εἰ τετράγωνον νοήσειας καὶ δύο κι-
νήσεις ἰσοταχεῖς τὴν μὲν κατὰ τὸ μῆκος, τὴν δὲ κατὰ
τὸ πλάτος, ὑποστήσεται ἡ διαγώνιος εὐθεῖα οὖσα καὶ
οὐ διὰ τοῦτο μικτή. δόξειε δ᾽ ἂν ἀμφοτέρων οὐσῶν 10
ἁπλῶν προηγεῖσθαι τῆς περιφεροῦς γραμμῆς ἡ εὐθεῖα·
ἐπὶ ταύτης μὲν γὰρ οὐδὲ κατ᾽ ἐπίνοιάν ἐστιν ἀνομοιότης,
ἐπὶ δὲ τοῦ περιφεροῦς τὸ κοῖλον ὁρᾶται κὰὶ κυρτὸν
διαφέροντα, καὶ ἡ εὐθεῖα οὐ συνεισάγει τὴν περι-
φέρειαν, συνεισάγεται δέ· καὶ γὰρ εἰ μὴ κατὰ γένεσιν, 15
κατά γε τὴν πρὸς τὸ κέντρον σχέσιν. τί οὖν, εἰ λέγοι
τις, καὶ τὴν περιφέρειαν δεῖσθαι τῆς εὐθείας κατὰ τὴν
γένεσιν; ὁ γὰρ κύκλος μενούσης τῆς εὐθείας κατὰ τὸ
ἓν πέρας, κατὰ δὲ τὸ ἕτερον κινουμένης γίνεται. ἢ τὸ
γράφον τὸν κύκλον τὸ σημεῖόν ἐστιν περὶ τὸν κύκλον 20
φερόμενον; τὴν γὰρ ἀπόστασιν μόνον αὕτη ἀφορίζει.
ἀλλὰ ταῦτα μὲν οὕτως, καὶ ἁπλαῖ μόνον αἱ δύο, καὶ
διὰ ταύτην τὴν αἰτίαν καὶ ἡ ψυχὴ ἐκ τῶν δύο, περι-
φεροῦς καὶ εὐθείας, ὑπέστη ἐκ πέρατος καὶ ἀπείρου,
ἵνα τὰ ἄλλα πάντα κατευθύνῃ, διὰ μὲν τοῦ πέρατος 25
τὴν τοῖ πέρατος συστοιχίαν, διὰ δὲ τοῦ ἀπείρου τὴν
ἑτέραν· τῷ μὲν εὐθεῖ τὴν πρόοδον ὑφίσταται, τῷ δὲ
περιφερεῖ τὴν ἐπιστροφήν. καὶ μὴν καὶ ὁ τῇ ψυχῇ
ταύτας τὰς δυνάμεις παραδοὺς ἀμφοτέρων ἔχει τὰς

---

10. δόξειας.   17. καί] ὅτι καί; cfr. Proclus p. 107, 2.
27. πρόωδον.

πρωτουργοὺς αἰτίας· καὶ γὰρ πρὸς ἑαυτὸν ἐπέστραπται
μένων, ὥς φησιν Πλάτων, ἐν τῷ ἑαυτοῦ κατὰ τρόπον
ἤθει, καὶ ἐπὶ πάντα πρόεισιν ταῖς δημιουργικαῖς προ-
νοίαις.

5 καὶ τοσαῦτα μὲν ἄν τις λέγοι καὶ περὶ τῆς πρὸς
τὰ ὄντα τῶν εἰδῶν ὁμοιότητος· τὸν δὲ ὅρον τῆς εὐ-
θείας τοῦτον ἀποδέδωκεν τὸν τρόπον καὶ δηλοῖ διὰ
τούτων τὸ μόνην τὴν εὐθεῖαν ἴσον κατέχειν διάστημα
τῷ μεταξὺ τῶν ἐπ᾽ αὐτῆς σημείων· ὅσον γὰρ ἀπέχει
10 θάτερον ἀπὸ. θατέρου σημεῖον, τοσοῦτον ἔχει καὶ ἡ
μεταξὺ τούτων εὐθεῖα τὸ διάστημα, ὅπερ οὔτ᾽ ἐπὶ τῆς
περιφεροῦς οὔτ᾽ ἐπὶ ἄλλης γραμμῆς σημαίνει. διὸ καὶ
κατὰ κοινὴν ἔννοιαν τοὺς μὲν ἐπ᾽ εὐθείας βαδίζοντας
τὴν ἀναγκαίαν μόνην ποιεῖσθαι πορείαν φασίν, τοὺς
15 δὲ μὴ ἐπ᾽ εὐθείας οὐκέτι. ὁ δέ γε Πλάτων ἀφορίζεται
τὴν εὐθεῖαν γραμμήν, ἧς τὰ μέσα τοῖς ἄκροις ἐπι-
προσθεῖ. καὶ γὰρ τοῦτο τὰ μὲν ἐπ᾽ εὐθείας κείμενα
πάσχειν ἀναγκαῖον, τὰ δ᾽ ἐπὶ ἑτέρας οἱασοῦν γραμμῆς
οὐκέτι ἀναγκαῖον, ὅθεν καὶ τὸν ἥλιον ἐκλείπειν τότε
20 φασίν, ὅτε ἐπὶ μιᾶς εὐθείας γένηται αὐτός τε καὶ ἡ
σελήνη καὶ τὸ ἡμέτερον ὄμμα. ἴσως δ᾽ ἂν ἔνδειξιν
φέροι τὸ πάθος τοῦτο τῆς εὐθείας τοῦ καὶ ἐν τοῖς
οὖσι κατὰ τὰς προόδους τὰς ἀπὸ τῶν αἰτιῶν τὰ μέσα
διαιρετικὰ γίνεσθαι τῆς τῶν ἄκρων ὑποστάσεως. ὁ δ᾽
25 αὖ Ἀρχιμήδης τὴν εὐθεῖαν γραμμὴν ἐλαχίστην τῶν
τὰ αὐτὰ πέρατα ἐχουσῶν· καὶ μὴν καὶ οἱ ἄλλοι πάντες
ὁρισμοὶ εἰς τὰς αὐτὰς ἐννοίας ἐμπίπτουσιν. διαιρεῖται
δὲ ἡ γραμμὴ διαφόρως μὲν κατὰ Γεμῖνον καὶ ἄλλους
τινὰς τῶν καὶ τὰς μιχτὰς λαμβανόντων γραμμὰς εἰς

---

11. οὔτ᾽] οὐδ᾽.   14. ποιεῖσθαι, corr. m. 2.   16. ἐπι-
προσθείη.

τὴν διαίρεσιν. ὁ δὲ γεωμέτρης τὰς ἀρχοειδεστάτας
παραδιδοὺς ἐνταῦθα μὲν τὸν τῆς εὐθείας ἀποδέδωκεν
λόγον, ἐν δὲ τῷ περὶ τοῦ κύκλου τῆς περιφεροῦς,
μικτῆς δὲ οὐδαμοῦ μέμνηται· καίτοι γωνίας οἶδεν μικτὰς
τὴν τῶν ἡμικυκλίων, τὴν κερατοειδῆ, καὶ σχήματα ἐπί- 5
πεδα μικτὰ τοὺς τομέας καὶ στερεὰ τους κώνους καὶ
κυλίνδρους, τῶν δὲ γραμμῶν διαλεγόμενος τούτων
μόνον ἐμνημόνευσεν ἡγούμενος δεῖν τοῖς περὶ τῶν
ἁπλῶν τὰ ἁπλᾶ παραλαμβάνειν.

Ἐπιφάνεια δέ ἐστιν, ὃ μῆκος καὶ πλάτος μόνον ἔχει. 10
ἡ ἐπιφάνεια διχῇ διαστᾶσα καὶ ταύτῃ ὑποβᾶσα τήν
τε γραμμὴν καὶ τὸ σημεῖον ἀβαθὴς μείνασα τοῦ τριχῇ
διαστάντος ἁπλουστέραν ἔλαχεν φύσιν· διο καὶ ὁ
γεωμέτρης τὸ μόνον προσέθηκεν ἐπὶ τοῖς δύο διαστή-
μασιν, ἵνα κἀνταῦθα τὴν μὲν ὑπεροχὴν τῆς ἐπιφανείας 15
τὴν κατὰ τὴν ἁπλότητα τὴν πρὸς τὸ στερεὸν σημαίνῃ
διὰ τῆς ἀποφάσεως ἢ τῆς ἰσοδυναμούσης τῇ ἀποφάσει
προσθήκης, τὴν δὲ ὕφεσιν τὴν πρὸς τὰ πρὸ αὐτῆς διὰ
τῶν καταφάσεων. ἄλλοι δὲ πέρας αὐτὴν ὡρίσαντο σώ-
ματος· τὸ γὰρ περατοῦν τοῦ περατουμένου μιᾷ λεί- 20
πεται διαστάσει, ὡς ἐπιφάνεια σώματος, ἐπιφανείας δὲ
γραμμή, γραμμῆς δὲ σημεῖον.

Ἐπιφανείας δὲ πέρατα γραμμαί.

καὶ ἀπὸ τούτων ὡς εἰκόνων ληπτέον, ὅτι πᾶν τι
προσεχῶς ἑκάστου τῶν ὄντων ἁπλούστερον τὸν ὅρον 25
ἐπάγει καὶ το πέρας. καὶ γαρ η ψυχη την φύσιν
μετρεῖ καὶ τὰς ἐνεργείας αὐτῆς καὶ νοῦς τὰς ψυχῆς
περιόδους καὶ αὐτοῦ τοῦ νοῦ τὴν ζωὴν το ἕν· πάντων
γὰρ ἐκεῖνο μέτρον, ὥσπερ καὶ σημεῖον γραμμῆς καὶ

---

12. ἀβαθής] -ής in ras. m. 1.   16. σημαίνει.   17. κατα-
φάσεως; cfr. Proclus p. 114, 12.

ἐπιφανείας καὶ σώματος. εἰ δέ τις ἐπιζητοίη, πῶς
πάσης ἐπιφανείας πέρατα γραμμαί· μὴ γὰρ τῆς πεπε-
ρασμένης πάσης· οὐδὲ γαρ τῆς σφαίρας ἐπιφάνεια ὑπὸ
τῶν γραμμῶν περιέχεται· ἐροῦμεν, ὅτι τὴν ἐπιφάνειαν,
5 καθ᾽ ὅσον ἐστὶ διχῆ διαστατή, λαμβάνομεν κατά τε
μῆκος καὶ πλάτος. εἰ δὲ τὴν σφαιρικὴν θεωροῖμεν,
ἐσχηματισμένην αὐτὴν καὶ προσλαβοῦσαν ἄλλην ποι-
ότητα λαμβάνομεν καὶ πέρας ἀρχῇ συνάψασαν καὶ ἐκ
τῶν δύο περάτων ἓν ποιήσασαν, καὶ τοῦτο δυνάμει
10 μόνον καὶ οὐ κατ᾽ ἐνέργειαν.

Ἐπίπεδος ἐπιφάνειά ἐστιν, ἥτις ἐξ ἴσου ταῖς ἐφ᾽
ἑαυτῆς εὐθείαις κεῖται.

τοῖς μὲν παλαιοτέροις τῶν φιλοσόφων οὐκ ἐδόκει
τῆς ἐπιφανείας εἶδος τίθεσθαι τὸ ἐπίπεδον, ἀλλ᾽ ὡς
15 ταὐτὸν ἑκάτερον παραλαμβάνειν εἰς παράστασιν τοῦ
διχῆ διαστάντος· οὕτω γὰρ καὶ ὁ θεῖος Πλάτων τὴν
γεωμετρίαν τῶν ἐπιπέδων ἔφατο θεωρητικὴν πρὸς τὴν
στερεομετρίαν ταύτην ἀντιδιαιρῶν ὡς ἂν τῆς αὐτῆς
οὔσης τῷ ἐπιπέδῳ τῆς ἐπιφανείας. ὁ δ᾽ Εὐκλείδης
20 γένος μὲν ποιεῖ τὴν ἐπιφάνειαν, εἶδος δὲ τὸ ἐπίπεδον,
ὡς τῆς γραμμῆς τὴν εὐθεῖαν. διὸ καὶ τὸ ἐπίπεδον
χωρὶς ἀφορίζεται τῆς ἐπιφανείας κατὰ τὸ ἀνάλογον
τῇ εὐθείᾳ· πάντας γὰρ τοὺς τῆς εὐθείας ὅρους εἰς τὸ
ἐπίπεδον μετάγουσι τὸ γένος μόνον μεταλλάττοντες,
25 καὶ ὁ γεωμέτρης ταύτην ὡρίσατο καὶ ἐπὶ ταύτης ὑπο-
κειμένης θεωρεῖ τά τε σχήματα καὶ πάθη. εὐπορώτερος
γὰρ ὁ λόγος ἐπὶ ταύτης ἢ ἐπ᾽ ἄλλης ἐπιφανείας. καὶ
γὰρ εὐθεῖαν καὶ κύκλον καὶ πάντα σχήματα καὶ τὰ

---

1. καὶ σώματος — 2. ἐπιφανείας] bis, sed corr.   9. ἐμ-
ποιήσασαν.   12. ἑαυταῖς.   18. στερεομετρίαν.

τούτων πάθη δυνατόν θεωρῆσαι· ἐπὶ γὰρ τῶν ἄλλων,
οἷον σφαιρικῆς, πῶς ἂν εὐθεῖαν λάβοις;

Ἐπίπεδος δὲ γωνία ἐστὶν ἡ ἐν ἐπιπέδῳ δύο γραμμῶν
ἁπτομένων ἀλλήλων καὶ μὴ ἐπ᾽ εὐθείας κειμένων ἡ
πρὸς ἀλλήλας τῶν γραμμῶν κλίσις.   5

τὴν γωνίαν οἱ μὲν τῶν παλαιῶν ἐν τῇ τοῦ πρός τι
τάττουσι κατηγορίᾳ καὶ λέγουσιν κλίσιν αὐτὴν εἶναι
γραμμῶν ἢ ἐπιπέδων πρὸς ἄλληλα κεκλιμένων· οἱ δέ
τινες ποιότητά φασιν, ὡς τὸ εὐθὺ καὶ καμπύλον πάθος
τοιόνδε λέγουσιν ἐπιφανείας ἢ στερεοῦ· οἱ δὲ εἰς πο-   10
σότητα ἀναφέροντες ἐπιφάνειαν ἢ στερεὸν αὐτὴν εἶναι
συγχωροῦσι· διαιρεῖται γάρ, φασίν, ἡ μὲν ἐν ταῖς ἐπι-
φανείαις ὑπὸ γραμμῆς, ἡ δ᾽ ἐν τοῖς στερεοῖς ὑπὸ ἐπι-
πέδου, τὰ δὲ ὑπὸ τούτων διαιρούμενα οὐκ ἄλλο τί
ἐστιν ἢ μέγεθος, καὶ τοῦτο οὐ γραμμή· αὕτη γὰρ ὑπὸ 15
σημείου διαιρεῖται· λείπεται οὖν αὐτὴν ἐπιφάνειαν ἢ
στερεὸν εἶναι. καὶ οὕτως ἕκαστος, εἰς ὃ βούλεται,
τὴν γωνίαν ἕλκων ἄγει ὑπὸ κατηγορίαν οἱ μὲν ὑπὸ τὸ
πρός τι, οἱ δὲ ὑπὸ ποιότητα, οἱ δὲ ὑπὸ ποσότητα. καὶ
ἀντιπίπτουσι πρῶτον μὲν πρὸς τοὺς μέγεθος λέγοντας 20
τὴν γωνίαν λόγοι τοιοῦτοι· εἰ μέγεθος ἡ γωνία, τὰ
δὲ ὁμογενῆ μεγέθη πεπερασμένα ὄντα λόγον ἔχει πρὸς
ἄλληλα, καὶ αἱ γωνίαι αἱ ὁμογενεῖς, οἷον αἱ ἐν ἐπι-
φανείᾳ, λόγον ἕξουσι πρὸς ἄλληλα· ὥστε καὶ ἡ κερα-
τοειδὴς πρὸς τὴν εὐθύγραμμον λόγον ἕξει. τὰ δὲ λόγον 25
ἔχοντα πρὸς ἄλληλα δύναται πολλαπλασιαζόμενα ὑπερ-
έχειν ἀλλήλων· καὶ κερατοειδὴς ἄρα πολλαπλασιαζομένη
ὑπερέξει ποτὲ τῆς εὐθυγράμμου ἡ πάσης ὀξείας εὐθυ-
γράμμου ἐλάττων δειχθεῖσα. οὐκ ἄρα μέγεθος ἡ γωνία.

---

13. ἡ] εἰ.   στερεοῖς] ἑτέροις.   18. οἱ] τό.

καὶ μὴν καὶ εἰ ποιότης μόνον ἐστίν, ὡς ἡ θερμότης
καὶ ψυχρότης, πῶς εἰς ἴσα διαιρετή ἐστιν; τῆς γὰρ
ποιότητος τὸ ἴσον καὶ ἄνισον οὐκ ἔστιν, ἀλλὰ τὸ
μᾶλλον καὶ ἧττον, ὥσπερ τῆς ποσότητος τὸ ἴσον καὶ
5 ἄνισον. οὐ λεκτέον τοίνυν ἴσον καὶ ἄνισον, ἀλλὰ
μᾶλλον γωνίαν καὶ ἧττον γωνίαν· καίτοι γωνίας γωνία
οὐ διαφέρει· τὸν γὰρ αὐτὸν ἐπιδέχεται πᾶσα γωνία
λόγον. τὸ δὴ τρίτον, εἰ κλίσις ἐστὶν ἡ γωνία καὶ
ὅλως τῶν πρός τι, συμβήσεται μιᾶς οὔσης κλίσεως
10 μίαν εἶναι καὶ γωνίαν, ἀλλ᾽ οὐ πλείους· εἰ γὰρ μηδέν
ἐστιν ἄλλο παρὰ τὴν σχέσιν γωνία, τίς μηχανὴ μίαν
μὲν εἶναι σχέσιν, πλείους δὲ τὰς γωνίας; εἰ τοίνυν
νοήσειας κῶνον τῷ διὰ τῆς κορυφῆς ἄχρι τῆς βάσεως
τεμνόμενον τριγώνῳ, μίαν μὲν θεωρήσεις κλίσιν τῶν
15 γραμμῶν τῶν πλευρῶν τοῦ τριγώνου, δύο δὲ γωνίας
τήν τε τοῦ τριγώνου τὴν περιεχομένην ὑπὸ τῶν
πλευρῶν, ἑτέραν δὲ τὴν ἐπὶ τῆς μικτῆς ἐπιφανείας
τοῦ κώνου, περιεχομένην δ᾽ ἑκατέραν ὑπὸ τῶν δυεῖν
γραμμῶν. οὐκ ἄρα ἡ τούτων σχέσις ἐποίει τὴν γωνίαν.
20 ἀλλὰ μὴν ἀναγκαῖον ποιότητα λέγειν αὐτὴν ἢ ποσὸν
ἢ πρός τι· πάντα γὰρ τὰ τῆς γεωμετρίας ὑποκείμενα
ὑπὸ μίαν τούτων ἀνάγεται· τὰ μὲν γὰρ μεγέθη πο-
σότητός ἐστι, τὰ δὲ σχήματα ποιότητος, οἱ δὲ λόγοι
πρὸς ἄλληλα τούτων τῶν πρός τι. ὥστε καὶ τὴν γωνίαν
25 ὑφ᾽ ἓν τούτων ἀνάξομεν. τοιούτων δὲ τῶν ἀπόρων
ὄντων τὴν γωνίαν αὐτὴν μὲν καθ᾽ ἑαυτὴν μηδὲν εἶναι
τῶν εἰρημένων, διὰ δὲ τῆς πάντων τούτων συνδρομῆς
ἔχειν τὴν ὑπόστασιν. ἔστι δὲ οὐχ ἡ γωνία μόνον τοι-
οῦτον, ἀλλὰ καὶ τὸ τρίγωνον, καὶ ἴσον λέγεται τρί-

γωνον καὶ ἄνισον, ὡς ποσόν, ἀλλὰ μὴν ἔχει καὶ τὴν
κατὰ τὸ σχῆμα ποιότητα, ἔχει δὲ καὶ τὴν τῶν γραμμῶν
πρὸς ἄλληλα κλίσιν. καὶ ἡ γωνία τοίνυν δεῖται καὶ
ποιότητος, καθ᾽ ἣν οἷον μορφὴν οἰκείαν ἔχει καὶ
χαρακτῆρα τῆς ὑπάρξεως· δεῖται καὶ τῆς σχέσεως τῶν   5
ἀφοριζουσῶν αὐτὴν γραμμῶν, καὶ διαιρετὴ μέντοι ἐστὶν
καὶ ἰσότητος καὶ ἀνισότητος δεκτική, οὐκ ἀναγκάζεται
δὲ τον λόγον ἐπιδέχεσθαι τῶν ὁμογενῶν μεγεθῶν διὰ
τὸ καὶ ποιότητα ἰδιάζουσαν ἔχειν, καθ᾽ ἣν ἀσύμβλητοί
εἰσιν πολλάκις γωνίαι ἄλλαι ἄλλαις. εἰ δὴ πρὸς τούτους   10
ἀποβλέποιμεν τοὺς προσδιορισμούς, καὶ τὰ ἄπορα δια-
λύσομεν καὶ τὴν ἰδιότητα τῆς γωνίας εὑρήσομεν. ἀλλὰ
ταῦτα μὲν οὕτως· τῶν δὲ γωνιῶν τὰς μὲν ἐν ἐπι-
φανείᾳ συνίστασθαι λεκτέον, τὰς δ᾽ ἐν στερεοῖς, καὶ
τῶν ἐν ἐπιφανείαις τὰς μὲν ἐν ἁπλαῖς, τὰς δ᾽ ἐν μικταῖς·   15
καὶ γὰρ ἐν τῇ κυλινδρικῇ ἐπιφανείᾳ γένοιτ᾽ ἂν καὶ
ἐν τῇ κωνικῇ· τῶν δ᾽ ἐν ταῖς ἁπλαῖς αἱ μὲν ἐν ταῖς
σφαίραις, αἱ δὲ ἐν τοῖς ἐπιπέδοις ἔχουσι τὴν σύστασιν.
τῶν δ᾽ ἐν τοῖς ἐπιπέδοις αἱ μὲν ὑπὸ ἁπλῶν περιέχονται
γραμμῶν, αἱ δὲ ὑπὸ μικτῶν, αἱ δὲ ὑπ᾽ ἀμφοτέρων·   20
ἐν γὰρ τῷ θυρεῷ περιέχεται γωνία τις ὑπὸ τοῦ ἄξονος
καὶ τῆς τοῦ θυρεοῦ γραμμῆς, καὶ τούτων ἡ μέν ἐστιν
ἁπλῆ, ἡ δὲ μικτή, καὶ ὅλως πολλαὶ τοιαῦται διαφοραὶ
τοῖς φιλομαθοῦσιν ὀφθήσονται. ταύτας τοίνυν ἁπάσας
τὰς ἐν ἐπιπέδοις συνισταμένας ὁ γεωμέτρης ἐν τούτοις   25
ἀφορίζεται κοινὸν ὄνομα θέμενος αὐταῖς τὸ τῆς ἐπι-
πέδου γωνίας, τὸ μὲν γένος αὐτῶν κλίσιν εἰπών, τὸν
δὲ τόπον ἐπίπεδον. καὶ γὰρ δύο περιφέρειαι ἐφαπτό-

---

4. ποιότητος] corr. ex ποσότητος m. 1.   18. τοῖς] corr.
ex ταῖς.   21. θυραιῷ.   τις] τις μέν, supra scr. ἡ.   22.
θυραιοῦ.

μεναι ἢ τέμνουσαι ἀλλήλας ποιοῦσι γωνίας, καὶ αὖ
τρεῖς· ἢ γὰρ ἀμφικύρτους, ὅταν ἐκτὸς ᾖ τὰ κυρτά, ἢ
ἀμφικοίλους, ὅταν ἀμφότερα τὰ κοῖλα ἐκτὸς ὑπάρχῃ,
ἃς καλοῦσι ξυστροειδεῖς, ἢ μικτὰς ἀπὸ κυρτῆς καὶ
5 κοίλης, ὡς τὰς τῶν μηνίσκων, ἢ ἐξ εὐθείας καὶ περι-
φερείας, ὡς τὰς τῶν ἡμικυκλίων καὶ τὰς κερατοειδεῖς·
πᾶσαι γὰρ αἱ τοιαῦται ὑπὸ τοῦτον ἐνεχθήσονται τὸν
ὅρον. ἀλλὰ τὸ μὲν γένος αὐτῶν οὕτως ἀφωρίσατο,
τὴν δὲ γένεσιν, ὅτι δύο εἶναι χρὴ γραμμὰς καὶ οὐ
10 τρεῖς τοὐλάχιστον, ὥσπερ ἐπὶ τῆς στερεᾶς γωνίας, καὶ
ταύτας ὁμιλεῖν ἀλλήλαις καὶ ὁμιλούσας μὴ κεῖσθαι ἐπ'
εὐθείας· ἔκτασις γὰρ οὕτως, ἀλλ' οὐ κλάσις καὶ περιοχὴ
γίνεται τῶν γραμμῶν, ἀλλὰ μὴ ἔκτασις μόνον καθ' ἓν
διάστημα. δοκεῖ δὲ ὁ λόγος οὗτος πρῶτον μὲν ὑπὸ
15 μιᾶς γραμμῆς οὐ συγχωρεῖν ἀποτελεῖσθαι γωνίαν· καίτοι
γε ἡ κισσοειδὴς καὶ ἱπποπέδη ποιεῖ μία οὖσα ἑκατέρα.
ἔπειτα κλίσιν ἀφοριζόμενος τὴν γωνίαν πλὴν τρίτον
παρέλκει τὸ ἐπί τινων γωνιῶν τὸ καὶ μὴ ἐπ' εὐθείας
κεῖσθαι· ἐπὶ γὰρ τῶν περιφερογράμμων καὶ ἄνευ τούτου
20 τέλειος ὁ ὁρισμός· οὐδὲ γὰρ ἐπ' εὐθείας κεῖσθαι τὰς
περιφερείας δυνατόν. Ἀπολλώνιος δὲ καθ' ὅλου γωνίαν
ὁριζόμενός φησι συναγωγὴν ἐπιφανείας ἢ στερεοῦ πρὸς
ἑνὶ σημείῳ ὑπὸ κεκλασμένῃ γραμμῇ ἢ ἐπιφανείᾳ· περι-
λαμβάνει γὰρ οὗτος καὶ τὴν τοῦ κώνου. κυριώτερον
25 δ' ἂν ἀποδοίη τις συναγωγὴν μεγέθους ἢ μεγεθῶν
πρὸς ἑνὶ σημείῳ.

---

5. ἢ ἐξ εὐθείας] cfr. Proclus p. 127, 11.   7. τούτων.   13.
ἀλλὰ μή] cfr. Proclus p. 127, 24 sq.   16. ἑκατέρα* et in mg.*
τυγχάνουσα; uidetur aliquid intercidisse; cfr. Proclus p. 128,
5—9. etiam lin. 17 sq. aliquid corruptum; cfr. Proclus p. 128, 11
et ipse mendosus.   18. τινων] corr. ex τείνων.   19. ἐπι-
φερογράμμων.

Ὅταν δὲ αἱ τὴν γωνίαν περιέχουσαι γραμμαὶ εὐθεῖαι ὦσιν, εὐθύγραμμος ἡ γωνία καλεῖται.

τὴν γωνίαν σύμβολον εἶναί φαμεν καὶ εἰκόνα τῆς συνοχῆς τῆς ἐν τοῖς θείοις γένεσιν καὶ τῆς συναγωγοῦ τάξεως τῶν διῃρημένων εἰς ἕν· δεσμὸς γὰρ γίνεται 5 καὶ αὕτη τῶν πολλῶν γραμμῶν καὶ ἐπιπέδων καὶ συναγωγος τοῦ μεγέθους εἰς τὸ ἀμερὲς σημεῖον. διὸ καὶ τὸ λόγιον συνοχηίδας ἀποκαλεῖ τὰς γωνίας, ὡς εἰκόνα φερούσας τῶν συνοχικῶν ἐνώσεων. αἱ μὲν οὖν ἐν ταῖς ἐπιφανείαις γωνίαι τὰς ἀϋλοτέρας καὶ ἁπλουστέρας 10 καὶ τελειοτέρας ἀποτυποῦνται, αἱ δὲ ἐν τοῖς στερεοῖς τὰς προϊούσας μέχρι τῶν ἐσχάτων καὶ τοῖς πάντη μεριστοῖς ὁμοφυῆ σύνταξιν. τῶν δὲ ἐν ταῖς ἐπιφανείαις αἱ μὲν τὰς πρώτας καὶ ἀμίκτους, αἱ δὲ τὰς τῆς ἀπειρίας συνεκτικὰς τῶν ἐν αὐτοῖς προόδων ἀπεικονίζονται· καὶ 15 αἱ μὲν τὰς τῶν νοερῶν εἰδῶν ἑνοποιοῦσιν, αἱ δὲ τὰς τῶν αἰσθητῶν λόγων, αἱ δὲ τὰς τῶν μεταξὺ τούτων. αἱ μὲν οὖν περιφερόγραμμοι τὰς συνελισσούσας αἰτίας ἀπομιμοῦνται, αἱ δὲ εὐθύγραμμοι τὰς τῶν αἰσθητῶν, αἱ δὲ μικταὶ τὰς τὴν κοινωνίαν τῶν νοερῶν εἰδῶν καὶ 20 αἰσθητῶν κατὰ μίαν ἕνωσιν ἀσάλευτον φυλαττούσας.

Ὅταν δὲ εὐθεῖα ἐπ᾽ εὐθεῖαν σταθεῖσα τὰς ἐφεξῆς γωνίας ἴσας ἀλλήλας ποιῇ, ὀρθὴ ἑκατέρα τῶν ἴσων γωνιῶν ἐστι, καὶ ἡ ἐφεστηκυῖα γραμμὴ κάθετος καλεῖται, ἐφ᾽ ἣν ἐφέστηκεν· ἀμβλεῖα δὲ ἡ μείζων ὀρθῆς, 25 ὀξεῖα δὲ ἡ ἐλάσσων ὀρθῆς.

δι᾽ ἣν αἰτίαν τὸ τριπλοῦν τῶν γωνιῶν εἶδος ὑπέστη, γεωμέτραι μὲν οὐκ ἂν φαῖεν, οἱ δὲ Πυθαγόρειοι καὶ

---

8. **συνοχηίδας**] συνοχὴ ἰδίας.   13. Post σύνταξιν deest παρεχομένας; u. Proclus p. 129, 15.   16. ἑνοποιοῦσ.   28. πυθαγόριοι.

τούτων ἐπὶ τὰς ἀρχὰς ἀναφέροντες τὰς αἰτίας οὐκ
ἀποροῦσι περὶ τῆς ὑποστάσεως αὐτῶν. ἐπειδὴ γὰρ
τῶν ἀρχῶν ἡ μὲν κατὰ τὸ πέρας ὑφέστηκεν, ἡ δὲ κατὰ
τὸ ἄπειρον, καί ἐστιν ἡ μὲν ὅρου καὶ ἰσότητος τοῖς
5 ἀποτελέσμασιν αἰτία, ἡ δὲ προόδου καὶ αὐξήσεως καὶ
μειώσεως καὶ παντοίας ἑτερότητος καὶ τῶν εὐθυ-
γράμμων γωνιῶν κατ' ἐκείνας ἱσταμένων τὴν μὲν
ὀρθὴν ὁ ἀπὸ τοῦ πέρατος ἥκων λόγος ἀπετέλεσεν
ἰσότητι κρατουμένην καὶ ὁμοιότητι καὶ ὡρισμένην ἀεὶ
10 καὶ τὴν αὐτὴν ἑστῶσαν, ὁ δὲ ἀπὸ τῆς ἀπειρίας δεύ-
τερος ὢν καὶ δυαδικὸς καὶ γωνίας ἀνέφηνεν δυαδικὰς
ἀνισότητι διῃρημένας κατὰ τὸ μεῖζον καὶ ἔλαττον καὶ
ὅμοιον καὶ ἀνόμοιον. διὰ ταῦτα καὶ τὰς μὲν ὀρθὰς
εἰς τοὺς ἀχράντους ἀναπέμπουσι καὶ ἀκλίτους δια-
15 κόσμους, τὰς δὲ ὀξείας καὶ ἀμβλείας τοῖς τῆς προόδου
καὶ κινήσεως καὶ ποικιλίας τῶν γινομένων δυνάμεων
χορηγοῖς. τὸ γὰρ ἀμβλὺ τῆς ἐπὶ πᾶν ἁπλουμένης
τῶν εἰδῶν ἐκτάσεως εἰκών, καὶ τὸ ὀξὺ τῆς διαιρετικῆς
καὶ κινητικῆς τῶν ὅλων αἰτίας ἀφομοίωσιν ἔλαχεν.
20 διὸ καὶ τῇ ψυχῇ ὀρθῶς παραινοῦσιν εἰς γένεσιν ἰούσῃ
κατὰ τὸ ἀκλινὲς καὶ ἀρρεπὲς χωρεῖν καὶ ὅλως τὸ τῆς
ὀρθῆς εἶδος. σύμβολον γὰρ καὶ ἡ κάθετός ἐστιν
ἀρρεψίας καὶ ἀχράντου καθαρότητος καὶ μέτρου θείου
καὶ νοεροῦ. καὶ γὰρ ἐν τοῖς φαινομένοις τὰ ὑψηλότατα
25 διὰ ταύτης ὁρῶμεν τῆς εὐθείας καὶ τῇ πρὸς τὴν ὀρθὴν
ἀναφορᾷ τὰς ἄλλας εὐθυγράμμους γωνίας ὁρίζομεν
αὐτὰς οὔσας ἀφ' ἑαυτῶν ἀορίστους· ἐν ὑπερβολῇ γὰρ
καὶ ἐλλείψει θεωροῦμεν αὐτάς. τοσαῦτα καὶ περὶ
τούτων· δεῖ δὲ τοῖς ὁρισμοῖς τῆς τε ἀμβλείας καὶ

7. τῆι μὲν ὀρθῆι. 13. ταῦτα] corr. ex τὰ αὐτά. 17.
...σαν. 26. ἀναφοράν. 28. ἐλλίψει. 29. ὁρισμένοις.

ὀξείας προστιθέναι τὸ γένος εὐθύγραμμος γωνία, ἀλλ'
οὐχ ἁπλῶς γωνία· καὶ γὰρ ἡ κερατοειδὴς πάσης ὀρθῆς
ἐστιν ἐλάσσων, ὅπου καὶ ὀξείας πάσης, καὶ ἡ τοῦ ἡμι-
κυκλίου πάσης ὀρθῆς ἐλάσσων, ἀλλ' οὐκ ὀξείας. τὸ
δ' αἴτιον, ὅτι μικταί εἰσιν καὶ οὐκ εὐθύγραμμοι. τοῦτό   5
τε οὖν ἐπισημαντέον, καὶ ὅτι τὴν μὲν ὀρθὴν ἀπὸ τῶν
ἐφεξῆς ἴσων οὐσῶν ὡρίσατο, τὴν δὲ ἀμβλεῖαν καὶ
ὀξεῖαν οὐκέτι, ὅτι ἄπειροι αἱ ἐγκλίσεις ἐπὶ τὸ μεῖζον
καὶ ἔλαττον, καὶ οὐκ ἐνῆν ἀπὸ τῆς κλίσεως ὁρίσαι τῆς
εὐθείας. ὀρθῶς ἄρα πρὸς τὴν ὀρθὴν ἀναφέρων τὸν   10
λόγον ἀποδέδωκεν τῶν λοιπῶν γωνιῶν.

Ὅρος ἐστίν, ὃ τινός ἐστι πέρας.

τὸν ὅρον οὐ πρὸς ἅπαντα ἀναφέρειν δεῖ τὰ μεγέθη·
καὶ γὰρ γραμμῆς ὅρος ἐστὶ καὶ πέρας· ἀλλὰ πρὸς τὰ
χωρία τὰ ἐν ἐπιφανείαις καὶ τὰ στερεά. νῦν γὰρ ὅρον   15
καλεῖ τὴν περιοχὴν τὴν ἀφορίζουσαν ἕκαστον χωρίον καὶ
πέρας ἀφορίζεται τοῦτον τὸν ὅρον, οὐχ ὡς τὸ σημεῖον
λέγεται πέρας γραμμῆς, ἀλλ' ὡς τὸ περικλεῖον καὶ
περιεῖργον ἀπὸ τῶν περικειμένων. ὥστε πᾶς μὲν ὅρος
καὶ πέρας, οὐ μὴν εἴ τι πέρας, καὶ ὅρος.   20

Σχῆμά ἐστι τὸ ὑπό τινος ἤ τινων ὅρων περι-
εχόμενον.

τοῦ σχήματος πολλαί τινές εἰσι διαφοραί, καὶ δεῖ
ταύτας ἐπελθόντα καὶ τὸ προκείμενον ἡμῖν θεωρῆσαι,
ὑπὸ ποίαν τῶν διαφορῶν ἀνάγεται. ἔστι μὲν οὖν   25
σχῆμα καὶ κατὰ τροπὴν ὑφιστάμενον καὶ ἀπὸ πάθους
πληττομένων ἢ διαιρουμένων ἢ ἀφαιρουμένων ἢ προσ-
τιθεμένων τινῶν. σχῆμά ἐστιν καὶ τὸ κατὰ τέχνην
γινόμενον καὶ τὸν ἐν αὐτῇ λόγον, τῆς χαλκευτικῆς,

---

17. ὅρον] τρόπον Proclus p. 186, 6.

εἰ τύχοι, ἢ ἑτέρας τινός. ἔτι δὲ σεμνότερον τούτων
ἐστὶ τὰ ὑπὸ τῆς φύσεως γενόμενα· ὧν τὰ μὲν ὑπὸ
σελήνην ἔχει τὸν πολυειδῆ σχηματισμόν, τὰ δ' ἐν
οὐρανῷ· διαφοραὶ γὰρ καὶ ἐν τοῖς θείοις εἰσὶ σώμασι,
5 καθ' ἃς εὐρύθμως κινούμενα τὴν νοερὰν καὶ ἄχραντον
ἀπομιμοῦνται γνῶσιν ταῖς περιφοραῖς καὶ τοῖς τοιοῖσδε
σχηματισμοῖς καταγράφοντες τὴν ἀσώματον τῶν θεῶν
βούλησιν. ἔστι δὲ αὖ καὶ τούτων ἐπέκεινα κάλλει καὶ
καθαριότητι προὔχοντα τῶν ψυχῶν σχήματα αὐτοκίνητα
10 πρὸ τῶν ἑτεροκινήτων καὶ ἀδιάστατα πρὸ τῶν δια-
στατῶν ὑφεστῶτα ζωῆς πλήρη καὶ γνώσεως ὑπάρχοντα.
περὶ τούτου καὶ ὁ Τίμαιος ἡμᾶς ἀνεδίδαξεν· πρὸ δὲ
τούτων ἐστὶ τὰ νοερὰ πάντη μὲν ὑπερέχοντα τῶν
αἰσθητῶν, γόνιμα δὲ καὶ τελεσιουργὰ καὶ δραστήρια
15 καὶ πᾶσιν ἐξ ἴσου παρόντα καὶ τοῖς μὲν ψυχικοῖς τὴν
ἕνωσιν ἐπάγοντα, τὴν δ' ἐν τοῖς σώμασιν παράλλαξιν
ἀνακαλούμενα ἐπὶ τὸν οἰκεῖον ὅρον. ἔστι δὲ ἄρα καὶ
τὰ τούτων ἐξῃρημένα, καὶ πολὺ θειότερα τὰ ἐν αὐτοῖς
ὑφεστῶτα τοῖς θεοῖς ἐποχούμενα μὲν τοῖς νοεροῖς
20 σχήμασιν, πέρας δὲ καὶ ὅρον πᾶσιν ἐπάγοντα κατὰ
ταὐτά, καὶ ἡ θεουργία τὰς ἰδιότητας ἀποτυπουμένη
τῶν θεῶν ἀγάλμασιν ἄλλα ἄλλοις περιβάλλει σχήματα
καὶ χαρακτῆρσιν αὐτὰ τοιῶσδε μορφοῦσα ἑστῶτα ἢ
καθήμενα ἢ ἄλλως πως ἀπεικονιζόμενα, τὰ δὲ ἐν αὐτοῖς
25 προϋπάρχοντα τοῖς θεοῖς. ἄνωθεν ἄρα τὸ σχῆμα δια-
τείνει μέχρι τῶν ἐσχάτων· δεῖ γὰρ πρὸ τῶν ἀτελῶν
ὑφεστάναι τὰ τέλεια καὶ τῶν ἐν ἄλλοις ὄντων τὰ ἐφ'
ἑαυτῶν καὶ τὰ ἡνωμένα τῶν διῃρημένων. τὰ μὲν οὖν
ὑπὸ τὴν σελήνην ἀνακέπλησται τῆς ὑλικῆς ἀσχημο-

---

1. ἤ] om.   10. πρό] πρός.   ἀδιάστατα] ά eras., sed
cfr. Proclus p. 137, 21.   διαστατῶν] corr. ex ἀδιαστατῶν.

σύνης, τὰ δὲ οὐράνια μεριστά ἐστι καὶ ἐν ἄλλοις ὑφέστηκεν. τὰ δὲ ψυχικὰ διαιρέσεως καὶ ποικιλίας μετείληφεν, τα δὲ νοερὰ μετὰ τῆς ἑνώσεως καὶ πλῆθος ἔχει, αὐτὰ δὲ τὰ τῶν θεῶν ἑνοειδῆ καὶ ἁπλᾶ πρὸ τῶν ἄλλων ὑφέστηκεν τὴν τελειότητα πᾶσιν ἀφ' ἑαυτῶν 5 προτείνοντα· τελεσιουργὸν γὰρ καὶ ἀρχηγικὴν ἔχουσι τὴν αἰτίαν. οὐκ ἄρα τὰ μὲν ἔνυλα σχήματα ὑφέστηκεν, τὰ δὲ ἄυλα καὶ καθαρώτερον ἔχοντα τὴν οὐσίαν οὐχ ὑφέστηκεν. ἀλλὰ ταῦτα μὲν κατὰ τὸ Πυθαγόρειον ἀρέσκον· ὁ δὲ γεωμέτρης τὸ ἐν τῇ φαντασίᾳ σχῆμα 10 θεωρῶν καὶ τοῦτο πρώτως οὕτως ὁριζόμενος, εἰ καὶ τοῖς αἰσθητοῖς λόγοις ἐφαρμόττει, δευτέρως τὸ ὑπό τινος ἤ τινων ὅρων περιεχόμενόν φησιν εἶναι τὸ σχῆμα· σὺν ὕλῃ γὰρ ἤδη λαβὼν αὐτὸ καὶ ὡς διαστατὸν φανταζό-μενος εἰκότως τὸ ὑπό τινος ἤ τινων ὅρων περιεχόμενόν 15 φησιν εἶναι τὸ σχῆμα. πᾶν γὰρ τὸ ὕλην ἔχον νοητὴν ἢ αἰσθητὴν ἀλλαχόθεν ἔχει τὸν ὅρον, καὶ οὐκ αὐτὸ πέρας ἐστίν, ἀλλὰ πεπερασμένον ἐστίν, οὐδ' αὐτὸ ὅρος, ἀλλ' ἄλλο μὲν ἐν αὐτῷ τὸ ὁρίζον, ἄλλο δὲ τὸ ὁριζόμενον, οὐδ' ἐν αὐτῷ ἐστιν, ἀλλ' ὑπ' ἄλλου περιέχεται. τῷ γὰρ ποσῷ 20 συμφύεται καὶ μετ' ἐκείνου συνυφίσταται, καὶ γίνεται αὐτῷ ὑποκείμενον τὸ ποσόν. εἰ δέ τις ἐπιτιμῴη τῷ ὅρῳ ὡς ἀπὸ τῶν εἰδῶν τὸ γένος ἀφοριζόμενον· τὸ γὰρ ὑφ' ἑνὸς ὅρου περιεχόμενον καὶ τὸ ὑπο πλειόνων εἴδη τοῦ σχήματος· γιγνωσκέτω, ὅτι καὶ τὰ γένη τὰς δυνάμεις 25 προείληφεν τῶν εἰδῶν ἐν ἑαυτοῖς, καὶ ὅταν ἀπὸ τῶν δυνάμεων τῶν ἐν τοῖς γένεσιν ἐθέλωσιν αὐτὰ σαφῆ ποιεῖν οἱ παλαιοί, δοκοῦσι μὲν ἀπὸ τῶν εἰδῶν ἐπι-

6. ἀρχιγικήν. 8. οὐχ] corr. ex οὐκ. 9. πυθαγόριον. 10. τό] τῷ. 12. ἐφαρμοῦται. 19. ἄλλο μέν] ἄλλον; cfr. Proclus p. 142, 17. 21. συνυφίσταται. 22. ἐπιτιμοίηι.

χειρεῖν, τῷ δ᾽ ἀληθεῖ αὐτὰ ἀφ᾽ ἑαυτῶν ἅμα διδάσκουσι
καὶ τῶν ἐν αὐτοῖς δυνάμεων. ἀλλὰ πόθεν πρόεισιν
ὁ τοῦ σχήματος λόγος; ἀπὸ τοῦ πέρατος καὶ ἀπείρου
καὶ μικτοῦ. τὰ μὲν γὰρ περιφερῆ αὐτῶν ἀπὸ τοῦ
5 πέρατος ἧκεν, τὰ δ᾽ εὐθύγραμμα ἀπὸ τοῦ ἀπείρου,
τὰ δὲ μικτὰ ἀπὸ τοῦ μικτοῦ.

Κύκλος ἐστὶ σχῆμα ἐπίπεδον ὑπὸ μιᾶς γραμμῆς
περιεχόμενον, πρὸς ἣν ἀφ᾽ ἑνὸς σημείου τῶν ἐντὸς
τοῦ σχήματος κειμένων πᾶσαι αἱ προσπίπτουσαι εὐθεῖαι
10 ἴσαι ἀλλήλαις εἰσίν. κέντρον δὲ τοῦ κύκλου τὸ ση-
μεῖον καλεῖται.

τὸ πρῶτον καὶ ἁπλούστατον τῶν σχημάτων καὶ
τελειότατος ὁ κύκλος ἐστί· τῶν μὲν γὰρ στερεῶν ὑπερ-
φέρει τῷ ἐν ἁπλουστέρᾳ τάξει κεῖσθαι, τῶν δ᾽ ἐπι-
15 πέδων τῇ ὁμοιότητι καὶ ταυτότητι. καί ἐστιν ἀνάλογον
τῇ ἀμείνονι συστοιχίᾳ· εἰ μὲν γὰρ εἰς οὐρανὸν καὶ
γένεσιν διαιροῖς τὸ πᾶν, τῷ μὲν οὐρανῷ τὸ κυκλικὸν
εἶδος ἀποδώσεις, τῇ δὲ γενέσει τὸ εὐθύ· καὶ γάρ,
ὅσον ἐν τοῖς γενητοῖς ἐστι κυκλικόν, ἄνωθεν ἀπὸ τῶν
20 οὐρανίων ἐφήκει· διὰ γὰρ τὴν ἐκείνων κυκλοφορίαν
ἡ γένεσις ἀνακυκλεῖται πρὸς ἑαυτήν. εἴς γε μὴν ψυχην
καὶ νοῦν διαιρῶν τὰ ἀσώματα τῷ μὲν νῷ τὸ κυκλικὸν
ἀποδώσεις, τὸ δὲ εὐθὺ τῇ ψυχῇ. καὶ γὰρ τὴν ψυχὴν
κατὰ κύκλον ἐπιστρέφειν πρὸς νοῦν φαμεν. καὶ ὅλως,
25 ὅπερ ἡ γένεσις πρὸς οὐρανόν, τοῦτο ψυχὴ πρὸς νοῦν.
καὶ γὰρ εἰκὼν νοῦ μὲν οὐρανός, γένεσις δὲ ψυχῆς.
ὥστε πάντων τῶν θειοτέρων εἰκὼν ὁ κύκλος· θεοῖς
μὲν γὰρ ἐπιστροφὴν καὶ ἕνωσιν καὶ μονὴν παρέχεται,

---

4. ἀπό] om. 6. μικτοῦ] ἀμίκτου. 9. κειμένων πᾶσαι
αἱ] mg. man. 1. 16. συστοιχείᾳ. 21. ἀνακυκλεῖται] ἀνα-
κυκλεῖ τά 23. εὐθύς.

τας μὲν ἄκρας αὐτῶν δυνάμεις καὶ ἐφετὰς σταθερῶς
ὡς κέντρῳ καθιδρύων, τὰ δὲ πλήθη τῶν δυνάμεων
τὸ περὶ αὐτὰς ἐνεργεῖν παρέχων, ταῖς δὲ νοεραῖς
οὐσίαις τὸ διαιωνίως ἐνεργεῖν καὶ πρὸς ἑαυτὰς ἐπι-
στρέφειν καὶ παρ' ἑαυτῶν πληροῦσθαι τῆς γνώσεως. 5
ταῖς δὲ ψυχαῖς ἐπιλάμπει τὸ αὐτόζωον, τὸ αὐτοκίνητον,
τὸ πρὸς νοῦν ἐπιστρέφεσθαι, τὸ τὰς οἰκείας περιόδους
ἀνελίσσειν, τοῖς δὲ οὐρανίοις σώμασι τὴν πρὸς τὸν
νοῦν ἀφομοίωσιν, τοῖς δ' ὑπὸ σελήνην τὴν ἐν ταῖς
μεταβολαῖς πρόοδον καὶ το ἐν τοῖς γενητοῖς ἀγέννητον 10
καὶ τὴν ἀείδιον παλιγγενεσίαν καὶ τὴν πρὸς τὸν οὐ-
ρανὸν ἀφομοίωσιν, τοῖς δέ γε παρὰ φύσιν λεγομένοις
ὅρον καὶ τάξιν ἐπιτίθησι. οἱ γὰρ εὐφορίαι μόνον,
ἀλλὰ καὶ ἀφορίαι κατὰ περιτροπὰς συνίστανται, ὥς
φησιν ὁ ἐν Πολιτείᾳ τῶν μουσῶν λόγος. καὶ πάντα 15
δὲ τὰ κακά, εἰ καὶ ἀπέρριπται πόρρω που ἀπὸ θεῶν
εἰς τὸν θνητὸν καὶ ἀεὶ μεταβαλλόμενον τόπον, ἀλλ'
οὖν περιπολεῖ, φησὶν ὁ Σωκράτης. οὐδὲν ἄμοιρον
ἄρα λέλειπται τῆς κυκλικῆς ὁμοιότητος· διὸ καὶ τὰ
μέσα κέντρα συνέχει τῆς προόδου τῶν ἀριθμῶν τῆς 20
ἀπὸ μονάδος ἄχρι δεκάδος· ἡ γὰρ πεμπὰς καὶ ἑξὰς ἐκ
πάντων τὴν κυκλικὴν ἐπιδείκνυται δύναμιν· πολλα-
πλασιαζόμενοι γὰρ εἰς ἑαυτους καταλήγουσιν. προόδου
μὲν οὖν ὁ πολλαπλασιασμὸς αἴτιος, ἡ δὲ εἰς αὐτὸν
κατάληξις ἐπιστροφῆς, τὸ δὲ συναμφότερον ἡ κυκλικὴ 25
παρέχεται δύναμις. ἀλλὰ ταῦτα μὲν ὧδε· θεωρήσωμεν
δέ, ὅπως εἰς πᾶσαν ἀκρίβειαν ὁ τοῦ κύκλου ὅρος ἀπο-

---

6. αὐτόζωον] αὐτὸ ζῶν.   13. ἐπιτιθεῖς; cfr. Proclus
p. 149, 27.   εὐφορίαι] v et prius ι expuncta.   14. ἀφορίαι]
ι expunctum.   18. ἄμορον, supra scr. ι.   21. ἐκ] om.; cfr.
Proclus p. 150, 19.

96   SCHOLIA IN ELEMENTORUM LIBRUM I.

δέδοται. σχῆμα μὲν γὰρ εἴρηται ὡς πέρας ἔχον καὶ
περιεχόμενον ὑφ' ἑνὸς ὅρου, ἐπίπεδον δέ, καθ' ὅσον
τῶν ἐπιπέδων ἐστί, πρὸς δὲ τὴν γραμμὴν ἴσας ἔχοντα
τὰς ἀφ' ἑνὸς τῶν ἐντὸς σημείων. καὶ γὰρ εἰ ἔλλειψις
5 ὑπὸ μιᾶς περιέχεται γραμμῆς, ἀλλ' οὐκ εἰσὶν αἱ ἀφ'
ἑνὸς τῶν ἐντὸς ἴσαι πᾶσαι· δύο γὰρ μόναι ἐπὶ τῆς
ἐλλείψεως ἴσαι γίνονται εὐθεῖαι. καὶ μὴν καὶ αἱ ἀπὸ
τοῦ πόλου πρὸς τὴν τοῦ κύκλου περιφέρειαν προσ-
πίπτουσαι εὐθεῖαι πᾶσαί εἰσιν ἴσαι, ἀλλ' οὐκ ἐντός
10 ἐστι τὸ σημεῖον, ἀλλ' ἐκτός. διώρισται οὖν ἐνταῦθα,
τί μὲν ὁ κύκλος, τί δὲ τὸ κέντρον, καὶ ἐν τῷ κύκλῳ
τί μὲν ἡ περιφέρεια, τί δὲ τὸ ὅλον σχῆμα. λάβοις δ'
ἂν ἐκ τούτων ἀναδραμὼν ἐπὶ τὰ παραδείγματα τὸ
μὲν κέντρον ἑκασταχοῦ τὴν ἑνιαίαν καὶ ἀμέριστον καὶ
15 μόνιμον ὑπεροχήν, τὰς δ' ἀπὸ τοῦ κέντρου διαστάσεις
τὰς ἀπὸ τοῦ ἑνὸς προόδους εἰς πλῆθος ἄπειρον, τὴν
δὲ περιφέρειαν κατὰ τὴν ἐπιστροφὴν τῶν προελθόντων
θεωρήσεις· ὥσπερ δὲ ἐν τῷ κύκλῳ ὁμοῦ πάντα, τὸ
κέντρον, αἱ διαστάσεις, ἡ περιφέρεια, οὕτω καὶ ἐν
20 ἐκείνοις, πλὴν ὅτι ἀλλαχοῦ μὲν τὸ κέντρον ἐνταῦθα,
ἀλλαχοῦ δὲ ἡ διάστασις καὶ ἡ περιφέρεια ὁμοίως ἀλ-
λαχοῦ, ἐκεῖ δὲ ἐν ἑνὶ πάντα, κἂν τὸ κέντρον λάβοις,
ἐνταῦθα πάντα, κἂν τὴν διάστασιν, ἐπὶ ταύτης τὸ
κέντρον καὶ τὴν περιφέρειαν ὁμοίως.

25   Διάμετρος δὲ τοῦ κύκλου ἐστὶν εὐθεῖά τις διὰ τοῦ
κέντρου ἠγμένη καὶ περατουμένη ἐφ' ἑκάτερα τα μέρη
ὑπὸ τῆς τοῦ κύκλου περιφερείας, ἥτις καὶ δίχα τέμνει
τὸν κύκλον.

8. ἔχοντα] cfr. Proclus p. 152, 2 et p. 151, 15 ἔθετο.   4.
ἔλλιψις.   6. δυο.   7. ἐλλίψεως.   αἱ] om.   24. τήν] corr.
ex ἡ.   27. ὑπό] supra scr.   28. κύκλων.

ἔστι καὶ τετραγώνων διάμετρος καὶ ὅλως παραλληλο-
γράμμων, ἔστι καὶ ἐπὶ στερεῶν σωμάτων, ὡς τῆς
σφαίρας, ἀλλ' ἐπὶ μὲν τῶν γεγωνιωμένων καὶ δια-
γώνιος ἡ αὐτὴ προσαγορεύεται, ἐπὶ δὲ τῆς σφαίρας
καὶ ἄξων, ὥσπερ δὴ καὶ ἐπὶ ἐλλείψεως, ἐπὶ δὲ κύκλου   5
διάμετρος ἰδίως. ἀπείρων δὲ ἀγομένων εὐθειῶν ἐντὸς
τοῦ κύκλου μόνη ἡ διὰ τοῦ κέντρου ἐστὶν ἡ διάμετρος,
ἥτις καὶ περατοῦται ὑπὸ τῆς περιφερείας. ἀλλὰ ταῦτα
μὲν γένεσιν ἐμφαίνει τῆς διαμέτρου, τὸ δ' ἑξῆς τὶ
δίχα τέμνειν τὸν κύκλον τὴν ἰδίαν αὐτῆς ἐνέργειαν.   10
αἴτιον δὲ τῆς ἰσότητος ἡ διὰ τοῦ κέντρου ἀπαρέγκλιτος
φορὰ τῆς διαμέτρου. καὶ μαθηματικῶς δ' ἀποδείξεις
λέγων οὕτως· ἠγμένης τῆς διαμέτρου νόησον τὸ ἕτερον
ἡμικύκλιον ἐπὶ τὸ ἕτερον ἐφαρμοζόμενον. λέγω, ὅτι
ἴσον ἐστίν. εἰ γὰρ μή, ἤτοι ἐντὸς πεσεῖται τὸ ἕτερον   15
ἢ ἐκτός· ὅπως δ' ἂν ἡ πτῶσις ᾖ, συμβήσεται ἄτοπον·
ἡ γὰρ μείζων εὐθεῖα τῇ ἐλάσσονι ἴση εὑρεθήσεται·
πᾶσαι γὰρ αἱ ἀπὸ τοῦ κέντρου πρὸς τὴν περιφέρειαν
ἴσαι εἰσίν. ἀλλὰ εἰ μιᾶς οὔσης διαμέτρου δύο ἡμι-
κύκλια γίνεται, ἄπειροι δὲ αἱ διάμετροι, συμβήσεται   20
τῶν ἀπείρων διπλάσιον εὑρεθῆναι κατ' ἀριθμόν· ταυτὶ
γὰρ ἀποροῦσί τινες. ἡμεῖς δὲ λέγομεν, ὅτι τέμνεται
μὲν ἐπ' ἄπειρον, οὐκ εἰς ἄπειρα δέ. τοῦτο μὲν γὰρ
ἐνεργείᾳ ποιεῖ τὸ ἄπειρον, ἐκεῖνο δὲ δυνάμει, καὶ τὸ
μὲν οὐσίαν τῷ ἀπείρῳ δίδωσιν, τὸ δὲ γένεσιν μόνον.   25
καὶ αἱ διάμετροι οὖν ἄπειροι μὲν οὐ ληφθήσονται,
ἐπ' ἄπειρον δέ.

Ἡμικύκλιον δέ ἐστι σχῆμα τὸ περιεχόμενον ὑπό

---

8. διαγώνων.   5. ἐλλίψεως.   8. περαιοῦται.   ὑπό] om.
19. ἀλλὰ εἰ] ἀλλ' ἀεί; cfr. Proclus p. 158, 2.   21. κατ']
καί; cfr. Proclus p. 158, 5.

Euclides, edd. Heiberg et Menge V.

τε τῆς διαμέτρου καὶ τῆς ἀπολαμβανομένης ὑπ᾽ αὐτῆς
περιφερείας, κέντρον δὲ τοῦ ἡμικυκλίου τὸ αὐτό, ὃ
καὶ τοῦ κύκλου ἐστίν.

ἀπὸ μὲν τοῦ ὁρισμοῦ τοῦ κύκλου τὴν τοῦ κέντρου
5 φύσιν ἀνηυρίσκομεν, ἀπὸ δὲ τοῦ κέντρου τὴν διάμετρον·
ἀπὸ δὲ τῆς διαμέτρου τὸ ἡμικύκλιον, ὅ τι ποτέ ἐστιν,
ἀναδιδάσκει, ὅτι ὑπὸ δύο περιέχεται ὅρων, εὐθείας,
καὶ ταύτης οὐ τῆς τυχούσης, ἀλλὰ τῆς διαμέτρου, καὶ
περιφερείας τῆς ἀπολαμβανομένης ὑπὸ τῆς εὐθείας,
10 καὶ μὲν δὴ καὶ ὅτι τὸ αὐτὸ τοῦ ἡμικυκλίου κέντρον
καὶ τοῦ κύκλου. καὶ ἐπισημαντέον, ὅτι μόνον τοῦτο
τῶν ἐπιπέδων σχημάτων ἐπὶ τῆς περιμέτρου τὸ κέντρον
ἔχει· τριχῇ γὰρ τὸ κέντρον θεωρήσομεν, ἢ ἐντός, ὡς
ἐπὶ τοῦ κύκλου, ἢ ἐκτός, ὡς ἐπὶ τῶν κωνικῶν γραμμῶν,
15 ἢ ἐπὶ τῆς περιμέτρου, ὡς ἐπὶ τοῦ ἡμικυκλίου.

Εὐθύγραμμα σχήματά ἐστιν τὰ ὑπὸ εὐθειῶν γραμ-
μῶν περιεχόμενα, τρίπλευρα μὲν τὰ ὑπὸ τριῶν, τετρά-
πλευρα δὲ τὰ ὑπὸ τεσσάρων, πολύπλευρα δὲ τὰ ὑπὸ
πλειόνων ἢ τεσσάρων πλευρῶν περιεχόμενα.

20 μετὰ τὸ μοναδικὸν σχῆμα καὶ τὸ δυοειδὲς τὸ ἡμι-
κύκλιον ἡ τῶν ἀριθμῶν ἐπ᾽ ἄπειρον πρόοδος παρα-
δίδοται τῶν εὐθυγράμμων σχημάτων. διὰ γὰρ τοῦτο
καὶ ἡ τοῦ ἡμικυκλίου γέγονεν μνήμη, ὅτι κατὰ τοὺς
ὅρους πὴ μὲν τῷ κύκλῳ γειτνιάζει, πὴ δὲ τοῖς εὐθυ-
25 γράμμοις· πρόεισι δὲ τὰ εὐθύγραμμα εὐτάκτως κατὰ
τὸν ἀπὸ τριάδος ἀριθμόν. τριπλεύρων δὲ καὶ τετρα-
πλεύρων ἐποιήσατο μνήμην, ἐπειδὴ προσεχῶς περὶ
τούτων ἐν τῷ πρώτῳ διαλεχθήσεται. ὅτι δὲ τὸ εὐθὺ
προόδου σύμβολόν ἐστι καὶ κινήσεως καὶ ἀπειρίας,

---

7. εὐθείας] εὐθεῖα.   24. γιτνιάζει.

καὶ ὅτι ταῖς γεννητικαῖς τάξεσιν ῷκείωται τῶν θεῶν, εἴρηται πρότερον.

Τῶν δὲ τριπλεύρων σχημάτων ἰσόπλευρον μὲν τρίγωνόν ἐστι τὸ τὰς τρεῖς ἴσας ἔχον πλευράς, ἰσοσκελὲς δὲ τὸ δύο μόνον ἴσας ἔχον πλευράς, σκαληνὸν δὲ τὸ 5 τὰς τρεῖς ἀνίσους ἔχον πλευράς. ἔτι δὲ τῶν τριπλεύρων σχημάτων ὀρθογώνιον μὲν τρίγωνόν ἐστι τὸ μίαν ἔχον ὀρθὴν γωνίαν, ἀμβλυγώνιον δὲ τὸ μίαν ἔχον ἀμβλεῖαν, ὀξυγώνιον δὲ τὸ τὰς τρεῖς ὀξείας ἔχον γωνίας.

ἡ τῶν τριγώνων διαίρεσις τοτὲ μὲν ἀπὸ τῶν πλευρῶν 10 ἔχει τὴν διαίρεσιν, τοτὲ δὲ ἀπὸ τῶν γωνιῶν, ἡγεῖται δὲ ἡ ἀπὸ τῶν πλευρῶν, ὡς γνώριμος, ἔπεται δὲ ἡ ἀπὸ τῶν γωνιῶν, ὡς ἰδιάζουσα, ἐπειδὴ καὶ αἱ τρεῖς αὗται γωνίαι τοῖς εὐθυγράμμοις μόνοις προσήκουσι σχήμασι, ἰσότης δὲ καὶ ἀνισότης τῶν πλευρῶν ἔστι 15 δήπου καὶ ἐν τοῖς μὴ εὐθυγράμμοις. δοκεῖ δέ μοι καὶ πρὸς ἐκεῖνο ἀπιδὼν ὁ στοιχειωτὴς χωρὶς ἀπὸ τῶν γωνιῶν ποιήσασθαι τὴν διαίρεσιν, χωρὶς δὲ ἀπὸ τῶν πλευρῶν, ὅτι μὴ πᾶν τρίγωνον καὶ τρίπλευρον. ἔστι γὰρ τρίγωνα τὰ καλούμενα παρ᾽ αὐτοῖς ἀκιδοειδῆ, ἃ 20 τετράπλευρά ἐστιν, οἷον εἴ τις ἐπὶ μιᾶς τοῦ τριγώνου πλευρᾶς ἀπὸ τῶν περάτων ἐντὸς συστήσηται δύο πλευρὰς ἐντός· τὰ τοιαῦτα γὰρ τετράπλευρα μέν ἐστι, τρίγωνα δέ· οὕτω δ᾽ ἂν εὕροις καὶ τετράγωνα πλείονας ἔχοντα πλευράς. ἀλλὰ ταῦτα μὲν οὕτως· οἱ δὲ Πυ- 25 θαγόρειοι τὸ μὲν τρίγωνον ἁπλῶς ἀρχὴν εἶναι γενέσεώς φασι· καὶ γὰρ τριχῇ διίστανται καὶ συναγωγοὶ τῶν πάντη μεριστῶν εἰσιν· καὶ ὁ Φιλόλαος τὴν τοῦ τριγώνου γωνίαν τέτταρσιν ἀνῆκεν θεοῖς, Κρόνῳ, Ἄρει,

---

1. ῷκείωται] Proclus p. 164, 10; ῴκειαται, -ται in ras. m. 1, P. 17. ἀπειδων. 25. Πυθαγόριοι. 26. μὲν] με.

7*

Ἅιδῃ, Διονύσῳ, τὴν ἔνωθεν ἀπὸ τοῦ οὐρανοῦ καθή-
κουσαν εἶτ' ἀπὸ τῶν κέντρων εἶτ' ἀπὸ τῶν τεττάρων
τοῦ ζωδιακοῦ τμημάτων ἐν τούτοις περιλαβών· ὁ μὲν
γὰρ Κρόνος πᾶσαν ὑφίστησι τὴν ὑγρὰν καὶ ψυχρὰν
5 οὐσίαν, ὁ δὲ Ἄρης πᾶσαν τὴν ἔμπυρον φύσιν, ὁ δὲ
Ἅιδης τὴν χθονίαν ὅλην συνέχει ζωήν, ὁ δὲ Διόνυσος
τὴν θερμὴν ἅμα καὶ ὑγράν, ὅθεν καὶ ὁ οἶνος ταύτην
ἔχων τὴν φύσιν ἀνεῖται τῷ τὴν γένεσιν ἐπιτροπεύοντι
θεῷ. πάντες δὲ οὗτοι κατὰ μὲν τὰς εἰς τὰ δεύτερα
10 ποιήσεις διεστήκασιν, ἥνωνται δὲ ἀλλήλοις, διὸ καὶ
κατὰ μίαν αὐτῶν γωνίαν συνάγει τὴν ἔνωσιν ὁ Φιλόλαος.
εἰ δὲ καὶ τῶν τριγώνων διαφοραὶ συνεργοῦσι πρὸς τὴν
γένεσιν, εἰκότως ἂν ὁμολογοῖτο τὸ τρίγωνον ἀρχηγὸν
εἶναι τῆς τῶν ὑπὸ σελήνην συστάσεως· ἡ μὲν γὰρ
15 ὀρθὴ γωνία τὴν οὐσίαν αὐτοῖς παρέχεται καὶ τὸ μέτρον
ἀφορίζει τοῦ εἶναι, καὶ ὁ τοῦ ὀρθογωνίου τριγώνου
λόγος οὐσιοποιός ἐστι τῶν γενητῶν στοιχείων, ἡ δὲ
ἀμβλεῖα τὴν ἐπὶ πᾶν διάστασιν αὐτοῖς ἐνδίδωσι, καὶ
ὁ τοῦ ἀμβλυγωνίου λόγος εἰς μέγεθος αὔξει καὶ παν-
20 τοίαν ἔκτασιν τὰ εἴδη τὰ ἔνυλα, ἡ δὲ ὀξεῖα γωνία
διαιρετὴν αὐτὴν ἀποτελεῖ τὴν φύσιν, καὶ ὁ τοῦ ὀξυ-
γωνίου λόγος ἐπ' ἄπειρον αὐτοῖς τὰς διαιρέσεις παρα-
σκευάζει γενέσθαι· ἁπλῶς δὲ ὁ τριγωνικὸς λόγος οὐσίαν
διαστατὴν καὶ πάντη μεριστὴν ὑφίστησι τὴν τῶν ἐνύλων
25 σωμάτων. τοσαῦτα μὲν περὶ τριγώνων εἴχομεν θεωρεῖν,
ἐκ δὲ τούτων λάβοις ἂν τῶν διαιρέσεων, καὶ ὅτι τὰ εἴδη
πάντα τῶν τριγώνων ἑπτά ἐστι καὶ οὔτε πλείω οὔτε
ἐλάττω. τὸ μὲν ἰσόπλευρον ἓν ἐστι μόνον ὀξυγώνιον
ὑπάρχον, τῶν δὲ λοιπῶν ἑκάτερον τριπλοῦν· καὶ γὰρ

ἰσοσκελὲς ἢ ὀρθογώνιόν ἐστιν ἢ ἀμβλυγώνιον ἢ ὀξυ-
γώνιον, καὶ τὸ σκαληνὸν ὡσαύτως τὴν τρισσὴν ἔχει
ταύτην διαφοράν. εἰ οὖν ταῦτα μὲν τριχῶς, τὰ δὲ
ἰσόπλευρα μοναχῶς, ἑπτὰ τὰ πάντα τῶν τριγώνων
εἴδη λεγέσθω. λάβοις δ᾽ ἂν καὶ κατὰ τὴν τῶν πλευρῶν 5
διαίρεσιν τὴν τῶν τριγώνων πρὸς τὰ ὄντα ἀναλογίαν·
τὸ μὲν γὰρ ἰσόπλευρον κατὰ πάντα ἰσότητι καὶ ἁπλότητι
κρατούμενον συγγενές ἐστι ταῖς θείαις ψυχαῖς· μέτρον
γάρ ἐστι καὶ τῶν ἀνίσων ἡ ἰσότης, ὥσπερ καὶ τὸ θεῖον
πάντων τῶν δευτέρων. τὸ δὲ ἰσοσκελὲς τοῖς κρείττοσι 10
γένεσι τοῖς κατευθύνουσι τὴν ἔνυλον φύσιν, ὧν τὸ
μὲν πλέον κεκράτηται τῷ μέτρῳ, τὰ δὲ τελευταῖα τῆς
ἀνισότητος ἐφάπτεται καὶ τῆς ἀμετρίας τῆς ὑλικῆς·
καὶ γὰρ τῶν ἰσοσκελῶν αἱ μὲν δύο ἴσαι, ἡ δὲ βάσις
ἄνισος. τὸ δὲ σκαληνὸν ταῖς μερισταῖς ζωαῖς, αἳ 15
πανταχόθεν χωλεύουσιν καὶ σκάζουσιν εἰς τὴν γένεσιν
φερόμεναι καὶ ἀναπιμπλάμεναι τῆς ὕλης.

Τῶν δὲ τετραπλεύρων σχημάτων τετράγωνον μέν
ἐστιν, ὅ ἐστιν ἰσόπλευρόν τε καὶ ὀρθογώνιον, ἑτερό-
μηκες δέ, ὃ ὀρθογώνιον μέν, οὐκ ἰσόπλευρον δέ, ῥόμβος 20
δὲ τὸ ἰσόπλευρον μέν, οὐκ ὀρθογώνιον δέ, ῥομβοειδὲς
δὲ τὸ τὰς ἀπεναντίον πλευράς τε καὶ γωνίας ἴσας
ἀλλήλαις ἔχον, οὔτε δὲ ἰσόπλευρον οὔτε ὀρθογώνιον,
τὰ δὲ παρὰ ταῦτα τετράπλευρα τραπέζια καλείσθω.

τὴν τῶν τετραπλεύρων διαίρεσιν εἰς δύο ποιεῖσθαι 25
χρὴ τὴν πρώτην καὶ τὰ μὲν αὐτῶν παραλληλόγραμμα
λέγειν, τὰ δ᾽ οὐ παραλληλόγραμμα, τῶν δὲ παραλληλο-
γράμμων τὰ μὲν καὶ ὀρθογώνια καὶ ἰσόπλευρα, ὡς τὰ
τετράγωνα, τὰ δὲ οὐδέτερα τούτων, ὡς τὰ ῥομβοειδῆ, τὰ

---

8. ἐστι] ἐπί.   9. ἡ] supra scr.   ἰσότης ὥσπερ] -της ὥσ-
in ras. m. 1.   10. κρείττοσι.

δὲ ὀρθογώνια μέν, οὐκ ἰσόπλευρα δέ, ὡς τὰ ἑτερομήκη,
τὰ δὲ ἔμπαλιν ἰσόπλευρα μέν, οὐκ ὀρθογώνια δέ, ὡς τοὺς
ῥόμβους. ἢ γὰρ ἀμφότερα ἔχειν ἀναγκαῖον τὴν ἰσότητα
τῶν πλευρῶν καὶ τὴν ὀρθότητα τῶν γωνιῶν ἢ οὐδέτερον
5 ἢ τὸ ἕτερον, καὶ τοῦτο διχῶς, ὡς τετραχῶς ὑφίσταται
τὸ παραλληλόγραμμον. τῶν δὲ μὴ παραλληλογράμμων
τὰ μὲν δύο μόνον ἔχει παραλλήλους, οὐκέτι δὲ καὶ
τὰς λοιπάς, τὰ δ' οὐδ' ὅλως ἔχει τῶν πλευρῶν τινας
παραλλήλους· καὶ τὰ μὲν καλεῖται τραπέζια, τὰ δὲ
10 τραπεζοειδῆ. τῶν δὲ τραπεζίων τὰ μὲν ἴσας ἔχει τὰς
συναπτούσας παραλλήλους ταύτας, τὰ δὲ ἀνίσους, καὶ
καλεῖται τὰ μὲν ἰσοσκελῆ τραπέζια, τὰ δὲ σκαληνὰ
τραπέζια. τὸ ἄρα τετράπλευρον ἑπταχῶς ἡμῖν ὑπο-
στήσεται· τὸ μὲν γάρ ἐστι τετράγωνον, τὸ δὲ ἑτερόμηκες,
15 τὸ δὲ ῥόμβος, τὸ δὲ ῥομβοειδές, τὸ δὲ τραπέζιον
ἰσοσκελές, τὸ δὲ σκαληνὸν τραπέζιον, τὸ δὲ τραπε-
ζοειδές. ἀλλ' ὁ μὲν Ποσειδώνιος τελείαν εἰς ταῦτα
πεποίηται τὴν τῶν τετραπλεύρων εὐθυγράμμων τομὴν
ἑπτὰ καὶ τούτων τὰ εἴδη θέμενος, ὥσπερ δὴ καὶ τῶν
20 τριγώνων. ὁ δὲ Εὐκλείδης εἰς μὲν παραλληλόγραμμα
καὶ μὴ παραλληλόγραμμα διαιρεῖν οὐκ ἠδύνατο μήτε
περὶ τῶν παραλλήλων εἰπὼν μήτε περὶ αὐτοῦ τοῦ
παραλληλογράμμου διδάξας ἡμᾶς. τὰ δὲ τραπέζια
πάντα καὶ τὰ τραπεζοειδῆ κοινῷ προσείρηκεν ὀνόματι
25 τραπέζια περιγράφων αὐτὰ τῶν τεττάρων ἐκείνων, οἷς
ἐπαληθεύει τὸ τῶν παραλληλογράμμων ἴδιον. τοῦτο
δ' ἐστὶ τὸ τὰς ἀπεναντίον πλευράς τε καὶ γωνίας ἴσας
ἔχειν· καὶ γὰρ τὸ τετράγωνον καὶ τὸ ἑτερόμηκες καὶ
ὁ ῥόμβος ἔχει τὰς ἀπεναντίον πλευράς τε καὶ γωνίας

---

9. δέ] supra scr.   22. περὶ τῶν] · εριττῶν.   τοῦ] om.

ἴσας. αὐτὸς δὲ ἐπὶ τοῦ ῥομβοειδοῦς μόνον τοῦτο προσ-
έθηκεν, ἵνα μὴ διὰ ψιλῶν αὐτὸ παραστήσῃ τῶν ἀπο-
φάσεων οὔτε ἰσόπλευρον οὔτε ὀρθογώνιον εἰπών. ἐφ᾽
ὧν γὰρ ἰδιαζόντων ἀποροῦμεν λόγων, χρήσασθαι τοῖς
κοινοῖς ἀναγκαῖον· ὅτι δὲ πάντων ἐστὶ τοῦτο κοινὸν   5
τῶν παραλληλογράμμων, αὐτοῦ δεικνύντος ἀκουσόμεθα.
ἔοικεν δὲ καὶ ὁ ῥόμβος σαλευθὲν εἶναι τετράγωνον
καὶ τὸ ῥομβοειδὲς κεκινημένον ἑτερόμηκες· διὸ κατὰ
τὰς πλευρὰς οὐ διέστηκεν ταῦτα ἐκείνων, κατὰ δὲ τὰς
τῶν γωνιῶν ἀμβλύτητας καὶ ὀξύτητας ἐκείνων ὀρθο-   10
γωνίων ὄντων. ἐὰν γὰρ νοήσῃς τὸ τετράγωνον ἢ τὸ
ἑτερόμηκες κατὰ τὰς ἀπεναντίας γωνίας διελκόμενον,
εὑρήσεις ταύτας μὲν συναγομένας καὶ ὀξείας γινομένας,
τὰς δὲ λοιπὰς διισταμένας καὶ ἀμβλείας ἀναφαινομένας.
καὶ ἔοικεν καὶ τὸ ὄνομα τῷ ῥόμβῳ κεῖσθαι ἀπὸ τῆς   15
κινήσεως· καὶ γὰρ τὸ τετράγωνον εἰ νοήσειας ῥομβού-
μενον, φανεῖταί σοι κατὰ τὰς γωνίας παρενηνεγμένον,
ὥσπερ δὴ καὶ ὁ κύκλος ῥομβούμενος ἔλλειψις φαίνεται.
περὶ δὲ αὐτοῦ τοῦ τετραγώνου ζητήσειας ἄν, διὰ τί
ταύτην ἔσχεν τὴν προσηγορίαν, καὶ οὐχ ὥσπερ τὸ τρί-   20
γωνον κοινόν ἐστι πᾶσι καὶ τοῖς μὴ ἰσογωνίοις μηδὲ
ἰσοπλεύροις καὶ τὸ πεντάγωνον ὡσαύτως, οὕτω καὶ τὸ
τετράγωνον λέγεσθαι δύναται καὶ κατὰ τῶν ἄλλων
τετραπλεύρων. αὐτὸς γοῦν ὁ γεωμέτρης ἐπ᾽ ἐκείνων
προστίθησι τρίγωνον ἰσόπλευρον ἢ πεντάγωνον, ὅ   25
ἐστιν ἰσόπλευρον καὶ ἰσογώνιον, ὡς δυναμένων τούτων
καὶ μὴ τοιούτων εἶναι. τὸ δὲ τετράγωνον ῥηθὲν

---

2. παραστήσηισ.   5. ὅτι] ὅτε.   8. κεκινημένον] ἐκείνη
μένον; cfr. Proclus p. 171, 18.   11. νοήσηις, νο- in ras. m. 1.
13. ταῦτα.   14. δῃσταμένας.   18. ἐλλίψεις.   27. τοιούτων]
ποιούντων.

εὐθὺς τὸ ἰσόπλευρον αὐτῷ δηλοῖ καὶ ὀρθογώνιον.
λόγος δὲ τούτου ὅδε· μόνον τὸ τετράγωνον χωρίον
καὶ κατὰ τὰς πλευρὰς ἔχει τὸ ἄριστον καὶ κατὰ τὰς
γωνίας· ἑκάστη γὰρ αὐτῶν ὀρθή ἐστιν τὸ μέτρον ἀπο-
5 λαβοῦσα τῶν γωνιῶν τὸ μήτε ἐπίτασιν μήτε ἄνεσιν
ἐπιδεχόμενον. κατ᾿ ἀμφότερα οὖν πλεονεκτούσης εἰκότως
ἔσχεν τὴν κοινὴν ἐπωνυμίαν. τὸ δὲ τρίγωνον κἂν ἴσας
ἔχῃ τὰς γωνίας, ἀλλὰ ὀξείας πάσας, καὶ τὸ πεντάγωνον
ἀμβλείας πάσας. εἰκότως ἄρα τὸ τετράγωνον ἰσότητι
10 πλευρῶν καὶ ὀρθότητι γωνιῶν συμπεπληρωμένον μόνον
ἐκ πάντων τετραπλεύρων ταύτης τῆς προσηγορίας
ἔτυχεν· τοῖς γὰρ ὑπερέχουσι τῶν εἰδῶν τὸ τοῦ ὅλου
πολλάκις ἐπιφημίζομεν ὄνομα. δοκεῖ δὲ καὶ τοῖς
Πυθαγορείοις τοῦτο διαφερόντως τῶν τετραπλεύρων
15 εἰκόνα φέρειν τῆς θείας οὐσίας· τήν τε γὰρ ἄχραντον
τάξιν διὰ τούτου μάλιστα σημαίνουσιν· ἥ τε γὰρ ὀρ-
θότης τὸ ἄκλιτον καὶ ἡ ἰσότης τὴν μόνιμον δύναμιν
ἀπομιμεῖται· κίνησις γὰρ ἀνισότητος ἔκγονος, στάσις
δὲ ἰσότητος. οἱ τοίνυν τῆς σταθερᾶς ἱδρύσεως αἴτιοι
20 τοῖς ὅλοις καὶ τῆς ἀχράντου καὶ ἀκλίτου δυνάμεως
εἰκότως διὰ τοῦ τετραγωνικοῦ σχήματος ὡς ἀπ᾿ εἰκόνος
ἐμφαίνονται. καὶ πρὸς τούτοις ὁ Φιλόλαος κατ᾿ ἄλλην
ἐπιβολὴν τὴν τοῦ τετραγώνου γωνίαν Ῥέας καὶ Δήμητρος
καὶ Ἑστίας ἀποκαλεῖ. διότι γὰρ τὴν γῆν τὸ τετράγωνον
25 ὑφίστησιν, καὶ στοιχεῖόν ἐστιν αὐτῆς προσεχές, ὡς παρὰ
τοῦ Τιμαίου μεμαθήκαμεν, ἀπὸ δὲ πασῶν τούτων τῶν
θεαινῶν ἀπορροίας ἡ γῆ δέχεται καὶ γονίμους δυνάμεις,
εἰκότως τὴν τοῦ τετραγώνου γωνίαν ἀνῆκεν ταύταις
ταῖς ζωογόνοις θεαῖς. καὶ γὰρ Ἑστίαν καλοῦσι τὴν

---

6. ἐπιδεχομένων, sed corr.   10. συμπεπληρωμένων.   14.
Πυθαγορίοις.   16. τούτου] τοῦ.   18. κινήσεις.

γῆν καὶ Δήμητρά τινες καὶ τῆς ὅλης Ῥέας αὐτὴν
μετέχειν φασίν, καὶ πάντα ἐστὶν ἐν αὐτῇ τὰ γεννητικὰ
αἴτια χθονίας. τὴν τοίνυν μίαν ἕνωσιν τῶν θείων
τούτων γενῶν τὴν τετραγωνικήν φησι γωνίαν περι-
έχειν. ἀπεικάζουσι δὲ καὶ πρὸς τὴν σύμπασαν ἀρε-   5
τὴν τὸ τετράγωνον ὡς ἔχον τέτταρας ὀρθὰς τελείαν
ἑκάστην, ἥπερ δὴ καὶ τὰς ἀρετὰς λέγομεν ἑκάστην
τελείαν καὶ αὐταρκῆ καὶ ἄμετρον καὶ ὅρον τῆς ζωῆς
καὶ πάσας μεσότητας ἀμβλείας καὶ ὀξείας. δεῖ δὲ μὴ
λανθάνειν, ὅπως τὴν μὲν τριγωνικὴν γωνίαν ὁ Φιλόλαος   10
τέτταρσιν ἀνῆκεν θεοῖς, τὴν δὲ τετραγωνικὴν τρισίν,
ἐνδεικνύμενος αὐτῶν τὴν δι' ἀλλήλων χώρησιν καὶ
τὴν ἐν πᾶσιν πάντων κοινωνίαν τῶν τε περισσῶν ἐν
τοῖς ἀρτίοις καὶ τῶν ἀρτίων ἐν τοῖς περισσοῖς. τριὰς
οὖν τετραδικὴ καὶ τετρὰς τριαδικὴ τῶν τε γονίμων   15
μετέχουσαι καὶ ποιητικῶν ἀγαθῶν τὴν ὅλην συνέχουσι
τῶν γενητῶν διακόσμησιν· ἀφ' ὧν ἡ δυωδεκὰς εἰς
μίαν μονάδα τὴν τοῦ Διὸς ἀρχὴν ἀνατείνεται· τὴν
γὰρ τοῦ δωδεκαγώνου γωνίαν Διὸς εἶναί φησιν ὁ
Φιλόλαος, ὡς κατὰ μίαν ἕνωσιν τοῦ Διὸς ὅλον συν-   20
έχοντος τὸν τῆς δυωδεκάδος ἀριθμόν· ἡγεῖται γὰρ καὶ
παρὰ τῷ Πλάτωνι δυωδεκάδος ὁ Ζεὺς καὶ ἀπολύτως
ἐπιτροπεύει τὸ πᾶν. τοσαῦτα καὶ περὶ τῶν τετρα-
πλεύρων εἴχομεν λέγειν τήν τε τοῦ στοιχειωτοῦ διά-
νοιαν ἐμφανίζοντες καὶ πρὸς τὰς θεωρητικωτέρας ἐπι-   25
βολὰς ἀφορμὰς διδόντες τοῖς τῶν νοητῶν καὶ ἀφανῶν
οὐσιῶν τῆς γνώσεως ἐφιεμένοις.

Παράλληλοι εὐθεῖαί εἰσιν, αἵτινες ἐν τῷ αὐτῷ ἐπι-

---

3. χθονίων, corr. m. 1.   5. καί] καὶ τήν.   11. τέταρσιν
supra add. τ.   12. δι'] δέ.   13. ἐν] (prius) corr. ex ἐμ.
24. διάνοιαν] τὴν διάνοιαν.

πέδῳ οὖσαι καὶ ἐκβαλλόμεναι εἰς ἄπειρον ἐφ' ἑκάτερα
τὰ μέρη ἐπὶ μηδέτερα συμπίπτουσιν ἀλλήλαις.

τίνα μὲν στοιχεῖα τῶν παραλλήλων καὶ τίσι γνω-
ρίζονται συμπτώμασιν, ἐν τοῖς μετὰ ταῦτα μαθησόμεθα,
5 τίνες δέ εἰσιν αἱ παράλληλοι εὐθεῖαι, διὰ τούτων
ἀφορίζεται τῶν ῥημάτων. δεῖ τοίνυν αὐτάς, φησίν,
ἔν τε ἑνὶ ἐπιπέδῳ εἶναι καὶ ἐκβαλλομένας ἐφ' ἑκάτερα
τὰ μέρη μὴ συμπίπτειν ἀλλήλαις. ἐκβάλλεσθαι εἰς
ἄπειρον· καὶ γὰρ αἱ μὴ παράλληλοι μέχρι τινὸς ἐκ-
10 βαλλόμεναι μείναιεν ἂν ἀσύμπτωτοι, τὸ δ' εἰς ἄπειρον
ἐκβαλλομένας μὴ συμπίπτειν χαρακτηρίζει τὰς παραλ-
λήλους, καὶ οὐδὲ τοῦτο ἁπλῶς, ἀλλὰ τὸ ἐφ' ἑκάτερα
ἐκβάλλεσθαι ἐπ' ἄπειρον καὶ μὴ συμπίπτειν. καὶ τῶν
μὴ παραλλήλων δυνατὸν κατὰ θάτερα μὲν τὴν ἐκβολὴν
15 ἐπ' ἄπειρον γενέσθαι, κατὰ τὰ λοιπὰ δὲ οὔ. συν-
νεύουσαι γὰρ ἐπὶ τάδε τὰ μέρη πλέον ἀφίστανται
ἀλλήλων κατὰ τὰ ἕτερα. τὸ δὲ αἴτιον, ὅτι δύο εὐθεῖαι
περιέχειν οὐ δύνανταί τι χωρίον· εἰ δὲ κατὰ ἀμφότερα
συννεύσαιεν, τοῦτο συμβήσεται. καὶ μέντοι καὶ τὸ ἐν
20 τῷ αὐτῷ ἐπιπέδῳ εἶναι τὰς εὐθείας ὀρθῶς προσ-
είληπται· εἰ γὰρ ἡ μὲν εἴη ἐν τῷ ὑποκειμένῳ, ἡ δὲ
ἐν μετεώρῳ, κατὰ πᾶσαν θέσιν ἀσύμπτωτοί εἰσιν ἀλ-
λήλαις καὶ οὐ διὰ τοῦτο παράλληλοί εἰσιν. ἐν οὖν
ἔστω τὸ ἐπίπεδον, καὶ ἐκβαλλέσθωσαν ἐπ' ἄπειρον
25 κατὰ ἀμφότερα καὶ συμπιπτέτωσαν ἀλλήλαις κατὰ μη-
δέτερα· τούτων γὰρ ὑπαρχόντων ἔσονται παράλληλοι
εὐθεῖαι. καὶ ὁ μὲν Εὐκλείδης τοῦτον ὁρίζεται τὸν

---

2. μηδετέρας.　4. τοῖς] τούτοις.　5. εὐθεῖα.　8. μή]
supra scr.　13. ἐκβαλέσθαι.　15. κατά] καί.　δέ] supra scr.
συννεύουσαι, sed corr.　16. ἐπὶ τάδε] corr. ex ἔπειτα δέ
m. 2.　17. τὰ — αἴτιον] e corr. m. 2.　19. τούτωι.　τό]
τῶι.　20. προείληπται.　21. ἡ] (alt.) εἰ.

τρόπον τὰς παραλλήλους εὐθείας, ὁ δὲ Ποσειδώνιος·
παράλληλοι, φησίν, εἰσιν αἱ μήτε συννεύουσαι μήτε
ἀπονεύουσαι ἐν ἑνὶ ἐπιπέδῳ, ἀλλ᾽ ἴσας ἔχουσαι πάσας
τὰς καθέτους τὰς ἀγομένας ἀπὸ τῶν τῆς ἑτέρας ση-
μείων ἐπὶ τὴν λοιπήν· ὅσαι δ᾽ ἂν ἐλάττους ἀεὶ ποιῶσι 5
τας καθέτους, συννεύουσιν ἀλλήλαις· ἡ γὰρ κάθετος
τά τε ὕψη τῶν χωρίων καὶ τὰ διαστήματα τῶν γραμμῶν
ὁρίζειν δύναται. διόπερ ἴσων μὲν τῶν καθέτων οὐσῶν
ἴσα τὰ διαστήματα τῶν εὐθειῶν, μειζόνων καὶ ἐλατ-
τόνων γιγνομένων ˋκαὶ ἡ ἀπόστασις ἐλασσοῦται, καὶ 10
συννεύουσιν ἀλλήλαις, ἐφ᾽ ἃ μέρη εἰσὶν αἱ κάθετοι
ἐλάσσονες. δεῖ δὲ εἰδέναι, ὅτι τὸ ἀσύμπτωτον οὐ
πάντως παραλλήλους ποιεῖ τὰς γραμμάς· καὶ γὰρ τῶν
ὁμοκέντρων κύκλων αἱ περιφέρειαι οὐ συμπίπτουσιν·
ἀλλὰ δεῖ καὶ ἐπ᾽ ἄπειρον αὐτὰς ἐκβάλλεσθαι. τοῦτο 15
δὲ οὐ μόναις ὑπάρχει ταῖς εὐθείαις, ἀλλὰ καὶ ἄλλαις
γραμμαῖς· δυνατὸν γὰρ νοῆσαι τεταγμένας ἕλικας περὶ
εὐθείας γραφομένας, αἵτινες συνεκβαλλόμεναι ταῖς
εὐθείαις εἰς ἄπειρον οὐδὲ τότε συμπίπτουσιν. ταῦτα
μὲν οὖν παρὰ τούτων ὀρθῶς Γεμῖνος διεῖλεν ἐξ ἀρχῆς, 20
ὅτι τῶν γραμμῶν αἱ μέν εἰσιν ὡρισμέναι καὶ σχῆμα
περιέχουσιν, ὡς ὁ κύκλος καὶ ἡ τῆς ἐλλείψεως γραμμὴ
καὶ ἡ κισσοειδὴς καὶ ἄλλαι παμπληθεῖς, αἱ δὲ ἀόριστοι
καὶ εἰς ἄπειρον ἐκβαλλόμεναι, ὡς ἡ εὐθεῖα καὶ ἡ τοῦ
ὀρθογωνίου κώνου τομὴ καὶ ἡ τοῦ ἀμβλυγωνίου καὶ 25
ἡ κογχοειδής. πάλιν δὲ αὐτῶν εἰς ἄπειρον ἐκβαλλο-
μένων αἱ μὲν οὐδὲν σχῆμα περιλαμβάνουσιν, ὡς ἡ
εὐθεῖα καὶ αἱ κωνικαὶ τομαὶ αἱ εἰρημέναι, αἱ δὲ συν-

---

2. παραλλήλοις.   6. καθέτους] καθ᾽ αὐτοῦ.   15. ἀλλά]
corr. ex ἄλληλα.   21. γραμῶν, supra add. μ.   22. ἡ] supra
scr. m. 2.   ἐκλείψεως.   23. παμπληθῆ, corr. m. 2.

ἐλθοῦσαί τε καὶ ποιήσασαι σχῆμα ἐπ' ἄπειρον τὸ λοιπὸν
ἐκφέρονται· τούτων δὲ αἱ μέν εἰσιν ἀσύμπτωτοι, αἱ,
ὅπως ποτ' ἂν ἐκβληθῶσιν, μὴ συμπίπτουσαι, συμπτωταὶ
δὲ αἱ ποτε συμπεσούμεναι. τῶν δὲ ἀσυμπτώτων αἱ
5 μὲν ἐν ἑνί εἰσιν ἀλλήλαις ἐπιπέδῳ, αἱ δὲ οὔ. τῶν
δὲ ἀσυμπτώτων καὶ ἐν ἑνὶ οὐσῶν ἐπιπέδῳ αἱ μὲν ἴσον
αἰεὶ διάστημα ἀφεστήκασιν ἀλλήλων, αἱ δὲ μειοῦσιν
ἀεὶ τὸ διάστημα, ὡς ἡ ὑπερβολὴ πρὸς τὴν εὐθεῖαν
καὶ ἡ κογχοειδὴς πρὸς τὴν εὐθεῖαν· αὗται γὰρ ἀεὶ
10 ἐλασσουμένου τοῦ διαστήματος ἀεὶ ἀσύμπτωτοί εἰσι
καὶ συννεύουσι μὲν ἀλλήλαις, οὐδέποτε δὲ συννεύουσιν
παντελῶς, ὃ καὶ παραδοξότατόν ἐστιν ἐν γεωμετρίᾳ
θεώρημα δεικνύον σύννευσίν τινων γραμμῶν ἀσύν-
νευστον. τῶν δὲ ἴσον ἀεὶ ἀπεχουσῶν διάστημα αἱ
15 εἰσιν εὐθεῖαι μηδέποτε ἔλασσον ποιοῦσαι τὸ μεταξὺ
αὐτῶν ἐν ἑνὶ ἐπιπέδῳ, παράλληλοί εἰσιν. τοσαῦτα καὶ
ἀπὸ τῆς Γεμίνου φιλοκαλίας εἰς τὴν τῶν προκειμένων
ἐξήγησιν ἀνελεξάμεθα.

2. Ἔν τισιν ἀντιγράφοις πρόσκειται ἐν τῇ ἐπι-
20 γραφῇ τὸ ἐκ τῆς Θέωνος ἐκδόσεως.

Ad definitiones.

3. · Σημεῖόν ἐστιν, ὅ τινες καλοῦσι στιγμήν. —
εὐθεῖα γραμμή. ~ γραμμὴ οὐκ εὐθεῖα. Δ ἐπίπεδος
ἐπιφάνεια ἡ ὑπ' εὐθειῶν περιεχομένη. Ο ἐπίπεδος
25 ἐπιφάνεια ἡ ὑπὸ γραμμῆς περιεχομένη. L ἐπίπεδος

---

2. P². 3. P.

---

2. ἐφέρονται, supra scr. κ. δέ] supra scr. Ante alt. αἱ
del. μέν. 4. αἵ] ἄν. 7. αἰεί] m. 1, καιει post ras. m. 2.
12. ἐγγεωμετρίᾳ. 13. ἀσύννευτον, supra scr. σ. 14. Post
αἵ eras. μέν.

γωνία ἡ ὑπὸ εὐθειῶν περιεχομένη. ∠ στερεὰ γωνία
ἡ ὑπὸ τριῶν εὐθειῶν περιεχομένη. ⊥ ὀρθή ἐστι γωνία
διχοτόμημα εὐθείας ἐπ' εὐθεῖαν ἑστώσης οὐ κατὰ
παρέγκλισιν τῆς ἐφεστώσης. ἡ μὲν μείζων ἀπο........
ἀμβλεῖα κληθήσεται, ἡ δὲ ἐλάσσων ὀξεῖα.   c

4. Διὰ τί μὴ καὶ τὸ τρίπλευρον καὶ τετράπλευρον
πολύπλευρα ὠνόμασε; πολλὰ γὰρ τὰ τρία καὶ τέτταρα.
ἔστιν οὖν εἰπεῖν, ὅτι ὥσπερ ἐπὶ τοῦ ἀριθμοῦ τὸ μὲν
ἓν ἓν ὀνομάζομεν, τὰ δὲ β̄ δύο, τὰ δὲ γ̄ καὶ δ̄ καὶ
ἑξῆς πολλὰ καλεῖν καὶ πληθυντικῶς ἐκφέρειν εἰώθαμεν, 10
οὕτω καὶ ἐπὶ τῶν εὐθυγράμμων σχημάτων τὸ μὲν ἔχον
τρεῖς πλευρὰς τρίπλευρον λέγομεν, τὸ δὲ δ̄ τετρά-
πλευρον, τὸ δὲ πλείους πολύπλευρον. ὃ γάρ ἐστιν
ἐν ἀριθμῷ ἡ μονάς, τοῦτο ἐν εὐθυγράμμοις τὸ τρί-
πλευρον, καὶ τῇ δυάδι πάλιν ἀναλογεῖ τὸ τετράπλευρον· 15
πρῶτον γὰρ τῶν εὐθυγράμμων τὸ τρίπλευρον καὶ δεύ-
τερον τὸ τετράπλευρον. εἰκότως ἄρα καὶ ταῦτα προσ-
ηγορίαις ἰδιαιτάταις προσηγορεύθησαν, τὰ δὲ μετὰ
ταῦτα πολύπλευρα κατωνόμασται.

5. Τρεῖς εἰσι διαφοραὶ τῶν σχημάτων· τὰ μὲν 20
γὰρ ὑπὸ γραμμῶν οἷον ὁ κύκλος, τὰ δὲ ὑπ' εὐθειῶν
καὶ γραμμῶν οἷον τὸ ἡμικύκλιον, τομεὺς καὶ τὰ ἄλλα,
ἕτερα δὲ ὑπὸ εὐθειῶν, οἷον τρίγωνον καὶ τετράγωνον.
τῶν μὲν ὑπὸ γραμμῶν καὶ σχημάτων περιεχομένων
προηγεῖται ὁ κύκλος, εἶτα τὸ ἡμικύκλιον, τῶν δὲ ὑπὸ 25
εὐθειῶν τὸ τρίγωνον, εἶτα τετράγωνον. τὸ δὲ ὑπό
τινος ἤ τινων ὅρων ἐστὶ περιεχόμενον ......

---

4. m (b).   5. P.

1. ὑπὸ εὐθειῶν] renouatum; fort. fuit ὑπὸ δύο εὐθειῶν.
4. παρέγκλησιν P.   μειζον ronou. P.   ἀπο] in ras. P, seq.
litt. euan.   24. καί] delendum?   27. περιεχόμενον] seq.
uerba quaedam euan.

6. Ἀρχιμήδης οὕτως ὁρίζει τὴν εὐθεῖαν γραμμήν· εὐθεῖα γραμμή ἐστιν ἡ ἐλαχίστη τῶν τὰ αὐτὰ πέρατα ἐχουσῶν γραμμῶν.

7. Ὅτι ἑπτὰ εἴδη τῶν τριγώνων εἰσὶ καὶ οὔτε
5 πλείω οὔτε ἐλάττω

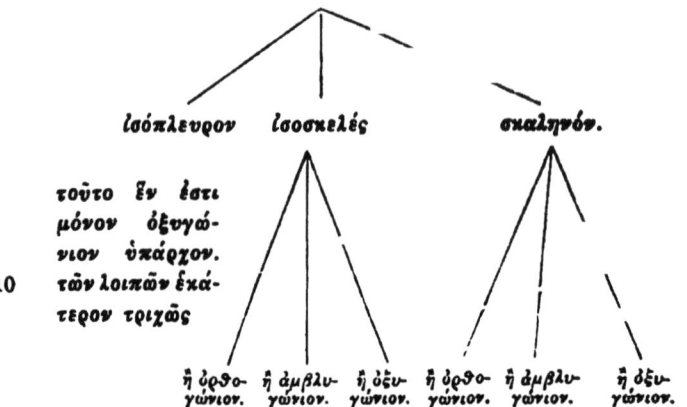

ἰσόπλευρον   ἰσοσκελές   σκαληνόν.

τοῦτο ἕν ἐστι
μόνον ὀξυγώ-
νιον ὑπάρχον.
10   τῶν λοιπῶν ἑκά-
τερον τριχῶς

ἢ ὀρθο-   ἢ ἀμβλυ-   ἢ ὀξυ-   ἢ ὀρθο-   ἢ ἀμβλυ-   ἢ ὀξυ-
γώνιον.   γώνιον.   γώνιον.   γώνιον.   γώνιον.   γώνιον.

8. Εἰ νοήσειας τὸ ἰσόπλευρον ῥομβούμενον, φαί-
15 νεται κατὰ τὰς γωνίας παρενηνεγμένον, ὥσπερ καὶ ὁ κύκλος ῥομβούμενος ἔλλειψις φαίνεται.

Ad postulata et communes conceptiones.

9. Κοινόν ἐστιν αἰτήμασι καὶ ἀξιώμασι τὸ μὴ προσδεῖσθαί τινος ἀποδείξεως μηδὲ γεωμετρικῶν πί-
20 στεων, ἀλλ' ὡς γνώριμα λαμβάνεσθαι καὶ ἀρχὰς ταῦτα γίνεσθαι τῶν ἐφεξῆς, διέστηκε δὲ ἀλλήλων, ᾗ καὶ τὰ θεωρήματα τῶν προβλημάτων διώρισται. ὥσπερ γὰρ

---

6. b.   7. Vᵃf.   8. Vᵃ.   9. Vᵃ (f).

---

15. παρενηγμένον V.   18. κοινά ἐστιν αἰτήματα καὶ ἀξιώματα V; sed cfr. Proclus p. 178, 9.

ἐν τοῖς θεωρήμασιν τὸ ἀκόλουθον ἰδεῖν καὶ γνῶναι
τοῖς ὑποκειμένοις προτιθέμεθα, ἐν δὲ τοῖς προβλήμασι
πορίσασθαι καὶ ποιῆσαί τι προσταττόμεθα, οὕτω δὴ
καὶ ἐν μὲν τοῖς ἀξιώμασι ταῦτα λαμβάνεται, ὅσα καὶ
αὐτόθεν εἰς γνῶσίν ἐστι καταφανῆ καὶ πρόχειρα ταῖς 5
ἀδιδάκτοις ἡμῶν διανοίαις, ἐν δὲ τοῖς αἰτήμασι ταῦτα
λαβεῖν ζητοῦμεν, ὅσα ἐστὶν εὐπόριστα καὶ εὐμήχανα,
τῆς διανοίας οὐ καμνούσης περὶ τὴν λῆψιν αὐτῶν,
οὐδὲ ποικιλίας δεόμενα. γνῶσις ἄρα ἐναργὴς καὶ ἀν-
απόδεικτος καὶ λῆψις ἀκατάσκευος διορίζουσι τὰ αἰτή- 10
ματα καὶ τὰ ἀξιώματα, ὥσπερ καὶ γνῶσις ἀποδεικτικὴ
καὶ λῆψις τῶν ζητουμένων μετὰ παρασκευῆς τὰ θεω-
ρήματα τῶν προβλημάτων διέκρινεν. ἄμφω μὲν οὖν
τὸ ἀξίωμα καὶ τὸ αἴτημα τὸ ἁπλοῦν ἔχειν δεῖ καὶ
εὔληπτον καὶ ἀναπόδεικτον, ἀλλὰ τὸ μὲν αἴτημα ὡς 15
εὐπόριστον λαμβάνεται καὶ δίδωσιν ἡμῖν μηχανήσασθαι
καὶ πορίσασθαί τινα ὕλην εἰς συμπτώματος ἀπόδοσιν
ἁπλῆν ἔχουσαν καὶ εὐπετῆ τὴν λῆψιν, τὸ δὲ ἀξίωμα
ὡς εὔγνωστον ὡμολόγηται καὶ οὐκέτι περὶ τὴν ὕλην,
ὥσπερ τὰ αἰτήματα, ἀλλὰ περὶ τὰ συμβεβηκότα ἀνα- 20
στρέφεται καὶ αὐτό ἐστι γνώριμον τοῖς ἀκούουσι.

10. Αἱ γεωμετρικαὶ ἀρχαὶ τριχῇ διαιροῦνται εἰς
τε ὑποθέσεις καὶ αἰτήματα καὶ ἀξιώματα. διαφέρουσι
δὲ τὰ αἰτήματα τῶν ἀξιωμάτων, ὅτι τὰ μὲν ἀξιώματα
αὐτόπιστα καὶ οὐδεμιᾶς δεόμενα ἀποδείξεως κατὰ τὰς 25
ἀδιδάκτους ἡμῶν ἐννοίας, τὰ δὲ αἰτήματα καὶ αὐτὰ
μὲν ὡς ἀληθῆ λαμβάνονται, δέονται δὲ ἀποδείξεως,

---

10. P.

---

17. εἰς] εἰ Vf.

ὅθεν καὶ αἰτήματα καλοῦνται ὡς αἰτούμενα καὶ χρή-
ζοντα ἀποδείξεως.

11. Τὰ αὐτὰ ἀξιώματα καλοῦνται καὶ κοιναὶ ἔννοιαι,
κοιναὶ μὲν ἔννοιαι, καθὸ κοινὰ ἅπαντες, ὡς ἔχουσι
5 πρὸς τὰ πράγματα οἱ τοιοῦτοι λόγοι, οὕτως καὶ αὐτοὶ
περὶ αὐτῶν διανοοῦνται, ἀξιώματα δέ, καθότι ἀν-
αποδείκτως λαμβανόμενα ὑπὸ πάντων οὕτως ἔχειν
ἀξιοῦνται, καὶ διαμφισβητεῖ πρὸς ταῦτα οὐδείς.

12. Τὸ πρῶτον τῶν αἰτημάτων ἑπόμενόν ἐστι τῷ
10 ῥύσιν εἶναι τοῦ σημείου τὴν γραμμὴν καὶ τὴν εὐθεῖαν
καὶ ἀπαρέγκλιτον ῥύσιν. νοήσαντες οὖν τὸ σημεῖον
κινούμενον τὴν ὁμαλὴν καὶ ἐλαχίστην κίνησιν ἐπὶ
θάτερον σημεῖον καταντήσομεν, καὶ τὸ πρῶτον αἴτημα
γέγονεν οὐδὲν ποικίλον ἡμῶν ἐπινενοηκότων. εἰ δὲ
15 δεῖ τῆς εὐθείας σημείῳ περατουμένης, ὡσαύτως νο-
ήσαιμεν τὸ πέρας αὐτῆς κινούμενον τὴν ἐλαχίστην καὶ
ὁμαλὴν κίνησιν. ἔσται τὸ δεύτερον αἴτημα πορισθὲν
ἀπὸ εὐμηχάνου καὶ ἁπλῆς ἐπιβολῆς. εἰ δ' αὖ μένουσαν
μὲν τὴν πεπερασμένην εὐθεῖαν κατὰ θάτερον, κινου-
20 μένην δὲ περὶ τὸ μένον, κατὰ τὸ λοιπὸν τὸ τρίτον ἂν
εἴη γεγονός· κέντρον μὲν γὰρ ἔσται τὸ μένον σημεῖον,
διάστημα δὲ ἡ εὐθεῖα. ὅση γὰρ ἂν αὕτη τυγχάνῃ,
τοσοῦτον ἔσται τὸ ἀπόστημα τοῦ κέντρου πρὸς πάντα
τὰ μέρη τῆς περιφερείας.

25   Ad postulatum 4.

13. Πᾶσαι μὲν αἱ ὀρθαὶ γωνίαι ἴσαι ἀλλήλαις
εἰσίν, οὐ μὴν ἡ τῇ ὀρθῇ ἴση πάντως καὶ αὐτὴ ὀρθή

---

11. Vᵃ(f).   12. P.   13. P.

---

9. τῷ] τῶν P.   21. γεγονώς P.

ἐστιν, ἀλλ' εἰ μὲν εὐθύγραμμος εἴη, πάντως ὀρθὴ
ἔσται, δύνασθαι δέ φησιν ὁ Πάππος καὶ περιφερό-
γραμμον γωνίαν ἴσην ὀρθῇ δειχθῆναι, καὶ δῆλον,
ὡς οὐκέτι τὴν τοιαύτην ὀρθὴν εἶναι δύνασθαι προσ-
αγορεύσομεν. 5

Ad postulatum 5.

14. Τοῦτο ὁ Πρόκλος θεώρημα εἶναι τίθεται μᾶλλον
πολλῶν παραμυθιῶν δεόμενον.

15. Καὶ ἐὰν εἰς δύο εὐθείας καὶ τὰ ἑξῆς· ὁ Πρόκλος
οὐ φησὶν τοῦτο αἴτημα εἶναι, ἀλλὰ θεώρημα πολλὰς 10
ἀπορίας ἐπιδεχόμενον καὶ πολλῶν εἰς ἀπόδειξιν δε-
όμενον καὶ ὅρων καὶ θεωρημάτων, καὶ τό γε ἀντι-
στρέφον, φησίν, ὡς θεώρημα δείκνυσιν ὁ Εὐκλείδης.
τὸ γὰρ ἠλαττωμένων τῶν ὀρθῶν συννεύειν τὰς εὐθείας
ἀληθὲς καὶ ἀναγκαῖον, τὸ δὲ συννεούσας ἐπὶ πλέον 15
ἐν τῷ ἐκβάλλεσθαι συμπεσεῖσθαί ποτε πιθανόν, ἀλλ'
οὐκ ἀναγκαῖον.

ταῦτά ἐστι τὰ κατὰ πάντας ἀναπόδεικτα καλούμενα
ἀξιώματα, καθ' ὅσον ὑπὸ πάντων οὕτως ἔχειν ἀξιοῦται,
καὶ διαμφισβητεῖ πρὸς ταῦτα οὐδείς. πολλάκις μὲν γὰρ 20
καὶ τὰς προτάσεις ἁπλῶς ἀξιώματα καλοῦσιν, ὁποῖαί
ποτ' ἂν ὦσιν εἴτε ἄμεσοι κυρίως εἴτε καὶ δεόμεναί
τινος ὑπομνήσεως. τινὲς δὲ ἀπὸ τῶν ἄλλων προτάσεων
διακρίνοντες τὸ ἀξίωμα τὴν ἄμεσον καὶ αὐτόπιστον δι'
ἐνέργειαν πρότασιν οὕτως ὀνομάζουσιν, ὥσπερ καὶ ὁ 25
Ἀριστοτέλης καὶ οἱ γεωμέτραι λέγουσιν· ταὐτὸν γάρ
ἐστι κατὰ τούτους ἀξίωμα καὶ ἔννοια κοινή. ὁ γοῦν

---

14. Vᵃ; cfr. Proclus p. 191, 22.   15. P.

---

14. ἠλαττομένον P.   16. πειθανόν P.   26. Ἀριστόλης P.
Euclides, edd. Heiberg et Menge. V.   8

Ἀπολλώνιος καὶ τῶν ἀξιωμάτων ἀποδείξεις γέγραφεν ἀπεναντίως Εὐκλείδῃ φερόμενος. ὁ μὲν γὰρ καὶ τὸ ἀποδεικτὸν ἐν τοῖς αἰτήμασιν κατηρίθμησεν, ὁ δὲ καὶ τῶν ἀναποδείκτων ἐπεχείρησεν ἀποδείξεις εὑρίσκειν.

5 **Ad prop. I.**

16. Πρόβλημά ἐστι μέρος λόγου εἰς ἑτέρου ἀπόδειξιν προβαλλόμενον, ὡς ὅταν λέγωμέν τινι· δεῖξον, εἰ ἡ ψυχὴ ἀθάνατός ἐστιν, καὶ τοῦτο πρόβλημά ἐστιν.

17. Πεπερασμένης εἶπεν οὐχ ὡς ἀπείρου οὔσης τῆς 10 γραμμῆς, ἀλλ᾽ ὡς λαμβανομένης καὶ διὰ τοῦτο πεπερασμένης.

18. Ἰστέον, ὅτι τὸ μὲν ὅπερ ἔδει ποιῆσαι λαμβάνει ὁ Εὐκλείδης ἐν πράγματι τῷ τότε δημιουργηθέντι, τὸ δὲ ὅπερ ἔδει δεῖξαι, οὐ τὰ ἐπιδημιουργημένα εἴη 15 ἡ ἀπόδειξις, οἷον ὅτι τὸ τρίγωνον τρία σημεῖα ἔχει.

19. Πρῶτον πρότασις, β̄ ἔκθεσις, γ̄ προδιορισμός, δ̄ κατασκευή.

20. Τί ἐστι δεδομένον καὶ τί ζητούμενον; τὸ δεδομένον ἐστὶν ἐπὶ δοθείσης εὐθείας πεπερασμένης, ζητεῖ 20 δὲ τὸ τρίγωνον.

21. Ἰστέον, οὐ ταὐτὸν εἶναι πρόβλημα καὶ θεώρημα. ὅ, τι μὲν κινεῖται εἰς ζήτησιν, πρόβλημα, ὅ, τι δὲ σημαίνει τόδε ᾧδε εἶναι, θεώρημα. ζητεῖται δὲ ἐπὶ παντὶ προβλήματι πέντε ταῦτα· λῆμμα, πτῶσις,

---

16. mf¹.   17. mf¹.   18. ν.   19. Vᵃ(f).   20. Vᵃ(f). 21. μ(m).

3. ἀναπόδεικτον P.   κατηρήθμησεν P (huius modi errores hinc notare supersedeo).   8. καί] om. f.   9. τὸ πεπερασμένης f.   εἶπε m.   10. καὶ διὰ τοῦτο] om. f?   14. Scr. ...δεδημ.   15. τρία σημεῖα] corrupta.   21. οὐ] om. μ.

πόρισμα, ἔνστασις καὶ ἀπαγωγή· καὶ λῆμμα μέν ἐστιν,
ὅταν ζητῶμεν, εἰ ἔστι τι τὸ κατασκευάζον τὸ πρόβλημα,
ὅπερ ὁ διδάσκαλος εἰς κατασκευὴν δίδωσι, πτῶσις δὲ
αὐτὴ ἡ τῆς κατασκευῆς ἀφορμή· ἔστι δέ, ὅτε καὶ προ-
βλήματα εὑρίσκονται ἄπτωτα, δηλονότι μὴ ἀφορμῆς 5
εἰς κατασκευὴν δεόμενα. πόρισμα, ὅταν ζητῶμεν, εἴπερ
ἐπὶ τοῦ προφανῶς ἐν τῷ προβλήματι φαινομένου
ἔστι καὶ ἕτερόν τι ἀνακῦψαι. ἔνστασις, ὅτε ζητῶμεν,
εἴπερ ἐστὶ δεκτικὸν ἀνατροπῆς τοῦτο, καὶ ἀπαγωγή,
ὅτε ζητῶμεν, εἰ ἔστιν ἀπαγαγεῖν τὸ τοιοῦτον πρόβλημα 10
εἰς κατασκευὴν ἄλλου προβλήματος.

22. Πρόβλημα καὶ θεώρημα διαφέρει, ὅτι τὸ μὲν
πρόβλημα καὶ ποιεῖ καὶ προστάσσει καὶ τὴν δεῖξιν
ἐπάγει τοῦ ποιηθέντος· τὸ δὲ θεώρημα τὰ παρὰ τὸ
ὑποκείμενον σχῆμα συμπτώματα ἀποδείκνυσιν. 15

23. Πᾶσα πρότασις γεωμετρικὴ ἤτοι πρόβλημα
ἢ θεώρημά ἐστιν, καὶ πρόβλημά ἐστιν, ὅταν προβληθῇ
τὰ μὴ ὄντα πω πορίσασθαι καὶ εἰς ἐμφανὲς παραγαγεῖν
καὶ προσμηχανήσασθαι, θεώρημα δέ, ἐν οἷς τὸ ὑπάρχον
ἢ μὴ ὑπάρχον ἰδεῖν καὶ γνῶναι καὶ ἀποδεῖξαι προ- 20
αιρεῖται. πᾶν δὲ πρόβλημα καὶ πᾶν θεώρημα βούλεται
ταῦτα πάντα ἔχειν ἐν ἑαυτῷ πρότασιν, ἔκθεσιν, δι-
ορισμόν, κατασκευήν, ἀπόδειξιν, συμπέρασμα. τούτων
δὲ ἡ μὲν πρότασις λέγει, τίνος δεδομένου τί τὸ ζη-
τούμενόν ἐστιν· ἡ γὰρ τελεία πρότασις ἐξ ἀμφοτέρων 25
ἐστίν. ἡ δὲ ἔκθεσις αὐτὶ καθ' αὑτὸ τὸ δεδομένον
ἀποδιαλαβοῦσα προευτρεπίζει τῇ ζητήσει. ὁ δὲ διορισμὸς
χωρὶς τὸ ζητούμενον, ὅ, τι ποτέ ἐστιν, διασαφεῖ. ἡ δὲ

---

22. m.   23. P.

---

14. παρά] scrib. περί.   15. σύμπτωμα m.

8*

κατασκευὴ τὰ ἐλλείποντα τῷ δεδομένῳ πρὸς τὴν τοῦ
ζητουμένου θήραν προστίθησιν. ἡ δὲ ἀπόδειξις ἐπι-
στημονικῶς ἀπὸ τῶν ὁμολογηθέντων συνάγει τὸ προ-
κείμενον. τὸ δὲ συμπέρασμα πάλιν ἐπὶ τὴν πρότασιν
5 ἀναστρέφει βεβαιοῦν τὸ δεδειγμένον. καὶ τὰ μὲν σύμ-
παντα μέρη τῶν τε προβλημάτων καὶ τῶν θεωρημάτων
ἐστὶ τοσαῦτα· τὰ δὲ ἀναγκαιότατα καὶ ἐν πᾶσιν ὑπ-
άρχοντα πρότασις καὶ ἀπόδειξις καὶ συμπέρασμα, τὰ
δὲ λοιπὰ πολλαχοῦ μὲν παραλαμβάνεται, πολλαχοῦ δὲ
10 καὶ ὡς οὐδεμίαν παρέχοντα χρείαν παραλείπεται. ὅταν
μὲν οὖν ἡ πρότασις ἀμφότερα σχῇ τό τε δεδομένον
καὶ τὸ ζητούμενον ὡς ἐπὶ τὴν δοθεῖσαν εὐθεῖαν πεπε-
ρασμένην τρίγωνον συστήσασθαι, τότε καὶ ὁ διορισμὸς
εὑρίσκεται καὶ ἔκθεσις, ὅταν δὲ ἐκλείπῃ τὸ δεδομένον,
15 ἐκλιμπάνει καὶ ταῦτα· ἡ γὰρ ἔκθεσις τοῦ δεδομένου
ἐστὶ καὶ ὁ διορισμός. ἔσται γὰρ ὁ αὐτὸς τῇ προτάσει.
τί γὰρ ἄλλο ἂν εἴποι ὁ διοριζόμενος ἐπὶ τοῦ προ-
ρηθέντος προβλήματος, εἰ μὴ τὸ ὅμοιον τῇ προτάσει,
ἐὰν μὴ ᾖ τὸ δεδομένον.
20 ἐπὶ τούτου τοῦ πρώτου θεωρήματος, ὅτι μὲν πρό-
βλημά ἐστιν, δῆλον, ἐπὶ τῆς δοθείσης εὐθείας πεπε-
ρασμένης τρίγωνον ἰσόπλευρον συστήσασθαι. τοῦ γὰρ
τριγώνου τὴν γένεσιν ζητῶν ἐπιτάττει τό τε δεδομένον
καὶ τὸ ζητούμενον. δέδοται γὰρ εὐθεῖα, ζητεῖται δέ,
25 πῶς ἂν ἐπ' αὐτῆς συσταίη τὸ ἰσόπλευρον τρίγωνον,
καὶ ἡγεῖται τὸ δεδομένον, ἕπεται δὲ τὸ ζητούμενον·
οὔτε μὲν γὰρ εὐθείας δίχα συσταθήσεται σχῆμα, οὔτε
δὲ ἄνευ πεπερασμένης· οὐ γὰρ δυνατόν. μετὰ δὲ τὴν
πρότασιν εὐθὺς ἡ ἔκθεσις καὶ ἀπὸ ταύτης ὁ διορισμός·

---

7. ἐν] ἐμ P. 13. διωρισμός P (hoc quoque genus errorum
hinc iam neglegam). 15. ἐκλειμπάνειν P.

προσεχείας γὰρ αἴτιος ὁ διορισμός. μετὰ δὲ τὸν διορισμὸν ἡ κατασκευή, καὶ ὁρᾷς, ὅτι ἐπὶ τῆς κατασκευῆς χρῶμαι τοῖς αἰτήμασιν τῷ ἀπὸ παντὸς σημείου ἐπὶ πᾶν σημεῖον εὐθεῖαν γραμμὴν ἀγαγεῖν καὶ τῷ κέντρῳ καὶ διαστήματι κύκλον γράψαι· τὰ μὲν γὰρ 5 αἰτήματα ἁρμόζει ταῖς κατασκευαῖς, τὰ δὲ ἀξιώματα ταῖς ἀποδείξεσιν. ἐφεξῆς οὖν ἡ ἀπόδειξις, καί φησι· τὰ τῷ αὐτῷ ἴσα καὶ ἀλλήλοις ἐστὶν ἴσα, ὡς ὅτι ἐκ τοῦ κέντρου πᾶσαι αἱ εὐθεῖαι ἴσαι. τὸ δὲ συμπέρασμα ἀκολουθεῖ τῇ προτάσει καὶ ἐπάγει τὸ ὅπερ ἔδει δεῖξαι 10 ἢ ὅπερ ἔδει ποιῆσαι.

τί δὲ λῆμμα καὶ τί πτῶσις, τί δὲ πόρισμα καὶ τί ἔνστασις καὶ τί ἀπαγωγή; τὸ μὲν οὖν λῆμμα κατὰ πάσης προτάσεως μὴ λαμβάνεσθαι, κατὰ δέ τινων τὴν ἀπόδειξιν σαφεστέραν ποιεῖν, ἡ δὲ πτῶσις διαφόρους 15 τῆς κατασκευῆς τρόπους ἐπαγγέλλεται καὶ θέσεων ἐξαλλαγάς· ἐπὶ γὰρ τῆς καταγραφῆς ἡ ποικίλη θεωρία αὐτῆς ἐστιν, διὸ καὶ πτῶσις καλεῖται μετάθεσις οὖσα τῆς κατασκευῆς. τὸ δὲ πόρισμα λέγεται μὲν καὶ ἐπὶ προβλημάτων, οἷον τὰ ἐν Εὐκλείδῃ γεγραμμένα πο- 20 ρίσματα, λέγεται δὲ καὶ ἰδίως, ὅταν ἐκ τῶν ἀποδεδειγμένων ἄλλο τι συναναφανῇ θεώρημα μὴ προθεμένων ἡμῶν. ἡ δὲ ἔνστασις κωλύει τὴν ὅλην ἄταρπον τοῦ λόγου ἢ πρὸς τὴν κατασκευὴν ἢ πρὸς τὴν ἀπόδειξιν ἀπαντῶσα. ἡ δὲ ἀπαγωγὴ μετάβασίς ἐστιν ἀπ' 25 ἄλλου προβλήματος ἢ θεωρήματος ἐπ' ἄλλο οὐ γνωσθέντος ἢ πορισθέντος, οἷον καὶ τὸν διπλασιασμὸν τοῦ κύβου εἰς τὰς τῶν εὐθειῶν ἀναλογίας μετέθεσαν.

---

8. τῷ] τό P.   8. τῷ αὐτῷ] τὸ αὐτό P.   22. συναναφανῇ] συναναφανεῖ P.

Ad prop. II.

24. Τῶν προβλημάτων τὰ μὲν ἄπτωτά ἐστιν, τὰ δὲ πολύπτωτα. ἔστιν οὖν τὸ β΄ πρόβλημα πολύπτωτον. δέδοται ἐν αὐτῷ τὸ μὲν σημεῖον τῇ θέσει, καὶ δίδοται 5 ἡ εὐθεῖα, ζητεῖται δὲ ταύτῃ τῇ εὐθείᾳ ἴσην θέσθαι πρὸς τῷ σημείῳ, ὅπου ποτ᾽ ἂν ᾖ τοῦτο κείμενον. πρόδηλον δέ, ὅτι πάντως ἐν τῷ ὑποκειμένῳ ἐπιπέδῳ τὸ σημεῖόν ἐστιν, ἐν ᾧ καὶ ἡ εὐθεῖα, καὶ οὐκ ἐν μετεωροτέρῳ· πᾶσιν γὰρ τοῖς τῆς ἐπιπέδου προβλήμασι 10 καὶ θεωρήμασιν εἰς ἐπίπεδον ὑποκεῖσθαι χρὴ νομίζειν. εἰ δέ τις ἀποροίη, πῶς τῇ δοθείσῃ εὐθείᾳ ἴσην παρακελεύεται· τί γάρ, εἰ ἄπειρος δέδοται; τὸ γὰρ δοθὲν τοῦτο καὶ ἐπὶ τὴν πεπερασμένην φέρει καὶ ἐπὶ τὴν ἄπειρον· σημαίνει γὰρ τὸ ἐκκείμενον πᾶν καὶ ὑπο-15 βεβλημένον ἡμῖν εἰς τὴν ζήτησιν. δηλοῖ δὲ καὶ αὐτὸς ὁτὲ μὲν λέγων ἐπὶ τῆς δοθείσης εὐθείας πεπερασμένης συστήσασθαι τρίγωνον ἰσόπλευρον, ὁτὲ δὲ ἐπὶ τὴν δοθεῖσαν εὐθεῖαν ἄπειρον κάθετον ἀγαγεῖν· εἴ τις οὖν τοιαῦτα ἀποροίη, λεκτέον, ὅτι ἴσην τῇ δοθείσῃ 20 πρὸς τῷ δοθέντι σημείῳ θέσθαι. πάντως γὰρ ὅτι ἡ πρὸς τῷ σημείῳ τεθησομένη πεπέρασται κατ᾽ αὐτὸ τὸ σημεῖον. ὥστε πολλῷ πρότερον ἐκείνη πεπέρασται, ἣ ἐστιν ἴση τῇ τιθεμένῃ· ἅμα τε οὖν εἶπεν πρὸς τῷ δοθέντι σημείῳ καὶ ἀμφοτέρας περατοῖ τὰς εὐθείας 25 καὶ τὴν δοθεῖσαν, καὶ ἣν ἐκείνη τίθησιν ἴσην. ὅτι δὲ αἱ πτώσεις τούτου τοῦ προβλήματος γίνονται παρὰ

24. P.

10. εἰς] ἕν Proclus p. 223, 15.   12. εἰ] ἡ P.   13. πεπερασμένον P.   20. Cfr. Proclus p. 223, 26 sq.   23. θεμένη P.   25. ὅτι] ὅτε P.

τὴν τοῦ σημείου διαφόραν θέσιν, δῆλον· ἢ γὰρ ἔξω
κεῖται τὸ δοθὲν σημεῖον τῆς δοθείσης εὐθείας ἢ ἐπ'
αὐτῆς, καὶ εἰ ἐπ' αὐτῆς, ἢ τῶν περάτων αὐτῆς ἔσται
θάτερον ἢ ἐν τῷ μεταξὺ κείσεται τῶν ἄκρων, καὶ εἰ
ἔξω αὐτῆς, ἢ ἐκ πλαγίου, ὥστε τὴν ἀπ' αὐτοῦ πρὸς 5
τὸ πέρας τῆς εὐθείας ἐπιζευγνυμένην γωνίαν ποιεῖν,
ἢ ἐπ' εὐθείας τῇ δεδομένῃ, ὥστε ἐκβαλλομένην αὐτὴν
ἐπὶ τὸ σημεῖον πίπτειν.

Ad prop. III.

25. Πῶς δὲ γίνεται πρὸς τῷ Α σημείῳ εὐθεῖα 10
ἴση τῇ Γ εὐθείᾳ, ἐμάθομεν ἐν τῷ δευτέρῳ σχήματι.

26. Τρίτον πρόβλημα τοῦτο δεδομένας μὲν ἔχον
δύο εὐθείας κατὰ τὸ μέγεθος ἀνίσους, προστάττον δὲ
ἀφελεῖν ἀπὸ τῆς μείζονος ἴσην τῇ ἐλάσσονι. ἔστι δὲ
καὶ τοῦτο πολύπτωτον· αἱ γὰρ δοθεῖσαι ἄνισοι εὐθεῖαι 15
ἢ διεστᾶσιν ἀπ' ἀλλήλων ὡς παρὰ τῷ στοιχειωτῇ ἢ
καθ' ἓν πέρας συνάπτονται ἢ τέμνουσιν ἀλλήλας ἢ ἡ
ἑτέρα κατὰ τὸ πέρας ἑαυτῆς τέμνει τὴν ἑτέραν καὶ
τοῦτο διχῶς· ἢ γὰρ ἡ μείζων τὴν ἐλάσσω ἢ ἡ ἐλάσσων
τὴν μείζονα. ἀλλ' εἰ μὲν καθ' ἓν συνάπτοιντο πέρας, 20
δήλη ἡ ἀπόδειξις· τῷ γὰρ κοινῷ πέρατι κέντρῳ χρη-
σάμενος, διαστήματι δὲ τῇ ἐλάσσονι τῶν εὐθειῶν
γράψεις κύκλον καὶ τὴν μείζονα τεμεῖς καὶ ἀφαιρήσεις
ἴσην τῇ ἐλάσσονι. ὅσον γὰρ τῆς μείζονος ὁ κύκλος
ἐντὸς ἀποτέμνεται, τοσοῦτον ἴσον ἔσται τῇ ἐλάσσονι. 25
εἰ δὲ ἡ ἑτέρα τέμνοι τὴν ἑτέραν κατὰ τὸ ἑαυτῆς πέρας,
ἤτοι ἡ μείζων τὴν ἐλάσσονα τεμεῖ ἢ ἀνάπαλιν, καὶ εἰ

25. b.   26. P.

3. εἰ] ἡ P.   4. ἢ] om. P.   12. τοῦτο] τοῦ P.

ἀλλήλας τέμνοιεν, ἢ εἰς ἴσα τέμνονται ὑπ' ἀλλήλων ἢ
εἰς ἄνισα ἢ ἡ μὲν εἰς ἴσα, ἡ δὲ εἰς ἄνισα, καὶ τοῦτο
διχῶς. ταῦτα γὰρ πάντα ποικιλίαν ἡμῖν καὶ θαυμαστὴν
παρέχεται γυμνασίαν.

Ad prop. IV.

27. Ἐνταῦθα δύο μέν εἰσι τὰ δεδομένα, τρία δὲ
τὰ ζητούμενα. δέδοται μὲν δύο πλευρῶν ἰσότης καὶ
γωνίας πρὸς γωνίαν ἰσότης, ζητεῖται δὲ ἡ τῆς βάσεως
πρὸς τὴν βάσιν ἰσότης, ἡ τοῦ τριγώνου πρὸς τὸ τρί-
10 γωνον, ἡ τῶν λοιπῶν γωνιῶν πρὸς τὰς λοιπάς.

28. Ὅτι πρότερόν ἐστι τὸ τῶν προβλημάτων γένος
τοῦ τῶν θεωρημάτων, διότι διὰ τῶν προβλημάτων
ἀνευρίσκονται τὰ ζητούμενα περὶ τὰ συμπτώματα ὑπο-
κείμενα, καὶ ἄλλως ὅτι τοῦ μὲν προβλήματος ἡ πρό-
15 τασις ἁπλῆ ἐστι καὶ πάσης ἐντέχνου συνέσεως ἀκροσ-
δεής, τοῦ δὲ θεωρήματος ἐργώδης καὶ πολλῆς δεομένη
ἀκριβείας.

29. Ὃ λέγει, τοιοῦτόν ἐστιν· εἰ γὰρ τὰ πέρατα
ἐφαρμόσει τῶν βάσεων ἀλλήλοις, ἐφαρμόσουσι καὶ αἱ
20 βάσεις, εἰ δὲ μή, δύο εὐθεῖαι χωρίον περιέξουσιν·
ὅπερ ἀδύνατον.

30. Τοῦτο πρῶτον θεώρημα παρειλήφαμεν, τὰ
δὲ πρὸ τούτου προβληματικὰ ἦν, τὸ μὲν πρῶτον περὶ
τὴν τῶν τριγώνων γένεσιν πραγματευόμενον, τὸ δὲ
25 δεύτερον καὶ τρίτον ἴσην εὐθεῖαν ἄλλην ἄλλῃ πο-
ρίσασθαι προτιθέμενα. ἐπὶ τούτου δὲ ἀνέλαβεν πλευρὰς
ἴσας πλευραῖς καὶ εὐθείας ἴσας εὐθείαις καὶ τοῦτο

----

27. f¹.   28. f¹.   29. f¹.   30. P.

1. τέμνοιεν] τεμτέμνοιεν P.   2. ἢ ἡ — ἡ] εἰ P.

διαπραγματευσάμενος δείκνυσιν ἴσα τὰ τρίγωνα καὶ τὰς γωνίας καὶ τὰ ἐμβαδὰ καὶ τὰ περίμετρα. συμβαίνει δὲ τῶν ἐμβαδῶν ἴσων ὄντων τὰ περίμετρα ἄνισα καὶ τῶν περιμέτρων ἴσων οὐσῶν ἄνισα τὰ ἐμβαδά. δύο γὰρ ἰσοσκελῶν τριγώνων ἑκάτερον ἔχει τὰς ἴσας πλευρὰς 5 ἀπὸ πέντε μονάδων, τῶν δὲ βάσεων τὸ μὲν ὀκτώ, τὸ δὲ ἕξ. ὁ μὲν ἄπειρος γεωμετρίας εἴποι ἂν μεῖζον εἶναι τὸ ἔχον ὀκτωκαίδεκα, ὁ δ' αὖ γεωμέτρης εἴποι ἄν, ὅτι ἑκατέρων τὸ ἐμβαδόν ἐστι δώδεκα, καὶ ταῦτα ἀποδείξει κάθετον ἀγαγὼν ἑκατέρω τῶν τριγώνων, 10 καὶ τούτου γινομένου ἰσάζει καὶ τὰ περίμετρα καὶ τὰ ἐμβαδὰ αὐτῶν. ὑποτείνουσα δὲ πλευρὰ τῇ γωνίᾳ λέγεται ἡ καταντικρὺ κειμένη· πᾶσα γὰρ τριγωνικὴ γωνία περιέχεται μὲν ὑπὸ δύο εὐθειῶν, ὑποτείνεται δὲ ὑπὸ τῆς λοιπῆς. διὸ τὰς γωνίας ἴσας εἶναι, ὑφ' ἃς ἴσαι 15 πλευραὶ ὑποτείνουσιν. δύο δὲ εὐθεῖαι χωρίον οὐ περιέχουσιν· τοῦτο ὡς ὁμολογούμενον ὁ γεωμέτρης ἔλαβεν. εἰ γὰρ τὰ πέρατα, φησίν, ἐφαρμόσει τῶν βάσεων ἀλλήλοις, ἐφαρμόσουσι καὶ αἱ βάσεις, εἰ δὲ μή, δύο εὐθεῖαι χωρίον περιέξουσιν. δύο γάρ ἐστι ταῦτα 20 ἀξιώματα συνεκτικὰ τῆς ὅλης μεθόδου τοῦ προκειμένου θεωρήματος, ἓν μέν, ὅτι τὰ ἐφαρμόζοντα ἴσα ἀλλήλοις· τοῦτο ἁπλῶς ἀληθὲς καὶ οὐδενὸς προσδιορισμοῦ δεόμενον, ᾧ χρῆται ὁ στοιχειωτὴς ἐπί τε τῆς βάσεως καὶ τοῦ ἐμβαδοῦ καὶ τῶν λοιπῶν γωνιῶν· ταῦτα γάρ, 25 φησίν, διότι ἐφαρμόζει, ἴσα ἐστίν. ἕτερον δέ, ὅτι τὰ ἴσα ἐφαρμόζει ἀλλήλοις· τοῦτο δὲ οὐκ ἐπὶ πάντων ἀληθές, ἀλλ' ἐπὶ τῶν ὁμοειδῶν. ὁμοειδῆ δὲ λέγω οἷον εὐθεῖαν εὐθείᾳ καὶ περιφέρειαν περιφερείᾳ τοῦ αὐτοῦ

---

5. τάς] del. m. 1 P.   18. ἐμαρμόσει P.

κύκλου καὶ γωνίαν γωνίᾳ ὑπὸ ὁμοίων ὁμοίως κειμένων
περιεχομένῃ. τούτων δέ, ὅτι τὰ δεδομένα ἴσα ἀλλήλοις
ἐφαρμόζει ὥστε εἶναι συνελόντι φάναι τὴν πᾶσαν ἀπό-
δειξιν ἐν τῷ θεωρήματι. καί, φησίν, τῶν θεωρημάτων
5 τὰ ὑποκείμενα περὶ τὰ συμπτώματα ζητεῖται διὰ τῶν
προβλημάτων εὑρίσκεσθαι. καὶ τοῦ μὲν προβλήματος
τὴν πρότασιν ἁπλῆν εἶναι καὶ πάσης ἐντέχνου συνέσεως
ἀπροσδεῆ, τοῦ δὲ θεωρήματος ἐργώδη καὶ πολλῆς δε-
ομένην ἀκριβείας καὶ ἐπιστημονικῆς κρίσεως, ἵνα μήτε
10 πλεονάζουσα εἴη μήτε ἐλλείπουσα τῆς ἀληθείας, οἷον
δὴ καὶ τοῦτο πρώτιστον ὂν τῶν θεωρημάτων. ἐπὶ
τούτου τοῦ θεωρήματος καὶ ταῖς κοιναῖς ἐννοίαις
ἐχρήσατο καὶ τρόπον τινὰ τὸ αὐτὸ τρίγωνον ἐν δια-
φόροις λαμβάνει τόποις κείμενον. καὶ γὰρ ἡ ἐφαρμογὴ
15 καὶ ἡ ἀπὸ ταύτης ἰσότης δεικνυμένη παντάπασιν ἔχεται
τῆς αἰσθητῆς καὶ ἐναργοῦς ὑπολήψεως. ἀλλ᾿ ὅμως καὶ
τοιαύτης οὔσης τῆς τοῦ πρώτου θεωρήματος ἀπο-
δείξεως εἰκότως προηγήσατο τὰ προβλήματα, διότι
καθόλου τὴν προηγουμένην ἐκεῖνα τάξιν ἔλαχεν. καὶ
20 ἴσως τῇ μὲν τάξει τὰ προβλήματα πρὸ τῶν θεωρημάτων
ἐστὶ καὶ μάλιστα τοῖς ἀπὸ τῶν περὶ τὰ αἰσθητὰ στρε-
φομένων τεχνῶν ἀνάγουσιν ἐπὶ θεωρίαν. τῇ δὲ ἀξίᾳ
τὰ θεωρήματα προυπάρχει τῶν προβλημάτων. καὶ
ἔοικεν ἡ ὅλη γεωμετρία, καθ᾿ ὃ μὲν συνάπτει ταῖς
25 πολλαῖς τέχναις, ἐνεργεῖν προβληματικῶς, καθ᾿ ὃ δὲ
τῇ πρώτῃ ἐπιστήμῃ γειτνιᾷ, θεωρηματικῶς ἀνάγεσθαι
ἀπὸ τῶν προβλημάτων ἐπὶ τὰ θεωρήματα ὡς ἀπὸ δευ-
τέρων ἐπὶ πρῶτα. πρῶτον δέ ἐστιν ἐν τοῖς προβλή-
μασιν τὸ ἰσόπλευρον τρίγωνον, ἐν οἷς τῶν τριγώνων

---

1. γωνίαν γωνίᾳ] scripsi; γʷ P, supra add. γʷ.   2. περι-
εχομένῃ] scripsi, περιεχομένων P.   3. Locus corruptus.

τὰς γενέσεις καὶ τῆς ἰσότητος τὴν εὕρεσιν ἐμάθομεν. προκείσθω δὲ νῦν καί, ὅτι ὡς μὲν ἐν θεωρήμασιν ἁπλούστατόν ἐστι τοῦτο καὶ ἀρχοειδέστατον· ἀπ' αὐτῶν γὰρ ὡς εἰπεῖν μόνων αὐτοφυῶς δείκνυται τῶν πρώτων ἐννοιῶν· σύμπτωμα δέ τι περὶ τὰ τρίγωνα φαινόμενον 5 ἔχοντα τὰς δύο πλευρὰς ταῖς δύο πλευραῖς ἴσας καὶ τὰς ὑπ' αὐτῶν περιεχομένας γωνίας ἀποδεικνύον εἰκότως μετὰ τα προβλήματα τέτακται, δι' ὧν τὰ ὑποκείμενα τῷ συμπτώματι τούτῳ καὶ ὅλως τὰ δεδομένα κατεσκεύαζεν.   10

31. Ὑποτείνουσιν p. 16, 16] οὐ μάτην αἱ δύο ὑπόκεινται, ἀλλ' ἐμφαίνεται τῷ στοιχειωτῇ διὰ τούτων, ὡς αἱ ὑποτείνουσαι πλευραὶ τὰς ἴσας γωνίας ὑπὸ πλευρὰς πάλιν ἑτέρας εἰσίν.

32. Τὴν ὑπὸ ΒΑΓ p. 16, 20] τὴν πρὸς τῷ Α 15 γωνίαν δηλον[ότι]· ἔθος γὰρ τῷ στοιχειωτῇ, [ἢ]νίκα ΑΒΓ ἢ ΒΑΓ [λέγει γω]νίαν, τὴν πρὸς τῷ μέσῳ στοιχείῳ οὖσαν γωνίαν σημ[αίνειν].

33. Ἰστέον, ὅτι, ὁπηνίκα ΒΑΓ λέγει γωνίαν ἢ ΒΓΑ, ὃ στοιχεῖον παραλαμβάνει μέσον, ἐκείνου τὴν 20 γωνίαν σημαίνει.

34. Εἰ γάρ p. 18, 10] ἐντεῦθεν διὰ τῆς εἰς ἀδύνατον ἀπαγωγῆς δεικνύειν ἄρχεται τὸ θεώρημα.

35. Δύο εὐθεῖαι χωρίον περιέξουσιν p. 18, 12] δηλονότι τὰ αὐτὰ πέρατα ἔχουσαι· τοῦτο γὰρ προσυπ- 25 ακουστέον, ὡς καὶ ἐν τοῖς ὅροις.

---

31. p.   32. p.   33. p.   34. p.   35. q.

---

1. ἐμάθαμεν P.   16 sq. litteras uncis inclusas addidi ad lacunas codicis explendas.

Ad prop. V.

36. Ἡ μὲν ὑπὸ ΑΓΖ p. 20, 22] τὰς ὑπὸ τὴν βάσιν
γωνίας λέγει τοῦ ἐξ ἀρχῆς τεθέντος τριγώνου τοῦ
ΑΒΓ, ἃς καὶ ἴσας βούλεται δεῖξαι· τοῦτο γὰρ ἐξ ἀρχῆς
5 προύθηκεν.

37. Τῶν θεωρημάτων τὰ μέν ἐστιν ἁπλᾶ, τὰ δὲ
σύνθετα. λέγω δὲ ἁπλᾶ, ὅσα καὶ κατὰ τὰς ὑποθέσεις
καὶ κατὰ τὰ συμπεράσματα ἀδιαίρετά ἐστιν ἓν ἔχοντα
τὸ δεδομένον καὶ τὸ ζητούμενον, οἷον εἰ οὕτως ἔλεγεν
10 ὁ στοιχειωτής· πᾶν τρίγωνον ἰσοσκελὲς ἴσας ἔχει τὰς
πρὸς τῇ βάσει γωνίας. τούτων τὰ μέν ἐστι συμ-
πεπλεγμένα, τὰ δὲ ἀσύμπλεκτα. ἔστι δὲ ἀσύμπλεκτα μέν,
ὅσα σύνθετα ὄντα μὴ δυνάμενα διαιρεῖσθαι εἰς ἁπλᾶ
θεωρήματα, συμπεπλεγμένα δέ, ὅσα διαιρεῖται εἰς ἁπλᾶ,
15 οἷον ἐκεῖνο τὸ θεώρημα· τὰ τρίγωνα καὶ τὰ παραλληλό-
γραμμα ὑπὸ τὸ αὐτὸ ὕψος ὄντα καὶ ἑξῆς· ὁμοίως δὲ
πάντων τῶν συνθέτων τὰ μὲν κατὰ τὸ συμπέρασμα
συντίθεται ἀπὸ τῆς αὐτῆς ὑποθέσεως ὁρμηθέντα, τὰ
δὲ κατὰ τὰς ὑποθέσεις ἔχει τὴν σύνθεσιν καὶ τὸ αὐτὸ
20 πάσαις ἐπάγει συμπέρασμα, τὰ δὲ κατὰ τὸ συμπέρασμα
καὶ τὰς ὑποθέσεις σύνθετά ἐστι. κατὰ μὲν οὖν τὸ
συμπέρασμα σύνθεσίς ἐστιν γὰρ ἐπὶ τούτου τοῦ θεω-
ρήματος τρία τὰ συναγόμενα, ὅτι αἱ βάσεις ἴσαι, ὅτι
τὰ τρίγωνα ἴσα, ὅτι αἱ λοιπαὶ γωνίαι ἴσαι, ὑφ᾽ ἃς αἱ
25 ἴσαι πλευραὶ ὑποτείνουσιν. κατὰ δὲ τὰς ὑποθέσεις
ἐπὶ τοῦ κοινοῦ τῶν τριγώνων καὶ παραλληλογράμμων
θεωρήματος τῶν ὑπὸ τὸ αὐτὸ ὕψος ὄντων. κατ᾽ ἀμ-

---

36. p.   37. P.

---

13. σύνθατα P.   17. συνθέντων P.   22. Locus corruptus.

φότερα δὲ ὡς ἐπ' ἐκείνου· αἱ διάμετροι τῶν κύκλων
καὶ τῶν ἐλλείψεων τά τε χωρία δίχα διαιροῦσι καὶ τὰς
περιεχούσας τὰ χωρία γραμμάς. τῶν δὲ συμπεπλεγ-
μένων τὰ μέν ἐστι καθολικά, τὰ δὲ ἐκ τῶν ἐπὶ μέρους
συνάγει τὸ καθόλου. τούτων δὴ προτεθεωρημένων τὸ 5
πέμπτον θεώρημα σύνθετον πάντως ῥητέον καὶ κατ'
ἀμφότερα σύνθετον κατά τε τὸ δεδομένον καὶ κατὰ τὸ
ζητούμενον. ἐπὶ δὲ τοῦ ἑβδόμου καὶ τοῦ ἐνάτου θεω-
ρήματος τὰς φερομένας ἐνστάσεις ἀπὸ τούτου διαλύ-
σομεν. ἐκ δὴ τούτου φανερόν, καὶ δι' ἢν αἰτίαν οὐκ 10
ἀντέστρεψεν καὶ ἀπὸ τούτου τὸ ἕκτον ὡς οὐδὲ τούτου
προηγουμένην ἔχοντος χρείαν, ἀλλὰ κατὰ συμβεβηκὸς
ἡμῖν πρὸς τὴν ὅλην ἐπιστήμην συντελοῦντος. εὕρεμα
δέ ἐστι τὸ θεώρημα τοῦτο Θαλοῦ.

Ad prop. VI. 15

38. Τὸ κατηγορούμενον ἐν τῷ ε̄ θεωρήματι, ἐν
τῷ ϛ̄ ὑποκείμενον γέγονεν, καὶ τὸ ὑποκείμενον ἐν τῷ
ε̄ ἐν τῷ ϛ̄ κατηγορούμενον γέγονεν.

39. Ἐν τούτῳ τῷ ϛ' θεωρήματι δύο ταῦτα ἐπε-
δείξατο τήν τε ἀντιστροφὴν τοῦ πρὸ αὐτοῦ θεωρήματος 20
καὶ διά τε τῆς εἰς ἀδύνατον ἀπαγωγῆς δείξεως· δεῖ
δὲ περὶ ἀμφοτέρων εἰπεῖν, ὅσα πρὸς τὴν παροῦσάν
ἐστι πραγματείαν οἰκεῖα. λέγεται τοίνυν ἀντιστροφὴ
παρὰ γεωμέτραις προηγουμένως καὶ κυρίως, ὅταν τὰ
συμπεράσματα καὶ τὰς ὑποθέσεις ἀλλήλων ἀντιμετα- 25
λαμβάνει τὰ θεωρήματα, καὶ τὸ μὲν τοῦ προτέρου

---

38. mb (de V u. adn. crit.).   39. P.

11. οὐδέ] δέ P.   16. Pro hoc scholio in V: ση. ὅτι τὸ
ζητούμενον ἐν τῷ ε̄ ἢ δεδομένον ἐν τῷ ϛ̄; item f.   21. Locus
corruptus.   24. Ante προηγουμένως del. μέν P.

συμπέρασμα ὑπόθεσις ἐν τῷ δευτέρῳ γίνεται, ἡ δὲ
ὑπόθεσις ὡς συμπέρασμα ἐπάγεται, συμπέρασμα δὲ τὴν
ἰσότητα τῶν πλευρῶν τῶν ὑποτεινουσῶν τὰς ἴσας
ἐκείνας γωνίας. δύναται δὲ καὶ τῷ δ´ θεωρήματι τὸ
5 ὄγδοον ἀντιστρέψαι. δεῖ δὲ εἰδέναι, ὅτι πολλαὶ ἀντι-
στροφαὶ γίνονται ψευδεῖς καὶ οὐκ εἰσὶ κυρίως ἀντι-
στροφαί· οἷον πᾶς ἑξάγωνος ἀριθμὸς τριγώνός ἐστιν,
ἀλλ' οὐκέτι ἐπαληθές, ὅτι πᾶς τρίγωνος ἑξάγωνός ἐστιν.
τὸ μὲν γὰρ αὐτῶν κοινότερον, τὸ δὲ μερικώτερον. τὰ
10 μὲν αὐτῶν καλοῦσι προηγούμενα, τὰ δὲ ἀντίστροφα·
αἱ δὲ εἰς ἀδύνατον ἀπαγωγαὶ εἰς ἀδύνατον τελευτῶσιν
ἐναργές, καὶ οὗ τὸ ἀντικείμενον ὡμολόγηται, συμβαίνει
δὲ αὐτὸ ἐπὶ τὰ μαχόμενα ταῖς κοιναῖς ἐννοίαις ἤτοι
αἰτήμασιν ἢ ταῖς ὑποθέσεσι τελευτᾶν. καὶ ἐν τῷ θεω-
15 ρήματι τούτῳ τὸ συμβαῖνον ἀδύνατον δείκνυσιν διὰ
τὸ κοινὴν ἔννοιαν ἀνατρέπειν τὴν τὸ ὅλον τοῦ μέρους
μεῖζον λέγουσαν, τὸ δὲ ὄγδοον οὐ κοινῆς ἐννοίας ἀνα-
τρεπτικόν, ἀλλὰ τοῦ δεδειγμένου διὰ τοῦ ἑβδόμου
θεωρήματος· ὃ γὰρ ἀπέφησεν τὸ ἕβδομον, τοῦτο ἐκεῖνο
20 δείκνυσι καταφασκόμενον τοῖς μὴ συγχωροῦσι τὸ ζη-
τούμενον.

Ad prop. VII.

40. Τῶν γεωμετρικῶν καὶ ἀριθμητικῶν θεωρη-
μάτων τὰς προτάσεις καταφατικὰς ἐχόντων το ζ´ θεώ-
25 ρημα ἀποφατικῶς τῇ προτάσει κέχρηται. φησὶ δὲ καὶ
ὁ Ἀριστοτέλης, ὅτι τὸ καθόλου τὸ καταφατικὸν ταῖς
ἐπιστήμαις ἐστὶ μάλιστα προσῆκον ὡς αὐταρκέστατον
καὶ μηδὲν τῆς ἀποφάσεως δεόμενον· τὸ γὰρ ἀποφατικὸν

40. Vᵃ (P²f).

15. τούτῳ] τοῦτο P.   27. αὐταρκέστατον] P, lacunam Vf.

δεῖται καὶ τῆς καταφάσεως, εἰ μέλλει δείκνυσθαι. ἄνευ
γὰρ καταφάσεως οὔτε ἀπόδειξίς ἐστιν οὔτε συλλογισμὸς
οὐδείς, καὶ διὰ τοῦτο αἱ ἀποδεικτικαὶ τῶν ἐπιστημῶν
τὰ πλεῖστα καταφατικοῖς συμπεραίνουσιν. ἔλαβε δὲ
τὸ ἐπὶ τῆς αὐτῆς εὐθείας, ἵνα μὴ ἐπὶ ἄλλης καὶ ἄλλης 5
εὐθείας δύο δυσὶν ἴσας δείκνυμεν καὶ παραλογιζόμεθα
τοὺς τῇ προτάσει χρωμένους. οὐχ ἁπλῶς δὲ οὐ φησὶν
συσταθήσεσθαι δύο δυσὶν ἴσας ἐπὶ τῆς αὐτῆς εὐθείας,
ἀλλ' ἑκατέραν ἑκατέρᾳ ἀδύνατον. οὐδὲν γὰρ θαυ-
μαστὸν ἀμφοτέρας ἀμφοτέραις ἴσας λαβεῖν τῶν ἐπι- 10
συνισταμένων τὴν μὲν ἐκτείναντα, τὴν δὲ συστείλαντα.
τρίτον προστίθησι τὸ πρὸς ἄλλῳ καὶ ἄλλῳ σημείῳ·
δυνατὸν γὰρ προυφεστώσαις δύο εὐθείαις ἐπάνω αὐτῶν
ποιῆσαι ἄλλας δύο ἐπὶ τοῦ αὐτοῦ σημείου καὶ ἐφαρ-
μόσαι ἑκατέραν ἑκατέρᾳ. τέταρτον ἐπὶ τὰ αὐτὰ μέρη 15
φησίν, ἵνα μὴ τὴν μίαν εὐθεῖαν κοινὴν βάσιν ποι-
ήσωμεν τριγώνων δυεῖν τὰς κορυφὰς ἀντικειμένας
ἐχόντων τὴν μὲν ἐπὶ τὸ ἕτερον μέρος ἐχόντων, τὴν
δὲ ἐπὶ τὸ ἕτερον. πέμπτον τὸ τὰ αὐτὰ πέρατα ἔχουσαι
ταῖς ἐξ ἀρχῆς εὐθείαις· δυνατὸν γὰρ δύο δυσὶν ἴσας 20
συστήσασθαι οὐ τὰ αὐτὰ πέρατα, ἀλλ' ἕτερα ἐχούσαις,
οἷον ἐπὶ τοῦ τετραγώνου, εἰ ποιήσομεν δύο διαμέτρους,
ἐπὶ μιᾶς τῶν πλευρῶν ἔσονται δύο δυσὶν ἴσαι, πλευρὰ
καὶ διάμετρος τῇ παραλλήλῳ πλευρᾷ καὶ τῇ ἑτέρᾳ δια-
μέτρῳ, ἀλλ' οὐχὶ καὶ τὰ αὐτὰ πέρατα ἕξουσιν· οὔτε 25
γὰρ αἱ παράλληλοι οὔτε αἱ διάμετροι τα αὐτὰ πέρατα
ἕξουσιν ἀλλήλαις. τούτων οὖν πάντων τῶν διορισμῶν

4. συμπεραίνουσιν] P, συμπεράσμασι Vf.   7. προτάσει]
comp. P, πρῶ Vf.   8. συστήσασθαι V, sed corr.   ἴσας] ἴσας
δείκνυμεν del. V, om. P.   9. θαυστόν Vf.   10. ἀμφοτέρας\
ἀμφότερα Vf.   17. δυεῖν] comp. V, δυσί f.

φυλαττομένων ἦ τε πρότασις ἀληθής, καὶ ὁ συλλογισμὸς
ἀναμφισβήτητος δείκνυται. δέδεικται δὲ τὸ θεώρημα
τοῦτο παρὰ τῷ στοιχειωτῇ διὰ τῆς εἰς ἀδύνατον ἀπ-
αγωγῆς, μάχεται δὲ τὸ ἀδύνατον πρὸς κοινὴν ἔννοιαν
5 τὴν λέγουσαν τὸ ὅλον τοῦ μέρους μεῖζον, καὶ τὸ αὐτὸ
μεῖζον καὶ ἴσον εἶναι ἀδύνατον. ἔοικε δὲ εἶναι τοῦτο
τὸ θεώρημα λῆμμα προλαμβανόμενον τοῦ ὀγδόου θεω-
ρήματος· εἰς γὰρ τὴν ἀπόδειξιν ἐκείνου συντελεῖ καὶ
οὔτε στοιχεῖόν ἐστιν ἁπλῶς οὔτε στοιχειῶδες· οὐ γὰρ
10 ἐπὶ πολλὰ διατείνει τὴν ἑαυτοῦ χρείαν.

41. Χρήσιμον τὸ θεώρημα τοῦ ἑβδόμου ἐστὶν εἰς
ἀστρονομίαν καὶ εἰς τὴν δεινότητα τῶν ἐκλείψεων τόπον.
τούτῳ γὰρ φασι χρώμενοι δεικνύναι, ὅτι τρεῖς ἐφεξῆς
ἐκλείψεις ἴσον ἀπέχουσαι ἀλλήλων οὐκ ἂν γένοιντο,
15 λέγω δέ, ὥστε τοσούτῳ χρόνῳ τὴν δευτέραν διεστάναι
τῆς πρώτης, ὅσον τὴν τρίτην τῆς δευτέρας, οἷον εἰ
μετὰ τὴν α΄ ἡ δευτέρα γέγονεν ἓξ μηνῶν παρελθόντων
καὶ κ̄ ἡμερῶν, οὐκ ἂν γενέσθαι τὴν τρίτην ὕστερον
τοσούτῳ χρόνῳ τῆς δευτέρας, ἀλλ᾽ ἤτοι πλέον ἢ ἔλασσον·
20 τοῦτο οὕτως ἔχον ἀποδείκνυσθαι διὰ τοῦ ζ΄ θεωρήματος.
ἔστι μὲν τοῦτο τὸ θεώρημά τι πεπονθὸς σπάνιον καὶ
οὐ πάνυ ταῖς ἐπιστημονικαῖς προτάσεσιν εἰωθός. τὸ
γὰρ ἀποφατικῶς σχηματίζεσθαι καὶ μὴ καταφατικῶς
οὐ σφόδρα αὐταῖς οἰκεῖον. μᾶλλον μὲν οὖν πολλαὶ
25 καταφάσεις εἰσὶ ἐν ταῖς προτάσεσι τῶν γεωμετρικῶν
καὶ τῶν ἀριθμητικῶν θεωρημάτων. αἴτιον δέ, ὡς

---

41. P.

---

12. τὴν δεινότητα] corr. in τὸ δεινόν P; u. Proclus p. 268, 21.
14. ἀπέχουσιν P. γένοιτο P, sed corr. 17. παρελθότων P.
20. ἔχων P. 21. πεπονθώς P.

φησιν Ἀριστοτέλης, ὅτι τὸ καθόλου καταφατικὸν ταῖς
ἐπιστήμαις ἐστί. ἄνευ γὰρ καταφάσεως οὔτε ἀπόδειξίς
ἐστιν οὔτε συλλογισμός, καὶ διὰ τοῦτο αἱ ἀποδεικτικαὶ
τῶν ἐπιστημῶν τὰ μὲν πλεῖστα καταφατικὰ δεικνύουσι,
σπανίως δὲ χρῶνται καὶ τοῖς ἀποφατικοῖς συμπερά- 5
σμασι. θαυμαστῆς δὲ ἀκριβείας ἐστὶν ἡ πρότασις τοῦ
θεωρήματος πλήρης καὶ πάσαις ἠσφάλισται ταῖς προσ-
θήκαις, δι' ὧν ἀνέλεγκτος ἀποτελεῖται καὶ ἀναμφισ-
βήτητος τοῖς συκοφαντεῖν ἐπιχειροῦσι. ἔοικε δὲ εἶναι
τοῦτο τὸ θεώρημα λῆμμα προλαμβανόμενον τοῦ ὀγδόου 10
θεωρήματος· εἰς γὰρ τὴν ἀπόδειξιν ἐκείνου συντελεῖ
καὶ οὔτε στοιχεῖόν ἐστιν ἁπλῶς οὔτε στοιχειῶδες· οὐ
γὰρ ἐπὶ πολλὰ διατείνει τὴν ἑαυτοῦ χρείαν.

42. Ὅρα, πῶς ἀποδεικνύει τὸ ἀδύνατον. εἰ γὰρ
ἡ ΑΓ πλευρὰ τῇ ΔΔ ἴση, ἴση καὶ ἡ ΔΓΔ γωνία τῇ 15
ὑπὸ ΑΔΓ· τοῦτο γὰρ ἐν τῷ εʹ σχήματι ἀποδέδεικται.
καὶ ἐπεὶ ἡ ὑπὸ ΔΓΔ γωνία ἀμβλεῖα οὖσα μέσην
εὐθεῖαν ἔχει τὴν ΓΒ τέμνουσαν ἑαυτὴν εἰς γωνίας β̄
τήν τε ὑπὸ ΔΓΒ καὶ τὴν ὑπὸ ΔΓΒ, μείζων ἐστὶν ἡ
ὑπὸ ΑΔΓ τῆς ὑπὸ ΔΓΒ ἴση ἀποδειχθεῖσα τῇ ΔΓΔ, 20
ἧς ἡμίσειά ἐστιν ἡ ΔΓΒ. πάλιν ἐπεὶ ἴση ἐστὶν ἡ ΓΒ
τῇ ΔΒ, ἴση ἐστὶ καὶ ἡ ὑπὸ ΓΔΒ γωνία τῇ ὑπὸ ΔΓΒ.
ταύτης δὲ ἐδείχθη ἡμίσεια γωνία τις ἡ ὑπὸ ΓΔΑ δι-
πλασίων· τῇ γὰρ ὑπὸ ΔΓΔ ἴση ἐδείχθη, ἧς ἡμίσεια
ἡ ὑπὸ ΔΓΒ. πολλῷ ἄρα μείζων ἡ ΓΔΒ τῆς ὑπὸ ΒΓΔ. 25
τετραπλασίων γάρ.

42. b.

1. καταφατικῶν P.   8. ἀνέλεκτος P.   11. συντελεῖν P.
16. εʹ] in ras. b.   19. ΔΓΒ] Δ et B in ras. b.   21.
ΔΓΒ] B in ras. b.   22. Mg. ἡ ΓΔΒ b.

Ad prop. VIII.

43. Ὅπερ ἔχει κατηγορούμενον τὸ δ' θεώρημα, ἔχει τὸ η' ὑποκείμενον, καὶ ὅπερ τὸ δ' ὑποκείμενον, τὸ η' κατηγορούμενον.

5   44. Τὸ ὄγδοον θεώρημα ἀντίστροφον μέν ἐστι τοῦ τετάρτου, οὐ κατὰ τὴν προηγουμένην ἀντιστροφὴν ληφθέν· οὐ γὰρ ὅλην τὴν ὑπόθεσιν ἐκείνου ποιεῖται συμπέρασμα καὶ ὅλον τὸ συμπέρασμα ὑπόθεσιν· ἀλλὰ τὸ μὲν τῆς ὑποθέσεως τοῦ τετάρτου το δὲ τῶν ἐκείνῳ
10 ζητουμένων συμπλέκον δείκνυσιν ἕν τι τῶν ἐκεῖ δεδομένων. τὸ μὲν γὰρ τὰς δύο πλευρὰς ἴσας εἶναι ταῖς δύο πλευραῖς ὑπόθεσίς ἐστιν ἐν ἀμφοτέραις, τὸ δὲ τὴν βάσιν ἴσην τῇ βάσει ἐν ἐκείνῳ μὲν τῶν ζητουμένων ἦν, ἐν δὲ τούτῳ δέδοται. τὸ δὲ τὴν γωνίαν ἴσην τῇ
15 γωνίᾳ δεδομένον μὲν. ἐν ἐκείνῳ, ζητούμενον δὲ ἐν τούτῳ. μόνον δὲ ἡ ἐναλλαγὴ τῶν δεδομένων καὶ ζητουμένων ποιεῖ τὴν ἀντιστροφήν. δι' ἣν δὲ αἰτίαν ὄγδοον τέτακται καὶ οὐ μετὰ τὸ τέταρτον εὐθὺς ὡς ἀντίστροφον, καθάπερ δὴ μετὰ τὸ πέμπτον τὸ ἕκτον
20 ἀντίστροφον ὂν τοῦ πέμπτου· καὶ γὰρ τὰ πλεῖστα τῶν ἀντιστρεφόντων ἕπεται τοῖς προηγουμένοις καὶ ἐπ' αὐτοῖς ἀμέσως δείκνυται· λεκτέον, ὅτι τοῦ μὲν ἑβδόμου τὸ ὄγδοον ἐδεῖτο· δείκνυται γὰρ διὰ τῆς εἰς ἀδύνατον ἀπαγωγῆς· τοῦτο δ' αὖ πάλιν εἰς τὴν ἀπόδειξιν ἐδεῖτο
25 τοῦ πέμπτου. προείληπται τοίνυν ἀναγκαίως καὶ τὸ ε' καὶ τὸ ϛ' καὶ τὸ ζ' τοῦ δεικνυμένου νυνὶ θεωρήματος.

2· ὅπερ] ὅπερ γὰρ m.   κατηγορούμενον] om. m.   In Vf pro hoc scholio: ση. ὅτι τὸ ἐν τῷ δ' ζητούμενον ὧδε ὡμολογημένον.   19. Ante καθάπερ eras. uocabulum P (εἴποιμεν?).   23. δείκνυται] δεικνύναι P.

περὶ δὲ τὰ τρίγωνα ἔστι καὶ ἄλλα θεωρῆσαι· τῆς
μὲν γὰρ βάσεως ἐλαττουμένης ἐλαττοῦται ἡ γωνία, ἣν
ὑποτείνει, αὐξομένης δὲ αὔξεται καὶ ἡ γωνία. τῶν δὲ
πλευρῶν ἐλαττουμένων αὔξει ἡ γωνία, αὐξανομένων
δὲ τῶν πλευρῶν μειοῦται.   5

45. Ἰστέον, ὅτι τὸ η′ θεώρημα τοιοῦτον ἔχει σκοπόν,
ἵνα β̄ τρίγωνα τεθειμένα ἐπ᾽ ἄλληλα ἴσας ἔχῃ τὰς ἐν
ταῖς κορυφαῖς γωνίας. ἔοικε δὲ τοῦτο ποιεῖν ἥ τε τῶν
περιεχουσῶν πλευρῶν τὰς γωνίας καὶ ἡ τῶν βάσεων
ἰσότης. τῶν τε γὰρ βάσεων ἀνίσων οὐσῶν τῆς μὲν   10
ἐλαττουμένης συνελαττοῦται καὶ ἡ γωνία, τῆς δὲ αὐξα-
νομένης συναύξεται, οὔτε δὲ τῶν βάσεων τῶν αὐτῶν
μενουσῶν, τῶν δὲ πλευρῶν ἀνισαζομένων ἴσαι εὑρε-
θήσονται αἱ γωνίαι, ἀλλὰ τῶν μὲν ἐλασσουμένων
πλευρῶν αὔξεται ἡ γωνία, τῶν δὲ αὐξομένων ἐλατ-   15
τοῦται. ἀσφαλὲς οὖν τὸ λεγόμενον τὴν βάσιν καὶ τὰς
πλευρὰς ἴσας ὑπαρχούσας τὴν ἰσότητα τῆς γωνίας
ἀφορίζειν. τοῦτο δὲ τὸ θεώρημα ἀντίστροφόν ἐστι
τῷ δ′. τὸ μὲν γὰρ τὰς β̄ πλευρὰς ἴσας εἶναι ταῖς β̄
πλευραῖς ὑπόθεσίς ἐστιν ἐν ἀμφοτέροις, τὸ δὲ τὴν   20
βάσιν ἴσην τῇ βάσει ἐν ἐκείνῳ μὲν τῶν ζητουμένων
ἦν, ἐν δὲ τούτῳ δέδοται, τὸ δὲ τὴν γωνίαν ἴσην τῇ
γωνίᾳ δεδομένον μὲν ἦν ἐν ἐκείνῳ, ζητούμενον δὲ ἐν
τούτῳ. μόνη τοίνυν ἡ ἐναλλαγὴ τῶν δεδομένων καὶ
τῶν ζητουμένων ποιεῖ τὴν ἀντιστροφήν. δεῖται δὲ τοῦ   25
ζ′ πρὸς τὴν ἀπόδειξιν· κἀκεῖνο γὰρ καὶ τοῦτο διὰ τῆς

---

45. Vᵃ (P²f).

---

2. ἦ] euan. P.   4. αὔξει] scr. αὔξεται.   7. ἐπανάλληλα
Vf; recte P.   12. συναυξάνεται P, cfr. Proclus p. 270, 10.
15. αὐξουμένων PVf.   22. ἴσην] P, ἴση Vf.   24. τῶν ζη-
τουμένων καὶ τῶν δεδομένων P, cfr. Proclus p. 265, 18.

9*

εἰς ἀδύνατον ἀπαγωγῆς δείκνυνται, ἀλλὰ τὸ μὲν ζ′
ἀπὸ τῶν κοινῶν ἐννοιῶν ἐλέγχει τὸ ἀδύνατον, τὸ δὲ η′
ἀπὸ τοῦ ζ′. τὸ δὲ ζ′ πάλιν ἐδεῖτο τοῦ ε′ θεωρήματος·
διὸ καὶ προετάγησαν εὐλόγως ἀμφότερα τοῦ η′. ἰστέον
5 δέ, ὅτι τῶν ἐν ταῖς κορυφαῖς γωνιῶν τῶν τριγώνων
οὐσῶν ἴσων ἔπεται καὶ τὰς λοιπὰς γωνίας ἴσας εἶναι.
διὰ τοῦτο οὐ προσέθηκεν ὥσπερ ἐπὶ τοῦ δ′ τὸ καὶ τὰς
λοιπὰς γωνίας.

Ad prop. IX.

10   46. Τὸ θ′ τοῦτο πρόβλημά ἐστιν. ἀναμίγνυσι γὰρ
ὁ στοιχειωτὴς τοῖς προβλήμασι τὰ θεωρήματα καὶ τοῖς
θεωρήμασι συμπλέκει τὰ προβλήματα καὶ δι᾽ ἀμφοτέρων
τὴν ὅλην συμπεραίνει στοιχείωσιν τοτὲ μὲν τὰ ὑπο-
κείμενα ποριζόμενος, τοτὲ δὲ τὰ περὶ αὐτὰ συμπτώματα
15 θεωρῶν. δείξας τοίνυν διὰ τῶν πρόσθεν καὶ περὶ ἓν
τρίγωνον τῇ ἰσότητι τῶν πλευρῶν ἑπομένην τὴν ἰσό-
τητα τῶν γωνιῶν καὶ ἀνάπαλιν καὶ περὶ δύο τρίγωνα
ὡσαύτως, πλὴν ὅτι τῆς ἀντιστροφῆς ὁ τρόπος διαφέρων
ἦν ἐπί τε τοῦ ἑνὸς τριγώνου καὶ τοῖν δυοῖν, μέτεισιν
20 ἐπὶ τὰ προβλήματα καὶ ἐπιτάττει ἐν τούτῳ τῷ προ-
βλήματι τὴν δοθεῖσαν γωνίαν εὐθύγραμμον δίχα τεμεῖν.
ἐπεὶ δὲ ἡ γωνία δύναται δίδοσθαι πολλαχῶς· καὶ γὰρ
καὶ θέσει δίδοται, ὡς ὅταν λέγωμεν πρὸς τῇδε τῇ
εὐθείᾳ καὶ τῷδε τῷ σημείῳ κεῖσθαι τὴν γωνίαν καὶ
25 εἶναι διδομένην αὐτὴν οὕτως· δίδοται καὶ εἴδει, οἷον
ὅταν ὀρθὴν λέγωμεν ἢ ὀξεῖαν ἢ ἀμβλεῖαν ἢ ὅλως εὐθύ-
γραμμον ἢ μικτήν· δίδοται καὶ λόγῳ ἤγουν ἀναλόγως,
ὅταν διπλασίαν τῆσδε λέγωμεν καὶ τριπλασίαν ἢ ὅλως
μείζονα καὶ ἐλάττονα· δίδοται καὶ μεγέθει, ὡς ὅταν

46. Vᵃ (Pᵃf).

18. ὁ τρόπος] om. Vf; u. Proclus p. 271, 11.

τρίτον ὀρθῆς λέγωμεν. ἡ δὲ νῦν δοθεῖσα κατὰ εἶδος
δέδοται μόνον.

χρῆται δὲ ἐν τῷ προβλήματι τούτῳ πρὸς μὲν τὴν
κατασκευὴν αὐτοῦ αἰτήματι ἑνὶ καὶ τῷ πρώτῳ καὶ τῷ γ´
προβλήματι, πρὸς δὲ τὴν ἀπόδειξιν τῷ η´ μόνῳ θεω- 5
ρήματι· δεῖται γὰρ πάντως ἀποδείξεως καὶ τὰ προβλή-
ματα, ὥσπερ καὶ τὰ θεωρήματα, ἐπειδὴ καὶ τὸ ἐπι-
στημονικὸν ἀπὸ τῆς ἀποδείξεως ἔχει.

47. Τὰ προβλήματα τοῖς θεωρήμασιν συμπλέκει
καὶ τὰ θεωρήματα τοῖς προβλήμασι. τοῦτο δὲ τὸ 10
θεώρημα προβληματικόν ἐστιν καί ἐστιν εὑρεῖν εὐθύ-
γραμμον γωνίαν ὀρθὴν καὶ τρίχα τεμεῖν ἀδυνατήσει
ἄν τις κερατοειδῆ γωνίαν τεμεῖν. τὸ δὲ νῦν πρόβλημά
ἐστι τὴν δοθεῖσαν εὐθύγραμμον γωνίαν δίχα τεμεῖν.
χρῆται γὰρ ἐν τούτῳ πρὸς μὲν τῇ κατασκευῇ ἓν αἴτημα 15
καὶ πρῶτον καὶ τὸ τρίτον θεώρημα, πρὸς δὲ τὴν ἀπό-
δειξιν τὸ ὄγδοον μόνον θεώρημα. τετραχῶς δὲ δύ-
ναται δίδοσθαι ἡ γωνία· καὶ γὰρ θέσει, ὡς ὅταν λέ-
γωμεν πρὸς τῇδε τῇ εὐθείᾳ καὶ τῷδε τῷ σημείῳ κεῖσθαι
τὴν γωνίαν καὶ εἶναι δεδομένην αὐτὴν οὕτως· καὶ 20
εἴδει, οἶον ὅταν ὀρθὴν λέγωμεν ἢ ὀξεῖαν ἢ ἀμβλεῖαν
ἢ ὅλως εὐθύγραμμον ἢ μικτήν· καὶ λόγῳ, ὅταν δι-
πλασίαν λέγωμεν τῆσδε καὶ τριπλασίαν ἢ ὅλως μείζονα
καὶ ἐλάσσονα· καὶ μεγέθει, ὥσπερ ὅταν τρίτου ὀρθῆς
λέγωμεν. ἡ δὲ νῦν κατὰ τὸ εἶδος δίδοται μόνον. 25

Ad prop. X.

48. Προβληματικὸν καὶ τοῦτο τὸ θεώρημα πε-
περασμένην μὲν εὐθεῖαν ὑποτιθέμενον, ἐπειδὴ κατ᾽

47. P.   48. P.

---

11. καί ἐστιν] καί ˙/. ἐστιν P; locus confusus.   15 sq.
Locus corruptus.   28. ἐπειδή] ἐπὶ δέ P.

ἄμφω ἄπειρον οὐδαμῶς ἐστιν ὁρίσαι, τῆς δὲ ἀπείρου
ἐφ' ἑκάτερα μέρη ὑπονοήσειας σημεῖα εἰς ἄνισα ἡ
τομή γίνεται ἡ ἐφ' ἃ ἄπειρος τῆς λοιπῆς πεπερασμένης.
λείπεται οὖν ἐπ' ἄμφω πεπερασμένην λαμβάνειν τὴν
5 δίχα τέμνεσθαι μέλλουσαν. ἴσως δ' ἄν τις ἐκ τούτου
κινούμενος τοῦ προβλήματος ὑπονοήσειεν, ὅτι προ-
είληπται παρὰ τοῖς γεωμέτραις τὸ μὴ εἶναι τὴν γραμμὴν
ἐξ ἀμερῶν ἢ ἐκ περιττῶν. ἀλλ' εἰ καὶ ἐκ περιττῶν ἐστιν,
ἔοικε καὶ τὸ ἀμερὲς τέμνεσθαι δίχα τῆς εὐθείας τεμνο-
10 μένης ἐπὶ θάτερον μέρος δίχα. κατὰ γάρ τινας εἰς ἄπειρον
διαιρεῖται τὸ πηλίκον καὶ ὡς ἀδύνατον παρ' ἐκείνοις τὸ
περιττὸν δίχα τμηθῆναι. κατά γε τὸν Γεμῖνον, ὅτι τὸ
μὲν διαιρετὸν ἐπὶ τὸ συνεχὲς κατὰ κοινὴν ἔννοιαν καὶ
τοῦτο θεώρημα εἶναι συνεχὲς τὸ ἐκ μερῶν συνημμένον
15 ἱφεστός, πάντως δὲ τὸ καὶ διαιρεῖσθαι δυνατόν. ὅτι
δὲ καὶ ἐπ' ἄπειρον διαιρεῖται, ἀποδεικνύουσιν τὸ
ἀσύμμετρον ἐν τοῖς μεγέθεσι καὶ οὐ πάντα σύμμετρα
ἀλλήλοις, τί ἄλλο δεικνύουσιν, ἢ ὅτι πᾶν μέγεθος ἀεὶ
διαιρεῖται καὶ οὐδέποτε λήξει εἴς τι ἀμερές, ὅ ἐστι
20 κοινὸν μέτρον. τοῦτο ἀποδεικτόν· ἐκεῖνο ἀξίωμα, ὅτι
πᾶν συνεχὲς διαιρετόν. τέμνων δὲ ὁ στοιχειωτὴς τὴν
εὐθεῖαν εἰς μὲν τὴν κατασκευὴν τῷ πρώτῳ καὶ τῷ
ἐνάτῳ χρώμενος, εἰς δὲ τὴν ἀπόδειξιν τῷ τετάρτῳ
μόνῳ· διὰ γὰρ τὴν γωνίαν δείκνυσιν ἴσας τὰς βάσεις.
25 49. Καὶ τὸ δέκατον πρόβλημά ἐστι πεπερασμένην
μὲν εὐθεῖαν ὑποτιθέμενον μέσον τέμνεσθαι, ἐπειδὴ

49. Vᵃ (Pᵃf).

1. ἄμφω P. 2. ὑπονοήσειας] scr. ὅπου ἂν νοήσῃς τά. 3.
πεπερασμένην] πεπερασμένης P. 14. θεώρημα] θεῶ P. Inde
a lin. 8 omnia turbata usque ad lin. 15. 15. τό] dubium.
21. τέμνων] τέμνει? 26. μέσον] μέσην?

κατ᾽ ἀμφότερα τὰ μέρη ἄπειρον εὐθεῖαν οὐδαμῶς ἔστιν
ὁρίσασθαι, ἀλλὰ καὶ τῆς κατὰ ἕτερον μέρος μόνον
ἀπείρου, ὅπουπερ ἂν ληφθῇ σημεῖον, εἰς ἄνισα ἡ τομὴ
γίνεται· μείζων γὰρ ἡ ἐπ᾽ ἄπειρον μέρος ἐξ ἀνάγκης
τῆς λοιπῆς οὔσης πεπερασμένης. λείπεται οὖν ἐπ᾽   5
ἀμφότερα τὰ μέρη πεπερασμένην εὐθεῖαν λαμβάνειν
τὴν μέλλουσαν δίχα τέμνεσθαι. τέμνων δὲ δίχα τὴν
πεπερασμένην εὐθεῖαν ὁ γεωμέτρης εἰς μὲν τὴν κατα-
σκευὴν χρῆται τῷ πρώτῳ καὶ ἐννάτῳ, εἰς δὲ τὴν ἀπό-
δειξιν τῷ δ᾽ μόνῳ· διὰ γὰρ τῶν γωνιῶν δείκνυσιν   10
ἴσας τὰς βάσεις.

50. Δείκνυται ἐκ τούτου, ὅτι ἄτομοι γραμμαὶ οὐκ
εἰσίν, εἴπερ πλευρὰν τὴν ἐκκειμένην δυνατὸν διχοτομεῖν.

Ad prop. XI.

51. Καὶ τὸ ἑνδέκατον πρόβλημά ἐστιν· ποιεῖ γὰρ   15
ἐφεξῆς ὀρθὰς γωνίας ἐν αὐτῷ ὁ γεωμέτρης εὐθεῖαν
ἐπ᾽ εὐθεῖαν στήσας. εἴτε δὲ πεπερασμένην κατ᾽ ἀμ-
φοτέρας τὰς ἄκρας τὴν εὐθεῖαν λάβωμεν εἴτε κατ᾽
ἄμφω ἄπειρον εἴτε ὡδὶ μὲν ἄπειρον, ὡδὶ δὲ πεπερα-
σμένην καὶ τὸ σημεῖον ἐπ᾽ αὐτῆς, συσταθήσεται τοῦ   20
προκειμένου προβλήματος ἡ κατασκευή. κἂν γὰρ ἐπ᾽
ἄκρας τῆς εὐθείας ᾖ τὸ δοθὲν σημεῖον, προσεκβάλ-
λοντες τὴν εὐθεῖαν τὰ αὐτὰ ποιήσομεν. δῆλον δέ,
ὅτι τὸ μὲν σημεῖον ἐνταῦθα τῇ θέσει δέδοται ἐπὶ τῆς
εὐθείας κείμενον μοναχῶς κατὰ τὴν θέσιν, ἡ δὲ εὐθεῖα   25
κατὰ τὸ εἶδος δέδοται· μέγεθος γὰρ αὐτῆς ἢ λόγος ἢ

---

50. Vᵃ (f).   51. Vᵃ (P²f); ultimam partem ab ἔοικεν p. 136
lin. 5 hab. etiam m corrupte.

---

19. ὡδί] (prius) P, ὡδί ὡδί V et f, sed prius eras.

θέσις οὐκ ἀφώρισται. δείκνυσι δὲ ὁ στοιχειωτὴς τὸ
προκείμενον χρησάμενος τῷ πρώτῳ προβλήματι καὶ
τῷ γ' καὶ ἑνὶ τῶν αἰτημάτων καὶ πρὸς τούτοις τῷ η'
θεωρήματι καὶ τῷ ὅρῳ τῆς πρὸς ὀρθὰς γωνίας εὐθείας.
5 εἰ δὲ καὶ θεωρίαν δοίημεν τῷ προβλήματι τούτῳ, ἔοικεν
ἡ μὲν ὀρθὴ γωνία σύμβολον εἶναι ζωῆς κατ' ἀρετὴν
ἀνιούσης καὶ εἰς ὕψος αἱρομένης καὶ μενούσης ἀκλίτου
πρὸς τὰ χείρονα· καὶ γὰρ ἡ ὀρθὴ γωνία ἀκλινής ἐστι καὶ
τῇ ἰσότητι καὶ τῷ ὅρῳ καὶ τῷ πέρατι συνεχομένη, ἡ
10 δὲ κάθετος εἰκών ἐστι ζωῆς ἐπὶ τὰ κάτω κατιούσης
καὶ τῆς κατὰ γένεσιν ἀοριστίας οὐκ ἀναπιμπλαμένης.

52. Ἰστέον, ὅτι, ἐὰν δοθῇ τὸ σημεῖον ἐπὶ τοῦ
πέρατος τῆς εὐθείας, ἐκβαλοῦμεν τὸ σημεῖον καὶ τὰ
ἑξῆς ποιήσομεν, μᾶλλον δὲ τῇ εὐθείᾳ προσεκβαλεῖν
15 καὶ τὰ ἑξῆς ποιῆσαι.

Ad prop. XII.

53. Ἄπειρον εὐθεῖαν εἶπεν, ἵνα μὴ πεπερασμένης
οὔσης δοθῇ τὸ σημεῖον ἐν ἄλλῳ τόπῳ καὶ ἢ ἀμβλεῖα
ἐξ ἀνάγκης γένηται ἡ γωνία, ἢ ἐπ' εὐθείας πέσῃ ἡ
20 ἀγομένη τῇ ἐξ ἀρχῆς, ἢ ἕτερόν τι συμβῇ. εἰ δ' ὑπο-
θώμεθα αὐτὴν ἄπειρον, οὐδὲν τοιοῦτον συμβήσεται.

54. Τοῦτο τὸ πρόβλημα Οἰνοπίδης ἐξήτησεν χρή-
σιμον αὐτὸ πρὸς ἀστρολογίαν οἰόμενος, ὀνομάζει δὲ
τὴν κάθετον ἀρχαϊκῶς γνώμονα, διότι καὶ ὁ γνώμων
25 πρὸς ὀρθάς ἐστι τῷ ὁρίζοντι. τῇ δὲ πρὸς ὀρθὰς ἡ

52. Vᵃ (f).   53. Vᵃm (f).   54. P.

11. ἀναπιμπλαμένους PV.   17. εὐθεῖαν] τὴν δοθεῖσαν
εὐθεῖαν m.   πεπερασμένῃ οὔσῃ m.   18. καί] μὲν m.   19.
ἐπ'] ὑπ' m.   20. ἑτέρως m.   22. ἐξήτησεν P.

κάθετός ἐστιν αὐτὴ διαφέρουσα τῇ σχέσει μόνον κατὰ
τὸ ὑποκείμενον ἀδιάφορος οὖσα, ὥσπερ φασὶ καὶ ἡ
κάθοδος. διττὴ δ᾽ αὖ κάθετος· ἡ μὲν γὰρ ἐπίπεδος,
ἡ δὲ στερεά. καὶ ὅταν μὲν ἐν τῷ αὐτῷ ἐπιπέδῳ ᾖ
τὸ σημεῖον, ἀφ᾽ οὗ ἡ κάθετος, καὶ εὐθεῖα, ἐπίπεδος 5
λέγεται κάθετος, ὅταν μετέωρον τὸ σημεῖον καὶ ἔξω
τοῦ ὑποκειμένου ἐπιπέδου, στερεά. καὶ ἡ μὲν ἐπίπεδος
πρὸς εὐθεῖαν ἄγεται, ἡ δὲ στερεὰ πρὸς ἐπίπεδον. διὸ
καὶ ἀναγκαῖον ἐκείνην οὐ πρὸς μίαν εὐθεῖαν ποιεῖν
ὀρθάς, ἀλλὰ πρὸς πάσας τὰς ἐν τῷ αὐτῷ ἐπιπέδῳ. 10
εἰς δὲ τὴν δοθεῖσαν εὐθεῖαν ἄπειρον ἐχρήσατο ἐπ᾽
ἀμφότερα τὰ μέρη σημείοις κατὰ τὸ δοθὲν σημεῖον,
καὶ διὰ τοῦ κύκλου σαφηνίσας ἀπέδειξεν ἡμῖν οὐκ ἐπὶ
τοῦ ἀπείρου, ἀλλ᾽ ἐπὶ τοῦ πεπερασμένου.

55. Ἐν τῷ ιβ᾽ προβλήματι ὀρθὴν εὐθεῖαν ἐπ᾽ 15
εὐθείας βουλόμενος στῆσαι ὁ στοιχειωτὴς κάθετον ὀνο-
μάζει τὴν ὀρθὴν ἀρχαικῶς κατὰ γνώμονα, διότι καὶ
ὁ γνώμων πρὸς ὀρθάς ἐστι τῷ ὁρίζοντι· τῆς γὰρ ὀρθῆς
ἡ κάθετος τῇ σχέσει μόνον διαφέρει κατὰ τὸ ὑποκεί-
μενον ἀδιάφορος οὖσα ὥσπερ καὶ ἡ κάθετος. διττὴ 20
δὲ ἡ κάθετός ἐστιν, ἡ μὲν ἐπίπεδος, ἡ δὲ στερεά, καὶ
ἡ μὲν ἐπίπεδος πρὸς εὐθεῖαν ἄγεται, ἡ δὲ στερεὰ πρὸς
ἐπίπεδον· διὸ καὶ ἀναγκαῖον ἐκείνην οὐ πρὸς μίαν
εὐθεῖαν ποιεῖν γωνίας ὀρθάς, ἀλλὰ πρὸς ἐπίπεδον
ἡμμένη ἡ κάθετος πρὸς πάντα τὰ ἐν τῷ αὐτῷ ἐπιπέδῳ 25
μέρη τὰς γωνίας ποιεῖ. ἐν δὲ τῷ προβλήματι τούτῳ
κάθετον ἐπίπεδον προτίθεται ἀγαγεῖν ὁ στοιχειωτής·

---

55. Vᵃ (P²f).

---

2. διάφορος P.   3. διττή] διά τι P.   9. ἀναγκαίαν P.
18. ὀρθῆς] P, mut. in πρὸς ὀρθάς V, πρὸς ὀρθάς f.

πρός τε γὰρ εὐθεῖάν ἐστιν ἡ ἀγωγή, ἣν προτίθεται
ἀγαγεῖν, καὶ ὡς ἐν ἑνὶ ἐπιπέδῳ πάντων ὑποκειμένων
ὁ λόγος πρόεισιν. ἐπὶ μὲν οὖν τοῦ ια΄ προβλήματος
ἐπὶ τῆς εὐθείας τῆς πρὸς ὀρθὰς γωνίας, ἐπειδὴ τὸ
5 σημεῖον ἐπ᾽ αὐτῆς εἴληπτο τῆς εὐθείας, οὐδὲν ἐδεήθη
τῆς ἀπειρίας, ἐνταῦθα δὲ ἐπὶ τῆς καθέτου τὴν δοθεῖσαν
ἄπειρον ὑποτίθεται, ἐπειδὴ τὸ σημεῖον, ἀφ᾽ οὗ ἡ κά-
θετος ἀχθήσεται, ἔξω που κεῖται τῆς εὐθείας. καὶ εἰ
μὴ ἦν ἄπειρος, ἐξῆν οὕτως τὸ σημεῖον λαβεῖν, ὥστε
10 ἔξω μὲν εἶναι τῆς δοθείσης εὐθείας, ἐπ᾽ εὐθείας δὲ
ταύτῃ κεῖσθαι, ὥστε ἐκβαλλομένην τὴν εὐθεῖαν ἐπ᾽
αὐτὸ πίπτειν, καὶ οὐ προεχώρει τὸ πρόβλημα. διὰ
τοῦτο ἄπειρον ἔθετο τὴν εὐθεῖαν. ἐπειδὴ δὲ εὐθείας
ἀπείρου οὔσης ἀνάγκη καὶ ἐπίπεδον ἄπειρον εἶναι, ἐφ᾽
15 οὗ ἡ εὐθεῖα ἀχθήσεται, ἐν δὲ τοῖς αἰσθητοῖς οὐδέν
ἐστι μέγεθος ἄπειρον κατ᾽ οὐδεμίαν διάστασιν, ὥσπερ
ὁ δαιμόνιος Ἀριστοτέλης καὶ οἱ ἀπ᾽ αὐτοῦ τὴν φιλο-
σοφίαν δεξάμενοι δεικνύουσιν· οὔτε γὰρ τὸ κύκλῳ
κινούμενον ἄπειρον εἶναι ἐνδέχεται οὔτε τῶν ἄλλων
20 σωμάτων τῶν ἁπλῶν οὐδέν· ἔστι γὰρ ἑκατέρου τόπος
ὡρισμένος· λείπεται οὖν ἐν τῇ φαντασίᾳ τὸ ἄπειρον
ὑφίστασθαι οὐ νοούσης αὐτό· ἅμα γὰρ τῷ νοῆσαι καὶ
μορφὴν ἐπάγει τῷ νοουμένῳ καὶ πέρας καὶ τῇ νοήσει
τὴν τοῦ φαντάσματος ἵστησι διέξοδον καὶ διέξεισιν
25 αὐτὸ καὶ περιλαμβάνει, ὁ νοῦς δέ ἐστι τὸ ἄπειρον.
μὴ νοούσης τοίνυν τῆς φαντασίας τὸ νοούμενον, ἀλλὰ
ἀορισταινούσης μᾶλλον καί, ὅσον ἀκαταμέτρητον καὶ

3. οὖν] P, om. Vf.   4. τῆς] (alt.) ὦ V, ἡ P.   7. Post
σημεῖον add. ἐπ᾽ αὐτῆς εἴληπτο Vf.   13. τοῦτο] scripsi;
τὸ Vf.   14. καί] e corr. V.   22. οὐ νοούσης] cfr. Proclus
p. 285, 6.   25. ὁ νοῦς et quae sequuntur, corrupta; cfr.
Proclus p. 285, 10 sq.

ἀπερίληπτον νοήσει, τοῦτο ἄπειρον λεγούσης· ὥσπερ
γὰρ τὸ σκότος τῷ μὴ ὁρᾶν ἡ ὄψις γινώσκει, οὕτως
ἡ φαντασία τῷ μὴ νοεῖν τὸ ἄπειρον ὁρίζει. ὃ γὰρ
ὡς ἀδιεξίτητον ἀφῆκε, τοῦτο ἄπειρον λέγει· διὸ τὴν
δοθεῖσαν ἄπειρον γραμμὴν ἐν τῇ φαντασίᾳ θέμενοι,   5
ὥσπερ καὶ τὰ ἄλλα εἴδη τῆς γεωμετρίας, τὰ τρίγωνα,
τοὺς κύκλους, τὰς γωνίας, τὰς γραμμάς, οὐ θαυμασό-
μεθα, πῶς κατ᾽ ἐνέργειαν ἐστιν ἄπειρος γραμμή.

56. Θεωρία δὲ τοῦ προβλήματος τούτου· ἔστω ὁ
μὲν κύκλος ἡ θεία οὐσία διὰ τῆς καθέτου ἀπὸ τοῦ ... 10
ἤγουν τῆς οἰκείας ἀρχῆς καὶ δυνάμεως ἀρρεπῆ πρόοδον
παρέχουσα τῇ ἡμετέρᾳ ζωῇ· ὥσπερ γὰρ ἡ ἄπειρος
γραμμή, οὕτως καὶ ἡ καθ᾽ ἡμᾶς ζωὴ καθ᾽ ἑαυτὴν μὲν
οὖσα ἅτε κίνησις ὑπάρχουσα ἀόριστός ἐστιν, ὁρίζεται
δὲ ὑπὸ τῆς ἀύλου καὶ θείας οὐσίας κυκλικῶς τὰ πάντα   15
περιεχούσης ἐκεῖθέν τε πληροῦται νοῦ καὶ δυνάμεως.

Ad prop. XIII.

57. Τὸ ιγ´ θεώρημά ἐστιν· οὐ γὰρ κατασκευάζει,
πῶς δεῖ ποιεῖν ὀρθὰς γωνίας ἢ ἀμβλείας ἢ ὀξείας,
ὅπερ ἴδιον προβλήματος, ἀλλὰ λαβὼν ἐν τούτῳ ὁ γεω- 20
μέτρης δύο γωνίας ὀξεῖαν καὶ ἀμβλεῖαν δείκνυσιν
αὐτὰς δύο ὀρθαῖς ἴσας· ἑπόμενος γὰρ τοῖς διὰ τῶν
προβλημάτων δεδειγμένοις μεταβέβηκεν ἐπὶ τὰ θεωρή-
ματα. ἐπεὶ γὰρ ἦκται κάθετος ἐπὶ εὐθεῖαν καὶ πρὸς
ὀρθάς, ἑπόμενον ἦν ζητῆσαι, εἰ μὴ κάθετος εἴη, τίνας 25
ποιήσει γωνίας καὶ πῶς ἐχούσας πρὸς τῇ εὐθείᾳ ἡ

56. Vᵃm (P²f).   57. Vᵃ (P²fq).

8. γραμμή] P, γραμμῆς Vf.   10. διά] m, διὰ δέ Vf.   Post
τοῦ lacunam hab. V in fine lineae.   11. ἤγουν] om. m.   καί]
ἢ m.   ἀρεπῆ m.   13. οὕτω m.   16. τε] δέ m.

ἐπ' αὐτῆς σταθεῖσα. δείκνυσιν οὖν τοῦτο καθόλου,
ὅτι πᾶσα εὐθεῖα ἐπ' εὐθείας σταθεῖσα καὶ ποιοῦσα
γωνίας, ἐὰν ἀπαρέγκλιτος αὐτῆς ἡ στάσις ᾖ καὶ ἀρρεπὴς
ἐφ' ἑκάτερα, δύο ὀρθὰς ποιεῖ, εἰ δὲ τῇ μὲν ἐπικλίνοιτο,
5 τῇ δὲ πλέον ἀφεστήκοι τῆς ὑποκειμένης εὐθείας, δύο
ὀρθαῖς ἴσας. ὅσον γὰρ ἀφαιρεῖ τῆς μιᾶς ὀρθῆς κατὰ
τὴν ἐπὶ θάτερα κλίσιν, τοσοῦτον προστίθησι τῇ λοιπῇ
κατὰ τὴν ἀπόστασιν.

οὐκ εἶπε δὲ ἁπλῶς δύο ὀρθὰς ποιεῖ ἢ δύο ὀρθαῖς
10 ἴσας, ἀλλ' ἐὰν γωνίας ποιῇ· ἡ γὰρ ἐπ' ἄκρας σταθεῖσα
τῆς εὐθείας μίαν ποιεῖ γωνίαν, καὶ ἀδύνατον ταύτην
δύο ὀρθαῖς ἴσην εἶναι· πᾶσα γὰρ εὐθύγραμμος γωνία
δύο ὀρθῶν ἐλάσσων ἐστί, ὥσπερ πᾶσα στερεὰ τεττάρων
ἐστὶν ἐλάσσων. ἐὰν τὴν ἀμβλυτάτην γὰρ δοκοῦσαν εἶναι
15 λάβῃς, αὐξήσεις καὶ ταύτην ὡς οὔπω τὸ μέτρον ἀπο-
λαβοῦσαν τῶν δύο ὀρθῶν. δεῖ τοίνυν οὕτως ἐφεστάναι
τὴν εὐθεῖαν, ὥστε γωνίας ποιεῖν.

ἰστέον, ὅτι ἑκατέρα ἥ τε ἀμβλεῖα καὶ ἡ ὀξεῖα ἰδίᾳ
καὶ χωρὶς ἀφίστανται τῆς πρὸς τὴν ὀρθὴν ὁμοιότητος,
20 ἀμφότεραι δὲ κατὰ μίαν ἕνωσιν γινόμεναι ἐπανάγονται
πρὸς τὸν ὅρον τὸν ἐκείνης. ἐπειδὴ δὲ πρὸς τὴν ἁπλό-
τητα τῆς ὀρθῆς ἀδυνατοῦσιν ἐξισοῦσθαι, διπλασια-
ζομένης αὐτῆς τὴν ἰσότητα δέχονται. φέρει δὲ εἰκόνα
προθεωρίαν τὸ θεώρημα τοῦτο τῶν πρωτουργῶν αἰτίων
25 καθ' ἕνα ὅρον ἑστώτων ἀεὶ καὶ ὡσαύτως περὶ τὴν
ἀπειρίαν τῆς γενέσεως καὶ προόδου.

58. Πάλιν ἐπὶ τὰ θεωρήματα μετέβη ἑπόμενος
τοῖς διὰ τῶν προβλημάτων δεδειγμένοις. ἐπεὶ γὰρ

58. P.

17. ὥστε] Pq, ὡς ἔστι (comp.) Vf. 26. γενέσεως αὐτῶν
καί q.

ἦκται κάθετος ἐπ' εὐθεῖαν καὶ πρὸς ὀρθάς, ἑπόμενον
ἦν ζητῆσαι, εἴ ἐστι κάθετος. εὐθεῖα δὲ ἐπ' εὐθεῖαν
σταθεῖσα γωνίας ποιεῖ ἐπήγαγεν, ἵνα μὴ εἴη ἐπ' ἄκρας
εὐθείας σταθεῖσα, καὶ γίνεται μία γωνία, καὶ ἀδύνατον
τὴν μίαν γωνίαν εἶναι δύο ὀρθαῖς ἴσην· πᾶσα γὰρ 5
εὐθύγραμμος γωνία δύο ὀρθῶν ἐλάσσων ἐστίν, ὥσπερ
πᾶσα στερεὰ τεττάρων ὀρθῶν ἐλάσσων.

Ad prop. XIV.

59. Τὸ ιδ' θεώρημα τοῦ ιγ' ἐστὶν ἀντίστροφον·
ἕπεται γὰρ ἀεὶ τὰ ἀντίστροφα τοῖς προηγουμένοις 10
θεωρήμασιν. ἐκείνου γὰρ συστήσαντος εὐθεῖαν ἐπ'
εὐθείας καὶ δείξαντος, ὅτι τὰς ἐφεξῆς ἢ δύο ὀρθὰς
ποιεῖ ἢ δύο ὀρθαῖς ἴσας, τοῦτο λαμβάνει μὲν πρὸς
εὐθείᾳ τινὶ δύο γινομένας ὀρθάς, δείκνυσι δέ, ὅτι μία
ἐστὶν εὐθεῖα ἡ ταῦτα ποιοῦσα πρὸς τῇ εἰρημένῃ εὐθείᾳ. 15
τὸ τοίνυν ἐν ἐκείνῳ δεδομένον ἐν τούτῳ ζητεῖται, καὶ
δείκνυται διὰ τῆς εἰς ἀδύνατον ἀπαγωγῆς· διὰ ταύτης
γὰρ φιλεῖ δείκνυσθαι τὰ ἀντίστροφα τῶν θεωρημάτων
καὶ οὕτω φέρεσθαι. ἐν δέ γε τοῖς προβλήμασι καὶ
προηγουμένας δέχεται κατασκευάς. ἄξιον δὲ θαυμάσαι 20
τὴν ἐπιστημονικὴν ἀκρίβειαν· εἰπὼν γὰρ ἐὰν πρός τινι
εὐθείᾳ προσέθηκε τὸ καὶ τῷ πρὸς αὐτῇ σημείῳ, ἵνα
ἐφ' ἑνὸς σημείου ὦσιν αἱ εὐθεῖαι. εἰ γὰρ ἐκ τῶν δύο
περάτων τῆς δεδομένης εὐθείας ἀχθῶσιν, οὐκ ἐπ'
εὐθείας ἔσονται ἀλλήλαις. εἶτα προσέθηκε τὸ ἐφεξῆς, 25
ὧν μηδέν ἐστιν ὅμοιον μεταξύ· καὶ κίονας λέγομεν
ἐφεξῆς ἐκείνας, ὧν μή ἐστιν ἄλλη κίων μέσον, καίτοι

---

59. Vᵃ (P²fq).

---

14. εὐθείᾳ] εὐθεῖαν Vfq.   28. αἱ] q, om. Vf.

γε ἀήρ ἐστι πάντως μέσος, ἀλλ᾽ οὐδὲν ὁμογενὲς μεταξύ.
εἶτα προστίθησι τὸ μὴ ἐπὶ τὰ αὐτὰ μέρη, ἀποφατικῶς
διδοὺς ἡμῖν ἐννοεῖν, ὅτι ἐφ᾽ ἑκάτερα ληπτέον τὰς
ἐφεξῆς τῇ θέσει· αὗται γὰρ δυνήσονται καὶ τὰς ἐφεξῆς
5 γωνίας δύο ὀρθαῖς ἴσας ποιεῖν καὶ ἐπ᾽ εὐθείας ἀλ-
λήλαις δείκνυσθαι. εἰ γὰρ ἐπὶ τὰ αὐτὰ μέρη κείσονται,
τὸ ἐπ᾽ εὐθείας οὐκ ἔχουσιν, εἰ καὶ δύο ποιοῦσιν ὀρθαῖς
ἴσας. τοσαῦτα περὶ τῆς προτάσεως· ἐν δὲ τῇ κατα-
σκευῇ χρῆται ἑνὶ αἰτήματι τῷ δευτέρῳ τῷ πᾶσαν
10 εὐθεῖαν πεπερασμένην ἐπ᾽ εὐθείας ἐκβάλλειν αἰτουμένῳ,
καθάπερ ἐν τῇ ἀποδείξει τοῦ πρὸ τούτου θεωρήματος,
καὶ δυσὶν ἀξιώμασι τῷ β᾽ ἐὰν ἴσοις ἴσα προστεθῇ,
τὰ ὅλα ἐστὶν ἴσα, καὶ τῷ γ᾽ ἐὰν ἀπὸ ἴσων ἴσα ἀφαιρεθῇ,
τὰ λοιπά ἐστιν ἴσα, πρὸς δὲ τὴν τοῦ ἀδυνάτου συν-
15 αγωγὴν τῷ θ᾽, ὅτι τὸ ὅλον τοῦ μέρους μεῖζόν ἐστιν·
ἦν δὲ καὶ ἴσον· ὅπερ ἀδύνατον. δεῖ τοίνυν ἐφ᾽ ἑκάτερα
τῆς εὐθείας κεῖσθαι μέρη τὰς ποιούσας πρὸς αὐτὴν
εὐθείας δυσὶν ὀρθαῖς ἴσας γωνίας ἀφ᾽ ἑνὸς ὡρμημένας
σημείου δηλονότι, φερομένας δὲ τὴν μὲν ἐπὶ τάδε, τὴν
20 δὲ ἐπ᾽ ἐκεῖνα τῆς εὐθείας τὰ μέρη.

60. Τοῦτο τὸ θεώρημα τοῦ πρὸ αὐτοῦ ἀπο-
δειχθέντος ἐστὶν ἀντιστρόφιον· ἕπεται γὰρ ἀεὶ τὰ
ἀντιστρόφια τοῖς προηγουμένοις θεωρήμασιν. ἐκείνου
τοίνυν συστήσαντος εὐθεῖαν ἐπ᾽ εὐθείας καὶ δείξαντος,
25 ὅτι τὰς ἐφεξῆς ἢ δύο ὀρθὰς ποιεῖ ἢ δύο ὀρθαῖς ἴσας,
τοῦτο λαμβάνει πρὸς εὐθεῖάν τινα δύο γιγνομένας,
δείκνυσι δέ, ὅτι μία ἐστὶν εὐθεῖα ἡ ταῦτα ποιοῦσα
πρὸς τῇ εἰρημένῃ εὐθείᾳ. τὸ τοίνυν ἐν ἐκείνῳ δεδο-

---

60. P.

5. ὀρθαῖς] q, ὀρθάς Vf.

μένον ἐν τούτῳ ζητοῦμεν, καὶ δείκνυται διὰ τῆς εἰς
ἀδύνατον ἀπαγωγῆς. οὕτω γὰρ φιλεῖ τὰ ἀντίστροφα
δείκνυσθαι τῶν θεωρημάτων. τοσαῦτα περὶ τῆς προ-
τάσεως. χρῆται δὲ ἐν τῇ κατασκευῇ ἑνὶ αἰτήματι τῷ
δευτέρῳ τῷ πᾶσαν εὐθεῖαν πεπερασμένην ἐπ᾽ εὐθεῖαν   5
ἐκβαλεῖν αἰτουμένῳ, καθάπερ ἐν τῇ ἀποδείξει τῷ πρὸ
τούτου θεωρήματι, καὶ δυσὶν ἀξιώμασι τῷ τε τὰ τῷ
αὐτῷ ἴσα ἀλλήλοις ἴσα καὶ τῷ ἐὰν ἀπὸ ἴσων ἴσα
ἀφαιρεθῇ, τὰ λοιπα εἶναι ἴσα, πρὸς δὲ τὴν τοῦ ἀδυνάτου
συναγωγήν, ὅτι τὸ ὅλον τοῦ μέρους μεῖζόν ἐστιν· ἤν   10
δὲ καὶ ἴσον μιᾶς τῆς κοινῆς γωνίας κινήσεως γωνίας
ἀφῃρημένης· ὅπερ ἐστὶν ἀδύνατον.

Ad prop. XV.

61. Ἰστέον, ὅτι τὸ ιε΄ θεώρημα δείκνυσιν, ὅτι δύο
εὐθειῶν ἀλλήλας τεμνουσῶν αἱ κατὰ κορυφὴν γωνίαι   15
ἴσαι εἰσί, διαφέρουσι δὲ αἱ κατὰ κορυφὴν γωνίαι τῶν
ἐφεξῆς γωνιῶν, ὅτι τῶν μὲν ἐφεξῆς ἡ γένεσις περὶ
μίαν εὐθεῖαν ἐγίνετο διαιρουμένην ὑφ᾽ ἑτέρας μόνον,
τῶν δὲ κατὰ κορυφὴν κατὰ τὴν τομὴν γίνεται τῶν δύο
εὐθειῶν. ἐὰν μὲν γὰρ ᾖ εὐθεῖα ἄτμητος, τέμνῃ δὲ   20
τῷ ἑαυτῆς πέρατι ἑτέραν εὐθεῖαν, κατὰ δὲ τὴν τομὴν
ἐκείνην δύο ποιῇ γωνίας, ταύτας καλοῦμεν ἐφεξῆς,
ἐὰν δὲ ὑπ᾽ ἀλλήλων τμηθῶσι δύο εὐθεῖαι, αἱ κατὰ
τὰς τομὰς ἀποτελούμεναι γωνίαι κατὰ κορυφὴν λέ-
γονται, καλοῦνται δὲ οὕτως, ὅτι τὰς κορυφὰς εἰς τὸ   25

---

61. V* (fq); hinc de P² nihil fere adnotaui, sed eadem
fere scholia habet.

---

6. τῷ] τῶν comp. P.   7. τε τὰ τῷ] τετάρτῳ P.   8. Utrum
uerba ἴσα ἀλλήλοις ἴσα καί in P legantur necne, dubito.   20.
ἐάν] bis V.

αὐτὸ συμβαλλούσας ἔχουσι σημεῖον. κορυφαὶ γὰρ
αὐτῶν τὸ σημεῖον, καθ᾽ ὃ συναγόμεναι ἐν ἐπιπέδῳ
τὰς γωνίας ποιοῦσιν.

οὐκ ἔχει πάντα τὰ κεφάλαια τὸ θεώρημα τοῦτο·
5 ἡ μὲν γὰρ κατασκευὴ λείπει, ἡ δὲ ἀπόδειξις ἤρτηται
τοῦ ιγ΄ θεωρήματος, χρῆται δὲ ἀξιώμασι δυσὶ τῷ δ΄
τὰ τῷ αὐτῷ ἴσα καὶ τῷ γ΄ ἐὰν δὲ ἀπὸ ἴσων ἴσα
ἀφαιρεθῇ. τὸ δὲ ἐπὶ τέλει τοῦ θεωρήματος ἐκ δὴ τούτου
φανερὸν πόρισμά ἐστιν. τὸ δὲ πόρισμα ἕν τι τῶν
10 γεωμετρικῶν ὀνομάτων ἐστίν, σημαίνει δὲ διάφορα·
καλοῦσι γὰρ πορίσματα, καὶ ὅσα θεωρήματα συγκατα-
σκευάζονται πρὸς ἄλλων ἀπόδειξιν, οἷον ἕρμαια καὶ
κέρδη τῶν ζητούντων ὑπάρχοντα, καὶ ὅσα ζητεῖται μέν,
εὑρέσεως δὲ χρῄζει καὶ οὔτε γενέσεως μόνης οὔτε
15 θεωρίας ἁπλῆς. ἐπὶ μὲν γὰρ τῶν θεωρημάτων ὑπ-
αρχόντων ἤδη τῶν πραγμάτων θεωρῆσαι μόνον δεῖ,
ἐπὶ δὲ τῶν προβλημάτων ποίησιν ἀπαιτεῖ τὸ προκείμενον
ἢ τὴν γωνίαν δίχα τεμεῖν ἢ τρίγωνον συστήσασθαι ἢ
ἀφελεῖν ἢ θέσθαι, τοῦ δὲ δοθέντος κύκλου τὸ κέντρον
20 εὑρεῖν ἢ δύο δοθέντων συμμέτρων μεγεθῶν τὸ μέ-
γιστον καὶ κοινὸν μέτρον εὑρεῖν καὶ ὅσα τοιαῦτα
μεταξύ πώς ἐστι προβλημάτων καὶ θεωρημάτων· οὔτε
γὰρ γενέσεις εἰσὶν ἐν τούτοις τῶν ζητουμένων, ἀλλ᾽
εὑρέσεις, οὔτε θεωρία ψιλή. ἀλλὰ περὶ μὲν τῶν τοι-
25 ούτων πορισμάτων ἴδια συνέγραψεν ὁ Εὐκλείδης βιβλία.
τὰ δὲ ἐν τῇ στοιχειώσει πορίσματα συναναφαίνονται
μὲν ταῖς ἄλλων ἀποδείξεσιν, αὐτὰ δὲ προηγουμένης

---

7. τῷ] (alt.) q, το V et f, sed corr.   12. πρός] ταῖς et ἀπο-
δείξεσιν Proclus p. 301, 23—24.   23. ἀλλ᾽ — 24. ψιλή] om.
Vfq; cfr. Proclus p. 302, 9—10.   26. συναναφαίνεται q et
Proclus p. 302, 15.

οὐ τυγχάνει ζητήσεως, οἷον δὴ καὶ τὸ νῦν προκείμενον·
ἐζητεῖτο μὲν γάρ, εἰ δύο εὐθειῶν τεμνουσῶν ἀλλήλας
αἱ κατὰ κορυφὴν γωνίαι ἴσαι εἰσί· τούτου δὲ δεικνυ-
μένου συναποδείκνυται τὸ καὶ τὰς τέσσαρας γωνίας
εἶναι τέτρασιν ὀρθαῖς ἴσας. ἔστιν οὖν τὸ πόρισμα 5
θεώρημα διὰ τῆς ἄλλου προβλήματος ἢ θεωρήματος
ἀποδείξεως ἀπραγματεύτως ἀναφαινόμενον. οἷον γὰρ
κατὰ τύχην περιπίπτειν ἐοίκαμεν τοῖς πορίσμασιν· οὐ
γὰρ προθεμένοις οὐδὲ ζητήσασιν ἀπαντᾷ, ἀλλ᾽ ὁ ἐν
ἡμῖν πόρος αὐτὰ ἀπογεννᾷ, καὶ ἡ γόνιμος δύναμις τῆς 10
ἐπιστήμης προσβάλλει ταῖς προηγουμέναις ζητήσεσιν
εὐπορίας ἀφθόνους θεωρημάτων ἀναφαίνουσα, ἃ καὶ
ἀληθῆ τοῦ θεοῦ δῶρα, καὶ οὐχ οἷα τὰ χαμερπῆ καὶ
περὶ ἃ οἱ πολλοὶ ἐπτόηνται κέρδη, ὅθεν αὐτὰ καὶ τοῖς
ἑρμαίοις εἰκάσαμεν. διαιροῦνται δὲ τὰ πορίσματα κατὰ 15
τὰς ἐπιστήμας· τὰ μὲν γὰρ αὐτῶν εἰσι γεωργικά, τὰ
δὲ ἀριθμητικά, τὰ δὲ γεωμετρικά. τὸ μὲν γὰρ προ-
κείμενον γεωμετρικόν ἐστιν, τὸ δὲ ἐπὶ τέλει τοῦ β΄
θεωρήματος τοῦ ζ΄ βιβλίου τῶν ἀριθμητικῶν ἐστιν.
ἕπονται δὲ τὰ πορίσματα καὶ θεωρήμασιν, ὥσπερ τοῦτο, 20
καὶ προβλήμασιν, ὥσπερ τὸ ἐν τῷ β΄ βιβλίῳ κείμενον·
ἔτι συγκατασκευάζονται ταῖς κατ᾽ εὐθεῖαν δεικτικαῖς
ἐφόδοις, ὥσπερ τὸ νῦν προκείμενον τῇ ἐπ᾽ εὐθείας
δείξει ἐστί, τὰ δὲ ταῖς εἰς ἀδύνατον ἀπαγωγαῖς, ὥσπερ
τὸ ἐν τῷ τρίτῳ τοῦ γ΄ βιβλίου συναποδεδειγμένον τῇ 25
εἰς ἀδύνατον ἀπαγωγῇ συνανεφάνη. τὸ δὲ νῦν προ-
κείμενον πόρισμα διδάσκει ἡμᾶς, ὅτι περὶ ἓν σημεῖον
τόπος εἰς τέτρασιν ὀρθαῖς ἴσας γωνίας διανέμεται.

1. δή] q, μή Vf.   In schol. 61 saepius in V lacunae
sunt, quas e q suppleui.   25. τρίτῳ] τρῖ V, τρόπῳ q, πρώτῳ
Proclus p. 304, 6.

Euclides, edd. Heiberg et Menge. V.   10

62. Τὰς ἐφεξῆς γωνίας τῶν κατὰ κορυφὴν δια-
φέρειν φαμέν· τῶν μὲν γὰρ ἡ γένεσις κατὰ τὴν τομὴν
γίνεται τῶν δύο εὐθειῶν, τῶν δὲ τῆς ἑτέρας μόνον
περὶ τὴν ἑτέραν διαιρουμένης. ἐὰν γὰρ ᾖ εὐθεῖα αὐτὴ
5 μὲν ἄτμητος, τέμνουσα δὲ τῷ ἑαυτῆς πέρατι ἐκείνην,
δύο ποιεῖ γωνίας, ἃς καλοῦμεν ἐφεξῆς, ἐὰν δὲ ὑπ'
ἀλλήλων τμηθῶσι δύο εὐθεῖαι, κατὰ κορυφὴν ἀπο-
τελοῦνται γωνίαι· καλοῦνται δὲ οὕτως, ὅτι τὰς κορυφὰς
εἰς ταὐτὸ συμβαλούσας ἔχουσι σημεῖον· κορυφαὶ δὲ
10 αὐτῶν τὰ σημεῖα, πρὸς ἃ συναγόμενα τὰ ἐπίπεδα τὰς
γωνίας ποιεῖ. τοῦτο τὸ θεώρημα δείκνυσιν, ὅτι δύο
εὐθειῶν ἀλλήλας τεμνουσῶν αἱ κατὰ κορυφὴν γωνίαι
ἴσαι εἰσίν, ηὑρημένον μέν, ὥς φησιν Εὔδημος, ὑπὸ
Θαλοῦ πρώτου, τῆς δὲ ἐπιστημονικῆς ἀποδείξεως.
15 ἀντιστρέφει δὲ τῷ ιε' θεωρήματι ἄλλο τοιοῦτον· ἐὰν
πρός τινι εὐθείᾳ μὴ ἐπὶ τὰ αὐτὰ μέρη ληφθεῖσαι
ποιῶσι τὰς κατὰ κορυφὴν γωνίας ἴσας, ἐπ' εὐθείας
ἔσονται ἀλλήλαις αἱ εὐθεῖαι.

Ἕν τι τῶν γεωμετρικῶν ἐστιν ὀνομάτων τὸ πό-
20 ρισμα. καλοῦσι δὲ πορίσματα καὶ ὅσα συγκατασκευάζεται
θεωρήματα ταῖς ἄλλων ἀποδείξεσιν, οἷον ἕρμαια καὶ
κέρδη τῶν ζητούντων ὑπάρχοντα, καὶ ὅσα ζητεῖται ἐπὶ
εὑρέσεως καὶ οὔτε ἐπὶ γενέσεως μόνης οὔτε ἐπὶ θεωρίας
ἁπλῆς. γέγραφεν ὁ στοιχειωτὴς περὶ πορισμάτων βι-
25 βλία, ἀλλ' ἐκεῖνα παρείσθω λέγειν, τὰ δὲ νῦν πορίσματα
συναναφαίνεται μὲν ταῖς ἄλλων ἀποδείξεσιν, αὐτὰ δὲ
προηγουμένης οὐ τυγχάνει ζητήσεως, οἷον καὶ τὸ νῦν

62. P.

4. διαιρουμένην P.   16. εὐθείᾳ] scr. εὐθείᾳ εὐθεῖαι.
ληφθείσῃ P.   18. ἀλλήλαις] ἄλληλα ἴσα P.   24. πορισμάτων]
πρισμάτων P.   26. συναναφένεται P.

προκείμενον. ἐζητεῖτο μὲν γάρ, εἰ δύο εὐθειῶν τε-
μνουσῶν ἀλλήλας αἱ κατὰ κορυφὴν γωνίαι ἴσαι εἰσί,
τούτῳ δὲ δεικνυμένῳ συναποδέδεικται τὸ καὶ τὰς τέτ-
ταρας γωνίας εἶναι τέτρασιν ὀρθαῖς ἴσας. ἔστιν οὖν
τὸ πόρισμα θεώρημα διὰ ἄλλου προβλήματος ἢ θεω- 5
ρήματος ἀποδείξεως ἀπραγματεύτως ἀναφαινόμενον.
τῶν δὲ πορισμάτων τὰ μέν ἐστι γεωμετρικά, τὰ δὲ
ἀριθμητικά. τὸ μὲν γὰρ προκείμενον θεώρημα γεω-
μετρικόν ἐστι, τὸ δὲ ἐπὶ τέλει τοῦ δευτέρου θεω-
ρήματος τοῦ ζ' βιβλίου τῶν ἀριθμητικῶν. ἔπειτα δὲ 10
κατὰ τὰ προηγούμενα ζητήματα· τὰ μὲν γὰρ προβλή-
μασιν ἕπεται, τὰ δὲ θεωρήμασι. τοῦτο δὲ θεωρήματός
ἐστι, τὸ δὲ ἐν τῷ δευτέρῳ βιβλίῳ κείμενον προβλή-
ματος. τρίτον δ' αὖ τὰς δείξεις· τὰ μὲν γὰρ ταῖς
δεικτικαῖς ἐφόδοις, τὰ δὲ ταῖς εἰς ἀδύνατον ἀπαγωγαῖς 15
συγκατασκευάζεται, τὸ μὲν προκείμενον τῇ ἐπ' εὐθεία
δείξει, τὸ δὲ τῷ πρώτῳ τοῦ τρίτου βιβλίου συναπο-
δεδειγμένον τῇ εἰς ἀδύνατον ἀπαγωγῇ συνανεφάνη.
πολλαχῶς δὲ καὶ ἄλλως τὰ πορίσματα διαιρεῖν δυνατόν·
ἀλλ' ἡμῖν γε ἀρκέσει καὶ ταῦτα πρὸς τὸ παρόν. ἐν 20
τούτῳ δὲ τῷ πορίσματι κἂν πληθυνθῶσιν ἐν τῷ ἑνὶ
σημείῳ αἱ εὐθεῖαι τῶν δυεῖν καὶ δι' ἑνὸς σημείου
τέμνωσιν ἀλλήλας ἢ τρεῖς ἢ τέτταρες ἢ ὁποσαιοῦν, αἱ
γενόμεναι γωνίαι πᾶσαι τέτρασιν ὀρθαῖς ἴσαι δεί-
κνυνται. μερίζεται γὰρ τὸ τῶν τεσσάρων γωνιῶν εἰς 25
τὰ εἴδη τῶν σχημάτων, καὶ δύο μὲν εὐθειῶν τεμνουσῶν
ἀλλήλας ἔσονται αἱ γωνίαι τέτρασιν, τουτέστι τετρα-
γώνου, τριῶν δὲ εὐθειῶν τεμνουσῶν ἔσονται αἱ γωνίαι

---

11. κατά] καὶ τά P.   21. δέ] δὲ τῷ δέ P.   22. τῶν
δυεῖν καί] scripsi; τὰ ἐν δυεῖν? P.   27. τέτρασιν] scr. δ̄.

ἕξ, τεσσάρων δὲ ὀκτώ, καὶ ἐπ' ἄπειρον ὁμοίως. ἀεὶ
γὰρ διπλασιάζεται τὸ πλῆθος τῶν εὐθειῶν, αἱ δὲ
γωνίαι κατὰ μὲν τὸ πλῆθος αὔξονται, κατὰ δὲ τὸ μέ-
γεθος ἐλασσοῦνται, διότι τὸ διαιρούμενον ἀεὶ ταὐτόν
5 ἐστιν αἱ δ̄ ὀρθαί. καί ἐστι τὸ θεώρημα τοῦτο Πυθα-
γόρειον.

63. Πόρισμά ἐστι τὸ ἐκ τῶν ἀποδεδειγμένων ἕτερον
μὴ ζητηθὲν συναναφανὲν θεώρημα.

64. Τί ἐστι πόρισμα; πόρισμά ἐστι κατὰ συμβεβηκὸς
10 ἑτέρου δεικνυμένου, ὅτε καὶ ἕτερόν τι συναποδείκνυται.
τί ἐστιν ἔνστασις; ἔνστασίς ἐστι ζήτησις ἐν τῷ δει-
κνυμένῳ, ἧς ἄνευ προβῆναι οὐχ οἷόν τε μὴ λυθείσης
τῆς ἀντιλογίας.

Ad prop. XVI.

15 65. Τὸ ις' θεώρημα προτείνεται ἡμῖν, ὅτι παντὸς
τριγώνου ἐὰν μίαν τινὰ τῶν πλευρῶν προσεκβάλλῃς,
τὴν ἐκτὸς αὐτοῦ συνισταμένην γωνίαν εὑρήσεις μείζονα
τῶν ἐντὸς καὶ ἀπεναντίον ἑκατέρας. ἀναγκαίως δὲ
πρὸς τὰς ἀπεναντίον αὐτὴν συνέκρινε καὶ οὐ πρὸς τὴν
20 ἐφεξῆς, ἥτις ἐστὶν ἡ πλησίον αὐτῆς ἐντὸς κειμένη·
αὕτη μὲν γὰρ καὶ ἴση δύναται εἶναι καὶ ἐλάττων τῆς
ἐκτός. ἡ δὲ ἐκτὸς ἑκατέρας μείζων ἐκ παντὸς τῶν
ἀπεναντίον αὐτῇ κειμένων. ἐὰν γὰρ ὀρθογώνιον ᾖ
τὸ τρίγωνον, καὶ προσεκβάλωμεν μίαν τῶν περὶ τὴν
25 ὀρθήν, ἡ ἐκτὸς ἴση ἔσται τῇ ἐφεξῆς, ἐὰν δὲ ἀμβλυ-
γώνιον ᾖ, ἔσται δυνατὸν τὴν ἐντὸς μείζονα τῆς ἐκτός.

---

63. V*f.   64. B.   65. Vᵃ (fq).

---

1. Post ἕξ et ὀκτώ ras. P.   16. προσεκβαˡˡ V, προσεκ-
βάλοις Proclus p. 806, 10 (sed εἰ hab. pro ἐάν).

καλῶς οὖν εἶπε πρὸς τὰς ἀπεναντίον· τῶν γὰρ ἐντὸς
τοῦ τριγώνου μία μέν ἐστιν ἡ ἐφεξῆς τῆς ἐκτός, δύο
δὲ αἱ ἀπεναντίον. τούτων οὖν ἑκατέρας ἀνάγκη μείζονα
εἶναι τὴν ἐκτός, ἀλλ' οὐ τῆς ἐφεξῆς αὐτῇ κειμένης.

τινὲς δὲ συνάπτοντες τοῦτο τὸ θεώρημα καὶ τὸ 5
ἑξῆς μετὰ τοῦτο ἀποδεικνύμενον οὕτω προφέρονται
τὴν πρότασιν· παντὸς τριγώνου πλευρᾶς μιᾶς προσ-
εκβληθείσης ἡ ἐκτὸς τοῦ τριγώνου γωνία ἑκατέρας τῶν
ἐντὸς καὶ ἀπεναντίον μείζων ἐστίν, καὶ δύο ὁποιαιοῦν
τῶν ἐντὸς γωνιῶν δύο ὀρθῶν ἐλάσσονές εἰσιν. ἔχουσι 10
δὲ ἀφορμὴν τῆς συμπλοκῆς τῶν θεωρημάτων, ἐπειδὴ
καὶ αὐτὸς ὁ γεωμέτρης ἑξῆς ἐπὶ τῶν ἴσων οὕτως ἐποίησε·
παντὸς τριγώνου ἡ ἐκτὸς γωνία δύο ταῖς ἐντὸς καὶ
ἀπεναντίον ἴση, καὶ αἱ τρεῖς τοῦ τριγώνου γωνίαι δύο
ὀρθαῖς ἴσαι. ἔχομεν οὖν ἐκ τούτων μέθοδον συλλο- 15
γίζεσθαι, πῶς αἱ γενέσεις τῶν πραγμάτων ἐπ' ὄψιν
ἡμῖν τὰς ἀληθινὰς ἄγουσι τῶν ζητουμένων αἰτίας.

66. Τῆς ἐντὸς καὶ ἀπεναντίον εἶπεν πρὸς ἀντι-
διαστολὴν τῆς ἐντὸς καὶ ἐφεξῆς κειμένης, ἧς οὐ πάντως
μείζων ἐστὶν ἡ ἐκτός· ποτὲ γὰρ καὶ ἐλάττων, ποτὲ δὲ 20
καὶ ἴση, ποτὲ δὲ καὶ μείζων.

67. Φησὶν ἡ πρότασις, ὅτι παντὸς τριγώνου εἰ
μίαν τινὰ τῶν πλευρῶν προσεκβάλοις, τὴν ἐκτὸς αὐτοῦ
συνισταμένην γωνίαν εὑρήσεις μείζονα τῶν ἐντὸς καὶ
ἀπεναντίον ἑκατέρας· ἀμφοτέραις μὲν γὰρ ἴση δειχθή- 25
σεται μικρὸν ὕστερον, ἑκατέρας δὲ μείζων ἐκ τούτου
δείκνυται. καὶ ἀναγκαίως πρὸς τὰς ἀπεναντίον αὐτὴν

---

66. B.   67. P.

6. ἀποδεικνύειν V.   9. ἀπεναντίας seq. ras. V, ἀπεναν-
τίους q.   14. γωνίαι] q, αἰτία V.   16. Ante πῶς lac. 4
litt. V.   17. αἰτίας] q, εὐθείας V.   27. αὐτήν] αὐτῆς? P.

συνέκρινεν, ἀλλ' οὐ πρὸς τὴν ἐφεξῆς· αὕτη μὲν γὰρ
καὶ ἴση δύναται εἶναι καὶ ἐλάσσων καὶ μείζων, ἐκείνων
δὲ ἑκατέρας αὐτὴ μείζων. ἐὰν οὖν ὀρθογώνιον ᾖ τὸ
τρίγωνον, καὶ ἐκβληθῇ πρὸς τὴν ὀρθήν, ἡ ἐκτὸς τῇ
5 ἐντὸς ἔσται ἴση, εἰ δὲ ἀμβλυγώνιον, καὶ προσεκβληθῇ
πρὸς τὴν ἀμβλεῖαν, ἔσται μείζων ἡ ἐντὸς τῆς ἐκτός.
ἀλλὰ πρὸς τὰς ἀπεναντίον τοῦτο γίνεται τὸ εἶναι τὴν
ἐκτὸς ἴσην. ἤδη δέ τινες συνάπτουσιν τὰ δύο θεω-
ρήματα τοῦτό τε καὶ τὸ ἐξῆς ἀποδεικνύμενον ἓν οὕτω
10 προφέρονται τὴν πρότασιν· παντὸς τριγώνου μιᾶς
πλευρᾶς προσεκβληθείσης ἡ ἐκτὸς τοῦ τριγώνου γωνία
ἑκατέρας τῶν ἐντὸς καὶ ἀπεναντίον μείζων ἐστί, καὶ
δύο ὁποιαιοῦν τῶν ἐντὸς γωνιῶν δύο ὀρθῶν ἐλάσσονές
εἰσιν. διὰ δὲ τούτου τοῦ ιϛʹ θεωρήματος κἀκεῖνο ἀπο-
15 δείξομεν, ὅτι, ἐὰν εἰς δύο εὐθείας εὐθεῖα ἐμπίπτουσα
τὴν ἐκτὸς γωνίαν ἴσην ποιῇ τῇ ἐντὸς καὶ ἀπεναντίον,
οὐ ποιήσουσι τρίγωνον αἱ εὐθεῖαι οὐδὲ συμπεσοῦνται,
ἐπεὶ ἔσται αὐτὴ καὶ ἴση καὶ μείζων· ὅπερ ἀδύνατον.
λάβοιμεν δ' ἂν ἀπὸ τοῦ προκειμένου θεωρήματος τοῦτο,
20 ὅτι ἀπὸ τοῦ αὐτοῦ σημείου τρεῖς εὐθεῖαι ἴσαι ἐπὶ τὴν
αὐτὴν εὐθεῖαν προσπίπτειν ἀδύνατον.

68. Σαφεστέρα ἡ παροῦσα πρότασις ἐν τῷ Σαρα-
κηνικῷ ἀντιγράφῳ· ἔχει γὰρ οὕτως· παντὸς τριγώνου
μιᾶς τῶν πλευρῶν προεκβληθείσης ἡ ἐκτὸς γωνία μείζων
25 ἐστὶ ἑκατέρας τῶν ἐντός, τουτέστι τῶν ἐπὶ τῆς πλευρᾶς
τῆς ὑποτεινούσης τὴν γωνίαν τὴν ἐφεξῆς τῇ αὐτῇ
ἐκτὸς γωνία.

---

68. P.

---

2. ἐκείνων δέ] scripsi; ἐκείνου? P.   8. αὐτή] scripsi;
αὐτῆς P.

69. Μείζων ἄρα ἡ ὑπὸ ΑΓΔ τῆς ὑπὸ ΒΔΕ
p. 44, 1—2] ἡ γὰρ ὑπὸ ΒΔΕ ἴση ἐδείχθη τῇ ὑπὸ
ΕΓΖ, ἧς μείζων ἡ ὑπὸ ΕΓΔ ἀποδέδεικται.

Ad prop. XVII.

70. Ἐν τῷ ιζ' θεωρήματι ἀορίστως δείκνυνται 5
ὁποιαιοῦν δύο γωνίαι τοῦ τριγώνου δύο ὀρθῶν ἐλάτ-
τονες, ἐν δὲ τοῖς ἐφεξῆς καὶ ἀφορισθήσεται, πόσῳ
ἐλάττους, ὅτι τῇ λοιπῇ τοῦ τριγώνου γωνίᾳ· αἱ γὰρ
τρεῖς δυσὶν ὀρθαῖς ἴσαι εἰσίν. ὥστε αἱ δύο τῇ λοιπῇ
ἐλαττοῦνται τῶν δύο ὀρθῶν. φανερὸν δέ, ὅτι χρῆται 10
ὁ στοιχειωτὴς τῷ πρὸ τούτου θεωρήματι πρὸς τὴν τοῦ
προκειμένου δεῖξιν. σκοπήσωμεν δὲ καὶ ἡμεῖς τὴν τοῦ
τριγώνου γένεσιν, καὶ τὴν αἰτίαν εὐχερῶς εὑρήσομεν
τοῦ συμπτώματος, πῶς ἐλαττοῦνται δύο ὀρθῶν. ἔστωσαν
γὰρ δύο εὐθεῖαι αἱ ΑΒ, ΓΔ ἐπὶ βάσιν ἱστάμεναι τὴν 15
ΒΔ πρὸς ὀρθὰς γωνίας. εἰ οὖν μέλλει γενέσθαι τρί-
γωνον, δεῖ συννεῦσαι πρὸς ἀλλήλας τὰς ΑΒ, ΓΔ, ἡ
δὲ σύννευσις ἐλαττοῖ τὰς ἐντὸς γωνίας· ὥστε τὰς πρὸ
τῆς συννεύσεως ὀρθὰς ἀνάγκη μετὰ τὴν σύννευσιν
ἐλάττους γίνεσθαι δύο ὀρθῶν. τοῦτο οὖν τὸ αἴτιον, 20
καὶ οὐχὶ τὸ μείζονα εἶναι τὴν ἐκτὸς ἑκατέρας τῶν ἐντὸς
καὶ ἀπεναντίον γωνιῶν. ἐκβεβλῆσθαι μὲν γὰρ τὴν
πλευρὰν οὐκ ἀνάγκη οὐδὲ ἔξω τινὰ συνεστάναι γωνίαν,
τῶν δὲ ἐντὸς γωνιῶν δύο ὁποιασοῦν εἶναι ἐλάττους
δύο ὀρθῶν ἀναγκαῖον, τὸ δὲ μὴ ἀναγκαῖον πῶς ἂν 25
εἴη αἴτιον τοῦ ἀναγκαίου;

71. Διὰ τούτου δὲ τοῦ θεωρήματος δυνατὸν κά-

---

69. b.   70. Vᵃ (fq).   71. P.

ν. ωστε] q, ὡς '/. V.   21. μείζονα] q, μεῖζον V.

κεῖνο δεικνύναι, ὅτι ἀπὸ τοῦ αὐτοῦ σημείου ἐπὶ μίαν
εὐθεῖαν δύο κάθετοι οὐκ ἀχθήσονται. ἔστωσαν γὰρ
ἀπὸ τοῦ Α σημείου ἐπὶ τὴν ΒΓ
δύο κάθετοι αἱ ΑΒ, ΑΓ. ὀρθαὶ
5 ἄρα εἰσὶν αἱ ὑπὸ ΑΒΓ, ΑΓΒ
γωνίαι. ἀλλ' ἐπεὶ τρίγωνόν ἐστι
τὸ ΑΒΓ, δύο ὁποιαιοῖν γωνίαι
δύο ὀρθῶν ἐλάσσονές εἰσιν. αἱ ἄρα

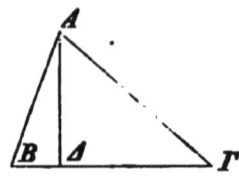

ὑπὸ ΑΒΓ, ΑΓΒ καὶ γωνίαι δύο δύο ὀρθῶν ἐλάσσονές
10 εἰσιν. ἀλλὰ καὶ ἴσαι δυσὶν ὀρθαῖς διὰ τὰς καθέτους·
ὅπερ ἀδύνατον. οὐκ ἄρα ἀπὸ τοῦ αὐτοῦ σημείου δύο
κάθετοι ἀχθήσονται ἐπὶ τὴν αὐτὴν εὐθεῖαν. ὅπερ
ἔδει δεῖξαι.

72. Τὴν αἰτίαν τοῦ προκειμένου θεωρήματος δυ-
15 νατὸν ἰδεῖν, εἴπερ εἰς τὴν γένεσιν ἀπίδοιμεν τῶν τρι-
γώνων. εἰ γὰρ εὐθείᾳ τινὶ δύο εὐθεῖαι πρὸς ὀρθὰς
ἀνασταθῶσιν, εἰ δεῖ γενέσθαι τρίγωνον, δεῖ συννεῦσαι
τὰς εὐθείας, εἰ δὲ συννεύσωσι, πάντως ἐλαττώσουσι
τὰς δύο ὀρθάς.

20   διὰ τούτου τοῦ θεωρήματος δείκνυται, ὅτι ἀπὸ τοῦ
αὐτοῦ σημείου τῇ αὐτῇ εὐθείᾳ δύο κάθετοι ἀχθῆναι
οὐ δύνανται.

Ad prop. XVIII.

73. Διὰ μὲν οὖν τοῦ ε′ καὶ τοῦ ϛ′ θεωρήματος
25 μεμαθήκαμεν, ὡς ἡ τῶν πλευρῶν ἰσότης ἐφ' ἑκάστου
τῶν τριγώνων ἴσας ἀποτελεῖ τὰς ὑπὸ τούτων ὑπο-
τεινομένας γωνίας, καὶ ἡ τῶν γωνιῶν ἰσότης ὡσαύτως
τὰς ὑποτεινούσας αἰτὰς πλευρὰς ἴσας ἀποφαίνει. ὅτι

72. B.   73. Vᵃ(fq).

24. οὖν] q, om. V.

δὲ καὶ ταῖς ἀνισότησι τῶν πλευρῶν ἡ τῶν ὑποτεινο-
μένων γωνιῶν ἀνισότης ἀκολουθεῖ καὶ ἀνάπαλιν, διὰ
τοῦ ιη´ καὶ ιθ´ θεωρήματος διδασκόμεθα. τοῦτο μὲν
γὰρ δείκνυσι τὴν μείζονα πλευρὰν ὑπὸ τὴν μείζονα
γωνίαν, τὸ δὲ ιθ´ ὑπὸ τὴν μείζονα γωνίαν τὴν μείζονα 5
πλευράν, ἀντιστρόφως μὲν ἀλλήλοις, ἐπὶ δὲ τῶν ἐναν-
τίων πραγμάτων τὰ αὐτὰ θεωροῦντα συμπτώματα τῷ
τε ε´ καὶ τῷ ϛ´ θεωρήματι. ἰστέον δέ, ὅτι τὰ μὲν τῆς
ἰσότητος τῶν γωνιῶν ἢ πλευρῶν δεικτικὰ τοῖς ἰσο-
πλεύροις καὶ ἰσοσκελέσιν ἐφήρμοσται, τὰ δὲ τῆς ἀν- 10
ισότητος τοῖς σκαληνοῖς καὶ ἰσοσκελέσιν. ἀλλ' ἐπὶ μὲν
τῶν σκαληνῶν διαιροῦμεν τὴν μεγίστην πλευρὰν καὶ
μέσην καὶ ἐλαχίστην καὶ τὰς γωνίας ὡσαύτως, ἐπὶ δὲ
τῶν ἰσοσκελῶν ἀρκεῖ τὸ μεῖζον ἁπλῶς καὶ ἔλαττον·
τὰ μὲν γὰρ τῶν τριγώνων ἰσότητός ἐστι μόνης ἔκγονα, 15
τὰ δὲ ἀνισότητος μόνης, τὰ δὲ ἀμφοτέρων, ὡδὶ μὲν διὰ
τῆς ἰσότητος, ὡδὶ δὲ διὰ τῆς ἀνισότητος ἐφιστάμενα.

74. Ὅτι μὲν ἡ τῶν πλευρῶν ἰσότης ἐφ' ἑκάστου
τῶν τριγώνων ἴσας ἀποτελεῖ τὰς ὑπὸ τούτων ὑπο-
τεινομένας γωνίας, ἡ δὲ τῶν γωνιῶν ἰσότης ὡσαύτως 20
τὰς ὑποτεινούσας αὐτὰς πλευρὰς ἴσας ἀποφαίνει, με-
μαθήκαμεν διά τε τοῦ θ´ καὶ ϛ´ θεωρήματος, ὅτι δὲ
καὶ ταῖς ἀνισότησιν τῶν πλευρῶν ἡ τῶν ὑποτεινομένων
γωνιῶν ἀνισότης ἀκολουθεῖ καὶ ἀνάπαλιν, διὰ τούτων
διδασκόμεθα τῶν θεωρημάτων, τοῦ τε ὀκτωκαιδεκάτου 25
λέγω καὶ τοῦ ιθ´. τὸ μὲν γὰρ δείκνυσι τὴν μείζονα
πλευρὰν ὑπὸ τὴν μείζονα γωνίαν, τὸ δὲ ὑπὸ μείζονα

11. Supra ἰσοσκελέσιν add. ἀν- m. 2 V.   20. γωνίας]
γω P.   ἡ δὲ τῶν γωνιῶν] om. P.   24. ἀνισότης] ἰσότης P.

γωνίαν τὴν μείζονα πλευράν, ἀντιστρέφοντα μὲν ἀλ-
λήλοις, ἐπὶ δὲ τῶν ἐναντίων πραγμάτων τὸ αὐτὸ θεω-
ροῦντα συμπτώματα τῷ ε΄ καὶ ς΄ θεωρήματι. φανερὸν
δέ, ὅτι τὴν μείζονα καὶ τὴν ἐλάσσονα πλευρὰν ἀνάλογον
5 ληψόμεθα καὶ διαιρήσομεν τὴν μεγίστην καὶ μέσην καὶ
ἐλαχίστην καὶ τὰς γωνίας ὡσαύτως ἐπὶ τῶν σκαληνῶν
τριγώνων, ἐπὶ δὲ τῶν ἰσοπλεύρων ἀρκέσει τὸ μεῖζον
καὶ τὸ ἔλασσον· μία γάρ ἐστι ταῖς δυσὶν ἄνισος. ἢ
τὸ μεῖζον ἢ τὸ ἔλαττον ὡς ἐπὶ τῶν ἰσοπλεύρων.

10   75. Πολλῷ ἄρα ἡ ὑπὸ ΑΒΓ μείζων ἐστὶ τῆς ὑπὸ
ΑΓΒ p. 46, 13—14] [ἐπεὶ] γὰρ ἡ ὑπὸ ΑΔΒ μείζων
ἐδείχθη τῆς ὑπὸ ΒΓΔ, ἡ δὲ ὑπὸ ΑΒΔ ἴση ἐστὶ τῇ
ὑπὸ ΑΔΒ, τῆς δὲ ὑπὸ ΑΒΔ μείζων ἐστὶν ἡ ὑπὸ ΑΒΓ,
πολλῷ ἄρα μείζων ἡ ὑπὸ ΑΒΓ τῆς ὑπὸ ΒΓΑ.

15   Ad prop. XIX.

76. Τὸ ιθ΄ θεώρημα ἀντίστροφόν ἐστι τῷ ιη΄ θεω-
ρήματι. ἔστι γὰρ ἁπλοῦν ἐν ἑκατέρῳ καὶ τὸ διδόμενον
καὶ τὸ ζητούμενον, καὶ τὸ μὲν ἐκεῖ συμπέρασμα ὑπό-
θεσίς ἐστιν ἐνταῦθα, ἡ δὲ ἐκεῖ ὑπόθεσις τούτου ἐστὶ
20 συμπέρασμα. προτέτακται δὲ ἐκεῖνο, διότι δεδομένην
ἔχει τὴν ἀνισότητα τῶν πλευρῶν, ἕπεται δὲ τοῦτο τὰς
γωνίας ἀνίσους ὑποθέμενον· δοκοῦσι γὰρ αἱ μὲν πλευραὶ
τὰ εὐθύγραμμα περιέχειν, αἱ δὲ γωνίαι περιέχεσθαι,
καὶ ὁ τρόπος δὲ τῆς ἀποδείξεως ἐπ᾽ ἐκείνου μὲν δεικτικός,
25 ἐπὶ δὲ τούτου διὰ τῆς εἰς ἀδύνατον ἀπαγωγῆς. ἐκ
διαιρέσεως δὲ τὸ ἀδύνατον συλλογίζεται ὁ γεωμέτρης·

---

75. b.   76. Vᵃ (fq).

2. τὸ αὐτό] scr. τὰ αὐτά.   7. ἰσοπλεύρων] scr. ἰσοσκελῶν.
9. Non expedio.   11. ἐπεί] resectum in b.   20. δεδο-
μένην] q, δεδογμένην V.

τῶν μὲν γὰρ γωνιῶν οὐσῶν ἀνίσων λέγω, φησίν, ὅτι
καὶ αἱ ὑποτείνουσαι πλευραὶ ἄνισοι, καὶ ἡ μείζων ὑπο-
τείνει τὴν δεδομένην μείζονα γωνίαν. εἰ γὰρ μή ἐστιν
ἡ τὴν μείζονα γωνίαν μείζων, ἴση ἐστὶν ἢ ἐλάττων.
ἀλλ’ εἰ μὲν ἴση, καὶ αἱ γωνίαι, ἃς ὑποτείνουσιν, ἴσαι   5
διὰ τὸ ε΄. εἰ δὲ ἐλάσσων, καὶ ἡ γωνία, ἣν ὑποτείνει,
ἐλάσσων διὰ τὸ πρὸ τούτου· δέδεικται γὰρ ὑπὸ τὴν
μείζονα γωνίαν ἡ μείζων πλευρὰ ὑποτείνουσα καὶ ὑπὸ
τὴν ἐλάσσω ἡ ἐλάσσων. ἔχουσι δὲ ἀνάπαλιν αἱ γωνίαι·
μείζων ἄρα ἡ πλευρὰ τῆς πλευρᾶς. ἐχρήσατο δὲ τῇ   10
ἐκ διαιρέσεως εἰς τὸ ἀδύνατον ἀγούσῃ δείξει βουλό-
μενος τὸ ἀντίστροφον ποιῆσαι τῷ προηγουμένῳ μηδενὸς
μεταξὺ παρεμπίπτοντος, ἐπεὶ καὶ τὸ η΄ ἀντιστρέφον
πρὸς τὸ δ΄ πολλὴν ἐνεποίησε ταραχὴν δυσεπίγνωστον
ποιῆσαν τὴν ἀντιστροφήν· διὸ δὴ τὰ ἀντίστροφα πάντα   15
δι’ ἀδυνάτου δείκνυσι σχεδὸν μετὰ τοῦ τὴν συνέχειαν
φυλάττειν.

77. Τοῦτό ἐστι τὸ ἀντίστροφον τῷ εἰρημένῳ θεω-
ρήματι, καί ἐστιν ἁπλοῦν ἐν ἑκατέρῳ τὸ δεδομένον
καὶ τὸ ζητούμενον, καὶ τὸ μὲν ἐκεῖ συμπέρασμα ὑπό-   20
θεσίς ἐστιν ἐνταῦθα, ἡ δὲ ἐκεῖ ὑπόθεσις τούτου συμ-
πέρασμα. προτέτακται δὲ ἐκεῖνο, διότι δεδομένην ἔχει
τὴν ἀνισότητα τῶν πλευρῶν, ἕπεται δὲ τοῦτο, ὅτι τὰς
γωνίας ἀνίσους ὑποτίθεται· δοκοῦσι γὰρ αἱ μὲν πλευραὶ
τὰ εὐθύγραμμα περιέχειν, αἱ δὲ γωνίαι περιέχεσθαι.   25
καὶ ὁ τρόπος δὲ τῆς ἀποδείξεως ἐπ’ ἐκείνου μὲν δεικ-
τικῶς, ἐπὶ δὲ τούτου διὰ τῆς εἰς ἀδύνατον ἀπαγωγῆς.

---

77. P.

---

5. εἰ] q, ἢ V.   16. τοῦ] ex Proclo p. 321, 17; om. Vq.
19. ἁπλοῦν ἐν] ἁπουν μεν (ουν comp.) P.   δεδομένον\
δεδιδόμενον P.

Ad prop. XX.

78. Τὸ κ' θεώρημα διασύρειν εἰώθασιν οἱ Ἐπι-
κούρειοι καὶ ὄνῳ λέγοντες αὐτὸ δῆλον εἶναι καὶ μη-
δεμιᾶς δεῖσθαι κατασκευῆς. κατασκευάζουσι δὲ τὸ καὶ
5 ὄνῳ γνώριμον εἶναι ἐκ τοῦ, τεθέντος χόρτου κατὰ τὸ
ἕτερον πέρας τῶν πλευρῶν, τὸν ὄνον τὴν μίαν ὁδεύειν
πλευράν, ἀλλὰ μὴ τὰς δύο, τροφῆς ὀρεγόμενον. λέ-
γομεν οὖν, ὅτι σαφὲς μὲν κατὰ τὴν αἴσθησιν ἔστω τὸ
θεώρημα, οὔπω δὲ σαφὲς κατὰ τὸν ἐπιστημονικὸν
10 λόγον· οἷον τὸ πῦρ θερμαίνει, καὶ τοῦτο τῇ αἰσθήσει
καταφανές· ἀλλὰ πῶς θερμαίνει, ἀσωμάτῳ δυνάμει ἢ
σωματικαῖς τομαῖς, σφαιρικοῖς μορίοις ἢ πυραμοειδέσι,
τῆς ἐπιστήμης μόνης ἔργον ἐστὶ παραστῆσαι. ἔστω
τοίνυν καὶ τοῦ τριγώνου τὸ εἶναι τὰς β' μείζους τῆς
15 μιᾶς τῇ αἰσθήσει δῆλον, ἀλλὰ πῶς τοῦτο γίνεται, ἡ
ἐπιστήμη ὑποδείκνυσιν.

79. Τοῦτο τὸ θεώρημα διασύρειν εἰώθασιν οἱ
Ἐπικούρειοι ὄνον αὐτὸ καλέσαντες διὰ τὸ μηδεμιᾶς
δεῖσθαι κατασκευῆς. ὅτι μὲν τὸ προκείμενον θεώρημα
20 σαφὲς μὲν κατὰ τὴν αἴσθησιν, οὔπω δὲ σαφὲς κατὰ
τὸ ἐπιστημονικόν· πάντως μὲν γὰρ αἱ δύο μείζους τῆς
λοιπῆς. τριῶν γὰρ ἴσων δύο ὁποιαοῦν διπλάσια τοῦ
ἑνός. εἰ δὲ ἰσοσκελὲς ἢ τὸ ἔλασσον ἔχει τῶν ἴσων
ἑκατέρα τὴν βάσιν καὶ γίνεται μείζων.

25 80. Αἱ γὰρ ΑΒ, ΒΓ, ΑΓ αἱ τρεῖς ἤτοι ἴσαι ἀλ-
λήλαις εἰσὶν ἢ οὔ. εἰ μὲν ἴσαι ἀλλήλαις εἰσί, φανερόν,
ὅτι δύο ὁποιαιοῦν τῆς λοιπῆς μείζονές εἰσι πάντῃ

---

78. Vᵃ(fq).   79. P.   80. Vᵃ(f); pro I p. 48, 11 αἱ μέν
— 13 σημεῖον inseri uoluit scholiasta.

---

23 sq. Uestigia confusa loci apud Proclum p. 324, 1 sq.

μεταλαμβανόμεναι. εἰ δὲ οὐ, ἔστι τις ἐν αὐταῖς μεγίστη. ἔστω ἡ ΒΓ. ὅτι μὲν οὖν αἱ ΑΒ, ΒΓ τῆς ΑΓ μείζονές εἰσι, φανερόν· καὶ πάλιν ὅτι αἱ ΑΓ, ΓΒ τῆς ΑΒ, καὶ τοῦτο δῆλον. δεικτέον δή, ὅτι καὶ αἱ ΒΑ, ΑΓ τῆς ΒΓ μείζονές εἰσιν. ἐκβεβλήσθω γὰρ ἡ ΒΑ 5 ἐπὶ τὸ Δ σημεῖον.

Ad prop. XXI.

81. Τὸ κα' θεώρημα δύο θεωρημάτων εἴρηται τοῦ τε κ' καὶ τοῦ ιϛ'. πρὸς μὲν γὰρ τὸ δεῖξαι τὰς συσταθείσας ἐντὸς πλευρὰς ἐλάσσονας τῶν ἐκτὸς ἐκείνου 10 δεῖται τοῦ θεωρήματος· παντὸς τριγώνου αἱ δύο μείζονές εἰσι τῆς λοιπῆς· πρὸς δὲ τὸ τὴν ὑπ' αὐτῶν περιεχομένην γωνίαν ἀποφῆναι μείζονα τῆς ὑπὸ τῶν ἐκτὸς περιεχομένης πλευρῶν ἐκεῖνο συντελεῖ τὸ παντὸς τριγώνου τὴν ἐκτὸς γωνίαν μείζονα εἶναι τῆς ἐντὸς 15 καὶ ἀπεναντίον. ἀναγκαίως δὲ ὁ στοιχειωτὴς προσέθηκε τὸ ἀπὸ τῶν περάτων ἄρχεσθαι δεῖν τῆς κοινῆς βάσεως τὰς ἐντὸς συνισταμένας πλευρὰς καὶ τὸ ἐπὶ μιᾶς ὅλης συνίστασθαι, ἀλλ' οὐκ ἐκ μέρους τῆς ὅλης· αἱ γὰρ ἐπὶ μέρους τῆς βάσεως συνιστάμεναι καὶ μείζους 20 δείκνυνταί ποτε τῶν ἐκτὸς καὶ ἐλάττονα γωνίαν περιέχουσαι. ἀπὸ δὲ τῶν περάτων αὐτῆς συνισταμένων ἀναφαίνεται καὶ τὸ εἶδος τὸ καλούμενον ἀκιδοειδῶν τριγώνων ἓν ὂν καὶ τοῦτο τῶν ἐν γεωμετρίᾳ παραδόξων, τρίγωνον τετράπλευρον, οἷόν ἐστι καὶ τὸ προ- 25 κείμενον σχῆμα· περιέχεται μὲν γὰρ ὑπὸ δ̄ πλευρῶν

---

81. Vᵃ (fq).

8. ἐκ δύο θεωρημάτων ἤρτηται Proclus p. 326, 13—14; sed εἴρηται etiam ed. Grynaei (G apud Friedlein). τοῦ τε] τοῦ ·/. V. 12. τό] q, τῷ V. 25. Figuram in Vq omissam hab. Proclus p. 829.

τῆς ΑΒ, ΒΔ, ΔΓ, ΓΑ, τρεῖς δὲ γωνίας ἔχει τὴν πρὸς
τῷ Α καὶ τῷ Β καὶ τῷ Γ.

82. Ἐκ δύο θεωρημάτων δέδεικται τοῦ τε πρὸ
τούτου δειχθέντος καὶ τοῦ ἑκκαιδεκάτου. πρὸς μὲν
5 γὰρ τὸ δεῖξαι τὰς συσταθείσας ἐντὸς ἐλάσσονας τῶν
ἐκτὸς ἐκείνου δεῖται τοῦ θεωρήματος· παντὸς τριγώνου
αἱ δύο πλευραὶ τῆς λοιπῆς μείζους εἰσίν· πρὸς δὲ τὸ
τὴν ὑπ' αὐτῶν περιεχομένην γωνίαν ἀποφῆναι μείζονα
τῆς ὑπὸ τῶν ἐκτὸς περιεχομένης ἐκεῖνο αὐτῷ συντελεῖ
10 τὸ παντὸς τριγώνου τὴν ἐκτὸς γωνίαν μείζονα εἶναι
τῆς ἐντὸς καὶ ἀπεναντίον. λάβοις δ' ἂν ἅμα τῆς γεω-
μετρικῆς ἀκριβείας πίστιν καὶ τῶν ἐν τοῖς μαθήμασι
παραδόξων ὑπόμνησιν, εἰ δείξαιμεν, ὅτι δυνατὸν ἐντὸς
τριγώνου τινὸς ἐπὶ μιᾶς τῶν πλευρῶν οὐχ ὅλης, ἀλλὰ
15 μέρους αὐτῆς συστῆναι δύο εὐθείας μείζους τῶν ἐκτὸς
καὶ πάλιν ἄλλας μείζονα γωνίαν περιεχούσας τῆς ὑπὸ
τῶν ἐκτὸς περιεχομένης. τούτου γὰρ δειχθέντος ἅμα
μὲν δῆλον, ὅτι ἀναγκαίως ὁ στοιχειωτὴς προσέθηκεν
τὸ ἀπὸ τῶν περάτων ἄρχεσθαι δεῖν τῆς κοινῆς βάσεως
20 τὰς ἐντὸς συνισταμένας καὶ τὸ ἐπὶ μιᾶς ὅλης συνι-
ίστασθαι, ἀλλὰ οὐκ ἐπὶ μέρους τῆς ὅλης. ἅμα δὲ καί,
ὅπερ εἴπομεν, ἔν τι τῶν ἐν γεωμετρίᾳ παραδόξων ἀνα-
φανήσεται. πῶς γὰρ οὐ παράδοξον, εἰ αἱ μὲν ἐπὶ τῆς
ὅλης συνιστάμεναι τῶν ἐκτὸς ἐλάσσους εἰσίν, αἱ δὲ
25 ἐπὶ μέρους μείζονες; ἀναγκαῖον δὲ τὰς συνισταμένας
εὐθείας ἀπὸ τῶν περάτων ἄρχεσθαι τῆς βάσεως· αἱ
γὰρ ἐπὶ μέρους αὐτῆς συνιστάμεναι καὶ μείζους δεί-
κνυνταί ποτε τῶν ἐκτὸς καὶ ἐλάσσονα περιέχουσαι γω-
νίαν. οὕτω δὲ καὶ συνισταμένων ἀπὸ τῶν περάτων

82. P.

ἀναφαίνεται καὶ τὸ εἶδος τῶν καλουμένων ἀκιδοειδῶν τριγώνων, ἓν καὶ τοῦτο τῶν ἐν γεωμετρίᾳ παραδόξων.

83. Καὶ ἐκ τούτου τοῦ θεωρήματος δείκνυται, ὅτι ἐλάχιστον μέγεθος οὐκ ἔστιν, εἴπερ παντὸς τριγώνου δυνατὸν ἔλασσον λαβεῖν, ὅπερ ἐνταῦθα διδάσκει. 5

84. Ἀπὸ τῶν περάτων φησίν, ἐπειδὴ ἐὰν μὴ ὦσιν ἀμφότεραι ἀπὸ τῶν περάτων .... δύνανται αἱ ἐντὸς [πλευραὶ τῶν] ἐκτὸς μείζονες εἶναι, ὡς δείξομεν. ἔστω τρίγωνον τὸ ΑΒΓ ὀρθὴν ἔχον τὴν Γ γωνίαν. εἰλήφθω ἐπὶ τῆς ΒΓ τυχὸν 10 σημεῖον τὸ Δ, καὶ ἐπεζεύχθω ἡ ΑΔ. καὶ ἐπεὶ τριγώνου [τοῦ ΑΓΔ] ὀρθή ἐστιν ἡ Γ γωνία, μείζων ἡ ΑΔ τῆς [ΑΓ. ἀφῃ]ρήσθω ἀπὸ τῆς ΑΔ τῇ ΑΓ ἴση ἡ ΔΕ, [καὶ διῃρή]σθω ἡ 15 ΕΑ δίχα κατὰ τὸ Ζ, καὶ ἐπεζεύχθω ἡ ΖΒ. καὶ ἐπεὶ τριγώνου τοῦ Ζ[ΑΒ δύο αἱ] ΑΖ, ΒΖ τῆς ΑΒ μείζονές [εἰσιν, ἴση δὲ ὑπέκειτο] ἡ [ΑΖ τῇ ΖΕ, ἡ δὲ ΔΕ τῇ ΓΑ, αἱ ΔΖ, ΖΒ] τῶν ΑΒ, ΑΓ μ[είζονές εἰσιν]· ὅπερ ἔδει ποιῆσαι. 20 [ὡσαύτως δὲ καὶ ἐπὶ τῶν] ἀμβλυγωνίων .....

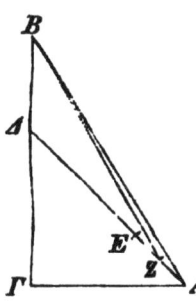

Ad prop. XXII.

85. Τοῦτο τὸ κβ΄ πρόβλημά ἐστιν· πάλιν γὰρ ἀπὸ τῶν θεωρημάτων ἐπὶ τὰ προβλήματα μετεληλύθαμεν· καὶ παρακελεύεται ἐκ τριῶν εὐθειῶν τρίγωνον συστή- 25 σασθαι. πρῶτον δὲ δίδωσι τρεῖς εὐθείας καὶ οὐκ ἐξ αὐτῶν συνιστᾷ τὸ τρίγωνον, ἀλλ᾽ ἐξ ἑτέρων ἴσων αὐταῖς ταῖς δεδομέναις. δεῖ δέ, φησί, τὰς εὐθείας τὰς συμ-

83. Vᵃ (f). 84. B; maior pars euan., suppleui ex Proclo
p. 327, 12 sq. 85. Vᵃ (P²fq).

πληροῦν μελλούσας τὸ τρίγωνον τὰς δύο τῆς λοιπῆς
μείζους εἶναι πάντη μεταλαμβανομένας. παντὸς γὰρ
τριγώνου αἱ δύο πλευραὶ μείζους εἰσὶ τῆς λοιπῆς, ὡς
δέδεικται, κατὰ πᾶσαν μετάληψιν, καὶ διὰ τοῦτο καὶ
5 αὐτῷ τοῦτο προσέθηκεν· εἰ γὰρ μή εἰσιν αἱ δύο τῆς
λοιπῆς μείζους, οὐκ ἔσται τρίγωνον ἐκ τῶν ἴσων αὐταῖς
εὐθειῶν. ἔστι δὲ τὸ πρόβλημα τοῦτο τῶν διωρισμένων,
ἀλλ᾽ οὐ τῶν ἀδιορίστων. ὥσπερ γὰρ τῶν θεωρημάτων
τὰ μέν ἐστι διωρισμένα, τὰ δὲ ἀδιόριστα, οὕτω καὶ
10 ἐπὶ τῶν προβλημάτων. ἐὰν μὲν γὰρ εἴπωμεν ἁπλῶς
οὕτως· ἐκ τριῶν εὐθειῶν ἴσων ταῖς δοθείσαις εὐθείαις
συστήσασθαι τρίγωνον, ἀδιόριστον καὶ ἀδύνατόν ἐστιν·
ἐὰν δὲ προσθῶμεν· ὧν αἱ δύο μείζους εἰσὶ τῆς λοιπῆς
πάντη μεταλαμβανόμεναι, διωρισμένον τε καὶ δυνατὸν
15 γίνεται· καὶ πρὸς τὴν κατασκευὴν δὲ τοῦ προβλήματος
τούτου τὰς φερομένας ἐνστάσεις διαλύει ἡ προσθήκη
αὕτη τὸ τὰς δύο μείζους εἶναι τῆς λοιπῆς πάντη μετα-
λαμβανομένας, ἤγουν ὁποίας ἂν λάβῃς ἐκ τῶν τριῶν
δύο, τῆς λοιπῆς μείζονές εἰσιν· τοῦτο γὰρ δηλοῖ ἡ
20 πανταχόθεν μετάληψις. εἰ γὰρ μή εἰσι μείζονες, ἢ
ἴσαι εἰσὶν ἐξ ἀνάγκης ἢ ἐλάττονες. καὶ εἰ μὲν ἴσαι
εἰσί, τρίγωνον οὐ συνιστῶσιν· τηνικαῦτα γὰρ οἱ κύκλοι
οὐ τέμνουσιν ἀλλήλους, ἀλλὰ μόνον ἐφάπτονται, ὥσπερ
ἐπὶ τῶν ἐκτεθειμένων κύκλων ἡ μὲν ΔΖ ἴση ἐστὶ τῇ
25 ΖΕ, ἡ δὲ ΗΘ ἴση τῇ ΗΕ. ὥστε δύο αἱ ΔΖ, ΗΘ
μιᾷ τῇ ΖΗ ἴσαι εἰσί· διὰ δὲ τὸ μὴ τέμνειν ἀλλήλους
τοὺς κύκλους οὐδὲ τρίγωνον συνέστη. πάλιν ἐὰν ὦσιν

---

5. αὐτῷ] αὐτό?   8. ἀδιόριστον V.   9. ἀδιόριστα] Pq,
ἀόριστα V.   24. Figuram in codd. omissam habet Proclus
p. 331.   26. μιᾶς τῆς Vq.   27. οἱ κύκλοι Vq.   Ultimam
partem scholii inde a πάλιν lin. 27 om. V, hab Pq.

αἱ δύο εὐθεῖαι ἐλάσσονες τῆς μιᾶς, διίστανται ἀπ'
ἀλλήλων οἱ κύκλοι, καὶ οὐδ' οὕτως συνίσταται τὸ τρί-
γωνον, οἷον ἐπὶ τῶν ὑποκειμένων κύκλων ἡ μὲν ΔΖ
εὐθεῖα ἴση ἐστὶν τῇ ΖΕ, ἡ δὲ ΗΘ ἴση τῇ ΗΚ. ὥστε
μείζων ἡ ΖΗ τῶν ΖΕ, ΗΘ τῇ ΕΚ. λοιπὸν ἄρα κατὰ   5
τὴν ἔκθεσιν τοῦ στοιχειωτοῦ ἔστωσαν αἱ δύο μείζονες
τῆς λοιπῆς, ἵνα ἐξ ἀνάγκης καὶ οἱ κύκλοι τέμνωσιν
ἀλλήλους καὶ τὸ τρίγωνον συσταθῇ. μεῖζον δὲ ὀφείλει
γράφεσθαι τὸ ΖΗ διάστημα τοῦ ΔΖ, τὸ δὲ ΗΘ τοῦ
ΖΗ καὶ ὁ ΚΛΘ κύκλος μείζων τοῦ ΚΛΔ.   10
86. Ἐπὶ τὰ προβλήματα πάλιν μετελήλυθεν ὁ
στοιχειωτής, ἔστι δὲ τὸ πρόβλημα τῶν διωρισμένων,
ἀλλ' οὐ τῶν ἀδιορίστων. καὶ γὰρ καὶ ἐπὶ τούτων τὰ
μέν ἐστι διωρισμένα, τὰ δὲ ἀδιόριστα.
87. Ἐὰν γὰρ μὴ ὦσιν αἱ δύο πλευραὶ τῆς λοιπῆς 15
μείζονες πάντῃ μεταλαμβανόμεναι, ἄστατον ἔσται· οὐ
γὰρ συσταθήσεται τὸ τρίγωνον ἐξ εὐθειῶν διδομένων
πέντε καὶ πέντε καὶ δέκα πήχεων.

Ad prop. XXIII.

88. Ἐὰν τῇ πρὸ ταύτης χρησώμεθα κατασκευῇ 20
ἀπαραφυλάκτως, εὑρεθήσεται μὲν ἴση γωνία, οὐ πρὸς
τῷ δοθέντι δὲ σημείῳ, ἀλλ' ἤτοι πρὸς τῷ ἑτέρῳ πέρατι
ἢ πρὸς τῇ κοινῇ τῶν κύκλων τομῇ. ἵν' οὖν μὴ τοῦτο
πάθωμεν, αἰεὶ τὴν ἐκκειμένην εὐθεῖαν μίαν τῶν περι-
εχουσῶν ποιητέον, τὴν δ' ἑτέραν τῶν περιεχουσῶν, 25
πρὸς οἷς μέρεσι κεῖται τὸ δοθὲν σημεῖον. ὁ Εὔδημος

---

86. P.   87. B.   88. PVat (B, sed euan.); σχόλια εἰς
τὰ Εὐκλείδου στοιχεῖα βιβλ. α' Vat.

3. In figura Procli p. 332 pro ν, μ ponendae sunt ε, κ, ut
cum scholio congruat.   23. ἵν' οὖν μή] om. P.

δὲ καὶ τοῦτο ἱστορεῖ εὕρημα εἶναι Οἰνοπίδου, τὸ δὲ κϛ'
Θαλοῦ εὕρημα ὁ αὐτὸς ἱστορεῖ.

89. Διὰ τί δὴ οὖν οὐχ. ὥσπερ ἐπὶ τοῦ δ' θεω-
ρήματος προσαπέδειξεν. ὅτι καὶ τὰ ἐμβαδὰ τῶν τρι-
5 γώνων ἴσα ἐστίν. οὕτω καὶ ἐν τούτῳ προσέθηκεν, ὅτι
πρὸς τῇ ἀνισότητι τῶν βάσεων καὶ τὰ ἐμβαδά; πρὸς
δὲ ταύτην τὴν ἀπορίαν λεγέσθω. ὅτι οὐχὶ ὁ αὐτὸς
λόγος ἐπί τε τῶν ἴσων γωνιῶν καὶ βάσεων καὶ τῶν
ἀνίσων· ἴσαις μὲν γὰρ οὔσαις ταῖς γωνίαις καὶ ταῖς
10 βάσεσιν ἕπεται ἡ τῶν τριγώνων ἰσότης, ἀνίσοις δὲ
ἄρα οὔσαις οὐκ ἀνάγκη τὴν ἀνισότητα τῶν ἐμβαδῶν
ἀκολουθεῖν, ἀλλὰ γὰρ δύναται καὶ ἴσα εἶναι τὰ τρί-
γωνα καὶ ἄνισα καὶ μεῖζον τὸ ἔχον τὴν μείζονα γωνίαν
καὶ αὖ ἔλασσον. διὰ τοῦτο οὖν ὁ στοιχειωτὴς παρ-
15 έλειπεν τὴν τῶν τριγώνων σύγκρισιν. ἅμα δὲ καί, ὅτι
ἡ περὶ τούτων θεωρία τῆς τῶν παραλλήλων δεῖται
πραγματείας.

90. Οἰνοπίδου.

Καὶ τὸ κγ' πρόβλημά ἐστι σύστασιν ἀπαιτοῦν γωνίας
20 ἴσης ἄλλῃ δοθείσῃ γωνίᾳ εὐθυγράμμῳ πρὸς τῇ δοθείσῃ
εὐθείᾳ καὶ τῷ πρὸς αὐτῇ δοθέντι σημείῳ.

ἔστω ὁ συλλογισμὸς τοῦ κγ' προβλήματος ἐν τῷ δ'
τρόπῳ τῶν ὑποθετικῶν ὁ τῇ θέσει τοῦ ἡγουμένου
δεικνὺς τὸ ἑπόμενον, οἷον εἰ αἱ ΔΓ, ΓΕ πλευραὶ ἴσαι
25 εἰσί, καὶ αἱ γωνίαι ἄρα ἴσαι εἰσίν.

Ad prop. XXIV.

91. Τὸ κδ' θεώρημά ἐστιν· μεταβέβηκε γὰρ πάλιν
ἐπὶ τὰ θεωρήματα ὁ στοιχειωτής, καὶ δείκνυσιν ἀν-

1. καὶ τοῦτο] om. Vat.   ἱστορεῖ τοῦτο Vat.   εὕρεμα P.
κϛ' — 2. ἱστορεῖ] BVat, om. P.   2. εὕρεμα Vat.

ἰσότητας τριγώνων, ὥσπερ καὶ ἐπὶ τῆς ἰσότητος ἐποίει.
δύο γὰρ ὑποθέμενος τρίγωνα δύο πλευρὰς ἴσας ἔχοντα
ἑκατέραν ἑκατέρᾳ τὴν πρὸς τῇ κορυφῇ γωνίαν ὁτὲ μὲν
ἴσην ἐν ἀμφοτέροις τίθεται, ὁτὲ δὲ ἄνισον, καὶ τῇ μὲν
ἰσότητι ταύτης ἑπομένην ἔδειξε τὴν ἰσότητα τῶν βά-   5
σεων. ὡσαύτως καὶ τῇ τῶν βάσεων ἰσότητι δείκνυσιν
ἀκολουθοῦσαν τὴν τῶν ἐν ταῖς κορυφαῖς γωνιῶν ἰσό-
τητα καὶ τῇ ἀνισότητι τὴν ἀνισότητα. τοῦτο δὲ τὸ
θεώρημα ἀντίστροφόν ἐστι τοῦ δ΄· ἐκεῖνο μὲν γὰρ ἴσας
ὑπέθετο τὰς πρὸς ταῖς κορυφαῖς τῶν τριγώνων γωνίας,   10
τοῦτο δὲ ἀνίσους, κἀκεῖνο μὲν ἴσας ἀπεδείκνυ τὰς
βάσεις, τοῦτο δὲ ὁμοίως ταῖς γωνίαις ἀνίσους. προ-
ηγεῖται δὲ τοῦ ἐφεξῆς θεωρήματος. ἐκεῖνο μὲν γὰρ
ἀπὸ τῶν βάσεων ἐπὶ τὰς γωνίας, καθ᾽ ἃς ὑποτείνουσιν
αἱ βάσεις, μετάγει τὸν τῆς ἀνισότητος λόγον, τοῦτο   15
δὲ ἀνάπαλιν ἀπὸ τῶν γωνιῶν ἐπὶ τὰς βάσεις τὰς ὑπ᾽
αὐτάς, ὥσπερ αὖ τὸ ἐφεξῆς ἀντίστροφον μέν ἐστι πρὸς
τοῦτο κατὰ τὸν εἰρημένον τρόπον, ἀντικείμενον δὲ
τῷ η΄ θεωρήματι. τὸ μὲν γὰρ ἀπὸ τῆς ἰσότητος τῶν
βάσεων ἴσας ἀποδείκνυσι τὰς πρὸς ταῖς κορυφαῖς γωνίας,   20
τὸ δὲ ἀπὸ τῆς ἀνισότητος τῶν βάσεων καὶ τὰς κορυφὰς
ἀνίσους ἀποφαίνει. κοινὸν δὲ τοῖς τέσσαρσιν, ὅτι τούτων
τὰ μὲν δύο περὶ τὸ ἴσον στρέφονται τὸ τέταρτον καὶ
τὸ η΄, τὰ δὲ δύο περὶ τὸ ἄνισον τοῦτό τε καὶ τὸ κε΄,
καὶ δύο μὲν ἀπὸ τῶν γωνιῶν ἄρχονται τὸ τέταρτον   25
καὶ τὸ νῦν προκείμενον, δύο δὲ ἀπὸ τῶν βάσεων τό
τε η΄ καὶ τὸ κε΄. δεῖ οὖν τούτοις τοῖς τέσσαρσι τῷ δ΄
καὶ η΄ καὶ κδ΄ καὶ κε΄ πᾶσι τὸ τὰς δύο πλευρὰς ἴσας
ἔχειν ταῖς δύο πλευραῖς ἑκατέραν ἑκατέρᾳ· τούτων γὰρ

3. ὁτέ] ὅ Ⅰ V.   4. ἴσην] Proclus p. 386, 19; om. Vq.
27. τῷ] τό Vq.

11*

ἀνίσων οὐσῶν περιττὴ πᾶσα ζήτησις καὶ ἀπάτης οὐκ
ἀπηλλαγμένη.

92. Τοῦτο θεώρημά ἐστι καὶ ἀντικείμενον τῷ δ'·
ἐκεῖνο μὲν γὰρ ἴσας ὑπέθετο τὰς πρὸς ταῖς κορυφαῖς
5 τῶν τριγώνων γωνίας, τοῦτο δὲ ἀνίσους, κἀκεῖνο μὲν
ἴσας αὐτῶν ἀπεδείκνυ τὰς βάσεις, τοῦτο δὲ ὡσαύτως
ταῖς γωνίαις ἀνίσους. προηγεῖται δὲ τοῦ ἐφεξῆς θεω-
ρήματος· ἐκεῖνο μὲν γὰρ ἀπο τῶν βάσεων ἐπὶ τὰς
γωνίας, ἃς ὑποτείνουσιν αἱ βάσεις, μετάγει τὸν τῆς
10 ἀνισότητος λόγον, τοῦτο δὲ ἀνάπαλιν ἀπὸ τῶν γωνιῶν
ἐπὶ τὰς βάσεις τὰς ὑπ' αὐτάς, ὥσπερ αὖ τὸ ἐφεξῆς
ἀντιστρόφιον μέν ἐστι πρὸς τοῦτο κατα τὸν εἰρημένον
τρόπον, ἀντικείμενον δὲ τῷ ὀγδόῳ θεωρήματι. τὸ μὲν
γὰρ ἀπὸ τῆς ἰσότητος τῶν βάσεων ἴσας ἀποδείκνυσι
15 τὰς πρὸς ταῖς κορυφαῖς γωνίας. τὸ δὲ ἀπὸ τῆς ἀνισό-
τητος τῶν βάσεων κἀκείνας ἀνίσας ἀποφαίνει. κοινὸν
δὲ τοῖς τέτρασιν, ὧν δύο μὲν περὶ τὸ ἴσον στρέφεται,
τὸ δ' καὶ τὸ η', δύο δὲ περὶ τὸ ἄνισον, τοῦτό τε καὶ
τὸ ἑξῆς, καὶ δύο μὲν ἀπὸ τῶν γωνιῶν ἄρχεται, τὸ
20 τέταρτον καὶ τὸ νυνί, δύο δὲ ἀπὸ τῶν βάσεων, τό τε
ὄγδοον καὶ τὸ ἐφεξῆς τεταγμένον· δεῖ οὖν τούτοις
ἅπασι τὸ τὰς δύο πλευρὰς ἴσας ἔχειν ταῖς δύο πλευραῖς
ἑκατέραν ἑκατέρα. τούτων γὰρ ἀνίσων οὐσῶν περιττὴ
πᾶσα ζήτησις καὶ ἀπάτης οὐκ ἀπηλλαγμένη. τοσαῦτα
25 καθόλου περὶ τῶν προκειμένων εἰρήσθω.

93. Μείζων ἐστὶν ἡ ὑπὸ ΔΖΗ τῆς ὑπὸ ΕΗΖ διὰ
τὸ μέσον τῆς γωνίας τῆς ὑπὸ ΔΗΖ τῆς οὔσης ἴσης τῇ

92. P.   93. b; pertinet ad I p. 58, 15 sq.

9. ᾱς | om. P.   16. ἀνίσας] sic P (ας comp.)   20. τὸ
νυνί] ὁ νυνί P.   24. ἀπηλαμγμένη P (sic!).

πὸ ΔΖΗ διῆχθαι τὴν ΕΗ εὐθεῖαν, ὑφ' ἧς ἡ ὑπο
ΞΗΖ γωνία γίνεται. πολλῷ δὲ μείζων ἡ ὑπὸ ΕΖΗ
ἧς ὑπὸ ΕΗΖ διὰ τὸ τῆς ὅλης ὑπὸ ΕΖΗ γωνίας
ἡμίσειαν εἶναι τὴν ὑπὸ ΔΖΗ, ἥτις μείζων ἐδείχθη
ἧς ὑπὸ ΕΗΖ. καὶ ἐπεὶ ὑπὸ τὴν μείζονα γωνίαν ἡ 5
μείζων πλευρὰ ὑποτείνει, εἰσὶ δὲ τοῦ ΕΗΖ τριγώνου
πλευραὶ ἡ ΕΖ καὶ ἡ ΕΗ, πάνυ ἀληθῶς καὶ ἀναν-
τιρρήτως ἀποδέδεικται μείζων οὖσα ἡ ΕΗ τῆς ΕΖ.

94. Ὅτι τὰ τρίγωνα πῆ μὲν ἴσα ἐστί, πῆ δὲ ἄνισα,
ῥᾳδίως ἐκ τῶν μετὰ ταῦτα δείκνυται. κείσθω γὰρ τὰ 10
ΑΒΓ, ΔΕΖ τρίγωνα καὶ κείσθω ὥστε ἐπ' εὐθείας

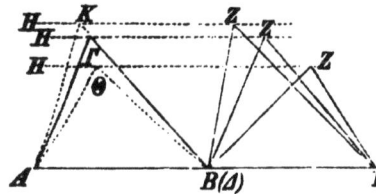

εἶναι τὴν ΑΒ τῇ ΔΕ,
καὶ διὰ τοῦ Ζ τῇ ΑΕ
παράλληλος ἤχθω ἡ
ἐπὶ τὸ Ζ, Η. καὶ εἰ 15
μὲν ἐπὶ τὸ Ζ ἥξει καὶ
διὰ τοῦ Γ σημείου,

ἐστιν ἴσα τὰ ΕΒΖ, ΒΑΓ τρίγωνα διὰ τὸ ἴσην εἶναι
τὴν ΒΑ τῇ ΒΕ· εἰ δὲ μὴ ἥξει διὰ τοῦ Γ σημείου,
ἐντὸς αὐτοῦ πεσεῖται ἢ ἐκτός. πιπτέτω πρότερον ἐντός, 20
ὡς ἡ ΖΘ, καὶ ἐπεζεύχθω ἡ ΘΒ. ἴσον ἄρα ἐστὶ τὸ
ΙΘΒ τρίγωνον τῷ ΒΕΖ τριγώνῳ. μεῖζον δὲ τὸ ΓΑΒ
ρίγωνον τοῖ ΘΑΒ τριγώνου· μεῖζον ἄρα ἐστὶ καὶ
οῦ ΖΒΕ. εἰ δὲ ἐκτὸς πίπτει ἡ παράλληλος ὡς ἡ ΖΚ,
προσεκβαλλομένης τῆς ΒΓ ἐπὶ τὸ Κ καὶ ἐπιζευγνυμένης 25
ἧς ΚΑ δειχθήσεται ὁμοίως τοῖς εἰρημένοις ἔλαττον τὸ
ΓΑΒ τρίγωνον τοῦ ΖΕΓ τριγώνου· ὅπερ ἔδει δεῖξαι.

---

94. B.

---

10. κείσθω] scr. ἔστω.   15. ἐπὶ τό] corruptum.   16.
κὶ τό] ἡ ἀπὸ τοῦ?   18. τά] bis B. Figuram ipse addidi
d uerba subobscura scholiastae explicanda.

Ad prop. XXV.

95. Τὸ κε΄ θεώρημα ἀντίστροφόν ἐστι τῷ κδ΄ θεωρήματι, ἀντίκειται δὲ τῷ η΄· κατὰ συζυγίαν γὰρ ὁ στοιχειωτὴς προήγαγεν τά τε ἐπὶ τῆς ἰσότητος τῶν
5 γωνιῶν καὶ τῶν βάσεων καὶ τὰ ἐπὶ τῆς ἀνισότητος θεωρήματα καθ᾽ ἑκατέραν τῶν συζυγιῶν τὰ μὲν προηγούμενα, τὰ δὲ ἀντίστροφα λαμβάνων καὶ ἐπὶ μὲν τῶν προηγουμένων ταῖς ἐπ᾽ εὐθείας δείξεσι χρώμενος, ἐπὶ δὲ τῶν ἀντιστρόφων ταῖς εἰς ἀδύνατον ἀγωγαῖς.
10 οὕτω δὲ καὶ ἐφ᾽ ἑνὸς ἑκάστου τριγώνου πεποίηκε· τοτὲ μὲν τῇ ἰσότητι τῶν ἐν αὐτῷ πλευρῶν δείκνυσι τὴν ἰσότητα τῶν ὑποτεινομένων γωνιῶν ἀκολουθοῦσαν, τοτὲ δὲ τῇ ἀνισότητι, καὶ αὖ πάλιν ἀντιστρόφως τῇ μὲν ἰσότητι τῶν γωνιῶν τὴν ἰσότητα τῶν ὑποτεινουσῶν
15 πλευρῶν, τῇ δὲ ἀνισότητι τὴν ἀνισότητα ἀποφαίνων ἑπομένην.

βουλόμενος δεῖξαι ὁ γεωμέτρης, ὅτι ἡ γωνία τοῦ ἑνὸς τριγώνου μείζων ἐστὶ τῆς τοῦ ἑτέρου γωνίας, κέχρηται τῷ δι᾽ ἀδυνάτου συλλογισμῷ οὕτως· ἡ ΒΑΓ
20 γωνία, φησί, τῇ ΕΔΖ ἢ ἴση ἐστὶν ἢ ἐλάσσων. ἀλλὰ μὴν οὔτε ἴση ἐστὶν οὔτε ἐλάσσων· μείζων ἄρα. ἔστι δὲ ε΄ τρόπος οὗτος τῶν ὑποθετικῶν. πόθεν οὖν δῆλον, ὅτι οὔτε ἴση ἐστὶν οὔτε ἐλάσσων; κατασκευάζει τοῦτο διὰ τοῦ β΄ τρόπου τῶν ὑποθετικῶν, ὅτι, εἰ ἔστιν ἡ
25 ΒΑΓ γωνία ἴση ἢ ἐλάσσων τῇ ΕΔΖ, ἴση ἂν ἦν καὶ

---

95. P Vᵃ (fq, F² enan.).

2. τό — 3. η΄] ἀντίκειται μὲν τῷ ὀγδόῳ, ἀντιστρέφει δὲ τῷ πρὸ αὐτοῦ P. 4. τά τε] P, om. VqF. 9. ἀντιστροφίαν P. ἀπαγωγαῖς P. 10. πεποίηκεν τριγώνου P. 13. Post ἀνισότητι add. τὴν ἀνισότητα P. 16. ἑπομένην] hic desinit P. 20. τῇ] γωνίᾳ τῇ F. 21. ἔστι δέ — 22. ὑποθετικῶν] om. F.

βάσις ἡ ΒΓ βάσει τῇ ΕΔ ἢ ἐλάσσων. οὐκ ἔστι δέ. οὐκ ἄρα ἴση ἐστὶν ἢ ἐλάσσων ἡ ΒΑΓ γωνία τῇ ΕΔΖ. μείζων ἄρα.

Ad prop. XXVI.

96. Θαλοῦ εὕρεμα.

Τὸ κϛ΄ θεώρημα τέλος ἐστὶ τοῦ πρώτου τμήματος, ὅ ἐστι περὶ γενέσεως καὶ ἰσότητος καὶ ἀνισότητος τῶν τριγώνων. λαμβάνει δὲ ὁ στοιχειωτὴς ἐν τούτῳ τῷ θεωρήματι δύο τρίγωνα ἴσας ἔχοντα τὰς γωνίας ταῖς γωνίαις καὶ τὰς πλευρὰς ταῖς πλευραῖς καὶ ἀποδείκνυσι 10 πάντα ἴσα διὰ τῆς εἰς ἀδύνατον ἀπαγωγῆς, ὧν καὶ τοὺς συλλογισμοὺς ἐν πρώτῳ σχήματι καὶ τῇ εἰς ἀδύνατον ἀπαγωγῇ ἡμεῖς ἐξεθέμεθα. μέχρις οὖν τούτου ὁ στοιχειωτὴς τάς τε συστάσεις τῶν τριγώνων καὶ τὰς συγκρίσεις ἐξέθετο κατὰ τὸ ἴσον καὶ ἄνισον, καὶ διὰ 15 μὲν τῆς συστάσεως τὴν οὐσίαν αὐτῶν παραδέδωκε, διὰ δὲ τῆς ἰσότητος τὴν ἑτερότητα· δύο γὰρ ταῦτα περὶ τὴν ὕπαρξιν τὸ ταὐτὸν καὶ τὸ ἕτερον καὶ ἐν ποσοῖς καὶ ἐν ποιοῖς κατὰ τὴν ἰδιότητα τῶν ὑπο- κειμένων. δείκνυται οὖν ἐκ τούτων ὡς εἰκόνων πάντα, 20 ὅτι καὶ ἕκαστον ἑαυτῷ ταὐτόν ἐστι καὶ ἑαυτοῦ ἕτερον διὰ τὸ ἐν αὐτῷ πλῆθος, καὶ πάντα ταῦτα ἀλλήλοις καὶ ἕτερα ἀλλήλων· καὶ γὰρ ἐφ' ἑνὸς ἑκάστου τῶν τριγώνων εὕρηται τὸ ἴσον καὶ ἄνισον καὶ ἐπὶ πλει- όνων ἑνός. 25

---

96. Vᵃ (fq m).

---

1. δέ] lac. 5 litt. V, corr. ex ἄρα F.   8. λαμβάνων m.
9. ταῖς γωνίαις] om. m.   10. ταῖς πλευραῖς] om. m.   καί] om. m.

97.   Τοῦτο Θαλοῦ εὕρημα, ὥς φησιν Εὔδημος.

Τὸν τὰ τρίγωνα κατὰ τὰς πλευρὰς καὶ τὰς γωνίας
καὶ τὰ ἐμβαδὰ συγκρίνειν βουλόμενον ἀναγκαῖον ἢ
μόνας τὰς πλευρὰς λαβόντα ἴσας ζητεῖν τὴν ἰσότητα τῶν
5 γωνιῶν ἢ μόνας τὰς γωνίας ἴσας ζητεῖν τὴν ἰσότητα
τῶν πλευρῶν ἢ μίξαντα γωνίας καὶ πλευράς.   μόνας
μὲν οὖν γωνίας ἴσας λαβὼν οὐκ ἠδύνατο δεικνύναι καὶ
τὰς πλευρὰς τῶν τριγώνων ἴσας.   ἔστιν γὰρ ἰσογώνια
τρίγωνα καὶ τὰ σμικρότατα τοῖς μεγίστοις καὶ ταῖς
10 πλευραῖς καὶ τοῖς περιεχομένοις χωρίοις λειπόμενα τῶν
ἑτέρων, τὰς δὲ γωνίας ἴσας ἔχοντα ἐκείνοις κατὰ μίαν.
μόνας δὲ τας πλευρὰς ἴσας ὑποθέμενος πάντα ἔδειξεν
ἴσα κατὰ τὸ ὄγδοον θεώρημα, ἐν ᾧ δύο τρίγωνά ἐστιν
ἔχοντα δύο πλευρὰς ἴσας δυσὶν ἑκατέρας καὶ τὴν βάσιν
15 ἴσην τῇ βάσει.   καὶ δείκνυται ἰσογώνια ταῦτα καὶ ἴσων
περιληπτικὰ χωρίων.   καὶ ὁ στοιχειωτὴς τὴν προσθήκην
ταύτην ἀφεῖλεν ὡς ἑπομένην ἐξ ἀνάγκης καὶ ἀποδείξεως
οὐ δεομένην, καθάπερ διὰ τὸ τέταρτον.   πλευρὰς δὲ
καὶ γωνίας λαμβάνων ἢ μίαν πλευρὰν ὤφειλεν λαβεῖν
20 μιᾷ ἴσην καὶ μίαν γωνίαν μιᾷ γωνίᾳ ἢ μίαν πλευρὰν
καὶ τὰς δύο γωνίας τῶν τριγώνων ἴσας ἢ ἀνάπαλιν
μίαν γωνίαν καὶ δύο πλευρὰς ἢ μίαν γωνίαν καὶ τρεῖς
πλευρὰς ἢ μίαν πλευρὰν καὶ τὰς τρεῖς γωνίας ἢ καὶ
πλείους μιᾶς πλευρᾶς λαμβάνειν καὶ πλείους μιᾶς
25 γωνίας.   ἀλλὰ μίαν γωνίαν καὶ μίαν πλευρὰν λαβὼν
οὐκ ἐδείκνυ τὸ προκείμενον τῶν ἄλλων τὴν ἰσότητα.
δυνατὸν γοῦν δύο τρίγωνα κατὰ μίαν μόνην πλευρὰν
ἴσα ὄντα καὶ μίαν γωνίαν πᾶσιν ἄνισα τοῖς λοιποῖς

97. P.

16. περιλημπτικά P.

ὑπάρχειν· ἔστω γὰρ εὐθεῖα ἡ ΑΒ ἑστῶσα ὀρθὴ ἐπὶ
τὴν ΓΔ εὐθεῖαν, μείζων δὲ τῆς ΒΓ ἡ ΒΔ, καὶ ἐπ-
εζεύχθωσαν αἱ ΑΓ, ΑΔ. οὐκοῦν τοῖς τριγώνοις τούτοις
μία μὲν κοινὴ πλευρὰ καὶ μία γωνία μιᾷ ἴση, τὰ δὲ
ἄλλα ἄνισα. μίαν δὲ πλευρὰν καὶ δύο γωνίας λαβεῖν 5
ἐξῆν καὶ δεῖξαι τὰ λοιπὰ ἴσα, καὶ τοῦτο ποιεῖ διὰ
τοῦδε τοῦ θεωρήματος. μίαν δὲ πλευρὰν καὶ τρεῖς
γωνίας ἴσας ἔτι ὑποτίθεσθαι περιττόν, εἴπερ καὶ δύο
μόνων ἴσων οὐσῶν δέδεικται ἡ τῶν λοιπῶν ἰσότης.
πάλιν μίαν γωνίαν καὶ δύο πλευρὰς λαβὼν ἔδειξεν 10
τἆλλα ἴσα ἐν τῷ τετάρτῳ θεωρήματι. μίαν δὲ γωνίαν
καὶ τρεῖς πλευρὰς ἴσας λαβεῖν περίεργον ἦν· καὶ γὰρ
αἱ δύο μόνον ἴσαι ληφθεῖσαι συνῆγον τὴν ἰσότητα
τῶν ἄλλων. καὶ μὴν καὶ τὸ δύο πλευρὰς καὶ δύο γωνίας
ἴσας λαμβάνειν ἢ δύο πλευρὰς καὶ τρεῖς γωνίας ἴσας 15
ἢ δύο γωνίας καὶ τρεῖς πλευρὰς πάντα ταῦτα περιττά.
τὰ γὰρ ταῖς ἐλάττοσιν ὑποθέσεσιν ἑπόμενα πάντως
ἀκολουθεῖ καὶ ταῖς πλείοσι μόνον μετὰ τῶν δεόντων
προσδιορισμὸν λαμβανομένων τῶν ὑποθέσεων. τρεῖς
οὖν ἡμῖν ἀνεφάνησαν ὑποθέσεις ἀποδείξεως δεόμεναι 20
ἥ τε μόνας λαμβάνουσα τὰς τρεῖς πλευρὰς καὶ τὴν
μίαν γωνίαν καὶ ἡ ἀντίθετος πρὸς ταύτην ἡ τὴν μίαν
πλευραν καὶ τὰς δύο γωνίας, ἣν νῦν ὁ γεωμέτρης
προστίθησιν. καὶ δια τοῦτο ταῦτα τρία μόνα θεω-
ρήματα περὶ τῆς ἰσότητος τῶν τριγώνων ἔχομεν τῆς 25
ἐν ταῖς πλευραῖς καὶ ταῖς γωνίαις τῶν ἄλλων πασῶν
ὑποθέσεων ἢ ἀδυνάτων οὐσῶν δεῖξαι τὸ ζητούμενον
ἢ δυνατῶν μὲν ἀλλὰ περιττῶν τῷ δι' ἐλαττόνων ὑπο-
θέσεων τα αὐτὰ πέφηναν. ὥσπερ οὖν, ὅτε δύο πλευρὰς

---

4. τὰ δὲ ἄλλα] τὰς δὲ ἄλλας P.

ἐλάμβανεν ἴσας δυσὶν καὶ γωνίᾳ μιᾷ μίαν ἴσην, οὐ τὴν
τυχοῦσαν ἐλάμβανειν γωνίαν, ἀλλ᾽, ὡς αὐτοῦ προσετίθει,
τὴν ὑπὸ τῶν ἴσων εὐθειῶν περιεχομένην, οὕτω καὶ δύο
γωνίας δυσὶ λαμβάνων ἴσας καὶ μίαν πλευρὰν μιᾷ οὐ
5 τὴν τυχοῦσαν λαμβάνει, ἀλλ᾽ ἤτοι τὴν πρὸς ταῖς ἴσαις
γωνίαις ἢ τὴν ὑποτείνουσαν ὑπὸ μίαν τῶν ἴσων γωνιῶν.
οὔτε γὰρ γωνίαν ἐπὶ τοῦ τετάρτου ληφθεῖσαν ἴσην
τὴν τυχοῦσαν οὔτε πλευρὰν ἐπὶ τοῦδε τοῦ θεωρήματος
οἵαν ποτὲ δεικνύναι τὰ λοιπὰ ἴσα δυνατόν.

10 τέλος τοῦ α΄ τμήματος.

98. Μέχρι τούτου τοῦ θεωρήματος ἱκανῶς διδάξας
ὁ Εὐκλείδης περὶ τῆς γενέσεως τῶν τριγώνων σχη-
μάτων καὶ περὶ τῆς ἰσότητος αὐτῶν καὶ ἀνισότητος,
ὅσα δυνατὸν ἐν στοιχειώσει λέγειν, ἐντεῦθεν περὶ τῶν
15 τετραπλεύρων διδάσκει, προηγουμένως μὲν περὶ τῶν
παραλληλογράμμων, τῇ δὲ τούτων θεωρίᾳ συνεισφέρει
καὶ τὴν περὶ τῶν τραπεζίων διδασκαλίαν· διῄρηται
γὰρ τὸ τετράπλευρον εἴς τε τὸ παραλληλόγραμμον καὶ
εἰς τὸ τραπέζιον, καὶ ταῦτα ἑκάτερα εἰς ἕτερα εἴδη.
20 διὰ δὲ τὴν τῆς ἰσότητος μετουσίαν, ἣν ἔχει ἀεὶ τὸ
παραλληλόγραμμον, εἰκότως τέτακται προηγουμένως,
τὸ δὲ τραπέζιον ἀνισότητι περιπίπτον ἐκ τῆς τῶν
παραλληλογράμμων τομῆς τὴν γένεσιν ἕξει, ὡς ἔσται
προϊοῦσιν ἡμῖν δῆλον. ἐπεὶ δὲ παραλληλόγραμμόν ἐστι
25 τὸ ὑπὸ παραλλήλων γραμμῶν εὐθειῶν ἀπεναντίον
κειμένων ἀλλήλαις περιγραφόμενον σχῆμα, ἀναγκαίως
ἀπὸ τῶν παραλλήλων ποιεῖται τὴν ἀρχὴν τῆς διδα-
σκαλίας, καὶ κατὰ βραχὺ προϊὼν ἐκ τούτων εἰς τὴν τῶν
παραλληλογράμμων εἰσβάλλει θεωρίαν ἑνὶ μέσῳ χρη-

98. Vᵃ (fq).

ᾱμενος θεωρήματι τῆς τε τούτων καὶ τῆς ἐκείνων
ἱτοιχειώσεως, ὃ δοκεῖ μὲν σύμπτωμά τι θεωρεῖν ταῖς
ταραλλήλοις ὑπάρχον, παραδίδωσι δὲ γένεσιν πρώτην
ταραλληλογράμμων. τοιοῦτον γάρ ἐστι τὸ λέγον· αἱ
ἀς ἴσας τε καὶ παραλλήλους ἐπὶ τὰ αὐτὰ μέρη ἐπι- 5
ευγνύουσαι καὶ αὐταὶ ἴσαι τε καὶ παράλληλοί εἰσιν.
ν γὰρ τούτῳ θεωρεῖται μέν τι ταῖς ἴσαις καὶ παρ-
:λλήλοις συμβεβηκός, ἐκ δὲ τῆς ἐπιζεύξεως ἀναφαίνεται
ὁ παραλληλόγραμμον τὸ ἴσας ἔχον καὶ παραλλήλους
:ὰς ἀπεναντίον κειμένας πλευράς. τρία δέ εἰσι χαρακ- 10
ηριστικὰ τῶν παραλλήλων καὶ ἀντιστρέφοντα πρὸς
:ὐτάς, οὐ μόνον τὰ γ̄ ἅμα, ἀλλὰ καὶ ἕκαστον ἀποληφθὲν
ῶν λοιπῶν, ὧν τὸ μέν ἐστιν εὐθείας τεμνούσης τας
ταραλλήλους ἴσας εἶναι τας ἐναλλάξ, τὸ δὲ ἕτερον
ὐθείας τεμνούσης τὰς παραλλήλους ἴσας εἶναι τὰς 15
ʼντὸς δύο ὀρθαῖς, τὸ δὲ λοιπὸν εὐθείας τεμνούσης
ὰς παραλλήλους ἴσην εἶναι τὴν ἐκτὸς 'τῇ ἐντὸς καὶ
:πεναντίον· ἕκαστον γὰρ τῶν συμπτωμάτων τούτων
κανὸν ἀποδειχθὲν παραλλήλους ἀποφῆναι τὰς εὐθείας.
ʼεῖ δὲ πάντα τὰ σχήματα καταγραφόμενα καὶ νοούμενα 20
ν ἑνὶ ἐπιπέδῳ εἶναι· εἰ γὰρ μὴ ἐν τῷ αὐτῷ ἐπιπέδῳ
:άντα νοοῦμεν, οὐδὲν κωλύει ἄλλο κατασκευάζοντας
:λλο εὑρέσθαι ἀποδεικνύμενον.

τέλος τοῦ πρώτου τμήματος, ὅ ἐστι περὶ γενέσεως
αὶ ἰσότητος καὶ ἀνισότητος τῶν τριγώνων. ἀρχὴ τοῦ 25
ʹ τμήματος, ὅ ἐστι περὶ τετραγώνων σχημάτων.

99. Ἰστέον, ὅτι τὸ πρῶτον τμῆμα τοῦ βιβλίου
νταῦθά ἐστιν.

99. F.

12. ἀποληφθέν] q, ἀπολειφθέν V.   17. τῇ] q, τήν V.
23. εὑρέσθαι] q, εὑρηθῆναι V.

Ad prop. XXVII.

100. Ἐντεῦθεν ἄρχεται περὶ τῶν παραλλήλων διδάσκειν.

101. Ἐπειδὴ διὰ τῶν παραλλήλων γραμμῶν συν-
5 ίστανται τετράγωνα, πρῶτον περὶ αὐτῶν τῶν παρ-
αλλήλων γραμμῶν διδάσκει ἐν τῷ κζ΄ θεωρήματι, καὶ
ὅπως, δῆλον. αὐτὸ δὲ τὸ ἐναλλὰξ ἰστέον ὅτι διχῶς
ὁ γεωμέτρης παραλαμβάνει, ποτὲ μὲν κατὰ τὴν τοιάνδε
θέσιν, ποτὲ δὲ κατὰ τὴν τοιάνδε τῶν λόγων ἀκολου-
10 θίαν. κατὰ μὲν τοῦτο τὸ σημαινόμενον ἐν τῷ ε΄ καὶ
ἐν τοῖς ἀριθμητικοῖς χρῆται τῷ ἐναλλάξ, κατὰ δὲ τὸ
ἕτερον ἔν τε τούτῳ καὶ ἐν τοῖς ἄλλοις πᾶσι βιβλίοις
ἐπὶ τῶν παραλλήλων εὐθειῶν καὶ τῆς εἰς ταύτας ἐμ-
πιπτούσης· τὰς γὰρ γωνίας τὰς μὴ ἐπὶ τὰ αὐτὰ γινο-
15 μένας, ἀλλὰ διειργομένας μὲν ἀπὸ τῆς ἐμπιπτούσης,
ἐντὸς δὲ ἄμφω τῶν παραλλήλων διαφερούσας μὲν τῷ
τὴν μὲν ἄνω κεῖσθαι, τὴν δὲ κάτω, καὶ τῆς μὲν ἐντὸς
τῆς ἐμπιπτούσης εὐθείας εἰς τὰς παραλλήλους οὔσης,
τῆς δὲ ἐκτός, ἀμφοτέρας δὲ ἐντὸς τῶν παραλλήλων,
20 ταύτας ἐναλλὰξ γωνίας καλεῖ· οἷον εὐθειῶν οὐσῶν
τῶν ΑΒ, ΓΔ, ἐμπιπτούσης δὲ εἰς αὐτὰς τῆς ΕΖ
εὐθείας ἐναλλὰξ εἶναί φησι τὰς ὑπο ΑΕΖ καὶ ΔΖΕ
καὶ πάλιν τὰς ὑπὸ ΓΖΕ καὶ ΒΕΖ. οὕτως δὲ καλεῖ
αὐτὰς ὡς ἐνηλλαγμένως ἐχούσας κατα τὴν θέσιν, τὴν
25 μὲν ἄνω, τὴν δὲ κάτω καὶ τὴν μὲν ἐπὶ τὸ ἕτερον μέρος
τῆς ἐμπιπτούσης εὐθείας, τὴν δὲ ἐπὶ τὸ ἕτερον· εἰ
γὰρ ἡ ἄνω ἐντός, ἡ κάτω ἐκτος καὶ ἀνάπαλιν. τοιαύτης

15. διειργομένας] Proclus p. 357, 18; διεγειρομένας Vq.
ἀπό] Vq. ὑπό Proclus p. 357, 18.

δὲ οὔσης τῆς θέσεως τῶν εὐθειῶν ἐκ διαιρέσεως ἓξ
τὰ πάντα συμπτώματα, ὧν τρία μόνα ὁ γεωμέτρης
ἔλαβε, τρία δὲ παρῆκεν.

102. Μετὰ τὸ περὶ τῶν τριγώνων ὡς ἐν στοιχειώσει
διαλεχθῆναι μεταβαίνει πάλιν ἐπὶ τὴν τῶν παραλληλο-   5
γράμμων ἐπίσκεψιν. καὶ ἐπείπερ ἀδύνατον ἦν εἰπεῖν
τι περὶ αὐτῶν χωρὶς τῶν παραλλήλων, διὰ τοῦτο τὰ
συμβαίνοντα πρότερον περὶ τὰς τοιαύτας εὐθείας
θεωρεῖ. ἰστέον δέ, ὅτι τὰς εὐθείας ὡς ἐν ἑνὶ λαμ-
βάνει ἐπιπέδῳ, ἐπεὶ καὶ πάντα τὰ θεωρήματα, ἓξ δὲ   10
συμπτωμάτων γινομένων τῶν πάντων περὶ τὰς παρ-
αλλήλους τὰς τρεῖς μόνας ἐκτίθεται ὡς ἂν ἐκ τούτων
καὶ τῶν λοιπῶν τριῶν εὐσυνόπτων οὐσῶν. ληψόμεθα
δὲ ἢ ἐπὶ τὰ αὐτὰ μέρη τὰς γωνίας ἢ οὐκ ἐπὶ τὰ αὐτά,
καὶ εἰ ἐπὶ τὰ αὐτά, ἢ ἀμφοτέρας ἐντὸς τῶν εὐθειῶν,   15
ἃς ἀποδείκνυσιν ὁ λόγος παραλλήλους, ἢ ἄμφω ἐκτός
ἢ τὴν μὲν ἐντός, τὴν δὲ ἐκτός, καὶ εἰ μὴ ἐπὶ τὰ αὐτά,
πάλιν ὡσαύτως. ἑξαχῶς οὖν λαμβανομένων τῶν συμ-
πτωμάτων τρία ἐπελέξατο, ἓν μὲν ἐκ τῶν μὴ ἐπὶ τὰ
αὐτά, δύο δὲ ἐκ τῶν ἐπὶ τὰ αὐτά, ἐκ μὲν τῶν μὴ ἐπὶ   20
τὰ αὐτὰ μέρη τῶν ἐντὸς ληφθεισῶν μόνον, ἃς ἐκάλεσεν
ἐναλλάξ, ἐκ δὲ τῶν ἐπὶ τὰ αὐτὰ μέρη τῶν τε ἐντὸς
ἀμφοτέρων, ἃς εἶναι δυσὶν ὀρθαῖς ἴσας καὶ τὴν ἐκτὸς

---

102. PBFVat. (εἰς τὸ κζ´ FVat.).

---

4. ὡς] B, ἂν εἰκός PFVat.. 7. τι] om. BF. αὐτῶν]
τῶν παραλληλογράμμων P. 9. ἐν] om. FVat. 12. τρεῖς
μόνας ἐκτίθεται] μὲν τρεῖς ἐκτίθεται, παραλιμπάνει δὲ τὰς
λοιπάς P. 13. καί — τριῶν] κἀκείνων P. 14. ἢ ἐπί]
περί P. 15. καὶ εἰ — αὐτά] om. FVat. 17. ἐντός] ἐκτός B.
ἐκτός] ἐντός B. · 19. ἐκ τῶν] ἐκτός BF? 20. ἐκ τῶν]
ἐκτός BF? 22. τῶν] (alt.) bis Vat. 23. εἶναι] εινεινᾳι P,
sed corr.

τῇ ἐντὸς καὶ ἀπεναντίον ἴσην ὀφείλουσαν εἶναι. ἡμεῖς
οὖν φαμεν, ὅτι καὶ ταῖς ὑπολειφθείσαις τρισὶν ὑπο-
θέσεσι τὰ αὐτὰ ἕπεται. ἔστωσαν γὰρ ἐπὶ τὰ αὐτὰ μέρη
ἄμφω ἐκτὸς ἡ ΘΕΒ, ΔΖΚ. λέγω,
5 ὅτι αὗται δύο ὀρθαῖς ἴσαι εἰσίν.
εἰ γὰρ ἡ ὑπὸ ΔΖΚ ἴση τῇ ὑπὸ
ΖΕΒ, αἱ δὲ ὑπὸ ΖΕΒ, ΘΕΒ
δύο ὀρθαῖς ἴσαι, καὶ αἱ ὑπὸ ΔΖΚ,
ΘΕΒ δύο ὀρθαῖς ἴσαι. ὁμοίως δὲ

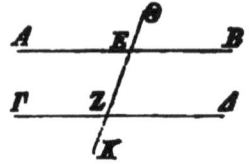

10 δείξομεν, καὶ ἐὰν μὴ ἐπὶ τὰ αὐτὰ μέρη ὦσιν, καὶ ἔστιν
ἡ μὲν ἐντός, ἡ δὲ ἐκτός, ὅτι δύο ὀρθαῖς ἴσαι εἰσίν,
καὶ ἔτι δείξομεν τὴν τρίτην ὑπόθεσιν, ἐὰν καὶ ἄμφω
ἐκτὸς καὶ μὴ ἐπὶ τὰ αὐτὰ μέρη, ὅτι ἴσαι εἰσίν. καὶ
γὰρ αὗται ταῖς κατὰ κορυφὴν αὐτῶν ἴσαι εἰσὶν διὰ
15 τὸ ιε', αἱ δὲ κατὰ κορυφὴν αὐτῶν εἰσιν ἐναλλάξ· ὀρθαὶ
ἄρα· ὅπερ ἔδει δεῖξαι.

103. Ἡ γὰρ ὑπὸ ΑΕΘ ἴση τῇ ὑπὸ ΒΕΖ, αἱ δὲ
ὑπὸ ΒΕΖ, ΕΖΔ δύο ὀρθαῖς ἴσαι. καὶ αἱ ὑπὸ ΑΕΘ,
ΕΖΔ δύο ὀρθαῖς ἴσαι. πάλιν ἔστωσαν μὴ ἐπὶ τὰ
20 αὐτά, ἄμφω δὲ ἐκτὸς τῶν εὐθειῶν. λέγω, ὅτι αὗται
ἴσαι ἀλλήλαις εἰσίν, ἐπεὶ καὶ αἱ κατὰ κορυφὴν αὐτῶν
εἰσιν ἐναλλάξ. ἕπεται ἄρα ταῖς ὑποθέσεσιν ἐκείναις
καὶ τὰ λειπόμενα. τοῦτο δὲ προσεθέμεθα, ὅτι τὰ

Figuram dedi ex Vat.   103. P.

2. ὑποληφθείσαις Vat.   5. ὀρθαί P.   εἰσιν ἴσαι P.   6.
ΔΖΚ] ΑΖΚ PBVat.   7. ΘΕΒ] om. Vat.   8. καί — 9.
ἴσαι] om. F.   9. ὁμοίως δέ] om. P.   δέ] om. B, ut uidetur.
10. δείξομεν καὶ ἐάν] πάλιν ἔστωσαν P.   ὦσιν καὶ ἔστιν]
ὧν P; cfr. Proclus p. 359, 28, p. 360, 1.   11. ἐντός] ἐκτός P.
ἐκτός] ἐντός P.   ὅτι] λέγω ὅτι καὶ αὗται P, Proclus p. 360, 2.
δύο] δυσίν FVat.   εἰσίν — 16. δεῖξαι] om. P.   12. ἐὰν
καί] καὶ ἐάν F.   17. ἡ] εἰ P.   ΒΕΖ] Β in ras. P.

ναλλάξ, ἐὰν μὴ καὶ ἐν τῷ αὐτῷ ἐπιπέδῳ, κωλύονται
οἳ μη εἶναι παραλλήλους οἷον χιαστὶ τῶν εὐθειῶν
εἰμένων τῆς μὲν ἐν ἄλλῳ, τῆς δὲ ἐν ἄλλῳ ἐπιπέδῳ,
ὰς δὲ εἰς αὐτὰς ἐμπιπτούσας εὐθείας ποιεῖ γωνίας
ναλλὰξ ἴσας, ἀλλ' οὐ παράλληλοι αἱ οὕτως κείμεναι. 5
ροείληπται οὖν, ὅτι πάντα, ὅσα καταγράφομεν ἐν τῇ
ειπέδῳ πραγματείᾳ, περὶ ἓν καὶ τὸ αὐτὸ ἐπίπεδον
ανταζόμεθα.

104.   ἐν τῷ αὐτῷ οὖσαι
συμπίπτουσιν   ἐπιπέδῳ οὐ παράλληλοι.   αἱ αβ βγ.   10

Ἰστέον ἐν ταῖς τῶν συλλογισμῶν τουτωνὶ ἀναλύσεσιν
πὶ μὲν τοῦ ἐσχάτου ὅρου ἐκτίθεται τὰ ὑποκείμενα,
:ερὶ ὧν ὁ λόγος, ταῦτα δὲ ἢ ἁπλᾶ ἢ συμπεπλεγμένα,
πλᾶ μέν, ὅταν ᾖ δι' ἓν ἁπλοῦν συναχθῆναι συμ-
:έρασμα, συμπεπλεγμένα δέ, ὅταν συγκριτικόν· ἐκ- 15
ίθενται γὰρ τότε ἐπὶ τοῦ ἐσχάτου ὅρου ἄμφω τὰ
υγκρινόμενα ἢ κατὰ τὸ ἴσον ἢ κατὰ τὸ μεῖζον καὶ
λαττον. ἐπὶ δὲ τοῦ πρώτου ὅρου ἐκτίθεται το δει-
νύμενον, ὃ τοῖς ὑποκειμένοις δείκνυται ἐξ ἀνάγκης
πόμενον, ἐπὶ δὲ τοῦ μέσου ἡ αἰτία, δι' ἣν καθ' αὑτὸ 20
αὶ οὐ κατὰ συμβεβηκὸς τὸ πρῶτον τῷ ἐσχάτῳ ἕπεσθαι
είκνυται.

Ad prop. XXVIII.

105. Τὸ μὲν κζ' θεώρημα τὰς μὴ ἐπὶ τα αὐτὰ μέρη
αμβάνον γωνίας, ἐντὸς δὲ τῶν εὐθειῶν κειμένας ἴσας 25

---

104. n (qui talibus figuris scatet).   105. Vᵃ (fq).

---

1. κωλύονται] et sq. corrupta.   6. ἐν] om. P.

ἀλλήλαις ἐδείκνυ παραλλήλους οὔσας τὰς εὐθείας· τὸ
δὲ κη' θεώρημα τὰς λοιπὰς β̄ ὑποθέσεις προστίθησιν,
ὧν ἡ μὲν τὰς γωνίας μερίζει κατὰ τὸ ἐντὸς καὶ ἐκτός,
ἡ δὲ ἀμφοτέρας ἐντὸς ὑποτίθεται καὶ δείκνυσι τὸ αὐτο
5 συμπέρασμα. καὶ ὅπως μὲν ἐν τῷ πρὸ τούτου θεω-
ρήματι ὁ γεωμέτρης τὰς ἐναλλὰξ ἴσας ὑπέθετο τὰς μὴ
ἐπὶ τὰ αὐτὰ μέρη παραλαμβάνων· τοιαῦται γὰρ αἱ
ἐναλλάξ· ὅπως δὲ ἐν τούτῳ τὴν ἐντὸς καὶ τὴν ἐκτὸς
ἴσην λαμβάνων καὶ τὰς ἐντὸς καὶ ἐπὶ τὰ αὐτὰ μέρη
10 δύο ὀρθαῖς ἴσας δείκνυσιν, ὅτι δύο ὀρθαῖς ἴσων οὐσῶν
τῶν ἐντὸς γωνιῶν αἱ εὐθεῖαι παράλληλοί εἰσι, δῆλον
ἀπὸ τῶν καταγραφῶν.

106. Τὸ μὲν πρὸ τούτου θεώρημα τὰς μὴ ἐπὶ τὰ
αὐτὰ μέρη γωνίας λαμβάνον, ἐντὸς δὲ τῶν εὐθειῶν
15 κειμένας ἴσας ἀλλήλαις ἐδείκνυ παραλλήλους οὔσας τὰς
εὐθείας, τοῦτο δὲ τὰς λοιπὰς δύο ὑποθέσεις προσ-
τίθησιν, ὧν ἡ μὲν τὰς γωνίας μερίζει κατὰ τὸ ἐντὸς
καὶ ἐκτός, ἡ δὲ ἀμφοτέρας ἐντὸς ὑποτίθεται καὶ δείκνυσι
τὸ αὐτο συμπέρασμα. δόξειεν δ' ἂν πάλιν νυνὶ ἐν ἑνὶ
20 θεωρήματι τὰς ἐναλλὰξ ἴσας ὑποτίθεσθαι, ἐν ἑνὶ μὲν
τῇ ἐκτὸς καὶ τὰς ἐντὸς καὶ ἐπὶ τὰ αὐτὰ μέρη δύο
ὀρθὰς ἴσας.

Ad prop. XXIX.

107. Τὸ κθ' θεώρημα ἀμφοτέροις ἀντιστρέφει τοῖς
25 πρὸ αὐτοῦ τῷ κη' καὶ τῷ κζ'· τὸ γὰρ ἐν ἑκατέρῳ
ζητούμενον ὑπόθεσιν ποιεῖται, τὰ ἐν ἐκείνοις δεδομένα

---

106. P.   107. Vᵃ (Pˢfq).

---

10. ἴσας] οὔσας Vq; fort. ἴσας οὔσας.   19 sq. corrupta.
26. δεδομένα] P, Proclus p. 364, 8; δεδογμένα Vq.

δείκνυται. ἐλέγομεν δὲ καὶ πρότερον, ὅτι διαφέρουσι τὰ ἀντιστρέφοντα τῷ ἓν ἑνὶ μάχεσθαι ὥσπερ τὸ ε' καὶ τὸ ϛ' ἢ τῷ πλείοσιν ἓν ὡς τὸ νυνὶ προκείμενον τοῖς πρὸ αὐτοῦ. ἰστέον δέ, ὅτι ἐν τούτῳ τῷ θεωρήματι πρῶτον ἐχρήσατο ὁ στοιχειωτὴς τῷ αἰτήματι τούτῳ 5 τῷ· ἐὰν εἰς δύο εὐθείας εὐθεῖα ἐμπίπτουσα τὰς ἐντὸς καὶ ἐπὶ τα αὐτὰ μέρη γωνίας δύο ὀρθῶν ἐλάσσονας ποιῇ, συμπίπτειν εὐθείας ἐκβαλλομένας, ἐφ' ἃ μέρη εἰσὶν αἱ τῶν β ὀρθῶν ἐλάσσονες.

108. Ἡ εἰς τὰς παραλλήλους εὐθείας εὐθεῖα ἐμ- 10 πίπτουσα τὰς ἐναλλὰξ ἴσας ποιεῖ καὶ τὴν ἐκτὸς τῇ ἐντὸς καὶ ἀπεναντίον ἴσην καὶ τὰς ἐντὸς καὶ ἐπὶ τὰ αὐτὰ μέρη δύο ὀρθαῖς ἴσας. τοῦτο τὸ θεώρημα ἀμφοτέροις ἀντιστρέφει τοῖς προειρημένοις θεωρήμασι· τὸ γὰρ ἐν ἑκατέρῳ ζητούμενον ὑπόθεσιν ποιεῖται, τὰ 15 ἐν ἐκείνοις δεδομένα δεικνύναι προτίθεται. καὶ δεῖ μεμνῆσθαι καὶ τῆς τοιαύτης τῶν ἀντιστροφῶν διαφορᾶς, ὅτι πᾶν τὸ ἀντίστροφον ἢ ἓν ἑνὶ ἀντιστρέφει, ὡς τῷ πέμπτῳ τὸ ἕκτον, ἢ πλείοσιν ἕν, ὡς τὸ νυνὶ προκείμενον τοῖς πρὸ αὐτοῦ. ἐν δὲ τούτῳ τῷ θεω- 20 ρήματι πρῶτον ὁ στοιχειωτὴς ἐχρήσατο τῷ τῶν αἰτημάτων τῷ· ἐὰν εἰς δύο εὐθείας εὐθεῖα ἐμπίπτουσα τὰς ἐντὸς καὶ ἐπὶ τὰ αὐτὰ μέρη γωνίας δύο ὀρθῶν ἐλάσσονας ποιῇ, συμπίπτειν τὰς εὐθείας ἐκβαλλομένας, ἐφ' ἃ μέρη εἰσὶν αἱ τῶν δύο ὀρθῶν ἐλάσσονες· ὥσπερ 25

108. P.

2 τὸ ε' καὶ τό] corr. ex τῷ ε' καὶ τῷ m. rec. V, τῶν ε' καὶ τῶν q. 3. πλείοσι V, corr. m. rec. ἓν] om. q, e corr. m. rec. V. 11. τήν] τῇ P. 18. ἕν] ἑνί P. 19. ἕν] ἑνός P. 21. τῷ] scr. τούτῳ. 22. ἐάν] ἐν P. 25. ὥσπερ] ὥστε P.

ἐξηγούμενοι τὰ πρὸ τῶν θεωρημάτων ἐλέγομεν, οὐ
παρὰ πάντων τοῦτο συγκεχώρηται εἶναι ἀναποδείκτως
ὁμολογούμενον. καὶ πῶς γὰρ ἂν εἴη τοιοῦτον; τὸ
ἀντίστροφον ὡς ἀποδεικτὸν ἐν τοῖς θεωρήμασιν ἀνα-
5 γέγραπται. λέγω δή, ὅτι, ἐὰν εἰς δύο εὐθείας εὐθεῖα
ἐμπίπτουσα τὰς ἐντὸς καὶ ἐπὶ τὰ αὐτὰ μέρη δύο
ὀρθῶν ἐλάσσονας ποιῇ, συμπεσοῦνται αἱ εὐθεῖαι ἐκ-
βαλλόμεναι, ἐφ’ ἃ μέρη εἰσὶν αἱ τῶν δύο ὀρθῶν ἐλάσ-
σονες. πολλῷ δὲ μᾶλλον ἀσύμπτωτοι ἐπὶ τὸ ἕτερον
10 μέρος, ἐφ’ ἃ μέρη αἱ γωνίαι δύο ὀρθῶν μείζονες.
ὥστε ἐφ’ ἑκάτερα ἐὰν εἰσιν ἀσύμπτωτοι, παράλληλοι
ἔσονται.

ἀντιστρέφει μέρος πρὸς ὅλον ἕκαστον τῶν πρὸ
αὐτοῦ τριῶν.

15 τῷ τῶν παραλλήλων καὶ ὁ Ἀριστοτέλης ἐχρήσατο
κατασκευάζων πεπερασμένον εἶναι τὸν κόσμον. ἀφ’
ἑνὸς σημείου δύο ἐκβάλωνται εὐθεῖαι γωνίαν ποιοῦσαι
ἐπ’ ἄπειρον· πᾶν πεπερασμένον μέγεθος ὑπερβάλλει ἡ
διάστασις αὐτῶν εἰς ἄπειρον ἐκβαλλομένων. ἔδειξεν
20 γοῦν ἐκεῖνος, ὅτι ἀπείρων οὐσῶν ἐν τῷ ἀπὸ τοῦ
κέντρου πρὸς τὴν περιφέρειαν ἐκβεβλημένων ἄπειρον
τὸ μεταξύ. πεπερασμένου γὰρ ὄντος αὐξῆσαι τὴν
διάστασιν ἀδύνατον, ὥστε οὐκ ἄπειροι αἱ εὐθεῖαι.
παντὸς οὖν τοῦ ληφθέντος πεπερασμένου μεγέθους
25 μεῖζον ἀλλήλων διαστήσονται ἐκβαλλόμεναι ἐπ’ ἄπειρον
αἱ εὐθεῖαι. τούτου δὴ προυποτεθέντος λέγω, ὅτι, ἐὰν
παραλλήλων εὐθειῶν τὴν ἑτέραν τέμῃ τις εὐθεῖα,
τέμνει καὶ τὴν λοιπήν.

---

7. ἐκβαλόμεναι · P.   15. τῷ] τό P.   16. ἀφ’] scr. ἐὰν
ἀφ’.   17. ἐκβάλονται P.   22. αὐξήσας (-ας comp.) Γ.   26.
τούτου] του seq. lacuna pergameni P.

Ad prop. XXX.

109. Εἴωθεν ὁ γεωμέτρης ἐν τοῖς τῶν σχέσεων λόγοις δεικνύναι τὴν ταυτότητα διήκουσαν ἐν ἅπασι τοῖς πρὸς τὸ αὐτὸ τὴν αὐτὴν ἔχουσι σχέσιν· οὕτω γὰρ καὶ ἐν τοῖς ἀξιώμασιν ἔλεγεν τὰ τῷ αὐτῷ ἴσα καὶ 5 ἀλλήλοις ἐστὶν ἴσα, καὶ ἐν τοῖς ἑξῆς ἐρεῖ· τὰ τῷ αὐτῷ ὅμοια καὶ ἀλλήλοις ὅμοιά ἐστιν, καὶ οἱ τῷ αὐτῷ λόγῳ οἱ αὐτοὶ καὶ ἀλλήλοις εἰσὶν οἱ αὐτοί. κατὰ τὸν αὐτὸν τρόπον· καὶ τὸ λ΄ ἀποδείκνυσι θεώρημα, ὅτι αἱ τῇ αὐτῇ εὐθείᾳ παράλληλοι καὶ ἀλλήλαις εἰσὶ παράλληλοι. 10 συμβέβηκε δὲ οὐκ ἐπὶ πασῶν τῶν σχέσεων εἶναι τοῦτο ἀληθές· οὐ γὰρ τὰ τοῦ αὐτοῦ διπλάσια καὶ ἀλλήλων διπλάσιά ἐστιν, οὐδὲ τὰ τοῦ αὐτοῦ ἡμιόλια καὶ ἀλλήλων ἐστὶν ἡμιόλια· ἀλλ᾽ ἔοικεν ἐπ᾽ ἐκείνοις μόνον χώραν ἔχειν, ὅσα ἀντιστρέφουσι συνωνύμως, ἐπὶ τῆς ἰσότητος, 15 ἐπὶ τῆς ὁμοιότητος, ἐπὶ τῆς ταυτότητος, ἐπὶ τῆς παραλλήλου θέσεως· ἡ γὰρ παράλληλος παραλλήλῳ ἐστὶ παράλληλος, ὡς τὸ ἴσον ἴσῳ ἐστὶν ἴσον καὶ τὸ ὅμοιον ὁμοίῳ ὅμοιον. καὶ γάρ ἐστιν ὁμοιότης θέσεως ἡ παραλληλότης, εἰ δυνατὸν εἰπεῖν. λέγει οὖν καὶ δεί- 20 κνυσιν ἐν τούτῳ τῷ θεωρήματι, ὅτι αἱ τῇ αὐτῇ εὐθείᾳ παράλληλοι πάντως οὕτως ἔχουσιν, ὥστε καὶ ἀλλήλαις

---

109. Vᵃ (P² fq).   οὐκ lin. 11 — θέσεως lin. 17 hab. etiam PBVat (F eras.?); εἰς τὸ λ΄ Vat.

---

4. ἔχουσι] -ι e corr. m. rec. V.   7. λόγῳ] λόγοι V.   9. καὶ τὸ λ΄ ἀποδείκνυσι] bis Vq (post ἀποδείκνυσι priore loco in V legitur κείμενον illud I p. 72, 7 not. crit.).   11. εἶναι] om. PBVat.   13. διπλάσιά ἐστιν — 14. ἐστὶν ἡμιόλια] om. PBVat.   14. μόνον ἐπ᾽ ἐκείνων PBVat.   15. ἀντιστρέφουσιν PBVat.   συνωνύμως] ὡς PBVat.   16. τῆς ταυτότητος — 17. θέσεως] τῶν παραλλήλων PBVat.   20. εἰ] ἡ V et cod. M apud Proclum p. 873, 23.

εἶναι παράλληλοι. λαμβάνει γὰρ δύο μὲν εὐθείας ἐν ταῖς ἄκραις κειμένας, μέσην δὲ μίαν, πρὸς ἣν αἱ ἑκατέρωθεν κείμεναι τὴν ὁμοίαν ἔχουσι σχέσιν.

Ad prop. XXXI.

5   110. Ἐν μὲν τοῖς προλαβοῦσι θεωρήμασι τὰ καθ' αὑτὰ ὑπάρχοντα ταῖς παραλλήλοις εὐθείαις ἐδίδαξεν ἡμᾶς ὁ στοιχειωτής, ἐν δὲ τῷ λα' προβλήματι ὄντι αὐτὴν τὴν γένεσιν τῶν παραλλήλων διδάσκει διὰ τῶν γεωμετρικῶν μεθόδων καὶ δείκνυσι, πῶς γίνεται ἄλλη
10 εὐθεῖα παράλληλος ἄλλη. τοῦτο δὲ ποιεῖ, ἐπειδὴ πολλαχοῦ αἱ γενέσεις τρανεστέραν ἡμῖν ποιοῦσι τῶν ὑποκειμένων τὴν οὐσίαν. σημεῖον γὰρ λαβὼν καὶ εὐθεῖαν ἄγει διὰ τοῦ σημείου τῇ εὐθείᾳ παράλληλον. δεῖ δὲ προειληφέναι ἡμᾶς, ὅτι τὸ σημεῖον ἐκτὸς πάντως κεῖσθαι
15 τῆς εὐθείας ἀναγκαῖον. οὐ γὰρ ἐπειδὴ εἴρηται διὰ δοθέντος σημείου, καὶ ἐπ' αὐτῆς αὐτίκα τῆς εὐθείας δώσομεν· οὐ γὰρ ἔσται τις ἄλλη παρὰ τὴν εὐθεῖαν ἡ δι' αὐτοῦ φερομένη παράλληλος. μερίσας οὖν τὴν εὐθεῖαν καὶ τὸ σημεῖον ἐδήλωσεν, ὅτι τὸ σημεῖον ἐκτὸς
20 λαμβάνειν χρὴ τῆς εὐθείας, ὅπερ καὶ ἐπὶ τῆς καθέτου διὰ τῆς προσθήκης σαφὲς ἐποίησε λέγων ἐπὶ τὴν δοθεῖσαν εὐθεῖαν ἄπειρον ἀπὸ τοῦ δοθέντος σημείου, ὃ μή ἐστιν ἐπ' αὐτῆς, κάθετον ἀγαγεῖν. τοῦτο μὲν οὖν κοινὸν ἀμφοτέροις τούτοις τοῖς προβλήμασιν, ἕτερον
25 δέ, ὅτι ἀπὸ τοῦ αὐτοῦ σημείου δύο κάθετοι οὐκ ἄγονται ἐπὶ τὴν αὐτὴν εὐθεῖαν, καὶ διὰ τοῦ αὐτοῦ σημείου

---

110. Vᵃ (fq).

---

11. τρανεστέραν] q, Proclus p. 376, 1; τρανοτέραν V.   16.
αὐτίκα] αὐτῐ̈ V, αὐτῷ ὁ q, αὐτό Proclus p. 376, 7.

δύο παράλληλοι οὐκ ἄγονται τῇ αὐτῇ. διὸ καὶ ὁ
στοιχειωτὴς ἐνικῶς εἶπεν εὐθεῖαν γραμμην ἀγαγεῖν
ἐκεῖ μὲν κάθετον, ἐνταῦθα δὲ παράλληλον, ἀλλ᾽ ἐκεῖνο
μὲν δέδεικται, τοῦτο δὲ φανερὸν ἐκ τοῦ προαποδειχ-
θέντος. εἰ γὰρ διὰ τοῦ αὐτοῦ σημείου τῇ αὐτῇ δύο 5
παράλληλοι ἀχθεῖεν, καὶ ἀλλήλαις ἔσονται παράλληλοι,
συμπίπτουσαι κατὰ τὸ δοθὲν σημεῖον· ὅπερ ἐστὶν
ἀδύνατον. διαφέρουσι δὲ καὶ αἱ προτάσεις αὐτῶν τῇ
ἀπὸ καὶ τῇ διὰ προθέσει. ὅπου μὲν γὰρ τὸ σημεῖον
ἀρχή ἐστι τῆς ἀγομένης εὐθείας ἀπὸ τοῦ δοθέντος 10
σημείου γέγραπται, καὶ διὰ τοῦτο ἀπ᾽ αὐτοῦ ἡ ἀγωγή,
ὅπου δὲ ἐπ᾽ αὐτῆς ἐστι τῆς ἀγομένης εὐθείας, διὰ τοῦ
δοθέντος σημείου γέγραπται, καὶ διὰ τοῦτο ἡ ἀγωγὴ
δι᾽ αὐτοῦ· οὐ γὰρ ὡς τεμνούσης εὐθείας τὸ δοθὲν
σημεῖον εἴρηται τὸ δι᾽ αὐτοῦ, ἀλλ᾽ ὡς συμπιπτούσης 15
αὐτῷ καὶ ὁριζούσης τὸ ἑαυτῆς ἀπόστημα. τοσοῦτον
καὶ ἡ παράλληλος ἔχει τὸ μεταξὺ ἑαυτῆς τε καὶ ἐκείνης.

111. Ἔοικε τὸ θεώρημα τοῦτο γένεσιν τῶν παρ-
αλλήλων παραδιδόναι. προσεκτέον δὲ τῇ διαφορᾷ τῶν
προσθέσεων· ἡ μὲν γὰρ κάθετον ἀπὸ τοῦ σημείου, ἡ 20
δὲ διὰ τοῦ δοθέντος παράλληλον. καὶ ὥσπερ οὐκ ἐξῆν
δύο καθέτους ἀπὸ τοῦ αὐτοῦ σημείου, οὕτως οὐδὲ δύο
παραλλήλους. δειχθήσεται δὲ διὰ τοῦ πρὶ αὐτοῦ·
ἔσονται γὰρ παράλληλοι συμπίπτουσαι ἀλλήλαις· ὅπερ
ἄτοπον. 25

---

111. PBFVat. (εἰς τὸ λα´ Vat.).

---

18. ἔοικεν PB. 19. προεκτέον FVat. 20. κάθετος
Vat. (sed auditur ἄγει, sicut ἄγειν lin. 22; nam ἡ lin. 20 est
ἡ πρότασις). ἡ δέ — 21. παράλληλον] bis B. 24. ὅπερ]
ὅπερ ἐστίν FVat.

Ad prop. XXXII.

112. Εἴωθεν ἡ γνῶσις ἡ ἡμετέρα ἐκ τοῦ ἀτελοῦς
μεταβαίνειν ἐπὶ τὸ τέλειον. διὸ καὶ ἡ ἐπιστήμη ὁμοίως
προιοῦσα ἐκ τῶν ἀορίστων ἐπιβολῶν ἐπὶ τοὺς ὁριζο-
5 μένους καὶ ἀνελέγκτους λόγους μεταβαίνει. ὅσα γὰρ
ἐνέλιπεν ἐν τῷ ιϛ' καὶ ιζ' θεωρήματι, τοσοῦτον προσ-
τίθησιν ἐν τούτῳ· οὐ γὰρ μόνον, ὅτι ἡ ἐκτὸς τούτου
τοῦ τριγώνου ἑκατέρας τῶν ἐντὸς καὶ ἀπεναντίον
μείζων, διὰ τούτου μανθάνομεν, ἀλλὰ καὶ ὅσῳ μείζων.
10 ἴση γὰρ ἀμφοτέραις οὖσα μείζων ἐστὶν ἑκατέρας τῇ
λοιπῇ. οὐδὲ ὅτι δύο τοῦ τριγώνου ὁποιαιοῦν ἐλάτ-
τονές εἰσι δυοῖν ὀρθαῖν, ἐκ τούτου γινώσκομεν, ἀλλὰ
καὶ πόσῳ ἐλάττους· τῇ γὰρ λοιπῇ τῶν τριῶν. ἐκεῖνα
μὲν οὖν ἀοριστότερά πως ἦν τα θεωρήματα, τοῦτο δὲ
15 τὸν τῆς ἐπιστήμης ὅρον ἀμφοτέροις ἐπήγαγε, καὶ διὰ
τοῦτο οὐ περιττὰ ἂν εἴποιμεν ἐκεῖνα. ἔστι δὲ διπλοῦν
τὸ θεώρημα τοῦτο κατά τε τὸ ζητούμενον καὶ τὸ δε-
δόμενον. ἕτερον μὲν γάρ ἐστι τὸ τὴν ἐκτὸς ἴσην εἶναι
τῇ ἐντὸς καὶ ἀπεναντίον· δείκνυσι γὰρ τοῦτο ἐκβεβλη-
20 μένην πλευρὰν ἐπ' εὐθείας μιᾷ τῶν τοῦ τριγώνου
πλευρῶν. ἕτερον δέ ἐστι τὸ τὰς ἐντὸς τοῦ τριγώνου
δύο ὀρθαῖς ἴσας εἶναι· δείκνυσι γάρ, ὅτι τὸ σχῆμα
τρίγωνόν ἐστιν. ἐπεὶ δὲ ἔχομεν, ὅτι παντὸς τριγώνου
αἱ τρεῖς γωνίαι δυσὶν ὀρθαῖς ἴσαι εἰσίν, οἷον τετρα-
25 γώνου καὶ τῶν ἐξῆς ἁπάντων πολυπλεύρων, χρὴ εἰδέναι,
ὅτι πᾶν σχῆμα εὐθύγραμμον εἰς τρίγωνον ἀναλύεται.

112. Vᵃ (fq).

19. Fort. δι' ἐκβεβλημένην.   *24.* Post εἰσίν uerba aliquot
exciderunt; cfr. Proclus p. 381, 23—25.

ἔοικε δὲ καὶ κατὰ τὰς κοινὰς ἐννοίας προσπίπτειν ἡμῖν
ἡ τοῦ θεωρήματος ἀλήθεια ἀποδεικνύουσιν τὴν τοῦ
τριγώνου γένεσιν. ἐὰν γὰρ νοήσωμεν εὐθεῖαν καὶ ἐπὶ
τῶν περάτων αὐτῆς ἑστώσας πρὸς ὀρθάς, εἶτα συν-
νευούσας εἰς τριγώνου γένεσιν, ὁρῶμεν, ὅτι, καθ' ὅσον 5
συννεύουσι, κατὰ τοσοῦτον ἐλαττοῦσι τὰς ὀρθάς, ἃς
ἐποίουν κατ' ἀρχὴν σταθεῖσαι, ὥστε ὅσον ἐκείνων
ἀφαιροῦσι, τοσοῦτον πρὸς τῇ κορυφῇ συνεισφέρουσαι
τὴν τρίτην γωνίαν ἀποτελοῦσι τῇ συννεύσει καὶ ἐξ
ἀνάγκης ποιοῦσι τὰς ἐντὸς τρεῖς γωνίας δυσὶν ὀρθαῖς 10
ἴσας ταῖς πρώην.

113. Τῷ ιϛ' καὶ ιζ' τοσοῦτον προστίθησιν ἐνταῦθα·
οὐ γὰρ μόνον, ὅτι ἡ ἐκτὸς τοῦ τριγώνου ἑκατέρας
τῶν ἐντὸς μείζων, ἀλλὰ τίνι μείζων, ὅτι τῇ ἑτέρᾳ τῶν
ἀπεναντίον· καὶ οὐ μόνον δύο ὀρθῶν ἐλάττονες δύο 15
ὁποιαιοῦν, ἀλλ' ὅτι τῇ λειπομένῃ τῶν ἐντός· αἱ γὰρ
τρεῖς δύο ὀρθαῖς ἴσαι. δυνατὸν δὲ τὴν παράλληλον
διὰ τοῦ Γ οὕτως ἀγαγεῖν, ὡς τέμνειν τὴν ΒΔ, καὶ
δεῖξαι πᾶσαν τὴν πρότασιν.

114. Ἐπειδὴ ἔχομεν, ὅτι παντὸς τριγώνου αἱ τρεῖς 20
γωνίαι δύο ὀρθαῖς ἴσαι εἰσίν, δεῖ μέθοδον λαβεῖν,
καθ' ἣν καὶ τῶν ἄλλων πάντων πολυγώνων εὐθυ-
γράμμων τὰς γωνίας εὑρήσομεν, ὁπόσαις ὀρθαῖς ἴσαι
εἰσίν, οἷον τετραγώνου, πενταγώνου καὶ τῶν ἑξῆς
ἁπάντων πολυπλεύρων. χρὴ τοίνυν εἰδέναι πρῶτον, 25
ὅτι πᾶν σχῆμα εὐθύγραμμον εἰς τρίγωνα ἀναλύεται·
πάντων γὰρ ἀρχὴ τῆς συστάσεως τρίγωνον, ὃ καὶ ὁ

---

113. PBFVat. (εἰς τὸ λβ' Vat.).   114. P.

1. τὰς κοινὰς ἐννοίας] q, Proclus p. 384, 13; τὴν κοινὴν
ἔννοιαν V.   2. ἀποδεικνύουσιν] q, ἀποδεικνύουσα V, fort.
recte.   12. τῷ] τό FVat.   15. ἀπεναντίων Vat.

Πλάτων ἔφη διδάσκων, ὅτι ἡ ὀρθὴ · τῆς ἐπιπέδου
βάσεως ἐκ τριγώνων συνέστηκεν. ἕκαστον δὲ ἀναλύεται
εἰς δυάδι ἐλάσσονα τρίγωνα τῶν οἰκείων πλευρῶν, εἰ
τετράπλευρόν ἐστιν, εἰς δύο, εἰ πεντάπλευρον, εἰς τρία,
5 εἰ ἑξάπλευρον, εἰς τέσσαρα. δύο γὰρ τρίγωνα συν-
τεθέντα τετράπλευρον ἐποίησε εὐθύς, ᾧ δὲ τῶν συν-
θέτων τριγώνων ἀριθμῷ τὸ πρῶτον συστὰν διήνεγκεν
τῶν ἑαυτοῦ πλευρῶν, τούτῳ καὶ τὰ ἑξῆς πάντα διαφέρει.
δυάδι ἄρα πᾶν πολύπλευρον πλείους ἔχει πλευρὰς τῶν
10 τριγώνων, εἰς ἃ διαλύεται. ἀλλά γε μὴν ἅπαν τρί-
γωνον δέδεικται δυσὶν ὀρθαῖς ἴσας ἔχον τὰς γωνίας.
διπλάσιος ἄρα ὁ τῶν γωνιῶν ἀριθμὸς αὐτῶν τῶν
συντεθέντων τριγώνων γενόμενος παρέξεται τὸ πλῆθος
τῶν ὀρθῶν, ὅσαις ἕκαστον πολύγωνον ἴσας ἔχει γωνίας.
15 διὸ πᾶν μὲν τετράπλευρον τέτρασιν ὀρθαῖς ἴσας ἔχει
γωνίας· ἐκ δυεῖν γὰρ συνέκειτο τριγώνων· πᾶν δὲ
πεντάπλευρον ἓξ καὶ τοῦτο ἑξῆς ὁμοίως. ἐν μὲν οὖν
τοῦτο ληπτέον ἐκ τοῦ θεωρήματος τούτου περὶ πάντων
τῶν πολυγώνων ἅμα καὶ εὐθυγράμμων, ἕτερον δὲ
20 ἑπόμενον τούτῳ συνέλωμεν, ὅτι πᾶν σχῆμα εὐθύ-
γραμμον ἑκάστης τῶν πλευρῶν ἅπαξ ἐκβληθείσης τὰς
ἐκτὸς συνισταμένας γωνίας ἴσας ἔχει τέτρασιν ὀρθαῖς.
διπλασίας μὲν γὰρ εἶναι δεῖ τὰς ἐφ' ἑκάτερα γωνίας
ὀρθὰς τοῦ πλήθους τῶν πλευρῶν, ἐπειδὴ πρὸς ἑκάστῃ
25 δυσὶν ὀρθαῖς ἴσαι συνίστανται. ἀφαιρουμένων δὲ τῶν
ἴσων ταῖς ἐντὸς ὀρθῶν αἱ λοιπαὶ γίνονται αἱ ἐκτὸς
τέτρασιν ὀρθαῖς ἴσαι. οἷον εἰ τὸ σχῆμα τρίγωνον,
ἑκάστης αὐτοῦ πλευρᾶς ἅπαξ ἐκβαλλομένης ἓξ ὀρθαῖς
ἴσαι συνίστανται γωνίαι αἵ τε ἐντὸς καὶ ἐκτός, ὧν αἱ

---

11. τάς] τά P. 25. ἴσαι] ἴσαις P.

ἐντὸς ἴσαι δυσίν. αἱ λοιπαὶ ἄρα αἱ ἐκτὸς τέτραρσιν.
εἰ δὲ τετράπλευρον, ὀκτω αἱ πᾶσαι· διπλάσιαι γὰρ τῶν
πλευρῶν. ὧν ἐντὸς τέτρασιν· καὶ ἐκτὸς ἄρα ἄλλαις
τοσαύταις ἴσαι. εἰ δὲ πεντάπλευρον, δέκα μὲν αἱ πᾶσαι,
ἓξ δὲ αἱ ἐντός, τέτρασι δὲ αἱ λοιπαὶ ἐκτός. καὶ ἐπ'   5
ἄπειρον ὁμοίως ἡ αὐτὴ μέθοδος. ἐπὶ δὴ τούτοις
κἀκεῖνα συνάγωμεν, ὅτι διὰ τοῦτο τὸ θεώρημα τὸ μὲν
ἰσόπλευρον τρίγωνον ἑκάστην ἔχει γωνίαν διμοίρου
ὀρθῆς· εἰ γὰρ αἱ τρεῖς δυεῖν ὀρθαῖς ἴσαι καὶ ἀλλήλαις
ὑπάρχουσιν ἴσαι, ἐπειδὴ ὑπὸ τὰς ἴσας πλευρὰς ἴσαι   10
γωνίαι συνεστᾶσιν. τὸ δὲ ἰσοσκελές, ὅταν ἔχῃ τὴν
πρὸς τὴν κορυφὴν ὀρθήν, τὰς λοιπὰς ἡμισείας ὀρθῆς
ἔχει, οἷον τὸ ἡμιτετράγωνον, τὸ δὲ σκαληνὸν τὸ ἡμι-
τρίγωνον, ὃ γίνεται ἐν ἰσοπλεύρῳ τριγώνῳ καθέτου
ἀχθείσης ἀφ' οἵας τινὸς γωνίας ὑπὸ τὴν ὑποτείνουσαν   15
αὐτὴν πλευράν, τὴν μὲν ἔχει ὀρθήν, τὴν δὲ διμοίρου,
ἥτις ἦν καὶ τοῦ ἰσοπλεύρου τριγώνου, τὴν δὲ λοιπὴν
ἄρα τρίτου. δεῖ γὰρ εἶναι δυσὶν ὀρθαῖς ἴσας τὰς τρεῖς.
ταῦτα οὐ παρέργως ἐπισημαίνομαι, ἀλλ' ὡς προπαρα-
σκευάζοντα ἡμᾶς πρὸς τοῦ Τιμαίου διδασκαλίαν.   20

Ad prop. XXXIII.

115. Τὸ λγ' θεώρημα σύμπτωμα λέγον τῶν δε-
δομένων παραλλήλων εὐθειῶν γένεσιν παραλληλο-
γράμμου σχήματος λεληθυῖαν παραδίδωσι· γίνεται γὰρ
παραλληλόγραμμον ἔκ τε τῶν ἐξ ἀρχῆς ἴσων καὶ ἐκ   25
τᾶν ταύτας ἐπιζευγνυουσῶν καὶ δεικνυμένων ὡσαύτως

---

115. Vª (fq).

6. ἐπί] ἐπεί P.   9. ὀρθαῖς] ὀρθαί P.   15. ἀφ'] ἀπ' P.
ὑπό] sic etiam apud Proclum p. 883, 23; scr. ἐπί.   16.
διμοίρους P.   25. ἴσων] Vq, scrib. ἴσων τε καὶ παραλλήλων.

ἴσων τε καὶ παραλλήλων. διὸ καὶ τὸ μετὰ τοῦτο εὐθὺς
ὡς ἂν ὑποστάντος ἤδη τοῦ παραλληλογράμμου τὰ καθ'
αὑτὰ ὑπάρχοντα τοῖς τοιούτοις θεωρεῖ. οὐκ ἠρκέσθη
δὲ ὁ στοιχειωτὴς εἰπὼν ἐν τῇ προτάσει ἴσας εἶναι τὰς
5 ἐπιζευγνυμένας, ἀλλὰ καὶ παραλλήλους, διότι οὐ πάντως
αἱ ἐπιζευγνύουσαι τὰς ἴσας ἴσαι εἰσίν,
ὥσπερ ἐπὶ τοῦ τριγώνου οὐκ ἔστιν ἴση
τῇ βάσει ἡ ἐπιζεύξασα μέσον. δεῖ οὖν καὶ
παραλλήλους εἶναι τὰς δεδομένας, ἵνα καὶ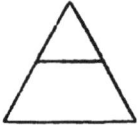
10 αἱ ἐπιζευγνύουσαι ὁμοίως ἴσαι τε καὶ
παράλληλοι ἔσονται. δεῖ γὰρ πρὸς μὲν τὴν ἰσότητα
τῶν ἐπιζευγνυουσῶν τῆς τῶν ἐπιζευγνυμένων · παρ-
αλλήλου θέσεως, πρὸς δὲ τὴν τῶν παραλλήλων θέσιν
τῆς ἐκείνων ἰσότητος. διὰ τοῦτο καὶ ὁ στοιχειωτὴς
15 ἄμφω παρέλαβεν ἐπὶ τῶν ἐπιζευγνυμένων τό τε ἴσας
εἶναι καὶ παραλλήλους, ἵνα δείξῃ, ὅτι ἄμφω δεῖ εἶναι
καὶ περὶ τὰς ἐπιζευγνυούσας εὐθείας. εἰ γὰρ μὴ
ἀμφότερα αἱ δεδομέναι εὐθεῖαι ἕξουσιν, οὐδὲ αἱ
ζευγνύουσαι αὐτάς. εἰκότως δὲ ἀξιοῖ ὁ στοιχειωτής,
20 τὰς ἐπιζευγνυούσας τὰς ἴσας καὶ παραλλήλους ἐπὶ τὰ
αὑτὰ μέρη ποιεῖσθαι τὴν ἐπίζευξιν, ἵνα τῶν ἴσων καὶ
παραλλήλων ἐπιζευγνυμένων καὶ αὐταὶ ἴσαι καὶ παρ-
άλληλοι ὦσιν. εἰ γὰρ μὴ ἐπὶ τὰ αὐτὰ μέρη, οὔτε ἴσαι
γίνονται οὔτε παράλληλοι.

25   116. Τοῦτο τὸ θεώρημα γένεσιν παραλληλογράμμων
λεληθότως παραδίδωσιν· γίνεται γὰρ παραλληλόγραμμα

116. PBFVat. (in F euan.; εἰς τὸ λγ' Vat.).

5. ἀλλὰ καὶ παραλλήλους] supra scr. V, om. q.   6. ἴσας]
supra scr. V, παραλλήλους comp. q.   18. ἀμφότερα] corr. ex
ἀμφότεραι V, ἀμφότεραι q.

ἔκ τε τῶν παραλλήλων καὶ ἐκ τῶν ταύτας ἐπιζευγνυ-
ουσῶν. προσεκτέον δὲ τῷ ἀκριβεῖ τῆς προτάσεως.

117. Μέρη φησὶ τῶν παραλλήλων τὰ δύο ἄκρα
καὶ τὸ μέσον. λέγει οὖν ὁ στοιχειωτὴς ἐπὶ τὰ αὐτὰ
μέρη εἶναι τὰς ἐπιζευγνυούσας, εἴπερ ἔσονται ἴσαι καὶ 5
παράλληλοι. εἰ γὰρ ἡ μὲν ἐπιζεύξαι τὰς δεδομένας
παραλλήλους κατὰ τὸ μέσον, ἡ δὲ κατὰ τὸ ἄκρον,
οὔτε ἴσαι οὔτε παράλληλοι ἔσονται.

Ad prop. XXXIV.

118. Τὸ λδ΄ θεώρημα ὥσπερ ὑπόστασιν ἤδη λαβὸν 10
τοῦ παραλληλογράμμου ἐκ τοῦ προειρημένου θεωρή-
ματος τὰ χαρακτηριστικὰ τῆς ἰδίας συστάσεως τοῦ
παραλληλογράμμου θεωρεῖ, ἅ ἐστι ταῦτα, τὸ τὰς ἀπ-
εναντίον πλευρὰς ἴσας εἶναι καὶ τὰς γωνίας τὰς ἀπ-
εναντίον ἴσας καὶ τὸ δίχα τέμνεσθαι ὑπὸ τῆς διαμέτρου 15
τὰ χωρία. περὶ γὰρ τούτων εἴρηται τὸ καὶ ἡ διάμετρος
αὐτὰ δίχα τέμνει, ὡς εἶναι τὸ ἐμβαδὸν τὸ διχοτομού-
μενον ὅλον, ἀλλὰ μὴ τὰς γωνίας, δι᾽ ὧν ἡ διάμετρος
ἔρχεται. ὃ δὲ ὄντων παραλληλογράμμων, ἃ καὶ ἐν ταῖς
ὑποθέσεσιν ὡρίσατο, τοῦ τετραγώνου, τοῦ ἑτερομήκους, 20
τοῦ ῥόμβου, τοῦ ῥομβοειδοῦς, εἰ μὲν κατὰ τὰ ὀρθο-
γώνια γίνεται ἡ διαίρεσις, ἐξ ἀνάγκης καὶ τὰ χωρία
διχοτομοῦσιν αἱ διάμετροι καὶ αὐταὶ ἴσαι εἰσίν, ἐπὶ
δὲ τῶν μὴ τοιούτων, ἄνισοι. πάλιν ἐπὶ τῶν ἰσο-
πλεύρων καὶ τα χωρία δίχα τέμνουσιν αἱ διάμετροι 25
καὶ τὰς γωνίας, δι᾽ ὧν αὗται φέρονται, οἷον ἐπὶ τοῦ

---

117. f¹.   118. Vᵃ (fq).

---

1. ἐκ] (alt.) om. B.   22. ἐξ ἀνάγκης]. postea add. Vᵥ
om. q.   24. ἄνισοι] eras. V.

τετραγώνου καὶ τοῖ ῥόμβου, ἐπὶ δὲ τοῦ ἑτερομήκους
καὶ τοῦ ῥομβοειδοῦς τὰ χωρία μόνον. καὶ ὅλως ἔνθα
μὲν ἰσότης πλευρῶν, ἐκεῖ καὶ αἱ διάμετροι ἴσαι, καὶ
αἱ γωνίαι δίχα τέμνονται, καὶ τὸ ἐμβαδὸν εἰς ἴσα
5 διαιρεῖται διὰ τὴν ἰσότητα τῶν πλευρῶν καὶ τὴν
ὀρθότητα τῶν γωνιῶν. ἐπὶ δὲ τοῦ ἑτερομήκους αἱ
μὲν διάμετροι ἴσαι καὶ τὰ ἐμβαδά, αἱ δὲ γωνίαι οὐ
τέμνονται εἰς ἴσα ὑπὸ τῶν διαμέτρων, ἐπὶ δὲ τοῦ
ῥόμβου ἄνισοι μὲν αἱ διάμετροι, διχοτομοῦνται δὲ ὑπ'
10 αὐτῶν τά τε χωρία καὶ αἱ γωνίαι, ἐπὶ δὲ τοῦ ῥομ-
βοειδοῦς καὶ αἱ διάμετροι ἄνισοι, καὶ αἱ γωνίαι εἰς
ἄνισα τέμνονται ὑπὸ τούτων. ἐπεὶ δὲ τὰ μὲν καθόλου
ἐστὶ τῶν θεωρημάτων, οἷον πᾶν τρίγωνον τὰς τρεῖς
γωνίας δύο ὀρθαῖς ἴσας ἔχει· πάντα γὰρ περιέλαβε·
15 τὰ δὲ οὐ καθόλου, τοῦτο τὸ θεώρημά φαμεν τὸ μὲν
τῶν ζητουμένων ἔχειν καθόλου, τὸ δὲ οὔ. τὸ μὲν
γὰρ τὰς ἀπεναντίον πλευρὰς ἢ γωνίας ἴσας ἔχον
καθολικόν ἐστι· μόνον γὰρ ὑπάρχει τοῖς παραλληλο-
γράμμοις. τὸ δὲ τὴν διάμετρον δίχα τὸ χωρίον τεμεῖν
20 οὐ καθόλου, διότι μὴ πάντα περιείληφεν, ἐφ' ὅσων
θεωρεῖται τὸ σύμπτωμα. ἔοικε δὲ καὶ αὐτὸ τὸ ὄνομα
τῶν παραλληλογράμμων ὁ στοιχειωτὴς συνθεῖναι τὴν
ἀφορμὴν λαβὼν ἀπὸ τοῦ προειρημένου θεωρήματος.
ἐπειδὴ γὰρ ἔδειξεν, ὅτι αἱ τὰς ἴσας τε καὶ παραλλήλους
25 ἐπιζευγνύουσαι εὐθεῖαι ἐπὶ τὰ αὐτὰ μέρη καὶ αὐταὶ
ἴσαι καὶ παράλληλοί εἰσιν, δῆλον, ὅτι τὰς ἀπεναντίον

6. ἐπί] ἐπεί Vq.　7. καὶ τὰ ἐμβαδά] om. q, postea
add. V.　8. εἰς] postea add. q, om. V.　ἴσα] corr. in δίχα
m. rec. V.　ὑπό] corr. ex ὑπέρ m. rec. V.　15. φαμεν] corr.
in φαίνεται m. rec. V.　17. ἔχον] renouatum in ἔχειν V.
20. ὅσων] ὅσον V.　21. καὶ αὐτό] q, τὸ αὐτό in ras. m.
rec. V.

ἀπέφηνε παραλλήλους καὶ τὰς ἐπιζευγνυούσας καὶ τὰς
ἐπιζευγνυμένας. τὸ δὲ ὑπὸ παραλλήλων περιεχόμενον
γραμμῶν εἰκότως παραλληλόγραμμον ἐκάλεσεν, ὡς καὶ
τὸ ὑπὸ εὐθειῶν γραμμῶν περιεχόμενον εὐθύγραμμον
προσείρηκεν. δῆλον δέ, ὅτι τὸ παραλληλόγραμμον 5
τοῦτο ὁ στοιχειωτὴς ἐν τετραπλεύροις ἐξέθετο· ταῦτα
γὰρ μόνα τὰ τετράπλευρα τὴν ἀκρίβειαν τῶν παρ-
αλλήλων τῆς θέσεως δεικνύουσιν, ὡς ὁ ἐπιστημονικὸς
ἀπαιτεῖ λόγος κατὰ πάντα, τὰ δὲ λοιπὰ οὐ πάντα
ἔχουσιν, ὡς εἴρηται. 10

119. Ἰστέον καὶ τοῦτο ἐπὶ τῶν τετραπλεύρων, ὅτι
ἐπὶ μὲν τοῦ τετραγώνου καὶ αἱ διάμετροι ἴσαι διὰ τὴν
ὀρθότητα τῶν γωνιῶν, καὶ αἱ γωνίαι δίχα τέμνονται
ὑπὸ τῶν διαμέτρων διὰ τὴν ἰσότητα τῶν πλευρῶν,
καὶ τὸ ἐμβαδὸν εἰς ἴσα διαιρεῖται κατὰ τὴν διαγώνιον 15
διὰ τὴν κοινὴν ἰδιότητα τῶν παραλληλογράμμων. ἐπὶ
δὲ τοῦ ἑτερομήκους αἱ μὲν διάμετροι ἴσαι, αἱ δὲ γωνίαι
οὐ τέμνονται δίχα ὑπὸ τῶν διαμέτρων, ἡ δὲ τῶν χωρίων
εἰς ἴσα διαίρεσις ὑπάρχει καὶ τούτῳ, καθόσον ἐστὶ
παραλληλόγραμμον. ἐπὶ δὲ τοῦ ῥόμβου ἄνισοι μὲν αἱ 20
διάμετροι, διχοτομοῦνται δὲ ὑπὸ τούτων οὐ μόνον τὰ
χωρία, διότι παραλληλόγραμμον, ἀλλὰ καὶ αἱ γωνίαι,
διότι ἰσόπλευρον. ἐπὶ δὲ τοῦ ῥομβοειδοῦς καὶ αἱ διά-
μετροι ἄνισοι ὡς μὴ ὀρθογωνίου, καὶ αἱ γωνίαι εἰς
ἄνισα τέμνονται ὑπὸ τούτων ὡς μὴ ἰσοπλεύρου, μόνα 25
δὲ τὰ χωρία ἴσα γίνεται τὰ ἐφ' ἑκάτερα τῶν διαγωνίων
ὡς παραλληλογράμμου. ταῦτα μὲν οὖν εἴρηται τὴν
ἐν ταῖς διαιρέσεσι τῶν παραλληλογράμμων τεττάρων
ὄντων ὑποδεικνύονται διαφοραὶ θεωριῶν. κἀκείνας

119. P.

29. ὄντων] bis P; locus corruptus.

ἄξιον μὴ παρελθεῖν, ὅτι τῶν αὐτῶν θεωρημάτων τὰ
μέν ἐστι καθόλου, τὰ δὲ οὐ καθόλου. ὁ στοιχειωτὴς
ἐδήλωσεν τὸ παραλληλόγραμμον ἐν τετραπλεύροις τι-
θέμενος. ἐπιστῆσαι δὲ ἄξιον, μήποτε καὶ πᾶν εὐθύ-
5 γραμμον ἀρτιόπλευρον, ὅταν ἰσόπλευρόν τε καὶ ἰσο-
γώνιον ὑπάρχῃ, παραλληλόγραμμον ῥητέον. ἔχει γὰρ
καὶ τοῦτο τὰς ἀπεναντίον πλευρὰς ἴσας τε καὶ παρ-
αλλήλους καὶ τὰς ἀπεναντίον γωνίας, οἷον τὸ ἑξάγωνον
καὶ τὸ ὀκτάγωνον καὶ τὸ δεκάγωνον.

10   120. Ἀντιστρόφια· καὶ ὧν τετραπλεύρων αἱ ἀπ-
εναντίον πλευραὶ ἴσαι ἀλλήλαις εἰσίν, ἢ πάλιν ὧν
τετραπλεύρων αἱ ἀπεναντίον γωνίαι ἴσαι ἀλλήλαις
εἰσίν, ἐκεῖνα τὰ τετράπλευρα παραλληλόγραμμά ἐστιν,
καὶ ἔτι ὧν τετραπλεύρων αἱ ἐπιζευγνύμεναι διαγώνιοι
15 ἀμφότεραι δίχα τέμνουσιν τὰ τετράπλευρα, ἐκεῖνα
παραλληλόγραμμά ἐστιν.

Ad prop. XXXV.

121. Ὥσπερ εἰσὶ τῶν θεωρημάτων τὰ μὲν ἁπλᾶ,
τὰ δὲ σύνθετα, καὶ τὰ μὲν καθολικά, τὰ δὲ ἐπὶ μέρους,
20 οὕτως καὶ τὰ μέν εἰσι τοπικά, τὰ δὲ οὔ. τοπικὰ δὲ
λέγονται, ὅσοις ταὐτὸν σύμπτωμα πρὸς ὅλῳ τινὶ τόπῳ
συμβέβηκε, τόπος δὲ γραμμῆς ἢ ἐπιφανείας θέσις τίς
ἐστι ποιοῦσα ἓν καὶ ταὐτὸν σύμπτωμα. τῶν δὲ τοπικῶν
τὰ μὲν πρὸς γραμμαῖς συνίστανται, τὰ δὲ πρὸς ἐπι-
25 φανείαις, τούτων δὲ αἱ μέν εἰσιν ἐπίπεδοι, ὧν ἐν
ἐπιπέδῳ ἁπλῆ ἡ νόησις, αἱ δὲ στερεαί, ὧν ἡ γένεσις
ἔκ τινος τομῆς ἀναφαίνεται στερεοῦ σχήματος, ὡς τῆς

---

120. ΓΒVat. (F euan.); εἰς τὸ λδ΄ Vat.   121. Vᵃ (fq).

---

13. ἐστιν] εἰσιν Vat.

κυλινδρικῆς ἕλικος καὶ τῶν κωνικῶν γραμμῶν. λέ-
γομεν,· ὅτι καὶ τῶν πρὸς γραμμαῖς τοπικῶν τὰ μὲν
ἐπίπεδον ἔχει τόπον, τὰ δὲ στερεόν. τὸ τοίνυν λέ´
θεώρημα τοπικόν ἐστιν καὶ τῶν πρὸς γραμμαῖς τοπικῶν
καὶ ἐπίπεδον. τὸ γὰρ μεταξὺ πᾶν τῶν παραλλήλων   5
τόπος ἐστὶ τῶν συνισταμένων ἐπὶ τῆς αὐτῆς βάσεως
παραλληλογράμμων, ἃ δὴ δείκνυσιν ὁ στοιχειωτὴς ἴσα
ἀλλήλοις. ἔστω δὲ παράδειγμα τῶν στερεῶν λεγομένων
τοπικῶν θεωρημάτων τὸ τοιοῦτον· τὰ εἰς τὰς ἀσυμ-
πτώτους καὶ τὴν ὑπερβολὴν ἐγγραφόμενα παραλληλό-   10
γραμμα ἴσα ἐστίν. ἡ γὰρ ὑπερβολὴ στερεὰ γραμμή
ἐστιν· κώνου γάρ ἐστι γραμμή. τοπικὸν οὖν πρῶτον
θεώρημα ὁ στοιχειωτὴς ἀνέγραψε τὸ προκείμενον. ἔστι
δὲ τοῦτο καὶ τὸ περὶ τῶν τριγώνων ἑξῆς τῶν παρα-
δόξων ἐν τοῖς μαθήμασι καλουμένων θεωρημάτων·   15
καταπλήττει γὰρ τοὺς πολλοὺς εὐθύς, εἰ τὸ μῆκος πολλα-
πλασιαζόμενον οὐκ ἀναιρεῖ τὴν ἰσότητα τῶν χωρίων
τῆς αὐτῆς βάσεως οὔσης. ἰστέον γάρ, ὅτι, ὅσῳ ἀνίσους
ποιοῦμεν τὰς γωνίας, τοσούτῳ μᾶλλον ἐλαττοῦμεν τὰ
χωρία. ἐνταῦθα μὲν οὖν ἐπειδὴ περὶ εὐθυγράμμων   20
ὁ λόγος, τοπικὰ παραδίδωσιν ἐπίπεδα πρὸς εὐθείαις.
ἐν δὲ τῷ γ´ βιβλίῳ τὰ περὶ κύκλων καὶ τῶν ἐν τούτοις
συμπτωμάτων πραγματευόμενος τὰ πρὸς περιφερείαις
ἡμᾶς ἀναδιδάξει τοπικά. τοιοῦτον γὰρ ἐν ἐκείνοις τό·
αἱ ἐν τῷ αὐτῷ τμήματι γωνίαι ἴσαι ἀλλήλαις, καὶ τό·   25
αἱ ἐν ἡμικυκλίῳ ὀρθαί. ἀπείρων γὰρ συνισταμένων
πρὸς τῇ περιφερείᾳ γωνιῶν τῆς αὐτῆς βάσεως οὔσης
πᾶσαι δείκνυνται ἴσαι, καί εἰσιν ἀνάλογα ἐκεῖνα τοῖς
τριγώνοις καὶ παραλληλογράμμοις τοῖς ἐπὶ τῆς αὐτῆς

---

1. ἕλικος V, corr. m. rec.   4. τοπικόν] τὸ τοπικόν Vq.
18. οὔσης] m. rec.· V, om. q lacuna relicta.

βάσεως. ἰστέον, ὅτι ἡ τῶν γωνιῶν ὀρθότης καὶ ἡ
τῶν πλευρῶν ἰσότης τὸ πᾶν δύναται πρὸς τὴν τῶν
χωρίων αὔξησιν· ὀρθογωνίων γὰρ ὄντων τῶν παρ-
αλληλογράμμων τὸ τετράγωνον μεῖζον τοῦ ἑτερομήκους
5 χωρίον περιέχει, ἰσοπλεύρων δὲ ὄντων ἀμφοτέρων τὸ
ὀρθογώνιον δείκνυται τοῦ μὴ ὀρθογωνίου μεῖζον· διὸ
καὶ τὸ τετράγωνον πάντων ἀναφαίνεται μεῖζον χωρίον
περιέχον, τὸ δὲ ῥομβοειδὲς πάντων ἔλαττον. πρῶτον
δὲ ἐνταῦθα τῶν τραπεζίων ἐμνημόνευσε. περὶ τούτων
10 δὲ ἐν ταῖς ὑποθέσεσιν ἐδίδαξεν, ὅτι τετράπλευρα μέν
εἰσι τῷ γένει, οὐ παραλληλόγραμμα δέ. τὸ γὰρ μὴ
τὰς ἀπεναντίον πλευράς τε καὶ γωνίας ἴσας ἀλλήλαις
ἔχον ἐκβέβηκε καὶ τῆς τάξεως τῶν παραλληλογράμμων.
δύο δὲ εἰδῶν ὄντων τῶν τραπεζίων· τῶν μὲν γὰρ
15 οὐδετέρα ἐστὶ πλευρὰ παράλληλος ἑτέρα, τῶν δὲ μίαν
ἐχόντων ἴσην μιᾷ· ἐπὶ τῆς παρούσης καταγραφῆς τὸ
ἕτερον εἶδός ἐστιν· ἡ γὰρ ΓΕ ἴση ἐστὶ τῇ ΔΒ. τέ-
μνουσαν ἔλαβεν ὁ στοιχειωτὴς τὴν ΓΔ τὴν ΒΕ, καὶ
τὸ διάγραμμα τετράγωνον.

20   122. Ἐν τούτῳ τῷ λε΄ παραδόξῳ θεωρήματι δεί-
κνυται τὸ ποσὸν τῶν παραλληλογράμμων. ὀρθογωνίων
μὲν συναμφοτέρων ὄντων τῶν παραλληλογράμμων δεί-
κνυται τὸ τετράγωνον τοῦ ἑτερομήκους μεῖζον, ἰσο-
πλεύρων δὲ ἀμφοτέρων ὄντων τὸ ὀρθογώνιον δείκνυται
25 τοῦ μὴ ὀρθογωνίου μεῖζον· καὶ γὰρ ἡ τῶν γωνιῶν
ὀρθότης καὶ ἡ τῶν πλευρῶν ἰσότης τὸ πᾶν δύναται
πρὸς τὴν τῶν χωρίων αὔξησιν. ὅθεν δὴ τὸ μὲν τε-

122. P.

3. τῶν παραλληλογράμμων] παραλλήλων Vq.   16. ἴσην]
scrib. παράλληλον.   Figuram om. Vq, hab. Proclus p. 399.
17. ἴση] scr. παράλληλος.

τράγωνον ἀναφαίνεται τῶν ἴσων περιμέτρων μεῖζον, τὸ δὲ ῥομβοειδὲς ἁπάντων ἔλασσον. καὶ ἰστέον, ὅτι παραλληλόγραμμα λέγων ἴσα τὰ χωρία λέγει καὶ οὐ τὰς πλευράς· τούτων γὰρ νῦν ὁ λόγος καὶ τῶν ἐμβαδῶν. καὶ ὅτι ἐν τῇ δείξει ταύτῃ μνήμην ποιεῖται 5 τῶν τραπεζίων.

123. Τῶν παραδόξων λεγομένων ἐστὶ καὶ τοῦτο τὸ θεώρημα· καταπλήττει γοῦν τοὺς πολλούς, εἰ τὸ μῆκος πολλαπλασιαζόμενον οὐκ ἀναιρεῖ τὴν ἰσότητα τῆς αὐτῆς οὔσης βάσεως. ἐφ' ὅσον γὰρ αἱ παράλληλοι 10 ἐκβάλλονται, ἐπὶ τοσοῦτον αὔξεται τὸ ἕτερον τῶν παραλληλογράμμων. ὅμως ἰστέον, ὅτι μέγιστον ἡ τῶν γωνιῶν ἰσότης δύναται καὶ ἀνισότης. ὅσῳ γὰρ ἀνίσους ποιῶμεν τὰς γωνίας, τοσούτῳ μᾶλλον ἐλασσοῦμεν τὸ χωρίον, εἰ μένοι τὸ αὐτὸ πλάτος. 15

Ad prop. XXXVI.

124. Τὸ μὲν πρὸ τούτου θεώρημα τὰς βάσεις τὰς αὐτὰς ἐλάμβανε, τοῦτο δὲ τὸ λς' ἴσας μέν, διαφερούσας δὲ ἀλλήλων. κοινὸν δὲ ἀμφοτέροις τὸ ἐν ταῖς αὐταῖς ὑποτίθεσθαι παραλλήλοις τὰ παραλληλόγραμμα. δεῖ 20 δὴ οὖν αὐτὰ μήτε ἐνδοτέρω πίπτειν τῶν ὑποκειμένων παραλλήλων εὐθειῶν μήτε ἐξωτέρω. παραλληλόγραμμα γὰρ ἐν ταῖς αὐταῖς εἶναι λέγεται παραλλήλοις, ὅταν αἵ τε βάσεις αὐτῶν καὶ αἱ ταύταις ἀπεναντίον κείμεναι ταῖς αὐταῖς ἐφαρμόζωνται παραλλήλοις. ἔδειξε δὲ ὁ 25 στοιχειωτὴς τὸ θεώρημα τὰς βάσεις πάντῃ κεχωρισμένας λαβών.

---

123. PBFVat.; εἰς τὸ λε' Vat.   124. Vᵃ (fq).

1. Scr. ἰσοπεριμέτρων.   7. ἐστί] om. B.   8. εἰ] in ras. m. 1 Vat.   12. ὅμως] ὁμοίως B.   14. τοσοῦτο F.   19. δέ] (pr.) om. Vq.

Euclides, edd. Heiberg et Menge. V.   13

125. Εἴτε διεστήκασιν αἱ βάσεις εἴτε κοινωνοῦσι κατὰ μέρος εἴτε συνάπτουσιν ὡς τὴν μίαν πλευρὰν κοινὴν εἶναι τῶν δύο, δείκνυται τὸ αὐτό. ἰστέον δέ, ὅτι ἐπὶ τῶν πολυγώνων παραλληλογράμμων οὐ συμ-
5 βαίνει τὸ τοιοῦτον, διότι οὐ πάντως ἰσόπλευρά ἐστιν. εἰ δὲ ἰσόπλευρα, πάντως ἀκολουθήσει τὸ τὰ ἐπὶ τῶν ἴσων βάσεων ὄντα συγκρίνεσθαι, καὶ εἰ μὲν αἱ ἡμίσεις τοῦ ἑτέρου πλευραὶ ταῖς ὁμολόγοις τοῦ ἑτέρου παρ-αλληλογράμμου ἴσαι, ἴσα ἔσονται, ἄνισα δέ, εἰ μὴ
10 οὕτως.

Ad prop. XXXVIII.

126. Καὶ τὸ λζ΄ θεώρημα τοπικόν ἐστιν ἀνάλογον τοῖς παραλληλογράμμοις καὶ τὴν τῶν τριγώνων θέσιν ἐπὶ τῶν βάσεων ὑποτιθέμενον. δοκεῖ δέ μοι τῶν τεσ-
15 σάρων θεωρημάτων, ὧν δύο μέν ἐστιν ἐπὶ τῶν παρ-αλληλογράμμων δεδειγμένα, δύο δὲ ἐπὶ τῶν τριγώνων, καὶ τὸ μὲν τῆς αὐτῆς οὔσης βάσεως, τὸ δὲ ἴσων ὑπ-αρχουσῶν τῶν βάσεων, μίαν ἀπόδειξιν παρέχεσθαι τὸν στοιχειωτὴν ἐν τῷ ς΄ βιβλίῳ ἐν τῷ α΄ θεωρήματι.
20 ὅταν γὰρ τοῦτο δεικνύῃ τὰ τρίγωνα καὶ τὰ παραλληλό-γραμμα τὰ ὑπὸ τὸ αὐτὸ ὕψος ἔχοντα πρὸς ἄλληλα τὸν λόγον, ὃν ἔχουσιν αἱ βάσεις, οὐδὲν ἄλλο ἢ ταῦτα πάντα καθολικώτερον ἀποδείκνυσιν ἐκ τῆς ἀναλογίας. τὸ γὰρ αὐτὸ ὕψος οὐδὲν διαφέρει ἢ ἐν ταῖς αὐταῖς
25 εἶναι παραλλήλοις. πάντα γὰρ τὰ ἐν ταῖς αὐταῖς ὄντα παραλλήλοις ὑπὸ τὸ αὐτό ἐστιν ὕψος καὶ ἀνάπαλιν.

---

125. PBF Vat.; εἰς τὸ λϛ΄ Vat.   126. Vᵃ (fq).

6. ἰσόπλευρα] ἰσόπλευρον BVat., de F non liquet ob la-cunam.   πάντως] om. BVat., lacunam F.   9. ἴσαι] om. P. ἴσα] om. BFVat.   ἄνισοι FVat.   12. λζ΄] scrib. λη΄. 21. τά] om. V.

ὕψος γάρ ἐστιν ἡ ἀπὸ τῆς ἑτέρας παραλλήλου κάθετος
ἐπὶ τὴν λοιπήν. ἐκεῖ μὲν οὖν δι᾽ ἀναλογίας δέδεικται,
ὅτι οὕτως ἔχει τὰ τρίγωνα καὶ τὰ παραλληλόγραμμα
τὰ ὑπὸ τὸ αὐτὸ ὕψος, τουτέστιν τὰ ἐν ταῖς αὐταῖς
παραλλήλοις κείμενα, ὡς αἱ βάσεις, καὶ ἴσων τῶν 5
βάσεων οὐσῶν ἴσα τὰ χωρία, καὶ διπλασίων οὐσῶν
καὶ ἄλλον λόγον ἐχουσῶν τὸν αὐτὸν ἕξει λόγον καὶ
τὰ χωρία πρὸς ἄλληλα· ἐνταῦθα δέ· οὐ γὰρ ἦν ἀναλογίᾳ
χρῆσθαι μηδέπω διδάξαντα περὶ αὐτῆς· ἀρκεῖται τῇ
ἰσότητι μόνῃ καὶ ἐκ τῆς ἰσότητος τὴν ταυτότητα τῶν 10
βάσεων συλλογίζεται. ἐν ἑνὶ οὖν ἐκείνῳ τὰ δ᾽ ταῦτα
περιέχεται θεωρήματα, οὐ μόνον ὅτι διὰ μιᾶς ἀπο-
δείξεως δείκνυσιν, ὅσα ἐν τοῖς τέσσαρσι περιέχεται
τούτοις, ἀλλ᾽ ὅτι καὶ πλέον τι προστίθησιν τὴν ταυτό-
τητα τῶν λόγων, κἂν ἄνισοι αἱ βάσεις ὦσιν. ὅτι δὲ 15
καὶ τοῦτο πολύπτωτόν ἐστι τὸ θεώρημα καὶ δυνατὸν
τὰς βάσεις τὰς τῶν τριγώνων ἢ ταὐτὸν μέρος ἐχούσας
λαμβάνειν ὡς ἐπὶ τῶν παραλληλογράμμων ἢ μηδενὶ
μὲν κοινῷ μέρει χρωμένας, καθ᾽ ἓν δὲ σημεῖον ἀλλήλαις
συναπτούσας ἢ καὶ πάντῃ κεχωρισμένας ὥστε μεταξὺ 20
γραμμὴν εἶναι, δῆλόν ἐστι τοῖς καὶ μικρὰ συνεῖναι
δυναμένοις, καὶ ὅτι κατὰ πάσας τὰς πτώσεις, ὅπως ἂν
ἔχῃ τὰς βάσεις κειμένας ἢ τὰς κορυφάς, ἡ αὐτὴ μέθ-
οδος, ἄγειν παραλλήλους ταῖς πλευραῖς καὶ ποιεῖν
ἑκάτερον τῶν τριγώνων, ἰσότητα κατασκευάζει. 25

127. Τοπικὸν καὶ τοῦτο τὸ θεώρημα, καὶ ὁρᾷς,
ὅτι οὐ παραλληλογράμμοις μόνον ὑπάρχει, ἀλλὰ καὶ

127. PBFVat.; εἰς τὸ ιζ´ Vat.

1. ἑτέρας] στερεᾶς Vq. 2. ἐκεῖ] ἐστιν ἐκεῖ V. 15. κἂν]
καί Vq. ὦσιν] οὖσαι Vq; cfr. Proclus p. 406, 8—9. 26.
τό] om. P. καί] om. Vat. 27. παραλληλόγραμμον P.

18*

τριγώνοις, καὶ κύκλοις δὲ ἐφαρμόσει καὶ κώνοις καὶ
κυλίνδροις καὶ ὁμοίοις στερεοῖς, ὅσα ὑπὸ τὸ αὐτὸ ὕψος
ὄντα ἴσας ἔχει τὰς βάσεις. καθολικώτερον δὲ τὸ πρῶτον
τοῦ ϛ' βιβλίου. ἀντιστρέφει δὲ δύο πρὸς τὸ προκείμενον,
5 μετ' αὐτὸ μὲν προσεχῶς τὸ τὰ ἴσα τρίγωνα καὶ ἐπὶ τῆς
αὐτῆς βάσεως ὄντα, μετ' ἐκεῖνο δὲ τὸ τὰ ἴσα καὶ ἐν
παραλλήλοις ὄντα ἤτοι ἐπὶ τῆς αὐτῆς ἢ ἐπὶ ἴσων βάσεων
εἶναι.

128. Πολύπτωτον δὲ καὶ τοῦτο τὸ θεώρημα, καὶ
10 δυνατὸν τὰς βάσεις τὰς τῶν τριγώνων ἢ ταὐτὸν μέρος
ἐχούσας λαμβάνειν ὡς ἐπὶ τῶν παραλληλογράμμων ἢ
μηδενὶ μὲν κοινῷ μέρει χρωμένας, καθ' ἓν δὲ σημεῖον
ἀλλήλαις συναπτούσας ἢ καὶ πάντη κεχωρισμένας ὥστε
εἶναι μεταξὺ γραμμήν. δῆλόν ἐστι τοῖς καὶ μικρὰ
15 συνεῖναι δυναμένοις, καὶ ὅτι κατὰ πάσας τὰς πτώσεις,
ὅπως ἂν ἔχῃ τὰς βάσεις κειμένας ἢ τὰς κορυφάς, ἡ
αὐτὴ μέθοδος ἄγειν παραλλήλους ταῖς πλευραῖς καὶ
ποιεῖν ἑκάτερον τῶν τριγώνων ἰσότητα κατασκευάζειν.

129. Εὑρεῖν αὐτὸ τὸ ἐμβαδόν. τὴν πλευρὰν ἐφ'
20 ἑαυτήν· γίνεται ρ. τὸ ἥμισυ τῆς
βάσεως ἐφ' ἑαυτήν· γίνεται λϛ.
ἄφελε· λοιπὸν ξδ, ὧν πλευρὰ τετρά-
γωνος η. ἔσται ἡ κάθετος. πολλα-
πλασίασον τὴν βάσιν ἐπὶ τὴν κάθ-
25 ετον· γίνεται Ϟϛ. τούτων τὸ ἥμισυ

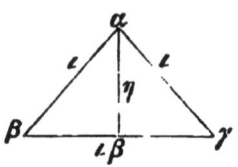

μη. ἔστιν ἄρα τὸ ἐμβαδὸν τοῦ ἰσοσκελοῦς τριγώνου
μονάδων μη.

---

128. P.   129. b (non proprie ad prop. XXXVIII pertinet).

1. τρίγωνον P.   ἐφαρμάσει P.   2. ὁμοίως FVat.   3.
πρῶτον] α P.   4. ϛ'] ἕκτον FVat.   5. τό] τοῦ PBFVat.
11. ἔχουσα P.   12. χρω in fine lin. P.   13. ἀλλήλας P.
14. μικράς P.   21. ἑαυτό?

ἔστωσαν δύο τρίγωνα ἡ ΑΒΓ, ΔΕΖ, ἑκάστη δὲ πλευρὰ μονάδων κε. καί εἰσιν αἱ δύο πλευραὶ ταῖς

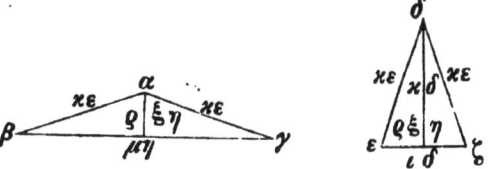

δυσὶν ἴσαι, ἡ δὲ ΒΓ τῇ ΕΖ βάσει ἔστω μείζων. ἔστω ἡ μὲν ΒΓ μονάδων μη, ἡ δὲ ΕΖ μονάδων ιδ.

Ad prop. XXXIX.

130. Εἰκότως ὁ στοιχειωτὴς προσέθηκε τὸ καὶ ἐπὶ τὰ αὐτὰ μέρη. δυνατὸν γὰρ λαβεῖν μιᾶς βάσεως ἴσα τρίγωνα τὸ μὲν ἐπὶ τάδε τὰ μέρη, τὸ δὲ ἐπὶ θάτερα, ἀλλ᾽ οὐ πάντως ἐν ταῖς αὐταῖς ἐστι ταῦτα παραλλήλοις· οὐδὲ γὰρ ὑπὸ τὸ αὐτὸ ὕψος εἰσὶν ἄμφω. ἰστέον δέ, 10 ὅτι τριττῆς οὔσης τῆς τῶν θεωρημάτων ἀντιστροφῆς· ἢ γὰρ ὅλον ἀντιστρέφει πρὸς ὅλον, ὡς τὸ ιη´ καὶ ιθ´ εἴπομεν, ἢ ὅλον προς μέρος ὡς τὸ ϛ´ καὶ τὸ πέμπτον, ἢ μέρος πρὸς μέρος ὡς τὸ η´ καὶ τὸ δ´· οὐ γὰρ ὅλον τὸ δεδειγμένον ἐν θατέρῳ ζητούμενόν ἐστιν ἐν θατέρῳ, 15 οὐδὲ τὸ ζητούμενον δεδομένον, ἀλλὰ μέρος. ἔοικε δὲ καὶ ταῦτα τὰ θεωρήματα τοιαῦτα εἶναι ἐπὶ τῶν τρι- γώνων. ἢν γὰρ τὸ ζητούμενον ἐν τοῖς πρὸ τούτων τὸ εἶναι ἴσα τὰ τρίγωνα, τοῦτο δὲ οὐκ ἔστι μόνον

1. ἡ] scr. τά. 3. δέ] F, om. b. τῇ ΕΖ βάσει] Fb, scr. τῆς ΕΖ βάσεως. 17. τά] q, τοῦ V. 19. εἶναι ἴσα] V; ἴσα εἶναι q, Proclus p. 409, 10.

δεδομένον ἐν τούτοις, ἀλλὰ μέρος προσλαβὸν τῆς ἐν
ἐκείνοις ὑποθέσεως. τὸ γὰρ ἐπὶ τῆς αὐτῆς εἶναι βάσεως
ἢ ἐπὶ ἴσων καὶ ἐπὶ τούτων δέδοται καὶ ἐπ᾽ ἐκείνων,
πλὴν ὅτι προσέθηκεν ἐν ταῖς ὑποθέσεσι ταύταις, ὃ ἐν
5 ἐκείνοις μήτε ζητούμενόν ἐστιν μήτε δεδομένον· τὸ
γὰρ ἐπὶ τὰ αὐτὰ μέρη ἔξωθεν προσείληπται.

131. Ὅτε μὲν τὴν ἰσότητα δεικνύναι πρόκειται,
τότε τέτταρα θεωρήματα τὸν ἀριθμὸν ἐποιοῦμεν, δύο
μὲν ἐπὶ τῶν παραλληλογράμμων, δύο δὲ ἐπὶ τῶν τρι-
10 γώνων λαμβάνοντες ἢ ἐπὶ τῶν αὐτῶν ἢ ἐπὶ ἴσων
κείμενα βάσεων. νυνὶ δὲ ἀντιστρέφοντες τὰ μὲν ἐπὶ
τῶν παραλληλογράμμων ἀντιστρέφοντα παρήκαμεν, τὰ
δὲ ἐπὶ τῶν τριγώνων μνήμης ἠξιώσαμεν. αἴτιον δέ,
ὅτι τρόπος μὲν τῆς ἀποδείξεως ὁ αὐτὸς καὶ ἐπ᾽ ἐκείνων
15 ἀπαραλλάκτως διὰ τῆς εἰς ἀδύνατον ἀπαγωγῆς καὶ τῆς
ὁμοίας κατασκευῆς, ἀρκούμεθα δὲ ἐπὶ τῶν ἁπλουστέρων,
λέγω δὴ τῶν τριγώνων, ὑποδείξαντες τὴν μέθοδον
καταλείπειν τοῖς ἀγχινουστέροις καὶ ἐπὶ τῶν ὑπολοίπων
τὰ αὐτὰ συλλογίζεσθαι, ἐπεί, ὅτι γε ἡ αὐτὴ καὶ ἐπὶ
20 τούτων μέθοδος, ῥᾴδιον συνιδεῖν. λαβόντες γὰρ παρ-
αλληλόγραμμα ἴσα ἐπὶ τῆς αὐτῆς βάσεως ἢ καὶ ἐπὶ
τῶν ἴσων ἐροῦμεν, ὅτι καὶ ἐν ταῖς αὐταῖς παραλλήλοις
ἐστίν. εἰ γὰρ μή, ἐντὸς πεσεῖται θάτερον τῶν ἐν τῷ
ἑτέρῳ παραλλήλων ἐκβαλλομένων ἢ ἐκτός. ὅπως δὲ
25 ἂν πίπτῃ, λαβόντες ἐκεῖνο καὶ τὰς ἐν αὐτῷ παραλλήλους
δείξομεν, ἃ καὶ ἐπὶ τῶν τριγώνων, ὅτι τὸ ὅλον ἴσον
ἔσται τῷ ἑαυτοῦ μέρει. τοῦτο δὲ ἀδύνατον. ὅτι δὲ

---

131. P.

4. ταῖς ὑποθέσεσι ταύταις] V; ταύταις ταῖς ὑποθέσεσιν q,
Proclus p. 409, 14—15.   25. ἂν] ἀντί comp. P.

εἰκότως ὁ στοιχειωτὴς προσέθηκεν τὸ καὶ ἐπὶ τὰ αὐτὰ
μέρη, δῆλον· ἐπὶ μιᾶς γὰρ βάσεως ἴσα τρίγωνα λαβεῖν
δυνατὸν τὸ μὲν ἐπὶ τάδε τὰ μέρη, τὸ δὲ ἐπὶ θάτερα,
ἀλλὰ πάντως ἐν ταῖς αὐταῖς ἐστι παραλλήλοις· οὐδὲ
γὰρ ὑπὸ τὸ αὐτὸ ὕψος ἐστί. τοῦτο μὲν οὖν διὰ τοῦτο 5
προσέθηκεν. ἄξιον καὶ τὸ μὲν ἐπισημάνασθαι, ὅτι
τριῶν οὐσῶν τῆς τῶν θεωρημάτων ἀντιστροφῆς· ἢ γὰρ
ὅλον ἀντιστρέφει πρὸς ὅλον, ὡς τὸ ὀκτωκαιδέκατον
καὶ ἐννεακαιδέκατον εἴπομεν, ἢ ὅλον πρὸς μέρος ὡς
τὸ ἕκτον καὶ πέμπτον, ἢ μέρος πρὸς ὅλον ὡς τὸ ὄγδοον 10
καὶ τέταρτον. τοιαῦτα γὰρ καὶ ταῦτα τὰ θεωρήματα.

Ad prop. XL.

132. Καὶ ἐπὶ τούτου τοῦ μ΄ θεωρήματος ὁ αὐτὸς
τρόπος τῆς ἀντιστροφῆς, καὶ ἡ ἀπόδειξις ἀπαράλλακτος,
ὥσπερ καὶ ἐπὶ τοῦ λθ΄ ἐλέγομεν, καὶ τὸ παραλελειμ- 15
μένον τῷ στοιχειωτῇ τῆς εἰς ἀδύνατον ἀπαγωγῆς ὡσ-
αύτως ἀποδείκνυται καὶ οὐδὲν δεῖ τὰ αὐτὰ ἀνακυκλεῖν.

ἰστέον δέ, ὅτι τριῶν ὄντων τούτων ἐν ταῖς εἰρη-
μέναις προτάσεσι τοῦ ἐπὶ ἴσων εἶναι βάσεων, τοῦ ἐπὶ
τῶν αὐτῶν εἶναι βάσεων καὶ τοῦ ἐν ταῖς αὐταῖς παρ- 20
αλλήλοις δύο συμπλέκοντες ἀεί, τὸ δὲ ἓν καταλιπόντες
ποικίλως ἀντιστρέφομεν. ἢ γὰρ τὰς βάσεις ὑποθησό-
μεθα τὰς αὐτὰς ἢ ἴσας καὶ ἐν ταῖς αὐταῖς παραλλήλοις
τὰ τρίγωνα καὶ τὰ παραλληλόγραμμα καὶ ποιήσομεν
τέσσαρα θεωρήματα, ἢ ἴσα ληψόμεθα αὐτὰ καὶ τὰς 25

---

132. Vª (fq).

---

6. μέν] comp. incertum P.   ὅτι] bis P.   20. αὐταῖς]
Proclus p. 410, 2; om. Vq.   23. ἴσας] corr. ex ἴσα m. rec. V,
ἴσα q; cfr. Friedlein ad Procl. p. 410, 6.

βάσεις τὰς αὐτὰς καὶ ποιήσομεν ἄλλα δ̄, ὧν τα μὲν
δύο παρῆκεν ὁ στοιχειωτὴς τὰ ἐπὶ τῶν παραλληλο-
γράμμων, τὰ δὲ δύο ἔδειξε τὰ ἐπὶ τῶν τριγώνων.

Ad prop. XLI.

5   133. Καὶ τὸ μα´ θεώρημα τοπικόν ἐστιν. δείξας
δὲ ὁ στοιχειωτὴς χωρὶς μὲν τὰ παραλληλόγραμμα, χωρὶς
δὲ τὰ τρίγωνα ἐνταῦθα μίγνυσι τῶν τριγώνων καὶ
παραλληλογράμμων συστάσεις ὑπὸ τὸ αὐτὸ ὕψος κει-
μένων. λαβὼν γὰρ ἅμα ἀμφότερα μίγνυσι καὶ θεωρεῖ,
10 ὅπως ἔχουσι πρὸς ἄλληλα. ἀλλὰ χωρὶς μὲν ὄντων τῶν
παραλληλογράμμων καὶ χωρὶς τῶν τριγώνων ὁ τῆς
ἰσότητος ἀνεφαίνετο λόγος· πάντα γὰρ ἴσα ἀλλήλοις
τὰ ἐπὶ τῶν αὐτῶν βάσεων καὶ ἐν ταῖς αὐταῖς ὄντα
παραλλήλοις εἴτε τρίγωνα εἴτε παραλληλόγραμμα. ἐν-
15 ταῦθα δὲ ὁ πρῶτος τρόπος ἐστὶ τῶν ἀνίσων ὁ δι-
πλάσιος· τὸ γὰρ παραλληλόγραμμον τοῦ τριγώνου
διπλάσιον ἀποδείκνυσι τῆς αὐτῆς οὔσης βάσεως καὶ
ὕψους τοῦ αὐτοῦ. ἰστέον, ὅτι δύο πτώσεων οὐσῶν
ἐν τῷ θεωρήματι, οἷον τῆς αὐτῆς βάσεως οὔσης ἀμφοῖν
20 τῷ τε παραλληλογράμμῳ καὶ τῷ τριγώνῳ ἀνάγκη τὴν
κορυφὴν ἔχειν τὸ τρίγωνον ἢ ἐντὸς τοῦ παραλληλο-
γράμμου ἢ ἐκτός, ὁ στοιχειωτὴς τῇ ἑτέρᾳ πτώσει
ἐχρήσατο· τὴν γὰρ τοῦ τριγώνου κορυφὴν ἐκτὸς ὑπο-
θέμενος τοῦ παραλληλογράμμου τὸ προκείμενον ἔδειξε.
25 δύο δὲ οὐσῶν παραλλήλων εὐθειῶν ἀνάγκη τὴν μὲν
μείζονα εἶναι, τὴν δὲ ἐλάττονα, ἵνα ἐπιζευγνυμένων
συσταίη καὶ τρίγωνον, ἐπεὶ ἴσων οὐσῶν τῶν παρ-

---

133. V^a (fq).

---

18. δύο] -o in ras. V.

ἀλλήλων καὶ αἱ ἐπιζευγνύουσαι αὐτὰς παράλληλοι
ἔσονται.

134. Ἔστι μὲν δὴ καὶ τὸ θεώρημα τοῦτο τοπικόν,
μίγνυσι δὲ τριγώνων καὶ παραλληλογράμμων συστάσεις
ὑπὸ τὸ αὐτὸ ὕψος κειμένων. ὥσπερ οὖν τὰ παραλληλό- 5
γραμμα χωρὶς ἐθεασάμεθα καὶ αὖ πάλιν τὰ τρίγωνα,
οὕτω καὶ ἅμα ἀμφότερα λαβόντες ταὐτὸν ἐκείνοις πε-
πονθότα τὸν λόγον, ὃν ἔχει πρὸς ἄλληλα, θεωρήσωμεν.
ἐπ᾽ ἐκείνων μὲν οὖν ὁ τῆς ἰσότητος ἀναφαίνεται λόγος·
πάντα γὰρ ἦν ἴσα ἀλλήλοις τὰ ἐπὶ τῶν αὐτῶν βάσεων 10
εἴτε τρίγωνα εἴτε παραλληλόγραμμα καὶ ἐν ταῖς αὐταῖς
ὄντα παραλλήλοις. ἐπὶ δὲ τούτων ὁ πρώτιστος δεί-
κνυται τῶν ἀνίσων ὁ διπλάσιος. τὸ γὰρ παραλληλό-
γραμμον τοῦ τριγώνου διπλάσιον ἀποδείκνυσι τῆς
αὐτῆς οὔσης βάσεως καὶ ὕψους τοῦ αὐτοῦ. ἀλλ᾽ ὁ 15
μὲν στοιχειωτὴς τὴν τοῦ τριγώνου κορυφὴν ἐκτὸς ὑπο-
θέμενος τοῦ παραλληλογράμμου τὸ προκείμενον ἔδειξεν,
ἡμεῖς δὲ ἐπὶ τῆς ἑτέρας αὐτὴν λαβόντες τοῦ παραλληλο-
γράμμου πλευρᾶς τῆς παραλλήλου τῇ κοινῇ αὐτῶν βάσει
τὸ αὐτὸ ἀποδείξομεν. δύο γὰρ αὗται τοῦ θεωρήματός 20
εἰσι πτώσεις σκοπός, ἐπειδὴ τῆς αὐτῆς βάσεως οὔσης
ἀμφοῖν ἢ ἐντὸς τοῦ παραλληλογράμμου κορυφὴν ἔχειν
ἀνάγκη τὸ τρίγωνον ἢ ἐκτός.

Ad prop. XLIII.

135. Νῦν πρῶτον ἐμνήσθη τοῦ παραπληρώματος 25
ἐν τῷ μγ΄ θεωρήματι, τὸ δὲ ὄνομα τῶν παραπληρω-
μάτων ἀπ᾽ αὐτοῦ τοῦ πράγματος ἔλαβεν ὁ στοιχειωτὴς

---

134. P.   135. Vᵃ (fq).

---

16. στοιχειωτής] χιωτης P.

ὡς καὶ τούτων μετὰ τῶν δύο παραλληλογράμμων συμ-
πληρούντων ὅλον τὸ περιέχον ἀμφότερα παραλληλό-
γραμμον. ἃ μὲν γὰρ ἡ διάμετρος διαιρεῖ, παραλληλό-
γραμμά εἰσι, τὰ δὲ ἔξω τῆς διαμέτρου παραπληρώματα,
5 ὥστε τὸ περιέχον ἀμφότερα παραλληλόγραμμον ὑπὸ
τῶν δύο παραλληλογράμμων τῶν ἐντὸς καὶ τῶν δύο
παραπληρωμάτων συνέστηκε, διόπερ αὐτὸ καθ’ αὑτὸ
μνήμης ἐν τοῖς ὅροις οὐκ ἠξίωται. ποικιλίας γὰρ ἔδει
πρὸς τὴν σαφήνειαν, ἵνα γνῶμεν, τί παραλληλόγραμμον
10 καὶ τίνα τὰ περὶ τὴν αὐτὴν διάμετρον παραλληλό-
γραμμα ἐντὸς τοῦ ὅλου. τούτων γὰρ σαφηνισθέντων
ἐγένετο ἂν καὶ τὸ παραπλήρωμα γνώριμον. διὸ ταμι-
ευσάμενος αὐτὰ νῦν, ὅτε ἐδεῖτο παραπληρωμάτων πρὸς
τὸ συστῆσαι τὸ παραλληλόγραμμον τὸ περιέχον αὐτά,
15 καὶ τὸν περὶ τούτων λόγον ἐμφαίνει.

136. Ἔφαμεν, ὅτι τὰ παραλληλόγραμμα τρεῖς
πτώσεις ἔχουσιν μόνας καὶ οὔτε πλείους οὔτε ἐλάσσους·
τὰ γὰρ αὐτὰ παραλληλόγραμμα τὰ περὶ τὴν αὐτὴν
διάμετρον ἢ τεμεῖ ἄλληλα ἢ κατὰ σημεῖον ἅψεται
20 ἀλλήλων ἢ διεστῶτα ἔσται μέρει τινὶ τῆς διαμέτρου.
τὸ δὲ ὄνομα τῶν παραπληρωμάτων ἀπ’ αὐτοῦ τοῦ
πράγματος ἔλαβεν ὁ στοιχειωτὴς ὡς καὶ τούτων παρα
· τὰ δύο παραλληλόγραμμα συμπληρούντων τὸ ὅλον.
διόπερ αὐτὸ καθ’ αὑτὸ μνήμης ἐν τοῖς ὅροις οὐκ
25 ἠξίωται. ποικιλίας γὰρ ἔδει πρὸς τὴν σαφήνειαν, ἵνα
γνῶμεν παραλληλόγραμμον καὶ τίνα τὰ περὶ τὴν αὐτὴν
διάμετρον τῷ ὅλῳ. τούτων σαφηνισθέντων καὶ τὸ
παραπλήρωμα μόνον ὡς ἂν ἐγένετο γνώριμον. ἔστιν

136. P. Hoc scholium prop. XLII adiectam est, sed in fine
legitur eadem manu: τόδε σχόλιόν ἐστι τοῦ μγ´ θεωρήματος.

24. αὐτό] ἅπερ τό P.

δὲ ἐκεῖνα τῶν παραλληλογράμμων περὶ τὴν αὐτὴν διά-
μετρον, ὅσα μέρος τῆς ὅλης διαμέτρου καὶ αὐτῶν ἔχει
διάμετρον, ὅσα δὲ μή, οὔ. ὅταν γὰρ ἡ τοῦ ὅλου διά-
μετρος τῶν πλευρῶν τινα τέμνῃ τοῦ ἐντὸς παραλληλο-

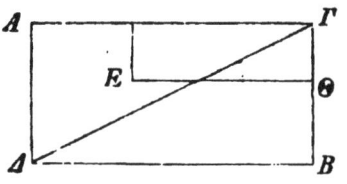

γράμμου, τότε οὐκ ἔστιν τῷ   5
ὅλῳ τοῦτο τὸ παραλληλό-
γραμμον περὶ διάμετρον
τὴν αὐτήν. οἷον ὡς ἐν τῷ
ΑΒ παραλληλογράμμῳ ἡ
ΓΔ τέμνει τοῦ ΓΕ παρ- 10
αλληλογράμμου τὴν ΕΘ πλευράν. τὸ οὖν ΕΓ τῷ ΓΔ
περὶ τὴν αὐτὴν οὐκ ἔστιν διάμετρον.

137. Εἴτε τὰ παραλληλόγραμμα ἐφάπτεται μόνον,
ὡς ἔδειξεν ὁ στοιχειωτής, εἴτε καὶ διέστηκεν ἀπ' ἀλ-
λήλων, εἴτε καὶ τέμνει ἄλληλα, τὸ αὐτὸ δείκνυται. 15
τὸ δὲ ὄνομα τῶν παραπληρωμάτων ἀπ' αὐτοῦ τοῦ
πράγματος ἔλαβεν ὁ στοιχειωτής ὡς καὶ τούτων παρὰ
τὰ δύο παραλληλόγραμμα συμπληρούντων τὸ ὅλον.

Ad prop. XLIV.

138. Ὑπὸ τῶν παλαιῶν εἱρόντες οἱ νεώτεροι τὴν 20
παραβολὴν καὶ τὴν ἔλλειψιν ἐκτεθειμένας ἀπὸ τούτων τὰ
ὀνόματα μετήγαγον ἐπὶ τὰς κωνικὰς λεγομένας γραμμὰς
καὶ τὴν μὲν παραβολήν, τὴν δὲ ὑπερβολήν, τὴν δὲ ἔλ-
λειψιν ἐκάλεσαν. ὅταν γὰρ εὐθείας ἐκκειμένης τὸ δοθὲν
χωρίον πάσῃ τῇ εὐθείᾳ συμπαρατείνηται, τότε παρα- 25
βάλλειν ἐκεῖνο τὸ χωρίον φαμέν, ὅτε δὲ μεῖζον γίνηται

---

137. PBFVat.; εἰς τὸ μγ' FVat.   138. Vª (fq).

---

15. δεικνύναι FVat.

τοῦ χωρίου τὸ μῆκος αὐτῆς τῆς εὐθείας, τότε ὑπερ-
βάλλειν, ὅτε δὲ ἔλασσόν ἐστι τὸ γραφὲν χωρίον αὐτῆς
τῆς εὐθείας, ὡς εἶναι τὸ μὲν χωρίον ἐντός, τὴν δὲ
εὐθεῖαν περιττεύειν ἐκτός, ἐλλείπειν. τῶν μὲν οὖν
5 λοιπῶν δύο ὁ Εὐκλείδης ἐν τῷ ϛ′ βιβλίῳ μνημονεύει,
ἐνταῦθα δὲ τῆς παραβολῆς ἐδεήθη τῷ δοθέντι τρι-
γώνῳ ἴσον ἐθέλων παραβαλεῖν παρὰ τὴν δοθεῖσαν
εὐθεῖαν. ἔστι δὲ τοιοῦτον τὸ παραβάλλειν, οἷον τρι-
γώνου δοθέντος τὸ ἐμβαδὸν ἔχοντος ιβ̄ ποδῶν, εὐθείας
10 δὲ ἐκκειμένης, ἧς τὸ μῆκος τεττάρων ἐστὶ ποδῶν, τὸ
ἴσον τῷ τριγώνῳ παρὰ τὴν εὐθεῖαν παραβάλλειν, εἰ
λαβόντες τὸ μῆκος ὅλον τῶν δ̄ ποδῶν διὰ τοῦ μήκους
εὕρομεν καὶ τὸ πλάτος, ὅσων εἶναι δεῖ ποδῶν, ἵνα τῷ
τριγώνῳ τὸ παραλληλόγραμμον ἴσον γένηται· οἷον εἰ
15 τύχοι ὂν τὸ πλάτος γ̄ ποδῶν, ποιήσομεν τὸ μῆκος ἐπὶ
τὸ πλάτος, ὀρθῆς δὲ γενομένης τῆς γωνίας ἕξομεν τὸ
χωρίον. τρία δὲ τὰ δεδομένα ἐν τῷ προβλήματι τούτῳ
ἐστίν, εὐθεῖα, παρ᾽ ἣν δεῖ παραβαλεῖν ὡς ὅλην αὐτοῦ
τοῦ χωρίου γίνεσθαι πλευράν, καὶ τρίγωνον, ᾧ ἴσον
20 εἶναι δεῖ τὸ παραβαλλόμενον, καὶ γωνία, ᾗ ἴσην εἶναι
δεῖ τὴν τοῦ χωρίου γωνίαν. δῆλον δέ, ὅτι ὀρθῆς μὲν
οὔσης τῆς γωνίας τὸ παραβαλλόμενον ἢ τετράγωνον
ἢ ἑτερόμηκες ἔσται, ὀξείας δὲ ἢ ἀμβλείας τὸ χωρίον
ἢ ῥόμβος ἔσται ἢ ῥομβοειδές. εἰπὼν δέ, ὅτι παρὰ
25 τὴν δοθεῖσαν εὐθεῖαν παραβαλεῖν, ἔδειξεν, ὅτι ἀνάγκη
τὴν εὐθεῖαν πεπερασμένην εἶναι. ἔλαβε δὲ εἰς τὴν
κατασκευὴν τοῦ προβλήματος τούτου τὴν σύστασιν τοῦ
παραλληλογράμμου τοῦ ἴσου τῷ δοθέντι τριγώνῳ,
διαφέρει δὲ ἡ σύστασις τῆς παραβολῆς, ὅτι ἡ μὲν

---

7. ἴσον] q, ἴσων V. 11. εἰ] ἤ Vq. 13. ὅσων] ὅσον Vq.
28. παραλληλογράμμου] corr. ex παραλλήλου γράμμου V.

παραβάλλει μόνον, ἡ δὲ σύστασις ὅλον ὑφίστησι τὸ
χωρίον καὶ τὰς πλευρὰς αὐτοῦ· μιᾷ γὰρ πλευρᾷ χρω-
μένη τῇ δεδομένῃ εὐθείᾳ περιεχούσῃ τὸ ἐμβαδὸν τὰς
λοιπὰς εἰσάγουσα πλευρὰς οὔτε ἐλλειπούσας κατὰ τὴν
ἔκτασιν οὔτε περιττευούσας τὸ χωρίον ὑφίστησιν. ἰστέον 5
δέ, ὅτι, ὅτε μὲν τρίγωνα τριγώνοις ἐδείκνυεν ἴσα, θεω-
ρήμασιν ἐχρῆτο, ἐπειδὴ ὁμοειδῶν ὄντων τῶν τριγώνων
αὐτοφυὴς ἦν καὶ ἡ ἰσότης ἐν αὐτοῖς καὶ μόνης ἐπι-
βλέψεως ἔδει, ὅπερ ἔργον τοῦ θεωρήματος, ἐνταῦθα
δέ, ἐπειδὴ τρίγωνα καὶ παραλληλόγραμμα τὰ δεικνύ- 10
μενα, καί ἐστιν εἰδῶν ἐξαλλαγή, ἡ ἰσότης γενέσεως
δεῖται καὶ μηχανῆς ὡς καθ' ἑαυτὴν οὖσα δυσεύρετος·
ἔργον δὲ προβλήματι τὸ τὰς γενέσεις τῶν πραγμάτων
ποιεῖν.

139. Ἐνταῦθα δὲ τῆς παραβολῆς ἐδεήθη τῷ δοθέντι 15
τριγώνῳ παρὰ τὴν δοθεῖσαν εὐθεῖαν ἴσον θέλων παρα-
βαλεῖν, ἵνα μὴ μόνον σύστασιν ἔχωμεν παραλληλο-
γράμμου τῷ δοθέντι τριγώνῳ ἴσου, ἀλλὰ καὶ παρ'
εὐθεῖαν ὡρισμένην παραβολήν. οἷον τριγώνου δο-
θέντος τὸ ἐμβαδὸν ἔχοντος δώδεκα ποδῶν, εὐθείας δὲ 20
ἐκκειμένης, ἧς τὸ μῆκός ἐστι τεσσάρων ποδῶν, τὸ ἴσον
τριγώνῳ παρὰ τὴν εὐθεῖαν παραβάλλομεν, εἰ λαβόντες
τὸ μῆκος τῶν τεττάρων ποδῶν εὕρομεν, πόσων εἶναι
δεῖ ποδῶν. τὸ πλάτος, ἵνα τῷ τριγώνῳ παραλληλό-
γραμμον ἴσον γένηται. εὑρόντες οὖν, εἰ τύχοι, πλάτος 25
τριῶν ποδῶν καὶ ποιήσαντες τὸ μῆκος ἐπὶ τὸ πλάτος,
τοῦτο δὲ ὀρθῆς οὔσης τῆς ἐκκειμένης γωνίας, ἔξομεν

---

139. P.

---

10. ἐπειδή] post ras. V.   11. ἡ] om. Vq.

τὸ χωρίον. τοιοῦτον μὲν δή τι τὸ παραβαλεῖν ἐστιν
ὑπὸ τῶν Πυθαγορείων παραδεδομένον. τρία δέ ἐστι
τῷ προβλήματι τούτῳ τὰ δεδομένα· εὐθεῖα, παρ᾽ ἣν
δεῖ παραβαλεῖν ὡς ὅλην αὐτοῦ τοῦ χωρίου γενέσθαι
5 πλευράν, καὶ τρίγωνον, ᾧ ἴσον εἶναι δεῖ τὸ παρα-
βαλλόμενον, καὶ γωνία, ᾗ ἴσην εἶναι τὴν τοῦ χωρίου
γωνίαν. καὶ δῆλον πάλιν, ὡς ὀρθῆς μὲν οὔσης τῆς
γωνίας τὸ παραβαλλόμενον ἢ τετράγωνον ἢ ἑτερόμηκες
ἔσται, ὀξείας δὲ ἢ ἀμβλείας ἢ ῥόμβος τὸ χωρίον ἢ
10 ῥομβοειδές. ὅτι γε μὴν καὶ τὴν εὐθεῖαν εἶναι δεῖ
πεπερασμένην, φανερόν· οὐ γὰρ δύναται παρὰ τὴν
ἄπειρον. ἅμα οὖν τῷ φάναι παρὰ τὴν δοθεῖσαν
εὐθεῖαν παραβαλεῖν ἐδήλωσεν, ὅτι καὶ πεπεράνθαι
ἀνάγκη τὴν εὐθεῖαν. χρῆται δὲ εἰς τὴν κατασκευὴν
15 τοῦ προβλήματος τούτου τῇ συστάσει τοῦ παραλληλο-
γράμμου τοῦ ἴσου τῷ δοθέντι τριγώνῳ· οὐ γὰρ ταὐτὸν
παραβολὴ καὶ σύστασις, καὶ ὅτι ὅλον ὑφίστησι τὸ χωρίον
καὶ τοῦτο καὶ τὰς πλευρὰς ἁπάσας δὲ μίαν ἔχουσα
πλευρὰν δεδομένην παρὰ ταύτην ὑφίστησι τὸ χωρίον
20 οὔτε ἐλλείπουσα κατὰ τὴν ἔκτασιν οὔτε ὑπερβάλλουσα,
ἀλλὰ μιᾷ πλευρᾷ ταύτῃ χρωμένη περιεχούσῃ τὸ ἐμ-
βαδόν. διὰ τί οὖν, φαίης ἄν, ὅτε μὲν τρίγωνα τρι-
γώνοις ἴσα ἐδείκνυ, θεωρήμασιν ἐχρῆτο, ὅτε δὲ τρί-
γωνα παραλληλογράμμοις, προβλήμασιν; ὅτι, φήσομεν,
25 ἡ ἰσότης ὁμοειδῶν ὄντων αὐτοφυής ἐστι καὶ ἐπιβλέψεως
δεομένη μόνης, τῶν δὲ διὰ τὴν κατ᾽ εἶδος ἐξαλλαγὴν
ἡ ἰσότης γενέσεως δεῖται καὶ μηχανῆς ὡς καθ᾽ ἑαυτὴν
οὖσα δυσεύρετος.

---

6. γωνία, ᾗ] γωνίαν P.   17. ὅτι] in ras. P, scr. ἡ μέν.
18. δέ] scr. ἡ δέ.   19. παρά] comp. P, renou. in ὑπό.   21.
ἀλλά] ἀλά P.

140. Ὅταν μὲν εὐθείας ἐκκειμένης τὸ δοθὲν χωρίον
πάσῃ τῇ εὐθείᾳ συμπαρατείνῃς, τότε παραβάλλειν ἐκεῖνο
τὸ χωρίον φασίν, ὅταν δὲ μεῖζον ποιήσῃς τὸ μῆκος
τοῦ χωρίου τῆς εὐθείας, ὑπερβάλλειν, ὅταν δὲ ἔλαττον,
ἐλλείπειν, καὶ τῶν τελευταίων τούτων ἐν τῷ ς΄ μνη-   5
μονεύει βιβλίῳ, ὑπερβολῆς καὶ ἐλλείψεως. Πυθαγορείων
δὲ ταῦτα ἐφευρήματα.

Ad prop. XLV.

141. Τὸ με΄ πρόβλημα καθολικώτερόν ἐστι τῶν
δύο προβλημάτων, ἐν οἷς εὑρίσκομεν τὴν σύστασιν   10
καὶ τὴν παραβολὴν τῶν ἴσων τῷ δοθέντι τριγώνῳ
παραλληλογράμμων. εἴτε γὰρ τρίγωνον εἴτε τετράγωνον
ἢ ὅλως τετράπλευρον εἴτε ἄλλο τι πολύπλευρον εἴη
δεδομένον, διὰ τούτου τοῦ προβλήματος ἴσον αὐτῷ
παραλληλόγραμμον συστήσομεν. πᾶν γὰρ εὐθύγραμμον   15
καθ᾽ αὑτὸ εἰς τρίγωνα διαλύεται. ἀναλύσαντες οὖν
τὸ δοθὲν εὐθύγραμμον εἰς τρίγωνα καὶ ἑνὶ μὲν αὐτῶν
ἴσον παραλληλόγραμμον συστήσαντες, τοῖς δὲ λοιποῖς
παρὰ τὴν δοθεῖσαν εὐθεῖαν ἴσα παραλληλόγραμμα
λαμβάνοντες, παρ᾽ ἣν καὶ τὴν παραβολὴν ἐποιήσαμεν,   20
ἕξομεν τὸ ἐκ τούτων παραλληλόγραμμον ἴσον τῷ ἐξ
ἐκείνων τῶν τριγώνων τῶν εὐθυγράμμων. κἂν δεκά-
πλευρον ᾖ τὸ εὐθύγραμμον, εἰς ὀκτὼ τρίγωνα αὐτὸ
ἀναλύσομεν, ἑνὶ δὲ τούτων ἴσον συστήσομεν παρ-
αλληλόγραμμον, καὶ ἑπτὰ παραβάλλοντες ἴσα τοῖς   25

---

140. PBFVat.; εἰς τὸ μδ΄ FVat.   141. P.

---

2. συμπαρατείνεις P.   5. ἐκλείπειν BF.   τελευτέων P.
μνημονεύσει P.   6. Πυθαγορείων — 7. ἐφευρήματα] om. P.
7. ἐφευρέματα FVat.   12. παραλληλόγραμμον Vq.   γάρ]
q, om. V.

λοιποῖς ἕξομεν τὸ ζητούμενον. ἔοικε δὲ ἐκ τοῦ προ-
βλήματος τούτου κινηθέντας τοὺς παλαιοὺς καὶ τοῦ
κύκλου τετραγωνισμὸν ζητῆσαι. εἰ δὲ παραλληλό-
γραμμον ἴσον εὑρίσκεται παντὶ εὐθυγράμμῳ, ζητήσεως
5 ἄξιον, μὴ καὶ τὰ εὐθύγραμμα ἴσα δεικνύναι δυνατὸν
τοῖς περιφερογράμμοις, ὡς καὶ ὁ Ἀρχιμήδης ἔδειξεν,
ὅτι πᾶς κύκλος ἴσος ἐστὶ τριγώνῳ ὀρθογωνίῳ, οὗ ἡ
μὲν ἐκ τοῦ κέντρου ἴση ἐστὶ μιᾷ τῶν περὶ τὴν ὀρθήν,
ἡ δὲ περίμετρος τῇ βάσει. ἀλλὰ ταῦτα ἐν ἄλλοις
10 ζητήσομεν.

142. Ἐάν τε γὰρ τετράγωνον ἢ ὅλως τετράπλευρον
εἴτε ἄλλο τι πολύπλευρον εἴη δεδομένον, διὰ τούτου
τοῦ προβλήματος ἴσον αὐτῷ παραλληλόγραμμον συ-
στήσομεν. πᾶν γὰρ εὐθύγραμμον, ὡς καὶ πρότερον
15 εἴπαμεν, εἰς τρίγωνα ἀναλύεται· ἑνὶ δὲ τριγώνῳ ἴσον
παραλληλόγραμμον συστήσαντες, τοῖς δὲ λοιποῖς παρὰ
τὴν δοθεῖσαν εὐθεῖαν ἴσα παραλληλόγραμμα λαμ-
βάνοντες ἐκείνην, παρ' ἣν ἐποιήσαμεν τὴν πρώτην,
κἂν δεκάπλευρον ᾖ τὸ εὐθύγραμμον, εἰς ὀκτὼ τρίγωνα
20 διαλύσομεν, ἑνὶ δὲ ἴσον συστήσομεν παραλληλόγραμμον
καὶ ἑπτάκις παραβάλλοντες ἴσα τοῖς λοιποῖς ἕξομεν τὸ
ζητούμενον. ἐκ τούτου δέ, οἶμαι, τοῦ προβλήματος οἱ
παλαιοὶ καὶ τὸν τετραγωνισμὸν τοῦ κύκλου ἐζήτησαν.
εἰ γὰρ παραλληλόγραμμον ἴσον εὑρίσκεται παντὶ εὐθυ-
25 γράμμῳ, ζητήσεως ἄξιον, μὴ καὶ τὰ εὐθύγραμμα τοῖς
περιφερογράμμοις ἴσα δεικνύναι δυνατόν. καὶ ὁ Ἀρχι-
μήδης ἔδειξεν, ὅτι πᾶς κύκλος ἴσος ἐστὶ τριγώνῳ

142. P.

7. οὖ] om. Vq; cfr. Proclus p. 423, 4.   16. συστήσασθαι P.
18. ἐκείνηι P.

ὀρθογωνίῳ, οὖ ἡ μὲν ἐκ τοῦ κέντρου ἴση ἐστὶν μιᾷ τῶν περὶ τὴν ὀρθήν, ἡ δὲ περίμετρος τῇ βάσει. ἀλλὰ ταῦτα μὲν ἐν ἄλλοις.

143. Τοῦτο καθολικώτερον τῶν πρὸ αὐτοῦ· διὸ καὶ ὡς λήμμασιν ἐκείνοις χρῆται. παντὶ γὰρ πολυ- 5 γώνῳ ἴσον ὑπισχνεῖται πλάττειν παραλληλόγραμμον. διαλύει δὲ τὰ πολύγωνα εἰς τρίγωνα καὶ τοῖς τριγώνοις ἴσα συνίστησιν ἐν τῇ δοθείσῃ γωνίᾳ ἀεὶ παρὰ τὴν τοῦ συσταθέντος πλευρὰν τοῖς τριγώνοις ἴσα παρα- βάλλων παραλληλόγραμμα. ἐκ τούτου δέ φασι καὶ εἰς 10 ζήτησιν τοῦ τὸν κύκλον τετραγωνίζεσθαι προελθεῖν. ὑπέλαβον γάρ, ὡς εἴη καὶ τοῖς μὴ εὐθυγράμμοις ἴσα παραλληλόγραμμα· ὅθεν ὁ Ἀρχιμήδης σχεδὸν ἀπέδειξεν τοῦτο, ἀλλ' ὅμως γε παρελογίσατο.

· Ad prop. XLVI. 15

144. Δεῖ μὲν ἡμῖν τοῦ μς' προβλήματος εἰς τὴν κατασκευὴν τοῦ μζ'. ἰστέον δέ, ὅτι τῶν ἀρίστων εὐθυ- γράμμων δύο τοῦ ἰσοπλεύρου τριγώνου καὶ ἰσοπλεύρου τετραγώνου γενέσεις παραδέδωκεν ὁ στοιχειωτὴς ἐν τοῖς πρὸ τούτων καὶ ἐν τούτοις, διότι καὶ πρὸς τὴν 20 σύστασιν τῶν κοσμικῶν σχημάτων τῶν δ̄ καὶ τούτων μάλιστα χρεία τῶν εὐθυγράμμων· τὸ μὲν γὰρ εἰκοσά- εδρον καὶ τὸ ὀκτάεδρον καὶ ἡ πυραμὶς ἐκ τῶν ἰσο- πλεύρων σύγκειται τριγώνων, ὁ δὲ κύβος ἐκ τῶν τετραγώνων. πρεπόντως. δὲ καὶ τὸ μὲν συστήσασθαι 25 λέγει· ὡς γὰρ ἐκ πολλῶν συγκροτούμενον συστάσεως

---

143. PBFVat.; εἰς τὸ μϵ´ FVat.   144. Vᵃ (fq).

4. τῶν] τοῦ FVat.   8. ἐν] ἐν δέ B.   10. δέ] om. Vat.
13. ὅθεν — 14. παρελογίσατο] om. P.

δεῖται· τὸ δὲ ἀναγράψαι ἔφη ὡς ἀπὸ μιᾶς ἀρχῆς ἀπο-
γεννώμενον καὶ ἀναγραφῆς δεόμενον μόνης.

145. Δεῖται μὲν τοῦ προβλήματος τούτου δια-
φερόντως εἰς τὴν τοῦ ἐφεξῆς θεωρήματος κατασκευήν,
5 ἔοικεν δὲ τῶν δύο γενέσεις ἐθελῆσαι παραδοῦναι τῶν
ἐν εὐθυγράμμῳ ἀρίστων ἰσοπλεύρου τριγώνου καὶ
τετραγώνου, διότι δὴ καὶ πρὸς τὴν σύστασιν τῶν
κοσμικῶν σχημάτων καὶ μάλιστα τῶν τεττάρων, ὧν
καὶ γένεσίς ἐστι καὶ ἀνάλυσις, τούτων χρεία τῶν εὐθυ-
10 γράμμων. τὸ μὲν γὰρ εἰκοσάεδρον καὶ τὸ ὀκτάεδρον
καὶ ἡ πυραμὶς ἐκ τῶν ἰσοπλεύρων σύγκειται τριγώνων,
ὁ δὲ κύβος ἐκ τῶν τετραγώνων. διό μοι δοκεῖ προ-
ηγουμένως τὸ μὲν συστήσασθαι, τὸ δὲ ἀναγράψαι·
πρέποντα γὰρ δὴ ταῦτα τὰ ὀνόματα ἀνεῦρεν τοῖσδε
15 τοῖς σχήμασι. τὸ μὲν γὰρ ὡς ἐκ πολλῶν συγκροτού-
μενον συστάσεως δεῖται, τὸ δὲ ὡς ἀπὸ μιᾶς πλευρᾶς
ἀπογεννώμενον ἀναγραφῆς. οὐ γάρ, ὥσπερ τὸ τετρά-
γωνον ἔχομεν πολλαπλασιάσαντες τὸν τῆς δοθείσης
εὐθείας ἀριθμὸν ἐφ' ἑαυτόν, οὕτωσὶ καὶ τὸ τρίγωνον,
20 ἀλλαχόθεν ἐπιζεύξαντες ἐπὶ τὰ πέρατα τῆς εὐθείας
συγκροτοῦμεν ἐκ τούτων ἓν ἰσόπλευρον τρίγωνον, καὶ
ἡ τῶν κύκλων καταγραφὴ συντελεῖ πρὸς τὸ ἀνευρεῖν
ἐκεῖνο τὸ σημεῖον, ἀφ' οὗ δεῖ τὰς εὐθείας εἰς τὰ πέρατα
τῆς ἐκκειμένης εὐθείας ἐπιζεῦξαι. ταῦτα μὲν οὖν δῆλα·
25 δεικτέον ἀντὶ τῶν εὐθειῶν ἴσων, ἀφ' ὧν ἀναγράφεται
τὰ τετράγωνα, καὶ αὐτὰ ἴσα ἐστίν.

146. Ὁμοίως καὶ ἐὰν ἀπὸ ἴσων εὐθειῶν τετράγωνα
ἀναγραφῶσιν, ἴσα ἔσονται. ἔστωσαν γὰρ ἴσαι αἱ AB,

---

145. P.   146. V².

6. εὐθυγράμμων P.   14. δή] δεῖ P.   22. συντελεῖν P.
25. ἀντί] sic etiam codd. apud Proclum p. 424, 7; scr. αὖ ὅτι.

ΓΔ, καὶ ἀπὸ μὲν τῆς ΑΒ ἀναγεγράφθω τὸ ΑΕ, ἀπὸ
δὲ τῆς ΓΔ τὸ ΓΖ, καὶ ἐπεζεύχθωσαν αἱ ΗΒ, ΘΔ.
ἐπεὶ οὖν αἱ ΑΒ, ΓΔ ἴσαι καὶ αἱ ΑΗ, ΓΘ, καὶ γωνίας
ἴσας περιέχουσι, καὶ ἡ ΗΒ τῇ ΘΔ ἴση καὶ τὸ ΗΑΒ
τρίγωνον τῷ ΘΓΔ τριγώνῳ. καὶ τὰ διπλάσια αὐτῶν· 5
τὸ ἄρα ΑΕ τῷ ΓΖ ἴσον. ἀλλὰ μὴν καὶ τὸ ἀντίστροφον
ἀληθές. εἰ γὰρ τὰ τετράγωνα ἴσα, καὶ αἱ εὐθεῖαι αἱ
ἀφ' ὧν ἀναγέγραπται ἴσαι ἔσονται. ἔστω γὰρ τετρά-

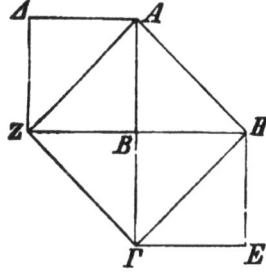

γωνα ἴσα τὰ ΑΖ, ΗΓ, καὶ
κείσθω ὥστε ἐπ' εὐθείας εἶναι 10
τὴν ΑΒ τῇ ΒΓ. ὀρθῶν ἄρα
οὐσῶν τῶν γωνιῶν ἐπ' εὐθείας
καὶ ἡ ΖΒ τῇ ΒΗ ἔσται. ἐπ-
εζεύχθωσαν αἱ ΖΓ, ΑΗ. ἐπεὶ
οὖν ἴσον τὸ ΑΖ τετράγωνον τῷ 15
ΓΗ, καὶ τὸ ΑΖΒ τρίγωνον ἴσον
τῷ ΓΒΗ τριγώνῳ. κοινὸν προσκείσθω τὸ ΒΓΖ. ὅλον
ἄρα τὸ ΑΓΖ ἴσον τῷ ΓΖΗ. παράλληλος ἄρα ἡ ΑΗ
τῇ ΓΖ διὰ τὸ λθ'. πάλιν ἐπεὶ ἡμίσεια ὀρθῆς ἥ τε
ὑπὸ ΑΖΒ καὶ ἡ ὑπὸ ΓΗΒ, παράλληλος ἡ ΑΖ τῇ ΓΗ· 20
ἐναλλὰξ γάρ εἰσιν. οὐκοῦν ἴση ἡ ΑΖ τῇ ΓΗ· παρ-
αλληλογράμμου γάρ εἰσιν ἀπεναντίον. ἐπεὶ δὴ δύο
τρίγωνά ἐστι τὰ ΑΒΖ, ΒΓΗ τὰς ἐναλλὰξ ἔχοντα
γωνίας ἴσας καὶ μίαν πλευρὰν τὴν ΑΖ τῇ ΓΗ, ἴση
ἔσται καὶ ἡ ΑΒ τῇ ΒΓ καὶ ἡ ΖΒ τῇ ΒΗ, ἐξ ὧν 25
ἀνεγράφθη τὰ τετράγωνα.

De figura priore u. Proclus p. 424.

---

1. ΑΕ] in ras. V.   8. ἀναγεγράφαται? V.   13. ΒΗ]
supra scr. Γ V.   18. ἄρα] (prius) om V; ras. est.   20. ΑΖΒ]
Z in ras. V.

147. Ὀρθὴ δὲ ἡ ὑπὸ ΒΑΔ p. 108, 26] διότι ἴση
ἐστὶ τῇ ΑΔΕ καὶ οὔτε μείζων οὔτε ἐλάσσων, ὅπερ
ὤφειλεν ἔχειν, εἰ κυρίως δυσὶν ὀρθαῖς ἴσαι ἦσαν
ἀμφότεραι.

Ad prop. XLVII.

148. Ἐν τῷ σχήματι τοῦ μζ' θεωρήματος μέσον
μέν ἐστι τρίγωνον, ὑπὸ τὴν βάσιν δὲ τοῦ τριγώνου
ἐστὶ τετράγωνον, ἐπάνω δὲ τοῦ τριγώνου ἐφ' ἑκατέρας
πλευρᾶς τετράγωνα, ὡς εἶναι τὸ ὅλον σχῆμα ἐκ τρι-
10 γώνου ἑνὸς καὶ τριῶν τετραγώνων. φησὶν οὖν ὁ
στοιχειωτὴς ἐν τῇ προτάσει τοῦ προκειμένου θεω-
ρήματος, ὅτι τὸ ὑποκάτω τοῦ τριγώνου τετράγωνον
ἴσον ἐστὶ τοῖς δυσὶ τετραγώνοις τοῖς ἐπάνω τοῦ τρι-
γώνου. ὑποτείνουσαν γὰρ πλευρὰν τὸ τρίγωνον τὴν
15 βάσιν λέγει, περιεχούσας δὲ πλευρὰς τὰς ἐπὶ τῆς βάσεως
ἱσταμένας ἑκατέρωθεν. ἡμεῖς δὲ τὰς ἐν μέσῳ τοῦ
διαγράμματος εὐθείας κατελίπομεν πρὸς μόνην τὴν
πρότασιν τοῦτο διαγράψαντες. οὐκ ἐπὶ πάντων δὲ τῶν
τριγώνων τοῦτο δύναται γίνεσθαι. οὔτε γὰρ ἐπὶ τῶν
20 ὀξυγωνίων οὔτε ἐπὶ τῶν ἀμβλυγωνίων, ἀλλ' ἐπὶ μόνων
τῶν ὀρθογωνίων. ἐπεὶ δὲ τὰ ὀρθογώνια ἢ ἰσοσκελῆ
εἰσιν ἢ σκαληνά, ἀδύνατον τοῦτο γίνεσθαι ἐπὶ τῶν
ἰσοσκελῶν διὰ τὸ τὴν βάσιν ἐλάττονα ἔχειν τῶν
πλευρῶν, τοῦτο δὲ τὸ ἀνάπαλιν ζητεῖν τὴν βάσιν
25 μείζονα εἶναι ἑκατέρου τῶν σκελῶν. ἀνάγκη οὖν τὸ
τοιοῦτον σχῆμα ἐπὶ μόνων τῶν σκαληνῶν συνίστασθαι.
καθολικώτερον δὲ περὶ τούτου τοῦ σχήματος ἐν τῷ ς'
βιβλίῳ διαλαμβάνει, ὡς ἐκεῖσε γενόμενοι εἰσόμεθα.

_____

147. p.   148. Vᵃ (fq).

_____

20. ὀξυγώναν V.   ἀμβλυγώναν V.

149. Οἱ ἀρχαῖοι τὸ θεώρημα τοῦτο εἰς Πυθαγόραν ἀναπέμπουσιν, καὶ θαυμαστή ἐστιν ἡ θεωρία τοῦ θεωρήματος τούτου. ὁ δὲ στοιχειωτὴς ἐν τούτῳ ἀπὸ τῆς τῶν παραλληλογράμμων κοινῆς θεωρίας τὸ ζητούμενον δείκνυσιν. διττῶν δὲ ὄντων τῶν ὀρθογωνίων τρι- 5
γώνων, τῶν μὲν ἰσοσκελῶν, τῶν δὲ σκαληνῶν, ἐν μὲν τοῖς ἰσοσκελέσιν οὐκ ἄν ποτε εὕροιμεν ἀριθμοὺς ἐφαρμόσαι ταῖς πλευραῖς· οὐ γάρ ἐστι τετράγωνος ἀριθμὸς τετραγώνου διπλάσιος, εἰ μη λέγοι τις τὸν σύνεγγυς. ὁ γὰρ ἀπὸ τοῦ ζ̄ τοῦ ἀπὸ τοῦ ε̄ διπλάσιός ἐστιν ᾱ 10
δέοντος. ἐν δὲ τοῖς σκαληνοῖς δυνατὸν λαβεῖν ἐναργῶς ἡμῖν δείκνυται τὸ ἀπὸ τῆς ὑποτεινούσης τὴν ὀρθὴν ἴσον τοῖς ἀπὸ τῶν περὶ τὴν ὀρθήν. τοιοῦτον γάρ ἐστι τὸ ἐν Πολιτείᾳ τρίγωνον, οὗ τὴν ὀρθὴν περιέχουσιν ὅ τε τρία καὶ ὁ τέσσαρα, ὑποτείνει δὲ αὐτὴν 15
ὁ ε̄. τὸ γοῦν ἀπὸ τοῦ ε̄ τετράγωνον ἴσον ἐστὶ τοῖς ἀπ᾽ ἐκείνων. τοῦτο μὲν γάρ ἐστιν εἴκοσι πέντε, τὰ ἀπ᾽ ἐκείνων δὲ τὸ μὲν ἀπὸ τοῦ γ̄ θ̄, τὸ δὲ ἀπὸ τοῦ δ̄ ἑκκαίδεκα. σαφὲς οὖν τὸ λεγόμενον ἐπὶ τῶν ἀριθμῶν, παραδέδονται δὲ καὶ μέθοδοί τινες τῆς εὑρέσεως τῶν 20
τοιούτων τριγώνων. τὴν μὲν εἰς Πλάτωνα ἀναπέμπουσι, τὴν δὲ εἰς Πυθαγόραν· ἀπὸ τῶν περιττῶν ἐστιν ἀριθμῶν. τίθησι γὰρ τὸν δοθέντα περιττὸν ὡς ἐλάσσονα τῶν περὶ τὴν ὀρθήν, καὶ λαβοῦσα τὸν ἀπ᾽ αὐτοῦ τετράγωνον καὶ τούτου μονάδα ἀφελοῦσα τοῦ λοιποῦ 25
τὸ ἥμισυ τίθησι τῶν περὶ τὴν ὀρθὴν τὸν μείζονα. προσθεῖσα δὲ καὶ τούτῳ μονάδα τὴν λοιπὴν ποιεῖ τὴν

---

149. P.

---

10. ᾱ] μονάδι P.   22. Πυθαγορίαν P.   26. τό] τόν P.
27. προθεῖσα P.

ὑποτείνουσαν. οἷον τὸν τρία λαβοῦσα καὶ τετρα-
γωνίσασα καὶ ἀφελοῦσα τοῦ ἐννέα μονάδα τοῦ ῆ λαμ-
βάνει τὸ ἥμισυ τὸν δ καὶ τούτῳ προστίθησι πάλιν
μονάδα καὶ ποιεῖ τὸν ε· καὶ ηὕρηται τρίγωνον ὀρθο-
5 γώνιον ἔχον τὴν μὲν τριῶν, τὴν δὲ τεσσάρων, τὴν
δὲ πέντε. ἡ δὲ Πλατωνικὴ ἀπὸ τῶν ἀρτίων ἐπιχειρεῖ·
λαβοῦσα γὰρ τὸν δοθέντα ἄρτιον τίθησιν αὐτὸν ὡς
μίαν πλευρὰν τῶν περὶ τὴν ὀρθὴν καὶ τοῦτον διελοῦσα
δίχα καὶ τετραγωνίσας τὸ ἥμισυ μονάδα μὲν τῷ τετρα-
10 γώνῳ προσθεῖσα ποιεῖ τὴν ὑποτείνουσαν, μονάδα δὲ
ἀφελὼν τοῦ τετραγώνου ποιεῖ τὴν ἑτέραν τῶν περὶ
τὴν ὀρθήν. οἷον τὸν τέσσαρα λαβοῦσα καὶ τούτου τὸ
ἥμισυ β τετραγωνίσας καὶ ποιήσας αὐτὸν δ, ἀφελοῦσα
μὲν μονάδα ποιεῖ τὸν γ, προσθεῖσα δὲ ποιεῖ τὸν ε·
15 καὶ ἔχει τὸ αὐτὸ γενόμενον τρίγωνον, ὃ καὶ ἐκ τῆς
ἑτέρας ἀπετελεῖτο μεθόδου· τὸ γὰρ ἀπὸ τούτου ἴσον
τῷ ἀπὸ τοῦ γ καὶ τῷ ἀπὸ τοῦ δ συντεθεῖσιν. ταῦτα
μὲν οὖν ἔξωθεν προσιστορήσθω· τῆς δὲ τοῦ στοιχειωτοῦ
ἀποδείξεως οὔσης φανερᾶς οὐδὲν ἡγοῦμαι δεῖν προσ-
20 θεῖναι περιττόν, ἀλλὰ ἀρκεῖσθαι τοῖς γεγραμμένοις,
ἐπεὶ καὶ ὅσοι προσέθεσάν τι πλέον, ὡς οἱ περὶ Ἥρωνα
καὶ Πάππον, ἠναγκάσθησαν προσλαβεῖν τι τῶν ἐν τῷ
ἕκτῳ δεδειγμένων οὐδενὸς ἕνεκα πραγματειώδους.

150. Ἔστω ἡ βάσις τοῦ τριγώνου ε, τῶν δύο
25 πλευρῶν ἡ μὲν γ, ἡ δ' ἑτέρα δ, τὸ ἀπὸ τῶν ε τετρά-
γωνον κε, τὸ ἀπὸ τῆς γ θ, τὸ ἀπὸ τῆς δ ιϛ, ιϛ δὲ
καὶ θ κε, ἅπερ ὅλον ἐστὶ τὸ ἀπὸ τῆς ε τετράγωνον.

---

150. V¹f.

151. Ἔστω ἡ ΒΓ ἡ ὑποτείνουσὰ τὴν ὀρθὴν γωνίαν τὴν ὑπὸ ΒΑΓ μονάδων ε̄, τὸ δὲ ἀπ' αὐτῆς τετράγωνον μονάδων κ̄ε. πάλιν ἔστω ἡ ΒΑ εὐθεῖα μονάδων δ̄ καὶ τὸ ἀπ' αὐτῆς τετράγωνον μονάδων ῑϛ, ἡ δὲ ΓΑ μονάδων γ̄ καὶ τὸ ἀπ' αὐτῆς τετράγωνον μονάδων θ̄. 5 τὸ οὖν θ̄ τὸ ἀπὸ τῆς ΓΑ τετράγωνον καὶ τὰ ῑϛ τὸ ἀπὸ τῆς ΑΒ ἴσα εἰσὶ τοῖς κ̄ε τῷ ἀπὸ τῆς ΒΓ τετραγώνῳ· θ̄ γὰρ καὶ ῑϛ κ̄ε.

152. Ἐπὶ τῇ εὑρέσει τούτου τοῦ θεωρήματος βουθυτῆσαι λέγεται ὁ Πυθαγόρας, ὥς φησι Πρόκλος ἐξ- 10 ηγούμενος αὐτό.

153. Ἰστέον, ὅτι, ὅταν ᾖ σκαληνὸν τὸ ὀρθογώνιον, δυνάμεθα ἀεὶ δι' ἀριθμῶν ἀποδιδόναι τὸ ἀπὸ τῆς ὑποτεινούσης τετράγωνον ἴσον τοῖς ἀπὸ τῶν πλευρῶν τετραγώνοις. εἰ γάρ ἐστιν ἡ κάθετος περισσὸς ἀριθμὸς 15 ἀπὸ τοῦ τρία πάντως ἀρχόμενος, πολυπλασιάζω τὸν τοιοῦτον ἀριθμον καθ' ἑαυτόν· εἶτα ἀφαιρῶ μονάδα καὶ τὸ ἥμισυ τοῦ μείναντος ἀριθμοῦ ποιῶ βάσιν· εἶτα προστίθημι μονάδα καὶ ποιῶ τὴν ὑποτείνουσαν. οἷον ἐπὶ ὑποδείγματος ἔστω ἡ κάθετος ε̄. πολλαπλασιάζω 20 ταῦτα. γίνονται κ̄ε. ἀφαιρῶ μονάδα. μένουσιν κ̄δ. τὰ ἡμίση τούτων ἤγουν τὰ ῑβ ποιῶ βάσιν. προστίθημι μονάδα καὶ ποιῶ τὴν ὑποτείνουσαν. τῶν γὰρ ῑγ ἡ δύναμις, ὅ ἐστι τὸ ἀπὸ τούτων τετράγωνον, ἔστι ρ̄ξ̄θ, ἀλλὰ καὶ τὰ συναμφότερα τετράγωνα τό τε ἀπὸ τῆς 25 καθέτου ἤτοι τὰ κ̄ε καὶ τὸ ἀπὸ τῆς βάσεως ἤτοι τὰ ρ̄μ̄δ τὸν ρ̄ξ̄θ συμπληροῦσιν ἀριθμόν· καί ἐστιν ἡ μέθοδος αὕτη Πυθαγόρου, ὥς φησιν Ἥρων καὶ Πρόκλος

151. q.   152. B.   153. B² b².

20. παραδείγματος B.   23. ῑγ] δεκατρία B.   24. τούτου b.

ὁ Πλατωνικὸς διάδοχος. ἐὰν δὲ ᾖ ἡ κάθετος ἄρτιος
ἀριθμός, ἡ μὲν μέθοδός ἐστι Πλατωνικὴ κατὰ τοὺς
εἰρημένους Ἥρωνά τε καὶ Πρόκλον, πρόεισι δὲ οὕτως·
λαμβάνω τὸ ἥμισυ τῆς καθέτου· πολυπλασιάζω αὐτό.
5 ἀφαιρῶ τοῦ πολυπλασιασμοῦ μονάδα· τὸ μεῖναν ποιῶ
βάσιν· προστίθημι τῇ βάσει δυάδα καὶ ποιῶ τὴν ὑπο-
τείνουσαν. οἷον ἐπὶ ὑποδείγματος ἔστω ἡ κάθετος η̄.
τὰ ἡμίση τούτων πολυπλασιάζω· γίνονται ῑϛ̄. ἀφαιρῶ
μονάδα, καὶ γίνεται ἡ βάσις ῑε̄. προστίθημι δυάδα καὶ
10 ποιῶ τὴν ὑποτείνουσαν ῑζ̄. ἔστιν οὖν τὸ ἀπὸ τῆς ὑπο-
τεινούσης τετράγωνον σ̄π̄θ̄. ἀλλὰ καὶ τὸ ἀπὸ τῆς
καθέτου μετὰ τοῦ ἀπὸ τῆς βάσεως τὸν αὐτὸν συμ-
πληροῦσιν ἀριθμόν. τῶν γὰρ η̄ τὸ τετράγωνον ξ̄δ̄ καὶ
τῶν ῑε̄ σ̄κ̄ε̄· ὁμοῦ σ̄π̄θ̄.

15 154. Ἡ μὲν ὑπὸ ΒΑΓ γωνία προαπεδόθη ὀρθή,
ἡ δὲ ὑπὸ ΒΑΗ διὰ τὸ μϛ΄· τῇ γὰρ εὐθείᾳ ἀπο τοῦ
πρὸς αὐτῇ σημείου πρὸς ὀρθὰς ἤχθη ἡ ἑτέρα εὐθεῖα,
καὶ ἀπεδείχθησαν πᾶσαι αἱ γωνίαι τοῦ τετραγώνου
ὀρθαί. καὶ ἐνταῦθα τοίνυν ἀπὸ τῆς Β[Α] πλευρᾶς
20 τὸ ΗΒ συνέστη τετράγωνον, καὶ ὀρθαί εἰσιν αἱ πᾶσαι
γωνίαι.

155. Ἰστέον, ὅτι τότε δυνάμεθα εὑρίσκειν μήκει
ῥητὴν τὴν ὑποτείνουσαν εὐθεῖαν τὴν ὀρθὴν γωνίαν
τὴν τοῦ ὀρθογωνίου τριγώνου, ὅτε καὶ σκαληνὸν εἴη
25 καὶ τὰς τὴν ὀρθὴν γωνίαν περιεχούσας πλευρὰς ῥητὰς
ἔχῃ, ὅτε δὲ μὴ τοιοῦτόν ἐστιν, ἀλλ' ἰσοσκελές, μήκει
μὲν οὐδαμῶς, δυνάμει δέ, καθὼς καὶ τὸ εἰς τὴν προ-

---

154. b.   155. Β² b².

5. πολλαπλασιασμοῦ b.   19. ΒΑ] Α euan. b.   26. ἔχῃ] Β,
b; scrib. ἔχοι.

κειμένην καταγραφὴν τετράγωνον ἔχει. τούτου γὰρ ἡ
ὑποτείνουσα πλευρὰ τὴν ὀρθὴν γωνίαν διὰ τὸ μὴ
σκαληνὸν ὑποκεῖσθαι οὐκ ἔστι μήκει ῥητή, ἀλλὰ
δυνάμει· καὶ γὰρ αὕτη μονάδων ἐστὶ ξ δ΄ ιε΄΄ ν΄΄΄ λ΄΄΄΄
καὶ μήκει οὐκ ἔστι ῥητή, ἀλλὰ δυνάμει.   5

156. Δείκνυται τοῦτο τὸ τῆς νύμφης θεώρημα καὶ
ἀριθμητικῶς οὕτως· Πλάτων τῶν ἀνισοσκελῶν ὡς δῆλον
μόνον ταῦτα καὶ ῥητὴν ἔχουσι τὴν πλευράν, καί ἐστιν
ἐπὶ τῶν ἀρτίων ἀριθμῶν δεικνύμενον οὕτως· λαμβάνει
τὸ ἥμισυ τοῦ προκειμένου αὐτῷ ἀριθμοῦ καὶ πολυ-   10
πλασιάζει πρῶτον ἐφ' ἑαυτό· εἶτα ἀφαιρεῖται τούτου
τὸ ἓν καὶ τὸν λοιπὸν ἀριθμὸν τὴν ἑτέραν εἶναι λέγει
πλευράν. εἶτα πάλιν προστίθησι τῷ ἀπὸ τῆς ἡμισείας
τετραγώνῳ μονάδα καὶ ταύτην εἶναι τὴν ὑποτείνουσαν.
ἔστω γὰρ ὡς ἐν ὑποδείγματι τρίγωνον ἰσοσκελὲς ὀρθο- 15
γώνιον τὴν μίαν ἔχον πλευρὰν δ̄ εἴτε σπιθαμῶν εἴτε

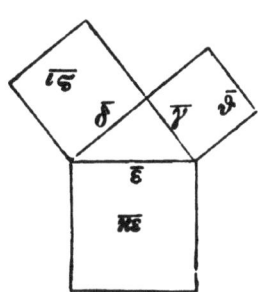

ποδῶν, εἴτε ὁπωσδήποτέ τις
αὐτὴν ὑποθῆται. ζητεῖται οὖν
ἡ λοιπὴ πλευρὰ καὶ ἡ ὑποτεί-
νουσα, καὶ λέγομεν οὕτως· δὶς   20
δύο τέσσαρες· τοῦτο γὰρ ἦν
τὸ ἥμισυ τοῦ προκειμένου ἡμῖν
ἀριθμοῦ. εἶτα ἀφαιροῦμεν τού-
του τὸ ἕν, καὶ τοῦτό ἐστιν ἡ
πλευρὰ ἤγουν ὁ τρία. προσ- 25
τίθεμεν δὲ καὶ εἰς τὸ ἀπὸ τῆς ἡμισείας τετράγωνον
μονάδα, ὅπερ ἦν ὁ δ̄, καί ἐστιν ἡ ὑποτείνουσα ε̄.
δείκνυται οὖν τὸ θεώρημα οὕτως ὡς ἐν τῷ δια-

---

156. f¹; ἡ νύμφη ad I, 47 adscr. V.

1. Finis scholii in b male habitus est.   7. ὡς δῆλον
μόνον] incerta et corrupta.

γράμματι. Πυθαγόρας ἀπὸ τῶν περισσῶν οὕτως
πολυπλασιάζει πρῶτον ὅλον τὸν προκείμενον ἀριθμόν,
καὶ ἀφαιρεῖται τούτου μονάδα, καὶ τὸ τοῦ ἀριθμοῦ
τούτου ἥμισύ ἐστιν ἡ ἑτέρα πλευρά. εἶτα προσ-
5 τίθησι τῷ ἡμίσει μονάδα, καὶ ἐστιν ἡ ὑποτείνουσα.
ἔστω γὰρ τρίγωνον ἀνισοσκελὲς ἔχον τὴν μίαν τῶν
πλευρῶν γ. ζητεῖται οὖν ἡ ἑτέρα πλευρὰ καὶ ἡ ὑπο-
τείνουσα, καὶ εὑρίσκει αὐτὴν οὕτως· πολυπλασιάζει
τὸν ἀριθμὸν ὅλον ἐφ' ἑαυτὸν οὕτως· τρὶς τὰ τρία θ.
10 εἶτα ἀφαιρεθείσης μονάδος ἐναπελείφθη ὁ ὀκτὼ ἀριθ-
μός, καὶ τούτου τὸ ἥμισύ ἐστιν ἡ ἑτέρα πλευρά.
προστίθησι δὲ καὶ τῷ ἡμίσει τούτῳ μονάδα, καὶ τοῦτό
ἐστιν ἡ ὑποτείνουσα ἤτοι ε. δείκνυται τὸ θεώρημα
οὕτως ὡς ἐν τῷ διαγράμματι.

Ad prop. XLVIII.

15

157. Τὸ μη' θεώρημα ἀντιστρέφει τῷ πρὸ αὐτοῦ
ὅλον πρὸς ὅλον. εἰ γὰρ ὀρθογώνιόν ἐστι τὸ τρίγωνον,
τὸ ἀπὸ τῆς ὑποτεινούσης πλευρᾶς τετράγωνον γινό-
μενον ἴσον ἐστὶ τοῖς ἀπὸ τῶν λοιπῶν πλευρῶν γινο-
20 μένοις τετραγώνοις τοῖς δυσὶ τὸ ἕν, καὶ εἰ τὸ ἀπὸ τῆς
ὑποτεινούσης πλευρᾶς γινόμενον τετράγωνον ἴσον ἐστὶ
τοῖς ἀπὸ τῶν λοιπῶν δύο πλευρῶν γινομένοις δυσὶ
τετραγώνοις, ὀρθογώνιόν ἐστι τὸ τρίγωνον ὀρθὴν ἔχον
τὴν ὑπὸ τῶν λοιπῶν περιεχομένην. ἄχρι δὲ τούτου
25 τὸ πρῶτον βιβλίον ὁ στοιχειωτὴς συνεπλήρωσε πολλὰ
εἴδη ἀντιστροφῶν παραδοὺς ἡμῖν· ἀντέστρεψε γὰρ καὶ
ὅλα πρὸς ὅλα καὶ ὅλα πρὸς μέρη καὶ μέρη πρὸς μέρη
θεωρημάτων· πολλήν τε ποικιλίαν προβλημάτων ἐπι-
νοήσας· καὶ γὰρ εὐθειῶν τομὰς καὶ γωνιῶν καὶ θέσεις

157. Vᵃ (fq).

καὶ στάσεις καὶ παραβολὰς παραδέδωκεν ἐφαψάμενος
καὶ τοῦ παραδόξου τόπου τῶν θεωρημάτων καὶ τῶν
τοπικῶν αὐτῶν θεωρημάτων ἱκανῶς ἡμᾶς ἀναμνήσας,
τῶν τε καθολικῶν καὶ τῶν ἐπὶ μέρους τὴν στοιχείωσιν
ἐκφῆναι δυναμένων καὶ τῶν ἀδιορίστων καὶ διωρι- 5
σμένων προβλημάτων τὴν διαφορὰν ἐνδειξάμενος ὅλον
τὸ α' βιβλίον εἰς ἕνα σκοπὸν ἀνήνεγκε τὴν στοιχείωσιν
τῆς περὶ τῶν ἁπλουστάτων εὐθυγράμμων θεωρίας τάς
τε συστάσεις αὐτῶν ἐξευρὼν καὶ τὰ καθ' αὐτα ὑπ-
άρχοντα αὐτοῖς ἀνασκεψάμενος. 10

158. Ὀρθὴ γάρ ἐστιν ἡ ὑπὸ ΔΑΓ p. 114, 25] ἀπὸ
γὰρ τοῦ Α σημείου τῇ ΑΓ εὐθείᾳ πρὸς ὀρθὰς ἤχθη
η ΑΔ.

159. Ἀντιστρέφει μὲν τοῦτο τῷ πρὸ αὐτοῦ θεω-
ρήματι καὶ ὅλον πρὸς ὅλον ἀντιστρέφει. εἰ γὰρ ὀρθο- 15
γώνιον, το ἀπὸ τῆς ὑποτεινούσης ἴσον τοῖς ἀπὸ τῶν
λοιπῶν, καὶ εἰ τὸ ἀπὸ ταύτης ἴσον τοῖς ἀπὸ τῶν λοιπῶν,
ὀρθογώνιόν ἐστι τὸ τρίγωνον ὀρθὴν ἔχον τὴν ὑπὸ
τῶν λοιπῶν περιεχομένην. καὶ ἡ μὲν ἀπόδειξις τοῦ
στοιχειωτοῦ φανερά. 20

Τὸ μὲν οὖν πρῶτον βιβλίον ἄχρι τούτων ὁ στοι-
χειωτὴς συνεπλήρωσεν πολλὰ μὲν ἀντιστροφῶν εἴδη
παραδούς· καὶ γὰρ ὅλα πολλάκις ἀντέστρεψεν πρὸς ὅλα
καὶ ὅλα πρὸς μέρη καὶ μέρη πρὸς μέρη θεωρημάτων·
πολλὴν δὲ ποικιλίαν προβλημάτων ἐπινοήσας· καὶ γὰρ 25
εὐθειῶν τομὰς καὶ γωνιῶν καὶ θέσεις καὶ συστάσεις
καὶ παραβολὰς παραδέδωκεν· ἐφαψάμενος δὲ καὶ τοῖ
παραδόξου λεγομένου τόπου τῶν μαθημάτων καὶ τῶν

---

158. b.   159. P.

---

16. τοῖς] τῆς P.   17. τοῖς] τοι P.   23. ἀνέστρεψεν P.

τοπικῶν αὐτῶν θεωρημάτων ἱκανῶς ἡμᾶς ἀναμνήσας
τῶν τε καθολικῶν καὶ τῶν ἐπὶ μέρους τὴν στοιχείωσιν
ἐκφήνας καὶ τῶν ἀδιορίστων καὶ διωρισμένων προ-
βλημάτων τὴν διαφορὰν ἐνδειξάμενος, ἃ δὴ πάντα καὶ
5 ἡμεῖς αὐτῷ συνεπόμενοι διηρθρώσαμεν, ὅλον δὲ τὸ
βιβλίον εἰς ἕνα σκοπὸν ἀνενεγκὼν τὴν στοιχείωσιν τῆς
περὶ τῶν ἁπλουστάτων εὐθυγράμμων θεωρίας καὶ τάς
τε συστάσεις αὐτῶν ἐξευρὼν καὶ τὰ καθ᾽ αὐτὰ ὑπ-
άρχοντα αὐτοῖς ἀνασκεψάμενος. ἡμεῖς δέ, εἰ μὲν
10 δυνηθείημεν καὶ τοῖς λοιποῖς τὸν αὐτὸν τρόπον ἐξ-
ελθεῖν, τοῖς θεοῖς ἂν χάριν ὁμολογήσαιμεν, εἰ δὲ ἄλλαι
φροντίδες ἡμᾶς περισπάσαιεν, τοὺς φιλοθεάμονας τῆς
θεωρίας ταύτης ἀξιοῦμεν κατὰ τὴν αὐτὴν μέθοδον
καὶ τῶν ἑξῆς ποιήσασθαι βιβλίων τὴν ἐξήγησιν τὸ
15 πραγματειῶδες πανταχοῦ καὶ εὐδιαίρετον μεταδιώ-
κοντας, ὡς τά γε φερόμενα νῦν ὑπομνήματα πολλὴν
καὶ παντοδαπὴν ἔχει τὴν σύγχυσιν αἰτίας ἀπόδοσιν
οὐδεμίαν συνεισφέροντα οὐδὲ κρίσιν διαλεκτικὴν οὐδὲ
θεωρίαν φιλόσοφον.

---

2. τωιχειωσιν P.   8. ἐκφῆναι P.

In librum II.

1. Τὸ βιβλίον τοῦτο χρήσιμον εἰς πολλά. καὶ γὰρ πρὸς στερεωμετρίαν καὶ τὴν τῶν ἐπιπέδων συμβάλλεται θεωρίαν, λύεται δὲ πολλὰ δι' αὐτοῦ τῶν προβλημάτων, εἴς τε μὴν ἀστρονομίαν οὐκ ὀλίγα συμβάλλεται· σκοπὸν δὲ ἔχει εὐθειῶν ἀναγραφὰς καὶ τῶν μερῶν παραδοῦναι, 5 ἀφ' ὧν ἄλογοι τομαὶ φανήσονται εὐθειῶν. εὑρίσκει δὲ καὶ τὰς δύο μεσότητας ἀριθμητικὴν καὶ γεωμετρικήν· οὐ δεῖται δὲ λήμματος οὐδὲ ἔχει πρὸς δεῖξιν ἔνστασιν.

Ad def. 1.

2. Ἀπορήσειέ τις, διὰ τί πᾶν παραλληλόγραμμον 10 ὀρθογώνιον περιέχεσθαι λέγεται ὑπὸ δύο τῶν τὴν ὀρθὴν γωνίαν περιεχουσῶν εὐθειῶν καὶ οὐχὶ πᾶν παραλληλόγραμμον ἁπλῶς, ἐπείπερ ἔδοξε λέγεσθαι περι-

---

1. PBFVat. q V⁴ (m).   2. V¹ (pars prior etiam in f, quem inspexi, ubi V euanuit).

---

1. τὸ βιβλίον τοῦτο] τὸ β̄ V.   εἰς πολλά] om. Vm.   2. στερεομετρίαν B.   3. θεωρίαν λύεται] om. FVat.   λύεται — 4. συμβάλλεται] καὶ ἀστρονομίαν καὶ εἰς τὰ προβλήματα q.   3. δι' αὐτοῦ πολλά V.   4. τε] γε PBVat. (F euan.).   μήν] μὴν τὴν BV.   συμβάλεται P.   5. καὶ τῶν μερῶν] om. q.   6. ἄλογοι] εὔλογοι q.   εὐθεῖαι PBVat. (F euan.).   8. ἀπόδειξιν q.

ἔχειν τὰς δύο πλευρὰς τοιόνδε τι παραλληλόγραμμον.
λέγομεν οὖν πρὸς τὸν οὕτω ἀπορήσαντα αἰτίαν εἶναι
τούτου τὴν τῆς γωνίας ὀρθότητα. τρόπον γάρ τινα
οἶδα, ἐὰν ἡ γωνία ἡ περιεχομένη ὑπὸ τῶν δύο εὐθειῶν
5 ἐστιν ὀρθή, καὶ ποῦ τεθήσονται αἱ μετὰ τῶν τοιούτων
δύο πλευρῶν τὸ ὀρθογώνιον σχῆμα περιέχουσαι ἕτεραι
πλευραὶ δύο. περιεχέτωσαν γὰρ σαφηνείας χάριν τὴν
ὀρθὴν γωνίαν αἱ ΒΔ, ΑΓ. ἐὰν διὰ τοῦ Β σημείου, καθ'
ὃ περατοῦται ἡ μία τῶν γραμμῶν, παράλληλον τῇ ΑΓ
10 ἀγάγωμεν τὴν ΒΔ, ἔσονται αἱ πρὸς
τοῖς Α, Β δύο γωνίαι δυσὶν ὀρθαῖς
ἴσαι. ἔστι δὲ ἡ πρὸς τῷ Α ὀρθή·
ὀρθὴ ἄρα ἔσται καὶ ἡ πρὸς τῷ Β.

ὀρθῆς οὖν ἀναγκαίως ὀφειλούσης εἶναι τῆς πρὸς τῷ Β,
15 εἰ παραλληλόγραμμον μέλλει γενέσθαι, οἶδα τρόπον
τινὰ καὶ πρὸ τοῦ διαθεῖναι τὴν ΒΔ τὴν θέσιν αὐτῆς.
ἐπεὶ γὰρ μία ἐστὶν ἡ θέσις τῆς εὐθείας τῆς μεθ'
ἑτέρας πλευρᾶς ὀρθὴν ποιούσης γωνίαν καὶ οὐχὶ πλέονες
ὡς τῆς μεθ' ἑτέρας εὐθείας γραμμῆς ὀξεῖαν ἢ ἀμβλεῖαν
20 γωνίαν ποιούσης διὰ τὸ εἰ ὀξεῖαν ὀξείας μείζονα καὶ
ἀμβλεῖαν ἀμβλείας οἶσθα πως . . . . . διὰ τὰ αὐτὰ δὲ
οἶδα καὶ τὴν τῆς ἑτέρας πλευρᾶς θέσιν παντελῶς.
λοιπὸν ἄρα καὶ ἀσφαλῶς τὸ παραλληλόγραμμον περι-
άγεσθαι μετὰ τῶν ὑπὸ δύο τῶν τὴν ὀρθὴν γωνίαν
25 περιεχουσῶν εὐθειῶν.

3. Πᾶν παραλληλόγραμμον ὀρθογώνιον περιέχεσθαι

3. Fμ.

9. γραμμῶν] f, γραμῶν V.   11. τοῖς] scripsi; τῷ Vf.   13.
ᾗ] hinc hoc schol. om. f.   14. ὀρθή V.   ὀφειλόντως? V.
18. πλέονες ὡς] scripsi, πλε seq. pluribus litt. euan. V.   20.
γωνίαν] supra scr. V.   22. συντελῶς? V.   24. Locus cor-
ruptus et scriptura incerta.

λέγεται ὑπὸ δύο τῶν τὴν ὀρθὴν γωνίαν περιεχουσῶν
εὐθειῶν] διὰ τί τεσσάρων οὐσῶν εὐθειῶν τῶν περι-
εχουσῶν τὸ παραλληλόγραμμον δύο μόνας ἀνόμασεν;
αἱ γὰρ τὴν ὀρθὴν γωνίαν περιέχουσαι δύο μόναι εἰσίν·
ἔδει οὖν ἢ ὑπὸ τῶν τὰς ὀρθὰς εἰπεῖν καὶ ἐδήλου 5
πάσας, ἢ φανερῶς εἰπεῖν ὑπὸ τεσσάρων εὐθειῶν. καλῶς
καὶ στοιχειωδῶς εἴρηται· τὸ γὰρ μέλλον λέγεσθαι ἐν
τοῖς θεωρήμασι προδιδάσκει ἡμᾶς, ὡς εἴωθεν ἐν τοῖς
ὅροις ἀεὶ ποιεῖν, ἵνα μὴ ἐν τοῖς τόποις ταραττώμεθα
παρ' ὑπόληψιν ἀκούοντές τινα ῥήματα. λέγεται γὰρ 10
ἐν τῷ στοιχείῳ τούτῳ πρῶτον καὶ οὐδέπω ῥηθέν· ἐὰν
εὐθεῖα γραμμὴ τμηθῇ, ὡς ἔτυχε, τὸ ἀπὸ τῆς ὅλης
τετράγωνον ἴσον ἐστὶ τῷ τε ὑπὸ τῆς ὅλης καὶ ἑκατέρου
τῶν τμημάτων περιεχομένῳ ὀρθογωνίῳ [II, 2]· καὶ
τί μέν ἐστι τὸ ἀπὸ τῆς δοθείσης εὐθείας τετράγωνον, 15
ἤδη ἔγνωμεν πρὸς τῷ τέλει τοῦ α' στοιχείου [I, 46],
καὶ νῦν δὲ δῆλον· ἀεὶ γὰρ τὸ ἀπὸ τετραγώνου ἀνα-
γραφὴν δηλοῖ. τὸ μέντοι ὑπο οὐδέπω οὐδαμοῦ ἐγνώσθη
τοιοῦτόν τι ὄν· ἀεὶ γὰρ τὸ ὑπὸ τῆσδε καὶ τῆσδε περι-
εχόμενον παραλληλόγραμμον δηλοῖ. κἂν μὲν ἴσαι ὦσιν 20
αἱ δύο εὐθεῖαι, συμβαίνει τὸ παραλληλόγραμμον καὶ
τετράγωνον εἶναι, ἂν δὲ ἄνισοι, παραλληλόγραμμον
ἑτερόμηκες. πλὴν ἀλλὰ κἂν τετράγωνον αὐτὸ συμβῇ
γενέσθαι, οὐχ ὡς τετράγωνον διδάσκεται οὕτως, ἀλλ'
ὡς παραλληλόγραμμον. εὐθέως γοῦν τὸ ὑπὸ τῆς ὅλης 25
καὶ ἑκατέρου τῶν τμημάτων οὐδέποτ' ἂν γένοιτο τετρά-
γωνον ἀνίσων τούτων ὄντων.

---

4. αἱ γὰρ] ὅτι δύο αἱ μ, falso; λύσις enim ab lin. 6 demum
incipit.   12. εὐθεῖα γραμμή] εὐθύγραμμον F μ.   17. καὶ
νῦν δὲ δῆλον] om. μ.   ἀπογραφήν μ.   18. οὐδέπω — 19.
ὄν] τῶνδε ἄδηλον ὂν ἔτι προδιδάσκει ἡμᾶς ὡς ἐν ὅροις μ.   24.
οὕτως] om. μ.

4. Οὐχ ὡς ὑπὸ τῶν δύο εὐθειῶν περιεχομένου τοῦ ὀρθογωνίου· ὑπὸ δ᾽ γὰρ περιέχεται· ἀλλ᾽ ὡς προειλημμένου ὑπὸ τοῦ ὅρου τοῦ α᾽ τοῦ δευτέρου τῶν στοιχείων. ἐν τῷ α᾽ γὰρ τοῖς ὅροις εἶπεν, ὅτι δύο 5 εὐθεῖαι χωρίον οὐ περιέχουσιν· καὶ μηδ᾽ ἐνταῦθα γοῦν ὑπολάβῃς, ὅτι τοῦτο τὸ ὀρθογώνιον δύο εὐθεῖαι περιέχουσιν. εἶπε δὲ δύο διὰ τὸ καὶ τὰς λοιπὰς δύο ἴσας εἶναι ταύταις ἑκατέραν τῇ αὐτῇ ἀπεναντίον.

5. Τὸ ὀρθογώνιον προσέθηκεν, ἵνα διορίσηται τὰ 10 μὴ ὀρθογώνια παραλληλόγραμμα, ὡς δηλοῖ τὸ μα᾽ θεώρημα τοῦ α᾽ βιβλίου καὶ τὸ λη᾽. περιεχουσῶν δὲ εἶπε καὶ οὐχ ὑποτιθεισῶν, ἵνα μὴ λάβῃς τὰς ἀπεναντίας.

6. Τὸ ὀρθογώνιον προσέθηκεν, ἵνα διορίσῃ τὰ παραλληλόγραμμα μέν, μὴ ὀρθογώνια δέ, οἷά εἰσι τὰ 15 ἐπὶ τῆς αὐτῆς βάσεως ἀλλήλοις συναναγραφόμενα καὶ τά, ἐφ᾽ ὧν παραλλήλους εὐθείας ἄγοντες ταῖς τῶν τριγώνων πλευραῖς παραλληλόγραμμον ἐποιοῦμεν· ἐπὶ τούτων γὰρ οὐ λέγεται τὸ ὑπὸ τῶνδε.

7. Τὸ μὲν ὀρθογώνιον προσέθηκεν, ἵνα διορίσῃ 20 τὰ παραλληλόγραμμα μέν, μὴ ὀρθογώνια δέ· ἐπὶ γὰρ τῶν τοιούτων οὐ λέγεται τὸ ὑπὸ τῶνδε. τίνα δέ ἐστι τὰ παραλληλόγραμμα τὰ μὴ ὀρθογώνια, ἔγνωμεν ἤδη ἐν τῷ πρὸ τούτου στοιχείῳ . . . . . τε τοῖς προαναγεγραμμένοις παραλληλογράμμοις τε καὶ ὀρθογωνίοις ἐπὶ 25 τῆς αὐτῆς βάσεως συναναγραφομένοις . . . . ὧν . . . εὐθείας ἄγοντες ταῖς τῶν τριγώνων πλευραῖς παρ-

---

4. B³ b³.   5. A (Coisl.).   6. μ.   7. F (multis locis euan.).

---

4. τοῖς ὅροις] om. b, mg. τοῖς τοῦ πρώτου ὅροις; fort. scrib. ἐν τοῦ α᾽ γάρ.   8. ἑκατέρα b.   αὐτῆς? B.   12. ὑποτιθεισῶν] corruptum.   λάβ^μ A; cfr. p. 225 lin. 5.

ἀλληλόγραμμον ἐποιοῦμεν, ὡς δῆλον ἐν πολλοῖς μὲν
καὶ ἄλλοις, φανερώτερον δὲ ἐν μα' θεωρήματι .....

8. Τῶν τὴν ὀρθὴν περιεχουσῶν εἶπεν· οὐ γὰρ δὴ
ὑπὸ τῶν τυχουσῶν δύο εὐθειῶν, ἀλλ' ὑπὸ τῶν τὴν
ὀρθὴν γωνίαν περιεχουσῶν εὐθειῶν, ἵνα μὴ λάβῃς 5
ἐναντίας. αὗται ..... περιεχ .... γωνίαν ου ... παρ-
αλληλόγραμμον ὀρθογώνιον περιέχειν δύνανται. κἂν
μὴν ἐκεῖναι ληφθῶσιν ....

9. Εἰδέναι δὲ δεῖ, ὅτι τὸ παραλληλόγραμμον εἶδος
μέν ἐστι τοῦ εὐθυγράμμου, γένος δὲ τῶν παραλληλο- 10
γράμμων. εἴδη δὲ αὐτῶν τέσσαρα· τετράγωνον, ἑτερό-
μηκες, ῥόμβος, ῥομβοειδές.

10. Τῶν τετραπλεύρων σχημάτων τὰ μὲν παραλληλό-
γραμμα, τὰ δὲ τραπέζια· τῶν δὲ τριπλεύρων καὶ τετρα-
πλεύρων καὶ πολυπλεύρων γένος ἐστὶ τὸ εὐθύγραμμον, 15
ὥστε προσεχὲς γένος τῶν παραλληλογράμμων οὐ τὸ
εὐθύγραμμον, ἀλλὰ τὸ τετράπλευρον.

Ad def. 2.

11. Τὸν γνώμονα ἰστέον συντομίας ἕνεκεν ηὑρῆσθαι
τοῖς γεωμέτραις, τὸ δὲ ὄνομα ἐκ τοῦ συμβεβηκότος· 20
ἀπ' αὐτοῦ γὰρ τὸ ὅλον γνωρίζεται ἢ τοῦ ὅλου χωρίου
ἢ τοῦ λοιποῦ, ὅταν ἢ περιτίθηται ἢ ἀφαιρῆται. καὶ

---

8. F (multis locis euan.).   9. F μ.   10. A (Coisl.).
11. PBFV⁴ Vat. q.

---

8. Post ληφθῶσιν scriptura euannit; has litteras dignoscere
mihi uideor: οταν το υπο ..... γη² συνυκ ...... οπται .... αι
δνο α ..... ἀπεναντίας οὐδαμῶς τῶν μηδεμίαν συ ... ον μ̅
ϛ̅
νειν ··· υν ····. De magnitudine lacunarum nihil habeo eno-
tatum.   9. παραλληλόγραμμον] scrib. τετράπλευρον.   15.
γένος] γένη A.   19. εὑρῆσθαι B V.   20. τῶν συμβεβηκότων V.
22. παρατίθεται V, περιτίθεται FBVat.   ἀφαιρεῖται BVat.

ἐν τοῖς ὡροσκοπίοις δὲ ἔργον ἔχει τοῦτο μόνον τὸ τὰς
ἐνεστώσας ὥρας ποιεῖν γνωρίμους.

12. Παραπληρώματα δὲ λέγεται οὐχ ὡς μὴ ὄντα
καὶ αὐτὰ παραλληλόγραμμα, ἀλλ' ὡς μὴ ὅμοια τῷ ὅλῳ,
5 παραπληροῦντα δὲ τὴν τοῦ ὅλου πρὸς αὐτὰ ὁμοιότητα.

13. Ἰστέον, ὅτι γνώμονες κυρίως λέγονται οἱ περιττοὶ
ἀριθμοί, διότι τετραγώνοις ἀριθμοῖς περιτιθέμενοι
τετράγωνον πάλιν ἀποτελοῦσιν· οἷον πρῶτος ἀριθμός
ἐστι τετράγωνος ἡ μονάς. ταύτῃ γοῦν ὁ πρῶτος πε-
10 ριττὸς ὁ τρία περιτιθέμενος τὸν τέτταρα τετράγωνον
ἀποτελεῖ, καὶ τούτῳ τῷ τέσσαρα τετραγώνῳ πάλιν ὁ
πέντε περιττὸς περιτιθέμενος τὸν ἐννέα τετράγωνον
ποιεῖ καὶ τῷ ἐννέα ὁ ἑπτὰ τετραγώνῳ περιττὸς περι-
τιθέμενος τὸν δεκαὲξ τετράγωνον ἐκτελεῖ, καὶ ἐφεξῆς
15 οὕτω προβαίνων εὑρήσεις τοὺς περιττοὺς οἷόν τινας
κανόνας τὸ τῶν τετραγώνων σχῆμα ἀπεριθραύστως
διαφυλάττοντας. ταῦτ' ἄρα καὶ γνώμονες κέκληνται
ὡς ὄντες οἷόν τινες κανόνες τε καὶ εὐθύτητες. οὐ
μὴν τοῦτο κἀπὶ τῶν ἀρτίων οὕτως ἴδοις γινόμενον.
20 τῷ γὰρ πρώτῳ τετραγώνῳ τῇ μονάδι ὁ δύο πρῶτος
ἄρτιος προστεθεὶς τὸν τρία ποιεῖ περιττὸν ὄντα καὶ
οὐ τετράγωνον, καὶ τῷ τέσσαρα πάλιν τετραγώνῳ ὁ
τέσσαρα ἄρτιος περιτεθεὶς τὸν ὀκτὼ ἄρτιον ὄντα καὶ
οὐ τετράγωνον ἐκτελεῖ, καὶ ἐφεξῆς προβαίνων τις ἀν-
25 ίσους εὑρήσει τοὺς ἐκ τῆς συμπλοκῆς τῶν τε ἀρτίων

---

12. PBFV⁴Vat.q(m).   13. p (P²).

---

1. ὡροσκοπείοις BF.   δέ] γε V.   δέ — 2. γνωρίμους]
ποιεῖ γνωρίμους τὰς ἐνεστώσας ὥρας q.   2. ὥρας] ὥρας μόνον
VF.   3. λέγεται] comp. V, λέγονται m.   4. καί] om. V.
5. αὐτό V Vat.   6. γνώμονες κυρίως] γνωμονικοί P.   15.
γε p.

καὶ τῶν τετραγώνων ἀποτελουμένους ἀριθμούς. ἀλλ'
οἱ μὲν περιττοί, δι' ἣν ἀνωτέρω ἔφαμεν αἰτίαν, κα-
λοῦνται γνώμονες, ἀπὸ μεταφορᾶς δὲ τούτων καὶ ὁ
γεωμετρικὸς λέγεται γνώμων, διότι καὶ αὐτὸς τῷ τετρα-
γώνῳ περιτιθέμενος αὔξει καὶ οὐκ ἀλλοιοῖ τὸ τετρά- 5
γωνον. τετράγωνος δέ ἐστιν ἀριθμὸς ὁ ἐξ ἑτέρου
τινὸς ἀριθμοῦ εἰς ἑαυτὸν πολυπλασιασθέντος ἀπο-
τελεσθείς, ὡς ὁ τέσσαρα· ἐκ γὰρ τοῦ δὶς δύο· καὶ ὁ
ἐννέα ἐκ τοῦ τρὶς τρεῖς καὶ ὁ δεκαὲξ ἐκ τοῦ τετράκις
τέσσαρα καὶ ὁ κ̅ε̅ ἐκ τοῦ πεντάκις πέντε καὶ ὁ λ̅ς̅ 10
ἐκ τοῦ ἑξάκις ἓξ καὶ ὁ μ̅θ̅ ἐκ τοῦ ἑπτάκις ἑπτὰ καὶ
ἑξῆς.

14. Ἀλλ' ἰστέον καὶ τοῦτο, ὅτι παντὶ τετραγώνῳ
γνώμων προστεθεὶς αὔξει μὲν τὸ σχῆμα, τὸ δὲ εἶδος
οὐκ ἀλλοιοῖ. 15

Ad prop. I.

15. Ἡ ὅλη ΒΓ μονάδων ι̅, ἡ ΒΗ ἤτοι ἡ Α μο-
νάδων γ̅, ἡ ΒΔ μονάδων δ̅, ἡ
ΔΕ μονάδων γ̅ καὶ ἡ ΕΓ μο-
νάδων γ̅. 20

16. Ἔστω ἡ μὲν δοθεῖσα εὐθεῖα ἄτμητος ἡ Α
μονάδων ζ̅, ἡ δὲ τμηθεῖσα ἐννέα, ἀφ' ὧν τὸ ὅλον
ὀρθογώνιον ἕξει ξ̅γ̅. τῆς τμηθείσης τὸ μεῖζον τμῆμα
μονάδων δ̅, τὸ μέσον μονάδων γ̅, τὸ ἔλαττον μο-
νάδων β̅· ἀφ' ὧν καὶ τῆς ἀτμήτου ἕξουσι τὰ ἐμπερι- 25
εχόμενα ὀρθογώνια κ̅ε̅ κ̅α̅ ι̅δ̅ μονάδας· ὁμοῦ ξ̅γ̅. ἴσον
δὴ καὶ διὰ τῆς τῶν ἀριθμῶν ἀποδείξεως τὸ ὑπὸ τῶν

14. m f¹. 15. q. 16. A (Coisl.).

23. ῆξει A; sed u. lin. 25. 27. ὑπὸ τῶν] ἀπὸ τῆς A.

15*

Α, ΒΓ τοῖς ὑπὸ τῶν Α, ΒΔ καὶ Α, ΔΕ καὶ Α, ΕΓ
περιεχομένοις ὀρθογωνίοις.

17. Ἔστω ἡ μὲν ἄτμητος εὐθεῖα ἡ Α μονάδων ε̄,
ἡ δὲ ΒΓ μονάδων ῑ. τετμήσθω ἡ ΒΓ εἰς μονάδας δ̄

5 καὶ β̄ καὶ δ̄ ὡς εἶναι τὴν ΒΔ δ̄, την ΔΕ β̄, τὴν
ΕΓ δ̄. καὶ γίνονται τὰ ε̄ πρὸς τὰ ῑ ἤτοι ἡ Α πρὸς
τὴν ΒΓ χωρίον τὶ ΒΘ μονάδων ν̄. ἡ δὲ Α πρὸς
τὴν ΒΔ τὰ ε̄ πρὸς τὰ δ̄ χωρίον ποιεῖ μονάδων κ̄
το ΒΚ· ἡ δὲ Α πρὸς τὴν ΔΕ ε̄ καὶ δύο ποιεῖ χωρίον

10 τὸ ΔΔ μονάδων ῑ, ἡ δὲ Α πρὸς τὴν ΕΓ τὰ δ̄ ποιεῖ
χωρίον τὸ ΕΘ κ̄. τὰ δὲ κ̄ καὶ ῑ καὶ κ̄ εἰσι μονάδες ν̄.

18. Ἔστω ἡ μὲν ἄτμητος εὐθεῖα ἡ Α μονάδων ε̄,
ἡ δὲ ΒΓ μονάδων ῑ. τετμήσθω ἡ ΒΓ εἰς μονάδας
τε δ̄ καὶ β̄ καὶ δ̄. πολυπλασιάζω τὰ ε̄ ἐπὶ τὰ ῑ· γί-

15 νονται ν̄. καὶ πάλιν τὰ αὐτὰ ε̄ ἐπὶ τὰ δ̄· γίνονται κ̄.
καὶ αὖθις τὰ αὐτὰ ε̄ ἐπὶ τὰ β̄· γίνονται ῑ. καὶ τὰ
αὐτὰ ε̄ ἐπὶ δ̄· γίνονται κ̄. ὁμοῦ ν̄. καὶ ἔστιν ἴσον
τὸ ὑπὸ τῆς Α καὶ τῆς ΒΓ τοῖς ὑπό τε τῆς Α καὶ τῆς
ΒΔ καὶ τῆς ΔΕ καὶ τῆς ΕΓ ὀρθογωνίοις.

20 ## Ad prop. II.

19. Ἔστω ἡ ὅλη εὐθεῖα μονάδων ῑ· τετμήσθω, ὡς
ἔτυχεν, εἰς ϛ̄ καὶ δ̄. τὸ οὖν ὑπὸ τῆς ὅλης ἤγουν

---

17. Vᵇ m (1 Pˀ).   18. b B². 19.- b¹ q¹.

1. τῶν] τῆς Α. 3. ἡ Α] om ml. 5. καὶ β̄ καὶ δ̄]
ἤγουν τὸ ΒΔΕΓ m.   ΒΔ — 6. ΕΓ δ̄] ΒΔ μονάδων δ̄ καὶ
ἡ ΕΓ μονάδων β̄ m. 5. ΔΕ] e corr. V. 7. ΒΓ] Β
eras. V. 9. ε̄ καὶ δύο] om. m. 10. ῑ] κ̄ m.   τὰ δ̄] ε̄
καὶ β̄ m. 11. ΕΘ κ̄] ΕΘ μονάδων ῑ m.   ῑ] ε̄ m.   μο-
νάδων πεντήκοντα m P. 13. ΒΓ] (alt.) ΔΒ. 14. τε] om. b.
δ̄] (pr.) δ̄ τέσσαρας b. 18. τε] lac. 2 litt. b.   τε — 19. ΔΕ]
ΔΓ καὶ τῆς Δ Β. 21. εὐθεῖα] αὐτοῦ q.   ὡς ἔτυχεν] om. b.

τῶν ῑ καὶ τοῦ ἑνὸς τῶν τμημάτων τῶν ϛ πολυ-
πλασιαζόμενον γίνονται ξ, καὶ τὸ ὑπὸ τῆς ὅλης καὶ
τοῦ ἑτέρου τμήματος ἤγουν τῶν δ μ· ὁμοῦ ρ. ἔστι
δὲ καὶ τὸ ἀπὸ τῆς ὅλης τετράγωνον ρ· τὰ γὰρ ῑ πολυ-
πλασιαζόμενα ἐφ᾽ ἑαυτὰ ποιοῦσι τὸν ρ.   5

20. ... πρότερον εἰς ἴσα δύο ὡς ἑκάτερον τῶν
τμημάτων ἀνὰ μονάδων η· οὐκοῦν τὸ ὑπὸ τῆς ὅλης
καὶ ἑνὸς τμήματος γίνεται ρκη. ὁ ..... γενόμενος
ἐπὶ τὸν η τουτ ..... καὶ τοῦ ἑτέρου τμήματος ἄλλων
ὁμοίως ρκη. ὥστε γενέσθαι πάντα τὸν ἐκ τῶν β ὀρθο-   10
γωνίων ἀριθμὸν σνβ. τοσοῦτον δὲ φεν ..... καὶ τὸ
ἀπὸ τῆς ὅλης τετράγωνον· ἐκκαί .... ἀλλὰ δὴ καὶ εἰς
ἄνισα τετμήσθω ὡς εἶναι τὴν μὲν ϛ, τὴν δὲ ῑ. πάλιν
τὸ ὑπὸ τῆς ὅλης καὶ τῆς τὸν ἐλάσσονα ἐχούσης ἀριθμὸν
γίνεται ϙϛ. καί ἔστι τὸ ὑπὸ τῆς ὅλης καὶ τ....... σνϛ. 15

21. Ἔστω ἡ ὅλη ἡ ΑΒ μονάδων ῑ· τετμήσθω
εἰς ϛ τὴν ΑΓ καὶ δ τὴν ΓΒ. τὸ γοῦν ἀπὸ τῆς ὅλης
καὶ τοῦ ἑνὸς τῶν τμημάτων τοῦ ϛ πολυπλασιαζόμενον
γίνεται τὸ ΑΖ χωρίον ξ, καὶ τὸ ὑπὸ τῆς ὅλης καὶ
τοῦ ἑτέρου τῶν τμημάτων ἤγουν τοῦ δ γίνεται τὸ ΓΕ   20
χωρίον μ· ὁμοῦ τὸ ΑΖ χωρίον καὶ τὸ ΓΕ ρ. ἔστι δὲ
καὶ τὸ ἀπὸ τῆς ὅλης εὐθείας χωρίον ρ.

22. Ἡ ὅλη μονάδων ϛ καὶ τὸ ἀπ᾽ αὐτῆς τετρά-
γωνον λϛ· τὸ μεῖζον τμῆμα δ καὶ τὸ ὑπ᾽ αὐτοῦ καὶ

---

20. F (fines uersuum sustulit resarcinatio pergameni).
21. Vᵇm (P² l).   22. A (Coisl.).

1. τοῦ] om. q.   πολλαπλασιαζόμενον q.   2. καί] (alt.)
om. q.   3. ἤγουν τῶν δ] τοῦ δ τὰ ῑ q.   ἔστι] ἔτι q.   4.
ρ] om. q.   πολλαπλασιαζόμενα q.   5. ἐφ᾽ ἑαυτά] om b.
9. τμήμαματος F.   10. ὀρθογώνιον F.   16. ἡ] (alt.) om. V.
18. πολλαπλασιαζομένου m.   21. ἔστω m.   22. εὐθείας
χωρίον ρ] ρ ἤγουν τὸ ἀπὸ τῆς ῑ V.   24. ὑπ᾽] ἀπ᾽ A.

τῆς ὅλης κδ· τὸ ἔλασσον τμῆμα β καὶ τὸ ὑπ' αὐτοῦ
καὶ τῆς ὅλης ιβ· κδ καὶ ιβ λϛ· καὶ ἐστι καὶ διὰ τῶν
ἀριθμῶν τὸ ἀπὸ τῆς ὅλης τετράγωνον ἴσον τοῖς ὑπό
τε τῆς ὅλης καὶ τοῦ μείζονος τμήματος καὶ τῆς ὅλης
5 καὶ τοῦ ἐλάττονος τμήματος περιεχομένοις ὀρθογωνίοις.

Ad prop. III.

23. Ἔστω ἡ ΑΒ μονάδων ιβ. τετμήσθω εἰς δ
τὴν ΑΓ καὶ ἦ τὴν ΓΒ. πεπολυπλασιάσθω ἡ ὅλη ἤγουν
τὰ ιβ εἰς τὰ ἦ· καὶ γίνονται ϛϛ. πεπολυπλασιάσθω
10 καὶ τὸ ἕτερον τμῆμα εἰς τὸ ἕτερον τμῆμα.τουτέστι τὰ ἦ
εἰς τὰ δ· καὶ γίνονται λβ. καὶ τὸ ἀπὸ τῶν ἦ τετρά-
γωνον γίνεται ξδ. ὁμοῦ τὰ ξδ καὶ τὰ λβ ϛϛ.

24. Καὶ τοῦτο δείξομεν διὰ τοῦ α' θεωρήματος
οὕτως χωρὶς ἀναγραφῆς. ἔστω εὐθεῖα ἡ ΑΒ καὶ τε-
15 τμήσθω, ὡς ἔτυχεν, κατὰ τὸ Γ. δεῖ δὴ δεῖξαι, ὅτι
τὸ ὑπὸ τῶν ΑΒ, ΒΓ περιεχόμενον ὀρθογώνιον ἴσον
ἐστὶ τῷ τε ὑπὸ τῶν ΑΓ, [ΓΒ] καὶ τῷ ἀπὸ τῆς ΓΒ
τετραγώνῳ· κείσθω τῇ ΓΒ ἴση η ΔΕ· ἄτμητος μὲν
ἡ ΔΕ, τετμημένη δὲ ἡ ΑΒ κατὰ τὸ Γ. τὸ ἄρα περι-
20 εχόμενον ὀρθογώνιον ὑπὸ τῶν ΔΕ, ΑΒ εὐθειῶν, ὃ
ἐστι τὸ ὑπὸ τῆς ὅλης καὶ ἑνὸς τῶν τμημάτων .....
ὑπὸ τῆς ΔΕ ἴσον ἐστὶ τῷ τε ὑπὸ τῆς ἀτμήτου τῆς
ΔΕ καὶ ἑκατέρου τῶν τμημάτων περιεχομένῳ ὀρθο-
γωνίῳ μετὰ τοῦ ἀπὸ τῆς ἀτμήτου τετραγώνου [II, 1].

23. Vᵇ q¹ m (l).   24. F (fines uersuum sustulit resarcinatio).

1. ὑπ'] ἀπ' Α.   8. ἦ] ἦ κατά V.   πολλαπλασιάζονται q,
πολλαπλασιάσθω m.   ἡ ὅλη ἤγουν] om q.   9. εἰς] ἐπί q.
καί] om. q.   πολλαπλασιάζεται q, πολλαπλασιάσθω m.   10.
τουτέστι] ἤγουν q m.   11. τὰ δ] δ m.   τῶν] τοῦ V?   12.
.....ονται q, comp. m.   καὶ τά] καί m.   λβ) e corr. V.   17.
..... uncis [ ] inclusi, a me addita sunt.   19. ΑΒ] ΔΒ F.

συντεθήσεται δὲ οὕτως· ἐπεὶ τὸ ὑπὸ τῶν ΑΒ, ΔΕ
ἴσον ἐστὶ τῷ τε ὑπὸ [τῶν ΔΕ, ΑΓ καὶ] τῷ ὑπὸ τῶν
ΔΕ, ΒΓ, ἴση δὲ ἡ ΔΕ τῇ ΒΓ, τὸ ἄρα ὑπὸ τῶν
ΑΒ, ΒΓ ἴσον ἐστὶ τῷ τε ὑπὸ τῶν ΑΓ, ΓΒ καὶ τῷ
ὑπὸ τῶν ΓΒ, ΔΕ. τὸ δὲ ὑπὸ τῶν ΓΒ, ΔΕ ἴσον 5
ἐστὶ τῷ ἀπὸ τῆς ΓΒ. τὸ ἄρα ὑπὸ τῶν ΑΒ, ΒΓ ἴσον
ἐστὶ τῷ τε ὑπὸ τῶν ΑΓ, ΓΒ [καὶ τῷ] ἀπὸ τῆς ΓΒ.
ἔστω ὁ μὲν ὅλος μονάδων κ̄ καὶ διῃρήσθω εἰς ἀνίσους
εἰς τε τὸν ῑγ καὶ τὸν ζ̄. λέγω, ὅτι ὁ ὑπὸ τοῦ κ̄ καὶ
τοῦ ζ̄ περιεχόμενος ἴσος ἐστὶ τῷ τε ὑπὸ τῶν ῑγ καὶ 10
τῶν ζ̄ περιεχομένῳ ὀρθογωνίῳ [καὶ] ἔτι τῷ ἀπὸ τοῦ ζ̄
τετραγώνῳ. πεπολλαπλασιάσθω ὁ κ̄ ἐπὶ τὸν ζ̄. γίνονται
ρ̄μ̄ μονάδες. ἔτι πεπολλαπλασιάσθω ὁ ζ̄ ἐφ᾽ ἑαυτόν·
γίνονται μονάδες μ̄θ̄. συγκείσθωσαν ὅ τε ὑπὸ τῶν ῑγ
καὶ ζ̄ περιεχόμεν[ος ἤγουν] ὁ q̄[α] καὶ ὁ ἀπὸ τοῦ ζ̄, 15
ὅς ἐστι μ̄θ̄· γίνονται ὁμοῦ ρ̄μ̄. ἢν δὲ καὶ ὁ ὑπὸ
τοῦ κ̄ καὶ τοῦ ζ̄ περιεχόμενος ἴσος τῷ ὑπὸ τῶν ῑγ
καὶ ζ̄ καὶ ἔτι τῷ ἀπὸ τοῦ ζ̄ τετραγώνῳ.

25. Τοῦτο λέγει ἡ πρότασις, ὅτι τμηθείσης τινὸς
εὐθείας, ὡς ἔτυχεν, εἰς δύο τμήματα τὰ ταύτης τμήματα 20
ποιήσουσιν ἢ τετράγωνα ἢ ὀρθογώνια, τετράγωνα μὲν
ἑκάτερον ἰδίᾳ αὐξόμενον, ὀρθογώνια δὲ συμπλεκόμενα
ἀλλήλοις. συμπλεκέσθω γοῦν καὶ ποιείτωσαν τὰ δύο
τμήματα ὀρθογώνιον ἕν, καὶ ληπτέον πάλιν αὐτῶν
θάτερον καὶ ποιείτω τετράγωνον. ληφθήτω καὶ ὅλη 25
ἡ εὐθεῖα καὶ ἓν τμῆμα τὸ ποιῆσαν τὶ τετράγωνον,
καὶ ποιείτωσαν ὀρθογώνιον. ἔσται γοῦν, φησί, τὸ

ὑπὸ τῆς ὅλης καὶ τοῦ τμήματος γεγονὸς ὀρθογώνιον
ἴσον τῷ ὑπὸ τῶν δύο τμημάτων γεγονότι ὀρθογωνίῳ
καὶ τῷ τετραγώνῳ τῷ ἀπὸ τοῦ ληφθέντος γεγονότι
τμήματος μετὰ τῆς ὅλης.

5   26. Ἔστω ἡ εὐθεῖα μονάδων ῑβ. τετμήσθω εἰς ῆ
καὶ δ. πεπολυπλασιάσθω ἡ ὅλη ἤγουν τὰ ῑβ ἐπὶ τὸ
ἓν μέρος ἤγουν τὰ δ· γίνονται μη. πεπολυπλασιάσθω
καὶ τὸ ἓν τμῆμα ἐπὶ τὸ ἕτερον τμῆμα, τουτέστι τὰ ῆ
ἐπὶ τὰ δ· γίνονται λβ. καὶ τὸ ἀπὸ τοῦ δ τετρά-
10 γωνον ῑϛ· ὁμοῦ μη.

    27. Ἡ ὅλη ὀκτώ, τὸ μεῖζον τμῆμα ϛ καὶ τὸ ἔλαττον β.
οἱ ἀπὸ τούτων πολυπλασιασμοὶ οὗτοι· ὁ ὑπὸ τῆς ὅλης
καὶ τοῦ μείζονος τμήματος μη, ὁ ἀπὸ τοῦ μείζονος
τμήματος λϛ, ὁ ὑπὸ τοῦ ἐλάσσονος καὶ τοῦ μείζονος ῑβ·
15 ὁμοῦ μη.

Ad prop. IV.

    28. Ἔστω γὰρ εὐθεῖα ἡ ΑΒ μονάδων κ καὶ τε-
τμήσθω εἰς ῑε καὶ ε. τὸ ἀπὸ τῆς ὅλης τετράγωνον
ἤγουν τοῦ κ γίνεται μονάδων υ. τὸ δὲ ἀπὸ τῶν ῑε
20 τετράγωνον σκε· τὸ δὲ ἀπὸ τῶν ε κε καὶ τὸ ὑπὸ τῶν ῑε
καὶ τῶν ε οε καὶ πάλιν τὸ ὑπὸ τῶν ῑε καὶ ε οε·
ὁμοῦ υ.

    29. Διὰ τούτου δειχθήσεται τοῦ θεωρήματος τὸ
εἶναι τὰ μήκει διπλάσια δυνάμει τετραπλάσια. ἐὰν γὰρ
25 τμηθῇ δίχα ἡ εὐθεῖα, ὅλη μὲν διπλασία ἐστὶ τῆς ἡμι-

---

26. b¹.   27. A (Coisl.).   28. Vᵇ Bˢ m (b).   29. V⁴.

    2. ἴσον] om. Bb (in b noua linea incipit a τῷ).   3. τοῦ]
om. B (in fine lineae).   14. ὑπό] ἀπό A.   17. γάρ] om. m.
καί] om. V.   18. ῑε] ῑε τὴν ΑΓ m.   ε] ε τὴν ΓΒ m.
21. οε] (alt.) καὶ οε B.   23. τοῦτο V.

σείας, τὸ δὲ ἀπὸ τῆς ὅλης τετράγωνον τετραπλάσιον
ἔσται τοῦ ἀπὸ τῆς ἡμισείας.

30. Ἔστω ἡ ΑΒ μονάδων ζ. τετμήσθω εἰς δ καὶ γ.
τὸ ἀπὸ τῆς ὅλης τετράγωνον ἤγουν τῶν ζ γίνεται
μονάδων μθ. τὸ δὲ ἀπὸ τῶν δ γίνεται ιϛ καὶ τὸ ὑπὸ 5
τῶν δ καὶ γ γίνεται ιβ, καὶ πάλιν θ, καὶ τὸ ὑπὸ
τῶν δ καὶ γ ιβ· ὁμοῦ μθ.

31. Ἐτμήθη ἡ εὐθεῖα γραμμή, ὡς ἔτυχεν, κατὰ
τὸ Γ. ἔστι δὲ ἡ ὅλη μονάδων η, τὰ δὲ τμήματα, ἐπεὶ
ἄνισά εἰσι, μονάδων πέντε καὶ τριῶν. ἡ ὅλη οὖν 10
ἐστιν ὀκτάκις ὀκτὼ ξδ, ἥτις ἰσάζει τοῖς ἀπὸ τῶν τμη-
μάτων τετραγώνοις καὶ τῷ δίς, οἷον πεντάκις πέντε
εἰκοσιπέντε καὶ τρισσάκις τρεῖς θ· ὁμοῦ λδ. καὶ αὖθις
σὺν τούτοις σύναψον τὸ δὶς ὑπὸ τῶν τμημάτων, οἷον
πεντάκις τρεῖς ιϛ καὶ πεντάκις τρεῖς ιϛ· ὁμοῦ λ. καὶ 15
λοιπὸν γίνονται ξδ, ὅσας εἶχε καὶ ἡ ὅλη.

32. Ἐτμήθη ἡ δοθεῖσα εὐθεῖα ἡ ΑΒ, ὡς ἔτυχε,
κατὰ τὸ Γ σημεῖον. ἔστι δὲ ἡ ὅλη ἤγουν ἡ ΑΒ μο-
νάδων ιγ, τὰ δὲ τμήματα ταύτης, ἐπεὶ ἄνισά ἐστιν·
ἐκ περισσοῦ γὰρ καὶ ἀρτίου ἤγουν ζ καὶ ϛ, οἳ καὶ εἰς 20
ἑαυτοὺς πολλαπλασιαζόμενοι ἑκάτερος τούτων καὶ εἰς
ἀλλήλους παραβαλλόμενοι καὶ ἕτερος θάτερον πολλα-
πλασιάζων ποιοῦσι τὸ ὅλον ἐμβαδὸν τοῦ τετραγώνου
ἤγουν τοῦ ΑΔΕΒ μονάδων ρξθ. αἱ οὖν ιγ μονάδες

---

30. q¹.   31. q (A).   32. q² (parum integrum uidetur).

---

4. γίνονται q.   Supra scr. ἑπτάκις γὰρ ἑπτά manu re-
centiore q.   5. γίνονται q.   6. γίνονται q.   καὶ πάλιν θ]
lacuna esse uidetur.   καί] (ante τό) supra scr. ead. manu q.   13.
τρισάκις q.   16. λοιπόν] corruptum; fort. ὁμοῦ.   17. ἡ ΑΒ]
supra scr. ead. manu q.   22. καὶ ἕτερος (ἄτερος?) θάτερον
(θατέρῳ?) πολλαπλασιάζων] mg. ead. man. q.

εἰς ἑαυτὰς πολλαπλασιαζόμεναι ἤγουν τρὶς καὶ δεκάκις
ιγ ποιοῦσιν, ὡς εἴρηται, τὸν ϱξθ ἀριθμόν, ὃς ἐξισάζει
τοῖς ἀπὸ τῶν τμημάτων τετραγώνοις καὶ τῷ δὶς οἷον
ἑπτάκις ζ μθ καὶ ἑξάκις τὰ ε λε.

5   33. Ληπτέον δὲ τὴν γωνίαν οὕτως· ἡ μὲν πρὸς
τῷ Β τοῦ ΓΗΒ τριγώνου ἴση τῇ πρὸς τῷ Η τοῦ
ΔΘΗ τριγώνου, ἡ δὲ πρὸς τῷ Β τῇ πρὸς τῷ Δ· καὶ
ἡ πρὸς τῷ Η ἄρα τῇ πρὸς τῷ Δ λαμβανομένων τῶν
παραλλήλων τῶν ΓΖ, ΒΕ, ἐὰν ἐπὶ τὰ ἕτερα μέρη
10 βουλώμεθα δεῖξαι τὴν γωνίαν, ὅπερ ἐστὶ τὸ αὐτὸ
λαμβανομένων τῶν ΔΒ, ΘΚ παραλλήλων.

Ad prop. V.

34. Ἔστω ἡ ΑΒ μονάδων ι καὶ τετμήσθω κατὰ
μὲν τὸ Γ εἰς ἴσα ὡς εἶναι τὴν ΑΓ μονάδων ε, ὁμοίως
15 δὲ καὶ τὴν ΓΒ μονάδων ε. κατὰ δὲ τὸ Δ τετμήσθω
ἡ ΑΒ εἰς ἄνισα, καὶ ἔστω ἡ μὲν ΑΔ μονάδων η, ἡ
δὲ ΔΒ μονάδων β. τὸ ἄρα ὑπὸ τῶν ΑΔ, ΔΒ, τουτ-
έστι τὸ ὑπὸ τῶν η καὶ β, ὅπερ ἐστὶ ιϛ, μετὰ τοῦ ἀπὸ
τῆς ΓΔ ἤτοι θ· τριῶν γάρ ἐστι μονάδων ἡ ΓΔ· τὰ
20 ἄρα ιϛ καὶ θ, ἅπερ ἐστὶν κε, ἴσα ἐστὶ τῷ ἀπὸ τῆς ΓΒ
τετραγώνῳ· τὰ γὰρ πεντάκις πέντε εἰκοσιπέντε.

35. (Ἑτέρα δι' ἀριθμῶν ἔκθεσις.)

ἔστω ἡ ΑΒ εὐθεῖα μονάδων ι, καὶ τετμήσθω εἰς
μὲν ἴσα κατὰ τὸ ε καὶ ε, εἰς δὲ ἄνισα κατὰ τὸ ζ
25 καὶ γ. ὁ οὖν ζ ἐπὶ τὰ γ πολυπλασιαζόμενος ποιεῖ

---

33. r.   34. q (Vᵃ, sed eras.; om. f, hab. m l).   35. Vᵇb Bˢ m.

22. ἑτέρα — ἔκθεσις] om. Bb.   23. καί] om. B.   24.
τό] corr. in τά m.   τό] τά m.   25. γ̄] τὰ γ̄ V.   οὖν]
.... B.   πολλαπλασιαζόμενος Vm.

τὸν κ̅α̅. τὸ δὲ ἀπὸ τοῦ ε̅ μέχρι τοῦ ζ̅ ἐστι β̅, ὅστις
πολυπλασιασθεὶς ποιεῖ τὸν δ̅ τετράγωνον· ὁμοῦ κ̅ε̅,
ὅπερ ἐστὶν ἴσον τῷ ἀπὸ τῆς ἡμισείας τετραγώνῳ·
πεντάκις γὰρ ε̅ κ̅ε̅.

36. Ἐκ τούτου δειχθήσεται, ὅτι τὸ τετράγωνον 5
μεῖζόν ἐστι τοῦ ἰσοπεριμέτρου ἑτερομήκους ὀρθογωνίου·
τὸ γὰρ ἀπὸ τῆς ἡμισείας μεῖζόν ἐστι τοῦ ὑπὸ τῶν
ἀνίσων τῆς ὅλης τμημάτων ὀρθογωνίου τῷ ἀπὸ τῆς
μεταξὺ τῶν τομῶν τετραγώνῳ, εἴπερ ἀμφοτέροις ἴσον
ἐστὶ τὸ ἀπὸ τῆς ἡμισείας· ὅτι δὲ τοῦτο ἰσοπερίμετρόν 10
ἐστι τῷ ὑπὸ τῶν ἀνίσων τμημάτων ὀρθογωνίῳ. ὀκτάκις
ὀκτὼ ἑξήκοντα τέσσαρα τὸ ὅλον τετράγωνον, ὅπερ ἐστὶν
ἴσον τοῖς τρισὶ τοῖς ἔχουσι τὰ δεκαέξ, τὰ δώδεκα καὶ
τὰ λ̅ε̅.

37. Ἔστω ἡ ὅλη εὐθεῖα τυχὸν ι̅ς̅ καὶ τετμήσθω 15
εἰς ἴσα μὲν η̅ καὶ η̅, εἰς ἄνισα δὲ θ̅ καὶ ζ̅, καὶ ἔστω
ἡ μεταξὺ τῶν τομῶν α̅. ἴσον δή ἐστι τὸ ὑπὸ τῶν
ἀνίσων τῆς ὅλης τμημάτων περιεχόμενον ὀρθογώνιον
μετὰ τοῦ ἀπὸ τῆς μεταξὺ τῶν τομῶν τετραγώνου τῷ
ἀπὸ τῆς ἡμισείας τετραγώνῳ. τὸ γὰρ ὑπὸ τῶν ἀνίσων 20
τῆς ὅλης τμημάτων περιεχόμενον ὀρθογώνιον ξ̅γ̅· ἐν-
νάκις γὰρ ζ̅ ξ̅γ̅. ἔστι δὲ καὶ τὸ τετράγωνον τὸ ἀπὸ
τῆς μεταξὺ τῶν τομῶν α̅· τὸ γὰρ α̅ ἀπὸ τῶν ζ̅ λείπει·

---

36. V⁴.　37. BV⁴.

---

1. τὸ — β̅] μεταξὺ δὲ τοῦ ε̅ καὶ τρία εἰσὶ δύο, ὥστε γε-
νέσθαι τὸν ε̅ ζ̅ προστεθέντων τῶν δύο Vm.　2. πολυπλασιασθείς]
ὁ δύο πολλαπλασιασθεὶς ἐφ᾽ ἑαυτόν V, ὁ δύο πολυπλασιασθεὶς
ἀφ ἑαυτοῦ m. τετράγωνον] om. Vm. ὁμοῦ] καὶ ὁμοῦ κ̅α̅
καὶ δ̅ Vm.　4. πεντάκις — κ̅ε̅] om. b.　11. ὑπό] ἀπό V.
ὀκτάκις et quae seq. quid hic sibi uelint, nescio.　12. ἐστίν]
ἔνι V.　16. η̅ καὶ η̅] ὁ η̅ καὶ ὁ η̅ V, ἀπὸ η̅ B.　δέ] δὲ
εἰς B. ἔστω καί B.　17. τομῶν] τμημάτων B.　23. τὸ b?

ὁ δὲ ᾱ ἀριθμὸς πολλαπλασιαζόμενος ᾱ ἐστιν. οὗτος
οὖν ὁ ξγ̄ καὶ ὁ ᾱ ξδ̄. ξδ̄ οὖν τὸ ὑπὸ τῆς ὅλης τῶν
τμημάτων περιεχόμενον ὀρθογώνιον μετὰ τοῦ ἀπὸ τῆς
μεταξὺ τῶν τομῶν τετραγώνου, καί ἐστιν ἴσον τῷ ἀπὸ
5 τῆς ἡμισείας τετραγώνῳ· ὀκτάκις γὰρ ῃ̄ ξδ̄.

38. Τὸ ὑπὸ τῶν ἀνίσων ἐστὶ ...... ἐπὶ τήν ...
ἤτοι ϑ̄ ἐπὶ γ̄, ὅπερ ἐστὶν κζ̄. τὸ δέ ..... μεταξὺ τῶν
τομῶν τετράγωνον ... ΓΔ ἤτοι γ̄ γ̄ ϑ̄. ϑ̄ οὖν καὶ κζ̄,
τουτέστι τὸ ὑπὸ τῶν ἀνίσων καὶ τὸ ἀπὸ τῆς μεταξὺ
10 τῶν τομῶν τετράγωνον, ἴσον ἐστὶ τῷ ἀπὸ τῆς ἡμισείας
τετραγώνῳ, τουτέστι λε̄.

39. Ἡ ὅλη ιβ̄, τὰ ἴσα τμήματα ϛ̄ ϛ̄, τὰ ἄνισα ϑ̄
καὶ γ̄, ἡ μεταξὺ τῶν τομῶν γ̄· τὸ ὑπὸ τῶν ΑΔ, ΔΒ
εἰκοσιεπτά, τὸ ἀπὸ τῆς μεταξὺ τῶν τομῶν ϑ̄· ὁμοῦ λε̄.
15 καὶ πάλιν τὸ ἀπὸ τῆς ἡμισείας τετράγωνον λε̄· ἑξάκις
γὰρ τὰ ϛ̄ λε̄. καὶ εὑρίσκεται καὶ δι' ἀριθμῶν ἴσον
τὸ ἀπὸ τῆς ἡμισείας τετράγωνον τῷ τε ὑπὸ τῶν ΑΔ,
ΔΒ περιεχομένῳ ὀρθογωνίῳ καὶ τῷ ἀπὸ τῆς μεταξὺ
τῶν τομῶν τῆς ΓΔ τετραγώνῳ.

20 ## Ad prop. VI.

40. Ἐν τούτῳ δείκνυται ἡ ἀριθμητικὴ ἀναλογία·
ᾧ γὰρ ὑπερέχει ἡ ΑΔ τῆς ΓΔ· τῇ γὰρ ΓΒ· τούτῳ
καὶ ἡ ΓΔ τῆς ΒΔ.

---

38. F (euan.).   39. A (Coisl.).   40. PBVat.V¹ (F euan.).

1. ᾱ] (alt.) πρῶτος V.   2. ξδ̄ οὖν τό] τὸ οὖν V.   ὑπό]
ἀπό BV.   3. ἀπὸ τῆς] om. BV.   9. τὸ ἀπὸ τῆς] τοῦ F.
10. τετραγώνου F?   τῷ] τό F?   11. τετράγωνον F?   20.
εἰς τὸ ϛ̄ Vat. (F?).   21. δείκνυται] ἐμφαίνεται V.   22. ΓΔ]
corr. ex ΓΒ man. rec. P, ΒΓ B.   τῇ] τῷ Vat.   ΓΒ] corr.
ex ΓΔ PVat., ΓΔ B.   23. καί] om. V.   ΓΔ] corr. ex ΓΒ
rec. P, ΓΒ Vat., ΒΓ B.   ΒΔ] ΔΒ V, ΒΑ B.

41. Δι' ἀριθμῶν δὲ σαφέστερον γνωσθήσεται, ὅτι ὁ μέσος ἐν ἴσῳ ἀεὶ ὑπερέχεται καὶ ὑπερέχει. τὸ δὲ θεώρημα, ὅτι τὸ ἀπὸ τῆς ὑπεροχῆς μετὰ τοῦ ὑπὸ τῶν ἄκρων ἴσον τῷ ἀπὸ τοῦ μέσου.

42. Ἡ συναγωγὴ δὲ τοῦ θεωρήματος αὕτη· ὅτι ἐν 5 ἀριθμητικῇ ἀναλογίᾳ τὸ ὑπὸ τῶν ἄκρων μετὰ τοῦ ἀπὸ τῆς ὑπεροχῆς ἴσον τῷ ἀπὸ τοῦ μέσου. ἐν δὲ γεωμετρικῇ ἀναλογίᾳ, ἥτις ἐμφαίνεται ἐν τῷ ια' θεωρήματι τούτου τοῦ βιβλίου, τὸ ὑπὸ τῶν ἄκρων μόνον ἴσον τῷ ἀπὸ τοῦ μέσου. ἄλογα δὲ ἡ τομη ἐνταῦθα ποιεῖ τὰ τμή- 10 ματα τῆς εὐθείας.

43. Ἔστω ἡ ΑΒ μονάδων η̄, ἡ δὲ προστεθεῖσα αὐτῇ ΒΔ μονάδων β̄. ἡ ὅλη ἄρα ἡ ΑΔ ἐστι μονάδων ῑ. τὸ ἄρα ὑπὸ τῶν ῑ καὶ β̄, ὅπερ ἐστὶ κ̄, μετὰ τοῦ ἀπο τῶν δ̄ ἤτοι μετὰ τοῦ ἀπὸ τῆς ΓΒ, ὅπερ 15 ἐστὶν ῑϛ, τὰ ἄρα ῑϛ καὶ κ̄ ἴσα εἰσὶ τῷ ἀπὸ τῶν ϛ̄ ἤτοι ἀπὸ τῆς ΓΔ. ἔστω οὖν, ὡς εἴρηται, ἡ μὲν ΑΓ μονάδων δ̄, ἀλλὰ καὶ ἡ ΓΒ ὁμοίως δ̄, ἡ δὲ ΔΒ μονάδων β̄· ἡ ἄρα ΓΔ ἐστι μονάδων ϛ̄.

44. Ἔστω ἡ ΑΒ εὐθεῖα μονάδων ῑ καὶ τετμήσθω 20 εἰς ε̄ καὶ ε̄, καὶ προστεθήτω αὐτῇ ἡ ΒΔ εὐθεῖα μονάδων οὖσα δ̄. τὸ οὖν ὑπὸ τῆς ὅλης ἤγουν τῶν ῑδ καὶ τῆς προστεθείσης, τουτέστι τῶν δ̄, γίνονται μο-

41. Cum 40 coniunctum PBVat.   42. Cum 40 coniunctum pro 41 V¹ (suppleui ex f; F euan.).   43. qm (Vᵃ eras., l, om f).   44. q¹ Vᵇb (l).

2. ἀεί] μέρει P.   3. τό] om. PVat.   10. τομή] non liquet V, τὸ ΒΗ f.   13. ΑΔ] ΟΔ q.   19. ἐστι] om. m. ϛ̄] ῑ m.   20. εὐθεῖα] om. q.   καί] om. V.   21. εὐθεῖα] om. q.   22. δ̄] β̄ q.   οὖν] γοῦν q.   ἤγουν] om. q, ἤτοι V. ῑδ] ῑβ q.   23. τουτέστι] ἤγουν q.   δ̄] β̄ q.   γίνεται q.

τετραγώνῳ. τὸ γὰρ ἀπὸ τῆς ὅλης τετράγωνόν ἐστιν ρ̅·
δεκάκις γὰρ ι̅ ρ̅. καὶ τὸ ἀφ' ἑνὸς τῶν τμημάτων δ̅·
δὶς γὰρ β̅ δ̅. τὸ οὖν ἀπὸ τῆς ὅλης καὶ τὸ ἀφ' ἑνὸς
τῶν τμημάτων τὰ συναμφότερα τετράγωνα ρ̅δ̅. τούτοις
5 δέ ἐστιν ἴσα τό τε δὶς ὑπὸ τῆς ὅλης καὶ τοῦ εἰρημένου
τμήματος περιεχόμενον ὀρθογώνιον καὶ τὸ ἀπὸ τοῦ
λοιποῦ τμήματος τετράγωνον. ἔστι γὰρ τὸ δὶς ὑπὸ
τῆς ὅλης καὶ τοῦ εἰρημένου τμήματος μ̅· ἅπαξ γὰρ
δὶς ι̅ κ̅ ἐστιν, δὶς δὲ κ̅ μ̅· το δὲ ἀπὸ τοῦ λοιποῦ
10 τμήματος ξ̅δ̅· ὀκτάκις γὰρ η̅ ξ̅δ̅. ὁμοῦ ξ̅δ̅ καὶ μ̅ ρ̅δ̅.
καί εἰσι τῷ ἀπὸ τῆς ὅλης καὶ τῷ ἀφ' ἑνὸς τῶν τμη-
μάτων τετραγώνῳ ἴσα. ὁμοίως δὲ καὶ ἐκ τοῦ ἑτέρου
τμήματος δείκνυται.

51. Ἐπεὶ γὰρ τὸ AZ τὸ ὑπὸ τῶν AB, BΓ ἐστιν,
15 ἴση δὲ ἡ ΓB τῇ BZ· τετραγώνου γάρ εἰσι πλευραὶ
τοῦ ΓZ· δῆλον, ὅτι καὶ τὸ ὑπὸ τῶν AB, BZ ἴσον
ἐστὶ τῷ ὑπὸ τῶν AB, BΓ. εἰ οὖν, ὡς εἴρηται, τὰ
ὑπὸ τῶν AB, BΓ καὶ AB, BZ ἴσα ἀλλήλοις ἐστίν,
ἔστι δὲ τὸ AZ τὸ ὑπὸ τῶν AB, BΓ, τὶ ἄρα ὑπὸ τῶν
20 AB, BΓ καὶ ἔτι τὸ ὑπὸ τῶν AB, BZ διπλάσιά ἐστι
τοῦ AZ. ὥστε καὶ τὸ δὶς ὑπο τῶν AB, BΓ ἴσα ὄντα
τῷ ὑπὸ τῶν AB, BΓ καὶ AB, BZ διπλάσιά εἰσι
τοῦ AZ. ἔστι δὲ τοῦ AZ διπλάσια καὶ τὰ AZ, ΓE
μετὰ τοῦ ἀπὸ τῆς ΓB τετραγώνου. καὶ τὸ συμπέρασμα
25 δῆλον.

---

51. V⁰q (bis l); pertinet ad I p. 136, 20 sq.

---

4. τά] supra scr. m. 1 B.   8. καὶ τοῦ εἰρημένου τμήματος]
om. B.   10. ὁμοῦ et καί euan. B.   15. πλευραὶ] π̅ π̅ V, π̅
seq. lacuna q.   14. τῶν] τῆς Vq.   16. τῶν] τῆς Vq; item
lin. 17.   17. τά] τό q.   19. τό] (tert.) τά Vq.   23. δέ]
δὲ καί q.

52. Ἔστω ἡ ΑΒ μονάδων ῑ· ἐτμήθη εἰς ϛ̄ καὶ δ̄. τῆς ὅλης τετράγωνον ρ̄· τοῦ τμήματος ῑϛ, καί εἰσιν ριϛ ὁμοῦ. καὶ πάλιν ῑ ἐπὶ δ̄ μ̄ καὶ δ̄ ἐπὶ ῑ μ̄· ὁμοῦ π̄. καὶ τὸ ἀπὸ τοῦ λοιποῦ τμήματος τετράγωνον ἤγουν τῶν ϛ̄ γίνονται λϛ. καὶ ὁμοῦ τὰ π̄ καὶ λϛ γίνονται ριϛ. 5

53. Τοῦτό ἐστι τὸ ζητούμενον, ὅτι εὐθεῖά τις τμηθεῖσα, ὡς ἔτυχεν, ἡ μὴ εἰς πλείους τομὰς ἢ μίαν ἕξει πάντως τμήματα δύο. λέγω γοῦν, ὅτι τὰ δύο τμήματα ἐκεῖνα ποιήσουσι πάντως βουλομένῳ σοι τετράγωνα δύο ἀναγραφέντα ἀφ' ἑνὸς ἑκάστου τῶν 10 τμημάτων, ποιήσουσι δὲ πάντως ὀρθογώνιον ἓν ἔχον τὴν μίαν πλευρὰν τὸ ἓν τμῆμα τῆς εὐθείας καὶ τὴν ἑτέραν θάτερον. λέγει γοῦν, ὅτι τὰ δύο τετράγωνα, ἃ ποιήσουσιν ἡ ὅλη εὐθεῖα καὶ τὸ ταύτης ὁποιονοῦν τμῆμα, ἴσα ἔσονται δυσί τισιν ὀρθογωνίοις ἀναγρα- 15 φεῖσιν ἀπὸ τῆς ὅλης εὐθείας καὶ τοῦ ἑνὸς αὐτῆς τμήματος τοῦ πεποιηκότος τὸ ἓν τετράγωνον καὶ τῷ τετραγώνῳ τῷ γινομένῳ παρὰ τοῦ λοιποῦ τμήματος τῆς εὐθείας.

54. Ἡ ὅλη ῑ, τὸ ἀπὸ τῆς ὅλης ρ̄, τῶν τμημάτων 20 τὸ μεῖζον ϛ̄, τὸ ἔλαττον δ̄, τὸ ἀπὸ τοῦ μείζονος τμή- ματος λϛ, τὸ ἀπὸ τοῦ ἐλάττονος ῑϛ, τὶ δὶς ὑπὸ τῆς ὅλης καὶ τοῦ ἐλάττονος τμήματος π̄· ἑκάτερον γὰρ μ̄. τὸ τοίνυν δὶς ὑπὸ τῆς ὅλης καὶ τοῦ ἐλάττονος τμήματος

---

52. q¹. 53. b². 54. Α Coisl.; cfr. schol. 52.

1. ΑΒ] Β e corr. q. 2. ρ̄· τοῦ τμήματος ῑϛ] ριϛ e corr. q. 4. τό] τοῦ q. τετραγώνου q. 10. ἀφ' — 11. τμημάτων] supra scr. m. ead. b. 14. ἅ] duae litt. euan. b; post ποι- ήσουσιν magna est rasura. 20. ι] ϛ̄ Coisl. ρ̄] μ̄θ Coisl. 21. ϛ̄] δ̄ Coisl. δ̄] γ̄ Coisl. 22. λϛ] ῑϛ Coisl. ῑϛ] θ̄ Coisl. 23. π̄] μ̄β Coisl. μ̄] κ̄α Coisl.

Euclides, edd. Heiberg et Menge. V. 16

μετὰ τοῦ ἀπὸ τοῦ λοιποῦ τμήματος ἴσα ἐστὶ τῷ ἀπὸ
τῆς ὅλης καὶ τῷ ἀπὸ τοῦ ἥττονος· ἑκατὸν γὰρ ιϛ ἐν
ἑκατέροις τὸ τοῦ ἀριθμοῦ συγκεφαλαίωμα.

55. Ἔστω ἡ ΑΒ μονάδων ιβ. ἐτμήθη εἰς ἦ καὶ δ.
5 τῆς ὅλης τὸ τετράγωνον ρμδ καὶ τοῦ τμήματος ιϛ·
δωδεκάκις γὰρ τὰ ιβ ρμδ καὶ τετράκις τὰ δ ιϛ· καί
εἰσιν ὁμοῦ τῆς ὅλης καὶ τοῦ τμήματος ρξ. καὶ πάλιν
ιβ ἐπὶ δ γίνονται μη, ἅπερ εἰσὶν ὑπὸ τῆς ὅλης καὶ
τοῦ τμήματος· καὶ ιβ ἐπὶ δ μη· ὁμοῦ ϙϛ. καὶ τὸ ἀπὸ
10 τοῦ λοιποῦ τμήματος τετράγωνον, τουτέστι τοῦ ἦ, γί-
νονται ξδ· καὶ τὰ ϙϛ ρξ ἴσα τοῖς πρὸ αὐτοῦ.

Ad prop. VIII.

56. Ἡ αὐτὴ πρότασίς ἐστι τοῖ πρὸ αὐτοῦ ἀντε-
στραμμένη, διπλῆ μέντοι. ὥσπερ γὰρ τὸ ἀπὸ τῆς ὅλης
15 καὶ τὸ ἀπὸ ἑνὸς τῶν τμημάτων τὰ δύο τετράγωνα,
οὕτως ἐνταῦθα τὸ ἀπὸ τῆς ὅλης καὶ ἑνὸς τῶν τμη-
μάτων ὡς ἀπὸ μιᾶς τετράγωνον· καὶ ὥσπερ ἐκεῖ ἴσον
τῷ δὶς ὑπὸ τῆς ὅλης καὶ τοῦ προειρημένου, οὕτως
ἐνταῦθα ἴσον τῷ τετράκις ὑπὸ τῆς ὅλης καὶ τοῦ προ-
20 ειρημένου καὶ τοῦ ἀπὸ τοῦ λοιποῦ τμήματος τετρα-
γώνου. διὸ καὶ τὰ δύο ὅμοια, ὥσπερ καὶ ἡ πρὸ αὐτῶν
δυὰς ὁμοία.

57. Ἡ ΑΒ μονάδων ιβ. ἐτμήθη εἰς ἦ καὶ δ. τὸ

---

55. m; cfr. schol. 49.   56. PBFVat.   57. FV^bq¹b (l).

---

1. Ante ἴσα ras. magna Coisl.   2. ἑκατὸν γὰρ ιϛ] πεντή-
κοντα γὰρ καὶ ὀκτώ Coisl.   11. Ultima uerba imperfecte uel
scripta uel tradita.   13. εἰς τὸ η' FVat.   αὐτή ἐστι πρό-
τασις τῷ πρό B.   τοῦ] τῷ? ἀνεστραμμένη PB.   18. τῷ] τό P.
19. τῷ] corr. ex τό Vat., τοῦ F.   20. καί] scrib. μετά.   21.
καί] (prius) om. P.   23. ἦ] ἔστω ἡ Vq.   τό] om. Fb.

τετράκις ὑπὸ τῆς ὅλης καὶ ἑνὸς τῶν τμημάτων, τουτ-
έστι ιβ, ἐπὶ δ γίνονται μη. ταῦτα τετράκις γίνονται ϱϟβ·
μετὰ τοῦ ἀπὸ τοῦ λοιποῦ τμήματος τετραγώνου, τουτ-
έστιν η ἐπὶ η, γίνονται ξδ· ὁμοῦ σνϛ. ἴσον ἄρα τῷ
ἀπὸ τῆς ὅλης, τουτέστι τοῦ ιβ, καὶ τοῦ εἰρημένου 5
τμήματος, τουτέστι τοῦ δ, ὁμοῦ ιϛ, ἀπὸ μιᾶς ἀνα-
γραφέντι τετραγώνῳ, τουτέστι ιϛ ἐπὶ ιϛ· γίνονται σνϛ·
ὅπερ ἐστὶν ἴσον.

58. Ἔστω ὅλη ι καὶ τμηθήτω εἰς ϛ καὶ δ. λέγω,
ὅτι τὸ ὑπὸ τῆς ὅλης καὶ ἑνὸς τῶν τμημάτων περι- 10
εχόμενον ὀρθογώνιον μετὰ τοῦ ἀπὸ τοῦ λοιποῦ τμή-
ματος τετραγώνου ἴσον ἐστὶ τῷ ἀπό τε τῆς ὅλης καὶ
τοῦ εἰρημένου τμήματος τετραγώνῳ ὡς ἀπὸ μιᾶς ἀνα-
γραφέντι. ἔστι γὰρ τὸ τετράκις ὑπὸ τῆς ὅλης καὶ
ἑνὸς τῶν τμημάτων περιεχόμενον ὀρθογώνιον μετὰ 15
τοῦ ἀπὸ τοῦ λοιποῦ τμήματος τετραγώνου ϱϟϛ· τὸ
ὑπὸ τῆς ὅλης γὰρ καὶ ἑνὸς τῶν τμημάτων ϱξ· ἅπαξ
γὰρ δεκάκι δ μ· τετράκις οὖν μ ϱξ. τὸ δὲ ἀπὸ τοῦ
λοιποῦ τμήματος τετράγωνον λϛ· ἑξάκις γὰρ ϛ λϛ
γίνεται. λϛ οὖν καὶ ϱξ ὁμοῦ γίνεται ϱϟϛ. ἴσα δὲ 20
ταῦτά ἐστι τῷ ἀπὸ τῆς ὅλης καὶ τοῦ εἰρημένου τμή-
ματος ὡς ἀπὸ μιᾶς ἀναγραφέντι τετραγώνῳ· τεσ-
σαρεσκαιδεκάκι γὰρ ιδ ϱϟϛ ποιοῦσι· δεκάκι γὰρ ι ϱ

---

58. B.

1. τουτέστι] ἤγουν q. 2. γίνεται V. γίνεται V. 3.
τουτέστιν] ἤγουν q. 4. γίνονται] om. q. τῷ] τό FVbq.
5. τουτέστι] ἤγουν q. τοῦ] (prius) om. Fb, τῶν q. 6.
τουτέστι — μιᾶς] τοῦ δ ὡς ἀπὸ μιᾶς ἀναγραφὲν τοῦ ιϛ τῷ Vq.
τοῦ] τόν Fb. 7. τουτέστι] ἤγουν q. 8. ὅπερ ἐστὶν ἴσον]
om. Vq, ὅπερ :∼ P. 9. εἰς] εἰ B. 10. τό] scrib. τὸ τε-
τράκις. 13. ἀναγραφέντος B. 16. τετράγωνον B? τό]
scrib. τὸ τετράκις. 22. ἀναγραφέντος τετραγώνου B.

16*

καὶ τετράκι ῑ μ̄, δεκάκι δὲ δ̄ μ̄ καὶ τετράκι δ̄ ῑϛ· ϱ̄ δὲ καὶ μ̄ καὶ μ̄ καὶ ῑϛ ὁμοῦ γίνονται ϱϙϛ.

59. Ἔστω εὐθεῖα γραμμὴ ὅλη ϛ̄ξ καὶ τετμήσθω εἰς δ̄ καὶ β̄. ἔστιν οὖν τὸ τετράκις ὑπὸ τῆς ὅλης
5 τῆς ϛ̄ καὶ ἑνὸς τῶν τμημάτων τοῦ β̄ μη̄· δὶς γὰρ ξ̄ ῑβ, καὶ τετράκις τὰ ῑβ μη̄. τὸ δὲ ἀπὸ τοῦ λοιποῦ τμήματος τετράγωνον τοῦ δ̄ ἐστι τὰ ῑϛ. ἔστιν οὖν τὰ ἀμφότερα ξ̄δ, ἅτινά εἰσιν ἴσα τῷ ἀναγραφέντι τετραγώνῳ ἀπό τε τῆς ὅλης, ἥτις ἦν ϛ̄, καὶ τοῦ εἰρημένου
10 τμήματος τοῦ δύο. ϛ̄ γὰρ καὶ β̄ η̄, καὶ ὀκτάκις ἡ ξ̄δ.

60. Ἡ ὅλη μονάδων ῑ, τὸ μεῖζον τμῆμα ϛ̄, τὸ ἔλαττον δ̄, τὸ ὑπὸ τῆς ὅλης καὶ τοῦ ἥττονος τμήματος ὀρθογώνιον μ̄, καὶ τετράκις τοῦτο ϱξ. τὶ ἀπὸ τοῦ μείζονος τμήματος λϛ̄· ὁμοῦ ϱϙϛ, ἅπερ ἐστὶν ἴσα τῷ
15 ἀπὸ τῆς ὅλης καὶ τοῦ ἥττονος τμίματος ἀναγραφέντι τετραγώνῳ. τεσσαρεσκαιδεκάκις γὰρ τὰ ῑδ ϱϙϛ.

61. ἡ μὲν ΒΔ τῇ ΒΚ, τουτέστι τῇ ΓΗ p. 140, 2] ὅτι ἐν τοῖς τετραγώνοις χωρίοις τὰ περὶ τὴν διάμετρον χωρία τετράγωνά εἰσιν.

20 62. καὶ καταγεγράφθω διπλοῦν τὸ σχῆμα· ἐπεὶ οὖν p. 138, 15] διπλοῦν εἶπε τὸ σχῆμα συγκρίνων αὐτὸ πρὸς τὴν καταγραφὴν τοῦ ὄπισθεν σχήματος ἤγουν τοῦ ζ′.

---

59. q³ (f¹).   60. A Coisl.; cfr. schol. 58.   61. q.
62. r.

7. Post τμήματος add. m. posteriore τοῦ ΑΓ q, om. l.   9. Post τῆς ὅλης add. τῆς ΑΒ l?, m. post. q.   Post εἰρημένου add. m. post. τοῦ ΒΔ q, om. l.   10. ὀκτάκις] ἡ q (non liquet in l).   11. ι] ϛ̄ Coisl.   ϛ̄] γ̄ Coisl.   12. δ̄] β̄ Coisl.   13. μ̄] ι Coisl.   ϱξ] μ̄ Coisl.   14. λϛ̄] ϑ̄ Coisl.   ϱϙϛ] μϑ Coisl.   16. τεσσαρεσκαιδ. — ϱϙϛ] ἑπτάκις γὰρ τὰ ζ μϑ Coisl.

Ad prop. IX.

63. Εὐθεῖα μονάδων ιβ̄ ἐτμήθη εἰς ἴσα ϛ̄ καὶ ϛ̄ καὶ εἰς ἄνισα θ̄ καὶ γ̄. τὸ ἀπὸ τῶν ἀνίσων τῆς ὅλης τετράγωνον, τουτέστι θ̄ ἐπὶ θ̄, γίνονται π̄ᾱ, καὶ γ̄ ἐπὶ γ̄ γίνονται θ̄· ὁμοῦ q̄. διπλάσιά ἐστι τοῦ τε ἀπὸ 5 τῆς ἡμισείας, τουτέστιν ϛ̄ ἐπὶ ϛ̄, λ̄ϛ, καὶ τοῦ ἀπὸ τῆς μεταξὺ τῶν τομῶν γ̄ ἐπὶ γ̄ θ̄· ὁμοῦ μ̄ε· ὅπερ ἐστὶν ἥμισυ. .

64. Ἡ ὅλη η̄· τέμνεται εἰς ἴσα τὸν δ̄ καὶ δ̄, εἰς δὲ ἄνισα τὸν ϛ̄ καὶ β̄. τα οὖν ἀπὸ τῶν ἀνίσων τμη- 10 μάτων τετράγωνά εἰσι τὰ λ̄ϛ καὶ τὰ δ̄. τὸ δὲ ἀπὸ τῆς ἡμισείας ἔσται τὸ ῑϛ, τὸ δὲ ἀπὸ τῆς μεταξὺ τῶν τομῶν τὸ δ̄.

65. Ἔστω ἡ εὐθεῖα μονάδων ιβ̄ καὶ τετμήσθω εἰς ἴσα μὲν ϛ̄ καὶ ϛ̄, εἰς ἄνισα δὲ αὖθις τετμήσθω τὰ ϛ̄, 15 ἤτοι εἰς δ̄ καὶ β̄. καὶ ἰδοὺ ἐτμήθησαν αἱ δέκα μονάδες εἰς ἕξ καὶ τέσσαρα καὶ δύο. ποίησον οὖν τὰ ἕξ καὶ τὰ τέσσαρα μίαν εὐθεῖαν, καὶ γίνονται ῑ. τετραγώνισον αὐτὴν καὶ γίνεται ἑκατόν. τετραγώνισον καὶ τὸ μικρὸν τμῆμα τὰ δύο· καὶ γίνεται τέσσαρα. καὶ λοιπὸν τὰ 20 ἀπὶ τῶν ἀνίσων τῆς ὅλης τετράγωνά εἰσιν ρ̄δ, ἅτινά

---

63. FV♭bq¹ (1st). 64. Vᵃ (1). 65. qf¹.

2. εὐθεῖα] ἡ εὐθεῖα qt. 3. ὅλης] ὅλης τμημάτων Vq. 4. τουτέστι] ἤγουν q. 5. γίνονται] om. q. q̄] q̄ ἅτινα Vq. 6. ἡμισείας] μιᾶς b. τουτέστιν] ἤγουν q. ϛ̄ ἐπὶ ϛ̄ λ̄ϛ] γ̄ ἐπὶ γ̄· γίνονται θ̄ Fb. ἀπὸ τῆς] om. q, ἀπό Fb. 7. μεταξύ] μιᾶς Fb. γ̄] ἤγουν γ̄ t, τουτέστιν ϛ̄ Fb. γ̄] om. s, ϛ̄ γίνονται Fb. θ̄] λ̄ϛ Fb, θ̄ ἤγουν Vq. τῶν μ̄ε Vq. ὅπερ] om. qV, τούτων s, τούτων γοῦν t. ἐστὶν ἥμισυ euan. F, διπλάσια τὰ q̄ Vqst. 9. η̄] obscurum comp. V, ἔστι comp. l. 12. ἔσται] obscurum comp. V, ἔστι comp. l. 13. τό] om. l. 16. δέκα] scrib. δώδεκα. 21. εἰσιν] εἰσι l. ρ̄δ] θ̄ supra scr. l.

εἰσι διπλάσια τοῦ ἀπὸ τῆς ἡμισείας καὶ τοῦ ἀπὸ τῆς
μεταξὺ τῶν τομῶν τετραγώνου. τὸ γὰρ τετράγωνον
τῆς ἡμισείας ἤτοι τῶν $\overline{\varsigma}$ ἐστι $\overline{\lambda\varsigma}$, καὶ τὸ ἀπὸ τῆς
μεταξὺ ἤτοι τῶν τεσσάρων ἐστὶ $\overline{\iota\varsigma}$, ἅτινα σὺν τοῖς $\overline{\lambda\varsigma}$
5 γίνονται $\overline{\nu\beta}$, ὅ ἐστιν ἥμισυ τῶν $\overline{\varrho\delta}$.

Ad prop. X.

66. Ἡ ΑΒ εὐθεῖα μονάδων $\overline{\iota\beta}$· ἐτμήθη κατὰ τὸ Γ,
τουτέστιν $\overline{\varsigma}$ καὶ $\overline{\varsigma}$. προσκείσθω δέ τις αὐτῇ εὐθεῖα
ἐπ᾽ εὐθείας ἡ ΒΔ, τουτέστι $\overline{\gamma}$. λέγω, ὅτι τὰ ἀπὸ
10 τῶν ΑΔ, ΔΒ τετράγωνα, τουτέστι $\overline{\iota\varsigma}$, γίνονται $\overline{\sigma\varkappa\varepsilon}$
καὶ τρὶς $\overline{\gamma}$ $\overline{\vartheta}$, ὁμοῦ $\overline{\sigma\lambda\delta}$, διπλάσιά ἐστι τῶν ἀπὸ τῶν
ΑΓ, ΓΔ, τουτέστιν $\overline{\varsigma}$ ἐπὶ $\overline{\varsigma}$· γίνονται $\overline{\lambda\varsigma}$· καὶ $\overline{\vartheta}$ ἐπὶ $\overline{\vartheta}$·
γίνονται $\overline{\pi\alpha}$· τοῦ τε ἀπὸ τῆς ἡμισείας τουτέστι τοῦ $\overline{\varsigma}$,
καὶ $\overline{\gamma}$· γίνονται $\overline{\vartheta}$ ἔκ τε τῆς ἡμισείας καὶ τοῦ προσ-
15 κειμένου ὡς ἀπὸ μιᾶς ἀναγραφέντα τετράγωνα $\overline{\beta}$ $\overline{\lambda\varsigma}$
καὶ $\overline{\pi\alpha}$ ὁμοῦ $\overline{\varrho\iota\varsigma}$· ὅπερ ἐστὶν ἥμισυ.

67. Ἡ ΑΒ εὐθεῖα μονάδων $\overline{\iota\beta}$· τετμήσθω κατὰ
τὸ Γ, τουτέστι εἰς $\overline{\varsigma}$ καὶ $\overline{\varsigma}$. προσκείσθω δὲ αὐτῇ
εὐθεῖα ἐπ᾽ εὐθείας ἡ ΒΔ, τουτέστι $\overline{\gamma}$. λέγω, ὅτι τὰ
20 ἀπὸ τῶν ΑΔ, ΔΒ τετράγωνα, τουτέστι τὰ $\overline{\iota\varsigma}$ ἐπὶ τὰ $\overline{\iota\varsigma}$
ὡς γίνεσθαι $\overline{\sigma\varkappa\varepsilon}$ καὶ $\overline{\gamma}$ ἐπὶ $\overline{\gamma}$ ὡς γίνεσθαι $\overline{\vartheta}$ καὶ ὁμοῦ

---

66. Fb (corruptissime uterque). 67. V^{b}q^1(l); cfr. schol. 66.

---

3. τῶν ἕξ] τὰ $\overline{\varsigma}$ l. ἐστι] om. l. 7. τετμήσθω b. 9.
ἡ] corr. ex ὁ m. 1 b, ὁ F. ΒΔ] Δ Fb. τᾷ] corr. ex ὁ b,
τῶν F. 10. ΔΒ] ΑΒ Fb. $\overline{\iota\varsigma}$] euan. F. 11. τῶν] τοῦ Fb.
12. ΓΔ] ΓΒ Fb. 13. τοῦ] τόν F, non liquet b. 14.
ἀποκειμένου b. 15. λ$\overline{\varsigma}$] $\overline{\pi\lambda}$ $\overline{\varsigma}$ Fb. 17. εὐθεῖα] om. q.
$\overline{\iota\beta}$ καί q. κατὰ τὸ Γ, τουτέστι] om. q. 18. τῇ αὐτῇ V.
19. εὐθεῖα] om. q. τουτέστι] ἤγουν q. 20. τουτέστι τά]
.ον q. τά] om. q. 21. ὡς γίνεσθαι] (alt.) om. q. καί]
q.

τὰ σκε καὶ θ γίνεσθαι σλδ, διπλάσιά ἐστι τῶν ἀπὸ
τῶν ΑΓ, ΓΔ, τουτέστι τῶν λϛ, ἃ γίνονται τῶν ϛ
ἐπὶ ϛ πολλαπλασιαζομένων· γίνονται γὰρ ὁμοῦ τὰ λϛ
καὶ τὰ πα ριζ, ἅπερ ἐστὶν ἀπὸ τῆς ἡμισείας καὶ ἔτι
τῆς ἑτέρας ἡμισείας σὺν τῇ προσκειμένῃ ὡς μιᾶς, ἃ 5
εἰσιν ἡμίση τῶν σλδ.

68. Τὰ ἀπὸ τῶν ΑΔ καὶ ΔΒ τετράγωνα διπλάσιά
εἰσι τῶν ἀπὸ τῶν ΑΓ καὶ ΓΔ τετραγώνων. ἔστω
γὰρ ἡ μὲν ΑΔ μονάδων ῑ. δεκάκις δὲ τὰ ῑ ἑκατόν.
ἡ δὲ ΔΒ δ· δὶς γὰρ τὰ β τέσσαρα. γίνονται οὖν τῶν 10
δύο τετραγώνων αἱ μονάδες ρδ. ἡ δὲ ΑΓ ιϛ· τετράκις
γὰρ δ ιϛ. ἡ δὲ ΓΔ ἕξ. ἑξάκις δὲ τὰ ϛ λϛ. μιγνύμενα
οὖν τὰ ιϛ μετὰ τῶν λϛ γίνονται νβ, τὰ δὲ νβ ἡμίση
εἰσὶ τῶν ρδ.

69. Ἡ ὅλη ΓΖ μονάδων δέκα, αἵτινες δέκα μο- 15
νάδες μερίζονται εἰς τὰ γ τμήματα τῆς αὐτῆς γραμμῆς
οὕτως· ἡ ΖΑ μονάδων β, τὰ δὲ λοιπὰ τμήματα, ἤγουν
τὸ ΑΕ καὶ ΕΓ, ἀνὰ μονάδων δ. λοιπὸν οὖν ἡ ΓΖ
ὅλη, ἤγουν αἱ δέκα μονάδες, πολλαπλασιαζόμεναι ὑπὸ
τῆς ΖΑ, ἥτις ἐστὶ μονάδων β, γίνονται εἴκοσι· δὶς 20
γὰρ δέκα εἴκοσι. τὸ δὲ ἀπὸ τῆς ΑΕ τετράγωνον γί-
νεται μονάδων ιϛ· τετράκις γὰρ τὰ τέσσαρα ιϛ. τὸ δὲ
ἀπὸ τῆς ΕΖ τετράγωνον μονάδων οὔσης ἓξ γίνεται
μονάδων λϛ· ἑξάκις γὰρ τὰ ϛ λϛ. ἔστι δὲ καὶ τὸ
εἰρημένον τετράγωνον τὸ ὑπὸ τῶν ΓΖ, ΖΑ ἀνα- 25

---

68. q³.   69. q³ (f¹).

---

1. τά — γίνεσθαι] om. q.   2. τουτέστι] ἤγουν q.   4.
ἔτι — 5. ἅ] om. q.   10. δ] debuit β et δὶς δέ.   11. ιϛ]
debuit δ et τετράκις δί.   13. ἡμίση εἰσί] renou. q.   23.
οὔσης] ὅν q.   25. τετράγωνον] debuit ὀρθογώνιον.

γραφόμενον μετὰ τοῦ ἀπὸ τῆς ΑΒ τετραγώνου μο-
νάδων λϛ· εἴκοσι γὰρ καὶ ιϛ λϛ.

Ad prop. XI.

70. Ὅτι γεωμετρική ἐστιν ἀναλογία, ἐντεῦθεν δῆλον·
5 ἐπεὶ γὰρ τέτμηται ἡ ΑΒ κατὰ τὸ Θ, καὶ ηὕρηται τὸ
ὑπὸ ΑΒ, ΒΘ ἴσον τῷ ἀπὸ τῆς ΘΔ, τοῦτο δὲ μόνῃ
τῇ γεωμετρικῇ παρακολουθεῖ μεσότητι, ταύτην δὲ ἐν
τοῖς ἑξῆς ἄκρον καὶ μέσον λέγει τέμνεσθαι, νῦν δὲ
διὰ τὸ μὴ εἰδέναι ἡμᾶς τι περὶ λόγου οὐκ εἶπεν αὐτὴν
10 ἄκρον καὶ μέσον λόγον τέμνεσθαι. οὐκ ἀναλύεται δὲ
διὰ τὸ μὴ ὡρίσθαι τὴν τομήν.

71. Ὅτι οὐ δυνατὸν δι' ἀριθμῶν δειχθῆναι τὸ
πρόβλημα· εἰ γὰρ δυνατόν, ὁ ΑΒ ἀριθμὸς διῃρήσθω
εἰς τοὺς ΑΓΒ ὥστε τὸ ὑπὸ ΑΒΓ ἴσον εἶναι τῷ ἀπὸ ΓΑ.
15 ὁ ἄρα τετράκις ὑπὸ ΑΒΓ τετραπλάσιος τοῦ ἀπὸ ΓΑ.
ὥστε τὸ τετράκις ὑπὸ ΑΒΓ μετὰ τοῦ ἀπὸ ΓΑ πεντα-
πλάσιον ἔσται τοῦ ἀπὸ ΓΑ. ἀλλ' ὁ τετράκις ὑπὸ ΑΒΓ
μετὰ τοῦ ἀπὸ ΑΓ τετραγώνου τετράγωνός ἐστιν, ὡς
ἐδείχθη ἐν τῷ η' [II, 8]. τετράγωνος δὲ καὶ ὁ ἀπὸ ΑΓ.
20 δύο ἄρα τετράγωνοι λόγον ἔχουσιν, ὅνπερ πέντε πρὸς
ἕν· ὅπερ ἀδύνατον.

72. Ἐν τῷ β' βιβλίῳ ιδ ὄντων θεωρημάτων τοῦτο

---

70. PBFVat   71. PBFVat.   72. FBVᵃbBᵃqlr.

---

1. τῆς] τοῦ q, e renouat. 4. εἰς τὸ ια' FVat. ἐντεῦθεν]
αὐτόθεν PB. 5. εὕρηται B. 7. μεσότητι] -τι in ras. m.
ead. P. 9. ἡμᾶς] om. F. ἄκρον αὐτήν PVat. 12.
εἰς τὸ αὐτό FVat. 14. εἰς] εἰ B. ΑΓΒ] ΑΓ F. ΑΒΓ]
ΒΓ e corr. ead. man. Vat. 16. ΓΑ πεντακλ. — 18. ἀπό]
om F. 20. ὅνπερ] οἷον P, ὄν B. 22. ἐκ τοῦ β' βιβλίου Vr.
...ῦτο μόνον] om. FbBᵃ.

μόνον τὸ ια΄ καὶ τὸ ιδ΄ προβλήματά εἰσι καὶ οὐ δεί
κνυνται διὰ ψήφων, διὰ τί δὲ ἐν τοῖς ἐπάνω βιβλίοις
μαθησόμεθα.

73. Τετμήσθω ἡ ὅλη εὐθεῖα ἡ ΑΒ εἰς ὀκτὼ καὶ
ὄγδοον. λαβὼν οὖν τὸν ὑπὸ τῆς ὅλης ἀριθμὸν τὸν ε̄ 5
καὶ ȳ καὶ ἐνώσας πολλαπλασίασον αὐτὸν ἐπὶ τὸν τρία.
καὶ γίνονται κ̄δ· τρὶς γὰρ η̄ κ̄δ. λαβὼν καὶ τοῦ ἑτέρου
τῶν τμημάτων τοῦ ΒΘ ἤγουν τὸ ὄγδοον τοῦ ὀκτώ,
ὅπερ ἐστὶν ἕν, καὶ προστιθεὶς τοῖς κ̄δ, γίνεται τὸ ὑπὸ
τῆς ὅλης καὶ τοῦ ἑνὸς τῶν τμημάτων κ̄ε. πολλα- 10
πλασιάσεις ὡσαύτως καὶ τὸν τοῦ ἑτέρου τμήματος τῆς
ΑΘ ἀριθμὸν πρὸς ἑαυτόν, ἤγουν τὸν ε̄. ποιεῖ τὸν κ̄ε·
πεντάκις γὰρ ε̄ κ̄ε. ὥστε τὸ ὑπὸ τῆς ὅλης τῆς ΑΘ
καὶ τοῦ ἑτέρου τῶν τμημάτων τῆς ΒΘ περιεχόμενον
ὀρθογώνιον ἴσον ἐστὶ τῷ ἀπὸ τοῦ λοιποῦ τμήματος 15
τοῦ ΑΘ ἀναγραφομένῳ τετραγώνῳ.

74. Ἀπορ[εῖται], ὅτι πόθεν δῆλον, ὅτι οὐκ ἔρ
χεται ..... τη ... ἡ ΕΒ καὶ οὐκ ἔστι .... εἰ γὰρ
δυνατόν, ἐρχέσθω. καὶ ἐπεὶ ἴση ἐστὶν ἡ ΕΒ τῇ ΕΑ,
ἀλλὰ ἡ ΑΒ τῆς ΑΕ ἐλάττων, καὶ ἡ ΒΕ ἄρα τῆς .. 20
ἐλάττων. ἔστι δὲ καὶ μείζων· ὅπερ ἀδύνατον. ὑπερ
πίπτει ἄρα τὸ Α σημεῖον· ὅπερ ἔδει δεῖξαι.

75. Πάλιν πόθεν, ὅτι τὸ ἀναγραφόμενον τετρά
γωνον ἀπὸ τῆς ΑΖ εὐθείας οὐκ ἔρχεται διὰ τοῦ Β;
εἰ δυνατόν, ἐρχέσθω. καὶ ἐπεὶ ἴση ἐστὶν ἡ [ΖΑ] 25

---

73. q²f¹.   74. B (euan.).   75. B.

1. ια΄] αι΄ Fb.   τὸ ιδ΄] τὸ τεσσαρεσκαιδέκατον B, δι΄ Fb,
ιδ΄ B³.   εἰσιν F, ἔστι BB³.   2. δι΄ ἀριθμῶν FbB³.   ἐπάνω]
πρόσθεν B, παράνω q, μετὰ ταῦτα Vlr.   βίβλοις q.   4. ἡ
ὅλη] ὅλη q.   7. καί] (pr.) supra scr. q.   9. γίνονται q, comp. l.
12. πρὸς ἑαυτόν] om. l.   25. ΖΑ] 2 litt. euan. B.

τῇ ΑΒ· τετράγωνον γὰρ τὸ ΑΖΗΒ. κοινὴ προσκείσθω
ἡ ΑΕ² ὅλη ἄρα ἡ ΖΕ δυσὶ ταῖς ΕΑ, ΑΒ ἴση ἐστίν.
ἀλλὰ καὶ ἡ ΕΒ τῇ ΕΖ ἴση ἐστίν. ὥστε καὶ ἡ ΕΒ
ταῖς ΕΑ, ΑΒ ἐστιν ἴση, τριγώνου αἱ δύο πλευραὶ τῇ
5 λοιπῇ ἴσαι. οὐκ ἄρα ἔρχεται διὰ τοῦ Β σημείου·
ὅπερ ἔδει δεῖξαι.

76. Πόθεν, ὅτι οὐ τέμνει δίχα ἡ ΕΒ τὴν ΘΚ;
καὶ λέγομεν, ὅτι, εἰ δυνατόν, τεμνέτω δίχα. καὶ ἐπεὶ
παράλληλός ἐστιν ἡ ΑΘ τῇ ΕΚ´ [I, 33], καὶ εἰς αὐτὰς
10 εὐθεῖα ἐμπέπτωκεν [ἡ ΗΚ], ἡ ὑπὸ ΕΚ´Κ τῇ ἐντὸς
καὶ ἀπεναντίον καὶ ἐπὶ τὰ αὐτὰ μέρη γωνίᾳ τῇ ὑπὸ
ΑΘΚ [ἴση ἐστίν· ἡ δὲ ὑπο ΑΘΚ] ὀρθή ἐστιν. ὥστε
καὶ ἡ ὑπὸ ΕΚ´Κ ὀρθή ἐστιν. ἀλλὰ ἡ ὑπὸ ΕΚ´[Κ
ἴση ἐστὶ τῇ ὑπὸ] ΘΚ´Β· κατὰ κορυφὴν γάρ. ὥστε
15 καὶ ἡ ΘΚ´Β ὀρθή. ἔστι δὲ καὶ ἡ ὑπὸ ΚΘΒ ὀρθή·
τριγώνου ἄρα αἱ δύο γωνίαι δύο ὀρθαῖς ἴσαι· ὅπερ
ἀδύνατον. οὐκ ἄρα δίχα τεμεῖ αὐτήν· ὅπερ ἔδει δεῖξαι.

77. Ἴσθι, ὡς ὁ στοιχειωτής φησιν ἐν τοῖς ὅροις
τοῦ ἕκτου τῶν στοιχείων, ὡς ἄκρον καὶ μέσον λόγον
20 εὐθεῖα τετμῆσθαι λέγεται, ὅταν ᾖ ὡς ὅλη πρὸς τὸ
μεῖζον τμῆμα, οὕτω τὸ μεῖζον πρὸς τὸ ἔλαττον. παρα-
δίδωσιν οὖν ἐνταῦθα τὸ πῶς δεῖ τέμνειν αὐτήν· ὅταν
γὰρ τμηθῇ εὐθεῖα οὕτως, ὡς εἶναι τὸ ἀπὸ τῆς ὅλης
καὶ τοῦ ἑνὸς τῶν τμημάτων περιεχόμενον ὀρθογώνιον
25 ἴσον τῷ ἀπὸ τοῦ λοιποῦ τμήματος τετραγώνῳ, τότε τὸ

76. B (per K´ significaui punctum, ubi ΕΒ secat ΘΚ).
77. B²b² Ad prop. XI duo scholia erasa hab. Vᵇ, om. f.

1. τετραγώνου B.   τοῦ ΑΖΚΒ B.   7. ΘΚ] ΘΗ B.   9.
ΕΚ´] ΕΚ B.   10. ἡ ΗΚ] 8 litt. euan. B.   ΕΚ´Κ] ΕΚΗ B.
12. ἴση — ΑΘΚ] om. B.   13. ΕΚ´Κ] ΕΚΗ B.   ΕΚ´Κ]
ΕΚ B.   14. ἴση — ὑπό] complures litt. euan. B.   ΘΚ´Β]
ΘΚΒ B.   15. ΘΚ´Β] ΘΚΒ B.   ΚΘΒ] ΚΘΖ B.

μεῖζον τμῆμα πρὶς το ἔλαττον τὸν αὐτὸν ἔχει λόγον, ὃν ἡ ὅλη πρὸς τὸ μεῖζον. ἴσθι καὶ τοῦτο, ὡς δι᾽ ἀριθμῶν οὐ δείκνυται· ἄλογος γάρ ἐστιν ἡ τοιαύτη εὐθεῖα καὶ ἀριθμοῖς οὐχ ὑποπίπτει.

Ad prop. XII.   5

78. Πόθεν, ὅτι ἡ ΒΔ κάθετος οὐ πίπτει ἐντὶς τοῦ ΑΒΓ τριγώνου; καὶ λέγομεν, ὅτι οὐ δυνατόν. εἰ γὰρ δυνατόν, ἐρχέσθω ὡς ἡ ΒΕ. καὶ ἐπεὶ ὀρθή ἐστιν ἡ ὑπὸ ΒΕΑ γωνία, καὶ ἡ ὑπὸ ΒΑΕ ἀμβλεῖά 10 ἐστι, τριγώνου αἱ δύο γωνίαι δύο ὀρθῶν μείζονες· ὅπερ ἐστὶν ἄτοπον. οὐκ ἄρα ἐντός· ἐκτὸς ἄρα πίπτει· ὅπερ ἔδει δεῖξαι.

79. Ἡ ΒΓ ιε̅· τὸ ἀπὸ ταύτης σκε̅. ἡ ΒΑ ιγ̅· τὸ ἀπὸ ταύτης ρξθ̅. ἡ ΑΓ δ̅· τὸ ἀπὸ ταύτης ιϛ̅. ἡ ΔΑ ε̅· 15 τὸ δὶς ὑπὸ τῶν ΔΑ, ΑΓ μ̅. ἡ ΒΔ ιβ̅· τὸ ἀπὸ ταύτης ρμδ̅.

80. Ποιοῦσι δὲ τα αὐτὰ πάντες οἱ ἰσάκις αὐτῶν πολλαπλάσιοι.

81. Ἔστω η ΒΓ μονάδων ιε̅ καὶ τὸ ἀπ᾽ αὐτῆς 20 τετράγωνον μονάδων σκε̅· πεντεκαιδεκάκις γὰρ τὰ ιε̅ σκε̅.

---

78. FBV^b bq (1t).   79. V^b (om. f).   80. FB (in figura numeri iidem, qui in schol. 79).   81. V^a q (l); cfr. schol. 79.

1. τόν] om. Bb.   3. οὐ] supra scr. B.   6. ὅτι] om. F, δῆλον ὅτι BV.   BΔ] ΑΒ corr. in ΔΒ m. 1 F.   7. ΑΒΓ] ΔΒ FVq.   τριγώνου] ∇ λ̆/ Vf.   8. ὡς] om. b.   10. καί] ἀλλὰ καί B.   11. δύο] (pr.) ἐντὸς δύο FV.   12. ἐστίν] om. B.   13. ἐντός] ἐντὸς πεσεῖται B.   πίπτει — δεῖξαι] om. t.   ὅπερ] om. q.   δεῖ bq.   15. ε̅] 1 litt. del. V.   18. Ante ποιοῦσι add. ιβ F, σχόλιον B.   καὶ πάντες αὐτῶν οἱ ἰσάκις B.   20. ΒΓ] ΒΔ Vq.

ἡ δὲ ΒΔ μονάδων ιγ καὶ τὸ ἀπ' αὐτῆς τετράγωνον
μονάδων ρξθ. ἡ δὲ ΔΓ μονάδων δ καὶ τὸ ἀπ' αὐτῆς
τετράγωνον ιϚ. τὰ οὖν συναμφότερα τετράγωνα τὰ
ἀπὸ τῆς ΒΔ καὶ ΔΓ ἤτοι τὰ ρξθ καὶ ιϚ γίνονται ρπε.
5 ἔστω δὲ ἡ ΑΔ μονάδων ε· ὥστε τὸ δὶς ὑπὸ τῶν
ΓΑ, ΑΔ γίνεται μ· τετράκις γὰρ πέντε καὶ αὖθις
τετράκις ε μ. ὑπερέχει οὖν τὸ ἀπὸ τῆς ΒΓ τετρά-
γωνον ὂν μονάδων σκε τῶν ἀπὸ τῶν ΓΔ, ΑΒ τετρα-
γώνων ὄντων ρπε μονάσι μ. εἰ γὰρ προσθήσεις μ
10 τοῖς ρπε, γίνονται σκε. καὶ ταῦτα μὲν τὰ τοῦ ἀμβλυ-
γωνίου.

82. Τὸ ἀπὸ τῆς ΒΓ τῆς ὑποτεινούσης τὴν ἀμβλεῖαν
γωνίαν ἀναγραφόμενον τετράγωνον μονάδων σκε· ιϚ
γὰρ ἡ πλευρὰ ἦν μονάδων· πεντεκαιδεκάκις γὰρ τὰ
15 ιϚ σκε. τὸ δὲ ἀπὸ τῆς ΓΑ δ μονάδων οὐσῶν ἀνα-
γραφόμενον τετράγωνον μονάδων ιϚ· τετράκις γὰρ
τὰ δ ιϚ. τὸ δὲ ἀπὸ τῆς ΒΑ ἀναγραφόμενον τετρά-
γωνον μονάδων οὐσῶν ιγ μονάδων ρξθ· τρισκαιδεκάκις
γὰρ τὰ ιγ ρξθ. μιγνύμεναι οὖν αἱ ιϚ μονάδες καὶ ρξθ
20 τῶν β πλευρῶν τῶν περιεχουσῶν τὴν ἀμβλεῖαν γωνίαν
ἀναβιβάζονται εἰς μονάδας ρπε. εἰ γοῦν προσθήσεις
ταύτας τὰς μονάδας πρὸς τὰς γινομένας ὑπὸ τοῦ δὶς
λαμβανομένου ὀρθογωνίου ὑπὸ τῶν ΓΑ, ΑΔ, γί-
νονται σκε. ὥστε μὴ προστιθεμένων τούτων τῶν μο-
25 νάδων μεῖζόν ἐστι τὸ τετράγωνον τὸ ἀπὸ τῆς ΓΒ
τῶν ἀπὸ τῶν ΓΑ καὶ ΑΒ τετραγώνων τῷ δὶς ὑπὸ
τῶν ΓΑ, ΑΔ ἤγουν ταῖς μ μονάσιν.

---

82. q².

6. ΑΔ] ΑΕ Vq.   9. μονάσι] μον⁴ Vq.   17. τῆς] τοῦ q.
19. καὶ] scrib. καὶ αἱ.   21. προσθείσεις q.   22. τὰς] (pr.)
q.   πρός] comp. obscurum q.   23. τῶν] τῆς q.   27.
] τῆς q.   τῶν μ μονάδων q.

83. Διότι τὸ μὲν ἀπὸ τῆς ΓΒ ἴσον ἐστὶ τοῖς ἀπὸ
τῶν ΓΔ, ΔΒ, ἀλλα τὰ ΓΔ, ΔΒ ἴσα ῆσαν τοῖς ΒΔ,
ΓΑ, ΑΔ καὶ τῷ δὶς ὑπὸ τῶν ΓΑ, ΑΔ, ἀντὶ γοῦν
τοῦ λέγειν το ΓΒ ἴσον τοῖς ΓΔ, ΔΒ λέγε, οἷς ἐστιν
ἴσα τὰ ΓΔ, ΔΒ. καὶ ποῖα ταῦτα; τὰ ΓΑ, ΑΔ, ΔΒ 5
καὶ τὸ δὶς ὑπὸ τῶν ΓΑ, ΑΔ. ἀλλὰ πάλιν ἀντὶ τοῦ
λέγειν ΑΔ, ΔΒ εἰπὲ τὴν ἴσον δυναμένην τὴν ΑΒ.
τοῦτο δὲ πάντως ποιήσεις, ἵνα ἐν τῷ ἀμβλυγωνίῳ διὰ
τῆς μεταμείψεως ἡ δεῖξις προβῇ.

Ad prop. XIII. 10

84. Ἐπειδὴ ἐν τοῖς ὅροις ὀξυγώνιόν φησι τὸ τὰς
τρεῖς ὀξείας ἔχον γωνίας, ἰστέον, ὅτι οὐχ οὕτως καὶ
ἐνταῦθα λέγει, ἀλλὰ πάντα ὀνομάζει τὰ τρίγωνα ὀξυ-
γώνια διὰ τὸ πάντα ἔχειν ὀξεῖαν γωνίαν, εἰ καὶ μὴ
πάσας, μίαν γοῦν. ἡ οὖν πρότασις τοιαύτη ἐστί· 15
παντὸς τριγώνου ἡ τὴν ὀξεῖαν γωνίαν ὑποτείνουσα
πλευρὰ ἔλασσον δύναται τῶν τὴν ὀξεῖαν γωνίαν περι-
εχουσῶν πλευρῶν τῷ περιεχομένῳ καὶ τὰ ἑξῆς. ἐὰν
μὲν οὖν ὀρθογώνιον ᾖ, λαμβάνεις τῶν περὶ τὴν ὀξεῖαν
δύο τὴν ὑποτείνουσαν την ὀρθήν, ἵνα ἐπ' αὐτῆς ἡ 20
κάθετος πέσῃ· ὁμοίως καὶ ἐὰν ᾖ ἀμβλυγώνιον. τὸ
δὲ ἀντιστρόφιον τοῦ θεωρήματός ἐστι τοῦτο· ἔστω
τὸ ἀπὸ ΑΒ τῶν ἀπὸ ΒΓ, ΓΑ ἔλαττον τῷ δὶς
ὑπὸ καὶ τὰ ἑξῆς, καὶ ἀπὸ τοῦ Γ τῇ ΓΑ πρὸς

83. V^b.　　84. PBFVat.

11. εἰς τὸ ιγ' Vat. (F?).　　ὀξύγωνον BVat.　　12. ὀξείας]
ἴσας B.　　13. ὀξύγωνα Vat. (B?).　　14. εἰ] ἤ P.　　19. λαμ-
βάνῃς P.　　21. τό] hic nouum schol. inc. P.　　22. ἔστω]
ἐάν B.　　23. ΑΒ] τῆς ΒΕ (?) B.　　ΓΑ] ΓΔ PBFVat.　　24.
ὑπό] ἤι B.　　Γ] Δ B.　　ΓΔ] ΔΓ B.

ὀρθὰς ἡ ΓΔ καὶ ἴση τῇ ΓΒ. τὰ
ἀπὸ ΓΒ, ΓΑ ἄρα ἴσα τοῖς ἀπὸ
ΔΓ, ΓΑ. ἀλλὰ τῶν ἀπο ΒΓ, ΓΑ
ἔλαττον τὸ ἀπὸ ΑΒ· καὶ τῶν ἀπὸ

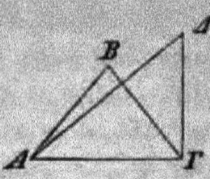

5 ΔΓ, ΓΑ ἄρα ἔλαττον. ἴσον δὲ τοῖς
ἀπὸ ΔΓ, ΓΑ τὸ ἀπὸ ΔΑ. τὸ ἄρα ἀπὸ ΔΑ τοῦ ἀπὸ
ΑΒ μεῖζον· ὥστε καὶ ἡ ΔΑ τῆς ΑΒ. ἐπεὶ οὖν δύο
αἱ ΔΓ, ΓΑ δύο ταῖς ΒΓ, ΓΑ ἴσαι εἰσίν, ἀλλὰ καὶ
βάσις ἡ ΔΑ βάσεως τῆς ΑΒ μείζων, γωνία ἄρα ἡ
10 ὑπὸ ΔΓΑ τῆς ὑπὸ ΑΓΒ μείζων. ὀρθὴ δὲ ἡ ὑπὸ ΔΓΑ.
ὀξεῖα ἄρα ἡ ὑπὸ ΑΓΒ· ὅπερ ἔδει δεῖξαι.

85. Ἔστω ἡ ΑΓ ιε̅· τὸ ἀπο ταύτης σκε̅· ἡ δὲ
ΓΒ ι̅δ̅· τὸ ἀπὸ ταύτης ρϙϛ̅· ἡ δὲ ΒΑ ι̅γ̅ καὶ τὸ ἀπὸ
ταύτης ρξθ̅· ἡ δὲ ΑΔ ι̅β̅· τὸ ἀπὸ ταύτης ρμδ̅· ἡ ΒΔ ε̅
15 καὶ τὸ ἀπ᾽ αὐτῆς κε̅· ἡ ΔΓ θ̅· τὸ ἀπ᾽ αὐτῆς πα.

86. Τὸ ἀπὸ τῆς ΑΒ καὶ ΒΓ υκα̅· τὸ ἅπαξ ὑπὸ
τῶν ΓΒ, ΒΔ ρκε̅ καὶ τὸ δὶς σνβ̅· ὅπερ ἐστὶν ἡ ὑπεροχὴ
τῶν ἀπὸ τῶν ΑΒ, ΒΓ τετραγώνων πρὸς τὸ ἀπὸ τῆς
ΑΓ τετράγωνον.

20 87. Τὸ ἀπὸ τῆς ΑΓ τῆς ὑποτεινούσης τὴν ὀξεῖαν
γωνίαν τὴν πρὸς τῷ Β ρξθ̅. τὸ ἀπὸ τῆς ΑΒ τῆς μιᾶς
τῶν περιεχουσῶν τὴν ὀξεῖαν γωνίαν σκε̅, καὶ τὸ ἀπὸ
τῆς λοιπῆς τῶν περιεχουσῶν τὴν ὀξεῖαν γωνίαν, ἥτις

85. Vᵇf.   86. q.   87. q (st).

1. ΓΔ] ΔΑ B.   3. ἀλλά — 4. τὸ ἀπό] in ras. m. 1 P.
6. τό] (prius) in ras. m. 1 P.   τοῦ] τῶν Vat., τῶι PB?   8.
ΔΓ] ΑΓ FVat.   ΓΑ] ΔΑ B.   ΓΑ] ΒΑ FVat.   ἴσα Vat.
9. μεῖζον B.   10. ΔΓΑ] ΔΑΓ B.   ΔΓΑ] ΑΔΓ B.   11.
ΑΓΒ] ΓΑΒ B.   12. ΑΓ] Γ in ras. f, ΑΒ V.   ιε̅] ε in ras. f,
ι̅ε̅ mut. in ι̅γ̅ man. rec. V.   13. ΒΑ] in ras. f, θ corr. man.
.. V.   14. ἡ] (alt.) ὁ Vf.   15. ἡ] ὁ Vf.   17. τῶν] τοῦ q.
18. τῆς) τοῦ q.

ἐστὶν ἡ ΒΓ, ρϛϛ. καὶ τὸ ἄπαξ ὑπὸ τῶν ΓΒ, ΒΔ ρκϛ,
τὸ δὲ δὶς σνβ. ἐλλεῖπον οὖν τὸ ἀπὸ τῆς ΑΓ τετρά-
γωνον, ὅπερ ἐστὶν ὁ ρξϑ ἀριθμός, τῶν ἀπὸ τῶν ΑΒ
καὶ ΒΓ τετραγώνων, ἅτινά εἰσιν ὁμοῦ υκα, τῷ δὶς
ὑπὸ τῶν ΓΒ, ΒΔ ἤγουν τῷ σνβ.   5

88. Τὸ ἀπὸ τῆς ΑΓ τετράγωνον μονάδων σκε·
ιε τὰ ιε σκε. τὸ ὑπὸ τῶν ΓΒ, ΒΔ ἑτερόμηκες ο·
πεντάκις γὰρ τὰ ιδ ο. ἀπ' αὐτῆς δὲ ὡς πλευρᾶς
τετραγώνου τετράγωνον μονάδων ρϛϛ· τεσσαρεσκαι-
δεκάκις γὰρ τὰ ιδ ρϛϛ. ἐπεὶ δὲ ἡ αὐτὴ γραμμὴ τέ-   10
μνεται εἰς β κατὰ τὸ Δ, τὸ ἀπὸ τῆς ΓΔ τετράγωνον
μονάδων πα· ϑ γὰρ τὰ ϑ πα. τὸ δὲ ἀπὸ τῆς ΔΒ
τετράγωνον μονάδων κε· ε γὰρ τὰ ε κε. τὸ ἀπὸ τῆς
ΑΔ τετράγωνον μονάδων ρμδ· καὶ γὰρ ιβ^{κις} τὰ ιβ ρμδ.
τὸ δὲ ἀπὸ τῆς ΑΒ μονάδων ρξϑ· ιγ^{κις} γὰρ τὰ ιγ ρξϑ.   15

89. Ἔστω τοῦ ὀξυγωνίου τριγώνου ἡ ὑποτείνουσα
τὴν πρὸς τῷ Β ὀξεῖαν γωνίαν ἡ ΑΓ μονάδων ιε καὶ
τὸ ἀπὸ τῶν δέκα καὶ πέντε μονάδων τετράγωνον μο-
νάδων σκε, ἡ δὲ ΓΒ μονάδων ιδ καὶ τὸ ἀπὸ ταύτης
τετράγωνον ρϛϛ, ἡ δὲ ΒΔ μονάδων ιγ καὶ τὸ ἀπ'   20
αὐτῆς τετράγωνον ρξϑ, ἡ δὲ ΑΔ μονάδων ιβ καὶ τὸ
τετράγωνον αὐτῆς ρμδ. καὶ ἐπεὶ ἡ ΒΓ μονάδων ἦν ιδ,
ἐτμήθη δὲ κατὰ τὸ Δ, ἔστω ἡ μὲν ΒΔ μονάδων ε,
ἡ δὲ ΔΓ ϑ· ὥστε τὸ δὶς ὑπὸ τῶν ΓΒ, ΒΔ ὀρθο-
γώνιόν ἐστιν ρμ· πεντάκις γὰρ ιδ ο, καὶ πάλιν πεν-   25
τάκις ιδ ο, δὶς δὲ ο ρμ. πάλιν ἐπεὶ ἡ ΒΔ μονάδων

---

88. q²; cfr. schol. 85.   89. V*q (s1P²); cfr. schol. 85.

In q compendia τοῦ, τῶν, τῆς saepe uel confusa uel si-
millime scripta sunt.   12. δέ] γὰρ δέ q.   14. καὶ γάρ]
renouata q.   17. τῷ] τό q.   20. τετράγωνον] τετραγώνων q.
21. αὐτῆς] αὐτῶν q.

ἐστὶ ε̄, τὸ ἀπ' αὐτῆς τετράγωνόν ἐστιν κ̄ε̄. τούτων
οὖν οὕτως ἐχόντων ἐπεὶ ἐστι τὸ ἀπὸ τῆς ΓΒ ϱ̄ϟ̄ϛ̄, τὸ
δὲ ἀπὸ τῆς ΒΔ ϱ̄ξ̄θ̄, τὰ συναμφότερα γίνονται τ̄ξ̄ε̄.
ὥστε τὸ σ̄κ̄ε̄ τετράγωνον τὸ ἀπὸ τῆς ΑΓ τῆς ὑπο-
5 τεινούσης τὴν ὀξεῖαν γωνίαν ἔλαττόν ἐστι τῶν δύο
τετραγώνων τῶν τ̄ξ̄ε̄ τῷ δὶς ὑπὸ τῶν ΓΒ, ΒΔ, ὅπερ
ἐστὶν ϱ̄μ̄. εἰ γὰρ τοῖς σ̄κ̄ε̄ προσθήσεις ϱ̄μ̄, γενή-
σονται τ̄ξ̄ε̄. ἐπεὶ οὖν τοῖς δυσὶ τετραγώνοις τοῖς ἀνα-
γραφομένοις ἀπὸ τῶν ΓΒ, ΒΔ τῶν περιεχουσῶν τὴν
10 πρὸς τῷ Β ὀξεῖαν γωνίαν ἴσον ἐστὶ τὸ δὶς ὑπὸ τῶν
ΓΒ, ΒΔ περιεχόμενον ὀρθογώνιον καὶ τὰ β̄ τετρά-
γωνα τὰ ἀπὸ τῶν ΓΔ, ΔΑ, ἐπεὶ οὖν, ὡς εἴρηται, τὰ
ἀπὸ τῶν ΓΒ, ΒΑ ἴσα ἐστὶ τῷ ὀρθογωνίῳ τῷ ὑπο
τῶν ΓΒ, ΒΔ καὶ τοῖς ἀπὸ τῶν ΓΔ, ΔΑ τετραγώνοις,
15 ἔστι δὲ τοῖς ἀπὸ τῶν ΓΔ, ΔΑ τετραγώνοις ἴσον τὸ
ἀπὸ τῆς ΓΑ, τὸ ἄρα ἀπὸ τῆς ΓΑ ἔλαττόν ἐστι τῶν
ἀπὸ τῶν ΓΒ, ΒΑ τῶν περιεχόντων τὴν ὀξεῖαν τὴν
πρὸς τῷ Β γωνίαν τῷ δὶς ὑπὸ τῶν ΓΒ, ΒΔ. ἐπεὶ
γὰρ τὰ β̄ τετράγωνα τὰ ἀπὸ τῶν ΓΒ, ΒΑ ἴσα ἐστὶ
20 τῷ δὶς ὑπο τῶν ΓΒ, ΒΔ ὀρθογωνίῳ καὶ τοῖς δυσὶ
τετραγώνοις τοῖς ἀπο τῶν ΓΔ, ΔΑ, οἷς ἀπὸ τῶν
ΓΔ, ΔΑ ἴσον τὸ ἀπὸ τῆς ΓΑ, λείπεται ἤτοι ἐλαττοῦται
τὸ ἀπὸ τῆς ΓΑ τῶν ἀπὸ τῶν ΓΒ, ΒΑ τῷ ὀρθογωνίῳ
τῷ δὶς ὑπὸ τῶν ΓΒ, ΒΔ.

25 90. Ποιοῦσι δὲ τα αὐτὰ καὶ οἱ ἰσάκις αὐτῶν
πολλαπλάσιοι.

---

90. F (in fig. numeri quidam euan.), B (ad II, 14, nulli
in fig. numeri), V*f bis.

6. τῷ] τό Vq.   7. εἰ] nouum incipit t.   10. τῷ] τό Vq.
12. τῶν] τῆς Vq.   13. τῷ ὑπό] τὸ ὑπό V.   18. τῷ] τό
τῷ] τό Vq.   ΒΔ] ΒΑ Vq.   23. ἀπὸ τῶν] ἀπὸ
Vq.   25. καί] bis comp. V.   26. πολλαπλάσια B. Deinde

91. Τὸ γὰρ ἀπὸ τῆς ΓΒ τετράγωνον καὶ τὸ ἀπὸ τῆς ΒΑ ἴσα ἐστὶ τῷ τε δὶς περιεχομένῳ ὀρθογωνίῳ ὑπὸ τῆς ΓΒ καὶ τῆς ΔΒ καὶ τῷ ἀπὸ τῆς ΔΓ τετραγώνῳ καὶ τῷ ἀπὸ τῆς ΔΑ τετραγώνῳ. ἀλλὰ τὸ ἀπὸ τῆς ΑΓ τετράγωνον ἴσον ἐστὶ τῷ ἀπὸ τῆς ΑΔ καὶ 5 τῷ ἀπὸ τῆς ΔΓ· καὶ περιττεύει τὸ ὀρθογώνιον τὸ ὑπὸ τῆς ΓΒ καὶ τῆς ΔΒ δὶς περιεχόμενον.

Ad prop. XIV.

92. Τῶν ΘΕ, ΗΕ τετράγωνα p. 162, 5] ὑποτείνει γὰρ ἡ ΘΗ τοῦ ΘΕΗ τριγώνου. 10

93. Πόθεν, ὅτι ὁ γραφόμενος κύκλος οὐκ ἔρχεται διὰ τοῦ Δ σημείου; καὶ λέγομεν, ὅτι, εἰ δυνατόν, ἐρχέσθω, καὶ ἐπεζεύχθω ἡ Η[Δ]. καὶ ἐπεὶ ἴση ἐστὶν ἡ ΘΗ τῇ ΔΗ, ἀλλ᾽ ἡ ΘΗ τῇ ΗΖ ἐστιν ἴση, καὶ ἡ ΔΗ ἄρα τῇ ΖΗ ἐστιν ἴση. ἀλλὰ ἡ ΔΕ τῇ 15 [ΕΖ] ἐστιν ἴση· κοινὴ προσκείσθω ἡ ΗΕ. ὅλη ἄρα ἡ ΗΖ δυσὶ ταῖς ΕΗ, ΕΔ ἐστιν ἴση. ἀλλὰ ἡ ΗΔ τῇ ΗΖ ἐστιν ἴση· καὶ αἱ ΗΕ, ΕΔ ἄρα τῇ ΗΔ εἰσιν ἴσαι, τριγώνου αἱ δύο πλευραὶ τῇ λοιπῇ ἴσαι· ὅπερ ἀδύνατον. οὐκ ἄρα διὰ τοῦ Δ σημείου ἔρχεται· 20 ὅπερ ἔδει δεῖξαι.

94. Πάλιν πόθεν, ὅτι οὐκ ἔρχεται διὰ τοῦ Γ σημείου; καὶ λέγομεν, ὅτι καὶ οὕτως ἀδύνατόν ἐστιν. εἰ γὰρ δυνατόν, ἐρχέσθω καὶ ἐπεζεύχθω ἡ ΗΓ. καὶ

---

91. b.   92. V^b.   93. B.   94. B (ante schol. 93).

---

add. V, f bis: οἱ τὸν (τό f alt. loco, scr. τοῦ) ϛ (h. e. ἀριθμοῦ) τουτέστι διπλάσιοι καὶ τριπλάσιοι καὶ ἑξῆς.
    8. τῆς ΔΓ] τοῦ ΔΓ b.   12. Δ] ΑΒ.   13. Quae uncis [] inclusi, in B euanuerunt.   15. ΔΕ] ΓΗ Β.   16. ΗΕ] ΗΓ Β.
    18. αἱ] ἡ Β.   19. εἰσιν ἴσαι] ἐστιν ἴση Β.

ἐπεὶ ἴση ἐστὶν ἡ *HΓ* τῇ [*BH*], καὶ ἡ [ὑπὸ] *HBΓ*
γωνία τῇ ὑπὸ [*B*]*ΓH* ἐστιν ἴση. ἀλλὰ ἡ ὑπο *ΓBH*
γωνία ὀρθή ἐστιν. καὶ ἡ ὑπὸ *BΓH* γωνία ὀρθή ἐστιν,
καί εἰσι τριγώνου αἱ δύο γωνίαι δύο ὀρθαῖς ἴσαι·
5 ὅπερ ἀδύνατον. [οὐκ ἄρα] ἔρχεται διὰ τοῦ *Γ* σημείου.
ὁμοίως δὴ δείξομεν, ὅτι οὐδὲ ἐντός, ἐπεὶ πολὺ τὸ
ἀτοπώτερον· ἐκτὸς ἄρα ἔρχεται· ὅπερ ἔδει δεῖξαι.

---

1. Quae uncis [ ] inclusi, in B euanuerunt.   ἡ] τῇ B.   4.
εἰσι] ἐστι comp. B.   6. ἐντός] scrib. ἐκτός.   7. ἐκτός] scrib.
ἐντός.

In librum III.

1. Σκοπός ἐστι περὶ τῶν πρὸς εὐθείας καὶ γωνίας κυκλικῶν συμπτωμάτων διαλαβεῖν.

Ad def. 2.

2. Διαφέρει τὸ ἅπτεσθαι τοῦ ἐφάπτεσθαι· τὸ μὲν γὰρ ἐφάπτεσθαι εἴρηται τῷ γεωμέτρῃ ὡς δεῖ ἐκδέχεσθαι, 5

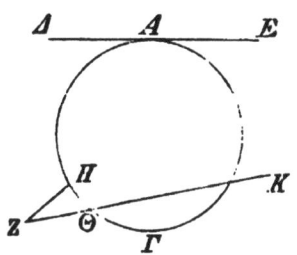

τὸ δὲ ἅπτεσθαι, ἵνα προσπεσοῦσα ἡ εὐθεῖα τῷ κύκλῳ, εἰ μὲν οὐκ ἐξεβάλλετο, τὸν τοῦ ἅπτεσθαι ὅρον ἐπιδέχεται, ἐκβληθεῖσα δὲ τὸν τοῦ τέμνειν, 10 οἷον τοῦ ΑΓ κύκλου ἡ μὲν ΔΕ ἐφάπτεται, ἡ δὲ ΖΗ ἅπτεται, ἡ δὲ ΘΚ τέμνει τὸν κύκλον.

Ad def. 6.

3. (τμῆμα) Ὁ καὶ μηνίσκος λέγεται, διότι ἔοικε 15 τῇ σελήνῃ διχοτόμῳ οὔσῃ.

---

1. PBF Vat. V⁴.　　2. r.　　3. q.

---

1. ἐστι] ἐνταῦθα τῷ στοιχειωτῇ FBVat., ἐνταῦθα διαλαβεῖν V.　　2. κυκλικῶν] τε κύκλων P, κυκλικῶν σημάτων B. διαλαβεῖν] om. V.　　10. τέμνειν] τέμνοντος r.　　12. ΖΗ] ΞΗ r.

17*

Ad def. 8.

4. Πλὴν τούτῳ διοίσει, ὅτι, εἰ μὲν ἐν ἡμικυκλίῳ γένηται ἡ γωνία, ὀρθὴ ἔσται, εἰ δὲ ἐν μείζονι, ὀξεῖα, εἰ δὲ ἐν ἐλάττονι, ἀμέλει οὔ.

5 ## Ad def. 10.

5. (τομεύς) Ἐκ μεταφορᾶς τοῦ σκυτοτομικοῦ τομέως.

6. Δύο διαφοραί εἰσι τῶν τομέων· οἱ μὲν γὰρ πρὸς τοῖς κέντροις τὰς κορυφὰς ἔχουσι τῶν γωνιῶν, οἱ δὲ πρὸς ταῖς περιφερείαις· οἱ δὲ μήτε πρὸς ταῖς περι-
10 φερείαις μήτε πρὸς τοῖς κέντροις, ἀλλὰ πρὸς ἄλλοις τισὶν σημείοις, διὰ τόδε οὐ τομεῖς, ἀλλὰ τομοειδῆ σχήματα λέγονται.

Ad def. 11.

7. Τὰς ἐν τμήματι δηλονότι, οὐ τὰς τοῦ τμήματος.
15 καὶ ζήτει κεφάλαιον κγ΄ τούτου τοῦ βιβλίου καὶ εἰκοστὸν ἕκτον καὶ εἰκοστὸν ἕβδομον, ἐξ ὧν κεφαλαίων παρ-ίσταται καὶ τὸ ἴσον ὁποῖόν ἐστιν· οὐ μόνον γὰρ τὸ κατ' εἶδος ἴσον φησί, οἷον τὸ καθὸ ἀμβλεῖαι ἢ ὀξεῖαι, ἀλλὰ καὶ τὸ κατὰ τὸ πρὸς ἀλλήλας μέγεθος, ὡς μὴ
20 εἶναι ἑτέραν ἑτέρας ἀμβλυτέραν ἢ ὀξυτέραν. ταῦτα κατὰ τὸ ἐμοὶ παριστάμενον.

8. Γωνίας ἴσας p. 166, 12] ἤτοι τὰς ἐν τοῖς τμήμασι.

Ἐν οἷς αἱ γωνίαι p. 166, 12] ἤγουν αἱ τῶν τμη-
25 μάτων. ἰστέον δέ, ὡς, ἐὰν ἔν τισι τμήμασιν αἱ γωνίαι ἴσαι ὦσι, καὶ αἱ τῶν αὐτῶν τμημάτων γωνίαι ἴσαι ἔσονται.

---

4. p.   5. q.   6 r.   7. V⁴ (corrupte).   8. V¹ (f).

25. ἐάν] comp. V, om. f.   26. ὦσι] non liquet V, εἰσι f.

Ad prop. I.

9. Ὥσπερ ἐν τῷ α' τῶν στοιχειωδῶν σχημάτων, τῶν τριγώνων λέγω, στοιχειωδέστατον τὸ ἰσόπλευρον εἰς ποίησιν ἐν ἀρχῇ προετείνετο διὰ τὰς τῶν ἑξῆς ἀποδείξεων κατασκευάς, οὕτως καὶ ἐνταῦθα τὸ κέντρον 5 εὑρεῖν προβάλλεται· τοῦτο γὰρ τῆς κυκλικῆς γενέσεως αἴτιον.

10. Πᾶς μὲν κύκλος ἔχει τὸ οἰκεῖον κέντρον ὡρισμένον τῇ αὑτοῦ φύσει, πρὸς ἡμᾶς δὲ οὐ πᾶς, ἀλλ' οὗ τὴν γένεσιν ὁρῶμεν. ἐπὶ μὲν οὖν τῶν προτέρων 10 θεωρημάτων ἅτε γινομένων τῶν κύκλων καὶ τὰ κέντρα φανερά. ἐπὶ τούτων δὲ τῆς οὐσίας ζητουμένης καὶ το κέντρον ζητεῖται· συμπληρωτικὸν γὰρ τῆς ὑπάρξεως τοῦ κύκλου. τοῦτο δὲ πρῶτόν φησι μέσον προβλημάτων καὶ θεωρημάτων· καθὸ μὲν γὰρ ζητῆσαι προ- 15 τείνει, ποιῆσαί πως προβάλλει, καθὸ δὲ οὐκ εἰς ποίησιν, ἀλλ' εἰς εὕρεσιν, κατὰ τοῦτο θεωρῆσαι προτείνει. δοκεῖ δέ μοι ἐσχηματισμένην ἔχον τὴν πρότασιν θεώρημα εἶναι, ὡς ἂν εἰ καὶ περὶ τοῦ τετάρτου τις εἶπεν· δύο τριγώνων, ὧν δύο πλευραὶ ἴσαι καὶ γωνίαι, εὑρεῖν, εἰ 20 αἱ βάσεις ἴσαι· ὥσπερ γὰρ ἐκεῖ ἤδη τῇ φύσει τῶν τριγώνων ἐμπεριεχόμενον ζητεῖ σύμπτωμα, οὕτω καὶ ἐνταῦθα τῇ τοῦ κύκλου, ἄλλως τε καὶ εἰ τοῦ προβλήματος ἴδιον καὶ τοὐναντίον τῆς προτάσεως ἐπι-

---

9. PBFVat.   10. PBFVat. et ad κύκλον lin. 14 V⁴.

2. α'] πρώτῳ τῷ P, δευτέρῳ B.   εἰς τὸ α' FVat.   8. εἰς τὸ αὐτό Vat.   μέν] om. V, μὲν οὖν P.   9. αὐτοῦ] ἑαυτοῦ B, αὐτῇ V.   10. οὖν] om. V.   13. συμπληρωτικόν] οὖν πληρωτικόν P, συμπλήρωται V.   ἡ ὕπαρξις V.   17. εἰς εὕρεσιν] ἐπεύρισιν B.   20. πλευραὶ ἴσαι] οὐχιν P.   γωνίαι] γωγω P.   22. σύμπτωμα] .... ὁμασιν F, συμπτώμασιν Vat.   23. εἰ] ἡ P, om. Vat.

δέχεσθαι, πολλῷ μειζόνως τὸ προκείμενον ἐκφεύξεται
τὴν τοῦ προβλήματος ἐπωνυμίαν.

11. Μέσον ἐστὶ τοῦτο τῶν προβλημάτων καὶ τῶν
θεωρημάτων· καθὸ μὲν γὰρ ζητῆσαι προβάλλεται,
5 ποιῆσαί πως προτείνει, καθὸ δὲ οὐκ εἰς ποίησιν, ἀλλ᾽
εἰς εὕρεσιν, κατὰ τοῦτο θεώρημα προτείνει.

Ad prop. II.

12. Εἰ λάβοιμεν τὴν ΑΔ τῇ ΔΒ ἐπ᾽ εὐθείας,
ἐπεὶ ἐκ τοῦ κέντρου, διάμετρος ἔσται τοῦ κύκλου. εἰ
10 δὲ καὶ τὴν ΔΖ λάβοιμεν πρὸς ὀρθὰς τῇ ΑΒ, ἴσον
τμῆμα ἔσται τοῦ κύκλου καὶ ὅμοιον τὸ ΔΖ τῷ ΖΒ·
ἐν δὲ τοῖς ὁμοίοις τμήμασι τοῦ κύκλου αἱ γωνίαι ἴσαι
ἀλλήλαις εἰσίν· εἰ γὰρ ὅμοια τμήματα κύκλου εἰσὶ τὰ
δεχόμενα γωνίας ἴσας, καὶ ἀντιστρόφως γωνίας ἴσας
15 δέχονται τὰ τῶν κύκλων ὅμοια τμήματα. εἰ δὲ μὴ
λάβοιμεν ἐπ᾽ εὐθείας τὴν ΑΔ τῇ ΔΒ, τρίγωνον ἔσται
τὸ ΔΑΕΒ ἰσοσκελές· ἡ μὲν γὰρ ΔΑ καὶ ἡ ΔΒ ἴσαι
ἀλλήλαις· ἐκ τοῦ κέντρου γάρ. ἡ δὲ ΑΕΒ ὡς εὐθεῖα
ὑπόκειται καί ἐστι βάσις τοῦ ὅλου ΔΑΕΒ τριγώνου·
20 αἱ πρὸς τῇ βάσει ἄρα γωνίαι, ἤγουν η προς τῷ Α
καὶ ἡ προς τῷ Β, ἴσαι ἀλλήλαις εἰσίν.

Ad prop. III.

13. Ἐκ τούτου τοῦ θεωρήματος δείκνυται τὸ ἀντι-
στρόφιον τοῦ ὅρου τοῦ κύκλου. ἐὰν γαρ σχήματος τῇ

---

11. r; cfr. p. 261, 14 sq.   12. b².   13. PBFVat.

---

1. ἐκφεύξηται P.   9. ἐκ] comp. dubium b.   20. τῷ]
non liquet b.   21. τῷ] τό b.   23. τούτου] om. PFVat.
24. τοῦ ὅρου τοῦ κύκλου] τοῦ κύκλου ὅρου PVat., τοῦ
ὅρου F?

περιμέτρῳ προσπίπτωσιν ἀπό τινος σημείου τῶν ἐντὸς
κειμένων πᾶσαι ἴσαι, κύκλος ἐστίν. μὴ γάρ, ἀλλ' ἔστω
εὐθύγραμμον, καί τις αὐτοῦ πλευρά, ἐφ' ἣν δύο
προσέπεσον ἀφορίζουσαι αὐτήν. ἰσοσκελὲς ἄρα τὸ τρί-
γωνον, καὶ δίχα τετμημένης τῆς βάσεως ἡ ἐπιζευχθεῖσα 5
ὀρθὰς ποιήσει γωνίας καὶ ἐλάσσων ἔσται ἑκατέρου
σκέλους· ὅπερ ἄτοπον. ὑπόκεινται γὰρ πᾶσαι αἱ προσ-
πίπτουσαι ἴσαι.

14. Μετὰ τοῦ ἀντιστρόφου· ἐὰν γὰρ διὰ τοῦ κέντρου,
οὐ πάντως πρὸς ὀρθὰς τέμνει.   10

Ad prop. IV.

15. Διὰ τοῦ κέντρου οὐσῶν οὐκ ἦν ζητήσεως ἄξιον,
εἰ δίχα τέμνουσιν ἀλλήλας· τὸ γὰρ κέντρον αὐτῶν ἡ
διχοτομία. ὁμοίως καὶ εἰ τῆς ἑτέρας διὰ τοῦ κέντρου
οὔσης ἡ ἑτέρα μὴ διὰ τοῦ κέντρου εἴη, ὅτι οὐ δίχα 15
τέμνεται ἡ δια τοῦ κέντρου.

Ad prop. VI.

16. Τινὲς προστιθέασι τὸ ἐντός, ὡς τοῦτο φαντάζον.
ἐὰν γὰρ ἐκτὸς ἐφάπτωνται, τὸν ὅρον ἐκφεύγει τοῦ
κύκλου, εἴ τις τῶν δύο το αὐτὸ κέντρον λήψεται· ἐκτὸς 20
γὰρ πάντως τῆς περιφερείας τοῦ ἑνὸς εὑρεθήσεται.

---

14. P (corruptum).   15. PBFVat.   16. PBFVat.

---

2. πᾶσαι ἴσαι] ἴσαι πᾶσαι FVat.   4. προσέπεσαν PFVat.
ἀφορίζουσαι] ἐφαρμοζέτωσαν B.   αὐτῆι B?   6. γωνίας
ποιήσει FVat.   12. εἰς τὸ δ̄ FVat.   14. εἰ] ἡ PFVat., ἡ
εἰ B.   18. εἰς τὸ ε̄ FVat.   προστιθέασιν P.   19. ἐκφεύγειν
FVat.   20. εἴ τις] ἥτις PFVat.   21. παντός FVat.

Ad prop. VII.

17. Ἀντιστρόφιον· ἐὰν κύκλου ληφθῇ σημεῖον ἐντός,
ἀπὸ δὲ τοῦ σημείου πρὸς τὸν κύκλον προσπέσωσιν
ὁσαιδήποτε εὐθεῖαι, ὧν μία μὲν μεγίστη, μία δὲ
5 ἐλαχίστη, τῶν δὲ λοιπῶν αἱ μὲν ἴσαι, αἱ δὲ ἄνισοι,
ἡ μὲν·μεγίστη διὰ τοῦ κέντρου ἔσται, ἡ δὲ ἐλαχίστη
λοιπὴ τῆς διαμέτρου, τῶν δὲ ἄλλων αἱ μὲν μείζους
ἔγγιόν εἰσι τοῦ κέντρου, αἱ δὲ ἴσαι ἴσον ἀπέχουσιν
ἀπ᾿ αὐτοῦ. διὰ γὰρ τοῦ Ε, ὅ ἐστιν ἐντὸς τοῦ κύκλου,
10 μεγίστη μὲν ἔστω ἡ ΕΓ, ἐλαχίστη δὲ ἡ ΕΔ, ἡ δὲ ΖΕ
τῆς ΖΒ μείζων. λέγω, ὅτι ἡ μὲν ΓΕ διὰ τοῦ κέντρου
ἐστίν, ἡ δὲ ΔΕ ἐπ᾿ εὐθείας αὐτῇ, ἡ δὲ ΕΖ ἔγγιον
τοῦ κέντρου ἥπερ ἡ ΕΒ. εἰ γὰρ μή ἐστιν ἡ ΓΕ δια
τοῦ κέντρου, ἀλλά τις ἄλλη ἀπὸ τοῦ Ε προσπεσοῦσα,
15 ἐκείνη ἔσται μεγίστη διὰ
τὸ ζ᾿. ἔστι δὲ καὶ ἡ ΕΓ·
ὅπερ ἀδύνατον. διάμετρος
ἄρα ἡ ΓΕ καὶ ἐπ᾿ εὐθείας
αὐτῇ ἡ ΕΔ. λέγω, ὅτι καὶ
20 ἡ ΕΖ ἔγγιον τοῦ Θ ἥπερ ἡ
ΕΒ. ἤτοι γὰρ ἀπώτερον ἢ
ἴσον ἀφέστηκεν. εἰ μὲν οὖν
ἀπώτερον, μείζων ἡ ΒΕ τῆς ΕΖ· ὅπερ ἀδύνατον· οὐχ
ὑπόκειται. εἰ δὲ ἴσον ἀφεστήκασιν, ἴσαι εἰσὶν διὰ τὸ ζ᾿.

---

17. PBFVat.

---

2. εἰς τὸ ζ̅ FVat.   8. ἔγγιον] ἔγγειον P, ἔγγειον Vat.   10.
ἔστω] om. B.   ἐλαχίστη] ἐλάσσων PBFVat.   11. τῆς ΖΒ]
om. P.   12. ΔΕ] ΕΔ P.   ἔγγειον PVat.   13. εἰ] ἡ P.
16. καί] om. B.   ΕΓ] scripsi, ΕΔ PBFVat.; fort. lacuna
maior est.   19. καί] om. FVat.   20. ἔγγειον PVat.   21.
ἀπωτέρως B.   22. εἰ] ἡ P.   οὖν] om. PFVat.

οὐδὲ τοῦτο δὲ ὑπόκειται. ἔγγιον ἄρα ἡ ΖΕ τοῦ Θ
ἤπερ ἡ ΕΒ. ἡ δὲ ΗΕ τῇ ΕΒ ἴση ἔστω. ἴσον ἄρα
ἀφεστᾶσι τοῦ Θ· ἴσον γὰρ μὴ ἀφεστῶσαι ἄνισοί εἰσι
διὰ τὸ ζ'· ὅπερ ἔδει δεῖξαι.

Ad prop. VIII.

18. κυρτήν] Κυρτὴ περιφέρεια λέγεται τὸ ἐκτὸς
τοῦ κύκλου.

19. Ἢ καὶ οὕτως· μεγίστη μέν ἐστι ἡ διὰ τοῦ
κέντρου, τῶν δὲ ἄλλων ἀεὶ ἡ ἔγγιον τῆς διὰ τοῦ
κέντρου τῆς ἀπωτέρω μείζων ἐστί, τῶν δὲ πρὸς τὴν 10
κυρτὴν περιφέρειαν προσπιπτουσῶν εὐθειῶν ἐλαχίστη
μέν ἐστι ἡ μεταξὺ τοῦ τε σημείου καὶ τῆς διαμέτρου,
ἀεὶ δὲ ἡ ἔγγιον τῆς ἐλαχίστης τῆς ἀπώτερόν ἐστιν
ἐλάττων, δύο δὲ μόναι καὶ ἐφεξῆς· καὶ κρείττων αὕτη
ἡ γραφή. 15

Ad prop. IX.

20. Εἰ γὰρ μὴ εἰς τὸ Δ σημεῖον, ὅπερ ἐστὶ κοινὸς
τόπος τῆς ΗΚ καὶ ΘΛ, ἐστι τὸ κέντρον, δύο κέντρα
ἔσονται τοῦ ἑνὸς κύκλου· εἴρηται γάρ, ὅτι καὶ ἐν
τῇ ΗΚ καὶ ἐν τῇ ΘΛ ἐστι τὸ κέντρον. εἰ γὰρ μὴ 20
ἐν τῷ Δ σημείῳ, ἀλλ' ἐν ἄλλῳ τόπῳ τῆς ΗΚ, δηλαδὴ
καὶ ἐν ἄλλῳ τῆς ΘΛ, καὶ ἔσονται δύο κέντρα· ὅπερ
ἀδύνατον.

Ad prop. X.

21. Κύκλος κύκλον οὐ τέμνει κατὰ πλείονα σημεῖα 25
ἢ δύο. εἰ γὰρ δυνατόν, δύο κύκλοι οἱ ὑποκείμενοι

---

18. q.   19. p (de scriptura codicis u. not. crit.).   20.
A (Coisl.).   21. B (restitutio admodum incerta, quia etiam
figura corrupta est).

1. δέ] om. FBVat.   ἔγγειον PVat.   2. ἔστω] ὥστε
PBFVat.   3. ἀφεστᾶσιν BFVat.   μή] om. PBFVat.

τι συνέστασεν ἀλλήλοις κατὰ πλείονα σημεῖα ἢ δύο
τὰ Δ, Β, Γ, καὶ ἐπεζεύχθωσαν αἱ ΔΒ, ΔΓ ....
δὲ δίχα τομῶν(?) πρὸς
ὀρθὰς αὖτ ..... λέγει
τις, ὅτι ἔστω ὡς ἡ Δ·
καὶ .... αὐτόθεν ἀδύ-
νατον τὴν τῶν πρὸς
ὀρθὰς πτῶσιν. ἐπεὶ δὲ
οὐδὲ τριγώνου αἱ πρὸς

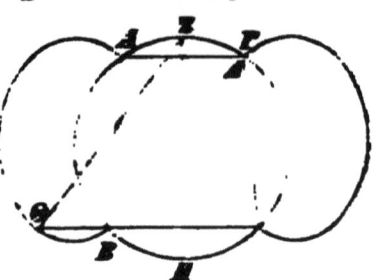

τοῖς Δ, Ε γωνίαι δυσὶν
ὀρθαῖς ἴσαι εἰσίν· καὶ γὰρ ἀδύνατον. οὐχ οὕτως ἄρα πρὸς
ὀρθὰς ἥξουσιν. εἰ δὲ λέγοι τις τὰς πρὸς ὀρθὰς πίπτειν
ὡς ὑπογέγραπται δια...μεν οὕτως τὴν πτῶσιν τῶν
εὐθειῶν. ἐπεὶ γὰρ τῷ ἐφ᾽ ἑκάτερα κύκλῳ εὐθεῖά τις
ἡ ΖΗ τὴν ΑΔ δίχα καὶ πρὸς ὀρθὰς τέμνει, ἐπὶ τῆς
ΖΗ τὸ κέντρον ἄρα ἐστὶν ἑκατέρων τῶν κύκλων.
ὁμοίως καὶ ἐπὶ τῆς ΗΘ τὸ κέντρον ἐστὶν ἑκατέρων
τῶν κύκλων· ὅπερ ἐστὶν ἀδύνατον. οὐκ ἄρα πεσοῦνται
πρὸς ὀρθάς.

Ad prop. XIII.

22. Πλείονα σημεῖα p. 198, 18] διὰ μὲν τῶν προ-
λαβόντων δύο θεωρημάτων ὡς ὁμολογούμενον λαμ-
βάνων ὁ στοιχειωτὴς τὸ καθ᾽ ἓν σημεῖον ἐφάπτεσθαι
τοὺς κύκλους ἀλλήλων διὰ μὲν τὸ ἐὰν ἐντός, ἰδίᾳ δὲ
τὸ ἐὰν ἐκτός, ἄλλο τι τούτοις ἐφεπόμενον ἐθεώρει·
νῦν δὲ κατὰ ταὐτὰ μίξας ἅμα δείκνυσιν ἑνὶ καὶ τῷ
αὐτῷ προβλήματι.

22. p.

17. ἐπί] ἐπεὶ B.

Ad prop. XVI.

23. Ἐκτὸς πεσεῖται τοῦ κύκλου p. 208, 9] ἤγουν τῆς κυρτῆς περιφερείας, οὐ τῆς κοίλης. In mg. τῆς μὲν ἐκτὸς περιφερείας οὔσης καὶ λεγομένης κυρτῆς, τῆς δὲ ἐντὸς κοίλης. 5

Ad prop. XIX.

24. Ἀντιστρόφιον· ἐὰν κύκλου ἐφάπτηταί τις εὐθεῖα, ἀπὶ δὲ τῆς ἀφῆς τῇ ἐφαπτομένῃ πρὸς ὀρθὰς γωνίας εὐθεῖα γραμμὴ ἐκτὸς ἀχθῇ τοῦ κύκλου, ἐκβαλλομένη, ἐφ' ἃ μέρη ἐστὶν ὁ κύκλος, ἐπὶ τὶ κέντρον πεσεῖται 10 τοῦ κύκλου.

Ad prop. XX.

25. Ὁμοίως δὴ δείξομεν p. 220, 8] σκόπει, μή σε παρέλθῃ τὸ νόημα.

Ad prop. XXIII. 15

26. Ἅμα γὰρ ἐφ' ἑκάτερα μέρη δύνανται συσταθῆναι, τὸ μὲν ἓν ἐπὶ τοῦ ἑνὸς μέρους, τὸ δὲ ἕτερον ἐπὶ τοῦ ἑτέρου.

Ad prop. XXIV.

27. Ἐπὶ τῆς αὐτῆς εὐθείας δύο τμήματα κύκλων 20 ὅμοια καὶ ἄνισα συσταθήσονται ἐπὶ τὰ αὐτὰ μέρη· ὅπερ ἀδύνατον. ἢ καὶ ἄλλως· εἰ γὰρ ἡ ΑΒ εὐθεῖα ἐπὶ τὴν ΓΔ ἐφαρμόσει καὶ τα λοιπά, κύκλος κύκλον κατὰ πλείονα ἢ δύο σημεῖα τεμεῖ· οὐ τέμνει δέ.

---

23. q.   24. PBFVat. (in B euan.).   25. Vᵃq.   26. r.
27. r.

---

7. ιθ' F, εἰς τὸ ιθ' Vat.

Ad prop. XXV.

28. Τὸ Δ κέντρον ἔσται τοῦ προσαναπεπληρωμένου
κύκλου διὰ τὸ θ' θεώρημα τῆς γ' βίβλου τὸ λέγον,
ὅτι, ἐὰν κύκλου ληφθῇ τι σημεῖον ἐντός, ἀπὸ δὲ τοῦ
5 σημείου πρὸς τὸν κύκλον προσπίπτωσι πλείους ἢ δύο
ἴσαι εὐθεῖαι, τὸ ληφθὲν σημεῖον κέντρον ἐστὶ τοῦ
κύκλου. ἀπὸ γὰρ τοῦ Δ σημείου πλείους ἢ δύο ἴσαι
εὐθεῖαι προσέπεσον πρὸς τοῦ ἀναγεγραμμένου κύκλου
τὴν ΑΒΓ περιφέρειαν αἱ ΔΑ, ΔΒ, ΔΓ. τὸ δὲ ΑΒΓ
10 ἡμικύκλιόν ἐστι διὰ τὸ τὴν ΑΓ εὐθεῖαν διὰ τοῦ
κέντρου ἦχθαι καὶ διάμετρον οὖσαν τὸν προσανα-
γεγραμμένον κύκλον δίχα τέμνειν.

Ad prop. XXVI.

29. Ἔστωσαν ἴσοι κύκλοι p. 230, 15] ἴσοι φα-
15 νήσονται ἀπὸ τοῦ ἴσα τμήματα ἀλλήλοις διὰ τὸ κδ'
γενέσθαι καὶ ὁλοκλήρως προσαναγραφῆναι τοὺς κύκλους
διὰ τοῦ ἐφεξῆς κε'.

Ad prop. XXVIII.

30. Τοῦτο καὶ τὸ ἐξῆς καὶ τὸ τρίτον ἀντιστρέφουσιν·
20 ἐὰν ἴσαι εὐθεῖαι ἴσας καὶ ὁμοίας περιφερείας ὑπο-
τείνωσιν, ἴσοι εἰσὶν οἱ κύκλοι, ὧν αἱ περιφέρειαι. εἰ
γὰρ ἄνισοι, ἐπὶ τοῦ ἐλάσσονος τῷ μείζονι ἴσου γρα-
φέντος περὶ τὸ αὐτὸ κέντρον καὶ γωνιῶν ἐπὶ τῶν ἴσων

---

28. Vᵃqˢ (l).   29. p.   30. PFVat. et B (euan. usque
ad ὧν lin. 21). τὸ τρίτον lin. 19 est ipsa propositio lin. 19—21.

---

11. τόν] τήν in ras. q.   12. τεμεῖ V.   19. εἰς τὸ κη'
FVat. ἀντιστρέφουσιν] comp. P, ἀντίστροφον FVat.   22.
ἴσου] οὐ PBFVat.   23. αὐτό] αὖ Vat. γωνιῶν] τῶν γω-
ν BFVat. τῶν] om. B.

περιφερειῶν συσταθεισῶν ἡ μὲν ἔσται τῶν γωνιῶν
ἐλάσσων, ἡ δὲ μείζων. ἐὰν οὖν ἀπὸ τῆς μείζονος
γωνίας τῇ ἐλάσσονι ἴσην ἀφέλῃς, ἔσονται οὐκέτι αἱ ἐξ
ἀρχῆς περιφέρειαι ὅμοιαι. ὑπέκειντο δέ· οὐκ ἄρα
ἄνισοι οἱ κύκλοι, ὧν αἱ ὅμοιαι περιφέρειαι. ἔπεται 5
δὲ τοῖς τρισὶ τούτοις ἄλλα τρία τό τε ἐν τοῖς ἀνίσοις
κύκλοις τὰς ἴσας εὐθείας ἀνίσους καὶ ἀνομοίας ὑπο-
τείνειν περιφερείας καὶ τὰ δύο ἀντίστροφα. καὶ τὸ μὲν
πρῶτον οὕτω πως· ὅτι μὲν ἀνόμοιαι αἱ περιφέρειαι,
φανερόν, εἰ περὶ τὸ αὐτὸ τεθεῖεν κέντρον ἴσων οὐσῶν 10
τῶν εὐθειῶν. ἄνισοι γὰρ αἱ ἀπὸ τοῦ μέσου τῶν
εὐθειῶν ἀποστάσεις· ὥστε καὶ αἱ γωνίαι· ὥστε καὶ αἱ
περιφέρειαι. λέγω, ὅτι καὶ οἱ κύκλοι διὰ τὸ τρίτον
τῶν πρὸ αὐτοῦ ἀντιστρόφιον. τὸ δὲ δεύτερον· ἐν τοῖς
ἀνίσοις κύκλοις ὑπὸ τὰς ὁμοίας περιφερείας ἄνισοι 15
εὐθεῖαι ὑποτείνουσιν. εἰ γὰρ ἴσαι, ἴσαι δὲ καὶ αἱ
γωνίαι, καὶ τὰ τρίγωνα ἴσα ἂν εἴη, καὶ αἱ πλευραὶ
καὶ αἱ ἐκ τῶν κέντρων καὶ οἱ κύκλοι. τὸ τρίτον· ἐὰν
ὅμοιαι καὶ ἄνισοι ὦσιν αἱ περιφέρειαι· δῆλον γάρ, ὅτι
ὑπὸ ἀνίσων εὐθειῶν ὑποτείνονται· ὅτι ἄνισοι οἱ κύκλοι. 20
εἰ γὰρ ἴσοι, ἄνισοι δὲ αἱ εὐθεῖαι, ἀνόμοιαι ἄρα αἱ
περιφέρειαι.

Ad prop. XXXI.

31. Εἰ τὰ ἡμικύκλια πάντα διὰ τὴν ὁμοιότητα ἴσας
δέχεται γωνίας· ὀρθὰς γάρ· τὰ δὲ μείζονα τμήματα 25

31. PBFVat. (P et multis locis F euan.). Ante hoc unum
schol. euan. in F, complura erasa V[b].

1. συσταθεισῶν] B, συσταθ P, συστασ Vat. et ante la-
cunam F.   2. μείζον B?   3. ἴσον BFVat.   7. ἀνίσους]
ἀνίσας Vat.   ἀνομοίους B.   περιφερείας ὑποτείνειν B.   8.
ἀντιστρόφια B.   9. μέν] μὲν οὖν F, Vat. m. 2.   10. τό]
postea ins. m. 1 Vat.   13. οἱ κύκλοι] scrib. ἄνισοι.   16. αἱ]
om. FVat.   19. ἄνισαι Vat.   24. εἰς τὸ λ´ FVat.

ἐλάττους ὀρθῶν, δῆλον, ὅτι καὶ αὐτά, εἰ ὅμοια εἴη,
ἴσας δέχεται γωνίας· ὅσῳ γὰρ μείζονά ἐστιν ἡμικυκλίων,
τοσούτῳ τὴν ὀρθὴν ἐλαττοῖ. ὁμοίως καὶ τὰ ἐλάττω
τῶν ἡμικυκλίων τὴν ὀρθὴν ἀνάλογον αὔξει. ὥστε τὰ
5 ὅμοια τμήματα ἴσας δέχεται γωνίας. αἱ δὲ τῶν τμη-
μάτων γωνίαι ἑτερογενεῖς οὖσαι παρὰ τὰς εὐθυ-
γράμμους· μικταὶ γάρ· οὐ παραβέβληνται ἐκείναις
ὡρισμένῳ μεγέθει, εἰ μὴ μόνον μειζονότητι καὶ ἐλατ-
τονότητι. διὰ δὴ τοῦτο συμβαίνει τοῦ μείζονος τμή-
10 ματος ἐπὶ ἔλαττον προιόντος διὰ μέσου τοῦ ἡμικυκλίου
τὴν γωνίαν αὐτοῦ μείζονα οὖσαν ἁπλῶς ὀρθῆς ἐπὶ
ἐλάττονα προιέναι μὴ διὰ τῆς ὀρθῆς· αὕτη γὰρ ὡρι-
σμένον ποσόν. δόξει δὲ παράδοξον εἶναι· τὰ γὰρ εἰς
τοὐναντίον μεταβάλλοντα διὰ τῶν μέσων χωρεῖν πέ-
15 φυκεν. ἔστι δὲ καὶ ἐν ἄλλοις ἄμεσα εὑρεῖν τὰ οὕτως
ἀντικείμενα. καὶ γὰρ ἡ τὸν κύκλον περιέχουσα γραμμή,
κυρτὴ ἄρα καὶ κοίλη οὖσα, οὐκ ἔστι καὶ εὐθεῖα.

32. Ἡ μὲν τοῦ ἡμικυκλίου γωνία ἐστὶν ἡ περι-
εχομένη ὑπό τε τῆς περιφερείας καὶ τῆς διαμέτρου,
20 ἡ δὲ ἐν ἡμικυκλίῳ γωνία ἡ περιεχομένη ὑπὸ δύο
εὐθειῶν τῶν ἐξ ἄκρων τῆς διαμέτρου ἀγομένων πρὸς
τὴν περιφέρειαν.

Ad prop. XXXII.

33. Ἐναλλὰξ γωνίαι ἐν τμήμασι κύκλου λέγονται
25 οὐ πρὸς τὰς εὐθείας, ἀλλὰ πρὸς τὰ τμήματα τοῦ
κύκλου, τὸ μεῖζον λέγω καὶ τὸ ἔλαττον, θεωρούμεναι.

---

32. q³. 33. b².

1. αὐτά] ταῦτα FVat. 6. ἑτερογενής Vat. 7. παρα-
βέβληται BF, παραβέβλησται Vat. 12. προσιέναι P. 13.
δόξει] corr. ex δείξει m. 1 B. 14. χωρεῖν] χωρίων B. 15.
ἔστιν P. 16. γάρ] om. B. 17. ἔστι καί] ἔστιν FB.

Ad prop. XXXIII.

34. Σημείωσαι, ὡς, εἰ ὀρθογώνιόν ἐστι τὸ τρί-
γωνον, ἡ τὴν ὀρθὴν γωνίαν ὑποτείνουσα πλευρὰ ἴση
ἐστὶ ταῖς ἑτέραις δύο πλευραῖς τῶν β̄ ἀνὰ ἡμίσειαν
ὀρθῆς ὑποτεινουσῶν, ὡς εἶναι τὰς ὑπὸ τῶν β̄ πλευρῶν 5
ὑποτεινομένας β̄ γωνίας ἡμισείας ὀρθὰς μίαν ὀρθήν.
εἰ δὲ ἀμβλυγώνιόν ἐστι τὸ τρίγωνον, ἡ μία πλευρὰ
ἡ τὴν ἀμβλεῖαν γωνίαν ὑποτείνουσα μείζων ἐστὶ τῶν β̄
πλευρῶν, εἰ δὲ ὀξυγώνιόν ἐστι τὸ τρίγωνον, ἡ ὑπο-
τείνουσα τὴν ὀξεῖαν γωνίαν ἐλάττων ἐστὶ τῶν δύο. 10

Ad prop. XXXV.

35. Τὸ ἄρα ὑπὸ τῶν ΑΕ, ΕΓ cet., p. 258, 24]
τῷ αὐτῷ γὰρ τῷ ἀπὸ τῆς ΖΒ καὶ ἄμφω ἴσα ἐδείχθη
διὰ τὸν ὅρον· τὰ τῷ αὐτῷ ἴσα. ποῖα ταῦτα; τὸ ὑπὸ
τῶν ΑΕ, ΕΓ μετὰ τοῦ ἀπὸ τῆς ΖΕ καὶ τὸ ὑπὸ τῶν 15
ΔΕ, ΕΒ μετὰ τοῦ ἀπὶ τῆς ΖΕ.

Ad prop. XXXVI.

36. Τὸ ἀντιστρόφιον κεῖται παρ᾽ αὐτῷ [III, 37].
πτῶσις δὲ μία θεωρεῖται. ἐνδέχεται γὰρ τὴν τέμνουσαν
διὰ τοῦ κέντρου φέρεσθαι, ἀκατασκευοτέρα δὲ οὕτως 20
ἡ δεῖξις. ἔστω γὰρ ἡ ΓΖΘ. φανερόν, ὅτι τὸ ὑπο
ΓΚΘ ἴσον τῷ ἀπὸ ΑΓ· τέτμηται γὰρ ἡ ΘΚ τῷ Ζ
δίχα, πρόσκειται δὲ αὐτῇ ἡ ΚΓ. κοινοῦ ἀφαιρουμένου
τοῦ ἀπὸ ΖΑ δῆλον τὸ συμπέρασμα.

---

34. q³ (falsum).   35. Vᵇ.   36. PBFVat.; cfr. Euclides
ipse p. 268, 2.

---

5. εἶναι] ὔ q.   18. εἰς τὸ ιϛ´ FVat.   19. πτώσει FB,
πτῶσι Vat.   μιᾷ BFVat.   20. ἀκατασκευωτέρα P.   21.
ἔστω] om. lacuna relicta B.   23. αὐτῇ] om. FVat.   ΚΓ]
ΓΚ FVat.   24. ΖΑ] ΖΔ F.

In librum IV.

1. Ποικιλωτέραν οὖσαν τὴν τῶν περιγραφῶν καὶ ἐγγραφῶν θεωρίαν οὐκ ἄχρι πολλοῦ προάγει, ἐλθὼν δὲ ἄχρι τοῦ ἑξαγώνου καὶ ἐπὶ τέλει παραδοὺς τὰ περὶ τοῦ πεντεκαιδεκαγώνου εἰς ἀστρονομικὴν θεωρίαν συμ-
5 βαλλόμενα παύεται. τὸ δὲ πρῶτον θεώρημα λῆμμά ἐστι λήμματος τῆς τοῦ πενταγώνου συστάσεως, καὶ ὅσα γε ἐπὶ τῇ τοιαύτῃ τάξει ἔδει ἐκείνῳ συντετάχθαι· ἀλλ' ἐπεὶ ἁπλουστέραν ἔχει κατασκευὴν τῆς τοῦ τρι-πλεύρου συστάσεως, προτέτακται τῶν ἄλλων θεω-
10 ρημάτων. ἰστέον δέ, ὅτι, εἰ μὲν ἴση ᾖ τῇ διαμέτρῳ ἡ δοθεῖσα, μοναχῶς ἢ ἀπειραχῶς γένοιτο ἂν τὸ πρό-βλημα, εἰ δὲ ἐλάσσων, διχῶς· ἀπὸ γὰρ τοῦ αὐτοῦ σημείου, οἷον τοῦ Ζ, αἱ ἐπὶ τὰ Β, Γ ἐπιζευγνύμεναι ἴσαι εἰσίν.

15　2. Ἐν τούτῳ τῷ βιβλίῳ δείκνυται, ὅτι οὐκ ἔστιν ἡ περίμετρος τοῦ κύκλου τῆς διαμέτρου αὐτοῦ τρι-

　　1. PBFVat.　　2. V⁴.

　　2. ἐγγρ P, ἐγγραφῆς BFVat.　　προσάγει Vat.　　ἐλθών] ἐλ- in ras. m. 1 P.　　3. ἄχρι] μέχρι F.　　ἑξαγωνίου Vat., ι eras.　　4. θεωρίαν] θεωρίαν μᾶλλον FVat.　　συμβαλλομένης PFBVat.　　5. λῆμμά ἐστι] om. FVat.　　6. πεντεκαιδεκα-γώνου B.　　7. Ante ἔδει del. ε m. 1 P.　　ἐκεῖνο B.　　10. …αμέτρῳ ᾖ] διαμετρουμένη P.　　13. Ζ] Ξ P.　　αἱ] om. P.

πλασίων, ὡς πολλοὶ νομίζουσιν, ἀλλὰ μείζων τῆς τρι-
πλασίονος, ὡσαύτως δὲ ὡς οὐδὲ ὁ κύκλος τοῦ περὶ
αὐτὸν περιγραφομένου τριγώνου τρία τέταρτα. εὕρημα
δὲ τοῦτο τὸ βιβλίον τῶν Πυθαγορείων.

3. Ἰστέον, ὅτι τὸ τέταρτον βιβλίον ὅλον προ- 5
βληματικόν ἐστιν.

4. Ἐν τῷ τρίτῳ βιβλίῳ διαλαβὼν ὁ στοιχειωτῆς
περὶ τῶν ἐν κύκλοις ἢ περὶ κύκλους γραφομένων
εὐθειῶν, τίνων εἰσὶν ἀποτελεστικαί τε καὶ ἀποδοτικαί,
ἐν τῷ παρόντι στοιχείῳ δ' ὄντι περὶ σχημάτων αὖθις 10
τῶν ἐγγραφομένων ἢ περιγραφομένων κύκλοις καὶ ἀνά-
παλιν διδάσκει ἀπὸ τῶν ἀτελεστέρων προβαίνων ἑξῆς·
πᾶν γὰρ σχῆμα ἐξ εὐθειῶν. τὰ ὅλα δὲ θεωρήματα
τοῦ προκειμένου βιβλίου ι̅ϛ̅ ὄντα Πυθαγορείων εὑρή-
ματα. ἐξέδοτο δὲ ταῦτα ὡς καὶ τὴν ὅλην γεωμετρίαν 15
χρόνῳ παραρρυεῖσαν ὁ Θέων, ὅθεν καὶ γράφεται ἐπ'
ἐνίων· εὐκλείδου στοιχ. α' ἢ β' φέρε εἰπεῖν ἐκ τῆς
Θέωνος ἐκδόσεως. ἑπτὰ δέ εἰσιν οἱ ὅλοι ὅροι τοῦ
προκειμένου βιβλίου, οἱ μὲν δύο οἱ πρῶτοι, τί ἐστι τὸ
σχῆμα ἐν σχήματι εὐθύγραμμον εὐθυγράμμῳ ἐγγρά- 20
φεσθαι ἢ περιγράφεσθαι, διεξιόντες, οἱ δ' ἐφεξῆς δύο,
τί τὸ εὐθύγραμμον ἐγγράφεσθαι ἢ περιγράφεσθαι
κύκλῳ, οἱ δὲ μετὰ τούτους δύο, τί τὸ κύκλον εὐθυ-
γράμμῳ ἐγγράφεσθαι ἢ περιγράφεσθαι, ὁ δ' ἕβδομος
καὶ τελευταῖος, τί τὸ εὐθεῖαν ἐναρμόζεσθαι κύκλῳ. 25

---

3. V^bq.   4. v p.

---

1. τῇ τριπλασίονι V.   4. δέ] δή V.   5. ὅλον] om. q.   8.
τῶν] τόν v.   12. τελεστέρων p.   18. εἰσι p.   21. δέ p.
23. οἱ] ἡ v.   25. ἐφαρμόζεσθαι qv.

ἠπόρηται δέ, ὅτι, εἰ ἐφ' ἑκάστου τῶν στοιχείων καὶ
τῶν ὅρων ἕκαστος χρήσιμός ἐστί τινι τῶν ἐν τῷ βιβλίῳ
θεωρημάτων, ἐν δὲ τῷ παρόντι στοιχείῳ ἐγγραφῆς ἢ
περιγραφῆς εὐθυγράμμου εἰς εὐθύγραμμον ἐπί τινι
5 τῶν ἐν αὐτῷ θεωρημάτων ὅλως οὐ μνημονεύει, τίνος
ἕνεκα τοὺς δύο πρώτους ὅρους ὅλως ἐπῆξε; καί φαμεν,
ὡς οὐκ ἀεὶ οἱ πάντες ὅροι τοῦ προκειμένου βιβλίου
μόνου χάριν παραλαμβάνονται, ἀλλ' ἔνιοί εἰσι καὶ
καθόλου, ὡς οἱ ἐν τῷ α' στοιχείῳ· καὶ ἐν ἄλλοις γὰρ
10 πολλοῖς τῶν ἐν τοῖς πρόσω στοιχείοις θεωρημάτων
παραλαμβάνονται, ὥσπερ καὶ οἱ ῥηθέντες· ἢ ὅλως διὰ
τὸ καθόλου καὶ πλῆρες τῆς διαιρέσεως ἐπήγαγε τούτους·
ἐγγραφὴν γὰρ καὶ περιγραφὴν διδάξαι προθέμενος
ἁπλῶς ἐπάναγκες εἶχε τούτων πρότερον μνημονεύειν.

15 Ad definitiones.

5. Τὰ μὲν ἔσωθεν λέγονται ἐγγράφεσθαι, τὰ δὲ
ἔξωθεν περιγράφεσθαι.

6. Ἐπεὶ πᾶν εὐθύγραμμον ἀτελέστερον καὶ πρό-
τερον κύκλου, διὰ τοῦτο πρότερον ἐγγραφῆς καὶ περι-
20 γραφῆς εὐθυγράμμων μνημονεύει. ἄ[λλο δέ ἐστι] τὸ
εἶναι ἁπλῶς σχῆμα ἐν σχήματι καὶ ἄλλο τὸ ἐγγράφεσθαι·
τὸ μὲν γὰρ λέγεται ἐπὶ τῶν μὴ ἐφαπτομένων ἀλλήλων
ὡς ἐπὶ τοῦδε ▲· τὸ δὲ ὅταν τῶν τοῦ ἐκτὸς πλευρῶν
ἢ περιφερειῶν ὡς ἐπὶ τοῦ κύκλου αἱ τοῦ ἐντὸς γωνίαι
25 ἐφάπτωνται. περιγραφὴ δέ ἐστιν, ὅταν τῶν τοῦ

---

5. V⁴F². 6. p.

2. χρίσιμος v. 6. ἐπῆξε] — ἐπήγαγε. 7. βιβλίου]
om. p. 10. στοιχείῳ v. 11. ὅλως] ἄλλως v. 20. Quae uncis
inclusi, ipse addidi in lacunis codicis.

δοθέν[τος] σχήματος γωνιῶν ἢ περιφερειῶν, δηλαδὴ
τοῦ ἐντός, ἐφάπτωνται τοῦ ἐκτὸς αἱ π[λευραί].

Ad def. 7.

7. Ἐναρμόζεσθαι] ὅταν ἄμφω τὰ πέρατα ἐφάπτηται
τῆς περιφερείας. 5

Ad prop. I.

8. Ἐπεὶ παντὸς σχήματος ἁπλουστέρα ἐστὶν ἡ
γραμμὴ διὰ τὸ ἐξ αὐτῆς ἢ αὐτῶν πᾶν εἶναι σχῆμα,
διὰ τοῦτο πρότερον περὶ τοῦ, πῶς ἐναρμοσθήσεται
εὐθεῖα ἐν κύκλῳ διαλαμβάνει ἐν τῷ προτέρῳ προ- 10
βλήματι. διὰ τοῦτο γὰρ καὶ τὸν εἰς τοῦτο συμβαλλό-
μενον ὅρον τελευταῖον τετήρηκεν. εἶθ' οὕτω προ-
βαίνων ὁδῷ καὶ περὶ τοῦ, πῶς σχῆμα εὐθύγραμμον
ἐγγραφήσεται ἢ περιγραφήσεται κύκλῳ ἢ ἔμπαλιν κύ-
κλος εὐθυγράμμῳ, διδάξει, πρῶτον μὲν περὶ τοῦ, πῶς 15
τρίγωνον, εἶτα τετράγωνον καὶ ἐφεξῆς πεντάγωνον καὶ
μετὰ ταῦτα ἑξάγωνον.

Ad prop. II.

9. Ἐδείχθη ἐν ἑνὶ θεωρήματι τοῦ α′ στοιχείου
[I, 13], ὅτι, ἐὰν εὐθεῖα ἐπ' εὐθεῖαν σταθεῖσα εἴτε 20
μίαν εἴτε πλείους ἐφεξῆς ποιῇ γωνίας, δυσὶν ὀρθαῖς
ἴσας αὐτὰς ποιοῦσιν, ἔστι δ' ἀποδεδειγμένον, καὶ
ὅτι παντὸς τριγώνου αἱ τρεῖς γωνίαι δυσὶν ὀρθαῖς

---

7. q.   8. vp.   9. r.

---

10. προτέρῳ] πρώτῳ?   11. συμβαλόμενον v.   12. τε
τετήρηκεν v.

ἴσαι εἰσί. τῶν οὖν δύο ἐνταῦθα ταῖς δυσὶν ἴσων
γιγνομένων τῆς μὲν ὑπὸ ΘΑΓ τῇ ὑπὸ ΔΕΖ, τῆς
δὲ ὑπὸ ΗΑΒ τῇ ὑπὸ ΔΖΕ λείπεται εἶναι καὶ τὰς
δύο γωνίας τὰς λειπούσας εἰς τὰς τῶν δύο ὀρθῶν
5 συζυγίας ἴσας ἀλλήλαις, λέγω δὴ τὴν ὑπὸ ΒΑΓ τῇ
ὑπὸ ΕΔΖ. ἐὰν γὰρ ἀπὸ ἴσων ἴσα ἀφέλῃς, τὰ κατα-
λειπόμενα ἴσα ἀλλήλοις εἰσίν. κατὰ μὲν τοίνυν τον
αὐτὸν λόγον ἕπεται εἶναι ἐξ ἀνάγκης καὶ ὅλον τὸ ἐν
τῷ κύκλῳ γεγονὸς τρίγωνον ἰσογώνιον ὅλῳ τῷ δοθέντι
10 τριγώνῳ τῷ ΔΕΖ.

10. Εἰ γὰρ παντὸς τριγώνου αἱ γ̄ γωνίαι δυσὶν
ὀρθαῖς ἴσαι εἰσίν, ὡς ἐν τῷ λβ΄ θεωρήματι τοῦ α΄
βιβλίου εἴρηκεν, ἐμάθομεν δὲ πάσας τὰς ὀρθὰς γωνίας
ἴσας ἀλλήλαις εἶναι, ἐὰν ἄρα δύο τρίγωνα τὰς β̄ γωνίας
15 ταῖς δυσὶ γωνίαις ἴσας ἔχῃ, ἀνάγκη καὶ τὴν ἄλλην
γωνίαν τῇ ἑτέρᾳ γωνίᾳ ἴσην εἶναι, ἵν᾽ ἐπ᾽ ἀμφοτέρων
τῶν τριγώνων συστῇ τὸ τὰς γ̄ γωνίας δυσὶν ὀρθαῖς
ἴσας εἶναι.

11. Δυνατὸν δὲ καὶ εἰς τὸ δοθὲν τμῆμα κύκλου
20 ἰσόπλευρον μέντοι ἐντεῖναι, οὐκέτι δὲ τετράγωνον ἢ
ἄλλο τι τῶν πολυγώνων. ἔστω γὰρ τὸ ΑΒΓ καὶ ἐπὶ

---

10. A b¹ (Coisl.). 11. PBFVat. (ex re ipsa adparet, τμῆμα
illud semicirculum esse).

---

5. συζυγίας] comp. dubium r. 11. σχόλιον A. 12. εἰσίν
— θεωρήματι] εἰσὶ διὰ τοῦ λβ΄ A. 13. εἴρηκεν] ειρῦμ b, om. A.
ἐμάθομεν — 14. εἶναι] αἱ δὲ ὀρθαὶ γωνίαι ἴσαι ἀλλήλαις
εἰσίν A. 13. δέ] ὡς b. 15. δυσὶ γωνίαις] δυσίν A. ἔχει A.
ἄλλην] λοιπήν A. 16. ἑτέρᾳ γωνίᾳ] λοιπῇ A. ἵνα A.
ἐπί A. 19. εἰς τὸ β΄ PFVat. 20. ἐκτεῖναι B. δὲ
τετράγωνον] δετεργ Vat. 21. ἔστω] ἡμικύκλιον ἔστω B. ΑΒΓ]
ΔΓΒ F, in B euan.

τῆς *ΑΒ* ἐκτὸς τοῦ τμήματος ἰσόπλευρον συνεστάτω
τὸ *ΑΒΔ*, καὶ ἀπὸ τοῦ *Δ* κάθετος ἀχθεῖσα ἡ *ΔΕ* ἐκ-
βεβλήσθω ἐπὶ τὸ *Γ*. ἡ *ΓΕ* ἄρα διάμετρός ἐστι τοῦ
κύκλου· δίχα γὰρ καὶ πρὸς ὀρθὰς τέμνει τὴν *ΑΒ*.
ἤχθω διὰ τοῦ *Ε* παρὰ μὲν τὴν *ΔΑ* ἡ *ΕΖ*, παρὰ δὲ ₅
τὴν *ΔΒ* ἡ *ΕΗ*, καὶ ἐπεζεύχθω ἡ *ΖΗ*. ὅτι τὸ *ΕΖΗ*
ἰσόπλευρόν ἐστιν. ἡ μὲν γὰρ ὑπὸ *ΖΕΗ* τῇ ὑπὸ *ΑΔΒ*

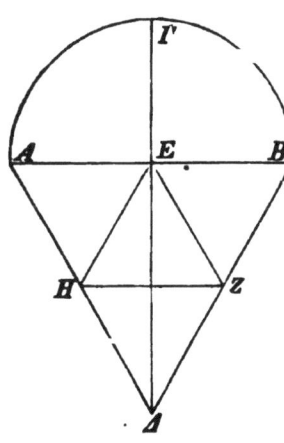

ἴση· διμοίρου γάρ εἰσιν· παρ-
άλληλοι γὰρ αἱ εὐθεῖαι. ἴση
δὲ ἡ *ΖΕ* τῇ *ΕΗ*· ἰσοσκελὲς ₁₀
ἄρα τὸ τρίγωνον, καὶ αἱ πρὸς
τῇ βάσει γωνίαι ἴσαι. διμοίρου
δὲ ἡ πρὸς τῷ *Ε*· διμοίρου
ἄρα καὶ ἑκατέρα τῶν πρὸς
τοῖς *Ζ*, *Η*· ὅπερ ἔδει δεῖξαι. ₁₅

περιγράψομεν δὲ περὶ τὸ
τμῆμα τὸ τρίγωνον ἐντὸς
συστησάμενοι τὸ τρίγωνον,
ὡς τὸ *ΑΘΒ*, καὶ ἐκβάλλομεν
τὰς *ΑΘΚ*, *ΑΘΛ*, καὶ ἐκ τῶν ₂₀
διχοτομιῶν αὐτῶν πρὸς ὀρθὰς ἀναστῶμεν τὰς *ΜΞ*,
ΚΟ καὶ διὰ τῶν *Ξ*, *Ο* παραλλήλους ἀγαγόντες τὰς
ΑΘΒ, *ΡΠΣ*. δῆλον δέ, ὅτι τὸ *ΡΠΣ* ἰσόπλευρόν ἐστι
καὶ περὶ τὸ αὐτὸ τμῆμα γέγραπται.

---

2. τό] τῷ P. *ΑΒΔ*] *Δ* corr. ex *Γ* m. 1 Vat. 6. ἐπε-
ζεύχθη PFVat. λέγω ὅτι Β. 11. ἄρα] om. P. 18. τῷ]
τὸ Β. 15. ὅπερ ἔδει δεῖξαι] ο) P, οὐ BFVat. 16. Ultima
pars corrupta est, et cum figura hic desit, restitui nix potest.
περιγράψωμεν PVat. 19. ἐκβαλεῖς P. 20. *ΑΘΔ*] om.
FVat. 21. ἀνιστάτω F, ἀνάστω PVat. τὰς *ΜΞ*] τὰ
ΣΜΞ FVat., τὰς *ΟΜΖ* Β. 22. *ΚΘ* FBVat. τῶν]
τω P. 24. αὐτό] om. P.

12. Ἰστέον, ὡς τὸ θεώρημα τοῦτο ἐπὶ μὲν τῶν
ἰσοσκελῶν καὶ ἰσοπλεύρων τριγώνων σώζει τὸ οἰκεῖον,

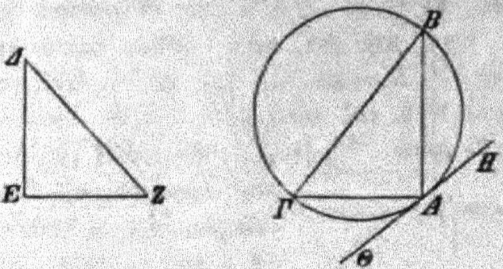

ἐπὶ δὲ τῶν λοιπῶν οὔ. καὶ δῆλον ἀπὸ τοῦ προκει-
μένου ὀρθογωνίου.

Ad prop. III.

13. Ἐπειδήπερ καὶ εἰς δύο τρίγωνα διαιρεῖται·
p. 276, 18] ἑνὸς δὲ ἑκάστου τῶν δύο τριγώνων αἱ
τρεῖς γωνίαι ἴσαι δυσὶν ὀρθαῖς εἰσι διὰ τὸν λβ' τοῦ α',
τῶν δύο ἄρα, εἰς ἃ διαιρεῖται τὸ τετράπλευρον, τέτρασιν.
10   14. ὧν ἡ ὑπὸ ΑΚΒ p. 276, 23] ὑπόκειται γὰρ
καὶ συνεστάθη διὰ τὸν κγ' τοῦ α'. ·

Ad prop. IV.

15. Ἐν τοῖς ἀνωτέρω δυσὶ προβληματικοῖς θεω-
ρήμασι τὸν κύκλον ἐδίδου, ἐζήτει δὲ τὴν ἐν αὐτῷ
15 ἐγγραφὴν καὶ περιγραφὴν τοῦ τριγώνου. ἐνταῦθα δὲ
καὶ· εἰς τὸ μετὰ τοῦτο τὸ τρίγωνον ἔμπαλιν δίδοται,
ζητεῖται δὲ ἡ εἰς αὐτὸ ἐγγραφὴ καὶ περιγραφὴ τοῦ
κύκλου.

---

12. B (pertinet sine dubio non ad IV, 2, sed ad schol. 11,
sed sic quoque ἰσοσκελῶν falsum; et obstat figura). .   13. p.
14. p.   15. p.

Ad prop. V coroll.

16. Ἐνταῦθα συμπληροῖ τὸ λα΄ τοῦ γ΄ βιβλίου.

Ad prop. VIII.

17. Οὐ ταὐτόν ἐστιν εἰς τὸ τετράγωνον κύκλον ἐγγράψαι καὶ περὶ τὸν κύκλον τετράγωνον περιγράψαι· 5
ὅπου μὲν γὰρ κύκλου γένεσιν, ὅπου δὲ τετραγώνου
προτείνεται. δῆλα δὲ ταῦτα.

Ad prop. X.

18. Τοῦτο τὸ θεώρημα οἷόν τις πρόληψίς ἐστιν
εἰς ἐγγραφὴν καὶ περιγραφὴν πενταγώνων καὶ ἐν πεντα- 10
γώνοις τῷ στοιχειωτῇ συμβαλλόμενον.

Ad prop. XII.

19. Ἐδείχθη τῆς μὲν ὑπὸ ΖΚΓ διπλῆ p. 306, 8]
καὶ μὴν οὐκ ἐδείχθη τοῦτο· ἀλλ᾽ ὅτε ἔλεγε τὴν ὑπὸ
ΒΚΓ διπλῆν εἶναι τῆς ὑπὸ ΖΚΓ, τοῦτο ἔλεγεν· ἀδιά- 15
φορον γὰρ τοῖς προσέχουσι, κἂν ὑπὸ ΒΚΓ εἴπῃς κἂν
ὑπὸ ΘΚΔ. ἡ γὰρ γωνία ἡ πρὸς τῷ Κ ἡ αὐτὴ φυλάττεται ἀδίσχαστος καὶ ἀδιάτμητος τῶν ἄκρων μόνων
ἀλλαττομένων, ἐξ ὧν οὐδεμία τᾶν γωνιῶν διαφορά.

---

16. Vᵇ.   17. PBFVat.   18. p.   19. Vᵇ, suppl. ex f.
Ad IV, 16 schol. euan. B³.

4. εἰς τὸ η΄ FVat.   14. ὅτε] f, ὅταν (-αν comp.) V.   16.
εἴποις Vf.   19. τᾶν γωνιῶν] compp. Vf, possis etiam τῆς
γωνίας interpretari.   διαφορά] scripsi, διαφ⁰ V, διαφ᾽ f.

In librum V.

1. Σκοπὸς τῷ πέμπτῳ βιβλίῳ περὶ ἀναλογιῶν δια-
λαβεῖν· κοινὸν γὰρ τοῦτο τὸ βιβλίον γεωμετρίας τε
καὶ ἀριθμητικῆς καὶ μουσικῆς καὶ πάσης ἁπλῶς τῆς
μαθηματικῆς ἐπιστήμης. τὰ γὰρ ἐν αὐτῷ ἀποδεικνύμενα
5 οὐ μόνον γεωμετρικοῖς ἁρμόζει θεωρήμασιν, ἀλλὰ καὶ
πᾶσι τοῖς ὑπὸ μαθηματικὴν τεταγμένοις, ὡς προείρηται,
ἐπιστήμην. ὁ μὲν οὖν σκοπὸς οὗτος, τὸ δὲ βιβλίον
Εὐδόξου τινὲς εὕρεσιν εἶναι λέγουσι τοῦ Πλάτωνος
διδασκάλου. ἐπεὶ οὖν ὁ σκοπὸς περὶ ἀναλογιῶν, ἡ δὲ
10 ἀναλογία λόγων τινῶν σχέσις, ἀναγκαῖον γνῶναι πρό-
τερον, τίνες οἱ τοιοῦτοι λόγοι. δεῖ γὰρ τὰ ἁπλᾶ πρό-
τερον γνῶναι τῶν συνθέτων. ἐὰν τοίνυν τινὰ συγ-
κρίνηται πρὸς ἄλληλα, φέρε εἰπεῖν δύο μεγέθη, αὐτὰ
μὲν ὅροι καλοῦνται, ἡ δὲ ἀπὸ τοῦ ἑτέρου ἐπὶ τὸ ἕτερον
15 μετάστασις διάστημα, ἡ δὲ τοῦ ἑτέρου πρὸς τὸ ἕτερον
σύγκρισις σχέσις, ἣν ἐκάλεσαν οἱ παλαιοὶ λόγον, τὴν

---

1. PBF Vat. q (Al).

1. σχόλιον εἰς τὸ ε´ ἀδήλου q.   ὁ σκοπός B.   τῆς ε̄
βίβλου q.   2. τοῦτο] om. q.   τε καί] om q.   3. καί (tert.)
— 7. οὗτος] om. q.   3. τῆς] om. F.   6. πᾶσιν PB.   7.
οὗτος] τοιοῦτος P.   8. τινός q.   εὕρεσιν] om. Bq.   εἶναι]
q.   λέγουσιν PBVat.   9. ἐπεί — 12. συνθέτων] om. q.
δ] om. F.   10. σχέσις P.   16. σχέσις P.

δὲ τούτου τοῦ λόγου πρὸς ἄλλον λόγον καθ' ὁμοιότητα
σύγκρισιν ἤτοι σχέσιν ἀναλογίαν προσηγόρευσαν, ἵνα
μὴ ὡς τόδε τὸ μέγεθος συγκρίνηται, ἀλλ' ὡς ὅδε ὁ
λόγος πρὸς τόνδε τὸν λόγον. αὕτη δὲ ἡ σύγκρισις
λόγος λέγεται λόγου, οἷον ἐὰν ὦσι δύο εὐθεῖαι, ὧν   5
ἡ ἑτέρα πρὸς τὴν λοιπὴν διπλασίονα λόγον ἔχει, τὸ
ἀπὸ τῆς τὸν διπλασίονα λόγον ἐχούσης τετράγωνον
τετραπλασίονα λόγον ἕξει πρὸς τὸ ἀπὸ τῆς λοιπῆς
τετράγωνον ἥπερ ἡ μείζων εὐθεῖα πρὸς τὴν εὐθεῖαν·
τὰ γὰρ μήκει διπλάσια δυνάμει τετραπλάσια. ὁ τοίνυν 10
λόγος τῶν τετραγώνων τετραπλάσιος ὢν διπλασίου
ὄντος τοῦ λόγου τῶν εὐθειῶν διπλάσιός ἐστιν. καλεῖται
δὲ οὗτος λόγου λόγος. ἀλλ' εἴη ἂν οὗτος ὑπὸ τὸ ποσόν·
διττὸς γὰρ ὁ λόγος ὁ μὲν ἐν ἀξίᾳ, ὁ δὲ ἐν ποσῷ. καὶ
τοῦ μὲν ἐν ἀξίᾳ οὐδέν ἐστιν εἶδος πρὸς τὴν παροῦσαν 15
χρείαν. τοῦ δὲ κατὰ τὸ ποσὸν εἴδη ἐστὶ πέντε· ὁ μὲν
γάρ ἐστι πολλαπλάσιος, ὡς τοῦ τρία ὁ ἕξ, ὁ δὲ ἐπι-
μόριος, ὡς τοῦ τρία ὁ τέσσαρα, ὁ δὲ ἐπιμερής, ὡς τοῦ
τρία ὁ πέντε. καὶ οὗτοι μὲν ἁπλοῖ, τούτων δὲ ἔτι
ἁπλούστερος ὁ πολλαπλάσιος. ἕτεροι δὲ ἐκ τῆς τούτων 20
συνθέσεως γίνονται δύο ὅ τε πολλαπλασιεπιμόριος, ὡς
τοῦ τρία ὁ ἑπτά, καὶ ὁ πολλαπλασιεπιμερής, ὡς τοῦ
τρία ὁ ὀκτώ. ὑπόλογοι δέ εἰσιν οἱ ἐλάσσονες τῶν μει-

2. προσηγόρευσαν] om. q.   3. τό] om. F Vat.   ὅδε]
corr. ex ωδε P.   5. ὦσιν P Vat.   7. τῆς τόν] B, τῶν F et
corr. ex τόν man. post. P, τῆς q, τόν Vat.   9. ἥπερ] corr. ex
εἴπερ P.   ἠ] om. q.   10. μήκη q.   11. τετραπλασίων q.
12. διπλασίων F.   18. δέ] οὖν B.   λόγος λόγου q.   15.
ἐστιν εἶδος] ἐστι q.   16 ἐστιν Vat., εἰσιν P B.   18. ἐπι-
διμερής q.   τοῦ τρία ὁ πέντε] ὁ πέντε τοῦ τρία F q.   20.
ἁπλούστεροι q.   οἱ πολλαπλάσιοι q, πολαπλάσιος P.   Finem
ab ἕτεροι om. q.   τῆς] om. F.   21. γείνονται P.   23.
ἐλάττονες F, comp. B.

ζόνων, ὑποπολλαπλάσιος, ὑπεπιμόριος καὶ ἑξῆς ὁμοίως.
ἰστέον δέ, ὡς τὸ βιβλίον διχῇ διήρηται καὶ παρέχει
τὰ μὲν πρῶτα τὴν τῶν ἁπλουστέρων διδασκαλίαν, τουτ-
έστι τὴν τῶν πολλαπλασίων, τὰ δὲ δεύτερα καθολικώ-
5 τερον περὶ πάντων τῶν λόγων. δεῖ γὰρ ἐπὶ παντός,
ὡς εἴρηται, πράγματος τὴν τῶν ἁπλῶν ἡγεῖσθαι διδα-
σκαλίαν. τῷ δὲ τῆς τοῦ βιβλίου διαιρέσεως τρόπῳ
καὶ ἡ τῶν ὅρων γεγένηται διαίρεσις· οἱ μὲν γὰρ πρό-
τεροι περὶ μερῶν καὶ πολλαπλασίων, οἱ δὲ ἑξῆς καθ-
10 ολικώτεροι περὶ πάντων τῶν λόγων.

2. Ἰστέον, ὅτι τὸ ε΄ βιβλίον ὅλον θεωρηματικόν
ἐστιν.

3. Τοῦτο τὸ βιβλίον Εὐδόξου τοῦ Κνιδίου τοῦ·
μαθηματικοῦ τοῦ κατὰ τοὺς Πλάτωνος χρόνους γε-
15 γονότος εἶναι λέγεται, ἐπιγέγραπται δὲ ὅμως Εὐκλείδου,
ἀλλ᾽ οὐ κατά τινα ψευδῆ ἐπιγραφήν· εὑρέσεως μὲν γὰρ
ἕνεκα ἄλλου τινὸς οὐδὲν κωλύει εἶναι, τῆς μέντοι κατὰ
στοιχεῖον αὐτῶν συντάξεως χάριν καὶ τῆς πρὸς ἄλλα
τῶν οὕτω ταχθέντων ἀκολουθίας ὡμολόγηται παρὰ
20 πᾶσιν Εὐκλείδου εἶναι. σκοπὸς δὲ τούτου τοῦ βιβλίου
περὶ τῶν καθόλου μεγεθῶν ἐστι, ἐν ἄλλοις διδάσκοντος
περί τινος μεγέθους τοῦ Εὐκλείδου. ἐπεὶ γὰρ τοῦ
μεγέθους τρία εἴδη εἰσίν, γραμμή, ἐπιφάνεια, στερεόν·
καὶ περὶ ἀναλογιῶν· κοινὸν γάρ ἐστι τοῦτο γεωμετρίας
25 καὶ ἀριθμητικῆς καὶ ἁπλῶς πάσης μαθηματικῆς.

---

2. Vᵃl.   3. u (et r, sed legi uix potest), n.

---

1. ὑποπολλαπλάσιοι F.   ὑπεπιμόριοι F.   2. διῃρεῖται P,
sed corr.   3. τουτέστιν Vat.   4. καθολικώτερα F Vat.   5.
τῶν] om. F.   8. πρότεροι P.   13. Κνιδίου n ur.   16.
ψευδήν n u.   23. Post στερεόν lacuna uidetur esse.

4. Μέγεθός ἐστι τὸ αὐξανόμενον καὶ τεμνόμενον εἰς ἄπειρον, εἴδη δὲ αὐτῶν τρία, γραμμή, ἐπιφάνεια, στερεόν.

5. Ἰστέον, ὡς τὰ μεγέθη τριχῶς· ἢ γὰρ ἐν γραμμῇ ἢ ἐν ἐπιφανείᾳ ἢ ἐν σώματι. ἐν γοῦν τῷ πέμπτῳ τὰ 5 μεγέθη ἐν γραμμαῖς θεωρεῖ, ἐν δὲ τῷ ἕκτῳ ἐν ἐπιφανείαις, ἐν δὲ τῷ ια΄ καὶ τοῖς ἑξῆς ἐν σώμασιν.

Ad def. 1.

6. Μέρος ἐστὶ μέγεθος μεγέθους τὸ ἔλαττον τοῦ μείζονος, ὅταν καταμετρῇ τὸ μεῖζον] κατὰ μὲν τοὺς 10 πολλοὺς μέρος ἐστὶ τὸ τοῦ ὁμοειδοῦς ἔλαττον, οἷον ὁ γ̄ τοῦ ε̄, κατὰ δὲ τὸν γεωμέτρην τὸ μετρητικὸν τοῦ μείζονος, ὅταν τὸ καταλειπόμενον ἴσον ᾖ τῷ μετροῦντι, ὅταν δὲ μὴ ᾖ ἴσον, οὐκ ἔστι μέρος, οἷον ὁ γ̄ ἀριθμὸς τῶν ε̄ καταλιμπάνει δύο, ἄπερ οὐκ ἔστιν ἴσα τοῖς τρισίν· 15 διὸ τὰ γ̄ οὐκ ἔστι μέρος τοῦ ε̄, ἀλλὰ μέρη· τρία γὰρ πέμπτα.

7. Καταμετρῇ] ἀπαρτιζόντως δηλαδή, ὡς εἰ τὸ μὲν εἴη τῶν μεγεθῶν τριῶν φέρε πηχῶν, τὸ δὲ θ̄· τοῦ γὰρ ῑ οὐκ ἂν εἴη μέρος ὁ γ̄, ἀλλ᾽ εἰ ἄρα, μέρη· τρία 20 γὰρ δέκατα.

---

4. Vᵃl. 5. β². 6. PBFVᵃVat. q (l). 7. p.

---

9. μέρος — 10. μέν] κατὰ V, μέρος ἐστὶν κατὰ μέν q, μέρος ἐστὶ μέγεθος μεγέθους κατὰ μέν B. 11. μέρος ἐστί] om. q. 12. μετρικόν B; γεωμετρικόν P, corr. m. post.; μετριτικόν Vat. 13. τῷ] corr. ex τοῦ P m. post. καταμετρούντι q. 14. ᾖ] om. PV, εἴη q. ἴσον — μέρος] ἴσον ᾖ οὐ.μέρος, ἀλλὰ μέρη V. Post οἷον del. ᾖ m. post. P. ἀριθμῶν FVVat.q, P corr. ex ἀριθμόν m. post. 15. τῶν] τόν PFVVat. q. ε̄] πετε corr. in πέντε P m. post. καταλειμπάνει P. τρισί PVq.

8. Ὅταν καταμετρῇ τὸ μεῖζον] ὅταν ἀπαρτίζῃ μετρῶν, ὡς ὁ γ̅ τὸν ι̅ε̅· ἐπὶ μεγεθῶν ὁμοιογενῶν καταμετρούντων ἀεὶ τὰ ὅλα, ὡς εἴπομεν, ὅταν ἀπαρτιζόντως μεμετρήκασί τινα, ὡς ὁ γ̅ τὸ ι̅ε̅ ἢ ἡ μονὰς τὴν τριάδα 5 ἢ τινα ἄλλον, τότε μέρος ἐστί, εἰ δὲ πρὸς τούτοις καὶ ἔτι μέρος προσῇ, τὸ τοιοῦτον οὐκ ἔστι μέρος τούτου μὴ ἀπαρτιζόντως τῆς μετρήσεως γινομένης. τὸ δὲ μέρος τῶν πρός τί ἐστιν.

9. Ἰστέον, ὅτι διαφέρει τὸ μετρεῖν τοῦ καταμετρεῖν, 10 ἢ διαφέρει τι γένος τοῦ εἴδους· εἴ τι μὲν γὰρ καταμετρεῖται, τοῦτο μετρεῖ, εἰ δέ τι μετρεῖ, οὐ πάντως καὶ καταμετρεῖ· τὸ γὰρ μετροῦν οὐ πάντως ἀπαρτίζει. τοῦ ἄρα μετροῦντος εἴδη δύο τό τε μετροῦν καὶ τὸ καταμετροῦν.

15 10. Καλῶς πρόσκειται τό· ὅταν καταμετρῇ τὸ μεῖζον· οὐ γὰρ ἀεὶ τὸ ἔλαττον τοῦ μείζονος μέρος. εἰ γὰρ τυχόν ἐστι τὸ μεῖζον ε̅, τὸ δὲ ἔλαττον τρία, οὐκ ἔστιν ὁ γ̅ τοῦ ε̅ μέρος· οὔτε γὰρ δὶς οὔτε τρὶς οὐδ' ἄλλως οὐδοπωσοῦν μετρήσει ὁ γ̅ τὸν ε̅· ἀλλ' ὅταν ὁ 20 ἐλάττων ἢ δὶς ἢ τρὶς ἢ καὶ ἐπέκεινα πολλαπλασιασθεὶς δύνηται τὸν μείζονα, τουτέστι συμπληρῶται τὴν ποσότητα, ἣν ἔχει ὁ μείζων.

Ad def. 2.

11. Πάλιν καλῶς προσέθηκεν τό· ὅταν καταμετρῆται 25 ὑπὸ τοῦ ἐλάττονος· οὐ γὰρ ἀεὶ τὸ μεῖζον πολλαπλάσιον τοῦ ἐλάττονος· οὐδὲ γὰρ ὁ ε̅ τοῦ γ̅ πολλαπλάσιος· ἀλλ' ὅταν τὸ μεῖζον ὑπὸ τοῦ ἐλάττονος ἢ δὶς ἢ τρὶς

---

8. V⁸. 9. V⁸. 10. A (Coisl.). 11. A (Coisl.).

1. συμπληρῶσαι Α.

καταμετρῆται, οἷον ὁ ϛ πολλαπλάσιος τοῦ γ· κατα-
μετρεῖται γὰρ ὑπ᾽ αὐτοῦ δίς.

12. Δύο μεγεθῶν ἀνίσων ἐκκειμένων καταμετρεῖν
λέγεται ἓν ὁποιονοῦν τὸ ἕτερον, ὅταν ἓν τῶν ἐκκει-
μένων ἐξ ἴσων τῷ ἑτέρῳ ἢ τοῖς ἐξ ἑνὸς καὶ πλείοσιν 5
ὧν σύγκειται. ὅταν οὖν δύο μεγεθῶν ἀνίσων ἐκκει-
μένων τὸ ἔλασσον μέγεθος τὸ μεῖζον καταμετρῇ, τὸ
μὲν ἔλαττον τοῦ μείζονος μέρος καλεῖται, τὸ δὲ μεῖζον
τοῦ ἐλάττονος πολλαπλάσιον.

Ad def. 3. 10

13. Λόγος ἐστὶ δύο μεγεθῶν ὁμογενῶν ἡ κατὰ
πηλικότητα ποιὰ σχέσις] τὸ μὲν λόγος, ἵνα σημάνῃ
τὴν σχέσιν, τὸ δὲ δύο μεγεθῶν, ἵνα χωρίσῃ τῶν ἄλλων
εἰδῶν τοῦ ποσοῦ, τὸ δὲ ὁμογενῶν, ἵνα μὴ γραμμὴν
πρὸς ἐπιφάνειαν συγκρίνῃ τις· ταῦτα γὰρ ἄλογα πρὸς 15
ἄλληλα. τὸ δὲ κατὰ πηλικότητα, ἵνα χωρίσῃ τῶν
ἀπείρων μεγεθῶν· πηλικότης γὰρ πέρας τοῦ ἀπείρου
συνεχοῦς καὶ ποσότης τοῦ διωρισμένου· ἀλλὰ τὸ δι-
ωρισμένον οὐ μέγεθος· πλῆθος γάρ. τὸ δὲ ποιὰ σχέσις,
ὅτι πέντε τῶν σχέσεων, ὡς προείρηται, τὰ εἴδη. 20

14. Ἐπὶ μὲν τῶν ἀριθμῶν πᾶς λόγος ῥητὴν ἔχει

---

12. Vᵃ. 13. PBFVat. (de q u. p. 287 not. 1).
14. PBFVat. Vᵃ q (potest etiam ad def. 4 referri); cfr. p. 287 not.

---

4. τό] τόν V. 5. ἤ — 6. ων] scrib. ἤτοι ἐξ ἑνὸς η
πλειόνων. 8. ἔλαττον τοῦ] ἔχον τῆς V. καλεῖται] comp.
obscuro V. δέ] om. V. 9. ἐλάττονος] ἔχοντος V. 11.
mg. ὅρος λόγου F. ἡ — 12. σχέσις] om. B. 13. χωρήσῃ
Vat. 15. συγκρίνῃ τις] συγκρίνῃς B. 16. χωρήσῃ Vat.
17. mg. ὅρος πηλικότητος F. 20. ὡς] ἄν B. εἴρηται B.
21. Ante ἐπί add. λόγος ἐστὶ δύο μεγεθῶν Vq, λόγον ἔχειν
πρὸς ἄλληλα μεγέθη λέγεται PVat.

ποσότητα, ἐπὶ δὲ τῶν μεγεθῶν ἐστί τις λόγος, ὃς οὐ
δύναται ῥηθῆναι ἀριθμῷ. ἔστι γάρ τινα, ὧν μόνη
μὲν γιγνώσκεται ἡ πρὸς τὸ ἕτερον ὑπεροχή, ἡ δὲ
ποσότης τῆς ὑπεροχῆς ἄγνωστός ἐστιν. ταῦτα τοίνυν
5 λόγον ἔχειν λέγεται τὸν τῆς ὑπεροχῆς, οὐκέτι δὲ ὂν
ἀριθμὸς πρὸς ἀριθμόν, τουτέστι ῥητόν. καὶ δια τοῦτο
προσέθηκεν ἐν τῷ ὁρισμῷ τοῦ λόγου τῶν μεγεθῶν τὸ
κατὰ πηλικότητα. ὁ μὲν γὰρ ῥητὸς καὶ κατὰ πηλι-
κότητά ἐστι καὶ κατὰ ποσότητα, οὐ πάντως δὲ ὁ κατὰ
10 πηλικότητα καὶ ῥητός. καθολικώτερον οὖν ὁριζόμενος
τὰ τῶν λόγων, τίνα ἐστίν, ἐπήγαγεν· ἃ δύναται πολλα-
πλασιαζόμενα ἀλλήλων ὑπερέχειν· ἐφαρμόζει γὰρ καὶ
τοῖς ῥητοῖς καὶ τοῖς μὴ ῥητοῖς, οἷον ἡ τοῦ τετραγώνου
διαγώνιος ὡς μὲν ἐν ῥητοῖς λόγοις πρὸς τὴν πλευρὰν
15 ἄλογος, ὡς δὲ ἐν ὑπεροχῇ λόγον ἔχει, ὃν μεῖζον πρὸς
τὸ ἔλαττον, καὶ δύναται ἡ πλευρὰ πολλαπλασιαζομένη
ποτὲ τῆς διαγωνίου ὑπερέχειν.

15. Ὁμογενῆ εἶπεν, ὅτι τὰ μὴ ὁμογενῆ οὐ δύναται
ἔχειν πρὸς ἄλληλα. οὔτε γὰρ γραμμὴ πρὸς ἐπιφάνειαν
20 οὔτε ἐπίπεδα πρὸς στερεόν, ἀλλὰ πρὸς γραμμὴν γραμμὴ
καὶ πρὸς ἐπιφάνειαν ἐπιφάνεια καὶ ἐπίπεδον πρὸς ἐπί-
πεδον. τὸ δὲ μεγεθῶν πρόσκειται ἐκ διορίσεως τῶν
σχέσιν ἐχόντων πρὸς ἄλληλα, οὐ μὴν τὴν κατὰ μεγέθη

---

15. Vᵃ (f).

---

3. μέν] om. Vq. γινώσκεται BVq. 5. ὄν] οἷον Vq.
6. τουτέστιν Vat. 7. τοῖς ὁρισμοῖς Vq. 12. ἀλλήλων
ὑπερέχειν ἀλλήλων Vat. 15. ἄλογος] ἄλογός ἐστιν Vq. δ' Vq.
ὄν] οἷον Vq. μεῖζον] ὁ μείζων FVat. Vq, μείζων B. 16.
τό] om. B, τόν Vq. ἐλάττονα Vq. πολυπλασιαζομένη
FVat. 17. διαγωνίου] P m. 1, διαμέτρου BFVq, P m. rec.;
διαμέτου Vat. 20. γραμμῇ] om. V. 22. διορίσεως] comp.
ambiguum Vf. 23. μεγέθη] f, comp. ambiguum V.

σχέσιν, οἷον πατρὸς καὶ υἱοῦ καὶ δεξιοῦ καὶ ἀριστεροῦ. καὶ ἄλλη σχέσις λέγεται κατὰ τὸ περιέχειν καὶ ἐλλείπειν.

16. Τουτέστι μὴ ἐπὶ μεγεθῶν καὶ ἀριθμῶν· ταῦτα γὰρ ἑτερογενῆ· ἀλλ᾽ ἤτοι ἐπὶ μεγεθῶν μόνον ἢ ἀριθμῶν μόνον.[1])

17. Προβαίνει ἤδη πρὸς τελεώτερα· ἐκ μεγεθῶν μὲν γὰρ καὶ ὅρων οἱ λόγοι, ἐκ δὲ λόγων αἱ ἀναλογίαι. τὸ δὲ ὁμογενῶν εἶπε δηλῶν, ὡς οὐδεμία σύγκρισις ἑτερογενῶν, οἷον ἀριθμοῦ καὶ μεγέθους. τὸ δὲ ποιὰ ἀντὶ τοῦ διπλασίων ἢ τριπλασίων ἢ ἡμιόλιος.

18. Οὐ γὰρ τὰ ὁμοειδῆ μόνα πρὸς ἄλληλα παραβάλλεται, οἷον κύλινδρος πρὸς κύλινδρον καὶ σφαῖρα πρὸς σφαῖραν, ἀλλὰ καὶ κύλινδρος πρὸς σφαῖραν καὶ κύβον.[2])

19. Τινὲς τὸ ὁμογενῶν ἀντὶ τοῦ ὁμοειδῶν λέγουσιν, ἐπεὶ τὸ πεπερασμένον καὶ τὸ ἄπειρον ὁμογενῆ μέν· μεγέθη γάρ· ἀλλ᾽ οὐκ ἔχουσιν οὐδεμίαν σχέσιν. ἐμοὶ δὲ δοκεῖ τὸ μὲν ὁμογενῶν ἀντὶ τοῦ ὁμοειδῶν εἰλῆφθαι. καὶ γὰρ ὁ Ἀριστοτέλης ἐν ταῖς κατηγορίαις ἕτερα γένη φησὶ ποιότητος ἀντὶ εἴδη, ὅταν λέγῃ· ἕτερον δὲ γένος ποιότητος σχῆμα καὶ μορφή· γένος γὰρ ἐκεῖ τὸ

---

1) Sequitur continuo schol. nr. 13 (inc. τὸν μὲν λόγον εἶπεν ἵνα) et schol. nr. 14 his variantibus: p. 285, 14. ποσοῦ] ποιοῦ. 15. συγκρίνῃ] κρίνῃ. 20. ὡς προείρηται] om.; p. 286, 3 γινώσκεται. 5. ὂν] οἷον. 7. τοῖς ὁρισμοῖς. 15. μεῖζον] ὁ μείζων. 16. καί] ὅ. 17. διαγωνίου] διαμέτρον.
2) Pertinet fortasse potius ad def. 4.

---

16. q.   17. p.   18. A.   19. A (Coisl.).

---

2. Fort. Καὶ ἄλλως· σχέσις etc.
Fort. huc pertinet schol. imi marginis V⁴:
Τὸ ποσὸν τὸ ἀρισμένον ἐστὶ τοῦ διωρισμένου ποσοῦ, ὥσπερ τὸ πηλίκον δηλοῖ τὸ ὡρισμένον τοῦ συνεχοῦς ποσοῦ.

ὑπάλληλον εἶδός φησιν. οὐκέτι δὲ διὰ τὸ πεπερασμένον
καὶ ἄπειρον πρόσκειται τὸ ὁμογενῶν, ἀλλὰ μᾶλλον διὰ
τὸ εὐθὺ καὶ κεκλασμένον· ἕτερον γὰρ εἶδος τὸ εὐθὺ
καὶ ἕτερον. τὸ κεκλασμένον, εἶτ' οὖν περιφερὲς ἢ
5 τοιουτότροπον ᾖ· καὶ γὰρ δύο μεγέθη, ὧν τὸ μέν ἐστι
εὐθύ, τὸ δὲ περιφερές, οὐδένα λόγον πρὸς ἄλληλα
ἔχουσιν, ἀλλὰ δεῖ εἶναι καὶ ἄμφω ἢ εὐθέα ἢ περιφερῆ,
ἢ ἵνα καὶ ἄμφω τυχὸν ὦσι γραμμαὶ ἢ ἄμφω ἐπι-
φάνειαι ἢ ἄμφω στερεά.

10   Ad def. 4.

20. Ὡς ὁ β φέρε πρὸς τὸν η· πενταπλασιασθεὶς
γὰρ ὑπερέξοι ἂν τοῦ η. γραμμὴ δὲ πρὸς ἐπιφάνειαν
ἢ ἐπιφάνεια πρὸς σῶμα οὐδένα λόγον ἔχει· μυριάκις
γὰρ ἡ γραμμὴ πολλαπλασιασθεῖσα γραμμὴ πάλιν μένει
15 καὶ οὐδέποτε ποιήσει ἐπιφάνειαν. πολλῷ δὲ μᾶλλον
οὐδ' ὑπερέξει. καὶ ἐπὶ ἐπιφανείας καὶ σώματος ὡσαύτως.

21. Οὔτε γὰρ ἀπείρου πρὸς ἄπειρον λόγος τίς ἐστι
οὔτε πεπερασμένου πρὸς ἄπειρον, δύναται δὲ πάντα τὰ
πεπερασμένα πολλαπλασιαζόμενα ἀλλήλων ὑπερέχειν.
20 δύναται γὰρ καὶ ὁ ὑπόλογος μείζων γενέσθαι τοῦ
προλόγου πολλαπλασιασθείς.

22. Τοῦτό φησιν, ἵνα περὶ τῶν ἀσυμμέτρων με-
γεθῶν διαλάβῃ· ὁ πρῶτος γαρ τοῖ λόγου ὁρισμὸς περὶ
τῶν συμμέτρων διελάμβανεν· ἐπεὶ δὲ εὑρίσκονται καὶ
25 ἀσύμμετρα μεγέθη, καθότι τὸ μέγεθος ἐπ' ἄπειρόν ἐστι
διαιρετόν, ὡς ἡ διάμετρος τῇ πλευρᾷ ἀσύμμετρός ἐστι,
φησίν, ὅτι καὶ ταῦτα τὰ ἀσύμμετρα λόγον ἔχουσι πρὸς

---

20. p.   21. A.   22. A (Coisl.).

2..προσθειται Α?

ἄλληλα, εἰ καὶ ἄρρητον, διότι αἱ δυνάμεις αὐτῶν λόγον ἔχουσι ῥητόν. οὗτος δὲ ὁ ὁρισμὸς συλληπτικός ἐστι καὶ τῶν συμμέτρων καὶ τῶν ἀσυμμέτρων.

23. Ἃ δύναται πολλαπλασιαζόμενα] οἷον τὰ ὁμογενῆ καὶ ὁμοειδῆ, οἷον εὐθεῖα μὲν πρὸς εὐθεῖαν, ἐπίπεδον 5 ἐπιφάνεια πρὸς ἐπιφάνειαν καὶ σφαῖρα πρὸς σφαῖραν.

24. Ὅταν ὦσι τὰ μεγέθη καὶ μήκει καὶ δυνάμει σύμμετρα, ἔστι τό· λόγος ἐστὶ δύο μεγεθῶν, ὅταν δὲ μήκει μὲν οὐκ ὦσι σύμμετροι, δυνάμει δέ, ὡς ἡ διά- μετρος τῇ πλευρᾷ, τότε τό· λόγον ἔχειν πρὸς ἄλληλα 10 ἁρμόδιον.

Ad def. 5.

25. Ἐν τῷ αὐτῷ λόγῳ μεγέθη λέγεται εἶναι] ὑπὲρ τοῦ σαφηνίσασθαι τὸν ὅρον ἐκκείσθω πρότερον ἑξῆς τέσσαρα μεγέθη, καὶ παρ' ἑκάτερον μέρος αὐτοῖς παρα- 15 τιθέσθω τὰ ἰσάκις πολλαπλάσια αὐτῶν καταλλήλως, καὶ ἔστω πρῶτον μὲν τὸ α μέγεθος, δεύτερον δὲ τὸ β, τρίτον δὲ τὸ γ, τέταρτον δὲ τὸ δ. καὶ τὸ μὲν πρῶτον καὶ τρίτον κείσθωσαν ἀριθμῶν ἀνὰ η̄, τὸ δὲ δεύτερον καὶ τέταρτον ἀνὰ ε̄, καὶ εἰλήφθω τοῦ μὲν πρώτου καὶ 20 τρίτου ἰσάκις πολλαπλάσια ἄλλα ἔξωθεν μεγέθη τό τε ε ἀριθμῶν ὂν ι̅ϛ̅ καὶ τὸ ζ ὁμοίως καὶ αὐτὸ ἀριθμῶν ὂν ι̅ϛ̅· καὶ πάλιν τοῦ β καὶ τοῦ τετάρτου ἔξωθεν ἄλλα

---

23. Vᵃ (1).   24. β².   25. Vᵃ (1).

---

5. ἐπίπεδον] corruptum.
Ad def. spuriam ἀναλογία δέ ἐστιν ἡ τῶν cet. (cfr. II p. 2 not. crit.) hoc schol. habet A: τὸ δὲ ἀντὶ τοῦ γάρ· καὶ δοκεῖ ἔχειν πρὸς τὸ πρὸ αὐτοῦ τὴν ἀναφοράν· ἐκεῖνα γὰρ τὰ μεγέθη οὐκ ἀνάλογα, εἴπερ τὸ α πρὸς τὸ β μείζονα λόγον εἶχεν, ἥπερ τὸ γ πρὸς τὸ δ· ἡ γὰρ τῶν λόγων ὁμοιότης ἐστὶν ἀναλογία.

εἰλήφθω μεγέθη ἰσάκις πολλαπλάσια τό τε η καὶ τὸ θ,
ὥστε εἶναι καταλλήλως τὸ μὲν ε μέγεθος τοῦ α πολλα-
πλάσιον, τὸ δὲ ζ τοῦ γ, καὶ τὸ μὲν η τοῦ β, τὸ δὲ θ
τοῦ δ· καὶ ἐν τούτῳ μὲν τῷ ὑποδείγματί ἐστι τοῦ
5 πρώτου καὶ τρίτου ἰσάκις πολλαπλάσια ὑπερέχοντα ἅμα
τῶν τοῦ β καὶ τετάρτου ἰσάκις πολλαπλασίων, ὡς ὑπό-
κειται, ἐν δὲ τοῖς ἑξῆς τύποις τά τε ἅμα ἐλλείποντα
καὶ τὰ ἅμα ἴσα ὄντα.

26. Ἰστέον, ὅτι οὐ δεῖ καὶ τὰ δ μεγέθη ἐξ ἀνάγκης
10 ἰσάκις πολυπλασιάζεσθαι· τοῦτο γὰρ ἐνέφηνεν εἰπὼν
καθ' ὁποιονοῦν πολλαπλασιασμόν· ἀλλὰ μόνον τὸ
πρῶτον καὶ τρίτον ἰσάκις καὶ πάλιν τὸ β καὶ τὸ δ
ἰσάκις· ὥστε εἰ τὸ μὲν α καὶ γ φέρε εἰπεῖν δι-
πλασιασθῶσι, τὸ δὲ β καὶ δ τριπλασιασθῶσιν, οὐδὲν
15 γίνεται ἄτοπον· ἐκ γὰρ τοῦ διαφόρως ἔχειν, ἃ δεῖ ἅμα
πολυπλασιάζειν, τό τε α ὁμοῦ καὶ τὸ γ καὶ τὸ β
καὶ δ, συμβαίνει καὶ τὸ ἅμα τοὺς πολλαπλασιασμοὺς
τοῦ α καὶ γ πρὸς τοὺς πολλαπλασιασμοὺς ἅμα τοῦ β
καὶ δ ἢ ὑπεροχὴν ἔχειν ἢ ἰσότητα ἢ ἔλλειψιν. τοῦτο
20 δὲ δῆλον καὶ ἀπὸ τοῦ μετὰ τοῦτον ὅρου τοῦ λέγοντος·
ὅταν δὲ τῶν ἰσάκις πολλαπλασίων.

27. Τὰ τοῦ πρώτου καὶ τρίτου ἰσάκις πολλαπλάσια]
τοὺς πολλαπλασιασμοὺς τῶν τεσσάρων μὴ νόμισον
ἰσάκις λέγειν τὸν στοιχειωτὴν πολλαπλασιασθῆναι, ἀλλα
25 τὰ τοῦ πρώτου καὶ τρίτου ἰσάκις καθ' ὁποιονοῦν πολλα-
πλασιασμὸν καὶ τὰ τοῦ δευτέρου καὶ τετάρτου πάλιν
ἰσάκις καθ' ὁποιονοῦν πολλαπλασιασμόν.

---

26. A (Coisl.).   27. b².

---

15. ἃ δεῖ ἅμα] ἄδειαν A.

Ad def. 7.

28. Εἰ βούλει μαθεῖν, πότε τὰ τοῦ πρώτου καὶ τρίτου πολλαπλάσια ὑπερέχουσι τῶν πολλαπλασίων τοῦ β' καὶ τετάρτου, καὶ πότε ἐλάσσονα, τι παρὸν ἀνάγνωθι σχόλιον· ἰστέον, ὅτι, ὅταν τὰ τέσσαρα με- 5 γέθη ἐν τῷ τῆς ἰσότητος θεωρεῖται λόγῳ, τότε τὰ τοῦ πρώτου καὶ τρίτου ἰσάκις πολλαπλάσια τῶν τοῦ β' καὶ τετάρτου ἰσάκις πολλαπλασίων ἅμα ἴσα ἐστίν. ὅταν δὲ ἐν πολλαπλασίονι, εἰ μὲν προτάττονται οἱ πρόλογοι, ὑπερέχουσι τὰ τοῦ πρώτου καὶ τρίτου ἰσάκις πολλα- 10 πλάσια τῶν τοῦ δευτέρου καὶ τετάρτου, εἰ δὲ οἱ ὑπόλογοι προτάττονται, ὑπερέχουσι τὰ τοῦ δευτέρου καὶ τετάρτου ἰσάκις πολλαπλάσια τῶν τοῖ α' καὶ γ' ἰσάκις πολλαπλασίων.

Ad def. 9. 15

· 29. Ὅταν τρία μεγέθη ἀνάλογον ᾖ, τὸ πρῶτον πρὸς τὸ τρίτον διπλασίονα λόγον ἔχειν λέγεται ἤπερ πρὸς τὸ δεύτερον] οὐ λέγει, ὅτι οἱ δύο λόγοι τοῖ ἑνὸς διπλασίους εἰσίν· καὶ τοῦτο μὲν γάρ· ἀλλ' ὅτι ὁ λόγος ὁ ἐκ τῶν δύο διπλάσιός ἐστιν, ὡς ἦ δ̄ β̄ καὶ πάλιν θ̄ γ̄ ᾱ. 20 ὁ μὲν οὖν λόγος διπλάσιος, τὸ δὲ μέγεθος ἐπὶ μὲν διπλασίων τοῦ μεγέθους τετραπλάσιον, ἐπὶ δὲ τριπλασίων ἐνναπλάσιον, ἐπὶ δὲ τετραπλασίων ἑξκαιδεκαπλάσιον· δείκνυνται γὰρ ἐν τοῖς ἑξῆς, ὅτι τὰ μήκει διπλάσια δυνάμει τετραπλάσια καὶ τὰ τριπλάσια μήκει 25 ἐνναπλάσια δυνάμει. ὁ οὖν λόγος τῶν τετραγώνων

---

28. Vᵃ.   29. PBFVat.

---

9. δέ] δή V.   ·11. δέ] δή V.   16. ὅταν δέ B.   ᾖ] post ras. 2 litt. F.   17. πρός] ὡς F comp.   23. ἐκκαιδεκαπλάσιον B.   24. ἐν] om. P.   μήκη P.   25. μήκη P.   26. ἐννεαπλάσια B.

τετραπλάσιος ὢν τοῦ ἀπὸ τῶν πλευρῶν διπλασίου
ὄντος διπλάσιός ἐστιν· τοῦ γὰρ διπλασίου ὁ τετρα-
πλάσιος διπλάσιος.

30. Ἐὰν ἀριθμὸς δὶς ληφθεὶς γεννᾷ τινα, ὁ γεν-
5 νηθεὶς διπλάσιός ἐστι τοῦ γεννήσαντος, οἷον ὁ δ̄ δὶς
ληφθεὶς γεννήσει τὸν η̄, ὅς ἐστι τούτου διπλάσιος.
ἐὰν οὖν ὦσι τρία μεγέθη ἀνάλογον, καὶ ὁ λόγος, ὃν
ἔχει ὁ πρῶτος πρὸς τὸν δεύτερον, δὶς ληφθῇ, τουτέστιν
αὐτὸς μεθ' ἑαυτοῦ, ἀπογεννᾷ τὸν λόγον, ὃν ἔχει ὁ
10 πρῶτος πρὸς τὸν ἄκρον, καὶ λέγεται ὁ τῶν ἄκρων λόγος
πρὸς τὸν τοῦ α' καὶ μέσου λόγον διπλάσιος. οἷον ἐπὶ
ὑποδείγματος ἔστωσαν τρία μεγέθη ἀνάλογον τὰ θ̄ γ̄ ᾱ
ἐν τριπλασίονι λόγῳ. ὁ λόγος, ὃν ἔχει ὁ ἐννέα πρὸς
τὸν τρία δὶς ληφθεὶς ἤγουν πρὸς ἑαυτὸν πολυ-
15 πλασιασθείς· τοῦτο γὰρ καλοῦμεν διακαταχρηστικώ-
τερον· ἀπογεννήσει τὸν τῶν ἄκρων λόγον. ὁ γὰρ τρι-
πλάσιος τριπλασιόνως ἐννεαπλάσιος, καὶ οὕτως λέγεται
ὁ ἐννεαπλάσιος τοῦ τριπλασίου διπλάσιος, ὅτι τὸ τρὶς
τρεῖς δίς ἐστιν, ἀφ' οὗ ὁ διπλάσιος, ὥσπερ τὸ τρὶς
20 τρία τρὶς τρίς ἐστιν, ἀφ' οὗ ὁ τριπλάσιος. καλῶς δὲ
εἶπεν, ὅτι λέγεται· εἰ γὰρ κατὰ ἀλήθειαν, τὰ θ̄ τῶν
γ̄ οὐ διπλάσιος, ἀλλὰ τριπλάσιος· ἀλλ' ὅμως τῇ εἰρη-
μένῃ ἐφόδῳ ὁ ἐννεαπλάσιος διπλάσιος τοῦ τριπλασίου·
τὸ γὰρ τρὶς τρεῖς γεννᾷ μὲν τὸν θ̄, δὶς δὲ εἴρηται,
25 ἀφ' οὗ ὁ διπλάσιος. ἔστω δὲ καὶ ἐπὶ διπλασίων ὑπό-
δειγμα. ἔστωσαν γὰρ μεγέθη γ̄ ί η̄ ὁ δ̄ ὁ β̄. ὁ γοῦν
λόγος τοῦ η̄ πρὸς τὸν δ̄, ὅς ἐστι διπλάσιος, διαληφθεὶς

---

30. A (Coisl.).

---

1. ἀπό] deleo. πλευρῶν] τετραπλεύρων BFVat. 20.
τρὶς τρίς] scripsi, τρίς A. 27. διαληφθείς] δὶς ληφθείς?

ἤτοι μεθ᾽ ἑαυτοῦ τὸν τῶν ἄκρων ἀπογεννήσει λόγον
τὸν τετραπλασίονα, καὶ ἔσται ὁ τῶν ἄκρων λόγος δι-
πλάσιος πρὸς τὸν τοῦ α΄ πρὸς τὸν μέσον.

31. Ἔστω ὁ ι̅ϛ̅ ὁ η̅ καὶ δ̅, ἤγουν ι̅ϛ̅ τὸν η̅ δὶς
περιέχει, τὸν δὲ δ̅ τετράκις. δὶς οὖν διπλασίων ὁ ι̅ϛ̅ 5
τοῦ δ̅ ἤπερ τοῦ η̅· ἅπαξ γὰρ τοῦ η̅· ἔχει γὰρ ὁ ι̅ϛ̅ τὰ δ̅
δὶς καὶ πάλιν δίς.

32. Οἷον ὁ ι̅ϛ̅ οὐχὶ τριπλασίων ἐστὶ πρὸς τὸν δύο·
ὀκταπλασίων γάρ· ἀλλ᾽ ἔχει πρὸς αὐτὸν τρισάκις τὸν
διπλασίονα λόγον διὰ μέσου τοῦ ὀκτὼ καὶ τοῦ τέσσαρα. 10
δὶς γὰρ δύο τέσσαρα· ἰδοὺ ὁ δὶς λόγος. ἅπαξ δὶς
τέσσαρα ὀκτώ· ἰδοὺ ὁ δὶς λόγος δίς. δὶς ὀκτὼ ι̅ϛ̅·
ἰδοὺ ὁ δὶς λόγος τρισάκις καὶ ἑξῆς.

33. Οἷον ἐὰν ἔχῃ τὸ πρῶτον πρὸς τὸ δεύτερον
διπλασίονα λόγον, τὸ πρῶτον πρὸς τὸ τέταρτον ἕξει 15
τρὶς τὸν αὐτὸν λόγον τοῦ, ὃν ἔχει τὸ πρῶτον πρὸς
τὸ δεύτερον, οἷον δὶς δύο δίς· τρὶς γὰρ ἔχει τὸν λόγον
τοῦ πρώτου πρὸς τὸ δεύτερον. ἐὰν δὲ ἔχῃ τὸ πρῶτον
πρὸς τὸ δεύτερον τριπλασίονα λόγον, τὸ πρῶτον πρὸς
τὸ τέταρτον τρὶς τὸν αὐτὸν ἔχει τοῦ, ὃν ἔχει τὸ πρῶτον 20

---

31. q.   32. V¹q.   33. Vªqβ (A Coisl.); in V add. in
fine: ζήτει τὸ σχόλιον τοῦτο ὄπιθεν κατ᾽ ἀρχὰς τοῦ παρόντος
βιβλίου; et idem scholium a manu Vª legitur inter libros IV
et V (in textu eodem loco f), cum his uariantibus: 14. οἷόν τι.
16. τρεῖς et sic semper pro τρίς. 18. πρὸς τόν. p. 294, 8. ὁ δ̅]
καὶ ε̅. additamenta in Ab non habent, sed initio add. uerba
definitionis (εἶπερ pro ἤπερ).

---

8. οἷον — δύο] ὡς ὁ ι̅ϛ̅ πρὸς τὸν β̅· οὗτος γὰρ πρὸς αὐτὸν
οὐχὶ τριπλασίων ἐστί V.   9. τρισσάκις V.   10. διπλοῦν V.
12. δὶς ὀκτὼ ι̅ϛ̅] ἐλήφθη δὶς ὁ η̅ ι̅ϛ̅ V.   13. ἑξῆς] ἑξάκις q.
14. οἷόν τι V.   16. τοῦ] τῷ q.   πρὸς τό] πρὸς τόν q.
17. Post alt. δίς del. δεύτερον ἐὰν δὲ τριπλοῦν λόγον τρὶς
τὸν αὐτὸν ἔχει q.   19. τριπλοῦν q.   20. τρὶς τὸν] τρίτον ϱ̅.

πρὸς τὸ δεύτερον, οἷον τρὶς τρεῖς τρίς· τρὶς γὰρ ἔχει
τὸν λόγον τοῦ, ὃν ἔχει το πρῶτον πρὸς τὸ δεύτερον.
οἷον ἐπὶ ἀριθμῶν ὡς ὁ ι̅ϛ̅ πρὸς τὸν η̅, ὁ η̅ πρὸς
τὸν δ̅, ὁ δ̅ πρὸς τὸν β̅ ἐν τῇ διπλασίονι ἀναλογίᾳ
5 [ἰδοὺ γὰρ ὁ ι̅ϛ̅ πρὸς μὲν τὸν η̅ ἐστι διπλάσιος, πρὸς
δὲ τὸν β̅ ὀκταπλάσιος, δὶς δὲ β̅ ᵈˡˢ η̅ ἐν τῇ διπλασίονι
ἀναλογίᾳ], ἐν δὲ τῇ τριπλασίονι ἀναλογίᾳ ὡς ὁ π̅α̅
προς τὸν κ̅ζ̅ ὁ κ̅ζ̅ πρὸς τὸν θ̅ ὁ θ̅ πρὸς τὸν γ̅ [καὶ ὁ γ̅
πρὸς τὸν α̅· ἐστι δὲ ὁ κ̅ζ̅ πρὸς μὲν τὸν θ̅ τριπλάσιος,
10 πρὸς δὲ τὸν α̅ εἰκοσιεπταπλάσιος· τρὶς γὰρ τρεῖς τρὶς κ̅ζ̅].

Ad def. 11.

34. Οὐ τοῦτό φησιν, ὅτι, ὅταν ὁ ἡγούμενος πρὸς
τὸν ἡγούμενον καὶ ὁ ἑπόμενος πρὸς τὸν ἑπόμενον συγ-
κρίνηται, ὁμόλογα τηνικαῦτά εἰσι τὰ μεγέθη· καὶ γὰρ
15 οὐχ ὁμόλογα τότε, ἀλλ᾽ ἐναλλάξ. ἀλλὰ τοῦτο νοεῖ τὸ
λεγόμενον, ὅταν ἀμφότεροι οἱ ἡγούμενοι προτάττωνται
ἀμφοτέρων τῶν ἑπομένων· πολλάκις γάρ, ὡς ἐν τῇ
ἀνάπαλιν ἀναλογίᾳ, προτάττονται οἱ ἑπόμενοι. ἰστέον
δέ, ὅτι ἡγούμενοι μὲν λέγονται οἱ μείζονες ὅροι, ἐπό-
20 μενοι δὲ οἱ ἐλάττονες, οἷον ὡς ἔχει ὁ ι̅β̅ πρὸς τὸν δ̅,
ἔχει καὶ ὁ θ̅ πρὸς τὸν γ̅· ἡγούμενοι μέν εἰσιν ὁ ι̅β̅
καὶ ὁ θ̅, ἑπόμενοι δὲ ὁ δ̅ καὶ ὁ γ̅. τότε οὖν ὁμόλογά
εἰσι τὰ μεγέθη, ὅτε, ὡς ἔχει ἐν τοῖς πρώτοις μεγέθεσιν
ἡγούμενος πρὸς ἑπόμενον, οὕτως ἐν τοῖς δευτέροις

---

34. A (Coisl.).

1. οἷον] postea ins. b.   τρεῖς] τρίς q et V, sed corr.;
τρία A.   τρίς] corr. in τρεῖς V.   4. τῇ] om. b.   5. ἰδοὺ
— 7. ἀναλογίᾳ] om. Vq.   7. ὁ π̅α̅ — 8. τὸν κ̅ζ̅] om. Ab.
8. ὁ θ̅] οὕτως ὁ θ̅ Ab.   καὶ — 10. κ̅ζ̅] Ab, om. Vq.   12.
om. Coisl.   17. τῶν] om. A.   24. ἡγούμενος] corr. ex
μενον A.

ἡγούμενος πρὸς ἑπόμενον. εἶπε δὲ οὕτως· οἱ ἡγούμενοι
τοῖς ἡγουμένοις καὶ οἱ ἑπόμενοι τοῖς ἑπομένοις, τουτ-
έστιν ἵνα προτάττωνται οἱ ἡγούμενοι καὶ ἕπωνται οἱ
ἑπόμενοι καὶ ἐν ἀμφοτέροις.

35. Ἡγούμενα γίνωσκε ἐν τῇ γεωμετρίᾳ καὶ ἐν 5
ἄλλοις εἶναι τὰ μείζονα, τὰ δὲ ἐλάττω ἑπόμενα. λέγει
γοῦν ὁμόλογα τὰ ἡγούμενα τοῖς ἡγουμένοις, ὡς ἐπὶ
τῆς ὑποτεινούσης καὶ τῆς τοῦ ὀρθογωνίου τριγώνου
ἰσοσκελοῦς ἔστι τοῦτο καταμαθεῖν. ὅταν γὰρ ὦσι δύο
τρίγωνα ὅμοια ὀρθογώνια, ὡς ἔχει τοῦ ἑνὸς ἡ ὑπο- 10
τείνουσα πρὸς τοῦ ἄλλου τὴν ὑποτείνουσαν· ἴσα γάρ·
καὶ τοῦ ἑτέρου ἡ ἑτέρα πλευρὰ πρὸς τὴν τοῦ ἑτέρου
πλευράν· τὸν ἴσον γὰρ καὶ ἐκεῖναι πρὸς ἀλλήλας λόγον
ἔχουσι. κἂν δὲ καὶ μὴ ἴσα ὦσι πάλιν εἴησαν αἱ
πλευραὶ ἀνα..... 15

36. Σύνθεσις λόγου ἐστὶ λῆψις τοῦ ἡγουμένου
μετὰ τοῦ ἑπομένου ὡς ἑνὸς πρὸς αὐτὸ τὸ ἑπόμενον]
οἱ νεώτεροι τοῦτον προσέθεσαν τὸν ὅρον· οὐδὲ γὰρ
σύνθεσις μεγεθῶν ταὐτόν ἐστι τῇ τοῦ λόγου συνθέσει.
ἐνταῦθα δὲ τὸ ἡγούμενον μετὰ τοῦ ἑπομένου συντιθέ- 20
μενον μέγεθος μεγέθει τὸ ὅλον μέγεθος ποιεῖ συγ-
κείμενον ἐκ μεγεθῶν, ἦ ἐστι σύνθεσις μεγέθους· ἡ
γὰρ τῶν λόγων σύνθεσις ἄλλον ποιεῖ λόγον, ὡς αὐτὸς
ἐν τοῖς ἑξῆς ἐρεῖ· λόγος γάρ, φησίν, ἐκ λόγων συγ-
κεῖσθαι λέγεται καὶ τὰ ἑξῆς. αὐτὸς δέ, ὡς ἐν πα- 25

35. β² (supra scr. ead. manu Θεοδώρου καβασίλα). 36.
PBFVat.

15. Scrib. ἀνάλογον, sed uidetur plus deesse. 18. ὅρον]
λόγον BFVat. 22. ἐστιν Vat., sed corr. μεγέθους] με-
γίστη P. 23. λόγων] ὅλων B. 24. φησί F. 25. λέγεται]
om. BFVat.

λαιοτέροις εὑρήσεις βιβλίοις, τὴν σύνθεσιν ταύτην συν-
θέντι λέγει· καὶ γὰρ ἐν τοῖς ῥητοῖς οὐκ ἄλλως λέγει ἢ
συνθέντι. ὁμοίως δὲ καὶ ἡ διαίρεσις· εἰς γὰρ λόγους
διαιρεῖται, ἡ δὲ ἐνταῦθα διαίρεσις μεγεθῶν ἐστιν· ἡ
5 γὰρ ὑπεροχὴ τῶν ἡγουμένων μερίζεται. ἀπὸ τοῦ ἡγου-
μένου δὲ εἶπον· καὶ ἐπὶ τούτου λέγει διελόντι, καὶ
ἀναστρέψαντι δὲ ὡσαύτως· ἀναστρέφει γὰρ ἐπὶ τῶν
ἑπομένων.

Ad def. 17.

10 37. Ἰστέον, ὡς τὸ δι᾽ ἴσου ἐπὶ συνεχῶν καὶ μόνον
ἀναλογιῶν ἐστιν.

Ad prop. I.

38. Ἔστωσαν δύο μεγέθη δύο μεγεθῶν ἰσάκις πολλα-
πλάσια, ἤγουν ὀκτὼ καὶ ἓξ πρὸς τέσσαρα καὶ τρία·
15 λέγω, ὅτι, ὁσαπλάσιόν ἐστι τὰ ὀκτὼ πρὸς τὰ τέσσαρα
ἢ τὰ ἓξ πρὸς τὰ τρία· εἰσὶ δὲ διπλάσια· τοσαυταπλάσιά
ἐστι καὶ τὰ συναμφότερα συναμφοτέρων. ἢ γὰρ καὶ ̄ς ̄ι ̄δ,
ἃ καὶ τρία ξ· διπλάσια· ὅσα γάρ εἰσι μεγέθη ἐν τῷ ̄η
ἴσα τῷ τέσσαρα· εἰσὶ δὲ δύο· τοσαῦτά εἰσι μεγέθη
20 καὶ ἐν τῷ ̄ς ἴσα τῷ τρία.

39. Διὰ τὴν κοινὴν ἔννοιαν· ἐὰν ἴσα ἴσοις. τὸ
γὰρ ΑΗ ἴσον ὂν τῷ Ε προσετέθη τῷ ΓΘ ἴσῳ ὄντι
τῷ Ζ, καί ἐστι τὰ ὅλα ἴσα. ὁμοῦ ἄρα τὸ ΑΗ, ΓΘ
ὁμοῦ τοῖς Ε, Ζ ἴσα εἰσίν. ὡσαύτως καὶ τὰ ΗΒ, ΘΔ
25 ἴσα τοῖς Ε, Ζ. ὅσα ἄρα ἐστὶν ἐν μόνῳ τῷ ΑΒ ἴσα
τῷ Ε, τοσαῦτα καὶ ἐν ἀμφοτέροις τοῖς ΑΒ, ΓΔ ἴσα

---

37. V⁸. 38. b. 39. A (Coisl.), similia b⁸.

1. εὑρήσεις] εὑρῶ P, εὑρ̄' B, εὔρηις FVat. 3. εἰς γὰρ
FVat. 7. ἀναστρέφει B. γὰρ — 8. ἑπομένων] om. P.
ομένων] μένων post lac. 5 litt. BVat.

τοῖς Ε, Ζ. ὁσαπλάσιον οὖν τὸ ἓν τοῦ ἑνός, καὶ πάντα πάντων. δῆλον δὲ καὶ ἐκ τῆς ἐναργείας αὐτῆς.

Ad prop. II.

40. Ἔστω πρῶτον τὰ ἓξ καὶ δεύτερον τὰ β̄, τρίτον τὰ θ̄ καὶ τέταρτον τὰ γ̄. τὸ οὖν πρῶτον καὶ τὸ τρίτον 5 ἰσάκις πολλαπλάσιά εἰσι τοῦ β′ καὶ τοῦ τετάρτου· τριπλάσια· γὰρ ἀμφότερα ἀμφοτέρων. ἔστω καὶ πέμπτον τὰ ῑβ ἑξαπλάσια τοῦ δευτέρου, ἤγουν τῶν β̄, καὶ ἕκτον τὰ ῑη ὁμοίως ἑξαπλάσια τοῦ τετάρτου, τουτέστι τῶν γ̄. καὶ μιγέντα ἄρα τὸ μὲν πέμπτον τῷ πρώτῳ, τὸ δὲ 10 ἕκτον τῷ τρίτῳ ἰσάκις εἰσὶ πολλαπλάσια τοῦ τε δευτέρου καὶ τοῦ τετάρτου· ϛ̄ γὰρ καὶ ῑβ ῑη καὶ θ̄ καὶ ῑη κϛ. καί εἰσι καὶ τὰ ῑη ὡς πρὸς τὰ β̄ ἐννεαπλάσια καὶ τὰ κϛ ὡς πρὸς τὰ τρία ὁμοίως ἐννεαπλάσια.

41. Διὰ τοῦ πρὸ αὐτοῦ θεωρήματος· μεγέθη γὰρ 15 τὰ ΑΒ, ΒΗ μεγεθῶν τῶν Γ καὶ Γ· τὸ γὰρ ἐν Γ δὶς λαμβάνεται πρὸς ἑκάτερον τῶν ΑΒ, ΒΗ συγκρινόμενον· ἰσάκις εἰσὶ πολλαπλάσια. ὡσαύτως καὶ μεγέθη τὰ ΔΕ, ΕΘ μεγέθους τοῦ Ζ δὶς καὶ τούτου λαμβανομένου ἰσάκις εἰσὶ πολλαπλάσια ἕκαστον ἑκάστου, 20 ὡς τὸ ΑΒ πρὸς τὸ Γ καὶ τὸ ΔΕ πρὸς τὸ Ζ, οὕτως καὶ τὰ ΑΗ, ΔΘ πρὸς τὰ Γ, Ζ· ὅπερ ἔδει δεῖξαι.

Ad prop. III.

42. Ἔστω γὰρ πρῶτον τὰ ϛ̄ καὶ δεύτερον τὰ γ̄, τρίτον τὰ ὀκτὼ καὶ δ′ τὰ δ̄. διπλάσιά εἰσι τὸ α′ καὶ 25

---

40. Ab (Coisl.).　　41. A (Coisl., b⁹).　　42. Ab (B⁹).

8. τῶν β̄] τοῦ δύο A.　　9. γ̄] sustulit macula in b.　　10. μέν] om. A.　　τὸ δέ] καὶ τῷ A.　　11. τοῦ τε] τοῦ ·/. b, τοῦ A.　　13. ὡς] καί b.　　24. γάρ] om. A.

τὸ γ΄ τοῦ β΄ καὶ τοῦ δ΄. ἐὰν οὖν ληφθῇ ἰσάκις πολλα-
πλάσια τοῦ πρώτου καὶ τρίτου ἤγουν ιη καὶ κδ΄ τρι-
πλάσιον γὰρ τὸ μὲν τοῦ α΄, τὸ δὲ τοῦ γ΄· καὶ δι΄ ἴσου
τῶν ληφθέντων ἑκάτερον ἑκατέρου ἰσάκις ἔσται πολλα-
5 πλάσιον τὸ μὲν τοῦ δευτέρου, τὸ δὲ τοῦ δ΄. ἑξαπλάσια
γὰρ ὁμοίως καὶ τὰ ιη τῶν γ καὶ τὰ κδ τῶν δ.

Ad prop. IV.

43. Τοῦτο τὸ θεώρημα τῆς τοῦ ὅρου ἐστὶν ἀπο-
δείξεως τῶν ἐν τῷ αὐτῷ λόγῳ μεγεθῶν, ὅς ἐστιν·
10 ὅταν τὰ ἰσάκις πολλαπλάσια τοῦ τε πρώτου καὶ τρίτου,
τουτέστι τῶν ἡγουμένων, τῶν ἰσάκις πολλαπλασίων
τῶν ἑπομένων ἢ ἅμα ὑπερέχῃ ἢ ἅμα ἐλλείπῃ ἢ ἅμα
ἴσα ᾖ. ὅτι καὶ αὐτὰ τὸν αὐτὸν αὐτοῖς ἔχουσι λόγον,
ἐντεῦθεν δείκνυται, ἀπεσιώπησεν δὲ τοῦτο ἐν τῇ ἀρχῇ·
15 οὐ γὰρ ἠδύνατο λέγειν ἐκεῖνα εἶναι ἐν τῷ αὐτῷ λόγῳ,
ὧν τὰ πολλαπλάσια ἐν τῷ αὐτῷ λόγῳ ἐστίν, αὐτὸ
τοῦτο ἡμῶν ζητούντων, τί ποτέ ἐστιν ἐν τῷ αὐτῷ
λόγῳ. εἰπὼν οὖν αὐτὰ ἐν τῇ ἀρχῇ ἅμα ὑπερέχοντα
ἢ ἰσάζοντα ἢ ἐλλείποντα δείκνυσιν ἐνταῦθα, ὅτι καὶ
20 ἐν τῷ αὐτῷ λόγῳ πρὸς ἄλληλά εἰσιν· ὥστε ἀναφαίνεσθαι
τὸν ὅρον τὸν ἐν τῷ αὐτῷ λόγῳ τοιοῦτον· ὅταν τὰ
τοῦ πρώτου καὶ τρίτου ἰσάκις πολλαπλάσια πρὸς τὰ
τοῦ δευτέρου καὶ τετάρτου ἰσάκις πολλαπλάσια τὸν

---

43. PBFVat. q (εἰς τὸ δεύτερον FVat.) (1).

---

4. ἑκάτερον] ἑκατέρων b.   6. καί] om. A.   τῶν γ]
τριῶν A.   9. ὅς] ὡς FVat.   10. τε] om. FVat.   12. ὑπερ-
έχει PFBq, ὑπάρχει Vat.   ἐλλείπει BFVat. q.   13. ᾖ] ἐστίν
PBFVat.   καί] om. B, δέ q.   αὐτά] ταῦτα P.   αὐτοῖς]
om. q.   16. ὤν — λόγῳ] om. FVat.   20. εἰσιν] ἐστιν FVat.
21. τὸν ἐν — λόγῳ] τῶν αὐτῶν λόγων q.   λόγον mut. in
P.   22. τρίτου] τοῦ post lac. P, τοῦ τρίτου B.

αὐτὸν ἔχῃ λόγον. δείκνυσι δὲ αὐτὰ ἐν τῷ λόγῳ διὰ τούτου καὶ τῆς ἀντιστροφῆς αὐτοῦ.

44. Ἔστω γὰρ πρῶτον τὰ ͞θ καὶ δεύτερον τὰ ͞ς, γ΄ τὰ ͞ιε καὶ δ΄ τὰ ͞ι. τὸν αὐτὸν οὖν λόγον ἔχουσι τὸ πρῶτον πρὸς τὸ δεύτερον καὶ τὸ τρίτον πρὸς τὸ 5 τέταρτον· ἡμιόλιοι γὰρ ἀμφότεροι ἀμφοτέρων. καὶ τὰ ἰσάκις τοίνυν πολλαπλάσια τοῦ τε πρώτου καὶ τρίτου πρὸς τὰ ἰσάκις πολλαπλάσια τοῦ δευτέρου καὶ τετάρτου καθ᾽ ὁποιονοῦν τινα πολλαπλασιασμὸν τὸν αὐτὸν ἕξει λόγον ληφθέντα κατάλληλα. ἔστω γὰρ 10 τοῦ ͞θ τὰ ͞ιη καὶ τοῦ ͞ιε τὰ ͞λ ἰσάκις πολλαπλάσια· ἀμφότερα γὰρ διπλάσια ἀμφοτέρων. τῶν δὲ ͞ς ἔστωσαν τὰ ͞κδ καὶ τῶν ͞ι τὰ ͞μ ἰσάκις πολλαπλάσια· τετραπλάσια. γὰρ ἀμφότερα ἀμφοτέρων. τὸν αὐτὸν οὖν λόγον ἕξουσι τὰ ͞ιη πρὸς τὰ ͞κδ καὶ τὰ ͞λ πρὸς τὰ ͞μ· ὑπεπίτριτος 15 γὰρ καὶ ὁ ͞ιη τοῦ ͞κδ καὶ ὁ ͞λ τοῦ ͞μ.

45. Διὰ τὸ ἀντίστροφον τοῦ λέγοντος ὅρου· ἐν τῷ αὐτῷ λόγῳ μεγέθη λέγεται εἶναι καὶ τὰ ἑξῆς. ἐπεὶ ἐν μὲν τῷ ὅρῳ ἀπὸ τῆς ὑπεροχῆς ἢ ἰσότητος ἢ ἐλλείψεως τῶν ἰσάκις πολλαπλασίων ἐδείκνυε τὰ τὸν 20 αὐτὸν ἔχοντα λόγον, ἐνταῦθα δὲ ἀνάπαλιν· φησὶ γάρ· εἰσὶν ἱμόλογα τὰ Α, Β καὶ Γ, Δ, καὶ ἐδείχθη τούτων ἰσάκις πολλαπλάσια τὰ Κ, Λ, Μ, Ν· εἰ ἄρα ὑπερέχει

---

44. Ab.   45. At (b²).

---

1. ἔχει B? Vat.   δείκνυσιν P.   2. αὐτοῦ] om. BFVat. q.
3. γάρ] om. A.   8. καί] καὶ τοῦ b.   9. τινα] om. A.   18.
τὰ ͞κδ] τὸ ͞κδ b.   καί] om. b.   ἰσάκις πολλαπλάσια] om. A.
17. Supra scr. νέον t.   τοῦ ὅρου τοῦ ε΄ τοῦ λέγοντος t.
18. καὶ τὰ ἑξῆς] πρῶτον πρὸς δεύτερον καὶ τρίτον πρὸς τέταρτον, ὅταν τὰ τοῦ πρώτου καὶ γ΄ καὶ ἑξῆς. πῶς δὲ διὰ τὸ ἀντίστροφον; t.   19. ἰσότητος] ἰσώσεως Α.   22. εἰσίν] εἰ εἰσιν A.   τά] τό At.   23. Κ, Λ] Ε, Ζ καί t.   εἐ\ τ.

τὸ Κ τοῦ Μ, ὑπερέχει καὶ τὸ Δ τοῦ Ν. εἶτα ἀνα-
κάμπτει καὶ εἰς τὸν ὅρον αὐτὸν καί φησιν, ὡς, ἐπεὶ
πάλιν ὑπόκειται τὰ Κ, Δ τῶν Ε, Ζ ἰσάκις πολλαπλάσια
καὶ τα Μ, Ν τῶν Η, Θ, καὶ ἔχουσι ταῦτα τὰ ἰσάκις
5 πολλαπλάσια, τουτέστι τὰ Κ, Δ, Μ, Ν, ἢ ὑπεροχὴν ἢ
ἰσότητα ἢ ἔλλειψιν, ἐν τῷ αὐτῷ λόγῳ ἄρα ἔσονται
τὸ Ε πρὸς τὸ Η καὶ τὸ Ζ πρὸς τὸ Θ. τοῦτο δ' ἦν
τὸ ζητούμενον.

46. Διὰ τὸν προειρημένον ὅρον, ἀλλ' οὐκ ἀντι-
10 στρόφως· ἐν τῷ αὐτῷ λόγῳ μεγέθη λέγεται εἶναι πρῶτον
πρὸς δεύτερον καὶ τρίτον πρὸς τέταρτον.

47. Τοῦτο τὸ θεώρημα ἕτερον τοῦ ἀντιστρόφου
τοῦ ὅρου τοῦ λέγοντος ἐν τῷ αὐτῷ λόγῳ μεγέθη λέ-
γονται εἶναι πρῶτον πρὸς δεύτερον καὶ τρίτον πρὸς
15 τέταρτον, ὅταν τόδε καὶ τόδε. ἐν ἐκείνῳ γάρ ἐστιν,
ὅτι, ἐὰν τὸ πρῶτον πρὸς τὸ δεύτερον τὸν αὐτὸν ἔχῃ
λόγον καὶ τρίτον πρὸς τέταρτον, καὶ τὰ ἰσάκις πολλα-
πλάσια τοῦ πρώτου καὶ τρίτου τῶν ἰσάκις πολλα-
πλασίων τοῦ δευτέρου καὶ τετάρτου ἢ ἅμα ὑπερέχουσιν
20 ἢ ἅμα ἐλλείπουσιν ἢ ἅμα ἴσα εἰσίν. οὐχ ἤδη δέ, ἐὰν
τὰ τοῦ πρώτου καὶ τρίτου πολλαπλάσια τῶν πολλα-
πλασίων τοῦ δευτέρου καὶ τετάρτου ἅμα ὑπερέχουσιν
ἢ ἅμα τόδε καὶ τόδε, εἰσὶν καὶ ἐν τῷ αὐτῷ λόγῳ τὸ
πρῶτον πρὸς τὸ δεύτερον καὶ τὸ τρίτον πρὸς τὸ τέ-
25 ταρτον, ὅπερ φησὶν ἐνταῦθα.

48. Ἰστέον, ὅτι, ὅταν ἀριθμός τις ὑποπολλαπλάσιος

---

46. q (l).   47. V¹ (f).   48. V³ (hoc scholium hoc loco
posui cum V, quamquam non ad hanc prop. magis quam ad
alias propp. libri V pertinet) (f).

2. καί] θαυμαστῶς κατ' Α.   εἰς] εἰς αὐτόν Α.   αὐτόν]
οὐκ εἰς τὸ ἀντίστροφον αὐτόν Α.   16. τό] (alt.) τόν V.   18.
ἐὰν] corr. ex πρὸς τά, ut uidetur, V m. rec.; πρώτων f.

ὧν ἤγουν ὑπόλογος ἀριθμοῦ τινος μετὰ τῆς ἑαυτοῦ
δυνάμεως, ἀφ' ἧς παρωνόμασται, τὸν αὐτοῦ πολλα-
πλάσιον ἀποτελεῖ, ὁσάκις ἂν ληφθῇ πρὸς τὸ ἐκεῖνον
ἀποτελέσαι, τοσαυτάκις πολλαπλάσιος λέγεται. οἷον ἐπὶ
ὑποδείγματος ὁ δύο τοῦ ι͞ϛ ὑποοκταπλάσιος ὧν ὑπο- 5
οκταπλάσιος λέγεται μόνον ἢ ὀκταπλάσιος, διότι δὶς
μετὰ τῆς οἰκείας δυνάμεως συμπαραληφθεὶς ἤγουν
τῶν η̄, ἀφ' ἧς ὑποοκταπλάσιος ὠνομάσθη, τὸν ι͞ϛ ἀπε-
τέλεσε. ὡσαύτως καὶ ὁ ι͞ϛ μᾶλλον διπλάσιος λέγεται
τοῦ β̄ ἢ τοῦ η̄, διότι δὶς τὸν δύο μετὰ τῆς ἑαυτοῦ 10
δυνάμεως συμπεριλαμβάνει ἤγουν μετὰ τοῦ η̄.

49. Καί ἐστιν ὡς τὸ Ζ πρὸς τὸ Ε, οὕτως τὸ Θ
πρὸς τὸ Ζ, πρῶτον τὸ Η καὶ δεύτερον τὸ Ε καὶ τρίτον
τὸ Θ πρὸς τέταρτον τὸ Ζ.

Ad prop. V. 15

50. Ὁ λ͞β πρὸς τὸν ι͞ϛ διπλάσιος. ἐὰν οὖν ἀφέλῃς
ἀφ' ἑκατέρου τὰ τέταρτα ἤγουν ὀκτὼ μὲν τοῦ λ͞β, τέσ-
σαρα δὲ τοῦ δεκαέξ, καταλιμπάνονται κ͞δ καὶ ι͞β, καὶ
σώζεται αὖθις ὁ τοῦ διπλασίου λόγος κατὰ τὸ πρότερον.

51. Τοῦτο λέγει ἡ πρότασις, ὅτι, ἐάν τι μέγεθος 20
ἰσάκις ἢ πολλαπλάσιον μεγέθους τινός, καὶ ἀφαιρεθὲν
ἀφαιρεθέντος ἰσάκις πολλαπλάσιον· τὸ γὰρ ἰσάκις
πολλαπλάσιον οὐκ εἰς τὰ δύο μεγέθη μόνα φανεῖται,
ἀλλὰ καὶ εἰς ἄλλα δύο τα ἀφαιρεθέντα ἐκ τῶν πρώτων
μεγεθῶν· τὰ γὰρ δύο μεγέθη ἕνα λίγον ἔχουσι, τὸ δὲ 25

---

49. Bᵃ (ad coroll. Theonis, u. II p. 17 not. crit.). 50.
V⁴ (f). 51. A (B³ b³).

12. Z] scrib. H. 13. καὶ δεύτερον] scrib. πρὸς δεύτερον.
19. σώζεται] f, αὔξεται V?

ἰσάκις, ἐπεὶ πρός τι, οὐκ ἐν ἑνὶ λόγῳ, ἀλλὰ τὸ ἐλάχιστον ἐν δυσίν.

52. Ἔστω γὰρ μέγεθος τὰ ιβ μεγέθους τῶν ς̄ δι-πλάσιον καὶ ἀφῃρήσθω ἐξ ἀμφοτέρων τῶν μεγεθῶν 5 τοῦ μὲν ιβ δ̄, τοῦ δὲ ς̄ β̄· ἰσάκις ἄρα ἐστὶ πολλαπλάσια τὰ ιβ τῶν ς̄ καὶ τὰ δ̄ τῶν β̄· ἄμφω γὰρ ἀμφοτέρων διπλάσια. λέγω, ὅτι καὶ τὸ καταλειφθὲν τῶν ιβ τοῦ καταλειφθέντος τῶν ς̄, ἤγουν τὰ η̄ τῶν δ̄, ἰσάκις ἐστὶ πολλαπλάσιον, ὁσαπλάσιόν ἐστι τὰ ιβ τῶν ς̄· ἄμφω 10 γὰρ ἀμφοτέρων διπλάσια.

53. Ἴσον ἄρα τὸ ΗΖ τῷ ΓΔ p. 18, 13] ἐπεὶ ἰσάκις ἐστὶ πολλαπλάσιον τὸ ΑΒ ἑκατέρου τῶν ΗΖ, ΓΔ, οἷον μέρος ἐστὶ τὸ ΗΖ τοῦ ΑΒ, τὸ αὐτὸ μέρος ἐστὶ καὶ τὸ ΓΔ τοῦ ΑΒ. ἴσον ἄρα τὸ ΗΖ τῷ ΓΔ διὰ τὴν 15 κοινὴν ἔννοιαν· τὰ γὰρ τοῦ αὐτοῦ ἡμίση καὶ τὰ τοῦ αὐτοῦ τρίτα καὶ ἐφεξῆς καὶ ἀλλήλοις ἴσα ἐστίν.

Ad prop. VI.

54. Οὐ πρόκειται δεῖξαι, ὅτι, ἐὰν ἀπὸ πολλαπλασίου πολλαπλάσιον, τὸ λοιπὸν ἤτοι ἴσον ἐστὶν ἢ πολλα-20 πλάσιον· τοῦτο γὰρ δῆλον. ἀλλ' ὅτι δύο μεγεθῶν πρὸς δύο μεγέθη οὕτως ἐχόντων, ὡς εἴρηται, εἰ τὸ λοιπὸν τοῦ προτέρου πολλαπλάσιον, καὶ τὸ τοῦ ἑτέρου πολλαπλάσιον ἔσται, εἰ δὲ ἴσον, καὶ τὸ λοιπόν· οἷον τετραπλασίου ὄντος εἰ τριπλάσιον ἀφαιρεθῇ, τὸ λοιπὸν 25 ἴσον ἔσται, καὶ ἐπὶ τοῦ ἑτέρου ὡσαύτως.

---

52. Ab (B³).   53. V¹.   54. PBFVat. Vᵃq (l).

---

1. ἐπεί] corr. ex ἐπί A.   τό] τοῦ A; fort. τοὐλάχιστον. 4. ἀφαιρήσθωσαν b.   18. εἰς τὸ ς' F.   19. ἤτοι] ἤι τό FBVat.   23. ἔσται] ἐστι FV.   24. εἰ] ἤ P.   25. ἔσται FV.

55. Δύο γὰρ μεγέθη τα ιβ καὶ τὰ θ δύο μεγεθῶν τῶν δ καὶ τῶν γ ἰσάκις πολλαπλάσια· τριπλάσια γὰρ ἄμφω ἀμφοτέρων. ἐὰν ἄρα ἀφαιρεθέντα τινὰ τῶν ιβ καὶ τῶν θ ἰσάκις ᾖ πολλαπλάσια τῶν δ καὶ τῶν γ, καὶ τὰ καταλειφθέντα τῶν αὐτῶν ἰσάκις ἔσται πολλα- 5 πλάσια ἢ ἴσα. ἀφῃρήσθωσαν τῶν μὲν ιβ η, τῶν δὲ θ ϛ, ἅπερ εἰσὶν ἰσάκις πολλαπλάσια τῶν δ καὶ τῶν γ· δι- πλάσια γὰρ ἄμφω ἀμφοτέρων· καὶ τὰ καταλειφθέντα τῶν ιβ καὶ τῶν θ, ἤγουν τὰ δ καὶ τὰ γ, ἴσα εἰσὶ τοῖς δ καὶ τοῖς γ. ὁμοίως δὴ δείξομεν, ὅτι ἐν ἄλλοις μεγέθεσιν 10 ἰσάκις εἰσὶ πολλαπλάσια τῶν ἐξ ἀρχῆς ὑποκειμένων μεγεθῶν.

56. Θὲς τὸν ξδ καὶ τὸν λβ τὸν μὲν πρὸς τὸν λβ, τὸν δὲ πρὸς τὸν ιϛ διπλασίονα λόγον ἔχοντα. ἐὰν οὖν ἀφέλῃς ἀπὸ μὲν τοῦ ξδ ἥμισυ, οἷον τὸν λβ, ἀπο 15 δὲ τοῦ λβ ἥμισυ, οἷον τὸν ιϛ, ὡσαύτως τὸν πολλα- πλάσιον λόγον εὑρήσεις ἔχοντα τὸν λβ πρὸς τὸν ιϛ, ὃν καὶ ὁ ξδ πρὸς τὸν λβ. ἐπὶ τῆς τομῆς οὖν ταύτης καὶ τὰ λοιπὰ λβ πρὸς τὰ λοιπὰ ιϛ τὸν αὐτὸν ἔχει λόγον. εἰ δὲ τέμῃς τοῦ ξδ τὸ δ΄, καταλιμπάνεται ὁ μη· 20 καὶ τοῦ λβ τὸ δ΄, καταλιμπάνεται ὁ κδ. τότε οὖν οὐ τὸν ἴσον λόγον ἔχει ὁ μη πρὸς τὸν λβ καὶ ὁ κδ πρὸς τὸν ιϛ, ἀλλὰ τὸν ἐλάττονα, πλὴν τον αὐτόν.

57. Ἰστέον, ὅτι ἐν ταύτῃ τῇ προτάσει ἔνεστι μικρά τις ἀσάφεια διὰ τὸ ἀπὸ κοινοῦ λαμβάνειν τὸν ἐὰν 25 σύνδεσμον. σὺ οὖν, εἰ θέλεις σαφῆ σοι γενέσθαι

---

55. Ab.   56. V⁴ (1).   57. β².

2. τῶν γ] γ A.   3. ἐάν] κἄν A.   6. ἀφαιρείσθωσαν b.
9. τοῖς] τῶν A, b?   10. τοῖς] τῶν A, b?   ὁμοίως — με-
γέθεσιν] ἐν ἄλλοις δὲ μεγέθεσι δείξομεν ταῦτα A.   11. εἰσί]
om. A.   ὑποκειμένων] om. A.   20. ὁ] comp. obsc. V.

ταύτην, ἀναγινώσκων ὑπόστιξον εἰς τὸ καὶ ἀφαιρε-
θέντα τινά, καὶ ὑποθετικῶς τὸ λοιπὸν ῥητὸν τῆς προ-
τάσεως ἀνάγνωθι ἐκτὸς ὡς ἀπὸ κοινοῦ τὸν ἐὰν δεξά-
μενος σύνδεσμον, καὶ οὕτως πάνυ σοι ἔσται σαφής.

5   58. Σχόλιον τοῦ ϛ' θεωρήματος. ἰστέον, ὅτι οὐκ
οἶδε, τί λέγει ἐνταῦθα ὁ σχολιάστης, ἀλλὰ τοιοῦτόν τι
λέγει ὁ Εὐκλείδης, ὅτι, ἐὰν δύο μεγέθη, ὑπόθου σπι-
θαμοὺς ἑκάτερον κ̄, δύο μεγεθῶν, ὑπόθου σπιθαμῶν
ὄντων ε̄ ἑκατέρου, ἰσάκις ᾖ πολλαπλάσια· τετραπλάσιον
10   γὰρ ἑκάτερον ἑκατέρου· καὶ ἀφαιρεθέντα τινὰ ἀπ'
αὐτῶν, δηλονότι τῶν πολλαπλασίων, ὦσι πάλιν ἰσάκις
τῶν προϋποτεθειμένων μεγεθῶν πολλαπλάσια, οἷον
ἀφαιρεθέντα τὰ δέκα ἐξ ἑκατέρου τῶν πολλαπλασίων
ἰσάκις ὄντα πολλαπλάσια τῶν ε̄ σπιθαμῶν ὄντων με-
15   γεθῶν ἢ ἀφαιρεθέντα τὰ ιε̄, τὰ λοιπά, ἅπερ εἰσὶν ἢ
τὰ δέκα ἢ τὰ πέντε, τῶν αὐτῶν, ἤγουν τῶν ε̄, ἢ ἴσα
εἰσίν, ἂν ἀφηρέθησαν ιε̄, ἢ ἰσάκις αὐτῶν πολλαπλάσια,
ἂν ἀφηρέθησαν δέκα.

59. Ἰσάκις ἄρα ἐστὶ πολλαπλάσιον τὸ ΑΒ τοῦ Ε
20   καὶ τὸ ΚΘ τοῦ Ζ p. 20, 15] εἰ μὲν καὶ δι' ἄλλο, οὐκ
οἶδα, ἴσως δ' οὖν καὶ διὰ τὸ β' τοῦ παρόντος βιβλίου.
ἂν γὰρ οὕτως εἴπωμεν, ὅτι, ἐὰν πρῶτον δευτέρου ἰσάκις
ᾖ πολλαπλάσιον καὶ τρίτον τετάρτου, ᾖ δὲ καὶ πέμπτον
δευτέρῳ ἴσον καὶ ἕκτον τετάρτῳ, καὶ συντεθὲν πρῶτον
25   καὶ πέμπτον δευτέρου ἰσάκις ἔσται πολλαπλάσιον καὶ
τρίτον καὶ ἕκτον τετάρτου, προβήσεται ἡ δεῖξις, ὡς
ὅτε καὶ τὸ πέμπτον δευτέρου ἰσάκις ἦν πολλαπλάσιον
καὶ τὸ ἕκτον τετάρτου.

---

58. β² (respicit ad schol. 57, quod ead. man. deletum est).
59. V¹ (l).

---

14. ὄντων μεγεθῶν] incertum.

Ad prop. VII.

60. Δεῖ γινώσκειν, ὅτι ἐν μὲν τῇ ἀποδείξει ἑνοῦν δεῖ τὸ Γ καὶ Ζ, ἐν δὲ τῇ κατασκευῇ διαιρεῖν εἰς δύο.

Ad prop. VIII.

61. Τὸ μὲν ΑΒ ἔστω ἀριθμῶν δ̄, τὸ δὲ Γ τριῶν, 5
ἄλλο δὲ ὃ ἔτυχε τὸ Δ ἔστω ἀριθμῶν β̄. τί οὖν ΑΒ
πρὸς τὸ Δ μείζονα λόγον ἔχει ἤπερ τὸ Γ πρὸς τὸ Δ·
τὰ γὰρ δ̄ τῶν β̄ διπλάσιον, τὰ δὲ τρία τῶν β̄ ἡμιόλιον.
καὶ τὸ Δ πρὸς τὸ Γ μείζονα λόγον ἔχει ἤπερ πρὸς
τὸ ΑΒ· τοῦ μὲν γὰρ ὑφημιόλιον, τοῦ δὲ ὑποδιπλάσιον. 10
ἐπεὶ γὰρ μεῖζόν ἐστι τὸ ΑΒ τοῦ Γ, κείσθω τῷ Γ ἴσον
τὸ ΒΕ, ἤγουν τὰ δ̄ γενέσθωσαν εἰς γ̄ καὶ εἰς ᾱ, καὶ
ἔστω τὰ γ̄ ΒΕ, τὸ δὲ ἓν ΑΕ. τὸ δὴ ἔλασσον τῶν
ΑΕ, ΕΒ πολλαπλασιαζόμενον ἔσται ποτὲ τοῦ Δ μεῖζον.
πεπολλαπλασιάσθω τὸ ΑΕ ἤγουν τὸ ἕν, ἕως οὗ τὸ 15
γενόμενον μεῖζον γένηται τοῖ Δ, τουτέστι τῶν β̄, καὶ
ἔστω τοῦ ΑΕ τριπλάσιον τὸ ΖΗ ἀριθμῶν τυγχάνον
τριῶν μεῖζον ὂν τοῦ Δ, καὶ ὁσαπλάσιόν ἐστι τὸ ΖΗ
τοῦ ΑΕ, ἔστι δὲ τριπλάσιον, τοσαυταπλάσιον γεγονέτω
καὶ τὸ μὲν ΗΘ ἀριθμῶν τυγχάνον θ̄ τοῦ ΕΒ δηλαδὴ 20
τῶν τριῶν, τὸ δὲ Κ ὁμοίως ἀριθμῶν τυγχάνον θ̄
τοῦ Γ τριῶν ὄντος ἀριθμῶν, καὶ εἰλήφθω τοῦ Δ ἤτοι
τῶν β̄ διπλάσιον τὸ Λ ἀριθμῶν ὂν δ̄, τριπλάσιον δὲ
τὸ Μ ἀριθμῶν ὂν ϛ̄, τετραπλάσιον δὲ τὸ Ν ἀριθμῶν
ὂν η̄, πενταπλάσιον δὲ τὸ Ξ ἀριθμῶν ὂν δέκα· καὶ 25

---

60. b².   61. A b.

---

15. τὸ ἕν] ἕν b.   22. τριῶν] supra scr. ead. manu b.   23.
ὄν] om. A.   24. ὄν] om. A.   25. ὄν] om. A.   ὄν] om. A.
Euclides, edd. Heiberg et Menge. V.   20

ἰδοὺ τὸ Ξ πολλαπλάσιον μὲν ἐγένετο τοῦ Δ, πρώτως
δὲ μεῖζον τοῦ Κ ἤτοι τῶν ϑ̄. ἐπεὶ οὖν τὸ Κ τοῦ Ξ
πρώτως ἐστὶν ἔλαττον, τὸ Κ ἄρα τοῦ Ν οὐκ ἔστιν
ἔλαττον· τὰ γὰρ ϑ̄ τῶν ῑ πλείω. καὶ ἐπεὶ ἰσάκις ἐστὶ
5 πολλαπλάσιον τὸ ΖΗ τοῦ ΔΕ καὶ τὸ ΗΘ τοῦ ΕΒ·
ἄμφω γὰρ ἀμφοτέρων τριπλάσια· ἰσάκις ἄρα ἐστὶ
πολλαπλάσιον τὸ ΖΗ τοῦ ΔΕ καὶ τὸ ΖΘ τοῦ ΔΒ.
τὸ μὲν γὰρ ΔΕ ἀριθμοῦ ἐστιν ἑνός, τὸ δὲ ΖΗ τριῶν,
τὸ δὲ ΔΒ ἀριθμῶν ἐστι δ̄, τὸ δὲ ΖΘ ῑβ̄. ἰσάκις δέ
10 ἐστι πολλαπλάσιον τὸ ΖΗ τοῦ ΔΕ καὶ τὸ Κ τοῦ Γ,
ἤτοι τὰ γ̄ τοῦ ἑνὸς καὶ τὰ ϑ̄ τῶν γ̄· ἰσάκις ἄρα ἐστὶ
πολλαπλάσιον τὸ ΖΘ τοῦ ΔΒ καὶ τὸ Κ τοῦ Γ, τουτ-
έστι τὰ ῑβ̄ τῶν δ̄ καὶ τὰ ϑ̄ τῶν τριῶν. τὰ ΖΘ, Κ
ἄρα τῶν ΔΒ, Γ ἰσάκις ἐστὶ πολλαπλάσια. πάλιν ἐπεὶ
15 ἰσάκις ἐστὶ πολλαπλάσιον τὸ ΗΘ τοῦ ΕΒ καὶ τὸ Κ
τοῦ Γ, ἴσον δὲ τὸ ΕΒ τῷ Γ, ἴσον ἄρα ἐστὶ καὶ τὸ
ΗΘ τῷ Κ· ϑ̄ γὰρ ἀριθμῶν τὸ ΗΘ καὶ ϑ̄ τὸ Κ. το
δὲ Κ διὰ τὴν κοινὴν ἔννοιαν τοῦ Ν οὐκ ἔστιν ἔλαττον.
οὐδ' ἄρα τὸ ΗΘ τοῦ Ν ἔλαττόν ἐστιν. μεῖζον δὲ τὸ
20 ΗΘ τοῦ Δ· τὸ μὲν γὰρ ἀριθμῶν ϑ̄, τὸ δὲ β̄. ὅλον
ἄρα τὸ ΖΘ ἤτοι τὰ ῑβ̄ συναμφοτέρων τῶν Δ, Ν ἤγουν
τῶν β̄ καὶ τῶν ϑ̄ μεῖζόν ἐστιν. ἀλλὰ συναμφότερα
τὰ Δ, Ν τῷ Ξ ἐστιν ἴσα· δέκα γὰρ ὑπόκειται ἀριθμῶν,
ἐπειδὴ τὸ Ν τοῦ Δ τετραπλάσιόν ἐστιν, συναμφότερα
25 δὲ τὰ Ν, Δ τοῦ Δ ἐστι πενταπλάσια, ἔστι δὲ καὶ τὸ Ξ
τοῦ Δ πενταπλάσιον. συναμφότερα ἄρα τὰ Ν, Δ
τῷ Ξ ἐστιν ἴσα. ἀλλὰ τὸ ΖΘ τῶν Ν, Δ μεῖζόν ἐστιν,

---

1. πρῶτον Α. 3. πρῶτον Α. οὐκ] μή Α. 4. πλέω Α.
11. ἤτοι — 12. τοῦ Γ] mg. ead. manu b, ex parte recisa.
16. καί] om. A, postea ins. manu ead. b. τό] corr. ex
τῷ b. 17. τῷ] corr. ex τό b.

τὰ ιβ̄ τῶν ῑ. τὸ ZΘ ἄρα τοῦ Ξ̄ ὑπερέχει· τὸ δὲ K
τοῦ Ξ̄ οὐχ ὑπερέχει. καί ἐστι τὰ μὲν ZΘ, K ἤγουν
τὰ ιβ̄ καὶ τὰ θ̄ τῶν AB, Γ τουτέστι τῶν δ̄ καὶ τῶν γ̄,
ἰσάκις πολλαπλάσια, τὸ δὲ Ξ̄ τοῦ Δ ἄλλο, ὃ ἔτυχεν,
πολλαπλάσιον. τὸ AB ἄρα ἤτοι τὰ δ̄ πρὸς τὸ Δ 5
μείζονα λόγον ἔχει ἤπερ τὸ Γ πρὸς τὸ Δ [V def. 7].
λέγω δή, ὅτι καὶ τὸ Δ πρὸς τὸ Γ μείζονα λόγον ἔχει
ἤπερ το Δ πρὸς τὸ AB.

62. Θὲς τὶν ιβ̄ καὶ τὸν η̄ ἢ ἄλλους, οὕστινας
βούλεται ἀνίσους ἀριθμούς, ὑπόθες δὲ ἔξωθεν τὸν ε̄ 10
ἀριθμόν. ἐπεὶ οὖν μείζων ὁ ιβ̄ τοῦ η̄, καὶ μείζονα
λόγον ἔχει πρὸς τὸν ε̄, ἢ ὃν ἔχει ο ὀκτὼ πρὸς αὐτόν·
ὁ μὲν γὰρ ιβ̄ τοῦ ἕξ διπλάσιος, ὁ δὲ η̄ ἐπίτριτος· ἔχει
γὰρ τὸν ἕξ καὶ τρίτον αὐτοῦ· μείζων δὲ ὁ διπλάσιος
λόγος τοῦ ἐπιτρίτου. καὶ ὁ ε̄ πρὸς τὸν αὐτὸν η̄ μεί- 15
ζονα λόγον ἔχει ἢ πρὸς τὸν ιβ̄· τοῦ μὲν γὰρ η̄ ὁ ε̄
ἐστιν ὑπεπίτριτος, τοῦ δὲ δώδεκα ὑποδιπλάσιος, μείζων
δὲ ὁ ὑπεπίτριτος λόγος τοῖ ἡμίσεως.

63. Τὸ AB ἄρα πρὸς τὸ Δ μείζονα λόγον ἔχει
ἤπερ τὸ Γ πρὸς τὸ Δ p. 28, 7] τέσσαρά εἰσι μεγέθη 20
πρῶτον μὲν τὸ AB, δεύτερον δὲ τὸ Δ, τρίτον δὲ τὸ Γ
καὶ τέταρτον τὸ Δ· δὶς γὰρ λαμβάνεται τὸ Δ καὶ ὡς
δεύτερον καὶ ὡς τέταρτον. καί ἐστι τοῦ μὲν πρώτου
τοῦ AB πολλαπλάσιον τὸ ZΘ, τοῦ δὲ δευτέρου τοῦ Δ
πολλαπλάσιον τὸ N, τοῦ δὲ τρίτου τοῦ Γ το K. καὶ 25
ἐστι τὸ ZΘ τὸ πολλαπλάσιον τοῖ πρώτου τοῦ AB.

---

62. V⁴. 63. Vªq (1f) (priorem partem etiam F² usque ad
πολλαπλάσιον p. 308, 1; reliquam partem V³ in pag. seq. habet).

---

1. ῑ] in ras. b, δέκα A. 15. τοῦ] αὐτοῦ V. 16. γὰρ ῆ]
om. V.

ἔστιν οὖν τὸ ΖΘ μεῖζον τοῦ Ν, ὅπερ Ν πολλαπλάσιόν
ἐστι τοῦ δευτέρου τοῦ Δ, τὸ δὲ Κ τὸ πολλαπλάσιον
τοῦ τρίτου τοῦ Γ ἔλαττόν ἐστι τοῦ Ν, ὅπερ Ν πολλα-
πλάσιόν ἐστι τοῦ τετάρτου τοῦ Δ. ἐπεὶ οὖν τὸ μὲν
5 τοῦ πρώτου πολλαπλάσιον μεῖζόν ἐστι τοῦ πολλα-
πλασίου τοῦ δευτέρου, τὸ δὲ τοῦ τρίτου οὐκ ἔστι
μεῖζον τοῦ πολλαπλασίου τοῦ τετάρτου, μείζονα ἄρα
λόγον ἔχει τὸ ΑΒ πρὸς τὸ Δ ἤπερ τὸ Γ πρὸς τὸ Δ
διὰ τὸν ὅρον τὸν λέγοντα· ὅταν δὲ τῶν ἰσάκις πολλα-
10 πλασίων τὸ μὲν τοῦ πρώτου πολλαπλάσιον ὑπερέχῃ
τοῦ τοῦ δευτέρου πολλαπλασίου, τὸ δὲ τοῦ τρίτου
πολλαπλάσιον μὴ ὑπερέχῃ τοῦ τοῦ τετάρτου πολλα-
πλασίου, τότε τὸ πρῶτον πρὸς τὸ δεύτερον μείζονα
λόγον ἔχειν λέγεται ἤπερ τὸ τρίτον πρὸς τὸ τέταρτον.

15 64. Ποικίλον τοῦτο τὸ θεώρημα, ὡς ἐξ αὐτῆς τῆς
προτάσεως δῆλον, ἔχει δέ τινα καὶ κατὰ τὴν λέξιν
ἀπορίαν.

65. Καὶ εἰλήφθω p. 26, 6 — τοῦ Κ p. 26, 10]
ἰστέον, ὅτι τὸ παρὸν κομμάτιον ὀβελίζεται παρὰ τοῖς
20 ἀκριβέσιν· εἰ γὰρ κεῖται, οὐκ ἐᾷ τὸν γεωμετρικὸν ὅρον
διήκειν εἰς ἅπαντας ἀριθμούς, οὓς ἂν βούλοιτό τις
θεῖναι, εἰ δὲ λείπει, δοκεῖ ὑγιαίνειν ὁ ὅρος πανταχοῦ,
πλὴν εἰ μὴ ἀριθμητικῶς τις βούλοιτο σκοπεῖν, ἀλλὰ
μόνον γραμμικῶς.

Extremam partem ab διά lin. 9 hab. etiam F² et iterum
V*q cum uariantibus ( ).   64. r.   65. A r.

---

8. τὸ Δ] (alt.) αὐτὸ τὸ Δ q.   10. ὑπερέχει q.   11. τοῦ
τοῦ] τῶν τοῦ Vq.   πολλαπλασίων V (q?).   12. ὑπερέχει q.
τοῦ τοῦ] τοῦ V.   (9. τὸν λέγοντα] om. VFq.   10. ὑπερέχει q,
ὑπό F.   11. τοῦ τοῦ] τοῦ Fq.   12. ὑπερέχει q, ὑπό F.   τοῦ
ṣ] τοῦ Vq.   14. τέταρτον] ᾱ F.)   16. δῆλον] lacunam r.

Ad prop. IX.

66. Τοῦτο διὰ τὸ η΄ τοῦ ε΄ δείκνυσιν, οὗ πρῶτον, ὅτι τῶν ἀνίσων μεγεθῶν τὸ μεῖζον μείζονα λόγον ἔχει ἤπερ τὸ ἔλαττον· ταῦτα γὰρ δῆλα, ὅτι τὰ Α, Β, εἰ μὴ ἴσα ᾖ, ἕτερον ἑτέρου πάντως μεῖζόν ἐστιν· καὶ τὸ μεῖζον 5 πρὸς τὸ αὐτὸ μείζονα λόγον ἕξει ἤπερ τὸ ἔλαττον· ἀλλὰ καὶ ἴσον ἔχουσι ταῦτα πρὸς το αὐτὸ λόγον· οὐκ ἄρα ἄνισα.

67. Τοῦτο τὸ θεώρημα ἀντίστροφόν ἐστι τῷ ζ΄· ἐκεῖνο γὰρ τὰ ἴσα μεγέθη πρὸς τὸ αὐτὸ τὸν αὐτὸν 10 εἶχε λόγον, τοῦτο δὲ τὰ τὸν αὐτὸν ἔχοντα λόγον ἴσα παρίστησιν.

68. Ἐν ὀγδόῳ μεγεθῶν δεδομένων ὁ λόγος ἐζητεῖτο ὁ μείζων, ἐνταῦθα δὲ τοὐναντίον τῶν λόγων δεδομένων, μᾶλλον δὲ τοῦ μείζονος λόγου, ζητεῖται το 15 μεῖζον μέγεθος.

Ad prop. XII.

69. Τοῦτο τὸ θεώρημα ὁμοιότητα ἔχει πρὸς το πρῶτον· ὡς γὰρ ἐνταῦθα τὴν αὐτὴν σχέσιν ἐπιδείκνυσιν ἑνὸς τοῦ ηγουμένου πρὸς ἓν ἑπόμενον καὶ πάντων 20 πρὸς πάντα, οὕτω καὶ ἐπὶ τοῦ πρώτου.

Ad prop. XIII.

70. Δι᾽ ἀντίστροφον τοῦ ὅρου· ὅταν δὲ τῶν ἰσάκις πολλαπλασίων.

---

66. V^a (1f). 67. b. 68. b^a. 69. A. 70. V^a
(totam definitionem add. V^3; huius modi scholia multa V^a
hinc omisi) (f).

Ad prop. XIV.

71. Δοκεῖ μοι μὴ εἶναι καθαρῶς διὰ τὸ ια΄, ἀλλὰ
διὰ τὸ ἀντίστροφον αὐτοῦ, ὃ οὐκ εἴρηται τῷ Εὐκλείδῃ.
οὐδὲν δὲ καινόν· καὶ γὰρ τὰ ἀντίστροφα τῶν ὅρων
5 οὐκ εἴληκται ἐν τοῖς ὅροις, ἀλλὰ δι᾽ αὐτῶν τῶν ἀντι-
στρόφων, λέγω, πολλὰ κατεσκευάσθησαν θεωρήματα.
ἕξει δὲ τὸ ἀντίστροφον τῷ ῑᾱ^ῳ οὕτω πως· οἱ πρὸς ἀλ-
λήλους οἱ αὐτοὶ λόγοι καὶ τῷ αὐτῷ οἱ αὐτοί, οἷον ὁ
Δ, Β καὶ Γ, Δ πρὸς ἀλλήλους οἱ αὐτοί. ἆρ᾽ οὖν καὶ
10 πρὸς ἄλλο τι ὡσαύτως ἕξουσιν; ἔχει δὲ τὸ Δ πρὸς
τὸ Β μείζονα λόγον ἤπερ τὸ Γ πρὸς τὸ Β. ἆρα καὶ
τὸ Γ πρὸς τὸ Δ μείζονα λόγον ἕξει ἤπερ αὐτὸ τὸ Γ
πρὸς τὸ Β. ὑπόθες γάρ, ὅτι διπλασίονές εἰσιν οἱ λόγοι
ὅ τε τοῦ Δ πρὸς τὸ Β καὶ ὁ τοῦ Γ πρὸς τὸ Δ, ὁ δὲ
15 τοῦ Γ πρὸς τὸ Β ἡμιόλιος. οἱ γοῦν δύο λόγοι, ἐπεὶ
οἱ αὐτοί, εἰς λόγος λογισθήτωσαν, ὥσπερ ὁ Δ, Β. ὁ
γοῦν Δ πρὸς τὸ Β διὰ τοῦ η΄ μείζονα λόγον ἔχει
ἤπερ τὸ Γ πρὸς τὸ Β. ὡσαύτως ἐπεὶ εἷς ἐστιν ὁ λόγος
τοῦ Δ, Β καὶ τοῦ Γ, Δ ἄρα καὶ τὸ Γ πρὸς τὸ Δ,
20 ὥσπερ ἐὰν ἦν τι Δ πρὸς τὸ Β, μείζονα λόγον ἕξει
ἤπερ τὸ Γ πρὸς τὸ Β. δοκεῖ δὲ καὶ διὰ τὸ ζ΄ εἶναι
τοῦτο, ἐὰν τὰς τῶν λόγων πηλικότητας ὡς ἴσα μεγέθη
δόξῃ, ἤτοι ἐκ τοῦ δεδομένου κατασκευασθήσεται τοῦ
εἶναι τοὺς λόγους τοὺς αὐτούς, τουτέστιν ἀπὸ τῆς
25 ἐναργείας αὐτῆς.

---

71. B³ (b³); pertinet ad II p. 42, 18—19.

2. Θεοδώρου τοῦ καβασίλα B, Θεοδώρου b.   15. οἱ γοῦν
δύο λόγοι] euan. B.   18. ἐστιν] euan. B.   23. ἤτοι] in-
certum B.   ceterum hominem Byzantinum Byzantine balbu-
tentem corrigere nolui.

Ad prop. XV.

72. Ἐπὶ μόνων ὁμογενῶν.

73. Οἷον ὁ ῆ πρὸς τὸν δ̄ τὸν αὐτὸν ἔχει λόγον, ὃν ὁ ε̄ πρὸς τὸν γ̄· ἀμφότεροι διπλάσιον ἔχουσι λόγον· μέρη δὲ ὁ δ̄ καὶ ὁ γ̄, ὁ μὲν τοῦ ῆ, ὁ δὲ τοῦ ε̄, καὶ 5 ὃν λόγον ἔχουσι τὰ ὅλα, οἷον ὁ ὀκτὼ πρὸς τὸν ε̄, τὸν αὐτὸν καὶ τὰ δ̄ πρὸς τὰ γ̄· ἐπίτριτα γὰρ ἄμφω.

74. Μέρη τὰ ΑΗ καὶ ΔΚ· ἔστιν οὖν λόγος τοῦ ΑΗ πρὸς τὸ ΔΚ, ὃν ἔχει τὸ ΑΒ πρὸς τὸ ΔΕ, τουτ- έστι τοῦ μέρους πρὸς τὸ μέρος, ὁ αὐτός ἐστι καὶ τοῦ 10 ὅλου πρὸς τὸ ὅλον. οὐκοῦν καὶ τὰ ὅλα τοῖς μέρεσι τὸν αὐτὸν ἔχει λόγον.

75. Δοκεῖ ἡ ἔκθεσις τοῦ παρόντος ιε΄ θεωρήματος μὴ συμφωνεῖν τῇ προτάσει· ἡ μὲν γὰρ πρότασίς φησιν, ὅτι ἔχουσι λόγον τὰ μέρη τῶν ὡσαύτως πολλαπλασίων 15 τὸν αὐτὸν ἀλλήλοις ληφθέντα κατάλληλα, τουτέστιν ὁποῖα μέρη ὁποίου πολλαπλασίου τεθῶσιν ἡγούμενα λαμβάνεσθαι ἀεὶ ἡγούμενα, τὰ δὲ τοῦ ἑτέρου ἀεὶ ἑπό- μενα. ἡ δὲ ἔκθεσίς φησιν, ὅτι λέγω ὡς τὸ Γ πρὸς τὸ Ζ, οὕτως τὸ ΑΒ πρὸς τὸ ΔΕ, δοκοῦσα δηλοῦν ὡς 20 ἑπόμενον πρὸς ἑπόμενον, οὕτως ἡγούμενον πρὸς ἡγού- μενον. ὥστε πῶς οὐκ ἂν δοκοῖ τῇ προτάσει ἀσύμφωνος ἡ ἔκθεσις; ἀλλ' ἀσύμφωνος μέν ἐστι νοουμένη, ὡς εἴρηται, συμφωνεῖ δὲ νοουμένη, ὡς ῥηθήσεται. εἰ γὰρ ἡ πρότασις μὲν λέγει ἔχειν τὰ μέρη τῶν ὡσαύτως 25 πολλαπλασίων τινν αὐτὸν λόγον ληφθέντα κατάλληλα, τὰ δὲ ὡσαύτως πολλαπλάσιά εἰσι τό τε ΑΒ μέγεθος

---

72. B. 73. V⁴. 74. A. 75. t (νέον).

2. Idem legitur ad prop. 12 et 16, ad prop. 14 autem: καὶ ἐπὶ ὁμογενῶν καὶ ἐπὶ ἀνομογενῶν B.

καὶ τὸ ΔΕ, μέρη δὲ ἑκατέρου αὐτῶν μὴ μόνον ἐκεῖνα,
εἰς ἃ ἑκάτερον τέμνεται, ἀλλα καὶ τοῦ μὲν ΑΒ τὸ Γ,
τοῦ δὲ ΔΕ τὸ Ζ, πρὸς ἃ δὴ ἑκάτερον καὶ τὸν πολλα-
πλασιασμον πρὸς ἑκάτερον ἔχει, ἡ δὲ ἐκθεσίς φησιν,
5 ὡς ἔχει τὸ Γ πρὸς τὸ Ζ.

76. Ἐντεῦθεν ἄρχεται τὰ διελόντι καὶ συνθέντι
καὶ ἀναστρέψαντι καὶ ἀνάπαλιν καὶ δι' ἴσου ἐν τε-
ταγμένῃ καὶ τεταραγμένῃ ἀναλογίᾳ. ἔστι δὲ τοῦτο
λῆμμα τοῦ ἐναλλάξαντι, ὡς τὸ κ' τοῦ δι' ἴσου ἐπὶ
10 τεταγμένῃ ἀναλογίᾳ καὶ τὸ κβ' τοῦ κγ' ἐπὶ τεταραγμένῃ.

77. Ἐάν, φησί, πρῶτον δευτέρου ἰσάκις ἐστὶ πολλα-
πλάσιον καὶ τρίτον τετάρτου, ἔσται καὶ ὡς τὸ πρῶτον
πρὸς τὸ δεύτερον, οὕτως τὸ τρίτον πρὸς τὸ τέταρτον·
οὐ μὴν ἐὰν ὡς τὸ πρῶτον πρὸς τὸ δεύτερον καὶ τὸ
15 τρίτον πρὸς τὸ τέταρτον, ἀνάγκη καὶ ἰσάκις εἶναι
πολλαπλάσιον τὸ πρῶτον τοῦ δευτέρου καὶ τὸ τρίτον
τοῦ δ', ἀλλ' εἰ μὲν ἰσάκις εἰσὶ πολλαπλάσια, ἔσται καὶ
ὡς τὸ πρῶτον πρὸς τὸ δεύτερον, οὕτως καὶ τὸ λοιπὸν
πρὸς τὸ λοιπόν, οὐ μὴν εἰ τὸ πρῶτον τοῦ δευτέρου
20 ἡμιόλιόν ἐστιν, εἰ τύχοι, καὶ τὸ γ' τοῦ δ' ἀνάγκη καὶ
ἰσάκις εἶναι πολλαπλάσιον.

Ad prop. XVI.

78. Ἐναλλαγή ἐστι λόγου λῆψις τοῦ ἡγουμένου
πρὸς τὸ ἡγούμενον καὶ τοῦ ἑπομένου πρὸς τὸ ἑπόμενον.
25 καὶ ἐνθάδε οὕτως ἐναλλάττονται τὰ μεγέθη, ἐπεὶ τὰ
μέρη τοῖς ὡσαύτως πολλαπλασίοις τὸν αὐτὸν ἔχει λόγον.

---

76. PBFVat.Vᵃq.   77. q (Fˢ).   78. A.

6. εἰς τὸ ις' FVat.   ἐνταῦθα V.   τά] τῷ q.   8. καὶ
τεταραγμένῃ] om. BVq.   τούτῳ P.   9. ἐναλλάξαντος Vq.
10. τεταγμένῃ] τεταραγμένῃ BFVat.Vq.   Post. τεταραγμένῃ
add. ἀναλογίᾳ, sed del., q.

Ad prop. XVII.

79. Διὰ τὸν προσυλλογισμόν, τουτέστι διὰ τὸ προυποδεδεῖχθαι.

80. Λόγισαι τὸ μὲν ΑΒ μέγεθος ι̅β̅ καὶ δίελε τὸ μὲν ΑΕ εἰς η̅, τὸ δὲ ΕΒ εἰς δ̅, τὸ δὲ ΓΔ λόγισαι θ̅ εἶναι καὶ δίελε τὸ μὲν ΓΖ εἰς ἕξ, τὸ δὲ ΖΔ εἰς γ̅. ὅλον οὖν τὸ ΑΒ ἤτοι ὁ ι̅β̅ πρὸς τὸν θ̅ τριπλάσιος, καὶ ὁ ΓΔ ἤτοι ὁ θ̅ πρὸς τὸν ΖΔ ἤτοι τὸν γ̅ τριπλάσιος. διπλάσιος δὲ καὶ ὁ ΑΕ ἤτοι ὁ ὀκτω πρὸς τὸν ΕΒ τὸν δ̅, ὥσπερ καὶ ὁ ΓΖ ἤτοι ὁ ϛ̅ πρὸς τὸν ΖΔ τὸν γ̅.

81. Τοῦτο διὰ το ια´ τοῦ ε´ τὸ λέγον· οἱ τῷ αὐτῷ λόγῳ οἱ αὐτοὶ καὶ ἀλλήλοις εἰσὶν οἱ αὐτοί· ἰσάκις γὰρ ἐδείχθη πολλαπλάσιον τὸ ΗΚ τοῦ ΑΒ καὶ τὸ ΗΘ τοῦ ΑΕ· ἀλλα μην καὶ τὸ ΛΜ τοῦ ΓΖ ἰσάκις ἐστὶ πολλαπλάσιον καὶ τὸ ΗΘ τοῦ ΑΕ. ὥστε τρεῖς εἰσι λόγοι, ὧν οἱ δύο τῷ αὐτῷ οἱ αὐτοί· ὡς γὰρ τὸ ΗΚ πρὸς τὸ ΑΒ, το ΗΘ πρὸς το ΑΕ, ὡς δὲ το ΗΘ προς τὸ ΑΕ, το ΛΜ προς το ΓΖ. καὶ ὡς ἄρα το ΗΚ προς τὸ ΑΒ, το ΛΜ προς τὸ ΓΖ.

Ad prop. XIX.

82. Οὐκ ἄρα ἀνάγκη ἀεὶ ἐν πολλαπλασίῳ λόγῳ διὰ το εὐρίσκεσθαι την ἀναστροφην καὶ ἐν ἐπιμορίοις καὶ ἐν ἐπιμερέσιν ἀναλογίαις.

---

79. B (inde a τουτέστι B²). 80. V⁴ (f). 81. Vªq (F²lf); ad II p. 48, 19—20. 82. qª (ad II p. 418, 1 sq.).

---

12. τοῦτο] om. VF. τοῦ ε´] om. VF. 18. λόγῳ] mut. in λόγοι q.

· 83. Ἐάν, φησί, πρῶτον δευτέρου ἰσάκις ᾖ πολλα-
πλάσιον καὶ τρίτον τετάρτου, ἔσται καὶ ὡς τὸ πρῶτον
πρὸς τὸ δεύτερον, οὕτως τὸ τρίτον πρὸς τὸ τέταρτον,
ἐὰν δὲ ὡς τὸ πρῶτον πρὸς τὸ δεύτερον, καὶ τὸ τρίτον
5 πρὸς τὸ τέταρτον, οὐκ ἀνάγκη καὶ ἰσάκις εἶναι πολλα-
πλάσιον τὸ πρῶτον τοῦ βʹ καὶ τὸ τρίτον τοῦ δʹ. ἀλλʼ
εἰ μὲν ἰσάκις εἰσὶ πολλαπλάσια, ἔσται καὶ ὡς τὸ
πρῶτον πρὸς τὸ δεύτερον, οὕτως καὶ τὸ λοιπὸν πρὸς
τὸ λοιπόν· οὐ μὴν εἰ τὸ πρῶτον τοῦ βʹ ἡμιόλιον, εἰ
10 τύχῃ, καὶ τὸ γʹ τοῦ δʹ ἀνάγκη καὶ ἰσάκις εἶναι πολλα-
πλάσιον. οἷον τὰ γ̅ τῶν β̅ καὶ τὰ ϛ̅ τῶν δ̅ ἐν τῷ
αὐτῷ μὲν λόγῳ εἰσίν, ἰσάκις δὲ πολλαπλάσια οὐκ εἰσίν·
οὐδὲ γάρ ἐστιν ὁ γ̅ τοῦ β̅ πολλαπλάσιος οὐδὲ ὁ ϛ̅ τοῦ δ̅,
ἀλλʼ ἡμιόλιον ἑκατέρου ἑκάτερος. ὁ δὴ ἡμιόλιος λόγος
15 ἕτερός ἐστι τοῦ ἰσάκις πολλαπλασίου· οἱ μὲν γὰρ λόγοι
καὶ αἱ ἀναλογίαι τῶν μεγεθῶν, ὡσαύτως δὲ καὶ τῶν
ἀριθμῶν ἐπὶ πέντε τούτων εἰδῶν θεωροῦνται ἐπιμορίου,
ἐπιμεροῦς, πολλαπλασίου, πολλαπλασιεπιμορίου, πολλα-
πλασιοεπιμεροῦς, ὧν ἕκαστον λόγον ἔχειν λέγεται πρὸς
20 ἕκαστον ἀριθμὸς πρὸς ἀριθμὸν καὶ μέγεθος πρὸς μέ-
γεθος, τὸ δὲ ἰσάκις πολλαπλάσιον ἐπὶ μόνου λέγεται
τοῦ πολλαπλασίου λόγου, ὡς ἔστιν εἰπεῖν, ὅτι πᾶν
πολλαπλάσιον λόγον ἔχει, πρὸς ἃ πολλαπλάσιον λέγεται,
οὐ μὴν δὲ πᾶν τὶ λόγον ἔχον καὶ ἰσάκις ἐστὶ πολλα-
25 πλάσιον.

---

83. Vᵃ (f) (eodem pertinet); ultima inde ab οἷον lin. 11
add. Vˢ, om. f.

---

4. δέ] om. V.   5. οὐκ] om. V.   12. μέν] supra add.
ead. man. V.   16. Ante μεγεθῶν del. ἀριθμῶν τε καὶ ead.
man. V.   23. ἔχει] uidetur corr. in ἔχοι V.

84. Ταῦτα ἔχουσιν ἀναλογίαν, εἰσὶ δὲ καὶ πολλαπλάσια

ιϛ̄ η̄ δ̄ β̄.

ταῦτα ἀναλογίαν μὲν ἔχουσιν, οὐκ εἰσὶ δὲ πολλαπλάσια

κζ̄ ιη̄ ιβ̄ η̄.

τῶν τε πολλαπλασίων καὶ τῶν ἐπιμορίων καὶ τῶν ἐπιμερῶν γενικώτερον γὰρ ἡ ἀναλογία, διότι περιέχει τά τε πολλαπλάσια καὶ τὰ ἐπιμόρια καὶ τὰ ἐπιμερῆ· τὰ δὲ πολλαπλάσια οὐχ ἥκουσιν εἰς ἐπιμόρια καὶ ἐπιμερῆ.

85. Σχόλιον νέον εἰς τὰ μετὰ τὸ ιθ̄ον θεώρημα τοῦ ε̄υ στοιχείου μέχρι τοῦ κ̄υ εἰρημένα τῷ Εὐκλείδῃ.

Ἀποδείξας ὁ γεωμετρικὸς ἐν τῷ παρόντι ιθ΄ θεωρήματι, ὅτι, ἐὰν ᾖ ὡς ὅλον τὸ ΑΒ πρὸς ὅλον τὸ ΓΔ, οὕτως ἀφαιρεθὲν τὸ ΑΕ πρὸς ἀφαιρεθὲν τὸ ΓΖ, ἔστι καὶ λοιπὸν τὸ ΕΒ πρὸς λοιπὸν τὸ ΖΔ ὡς ὅλον τὸ ΑΒ πρὸς ὅλον τὸ ΓΔ, ἔπειτα λαμβάνων αὐτὸ τοῦτο τὸ ἀποδειχθὲν οὕτως, ὡς ἀπεδείχθη, καὶ ἐναλλάξ, ἤτοι ὡς τὸ ΑΒ πρὸς τὸ ΒΕ, οὕτω τὸ ΓΔ πρὸς τὸ ΔΖ· εἰσὶ γὰρ καὶ ταῦτα ἀνάλογον, ὡς ἀπέδειξε τοῦτο ἐν τῷ ιϛ̄ῳ, ὅτι, ἐὰν δ̄ μεγέθη ἀνάλογον ᾖ, καὶ ἐναλλὰξ ἀνάλογόν ἐστιν· εἰσὶ δὲ καὶ ἐνταῦθα δ̄ μεγέθη ἀνάλογον τό τε ΑΒ πρὸς τὸ ΓΔ καὶ ΕΒ πρὸς τὸ ΖΔ· καὶ φανερόν, ὅτι καὶ ἐναλλὰξ ἀνάλογόν εἰσιν. εὑρίσκει δὲ καὶ αὐτὸ τὸ ἐναλλὰξ ἐνταῦθα συμπίπτον ἑτέρῳ λόγῳ, ὃν ὀνομάζει αὐτὸς συγκείμενα μεγέθη· εἴπερ γὰρ καὶ κατὰ σύνθεσιν ταῦτα τὰ μεγέθη συγκρίνομεν, οὕτως ἂν συγκρίνοιμεν αὐτά, ὥσπερ νῦν διὰ τοῖ ἐναλλὰξ τὴν σύγκρισιν αὐτῶν ποιοῦμεν· λέγομεν γάρ, ὡς τὸ ΑΒ πρὸς τὸ ΒΕ, ἅπερ ἐν μὲν τῷ ἐναλλάξ ἐστιν

ἡγούμενον πρὸς ἡγούμενον, ἐν δὲ τῇ συνθέσει ἐστὶν
ἡγούμενον ἅμα καὶ ἑπόμενον πρὸς ἑπόμενον· τὰ αὐτὰ
δὲ ταῦτα καὶ ἐν τοῖς λοιποῖς δυσὶ μεγέθεσιν γίνονται
τῷ τε ΓΔ καὶ τῷ ΔΖ· ταῦτα οὕτως εὑρὼν συμ-
5 πίπτοντα, ὡς εἴρηται, τῷ λόγῳ, ὃν ὀνομάζει αὐτὸς
συγκείμενα μεγέθη, συμπεραίνει τὰ ἐναλλὰξ ὡς συγ-
κείμενα καί φησι· συγκείμενα ἄρα μεγέθη ἀνάλογόν
ἐστιν. εἶτα προιὼν φησιν· ἐδείχθη δὲ ὡς τὸ ΒΔ
πρὸς τὸ ΑΕ, οὕτως τὸ ΔΓ πρὸς τὸ ΓΖ· ἔδειξε δὲ
10 τοῦτό που ἐν τῇ ἀρχῇ πάντως τῆς ἀποδείξεως τοῦ
παρόντος ιθ´ θεωρήματος, ἔνθα φησίν· ἐπεὶ γάρ ἐστιν
ὡς ὅλον τὸ ΑΒ πρὸς ὅλον τὸ ΓΔ, οὕτως τὸ ΑΕ πρὸς
τὸ ΓΖ, καὶ ἐναλλὰξ ὡς τὸ ΒΔ πρὸς τὸ ΑΕ, οὕτως
τὸ ΔΓ πρὸς τὸ ΓΖ. καί φησιν· ἔστι σοι τοῦτο, ὃ νῦν
15 εἶπον, ἀναστρέψαντι ἀντὶ τοῦ διὰ τοῦ λόγου τῆς ἀνα-
στροφῆς. λέγει γὰρ ἐν τοῖς ὅροις· ἀναστροφὴ λόγου
ἐστὶ λῆψις τοῦ ἡγουμένου πρὸς τὴν ὑπεροχήν, ᾗ ὑπερ-
έχει τὸ ἡγούμενον τοῦ ἑπομένου. ἔστι γὰρ καὶ ἐν-
ταῦθα τὸ ΒΔ ἡγούμενον, ὃ λαμβάνοντες ὁρῶμεν πρὸς
20 τὸ ΑΕ, ὅπερ ἐστὶν ὑπεροχὴ ὁμολογούμενον, ἐν ᾗ
ὑπερέχει αὐτὸ τὸ ἡγούμενον τὸ ΒΔ τοῦ ἑπομένου,
τουτέστι τοῦ ΕΒ. ταῦτα οὕτως εὑρὼν καὶ ἐκ τῶν
συγκειμένων εἰς ἀναστροφὴν αὐτομάτως ἐμπίπτων πο-
ρίζεται τὸ ἐπαγόμενον καί φησιν· ἐκ δὴ τ[ούτου φ]α-
25 νερόν, ὅτι, ἐὰν συγκείμενα μεγέθη ἀνάλογον ᾖ, καὶ
ἀναστρέψαντι ἀνάλογον ἔσται. εἶτα ἐπάγει· γεγόνασι
δὲ οἱ λόγοι καὶ ἐπὶ τῶν ἰσάκις πολλαπλασίων καὶ ἐπὶ
τῶν ἀναλογιῶν. τίνες λόγοι; οὐχὶ τοῦ σύνεγγυς πο-
ρίσματος πάντως, ἀλλ' οἱ τοῦ θεωρήματος δηλαδὴ τούτου

---

10. πάντως] supra scr. m. 1 t.

τοῦ ιθ΄· γεγόνασι, φησίν, καὶ ἐπὶ τῶν ἰσάκις πολλα-
πλασίων, ὡς ἐν τῷ ε̅ʷ θεωρήματι τοῦ αὐτοῦ ε̅ʸ στοι-
χείου φησίν· ἐὰν μέγεθος μεγέθους ἰσάκις ᾖ πολλα-
πλάσιον, ὅπερ ἀφαιρεθὲν ἀφαιρεθέντος, καὶ τὸ λοιπὸν
τοῦ λοιποῦ ἰσάκις ἐστὶ πολλαπλάσιον, ὁσαπλάσιόν ἐστι 5
τὸ ὅλον τοῦ ὅλου. καὶ γεγόνασιν οἱ λόγοι καὶ ἐπὶ
τῶν ἀναλογιῶν, ὡς ἐν τῷ παρόντι θεωρήματι δέδεικται,
ἀναλογίας λέγων ἐνταῦθα πάσας τὰς σχέσεις, καθ᾽ ἃς
ἔχει μέγεθος πρὸς μέγεθος λόγον ὁποιονδή τινα ἢ ἐπι-
μόριον ἢ ἐπιμερῆ ἢ ἴσον καὶ ἁπλῶς εἰπεῖν ἢ ῥητὸν ἢ 10
ἄρρητον, ὥσπερ καὶ αὐτὸς κατιὼν δηλοῖ λέγων· καθάπερ
ἐπὶ τῶν ἡμιολίων ἢ ἐπιτρίτων λόγων ἢ τῶν τοιούτων.
προσκολλητέον γὰρ τῷ ἄνω κώλῳ τὸ κάτω κῶλον καὶ
ἀναγνωστέον οὕτως· γεγόνασιν δὲ οἱ λόγοι καὶ ἐπὶ τῶν
ἰσάκις πολλαπλασίων καὶ ἐπὶ [τῶν ἀναλογιῶν καὶ] ἐπὶ 15
τῶν ἡμιολίων ἢ ἐπιτρίτων λόγων ἢ τοῦ τοιούτου.
μέσον δὲ τούτων προσεπεμβάλλει καὶ τὴν αἰτίαν, δι᾽
ἣν [x]αὶ ἐν τοῖς πολλαπλασίοις καὶ μερικοῖς γεγόνασιν
οἱ λόγοι, οἵτινες εὑρίσκονται, καὶ ἐν ταῖς καθόλοις
σχέσεσι, καί φησιν· ὅταν εἴπωμεν· ἐὰν πρῶτον δευτέρου 20
ἰσάκις ᾖ πολλαπλάσιον καὶ τρίτον τετάρτου, δυνάμεθα
εἰπεῖν ἐν αὐτοῖς τούτοις καὶ τό, ὅτι ὡς τὸ πρῶτον
πρὸς τὸ δεύτερον, οὕτως τὸ τρίτον πρὸς το δ΄. ἔπειτά
φη[σιν]· οὐκέτι δὲ καὶ ἀντιστρέφει. οὐδὲ γὰρ εἰπόντες,
ὅτι ὡς τὶ α΄ πρὸς τὸ β΄, οὕτως τὸ γ΄ πρὸς τὸ δ΄, δυ- 25
νάμεθα ἀντιστρέ[ψαι] καὶ εἰπεῖν, ὅτι καὶ τὶ μὲν α΄
τοῦ β΄ ἰσάκις ἐστὶ πολλαπλάσιον, καὶ τὸ γ΄ τοῦ δ΄·
ἀδύνατον γὰρ τοῦτο. μὴ προδιορισάμενοι μὲν γὰρ μηδὲ
προειπόντες τι ὡρισμένον τῶν πρός τι πολλαπλασίων

---

8. ἐνταῦθα] supra scr. m. 1 t.   29. Supra προειπόντες
scr. προυποστήσαντες t.

τυχὸν ἢ ἄλλο τι, ἀλλ' οὐ τεθέντες τὸ ὡς καὶ τὸ οὕτως
καὶ εἰπόντες ὡς τόδε τυχὸν τὸ μέγεθος πρὸς τόδε,
οὕτως καὶ τόδε πρὸς τόδε, ἐκλαμβάνομεν τὸ ὡς καὶ
τὸ οὕτως καθόλου ἐπὶ παντὸς λόγου ὡς ἀδήλως καὶ
5 ἀορίστως κείμενα. προδιορισάμενοι δὲ καὶ προειπόντες,
ὅτι ἔστω τόδε τοῦδε πολλαπλάσιον τυχὸν ἰσάκις καὶ
τόδε τοῦδε, εἶτα ἐπαγαγόντες, ὅτι καὶ ὡς ἔχει λοιπὸν
τόδε πρὸς τόδε, οὕτω καὶ τόδε πρὸς τόδε, τὸ ὡς καὶ
τὸ οὕτως ἐνταῦθα οὐ καθόλου ἐπὶ παντὸς λόγου, ἀλλ'
10 ἐπὶ τοῦ προυποτεθειμένου καὶ προδιωρισμένου μόνου
λόγου δεχόμεθα ταῦτα. ὥστε ἐνταῦθα μὲν μερικὸν τὸ
ὡς καὶ τὸ οὕτως, ἐκεῖ δὲ εἰς τὸ πρόσθεν καθόλου λαμ-
βάνεται, ὥσπερ καὶ ὡς ὅταν λέγωμεν· πᾶς ἄνθρωπος
ζῷον· οὐ τὸ καθόλου ζῷον νοοῦμεν, ἀλλὰ μόνον τὸ
15 ἐν τῷ ἀνθρώπῳ, καὶ διὰ τοῦτο οὐδὲ ἐκεῖ δυνάμεθα
ἀντιστρέψαντες εἰπεῖν, ὅτι καὶ πᾶν ζῷον ἄνθρωπος.
ὅρα δέ, μὴ συναρπασθήσῃ τῇ ὁμοφωνίᾳ τῶν λέξεων
τῆς ἀναστρέψαντι καὶ τῆς ἀντιστρέφει καὶ νοήσεις ἐν
σημαίνειν ταύτας, ὥς τινες ἠπατήθησαν, ὥστε καὶ
20 σχολιογραφεῖν ἐπὶ τοῦτο· ἀλλ' ἔστιν ἀναστροφὴ μὲν
λόγου, ὡς αὐτὸς παραδέδωκε τοῦτο ἐν τοῖς ὅροις, ἀντι-
στροφὴ δὲ καὶ ἀντιστρέφον τὸ ἁπλῶς οὕτως τἀναντία
τῶν προτεθέντων λέγον.

Ad prop. XXI.

25   86. Πρὸς τὸ Ζ μείζονα λόγον ἔχει p. 60, 5—6]
σημείωσαι τὸ λεγόμενον διανοίας οὕτως ἔχον· ἐπεὶ

---

86. Vᵃq (F²lf).

1. Fort. ἀλλ' οὖν θέντες uel τιθέντες.   17. συναρπασθήσῃ]
comp. dubium t. Litteras uncis [ ] inclusas ipse addidi ad
lacunas codicis explendas.

γάρ, φησί, τὸ Α πρὸς τὸ Β μείζονα λόγον ἔχει ἤπερ
τὸ Γ πρὸς τὸ Β, ὃν δὲ λόγον ἔχει τὸ Α πρὸς το Β,
τον αὐτὸν ἔχει τὸ Ε πρὸς τὸ Ζ, τὸ Ε πάντως πρὸς
τὸ Ζ μείζονα λόγον ἔχει ἤπερ τὸ Γ πρὸς τὸ Β· ὃν
δὲ λόγον εἶχε τὸ Γ πρὸς τὸ Β, ἐλάττονα δὲ δηλονότι 5
ἤπερ τὸ Α πρὸς τὸ Β καὶ τὶ Ε πρὸς το Ζ, τὸν αὐτὸν
ἔχει τὸ Ε πρὸς τὸ Δ. λείπεται ἄρα τὸ Ε πρὸς τὸ Ζ
μείζονα λόγον ἔχειν ἤπερ τὸ Ε πρὸς τὸ Δ.

Ad prop. XXV.

87. Ἐπὶ τῶν ὁμογενῶν. 10

88. Τὰ ἄρα ΑΗ, Ζ ἴσα ἐστί p. 70, 16] φασί τινες,
ὅτι διὰ τὸν ὅρον τὸν λέγοντα, ὅτι ἐὰν ἴσοις ἴσα
προστεθῇ, τοῦτο ἀποδείκνυται, οὐκ εἰδότες, ὃ λέγουσιν·
οὔτε γὰρ τὸ ΑΗ τῷ Ζ ἴσον οὔτε τὸ ΓΘ τῷ Ε ἴσον.
ἀλλ᾽ ἐπεὶ τὸ μὲν ΑΗ ἴσον ἐδόθη τῷ Ε, τὸ δὲ ΓΘ 15
ἴσον ἐδόθη τῷ Ζ, ὅταν λέγῃ, ὅτι τὸ ΑΗ, Ζ τῷ ΓΘ, Ε
ἴσον ἐστίν, οὐκ ἄλλο λέγει ἤ, ὅτι τὸ Ε, Ζ τῷ Ζ, Ε
ἴσον ἐστίν, τουτέστιν αὐτο ἑαυτῷ ἴσον ἐστίν· ὥστε
αὐτόθεν ἐναργέστατον τὸ λεγόμενον καὶ οὐ διὰ τόν,
ὃν φασί τινες, ὅρον. πλὴν ταύτην μόνην τὴν ἐν- 20
αλλαγὴν ἔχει ὁ λόγος, ὅτι οὐ λέγει· ἴσον ἐστὶ τὸ Ε, Ζ
τῷ Ε, Ζ πάλιν, ἀλλὰ ἴσον ἐστὶ τὸ Ε, Ζ τῷ Ζ, Ε,
παρόμοιον ὥσπερ ὅταν ἀστειευόμενός τις ἐναργέστατα
λέγων εἴπῃ, ὅτι τοσοῦτον ἔνι τὸ ἐκεῖθεν ἐνθάδε διά-
στημα τῆς ὁδοῦ, ὅσον ἔνι καὶ τὸ ἐντεῦθεν ἐκεῖσε. 25

---

87. B.   88. t.

---

18. ἑαυτῷ] ἑαυτό t.

In librum VI.

Ad def. 1.

1. *Εἴτε ἀμβλυγώνια εἴτε ὀξυγώνια εἴτε ὀρθογώνια·*
τὸ δὲ εὐθύγραμμα εἴρηκε πρὸς ἀντιδιαστολὴν τῶν
περιγραμμῶν.

Ad def. 5.

2. *Ἔστω τὸ Α τοῦ Β διπλάσιον, τὸ δὲ Β τοῦ Γ*
τριπλάσιον. τὸ ἄρα Α πρὸς τὸ Γ λόγον ἔχει τὸν συγ-
κείμενον ἐκ τοῦ διπλασίου καὶ τριπλασίου, τουτέστιν

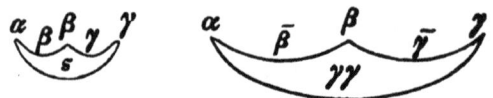

ἑξαπλάσιον. πάλιν τὸ Α τοῦ Β β̄, τὸ Β τοῦ Γ ὑπόγ̄· το
ἄρα Α τοῦ Γ ὑφημιόλιον. τὰ γὰρ δύο ἐπὶ τὸ γ′ γε-
νόμενα ποιοῦσι δύο τρίτα. ὥστε τὸ Α τοῦ Γ ἔσται
δύο γ′ γ′· τὸ Γ ἄρα τοῦ Α ἔσται ἡμιόλιον. πάλιν
τὸ Α τοῦ Β ἡμιόλιον, τὸ Β τοῦ Γ ἐπίτριτον. τὸ Α

---

1. *λ.*   2. F Vat. x (initio add. *λόγος ἐκ λόγων συγκεῖσθαι*
λέγεται καὶ τὰ ἑξῆς).

9. *β̄*] h. e. *διπλάσιον*, Vat. x, *δύο* F.   *ὑπόγ̄*] h. e. *ὑπό-*
τριτον, Vat. x, *ὑπὸ τριῶν* F.   11. *Γ*] om. F Vat. x.   12. *γ′ γ′*]
τρίτα Vat. x.

ἄρα τοῦ Γ διπλάσιον· τὸ γὰρ ā ∠' ἐπὶ τὸ ā γ' γε-
νόμενον δύο ποιεῖ. πάλιν τὸ Α τοῦ Β ἡμιόλιον. τὸ Β

τοῦ Γ ὑπεπίτριτον· τὸ Α ἄρα τοῦ Γ ἐπόγδοον· το
γὰρ ā ∠' ἐπὶ τὸ ∠' δ' ποιεῖ ā η'. πάλιν τὸ Α τοῦ Β
ὑπόβ̄, τὸ Β τοῦ Γ ὑπόγ̄· τὸ Α ἄρα τοῦ Γ ὑπόϛ̄. 5
τὸ γὰρ ∠' καὶ τὸ γ' ϛ' ποιοῦσιν. τοῦτο μέντοι καὶ
ἀνάπαλιν γινόμενον τοῖς πολλαπλασίοις συνεμπίπτει,
χρὴ μέντοι τὸν βουλόμενον ταῦτα ἀκριβοῦν ἁμῶς γέ
πως τοῖς Διοφάντου θεωρήμασιν ἀριθμητικοῖς τετα-
λαιπωρῆσθαι, ἐπεὶ ἀμήχανον ἄνευ ἐκείνων. ἀπορήσαις 10
δ' ἂν εἰκότως ἐπὶ τῶν ἀλόγων μεγεθῶν· τὰς γὰρ πηλι-
κότητας αὐτῶν οὐκ ἔχοντες ἐν ῥητοῖς ἀριθμοῖς πῶς
ἄρα πολλαπλασιάσομεν τοὺς λόγους; ἢ τὸ πολλα-
πλάσιον τοῦτο, κἂν μὴ ἐν λόγοις ῥητοῖς ᾖ, ὅμως τῇ
ἑαυτοῦ φύσει ἔχει τὸν λόγον; ἡ γὰρ διάμετρος πρὸς 15
τὴν πλευράν, εἰ καὶ μὴ ἔχῃ λόγον ῥητόν, ἀλλ' οὖν
τῆς πηλικότητος ἔχει, καθ' ὃν λέγομεν αὐτὴν εἶναι
διπλασίαν δυνάμει.

3. Λόγος ἐκ λόγων συγκεῖσθαι λέγεται· ὅταν,
φησίν, πηλικότητές τινων λόγων, πολλαπλασιαζόμεναι 20
ποιῶσι λόγον, ἐκεῖνος ὁ λόγος συγκεῖσθαι ἐκ τῶν λόγων
ἐκείνων λέγεται, ὧν αἱ πηλικότητες ποιοῦσιν αὐτόν.

3. Vᵃ Bᵃ q y (partem priorem ad διπλάσιος p. 322, 2 etiam Fᶻ).

1. γενομενόμενον Vat.   2. τοῦ Β] postea ins. m. 1 Vat.
5. ὑπόβ̄] ὑπὸ δύο F.   6. ϛ'] γ' F Vat. x.   13. πολλα-
πλασιάσωμεν Vat. x.   14. μὴ ἐν] μέν x.   18. δυνάμει] δύ-
ναμιν Vat. x.   19. σχόλιον εἰς τὸ ϛ̄ ἀδήλου y.   20. φησίν]
om. y.   22. ποιῶσιν y.

πηλικότητας δὲ λέγει, ἀφ' ὧν ὀνομάζονται, ὡς ἀπὸ
τῶν δύο ὁ διπλάσιος. ἔσται λόγος τοῦ ἀπὸ πρὸς
τὸν δ διπλασίων, καὶ αὖ τοῦ δ πρὸς τὸν β διπλασίων
καὶ αὐτός· ὁ τετραπλάσιος οὖν λόγος τοῦ η πρὸς τὸν β
5 συγκεῖσθαι λέγεται ἐκ τῶν δύο λόγων, τοῦ τε η πρὸς
τὸν δ καὶ τοῦ δ πρὸς τὸν β, ὅτι αἱ πηλικότητες αὐτῶν
ποιοῦσιν αὐτὸν οὕτως. ἐπεὶ ὡς εἴρηται πηλικότητες
οἱ ἀριθμοὶ λέγονται, ἀφ' ὧν αἱ σχέσεις ὀνομάζονται,
οἷον ἀπὸ τοῦ β καὶ τρία καὶ τέσσαρα ὁ διπλάσιος καὶ
10 τριπλάσιος καὶ τετραπλάσιος λόγος, ὀνομάζεται δὲ καὶ
τὸ ἥμισυ ἀπὸ τοῦ ἑνός, ἔστι δὲ ὁ δύο τοῦ τέσσαρα
ἥμισυς, λαμβάνω τὸ ἥμισυ τῆς μονάδος, ἀφ' ἧς ὁ
δύο τῶν τεσσάρων ἥμισυς λέγεται, ὃν λεπτῶν πρώτων λ̄·
ὁμοίως λαμβάνω καὶ ἕτερον ἥμισυ μονάδος, ἀφ' ἧς
15 πάλιν ὁ δ ἥμισυς λέγεται τοῦ η, καὶ πολλαπλασιάζω
τὰ λ πρῶτα λεπτὰ ἐπὶ τὰ λ̄ πρῶτα καὶ αὐτὰ λεπτά·
καὶ γίνονται δεύτερα λεπτὰ ἐννακόσια. ταῦτα ἀνα-
βιβάζω ἤτοι μοιράζω· γίνονται δέκα καὶ πέντε πρῶτα
λεπτά, ἅτινα δεκαπέντε πρῶτα λεπτὰ τέταρτόν εἰσι
20 μονάδος· τετράκις γὰρ ιε ξ. ἀλλὰ δὴ ἔστω ὁ μέσος
τοῦ β καὶ η ὁ μ̄· καὶ ἐπεὶ τὰ δύο τοῦ μ εἰκοστόν
ἐστιν, λαμβάνω τὸ εἰκοστὸν τῆς μονάδος ὃν λεπτῶν
τριῶν. ἐπεὶ πάλιν ὁ μ πενταπλάσιός ἐστι τοῦ η,

4. τετραπλασίων V. οὖν] τοίνυν Vq. 9. τοῦ β̄] τῶν
δύο y. 10. λόγος καὶ ὁ τετραπλάσιος Vq. 12. ἀφ' ἧς] del.
m. 2 y, om. VBq. ὁ δύο — 13. λέγεται] mg. m. 2 y, om.
VBq. 13. ὃν] ὧν y. λεπτόν V. πρῶτον Vq. 14.
ὁμοίως] ὁ B, et y, del. m. 2. ἕτερον] στερεόν q. ἧς] ἧς
μονάδος Vq. 15. ἥμισυς] ἥμισυ Vq. 16. ἐπί] καί comp. V.

17. καί] om. Vq. 18. καί] om. B. 21. ἧ] δ q, ὁλτῷ
(supra scr.) η' V(?). 22. ἐστιν] εἰσι Vq. 23. πενταπλοῦς
« corr. V. Post η add. πέμπτον (om. B) μέρος τοῦ μ (ἧ B)
ὁ η (μ B) λέγεται By.

πολλαπλασιάζω τὸν τρία τὸ εἰκοστὸν τοῦ ξ̄ παρὰ τὸν ε̄,
ἀφ' οὗ πέμπτον μέρος ὁ η̄ τοῦ μ̄ λέγεται, καὶ γίνονται
ῑε λεπτά, ἅπερ ἐστὶ τέταρτον μονάδος. καὶ οὕτως
πάλιν ὁ β̄ τοῦ η̄ τέταρτόν ἐστιν. ἔστω πάλιν μεταξὺ
τῶν δ̄ καὶ ῑβ ὁ η̄. ἐπεὶ ὁ δ̄ ἥμισυς ἐστὶ τοῦ η̄, ὁ δὲ η̄   5
ὑφημιόλιος τοῦ ῑβ, λαμβάνω τὰ λ̄ λεπτὰ τὸ ἥμισυ τῆς
μονάδος καὶ τὰ μ̄ λεπτὰ τὸ ὑφημιόλιον τῆς μονάδος,
καὶ ποιῶ τὰ λ̄ παρὰ μ̄, καὶ γίνονται α̅σ̅ δεύτερα λεπτά.
ἀναβιβάζω ταῦτα· γίνονται πρῶτα λεπτὰ κ̄. τὰ κ̄ τρίτον
εἰσὶ μονάδος, καὶ ὁ δ̄ οὖν τρίτον ἐστὶ τοῦ ῑβ. πάλιν   10
ἔστω μεταξὺ τοῦ β̄ καὶ ₍ῑβ ὁ δ̄. καὶ ἐπεὶ ὁ β̄ τοῦ δ̄ ἥμισύ
ἐστιν, ὁ δὲ δ̄ τοῦ ῑβ ὑποτριπλάσιος, λαμβάνω τὰ λ̄
λεπτὰ τὸ τῆς μονάδος ἥμισυ καὶ τὰ κ̄ τὸ τρίτον αὐτῆς·
ἀπὸ γὰρ τοῦ τρία ὁ ὑποτριπλάσιος παρωνόμασται. καὶ
ποιῶ τὰ λ̄ ἐπὶ τὰ κ̄· γίνονται ἑξακόσια δεύτερα λεπτά·   15
ταῦτα ἀναβιβάζω, καὶ γίνονται δέκα πρῶτα. τὰ δέκα
ἕκτον μονάδος, καὶ ὁ β̄ ἕκτον τοῦ ῑβ. πάλιν ἔστω μεταξὺ
τοῦ δ̄ καὶ ε̄ ὁ κ̄. καὶ ἐπεὶ ὁ δ̄ ὑποπενταπλάσιός ἐστι
τοῦ κ̄, ὁ δὲ κ̄ τετραπλάσιος τοῦ ε̄, λαμβάνω τὸ τῆς
μονάδος πέμπτον τὰ ῑβ καὶ τὸν δ̄, ἀφ' οὗ ὁ ε̄ τέταρτον   20
λέγεται τοῦ κ̄, καὶ ποιῶ τὸν δ̄ παρὰ τὸν ῑβ· γίνονται
μ̅η̅· ἔστι δὲ ὁ μ̅η̅ ὑποεπιτέταρτος τῆς μονάδος, καὶ
ὁ δ̄ τοῦ ε̄ ὑποεπιτέταρτός ἐστιν. ἔστω πάλιν μεταξὺ
τοῦ β̄ καὶ δ̄ ὁ γ̄. καὶ ἐπεὶ ὁ δ̄ τοῦ γ̄ ἐπίτριτός ἐστι

---

1. τοῦ ξ̄] τῆς μονάδος V, τοῦ μ̄ Bq.   ε̄] ῑε B.   4. η̄]
ὁ B.   τέταρτος qy.   ἔστω πάλιν] lin. supp. m. 2 y, πάλιν
ἔστω Vq.   5. ἐπεὶ οὖν Vq.   6. ῑβ] corr. ex ηβ y.   λεπτὰ λ̄ y.
7. καί] καὶ ποιῶ y.   τό] τόν y.   8. τὰ λ̄ παρά] λεπτά B.
μ̄] τὰ μ̄ y.   9. ταῦτα] τὰ αὐτά V.   10. πάλιν] om. y.   13.
τό] (pr.) om. V.   αὐτοῦ B.   16. πρῶτα δέκα V.   21. τοῦ] τό B.
τὸν δ̄] τὸ τέταρτον B.   τόν] τό B.   22. ἔστι δὲ ὁ μ̅η̅] om.
By.   23. πάλιν ἔστω Vq.   24. β̄ καί] om. B.   καί\ τῶν B.

. . . .
. . . .
. . . .
ἡ τριπλάσιον ἤ τινα ἄλλαι. κα . . . γε
αὐτὸ διδομένον. λέγω, ὅτι ὁ τοῦ ᾱβ πρ
σύγκειται ἔκ τε τοῦ αβ πρὸς τὸ γδ κα
τὸ ιξ, ἤτοι ὅτι, ἐὰν ἡ τοῦ ᾱβ πρὸς τ .
κότη, πολλαπλασιασθῇ ἐπὶ τὴν τ . ̄
λόγου πηλικότητα, ποιεῖ τὴν τοῦ ᾱβ .
γαρ πρότερον τὸ μὲν ᾱβ τοῦ γδ μεῖζ
τοῦ ιξ. καὶ ἔστω τὸ μὲν αβ τοῦ γδ
δὶ γδ τοῦ ιξ τριπλάσιον. ἐπεὶ οὖν τὸ
τριπλάσιόν ἐστι, τοῦ δὲ γδ διπλάσιον τὸ

1 B (namque ad λόγον p. 325, 23), q fol
 post m 3 ἀναπόδισον κθ φύλλα καὶ εὑρήσει
. . . .

τοῦ εζ ἐστιν ἑξαπλάσιον, ἐπειδὴ ἐὰν τὸ τριπλάσιόν
τινος διπλασιάσωμεν, γίνεται αὐτοῦ ἑξαπλάσιον. τοῦτο
γάρ ἐστι κυρίως σύνθεσις. ἢ οὕτως· ἐπεὶ τὸ αβ τοῦ γδ
ἐστι διπλάσιον, διῃρήσθω τὸ αβ εἰς τὰ τῷ γδ ἴσα,
καὶ ἔστω ταῦτα τὰ αη ηβ· καὶ ἐπεὶ τὸ γδ τοῦ εζ ἐστι   5
τριπλάσιον, ἴσον δὲ τὸ αη τῷ γδ, καὶ τὸ αη ἄρα τοῦ εζ
ἐστι τριπλάσιον. διὰ τὰ αὐτὰ δὴ καὶ τὸ ηβ τοῦ εζ ἐστι
τριπλάσιον· ὅλον ἄρα τὸ αβ τοῦ εζ ἐστιν ἑξαπλάσιον.
ὁ ἄρα τοῦ αβ πρὸς τὸ εζ λόγος συνῆκται διὰ τοῦ γδ
μέσου ὅρου συγκείμενος ἔκ τε τοῦ αβ πρὸς γδ καὶ   10
τοῦ γδ πρὸς εζ λόγου. ὁμοίως δὲ κἂν ἔλαττον ᾖ τὸ γδ
ἑκατέρου τῶν αβ εζ, τὸ αὐτὸ συναχθήσεται. ἔστω γὰρ
πάλιν τὸ μὲν αβ τοῦ γδ τριπλάσιον, τὸ δὲ γδ ἥμισυ
τοῦ εζ. καὶ ἐπεὶ τὸ γδ ἥμισύ ἐστι τοῦ εζ, τοῦ δὲ γδ
τριπλάσιον τὸ αβ, τὸ αβ ἄρα ἡμιόλιόν ἐστι τοῦ εζ.   15
ἐὰν γὰρ τὸ ἥμισύ τινος τριπλασιάσωμεν, ἕξει αὐτὸ
ἅπαξ καὶ ἡμισάκις. καὶ ἐπεὶ τὶ μὲν αβ τοῦ γδ ἐστι
τριπλάσιον, τὸ δὲ γδ τοῦ εζ ἐστιν ἥμισυ, οἵων ἐστὶ
τὸ αβ ἴσων τῷ γδ τριῶν, τοιούτων ἐστὶ τὸ εζ δύο,
ὥστε ἡμιόλιόν ἐστι τὸ αβ τοῦ εζ. ὁ ἄρα τοῦ αβ πρὸς   20
τὸ εζ λόγος συνῆκται διὰ τοῦ γδ μέσου ὅρου συγ-
κείμενος ἔκ τε τοῦ αβ πρὸς γδ καὶ τοῦ γδ πρὸς εζ
λόγου. ἀλλὰ δὴ πάλιν ἔστω τὸ γδ ἑκατέρου τῶν αβ εζ
μεῖζον. καὶ ἔστω τὸ μὲν αβ τοῦ γδ ἥμισυ μέρος, τὸ
δὲ γδ τοῦ εζ ἐπίτριτον. ἐπεὶ οὖν, οἵων ἐστὶ τὸ αβ δύο,   25
τοιούτων ἐστὶ τὸ γδ τεσσάρων, οἵων δὲ τὸ γδ τεσ-
σάρων, τοιούτων τὸ εζ τριῶν, καὶ οἵων ἄρα τὸ αβ δύο,

---

4. τῷ] τό B.   5. καὶ ἔστω ταῦτα] om. q.   7. διά — 8.
τριπλάσιον] om. B.   9. συνῆκται] corr. ex συνῆκται m. 2 q,
συνῆπται B.   12. τὸ αὐτό] om. B.   22. πρὸς γδ λόγου ꝗ.
23. λόγου] om. q.

τοιούτων τὸ ἐξ τριῶν, συνῆκται ἄρα πάλιν ὁ τοῦ αβ
πρὸς ἐξ λόγος διὰ τοῦ γδ μέσου ὅρου ὁ τῶν δύο πρὸς
τρία. ὁμοίως δὴ καὶ ἐπὶ πλειόνων καὶ ἐπὶ τῶν λοιπῶν
πτώσεων. καὶ δῆλον, ὅτι, ἐὰν ἀπὸ τοῦ συγκειμένου
5 λόγου εἰς ὁποιοσοῦν τῶν συντεθέντων ἀφαιρέθῃ, ἑνὸς
τῶν ἄκρων ἀφανισθέντος ὁ λοιπὸς τῶν συντιθέντων
καταλειφθήσεται.

5. Σχόλιον εἰς τὸ λόγος ἐξ λόγων. οἷον ἐξ ἐπι-
τρίτου καὶ ἡμιολίου, ὡς οἶδας, ὁ διπλάσιος ἀπαρτίζεται
10 λόγος. οἱ γὰρ ἄκροι τούτων τὸν διπλάσιον ἀπαρτί-
ζουσιν, ὡς ἔχει καὶ τὸ ὑπόδειγμα, οἷον φέρε εἰπεῖν
ἐπὶ τοῦ β καὶ γ καὶ δ ὁ β πρὸς τὸν γ ὑφημιόλιος καὶ
πρὸς τὸν δ ὑπεπίτριτος ὁ γ, ὁ δὲ β πρὸς τὸν δ δι-
πλάσιος. θὲς οὖν τὰς πηλικότητας κατὰ τὴν παροῦσαν
15 καταγραφὴν ὥστε ποιῆσαι ἐξ ἡμιολίου καὶ ἐπιτρίτου
λόγον τινά, καὶ ποίησον οὕτως τὴν ἔκθεσιν· ἐν ς καὶ
ἐν γ. ἄρξαι[1]) οὖν λέγειν ἔχων ὡρισμένως τὴν μονάδα
ὡς ἐξήκοντα οὖσαν λεπτῶν· ἅπαξ ἅπαξ μία· ἰδοὺ λεπτὰ
ἑξήκοντα. καὶ πάλιν εἰπέ· ἅπαξ ἥμισυ· ἰδοὺ ἐνενήκοντα·

---

1) Pro hoc loco ab ἄρξαι ad finem hab. F: καὶ εἰπέ· ἅπαξ
ἅπαξ μονὰς καὶ ἅπαξ τὸ γ γ. καὶ πά[λιν πολυ]πλασιάζων
τὸ ς πρὸς τὸ ἒν καὶ τὸ γ· ἅπαξ τὸ ἥμισυ ς καὶ ἡμισάκις τὸ γ
ἕκτον. σύνθες ταῦτα καὶ γίνεται [δύο], ἀφ' οὗ ὀνομάζεται ὁ
διπλάσιος ultima uerba inde a καὶ ἡμισάκις in F etiam post
ἡμιολίου lin. 9 inueniuntur inserta.

---

5. Vᵃ (in fine libri V) (f); similiter Fˢ.

---

8. οἷον] om. f.   9. ὡς οἶδας] om. Ff; in F inseruntur
quaedam, u. not.   12. τοῦ — 18. δ (alt.)] τοῦ δ καὶ γ
β ... τοῦ γ ἐπίτριτος ὁ γ τοῦ β ἡμιόλιος καὶ ὁ δ τοῦ β F.
κατά — 15. καταγρ.] om. F.   16. Post ἔκθεσιν ras. 6
ἐν] / V.   17. ἐν γ] γ comp. obsc. V.   ὡρι-
] dubio comp. V.

ἑξήκοντα γὰρ καὶ τριάκοντα, ὅ ἐστι τὸ ἥμισυ μονάδος,
ἐνενήκοντα. καὶ πάλιν πολυπλασίασον τὸ /L´ πρὸς τὸ γ´
καὶ εἰπὲ οὕτως· ἅπαξ τὸ γ´ γ´· τρίτον δὲ μονάδος τὰ x̄.
γίνεται οὖν μετὰ τῶν ἐνενήκοντα ϙ̄ι. καὶ πάλιν εἰπὲ
πολυπλασιάζων καὶ τὸ ἥμισυ πρὸς τὸ γ´, ὥσπερ ἐπολυ- 5
πλασίασας καὶ τὸ ἅπαξ, καὶ εἰπὲ οὕτως· ἡμισάκις τὸ γ´
εἰς τὸν ᾱ ἐστι ῑ. καὶ πρόσθες ταῦτα τοῖς ϙ̄ι καὶ γί-
νεται ϙ̄x̄· ὥσπερ γὰρ τρίτον τῶν ξ̄ τὰ x̄, οὕτως τρίτου
ἥμισυ ἤτοι ἕκτον τὰ ῑ. καὶ γίνεται ϙ̄x̄, ἅ ἐστι δι-
πλάσια τοῦ ξ̄. εἰ δὲ ἀναβιβάσεις τὰ ϙ̄x̄, καὶ δύο 10
ταῦτα ποιήσεις, δι᾽ οὗ ὁ διπλάσιος λόγος ἐμφαίνεται.

6. Τοῦ σοφωτάτου Μαξίμου τοῦ Πλανούδη εἰς
τὸν ὅρον τοῦ ς´ τὸν λόγον ἐκ λόγων. τουτέστιν ὅτι
πᾶς λόγος καὶ ὑπὸ δύο καὶ τριῶν καὶ πλειόνων λόγων
συντεθῆναι δύναται, οἷον ὁ διπλάσιος ὁ ιβ τοῦ ϛ̄ σύγ- 15
κειται ἐκ δύο λόγων ἐξ ἐπιτρίτου καὶ ἡμιολίου τοῦ
τε η̄ πρὸς τὸν ϛ̄ καὶ τοῦ ιβ προς η̄, σύγκειται δὲ καὶ
ἐκ τριῶν ἐξ ἐπιτρίτου τοῦ η̄ πρὸς τὸν ϛ̄ καὶ ἐπιτετάρτου
τοῦ ῑ πρὸς τὸν η̄ καὶ ἐπιπέμπτου τοῦ ιβ πρὸς τὸν ῑ.
ὡσαύτως δὲ καὶ ἐκ πλειόνων. λαμβανομένων οὖν τῶν 20
παρωνύμων τοῖς συντιθεμένοις λόγοις καὶ πολλα-
πλασιαζομένων πρὸς ἀλλήλους γίνεται ἀριθμὸς παρ-
ώνυμος τῷ συγκειμένῳ λόγῳ· οἷον ἐπεί, ὡς εἴρηται,
σύγκειται ὁ διπλάσιος ἐξ ἐπιτρίτου καὶ ἡμιολίου, ἔχει
δὲ ὁ ἐπίτριτος ἅπαξ ὅλον καὶ τὸ τρίτον τοῦ ὑπ᾽ αὐτόν, 25
λαμβάνω ἀντὶ μὲν τοῦ ἅπαξ μονάδα μίαν, ἀντὶ δὲ
τοῦ τρίτου γ´. πάλιν ἐπεὶ ὁ ἡμιόλιος ἔχει ἅπαξ ὅλον
καὶ τὸ ἥμισυ τοῦ ὑπ᾽ αὐτόν, λαμβάνω ἀντὶ μὲν τοῦ

---

6. t fol. 128.

μονάδος. τρίτον. καὶ τριτάκις τὸ ἥμισυ
τοῦ ἡμίσεος ἕκτον. ἥμισυ δὲ καὶ τ

10 μονὰς μία, ἢ συντιθεμένη τῇ πρὸ αὐτ
    οὕτω καὶ ἐκ διπλασίου καὶ τριπλα
πλάσιος· λαμβάνω γὰρ ἀντὶ διπλασί
ἀντὶ δὲ τοῦ τριπλασίου τρεῖς, καὶ πολλα
ἐπ᾽ ἀλλήλας, καὶ γίνονται ἕξ.

15   ἐὰν δὲ ἐκ τριῶν ᾖ συγκείμενος ὁ
προδέδεικται, ἐξ ἐπιτρίτου καὶ ἐπιτει
πέμπτου, λαμβάνω πάλιν ἀντὶ μὲν ἐπ
μίαν καὶ τρίτον, ἀντὶ δὲ ἐπιτετάρτου
ταρτον, ἀντὶ δὲ ἐπιπέμπτου μονάδα κ
20 πολλαπλασιάζω ταῦτα ἐπ᾽ ἄλληλα, κα
μονάδες.   πολλαπλασιάζεται δὲ οὕτως
μονὰς καὶ τὸ γ᾽ ἐπὶ τὴν μονάδα καὶ ι
τὸ ἕν ἕν, ἅπαξ τὸ δ᾽ δ᾽, τριτάκις τὸ ἕν
τοῦ ἑνὸς τρίτον, τριτάκις τὸ δ᾽ ἤτοι τ
25 καὶ ἰδοὺ μονὰς καὶ δ᾽ καὶ γ᾽ καὶ ιβ

ταῦτα πάντα τὰ μέρη γίνεται μονὰς μία, ἥτις συν-
αφθεῖσα τῇ πρὸ αὐτῆς γίνεται δύο. ὅτι δὲ τὰ μέρη
ταῦτα μονὰς γίνεται, γνώσῃ οὕτως· εὑρεῖν χρὴ τὸν
ἔχοντα πρώτως ἀπὸ μονάδος τὰ μέρη ταῦτα ἀριθμόν,
ὃς λαμβανέσθω ὡς μία μονάς, ἔστι δὲ ὁ ἑξήκοντα. 5
τούτου τοίνυν τέταρτον τὰ δεκαπέντε, τρίτον τὰ εἴκοσιν,
δωδέκατον τὰ πέντε, πέμπτον τὰ δώδεκα, εἰκοστὸν τὰ
τρία, πεντεκαιδέκατον τὰ τέσσαρα, ἑξηκοστὸν τὸ ἕν·
δεκαπέντε δὲ καὶ εἴκοσιν καὶ πέντε καὶ δώδεκα καὶ
τρία καὶ τέσσαρα καὶ ἓν ἑξήκοντα. οὕτω δὲ καὶ ἐκ 10
διπλασίου καὶ τριπλασίου καὶ τετραπλασίου γίνεται ὁ
τετρακαιεικοσαπλάσιος, οἷον β̄ δ̄ ῑβ μη. λαμβάνω ἀντὶ
μὲν τοῦ διπλασίου δύο, ἀντὶ δὲ τοῦ τριπλασίου τρία,
ἀντὶ δὲ τοῦ τετραπλασίου τέσσαρα, καὶ πολλαπλασιάζω
τὰ δύο ἐπὶ τὰ τρία, καὶ γίνεται ἕξ· εἶτα τὰ τέσσαρα 15
ἐπὶ τὰ ἕξ, καὶ γίνονται εἰκοσιτέσσαρα, ὅς ἐστι παρώνυμος
τοῦ τεσσαρακαιεικοσαπλασίου.

7. Ἐκ δὲ πολλαπλασίων πολυπλάσιος συγκείμενος
εὑρίσκεται οὕτως· οἷον ὁ ῑβ τοῦ σ̄ διπλάσιος, ὁ δὲ σ̄
τοῦ β̄ τριπλάσιος· αἱ γοῦν πηλικότητες αὐτῶν ὁ δι- 20
πλάσιος καὶ ὁ τριπλάσιος ὡς ἀριθμοὶ πολυπλασιασθέντες
γίνονται ἑξαπλάσιοι. δὶς γὰρ τὰ γ̄ ἕξ, ὅθεν ὁ ἑξα-
πλάσιος παρονομάζεται. οἱ δὲ καὶ ὡς ἐπιμόριοι πολυ-
πλασιασθέντες πάλιν οὕτως συντίθενται· δωδεκάκις
γὰρ τὰ ἕξ ἑβδομήκοντα δύο καὶ ἑξάκις τὰ δύο δώδεκα, 25
ὧν ἑξαπλάσια τὰ ο̄β, ἃ συνέθετο ὅ τε διπλάσιος ῑβ
πρὸς ἕξ καὶ ὁ τριπλάσιος σ̄ πρὸς β̄.

---

7. V⁴ (fortasse post nr. 11 adiungendum; nam illius uerba
prima septem ante hoc repetuntur).

---

23. παρωνομάζεται V.

8. Σύγκειται ὁ τριπλάσιος λόγος ἐκ διπλασιεπιτετάρτου καὶ ἐπιτρίτου, οἷον ὁ δεκαοκτὼ καὶ ὁ ἓξ διὰ μέσου τῶν ὀκτώ· ἔχει τοίνυν ὁ δεκαοκτὼ πρὸς τὸν ὀκτὼ δύο καὶ τέταρτον, ὁ ὀκτὼ δὲ πρὸς τὸν ἓξ ἓν καὶ
5 τρίτον. ἡ καταγραφὴ αὕτη ιη β δ′ η β γ′ δ.

9. Σημείωσαι τὸ λόγος ἐκ λόγων· ἐν τῷ πέμπτῳ τοῦ ὀγδόου ἡ σύνθεσις εὕρηται καὶ ἡ διαίρεσις ἐν τῇ ἀρχῇ τοῦ θ′.

10. Πηλικότητες λέγονται, ἀφ' οὖ παρωνόμασται
10 ὁ λόγος, οἷον ὁ ς τοῦ δ ἡμιόλιος, ἡ δὲ πηλικότης αὐτοῦ ἐστι, τουτέστιν ἀφ' οὖ παρωνόμασται, ὁ εἷς ἥμισυ, ἐπειδὴ ἔχει ὁ ς τὸν δ καὶ τὸ ἥμισυ αὐτοῦ.

11. Ἤτοι πρὸς ἀλλήλας ἤτοι μοῖρα πρὸς μοῖραν καὶ μοῖρα πρὸς λεπτὸν καὶ ἕτερον λεπτὸν πρὸς μοῖραν
15 ἑτέραν καὶ λεπτὸν πρὸς λεπτόν. καὶ οἱ μὲν ἐπιμόριοι οἷον ὁ ἡμιόλιος ἓν ὢν καὶ ἥμισυ καὶ ὁ ἐπίτριτος ἓν ὢν καὶ τρίτον πολυπλασιάζονται οὕτως· ἅπαξ τὸ ἓν ἓν οἷον τυχὸν ἑξάς, καὶ ἅπαξ τὸ τρίτον τρίτον οἷον τὰ δύο τῆς ἑξάδος, καὶ ἅπαξ τὸ ἥμισυ ἥμισυ οἷον τὰ
20 τρία τῆς ἑξάδος· ἰδοὺ ε· καὶ ἡμισάκις τὸ γ′ ἕκτον, ὃ τοῖς ε προστεθὲν ἀνεπλήρωσε τὴν ἑξάδα, καὶ ἰδοὺ δύο ἑξάδες διπλάσιαι τῆς μιᾶς. ὁ γοῦν ἡμιόλιος καὶ ἐπίτριτος ποιοῦσι τὸν διπλάσιον· τοῦ γὰρ τέσσαρα πρὸς τὸν γ ἐπιτρίτου ὄντος καὶ τοῦ γ πρὸς τὸν β ἡμιολίου
25 ἐκ τῶν ἄκρων, τουτέστι τοῦ τέσσαρα καὶ τοῦ β, συνάγεται ὁ διπλάσιος, ὃς εὑρίσκεται καὶ ἀριθμητικῶς· οἷον τοῦ ἐπιτρίτου ὁ δ πρόλογος πολυπλασιασθεὶς μετὰ

---

8. f¹.   9. f¹.   10. Bβ et F, sed hic multis locis euan.
11. V¹; cum nr. 7 coniungendum.

9. ἀφ'] om. β.   12. ἐπεί β.

τοῦ γ̅ ὑπολόγου γίνεται ι̅β̅, καὶ αὖθις ὁ τοῦ ἡμιολίου
πρόλογος τρία πολυπλασιασθεὶς μετὰ τοῦ δύο ὑπολόγου
γίνεται ἕξ, ὧν διπλάσιός ἐστιν ὁ ι̅β̅ πρῶτος πολυ-
πλασιασμός.

Ad prop. II.

12. Ἐπὶ τὴν ΑΒ κάθετον p. 78, 18] οὐ λέγει τὴν
ΕΔ, ἀλλὰ ἄλλην τινὰ τὴν δυναμένην οὕτως ἐπὶ τὴν
ΑΒ πεσεῖν.

Ad prop. III.

13. Διαχθεῖσα ἡ ΒΑ συμπιπτέτω αὐτῇ p. 82, 6] 10
πόθεν δῆλον, ὅτι ἡ ΒΑ ἐκβαλλομένη συμπίπτει τῇ
ΓΕ εὐθείᾳ; καὶ λέγομεν οὕτως· ὅτι, ἐπεὶ παράλληλός
ἐστιν ἡ ΑΔ τῇ ΓΕ, καὶ εἰς μὲν τὴν ΑΔ εὐθεῖαν
ἐμπέπτωκεν ἡ ΑΓ, καὶ εἰς τὴν ΓΕ, εἰς δὲ τὴν ΓΕ ἡ
ΒΕ, καὶ εἰς τὴν ΑΔ ἐμπίπτει· εἰ γὰρ δυνατόν, μὴ 15
συμπιπτέτω, ἀλλ' ἔστω αὐτῇ παράλληλος. καὶ ἐπεὶ
τῇ ΓΕ παράλληλός ἐστιν ἡ ΑΔ καὶ ἡ ΒΑ, αἱ δὲ τῇ
αὐτῇ εὐθείᾳ παράλληλοι καὶ ἀλλήλαις εἰσὶ παράλληλοι·
ὥστε καὶ ἡ ΒΕ τῇ ΑΔ ἐστι παράλληλος. συνέπεσε δέ·
οὐκ ἄρα παράλληλός ἐστιν ἡ ΒΕ τῇ ΓΕ. ἐκβαλλομένη 20
ἄρα συμπιπτέτω.

14. Αἱ ὑπὸ ΕΑΓ, ΑΓΕ δύο ὀρθῶν ἐλάττους·
εὐθεῖα γὰρ ἡ ΓΑ ἐπὶ τὴν ΕΒ ἐφεστάτω. αἱ οὖν ὑπὸ
ΕΑΓ, ΓΑΒ δύο ὀρθαί, ἐλάττους δὲ δύο ὀρθῶν αἱ
ὑπὸ ΕΑΓ καὶ ὑπὸ ΓΑΔ, ὧν ἡ ὑπὸ ΓΑΔ ἴση τῇ 25
ὑπὸ ΑΓΕ διὰ τὸ ἐμπεσεῖν εἰς παραλλήλους τὰς ΑΔ,
ΕΓ τὴν ΑΓ.

---

12. Vᵃ.   18. BVᵃ.   14. Vᵃ.

---

14. καί] om. V.   19. συνέπεσεν B.   26. διά] e corr. V.

15. Ἴση ἄρα ἡ ΑΓ τῇ ΑΕ p. 84, 3] τὰ γὰρ πρὸς τὸ αὐτὸ τὸν αὐτὸν ἔχοντα λόγον ἴσα ἀλλήλοις ἐστίν· ἐπεὶ οὖν ἑκατέρα τῶν ΑΓ, ΑΕ εὐθειῶν πρὸς τὴν ΒΑ τὸν αὐτὸν ἔχει λόγον, εἰκότως ἴσαι εἰσίν.

5

Ad prop. IV.

16. Ἔστω συμπεπλεγμένα τρίγωνα ὡς τὸ ΑΒΓ, ΑΕΖ, καὶ τὰ αὐτὰ ἐροῦμεν. καὶ φανερόν ἐστιν, ὅτι τὸ ΗΘΑ, ΘΑΔ παραλληλόγραμμόν ἐστιν. ἴση ἄρα

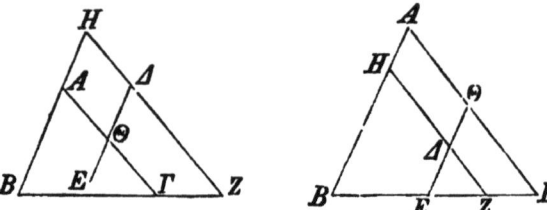

ἡ μὲν ΑΗ τῇ ΘΔ, ἡ δὲ ΗΔ τῇ ΑΘ. καὶ ἐπεὶ τρι-
10 γώνου τοῦ ΗΒΖ παρὰ μίαν τῶν πλευρῶν τὴν ΗΖ ἦκται εὐθεῖα ἡ ΑΓ, ἔστιν ἄρα ὡς ἡ ΒΑ πρὸς ΑΗ, οὕτως ἡ ΒΓ πρὸς ΕΖ.[1]) ἴση δέ ἐστιν ἡ ΑΒ τῇ ΔΕ. ἔστιν ἄρα ὡς ἡ ΑΒ πρὸς τὴν ΑΕ, οὕτως ἡ ΒΓ πρὸς τὴν ΕΖ. ἐναλλὰξ ἄρα ἐστίν, ὡς ἡ ΑΒ

---

1) Hic locus corruptissimus est; debuit sic dici ΑΒ : ΑΗ
= ΒΓ : ΓΖ; ἐναλλὰξ ΑΒ : ΒΓ = ΑΗ : ΓΖ; sed ΑΗ = ΔΘ et
ΔΘ : ΓΖ = ΔΕ : ΕΖ. quare ΑΒ : ΒΓ = ΔΕ : ΕΖ. sed medelam
lenem non inuenio.

---

15. Vᵃq.   16. BVᵃq (bᵃ); figuras seruauit B.

---

6. ἔστω] comp. B, B V, om. b, ἐν q.   συμπεπλεγμένῳ
τριγώνῳ Vq.   8. ΗΘΑ, ΘΑΔ] scrib. ΗΘΑΔ.   9. ΘΔ]
ΔΘ q.   11. ΑΗ] τὴν ΔΕ corr. in τὴν ΑΒ V, ΑΒ q.   12.
ΕΖ] τὴν ΕΖ V.   13. Post pr. ΔΕ add. ἔστι δὲ ὡς ἡ ΑΒ τῇ
ΔΕ V.   14. ΒΓ] ΒΓΔ V.   πρός] Ε q.   ἐστίν] om. V.

τοῦ $\overline{εζ}$ ἐστιν ἑξαπλάσιον, ἐπειδὴ ἐὰν τὸ τριπλάσιόν
τινος διπλασιάσωμεν, γίνεται αὐτοῦ ἑξαπλάσιον. τοῦτο
γάρ ἐστι κυρίως σύνθεσις. ἢ οὕτως· ἐπεὶ τὸ $\overline{αβ}$ τοῦ $\overline{γδ}$
ἐστι διπλάσιον, διῃρήσθω τὸ $\overline{αβ}$ εἰς τὰ τῷ $\overline{γδ}$ ἴσα,
καὶ ἔστω ταῦτα τὰ $\overline{αη}$ $\overline{ηβ}$· καὶ ἐπεὶ τὸ $\overline{γδ}$ τοῦ $\overline{εζ}$ ἐστι   5
τριπλάσιον, ἴσον δὲ τὸ $\overline{αη}$ τῷ $\overline{γδ}$, καὶ τὸ $\overline{αη}$ ἄρα τοῦ $\overline{εζ}$
ἐστι τριπλάσιον. διὰ τὰ αὐτὰ δὴ καὶ τὸ $\overline{ηβ}$ τοῦ $\overline{εζ}$ ἐστι
τριπλάσιον· ὅλον ἄρα τὸ $\overline{αβ}$ τοῦ $\overline{εζ}$ ἐστιν ἑξαπλάσιον.
ὁ ἄρα τοῦ $\overline{αβ}$ πρὸς τὸ $\overline{εζ}$ λόγος συνῆκται διὰ τοῦ $\overline{γδ}$
μέσου ὅρου συγκείμενος ἔκ τε τοῦ $\overline{αβ}$ πρὸς $\overline{γδ}$ καὶ   10
τοῦ $\overline{γδ}$ πρὸς $\overline{εζ}$ λόγου. ὁμοίως δὲ κἂν ἔλαττον ᾖ τὸ $\overline{γδ}$
ἑκατέρου τῶν $\overline{αβ}$ $\overline{εζ}$, τὸ αὐτὸ συναχθήσεται. ἔστω γὰρ
πάλιν τὸ μὲν $\overline{αβ}$ τοῦ $\overline{γδ}$ τριπλάσιον, τὸ δὲ $\overline{γδ}$ ἥμισυ
τοῦ $\overline{εζ}$. καὶ ἐπεὶ τὸ $\overline{γδ}$ ἥμισύ ἐστι τοῦ $\overline{εζ}$, τοῦ δὲ $\overline{γδ}$
τριπλάσιον τὸ $\overline{αβ}$, τὸ $\overline{αβ}$ ἄρα ἡμιόλιόν ἐστι τοῦ $\overline{εζ}$.   15
ἐὰν γὰρ τὸ ἥμισύ τινος τριπλασιάσωμεν, ἕξει αὐτὸ
ἅπαξ καὶ ἡμισάκις. καὶ ἐπεὶ τὶ μὲν $\overline{αβ}$ τοῦ $\overline{γδ}$ ἐστι
τριπλάσιον, τὸ δὲ $\overline{γδ}$ τοῦ $\overline{εζ}$ ἐστιν ἥμισυ, οἵων ἐστὶ
τὸ $\overline{αβ}$ ἴσων τῷ $\overline{γδ}$ τριῶν, τοιούτων ἐστὶ τὸ $\overline{εζ}$ δύο,
ὥστε ἡμιόλιόν ἐστι τὸ $\overline{αβ}$ τοῦ $\overline{εζ}$. ὁ ἄρα τοῦ $\overline{αβ}$ πρὸς   20
τὸ $\overline{εζ}$ λόγος συνῆκται διὰ τοῦ $\overline{γδ}$ μέσου ὅρου συγ-
κείμενος ἔκ τε τοῦ $\overline{αβ}$ πρὸς $\overline{γδ}$ καὶ τοῦ $\overline{γδ}$ πρὸς $\overline{εζ}$
λόγου. ἀλλὰ δὴ πάλιν ἔστω τὸ $\overline{γδ}$ ἑκατέρου τῶν $\overline{αβ}$ $\overline{εζ}$
μεῖζον. καὶ ἔστω τὸ μὲν $\overline{αβ}$ τοῦ $\overline{γδ}$ ἥμισυ μέρος, τὸ
δὲ $\overline{γδ}$ τοῦ $\overline{εζ}$ ἐπίτριτον. ἐπεὶ οὖν, οἵων ἐστὶ τὸ $\overline{αβ}$ δύο,   25
τοιούτων ἐστὶ τὸ $\overline{γδ}$ τεσσάρων, οἵων δὲ τὸ $\overline{γδ}$ τεσ-
σάρων, τοιούτων τὸ $\overline{εζ}$ τριῶν, καὶ οἵων ἄρα τὸ $\overline{αβ}$ δύο,

---

4. τῷ] τό B.   5. καὶ ἔστω ταῦτα] om. q.   7. διά — 8.
τριπλάσιον] om. B.   9. συνῆκται] corr. ex συνῆπται m. 2 q,
συνῆπται B.   12. τὸ αὐτό] om. B.   22. πρὸς $\overline{γδ}$ λόγου q.
23. λόγου] om. q.

15. Ἴση ἄρα ἡ ΑΓ τῇ ΑΕ p. 84, 3] τὰ γὰρ πρὸς
τὸ αὐτὸ τὸν αὐτὸν ἔχοντα λόγον ἴσα ἀλλήλοις ἐστίν·
ἐπεὶ οὖν ἑκατέρα τῶν ΑΓ, ΑΕ εὐθειῶν πρὸς τὴν ΒΑ
τὸν αὐτὸν ἔχει λόγον, εἰκότως ἴσαι εἰσίν.

5 ## Ad prop. IV.

16. Ἔστω συμπεπλεγμένα τρίγωνα ὡς τὸ ΑΒΓ,
ΔΕΖ, καὶ τὰ αὐτὰ ἐροῦμεν. καὶ φανερόν ἐστιν, ὅτι
τὸ ΗΘΑ, ΘΑΔ παραλληλόγραμμόν ἐστιν. ἴση ἄρα

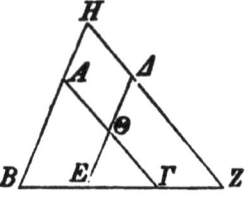 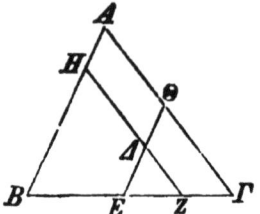

ἡ μὲν ΑΗ τῇ ΘΔ, ἡ δὲ ΗΔ τῇ ΑΘ. καὶ ἐπεὶ τρι-
10 γώνου τοῦ ΗΒΖ παρὰ μίαν τῶν πλευρῶν τὴν ΗΖ
ἦκται εὐθεῖα ἡ ΑΓ, ἔστιν ἄρα ὡς ἡ ΒΑ πρὸς ΑΗ,
οὕτως ἡ ΒΓ πρὸς ΕΖ.[1]) ἴση δέ ἐστιν ἡ ΑΒ τῇ
ΔΕ. ἔστιν ἄρα ὡς ἡ ΑΒ πρὸς τὴν ΑΕ, οὕτως
ἡ ΒΓ πρὸς τὴν ΕΖ. ἐναλλὰξ ἄρα ἐστίν, ὡς ἡ ΑΒ

---

1) Hic locus corruptissimus est; debuit sic dici ΑΒ : ΑΗ
= ΒΓ : ΓΖ; ἐναλλὰξ ΑΒ : ΒΓ = ΑΗ : ΓΖ; sed ΑΗ = ΔΘ et
ΔΘ : ΓΖ = ΔΕ : ΕΖ. quare ΑΒ : ΒΓ = ΔΕ : ΕΖ. sed medelam
lenem non inuenio.

---

15. V^aq.   16. BV^aq (b³); figuras seruauit B.

---

6. ἔστω] comp. B, B V, om. b, ἐν q.   συμπεπλεγμένῳ
τριγώνῳ V q.   8. ΗΘΑ, ΘΑΔ] scrib. ΗΘΑΔ.   9. ΘΔ]
ΔΘ q.   11. ΑΗ] τὴν ΔΕ corr. in τὴν ΑΒ V, ΑΒ q.   12.
ΕΖ] τὴν ΕΖ V.   13. Post pr. ΔΕ add. ἔστι δὲ ὡς ἡ ΑΒ τῇ
ΔΕ V.   14. ΒΓ] ΒΓΔ V.   πρός] E q.   ἐστίν] om. V.

ἑξήκοντα γὰρ καὶ τριάκοντα, ὅ ἐστι τὸ ἥμισυ μονάδος,
ἐνενήκοντα. καὶ πάλιν πολυπλασίασον τὸ /L´ πρὸς τὸ γ´
καὶ εἰπὲ οὕτως· ἅπαξ τὸ γ´ γ´· τρίτον δὲ μονάδος τὰ x̄.
γίνεται οὖν μετὰ τῶν ἐνενήκοντα ρ̄ι. καὶ πάλιν εἰπὲ
πολυπλασιάζων καὶ τὸ ἥμισυ πρὸς τὸ γ´, ὥσπερ ἐπολυ-   5
πλασίασας καὶ τὸ ἅπαξ, καὶ εἰπὲ οὕτως· ἡμισάκις τὸ γ´
εἰς τὸν ᾱ ἐστι ῑ. καὶ πρόσθες ταῦτα τοῖς ρ̄ι καὶ γί-
νεται ρ̄κ· ὥσπερ γὰρ τρίτον τῶν ξ̄ τὰ x̄, οὕτως τρίτου
ἥμισυ ἤτοι ἕκτον τὰ ῑ. καὶ γίνεται ρ̄κ, ᾱ ἐστι δι-
πλάσια τοῦ ξ̄. εἰ δὲ ἀναβιβάσεις τὰ ρ̄κ, καὶ δύο   10
ταῦτα ποιήσεις, δι' οὗ ὁ διπλάσιος λόγος ἐμφαίνεται.

6. Τοῦ σοφωτάτου Μαξίμου τοῦ Πλανούδη εἰς
τὸν ὅρον τοῦ ϛ´ τὸν λόγος ἐκ λόγων. τουτέστιν ὅτι
πᾶς λόγος καὶ ὑπὸ δύο καὶ τριῶν καὶ πλειόνων λόγων
συντεθῆναι δύναται, οἷον ὁ διπλάσιος ὁ ῑβ τοῦ ϛ̄ σύγ-   15
κειται ἐκ δύο λόγων ἐξ ἐπιτρίτου καὶ ἡμιολίου τοῦ
τε η̄ πρὸς τὸν ϛ̄ καὶ τοῦ ῑβ πρὸς η̄, σύγκειται δὲ καὶ
ἐκ τριῶν ἐξ ἐπιτρίτου τοῦ η̄ πρὸς τὸν ϛ̄ καὶ ἐπιτετάρτου
τοῦ ῑ πρὸς τὸν η̄ καὶ ἐπιπέμπτου τοῦ ῑβ πρὸς τὸν ῑ.
ὡσαύτως δὲ καὶ ἐκ πλειόνων. λαμβανομένων οὖν τῶν   20
παρωνύμων τοῖς συντιθεμένοις λόγοις καὶ πολλα-
πλασιαζομένων πρὸς ἀλλήλους γίνεται ἀριθμὸς παρ-
ώνυμος τῷ συγκειμένῳ λόγῳ· οἷον ἐπεί, ὡς εἴρηται,
σύγκειται ὁ διπλάσιος ἐξ ἐπιτρίτου καὶ ἡμιολίου, ἔχει
δὲ ὁ ἐπίτριτος ἅπαξ ὅλον καὶ τὸ τρίτον τοῦ ὑπ' αὐτόν,   25
λαμβάνω ἀντὶ μὲν τοῦ ἅπαξ μονάδα μίαν, ἀντὶ δὲ
τοῦ τρίτου γ´. πάλιν ἐπεὶ ὁ ἡμιόλιος ἔχει ἅπαξ ὅλον
καὶ τὸ ἥμισυ τοῦ ὑπ' αὐτόν, λαμβάνω ἀντὶ μὲν τοῦ

---

6. t fol. 123.

---

1. μονάδος] supra scr. V.   8. τρίτον — x̄] supra scr. V.

γὰρ ἐν τοῖς ὅροις τοῦ ε΄ στοιχείου, ὅτι ὁμόλογα μεγέθη λέγεται τὰ μὲν ἡγούμενα τοῖς ἡγουμένοις, τὰ δὲ ἑπόμενα τοῖς ἑπομένοις.

Ad prop. V.

18. *Λοιπὴ ἄρα ἡ πρὸς τῷ Α* p. 88, 22] ἐπεὶ γὰρ
5 παντὸς τριγώνου αἱ τρεῖς γωνίαι δυσὶν ὀρθαῖς ἴσαι εἰσίν, ὡς διὰ τοῦ λβ΄ τοῦ α΄ ἀποδέδεικται, αἱ τρεῖς ὁμοῦ γωνίαι τοῦ ἑνὸς τριγώνου ταῖς τρισὶν ὁμοῦ τοῦ ἑτέρου τριγώνου ἴσαι εἰσί· τὰ γὰρ τῷ αὐτῷ ἴσα καὶ ἀλλήλοις ἴσα ἐστίν. ἀφῃρέθησαν δὲ τοῦ ἑνὸς αἱ δύο
10 γωνίαι καὶ τοῦ ἑτέρου αἱ δύο ἴσαι οὖσαι ἄμφω ἀμφοῖν. καὶ ἡ λοιπὴ ἄρα γωνία τοῦ ἑνὸς τριγώνου τῇ λοιπῇ τοῦ ἑτέρου ἴση ἐστὶν ὁμολογουμένως· ἐὰν γὰρ ἀπὸ ἴσων ἴσα ἀφαιρεθῇ, τὰ καταλειπόμενα ἴσα ἐστίν.

Ad prop. VII.

15 19. *Ἑκατέραν ἅμα* p. 94, 18] ὅρα, μὴ συνάψῃς μήτε κατὰ τὴν ἔννοιαν μήτε κατὰ τὴν ἀνάγνωσιν τὸ ἑκατέραν μετὰ τοῦ ἅμα ἐν τῷ ὅρῳ τοῦ παρόντος ζ΄ στοιχείου· ἀλλ᾽ εἰπὼν τῶν λοιπῶν ἑκατέραν καὶ ὑποστίξας ἐντεῦθεν ἔπαγε ἅμα ἤτοι ἐλάσσονα ἢ μὴ ἐλάσσονα
20 ὀρθῆς. οὔτε γὰρ κατὰ γραμματικοὺς κοινωνίαν ἔχει τὸ ἑκάτερον μετὰ τοῦ ἅμα, ἀλλ᾽ εἰ ἑκάτερον, οὐχ ἅμα, καὶ εἰ ἅμα, οὐχ ἑκάτερον, οὔτε κατὰ τὸν τοῦ θεωρήματος σκοπόν· τοῦτο γὰρ βούλεται δηλοῦν, ὅτι, ὅταν ἡ μία τῶν λοιπῶν δύο γωνιῶν ταχθῇ ἐλάσσων ὀρθῆς, τότε καὶ ἡ ἑτέρα
25 τοιαύτη ταττέσθω, ὅταν δὲ ἡ μία οὐκ ἐλάσσων ὀρθῆς, τότε καὶ ἡ ἑτέρα τοιαύτη ταττέσθω.

---

18. t (νέον).   19. t (νέον). ·

---

17. Supra τῷ ὅρῳ scr. ead. manu τῇ προτάσει t.

ταῦτα πάντα τὰ μέρη γίνεται μονὰς μία, ἥτις συν-
αφθεῖσα τῇ πρὸ αὐτῆς γίνεται δύο. ὅτι δὲ τὰ μέρη
ταῦτα μονὰς γίνεται, γνώσῃ οὕτως· εὑρεῖν χρὴ τὸν
ἔχοντα πρώτως ἀπὸ μονάδος τὰ μέρη ταῦτα ἀριθμόν,
ὃς λαμβανέσθω ὡς μία μονάς, ἔστι δὲ ὁ ἑξήκοντα. 5
τούτου τοίνυν τέταρτον τὰ δεκαπέντε, τρίτον τὰ εἴκοσιν,
δωδέκατον τὰ πέντε, πέμπτον τὰ δώδεκα, εἰκοστὸν τὰ
τρία, πεντεκαιδέκατον τὰ τέσσαρα, ἑξηκοστὸν τὸ ἕν·
δεκαπέντε δὲ καὶ εἴκοσιν καὶ πέντε καὶ δώδεκα καὶ
τρία καὶ τέσσαρα καὶ ἓν ἑξήκοντα. οὕτω δὲ καὶ ἐκ 10
διπλασίου καὶ τριπλασίου καὶ τετραπλασίου γίνεται ὁ
τετρακαιεικοσαπλάσιος, οἷον β̅ δ̅ ι̅β̅ μ̅η̅. λαμβάνω ἀντὶ
μὲν τοῦ διπλασίου δύο, ἀντὶ δὲ τοῦ τριπλασίου τρία,
ἀντὶ δὲ τοῦ τετραπλασίου τέσσαρα, καὶ πολλαπλασιάζω
τὰ δύο ἐπὶ τὰ τρία, καὶ γίνεται ἕξ· εἶτα τὰ τέσσαρα 15
ἐπὶ τὰ ἕξ, καὶ γίνονται εἰκοσιτέσσαρα, ὅς ἐστι παρώνυμος
τοῦ τεσσαρακαιεικοσαπλασίου.

7. Ἐκ δὲ πολλαπλασίων πολυπλάσιος συγκείμενος
εὑρίσκεται οὕτως· οἷον ὁ ι̅β̅ τοῦ ς̅ διπλάσιος, ὁ δὲ ς̅
τοῦ β̅ τριπλάσιος· αἱ γοῦν πηλικότητες αὐτῶν ὁ δι- 20
πλάσιος καὶ ὁ τριπλάσιος ὡς ἀριθμοὶ πολυπλασιασθέντες
γίνονται ἑξαπλάσιοι. δὶς γὰρ τὰ γ̅ ἕξ, ὅθεν ὁ ἑξα-
πλάσιος παρονομάζεται. οἱ δὲ καὶ ὡς ἐπιμόριοι πολυ-
πλασιασθέντες πάλιν οὕτως συντίθενται· δωδεκάκις
γὰρ τὰ ἕξ ἑβδομήκοντα δύο καὶ ἑξάκις τὰ δύο δώδεκα, 25
ὧν ἑξαπλάσια τὰ ο̅β̅, ἃ συνέθετο ὅ τε διπλάσιος ι̅β̅
πρὸς ἕξ καὶ ὁ τριπλάσιος ς̅ πρὸς β̅.

---

7. V⁴ (fortasse post nr. 11 adiungendum; nam illius uerba
prima septem ante hoc repetuntur).

---

23. παρωνομάζεται V.

μήκους ἔχον τῶν περὶ τὴν ὀρθὴν γωνίαν πλευρῶν τὴν
μίαν τριῶν, τὴν δὲ ἑτέραν δ̄· ἔσται ἡ ὑποτείνουσα
τὴν ὀρθὴν γωνίαν πέντε. ἐπεὶ γὰρ ὀρθογώνιον τὸ
τρίγωνον, τὸ ἀπὸ τῆς ὑποτεινούσης ἴσον τοῖς ἀπὸ τῶν
5 περιεχουσῶν τὴν ὀρθὴν γωνίαν πλευρῶν τετραγώνοις.
ἐὰν γοῦν κάθετος ἀπὸ τῆς ὀρθῆς γωνίας ἐπὶ τὴν βάσιν
ἀχθῇ, τεμεῖ τὴν βάσιν εἴς τε ἓν ὁλόκληρον καὶ δ̄'
πέμπτα καὶ εἰς τρία ὁλόκληρα καὶ ἓν πέμπτον, καὶ ἡ
κάθετος ἔσται πέμπτων δώδεκα· οὕτω γὰρ κατὰ τὸ
10 πόρισμα εὑρεθήσεται μὲν ἡ πρὸς τῷ τμήματι πλευρὰ
μέση ἀνάλογον καὶ ἡ κάθετος μέση ἀνάλογον τῶν δύο
τμημάτων. ἐὰν γὰρ ἀναλύσῃς τὴν ὑποτείνουσαν τὴν
ὀρθὴν γωνίαν ἤτοι τὰ ε̄ εἰς πέμπτα, γίνεται κ̄ε̄ πέμπτα.
ὡσαύτως καὶ τὰς περὶ τὴν ὀρθὴν γωνίαν πλευράς·
15 γίνεται ἡ μὲν ῑε̄ πέμπτων, ἡ δὲ εἴκοσι πέμπτων. ἔσται
οὖν ἡ μὲν ὑποτείνουσα τὴν ὀρθὴν γωνίαν εἰκοσιπέντε
πέμπτων οὖσα πρὸς μὲν τὴν ἑτέραν τῶν πλευρῶν ῑε̄
πέμπτων οὖσαν ἐπιδίτριτος, καὶ αὕτη πρὸς τὸ τμῆμα
τὸ πρὸς αὐτῇ πέμπτων θ̄ ὂν ὡσαύτως ἐπιδίτριτος,
20 πρὸς μέντοι τὴν ἑτέραν πλευρὰν εἴκοσι πέμπτων οὖσαν
ἡ ὑποτείνουσα ἔσται ἐπιτέταρτος, καὶ αὕτη πρὸς τὸ
πρὸς αὐτῇ τμῆμα ῑϛ̄ πέμπτων ὂν τὸν αὐτὸν ἕξει λόγον.
ἔσται δὲ οὕτως καὶ ἡ κάθετος ῑβ̄ πέμπτων οὖσα μέση
ἀνάλογον τῶν δύο τμημάτων· ὃν γὰρ λόγον ἔχει τὰ ῑϛ̄
25 πρὸς τὰ ῑβ̄, τὸν αὐτὸν λόγον ἔχει καὶ τὰ ῑβ̄ πρὸς τὰ θ̄.
ὡσαύτως δὲ καὶ ἂν διπλασιασθήσονται τοῦ εἰρημένου
ὀρθογωνίου τριγώνου αἱ πλευραί, εὑρεθήσονται καὶ
τὰ τμήματα διπλάσια τῶν προειρημένων, ὡσαύτως δὲ
καὶ ἡ κάθετος· ἔσται γὰρ τὸ μὲν ἓν τῶν τμημάτων θ̄

9. γάρ] non liquet V, τό f.   18. καί] supra scr. V.   Post
αὕτη 1 litt. del. V.   21. ἔσται] ut uidetur V, ἔστι f.

πέμπτων ὂν ιη πέμπτων, τὸ δὲ ἕτερον ιϛ ὂν πέμπτων λβ,
ἡ δὲ κάθετος ιβ πέμπτων οὖσα κδ, καὶ γενήσεται
πάλιν κατὰ τὸ πόρισμα. ὡσαύτως δὲ καί, ἐὰν τρι-
πλασιασθήσονται αἱ πλευραὶ τοῦ τοιούτου τριγώνου,
τριπλασιασθήσεται καὶ τὰ τμήματα καὶ ἡ κάθετος, καὶ 5
ἐὰν τετραπλασιασθήσονται αἱ πλευραί, τετραπλασιασθή-
σονται καὶ τὰ τμήματα καὶ ἡ κάθετος, καὶ φυλαχθήσεται
ὁ αὐτὸς λόγος καὶ ἐφεξῆς ὡσαύτως. ὡσαύτως δὲ καὶ ἂν
ὑποδιπλασιασθῶσιν ἢ ὑποτριπλασιασθῶσιν ἢ ὑποτετρα-
πλασιασθῶσιν αἱ πλευραὶ τοῦ ῥηθέντος τριγώνου, τρί- 10
γωνα πάλιν ἀποτελέσουσιν ὀρθογώνια, οἷον ὡς ἐπὶ παρα-
δείγματος, ἐὰν τριγώνου ἔχοντος τὴν μὲν μίαν πλευρὰν γ,
τὴν δὲ ἑτέραν δ καὶ τὴν ὑποτείνουσαν ε ἡμισευθῶσιν αἱ
πλευραί, ἔσονται πάλιν ὀρθογώνιον τρίγωνον ἔχον τὴν
μὲν μίαν τῶν περὶ τὴν ὀρθὴν γωνίαν ᾱ L', τὴν δὲ 15
λοιπὴν β̄ καὶ τὴν ὑποτείνουσαν β̄ L', καὶ ἡ ἀπὸ τῆς
ὀρθῆς γωνίας ἐπὶ τὴν βάσιν κάθετος τεμεῖ ταύτην
εἰς θ̄ δέκατα καὶ ιϛ δέκατα, ἔσται δὲ καὶ ἡ κάθετος
δώδεκα δεκάτων, καὶ φυλαχθήσεται τὰ τοῦ πορίσματος.

21. Ὅσας μὲν τῶν ἀποριῶν ἡμεῖς ἠδυνήθημεν, 20
ἐπελυσάμεθα, ταύτην δὲ καὶ ἑτέρας, ἃς προιὼν εὑρήσεις
δεδηλωμένας, μὴ δυνηθέντες τοῖς ἐντυγχάνουσι κατ-
ελίπομεν ἀξιοῦντες τὸ ἐλλεῖπον ἡμῖν αὐτοὺς ἀνα-
πληρῶσαι ὡς χάριν καὶ παρ' ἡμῶν οὐ τὴν τυχοῦσαν
ἕξοντας. πῶς γὰρ οὐκ ἄπορον τοῦτο, ὅτι καὶ ἐν τοῖς 25
πρὸ τούτου η' θεωρήματος καὶ ἐν τοῖς μετὰ τοῦτο
τριγώνοις ποιῶν ἀναλογίαν ὁ Εὐκλείδης συγκρίνει
ἑκατέρου τριγώνου πλευρὰν μετὰ τῆς ἑτέρας τοῦ αὐτοῦ

---

21. t (νέα ἀπορία).

1. Post ὄν add. δέ(?) comp. ∇f.   16. β̄| (alt.) corr. ex δ̄ ∇.
Euclides, edd. Heiberg et Menge. V.   22

τριγώνου, ἐνταῦθα δὲ οὐχ οὕτως ποιεῖ, ἀλλὰ συγκρίνει
τὴν τοῦ ἑνὸς πλευραν πρὸς τὴν τοῦ ἑτέρου, ὅπερ εἰς
τὰ ἀντιπεπονθότα σχήματα, ἀλλ' οὐκ εἰς τὰς ἀναλογίας
πλὴν ἐν ταύτῃ τῇ καταγραφῇ ποιεῖ.

5 Ad prop. IX.

22. Ἄλλως τὸ θ' θεώρημα.

ἔστω ἡ δοθεῖσα εὐθεῖα ἡ ΑΒ. δεῖ δὴ τῆς ΑΒ τὸ
προσταχθὲν μέρος ἀφελεῖν. προστετάχθω τὸ γ'. καὶ
ἤχθωσαν ἀπὸ τῶν Α, Β σημείων τῇ ΑΒ εὐθείᾳ πρὸς
10 ὀρθὰς γωνίας εὐθεῖαι αἱ ΑΓ, ΒΔ, καὶ εἰλήφθω ἐπὶ

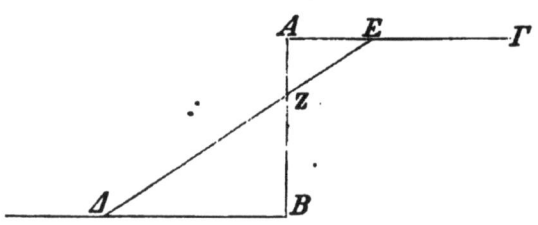

τῆς ΑΓ τυχὸν σημεῖον τὸ Ε, καὶ κείσθω τῆς ΑΕ
διπλῆ ἡ ΒΔ, καὶ ἐπεζεύχθω ἡ ΔΕ. ἰσογώνιον ἄρα
ἐστὶ τὸ ΑΖΕ τρίγωνον τῷ ΖΒΔ τριγώνῳ. ἔστιν ἄρα
ὡς ἡ ΕΑ πρὸς τὴν ΑΖ, οὕτως ἡ ΔΒ πρὸς τὴν ΒΖ.
15 ἐναλλὰξ ἄρα ἐστιν ὡς ἡ ΔΒ πρὸς τὴν ΕΑ, οὕτως ἡ
ΖΒ πρὸς τὴν ΖΑ. διπλῆ δέ ἐστιν ἡ ΔΒ τῆς ΕΑ·

---

22. BVᵃbˢq (P²f); figuram seruauit B.

6. ἄλλως τὸ θ' θεώρημα] om. V.   7. ἔστω] comp. corr.
ex ἐν V, ἔνθα q, ἐν f.   τῆς] ἀπὸ τῆς Vbq.   8. προστετάχθω]
ἐπιτετάχθω δή Vbq.   9. ἤχθω B.   ἀπό] παρά V, πρός bq.
τῶν] τά b.   σημείων] om. b.   10. ΑΓ] corr. ex ΑΒ q,
ΑΒ V.   ΒΔ] mut. in ΓΔ q.   11. ΑΓ] ΑΒ B.   τῆς] τῇ B,
τῇι b; comp. Vq.   12. ΒΔ] ΑΔ V, ΔΑ bq.   14. ΔΒ]
ΖΒ B.   ΒΖ] ΒΔ B.   15. καὶ ἐναλλάξ Vbq.   ἄρα — 16.
ΖΔ] om. Vbq.   16. ΔΒ] ΒΔ Vbq.   ΕΑ] ΑΕ Vbq.

διπλῆ ἄρα καὶ ἡ ZB τῆς ZA. ὥστε τριπλῆ ἡ BA
τῆς AZ. ἀφῄρηται ἄρα ἀπὸ τῆς δοθείσης εὐθείας τὸ
προσταχθὲν μέρος· ὅπερ ἔδει ποιῆσαι.

Ad prop. XIV.

23. Ἔστω τὸ AB παραλληλόγραμμον ἀριθμῶν μή, 5
ἤγουν ἡ μία πλευρὰ ἀριθμῶν ῆ, ἡ δὲ ἑτέρα ς· τὸ
γοῦν ὑπὸ τῶν ς καὶ ῆ μή γίνεται. ἔστω τὸ BΓ
ἀριθμῶν τοσούτων, ἤγουν μή καὶ αὐτό. ἀντιπεπόν-
θασιν οὖν αἱ τῶν ἀμφοτέρων πλευραὶ αἱ περὶ τὰς
ἴσας γωνίας, ἤγουν ὡς μία πλευρὰ τοῦ AB πρὸς μίαν 10
πλευρὰν τοῦ BΓ, οὕτως ἡ ἑτέρα πλευρὰ τοῦ BΓ πρὸς
ἑτέραν πλευρὰν τοῦ AB. ἔστω γὰρ ἡ μία πλευρὰ
τοῦ BΓ ἀριθμῶν ιβ, ἡ δὲ ἑτέρα δ· τετράκις γοῦν
τὰ ιβ μή. ἦν δὲ καὶ τοῦ AB ἡ μία μὲν πλευρὰ ῆ,
ἡ δὲ ἑτέρα ς. ὡς γοῦν τὰ ς πρὸς τὰ δ, οὕτως τὰ ιβ 15
πρὸς τὰ ῆ· ἡμιόλιον γὰρ ἄμφω. καὶ ἄλλως ὡς τὰ ῆ
προς τὰ δ, οὕτως τὰ ιβ πρὸς τὰ ς· διπλάσιον γὰρ
ἄμφω.

24. Ὧν μὲν ἀνάλογόν εἰσιν αἱ πλευραί, πάντως

---

23. Vᵇb (B²); in V initio add. σχόλιον; ultimam partem a
καὶ ἄλλως lin. 16 om. b.　　24. PBFVat. (βιβλίον ς' εἰς τὸ
ιδ' Vat.).

---

1. ZB] BΔ BVq, ΔΔ b.　2. ἀπό] πρός Vb.　3. προσ-
αχθέν] πρὸσ (comp.) τᾶ V, πρὸς (comp.) μī.‚ ᾶ b, ∠ τό q.　5.
μή] η e corr. V.　6. ἑτέρα] ἄλλη b.　7. τό] καὶ τό b.　BΓ]
BΓ παραλληλόγραμμον b.　8. ἤγουν] τουτέστιν b.　καὶ αὐτό]
om. b.　9. οὖν] om. b.　10. μία πλευρά] τὸ ἓν πλευρόν b.
μίαν πλευράν] τὸ ἓν πλευρόν b.　11. τὸ ἕτερον πλευρόν b.
12. ἑτέραν πλευράν] τὸ ἕτερον πλευρόν b.　τὸ ἕτερον
πλευρόν b.　13. τὸ δὲ ἕτερον b.　δ] lac. b.　τετράκις
γοῦν τὰ ιβ] τὸ γὰρ ὑπὸ τῶν β γίνεται b.　14. ιβ] supra scr. V.
ἦν δέ] ἄπ ante lacunam b.　μὲν μία b.

22*

ἀντιπεπόνθασιν, οὐκ ἔμπαλιν δέ. ἀνάλογον δέ εἰσι
τῶν ἴσων τε καὶ ἰσογωνίων αἱ πλευραί· διὸ καὶ ἀντι-
πεπόνθασιν.

25. Τοῖς μὲν ἰσογωνίοις μόνοις τριγώνοις συμ-
5 βέβηκεν τὸ ἀνάλογον ἔχειν τὰς πλευράς, οὐ μὴν καὶ
ἀντιπεπονθέναι τῷ λόγῳ, τοῖς δὲ ἴσοις ἅμα καὶ ἰσο-
γωνίοις καὶ τὸ ἀντιπεπονθέναι· ἴσαι γάρ εἰσι καὶ αἱ
πλευραί. ὁ δὲ τῆς ἰσότητος λόγος ἀναστρέφει πρὸς
ἑαυτόν, τουτέστιν ἔκ τε τοῦ ἡγουμένου λαμβανομένου
10 καὶ τοῦ ἑπομένου ὁ αὐτός ἐστι καὶ ἀδιάφορος. τοῖς
δὲ ἴσοις μὲν καὶ μίαν γωνίαν ἴσην ἔχουσιν, μὴ ἴσοις
δὲ τὸ ἀντιπεπονθέναι μόνον τὰς πλευρὰς καὶ οὐ πάσας,
ἀλλὰ τὰς περὶ τὰς ἴσας γωνίας. ὥστε τὰ μὲν μόνως
ἀνάλογον ἔχει τὰς πλευράς, τὰ δὲ μόνως ἀντιπεπον-
15 θυίας, τὰ δὲ ἀνάλογον καὶ ἀντιπεπονθυίας, καί ἐστι
τὰ μὲν πρῶτα ἰσογώνια μέν, οὐκ ἴσα δέ, τὰ δὲ δεύτερα
ἴσα μὲν καὶ μίαν γωνίαν ἴσην ἔχοντα, οὐκ ἰσογώνια
δέ, τὰ δὲ λοιπὰ καὶ ἴσα καὶ ἰσογώνια. ὅτι δὲ ἔστιν
ἴσα καὶ μίαν γωνίαν ἔχοντα, οὐ μέντοι καὶ ἰσογώνια,
20 δῆλον ἐντεῦθεν· ἔστω ἰσογώνια καὶ ἴσα τὰ ΑΒΓ, ΔΕΖ
ὁμολόγους ἔχοντα τὰς γωνίας τὰς Α, Δ, καὶ ἐπὶ τῆς

---

25. PBFVat. Vᵃ (bᵍ). (εἰς τὸ αὐτό F Vat.).

---

1. εἰσι] ἐστι BFVat.   2. τε] om. P.   4. μόνοις] om. V.
9. ἡγουμένου] ἡγουμένου λόγου V.   10. τοῦ] ἐκ τοῦ BV.
ἐστι] om. V.   διάφορος BFVat.V.   τοῖς] τοι P.   11.
ἔχουσι FVat.V.   μὴ ἴσοις] μία ἴσην V.   ἴσοις] corr. ex
ἴσον m. rec. P, ἴσων BFVat.   12. Supra τό scr. πλευράς m.
rec. P.   13. περὶ τάς] περιττάς Vat.   15. τά — ἀντιπεπον-
θυίας] om. V.   16. τὰ δὲ δεύτερα ἴσα] τὸ δὲ β ἴσον V.   17.
ἔχον V.   οὐκ] οὐ μέντοι καί BV.   ἰσογώνιον V.   18. δέ]
om. BV.   τὰ λοιπά δέ PVat.   τά — 19. ἰσογώνια] om. BV.
20. δῆλον δέ B, δεῖ δέ V.   ἔστω] ἔσται comp. B, ἐν V.
Post ΔΕΖ add. πλευράς m. rec. P.   21. ἔχον P.   τάς]
(alt.) mut. in τά m. rec. P.

AB τυχὸν σημεῖον τὸ *H*, καὶ ἐπεζεύχθω ἡ *ΓH*, καὶ ἐκβεβλήσθω ἡ *AΓ*.

Ad prop. XVI.

26. Ἔστω ἡ μὲν *AB* ἀριθμῶν *ιβ̄*, ἡ δὲ *ΓΔ* *η̄*, καὶ πάλιν ἡ μὲν *E* ἀριθμῶν *ϛ̄*, ἡ δὲ *Z* ἀριθμῶν *δ̄*, ὡς τὰ *ιβ̄* πρὸς τὰ *η̄*, οὕτως τὰ *ϛ̄* πρὸς τὰ *δ̄*. καὶ τὸ ὑπὸ τῶν *ιβ̄* καὶ *δ̄* περιεχόμενον ὀρθογώνιον ἴσον ἐστὶ τῷ ὑπὸ τῶν *η̄* καὶ *ϛ̄* περιεχομένῳ ὀρθογωνίῳ.

27. Οἷον ἔστωσαν ἐπὶ ἀριθμοῦ ὡς ὁ *θ̄* πρὸς τὸν *γ̄*, οὕτως ὁ *γ̄* πρὸς τὴν μονάδα. πολυπλασίασον τὸν *θ̄* πρὸς τὴν μονάδα καὶ τὸν *γ̄* πρὸς τὸν *γ̄*, καὶ εὑρήσεις τὸν ἀριθμὸν ἴσον· ἅπαξ γὰρ ἐννέα *θ̄* καὶ *γ̄ γ̄ θ̄*. καὶ ἄλλως ὡς ὁ *ϛ̄* πρὸς τὸν *δ̄*, οὕτως ὁ *γ̄* πρὸς τὸν *β̄*. πολυπλασίασον τὸν *ϛ̄* πρὸς τὸν *β̄* καὶ τὸν *δ̄* πρὸς τὸν *γ̄*, καὶ εὑρήσεις καὶ οὕτως τὸν ἀριθμὸν ἴσον. δεῖ δὲ γινώσκειν καὶ τοῦτο, ὡς πάντοτε ἐπὶ τῶν ὀρθογωνίων πλευρὰ πρὸς πλευρὰν πολυπλασιάζεται, ἐπὶ δὲ τῶν μὴ ὀρθογωνίων οὐχ οὕτως.

28. Γωνίας. ὧν δὲ ἰσογωνίων p. 118, 25] διὰ τὸ ιδ΄ τοῦ αὐτοῦ στοιχείου· οὐ φησὶ δὲ ἐν ἐκείνῳ τῶν ἰσογωνίων παραλληλογράμμων, ὡς ἐνταῦθα, ἀλλὰ τῶν μίαν μιᾷ ἴσην ἐχόντων· ἰσογώνια δὲ λέγονται, ὅταν ἔχωσι πάσας πάσαις ἴσας. εἰ δὲ τῶν μίαν μιᾷ ἐχόντων ἴσην ἀντιπεπόνθασιν αἱ πλευραὶ αἱ περὶ ἐκείνας, πάντως δῆλον, ὅτι καὶ τῶν πάσας πάσαις ἴσας ἐχόντων ἀντιπεπόνθασιν αἱ περὶ τας ἴσας. πῶς δὲ ἰσογώνια τὰ ὀρθογώνια; διότι ὁρίζεται οὗτος τὸ ἐν

---

26. V⁵b.   27. F².   28. t (νέον).

---

1. *AB*] *ΔB?* F, *AΔ* V, *AK* Vat.   *H*] corr. ex *K* Vat.
27. οὗτος] scrib. uel οὕτως uel potius αὐτός.

τετραπλεύροις ὀρθογώνιον λέγων τὸ τὰς γωνίας ἔχον
ὀρθὰς δηλονότι καὶ τὰς τέσσαρας, ὡς ἀληθῶς καὶ
ὀρθογώνιον ὀφείλει λέγεσθαι τὸ ἔχον τὰς ἐν αὐτῷ
πάσας γωνίας ὀρθάς. λέγει μὲν γὰρ καὶ ἐν τριπλεύροις
5 ὀρθογώνιον, ἀλλὰ τὸ ἔχον μίαν ὀρθήν, διότι οὐ δυ-
νατὸν καὶ δευτέραν ὀρθὴν δέξασθαι τὸ τρίγωνον. πῶς
γὰρ τὰς τρεῖς ἔχον δύο ὀρθαῖς ἴσας, ὡς ἀποδέδεικται
τῷ τεχνικῷ; ὥστε ὀρθογώνιον κυρίως μὲν λέγοιτ᾽ ἂν
τὸ πάσας δυνάμενον ὀρθὰς ἔχειν, καταχρηστικῶς δὲ
10 καὶ τὸ ἐξ ἀνάγκης ἐλάττους, ὡς τὸ ἐν τριπλεύροις
ὀρθογώνιον τρίγωνον. ἐπεὶ οὖν ὀρθογώνια ἐν τετρα-
πλεύροις τὰ καὶ τὰς δ̄ ὀρθὰς ἕκαστον ἔχοντά φαμεν,
ὁσαδηποτοῦν ἄρα εὑρεθῶσιν ὀρθογώνια τετράπλευρα,
ἐξ ἀνάγκης καὶ ἰσογώνιά εἰσιν.
15   29. Οὕτως λεγόμενος ὁ λόγος ὀρθότερος· τῶν γὰρ
αὐτῶν κατασκευασθέντων ἐπεί εἰσι τὰ ΒΗ, ΔΘ ἴσα
καὶ ἰσογώνια, τῶν δὲ ἴσων καὶ ἰσογωνίων παραλληλο-
γράμμων ἀντιπεπόνθασι καὶ τὰ ἑξῆς.

Ad prop. XVII.

20   30. Ἔστω ἡ μὲν Α ἀριθμῶν θ̄, ἡ δὲ Β ἀριθμῶν ̄,
ἡ δὲ Γ ἀριθμῶν δ̄, ὡς τὰ θ̄ πρὸς τὰ ̄, οὕτως τὰ ̄
πρὸς τὰ δ̄. τὸ γοῦν ὑπὸ τῶν θ̄ καὶ δ̄ ὀρθογώνιον
ἴσον ἐστὶ τῷ ἀπὸ τῶν ̄ τετραγώνῳ· τετράκις γὰρ θ̄ λε̄,
καὶ ἑξάκις ̄ λε̄.

Ad prop. XIX.

25   31. Οὕτω δὴ τοῦτο σαφῶς κατελάβομεν· ὅμοια
τρίγωνά εἰσιν, ὅσα τάς τε γωνίας ἴσας ἔχει κατὰ μίαν

---

29. t (νέον); pertinet ad II p. 120, 12.   30. b.   31. b.

6. πῶς] scripsi; in t scriptura incerta; sed de π constat.

καὶ τὰς περὶ τὰς ἴσας γωνίας πλευρὰς ἀνάλογον. ἔστω
ὅμοια τρίγωνα τὰ ΑΒΓ, ΔΕΖ. ἔστω ἡ ΑΒ πλευρὰ
ἀριθμῶν ιβ, ἡ δὲ ΒΓ η̄. ἡμιόλιον ἄρα λόγον ἔχει
ἡ ΑΒ πρὸς.τὴν ΒΓ. ἔστω καὶ ἡ ΔΕ τοῦ ἄλλου τρι-
γώνου πλευρὰ ἀριθμῶν ϛ̄, ἡ δὲ ΕΖ ἀριθμῶν δ̄. ἀνά- 5
λογον ἔχουσι τὰ β̄ τρίγωνα τὰς πλευράς, αἱ δὲ ὁμόλογοι
πλευραὶ αἱ ΑΒ καὶ ΔΕ καὶ αἱ ΒΓ καὶ ΕΖ. ὃν οὖν
λόγον ἔχει ἡ ὁμόλογος πλευρὰ πρὸς τὴν ὁμόλογον,
διπλασίονα λόγον ἔχει τὸ τρίγωνον πρὸς τὸ τρίγωνον,
ἤγουν ἐπεὶ ἡ ΒΓ τῆς ΕΖ διπλασίων· τὰ η̄ γὰρ τῶν δ̄ 10
διπλάσια· τὸ ΑΒΓ τρίγωνον τοῦ ΔΕΖ τριγώνου τετρα-
πλάσιον. πῶς δὲ τοῦτο ἔσται φανερόν; ἐπεὶ γὰρ τὰ
ὅμοια καὶ ἰσογώνιά εἰσι, ἔστωσαν αἱ πρὸς τῷ Β καὶ Δ
γωνίαι ὀρθαί, καὶ ἀναγεγράφθω τὸ ΑΓ παραλληλό-
γραμμον. καὶ ἐπεὶ ἡ μὲν ΑΒ ὑπόκειται ἀριθμῶν ιβ, 15
ἡ δὲ ΒΓ ἀριθμῶν η̄, ὀκτάκις ιβ ϙϛ. ἐὰν δὲ παρ-
αλληλόγραμμον τριγώνῳ βάσιν τε ἔχῃ τὴν αὐτὴν καὶ
ἐν ταῖς αὐταῖς παραλλήλοις, διπλάσιον ἔσται τὸ παρ-
αλληλόγραμμον τοῦ τριγώνου διὰ τὸ μα′ τοῦ πρώτου
στοιχείου. τὸ ἄρα ΑΒΓ τρίγωνον μη̄ ἔσται ἀριθμῶν. 20
πάλιν ἐπεὶ ἡ ΔΕ ὑπόκειται ἀριθμῶν ϛ̄, ἡ δὲ ΕΖ δ̄,
παραλληλογράμμου γινομένου καὶ κ̄δ̄ εὑρισκομένου
ἀριθμῶν· τετράκις γὰρ ϛ̄ κ̄δ̄· τὸ ΔΕΖ τρίγωνον ιβ
ἔσται ἀριθμῶν. εἰσὶ δὲ τὰ μη̄ τῶν ιβ τετραπλάσια.

32. Οὕτω γνωστέον τὸν ὅρον τοῦ παρόντος ιθ′ 25
θεωρήματος δι' ἐπαγωγῆς· ἔστω ἡ μὲν ΑΒ πλευρὰ
ἀριθμῶν ιβ τυχόν, ἡ δὲ ΒΓ ἀριθμῶν η̄, τοῦ δὲ ἑτέρου
τριγώνου ἡ μὲν ΔΕ ἔστω ἀριθμῶν ϛ̄, ἡ δὲ ΕΖ
ἀριθμῶν δ̄. ἀνάλογον οὖν ἔχουσιν αἱ πλευραὶ αὗται

---

32. t.

καθ᾽ ἡμιόλιον λόγον, ἡ δὲ ΑΒ καὶ ἡ ΔΕ εἰσιν ὁμό-
λογοι. ὡσαύτως δὲ ὁμόλογοι καὶ ἥ τε ΒΓ καὶ ἡ ΕΖ,
καὶ ἔχουσι καὶ αὗται πρὸς ἀλλήλας διπλασίονα λόγον·
τὰ γὰρ ιβ̄ τῶν ϛ̄ διπλάσια, καὶ τὰ η̄ τῶν δ̄ διπλάσια.
5 λέγει οὖν, ὅτι ἐστὶν τὰ ὅμοια τρίγωνα ἐν διπλασίονι
λόγῳ τῶν ὁμολόγων πλευρῶν· ἤγουν εἰ αἱ ὁμόλογοι
πλευραὶ ὑπάρχουσιν ἐν διπλασίονι λόγῳ, τὰ τρίγωνα
εὑρεθήσονται ἐν τετραπλασίονι, εἰ δὲ ἐκεῖναι ἐν τρι-
πλασίονι, ταῦτα ἐν ἑξαπλασίονι καὶ καθεξῆς ὁμοίως.

10   Ad prop. XX.

33. Ἀντιστρέφει γὰρ ὁ ὅρος· ὅσα εὐθύγραμμα
σχήματα τάς τε γωνίας ἴσας ἔχει κατὰ μίαν καὶ
τὰς περὶ τὰς ἴσας γωνίας πλευρὰς ἀνάλογον, ὅμοια
λέγεται, καὶ ὅσα ὅμοια σχήματά ἐστι, τάς τε γω-
15 νίας ἴσας ἔχει καὶ τὰς περὶ τὰς ἴσας γωνίας πλευρὰς
ἀνάλογον.

34. Ἐπεὶ γὰρ διὰ τὴν ὁμοιότητα τῶν πολυγώνων
ἡ πρὸς τῷ Γ τῇ πρὸς τῷ Θ ἴση καὶ αἱ περὶ αὐτὰς
πλευραὶ ἀνάλογον, ὅμοια τρίγωνά εἰσι τὸ ΒΓΔ καὶ
20 τὸ ΗΘΚ. ἀλλὰ δὴ καὶ τὸ ΒΓΞ καὶ τὸ ΗΘΟ[1]) ὅμοια·
ἰσογώνια γάρ, τῶν δὲ ἰσογωνίων τριγώνων ἀνάλογον
αἱ πλευραί· ὥστε διὰ τὴν ἀντιστροφὴν τοῦ ὅρου καὶ
ὅμοια. ἰσογώνια δὲ οὕτως· ἡ πρὸς τῷ Β ἴση τῇ πρὸς
τῷ Η καὶ ἡ πρὸς τῷ Γ ἴση τῇ πρὸς τῷ Θ· προεδείχθη
25 γὰρ τὸ ΕΒΓ τρίγωνον ὅμοιον τῷ ΛΗΘ. ὥστε ἡ

---

1) Ξ et Ο puncta ea sunt, in quibus ΒΔ, ΓΕ et ΗΚ, ΘΛ
inter se secant.

---

33. Vᵃ (bˢ).   34. V².

---

18. ὅμοια] ἤ ὅμοια V.

λοιπὴ ἡ πρὸς τῷ Ξ ἴση τῇ πρὸς τῷ Ο. ἀλλὰ δὴ καὶ τὸ
ΓΞΔ ὅμοιον τῷ ΘΟΚ· ἰσογώνια γὰρ διὰ τὸ τὴν πρὸς
τῷ Δ ἴσην δειχθῆναι τῇ πρὸς τῷ Κ, προδειχθῆναι δὲ
καὶ τὴν πρὸς τῷ Γ ἴσην τῇ πρὸς τῷ Θ, ὅτε τὸ ΕΓΔ
ἐδείκνυτο ὅμοιον τῷ ΔΘΚ. ὡς ἄρα ἡ ΒΞ πρὸς ΞΓ, 5
οὕτως ἡ ΗΟ πρὸς ΟΘ, καὶ ὡς ΓΞ πρὸς ΞΔ, οὕτως
ἡ ΘΟ πρὸς ΟΚ. δι' ἴσου ἄρα ὡς ἡ ΒΞ πρὸς ΞΔ,
οὕτως ἡ ΗΟ πρὸς ΟΚ. ὡς δὲ αἱ βάσεις, οὕτω καὶ
τὰ τρίγωνα τὰ ὑπὸ τὸ αὐτὸ ὕψος καὶ τἄλλα τοῖς προ-
δειχθεῖσιν ἀκόλουθα. 10

35. Τὸ ς̄ τοῦ δ̄ ἅπαξ ἡμιόλιον, τὰ δὲ ῑη τοῦ η̄
δίς· τὰ ῑη γὰρ τῶν ῑβ ἡμιόλια, τὰ δὲ ῑβ πρὸς η̄ τὸν
αὐτὸν ἔχει λόγον. τὰ ῑη ἄρα τοῦ η̄ δὶς ἡμιόλια.

36. Τουτέστι τὰ μήκει διπλάσια δυνάμει τετρα-
πλάσιά εἰσιν. ἐὰν γὰρ ἔχωσι αἱ πλευραὶ διπλασίονα 15
λόγον πρὸς ἀλλήλας τῶν οἵων δή τινων εὐθυγράμμων,
ἕπεται ἐξ ἀνάγκης ἔχειν τὰ ἀπ' αὐτῶν γινόμενα εὐθύ-
γραμμα σχήματα δὶς διπλασίονα λόγον πρὸς ἄλληλα,
τουτέστι τετραπλάσιον. καὶ ἑξῆς ὁμοίως κἀπὶ τῶν
ἄλλων λόγων, τουτέστι τὰ μήκει τριπλάσια δυνάμει 20
ἐννεαπλάσιά εἰσιν· ἔχουσι γὰρ τρὶς τριπλάσιον λόγον
αἱ πλευραὶ πρὸς ἀλλήλας τῶν ἐξ ἐκείνων εὐθυγράμμων.
ὁμοίως καὶ τὰ μήκει τετραπλάσια δυνάμει ἐκκαιδεκα-
πλάσιά εἰσιν· ἔχουσι γὰρ τετράκις τὸν τετραπλάσιον
λόγον. 25

37. ΕΜΓ· πρὸς ἄλληλα γάρ p. 136, 3] ἑτέραν
ζητητέον ἐνταῦθα αἰτίαν· ταύτην γὰρ οὐκ οἶμαι ἀρ-

---

35. V². 36. A. 87. t (νέον).

14. μήκει] μήκη A. 17. αὐτῶν] αὐτοῦ A. 20. μήκει]
μήκη A.

μόξειν. οὐδὲ γὰρ ἐπὶ τὸ αὐτό ἐστιν ὕψος, ἃ λέγει·
οὐδὲ γὰρ κάθετός ἐστιν ἡ ΑΜ ἢ ἡ ΕΜ τῇ ΓΔ. ἔνθα
δὲ κάθετος, ἐκεῖ ὕψος τὸ αὐτό, ἔνθα δὲ ὕψος τὸ αὐτό,
ἐκεῖ πρὸς ἄλληλά ἐστιν ὡς αἱ βάσεις. ἐνταῦθα δὲ μὴ
5 ὄντων αὐτῶν οὐδὲ πρὸς ἄλληλά ἐστιν ὡς αἱ βάσεις.
ἐκ τούτου δὲ πάντως φανερόν, ὅτι ἀλλοτρία ἐστὶν
αὕτη ἡ προσθήκη καὶ οὐ τοῦ τεχνικοῦ.

Ad prop. XXII.

38. Τὸ ΚΑΒ τρίγωνον ο̅β̅· τὸ γὰρ ἀπὸ τῆς ΑΒ
10 τετράγωνον, ι̅β̅ οὔσης τῆς ΑΒ, ἐστιν ρ̅μ̅δ̅, οὗ ἥμισυ
τὸ ἐμβαδὸν τοῦ τριγώνου ο̅β̅ ὄν· καὶ ἐπεὶ ὀρθογώνιον
ὑπετέθη τὸ τρίγωνον, καὶ ἡ ΑΒ ὑποτείνουσα τὴν
ὀρθὴν γωνίαν, τῷ ἀπὸ τῆς ΑΒ τετραγώνῳ τῷ ἑκατὸν
τεσσαράκοντα τέσσαρα ἴσα ἐξ ἀνάγκης εἰσὶ τὰ ἀπὸ
15 τῶν ΚΑ, ΚΒ τετράγωνα. καί ἐστι τὸ μὲν ἀπὸ τῆς ΚΒ
τετράγωνον π̅α̅ καὶ ἡ πλευρὰ αὐτοῦ θ̅, τὸ δὲ ΚΑ ξ̅γ̅
καὶ ἡ πλευρὰ αὐτοῦ ζ̅ μοῖραι καὶ ν̅ε̅ πρῶτα λεπτὰ
καὶ ι̅δ̅ δεύτερα.

Ad prop. XXIV.

20 39. Ἡ ΑΒ ι̅β̅ ἡ ΑΕ δ̅ ἡ ΕΒ η̅ ἡ ΒΘ β̅ ἡ ΘΓ δ̅
ἡ ΒΓ ε̅ ἡ ΔΓ ι̅β̅ ἡ ΔΚ δ̅ ἡ ΚΓ η̅ ἡ ΔΑ ε̅ ἡ ΑΗ β̅
ἡ ΗΔ δ̅ ἡ ΕΖ β̅ καὶ ἡ ΖΚ δ̅.

Ad prop. XXVI.

40. Ζητῶ καὶ ἐνταῦθα καταλληλίαν· ἀκατάλληλος
25 γάρ μοι δοκεῖ ὁ τοῦ ἐναντίου λόγος πρὸς τὸ ζήτημα.
εἰ μὲν γὰρ ἔλεγεν ὁ τεχνικός, ὅτι ἐστὶ τῶν δύο παρ-

---

38. q².   39. q².   40. t (ζήτησις νέα); de re cfr. II
p. 157 not. 1.

ἀλληλογράμμων διάμετρος ἡ ΑΖΓ καὶ οὐκ ἄλλη, εἶχεν
ἂν λέγειν ὁ ἀντίθετος· οὐχ αὕτη, ἀλλ᾽ ἑτέρα ἡ ΑΘΓ.
ἐπεὶ δὲ λέγει, ὅτι περὶ τὴν αὐτὴν διάμετρόν εἰσι,
ταῦτα ὤφειλεν εἰπεῖν ὁ ἀντίθετος καταλλήλως, ὅτι·
μὴ γάρ, ἀλλ᾽ εἰ δυνατόν, ἔστω τοῦ μὲν ἑνὸς διάμετρος 5
ἡ ΑΖΓ, τοῦ δὲ ἑτέρου ἡ ΑΘΓ. οὕτως γὰρ ἂν οὐκ
ἦν τῶν δύο ἡ αὐτή, ἀλλὰ ἄλλη καὶ ἄλλη· ὅπερ ἐστὶν
ἐναντίον ὡς ἀληθῶς καὶ καταλλήλως.

Ad prop. XXVII.

41. Πάντων τῶν παρὰ τὴν αὐτὴν εὐθεῖαν παρα- 10
βαλλομένων παραλληλογράμμων καὶ ἐλλειπόντων εἴδεσι
παραλληλογράμμοις οὐκ ἔστιν ἐξ ἀνάγκης μέγιστον τὸ
ἀπὸ τῆς ἡμισείας παραβαλλόμενον, ἀλλ᾽ ἢ ἴσον ἢ μεῖζον
ἢ ἔλαττον. πάντων δὲ τῶν παρὰ τὴν αὐτὴν εὐθεῖαν
παραβαλλομένων παραλληλογράμμων καὶ ἐλλειπόντων 15
εἴδεσι παραλληλογράμμοις ὁμοίοις τε ἀλλήλοις καὶ
ὁμοίως κειμένοις τῷ ἀπὸ τῆς ἡμισείας ἀναγραφομένῳ
μέγιστόν ἐστιν ἐξ ἀνάγκης τὸ ἀπὸ τῆς ἡμισείας παρα-
βαλλόμενον ὅμοιον ὂν τῷ ἐλλείμματι ἐξ ἀνάγκης.

42. Παραβολὴ παρὰ τοῖς μαθηματικοῖς λέγεται ὁ 20
μερισμός· παραβαλεῖν γὰρ ἀριθμὸν παρὰ ἀριθμόν ἐστι
τὸ μερίσαι τὸν μείζονα εἰς τὸν ἐλάττονα ἤτοι δεῖξαι,
ποσάκις ὁ ἐλάττων περιέχεται ὑπὸ τοῦ μείζονος.

43. Δι᾽ ἀριθμῶν ἔκθεσις καὶ ἀπόδειξις τοῦ θεω-
ρήματος· παρὰ γὰρ τὴν ΑΒ εὐθεῖαν πηχῶν τυχὸν 25

---

41. B Vᵃq (bˢ).   42. VᵃBˢq (bˢ).   43. Vᵇ.

---

13. ἀπό] ἐκ V.   ἴσον ἢ μεῖζον] μεῖζον ἢ ἴσον V.   14.
ἔλαττον] ἔλασσον καί q.   15. παραλληλογράμμων] παραλληλό-
γραμμον V.   16. τε] om. Vq.   17. τῷ] τό V.   ἀνα-
γραφόμενον V, ἀναγραφομένων q.   20. λέγεται] om. B.

οὖσαν ἢ καὶ δίχα τμηθεῖσαν εἰς δ̄ καὶ δ̄ παρα-
βεβλήσθωσαν πλείω παραλληλόγραμμα καὶ πρῶτον τὸ
ΑΔ ἀπὸ τῆς ἡμισείας ὂν τῆς ΑΓ τεσσάρων οὔσης
πηχῶν ὡς εἶναι αὐτὸ ῑϛ̄. ἐλλειπέτω δὲ εἴδει παρ-
5 αλληλογράμμῳ τῷ ΔΒ ὁμοίῳ ἢ μᾶλλον τῷ αὐτῷ ὄντι
τῷ ἀπὸ τῆς ἡμισείας τῆς ΑΒ εὐθείας ἤτοι τῆς ΓΒ
τεσσάρων οὔσης καὶ αὐτῆς πηχῶν ὡς εἶναι καὶ τὸ
ἔλλειμμα ῑϛ̄· ἐὰν γὰρ τετράγωνον τὸν ῑϛ̄ παρὰ τὸν η̄
παραβάλλω, ἵν' ἦ τὸ αὐτὸ πλάτος τοῦ τε ἐλλείμματος
10 καὶ τοῦ παραβαλλομένου, ἐπεὶ τὰ η̄ τετράκις γί-
νονται λ̄β̄, φανερόν, ὅτι ἐλλείπει ὁ ῑϛ̄ πρὸς τὴν παρα-
βολὴν τῷ ῑϛ̄ τῷ ἀπὸ τῆς ἡμισείας ἀναγραφομένῳ. τὸν
δὴ ῑϛ̄ πρόκειται δεῖξαι μείζονα πάντων τῶν παρὰ τὸν η̄
παραβαλλομένων καὶ ἐλλειπόντων εἴδεσι τετραγώνοις,
15 ἵν' ἦ καὶ ὅμοιος τῷ ἀπὸ τῆς ἡμισείας. πάλιν οὖν
παραβεβλήσθω παρὰ τὴν ΑΒ, ἥτις ἦν πηχῶν η̄, τὸ
ΑΖ παραλληλόγραμμον, καὶ ἐλλειπέτω τὸ ΑΖ πρὸς
τὴν παραβολὴν εἴδει ὁμοίῳ τῷ ἀπὸ τῆς ἡμισείας ἤτοι
τετραγώνῳ. τὸ δὴ τοιοῦτον εἶδος ἢ μεῖζον ἔσται τοῦ ῑϛ̄
20 ἢ ἔλαττον. οὐ γὰρ ἴσον, ἵνα μὴ λάθωμεν πάλιν τὸν ῑϛ̄
παραβάλλοντες. ἔστω ἔλαττον· προσεχῶς δὴ τοῦ ῑϛ̄
ἐλάττων τετράγωνος ἀριθμός ἐστιν ὁ θ̄. ἔστω οὖν
τὸ ἔλλειμμα θ̄· τούτου δὴ τῆς πλευρᾶς τοῦ γ̄ ὄντος
καὶ τοσαυτάκις τοῦ ΑΖ παραβαλλομένου παρὰ τὸν η̄,
25 ἵνα τὸ αὐτὸ πλάτος ἦ τοῦ τε παραβαλλομένου καὶ τοῦ
ἐλλείμματος, πόστος ἂν ἄλλος ἀριθμὸς ἁρμόσῃ τῷ ΑΖ
ἦ ὁ ῑϛ̄; οὗτος γὰρ τρὶς παρὰ τὸν η̄ παραβαλλόμενος
ἐλλείπει πρὸς τὴν παραβολὴν τῷ θ̄· τρὶς γὰρ τὰ η̄ κ̄δ̄
γίνονται. ἀλλ' ἔστω τὸ ἔλλειμμα μεῖζον, ὡς ἐπὶ τῆς

---

5. ἢ μᾶλλον] euan. V.   10. ἐπεί] scripsi, ἐπί V.   22.
ἐλάττονος τετραγώνου V.   23. δὴ τῆς] fort. leg. δῆτα V.

ἑτέρας καταγραφῆς, ὅπερ ὁ γεωμέτρης διὰ συντομὴν παρέλειπεν. πάλιν οὖν τῶν αὐτῶν ὑποκειμένων, ἐπεὶ προσεχῶς μείζων τοῦ ιϛ τετράγωνος ἀριθμὸς ὁ κε ἐστι, ἔστω τὸ ἔλλειμμα κε. τούτου δὴ πλευρᾶς τοῦ ε ὄντος πεντάκις παρὰ τὸν η τὸ ΑΖ παραβαλλέσθω, 5 ὅπερ ἐλλείπειν ὀφείλει πρὸς τὴν παραβολὴν τῷ κε, ἐπεὶ πεντάκις τὰ η τεσσαράκοντα γίνεται. ὥστε καὶ οὕτως ἔσται ἔλαττον δηλονότι τοῦ ἀπὸ τῆς ἡμισείας ἀναγραφομένου. εἰ δὲ μὴ τοὺς προσεχεῖς τετραγώνους ἀριθμοὺς τῷ ιϛ ἐπὶ τοῦ ἐλλείμματος λάβωμεν, ἔτι 10 μᾶλλον ἔλαττον ἔσται τοῖ ἀπὸ τῆς ἡμισείας τὸ οὕτως

• παραβαλλόμενον· ὅπερ ἔδει δεῖξαι.

44. Ἡ ΑΒ ὅλη ιβ ἡ ΑΚ θ ἡ ΚΒ γ ἡ ΓΚ γ ἡ ΑΓ ἑξ τὸ ΑΔ παραλληλόγραμμον λϛ καὶ τὸ ΓΕ παραλληλόγραμμον λϛ τὸ ΓΖ θ. 15

45. Τῷ ΔΒ p. 158, 23] ΔΒ ὅλον λέγει τὸ ΔΕΒΓ, ὥσπερ ΑΔ τὸ ΑΓΔ.

46. Ἰστέον, ὅτι οὐ καλῶς ἔχει τοῦ παρόντος θεωρήματος οὔτε ἡ πρότασις οὔτε ἡ ἀπόδειξις· καὶ ἀμφότεραι γὰρ νοσοῦσι μηδὲν ὅλως ὑγιὲς φέρουσαι. καὶ 20 τῷ μὲν στοιχειωτῇ οὐ περιάπτω τὸ ἁμάρτημα, τῷ γραφεῖ δέ· ἐν γὰρ τῷ σαρακηνικῷ ἀντιγράφῳ οὕτως εὕρηται καὶ ἡ πρότασις καὶ ἡ ἀπόδειξις. εὐθείας δοθείσης ἐὰν παραβληθῇ παρὰ τὴν ἡμίσειαν αὐτῆς χωρίον παραλληλόγραμμον, παραβληθῶσι δὲ παρ' ὅλην καὶ 25 ἕτερα χωρία παραλληλόγραμμα ἐλλείποντα πρὸς συμπλήρωσιν αὐτῆς εἴδει ὁμοίῳ τῷ παραλληλογράμμῳ τῷ

44. qᵃ. 45. q. 46. p; figuram non habet, neque eam ad litteras textus restituere potui. u. app.

5. παραβαλλέσθω] -έσθω euan. V. 6. ὀφείλει]-ει euan. V.
7. ὥστε] euan. V. 25. ὅλην] ὅλων p.

παραβληθέντι παρὰ τὴν ἑτέραν ἡμίσειαν τῆς δοθείσης
εὐθείας, ᾗ δὲ τὸ ἔλλειμμα περὶ τὴν διάμετρον τοῦ
παραβληθέντος παραλληλογράμμου παρὰ τὴν αὐτὴν
ἑτέραν ἡμίσειαν τῆς δοθείσης εὐθείας, μέγιστον ἔσται
5 τῶν ἄλλων παραλληλογράμμων τὸ παραβληθὲν παρὰ
τὴν πρότερον ἡμίσειαν τῆς δοθείσης εὐθείας. ἔστω γὰρ
εὐθεῖα ἡ ΑΒ, καὶ συνεστάτω ἐπ’ αὐτῆς χωρίον ὀρθο-
γώνιον παραλληλόγραμμον τὸ ΑΖ, καὶ τετμήσθω ἡ
ΑΒ εἰς ἴσα κατὰ τὸ Γ, καὶ ἤχθω παράλληλος τῇ ΒΖ
10 ἡ ΓΗ. καὶ ἐπεὶ τὰ ΑΗ, ΗΒ παραλληλόγραμμα ἐπὶ
βάσεων τῶν αὐτῶν εἰσι καὶ ἐν δυσὶ παραλλήλοις, ἴσα
ἄρα εἰσὶν ἀλλήλοις. ἤχθω δὲ διάμετρος ἡ ΗΒ, καὶ
εἰλήφθω σημεῖον τὸ Δ, ὡς ἔτυχε, καὶ ἤχθω παράλληλος
τῇ ΒΖ ἡ ΔΕ, καὶ διὰ τοῦ Κ σημείου παράλληλος
15 ἡ ΝΧ τῇ ΑΒ. ἔστι δὲ τὸ ΚΒ παραλληλόγραμμον
περὶ τὴν διάμετρον τοῦ ΓΖ ὀρθογωνίου χωρίου καὶ
ὁμοιοῦται τούτῳ. καὶ τὸ ΑΗ χωρίον παραλληλό-
γραμμον παρὰ τὴν ἡμίσειαν τῆς ΑΒ εὐθείας παρα-
βέβληται, τὸ δὲ ΑΚ παρ’ ὅλην τὴν ΑΒ ἐλλεῖπον πρὸς
20 συμπλήρωσ’ αὐτῆς εἴδει τῷ ΚΒ ὁμοίῳ ὄντι τῷ ΒΗ
παραλληλογράμμῳ. λέγω, ὅτι τὸ ΑΗ ὀρθογώνιον
μέγιστόν ἐστι τοῦ ΑΚ ὀρθογωνίου. ἡ γὰρ ΑΓ ἴση
ἐστὶ τῇ ΓΒ, ἡ δὲ ΑΓ τῇ ΕΒ· ἀπεναντίον γάρ ἐστι·
ἡ δὲ ΓΒ τῇ ΗΖ. ἡ ΕΒ ἄρα καὶ ἡ ΗΖ ἴσαι ἀλλήλαις
25 εἰσίν. τὰ ἄρα ΕΤ, ΤΖ ὀρθογώνια ἴσα ἀλλήλοις ἐστίν.
ἀλλὰ τὸ ΕΤ μεῖζόν ἐστι τοῦ ΚΖ, καὶ τὸ ΚΖ παρα-
πλήρωμα ἴσον ἐστὶ τῷ ΚΓ παραπληρώματι. τὸ ΕΤ
ἄρα μεῖζόν ἐστι τοῦ ΚΓ. ἔστω δὲ κοινὸν τὸ ΑΤ. τὸ

_____

8. τὸ ΑΖ] ἡ ΑΖ p.   9. ἄχθω p.   15. δέ] scrib. δή.   16.
·] τῆς p. Litterae β η κ dignosci uix possunt in p.   22.
πόν ἐστι] in ras. p; scrib. μεῖζόν ἐστι.

AH ἄρα μεῖζόν ἐστι τοῦ *AΓ*. ἐντεῦθεν οὖν δείκνυται,
ὅτι τὸ *AH* τὸ παραβληθὲν παρὰ τὴν ἡμίσειαν τῆς
δοθείσης εὐθείας μεῖζόν ἐστι παντὸς ὀρθογωνίου χωρίου
παραβαλλομένου παρὰ τὴν ὅλην τὴν *AB* ἐλλείποντος
πρὸς συμπλήρωσιν αὐτῆς εἴδει ὁμοίῳ τῷ *BH* τῷ παρα- 5
βληθέντι παρὰ τὴν ἑτέραν ἡμίσειαν τῆς *AB*, καὶ ἑξῆς
τὸ θεώρημα.

Ad prop. XXVIII.

47. Τὸ *Γ* μὴ μεῖζον p. 162, 12] εἶπε γάρ, ὅτι δεῖ
δή, ᾧ δεῖ ἴσον παραβαλεῖν, μὴ μεῖζον εἶναι τοῦ ἀπὸ 10
τῆς ἡμισείας· ἐπεὶ οὖν τὸ *AH* ἀπὸ τῆς ἡμισείας ἐστίν,
οὐκ ἔσται αὐτοῦ μεῖζον τὸ *Γ*, ἀλλ᾽ ἤτοι ἴσον ἢ ἔλαττον.
ὥστε τὸ *AH* τοῦ *Γ* ἤτοι ἴσον ἐστὶν ἢ μεῖζον.

48. Ταύτῃ τῇ ὑπεροχῇ ἴσον, τῷ δὲ *Δ* ὅμοιον p. 164, 10]
ἐπεὶ μεῖζόν ἐστι τὸ *ΘE* τοῦ *Γ*, ἀνάγκη ὑπεροχῇ τινι 15
μεῖζον εἶναι· οἷον λόγου χάριν ἔστω τὸ *ΘE* μονάδων ῑη,
τὸ δὲ *Γ* ἔστω μονάδων ῑ. ἔστιν οὖν ἡ τοῦ ῑη πρὸς
τὸν ῑ ὑπεροχὴ μονάδων η̄. συνεστάτω οὖν τὸ *ΚΔΜΝ*
ἴσον ὂν τῷ η̄ τῇ ὑπεροχῇ τοῦ ῑη, τουτέστι τοῦ *HB*,
πρὸς τὸν ῑ ἤτοι τὸ *Γ*. δεῖ δὲ οὕτως ἀναγινώσκειν 20
τὴν λέξιν ἀκατάλληλόν τι ἔχουσαν· ταύτῃ τῇ ὑπεροχῇ,
ἐν ᾗ μεῖζόν ἐστι τὸ *HB* τοῦ *Γ*, συνεστάτω ἴσον τὸ
ΚΔΜΝ, ὅμοιον δὲ τῷ *Δ*, ἵνα ᾖ τὸ *ΚΔΜΝ* ἴσον
μὲν τῇ ὑπεροχῇ τοῦ *HB* πρὸς τὸ *Γ*, ὅμοιον δὲ τῷ *Δ*.

---

47. V^a B^2 q.   48. V^a q (b^2).

---

10. ᾧ δεῖ] ᾧ δή q.   13. μεῖζον] ἔλαττον B.   15. ἐπεί]
ἐπεὶ γάρ b.   16. ῑη] δέκα καὶ ὀκτώ V.   18. η̄] ὀκτώ V.
19. τῷ η̄] τὸ ὄγδοον V.   23. τῷ] τό V.   24. τῷ] πρὸς
τῷ b.

49. Οἱ ἐντεῦθεν καθεξῆς ἐπικείμενοι τοῖς σχήμασιν ἀριθμοὶ ἐτέθησαν ὑπ' ἐμοῦ Θεοδώρου τοῦ Ἀντιοχείτου.

50. Ἡ ΔΒ ὅλη ιβ̄ ἡ ΔΓ ϛ̄ ἡ ΓΒ ϛ̄ ἡ ΔΔ γ̄ ἡ ΔΒ θ̄ ἡ ΔΘ θ̄ ἡ ΔΚ ϛ̄ ἡ ΚΘ γ̄ ἡ ΘΕ γ̄ τὸ ΔΔ λϛ̄ ₅ τὸ ΔΒ λϛ̄ τὸ ΔΘ κϛ̄ τὸ ΕΒ π̄ᾱ τὸ ΔΕ κϛ̄ ἡ ΗΖ ϛ̄ ἡ ΗΔ γ̄ τὸ ΔΖ ιη̄.

51. Τὸ ΘΕ λϛ̄ τὸ ΗΒ λϛ̄ τὸ ΗΠ δ̄ ὁ ΤΦΧ γνώμων λβ̄.

Ad prop. XXIX.

₁₀ 52. Ἔστω ἡ ΔΒ εὐθεῖα, ὡς τὸ σχόλιον ἔχει, μονάδων ιη̄. ἐπεὶ οὖν δίχα τέτμηται κατὰ τὸ Ε, ἔστιν ἄρα ἡ ΔΕ μονάδων θ̄, ὁμοίως καὶ ἡ ΕΒ θ̄. ἔστιν ἄρα τὸ ἀπὸ τῆς ΕΒ ἤτοι τὸ ΕΔ δυνάμεων π̄ᾱ· ἐννάκις γὰρ τὰ θ̄ π̄ᾱ. ἐπεὶ δὲ πάλιν ὑπόκειται τὸ Γ ₁₅ δυνάμεων ρι̅δ̄ τὸ δὲ ΗΘ δυνάμεων σ̄κ̄ε̄, ἔστι δὲ καὶ τὸ ΖΒ δυνάμεων π̄ᾱ, συναμφότερα τὰ ΖΒ, Γ ἴσα εἰσὶ τῷ ΗΘ· τὰ γὰρ ρ̅μ̅δ̄, ἅπερ εἰσὶ τὸ Γ εὐθύγραμμον, μετὰ τῶν π̄ᾱ, ἅπερ εἰσὶ τὸ ΖΒ, τὰ οὖν ρ̅μ̅δ̄ μετὰ τῶν π̄ᾱ γίνεται σ̄κ̄ε̄. ἐπεὶ δὲ τοῦ ΗΘ ἡ πλευρὰ ἡ ΚΗ ₂₀ μονάδων ἐστὶ ῑε̄, ἴση δὲ ἡ ΖΝ τῇ ΚΗ, καὶ ἡ ΖΝ ἄρα μονάδων ἐστὶ ῑε̄. ἐπεὶ δὲ τὸ ΕΔ τετράγωνόν ἐστι, καί ἐστιν ἡ ΖΕ μονάδων θ̄· ἴση γὰρ τῇ ΕΒ· ἡ ΕΝ ἄρα μονάδων ἐστὶν ϛ̄. ὁμοίως καὶ ἡ ΒΠ μο-

---

49. q^b.　　50. q^a; litterae non concordant cum figura. 51. q^a (in figura).　　52. V^aB^2 q β^3 (P^2l).

---

1. καθεξῆς] supra scr. q.　　10. ὡς — ἔχει] om. BP. σχόλιον] Vb, σχῆμα q.　　12. ΕΒ] ΕΒ μονάδων B.　　13. ἐννάκις — 14. π̄ᾱ] om. Bb.　　14. τά] τό V.　　15. δυνάμεων] εὐθύγραμμον B.　　δυνάμεων] om. V.　　δέ] om. b.　　16. δυνάμεων] om. B.　　17. ΗΘ] Θ e corr. V.　　τὰ γὰρ — 19. σ̄κ̄ε̄] om. B.　　18. μετά] (pr.) μὴ τό V.　　19. σ̄κ̄ε̄] mut. in σ̄ῡε̄ V, σ̄ῡε̄ q.

νάδων ϛ· τῶν γὰρ παραλληλογράμμων χωρίων αἱ
ἀπεναντίον γωνίαι τε καὶ πλευραὶ ἴσαι ἀλλήλαις εἰσίν.
ὥστε τὸ ΑΝ χωρίον δυνάμεών ἐστι νδ· περιέχεται
γὰρ ὑπὸ τῆς ΑΕ οὔσης μονάδων θ̅ καὶ τῆς ΕΝ οὔσης
μονάδων ϛ, ἑξάκις δὲ θ̅ νδ. ὁμοίως δὲ καὶ τὸ ΕΠ   5
δυνάμεων νδ· περιέχεται γὰρ ὑπὸ τῶν ΕΒ, ΒΠ οὔσης
τῆς ΕΒ θ̅, τῆς δὲ ΒΠ ϛ. ὥστε τὸ ΑΠ χωρίον ἐστὶ
δυνάμεων ϱη. ἐπεὶ δὲ τὸ Γ δυνάμεών ἐστιν ϱμδ,
ἴσον δὲ τὸ Γ τῷ ΑΞ, καὶ τὸ ΑΞ ἐστι δυνάμεων ϱῑ̅δ.
ἦν δὲ τὸ ΑΠ δυνάμεων ϱη. λείπεται τὸ ΒΞ δυνάμεων   10
εἶναι λϛ· τὰ γὰρ ϱη μετὰ τῶν λϛ ἐστι ϱμδ. καὶ δεῖ
γινώσκειν, ὅτι τὰ ὅμοια εὐθύγραμμα οὐκ ἀνάγκη καὶ
ἴσα εἶναι· τὸ γὰρ ΖΒ ὅμοιον ὂν τῷ ΠΟ οὐκ ἴσον
αὐτῷ ἐστιν, εἴπερ τὸ μέν ἐστιν πα̅ δυνάμεων, τὸ δὲ λϛ,
ἀλλ᾽ ἐνδέχεται καὶ ἴσα εἶναι τὰ ὅμοια καὶ ἄνισα.   15

53. Ἐρωτᾷ τις· οὐκ οἶδ᾽ ὅθεν, ὅτι ὁμόλογος· καὶ
εἴποιμι, ὅτι ἐπεὶ τὸ ΗΘ τῷ Δ ὅμοιον συνέσταται, τῷ
αὐτῷ δὲ καὶ τὸ ΒΖ ἦν ὅμοιον. ὥστε ἑκάτερον τῶν
ΗΘ, ΖΒ τῷ Δ ἐστιν ὅμοιον. καὶ ἀλλήλοις ἄρα. εἰ
δὲ ὅμοια, ἀνάγκη καὶ τὰς πλευρὰς ἀνάλογον ἔχειν καὶ   20
τῶν ἀντιστρόφων τῶν περὶ τῶν ὁμοίων σχημάτων.

54. Τὸ ΑΠ ἐστι τὸ παραβληθὲν παρὰ τὴν ΑΒ
εὐθεῖαν, τὸ δὲ ΑΞ ἐστι μέν, ὡς δέδεικται, ἴσον τῷ Γ,

---

53. q (b²l).   54. Vªq (b²l).

---

1. χωρίων] om. b.   2. γωνίαι — εἰσίν] om. b.   3. ἐστι]
om. b.   νδ] ν̅ καὶ τεσσάρων V.   4. μονάδων] om. B.   5.
μονάδων] om. Bb.   ἑξάκις — νδ] om. B.   δὲ] δή qb.
ΕΠ] Ε e corr. b.   6. δυνάμεων] om. B.   ΕΒ — 7. ϛ]
ἴσων B.   7. ΒΠ] ΕΠ Vbq.   ἐστί] δέ ἐστι b.   8. δυνά-
μεων] om. B.   δυνάμεων] om. B.   10. δυνάμεων] om. B.
ΒΞ] ΒΖ b.   δυνάμεων] om. B.   11. τά — ϱμδ] om. B.
14. δυνάμεων] om. B.

ὑπερβάλλει δὲ τοῦ *ΑΠ* τῷ *ΒΞ*, ὥστε παρεβλήθη παρὰ
τὴν *ΑΒ* τὸ *ΑΞ* ὑπερβάλλον τοῦ *ΑΠ* τῷ *ΒΞ*.

55. Ἔστω ἡ *ΑΒ* εὐθεῖα μονάδων ῑη̄, τὸ ἀπὸ τῆς
ΕΒ δυνάμεων π̄ᾱ, τὸ δὲ *Γ* εὐθύγραμμον δυνάμεων ρ̄μ̄δ̄,
5 τὸ δὲ συναμφότερον *ΖΒ*, *Γ*, τουτέστι τὸ *ΗΘ*, δυ-
νάμεων σ̄κ̄ε̄. ἡ πλευρὰ ἡ *ΚΗ* μήκει μονάδων ῑε̄. ὥστε
καὶ ἡ *ΕΝ* πλευρὰ μήκει μονάδων ε̄, τὸ *ΝΒ* χωρίον
δυνάμεων ν̄δ̄, τὸ δὲ *ΒΞ* δυνάμεων λ̄ε̄.

Ad prop. XXX.

10 56. Τὸ *ΓΔ* ὑπερβάλλον p. 170, 16] οὐχ ὑπερ-
βάλλειν λέγει τὸ *ΒΓ* τετράγωνον τοῦ *ΓΔ* παραλληλο-
γράμμου. ἴσα γὰρ ὄντα τό τε *ΒΓ* τετράγωνον καὶ
τὸ *ΓΔ* παραλληλόγραμμον πῶς δύναται ὑπερβάλλειν;
ἀλλ᾽ ὑπερβάλλειν λέγει τοῦ *ΓΕ*· ἔστι γὰρ τὸ λεγόμενον,
15 ὅτι· παραβεβλήσθω παρὰ τὴν *ΑΓ* τῷ *ΒΓ* τετραγώνῳ
ἴσον παραλληλόγραμμον τὸ *ΓΔ* ὑπερβάλλον τὸ *ΒΓ*
τετράγωνον τοῦ παραλληλογράμμου, οὐχὶ τοῦ *ΓΔ*,
ἀλλὰ τοῦ παραλληλογράμμου τοῦ ἀναγραφομένου ἀπὸ
τῆς *ΑΓ*, ὅπερ ἀναγραφόμενον παραλληλόγραμμον ἀπὸ
20 τῆς *ΑΓ* ἐστι τὸ *ΓΕ*. ὑπερβάλλει γάρ, ὡς δειχθήσεται,
τὸ *ΓΒ* τετράγωνον τοῦ *ΓΕ* παραλληλογράμμου τῷ *ΑΔ*.

---

55. V^aBbq (l).   56. V^aB²q (b²l).

1. τῷ] τό Vq.   2. τῷ] τό Vbq.   3. μονάδων] μοιρῶν
V, μ̣ B.   τό — 4. π̄ᾱ] supra b.   4. Supra *ΕΒ* add. ἤτοι
τὸ *ΖΒ* V.   6. σ̄κ̄ε̄ δυνάμεων B.   ἡ *ΚΗ*] *ΚΗ* Vbq.   μο-
νάδων] μ̣ Bb, μοιρῶν V.   7. ἡ] om. b, αἱ Vq.   μήκει]
om. b.   μονάδων] μ̣ Bb, μοιρῶν V.   8. δυνάμεων] (prius)
om. b.   11. λέγεται B. Fort. scrib. τοῦ *ΒΓ* τετραγώνου τὸ
ΓΔ παραλληλόγραμμον.   12. ὄντα] ἔστι B.   13. παραλληλό-
γραμμον] om. B.   πῶς δύναται ὑπερβάλλειν] om. B.   14.
λέγεται B.   16. τό] (alt.) e corr. V.   21. τῷ] corr. ex τό V,
q.

ἐλλιπὴς οὖν οὖσα ἡ τοῦ προβλήματος ἔκθεσις ἀσάφειαν πεποίηκεν.

57. Ἐν τῷ ια΄ θεωρήματι τοῦ β΄ στοιχείου οὐκ ἔδειξεν ἄκρον καὶ μέσον λόγον τὴν εὐθεῖαν τμηθεῖσαν, ἐνταῦθα δὲ θέλων δεῖξαι, τί ἐστιν ἄκρον καὶ μέσον 5 εὐθεῖαν τμηθῆναι τούτου χάριν ἔδειξε καὶ οὐ μάτην.

58. Τινὲς ἀποροῦσι λέγοντες, ὅτι ἐν τῷ ια΄ θεωρήματι τοῦ β΄ βιβλίου ἔδειξε τὴν δοθεῖσαν εὐθεῖαν ἄκρον καὶ μέσον λόγον τμηθῆναι δυναμένην καὶ ἐνταῦθα πάλιν τὸ αὐτὸ δεικνύει. καὶ λέγομεν, ὅτι ἐκεῖ 10 οὐκ ἔδειξεν ἄκρον καὶ μέσον λόγον τμηθεῖσαν τὴν εὐθεῖαν, ἐνταῦθα δὲ θέλων δεῖξαι, τί ἐστιν ἄκρον καὶ μέσον λόγον εὐθεῖαν τμηθῆναι, τούτου χάριν ἔδειξεν αὐτό. οὐ μάτην οὖν τοῦτο πεποίηκεν.

59. Τετμήσθω γάρ p. 422, 19] οὕτως ἔδει εἰπεῖν, 15 εἴπερ ἐβούλετο δηλῶσαι φανερῶς τάς τε ἄκρας εὐθείας καὶ τὴν μέσην, ὅτι· τετμήσθω ἡ ΑΒ εἴς τε τὴν ΑΓ καὶ εἰς τὴν ΓΒ.

60. Ἔστιν ἄρα ὡς ἡ ΒΑ κτλ. p. 422, 22] τοῦτο διὰ τὸ ιζ΄ τὸ λέγον, ὅτι καὶ ἐὰν τὸ ὑπὸ τῶν ἄκρων 20 περιεχόμενον ὀρθογώνιον ἴσον ᾖ τῷ ἀπὸ τῆς μέσης τετραγώνῳ, αἱ τρεῖς εὐθεῖαι ἀνάλογον.

Ad prop. XXXI.

61. Ἐπεὶ δὲ διὰ τὸ πόρισμα τοῦ δ΄ τοῦ ε΄ βιβλίου, ἐὰν δύο μεγέθη ἀνάλογον ᾖ, καὶ ἀνάπαλιν ἀνάλογον 25

---

57. b.   58. BVᵃq (l, et bˢ addito in initio Δημετρίου); cfr. nr. 57.   59. t.   60. Vᵃq.   61. Vˢ.

---

8. ἔδειξεν B.   9. λόγον] post ras. 1 litt. V, om. B, ὅλον bq.   18. λόγον] om. B.   τμηθῆναι] τεμεῖν Vq.   22. ἀνάλογον ὦσιν V.

23*

ἔσται, καὶ ὡς ἡ ΒΔ πρὸς ΒΓ, οὕτως τὸ ἀπὸ τῆς ΑΒ
πρὸς τὸ ἀπὸ τῆς ΒΓ· διὰ δὲ τὸ αὐτὸ πόρισμα καὶ
ὡς ἡ ΓΔ πρὸς τὴν ΓΒ, οὕτω καὶ τὸ ἀπὸ τῆς ΑΓ
πρὸς τὸ ἀπὸ τῆς ΓΒ. ἔστω οὖν πρῶτον μὲν μέγεθος
5 ἡ ΒΔ, δεύτερον ἡ ΓΒ, τρίτον τὸ ἀπὸ τῆς ΑΒ, τέ-
ταρτον τὸ ἀπὸ τῆς ΒΓ, πέμπτον ἡ ΓΔ, ἕκτον τὸ ἀπὸ
τῆς ΑΓ, καὶ διὰ τὸ κδ' τοῦ ε' βιβλίου συντεθὲν
πρῶτον ἡ ΒΔ καὶ πέμπτον ἡ ΓΔ πρὸς δεύτερον τὴν
ΒΓ τὸν αὐτὸν λόγον ἕξει καὶ τρίτον τὸ ἀπὸ τῆς ΑΒ
10 καὶ ἕκτον τὸ ἀπὸ τῆς ΑΓ πρὸς τέταρτον τὸ ἀπὸ τῆς ΒΓ.

62. Διὰ τὸ ἀνάπαλιν καὶ διὰ τὸ κα' τοῦ ε' γίνεται
ὡς ἡ ΒΔ πρὸς ΒΓ, τὸ ἀπὸ τῆς ΒΔ εἶδος πρὸς τὸ
ἀπὸ τῆς ΒΓ, καὶ ὡς ἡ ΔΓ πρὸς ΒΓ, τὸ ἀπὸ τῆς ΓΔ
πρὸς τὸ ἀπὸ τῆς ΒΓ. καὶ διὰ τὸ κδ' τοῦ ε' καὶ ἀνά-
15 παλιν καὶ συντεθὲν καὶ διὰ τὸ θ' τοῦ ε'.

Ad prop. XXXII.

63. Ἀπορῶ καὶ ἐνταῦθα, τίνι τρόπῳ λέγεται σύν-
θετα τὰ οὕτω καταγραφέντα τρίγωνα. οὔτε γὰρ ὡρίσατο
ὁ τεχνικὸς τοιαύτην σύνθεσιν τριγώνων, μᾶλλον δ'
20 οὐδ' ὁποίαν δή τινα σχημάτων ὅλως, οὔτε συντεθειμένα
λέγειν ἔχω τὰ ἐνθάδε τρίγωνα, ἀλλὰ μᾶλλον ἁπτόμενα
ἀλλήλων. μὴ γάρ μοί τις ἀναγινώσκων συναπτέτω
τὸ συντεθῇ μετὰ τοῦ κατὰ μίαν, ἀλλ' εἰπών· ἐὰν δύο
τρίγωνα συντεθῇ, καὶ ὑποστείλας τὴν φωνὴν μικρὸν
25 διὰ τὴν μετὰ ταῦτα τελείαν ἀπόδοσιν ἐπαγαγέτω κατὰ

---

62. B²V⁴q (b³l).   63. t (ἀπορία νέα).

---

11. γίνεται] γάρ εἰσιν q.   12. ΒΔ] ΒΕ q.   13. ΒΓ] (alt.)
τὴν ΒΓ Β.   14. πρὸς τὸ ἀπό] πρός V.   τό] om. V.   15.
Post ε' add. δι' οὗ καὶ μᾶλλον δείκνυται Β alia manu.

μίαν γωνίαν καὶ τὰ ἑξῆς συναπτῶς. τοῦτο δ' ὅτι
οὕτως ἀναγινώσκεσθαι χρή, τὰ ἐπαγόμενα μαρτυρεῖ.

Ad prop. XXXIII.

64. Ἐάν ἐστιν ἡ ΒΓ περιφέρεια ὑπὸ τριγώνου
ἰσοπλεύρου τοῦ εἰς τὸν κύκλον ἐγγεγραμμένου πλευρᾶς 5
ὑποτεινομένη, καὶ ληφθῇ τῆς ΒΓ περιφερείας ἰσάκις
πολλαπλάσια καὶ τῆς ὑπὸ ΒΗΓ γωνίας ἐν τριπλασίονι
λόγῳ, γενήσεται ὅλος ὁ κύκλος τῆς ΒΓ περιφερείας
ἰσάκις πολλαπλάσιος καὶ ἡ πρὸς τὸ ὅλον κέντρον τοῦ
κύκλου συνισταμένη γωνία ἤγουν ἡ ὑποτεινομένη ὑπὸ 10
ὅλου τοῦ κύκλου γωνία τῆς ὑπὸ ΒΗΓ γωνίας. ἐὰν δὲ
ἐν ἑξαπλασίονι λόγῳ ληφθῇ ὁ ἰσάκις πολλαπλασιασμὸς
τῆς τε ΒΓ περιφερείας καὶ τῆς ὑπὸ ΒΗΓ γωνίας,
πάλιν δὶς ὁ κύκλος καὶ ἡ πρὸς ὅλον τὸ κέντρον δὶς
ὑποτεινομένη ὑπὸ ὅλου τοῦ κύκλου γωνία ἰσάκις ἔσονται 15
πολλαπλάσια τῆς τε ΒΓ περιφερείας καὶ τῆς ὑπὸ ΒΗΓ
γωνίας. ὁμοίως καὶ ἐπὶ ἑπταπλασίου καὶ ὀκταπλασίου,
καὶ εἰς ἄπειρον οὕτως δεῖ νοεῖν ἐπὶ τοῦ κύκλου τοὺς
ἰσάκις πολλαπλασιασμοὺς καὶ ἐπὶ τῶν γωνιῶν αὐτοῦ
τῶν ἐν τῷ κέντρῳ τοῦ κύκλου συνισταμένων. 20

65. Ἀπορήσειεν ἄν τις οὐκ ἀφυῶς, διὰ τί μέλλων

---

64. BV*qb (b³l); idem rursus ad principium lib. VII V*q
(scripturas uncis inclusi). 65. V¹.

4. περιφέρεια] om. q, m. 2 B. (ὑπό] om. V). 5. ἐγ-
γραφομένου q (γεγραμμένου V). 6. ὑποτεινομένης V et B,
sed corr. m. 2 in ὑποτεινομένηι. ληφθῇ B, corr. m. 2.
περιφερείας] comp. Bq, περί V. 8. ὅλος] καὶ ὅλος V.
περιφερείας] comp. Bq, περί V. 10. συνισταμένη] συγ-
κειμένη V (γωνία συνισταμένη q). (ἡ] om. Vq). 12. ἐν]
ὁλ q. 13. ΒΗΓ] corr. ex ΒΓ V. 15. ὅλου] τοῦ ὅλου q.
17. ὁμοίως] ὁμοίως δέ b. (ἐπί] ἐπὶ τοῦ q). 20. τῶν ἐν
— συνισταμένων] m. 2 B (pro αὐτοῦ hab. ἐστιν); om. q.

ὁ γεωμέτρης δεῖξαι, ὡς ἐν τοῖς ἴσοις κύκλοις αἱ γωνίαι
τὸν αὐτὸν λόγον ἔχουσι ταῖς περιφερείαις, ἐφ᾽ ὧν
βεβήκασιν, ἐχρήσατο εἰς τὴν τούτου δεῖξιν, ὅτι αἱ ἐπὶ
μειζόνων περιφερειῶν ἐν τοῖς ἴσοις κύκλοις μείζους
5 εἰσίν, αἱ δὲ ἐπ᾽ ἐλασσόνων ἐλάσσους καὶ αἱ ἐπὶ ἴσων
ἴσαι, ὃ ταὐτόν ἐστι τῷ ἐὰν ἡ περιφέρεια πρὸς τὴν
περιφέρειαν ἔχῃ τὸν τοῦ μείζονος λόγον, καὶ ἡ γωνία
ἡ ἐπὶ τῆς μείζονος περιφερείας βεβηκυῖα τῆς ἐπ᾽
ἐλάσσονος περιφερείας βεβηκυίας τὸν τοῦ μείζονος
10 λόγον ἕξει, καὶ ἐὰν ἡ περιφέρεια πρὸς τὴν περι-
φέρειαν τὸν τοῦ ἐλάττονος λόγον ἔχῃ, καὶ ἡ γωνία
ἡ ἐπὶ τῆς ἐλάττονος περιφερείας βεβηκυῖα πρὸς τὴν
ἐπὶ τῆς μείζονος τὸν τοῦ ἐλάττονος λόγον ἕξει, καὶ
ἐὰν ἴσαι αἱ περιφέρειαι, αἱ γωνίαι τὸν τῆς ἰσότητος,
15 ὅπερ ἦν τὸ ἐν τῇ προτάσει τοῦ παρόντος ζητούμενον
θεωρήματος, ὅμοιον ὁ γεωμέτρης ποιῶν τῷ ἀπολογη-
σαμένῳ ἐρωτηθέντι, διὰ τί ὁ ἄνθρωπος ζῷον, ὅτι
ἄνθρωπος ζῷον, ὅπερ οὐ μόνον ἐπὶ τῆς ἀποδείξεως
γελοῖόν ἐστι, ἀλλὰ καὶ ἐπὶ τῆς διαλεκτικῆς, εἴ τις
20 τοιουτοτρόπως ἀποφαίνηται, καταγέλαστος δόξειε. φαμὲν
οὖν, ὡς οὐκ ἤδη, ἐὰν ἡ περιφέρεια πρὸς τὴν περι-
φέρειαν ἔχῃ τὸν τοῦ μείζονος λόγον, καὶ ἡ γωνία ἡ
ἐπὶ τῆς μείζονος περιφερείας πρὸς τὴν γωνίαν τὴν ἐπὶ
τῆς ἐλάσσονος βεβηκυῖαν ἔχῃ τὸν τοῦ μείζονος λόγον,
25 ἤδη καὶ ὃν λόγον ἔχει ἡ περιφέρεια πρὸς τὴν περι-
φέρειαν, ἔχει καὶ ἡ γωνία πρὸς τὴν γωνίαν. εἰκὸς
γὰρ τὸν μὲν τοῦ μείζονος ἔχειν λόγον τὴν περιφέρειαν

---

5. δέ] δὲ αἱ V.   8. Ante βεβηκυῖα macula est in V,
item lin. 9, 12. Hic illic in hoc scholio rasurae sunt.   13.
τῆς] τοῦ V.   24. βεβηκυῖαν] βεβη- in ras. post complures
litteras euanidas V.   25. ἤδη] alt. η obscurum V.

πρὸς τὴν περιφέρειαν καὶ τὴν γωνίαν πρὸς τὴν γωνίαν,
ἕτερον δὲ καὶ ἕτερον.

66. Ἀπορήσειεν ἄν τις, πόθεν δῆλον, ὡς, ἐὰν ἡ
περιφέρεια τῇ περιφερείᾳ ἴση, καὶ ὁ τομεὺς τῷ τομεῖ,
καὶ εἰ μείζων, μείζων, καὶ εἰ ἐλάττων, ἐλάττων. ὅτι 5
μέν, ἐὰν ἡ περιφέρεια ἴση τῇ περιφερείᾳ, καὶ ὁ τομεὺς
τῷ τομεῖ ἴσος, δέδεικται οὕτω· κείσθω τῇ ΒΛ περι-
φερείᾳ ἴση ἡ ΕΝ, καὶ ἤχθω εὐθεῖα ἀπὸ τοῦ Β ἐπὶ
τὸ Λ καὶ ἀπο τοῦ Ε ἐπὶ τὸ Ν. καὶ ἐπεὶ οἱ κύκλοι
ἴσοι, ἴσαι εἰσὶ καὶ αἱ ΒΗ, ΗΛ ταῖς ΕΘ, ΘΝ. ἀλλὰ 10
καὶ γωνία ἡ ὑπὸ ΒΗΛ γωνίᾳ τῇ ὑπὸ ΕΘΝ ἴση διὰ
τὸ κζ΄ τοῦ γ΄· καὶ ἡ βάσις ἄρα τῇ βάσει ἴση, ἤγουν
ἡ ΒΛ τῇ ΕΝ, καὶ τὸ τρίγωνον τῷ τριγώνῳ ἴσον.
δυνατὸν δὲ καὶ ἀπὸ τῆς ἰσότητος τῶν βάσεων δεῖξαι
καὶ τὰς γωνίας ἴσας. ἐπεὶ γὰρ ἴσαι αἱ περιφέρειαι, 15
καὶ αἱ ὑποτείνουσαι ταύτας ἴσαι διὰ τὸ κθ΄ τοῦ γ΄.
ἀλλὰ μὴν καὶ τὰ τμήματα τῶν κύκλων τὰ ΒΓΛ, ΕΖΝ
ὅμοια· αἱ γὰρ ἐν αὐτοῖς γωνίαι ἴσαι· ἐπὶ ἴσων γὰρ
περιφερειῶν βεβήκασιν. ἀλλὰ δὴ καὶ ἴσα διὰ τὸ κδ΄
τοῦ γ΄. ἐὰν δὲ τοῖς ἴσοις ἴσα προστεθῇ, τὰ ὅλα ἐστὶν 20
ἴσα. δέδεικται ἄρα, ὡς, ἐὰν ἡ περιφέρεια τῇ περι-
φερείᾳ ἴση, καὶ ὁ τομεὺς τῷ τομεῖ ἴσος. λέγω δή,
ὅτι καί, ἐὰν μείζων ἡ περιφέρεια τῆς περιφερείας, καὶ
ὁ τομευς τοῦ τομέως μείζων ἔσται. εἰ γὰρ μή, ἔσται
ἢ ἴσος ἢ ἐλάττων. ἔστω πρῶτον ἴσος. καὶ ἐπεὶ ὑπό- 25
κειται ἡ ΒΛ περιφέρεια μείζων τῆς ΕΝ, ἀφῃρήσθω
ἀπὸ τῆς μείζονος περιφερείας τῇ ἐλάττονι ἴση· δυνατὸν

66. V².

27. δυνατὸν γάρ] scripsi e uestigiis perobscuris cod. V.

γάρ· ἡ ΒΚ. καὶ ἐπεὶ ἐδείχθη, ὡς, ἐὰν αἱ περιφέρειαι
ἴσαι ὦσι, καὶ οἱ τομεῖς ἴσοι ἔσονται, ἴσος ἄρα ὁ ΒΗΚ
τομεὺς τῷ ΕΘΝ τομεῖ. ἀλλὰ ὁ ΕΘΝ ἴσος ὑπετέθη
τῷ ΒΗΛ τομεῖ. ὥστε καὶ ὁ ΒΗΛ τομεὺς ἴσος τῷ
5 ΒΗΚ, ὁ μείζων τῷ ἐλάττονι. ὡσαύτως δὲ δειχθήσεται,
ὅτι οὐδὲ ἐλάττων· μείζων ἄρα.

In librum VII

i

2. Ἡ δυὰς κατά τι μὲν ἀριθμός, κατά τι δὲ οὔ·
καθὸ μὲν γὰρ τῶν ἐφ᾽ ἑκάτερα αὐτῆς συντιθεμένων
ἀριθμῶν τὸ ἥμισυ ἔχει, ἀριθμός ἐστιν, καθὸ δὲ καὶ
συντιθεμένη καὶ πολυπλασιαζομένη τὸ αὐτὸ πλῆθος
5 ἀπογεννᾷ, οὐκ ἔστιν ἀριθμός, τῶν ἀριθμῶν πεφυκότων
πολλαπλασιαζομένων πλέον συνάγειν ἢ συντιθεμένων·
τρὶς μὲν γὰρ τρεῖς θ̄, τρεῖς δὲ καὶ τρεῖς ϛ̄, δὶς δὲ
δύο δ̄ καὶ β̄ καὶ β̄ δ̄.

Ad def. 1.

10 3. Μονὰς λέγεται καὶ ἐν τοῖς θεοῖς, λέγεται καὶ
ἐν τοῖς φυσικοῖς, λέγεται καὶ ἐν τοῖς μαθηματικοῖς.
καὶ ἐπὶ μὲν τῶν θεῶν μονάδα λέγομεν τὸν ἑκάστης
σειρᾶς ἄρχοντα, οὐχ ὅτι ἐστι μονάς, ἀλλ᾽ ὅτι ὃν τρόπον
ἡ μαθηματικὴ ἀρχὴ τοῦ ἀριθμοῦ ἐστιν, τὸν αὐτὸν
15 τρόπον καὶ αὐτὸς ἐξάρχει τῆς σειρᾶς. ἡ δὲ φυσικὴ
μονάς ἐστιν ἡ μετέχουσα τῆς μαθηματικῆς μονάδος,
οἷον ὁ εἷς ἵππος μονάς ἐστι φυσική, ὅτι τῆς μαθη-
ματικῆς μετασχὼν μονάδος ἓν λέγεται. μονὰς οὖν
λέγεται, καθ᾽ ἣν μετέχοντα τὰ φυσικὰ λέγεται ἕν. τῆς
20 μονάδος τῆς μαθηματικῆς νῦν μέμνηται· ταύτης γὰρ
καὶ μετέχοντα τὰ φυσικὰ λέγεται ἕν, καὶ ἀριθμὸς δὲ
ὁμοίως ἐστὶ μαθηματικὸς ὁ μετεχόμενος καὶ αὐτός.

---

2. B ibid. (qlbˢ).   3. PBFVat.Vᵃβˢq (nbˢ).

---

4. συντιθεμένη] q, συντιθέμενος B.   11. τοῖς] om.
PBVat. λέγεται] om. β.   12. τῶν] τῶν μέν V.   13. Post
ἄρχοντα add. οἷον τον δεσπότην διὰ μονάδα λέγομεν P.   μονάς
ἐστιν P.   15. αὐτός] αὐτό V.   18. μετέχων Vqβ.   μο-
νάδος μετασχών F.   19. ἕν] om. P.   20. μονάδος] μονάδος
δὲ B, μονάδος οὖν Vqβ.   ταύτην F.   21. καί] καὶ τά β.
τά] om. PVqβ.

Ad def. 3.

4. Μέρος ἐστὶν ἀριθμὸς ἀριθμοῦ· ὁ ἀπαρτιζόντως ἀριθμὸς μετρῶν ἀριθμόν τινα εἴτε εἰς ἑαυτὸν γενόμενος εἴτε ἄλλον πολλαπλασιάσας μέρος ἐστὶ τοῦ γεγονότος, οἷον ὁ γ̄ μέρος ἐστὶ καὶ τοῦ θ̄ καὶ τοῦ ῑβ, 5 ἀλλὰ τοῦ μὲν θ̄ ὡς εἰς ἑαυτὸν γεγονώς· τρὶς γὰρ τρεῖς θ̄· τοῦ δὲ ῑβ ὡς τὸν δ̄ πολλαπλασιάσας. οὕτω καὶ ὁ δ̄ τοῦ ῑβ μέρος ἐστίν, λέγω δὴ ὡς τὸν γ̄ πολλαπλασιάσας.

Ad def. 4.

10

5. Ὁ β̄ τοῦ ε̄ μέρη ἐστὶν ἤτοι δύο πέμπτα, καὶ ὁ ε̄ τοῦ ῑα μέρη· πέντε γὰρ ἐνδέκατα· καὶ ὁ θ̄ τοῦ ῑγ μέρη· ἐννέα γὰρ τρισκαιδέκατα. ὁ δὲ θ̄ τοῦ ῑη μέρος· ἥμισυ γάρ· μετρεῖ γὰρ ὁ θ̄ τὸν ῑη ἀπαρτιζόντως ἐπὶ τὸν δύο γενόμενος. καὶ ὁ β̄ τοῦ ῑη μέρος· ἔνατον γάρ. 15

6. Μέρος λέγεται ἀριθμὸς ἀριθμοῦ ὁ ἐλάττων τοῦ μείζονος, ὅταν καταμετρῇ ᾽αὐτὸν ἀπαρτιζόντως, οἷον ὁ γ̄ τοῦ θ̄· τρὶς γὰρ τρεῖς θ̄. εἰ δὲ μὴ καταμετρῇ αὐτὸν ἀπαρτιζόντως, οὐ λέγεται μέρος ἐκεῖνο, ἀλλὰ μέρη, οἷον ὁ γ̄ τοῦ ῑ οὐ λέγεται μέρος, ἀλλὰ μέρη. 20 ὁμοίως ὁ γ̄ τοῦ ϛ̄ μέρος λέγεται· δὶς γὰρ συντεθεὶς ἀπαρτιζόντως μετρεῖ τὸν ϛ̄· ὁ δὲ δύο τοῦ ε̄ ἢ ὁ γ̄ τοῦ ε̄ ἢ τοῦ ζ̄ οὐ λέγονται ἕκαστος ἑκάστου μέρος. ὡσαύτως καὶ ὁ δύο τοῦ ϛ̄ μέρος λέγεται· τρὶς γὰρ ὁ δύο συντεθεὶς ἀπαρτιζόντως μετρεῖ τὸν ϛ̄. ὁ δὲ δύο 25

---

4. V^a q β³ (l). 5. V^a q (1b³). 6. V^a q (1b³); lin. 16—20 μέρη etiam B (β³).

16. ἐλάσσων B. 17. αὐτόν] τὸν μείζονα B. οἶον — 18. θ̄] om. B. 18. τρεῖς] τρίς Vq. εἰ δέ] ἐὰν γάρ B. 19. οὐ] ἐκεῖνο οὐ B. ἐκεῖνο] om. B. 22. ὁ δέ — 23. μέρος] V, om. q.

τοῦ ε̄ ἢ ὁ ȳ τοῦ ε̄ ἢ τοῦ ζ̄ οὐ λέγεται ἕκαστος ἑκάστου
μέρος, ἀλλὰ μέρη. καὶ ὁ μὲν β̄ τοῦ ϛ̄ λέγεται μέρος
καὶ καταμετρῶν αὐτόν, ὁ δὲ ϛ̄ τοῦ δύο πολλαπλάσιος·
ἔστι γὰρ αὐτοῦ τριπλάσιος ὡς καταμετρούμενος ὑπὸ
5 τοῦ δύο.

Ad deff. 6 sq.

7. Οἱ Πυθαγόρειοι τὸν ἀριθμὸν διήρουν εἴς τε
ἄρτιον καὶ περισσὸν καὶ τὸν ἄρτιον εἴς τε ἀρτιάκις
ἄρτιον καὶ εἰς ἀρτιοπερισσὸν καὶ εἰς περισσάρτιον,
10 καὶ τὸν μὲν ἀρτιάκις ἄρτιον ἔλεγον τὸν ἄχρι μονάδος
δίχα διαιρούμενον, τὸν δὲ ἀρτιοπερισσὸν τὸν εὐθέως
μετὰ τὴν πρώτην διχοτομίαν ἀδιαίρετον ὄντα, οἷον
τὸν δέκα εἰς ε̄ καὶ ε̄. περισσάρτιον δὲ τὸν πλείους
τομὰς ἐπιδεχόμενον ὡς τὸν ῑβ. πάλιν τοῦ περιττοῦ
15 τὸν μὲν πρῶτον τὸν ὑπὸ μονάδος μόνον μετρούμενον
ὡς τὸν τρία, τὸν ζ̄, τὸν δὲ σύνθετον ὡς τὸν θ̄, τὸν ῑε.
ἔλεγον οὖν τοῖς μὲν ἄρρεσι θεοῖς τοὺς περιττοὺς ἀνα-
κεῖσθαι ἀριθμοὶς διὰ τὸ ἀδιαίρετον καὶ τὴν εἰς ἑαυτοὺς
στροφὴν καὶ μονὴν καὶ τοῦ περιττοῦ τοὺς πρώτους
20 ἀριθμοὺς τοῖς μοναδικωτέροις καὶ εἰς ἑαυτοὺς στρε-
φομένοις, τοὺς δὲ συνθέτους τοῖς γονιμωτέροις καὶ
ἀφεστῶσι τοῦ α´ μᾶλλον καὶ προοδικωτέροις. πάλιν
τὸν ἄρτιον ἀριθμὸν ταῖς θηλείαις τῶν θεῶν διὰ τὴν
διαίρεσιν καὶ τὴν πρόοδον, τούτου δὲ τὸν μὲν ἀρτιο-
25 περισσὸν ταῖς ἀρρενοποιοῖς θεαῖς, ὡς, εἰ τύχοι, τῇ
δεσποίνῃ τῇ Ἀθηνᾷ ἢ τῇ δεσποίνῃ Ἑκάτῃ ἢ Ἀρτέμιδι·
παρθένοι γὰρ αὗται καὶ οὐκ ἐπὶ πολὺ τὴν πρόοδον

---

7. P ante initium libri VII in textu.

---

7. Πυθαγόριοι P. ●17. ἄρρεσιν P, corr. m. 1.   18.
ἑαυτούς] ἑαυτῶν P?

ἔχουσαι. τὸν δὲ περισσάρτιον ταῖς πλέον γονιμωτέραις, μὴ μέντοι ἐπὶ πολὺ τὴν πρόοδον ἐχούσαις, ἀλλὰ ἐπ' ἴσης τό τε ἀρρενωπὸν καὶ τὸ θῆλυ σωζούσαις καὶ μεταξὺ οἴσαις τῶν τε ἀρρενωπῶν θεαινῶν καὶ τῶν τεθηλυσμένων, οἵαν θεὸν ἐτίμων Ἀθηναῖοι τὴν Ἀνησι- 5 δώραν· θηλυπρεπὲς μὲν γὰρ τὸ ὅλον ἄγαλμα, γένειον δὲ προσετίθεσαν αἰνιττόμενοι τό τε θῆλυ καὶ τὸ ἄρρεν. πάλιν τὸν ἀρτιάκις ἄρτιον ταῖς διὰ παντὸς προιούσαις θεαῖς, οἷον ταῖς ζωογόνοις Δήμητρι καὶ Ῥέᾳ· αὗται ἐπὶ πολὺ προίασιν καὶ ἐπὶ πάντα. 10

διαιρεῖται τὰ ἀριθμητικὰ εἴς τε πρώτους καὶ συν- θέτους καὶ τὸ β' εἰς τοὺς ἐπιδεκτικοὺς καὶ τὸ γ' εἰς τοὺς στερεούς, οὗ τὸ τελευταῖον θεώρημα λήγει εἰς τέλειον ἀριθμόν.

8. Ἀρτιάκις ἄρτιος ἀριθμός ἐστιν ὁ ὑπὸ ἀρτίου 15 ἀριθμοῦ μετρούμενος κατὰ ἄρτιον ἀριθμόν· ἐὰν τούτῳ τῷ ὅρῳ προσθῶμεν τὸ μόνως ὑπὸ ἀρτίου ἀριθμοῦ μετρεῖσθαι κατὰ ἄρτιον ἀριθμόν, ποιοῦμεν τὸν τῶν Πυθαγορείων ἀρτιάκις ἄρτιον τὸν ἄχρι μονάδος δίχα διαιρούμενον, οἷον ὁ η̄ ὑπὸ ἀρτίου ἀριθμοῦ μετρεῖται 20 κατὰ ἄρτιον μόνως, ὁ δὲ ι̅β̅ κατὰ τοῦτο ἀρτιάκις ἄρτιος, καθὸ μετρεῖται μὲν καὶ ὑπὸ ἀρτίου κατ' ἄρτιον· δὶς ϛ̅ γάρ· ἀλλὰ καὶ ὑπὸ περιττοῦ κατὰ ἄρτιον· τρὶς γὰρ δ̄. ἀρτιάκις δὲ περισσὸν λέγει τὸν ὑπὸ ἀρτίου κατὰ πε-

---

8. PBFVat. (q β'n).

---

7. ἐνιττόμενοι P.   15. ἀρτιάκις — 16. ἀριθμόν] om. P. 15. ἀρτιάκης Vat., sed corr.   16. κατά] κατὰ τὸν F?   18. τόν] om. F?   19. Πυθαγορίων PBVat.   τόν] το F, Vat. 21. ι̅β̅] δεκαδύο B, et similiter saepius.   τοῦτο] τοῦτον F et corr. ex τύν Vat.   ἀρτιάκης Vat.   ἄρτιον Vat., sed corr. 22. καθό] Bq, om. PFVat.   μετρῆται P.   κατά PVat. ϛ̅ γάρ] γὰρ ϛ̅ ι̅β̅ q.   23. τρεῖς P.   δ̄] δ̄ ἄρτια FVat.

ρισσὸν μετρούμενον ὡς τὸν ī ὑπὸ τοῦ β̄ κατὰ τὸν ε̄.
περισσάρτιος δὲ ὁ ī̄β̄· ὑπὸ γὰρ τοῦ γ̄ μετρεῖται κατὰ
τὸν δ̄. καὶ ἁπλῶς ὃ τέλειόν ἐστιν ὄνομα ἐν τῇ συν-
θέσει, κατ' ἐκεῖνο λέγομεν μετρεῖσθαι τὸν ἀριθμόν.

5 ἰστέον δέ, ὅτι τὸν περισσάρτιον τὸν ὑπὸ τῶν Πυθα-
γορείων οὕτως καλούμενον τὸν πλείονας διαιρέσεις
δεχόμενον τῆς εἰς δίχα, μὴ μέντοι ἄχρι τῆς μονάδος
προιόντα κατὰ τὴν διαίρεσιν, οἶδεν καὶ αὐτὸς καὶ
μέμνηται αὐτοῦ ἐν τῷ θ' βιβλίῳ καλῶν αὐτὸν μήτε
10 ἀρτιάκις ἄρτιον μήτε ἀρτιοπερισσόν, τῇ ἀποφάσει τῶν
δύο ἄκρων αὐτὸν σημαίνων, ὥσπερ ἐπὶ τῶν ἐμμέσων ἐν-
αντίων, οἷς μὴ κεῖται ὄνομα, τὴν σημασίαν εὑρίσκομεν
τῇ ἀποφάσει λέγοντες τῶν ἄκρων. ἐν ᾧ δὲ τούτου
μέμνηται, ἔστι τὸ λδ'.

15 9. Ὁ μὲν ἀρτιάκις ἄρτιος ἀεὶ ὑπὸ ἀρτίου ἀριθμοῦ
μετρεῖται κατὰ ἄρτιον ἀριθμόν, οἷον ὁ ξ̄δ̄· δὶς γὰρ λ̄β̄ ξ̄δ̄,
τετράκις ῑϛ̄ ξ̄δ̄, ὀκτάκις η̄ ξ̄δ̄. κατὰ μὲν οὖν τὴν πρώτην
τομὴν ἡ μὲν δύναμις πολλή, τὰ δὲ μέρη β̄, καὶ κατὰ
τὴν δευτέραν τομὴν τὰ μὲν μέρη ὀλίγα· δ̄ γάρ· ἡ δὲ
20 δύναμις πολλή· ῑϛ̄ γάρ· κατὰ δὲ τὴν τρίτην ἄμφω ἴσα,
κατὰ τὴν τετάρτην ἀντέστραπται, καὶ οὐ δεῖ ζητεῖν ἐν
τῷ ἀρτιάκις ἀρτίῳ, εἴτε ἡ δύναμις πολλὶ εἴτε τὰ μέρη
ὀλίγα, ἀλλ' ἓν μόνον ἐξ ἀνάγκης δεῖ ζητεῖν τὸ εἶναι
τάς τε δυνάμεις καὶ τὰ μέρη κατὰ ἄρτιον ἀριθμόν.
25 ὁ δὲ ἀρτιοπερισσὸς ἀεὶ ὑπὸ ἀρτίου ἀριθμοῦ μετρεῖται

_____

9. n.

2. γ̄] τρεῖς P, τρία BVat., et similiter saepius. 3. τέλειος
ὄνομά ἐστιν F? 5. Πυθαγορίων Vat., -είων eras. P. 6.
καλούμενον] PB, λεγόμενον FVat. τόν] τό FVat. 7.
ἄχρις P. 8. προιόντας P, sed corr. 10. ἀρτιοπερριττόν FVat.
11. σημαίνειν P. ἐν μέσων P. 12. ὀνόματα FVat. 13.
τὴν ἀπόφασιν λέγουσαν P. 14. ἔστιν P.

κατὰ περισσὸν ἀριθμόν, πλὴν ἀεὶ ὁ μὲν ἄρτιος ἐλάττων,
ὁ δὲ περισσὸς μείζων. εὐθὺς ὁ πρῶτος ὁ ϛ̅ οὕτω
μετρεῖται· δὶς γὰρ τρεῖς λέγομεν. ὁμοίως καὶ ὁ δεύ-
τερος ὁ ῑ· δὶς γὰρ ε̅ ῑ· καὶ ὁ τρίτος ὡσαύτως· δὶς
γὰρ ξ̅ ῑδ̅· καὶ ἐπὶ τῶν ἄλλων ἡ αὐτὴ ἀκολουθία. ὁ δὲ 5
περισσάρτιος ἀεὶ μὲν ὑπὸ περισσοῦ ἀριθμοῦ μετρεῖται
κατὰ ἄρτιον ἀριθμόν, οὐκ ἀεὶ δὲ ὁ μὲν περισσὸς
ἐλάττων, ὁ δὲ ἄρτιος μείζων, ἀλλ' ὡς ἐπὶ τὸ πλεῖστον
μὲν ὁ περισσὸς ἐλάττων, ὁ δὲ ἄρτιος μεῖζων, οἷον
τρὶς η̅ κ̅δ̅ καὶ τρὶς ῑϛ̅ μ̅η̅, σπανίως δὲ ὁ μὲν περισσὸς 10
μείζων, ὁ δὲ ἄρτιος ἐλάττων, οἷον ὁ κ̅· πεντάκις
γὰρ δ̅ κ̅· καὶ τοῦτο εἰκός ἐστι· μίγμα γὰρ ὂν ἀμφο-
τέρων κατά τι μὲν ἔοικε, κατά τι δὲ διαφέρει.

Ad def. 12.

10. Λέγομεν γὰρ ἄπαξ γ̅ γ̅, ἄπαξ ε̅ ε̅, ἄπαξ ϛ̅ ζ̅. 15

Ad def. 13.

11. Οἷον ὁ γ̅ ὁ ε̅ ὁ ζ̅· κοινὸν γὰρ μέτρον ἔχουσι
τὴν μονάδα· φαμὲν γὰρ ἄπαξ τρεῖς τρεῖς, ἄπαξ ε̅ ε̅,
καὶ ἄλλως οὐ μετροῦνται οἱ λεγόμενοι πρῶτοι, οἵτινές
εἰσιν ἀσύνθετοι. 20

Ad def. 14.

12. Ὁ δεύτερος λεγόμενος ὁ θ̅· οὐ μόνον γὰρ τῷ

---

10. q (1bᵍ) cum nr. 11 coniunctum.   11. BVᵃq (1bˢ).
12. BFVᵃbq (l, Vᵃ iterum corrupte).

---

3. τρεῖς] τρίς n.   17. οἷον — ζ̅] om. q.   ὁ γ̅] V, om. B.
18. φαμὲν — ε̅ ε̅] om. q.   ἄπαξ] (prius) om. V.   ϛ̅ ζ̅]
πέντε V.   19. καί — μετροῦνται] ᾗ, ἄλλως γὰρ οὐκ ἀριθ-
μοῦνται BV.   20. εἰσι σύνθετοι Vq.   22. δεύτερος] Bl,
β' qV, σύνθετος Fb.   γάρ] om. Vq.   τῷ] om. V, τό q.

ἅπαξ ϑ̄ μετρεῖται, ἀλλὰ καὶ συνϑέτως λέγεται· τρὶς
γὰρ τρεῖς ϑ̄· καὶ ἰδοὺ ὁ αὐτὸς ϑ̄ καὶ σύνϑετός ἐστι
καὶ ἀσύνϑετος.

Ad def. 16.

5　13. Ἀριϑμὸς ἀριϑμὸν πολλαπλασιάζειν λέγεται·
οἷον ὁ ϑ̄ καὶ ὁ γ̄· ὅσαι γάρ εἰσι μονάδες ἐν τῷ γ̄,
τοσαῦται τριάδες ἐν τῷ ϑ̄.

Ad def. 17.

14. Οἷον ὁ ϑ̄ καὶ ὁ γ̄. συντεϑήτω ὁ γ̄ εἰς τὸν ϑ̄
10 καὶ πεπολλαπλασιάσϑω ὁ ϑ̄· γίνεται ιβ̄. τρὶς γὰρ ϑ̄ ιβ̄.
καὶ ὁμοίως πάλιν ὁ ϑ̄ εἰς τὸν γ̄, καὶ πεπολλαπλασιάσϑω·
τετράκις τρεῖς ιβ̄.

Ad def. 18.

15. Οἷον τρεῖς ϛ̄ ιβ̄. πολλαπλασίασον τάδε οὕτως·
15 τρὶς ἓξ ιη̄· ὀκτωκαιδεκάκις τὰ ιβ̄ σιϛ̄. γίνωσκε, ὅτι,
ἐὰν τρεῖς ἀριϑμοὶ ἴσοι πολλαπλασιάσαντες ἀλλήλους
ποιῶσί τινα, οἱ ἀριϑμοὶ ἐκεῖνοι ἢ ἴσοι ἔσονται ἢ
ἄνισοι πρὸς ἀλλήλους, καὶ εἰ μὲν ἴσοι, ποιοῦσι κύβον,
εἰ δὲ ἄνισοι, ἁπλῶς στερεόν.

13. BV^aq (b³l).　　14. FV^abq (l); praeterea cum nr. 13
coniunctum B (q = B, et V^a corrupte).　15. β².

1. σύνϑετος B. λέγεται] B, μετρεῖται FVbq. 2. γάρ]
B, om. FVbq. ϑ̄] B, ϑ̄ γίνονται FVbq. 5. ἀριϑμός — λέ-
γεται] bq, om. BV. 6. ὁ γ̄ καὶ ὁ ϑ̄ V. γ̄] B, ϑ̄ V, ϑ̄ γ̄ q.
9. οἷον] οἷόν ἐστιν Vq, ἢ ὥσπερ B. συντεϑήτω] comp.
Vq, συντεϑήτωσ γάρ B, συντεϑείτω Fb. 10. πολυπλασιάσϑω,
supra scr. πε, B. ὁ] ἐπὶ τόν B. γίνεται] comp. FVb,
γίνονται B. τρὶς — ιβ̄] mg. F. τρεῖς] B, γ̄ FVbq. 11.
καί] om. B. ὁ] καὶ ὁ B. εἰς] ἐπί B. τόν] om. q.
πεπολυπλασιάσϑω B.　12. τρεῖς] γὰρ τρεῖς B. 14. τρεῖς]
τρὶς β. 16. ἴσοι] delendum. 18. ποιῶσι β.

Ad prop. I. ·

16. Ἐνταῦθα περὶ πρώτων πρὸς ἀλλήλους δια-
λέγεται ἀριθμῶν.

Ad prop. II.

17. Ἔστω ὁ κ̅ε̅ καὶ ὁ ι̅. δεῖ δὴ τῶνδε τὸ μέγιστον 5
κοινὸν μέτρον εὑρεῖν. ἀφῃρήσθω τοῦ κ̅ε̅ ὁ ι̅ δίς.
λοιπὸν ὁ ε̅ ἀπὸ τοῦ ι̅· λείπεται ὁ ε̅. οὗτος δὴ μετρεῖ
τὸν πρὸ αὐτοῦ, καὶ μείζων τούτου τὸν ι̅ καὶ κ̅ε̅ ἄλλος
οὐ μετρήσει.

18. Ἔστω ὁ ΑΒ μονάδων κ̅ε̅, ὁ δὲ ΓΔ ι̅. ἀφ- 10
ῃρήσθω τοῦ κ̅ε̅ ὁ ι̅ δίς. λείπεται ὁ ΑΕ μονάδων ε̅.
οὗτος μετρεῖ τὸν πρὸ αὐτοῦ τὸν ι̅, καὶ μείζων τούτου
τὸν κ̅ε̅ καὶ ι̅ ἄλλος οὐ μετρήσει.

19. Ἐὰν γὰρ ἀριθμὸς ἀριθμοῦ τὸ μέρος μετρῇ,
μετρήσει καὶ τὸν ὅλον, καὶ ἐὰν τὸν ὅλον, καὶ τὸ μέρος. 15

20. Ὥσπερ γὰρ ὁ ε̅ δὶς εἰς ἑαυτὸν γενόμενος μετρεῖ
τὸν ι̅, οὕτως ὁ αὐτὸς οὗτος ε̅ ἅπαξ εἰς ἑαυτὸν μετρήσει
ἑαυτόν· ἅπαξ γὰρ ε̅ ε̅.

Ad prop. III. ·

21. Ἔστωσαν τρεῖς ὁ ι̅ καὶ ὁ κ̅ καὶ ὁ λ̅ε̅, καὶ 20
εἰλήφθω τοῦ ι̅ καὶ κ̅ μέγιστον κοινὸν μέτρον ὁ ε̅.

---

16. Vᵃbˢq.   17. PBFVᵃVat.q (1bˢ).   18. Vᵃq (1bˢ).
19. F².   20. Vᵃq (1bˢ); pertinet ad prop. II coroll.   21.
PBFVat.Vᵃ(bˢ); εἰς τὸ γ´ FVat.

---

5. ἔστω] om. B, ἔν q1b.   ὁ ι̅] ι PVat.   τῶνδε] om.
BVq.   6. κοινόν] αὐτῶν κοινόν BVq.   7. λοιπόν — ι̅] del.
m. rec. P.   ἀπὸ τοῦ] πρὸς τό V.   ι̅] ι ō ε̅ P (ō eras.) et Vat.
ὁ ε̅] supra add. m. rec. ὁ α ε̅ μονάδων P.   δή] δεῖ V.
8. Ante καί add. m. rec. τὸν ι̅ P.   τόν] corr. ex τοῦ P,
τό V.   ι̅] ι̅ε̅ BFVat.Vq.   16. γάρ] om. q.   γενάμενος l.
20. ἔστωσαν] comp. B, ἔν b.   τρεῖς] corr. m. rec. ex γ´ P,
ὁ γ̅ καὶ BFV, ὁ τρία καί Vat. · ὁ κ̅] κ̅ P.   ὁ λ̅ε̅] λ̅ε̅ P.

οὗτος δὴ μετρεῖ τὸν λ̄ε̄ καί ἐστι μέγιστον μέτρον τῶν γ̄
ἀριθμῶν. εἰ δὲ μὴ ἐμέτρει ὁ ε̄ τὸν λ̄ε̄, ἐλάμβανον
κοινὸν μέγιστον μέτρον τοῦ τε ληφθέντος κοινοῦ μέτρου
τῶν δύο τῶν πρώτων καὶ τοῦ λ̄ε̄ καὶ εἶχον τῶν γ̄ τὸ
5 μέγιστον κοινὸν μέτρον.

22. Καθολικὴ μέθοδος, ὅτι τριῶν ἀριθμῶν ἐκ-
κειμένων τὸ μέγιστον αὐτῶν κοινὸν μέτρον εὑρεῖν.
ἐκκείσθωσαν οἱ δοθέντες ἀριθμοὶ οἱ ὑποκείμενοι. δεῖ
δὴ τῶν ὑποκειμένων τὸ μέγιστον κοινὸν μέτρον εὑρεῖν.
10 ἔστωσαν οἱ ὑποκείμενοι ἀριθμοὶ ὁ λ̄ε̄, ὁ μ̄η̄ καὶ ὁ ν̄δ̄,
καὶ εἰλήφθω διὰ τὸ πρὸ αὐτοῦ θεώρημα τῶν λ̄ε̄ καὶ
μ̄η̄ κοινὸν μέγιστον μέτρον ὁ ῑβ̄ ἀριθμός. καὶ πάλιν
εἰλήφθω τῶν ῑβ̄ καὶ ν̄δ̄ κοινὸν μέτρον ὁ ϛ̄ ἀριθμός.
ὁ ϛ̄ ἄρα μέγιστον κοινὸν μέτρον ἐστὶ τῶν λ̄ε̄, μ̄η̄, ν̄δ̄
15 ἀριθμῶν· ὅπερ ἔδει δεῖξαι.

Ad prop. IV.

23. Εἰ μὲν οὖν καταμετρεῖ ὁ ΒΓ τὸν Α, μέρος
ἐστὶν ὁ ΒΓ τοῦ Α, καὶ οὐκ εἰσὶ πρῶτοι πρὸς ἀλλήλους·
ἔχουσι γὰρ κοινὸν μέτρον τὸν ἀριθμὸν ἐκεῖνον, μεθ'
20 οὗ καταμετρεῖ ὁ ΒΓ τὸν Α, οἷον, εἰ εἴη ὁ Α ῑ, ὁ
δὲ ΒΓ ε̄, καταμετρεῖ ὁ ε̄ τὸν ῑ μετὰ τοῦ β̄· πεντάκις

22. BV^a (b^s).   23. V^a q et paullo aliter b et iterum V^a (W);
σχόλιον εἰς τὸ δ' θεώρημα Vq.

1. λ̄ε̄] λ̄ε̄ ἀριθμόν V.   ἐστιν P.   μέγιστον — 2. ἀριθμῶν]
μέγιστον· τῶν''' τριῶν'''' ϛ̄ϛ̄ μέτρον" F.   2. εἰ] μέτρον εἰ B.
3. μέτρον μέγιστον V.   μέτρον] om. F Vat.   4. τῶν] (tert.) P,
τόν BF Vat. V.   9. τὸ μέγιστον] om. B.   10. λ̄ε̄ μ̄η̄ καὶ ν̄δ̄ B.
11. τό] corr. ex τῶν V.   12. οἱ δωδέκατοι ἀριθμοί V.   13.
ῑβ̄] δωδέκατον V.   ν̄δ̄] τῶν ν̄δ̄ V.   15. ἀριθμῶν] om. V.   18.
ἐστίν] αὐτοῦ ἐστιν ἤγουν b.   εἰσί] ἐστί comp. W.   πρῶτοι]
corr. ex πρῶτος W.   19. ἔχουσι — p. 371, 2. ἀλλήλους] om. W b.
21. β̄] δευτέρου V.

γὰρ δύο ῑ· καί ἐστιν αὐτῶν κοινὸν μέτρον ὁ β̄· ὥστε
οὐκ εἰσὶ πρῶτοι πρὸς ἀλλήλους. εἰ δὲ οὐ καταμετρεῖ
ὁ ΒΓ τὸν Α, μέρη ἐστὶν ὁ ΒΓ τοῦ Α, καὶ ἤτοι
πρῶτοι πρὸς ἀλλήλους εἰσίν, ὡς ὁ ζ̄ καὶ ῑᾱ, ἢ οὔ, ὡς
ὁ ῑβ καὶ θ̄. καὶ εἰ μέν εἰσι πρῶτοι πρὸς ἀλλήλους, 5
ἑκάστη μονὰς τοῦ ἐλάσσονος μέρος ἐστὶ τοῦ μείζονος,
καὶ τὸ μὲν πλῆθος λαμβάνομεν ἐκ τοῦ ἐλάττονος
ἀριθμοῦ, τὸ δὲ εἶδος ἐκ τοῦ μείζονος, οἷον ἐπὶ τοῦ ζ̄
καὶ ῑᾱ αἱ μὲν ζ̄ μονάδες πλῆθος οὖσαι τὸ ζ̄ λέγεσθαι
λαμβάνουσιν ἀπὸ τοῦ ζ̄, τι̇. δὲ εἶδος ἀπὸ τοῦ ῑᾱ, οἷον 10
ἑπτὰ ἑνδέκατα, τὸ μὲν ἑπτὰ πλῆθος, τὸ δὲ ῑᾱ εἶδος.
εἰ δὲ οὐκ εἰσὶ πρῶτοι πρὸς ἀλλήλους, καὶ οὐ κατα-
μετρεῖ ὁ ἐλάττων τὸν μείζονα ὡς ἐπὶ τοῦ ῑη καὶ ῑβ,
τὸ μὲν πλῆθος τῶν μερῶν λαμβάνομεν ἐκ τοῦ μερισμοῦ
τοῦ ἐλάττονος ἀριθμοῦ καὶ ἐκ τοῦ μεγίστου κοινοῦ 15
μέτρου, ὅσους σώζει ὁ ἐλάττων ἴσους τῷ κοινῷ με-
γίστῳ μέτρῳ· οἷον, ἐπεὶ ὁ ϛ̄ κοινὸν μέγιστόν ἐστι
μέτρον τοῦ ῑη καὶ ῑβ, ζητῶ, τί μέρος ἐστὶν ὁ ϛ̄ τοῦ ῑη,
καὶ ἐπεὶ ὁ ῑβ εἰς β̄ διαιρεῖται ἑξάδας, εὑρίσκω τὸ μὲν
πλῆθος ἤτοι τὸ δύο ἀπὸ τοῦ μερισμοῦ τοῦ ῑβ λεγό- 20
μενον, τὸ δὲ εἶδος, οἷον τὸ ϛ´, ἀπὸ τοῦ μεγίστου
κοινοῦ μέτρου τοῦ ϛ̄· τὸ γὰρ ϛ´ ἀπὸ τοῦ ϛ̄, ὅστις

---

3. μέρη] μέρος q. τοῦ Α] om. Wb. 4. ὡς ὁ ζ̄ — 5. θ̄]
ἢ οὔ Wb. 6. ἐλάττονος W. 7. καί] om. Wb. μέν] μὲν
οὖν b. λαμβάνει Wb. ἐλάσσονος b. 8. ἐκ τοῦ] ἑκάστου W.
ἐπὶ τοῦ] ὁ W b. 9. ῑα] ὁ ῑα W. αἱ] τό Wb. μέν]
μὲν πλῆθος b. μονάδων Wb. πλῆθος — 10. ζ̄] om. Wb.
10. ἀπό (alt.) — 11. εἶδος] ζ̄ (om. W) ἐνδέκατα (ῑα W) καί
ἐστιν ὁ ζ̄ μέρη (μέρει W) τοῦ ῑα κατὰ γένος, κατὰ δὲ (om. W)
εἶδος ζ̄ ἐνδέκατα (lac. W duobus his uerbis om.) Wb. 18.
ἐλάσσων b. τόν] τοῦ W. ὡς — ῑβ] μέρη (μέρος W) ἐστὶ (εἰσί W)
κατὰ γένος ὁ ἐλάττων τοῦ μείζονος καί Wb. 14. μερισμοῦ
τοῦ] om. W. 15. ἐλάσσονος b. 16. ὁ ἐλάττων] om. Wb.

24*

ἐστὶ τὸ μέγιστον κοινὸν μέτρον τοῦ ιη καὶ ϛ. ὥστε, ὡς εἴρηται, εἰ μέν εἰσι πρῶτοι πρὸς ἀλλήλους, τὸ μὲν πλῆθος λαμβάνεται ἀπ' αὐτοῦ τοῦ ἐλάττονος, τὸ δὲ εἶδος ἀπὸ τοῦ μείζονος. εἰ δὲ οὐκ εἰσὶ πρῶτοι πρὸς 5 ἀλλήλους, οὐδὲ καταμετρεῖ ὁ ἐλάττων τὸν μείζονα, τὸ μὲν πλῆθος λαμβάνεται οὐκ ἀπὸ τοῦ ἐλάττονος, ἀλλ' ἀπὸ τοῦ μερισμοῦ τοῦ ἐλάττονος ἀριθμοῦ, τὸ δὲ εἶδος ἀπὸ τοῦ κοινοῦ μεγίστου τῶν δύο ἀριθμῶν τοῦ τε ἐλάττονος καὶ τοῦ μείζονος.

10 24. Ὥστε μέρη ἐστὶν ὁ ΒΓ τοῦ Α p. 200, 3] οἷον εἰ ἔστιν ὁ Α μονάδων ια, ὁ δὲ ΒΓ ζ, ὁ ζ τοῦ ια ἑπτά ἐστι ἐνδέκατα. ὥστε μέρη ἐστὶν ὁ ζ τοῦ ια, ἀλλ' οὐ μέρος. καὶ ἁπλῶς τῶν πρώτων ἀριθμῶν οἱ ἐλάσσονες μέρη εἰσὶ τῶν μειζόνων, ἀλλ' οὐ μέρος.

15 25. Ὥστε μέρη ἐστὶν ὁ ΒΓ τοῦ Α p. 200, 12] τρία δηλονότι πέμπτα. ἔστω γὰρ ὁ Α κε, ὁ δὲ ΒΓ ιε, κοινὸν δὲ μέγιστον αὐτῶν μέτρον ὁ ε.

Ad prop. V.

26. Ἔστω ὁ Α γ, ὁ δὲ ΒΓ θ, ὁ δὲ Δ ϛ, ὁ δὲ 20 ΕΖ ιη. τὰ δὴ γ τοῦ θ γ' εἰσὶ μέρος καὶ τὰ ϛ τοῦ ιη,

---

24. Vªq (1bˢ).   25. Vªq (1bˢ).   26. Vªq (1bˢ).

Inde ab οἷον p. 371, 17 hic est finis scholii in Wb: κἂν (καί W) δύο ἢ τρία ἢ δ μέρη (μέρη ἢ τέσσαρας W) καὶ ἑξῆς, τὸ δὲ εἶδος ἐκ τοῦ μεγίστου κοινοῦ μέτρου τῶν δύο (τῶν δύο om. W) καὶ τοῦ μείζονος ἀριθμοῦ, οἷον σώζει μόριον μετὰ τὸ μέγιστον κοινὸν μέτρον τοῦ μείζονος κἂν τρία (τρίτου W) κἂν τέταρτα (τετάρτου W) καὶ ἑξῆς εἰσιν (εἰς W) ἕνα (om. W) τρία (om. W) κἂν δύο (τρία b) τρία κἂν (om. W) δύο (δ b) τέταρτα (τρία b) (dein add. τρία τρία W), καὶ ἁπλῶς ὅσα μέρη τοῦ ἐλάσσονος (ἐλάττονος W) εὑρεθῶσι, τοσαῦτα μέρη εἰσὶ τοῦ ̶ονος.

καὶ συναμφότερα ὁ ϛ καὶ γ̅ ἤτοι ὁ θ̅ συναμφοτέρων τοῦ ι̅η̅ καὶ θ̅ ἤτοι τοῦ κ̅ξ̅ γ´ εἰσίν.

27. Ἔσται δὴ ἴσον τὸ πλῆθος p. 202, 5] διότι ἰσάκις εἰσὶν οἱ ΒΓ, ΕΖ τῶν Α, Β πολλαπλάσιοι.

Ad prop. VI.

28. Ἔστω ὁ ΑΒ μονάδων δ̅, ὁ δὲ Γ ϛ̅. ὁ δ̅ ἄρα τοῦ ϛ̅ μέρη ἐστί, δύο τρίτα. οὐ γὰρ καταμετρεῖ ὁ δ̅ τὸν ϛ̅ οὔτε μεθ᾽ ἑαυτοῦ ἤτοι εἰς ἑαυτὸν γενόμενος, ὥσπερ ὁ β̅ τὸν δ̅ καὶ ο γ̅ τὸν θ̅, οὔτε μετ᾽ ἄλλου τινὸς πολλαπλασιασθείς.

29. Μέρη λέγω τοὺς ὑπολόγους, ὑποεπιτρίτους, ὑποεπιτετάρτους.

30. Σημειωτέον, ὅτι, ἐὰν ἀριθμὸς ἀριθμοῦ μέρη ᾖ καὶ ἕτερος ἑτέρου τὰ αὐτὰ ἤτοι τοιαῦτα, καὶ ὅσα μέρη ἐστὶν ὁ πρῶτος τοῦ δευτέρου, τοσαῦτα καὶ ὁ τρίτος τοῦ τετάρτου τὰ αὐτά.

Ad prop. VII.

31. Ὁ ἄρα μέρος ἐστίν p. 206, 12] δυνατὸν καὶ τοῦτο διὰ τὸ θ´ τοῦ ε´ τὴν πίστιν λαβεῖν. εἰσὶ γὰρ οἱ ἐν τούτῳ λόγοι καθολικοί τε καὶ πᾶσιν ἀρμόζοντες, οὐ μόνον μεγέθεσιν, ἀλλὰ καὶ ἀριθμοῖς.[1])

---

1) Huc congerere libet minuta quaedam scholia cod. P cum hoc cognata, sc. ad prop. V: τοῦτο ἐμπεριέχεται τῷ α´ τοῦ ε´, ὁμοίως δὲ καὶ τὸ ἑξῆς τῷ ιβ´ τοῦ ε´; ad VI: τοῦτο ἔχεται τοῦ ιβ´ τοῦ ε´; ad VII: τοῦτο ἐμπεριέχεται τῷ ε´ τοῦ ε´; ad VIII: τοῦτο ἐμπεριέχεται τῷ ιθ´ τοῦ ε´; ad IX: τοῦτο ταὐτὸν τῷ ιϛ´ τοῦ ε´.

---

27. q.　28. Vᵃq (1bˢ); εἰς τὸ ϛ´ Vq.　29. Vᵃ (bˢ).
30. V¹.　31. Vᵃ.

---

19. εἰσὶ γάρ] scripsi; εἰς τε V; hinc ultima pars scholii alio atramento renouata est. ad hanc prop. duo similia scholia in Vᵃ euanida omisi; habet eadem bˢ.

Ad prop. VIII.

32. Ἔστω ὁ ΑΒ μονάδων η̄, ὁ δὲ ΓΔ ιβ̄. ἔστιν ἄρα ὁ η̄ τοῦ ιβ̄ δύο τρίτα μέρη. οὐ γὰρ καταμετρεῖ οὐδ' ὅλως ὁ η̄ τὸν ιβ̄. εἰ δὲ βούλει, ἔστω ὁ ΑΒ ιβ̄, 5 ὁ δὲ ΓΔ ιη̄. ἔστιν οὖν ὁ ιβ̄ τοῦ ιη̄ δύο τρίτα. καὶ διαιρεθήτω ὁ ΓΔ εἰς ιβ̄ καὶ ϛ̄, ὁ δὲ ΑΒ εἰς η̄ καὶ δ̄. ἔστιν ἄρα ὁ ΑΕ ὁ η̄ τοῦ ΓΖ τοῦ ιβ̄ δύο τρίτα, ὥσπερ καὶ ὁ ὅλος ὁ ΑΒ ὁ ιβ̄ ὅλου τοῦ ΓΔ τοῦ ιη̄ δύο τρίτα. καὶ λοιπὸς ἄρα ὁ ΕΒ ὁ δ̄ λοιποῦ τοῦ ΖΔ 10 τοῦ ϛ̄ ἐστι δύο τρίτα.

33. Εἰς τὰ τοῦ ΓΔ μέρη p. 208, 5] τουτέστιν εἰς μέρη ὡς εἶναι τὸ μὲν ΗΚ μέρος τοῦ ΓΖ, τὸ δὲ ΚΘ τοῦ ΖΔ. ὃ ἄρα ἐστὶν ὁ ΗΚ ὁ η̄ τοῦ ΓΖ τοῦ ιβ̄, τοῦτό ἐστι καὶ ὁ ΚΘ ὁ δ̄ τοῦ ΖΔ τοῦ ϛ̄· δύο γὰρ 15 τρίτα καὶ ὁ η̄ τοῦ ιβ̄ καὶ ὁ δ̄ τοῦ ϛ̄. ὡσαύτως, φησί, καὶ ὁ ΑΕ διῃρήσθω εἰς μέρη δυνάμενα εἶναι τῶν μερῶν τοῦ ΓΖ.

34. Καὶ συναμφότερος ἄρα ὁ ΜΚ, ΝΘ p. 208, 23] διὰ τὸ κδ' τοῦ ε'. ἐὰν γὰρ πρῶτος ληφθῇ ὁ ΜΚ, 20 δεύτερος ὁ ΖΔ, τρίτος ὁ ΗΚ, τέταρτος ὁ ΓΔ, πέμπτος ὁ ΝΘ, ἕκτος ὁ ΚΘ, καὶ συντεθῇ πρῶτος ὁ ΜΚ καὶ πέμπτος ὁ ΝΘ, πρὸς δεύτερον τὸν ΖΔ τὰ αὐτὰ μέρη ἔσται καὶ τρίτος ὁ ΗΚ καὶ ἕκτος ὁ ΚΘ τετάρτου τοῦ ΓΔ. ἴσος δὲ συναμφότερος ὁ ΜΚ, ΝΘ τῷ ΒΕ. 25 ἐπεὶ γὰρ ὁ ΗΘ ἴσος ὑπετέθη τῷ ΑΒ, οἱ δὲ ΗΜ, ΚΝ

---

82. V^b q (1 b³). 83. V^b q (1 b³). 84. V².

2. ιβ̄] δέκα καὶ δύο V. 3. τρίτα] corr. ex τέταρτα m. rec. V, τέταρτα q. 4. εἰ δέ] ἡ δέ V, ἤ εἰ q. 6. εἰς] (alt.) τοῖς V. δ̄] εἰς δ̄ q. 7. ὥσπερ] ὅπερ V. 13. ἄρα] γὰρ q. 16. τῶν μερῶν] μέρη τῶν μειζόνων V. 24. ΒΕ] ΑΕ in V. 25. οἱ] e corr. V.

ἴσοι ἐδείχθησαν τοῖς ΑΔ, ΑΕ, καὶ λοιποὶ ἄρα οἱ
ΜΚ, ΝΘ λοιπῷ τῷ ΕΒ ἴσοι εἰσίν. ἐὰν γὰρ ἀπὸ
τῶν ἴσων ἴσα ἀφέλῃς, τὰ καταλειπόμενα ἴσα ἀλλήλοις
εἰσί. καὶ τὰ λοιπὰ δῆλα.

Ad prop. IX.

5

35. Ὥστε καὶ ὃ μέρος ἐστὶν ὁ ΒΗ τοῦ ΕΘ ἢ
μέρη p. 212, 4] ὅτι δὲ ὁ ΒΗ ἐλάττων ἐστὶ τοῦ ΕΘ,
δῆλον ἐκ τοῦ ιδ′ τοῦ ε′· ἐὰν γὰρ τὸν Α πρῶτον
θήσομεν, δεύτερον τὸν ΒΗ, τρίτον τὸν Δ, τέταρτον
τὸν ΕΘ, ἐπεὶ ἐν τῷ αὐτῷ λόγῳ εἰσίν, ἔστι δὲ ὁ πρῶτος 10
τοῦ τρίτου ἐλάσσων· ὑπετέθη γάρ· καὶ ὁ δεύτερος ὁ
ΒΗ δηλαδὴ τετάρτου τοῦ ΕΘ ἐλάσσων ἔσται. πᾶς δὲ
ἀριθμὸς παντὸς ἀριθμοῦ ὁ ἐλάττων τοῦ μείζονος ἢ
μέρος ἐστὶν ἢ μέρη διὰ τὸ δ′ τοῦ ζ′.

Ad prop. X.

15

36. Νοοῦμεν τὰ αὐτὰ μέρη τὸ μὲν πλῆθος τοῦ
ποσοῦ τῶν μερῶν ἴσον, τὴν δὲ ποιότητα τῶν μερῶν
ἀφ᾽ ἑκατέρου μέρους τῶν ἐλασσόνων ἀριθμῶν ἑνὸς
μέρους πρὸς ἓν ἐξ ἀνάγκης τὴν αὐτὴν εἶναι, ἐνδέχεται
δὲ ἐν πλείοσι μέρεσι τῶν ἐλασσόνων ἀριθμῶν τὴν 20
ποιότητα καὶ τὴν αὐτὴν εἶναι καὶ οὐ τὴν αὐτήν, ὅτε
εἰσὶ μέρη οἱ ἐλάσσονες ἀριθμοὶ τῶν μειζόνων.

37. Ὀρθῶς πρόσκειται τὸ μέρος ἢ μέρη· δυνατὸν
γὰρ τὸν μὲν πρῶτον τοῦ δευτέρου μέρη εἶναι καὶ τὸν

---

35. V². 36. VªA (bˢ); σχόλιον εἰς τὸ ι′ V, σχόλιον τοῦ
δεκάτου Α. 37. P.

17. τῶν μερῶν] τοῦ μεˢ⸍ᵖ V. τῶν μερῶν] om. V. 18.
ἀφ᾽] τοῦ ἀμφ᾽ V; hoc certe falsum, sed ne codicis A quidem
scriptura intelligi potest. 20. δέ] om. V. 21. τὴν αὐτήν]
(utroque loco) ταύτην V, ταυτήν A.

τρίτον τοῦ τετάρτου, μὴ μέντοι τὸν πρῶτον τοῦ τρίτου
μέρη, ἀλλὰ μέρος, ὡσαύτως δὲ τούτῳ καὶ τὸν δεύ-
τερον τοῦ τετάρτου, οἷον ὡς ὁ β̄ καὶ ε̄ καὶ ὁ γ̄ καὶ θ̄
καὶ πάλιν ὁ γ̄ τοῦ ε̄ καὶ ὁ ε̄ τοῦ ῑ.

Ad prop. XI.

38. Τοῦτο τοῦ ζ΄ καθολικώτερον. λέγω, ὅτι καὶ
τῶν ἔμπροσθεν θεωρημάτων θεμέλιον· περὶ γὰρ ἀνα-
λογιῶν ἐπὶ τούτοις διαλέξεται, ἐν δὲ τοῖς προλαβοῦσι
περὶ λόγων ἁπλῶς.

39. Τούτῳ τῷ θεωρήματι ἐμπεριέχεται τό τε ἕβ-
δομον καὶ ὄγδοον· καθολικώτερον γάρ.

Ad prop. XII.

40. Τοῦτο τοῦ ε΄ καὶ ς΄ καθολικώτερον· ἃ γὰρ
ἐκεῖ διῃρημένως ἐπὶ μέρους ἢ μερῶν ἐδείκνυτο, ταῦτα
ἐν τούτῳ συνῃρημένως.

Ad prop. XIII.

41. Καθολικώτερον δὲ τοῦτο τοῦ θ΄ καὶ ι΄ θεω-
ρήματος.

Ad prop. XIV.

42. Τῶν ἀναλογιῶν ἡ μέν ἐστι συνεχής, ἡ δὲ
διεχής, καὶ συνεχὴς μέν, ὡς ὅταν ἐστὶν ὡς ὁ ᾱ πρὸς
τὸν β̄, οὕτως ὁ β̄ πρὸς τὸν γ̄ καὶ ὁ γ̄ πρὸς τὸν δ̄
καὶ ἑξῆς ὁμοίως, διεχὴς δέ, ὡς ὅταν ὡς ὁ ᾱ πρὸς

---

38. Vᵃ (bᵃ). 89. V¹. 40. PBFVat. Vᵃq (1bᵃ); εἰς τὸ ιβ΄
FVat. 41. PV¹. 42. Vᵇq (1Pᵃ et bᵃ θεοδώρου τοῦ καβασίλα).

6. τοῦτο τοῦ ζ΄] e corr. V.   13. καθολικώτερον τοῦ ε΄
(corr. ex β΄ m. rec.) καὶ ς΄ P.   ε΄] β΄ BF, δευτέρου Vat.
14. διῃρημένα V.   15. τούτοις V.   συνῃρημένα comp. V.
17. τοῦτο καθολικώτερον τοῦ θ΄ καὶ τοῦ ι΄ V.   28. ὡς ὁ] ὁ q.

τὸν β̄, οὕτως ὁ γ̄ πρὸς τὸν δ̄ καὶ ὁ ε̄ πρὸς τὸν ϛ̄
καὶ ἐφεξῆς. ἰστέον οὖν, ὅτι ὁ δι' ἴσου λόγος ἐν τῇ
συνεχεῖ μόνῃ ἀναλογίᾳ θεωρεῖται, οὐ μέντοι καὶ ἐν
τῇ διεχεῖ, οἷον ἔστωσαν ἀριθμοὶ τρεῖς, ὁ ᾱ, ὁ β̄ καὶ
ὁ δ̄, καὶ ἄλλοι αὐτοῖς ἴσοι τὸ πλῆθος, ὁ γ̄, ὁ ϛ̄ καὶ 5
ὁ ῑβ. οὗτοι τὴν συνεχῆ φυλάττουσιν ἀναλογίαν, καὶ
λαμβανόντων ἡμῶν τὰ ἄκρα ὁ αὐτὸς ἐν ἀμφοτέροις
ἐστὶ λόγος· ὡς γὰρ ἔχει ἡ μονὰς πρὸς τὸν δ̄, οὕτως
ὁ γ̄ πρὸς τὸν ῑβ, καὶ τὸ δι' ἴσου τετήρηται. ἐν δὲ
τῇ διεχεῖ ἀναλογίᾳ ἥκιστα τὸ τοιοῦτόν ἐστι γινόμενον. 10
οἷον ἐν διεχεῖ ἀναλογίᾳ ἔστωσαν ἀριθμοὶ δ̄ ὁ ᾱ ὁ β̄
ὁ γ̄ ὁ ϛ̄ καὶ ἄλλοι αὐτοῖς ἴσοι τὸ πλῆθος σύνδυο λαμ-
βανόμενοι καὶ ἐν τῷ αὐτῷ λόγῳ ὁ δ̄ ὁ η̄ ὁ ε ὁ ῑ.
ἐν τούτοις εἰ καὶ δι' ἴσου εἰπόντες τὰ ἄκρα λάβοιμεν,
οὐδὲν εὑρήσομεν ὅμοιον· ἡ γὰρ μονὰς τοῦ ϛ̄ μέρος 15
ἐστὶ καὶ ἐστιν αὐτοῦ ἕκτον ᾱ· ὁ δὲ δ̄ τοῦ ῑ μέρη
ἐστί· δέκατα γὰρ αὐτοῦ ἔχει δ̄. ὥστε ὁ μὲν ϛ̄ τῆς
μονάδος ἑξαπλάσιος ὢν πολλαπλάσιός ἐστιν ἁπλῶς,
ὁ δὲ ῑ τοῦ δ̄ διπλασιεφήμισυς ὢν ἐπιδιμερής ἐστιν
αὐτοῦ, τὸ δὲ ἐπιδιμερὲς τοῦ ἐπιμεροῦς εἶδός ἐστιν, 20
ἐπὶ πολλαπλασίου δὲ λόγου καὶ εἴδους ἐπιμεροῦς οὐδὲν
ἂν διαμάρτοι ὁ τὸ Ὁμήρειον ἐκεῖνο λέγων ἔπος τὸ
    ἢ μάλα πολλὰ μεταξὺ
οὔρεά τε σκιόεντα θάλασσά τε ἠχήεσσα.

---

2. ἐξῆς q. ὁ] om. V. 4. ἔστωσαν] ἐάν q. 7. τὸν
αὐτόν q. 8. ἐστι λόγος] εὑρήσομεν λόγον q. τὸ δ̄ q. 9.
τὸ γ̄ q. τὸ ῑβ q. δέ] γὰρ q. 10. ἐστι] εὑρίσκω γάρ q.
γιγνόμενον q. 11. οἷον ἐὰν διεχῇ ἀναλογίαν q. ἔστωσαν]
ἐν q. ἀριθμοῖς q. 12. ὁ ϛ̄] καὶ ὁ ϛ̄ q. 13. ἐστι] καὶ
ὁ ῑ q. 14. εἰπόντες] εἴπ οι τις V. 16. ἐστιν] γάρ q.
ἕκτον] ἐστιν q. 17. ἔχει] ε̄ q. 21. ἐπί ad finem om. V
addito signo :~ ⟨(, cui nunc nihil respondet. 22. Ὁμήρειον]
Il. I, 156—57. 24. ἠχίεσσα q; uerum habet P².

43. Ἡ τοῦ ιδ' θεωρήματος δεῖξις διὰ τοῦ, πρὸ αὐτοῦ ἐστιν. κατὰ τὸ κβ' τοῦ ε'.

Ad prop. XV.

44. Τοῦτο τῷ θ' ἐμπεριέχεται.

45. Διὰ τὸ ιβ' τοῦ αὐτοῦ. σημειωτέον δέ, ὡς ὁ στοιχειωτὴς καὶ τὴν μονάδα ἀριθμὸν ὀνομάζει.

Ad prop. XVI.

46. Διὰ τὸν ὅρον τὸν λέγοντα· ἀριθμὸς ἀριθμὸν πολλαπλασιάζειν λέγεται, ὅταν, ὅσαι εἰσὶν ἐν αὐτῷ
10 μονάδες, τοσαυτάκις συντεθῇ ὁ πολλαπλασιαζόμενος καὶ γένηταί τις.

Ad prop. XVII.

47. Ἔστιν ἄρα, ὡς ἡ Ζ μονάς p. 224, 14] εἰ γὰρ ἰσάκις ἡ Ζ μονὰς καὶ ὁ Β ἀριθμὸς τοὺς Α, Δ με-
15 τροῦσι, ὃ μέρος ἐστὶν ἡ Ζ μονὰς τοῦ Α ἀριθμοῦ, τὸ αὐτὸ μέρος ἐστὶ καὶ ὁ Β τοῦ Δ.

Ad prop. XVIII.

48. Ἔστωσαν δύο ἀριθμοὶ ὁ μὲν Α δ, ὁ δὲ Β β, ὁ δὲ Γ γ, καὶ πολλαπλασιάσαντες ὁ δ καὶ ὁ β τὸν γ
20 ποιείτωσαν τὸν ιβ καὶ ϛ.

49. Τὸ ιη' θεώρημα τῷ πρὸ αὐτοῦ ἀντιστρέφει· εἰς μὲν γὰρ δύο πολλαπλασιάζει ἐκεῖ, δύο δὲ ἕνα ἐνταῦθα.

---

43. P.   44. P.   45. V¹.   46. Vᵃq (l).   47. Vᵃq (lb³).
48. Vᵃq (lb³).   49. P.

8. τὸν λέγοντα] om. V.   ἀριθμὸς ἀριθμόν] postea ins. in lacuna V.   11. γένηταί τις] corruptum in nescio quid V.
19. ὁ δ] ὁ e corr. V.

Ad prop. XIX.

50. Ὡς δὲ ὁ H πρὸς τὸν Z, οὕτως ὁ A πρὸς τὸν B p. 228, 19] εἴ τις ἀποροίη λέγων· πόθεν δῆλον, ὅτι ὡς ὁ H πρὸς τὸν Z, οὕτως ὁ A πρὸς τὸν B; φήσομεν, ὅτι ἀναγκαίως τοῦτο ἔχει. ἐπεὶ γὰρ οἱ A, B τὸν Γ πολλαπλασιάσαντες τοὺς H, Z πεποιήκασιν, ἐδείχθη δέ, ὅτι, εἰ δύο ἀριθμοὶ ἕνα πολλαπλασιάσαντες ποιήσουσί τινας, οἱ γενόμενοι τὸν αὐτὸν αὐτοῖς λόγον ἕξουσιν, εἰκότως ὡς ὁ H πρὸς τὸν Z, οὕτως ὁ A πρὸς τὸν B, καὶ τὰς λαβὰς διεφύγομεν.

Ad prop. XX.

51. Ἐλάχιστοι κατὰ ὄγκον, κατὰ δὲ ἀριθμὸν ἴσοι, ὡς ὁ x̄ πρὸς τὸν λ̄, οὕτως ὁ β̄ πρὸς τὸν γ̄, ἀριθμοὶ ἴσοι δύο καὶ δύο, πλῆθος ἐλάχιστον β̄ καὶ γ̄, μεῖζον x̄ καὶ λ̄.

52. Διὰ τὸν ἐναλλὰξ λόγον καὶ τὸν ὅρον τοῦ ζ' ὡς ὁ A πρὸς τὸν ΓΔ, οὕτως ὁ B πρὸς τὸν EZ· καὶ ἐπεὶ ἀνάλογόν εἰσιν, ἢ τὸ αὐτὸ μέρος ἢ τὰ αὐτὰ μέρη εἰσὶν ὁ β' καὶ ὁ δ'.

53. Ἐπεὶ γὰρ ὡς ὁ A πρὸς B, οὕτως ὁ ΓΔ πρὸς EZ, ἐναλλὰξ ὡς ὁ A πρὸς ΓΔ, οὕτως ὁ B πρὸς EZ. ἐὰν ἄρα μέρη ᾖ ὁ ΓΔ τοῦ A, καὶ ὁ EZ μέρη ἔσται

---

50. V^aq (P²1b³).   51. B²V^a bis (W) (b²).   52. B²q (1b², in V eras.).   53. V².

3. ἀπορεῖ q, ἔροιτο P.   λέγων] om. q.   δῆλον] δῆλον λέγει q, δῆλον λέγειν P.   4. A] e corr. V.   5. ὅτι] πρὸς αὐτὸν ὅτι Pq.   ἔχει] ἔστι q.   8. ποιήσωσι q.   10. διαφύγωμεν q.   12. σχόλιον B, σχόλιον τοῦ x' V.   ἐλάχιστον V. ὄγκον] comp. obsc. V.   κατά] om. V.   14. ἐλάσσων V, ἔλαττον W.   β̄ καὶ] ⊗ γ̄ W.   μεῖζον] om. VW.   15. Post λ̄ add. ὁμοίως καὶ ἐπὶ τρίτων VW.

τοῦ Β, καὶ τόσα, ὅσα καὶ ὁ ΓΔ· τοῦ Δ καὶ οἷα·
οἷον εἰ δύο τρίτα, κἀκεῖνα δύο τρίτα, καὶ εἰ δύο Ľ"
ὡσαύτως, καὶ ἐφεξῆς.

54. Καὶ ἐπεὶ ἐστιν ὁ ΓΗ μέρος τοῦ Δ καὶ ὁ ΕΘ
5 μέρος τοῦ Β, τὸ αὐτὸ μέρος δέ ἐστιν ἀριθμὸς ἀριθμοῦ
ὁ ἐλάττων τοῦ μείζονος, ὅταν καταμετρῇ τὸν μείζονα,
ὁσαπλάσιός ἐστιν ὁ Δ τοῦ ΓΗ, τοσαυταπλάσιος καὶ
ὁ Β τοῦ ΕΘ, ὡσαύτως δὲ καὶ τοῖ ΗΔ ὁ Δ καὶ ὁ Β
τοῦ ΘΖ.

10 55. Ὅπερ ἐστὶν ἀδύνατον p. 232, 1] ἀδύνατον
πόθεν; ἐπειδὴ ἐλαχίστων δοθέντων τῶν ΓΔ, ΕΖ
ἐλάττονες αὐτῶν εὑρέθησαν οἱ ΓΗ, ΕΘ· ὅπερ ἀδύνατον
τῶν ἐλαχίστων ἐλαχιστοτέρους εἶναι.

Ad prop. XXII.

15 56. Τοῦτο ἀντιστρέφει τῷ πρὸ αὐτοῦ.

57. Ὅπερ ἐστὶν ἀδύνατον p. 236, 6] ἐπεὶ γὰρ οἱ
Α, Β ἐλάχιστοι ὑπετέθησαν τῶν τὸν αὐτὸν λόγον
ἐχόντων αὐτοῖς, μετροῦσι δὲ αὐτοὺς οἱ Δ, Ε, πάντως
ἐλάσσονες αὐτῶν εἰσιν· εὑρέθησαν δὲ καὶ τὸν αὐτὸν
20 αὐτοῖς λόγον ἔχοντες, τοῦτο δὲ ἀδύνατον ὡς ἐναντίον
τῆς ὑποθέσεως.

Ad prop. XXIV.

58. Οἱ δὲ Α, Ε πρῶτοι p. 238, 22] πρῶτοί εἰσιν
οἱ Α, Ε διὰ τὸ κε΄ τοῦ ζ΄. ἐπεὶ γὰρ οἱ Α, Γ πρῶτοι

---

54. V². 55. V^a (1b³). (Ad append. p. 480 scholium cor-
ruptum et futile habq V^a 1 b³ q). 56. V^a 1. 57. V^a q (1b⁶).
58. V^a q (1b³).

9. ΘΖ] ΗΖ V. 10. ἀδύνατον πόθεν] V 1b³, πόθεν
ἀδύνατον q. 11. ΕΖ] ΕΖ τῶν Α, Β V. 12. ἐλάττονες]
scripsi, ἐλάχιστοι Vq. εὑρήθησαν V. ἀδύνατον] ἄτοπον V.
13. τῶν — εἶναι] om. V. 19. εὑρήθησαν V. 24. Α] Δ V.
ζ΄] β΄ q.

πρὸς ἀλλήλους εἰσί, τὸν δὲ ἕνα αὐτῶν τὸν Γ μετρεῖ
ὁ Ε, καλῶς ἄρα πρὸς τὸν λοιπὸν αὐτῶν τὸν Α πρῶτός
ἐστιν.

Ad prop. XXV.

59. Οἷον ὁ ζ̄ καὶ ē πρῶτοι πρὸς ἀλλήλους. οἷον 5
βούλει, πολυπλασίασον, καὶ ἔσται ὁ γενόμενος πρὸς
τὸν λοιπὸν ὡσαύτως πρῶτος. εἰ δὲ καὶ ἀμφοτέρους
· πολυπλασιάσεις, οἱ ἐξ ἀμφοτέρων γενόμενοι πάλιν
πρὸς ἀλλήλους πρῶτοί εἰσιν.

Ad prop. XXVI.   10

60. Ἐάν, φησίν, οἱ Α, Β ἀμφότεροι πρὸς τὸν Γ
πρῶτοι ὦσιν, ὁμοίως πάλιν οἱ αὐτοὶ Α, Β καὶ πρὸς ·
τὸν Δ πρῶτοι ὦσιν, ἔστιν, ὃ λέγει· οὐ γὰρ λέγει, ὅτι,
ἂν ὁ Α πρὸς τὸν Γ ᾖ πρῶτος καὶ ὁ Β πάλιν πρὸς
τὸν Δ, ἀλλὰ ἂν οἱ Α, Β πρὸς τὸν Γ ὦσι πρῶτοι καὶ 15
πάλιν οἱ αὐτοὶ Α, Β πρὸς τὸν Δ ὦσι πρῶτοι.

61. Ἑκάτερος ἄρα τῶν Γ, Δ πρὸς τὸν Ε p. 242, 9]
διὰ τὸ δοθῆναι τοὺς Α, Β πρὸς ἑκάτερον τῶν Γ, Δ
πρώτους εἶναι, δείκνυται δὲ διὰ τοῦ θεωρήματος τοῦ κδ΄,
ὅτι, ἐὰν δύο ἀριθμοὶ οἱ Α, Β πρός τινα τὸν Δ πρῶτοι 20
ὦσιν, καὶ ὁ ἐξ αὐτῶν γενόμενος ὁ Ε πρὸς τὸν Δ
πρῶτός ἐστιν. ὁμοίως διὰ τοῦ αὐτοῦ θεωρήματος
ἐδείχθη καὶ ὁ Γ πρὸς τὸν Ε πρῶτος· ἑκάτερος ἄρα
τῶν Γ, Δ πρὸς τὸν Ε πρῶτός ἐστιν.

---

59. V⁴.   60.· Vᵃq (1bˢ).   61. Vᵃ.

---

2. αὐτῶν] om. V.   18. ἔστιν] ἔσται q.   18. τούς] ἤ‘ V.
πρός] om. V.   τῶν] τούς V.   21. Ε] euan. V.

Ad. prop. XXIX.

62. Καλῶς εἴρηται τὸ ὂν μὴ μετρεῖ· οἰδὲ γὰρ πρὸς ὂν μετρεῖ πρῶτός ἐστιν. οἶον ὁ γ̄ πρῶτος ἂν καὶ τὸν ιε̄ μετρῶν οὐκ ἔστι πρῶτος πρὸς αὐτόν· μετρεῖ γὰρ ὁ γ̄ καὶ ἑαυτόν, ὥστε κοινὸν μέτρον ὁ γ̄ ἑαυτοῦ τε καὶ τοῦ ιε̄ ἐστιν.

Ad prop. XXX.

63. Τὸν γὰρ Α μὴ μετρείτω p. 248, 20] δέδοται ἕνα μετρεῖν, ὡς ὑποκάτω ἐμφαίνει εἰς τό·· ὁμοίως δὴ δείξομεν, ὅτι καὶ ἐὰν τὸν Β μὴ μετρῇ.[1])

Ad prop. XXXI.

64. Ἐπισκέψεως p. 250, 23] ἀντὶ κατανοήσεως.

65. Ὅπερ ἐστὶν ἀδύνατον ἐν ἀριθμοῖς p. 252, 2] ἐν ἀριθμοῖς γὰρ ἀπειρία κατὰ τὸ ἔλαττον οὐκ ἔστι· πεπεράτωνται γὰρ οἱ ἀριθμοὶ κατὰ τὴν μονάδα, ἥτις ἐστὶ κοινὸν πάντων μέτρον καὶ πρῶτον.

Ad prop. XXXIII.

66. Ὁ ρ̄κ̄η̄ καὶ ὁ ξ̄δ̄ καὶ ὁ λ̄β̄ τὸν διπλασίονα λόγον ἔχουσι. κοινὸν μέγιστον μέτρον αὐτοῖς ὁ ῑϛ̄· ὀκτάκις γὰρ ῑϛ̄ καὶ τετράκις ῑϛ̄ καὶ δὶς δεκαὲξ ἀπο-

---

1) Ad demonstr. alt. VII, 31 app. p. 482 in Vq: διὰ τὸ ὁ Β ἐλάσσων (ἔχων q) ἐστὶ τῶν μετρούντων τὸν Α, ἐδείχθη δὲ καὶ ὁ Γ.

62. Vᵃq (1bᵃ). 63. Vᵃq (bᵃ). 64. Vᵃqb. 65. VᵃqB²b. 66. V⁴.

2. μετρεῖν q. 3. πρός] om. V. 6. ἐστιν] bq, om. V. 9. Post ἕνα ins. ἀριθμόν in ras. V. τό] τόν q? 14. ἀπορία q. τό] τόν V.

γεννῶσιν ἐκείνους· καὶ αὐτοὶ οὖν ὁ ὀκτὼ ὁ δ̄ καὶ
ὁ β̄ τὸν αὐτὸν ἐκείνοις ἔχουσι λόγον.

67. Οἱ Ε, Ζ, Η ἄρα τοῖς Α, Β, Γ ἐν τῷ αὐτῷ
λόγῳ εἰσίν p. 254, 9] διὰ ιη′ τοῦ ζ′, ὅτι, ἐὰν δύο
ἀριθμοὶ ἀριθμόν τινα πολλαπλασιάσαντες ποιῶσί τινας 5
καὶ τὸ λοιπόν, ὡς οὐκ ἐπὶ δύο πάντως μόνον ἀριθμῶν
ἁρμόζοντος, ἀλλὰ καὶ ἐπὶ πλειόνων τοῦ αὐτοῦ προ-
χωροῦντος.

Ad prop. XXXIV.

68. Καὶ ὁ Β ἄρα τὸν Α πολλαπλασιάσας p. 256, 20] 10
διὰ τὸν ὅρον τὸν λέγοντα· ἀριθμὸς ἀριθμὸν πολλα-
πλασιάζειν λέγεται, ὅταν, ὅσαι εἰσὶν ἐν αὐτῷ μονάδες.
ἤδη δὲ μετρεῖ διὰ ις′ καὶ ὁ Α τὸν Γ κατὰ τὰς ἐν
τῷ Β μονάδας· ὁμοίως καὶ ὁ Β τὸν Γ μετρεῖ κατὰ
τὰς ἐν τῷ Α μονάδας.   15

69. Λέγω δή, ὅτι καὶ ἐλάχιστον p. 256, 21] ἐλάχιστον
λέγει, οὗ ἐλάττονα οὐχ οἷόν τε ὑπὸ τῶν δοθέντων
δύο ἀριθμῶν μετρηθῆναι, οἷός ἐστιν ὁ ῑε̄· τούτου γὰρ
ἐλάττονα ὑπὸ τοῦ γ̄ καὶ ε̄ οὐχ οἷόν τε μετρηθῆναι.

70. Ὁ μείζων τὸν ἐλάσσονα p. 258, 11] ὑπετέθη 20
γὰρ ἐξ ἀρχῆς ἐλάττων ὁ Δ.

71. Καὶ εἰλήφθωσαν p. 258, 16] διὰ τὸ λε′ τοῦ ζ′·
οὗτοι γὰρ οὐκ εἰσὶν ἐλάχιστοι· εἰ γὰρ ἐλάχιστοι, καὶ
πρῶτοι πρὸς ἀλλήλους εἰσίν, ὅπερ οὐχ ὑπόκειται.

---

67. V^aq (1b^s).   68. V^a.   69. PB Vat. V^aq (1 et b^s: θεο-
δώρου καβασίλα).   70. V^b.   71. V^b.

---

4. διά] διὰ τοῦ q.   5. ποιῶσι — 6. λοιπόν] καὶ τὰ
ἑξῆς q.   6. πάντων V.·   μόνων V.   17. ἔλαττον PB Vat.
οἷόν τε] corr. ex οἴονται m. rec. P.   19. γ̄] τρία BVat.   ε̄]
τοῦ ε̄ P.   οἴονται P.   23. ἐλάχιστοι] (alt.) in ras. V.

Ad prop. XXXVII.

72. Οἷον τὸ γ΄ καὶ δ΄ καὶ ε΄ καὶ ἑξῆς ὁσαδηποτοῦν, εἰ λάβοις ταῦτα, ὁμώνυμα λέγεται τῶν ἀριθμῶν ἐκείνων, ὧν ὁμώνυμά ἐστι τὰ διδόμενα, οἷον τοῦ γ̄ ἀριθμοῦ
5 ὁμώνυμον μέρος ἐστὶ τὸ γ΄ καὶ τοῦ δ̄ τὸ δ΄ καὶ τοῦ ε̄ ἀριθμοῦ ὁμώνυμον μέρος ἐστὶ τὸ ε΄, καὶ τῶν ἄλλων ὁμοίως, ὧν ἂν δῷ τις ἀριθμῶν, ἕξει τὰ ὁμώνυμα μέρη.

73. Τὰ πάντα τῷ ἀριθμῷ, καθ᾽ ὃν καὶ ταυτίζονται, ὁμώνυμά ἐστιν, οἷον γ΄ κατὰ τὸν τρία καὶ δ΄ κατὰ
10 τὸν τέσσαρα.

Ad prop. XXXVIII.

74. Ἔστω ὁ Α μονάδων η̄, ὁ δὲ Β δ̄ καὶ ὁ Γ β̄. ὁ β̄ τέταρτόν ἐστι τοῦ η̄, ὁμώνυμος δὲ τῷ δ΄· ἀπὸ γὰρ τοῦ δ̄ ὠνόμασται ὁ β̄ τέταρτον τοῦ η̄. ἔστιν οὖν τὸ
15 τρίτον καὶ τέταρτον καὶ πέμπτον ὁμώνυμον τῷ τρία ἀριθμῷ καὶ τῷ δ̄ καὶ τῷ ε̄. .

75. Τὰ δὲ τῷ αὐτῷ ὁμώνυμα ταῦτά εἰσι τῷ μέρει ἢ πέμπτα ἢ ἕκτα ἢ ἕβδομα ἢ ὄγδοα, τὰ δὲ τῷ αὐτῷ μέρει οὐκ ἐξ ἀνάγκης ταῦτα τῷ πλήθει, τουτέστι τοῖς
20 μονάσιν.

---

72. PBVat. VᵃAq (1b³).   73. Vᵃq (1b³).   74. Vᵃq (1b³).
75. Vᵃbq.

· 2. οἷον] om. PVat.   τό] τά BVAlbq.   γ΄] γ̄ uel τρία
BVAlbq.   δ΄] τὰ δ̄ VAq.   ε΄] πέντε B.   3. λάβῃς V.
5. ὁμώνυμον — τὸ δ΄] P, om. BVat. VAq.   6. ἀριθμοῦ]
om. VAq.   ὁμώνυμα μέρη VAq.   ἐστί] εἰσί VA.   τό]
τὸ γ΄ καί BVAq.   7. ἀριθμόν BVAq.   ὁμώνυμα] ὅμοια
BVat. VAbq.   8. πάντα] δὲ ταῦτα Vlb.   ἀριθμῷ] scripsi,
μέρει Vq.   9. γ΄] γ̄ καὶ γ̄ V, τρίτον καὶ γ̄ q.   12. μονάδων]
om. b.   13. τῷ] corr. ex τό V, τό q.   14. ἔστω V.   17.
αὐτῷ] e corr. V, αὐτοῦ? q.   τῷ μέρει] Vq, τὰ μέρη b.   19.
τουτέστι] ἔστι b.

Ad prop. XXXIX.

76. Ἔστω τὰ δοθέντα μέρη δέκα, καὶ δέον ἔστω
εὑρεῖν τοιοῦτον ἀριθμὸν ἐλάχιστον, ὃς ἔχει τὰ δέκα
μέρη. ἔστι δὲ ὁ ξ̄· τούτου γὰρ οὐκ ἂν εὕροις ἐλάττονα,
ὃς ἕξει ταῦτα τὰ μέρη τό τε ἥμισυ καὶ τρίτον καὶ 5
τέταρτον καὶ πέμπτον καὶ ἕκτον καὶ δέκατον καὶ δω-
δέκατον καὶ πεντεκαιδέκατον καὶ εἰκοστὸν καὶ τρια-
κοστὸν [καὶ ἑξηκοστόν]. ἔστι δὲ τὸ μὲν ἥμισυ τῶν ξ̄
ὁ λ̄ ἀριθμός, τὸ δὲ γ' ὁ κ̄, τὸ δὲ δ' ὁ ῑε̄, τὸ δὲ πέμπτον
ὁ ῑβ̄, τὸ δὲ ϛ' ὁ ῑ, τὸ δὲ ιβ' ὁ ε̄, τὸ δέκατον ὁ ϛ̄, τὸ 10
δὲ πεντεκαιδέκατον ὁ δ̄, τὸ δὲ κ' ὁ γ̄, τὸ δὲ τρια-
κοστὸν ὁ β̄, καὶ τὸ ἑξηκοστὸν δέ ἐστιν ἡ μονάς.

77. Ὁ ͵βϙ̄κ̄ ἐλάχιστος ὢν ἀριθμὸς ἔχει L" γ' δ' ε' ϛ'
ἕβδομον, ὄγδοον, θ', ι', καὶ ὁ διπλασίων αὐτοῦ ὁ ͵εμ̄
ἔχει L" γ' δ' ε' ϛ' ζ' η' θ' ι'. 15

78. Ὁ ͵βϙ̄κ̄ ἐλάσσων ἀριθμὸς ὢν ἔχει καὶ ὁ β-
πλασίων αὐτοῦ ͵εμ̄ ἔχει L' γ' δ' ε' ϛ' ζ' η' θ' ι'. ὁμώνυμοι
δὲ τῶν μορίων τούτων ἀριθμοί εἰσι τοῦ μὲν L' ὁ β̄,
τοῦ δὲ τρίτου ὁ γ̄, τοῦ δὲ δ' ὁ τέσσαρα καὶ ἑξῆς.

79. Τοῦτο καθολικώτερον τοῦ δύο ἀριθμῶν δο- 20
θέντων καὶ τριῶν ἀριθμῶν δοθέντων εὑρεῖν, ὃν
ἐλάχιστον μετροῦσιν. τὰ μέντοι δύο περὶ τῶν ὁμω-
νύμων θεωρήματα ἔοικε τῆς κατὰ τοῦτο τὸ θεώρημα
χρείας ἕνεκα παρειλῆφθαι καὶ διὰ μέσου τεθεῖσθαι.

---

76. PBVat.Vᵃq (P²lbˢ); inde ab ἔστι lin. 8 P solus.
77. V². 78. b. 79. PBVat.q (lbˢ); εἰς τὸ λθ' Vat.

2. ἔστω] ἔστωσαν lb, ἔνθα q. ἔστω] PVat., ἐστιν BVq.
4. γάρ] δὲ Vq. ἄν] om. q. εὕρης V. 5. τρίτον] το γ'
PVat. 6. τέταρτον] τὸ δ' PVat. 7. καὶ πεντεκαιδέκατον]
om. Vq. καὶ εἰκοστόν] om. B, post τριακοστόν Vq. 8.
καὶ ἑξηκοστόν] om. P. 21. καί — δοθέντων] om. Bq. 23.
θεωρημάτων Vat.q. ἔοικεν PB. τῆς] τοῖς q. 24. τε-
θῆσθαι P, τεθῆναι Bq.

80. Πολλῶν ἀριθμῶν ὄντων καὶ ἐχόντων τὰ αὐτὰ μέρη, οἷον εἰ τύχοι δίδοσθαι ∠´ γ´ δ´ ε´, εὑρεῖν τὸν ἐλάχιστον ἀριθμὸν πάντων τῶν τὰ αὐτὰ μέρη ἐχόντων αὐτοῖς.[1])

5   81. Ὅπερ ἐστὶν ἀδύνατον p. 268, 20] κατεσκευάσθη γὰρ ὁ Η ὑπὸ τῶν Δ, Ε, Ζ ἐλάχιστος μετρούμενος ἀριθμός.

---

1) Cfr. uol. II app. p. 433, 22 — 434, 3. In V praeterea fol. 100ᵘ in spatio uacuo inter lib. VII et VIII eodem loco, quo hoc scholium nr. 80, sequitur uol. II app. p. 434, 3—17 cum uariantibus scripturis ibi adnotatis. idem scholium habent Alb³, quos non contuli, et q cum his scripturis uariantibus (ς´ quattuor locis errore typothetarum positum est pro ∠´ p. 434, 1, 4, 12, 14): p. 434, 3: σχόλιον A, 6: τοῦ] τό q, 8: ζ´ καὶ η´ καὶ θ´ καὶ ι´ καὶ ια´ καὶ ιβ´ q, τόν] τό q, 9: γίνονται] καὶ τὰ γ̄ καὶ γίνονται q, δ] δ καί q, 10: γίνονται] γινόμενα q, γίνονται] γίνεται q, 11: γίνεται q, βφκ] ͺαφκ q, 12: αὐτόν] αὐτὸν δεῖ q, 13: τόν] τοῦ q, γίνεται q, μυβ] β A, 15: ιβ´] καὶ ιβ´ q, 16: ἐλάχιστον] om. q.

---

80. V^a bq.   81. V^a.

---

3. αὐτά] comp. tachygr. V.

Ad prop. II.

1. Ἰστέον, ὅτι, ὁπηνίκα λέγομεν ἀριθμοὺς εὑρεῖν
φέρε εἰπεῖν δ ἑξῆς ἀνάλογον ἐν τῷ δοθέντι λόγῳ, τὸ
λεγόμενον διὰ τῆς προτάσεως τοιοῦτόν ἐστι· τίνες
εἰσὶν οἱ τέσσαρες ἀριθμοί, οἵτινες κατὰ συνέχειαν τὴν 5
αὐτὴν πρὸς ἀλλήλους δύνανται σῴζειν συνέχειαν,
οἵτινες καὶ ἐλάχιστοί εἰσι τῶν τὸν αὐτὸν λόγον ἐχόντων
αὐτοῖς, ἐλάχιστοι δέ, οὐχ ὅτι οὐ δύνανται ἐλαχιστότεροι
αὐτῶν εὑρεθῆναι τὸν αὐτὸν λόγον ἔχοντες αὐτοῖς·
τοῦτο γὰρ ψεῦδός ἐστιν· ἀλλ' ὅτι ἑξῆς τέσσαρες ἐν 10
τῷ αὐτῷ λόγῳ ἐλαχιστότεροι οἳ δύνανται ἄλλοι εὑρε-
θῆναι. οἷον τέσσαρες ἑξῆς ἀνάλογόν εἰσιν ὁ ὀκτὼ
καὶ ὁ $\overline{ιβ}$ καὶ ὁ $\overline{ιη}$ καὶ ὁ $\overline{κζ}$ ἐν ἡμιολίῳ λόγῳ, καὶ
τούτων εἰσὶν ἄλλοι ἐλαχιστότεροι ἐν ἡμιολίῳ λόγῳ,
τέσσαρες δὲ οὐδαμῶς, ἀλλ' οἱ εὐθὺς μετ' αὐτοὺς 15
ἐλάχιστοι κατὰ συνέχειαν ἡμιόλιοι τρεῖς εἰσιν οἷον
ὁ $\overline{δ}$ ὁ $\overline{ς}$ ὁ $\overline{θ}$, πάλιν οἱ τῶν $\overline{δ}$ $\overline{ς}$ $\overline{θ}$ ἐλαχιστότεροι δύο
εἰσί, τρεῖς δὲ οὐδαμῶς, οἷον ὁ $\overline{γ}$ καὶ ὁ $\overline{β}$. ἔστιν οὖν
τὸ λεγόμενον τὸ ἀριθμοὺς εὑρεῖν ἑξῆς ἀνάλογον ἐλαχί-
στους δυνάμει τοιοῦτον· δεῖ εὑρεῖν τέσσαρας ἀνάλογον 20

1. V^aq (b^3 Θεοδώρου τοῦ καβασίλα).

9. ἔχοντες] scripsi, ἐχόντων Vq.   13. $\overline{ιβ}$] q, δέκα V.   20.
εὑρεῖν ἀνάλογον ἀριθμοὺς τέσσαρας V.

ἀριθμούς, οἵτινες ἔσονται ἐλάχιστοι, τουτέστιν ὧν
ἐλαχιστότεροι κατὰ συνέχειαν τέσσαρες οὐ δύνανται
εὑρεθῆναι. κἂν οὖν ἑπτὰ ἑξῆς ἀνάλογον ἐλαχίστους
κἂν ῑ εὑρίσκειν κἂν ἄλλους ὅσους δή τινας παρα-
5 κελευώμεθα, τοιοῦτόν τι προστάττομεθα. εὑρεῖν οὖν
δεῖ τέσσαρας ἐλαχίστους, ὧν τεσσάρων ἄλλοι τέσσαρες
ἑξῆς ἐλαχιστότεροι οὐ δύνανται εἶναι, ἢ εὑρεῖν δέκα
ἑξῆς ἐλαχίστους, ὧν δέκα ἕτεροι δέκα ἑξῆς ἐλαχιστό-
τεροι οὐ δύνανται εἶναι.

10 Ad prop. II coroll.

2. Ἴσμεν, ὅτι, ἐὰν ἀριθμός τις ἑαυτὸν πολλα-
πλασιάσας ποιῇ τινα, ὁ γεγονὼς ἐκ τοῦ ἑαυτοῦ πολλα-
πλασιασμοῦ τετράγωνός ἐστιν, εἰ δὲ τοῦτο, ὁ δὲ Α
ἑαυτὸν πολλαπλασιάσας τὸν Γ πεποίηκεν, ὁ Γ τετρά-
15 γωνός ἐστι. πάλιν ἐπεὶ ὁ Β ἑαυτὸν πολλαπλασιάσας
τὸν Ε πεποίηκεν, ὁ Ε τετράγωνός ἐστι. καὶ ἐπεὶ
πάλιν ὁ Α ἑαυτὸν πολλαπλασιάσας τὸν Γ πεποίηκεν,
τὸν δὲ Γ πολλαπλασιάσας τὸν Ζ πεποίηκεν, ὁ Ζ κύβος
ἐστί. πάλιν ἐπεὶ ὁ Β ἑαυτὸν πολλαπλασιάσας τὸν Ε
20 πεποίηκεν, τὸν δὲ Ε πολλαπλασιάσας τὸν Κ πεποίηκεν,
ὁ Κ ἄρα κύβος ἐστίν.

Ad prop. III.

3. Πυθμενικὸς δὲ πυθμὴν πειράζεται διὰ λη΄ τοῦ ζ΄.
4. Τὸ πρῶτον καὶ τὸ τρίτον προαποδέδεικται, εἴπερ
25 ἴσμεν, ὅτι οἱ ἐλάχιστοι πρῶτοι πρὸς ἀλλήλους εἰσὶν

---

2. Vᵃq (Pˢ). 3. Vᵃ. 4. PBVat.; εἰς τὸ γ΄ Vat.

1. ὧν] e corr. V. 4. εὑρίσκῃ? q. παρακελευόμεθα V
et corr. ex παρακελευόμενα q. 11. ἐάν] V, ἂν Pq. 21.
ἄρα κύβος] in ras. P, τετράγωνος Vq.

καὶ ἔμπαλιν. οὐ μὴν ἀλλὰ ταῦτα καθολικώτερά ἐστιν.
λαβὼν γὰρ τοὺς ἄκρους πρώτους οὐκ αὐτοὺς μόνους
ἀποδεῖξαι ἐλαχίστους βούλεται, ἀλλὰ καὶ τοὺς μέσους
αὐτῶν ἀνάλογον ἐλαχίστους. καὶ ἐν τῷ τρίτῳ δὲ λαβὼν
τοὺς ἄκρους ἐλαχίστους οὐ μόνον, ὅτι πρῶτοι, ἀπο-　5
δείκνυσιν, ἀλλὰ καὶ ὅτι οἱ μέσοι αὐτῶν ἀνάλογον
ἐλάχιστοι. ὥστε διὰ μὲν τῶν εἰλημμένων ἐλαχίστων
καὶ τοὺς μὴ εἰλημμένους ἐλαχίστους δείκνυσι πρώτους,
διὰ δὲ τῶν εἰλημμένων πρώτων καὶ τοὺς μέσους
εἰλημμένους πρώτους δείκνυσιν ἐλαχίστους. εἰκότως 10
ἄρα οὐκ ἠρκέσθη ἐκείνοις μόνοις.

Ad prop. IV.

5. Ὁποσωνοῦν δηλοῖ τὸ διάφορον ἡμιολίου, εἰ
τύχοι, καὶ ἐπιτρίτου καὶ ἐπιτετάρτου καὶ ἐπιέκτου καὶ
ὁσωνδήποτε. οὗτοι οὖν οἱ λόγοι κεχωρισμένοι. τούτους 15
τοὺς λόγους διαφόρους τε ὄντας καὶ κεχωρισμένους
βούλεται συνεχεῖς καὶ ἀχωρίστους δεῖξαι ἔχοντας τὸν
αὐτὸν λόγον τοῖς δοθεῖσι κεχωρισμένως. οἷον ἐν
ἡμιολίῳ μὲν ὁ γ̄ πρὸς τὸν β̄, ἐν ἐπιτρίτῳ ὁ δ̄ πρὸς
τὸν γ̄, ἐν ἐπιτετάρτῳ ὁ ε̄ πρὸς τὸν δ̄. τούτων οὖν 20
οὕτως ἐχόντων δείκνυσι τοὺς λόγους τούτους συν-
ημμένους καὶ ἀχωρίστους ὄντας, ὡς ὑπόκεινται, ὁ ξ̄
ὁ μ̄ ὁ λ̄ ὁ κδ̄.

6. Ἔστιν ἄρα ὡς ὁ Α πρὸς τὸν Β, οὕτως ὁ Θ
πρὸς τὸν Η p. 280, 6—7] ἢ διὰ τὸν ὅρον καὶ ἐναλλὰξ 25
ἢ διὰ τὸν ὅρον καὶ ἀνάπαλιν ἢ διὰ τὸ ιζ΄ τοῦ ζ΄,

5. V^aq (P², b³-Θεοδώρου).　6. V^aq (l).

8. δείκνυσιν BVat.　9. μέσους] scrib. μή.　15. ὁσον-
δήποτε q.　22. καὶ ἀχωρίστους] om. q.　25. ἐναλλάξ] τοῦ
ἐναλλάξ q.　26. τό] V?, τόν q.

ὁσάκις οἱ Δ, Β μετροῦσι τοὺς Η, Θ, τοσαῦται μονάδες εἰσὶν ἐν τῷ Γ.

7. *Διὰ τὰ αὐτὰ δὴ καὶ ὁ Γ τὸν Ξ μετρεῖ* p. 280, 22 — 282, 1] πῶς διὰ τὰ αὐτά; ἢ ἐπεί ἐστι κατὰ
5 τὴν ὑπόθεσιν ὡς ὁ Γ πρὸς τὸν Δ, οὕτως ὁ Ξ πρὸς τὸν Μ. καὶ ἐναλλὰξ ἄρα καὶ ὡς ὁ Γ πρὸς τον Ξ, ὁ Δ πρὸς τὸν Μ. ἀλλὰ μὴν οἱ Γ, Δ ἐλάχιστοι. μετρεῖ ἄρα ὁ Γ τὸν Ξ.

8. *Καὶ ὁ Κ ἄρα τὸν Σ μετρεῖ* p. 284, 14] ἐπεί
10 ἐστιν ὡς ὁ Γ πρὸς τὸν Δ, οὕτως ὁ Ρ πρὸς τὸν Σ, ὡς δὲ ὁ Γ πρὸς τὸν Δ, οὕτως ὁ Η πρὸς τὸν Κ, καὶ ὡς ἄρα ὁ Η πρὸς τὸν Κ, οὕτως ὁ Ρ πρὸς τὸν Σ. καὶ ἐναλλὰξ ἄρα ὡς ὁ Η πρὸς τὸν Ρ, οὕτως ὁ Κ πρὸς τὸν Σ. μετρεῖ δὲ ο Η τὸν Ρ· καὶ ὁ Κ ἄρα
15 τὸν Σ μετρήσει.

Ad prop. V.

9. Οἱ ἐπίπεδοι ἀριθμοὶ πρὸς ἀλλήλους λόγον ἔχουσι τὸν συγκείμενον ἐκ τῶν πλευρῶν· οἷον ἔχουσι αἱ πλευραὶ τὸν διπλάσιον καὶ τὸν ἡμιόλιον, ἐξ αὐτῶν δὲ ὁ τρι-
20 πλάσιος σύγκειται. οἱ ἐπίπεδοι ἄρα ἔχουσι λόγον τὸν συγκείμενον ἐκ τῶν πλευρῶν.

10. Μέθοδος, πῶς δεῖ εὑρίσκειν, ὅτι ἐκ διπλασίου καὶ ἡμιολίου σύγκειται ὁ τριπλάσιος λόγος.

αἱ τῶν λόγων πηλικότητες ἀπὸ τῶν πρωτοτύπων
25 ἀριθμῶν παρονομάζονται, οἷον ὡς ἐνταῦθα ἀπὸ τοῦ δύο ὁ διπλάσιος καὶ ἀπὸ τοῦ ἓν καὶ ἥμισυ ὁ ἡμιόλιος.

---

7. V*q (l). 8. V*Aq (b*). 9. V⁴. 10. A (Coisl.).

1. Η, Θ] e corr. V. 10. ἐστιν] ἐστι καί A. 11. οὕτως] om. V. 13. καί] om. A. ἄρα] ἄρα ἐστίν V. 15. με-τρεῖ] om. V.

πολυπλασίασον οὖν τὸν ·ἓν καὶ ἥμισυ ἐπὶ τὰ $\overline{β}$ καὶ
εἰπὲ οὕτως· ἅπαξ τὰ $\overline{β}$ $\overline{β}$ καὶ ἡμισάκις τὰ $\overline{β}$ $\overline{α}$· ὁμοῦ $\overline{γ}$.
ὥστε τριπλάσιος λόγος ἀποτελεῖται ἐκ τῶν δύο λόγων
τοῦ τε διπλασίου καὶ τοῦ ἡμιολίου.

11. Οἱ δύο ἐπίπεδοι ἀριθμοὶ ὅ τε $\overline{μη}$ καὶ ὁ $\overline{ιβ}$ 5
συγκείμενοι ὁ μὲν $\overline{μη}$ ὑπὸ δύο πλευρῶν τοῦ τε $\overline{ιβ}$ καὶ
τοῦ $\overline{δ}$, ὁ δὲ $\overline{ιβ}$ ὑπὸ τοῦ $\overline{β}$ καὶ τοῦ $\overline{ς}$. ὃν οὖν λόγον
ἔχει ὁ $\overline{μη}$ πρὸς τὸν $\overline{ιβ}$, τὸν αὐτὸν δὶς ὁ $\overline{δ}$ πρὸς τὸν $\overline{β}$,
τουτέστι τετραπλάσιον. ὡσαύτως καὶ ὁ $\overline{ιβ}$ πρὸς τὸν $\overline{ς}$.

Ad prop. VI. 10

12. Ἔστωσαν ἡμιόλιοι καὶ ἔστω ὁ Α μονάδων $\overline{λβ}$,
ὁ δὲ Β μονάδων $\overline{μη}$ καὶ ὁ Γ $\overline{οβ}$ καὶ ὁ Δ $\overline{ρη}$ καὶ
ὁ Ε $\overline{ρξβ}$. δῆλον οὖν, ὅτι ὁ Α τοῦ Β ὑφημιόλιός ἐστι
καὶ οὐ μετρεῖ αὐτόν. ὁμοίως καὶ οἱ λοιποὶ οἱ ἐλάσ-
σονες ὑφημιόλιοί εἰσι τῶν μειζόνων, καὶ οὐ μετρεῖ 15
οὐδεὶς οὐδένα.

13. Ὡς ὁ Α πρὸς τὸν Γ p. 288, 20] καὶ ὁ Θ τοῦ Ζ
δὶς ἐπιτέταρτός ἐστι καὶ ὁ Γ τοῦ Α.

Ad prop. VIII.

14. Ἔστω ὁ Α μονάδων $\overline{κδ}$, ὁ δὲ Β $\overline{γ}$, ὁ δὲ Η $\overline{ις}$ 20
καὶ ὁ Δ $\overline{β}$, ὁ δὲ Ε $\overline{μη}$ καὶ ὁ Ζ $\overline{ς}$. δῆλον δή, ὅτι
καὶ Α τοῦ Β ὀκταπλάσιός ἐστι καὶ ὁ Η τοῦ Δ καὶ
ὁ Ε τοῦ Ζ.

15. Οἷον μεταξὺ τοῦ δύο καὶ $\overline{νδ}$ δύο μόνοι ἀνά-
λογον κατὰ συνεχῆ ἀναλογίαν ἐμπίπτουσιν ἀριθμοὶ ὅ 25

---

11. V⁴.   12. Vᵃq.   13. Vᵃq.   14. Vᵃq.   15. Vᵃ.

---

22. Α] scrib. ὁ Α.   25. κατά] μέτρον κατά V, fort. μεταξὺ
κατά.

τε ἰξ καὶ ὁ ιη ἐν λόγῳ τριπλασίονι. ἔστι δὲ καὶ ὁ ͞νδ
τοῦ δύο ἑπτακαιεικοσαπλάσιος. εἰ οὖν ἄλλους ἀριθμοὺς
ἐκθώμεθα τὸν αὐτὸν τοῖς δύο καὶ ͞νδ λόγον ἔχοντας,
δύο μόνους μεταξὺ κατὰ τὸ συνεχὲς ἀνάλογον ἐμ-
5 πίπτοντας εὑρήσομεν. οἷον ἐν λόγῳ ἑπταπλασίονι ἐκ-
κείσθω τὰ τρία καὶ ͞πα. λέγω, ὅτι καὶ τούτων μεταξὺ
δύο μόνοι ἀνάλογον ἐμπεσοῦνται· καὶ γὰρ ὁ ͞θ καὶ
ὁ ͞κζ μόνοι ἐμπεσοῦνται καὶ οὐ πλείονες.

16. Ἐλάχιστοι ἀριθμοί p. 292, 7] πυθμενικῶς διὰ
10 τὸ β′ τοῦ η′, ὃ ἐδείχθη ἐν τῷ β′.

17. Οἱ Η, Δ πρῶτοι πρὸς ἀλλήλους εἰσίν p. 292, 9]
οὐθεὶς γὰρ ἀριθμὸς τὸν ͞β καὶ ͞ιξ μετρεῖ, εἰ μὴ μόνη
ἡ μονάς.

18. Οἱ Η, Θ, Κ, Δ ἄρα τοῖς Ε, Μ, Ν, Ζ ἐν τῷ
15 αὐτῷ λόγῳ εἰσίν p. 292, 24—25] διὰ τὸ ιη′ τοῦ ζ′ τὸ
λέγον· ἐὰν δύο ἀριθμοὶ ἀριθμόν τινα πολλαπλασιά-
σαντες ποιῶσί τινας καὶ τὰ ἑξῆς, ὡς οὐκ ἐπὶ ͞β μόνον
ἁρμόζοντος τούτου, ἀλλὰ καὶ ἐπὶ τριῶν καὶ πλειόνων
προχωροῦντος. ὅτι δὲ οἱ Η, Θ, Κ, Δ ἕνα τινὰ ἀριθμὸν
20 πολλαπλασιάσαντες τοὺς Ε, Μ, Ν, Ζ πεποιήκασι, φα-
νερόν· ἐπεὶ γὰρ ἰσάκις αὐτοὺς μετροῦσι, πάντως ἕνα
ἀριθμὸν πολλαπλασιάσαντες πεποιήκασιν αὐτούς, εἰ δὲ
τοῦτο, εἰκότως ἐν τῷ αὐτῷ λόγῳ εἰσὶν αὐτοῖς.

Ad prop. IX.

25   19. Ἔστωσαν πρῶτοι ἀριθμοὶ οἱ Α, Β, ὁ μὲν Α
μονάδων ͞κζ, ὁ δὲ Β μονάδων ͞η. καὶ μεταξὺ ἐμ-

---

16. q.   17. Vᵃq (l).   18. Vᵃq (l).   19. Vᵃq.

4. μεταξὺ κατὰ τό] μεῖζόν τι V.   5. Scrib. ἑπτακαιεικοσα-
πλασίονι.   12. τὸν ͞β καὶ ͞ιξ] τὴν ὀγδο... ς.. V.   15. ιη′]
V.   16. ἀριθμοί] μόνοι V.   17. ποιήσωσι q.   τινας]
καί Vq.   19. ὅτι δὲ οἱ] τὸ δέ q.

πιπτέτωσαν κατὰ τὸ συνεχὲς ἀνάλογον ὁ ιβ̅ καὶ ὁ ιη̅.
τοσοῦτοι καὶ μεταξὺ τῆς μονάδος καὶ τοῦ κζ̅ κατὰ τὸ
συνεχὲς ἀνάλογον ἐμπεσοῦνται, δύο δηλονότι. ὡσαύτως
καὶ μεταξὺ τῆς μονάδος καὶ τοῦ η̅ β̅. καὶ εἰσι μεταξὺ
τῆς μονάδος καὶ τοῦ κζ̅ ὁ γ̅ καὶ ὁ θ̅, μεταξὺ δὲ τῆς   5
μονάδος καὶ τοῦ η̅ ὁ β̅ καὶ ὁ δ̅.

20. Τριγωνικοὶ ἀριθμοί, καὶ οἶμαι ἐξ αὐτῶν
εὑρίσκεται ἡ σύνθεσις τῶν λόγων ἐκ τοῦ λόγου τοῦ
ὄντος μεταξὺ τῶν δύο πρὸς ἀλλήλους δοθέντων πρώτων
ἀριθμῶν καὶ τοῦ μεταξὺ τοῦ ἐλάττονος τῶν πρώτων   10
πρὸς ἀλλήλους δοθέντων καὶ τῆς μονάδος· εὑρίσκεται
ἡ σύνθεσις τῶν λόγων τούτων ἐν τῷ μεταξὺ τῆς μο-
νάδος καὶ τοῦ μεγίστου τῶν πρώτων πρὸς ἀλλήλους
δοθέντων.

Ad prop. X.
15

21. Τοῦτο ἀντίστροφόν ἐστι τῷ πρὸ αὑτοῦ.

22. Ἐὰν ὅσοι, φησίν, ἀριθμοὶ μεταξὺ μονάδος
καὶ τοῦ Α ἀριθμοῦ ἐμπίπτωσι, τοσοῦτοι καὶ μεταξὺ
τοῦ Β καὶ πάλιν αὐτῆς τῆς μονάδος ἐμπίπτωσι, τοσ-
οῦτοι, φησίν, κατὰ τὸ συνεχὲς ἑξῆς ἀνάλογον καὶ   20
μεταξὺ τοῦ Α καὶ Β ἐμπεσοῦνται. ἔστω ὁ Α ἀριθμὸς
μονάδων κζ̅ καὶ μονὰς ἡ Γ, καὶ μεταξὺ τῆς Γ μο-
νάδος καὶ τοῦ Α ἀριθμοῦ ἔστωσαν ὁ γ̅ καὶ ὁ θ̅. πάλιν
ἔστω ὁ Β ἀριθμὸς μονάδων η̅ καὶ ἡ Γ μονάς, καὶ
ἔστωσαν μεταξὺ τῆς μονάδος καὶ τοῦ η̅ ὁ β̅ καὶ ὁ δ̅.   25

23. Ἡ δὲ ἀφαίρεσις τῶν λόγων ἐκ τοῦ ι΄. λαβόντες
τὸν μεταξὺ λόγον τῆς τε μονάδος καὶ τοῦ ἐλάσσονος

---

20. V*q.   21. V*q.   22. V*q.   28. V*.

7. ἐξ] καὶ ἐξ V.   28. ἀριθμοῦ] comp. q, om. V.   27.
τόν, τῆς et τοῦ, p. 394, 2 τούτου] compendiis tachygraphicis V.

ἀριθμοῦ τῶν δοθέντων δύο ἀριθμῶν καὶ ἀφελόντες
ἀπὸ τούτου τοῦ λόγου τὸν μεταξὺ τῆς μονάδος καὶ
τοῦ μείζονος ἀριθμοῦ τῶν δοθέντων δύο ἀριθμῶν ὁ
καταλειφθεὶς ἐκ τῆς ἀφαιρέσεως λόγος εὑρίσκεται ἐν
5 τῷ μεταξὺ τῶν δοθέντων ἀριθμῶν δηλονότι κατὰ τὸ
ἐφεξῆς ἀνάλογον, ὡς οἶμαι.

Ad prop. XI.

24. Μεταξὺ γὰρ τοῦ θ̄ καὶ τοῦ δ̄ ὁ ϛ̄, ὃς πρὸς
ἀμφοτέρους τὸν ἡμιόλιον σώζει λόγον, καὶ μεταξὺ
10 διέχειαν τοῦ ιϛ̄ καὶ τοῦ δ̄ ἐστιν ὁ η̄, πλευρὰ δὲ τοῦ
μὲν ιϛ̄ δ̄, τοῦ δὲ δ̄ β̄, καὶ ὁ μὲν δ̄ τοῦ δύο διπλάσιος,
ὁ δὲ δεκαὲξ τοῦ δ̄ τετραπλάσιος.

25. Τὸ διπλασίονα λόγον ἔχει, ὡς πολλάκις πρόσθεν
εἴρηται, ἴσον ἐστὶ τῷ ἐκ δύο λόγων σύγκειται, ἤτοι
15 δύο λόγοι εἰσὶ τοῦ τε Α πρὸς τον Ε καὶ τοῦ Ε πρὸς
τὸν Β.

26. Διὰ τὸν ὅρον τοῦ ε' τὸν λέγοντα· ὅταν δὲ
τρία μεγέθη ἀνάλογον ᾖ, τὸ πρῶτον πρὸς τὸ τρίτον
διπλασίονα λόγον ἔχειν λέγεται ἥπερ πρὸς τὸ β'.

20 27. Διπλασίονα λόγον μᾶλλον ἔχειν ὁ θ̄ πρὸς
τὸν δ̄ ἢ ὁ γ̄ πρὸς τὸν β̄ οὐ κατὰ τὴν παραδοθεῖσαν
τῶν πηλικοτήτων ἀπαρίθμησιν, ἀλλ' ὅτι δύο λόγους
ἡμιολίους ἔχει ὁ θ̄ πρὸς τὸν δ̄, οἷον αὐτὸς μὲν ὁ θ̄
πρὸς τὸν ϛ̄, ὁ δὲ ϛ̄ πρὸς τὸν δ̄· ὁ δὲ γ̄ πρὸς τὸν β̄
25 ἕνα λόγον ἔχει τὸν ἡμιόλιον. εἰκότως οὖν διπλασίονα

---

24. V⁴.   25. Vᵇq.   26. Vᵃ bis (V W), q.   27. V³.

---

10. πλευρά] comp. corr. ex πάλιν V.   17. τόν] (alt.) corr.
ex τοῦ V.   δέ] Wq; om. V.   19. διπλασίονα — β']
om. W.   τό] om. V.

λόγον ἔχειν λέγεται ὁ θ̄ πρὸς τὸν δ̄, παρ' ὃ ὁ γ̄ πρὸς
τὸν β̄· οἱ γὰρ δύο λόγοι διπλάσιοι τοῦ ἑνός.

Ad prop. XII.

28. Τὸ τριπλασίονα πάλιν ἀντὶ τοῦ· ὁ τοῦ A πρὸς
τον B ἐκ τριῶν λόγων σύγκειται λόγος τοῦ τε A   5
πρὸς τὸν Θ καὶ τοῦ Θ πρὸς τὸν K καὶ τοῦ K πρὸς
τὸν B.

29. Διὰ τὸν ὅρον τοῦ ε' τὸν λέγοντα· ἐὰν τέσσαρα
μεγέθη ἀνάλογον ᾖ, τὸ α' πρὸς τὸ δ' τριπλασίονα
λόγον ἔχειν λέγεται ἤπερ πρὸς τὸ β'. τουτέστιν ὁ ξ̄δ̄   10
πρὸς τὸν κ̄ζ̄ τριπλασίονα λόγον ἔχειν λέγεται ἤπερ
πρὸς τὸν μ̄η̄· τοῦ γὰρ κ̄ζ̄ τὸ γ' ἐστὶν θ̄. πρόσθες
τῷ κ̄ζ̄· γίνεται λ̄ς̄· γίνεται εἷς λόγος. πάλιν τοῦ λ̄ς̄
τὸ γ' ἐστὶ ῑβ. πρόσθες αὐτὸ τῷ λ̄ς̄· γίνεται μ̄η̄· γί-
νονται δύο λόγοι. πάλιν τοῦ μ̄η̄ τὸ γ' ῑς ἐστι. πρόσθες   15
αὐτὶ τῷ μ̄η̄· γίνεται ὁ αὐτὸς ξ̄δ̄· γίνονται λόγοι τρεῖς.

Ad prop. XIII.

30. Ἡ ἀπόδειξις τοῦ θεωρήματος τούτου πᾶσα
διὰ τοῦ ιζ' καὶ ιη' καὶ ιδ' τοῦ ζ' στοιχείου πρόεισι,
πλὴν τὴν μὲν διὰ τοῦ ιζ' καὶ ιη' ἀπόδειξιν ὡς σαφῆ   20

---

28. V^b q.   29. q (P^a A); lin. 8—10 β' V^a, reliquam partem V^4;
praeterea a τὸν λέγοντα lin. 8 rursus V^a (W).   30. b.

5. A] om. Vq.   8. τοῦ λέγοντος W.   10. τουτέστιν]
τοῦ τήν qW.   11. εἴπερ V.   12. τὸ μ̄η̄ W.   τοῦ γ' W.
13. τῷ] om. W, τὰ θ̄ τοῖς V, τοῖς A.   γίνεται] (alt.) om. q.
λόγος εἷς V.   πάλιν] πλήν q.   τοῦ] τῶν V.   14. ἐστί]
om. W.   αὐτῷ τό q, αὐτοῖς τοῖς V, αὐτὸν τό W.   γίνεται]
γίνονται PA.   15. ἐστι ῑς VW; ἐστι om. A.   16. αὐτά V,
om. W, αὐτῷ Aq.   τῷ] τά W, τοῖς V.   μ̄η̄ καί VW.   ὁ]
om. VW.   αὐτός] om. V.   γίνονται] καί qW.   τρεῖς
λόγοι A.

καὶ πολλάκις ἐν πολλοῖς θεωρήμασιν αὐτῇ χρησάμενος
παρέλειψε, τὴν δὲ διὰ τοῦ ιδ' ὡς εἰς τὸ συμπέρασμα
χρησιμεύουσαν οὐ παρέλειψεν.

Ad prop. XVIII.

5　31. Καὶ ἐπεὶ ὅμοιοι ἐπίπεδοί εἰσιν οἱ ἀνάλογον
ἔχοντες τὰς πλευράς p. 318, 3—4] οὕτως γράφεται ὁ
ὅρος ἐν τῷ ζ'.

32. Ἐπίπεδος ἀριθμός ἐστιν ὁ γεγονὼς ὑπο δύο
ἀριθμῶν πολλαπλασιασάντων ἀλλήλους, ὅμοιοι δέ, ὧν
10　αἱ πλευραὶ ἀνάλογον. εἰ δὲ τοῦτο, πολλαπλασιασθήτω
ὁ γ̄ ἐπὶ τὸν ϛ̄ καὶ ποιησάτω τὸν ιη̄· ὁ ιη̄ ἄρα ἐπί-
πεδός ἐστι. πάλιν ὁ β̄ ἐπὶ τον δ̄ ποιησάτω τὸν η̄·
ὁ η̄ ἄρα ἐπίπεδός ἐστιν. εἰσὶν οὖν ὁ ιη̄ καὶ ὁ η̄ ἐπί-
πεδοι, ἀλλα καὶ ὅμοιοι. ὡς γὰρ ὁ ϛ̄ ἡ πλευρὰ τοῦ ιη̄
15　πρὸς τὸν γ̄ την λοιπὴν αὐτοῦ τοῦ ιη̄ πλευράν, οὕτως
καὶ ὁ δ̄ ἡ τοῦ η̄ πλευρὰ πρὸς τὸν δύο αὐτὴν τὴν
τοῦ η̄ λοιπὴν πλευράν.

33. Διὰ τὸν ὅρον τὸν λέγοντα· ὅμοιοι ἐπίπεδοι
ἀριθμοί εἰσιν οἱ ἀνάλογον ἔχοντες τὰς πλευράς.

20　σχόλιον. ὁμόλογα μεγέθη λέγεται τὰ μὲν ἡγούμενα
τοῖς ἡγουμένοις, τὰ δὲ ἑπόμενα τοῖς ἑπομένοις.

Ad prop. XIX.

34. Ὑπόθες δύο στερεοὺς ὁμοίους ἀριθμοὺς τον ῑβ
καὶ τον ϙϛ. Θὲς γὰρ ἐπὶ μὲν τοῦ ῑβ το πλάτος καὶ

---

31. q (et Vᵃ, inc. οὗτος γάρ φησιν).　32. Vᵃq (Pᵇ).
33. Vᵃ.　34. Vⁱ.

11. τόν] τῶν q.　ϛ̄] ἕκτον V.　12. τὸν δ̄] τῶν δ̄ q.　16.
τήν) bis q, τὴν λοιπήν ℮ corr. P.　17. λοιπήν] om. P.　18.
λέγοντος V.

τὸ μῆκος ἀνὰ δύο, τὸ δὲ βάθος ἢ ὕψος τρία· τετράκις
οὖν τρία ιβ. τοῦ δὲ q̅ϛ̅ ἀνὰ δ̅ μὲν τὸ μῆκος καὶ το
πλάτος, τὸ δὲ ὕψος ἀναλόγως ἕξ· ἑξκαιδεκάκις οὖν
ἓξ q̅ϛ̅. καὶ μεταξὺ αὐτῶν δύο ἀνάλογον ἐμπίπτουσιν
ἀριθμοὶ ὁ κ̅δ̅ καὶ ὁ μ̅η̅. καὶ ὁ μὲν δ̅ τοῦ β̅ διπλάσιος,   5
ὁ δὲ q̅ϛ̅ τοῦ ι̅β̅ ὀκταπλάσιος, ὃ ταὐτὸν δύναται τῷ
τριπλασίονι.

35. Διὰ τὸν ὅρον τοῦ ε΄ τὸν λέγοντα· ἐὰν τέσσαρα
μεγέθη ἀνάλογον ᾖ, τὸ α΄ πρὸς τὸ δ΄ τριπλασίονα
λόγον ἔχειν λέγεται ἤπερ πρὸς τὸ β΄, τουτέστι τὰ   10
‚ερπδ, ‚βφqβ, ‚ασqϛ, χ̅μ̅η̅· τρὶς γὰρ ἔχει τὸν λόγον
ὁ ‚ερπδ πρὸς τὸ δ΄ χ̅μ̅η̅ ἤπερ πρὸς τὸ ‚βφqβ.

Ad prop. XX.

36. Ὁ Δ ἄρα τὸν Α μετρεῖ κατὰ τὰς ἐν τῷ Ζ
μονάδας, καὶ ὁ Ε τὸν Γ κατὰ τὰς ἐν τῷ Ζ μονάδας   15
ἰσάκις. ἐπεὶ γὰρ μετρεῖ ἱ Δ τὸν Α, καὶ ὁ Ε τὸν Γ.

37. Καὶ ἐναλλὰξ ὡς ὁ Δ πρὸς τὸν Ζ, οὕτως ὁ Ε
πρὸς τὸν Η[1]) p. 328, 11—12] διὰ ιγ΄ τοῦ ζ΄ ἐναλλὰξ
ὡς ὁ Δ πρὸς τὸν Ζ, οὕτως ὁ Ε πρὸς τὸν Η.

Ad prop. XXIV.   20

38. Ἔστω ὁ Γ μονάδων θ̅, ὁ δὲ Δ δ̅, ὁ δὲ Α λ̅ϛ̅,
ὁ δὲ Β ι̅ϛ̅. ὅ τε οὖν Γ τοῦ Δ διπλασιεπιτέταρτός
ἐστι καὶ ὁ Α τοῦ Β. ἔχει οὖν ὁ Α πρὸς τὸν Β, ὃν

---

1) Quae uerba apud Theonem (BVφ) non exstant.

35. V^a.   36. V^a (pertinet ad p. 328, 3 sq.).   37. V^a.
38. V^a q.

8. τοῦ λέγοντος V.   11. τρεῖς V.   12. δ΄] γ̅ V.   πρὸς
τό] τούς uel τῶν V.   ‚β] e corr. V.   18. τοῦ ζ΄] supra
scr. V.

τετράγωνος ὁ Γ λόγον πρὸς τετράγωνον τὸν Δ. ἰστέον
δέ, ὅτι τετράγωνος ἀριθμὸς πρὸς τετράγωνον οὐδέκοτε
διπλασίονα λόγον ἔχει, ἀλλ᾽ ἁπλῶς ὃν ἀριθμὸς πρὸς
ἀριθμόν.

5   Ad prop. XXV.

39. Ἔστω ὁ Γ ὁ κύβος μονάδων κ̅ζ̅, ὁ δὲ Δ η̅.
ἔχει οὖν ὁ κ̅ζ̅ τὸν τ̅ τρὶς καὶ μονάδας τρεῖς, αἳ τρεῖς
μονάδες τρία τέταρτά¹) εἰσι τοῦ η̅. τριπλασιεπιτρι-
τέταρτος ἄρα ἐστὶν ὁ κ̅ζ̅ τοῦ η̅. ὁ δὲ Ἀ ἔστω μο-
10 νάδων σ̅ι̅ς̅, ὁ δὲ Β ξ̅δ̅. ἔστιν οὖν ὁ σ̅ι̅ς̅ τοῦ ξ̅δ̅ τρι-
πλασιεπιτριτέταρτος· ἔχει γὰρ ὁ σ̅ι̅ς̅ τρὶς τὸν ξ̅δ̅ καὶ
τὸν κ̅δ̅, ὃς κ̅δ̅ ἐστι τρίτον¹) τοῦ ξ̅δ̅. ἔχουσιν ἄρα
πρὸς ἀλλήλους οἱ Α, Β λόγον, ὃν ὁ κύβος ὁ Γ πρὸς
κύβον τὸν Δ. ἔστι δὲ ὁ σ̅ι̅ς̅ κύβος, πλευραὶ δὲ αὐτοῦ
15 ὁ ς̅ καὶ ὁ λ̅ς̅· ἑξάκις γὰρ ς̅ λ̅ς̅ καὶ ἑξάκις λ̅ς̅ σ̅ι̅ς̅.

                    Ad prop. XXVI.

40. Τοῦτο λέγει, ὅτι, ὅταν ὦσιν οἱ ἐπίπεδοι πρὸς
ἀλλήλους ὥσπερ οἱ τετράγωνοι, καὶ ὅμοιοι ἀλλήλοις
εἰσίν. οἷον ὃν λόγον ἔχει ὁ ι̅ς̅ πρὸς τὸν δ̅, τὸν αὐτὸν
20 ὁ κ̅δ̅ πρὸς τὸν ς̅· ἄμφω γὰρ τετραπλάσιοι· καὶ αὐτοὶ
καὶ οἱ ἐπίπεδοι ἀπὸ ἡμιολίων πλευρῶν σύγκεινται· τρὶς
γὰρ δύο καὶ τετράκις ς̅.

---

1) Itane uero? uerum est 3 : 8 — 24 : 64. Etiam πλευραὶ
lin. 14 sq. falsum. est enim 6 πλευρά cubi.

---

39. V ͣq (l).   40. V⁴.

---

1. Γ] Δ Vq?   7. τόν] e corr. V.   τρὶς] τρεῖς Vq.   αἳ
τρεῖς] V, αἲ q.   10. ξ̅δ̅] ξ̅ς̅ Vq.   ξ̅δ̅] ξ̅ς̅ Vq.   11. τρὶς]
τρεῖς Vq.   18. οἱ] om. Vq.   15. Post καὶ ὁ lac. 6 litt. I.

In librum IX.[1])

Ad prop. I.

1. Ἔστω ὁ *A* μονάδων $\overline{ιη}$, ὁ δὲ *B* ὀκτώ, πολλα-
πλασιάσαντες δὲ ἀλλήλους ποιείτωσαν τὸν $\overline{ϱμδ}$. ὁ μὲν
$\overline{ϱμδ}$ τετράγωνός ἐστιν, πλευρὰ δὲ αὐτοῦ ὁ $\overline{ιβ}$· δω-
δεκάκις γὰρ δώδεκα $\overline{ϱμδ}$. ὅτι καὶ ὁ $\overline{ιη}$ καὶ $\overline{η}$ ὅμοιοί 5
εἰσι, δῆλον· εἰσὶ γὰρ πλευραὶ τοῦ μὲν $\overline{ιη}$ ὁ $\overline{ϛ}$ καὶ ὁ $\overline{γ}$,
τοῦ δὲ $\overline{η}$ ὁ $\overline{δ}$ καὶ ὁ $\overline{β}$. καί ἐστιν ὡς ὁ $\overline{ϛ}$ πρὸς τὸν $\overline{γ}$,
ὁ $\overline{δ}$ πρὸς τὸν $\overline{β}$.

2. Ἄλλως τὸ *α'*.

Ἐπειδὴ οἱ *A, B* ὅμοιοι ἐπίπεδοι ἀριθμοί εἰσιν, 10
τούτων εἰς μέσος ἀνάλογος ἐμπεσεῖται ἀριθμὸς ὁ *Γ*.
καὶ ἐπεὶ ὁ ὑπὸ τῶν ἄκρων ἴσος ἐστὶ τῷ ἀπὸ τοῦ μέσου,
ὁ ὑπὸ τῶν *A, B* ἴσος ἐστὶ τῷ ἀπὸ τοῦ *Γ*. ὁ δὲ ἀπὸ
τοῦ *Γ* τετράγωνος· καὶ ὁ ὑπὸ τῶν *A, B* ἄρα τετρά-
γωνος· ὅπερ ἔδει δεῖξαι. 15

Ad prop. II.

3. Ἔστω ὁ *A* μονάδων $\overline{ϛ}$, ὁ δὲ *B* $\overline{κδ}$ ἀλλήλους
πολλαπλασιάσαντες· γινέσθω ὁ *Γ* ὧν μονάδων $\overline{ϱμδ}$

---

1) Inter libb. VIII et IX scholium habet V*, quod in app.
recepi uol. II p. 434—86.

1. V*.   2. r.   8. V* (P⁊).

18. $\overline{ϱμδ}$] $\overline{μδ}$ V.

καὶ τετράγωνος ἀπὸ πλευρᾶς τῆς ι̅β̅. ὁ δὲ Α ὁ ϛ̅
ἑαυτὸν πολλαπλασιάσας ποιείτω τὸν Δ ὄντα μονάδων
λ̅ϛ̅· ὁ λ̅ϛ̅ τετράγωνος.

4. Ἄλλως τὸ β'.

5 Ἐπεὶ γὰρ οἱ Α, Β πολλαπλασιάσαντες ἀλλήλους
[τετράγωνον τὸν Γ πεποιήκασι, πλευρὰ τοῦ Γ ἔστω]
ὁ Δ, καὶ κείσθω μέσον τῶν Α, Β. λέγω δή, ὅτι οἱ
Α, Δ, Β ἑξῆς ἀνάλογόν εἰσι. ἐπεὶ γὰρ ὁ Δ πολλα-
πλασιάσας ἑαυτὸν τὸν Γ πεποίηκεν, ἔστι δὲ ὁ αὐτὸς
10 οὗτος καὶ ὁ ὑπὸ τῶν Α, Β γινόμενος, ὁ ὑπὸ τῶν
ἄκρων ἄρα ἴσος ἐστὶ τῷ ἀπὸ τοῖ μέσου. ὥστε οἱ τρεῖς
ἀριθμοὶ ἀνάλογον ἔσονται. τῶν Α, Β ἄρα εἰς μέσος
ἀνάλογον ἐμπέπτωκεν ἱ Δ. οἱ Α, Β ἄρα ὅμοιοι
ἐπίπεδοί εἰσιν· ὅπερ ἔδει δεῖξαι.

15 5. Ἀντιστρέφει τῷ α'.

· Ad prop. IV.

6. Ἔστω ὁ Α η̅, ὁ Β κ̅ξ̅, κύβοι δὲ ἀμφότεροι. καὶ
ὁ ἐξ αὐτῶν ὁ Γ σ̅ι̅ϛ̅. ὁ σ̅ι̅ϛ̅ κύβος, πλευραὶ δὲ αὐτοῦ
ὁ ϛ̅ καὶ ὁ λ̅ϛ̅· ὁ γὰρ ϛ̅ εἰς ἑαυτὸν γενόμενος πεποίηκε
20 τὸν λ̅ϛ̅, τὸν δὲ λ̅ϛ̅ πολλαπλασιάσας πεποίηκε τὸν σ̅ι̅ϛ̅.

Ad prop. V.

7. Ἀντιστρέφει τῷ δ'.

Ad prop. VI.

8. Ἀντιστρέφει τῷ γ'.

25 9. Καὶ ὡς ἄρα ὁ Α πρὸς τὸν Β, ὁ Β πρὸς τὸν Γ
p. 348, 23] διὰ τὶ ιζ' τοῦ ἑβδόμου τὸ ἐὰν ἀριθμὸς β̅

---

4. r.   5. P.   6. Vᵃ (P²).   7. P.   8. P.   9. Vᶜ.

6. τετράγωνον — ἔστω] addidi; in r una linea in summa
pag. decisa. etiam duo uocabula proxime antecedentia in-
certa sunt.

ἀριθμοὺς πολλαπλασιάσας ποιῇ τινας, οἱ γενόμενοι ἐξ
αὐτῶν τὸν αὐτὸν λόγον ἔχουσι τοῖς πολλαπλασιάσασιν.
ὁ γὰρ Α ἀριθμὸς ἑαυτόν τε καὶ τὸν Β δύο ἀριθμοὺς
πολλαπλασιάσας ποιεῖ τόν τε Β αὖ καὶ τὸν Γ. ὥστε
οἱ Β, Γ τὸν αὐτὸν λόγον ἔξουσι τοῖς πολλαπλασιάσασι 5
τοῖς Α, Β δηλαδή· ὅπερ ἔδει δεῖξαι.

Ad prop. VII.

10. Ἡ ἀπόδειξις τούτου τοῦ θεωρήματος ἐκ τῶν
ἀρχῶν καὶ μόνων ἐστὶν ἤτοι ἐκ τῶν ὅρων τῶν ἀριθ-
μητικῶν. 10

Ad prop. VIII.

11. Δῆλον ἐκ τῶνδε, διὰ τί ἐν τῇ Ἰνδικῇ ψήφῳ
ἐν ταῖς τῶν πλευρῶν τῶν τετραγώνων λήψεσιν ἀνὰ
μείζονα τὸ γίνεται, οὐ γίνεται, γίνεται, οὐ γίνεται
λέγομεν, διότι ἥ τε μονὰς τετράγωνός ἐστι καὶ ὁ τρίτος 15
ἀπ᾽ αὐτῆς καὶ ὁ πάλιν τρίτος μετ᾽ αὐτὸν καὶ ἑξῆς.
ὥστε ὅταν λέγωμεν, ὅτι γίνεται, οὐ γίνεται, γίνεται
δυνάμει λέγομεν, ὅτι ἐν τῇ πρώτῃ χώρᾳ γίνεται ἢ καὶ
ἔστι τετράγωνος, ἐν δὲ τῇ δευτέρᾳ τετράγωνος οὐ
γίνεται, ἐν δὲ τῇ τρίτῃ γίνεται, καὶ ἑξῆς ἐπὶ τῶν 20
ἄλλων. ἐν δὲ ταῖς τῶν κύβων πλευραῖς ἅπαξ μὲν
λέγομεν τὶ γίνεται, δὶς δὲ τὸ οὐ γίνεται, οἷον γίνεται,
οὐ γίνεται, οὐ γίνεται, γίνεται, οὐ γίνεται, οὐ γίνεται,
διότι ἥ τε μονὰς κύβος ἐστί· πᾶς γὰρ ἀριθμὸς ἢ μονάς
ἐστι δυνάμει· καὶ ὁ δ᾽ ἀπ᾽ αὐτῆς κύβος καὶ ὁ μετ᾽ 25
αὐτὸν πάλιν τέταρτος. δῆλον δὴ καί, διότι εἰς τὸν
κύβον ἅπαξ τὸ γίνεται λέγομεν, δὶς δὲ τὸ οὐ γίνεται.

---

10. Vᵇ.   11. Vᵃ (P²).

1. ποιῇ] ποιεῖ? V.   14. μείζονα] uel μείζονος V; scr.
ἀναμίξ.   27. δίς] τρίς VP.

12. *Σχόλιον.* δεῖ γινώσκειν, ὅτι τό· καὶ οἱ ἕνα
διαλείποντες πάντες οὕτως ἐστίν· ὅτι ἀριθμῶν ἐκ-
τεθέντων ἀπὸ μονάδος κατὰ ἀναλογίαν οἷον διπλάσιος
ὡς ἡ μονὰς καὶ ὁ β̄ καὶ ὁ δ̄ καὶ ὁ η̄ καὶ ὁ ι̅ς̅ καὶ
5 ὁ ι λ̅β̅ καὶ ὁ ξ̅δ̅ καὶ ὁ ρ̅κ̅η̅ ὁ μὲν γ´ ἀπὸ τῆς μονάδος
ἤγουν ὁ δ̄ ἀριθμὸς τετράγωνός ἐστι καὶ οἱ ἕνα δια-
λείποντες πάντες, τουτέστιν ὁ ι̅ς̅· διαλείπει γὰρ ὁ ι̅ς̅
μεταξὺ αὑτοῦ καὶ τοῦ δ̄ κατὰ τὸν διπλάσιον λόγον
ἕνα καὶ τὸν η̄. καὶ ἐπὶ τῶν λοιπῶν οὕτως δεῖ νοεῖν
10 ἤγουν τό· καὶ οἱ δύο διαλείποντες καὶ οἱ πέντε δια-
λείποντες.

13. *Διὰ τὰ αὐτὰ δὴ καὶ ὁ Z τετράγωνός ἐστιν*
p. 352, 18] ἐπειδὴ οἱ Δ, Ε, Ζ ἑξῆς ἀνάλογόν εἰσιν,
ἔστι δὲ ὁ Δ τετράγωνος, καὶ ὁ Z ἄρα τετράγωνός
15 ἐστιν.

Ad prop. X.

14. *Οἱ Α, Β ἄρα πρὸς ἀλλήλους λόγον ἔχουσιν,
ὃν τετράγωνος ἀριθμὸς πρὸς τετράγωνον ἀριθμόν*
p. 358, 17—19] ἐπεὶ γὰρ τετράγωνοί εἰσιν οἱ Α, Β,
20 ὅμοιοι ἐπίπεδοί εἰσιν, οἱ δὲ ὅμοιοι ἐπίπεδοι πρὸς
ἀλλήλους λόγον ἔχουσιν, ὃν τετράγωνος ἀριθμὸς πρὸς
τετράγωνον ἀριθμόν.

15. *Ὥστε οἱ Α, Β ὅμοιοι ἐπίπεδοί εἰσιν* p. 358, 19]
διὰ τὶ β´ τοῦ θ´ τὸ λέγον· ἐὰν β̄ ἀριθμοὶ πολλα-
25 πλασιάσαντες ἀλλήλους ποιῶσι τετράγωνον ἀριθμόν,
ὅμοιοι ἐπίπεδοί εἰσιν. ὅτι δὲ οἱ Α, Β πολλαπλασιά-
σαντες ἀλλήλους τὸν Γ πεποιήκασιν, φανερόν. ἐπεὶ

---

12. Vᵃ.   13. Vᵃ (Pʸ).   14. Vᵃ (Pʸ).   15. Vᵃ (Pʸ).

---

5. ξ̅δ̅] δ̄ add. m. 2 V.   γ´] οὖν comp. V.   8. διπλάσιον]
ά'ι' V.   24. τό] τοῦ P.   τοῦ λέγοντος P.

γάρ ἐστιν ὡς ἡ μονὰς πρὸς τὸν *A*, οὕτως ὁ *B* πρὸς
τὸν *Γ*, ἡ δὲ μονὰς τὸν *A* μετρεῖ κατὰ τὰς ἐν αὐτῷ
μονάδας, καὶ ὁ *B* ἄρα τὸν *Γ* μετρεῖ κατὰ τὰς ἐν τῷ
A μονάδας. ὁ *A* ἄρα τὸν *B* πολλαπλασιάσας τὸν *Γ*
πεποίηκεν. 5

Ad prop. XII.

16. Πρόσεχε, τί φησιν· ὅτι ἐὰν ἐκθήσῃς ἀναλόγους
ἀριθμοὺς ἀπὸ μονάδος τετραπλασίους φησὶν ἢ ἑξα-
πλασίους, σκόπει τὸν ἔσχατον, ὑπὸ πόσων πρώτων ἀριθ-
μῶν μετρεῖται, καὶ εὑρήσεις, ὅτι ὑπὸ τῶν αὐτῶν καὶ 10
ὁ παρὰ τὴν μονάδα μετρηθήσεται. οἷον ὡς ἔχει ἐπὶ
τῶν τετραπλασίων ᾱ δ̄ ῑϚ̄ σ̄νϚ̄· μετρεῖται γὰρ ὁ σ̄νϚ̄
καὶ ὑπὸ ἑτέρων ἀριθμῶν, οἵ μὴν ὑπὸ πρώτων, ὑπὸ
πρώτου δὲ μόνου τοῦ β̄, ὁ δὲ αὐτὸς μετρεῖ καὶ τὸν δ̄
τὸν παρὰ τὴν μονάδα· δὶς γὰρ δύο δ̄. ὁμοίως καὶ 15
ἐπὶ ἑξαπλασίων· ὁ γὰρ σ̄ιϚ̄ μετρεῖται μὲν καὶ ὑπ' ἄλλων,
ἀλλ' οὐ πρώτων, πρώτου δὲ τοῦ β̄ καὶ τοῦ γ̄· δὶς γὰρ
ρ̄η καὶ τρὶς ο̄β. οἱ δὲ αὐτοί, ὁ β̄ φημὶ καὶ ὁ τρεῖς,
μετροῦσι καὶ τὸν ἕξ· δὶς γὰρ τρεῖς Ϛ̄.

17. Ἔστω ὁ *A* μονάδων ῑε̄, ὁ δὲ *B* σ̄νϚ̄, ὁ δὲ 20
Γ ,γτοε, ὁ δὲ *Δ* πέντε μυριάδων χ̄κε, ὁ δὲ *Θ* ἔστω
μονάδων μ̄ε, ο δὲ *H* χ̄οε, ὁ δὲ *Z* μυρίων ρ̄κε, ὁ δὲ *E*
μονάδων ε̄. μετρείτω δὴ ὁ *E* ὁ πέντε τὸν *Δ* τὸν πεν-
τάκις μύρια χ̄κε κατὰ τὸν *Z* τὸν μύρια ἑκατὸν κ̄ε, καὶ
ἑξῆς οἱ λοιποί, ὥς φησιν ὁ γεωμέτρης. 25

18. Ὁ *A* ἑαυτὸν πολλαπλασιάσας τὸν *B* πεποίηκεν
p. 364, 24—25] ἐπεὶ γάρ ἐστιν ὡς ἡ μονὰς προς τὸν *A*,

---

16. V⁴. 17. Vᵃ (Pˀ). 18. Vᵃ (Pˀ).

1. ὁ] corr. ex ἡ V. 7. ἐκθήσῃς] sic V; scrib. ἐκθήσεις.
16. σ̄ιϚ̄] σ̄νϚ̄ V. 18. ρ̄η] ρ̄κη V. τρὶς] τρεῖς V. β̄]
δὶς V. 20. σ̄νϚ̄] scr. σ̄κε.

26*

οὕτως ὁ *A* πρὸς τὸν *B*, ἰσάκις ἡ μονὰς τὸν *A* μετρεῖ
καὶ ὁ *A* τὸν *B*· ἡ δὲ μονὰς τὸν *A* μετρεῖ κατὰ τὰς
ἐν αὐτῷ μονάδας· καὶ ὁ *A* ἄρα τὸν *B* μετρεῖ κατὰ
τὰς ἐν αὐτῷ μονάδας. ὥστε ὁ *A* ἑαυτὸν πολλα-
5 πλασιάσας τὸν *B* πεποίηκεν. ἄλλως τε δὲ ἐκεῖ ἑξῆς
ἐστιν ἀνάλογον, καὶ ὁ *B* τρίτος ἐστὶν ἀπὸ τῆς μονάδος,
τετράγωνος ὀφείλει εἶναι ὡς ἐν τῷ η΄ τοῦ θ΄.

19. Διότι ἀνάλογόν ἐστιν, ἰσάκις ἡ μονὰς τὸν *A*
μετρεῖ καὶ ὁ *A* τὸν *B*. μετρεῖ δὲ ἡ μονὰς τὸν *A*
10 κατὰ τὰς ἐν αὐτῷ μονάδας καὶ ὁ *A* τὸν *B* κατὰ τὰς
ἐν αὐτῷ μονάδας ἑαυτὸν πολλαπλασιάσας τὸν *B* πε-
ποίηκεν.

Ad prop. XIV.

20. Ἔστω ὁ *A* $\overline{λ}$ μονάδων, ο *B* δύο, ὁ *Γ* τριῶν,
15 ὁ *Δ* πέντε. δῆλον δή, ὅτι τὸν τριάκοντα πάντες με-
τροῦσι, ὁ μὲν δύο μετὰ τοῦ $\overline{ιε}$, ὁ δὲ $\overline{γ}$ μετὰ τοῦ δέκα,
ὁ δὲ πέντε μετὰ τοῦ $\overline{ϛ}$.

21. Τὸν $\overline{ϙε}$ ἤγουν τὸν *A* ἕκαστος τῶν *B*, *Γ*, *Δ*
μετρεῖ οὕτως· ὁ μὲν *Δ* ἤγουν ὁ ἑπτὰ μετὰ τοῦ $\overline{ιε}$·
20 ἑπτάκις γὰρ $\overline{ιε}$ $\overline{ϙε}$· ὁ δὲ *Γ* ἤγουν ὁ πέντε μετὰ $\overline{κα}$·
πεντάκις γὰρ ὁ εἴκοσι εἷς $\overline{ϙε}$· ὁ δὲ *B* ἤγουν ὁ $\overline{γ}$ μετὰ
τοῦ $\overline{λε}$.

Ad prop. XV.

22. Συντεθεὶς γὰρ ὁ μὲν $\overline{δ}$ μετὰ τοῦ $\overline{ϛ}$ γεννᾷ
25 τὸν $\overline{ι}$, ὅς ἐστι πρὸς τὸν λοιπὸν ἤγουν τὸν $\overline{θ}$ πρῶτος.
ο δὲ $\overline{ϛ}$ καὶ ὁ $\overline{θ}$ συντεθεὶς γεννᾷ τὸν $\overline{ιε}$, ὅς ἐστι πρὸς
τὸν $\overline{δ}$ πρῶτος, ὁ δὲ $\overline{δ}$ καὶ $\overline{θ}$ γεννᾷ τὸν $\overline{ιγ}$, ὅς ἐστι
πρῶτος πρὸς τὸν $\overline{ϛ}$.

---

19. Vᵃ (= nr. 18, sed corrupte). 20. Vᵃ (P²). 21. Vᵃ.
22. V⁴.

4. ἐν αὐτῷ] corr. ex ἑαυτῷ V.

23. Ὁ ἐκ τῶν ΔΖ, ΔΕ ὁ ιε ἐστιν. ἐπειδὴ γὰρ
ὁ ΔΕ μονάδων κεῖται τριῶν, ὁ δὲ ΕΖ δύο, ὁμοῦ
ὁ ΔΕ καὶ ΕΖ συντεθέντες μονάδων εἰσὶ πέντε. καὶ
ἐπεὶ ὁ ΔΖ μονάδων ἐστὶ πέντε, ὁ δὲ ΔΕ τριῶν, ὁ
ἐκ τῶν ΔΖ, ΔΕ ἄρα μονάδων ἐστὶ ιε· καί ἐστιν 5
ὁ ιε ἤγουν οἱ ΔΖ, ΔΕ πρὸς τὸν ΕΖ τὸν δύο πρῶτοι.

24. Φανερὸν δή, ὅτι p. 374, 19] τοῦτο ἐν τῷ β΄
τοῦ η΄ ἐδείχθη, ἄλλως τε δὲ καὶ διὰ τὸ πόρισμα τοῦ
αὐτοῦ.

25. Ἐὰν δὲ δύο ἀριθμοί p. 374, 23] δέδεικται ἐν 10
τῷ κδ΄ τοῦ ζ΄ στοιχείου.

Ad prop. XVIII.

26. Οἷον ἐδόθησαν ἀριθμοὶ ὁ η καὶ ὁ κξ. σκόπει,
ἐὰν ὦσι πρῶτοι πρὸς ἀλλήλους, ὥσπερ καὶ εἰσι. καὶ
ἐπείπερ εἰσίν, ἕτερος ἀνάλογον οὐχ εὑρίσκεται. ἀλλα 15
μὴν ἐδόθησαν ἀριθμοὶ ο η καὶ ὁ ιβ. οὗτοι οὐκ εἰσὶ
πρῶτοι πρὸς ἀλλήλους· κοινὸν γὰρ αὐτοῖς ἐστι μέτρον
ὁ δ. βούλει οὖν μαθεῖν, εἰ ἕξει ὁ ιβ ἕτερον ἀνά-
λογον; πολλαπλασίασον τὸν ιβ· καὶ ἀναβιβάζεται ρμδ.
σκόπει οὖν καί, ἐὰν δύνῃ εὑρεῖν πλευρὰν ἐν αὐτῷ 20
τὸν η. εὑρήσεις καὶ τοῦ ιβ ἀνάλογον. ἔστιν οὖν·
ὀκτάκις γὰρ ιη ρμδ.

27. Πάλιν ἐδόθησαν ἀριθμοὶ ὁ ιη καὶ ὁ κξ. ἐὰν
θέλῃς εὑρεῖν, ὡς ἔχει ἢ οὐκ ἔχει ἕτερον ἀνάλογον,
ὁ κξ πολλαπλασιαζέτω τὸν κξ· εἰκοσιεπτάκις κξ· καὶ 25
γίνονται ψκθ. καὶ ἐπεὶ ἱ ιη οὐ μετρεῖ τὸν ψκθ, οὐδὲ
ὁ κξ ἀνάλογον ἔχει.

Ad prop. XIX.[1])

28. Οὐδαμῶς δυνατὸν τῶν Α, Γ πρώτων ὄντων
γενέσθαι ὡς ὁ Α πρὸς Γ, τὸν Γ πρὸς ἄλλον τινά·
τοῦτο δὲ ποιεῖ ὁ λαβὼν ὡς ὁ Β πρὸς Γ, οὕτως ὁ Δ
5 πρὸς ἄλλον τινά.

29. Ἐπισκεψάμενος εὗρεν, ὅτι, ἐὰν μὲν οἱ δοθέντες
τρεῖς ἀριθμοὶ ἐξῆς ἀνάλογον ὦσιν, ἐὰν μὲν οἱ ἄκροι
αὐτῶν πρῶτοι πρὸς ἀλλήλους ὦσιν, ἀδύνατον ἡ τοῦ
τετάρτου ἀνάλογον θήρα, ἐὰν δὲ μὴ πρῶτοι πρὸς
10 ἀλλήλους ὦσιν, ὁ δὲ πρῶτος τὸν ἐκ τοῦ δευτέρου καὶ
τρίτου μὴ μετρῇ, ἀδύνατος ἡ τοῦ τετάρτου ἀνάλογον
εὕρεσις, εἰ δὲ μετρεῖ, δυνατή. καὶ ἐὰν οἱ Α, Β, Γ
μὴ ὦσιν ἐξῆς ἀνάλογον, καὶ περὶ τούτων τὰ αὐτὰ ῥητέον.
τριῶν οὖν ἀριθμῶν δοθέντων διχῶς μὲν δυνάμεθα
15 τέταρτον ἀνάλογον προσευρίσκειν, τετραχὰ δὲ ἀδυνα-

---

1) Ad prop. XIX in V in mg. legitur II p. 384, 8 ἤτοι — 14
εἰσιν (8 οὖν] om. 10 αὐτῶν] αὐτῶν οἱ Α, Γ). Deinde (κείμενον)
p. 384, 18 μή — p. 386, 19 προσευρεῖν (p. 386, 5 μὲν ὁ] ὁ μέν);
supra add. postea, sed eadem manu: ἐν τῷ βιβλίῳ τοῦ ἐφεσίου
οὐ κεῖται. (hoc f in mg. habet, omisso οὐ, ipsum scholium in
textu). Tum sequitur p. 388, 10 ἀλλά — 15 ἀδύνατον (κεί-
μενον), supra postea add. eadem manu: ἐν τῷ βιβλίῳ τοῦ ἐφεσίου
οὐχ εὐρέθη (hoc f in mg. habet ipsum scholium in textu).
Praeterea in BVat. legitur scholium, quod e P adtuli in notis
criticis II p. 386 sq. (εἰς τὸ ιθ' Vat. 1 οὕτως] οὕτως ποτέ BVat.
p. 387, 3 ὁ Α εἴη] ὁ Β εἴη BVat.).

---

28. PBVat. (εἰς τὸ αὐτό Vat.).   29. PVat., cum nr. 28
coniunctum B (εἰς τὸ αὐτό Vat.).

---

3. πρὸς Γ] πρὸς τὸν Γ P, sed corr. m. 1.   6. εὗρεν]
 εν in ras. Vat., δὲ εὗρεν B.   9. θήραν P.   11. ἀνάλογος
. 12. μετρῇ Vat.   ἐάν] ἐν Vat.   15. τετραχῶς Vat.

τοῦμεν. καὶ περὶ τετάρτου καὶ πέμπτου καὶ τῶν ἐφ-
εξῆς τὰ αὐτὰ ῥητέον.

Ad prop. XX.

30. Ταὐτὸν δ᾽ ἐστιν εἰπεῖν, ὅτι οἱ πρῶτοι ἀριθμοὶ
ἄπειροί εἰσιν.   5

31. Ἐν τούτῳ τῷ θεωρήματι δεῖξαι βούλεται, ὅτι
ἄπειροί εἰσιν οἱ πρῶτοι ἀριθμοί· εἰ γὰρ παντὸς τοῦ
προτεθέντος ἀριθμοῦ πλείους εἰσὶν οἱ πρῶτοι, δῆλον,
ὅτι ἄπειροί εἰσιν οἱ πρῶτοι. εἰ δὲ τοῦτο, δοκεῖ ἐν-
αντιοῦσθαι δόγματι φιλοσόφων· τὰ γὰρ πρῶτα οὗτοι 10
λέγουσιν ὡρισμένα καὶ τῷ ἀριθμῷ εἶναι ἐλάττονα. τί
οὖν λέγομεν; ὅτι οἱ πρῶτοι ἀριθμοὶ οὐκ εἰσὶν ἀρχὴ
τῶν ἀριθμῶν, ἀλλ᾽ εἰ ἄρα, ἡ μονάς· αὕτη δὲ συν-
εσταλμένη καὶ μόνη ἐστὶ μονάς. ὥστε σᾐζεται καὶ ἐν
τοῖς ἀριθμοῖς τοῦτο τὸ τὴν ἀρχὴν μὴ εἶναι ἄπειρον, 15
ἀλλ᾽ ὡρισμένην.

32. Ἔστω ὁ Α μονάδων γ̄, ὁ Β ε̄, ὁ Γ ζ̄, ὁ ΔΕ ρε̄·
μετρεῖ δὴ ὁ Α τὸν ρε̄ μετὰ τοῦ λε̄· τρὶς γὰρ λε̄ ρε̄,
ὁ δ᾽ αὖ ε̄ μετρεῖ τὸν ρε̄ μετὰ τοῦ κᾱ, καὶ ἔτι ὁ ζ̄ μετρεῖ
τὸν ρε̄ μετὰ τοῦ δέκα καὶ πέντε.   20

33. Οἱ μετροῦντες τὸν ΔΕ τὸν ρε̄ μετὰ τοῦ γ̄
καὶ ε̄ καὶ ζ̄ εἰσιν ὁ λε̄, ὁ κᾱ καὶ ὁ ιε̄.

---

30. V¹.   81. PBFVat.Vᵃq (εἰς τὸ κ᾽ Vat.).   82. Vᵃq
(P²l).   83. Vᵃq (P²l).

---

7. οἱ ἀριθμοὶ οἱ πρῶτοι Vq.   9. εἰσιν] om. P.   10. φιλο-
σόφου P.   τὸ γὰρ πρῶτον V.   11. λέγουσιν εἶναι Vq.   τὸ
ἀριθμόν V, τῷ ἀριθμοῦ q.   ἔλαττον F, sed corr.   13. εἰ]
ἢ PFVq.   ἡ] om. BF.   συνεσταμένη V, συνισταμένη q.
14. σᾐζεσθαι P, sed corr.   19. δ᾽] δέ q.   21. ΔΕ] ΖΗ q.
22. ε̄] πέντε V.   καί] om. q.   ὁ λε̄] οἱ λε̄ V.

Ad prop. XXX.

34. Ἐπεὶ ὁ Α τὸν Β μετρεῖ κατὰ τὸν Γ, καὶ ὁ Γ
ἄρα τὸν Β μετρεῖ κατὰ τὸν Α. καὶ ἔχει ἑκάτερος
τῶν Β, Γ μέρος ἥμισυ. ἔστιν ἄρα ὡς ὁ Γ πρὸς τὸν Β,
5 οὕτως τὸ ἥμισυ πρὸς τὸ ἥμισυ. μετρεῖ δὲ ὁ Γ τὸν Β
κατὰ τὸν Α· ὁ Α ἄρα τὸ ἥμισυ τοῦ Γ πολλαπλασιάσας
τὸ ἥμισυ τοῦ Β πεποίηκεν. ὁ Α ἄρα τὶ ἥμισυ τοῦ Β
κατὰ τὸ ἥμισυ τοῦ Γ.¹)

Ad prop. XXXI.

10 35. Ἐπειδὴ γὰρ ὁ Α περισσός ἐστι, μετρεῖ δὲ
αὐτόν, ὡς ἡ ὑπόθεσις, ὁ Δ, μετρεῖ δὲ ὁ Δ καὶ ἑαυτόν,
περιττὸς ἄρα ὁ Δ ἐστιν· οἱ γὰρ περιττοὶ ὑπὸ περιττῶν
μετροῦνται.. ὥστε ὁ Δ, ἐπειδὴ περισσὸν τὸν Α μετρεῖ,
περισσός ἐστιν ὁ Δ· ὁ γὰρ περισσὸς ὑπὸ περισσοῦ
15 μετρεῖται, οἷον ὁ θ͞ ὑπὸ τοῦ γ͞, ὁ κ͞ε ὑπὸ τοῦ ε͞, ὁ μ͞θ
ὑπὸ τοῦ ζ͞ καὶ αἰεὶ οὕτως. ἔστι δὲ ὁ Γ ἄρτιος, διότι
διπλασίων ἐστὶ τοῦ Β, τὸ δέ τινος διπλάσιον ἄρτιόν
ἐστιν.

Ad prop. XXXII.

20 36. Ἄξιον ἐπιστῆσαι ἐνταῦθα, πῶς φησιν ὁ γεω-
μέτρης, ὅτι ἀρτιάκις ἄρτιός ἐστι μόνον ὡς δὴ τοῦ

---

1) Hoc scholium rursus in V in mg. legitur signo ·/. inter
ἀρτιάκις et διά II p. 400, 2 insertum (in f eodem loco in textu)
cum his uariantibus scripturis: 2 ἐπεί — τὸν Γ] om. 4 Β, Γ]
Γ, Β. τόν] om. 5 οὕτως τό] τοῦτο. 6 Post τὸν Α add. καὶ
τὸ ἥμισυ ἄρα αὐτοῦ μετρήσει τὸ ἥμισυ τοῦ Β κατὰ τὸν Α. 7 Β]
(alt.) Β μετρεῖ. — Supra scr. postea, sed eadem m.: τοῦτο ἐν
τῷ βιβλίῳ τοῦ ἐφεσίου οὐκ ἔνι (om. f).

---

34. Vᵃq (Pˢ); σχόλιον q.   35. Vᵃq (Pˢ).   36. Α (Coisl.).

αὐτοῦ ἀριθμοῦ ὄντος ἀρτιάκις τε ἀρτίου καὶ μὴ ὄντος. ὡσαύτως δὲ καὶ περὶ τοῦ ἀρτιοπερισσοῦ τε καὶ περισσαρτίου σκέψασθαι ἄξιον. τὰ αὐτὰ γὰρ καὶ περὶ ἐκείνων λέγει ὡς δυναμένου τινὸς ἀριθμοῦ ἐν τοῖς ἀρτιοπερισσοῖς τε εἶναι καὶ μὴ καὶ ἐν τοῖς περισσαρτίοις 5 τε καὶ μὴ τοιούτοις. ἔοικε γὰρ ὁ γεωμέτρης πάντα ἀριθμὸν τὸν ὑπὸ ἀρτίου ἀριθμοῦ μετρούμενον κατὰ ἄρτιον ἀριθμὸν ἀρτιάκις ἄρτιον ὀνομάζειν, καὶ ἡ αἰτία, ὅτι ὑπὸ ἀρτίου κατὰ ἄρτιον ἀριθμόν. ᾗπερ γὰρ ἄλλος καλοῖτο ὁ ὑπὸ ἀρτίου ἀριθμοῦ μετρούμενος κατὰ ἄρτιον 10 ὥσπερ τὸν κδ· ὑπο γὰρ ἀρτίου κατὰ ἄρτιον ἀριθμὸν μετρεῖται. διότι δὲ δύναται καὶ ὑπὸ περισσοῦ κατὰ ἄρτιον μετρεῖσθαι, ἤγουν τοῦ γ κατὰ τὸν η, κἀντεῦθεν καὶ περισσάκις ἄρτιος ὀνομάζεται, διὰ τοῦτο οὐκ ἀρτιάκις ἄρτιος μόνον κέκληται· τούτου γὰρ ἔλαχε μόνον 15 τοῦ ὀνόματος ἀριθμὸς ὁ ὑπὸ ἀρτίου μόνον κατὰ ἄρτιον ἀριθμὸν μετρούμενος. τὸν αὐτὸν τρόπον καὶ ἀρτιάκις περιττὸν λέγει μόνον τὸν ἄλλως μὴ δυνάμενον μετρεῖσθαι ἢ ὑπὸ ἀρτίου κατὰ περισσὸν ἀριθμόν, ὡς τὸν ιδ, καὶ ἔτι περισσάκις ἄρτιον μόνον τὸν ὑπὸ πε- 20 ρισσοῦ μόνον μετρούμενον κατὰ ἄρτιον ἀριθμόν, οἷον ἱ ιη. καὶ δῆλον, ἐξ ὧν ἀπέδωκεν ὁρισμῶν ἐν τῷ ἑβδόμῳ βιβλίῳ. τινὲς δὲ μη ἀψάμενοι τοῦ σκοποῦ τοῦ Εὐκλείδου πειρῶνται καὶ τοὺς ὁρισμοὺς ἐπιδιορθοῦν ὡς κακῶς ἀποδεδομένους, κακῶς εἰδότες καὶ 25 μηδὲ ὑπὸ τῶν ἐνταῦθα σαφῶς λεγομένων τὴν λύσιν τούτων πορίσασθαι δυνάμενοι, ἀλλ' ὅτι μὴ ὁμοίως ἀποδέδονται τοῖς τοῦ Νικομάχου, μεμφόμενοι.

---

9. ἀριθμόν] bis A, sed corr.   ᾗπερ] et sqq. corrupta.

Ad prop. XXXIII.

37. Ὁ Α ἄρα ἢ ἀρτιάκις περιττός ἐστιν, ὅσπερ καὶ περισσάκις ἄρτιός ἐστιν, ἢ περισσάκις περισσός· τοῦτο δὲ οὐκ ἔστιν· ἥμισυ γὰρ οὐκ ἔχει· ἢ ἀρτιάκις ἄρτιος· 5 πᾶς δὲ ἀρτιάκις ἄρτιος ἀριθμὸς τὸ ἥμισυ ἔχει ἄρτιον, πάντα δὲ ἄρτιον ἀριθμὸν ἐνδέχεται ἢ ὑπὸ μόνου ἀρτίου μετρεῖσθαι ἢ ὑπὸ ἀρτίου καὶ περιττοῦ, τὸν δὲ περιττὸν ἀριθμὸν ἄρτιος οὐ μετρεῖ.

Ad prop. XXXIV.

10 38. Ὅτι μὲν οὖν ὁ Α ἀρτιάκις ἐστὶν ἄρτιος p. 404, 9] πόθεν δῆλον, ὅτι ὁ Α ἀρτιάκις ἄρτιος; ἐπεὶ ἄρτιός ἐστι, μετρεῖται ὑπὸ τῆς δυάδος· πάντας γὰρ τοὺς ἀρτίους ἡ δυὰς μετρεῖ. ἐπεὶ δὲ καὶ τὸ ἥμισυ τούτου ἄρτιόν ἐστι, πάντας δέ, οἷς μετρεῖ ἡ δυάς, κατὰ τὸ 15 ἥμισυ τούτων αὐτοὺς μετρεῖ, μετρεῖ ἄρα ἡ δυὰς τὸν Α κατὰ ἄρτιον ἀριθμόν.

39. Ὃς μετρήσει τὸν Α p. 404, 14] πόθεν δῆλον, ὅτι μετρήσει αὐτὸν τὸν Α ἀρτιάκις; εἰ γὰρ μετρήσει αὐτὸν περισσάκις, ἔσται ὁ Α περισσάκις περισσός, πᾶς 20 δὲ περισσάκις περισσὸς ἥμισυ οὐκ ἔχει. ὁ Α ἄρα ἥμισυ οὐκ ἔχει· ὑπόκειται δὲ ἔχειν· ὅπερ ἄτοπον.

40. Πόθεν δῆλον, ὅτι περισσὸς ἀριθμὸς μετρήσει τον Α; λέγομεν, ὅτι, ἐπεὶ ἐκεῖνος τὸν διπλάσιον αὐτοῦ μετρεῖ, ἐκεῖνος δὲ τὸν ἐκείνου διπλάσιον, ἐκεῖνός τε

---

37. Vᵃq (P²l).   38. V¹.   39. Vᵃq (P²l).   40. V¹ (ad II p. 404, 14).

---

2. ἄρα ἢ] om. V.   περισσός V.   ὅπερ V.   4. δέ] om. q. 7. περισσοῦ V.   τὸ δέ V.   περισσόν V.   8. ἄρτιον V.   19. ...σός] om. Vq.   20. περισσός] om. Vq.   ἥμισυ] om. V.

τὸν ἐκείνου διπλάσιον, καὶ ἀεὶ τοῦτο, καὶ ὁ περισσὸς
τὸν Α μετρήσει. ὅτι δὲ καὶ κατὰ ἄρτιον, δῆλον· οὕτω
γὰρ ἀποτελέσει τὸν Α ἄρτιον ὄντα διὰ τὸ κη' τοῦ
αὐτοῦ. εἰ μὴ γὰρ κατὰ ἄρτιον, μετρήσει τοῦτον κατὰ
περισσόν· ἐὰν δὲ περισσὸς ἀριθμὸς ἀριθμὸν πολλα- 5
πλασιάσας ποιῇ τινα, ὁ γενόμενος περισσὸς ἔσται. ὥστε
ὁ Α ἔσται καὶ περισσὸς καὶ ἄρτιος.

41. Καταντήσομεν εἰς δυάδα p. 404, 15] εἰς δυάδα
πρῶτον καὶ οὕτως εἰς μονάδα, ἀλλὰ πρὸ τῆς δυάδος εἰς
τετράδα.

Ad prop. XXXV. 10

42. Οὐ λέγει, ὅτι, ὃν λόγον ὁ ΕΖ πρὸς τὸν ΛΖ
εἶχε καὶ ἔτι ὁ ΛΖ πρὸς τὸν ΖΚ καὶ ὁ ΖΚ πρὸς
τὸν ΖΘ, καὶ διελόντι τὸν αὐτὸν λόγον ἕξουσιν ὁ ΕΛ
πρὸς τὸν ΛΖ καὶ ὁ ΛΚ πρὸς τὸν ΚΖ καὶ ὁ ΚΘ
πρὸς τὸν ΖΘ· τοῦτο γὰρ ψεῦδός ἐστιν. ὁ μὲν γὰρ 15
τοῦ ΕΖ πρὸς τὸν ΛΖ λόγος ὁμοίως καὶ ὁ τοῦ ΛΖ
πρὸς τὸν ΚΘ καὶ ὁ τοῦ ΚΘ πρὸς τὸν ΘΖ τριπλασιόνές
εἰσιν, τοῦ δὲ ΕΛ πρὸς τὸν ΛΖ καὶ τοῦ ΛΚ πρὸς
τὸν ΚΖ καὶ τοῦ ΚΖ πρὸς τὸν ΘΖ διπλασίονες, ἀλλ'
οὐχ ὡς ἐκεῖνοι τριπλάσιοί εἰσιν. ἀλλ' ὃ λέγει, ἐστίν, 20
ὅτι, ὥσπερ ἐπ' ἐκείνων κατὰ τὸ ἑξῆς ἀνάλογον ἦσαν
ἀριθμοὶ ἡγούμενοι καὶ ἑπόμενοι, καὶ ὡς εἶχεν ὁ ΕΖ
πρὸς τὸν ΖΛ, οὕτως καὶ οἱ λοιποὶ πρὸς τοὺς λοιπούς,
οὕτως κἂν διέλῃς, γενήσεται, καὶ ὁποῖον ἂν ἔχῃ λόγον
ὁ ΕΛ πρὸς τὸν ΛΖ, τὸν αὐτὸν ἕξουσι καὶ ὁ ΛΚ 25
πρὸς τὸν ΖΚ καὶ ὁ ΚΘ πρὸς τὸν ΘΖ.

---

41. q (P²l).   42. Vᵃq (P²l); ad II p. 406, 18 sq.

---

8. ἀποτελέσει] -ει e corr. V.

Ad prop. XXXVI.

43. Ταῦτα ἕως τοῦ λϛ' εὗρον ἐν ἄλλῳ.

ἐὰν ἀπὸ μονάδος ὁποσοιοῦν ἀριθμοὶ ἑξῆς ἐκτεθῶσιν
ἐπὶ διπλασίονι ἀναλογίᾳ, ἕως οὗ ὁ σύμπας συντεθεὶς
5 πρῶτος γένηται, καὶ ὁ σύμπας ἐπὶ τὸν ἔσχατον πολλα-
πλασιασθεὶς ποιεῖ τινα, ὁ γενόμενος τέλειος ἔσται.
πρὸς γὰρ μονάδος ἐκκείσθωσαν ἰσοιδηποτοῦν ἀριθμοὶ
ἐν τῇ διπλασίονι ἀναλογίᾳ, ἕως ὁ σύμπας συντεθεὶς
πρῶτος γένηται, οἱ Α, Β, καὶ τὸ σύμπαντι ἴσος ἔσται ὁ Ε.

10   44. Τοῦτο ἐμάθομεν κἂν τῇ τοῦ Νικομάχου ἀριθ-
μητικῇ, ἔνθα παραδίδωσιν ἡμῖν τὴν μέθοδον τῆς εὑρέ-
σεως τῶν τελείων ἀριθμῶν.

45. Ὁ γὰρ Α ὁ μετὰ τὴν μονάδα δῆλον ὅτι πρῶτός
ἐστιν· δυὰς γάρ ἐστι, δυάδα δὲ μονὰς μόνη μετρεῖ.

15   46. Τέλειοί εἰσιν ἀριθμοὶ κατ' Εὐκλείδην οἶδε·
ἐν μονάσι μὲν ὁ ϛ, ἐν δεκάσι δὲ ὁ κη, ἐν ἑκατοντάσι
δὲ ὁ υϙϛ, ἐν χιλιάσι δὲ ὁ ͵ηϙκη. εὑρίσκονται δὲ ἐν
ἁπλαῖς ὅ τε σμθ καὶ ͵ϛϙκη.

47. Τέλειοι ἀριθμοὶ κατὰ Εὐκλείδην·

20   ἐν μονάσιν   ὁ ϛ
             ἐν δεκάσιν   ἱ κη
             ἐν ἑκατοντάσιν   ὁ υϙϛ
             ἐν χιλιάσιν   ὁ ͵ηϙκη.

    .... ἀριθμοὶ κατὰ Εὐκλείδην ....

25 σκ
∠' ϙι δ' νε ε' μδ ι' κβ ια' α κβ ι κ' ια μδ' ε νε' δ ϙι' β σκ' α
σπδ
∠' ϙμβ δ' οα οα' δ ϙμβ' β σπδ' α.

---

43. q; cfr. P₂ II p. 408 not. crit.   44. r.   45. q; ad
II p. 410, 25 sq.   46. q (P²).   47. B.

9. τό] scr. τῷ.   ἔσται] scr. ἔστω.   24. Hic nonnulla euan. in B.

	$\overline{,\eta\rho\varkappa\eta}$		$\overline{\sigma\mu\eta}$	$\overline{\rho\varkappa\delta}$	$\overset{\delta}{\overline{\xi\beta}}$	$\lambda\bar\alpha$
L'	$\overline{,\delta\xi\delta}$	μ°	β	δ	η	$\iota\varsigma$
δ'	$\overline{,\beta\lambda\beta}$		$\iota\varsigma'$	η'	δ'	
η'	$\overline{,\alpha\iota\varsigma}$	$\lambda\alpha'$	$\xi\beta'$	$\rho\varkappa\delta'$	$\sigma\mu\eta'$	$\upsilon\var??\varsigma'$
$\iota\varsigma'$	$\overline{\varphi\eta}$				$\overline{\upsilon\var??\varsigma}$	
$\lambda\beta'$	$\overline{\sigma\nu\delta}$	L'			$\overline{\sigma\mu\eta}$	
$\xi\delta'$	$\overline{\rho\varkappa\xi}$	δ'			$\overline{\rho\varkappa\delta}$	
$\rho\varkappa\zeta'$	$\overline{\xi\delta}$	η'			$\overline{\xi\beta}$	
$\sigma\nu\delta'$	$\overline{\lambda\beta}$	$\iota\varsigma'$			$\overline{\lambda\bar\alpha}$	
$\varphi\eta'$	$\overline{\iota\varsigma}$	$\lambda\alpha'$			$\overline{\iota\varsigma}$	10
$,\alpha\iota\varsigma'$	$\overline{\eta}$	$\xi\beta'$			$\overline{\eta}$	
$,\beta\lambda\beta'$	$\overline{\delta}$	$\rho\varkappa\delta'$			$\overline{\delta}$	
$,\delta\xi\delta'$	$\overline{\beta}$	$\sigma\mu\eta'$			$\overline{\beta}$	
$,\eta\rho\varkappa\eta'$	$\overline{\alpha}$	$\upsilon\var??\varsigma'$			$\overline{\alpha}.$	

1. Supra $,\overline{\eta\rho\varkappa\eta}$ columnae nonnullae numerorum euan. in B.

In librum X.

1. Ὁ σκοπὸς τοῦ ι΄ βιβλίου τῷ Εὐκλείδῃ διδάξαι περὶ συμμέτρων καὶ ἀσυμμέτρων καὶ περὶ ῥητῶν καὶ ἀλόγων· οὐ γὰρ ταὐτὸν ἀσύμμετρα καὶ ἄλογα, διότι τὰ μὲν φύσει ἐστιν, τὰ δὲ ἄλογα καὶ ῥητὰ θέσει. εἰ
5 γὰρ καὶ τὴν τοῦ τετραγώνου διάμετρον φύσις ἀσύμμετρον ποιεῖ πρὸς τὴν πλευράν, ἀλλα κατὰ τοὺς ἐν ἑαυτῇ ἐκείνου λόγους ποιεῖ καὶ οὐ κατὰ τὸ ἐπιτυχόν· ὥστε οὐδὲν τῶν ἀσυμμέτρων τῇ φύσει εἴη ἄλογον, ἀσύμμετρον δέ. καὶ γὰρ ἡ φύσις αὐτὸ ποιεῖ κατὰ
10 πᾶν μέτρον ἀκοινώνητον τῷδέ τινι. ἐν μὲν οὖν τοῖς πρώτοις περὶ συμμέτρων καὶ ἀσυμμέτρων διαλαμβάνει πρὸς τὴν φύσιν αὐτῶν αὐτὰ ἐξετάζων, ἐν δὲ τοῖς ἑξῆς περὶ ῥητῶν καὶ ἀλόγων οὐ πασῶν· τινὲς γὰρ αὐτῷ ὡς ἐνιστάμενοι ἐγκαλοῦσιν· ἀλλὰ τῶν ἁπλουστάτων
15 εἰδῶν, ὧν συντιθεμένων γίνονται ἄπειροι ἄλογοι, ὧν τινας καὶ ὁ Ἀπολλώνιος ἀναγράφει. ἐπιστήμης δὲ τὰ

---

1. PBFVat. q fol. 176ʳ (V⁴); εἰς τὸ ι΄ βιβλίον FVat.

---

1. Εὐκλείδει FBVat. δεῖξαι FVat. 2. συμμετρίων P, sed corr. 4. καί] om. FVat. 5. φύρεις q. ἄμετρον Bq. 6. ποιῇ e corr. Vat. 7. αὐτῇ Fq. 8. οὐδὲ τῷ q. 9. ἀσύμμετρον] σύμμετρον q. 10. οὖν] om. q. 12. αὐτῶ q et B, sed corr. ἐξετάζων αὐτά Bq. 13. αὐτῷ] om. q. 14. ἐγκαλοῦσι P.

αἴτια καὶ ἀρχηγικὰ καὶ ἁπλᾶ ἐπισκέπτεσθαι, οὐ τὰ καθ'
ἕκαστα καὶ ἄπειρα. ἐκτίθεται δ' οὖν τῶν ἀλόγων ἁπλᾶ
εἴδη ιγ εὑρεθέντα κατὰ τρόπους τρεῖς, παρ' ἃ οὐχ
εὑρεθήσεται ἄλλα ἁπλᾶ. εἰσὶ δὲ οἱ τρόποι ὅ τε κατὰ
ἀναλογίαν, δι' οὗ μίαν εὑρίσκει, καὶ ὁ κατὰ σύνθεσιν,   5
δι' οὗ ἕξ, καὶ ὁ κατὰ διαίρεσιν, δι' οὗ τὰς λοιπὰς ἕξ.
ἦλθον δὲ τὴν ἀρχὴν ἐπὶ τὴν τῆς συμμετρίας ζήτησιν
οἱ Πυθαγόρειοι πρῶτοι αὐτὴν ἐξευρόντες ἐκ τῆς τῶν
ἀριθμῶν κατανοήσεως. κοινοῦ γὰρ ἁπάντων ὄντος
μέτρου τῆς μονάδος καὶ ἐπὶ τῶν μεγεθῶν κοινὸν μέτρον   10
εὑρεῖν οὐκ ἠδυνήθησαν. αἴτιον δὲ τὸ πάντα μὲν καὶ
ὁποιονοῦν ἀριθμὸν καθ' ὁποιασοῦν τομὰς διαιρούμενον
μόριόν τι καταλιμπάνειν ἐλάχιστον καὶ τομῆς ἀνεπί-
δεκτον, πᾶν δὲ μέγεθος ἐπ' ἄπειρον διαιρούμενον μὴ
καταλιμπάνειν μόριον, ὃ διὰ τὸ εἶναι ἐλάχιστον τομὴν   15
οὐκ ἐπιδέξεται, ἀλλὰ καὶ ἐκεῖνο ἐπ' ἄπειρον τεμνόμενον
ποιεῖν ἄπειρα μόρια, ὧν ἕκαστον ἐπ' ἄπειρον τμηθήσεται,
καὶ ἁπλῶς τὸ μὲν μέγεθος κατὰ μὲν τὸ μερίζεσθαι
μετέχειν τῆς τοῦ ἀπείρου ἀρχῆς, κατὰ δὲ τὴν ὁλότητα
τῆς τοῦ πέρατος, τὸν δὲ ἀριθμὸν κατὰ μὲν τὸ με- 20
ρίζεσθαι τῆς τοῦ πέρατος, κατὰ δὲ τὴν ὁλότητα τῆς
τοῦ ἀπείρου. ἐπεὶ οὖν τὰ μέτρα τῶν μετρουμένων
ἐλάττονα εἶναι προσήκει, μετρεῖται δὲ πᾶς ἀριθμός,
ἀνάγκη πάντων ἔλαττόν τι εἶναι τὸ μέτρον. ὥστε καὶ
τῶν μεγεθῶν, εἰ πάντα μετρεῖται κοινῷ μέτρῳ, ἀνάγκη   25

1. ἁπλῶς q.   2. δ' οὖν] οὖν q, γοῦν B.   8. ιγ] δέκα
καὶ τρία FVat., δεκατρία B, ῑ καὶ τρία P.   οὐκ P, et Vat.,
sed corr.   4. ἄλλ' P.   5. συνήθειαν q.   8. Πυθαγόριοι
PVat.q.   17. ποιεῖ q.   19. μετέχει q.   20. μέν] μήν P.
21. ὁλότητα] Bq, πολλότητα PFVat.   22. τῷ μετρουμένω q.
24. πάντων] πάντων δέ P.   τι] om. q.   25. κοινῷ] τῷ
κοινῷ q.

εἶναί τι ἐλάχιστον. ἀλλ᾽ ἐπὶ μὲν τῶν ἀριθμῶν ἔστιν·
πεπέρασται γάρ, ὡς προείρηται· ἐπὶ δὲ τῶν μεγεθῶν
οὐκέτι. οὐκ ἄρα κοινὸν πάντων τι μεγεθῶν μέτρον.
τοῦτο οὖν καὶ οἱ Πυθαγόρειοι ἐγνωκότες συμμετρίαν
5 ὡς ἦν τοῖς μεγέθεσι δυνατόν, ἐξεῦρον. πάντα γὰρ
τὰ ὑπὸ τὸ αὐτὸ μέτρον μεγέθη σύμμετρα ὠνόμασαν,
τὰ δὲ οὐχ ὑποπίπτοντα τῷ αὐτῷ μέτρῳ ἀσύμμετρα,
καὶ τούτων πάλιν, ὅσα μὲν ἄλλῳ τινὶ κοινῷ μετρεῖται
μέτρῳ, ἀλλήλοις σύμμετρα, ὅσα δὲ μή, ἀσύμμετρα,
10 ἐκείνοις. καὶ οὕτω θέσει λαμβανομένων τῶν μέτρων
πάντα εἰς συμμετρίας ἀνήγαγον διαφόρους, εἰ δὲ εἰς
διαφόρους, καὶ ὡς πρός τινα οὐ πάντα σύμμετρα εἶναι
δύναται. ῥητὰ δὲ πάντα καὶ πάντα ἄλογα δυνατὸν
εἶναι ὡς πρός τι· διὸ τὸ μὲν σύμμετρον φύσει ἂν εἴη
15 αὐτοῖς καὶ τὸ ἀσύμμετρον, τὸ δὲ ῥητὸν καὶ ἄλογον
θέσει. εὑρίσκεται δὲ τὰ σύμμετρα καὶ ἀσύμμετρα τριχῶς
κατὰ τὰς τρεῖς διαστάσεις· καὶ γὰρ γραμμαὶ καὶ ἐπι-
φάνειαι καὶ στερεά, ὡς ὁ Θέων δείκνυσι καί τινες ἄλλοι.
ὅτι δὲ ἐπ᾽ ἄπειρον τὸ μέγεθος διαιρετόν, τοιούτῳ θεω-
20 ρήματι κέχρηνται. ἰσόπλευρον λαβόντες τρίγωνον τέ-
μνουσι τὴν βάσιν δίχα καὶ ἑνὶ τῶν τμημάτων ἴσον
ἀποθέμενοι ἐπὶ ᾽μιᾶς τῶν πλευρῶν ὡς ἐπὶ τὰ πρὸς τῇ

1. τι] scripsi, τό PBFVat.q. 2. ὥσπερ εἴρηται q. 3.
μέγεθος q non male. 4. Πυθαγόριοι PVat.q. συμμετρίαν]
om. q. 5. ὡς ἦν] ὅσην FVat.; fort. ὡς ἐν. μεγέθεσιν
PFVat. ἐξεῦρον δυνατόν F. 6. τὰ ὑπό] ταῦτα q. μέτρον]
om. q. μέγεθος q. 7. οὐχ P. 8. τούτου FBVat.
ἄλλο P. 10. λαμβανομένῳ τῷ μέτρῳ q. 11. ἤγαγον q.
εἰ] οἱ q. εἰ — 12. διαφόρους] om. FVat. 11. εἰς] εἰς
συμμετρίας q. 12. ὡς] ὃ B. τινα] des. F fol. 91ʳ, add.
ζήτει ἐκεῖθεν τὰ λείποντα; reliqua fol. 91ᵛ. δύναται εἶναι
σύμμετρα q. δύναται εἶναι B. 14. διότι FVat. 15.
καί] (alt.) καὶ τό Bq. 16. καί] καὶ τά Bq. 18. δεικνύει P.
20. κέχρηται P. 21. διχῶς q.

βάσει μέρη παράλληλον ἄγουσι δι' ἐκείνου, καὶ ἔσται
πάλιν ἰσόπλευρον τὸ ἀπολαμβανόμενον τρίγωνον, οὗ

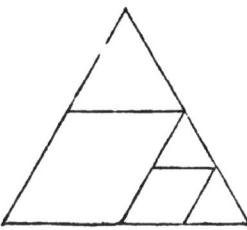

πάλιν τὴν βάσιν κατὰ τὰ αὐτὰ
τέμνοντες ὡσαύτως ποιοῦσι καὶ
οὐδέποτε καταλήγουσι πρὸς τῇ 5
τοῦ τριγώνου κορυφῇ. εἰ γὰρ
καταλήξουσιν, τὸ ἥμισυ τῆς βά-
σεως τοῦ τότε ἰσοπλεύρου τρι-
γώνου ἑκατέρᾳ τῶν πλευρῶν
ἴσον ἔσται. ὥστε καὶ αἱ δύο τῇ λοιπῇ· ὅπερ ἄτοπον. 10
ὅτι δὲ χρήσιμος ἡ τούτων θεωρία, μὴ καὶ περιττὸν
λέγειν. τῶν γὰρ Πυθαγορείων λόγος τὸν πρῶτον τὴν
περὶ τούτων θεωρίαν εἰς τοὐμφανὲς ἐξαγαγόντα ναυαγίῳ
περιπεσεῖν, καὶ ἴσως ἠνίττοντο, ὅτι πᾶν τὸ ἄλογον ἐν
τῷ παντὶ καὶ ἄλογον καὶ ἀνείδεον κρύπτεσθαι φιλεῖ, 15
καὶ εἴ τις ἂν ψυχὴ ἐπιδράμοι τῷ τοιούτῳ εἴδει τῆς
ζωῆς πρόχειρον καὶ φανερὸν τοῦτο ποιήσηται, εἰς τὸν
τῆς γενέσεως ὑποφέρεται πόντον καὶ τοῖς ἀστάτοις
ταύτης κλύζεται ῥεύμασιν. τοιοῦτον σέβας καὶ οὗτοι
εἶχον οἱ ἄνδρες περὶ τὴν τῶν ἀλόγων θεωρίαν. 20
    2. Τὰ μὲν μαθήματα φανταστικῶς νοοῦμεν, τοὺς

Figuram dedi ex FBP m. rec., paullo aliter Vat.   Lin. 10.
ἄτοπον] hic des. V.   2. PBFVat.V°q (εἰς τὸ αὐτό B).

2. οὗ] καί Bq.   6. τοῦ] om. PBVat.q.   7. καταλήξουσι
PFq.   ἥμισυ] ᛃ q, om. FVat.   8. τότε] τά τε q.   9.
πλευρῶν] πλασεων q.   10. δύο] λοιπαί Bq.   ὅπερ] ὅτι περ q.
11. ἡ τούτων θεωρία] om. B.   12. Πυθαγορίων PBVat.q.
ὁ λόγος q.   τόν] τό q.   13. ἐξαγαγόντι q.   14. ἴσων
Vat., ἴσον F.   ἠνίττοντο P.   ἐν — 15. ἄλογον] om. P.   16.
Fort. ψυχῇ; τύχῃ Knoche e Commandino.   Scrib. ἐπιδραμών.
17. ζωῆς καί q.   ποιήσειται F, sed corr.   εἰς] εἰ Vat.
18. ὑποφέρει q.   19. αὐτῆς P.   ῥεύμασι Fq.   21. φαν-
ταστικῶν Vat.

δὲ ἀριθμοὺς δοξαστικῶς· διὸ καὶ τὰ μὲν εἰς ἄπειρον διαιρεῖται, οἱ δὲ μεριζόμενοι λήγουσιν εἰς πέρας ὡρισμένον τὴν μονάδα· πεπέρασται γὰρ μᾶλλον ἡ δόξα καί ἐστι πρὸς τῷ ἑνί, ἡ δὲ φαντασία πλῆθος ἄπειρον 5 ἔχει· διὸ τὰ φανταστὰ ἄπειρα. καὶ τὰ μεγέθη οὖν ὡς φανταστὰ ἄπειρα καὶ ἡ τομὴ αὐτῶν.

εἰ πάντα τὰ μεγέθη τὰ πεπερασμένα δύναται πολλαπλασιαζόμενα ἀλλήλων ὑπερέχειν· τοῦτο δὲ ἦν τὸ λόγον ἔχειν, ὡς ἐν τῷ πέμπτῳ μεμαθήκαμεν· τίς μηχανὴ τὴν 10 τῶν ἀλόγων ἐπεισφέρειν διαφοράν; ἢ ὅτι τὸ μέτρον ἐν μὲν τοῖς ἀριθμοῖς ἡ φύσις ὑπέστησεν, θέσει δὲ ἐν τοῖς μεγέθεσι διὰ τὴν ἐπ' ἄπειρον τομήν; πρὸς γὰρ πῆχυν ἢ σπιθαμὴν ἤ τι τοιοῦτον γνώριμον μέτρον τὸ ῥητὸν καὶ τὸ ἄρρητον γνωρίζομεν. καὶ μὴν τὸ λόγον 15 ἔχειν ἄλλως μὲν ἐπὶ τῶν μεγεθῶν λέγεται τῶν πεπερασμένων καὶ ὁμογενῶν, ἄλλως ἐπὶ τῶν συμμέτρων, ἄλλως ἐπὶ τῶν ῥητῶν προσαγορευομένων. ὅπου μὲν γὰρ ὁ λόγος μόνον καὶ ἡ σχέσις θεωρεῖται τῶν πεπερασμένων μεγεθῶν κατὰ τὸ μεῖζον καὶ ἔλαττον, ὅπου 20 δὲ κατά τινα τῶν ἐν ἀριθμοῖς σχέσεων· διὸ καὶ τὰ σύμμετρα μεγέθη λόγον ἔχειν λέγεται, ὃν ἀριθμὸς πρὸς ἀριθμόν. ὅπου δὲ πρὸς τὸ ἐγκείμενον μέτρον τὴν τῶν ῥητῶν ἡμῖν πρὸς τὰ ἄλογα διαφορὰν παρέσχετο. [1])

---

1) In q inter libb. IX et X introductio quaedam in librum X legitur 2 folia et dimidium occupans, cuius hic est con-

2. διαιρεῖται] διαι- in ras. Vat.   5. φανταστικά P, corr. m. 1.   ὡς] ὡς τά q.   7. Mg. ἀπορία F.   δύνανται q. πολλῷ πλησιαζόμενα q.   9. μηχανήν q.   τήν] om. q.   10. ἄλλων q.   ἐπιφέρει q.   Mg. λύσις F.   12. μεγέθεσιν PBVat.   13. σπηθαμήν B.   τοιοῦτο FB.   14. ἄρητον B. τό] τόν q.   15. ἔχει q.   16. ἐπί] δὲ ἐπί F.   18. μόνον] om. q.   22. τό] om. BFVat.   ἐκκείμενον Knoche.   23. διαφοράν] om. BFVat.

3.

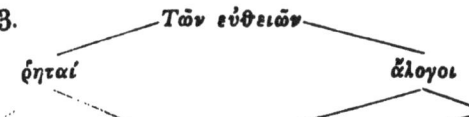

Τῶν εὐθειῶν

ῥηταί   ἄλογοι

αἱ μὲν μή-
κει καὶ δυ-
νάμει σύμ-
μετροι. τὸ
ὑπὸ ῥητῶν
μήκει συμ-
μέτρων καὶ
δυνάμει
περιεχόμε-
νον ὀρθο-
γώνιον χω-
ρίον ῥητόν
ἐστι. καὶ
ἐὰν ῥητὸν
χωρίον
παρὰ ῥη-
τὴν παρα-
βληθῇ,
πλάτος
ποιεῖ ῥη-
τὸν καὶ
σύμμετρον
τῇ παρ' ἣν
παράκει-
ται μήκει.

αἱ δὲ δυνάμει
μόνον, μήκει δὲ
ἀσύμμετροι. τὸ
ὑπὸ ῥητῶν δυ-
νάμει μόνον
συμμέτρων εὐ-
θειῶν περιεχό-
μενον ὀρθογώ-
νιον χωρίον
ἄλογόν ἐστι, καὶ
ἡ δυναμένη
αὐτὸ ἄλογος, κα-
λεῖται δὲ μέση
διὰ τὸ μέσην
αὐτὴν ἀνάλογον
γίνεσθαι τῶν
δυνάμει μόνον
συμμέτρων εὐ-
θειῶν τῶν περι-
εχουσῶν τὸ ἄλο-
γον χωρίον· ἴσον
γάρ ἐστι τὸ ἀπ'
αὐτῆς τῷ ὑπ'
αὐτῶν περιεχο-
μένῳ. τὸ ἀπὸ
μέσης παρὰ ῥη-
τὴν παραβαλλό-
μενον πλάτος
ποιεῖ ῥητὸν καὶ
ἀσύμμετρον τῇ
παρ' ἣν παρά-
κειται μήκει.

αἱ μὲν μήκει
καὶ δυνάμει
εἰσὶ σύμμε-
τροι καί
εἰσιν αἱ αὐ-
ταὶ ἐκείναις,
αἷς εἰσι σύμ-
μετροι. | ἢ
τῇ μέσῃ σύμ-
μετροι ἢ μή-
κει καὶ δυ-
νάμει ἢ δυ-
νάμει μόνον
οὖσαι σύμ-
μετροι. τὸ
ὑπὸ μέσων
μήκει συμ-
μέτρων εὐ-
θειῶν περι-
εχόμενον
ὀρθογώνιον
μέσον ἐστίν.
τὸ ὑπὸ μέ-
σων δυνάμει
μόνον συμ-
μέτρων περι-
εχόμενον
ὀρθογώνιον
ἤτοι ῥητὸν ἢ
μέσον ἐστίν.
μέσον μέσου
ῥητῷ οὐχ
ὑπερέχει.

αἱ δὲ δυ-
νάμει μό-
νον σύμμε-
τροι, μήκει
δὲ ἀσύμ-
μετροι.
ἢ τὸ μὲν
συγκείμε-
νον ἐκ τῶν
ἀπ' αὐτῶν
τετραγώ-
νων ῥητόν,
τὸ δὲ ὑπ'
αὐτῶν μέ-
σον κατὰ
σύνθεσιν
ποιοῦσαι
τὴν μεί-
ζονα, κατὰ
ἀφαίρεσιν
τὴν ἐλάτ-
τονα †κατὰ
ἀφαίρεσιν
μετὰ ῥητοῦ
μέσον τὸ
ὅλον ποι-
οῦσαν.

δυνάμει
ἀσύμμετροι
μήκει(?) ποι-
οῦσαι ἢ τὸ
μὲν συγκεί-
μενον ἐκ τῶν
ἀπ' αὐτῶν
τετραγώνων
μέσον καὶ τὸ
ὑπ' αὐτῶν
μέσον καὶ ἔτι
ἀσύμμετρον
τῷ συγκει-
μένῳ ἐκ τῶν
ἀπ' αὐτῶν
τετραγώνων.
κατὰ σύν-
θεσιν τὴν
δύο μέσα δυ-
ναμένην,
κατὰ ἀφαί-
ρεσιν μετὰ
μέσου μέσον
τὸ ὅλον ποι-
οῦσαν.

---

spectus. fol. 174ᵛ: 1. libri X deff. 1—2 uol. III p. 2, 2—4
(lin. 4 μέτρον] μέσον). 2. seq. αἱ μήκει σύμμετροι εὐθεῖαι πάντως
καὶ δυνάμει εἰσὶ σύμμετροι. αἱ δυνάμει σύμμετροι εὐθεῖαι οἱ
πάντως καὶ μήκει εἰσὶ σύμμετροι, ἀλλὰ δύνανται αἱ δυνάμει
σύμμετροι μήκει εἶναι καὶ σύμμετροι καὶ ἀσύμμετροι. αἱ μήκει

---

3. q fol. 174ᵛ; complures errores apertos tacite emendani.

27*

4. Γίνονται ἄλογοι εὐθεῖαι ιγ´ μέση· ἐκ ταύτης ἄπειροι ἄλογοι γίνονται. κατὰ σύνθεσιν· ἐκ δύο ὀνομάτων α´ β´ γ´ δ´ ε´ ς´ ἐκ δύο μέσων $\frac{α}{β}$ μείζων ῥητὸν καὶ μέσον δυναμένη δύο μέσα δυναμένη. κατὰ ἀφαίρεσιν· ἀποτομὴ α´ β´ γ´ δ´ ε´ ς´ μέση ἀποτομὴ $\frac{α}{β}$ μέση ἀποτομὴ ἐλάττων μετὰ ῥητοῦ μέσον τὸ ὅλον ποιοῦσα μετὰ μέσου μέσον τὸ ὅλον ποιοῦσα.

αἱ κατὰ σύνθεσιν ἄλογοι πᾶσαι καθ᾽ ἓν μόνον σημεῖον διαιροῦνται εἰς τὰ ὀνόματα μόνον ... γὰρ τὰ κατὰ ἀφαίρεσιν ἄλογα μιᾷ μόνῃ προσαρμόζει.

※ τὸ χωρίον τὸ ὑπὸ ῥητῆς καὶ τῆς ἐκ δύο ὀνομάτων α´ β´ γ´ δ´ ε´ ς´ δύναται ἡ ἐκ δύο ὀνομάτων $\frac{α}{β}$ ἡ ἐκ δύο μέσων ἡ μείζων ἡ ῥητὸν καὶ μέσον δυναμένη ἡ δύο μέσα δυναμένη.

※ παρὰ ῥητὴν παραβαλλόμενον πλάτος ποιεῖ τὴν ἐκ δύο ὀνομάτων α´ β´ γ´ δ´ ε´ ς´ τὸ ἀπὸ τῆς ἐκ δύο $\frac{α}{β}$ ὀνομάτων ἐκ $\overline{β}$ μέσων ἐκ δύο μέσων τῆς μείζονος τῆς ῥητὸν καὶ μέσον δυναμένης τῆς δύο μέσα δυναμένης.

※ τὸ χωρίον τὸ ὑπὸ ῥητῆς καὶ ἀποτομῆς α´ β´ γ´ δ´ ε´ ς´ δύναται ἡ ἀποτομὴ $\frac{α}{β}$ μέσης ἀποτομὴ μέσης ἀποτομὴ ἐλάττων μετὰ ῥητοῦ μέσον μετὰ μέσου μέσον.

※ τὸ ἀπὸ ἀποτομῆς παρὰ ῥητὴν παραβαλλόμενον πλάτος ποιεῖ ἀποτομὴν α´ β´ γ´ δ´ ε´ ς´ ἀπὸ μέσης ἀποτομῆς $\frac{α}{β}$ ἀπὸ μέσης ἀποτομῆς ἀπὸ ἐλάττονος μετὰ ῥητοῦ μέσον τὸ ὅλον ποιούσης μετὰ μέσου μέσον τὸ ὅλον ποιούσης.

ἢ μήκει καὶ δυνάμει εἰσὶ σύμμετροι.

αἱ εὐθεῖαι ἢ δυνάμει μόνον

ἢ καὶ μήκει καὶ δυνάμει ἀσύμμετροι.

ἀσύμμετροι εὐθεῖαι οὐ πάντως καὶ δυνάμει εἰσὶν ἀσύμμετροι, ἀλλὰ δύνανται αἱ μήκει ἀσύμμετροι δυνάμει εἶναι καὶ σύμμετροι καὶ ἀσύμμετροι. αἱ δυνάμει ἀσύμμετροι εὐθεῖαι πάντως καὶ μήκει ἀσύμμετροί εἰσιν· εἰ γὰρ εἶσι μήκει σύμμετροι, πάντως ἔσονται καὶ δυνάμει σύμμετροι· ὑπόκεινται δὲ καὶ ἀσύμμετροι· ὅπερ ἀδύνατον. αἱ ἄρα δυνάμει ἀσύμμετροι πάντως καὶ μήκει.
3. X deff. 3 sq. p. 2, 9 τῇ ad p. 4, 8 (inc. τῇ εὐθείᾳ, ἀφ᾽ ἧς

---

4. q fol. 175ʳ; hic quoque multa tacite correxi, nonnulla reliqui.

5. Ἀπὸ ῥητοῦ μέσου ἀφαιρουμένου | ἀπὸ μέσου ῥητοῦ ἀφαιρουμένου | ἀπὸ μέσου μέσου ἀφαιρουμένου | ἀσυμμέτρου τῷ ὅλῳ

ἡ τὸ λοιπὸν χωρίον δυναμένη

ἢ ἀποτομή ἐστιν ἢ ἐλάττων ἢ μέσης ἀποτομὴ ἢ μετὰ ῥητοῦ μέσον τὸ ὅλον ποιοῦσα ἢ μέσης ἀποτομὴ β' μετὰ μέσου μέσον τὸ ὅλον ποιοῦσα.

6. Ἄλογοί εἰσι ιγ' μέση· ἐκ ταύτης ἄπειροι ἄλλοι γίνονται

κατὰ σύνθεσιν.	ἐκ δύο ὀνομάτων α' β' γ' δ' ε' ϛ'	κατὰ ἀφαίρεσιν	ἀποτομὴ α' β' γ' δ' ε' ϛ' μέσης
[ἡ] σύμμετρος οὖσα μιᾷ τούτων τῶν ἀλόγων καὶ αὐτὴ ἄλογός ἐστι καὶ τοῦ αὐτοῦ ὀνόματος	ἐκ δύο μέσων α' ἐκ δύο μέσων β' μείζων ῥητὸν καὶ μέσον δυναμένη δύο μέσα δυναμένη		ἀποτομὴ α' μέσης ἀποτομὴ β' ἐλάττων μετὰ ῥητοῦ μέσον τὸ ὅλον ποιοῦσα μετὰ μέσου μέσον τὸ ὅλον ποιοῦσα.

θέσει τὰ μέτρα λαμβάνονται μὲν ἄπειροι τῷ πλήθει εἰσὶ εὐθεῖαι σύμμετροι κτλ.; 11 αἱ μὲν μήκει καὶ δυνάμει, αἱ δὲ δυνάμει μόνον, 13 σύμμετροι ῥηταί, 14 ῥηταί om., ἀσύμμετροι κατὰ συναμφότερα τουτέστι μήκει καὶ δυνάμει, 18 καλείσθωσαν, p. 4, 1 ἄλογοι καλείσθωσαν). 4. ἡ δυναμένη ἄλογον χωρίον ἄλογός ἐστιν. 5. schema infra receptum sub nr. 3 et alia eius modi sine pretio. fol. 175ʳ: 1. schema nr. 4. 2. III p. 58, 5—7 (κατὰ — εὐθειῶν om., χωρίον ῥητόν), p. 58, 20—22 (ῥητὸν χωρίον), p. 60, 15—18 (add. διὰ τὸ μέσον ἀνάλογον αὐτὴν γίνεσθαι τῶν περιεχουσῶν τὸ ἄλογον χωρίον εὐθειῶν· καὶ γάρ ἐστι τὸ ἀπ' αὐτῆς τετράγωνον τῷ ὑπ' αὐτοῦ περιεχομένῳ ὀρθογωνίῳ); p. 64, 5—7 (τῇ παρ' ἦν] ᾖ). 3. ἡ δυναμένη ἄλογον χωρίον ἄλογός ἐστιν· εἰ γὰρ ῥητὴ εἴη, καὶ τὸ ἀπ' αὐτῆς τετράγωνον ῥητὸν ἔσται ὡς ἐν τοῖς ὅροις· οὐκ ἔστι δέ. ἡ τῇ μέσῃ σύμμετρος μέση ἐστὶ καὶ ἡ μήκει καὶ δυνάμει ἢ δυνάμει μόνον σύμμετρός ἐστιν. 4. III p. 70, 2—4 (χωρίον μέσον), p. 70, 15—17 (εὐθειῶν om.), p. 74, 8 (ῥητὸν οὐχ ὑπερέχει). 5. κατὰ σύνθεσιν, seq. III p. 106, 22—24 (ῥηταί] εὐθεῖαι), tum: διὰ τὸ ἐκ δύο ῥητῶν αὐτὴν συγκεῖσθαι κύριον ὄνομα καλῶν τὸ ῥητόν :∼ ὑποκειμένης ῥητῆς καὶ τῆς ἐκ

5. q fol. 175ᵛ.   6. q fol. 175ᵛ.

7.   _Τῶν εὐθειῶν_

αἱ μέν εἰσι ῥηταὶ αἱ | δυνάμει μό- | αἱ δὲ ἄλογοι παντελῶς,
ὁπωσοῦν τῇ ἐκκειμένῃ | νον σύμμετροι | ὅσαι μήτε μήκει μήτε
ῥητῇ σύμμετροι, μήκει | τῇ ῥητῇ. | δυνάμει σύμμετροί εἰσι
σύμμετροι, δυνάμει μό- | | τῇ ἐκκειμένῃ ῥητῇ
νον σύμμετροι καὶ τῇ | | ἀλλήλαις
ῥητῇ καὶ ἀλλήλοις. τὸ | | σύμμετροι   ἀσύμμετροι
ὑπὸ ῥητῶν μήκει συμ- | | τὸ μὲν ἀπὸ
μέτρων περιεχόμενον | μή-   δυνά- | συγκείμε-
ῥητὸν καὶ ἡ δυναμένη | κει.   μει. | νον ῥητὸν
αὐτὸ ῥητή. | | τὸ δὲ ἀπὸ
| | μέσον.

δύο ὀνομάτων διῃρημένης εἰς τὰ ἐξ ὧν σύγκειται ὀνόματα τὸ
μεῖζον τοῦ ἐλάττονος μεῖζον δύναται τῷ ἀπὸ συμμέτρου ἑαυτῷ
μήκει ἢ τῷ ἀπὸ [ἀ]συμμέτρου, καὶ καθ' ἑκάτερα τῇ ἐκκειμένῃ
ῥητῇ σύμμετρόν ἐστι μήκει ἢ τὸ μεῖζον ὄνομα ἢ τὸ ἔλαττον ἢ
οὐδέτερον τῶν ὀνομάτων, καὶ γίνονται ἀκολούθως ἡ ἐκ δύο ὀνο-
μάτων α' β' γ' δ' ε' ς'. 6. III p. 108, 18—20; p. 110, 11—13;
p. 114, 4—8 (δ'] δέ. δέ] om.; in fine add. διὰ τὸ τὰ ἀπ'
αὐτῶν τετράγωνα μείζονα εἶναι τῶν ὑπ' αὐτῶν); p. 114, 24 —
116, 2 (εὐθεῖα] om.); p. 116, 15, 20 (ἀσύμμετρον] σύμμετρον;
τὸ συγκείμενον; καλείσθω δέ] ἡ). 7. Ἐὰν χωρίον περιέχηται
ὑπὸ ῥητῆς καὶ τῆς ἐκ δύο ὀνομάτων α' β' γ' δ' ε' ς', ἡ τὸ
χωρίον δυναμένη ἄλογός ἐστι ἢ ἐκ δύο ὀνομάτων ἢ ἐκ δύο μέσων
ἢ ἐκ δύο μέσων ἢ μείζων ἢ ῥητὸν καὶ μέσον δυναμένη ἢ δύο μέσα
δυναμένη. τὸ ἐκ δύο ὀνομάτων παρὰ ῥητὴν παραβαλλόμενον πλάτος
ποιεῖ τὴν ἐκ δύο ὀνομάτων α' β' γ' δ' ε' ς'· ἐκ δύο μέσων, ἐκ δύο
μέσων, ἐκ τῆς μείζονος, ῥητὸν καὶ μέσον δυναμένη, δύο μέσα
δυναμένη. ῥητοῦ καὶ μέσου συντιθεμένου ἡ τὸ χωρίον δυναμένη
ἤτοι ἐκ δύο ὀνομάτων ἐστὶν ἢ ἐκ δύο μέσων α' ἐστὶν ἢ μείζων
ἢ ῥητὸν καὶ μέσον δυναμένη. δύο μέσων ἀσυμμέτρων ἀλλήλοις
συντιθεμένων ἡ τὸ χωρίον δυναμένη ἤτοι ἐκ δύο μέσων ἐστὶν β'
ἢ δύο μέσα δυναμένη ἐστίν· κατ' ἀφαίρεσιν. III p. 224, 6—8;
seq. ὑποκειμένης ῥητῆς καὶ ἀποτομῆς ἡ ὅλη τῆς προσαρμοζούσης
[μεῖζον] δύναται τῷ ἀπὸ συμμέτρου ἑαυτῇ μήκει ἢ τῷ ἀπὸ
[ἀ]συμμέτρου καὶ τῇ ἐκκειμένῃ ῥητῇ σύμμετρός ἐστι ἢ [ἡ] ὅλη
[ἢ ἡ] προσαρμόζουσα ἢ οὐδετέρα, καὶ γίνονται ἀκολούθως ἀπο-
τομαὶ α' β' γ' δ' ε' ς'. 8. III p. 226, 4—7; p. 226, 23 — 228, 2;

_____

7. q fol. 175ᵛ.

8. Μήκει σύμμετροί εἰσιν εὐθεῖαι, ὅταν μεγέθει
καταμετρῶνταί τινι, ἔχωσι δὲ καὶ λόγον, ὃν ἀριθμὸς
πρὸς ἀριθμόν· τὰ δὲ ἀπ' αὐτῶν τετράγωνα λόγον ἔχει,
ὃν τετράγωνος ἀριθμὸς πρὸς τετράγωνον ἀριθμόν.
δυνάμει δὲ σύμμετροί εἰσιν, ὅταν μεγέθει μὴ κατα-   5
μετρῶνταί τινι μηδὲ λόγον ἔχωσιν, ὃν ἀριθμὸς πρὸς
ἀριθμόν, μηδὲ τὰ ἀπ' αὐτῶν τετράγωνα λόγον ἔχει,
ὃν τετράγωνος ἀριθμὸς πρὸς τετράγωνον ἀριθμόν,
ἔχει μέντοι τὰ ἀπ' αὐτῶν τετράγωνα, ὃν ἀριθμὸς πρὸς
ἀριθμόν, καθὼς ἥ τε διάμετρος καὶ ἡ πλευρὰ δυνάμει   10
οὖσαι σύμμετροι, οὐ μέντοι μήκει, οὔτε καταμετροῦνται
μεγέθει τινὶ οὔτε λόγον ἔχουσιν, ὃν ἀριθμὸς πρὸς
ἀριθμόν, οὔτε τὰ ἀπ' αὐτῶν τετράγωνα λόγον ἔχει,
ὃν τετράγωνος ἀριθμος πρὸς τετράγωνον ἀριθμόν,
ἔχει μέντοι τὰ ἀπ' αὐτῶν τετράγωνα, ὃν ἀριθμὸς πρὸς   15
ἀριθμόν· διπλάσιον γάρ· οἱ δὲ διπλάσιον λόγον ἔχοντες
πρὸς ἀλλήλους ἀριθμοὶ οὐδέποτ' ἂν εἶεν τετράγωνοι·
οὐδένας γὰρ τῶν τετραγώνων εὑρήσει λόγον διπλάσιον
ἔχοντας, οἷον ὁ δ̄ ὁ θ̄ ὁ ῑϛ ὁ κ̅ε̅ ὁ λ̅ϛ οἱ ἐφεξῆς ἅπαντες
τετράγωνοι. οὐδεὶς γὰρ τούτων πρὸς ἄλλον ὁντιναοῦν   20
συγκρινόμενος τετράγωνον εὑρεθήσεται λόγον διπλάσιον

---

p. 230, 20—24 (δέ] om.; ultima pars recisa). — fol. 175ᵛ:
1. ἐὰν χωρίον περιέχηται ὑπὸ ῥητῆς καὶ ἀποτομῆς α' β' γ' δ'
ε' ϛ' ἢ τὸ χωρίον δυναμένη ἀποτομὴ μέσης ἀποτομὴ πρώτη
μέσης ἀποτομὴ δευτέρα κτλ. ut in nr. 4 col. 3 (ad finem).
2. schema nr. 5. 3. Prop. 112 III p. 356, 9—14 (τήν] ῥητήν. ποιεῖ
πλάτος. ἐστι] τέ ἐστι. ἐν] μετά), prop. 113 p. 360, 24 — 362, 4
(ἐν] ἔτι ἐν. ἔξει τάξιν), prop. 114 p. 366, 15—19 (τε] om. ἐν]
ἔτι ἐν. reliqua om.), prop. 115 p. 370, 6—7 (καὶ οὐδεμιᾷ τῷ
προτέρῳ αἱ αὐταί). 4. schemata nr. 6 et 7. — fol. 176ʳ⁻ᵛ:
scholia nr. 1, 2, 8. pars fol. 176ᵛ uacat, in fol. 177ʳ incipit
textus libri X.

8. q fol. 176.

ἔχων. τὰ γοῦν ἀπὸ τῆς διαμέτρου καὶ τῆς πλευρᾶς
τετράγωνα λόγον διπλάσιον ἔχοντα, ὃν οὐκ ἂν σχοίη
τετράγωνος ἀριθμὸς πρὸς τετράγωνον ἀριθμόν, ἀλλ'
ὃν ἀριθμὸς πρὸς ἀριθμόν, δείκνυσι τὴν διάμετρον
5 πρὸς τὴν πλευρὰν οὐ μήκει σύμμετρον, ἀλλὰ δυνάμει
τυγχάνουσαν. αἱ δὲ πρὸς τῷ μήτε καταμετρεῖσθαι μήκει
τινὶ μηδὲ λόγον ἔχειν, ὃν ἀριθμὸς πρὸς ἀριθμόν,
μηδὲ ἐν τοῖς ἀπ' αὐτῶν τετραγώνοις, ὃν τετράγωνος
ἀριθμὸς πρὸς τετράγωνον ἀριθμόν, ἔτι μηδ' ὃν ἀριθμὸς
10 πρὸς ἀριθμὸν ἐν τοῖς ἀπ' αὐτῶν ἔχουσαι τετραγώνοις
πλευραὶ οὔτε μήκει σύμμετροι οὔτε δυνάμει εἰσί, διὸ
καὶ λέγονται ἄλογοι.

τὸ λόγον ἔχειν, ὃν ἀριθμὸς πρὸς ἀριθμόν, ταὐτόν
ἐστι τῷ τὸ ἔλασσον τοῦ μείζονος ἢ μέρος εἶναι ἢ μέρη,
15 καὶ τοῦτό ἐστι τὸ ἴδιον τῶν συμμέτρων τὸ εἶναι τὸ
ἔλασσον τοῦ μείζονος ἢ μέρος ἢ μέρη.

9. Τῶν εὐθειῶν αἱ μέν εἰσι καὶ μήχει καὶ δυνάμει
σύμμετροι, αἱ δὲ δυνάμει σύμμετροι, μήκει δὲ ἀσύμ-
μετροι. δυνάμει μὲν οὖν καὶ μήκει σύμμετρος ἡ
20 δωδεκάπους καὶ ἑκκαιδεκάπους· τὰ γὰρ ἀπὸ τοῦ ιβ
καὶ ιϛ τετράγωνα τὰ ρμδ καὶ σνϛ τῷ αὐτῷ χωρίῳ τῷ
τέσσαρα μετροῦνται, ὥσπερ καὶ αὐταί. τοῖ γὰρ ιβ
καὶ ιϛ κοινὸν μέτρον ὁ δ, ἀλλὰ καὶ τοῦ ρμδ καὶ σνϛ·
ὁ γὰρ δ μετὰ τοῦ λϛ μετρεῖ τὸν ρμδ, μετὰ δὲ τοῦ ξδ
25 τὸν σνϛ. αὗται μὲν ἄρα καὶ μήκει καὶ δυνάμει σύμ-
μετροί εἰσιν, ἡ δὲ πεντάπους καὶ πεντεκαιδεκάπους

9. qᵒ (Maglb.).

1. πλευρᾶς] παλ cum comp. obscuro q.   25. ἄρα] ἔι q
(h. e. ↄ).   26. Hic in mg. m. 1: ἕτερος (?) οὕτως φησίν· ἡ
γὰρ πεντάπους ἑαυτὴν καὶ τὴν πεντεκαιδεκάπουν μετρεῖ καὶ τὰ
ἀπ' αὐτῶν τετράγωνα λόγον ἔχει, ὃν τετράγωνος ἀριθμὸς πρὸς
τετράγωνον ἀριθμόν Maglb.

δυνάμει σύμμετροί εἰσι μόνον, οὐ μὴν καὶ μήκει. καὶ
ὅτι μὲν μήκει οὐκ εἰσὶ σύμμετροι, δῆλον· οὐ γὰρ ἔχουσι
κοινὸν μέτρον· ὅτι δὲ ἡ πεντάπους τῇ πεντεκαιδεκάποδι
δυνάμει σύμμετρός ἐστι, δῆλον· τὰ γὰρ ἀπ᾽ αὐτῶν
τετράγωνα τὰ κ̅ε̅ καὶ σ̅κ̅ε̅ τῷ αὐτῷ χωρίῳ μετροῦνται. 5
ἔχει δὲ καὶ ὁ σ̅κ̅ε̅ πρὸς τὸν κ̅ε̅ ἐνναπλασίονα λόγον,
αὗται δέ, λέγω δὴ αἱ πρὸς ἀλλήλας σύμμετροι, εἴτε
δυνάμει καὶ μήκει εἰσὶ σύμμετροι εἴτε δυνάμει μόνον,
ῥηταὶ λέγονται. καλείσθω οὖν ἡ προτεθεῖσα εὐ-
θεῖα ῥητή. προτεθεῖσαν εὐθεῖαν λέγω τὴν δεδομένην 10
ἡμῖν ὡς ἀρχὴν καὶ μέτρον καὶ οἱονεὶ κανόνα πρὸς
ἐκμέτρησιν μηκῶν. τὴν οὖν ἐξ ὑποθέσεως καί, ὡς
αὐτὸς ὁ Εὐκλείδης λέγει, θέσει λαμβανομένην ὡς ἀρχὴν
καὶ μέτρον εἰς ἐκμέτρησιν μηκῶν ῥητὴν καλεῖ. οἷον
εἴ τις ἐρωτῷη, πόσον ἐστὶ τὸ μεταξὺ διάστημα τῶν 15
ὑποκειμένων σημείων, οὐδὲν ἂν ἔχοιμεν λέγειν, εἰ δὲ
ἐρωτῷη, πόσων ἐστὶ πηχῶν ἢ ποδῶν, ἀναγκαῖόν ἐστιν
ἡμᾶς αἰτεῖν πηλικότητα πήχεως καὶ ποδὸς καὶ τῇ πηλι-
κότητι τοῦ πήχεως ἢ τοῦ ποδὸς χρωμένους προτεθείσῃ
ὡς ῥητῇ καὶ εὐθείᾳ τὸ προτεθὲν διάστημα ἐξετάζειν, 20
καὶ εἰ μὲν ἀπαρτιζόντως καταμετρεῖ τὸ διάστημα, οἷον
τετράκις ἢ πεντάκις ἢ ὁσαχῶς ἄλλως, ῥητὸν ἂν εἴη
τὸ τοιοῦτον διάστημα πεντάπουν ἢ πεντάπηχυ, εἰ τύχοι·
εἰ δὲ ὑπερβαίνει ἢ ἐλλείπει, ἄρρητον ἔσται. σαφηνείας
δὲ χάριν τι τὸ ἀπαρτίζον οὕτως μετρεῖν ἐστιν. ἔστω 25
ὁ ἐννέα καὶ ὁ ι̅ καὶ ὁ ρ̅ ἀριθμός. ὁ μὲν οὖν τρία
τὸν θ̅ ἀπαρτιζόντως μετρεῖ· τρὶς γὰρ συντεθεὶς αὐτὸν
μεμέτρηκεν. ὑπερβαίνει δὲ τον η̅, ἐλλείπει δὲ πρὸς
τὸν ι̅. νενοήσθω δὴ καὶ ὁ γ̅ καὶ ὁ η̅ καὶ ὁ θ̅ καὶ

---

24. ἐλλείποι? q.   25. τι] seq. corruptum.   27. τρὶς] τρεὶς q.

ὁ ῑ ὡς γραμμαί, καὶ ἔστω ὁ θ̄ ἡ ΑΒ γραμμή, ὁ δὲ η̄
ἡ ΓΔ, ὁ δὲ ῑ ἡ ΕΖ, ὁ δὲ γ̄ ἡ ΗΘ. εἰ οὖν ἔροιτό τις,
πόσον ἐστὶ τὸ μεταξὺ διάστημα τῶν Α, Β σημείων,
οὐκ ἂν ἔχοιμεν λέγειν, εἰ δ' ἔροιτο, πόσων ἐστὶ πηχῶν,
5 ἀνάγκη αἰτῆσαι ἡμᾶς πρὸς τὸν ἐρωτῶντα μέτρον τι
ὡρισμένον. ἔστω δή, ὅτι δέδωκεν ἡμῖν τὸν τρία
ἀριθμόν, ὃς ὑπόκειται εἶναι ἡ ΗΘ γραμμή. ἔστω οὖν,
ὅτι δέδωκεν ἡμῖν τὴν ΗΘ γραμμὴν ὡς πῆχυν. αὕτη
οὖν δηλονότι ῥητή ἐστι· ῥητὴ γάρ ἐστιν, ὥς τινες
10 ὁρίζονται, ἡ δι' ἀριθμῶν γνωρίμη. ἐπεὶ δὲ καὶ ὁ πῆχυς
διὰ τῆς μονάδος γνωρίζεται· μονάδι γὰρ ἀναλογεῖ
πρὸς τὸ πεντάπηχυ καὶ δεκάπηχυ καὶ τοῖς ὁμοίοις·
ὁσάκις γὰρ ἡ μονὰς τον πέντε, τοσαυτάκις καὶ ὁ πῆχυς
τὸ πεντάπηχυ μετρεῖ· ἐπεὶ οὖν ῥητή ἐστιν ἡ πηχυαία
15 ἡ ΗΘ, ῥητή ἐστι καὶ ἡ ΑΒ ἡ τρίπηχυς καὶ σύμμετρος
μήκει τῇ προτεθείσῃ πηχυαίᾳ τῇ ΗΘ· ὁ γὰρ πῆχυς
καὶ ἑαυτὸν μετρεῖ καὶ τὸ τρίπηχυ. ἡ μὲν οὖν ΑΒ,
ὡς εἴρηται, καὶ ῥητὴ καὶ σύμμετρός ἐστι τῇ ΗΘ, ἡ
δὲ ΓΔ, ἥτις εἴληπται ἀντὶ τοῦ η̄ ἀριθμοῦ, ἄλογος.
20 καὶ τοῦτο δῆλον ὧδε· ἐπειδὴ γὰρ ὁ τρία ἀριθμὸς ὡς
πῆχυς εἴληπται καὶ διὰ τοῦτο καὶ ὁ θ̄ ὡς τρίπηχυ
μέγεθος, τοῦ μὲν η̄ αἱ ς̄ μονάδες ἔσονται ὡς πήχεις
δύο, καταλείπονται δὲ αἱ δύο μονάδες. ὥστε ἐπειδὴ
ῥητή ἐστιν, ὡς εἴρηται, ἡ δι' ἀριθμῶν γνωρίμη, ἡ δὲ
25 ΓΔ οὔτε δὶς μετρεῖται οὔτε τρίς, ἀλλ' οὐδ' ἅπαξ ὑπὸ
τοῦ πήχεως, ὃς πρόκειται ὡς ῥητή τις καὶ κανών,
ἄλογός ἐστιν ἡ ΓΔ. ἀλλὰ τί ἐστιν, ὅπερ εἴρηται, ὅτι
ἀναγκαῖόν ἐστιν ἡμᾶς αἰτῆσαι πηλικότητα πήχεως;
καὶ διὰ τί οὐκ εἴρηται ἀναγκαῖόν ἐστιν αἰτῆσαι πῆχυν,

---

2. ἡ ΓΔ] ΓΔ q.

ἀλλὰ πηλικότητα πήχεως; ἢ ἐπειδὴ τὰ μέτρα θέσει ἐξ
ἡμῶν αὐτῶν λαμβάνεται καὶ οὐ φύσει, καὶ εἰκός ἐστι
παρ’ ἡμῖν, εἰ οὕτως ἔτυχε, τὸν πῆχυν δέκα δακτύλων
εἶναι, παρ’ ἄλλοις δὲ οἷον Ἰνδοις ὀκτὼ δακτύλων καὶ
παρ’ ἄλλοις ἄλλων, διὰ τοῦτο πρόσκειται τὸ δεῖν αἰτῆσαι   5
πηλικότητα πήχεως, ὡς εἰ ἐλέγομεν· δεῖ λαβεῖν τὴν
πηλικότητα τοῦ πήχεως ὡρισμένην, ὥσπερ κἂν τὸν
πῆχυν ἡμᾶς ἔροιτό τις, πόσων ἐστὶ δακτύλων, δεῖ
αἰτῆσαι τὸ πηλίκον αὐτοῦ· οὐδὲ γὰρ ὁ δάκτυλος οὐδ’
ὁ ποῦς οὐδ’ ὁ μέδιμνος οὐδ’ ἄλλο οὐδὲν παρὰ πᾶσίν   10
ἐστι τὰ αὐτά, ὡς εἴρηται. οὐ γάρ εἰσι φύσει, ἀλλὰ
θέσει, καὶ διὰ τοῦτο τὸ κατὰ τὸν ἡμέτερον πῆχυν
τρίπηχυ κατὰ τὸν παρ’ ἄλλοις ἔθνεσι πῆχυν οὐκ ἔσται
τρίπηχυ, ὥστε ἔσται ἡ παρ’ ἐκείνοις τριπηχυαία ἢ τρι-
ποδιαία γραμμὴ πρὸς τὴν παρ’ ἡμῖν ἀσύμμετρος, ἀλλὰ   15
καὶ ὁ παρ’ ἡμῖν πῆχυς πρὸς τὸν παρ’ ἐκείνοις πῆχυν
ὁμοίως καὶ ἄλογος καὶ ἀσύμμετρος διὰ τὸ μὴ ἀπαρτι-
ζόντως τὸν παρ’ ἐκείνοις πῆχυν μετρεῖσθαι πρὸς τοῦ
παρ’ ἡμῖν δακτύλου. ἔσονται δὲ τῇ προτεθείσῃ ῥητῇ
εὐθείᾳ, εἴτε πηχυαία ἐστὶν εἴτε ποδιαία εἴτε παλαιστιαία   20
ἢ δακτυλιαία, ἄπειροι σύμμετροι μήκει καὶ ῥηταὶ καὶ
ὁμοίως ἀσύμμετροι ἄπειροι. ὅσας μὲν γὰρ ἀπαρτιζόντως
μετρεῖ, σύμμετροι· μετρεῖ γὰρ καὶ ἑαυτὴν καὶ ἐκείνας
καί ἐστι κοινὸν μέτρον αὐτὴ καὶ ἑαυτῆς κἀκείνων, ἃς
μετρεῖ. ἐνδέχεται δὲ καί, ἢν μὴ μετρεῖ ἡ πηχυαία,   25
σύμμετρον εἶναι καὶ ῥητὴν τῇ πηχυαίᾳ, ὅταν μὴ τὸν
πῆχυν ἔχωμεν προκείμενον ἡμῖν ὡς μέτρον καὶ κανόνα,
ἀλλ’, εἰ τύχοι, τὸν δάκτυλον. ἂν γὰρ ὁ δάκτυλος
μετρῇ καὶ τὸν πῆχυν καὶ τὸ μέγεθος, ὅπερ ὁ πῆχυς
οὐ μετρεῖ, ἔσονται ἀλλήλοις σύμμετρα ὅ τε πῆχυς   30
κἀκεῖνο διὰ τὸ κοινῷ μέτρῳ μετρεῖσθαι τῷ δακτύλῳ.

καὶ ὁρᾷς, ὅτι τὰ ἀσύμμετρα κατὰ τόδε τὸ μέτρον δύ-
νανται κατ᾽ ἄλλο σύμμετρα εἶναι καὶ ῥητά. τὸ δὲ
ῥητὰ ἀντὶ τοῦ ἀριθμῷ τινι δηλοῦσθαι, οἷον τῷ πέντε
ἢ τῷ ἑπτὰ πεντάπηχη ἢ ἑπταπήχη λεγόμενα, καὶ διὰ
5 τοῦτο τοῦ δεκαγώνου πλευρὰ οὖσα μοιρῶν λ̄ξ̄, λεπτῶν
πρώτων τεσσάρων, δευτέρων ν̄ε̄ ἄλογος λέγεται. εἰ μὲν
γὰρ ἦν λ̄ξ̄ μόνων μοιρῶν, ἦν ἂν ῥητή, ὡς οὖσα τῷ
τριάκοντα ἀριθμῷ γνωρίμη, ἐπεὶ δὲ καὶ λεπτῶν ἐστι
πρώτων καὶ δευτέρων, οὐκ ἔστι ῥητή. ἔστι δὲ ἴδιον
10 τῶν συμμέτρων τὸ τὸ ἔλασσον τοῦ μείζονος ἤτοι μέρος
εἶναι ἢ μέρη, καὶ ἂν ᾖ μέρος, λόγον ἕξει, ὃν μονὰς
πρὸς ἀριθμόν, ἐὰν δὲ μέρη, ὃν ἀριθμὸς πρὸς ἀριθμόν,
οἷον ὁ πέντε σύμμετρος ὢν τῷ κ̄ε̄ μέρος ἐστὶν αὐτοῦ
καὶ λόγον ἔχει ὁ πέντε πρὸς τὸν εἰκοσικαιπέντε, ὃν
15 ἡ μονὰς πρὸς τὸν ε̄· ἰσάκις γὰρ ἡ μονὰς τὸν πέντε
μετρεῖ καὶ ὁ πέντε τὸν κ̄ε̄. εἰ δὲ μέρη ᾖ, λόγον ἕξει,
ὃν ἀριθμὸς πρὸς ἀριθμόν, οἷον ὁ τριάκοντα καὶ ὁ
τεσσαράκοντα σύμμετροι ὄντες οὐκ ἔστιν ὁ λ̄ μέρος
τοῦ μ̄, ἀλλὰ μέρη, οἷον τρία τέταρτα· τέταρτον γὰρ ἡ
20 δεκὰς τοῦ μ̄, ὥστε ὁ λ̄ τρία μέρη ἤτοι τρία τέταρτά
ἐστι τοῦ μ̄. ὥστε καὶ ἐκ τούτου δῆλον, ὅτι ὁ ἐλάσσων
μέρος ἐστὶ τοῦ μείζονος συμμέτρων ὄντων τοῦ ἐλάτ-
τονος καὶ μείζονος, ὅταν αὐτὸς ὁ ἐλάττων τὸν μείζονα
ἀπαρτιζόντως μετρῇ, ὃ ταυτόν ἐστι τῷ·ὅταν ὁ μείζων
25 μέτρον γίνηται καὶ ἑαυτοῦ καὶ τοῦ μείζονος, ἤτοι ὅταν
καὶ ἑαυτὸν καὶ τὸν μείζονα μετρῇ. ἰστέον δέ, ὅτι πᾶς
ἀριθμὸς ἑαυτὸν μετρεῖ· εἰ γὰρ τὸ μέτρον ἐξισάζει τῷ
μετρουμένῳ ἢ εὐθὺς ἐκείνῳ προσαρμόζον ἢ διπλούμενον
ἢ τριπλούμενον, πᾶς δὲ ἀριθμὸς ἴσος ἐστὶν ἑαυτῷ, πᾶς

ἄρα ἀριθμὸς ἑαυτὸν μετρεῖ. ὑποδείγματος χάριν ὁ
μὲν τρία τὸν τρία μετρεῖ ἅπαξ ἐφαρμόζων αὐτῷ, ἐφ-
αρμόζοντα δέ ἐστι τὰ μήθ᾽ ὑπερέχοντα μήτε ἐλλείποντα.
τὸν δὲ ꙅ ὁ γ̅ μετρεῖ δὶς ἐφαρμόζων αὐτῷ. ὁ γ̅ τρία
τοίνυν καὶ ὁ θ̅ σύμμετροί εἰσι, καὶ μέρος ἐστὶ τοῦ θ̅   5
ὁ γ̅. ὁ δὲ λ̅ τοῦ μ̅, ὡς εἴρηται, σύμμετρος. μὲν καὶ
οὐ μέρος, ἀλλὰ μέρη. καὶ ὅταν μὲν ᾖ μέρος, ὑπο-
πολλαπλάσιον ποιεῖ λόγον, ἐὰν δὲ μέρη, ἕνα τῶν λοιπῶν
ὑπολόγων, οἷον ὑποτριπλασιεπίτριτον, ὑφημιόλιον ἢ
ἄλλον τοιοῦτόν τινα. καὶ ἐὰν εὐθεῖαι ὦσι, καὶ τὰ ἀπ᾽   10
αὐτῶν ἐπίπεδα καὶ τὰ στερεὰ λόγον ἕξει, ὃν ἀριθμὸς
πρὸς ἀριθμόν, ἐὰν δὲ ἐπίπεδα, καὶ τὰ ἀπ᾽ αὐτῶν
στερεά, οὐ μέντοι καὶ αἱ εὐθεῖαι, ἂν μὴ ᾖ λόγος τῶν
ἀριθμῶν, ὃν τετράγωνος πρὸς τετράγωνον.[1])

Περὶ ῥητῶν καὶ ἀλόγων.   15

τὸ ῥητὸν καὶ ἄλογον μέγεθος ἑκάτερον οὐκ ἔστι
τῶν καθ᾽ αὑτὰ νοουμένων, ἀλλὰ πρὸς ἕτερον συγ-
κρινομένων. ὅσα γὰρ ἀλλήλοις σύμμετρα εἴτε μήκει
καὶ δυνάμει εἴτε δυνάμει μόνον, ταῦτα καὶ ῥητὰ προς
ἄλληλα λέγεται, ὅσα δὲ ἀλλήλοις ἀσύμμετρα, ταῦτα   20
ἄλογα προς ἄλληλα λέγεται.• οἱ μὲν ἀριθμοὶ σύμμετροι
τυγχάνουσιν, ἐπείπερ ἕκαστος αὐτῶν ὑπό τινος ἐλαχίστου
μέτρου μετρεῖται. ὁμοίως δὲ πῆχυς καὶ παλαιστὴ συμ-
μετρίαν ἔχουσι πρὸς ἄλληλα· ἑκάτερος γὰρ ὑπὸ ἐλαχίστου
μέτρου καταμετρεῖται ὑπὸ δακτύλου μονάδος θέσιν   25
ἔχοντος. ἀπείρου δὲ τῆς ἐν τοῖς μεγέθεσιν ὑπαρχούσης
τομῆς καὶ μηδενὸς ὑφεστηκότος ἐλαχίστου μέτρου δῆλον,
ὅτι τοῦ ῥητοῦ μεγέθους οὐχ ἕν τι καὶ ὡρισμένον ὡς
ὁ δάκτυλος ἐλάχιστον μέτρον, ἀλλ᾽ ἐφ᾽ ἡμῖν ἐστιν,

---

1) Hic interponitur in qᶜ scholium ad prop. IX nr. 63.

ὁπηλίκον ἂν ἐθέλωμεν, ἐλάχιστον ὑποθέσθαι μέτρον
γνώριμον ὥσπερ μονάδα. πᾶν γὰρ καθ᾽ ἑαυτὸ μέγεθος,
ὡς ἐλέχθη, οὔτε ῥητὸν οὔτε ἄλογον, ὅτι καὶ πᾶσα
εὐθεῖα καθ᾽ ἑαυτὴν οὔτε ῥητὴ οὔτε ἄλογός ἐστι, συγ-
5 κρινομένη δὲ πρὸς ὑποτεθεῖσαν θέσει μονάδα ῥητὴ ἢ
ἄλογος εὑρίσκεται. οὕτως οὖν τῆς τετραγώνου πλευρᾶς
ὑποτεθείσης ῥητῆς ἡ διάμετρος δυνάμει ῥητὴ εὑρίσκεται·
μήχει γὰρ ἄλογος εὑρίσκεται· καὶ πάλιν αὖ τῆς διαμέτρου
ῥητῆς ὑπαρχούσης ἡ πλευρὰ δυνάμει ῥητὴ ἑκατέρας αὐ-
10 τῶν καθ᾽ ἑαυτὴν οὔτε ῥητῆς οὔσης οὔτε ἀρρήτου ἤτοι
ἀλόγου ὑπαρχούσης. οὕτως οὖν τῶν εὐθειῶν ἐλάχιστόν τι
μέτρον ὑποθέμενοι εὐθεῖαν μονάδα οἱ ἀπὸ τῶν μαθη-
μάτων ῥητὴν ὠνόμασαν καὶ τὰς αὐτῇ συμμέτρους ῥητάς·
ὁμοίως καὶ τὸ ἀπ᾽ αὐτῆς τετράγωνον ῥητὸν καὶ τὰ τούτῳ
15 σύμμετρα χωρία ῥητὰ ἐκάλεσαν καὶ ῥητὸν ὁμοίως τὸν ἀπ᾽
αὐτῆς κύβον καὶ τὰ τούτῳ σύμμετρα στερεά. ἄρρητον δ᾽
ἀκουστέον ἀντὶ τοῦ ἄλογον στερεὸν μὲν τὸ ἀσύμμετρον
τῷ ἀπὸ ῥητῆς κύβῳ, ἐπίπεδον δὲ τὶ ἀσύμμετρον τῷ
ἀπὸ ῥητῆς τετραγώνῳ, μήχει δέ, τουτέστιν εὐθεῖαν,
20 τὸ ῥητῇ ἀσύμμετρον. ἐπὶ δὲ τῶν εὐθειῶν διττῆς
νοουμένης τῆς ἀσυμμέτρου, μιᾶς μὲν ὅταν αὐταὶ αἱ
εὐθεῖαι ἀσύμμετροι ὦσι, τὰ δὲ ἀπ᾽ αὐτῶν χωρία σύμ-
μετρα ἀλλήλοις, ἑτέρας δὲ ὅταν καὶ [τὰ ἀπ᾽ αὐτῶν
χωρία σύμμετρα ἀλλήλοις ἑτέρας δὲ ὅταν καὶ] τὰ ἀπ᾽
25 αὐτῶν χωρία ἀσύμμετρα ἀλλήλοις ᾖ, διττὴ καὶ ἡ πρὸς
τὴν ῥητὴν διαφορὰ κατὰ τοὺς παλαιοὺς ὑπῆρχε· αἱ
μὲν γὰρ λέγονται δυνάμει ῥηταὶ καὶ ἄλογοι, αἱ δὲ
μήχει. δυνάμει μὲν οὖν εἰσι ῥηταί, ὡς εἴρηται, ὅσαι
εἰσὶν ἀσύμμετροι τῇ ῥητῇ, τὰ δ᾽ αὐτῶν τετράγωνα

14. τούτων q.   16. τούτων q.   21. νοοῦμεν q.   23.
τά — 24. καί] deleo.

σύμμετρα τῷ ἀπὸ ῥητῆς τετραγώνῳ, οἷον εἴ ἐστιν ἡ
ΑΒ εὐθεῖα ῥητή, ἡ δὲ ΓΔ ἀσύμμετρος αὐτῇ τῇ ΑΒ,
τὸ δὲ ἀπὸ τῆς ΓΔ τετράγωνον σύμμετρον εἴη τῷ ἀπὸ
τῆς ΑΒ, ἡ ΑΒ καὶ ΓΔ δυνάμει εἰσὶ ῥηταί. ἀλλὰ
κἂν ἡ ΖΗ καὶ τὸ ἀπ' αὐτῆς τετράγωνον οὕτως   5
ἕξει πρὸς τὴν ΑΒ καὶ τὸ ἀπὸ τῆς ΑΒ τετράγωνον,
ὡς εἶχεν ἡ ΓΔ καὶ τὸ ἀπὸ τῆς ΓΔ τετράγωνον πρὸς
τὴν ΑΒ καὶ τὸ ἀπ' αὐτῆς τετράγωνον, κἂν οὖν ἡ ΖΗ
καὶ τὸ τετράγωνον αὐτῆς οὕτως ἕξουσι πρὸς τὴν ΑΒ
καὶ τὸ τετράγωνον αὐτῆς, ἡ ΖΗ καὶ ἡ ΑΒ δυνάμει   10
εἰσὶ ῥηταί. κἂν ἄλλη τις εὑρεθῇ οὕτως ἔχουσα πρὸς
τὴν ΑΒ ὡς αἱ εἰρημέναι, δυνάμει ἔσονται πρὸς τὴν
ΑΒ ῥηταί. δυνάμει μὲν οὖν ῥηταὶ αὗται, μήκει δὲ
ῥηταί, ὅταν τὰ ἀπ' αὐτῶν τετράγωνα ἢ ἐν τετραγώνοις
ἀριθμοῖς ᾖ ἢ τὰς πλευρὰς ἔχει συμμέτρους τῇ ῥητῇ   15
μήκει. καὶ τάχα τὸ λεγόμενον τοιοῦτόν ἐστιν· ὅταν
συγκρίνωμεν δύο εὐθείας, εἴτε δυνάμει εἰσὶ ῥηταὶ εἴτε
μήκει, δεῖ ὁρᾶν πρὸς τρίτην εὐθεῖαν ῥητὴν οὖσαν,
καὶ εἰ μὲν εὕροιμεν αὐτὰς μήκει συμμέτρους τῇ ἐκ-
κειμένῃ ῥητῇ, καὶ αὗται ῥηταὶ ἔσονται μήκει· τὰ γὰρ 20
τῷ αὐτῷ μήκει σύμμετρα καὶ ῥητὰ καὶ ἀλλήλοις μήκει
σύμμετρα καὶ ῥητά ἐστι. τοῦτο δὲ δεῖ καὶ ἐπὶ τῶν
δυνάμει ῥητῶν ποιεῖν. ἰστέον δέ, ὡς ἀντιστρέφει, καὶ
εἴτε εὐθεῖαι σύμμετροί εἰσι καὶ διὰ τοῦτο καὶ ῥηταί,
καὶ τὰ ἀπ' αὐτῶν τετράγωνα λόγον ἔχουσιν, ὃν τετρά- 25
γωνος πρὸς τετράγωνον ἀριθμόν, κἂν τὰ τετράγωνα
λόγον ἔχωσιν, ὃν τετράγωνος πρὸς τετράγωνον, σύμ-
μετροι καὶ ῥηταί εἰσιν αἱ εὐθεῖαι. καθόλου οὖν ἡ
τῇ ῥητῇ σύμμετρος καλεῖται ῥητὴ εἴτε μήκει μέση εἴτε

---

8. ἡ] om. q.   29. μέση] scr. σύμμετρος.

δυνάμει μόνον :~ μέση λέγεται εὐθεῖα ἡ δυναμένη
χωρίον ὀρθογώνιον περιεχόμενον ὑπὸ εὐθειῶν ῥητῶν
δυνάμει μόνον συμμέτρων· καὶ ἄλογόν ἐστι. καλεῖ δὲ
τὴν δυναμένην τὸ περιεχόμενον ὑπὸ τοιούτων εὐθειῶν
5 μέσην διὰ τὸ τὸ ἀπ' αὐτῆς τετράγωνον ἴσον εἶναι τῷ
περιεχομένῳ ὑπὸ τῶν δύο εὐθειῶν καὶ μέσην ἀνάλογον
αὐτὴν γίνεσθαι τῶν δύο εὐθειῶν. :~ ἐκ δύο ὀνομάτων
εὐθεῖα λέγεται, ἥτις καὶ ἄλογός ἐστι, ἡ συγκειμένη ἐκ
δύο εὐθειῶν ῥητῶν δυνάμει μόνον συμμέτρων. καλεῖ
10 δὲ ἐκ δύο ὀνομάτων διὰ τὸ ἐκ δύο ῥητῶν συγκεῖσθαι
δυνάμει μόνον, ὡς εἴρηται, συμμέτρων, ἔστι δὲ κύριον
ὄνομα τὸ ῥητὸν καθὸ ῥητόν.[1])

Ad def. 1.

10. Οἷον ἐπὶ ὑποδείγματος εἰ εὑρεθῶσι δύο μεγέθη,
15 ἵνα τὸ μὲν ἔχῃ σπιθαμὰς ιε, τὸ δὲ κ, σύμμετρα ἔσται
τὰ μεγέθη· ἀμφότερα γὰρ τῷ ε μέτρῳ μετροῦνται.

11. Οἷον ὑποδείγματος χάριν ἐὰν εὑρεθῶσι δύο
μεγέθη, καὶ τὸ μὲν εἴη σπιθαμῶν δέκα καὶ πέντε, τὸ
δὲ εἴκοσι ἤ, εἰ βούλει, εἴκοσι καὶ πέντε, σύμμετρα

---

1) In q° sequitur prop. LXXIII uol. III p. 224, 6—8 (καλεῖται),
prop. LXXIV p. 226, 4—7 (καλεῖται), prop. LXXVI p. 230,
20—24 (ἀσύμμετρος] σύμμετρος. τά] τό); add. ἐλάσσων δὲ λέ-
γεται ὡς ἀντικειμένη τῇ μείζονι. tum alia scholia, n. infra.
Ante nostrum scholium nr. 9 habet q° deff. 1—3 cum scholiis
nr. 11 sq. (ubi uid.).

---

10. Vᵃvq (A).   11. q°.

---

3. μόνων q.   5. τὸ τό] τό q.   14. εἰ] om. q, ὡς ἐν
ὑποθέσει V.   15. κ σύμμετρα] A, κασ μετρ. vq, ἕτερον σπι-
θαμὰς κ σύμμετρα V.   ἔσται] om. V.   16. τῷ μεγέθει q.
κατὰ τὸ ε μέτρον V.

ἔσονται· μετροῦνται γὰρ τῷ πέντε ὅ τε ιε καὶ ὁ κ·
πεντάκις γὰρ τρεῖς δεκαπέντε καὶ πεντάκις τέσσαρα κ.

12. Οὗτος ὁ ὁρισμὸς ἐπὶ τῶν δυνάμει συμμέτρων
οὐχ ἁρμόζει.

13. Ἰστέον δέ, ὅτι τὰ μεγέθη τὰ κοινῷ μέτρῳ 5
μετρούμενα οὐ μόνον σύμμετρά εἰσιν, ἀλλὰ καὶ ὁμοειδῆ
καὶ λόγον ἔχει πρὸς ἄλληλα, ὃν ἀριθμὸς πρὸς ἀριθμόν,
καθὼς δέδεικται ἐν τῷ ε' θεωρήματι τοῦ ι' βιβλίου.

14. Ὡς ἐπὶ τῶν ἑτεροειδῶν κατὰ πᾶσαν διάστασιν,
οἷον κατὰ γραμμήν, ἐπιφάνειαν, σῶμα. τούτων γὰρ 10
ἑτεροειδῶν ὄντων οὐδὲν σύμμετρόν τι ἂν γένοιτο·
οὐδὲν γάρ ἐστι κοινὸν μέτρον ἐν τούτοις.

Ad def. 2.

15. Οἷον ἐπὶ ὑποδείγματος ἔστωσαν δύο εὐθεῖαι
ἡ μὲν σπιθαμῶν κδ, ἡ δὲ λ, καὶ τὰ ἀπ' αὐτῶν τετρά- 15
γωνα φος καὶ 𝔅. καὶ μετροῦνται τῷ αὐτῷ χωρίῳ
τῷ ϛ· ἑξάκις γὰρ ϙϛ γίνονται φος καὶ ἑξάκις ϙν γί-
νονται 𝔅. ὥστε αἱ ἐξ ἀρχῆς εὐθεῖαι αἱ κδ καὶ λ
δυνάμει σύμμετροί εἰσι. καὶ γὰρ τῷ αὐτῷ χωρίῳ τῷ ϛ
μετροῦνται. ἀσύμμετροι δέ, ὅταν τοῖς ἀπ' αὐτῶν τετρα- 20
γώνοις μηδὲν ἐνδέχηται χωρίον κοινὸν μέτρον γενέσθαι,

---

12. q.   13. q q° (A v).   14. q q° (A v).   15. q q° (A v).

---

2. τρεῖς] τρίς q.   6. εἰσιν] v, om. q, ἐστιν q°.   ὁμοιο-
ειδῆ v.   8. ὡς q°.   βιβλίου] q q°, στοιχείου A v.   10.
κατά] om. q°.   σώματα q.   11. ἄν τι q°.   14. οἷον]
πάλιν κἂν τούτοις q°.   ἔστωσαν] A v q°, ὅτι q.   15. ἀπ']
π q.   17. τῷ ϛ] v q°, καί q.   ἑξάκι v.   γίνεται bis q°.
ἑξάκι v.   18. αἱ] (alt.) q°, om. q.   19. καί] μετροῦνται q°.
20. μετροῦνται τῷ ϛ q.   μετροῦνται] ὅπερ ϛ χωρίον γέ-
γονεν ἀπὸ τοῦ δύο καὶ γ q°.   τοῖς] corr. ex τά v.   21.
ἐνδέχηται] v, ἐνδέχεται q q°.

οἷον ιθ καὶ κθ· τὰ γὰρ ἀπ' αὐτῶν τετράγωνα τξα
καὶ ῡμα κατ' οὐδὲν χωρίον κοινῷ μέτρῳ μετροῦνται.

Ad def. 3.

16. Αἱ μήκει σύμμετροι εὐθεῖαι πάντως καὶ δυ-
5 νάμει εἰσὶ σύμμετροι, αἱ δὲ δυνάμει σύμμετροι οὐ
πάντως καὶ μήκει εἰσὶ σύμμετροι, ἐνδέχεται δ' οὖν καὶ
εἶναί ποτε. αἱ μήκει ἀσύμμετροι εὐθεῖαι οὐ πάντως
καὶ δυνάμει εἰσὶν ἀσύμμετροι, ἐνδέχεται δ' οὖν καὶ
εἶναι ἔσθ' ὅτε. αἱ δυνάμει ἀσύμμετροι εὐθεῖαι πάντως
10 καὶ μήκει εἰσὶν ἀσύμμετροι.

17. Ἐν τῷ ι' θεωρήματι τούτου τοῦ βιβλίου.

τούτων ὑποκειμένων δείκνυται, ὅτι τῇ προτεθείσῃ
εὐθείᾳ, τουτέστιν ἀφ' ἧς θέσει τὰ μέτρα τό τε πηχυαῖον
καὶ τὸ παλαιστιαῖον καὶ τὸ δακτυλιαῖον ἢ τὸ ποδιαῖον
15 λαμβάνεται, ὑπάρχουσιν εὐθεῖαι πλήθει ἄπειροι σύμ-
μετροί τε καὶ ἀσύμμετροι, αἱ μὲν μήκει καὶ δυνάμει,
αἱ δὲ δυνάμει μόνον.

18. Ὅτι τῇ προτεθείσῃ εὐθείᾳ, ἀφ' ἧς θέσει τὰ
μέτρα, τουτέστι τὸ πηχυαῖον καὶ τὸ παλαιστιαῖον, τι
20 σπιθαμιαῖον ἢ τὸ πηχυαῖον μέτρον ἐστὶ θέσει λαμ-
βανόμενον ἐξ ἡμῶν αὐτῶν, ὡς ἐν τῷ ι' θεωρήματι
δείκνυται.

19. Τῷ σπιθαμιαίῳ ἢ πηχυαίῳ λέγει ἤγουν τc
μέτρον. θέσει γὰρ λαμβάνεται ἐξ ἡμῶν, ὡς ἐν τῷ ι'
25 θεωρήματι δείκνυσι.

---

16. r.   17. P (lin. 11 etiam Vᵃ, lin. 13 τουτέστιν — 15
λαμβάνεται etiam VᵃvA).   18. q°; cfr. nr. 19.   19. q (Av).

1. οἷον—κθ] ὡς ἐπὶ τῆς εὐθείας τῆς οὔσης σπιθαμῶν ιθ καὶ τῆς
οὔσης σπιθαμῶν κθ q°.   τξα] ὄντα τξα q°.   2. κοινῷ μέτρῳ]
ὡς ὑπὸ κοινοῦ μέτρου q°.   11. ι' θεωρήματι] θεωρήματι τοῦ ι' V.
18. πηχύδιον P.   23. Τὸ σπιθαμιαῖον ἢ πηχυαῖον? ἤγουν
τὸ μέτρον] vq, om. A.   24. ὡς — 25. δείκνυσι] q, om. Av.

20. Ὡς πρὸς ἐκείνην, λέγει, τὴν πηχυαίαν φύσει πᾶσα εὐθεῖα μετρητή, θέσει δὲ ἐξ ἡμῶν μετρεῖται κατὰ συμβεβηκός, ὥσπερ γελαστικὸν φύσει, τὸ δὲ γελᾶν θέσει.

21. Προτεθεῖσαν εὐθεῖαν καὶ ῥητὴν ἐνταῦθα λέγει, 5 ἥτις ἀρχὴ μέτρων ἐστὶ καὶ οἱονεὶ κανὼν εἰς μέτρησιν ἡμῖν κατὰ μῆκος ὡς ἐν ὑποθέσει εἴληπται. οἷον εἴ τις προτείνοιτο, πόσον εἴη τὸ τῆς δοθείσης εὐθείας διάστημα, οὐδὲν ἂν ἔχοιμεν λέγειν, εἰ δὲ οὕτως ἐπερωτᾷ, πόσων ἐστὶ ποδῶν ἢ πηχῶν κατὰ πηλικότητα, ἐκτίθεμεν 10 οὖν πόδα ἢ πῆχυν δίκην μονάδος θέσει ἐξ ἡμῶν λαμβανόμενον, ὅπερ προτιθέμενον καλεῖται ῥητόν, καὶ πρὸς αὐτὸ τὸ προτεθὲν τὸ διάστημα τῆς εὐθείας συγκρίνομεν, εἰ ὅλως ῥητὸν ἤγουν σύμμετρον εἴτε μήκει καὶ δυνάμει εἴτε δυνάμει μόνον, καὶ οὕτως τὴν ἀπό- 15 φασιν ποιούμεθα.

22. Ῥητὰς προιὼν ὁ γεωμέτρης καλέσει τὰς τῇ ἐκκειμένῃ ῥητῇ εἴτε μήκει καὶ δυνάμει συμμέτρους οὔσας εἴτε καὶ δυνάμει μόνον. καὶ γὰρ καὶ ἡ μήκει σύμμετρος τῇ ἐκκειμένῃ ῥητῇ ῥητὴ καλεῖται· ὁμοίως καὶ ἡ δυνάμει 20 σύμμετρος τῇ ἐκκειμένῃ ῥητῇ καὶ αὐτὴ ῥητὴ λέγεται, ἄλογος δὲ καὶ ἡ μήκει καὶ δυνάμει ἀσύμμετρος.

---

20. Vᵃq (Av).   21. Vᵃqq° (Av).   22. Vᵃq.

---

2. μετρητή] prius η e corr. V.   δέ] comp. V, εἴ q.   3. φύσι q.   5. εὐθεῖαν] ἐνταῦθα θεῖαν q°, ἐν ἐνταῦθα εὐθεῖαν A. καί] om. q.   ἐνταῦθα] om. Aq°.   6. εἰς] vq°, ὡς Vq. 8. εἴη] ἐστί q°.   9. ἔχωμεν V.   10. πόσος V.   11. οὖν] om. q° non male.   πήχην v.   δίκην μονάδος] vq°, lacun. 6 litt. V, δοίημεν q.   13. τό] supra scr. m. 1 v, om. Vq. τό] q°, om. Vq.   15. καί] (alt.) Vvq°, om. q.   16. ποιοῦμεν q°.   22. καὶ ἡ] scrib. ἡ καί.

28*

· 23. Ἄλογον καλεῖ ὁ γεωμέτρης τὴν μήκει καὶ δυνάμει ἀσύμμετρον τῇ ῥητῇ. καθόλου γὰρ πᾶσαι αἱ μήκει καὶ δυνάμει ἀσύμμετροι τῇ ῥητῇ ἄλογοι πρὸς αὐτοῦ καλοῦνται.

5 24. Κατὰ τὸ συναμφότερον, τουτέστι δυνάμει καὶ διὰ τοῦτο καὶ μήκει.

Ad def. 4.

25. Πᾶσα πλευρὰ ἐφ᾽ ἑαυτὴν πολλαπλασιαζομένη ἢ ἐφ᾽ ἑτέραν δύναμιν ποιεῖ. φησὶ γοῦν τὰς πλευρὰς 10 δυναμένας τὰ ἀπ᾽ αὐτῶν γινόμενα.

καί ἐστι σύμμετρος ἡ διάμετρος τῇ πλευρᾷ δυνάμει ἐπὶ τοῦ τετραγώνου, οἷον ἡ πλευρὰ ε̄, ἡ δὲ διάμετρος ξ̄ δ᾽ ιε῍ ν῎῍.

Ad prop. I.

15 26. Ὅτι οὐκ ἔστιν ἐλάχιστον μέγεθος, ὡς οἱ Δημοκρίτειοί φασιν, καὶ διὰ τούτου τοῦ θεωρήματος δείκνυται, εἴ γε παντὸς τοῦ ἐκκειμένου μεγέθους δυνατὸν ἔλαττον λαβεῖν.

27. Μεῖζον ἢ τὸ ἥμισυ p. 4, 6] μεῖζον ἐνταῦθα 20 νοητέον τοῦ ἐξ ἀρχῆς δοθέντος μείζονος μεγέθους τὸ μεῖζον τμῆμα ὡς πρὸς τὸ ἥμισυ συγκρινόμενον τοῦ ἑαυτοῦ καὶ οὐχὶ ὡς πρὸς τὸ ἔλαττον τὸ ἐξ ἀρχῆς ἐκκείμενον μέγεθος. ὁμοίως δὲ καὶ τὸ ἥμισυ νοητέον οὕτως.

---

23. Vᵃq.   24. VᵃA; cfr. IJI p. 2, 18 cum not. crit.
25. r.   26. PVᵃq (vAl).   27. ψᵃq (vP²A).

---

15. ὅτι] om. q.   ὡς] om. q.   16. Δημοκρίτιοι l et P, sed corr. m. 2.   τοῦτο τὸ θεώρημα V.   17. ἐγκειμένου V. 18. ἐλάχιστον qv.   21. πρός] διά V.   τὸ ἑαυτό q.   22. συγκείμενον V.   23. δέ] om. V.

28. Διὰ τοῦ α΄ τούτου τοῦ θεωρήματος γίνεται δῆλον, ὅτι ἐν τοῖς μεγέθεσιν ἔστιν ἀσυμμετρία. εἰ γὰρ τοῦ ἐκκειμένου μεγέθους ἔστι λαβεῖν μέγεθός τι ἔλαττον καὶ τούτου ἔλαττον καὶ ἀεὶ ἔλαττον, εἰς ἄπειρον τέμνεται τὰ μεγέθη καὶ οὐκ εἰς ὡρισμένον ἐλάχιστον 5 μέτρον, ὥσπερ ἐπὶ τῶν ἀριθμῶν ἡ μονάς. εἰ οὖν οὐκ ἔστιν ὡρισμένον μέγεθος ἐλάχιστον, ἔστι τινὰ μεγέθη ἀσύμμετρα, ἃ οὐχ ὑπό τινος μεγέθους κοινοῦ μετρεῖται διὰ τὸ ἀόριστον.

29. Διὰ τὸν ὅρον τοῦ ε΄ τὸν λέγοντα· πολλα- 10 πλάσιον δὲ τὸ μεῖζον τοῦ ἐλάττονος, ὅταν καταμετρῆται ὑπὸ τοῦ ἐλάττονος. τὸ γὰρ μεῖζον καὶ τὸ ἔλαττον ὄνομα λόγος ἐστί, τουτέστι σχέσις μόνη τῶν πεπερασμένων μεγεθῶν.

30. Ταὐτὸν δ᾽ ἐστιν εἰπεῖν, ὅτι τὸ μέγεθος εἰς 15 ἄπειρα διαιρεῖται.

31. Καὶ ἀφῄρηται ἀπὸ μὲν τοῦ ΔΕ ἔλασσον τοῦ ἡμίσεως p. 4, 26] τὸ γὰρ ΔΕ εἰς γ̄ διηρέθη, καὶ τὸ γ΄ αὐτοῦ ἔλασσόν ἐστι τοῦ ἡμίσεως αὐτοῦ.

---

28. PBFVat.V°qq°r.   29. V*q (P²).   30. V¹.   31. V♭q.

---

1. διά] ἰστέον ὅτι διά q.   διά — 2. δῆλον] om. q°, ἐντεῦθεν δῆλον r.   1. τοῦ α΄] Bq, om. PFVat.V.   τοῦ] om. Bq.   2. ὅτι] ὅτι δέ q°.   ἔστιν] om. B; ἔστιν ἡ r.   εἰ] δῆλον. εἰ q°.   3. συγκειμένου V.   τι] om. q°.   4. ἔλαττον] (tert.) ὡσαύτως r.   ἄπειρον ἄρα r.   5. τέμνεται] om. r, τέμνοντες q°, τέτμηται q.   τὰ μεγέθη] om. r, τὸ μέγεθος q°. εἰς] ἔστιν q°, non male.   ὄρους μένον q, ὡρισμένον τι r.   6. μέτρον τέμνεται τὰ μεγέθη r.   τοῦ ἀριθμοῦ q°.   ἡ] ἐστιν ἡ r.   7. ἐλάχιστον μέγεθος ὡρισμένον r.   ἔστι — 8. ἄ] om. q°.   7. ἔστι ἄρα r.   8. ὑπὸ μεγέθους οὐδενὸς μετρεῖται κοινοῦ r.   11. ἥττονος V.   12. ὑπὸ τοῦ] om. q.   ἥττονος et ἥττον V.   18. τὸ γὰρ ΔΕ] διὰ τό V.   διαιρεθῆναι V.   καί] καὶ διὰ τοῦτο V.   19. ἔλαττον V.   ἔστι — αὐτοῦ] τοῦ ἡμίσεος V.

32. Ἐπειδὴ γὰρ ὅλον τὸ ΔΕ μέγεθος κατεσκευάσθη τοῦ ΑΒ μεγέθους μεῖζον, ἀφῄρηται δὲ ἐκ τοῦ ΔΕ μεγέθους ἔλασσον τοῦ ἑαυτοῦ ἡμίσεως τὸ ΕΗ, ἐκ δὲ τοῦ ΑΒ ἀφῄρηται τὸ ΒΘ μεῖζον τοῦ ἑαυτοῦ ἡμίσεως, 5 ὥστε τὸ δηλούμενόν ἐστι τοῦ ΑΘ.

33. Οὐ λέγει, ὅτι ἀφαιρεθῆναι δεῖ ἀπὸ τοῦ ΑΒ μεῖζον τοῦ ἡμίσεως τοῦ Γ, ἀλλὰ τὸ μεῖζον τοῦ ἡμίσεως αὐτοῦ τοῦ ΑΒ. οἷον εἴ ἐστι τὸ ΑΒ ρ̄, ἄφελε ἀπὸ τῶν ρ̄ τὰ ξ̄· λοιπά εἰσι μ̄. πάλιν ἀπὸ τῶν μ̄ ἄφελε 10 τὰ μείζονα τοῦ ἡμίσεως οἷον κ̄δ καὶ οὕτως ἐπὶ τοῦ λοιποῦ.

Ad prop. II.

34. Ὅτι ἔστι τινὰ μεγέθη μήκει ἀσύμμετρα, διὰ τούτου διδασκόμεθα τοῦ θεωρήματος· τὸ γὰρ εἶναι 15 σύμμετρα πρόδηλον ἦν. τὸ δὲ τῶν συμμέτρων μεγεθῶν τὸ μέγιστον κοινὸν μέτρον εὑρεῖν οὐ παντός, ἀλλὰ τοῦ ἐπιστήμονος. τούτου δὲ τοῦ μεγίστου κοινοῦ μέτρου τῶν συμμέτρων μεγεθῶν τὴν εὕρεσιν ἐν τῷ ἐφεξῆς θεωρήματι διδάσκει.

20 35. Τοῦ πρὸ αὐτοῦ θεωρήματος τὴν αἰτίαν λέγοντος τῆς ἀσυμμετρίας τοῦτο τὸ τεκμήριον τῶν ἀσυμμέτρων λέγει, πότε ἔσται ἀσύμμετρα, ἐν δὲ τῷ ϛ′ θεω-

---

32. q (P²); ad III p. 4, 26 sq.　　33. Vᵃq (Pʸ).　　34. PBFVat.VᶜVᵃq (εἰς τὸ β′ FVat.).　　35. PBFVat.Vᶜq (εἰς τὸ αὐτό FVat.).

---

5. ὥστε τὸ δηλούμενον] fort. μεῖζον τὸ λειπόμενον.　7. ἡμίσεος V, comp. q.　ἡμίσεως] comp. Vq.　10. τῶν λοιπῶν P, non male.　13. ὅτι] τό q.　ἔστι] om. Vᵃ.　14. τούτου] τό Vᵃ.　16. μέγιστον] δὲ μέγιστον Vᵃ.　πάντως Vᵃ, sed corr.　17. μέγιστον κοινὸν μέτρον Vᵃ.　18. τῷ συμμέτρῳ μεγέθει q.　19. ἑξῆς B.　21. τῷ ἀσυμμέτρῳ q.　22. ϛ] ἕκτῳ BVat., ιϛ′ P et corr. ex ϛ′ Vᶜ.

ῥήματι τὸ ἴδιον αὐτῶν, ὥστε καὶ τὴν αἰτίαν ἔχειν
καὶ τὸ τεκμήριον καὶ τὸ ἴδιον. ἐπὶ δὲ τῶν συμ-
μέτρων τὴν μὲν αἰτίαν ὡς σαφῆ παραλιμπάνει, ἐκ-
τίθεται δὲ τὸ τεκμήριον καὶ τὸ ἴδιον.

36. Μεγέθη ἁπλῶς λέγει, εἴτε γραμμαί εἰσι τὰ 5
δοθέντα δύο εἴτε ἐπίπεδα εἴτε στερεά.

37. Ἐκ τῆς εἰς ἄτοπον ἀπαγωγῆς δείκνυται, ὅτι
ἀσύμμετρά ἐστι τὰ μεγέθη.

38. Τὸ γὰρ ἐς ἀεὶ διαιρούμενον ἐξ ἀνάγκης ἔσται
ποτὲ ἔλασσον αὐτοῦ. 10

39. Αἱ μήκει σύμμετροι εὐθεῖαι καὶ δυνάμει εἰσὶ
σύμμετροι, τουτέστι τὰ τετράγωνα αὐτῶν ἐν λόγῳ
εἰσίν, οὐ μόνον ὡς ἀριθμὸς πρὸς ἀριθμόν, ἀλλὰ καὶ
ὡς τετράγωνος ἀριθμὸς πρὸς τετράγωνον. λόγον δέ,
ὃν ἀριθμὸς πρὸς ἀριθμόν, ἔχειν λέγονται, ὅταν τὸ 15
ἔλασσον μέγεθος τοῦ μείζονος μέρος ᾖ ἢ μέρη. τοῦτο
δὲ ταὐτόν ἐστι τῷ, ὅταν ἡ τοῦ μείζονος ὑπεροχὴ πρὸς
τὸ ἔλασσον ἐγνωσμένη ᾖ ἤτοι ῥητὴ ἤτοι καὶ κατὰ πηλι-
κότητα καὶ κατὰ ποσότητα. ἔστι γάρ τινα μεγέθη,
ὧν μόνη γινώσκεται ἡ πρὸς τὸ ἕτερον ὑπεροχή, οἷον 20
ὅτι ὑπερέχει τόδε τὸ μέγεθος τοῦδε τοῦ μεγέθους, ἡ
δὲ ποσότης τῆς ὑπεροχῆς ἀγνοεῖται, ὡς ἔχει ἡ πλευρὰ
τοῦ κ̄ πρὸς τὴν πλευρὰν τοῦ ξ̄. ὅτι μὲν γὰρ ὑπερ-
έχει, ἴσμεν, ἄγνωστος δὲ ἡ ποσότης τῆς ὑπεροχῆς. καὶ
ἐπὶ μὲν τῶν πλευρῶν τοῦ κ̄ καὶ ξ̄ οὕτως· ἐπ' αὐτοῦ 25
δὲ τοῦ κ̄ καὶ ξ̄ ἡ ὑπεροχὴ τοῦ κ̄ πρὸς τὸν ξ̄ οὐκ

1. αὐτῷ q.   2. τῷ ἀσυμμέτρῳ q.   9. ἐς] om. q.   15.
λέγεται? V.   16. μέρος] μεῖζον V (sic!).   17. τᾷ] τό V.
18. ἤτοι] (alt.) delendum?   21. ἢ] ὁ e corr. V?

ἄδηλος, καὶ διὰ τοῦτο ἡ τοῦ τετραγώνου διάμετρος
πρὸς τὴν πλευρὰν ὡς μὲν ἐν ῥητοῖς ἄλογός ἐστι, ὡς
δ' ἐν ὑπεροχῇ λόγον ἔχει· ἔστι γὰρ μείζων. ἡ μὲν
οὖν δεκάπους πρὸς τὴν ἑπτάποδα λόγον ἔχει, ὃν
5 ἀριθμὸς πρὸς ἀριθμόν· ἔστι γὰρ ἡ ὑπεροχὴ τῆς μεί-
ζονος ποδῶν τριῶν· καὶ σύμμετρος μήκει ἡ ἑπτάπους
τῇ δεκάποδι· κοινὸν γὰρ αὐτῶν μέτρον ἡ ποδιαία.
εἰ δὲ μήκει, καὶ δυνάμει· τὰ γὰρ μήκει σύμμετρα, καὶ
δυνάμει, οὐ μὴν καὶ ἔμπαλιν. καὶ ἡ μὲν δεκάπους
10 καὶ ἑπτάπους σύμμετροι μήκει καὶ λόγον ἔχουσιν, ὃν
ἀριθμὸς πρὸς ἀριθμόν, ἤτοι ῥητὴν τὴν ὑπεροχήν. αἱ
δὲ πλευραὶ αὐτῶν ἀσύμμετροι· οὐ γάρ ἐστιν ἡ ὑπεροχὴ
αὐτῶν ἐγνωσμένη κατὰ ποσότητα, πόση τίς ἐστι. δεῖ
οὖν εἰδέναι, ὅτι ἐπὶ μὲν τῶν ἀριθμῶν πᾶς λόγος ῥητὴν
15 ἔχει ποσότητα, οἷον διπλάσιον, τριπλάσιον, ἡμιόλιον,
διπλασιεπίτριτον, ἐπίπεμπτον ἤ τινα ἄλλον τοιοῦτον
λόγον. ὥστε τὰ μεγέθη τὰ πρὸς ἄλληλά τινα τοιοῦτον
ἔχοντα λόγον ῥηθήσεται λόγον ἔχειν, ὃν ἀριθμὸς πρὸς
ἀριθμόν. τούτῳ δὲ ἐξ ἀνάγκης ἕπεται τὸ τὸ ἔλασσον
20 τοῦ μείζονος ἢ μέρος ἢ μέρη εἶναι, τὰ δὲ μέρη ὁτὲ
μὲν μονάδες εἰσίν, οἷον ὁ ζ τοῦ ῑ ἑπτὰ δέκατα, ὁτὲ
δὲ ἀριθμοί, οἷον ὁ κ τοῖ λ δύο δέκατα. πᾶσαι οὖν
αἱ σύμμετροι εὐθεῖαι εἴτε μήκει εἴτε καὶ μήκει καὶ
δυνάμει πρὸς ἀλλήλας λόγον ἔχουσιν, ὃν ἀριθμὸς πρὸς
25 ἀριθμὸν ὁ τυχὼν πρὸς τὸν τυχόντα. αἱ δὲ μήκει
σύμμετροι οὐ μόνον τοῦτο, ἀλλὰ καὶ ὃν τετράγωνος

2. ἐν] scripsi, om. Vq.   3. μεῖζον V.   7. γὰρ αὐτῶν]
om. V.   19. τοῦτο V.   τὸ τό] τῷ τό V, τό q.   21. ζ] sq.,
haec exempla corrupta sunt.   δέκατα] δέκα V.   26. καί]
hinc reliquam partem om. V, in quo sine intermissione sequitur
schol. nr. 36; καὶ∞ q, in quo reliqua alio loco leguntur addito
..li signo. In l ultima ab ἀλλὰ καί post schol. nr. 36 reperiuntur.

ἀριϑμὸς πρὸς τετράγωνον. μὴ ἔχειν δὲ πρὸς ἀλλήλους
ἀριϑμοὶ λέγονται, ὃν τετράγωνος ἀριϑμὸς πρὸς τετρά-
γωνον, ὅταν μηδεὶς μέσος ἀνάλογον ἐμπίπτῃ, οἷον ὁ
δέκα πρὸς τὸν δ̄ οὐκ ἔχει, ὃν τετράγωνος πρὸς τετρά-
γωνον, οὐδὲ ὁ ζ̄ πρὸς τὸν αὐτὸν δ̄· ὁ δέ γε ϑ̄ καὶ   5
ὁ ῑϛ̄ πρὸς τὸν δ̄ λόγον ἔχουσιν, ὃν τετράγωνος ἀριϑμὸς
πρὸς τετράγωνον· μέσος γὰρ τοῦ μὲν δ̄ καὶ ϑ̄ ἐμπίπτει
ὁ ϛ̄ ἀνάλογον ὡς ὁ ϑ̄ πρὸς τὸν ϛ̄, οὗτος πρὸς τὸν δ̄,
τοῦ δὲ δ̄ καὶ ῑϛ̄ ὁ η̄· ὡς γὰρ ὁ ῑϛ̄ πρὸς τὸν η̄, ὁ η̄
πρὸς τὸν δ̄. καὶ αἱ μὲν μήκει σύμμετροι ἐξ ἀνάγκης   10
καὶ ῥηταί, ὅτι καὶ δυνάμει σύμμετροι, αἱ δὲ δυνάμει
σύμμετροι ῥηταὶ μὲν διὰ τὸ τὰ ἀπ' αὐτῶν τετράγωνα
σύμμετρα εἶναι, οὐ μὴν καὶ μήκει σύμμετροι. καὶ
καϑόλου αἱ πᾶσαι σύμμετροι εὐϑεῖαι, εἴτε δυνάμει
μόνον σύμμετροί εἰσιν εἴτε καὶ μήκει καὶ δυνάμει,   15
ῥηταὶ ἐκαλοῦντο πρὸς τῶν παλαιῶν. ἐκ δὲ τούτου
δῆλον, ὅτι τὰ μεγέϑη τὰ πρὸς ἄλληλα λόγον ἔχοντα,
ὃν ἀριϑμὸς πρὸς ἀριϑμόν, καὶ ῥητά ἐστιν, οὐ μὴν τὰ
ῥητὰ καὶ λόγον ἔχει πρὸς ἄλληλα, ὃν ἀριϑμὸς πρὸς
ἀριϑμόν. τῆς γὰρ ὀκτάποδος καὶ ἑξάποδος αἱ πλευραὶ   20
ῥηταὶ μέν εἰσιν ὡς δυνάμει σύμμετροι, λόγον δὲ οὐκ
ἔχουσιν, ὃν ἀριϑμὸς πρὸς ἀριϑμόν, ἔστι δὲ τῆς μὲν
ὀκτάποδος ἡ πλευρὰ δύο μ̄ϑ̄ μ̄β̄, τῆς δὲ ἑξάποδος
β̄ κ̄ϛ̄ ν̄η̄.

40. Ὡς ἐπὶ τοῦ ῑδ̄ καὶ ϑ̄· ἄφελε γὰρ τὸν ἐλάττονα   25
ἀπὸ τοῦ μείζονος ἤγουν τὸν ϑ̄ ἀπὸ τοῦ ῑδ̄, καὶ μένουσι ε̄,
οἳ οὔτε τὸν ϑ̄ οὔτε τὸν ῑδ̄ μετροῦσι. ἄφελε τὰ ε̄
ἀπὸ τοῦ ϑ̄, καὶ μένει δ̄, ὃς οὐ μετρεῖ τὸν ϑ̄. τὰ δ̄

---

40. V⁴.

---

23. ὀκτάποδος] scripsi, ὀκτάδος q.

ἀπὸ τοῦ ε̄, καὶ μένει μονάς, ἥτις οὐ μετρεῖ τὸν ε̄. διὰ
ταῦτα καὶ τὰ ῑδ καὶ τὰ θ̄ ἀσύμμετρα.

Ad prop. III.

41. Ἐν τῷ γ΄ καὶ δ΄ παραδίδωσι, τίνα τρόπον
5 ληπτέον τὰ κοινὰ μέτρα τῶν ἁπλῶς ἐν συμμετρίᾳ, ἐν
δὲ τῷ θ΄ ζητήσει, τίνα ἕπεται οὐκέτι τοῖς ἁπλῶς συμ-
μέτροις, ἀλλὰ τοῖς κατ᾽ εἶδος, οἷον τοῖς κατὰ μῆκος
συμμέτροις ἢ τοῖς κατὰ δύναμιν.

42. Ὡς ὄντος δήλου, ὅτι ἔστι σύμμετρα μεγέθη,
10 ἐπέξεισι τούτῳ τῷ θεωρήματι καὶ οὐ προδείκνυσι τοῦτο,
ὥσπερ ἐπὶ τῶν ἀσυμμέτρων. φανερὸν γάρ, ὅτι πάντες
οἱ πολλαπλάσιοί τινος σύμμετροί εἰσι πρὸς ἐκεῖνον,
οὗ εἰσι πολλαπλάσιοι.

43. Τὸ δὲ ΑΖ τὸ ΓΕ μετρείτω p. 10, 10] εἰ γὰρ
15 οὐ μετρήσει τὸ ΑΖ τὸ ΓΕ, ἀσύμμετρά εἰσι διὰ β΄
τοῦ ι΄· ἐὰν δύο μεγεθῶν ἀνίσων ἐκκειμένων ἀνθυφ-
αιρουμένου ἀεὶ τοῦ ἐλάσσονος ἀπὸ τοῦ μείζονος τὸ
καταλειπόμενον μηδέποτε καταμετρῇ τὸ πρὸ ἑαυτοῦ,
ἀσύμμετρα τὰ μεγέθη· ἀλλ᾽ ἐδόθη σύμμετρα.

20   Ad prop. IV.

44. Ἐκ τῆς εἰς ἀδύνατον ἀπαγωγῆς.

45. Ἐπειδὴ τοῖς ἀσυμμέτροις ἕπεται τὸ λόγον μὴ
ἔχειν, ὃν ἀριθμὸς πρὸς ἀριθμόν, καὶ τὸ ἀντίστροφον

---

41 Vᵃq.   42. PBFVat.VᶜVᵇq (γ̄ mg. Vᶜ; εἰς τὸ γ΄
FVat.).   43. Vᵃ.   44. Fq.   45. PBFVat.Vᶜq (δ΄ mg. V,
εἰς τὸ δ΄ FVat.).

9. ἔστιν Vat., comp. B.   10. προδείκνυσιν B.   11. ποιεῖ·
φανερόν Vᵇ.   12. εἰσι] om. Vᵇ.   19. ἀσύμμετρα] σύμμετρα V.
21. ἀναγωγῆς q.   22. ἀσυμμέτροις] αὐτοῖς μέτροις q.   23.
ὃν ἀριθμός] ἕνα ἀριθμόν q.

βούλεται δεῖξαι, ὅτι τοῖς συμμέτροις ἕπεται τὸ λόγον
ἔχειν, ὃν ἀριθμὸς πρὸς ἀριθμὸν καὶ ἀνάπαλιν. δεῖται
δὲ εἰς τοῦτο λημματίου, ὅπως ἂν τῶν συμμέτρων τὸ
μέγιστον κοινὸν μέτρον εὕρῃ δύο ἢ τριῶν. οὕτως δὲ
καὶ ἐν τῷ πρώτῳ τῶν ἀριθμητικῶν ἐποίει μετὰ τὸ 5
δεῖξαι, τίνες οἱ ἀσύμμετροι, οὓς πρώτους ἐκάλει διὰ
τὸ μὴ πάντη ἀσυμμέτρους εἶναι ὡς τὰ μεγέθη, βου-
λόμενος δεῖξαι, ὅτι πᾶς ἀριθμὸς πρὸς ἅπαντα λόγον
ἔχει ἢ πολλαπλάσιον ἢ πολλαπλασιοεπιμόριον ἢ ἐπιμερῆ
ἢ καθ' ἕνα τῶν λόγων, οὓς αὐτὸς συνελὼν ἐκ τοῦ 10
ἐλάσσονος ὠνόμασεν ἢ μέρος ἢ μέρη. τὸ μὲν γὰρ
μέρος περιέχει τὸν ὑποπολλαπλάσιον ἢ ὑπεπιμόριον,
τὰ δὲ μέρη τόν τε ἐπιμερῆ καὶ ὑποπολλαπλασιεπιμερῆ.
τοῦτο οὖν βουλόμενος δεῖξαι ἐδεήθη, πῶς ἂν τὸ μέ-
γιστον κοινὸν εὕροι μέτρον τῶν συμμέτρων· ὃ δὴ καὶ 15
ἐνταῦθα ποιεῖ. μεθ' ἃ δειχθήσεται κατὰ τὸ πέμπτον,
ὅτι τῶν συμμέτρων μεγεθῶν, μᾶλλον δὲ πᾶν σύμμετρον
μέγεθος παντὸς συμμέτρου μεγέθους τὸ ἔλασσον τοῦ
μείζονος ἤτοι μέρος ἐστὶν ἢ μέρη· τοῦτο γάρ ἐστι τὸ
λόγον ἔχειν, ὃν ἀριθμὸς πρὸς ἀριθμόν. καὶ γὰρ αὐτοὶ 20
λόγον ἔχουσι πολλαπλάσιον, ὃν μονὰς πρὸς ἀριθμόν,

---

2. ὅν] om. P Vat. V.　δεῖται] δηλοῦται q.　3. λημματίου]
λῆμμα τούτῳ q.　τῶν ὀυμμέτρων] om. Bq.　τό] om. Vat.
4. Post μέγιστον add. τῶν συμμέτρων B, τῷ συμμέτρῳ q.
εὕρηται V q.　οὕτω Vat.　5. πρώτῳ] αὐτῷ q.　τῶν
om. q.　6. πρῶτον PF Vat., et B, sed corr.　8. πρός]
καί q.　9. πολλαπλασιεπιμέριον q, πολλαπλάσιον ἐπιμόριον V.
10. ἤ] om. BF.　12. περιέχει τόν] q, περιέκειτο PBF Vat. V.
Dein add. ἤ PBq V.　ὑποεπιμόριον P.　13. τε] τ' PB.
καί] ἤ FVq.　15. μέτρον εὕροι q.　τῷ συμμέτρῳ q.　18.
παντός — μεγέθους] om. q.　συμμέτρου] μέτρου P.　ἔλασσον]
ὑπέρ q.　20. λόγον] comp. P, ὅλον q　αὐτοί] οὗτοι V.　21.
ἔχουσιν F Vat.　ὅν] q, om. PBF Vat. V.　μονάς] μο P,
μόνον BF Vat. V q.

καὶ αὖ, ὃν ἀριθμὸς πρὸς ἀριθμόν, οὐ μέντοι ἀνάπαλιν.
ἐπὶ πλέον ἄρα τὸ τοῦ ἀριθμοῦ· διὸ τούτῳ ἐχρήσατο.
ἰστέον δέ, ὅτι καὶ αὐταὶ αἱ δείξεις ἐκ τῶν ἀριθμητικῶν
εἰσιν ἀπαράλλακτοι.

5   46. Δείξας, τίνα τὰ ἀσύμμετρα, ἐν τοῖς ἑξῆς δεί-
κνυται, τί αὐτοῖς ἕπεται, καὶ ἔτι τοῖς συμμέτροις ἐν ϛ'
καὶ ε'. καὶ ἐπεὶ ἐδεῖτο τοῦ κοινοῦ μέτρου τῶν ἐν
συμμετρίᾳ, προλαμβάνει ἐν γ' καὶ δ', τίνα τρόπον τῶν
ἐν συμμετρίᾳ ληπτέον τὰ κοινὰ μέτρα. τὸ δὲ ζ' ζητήσει,
10 τίνα ἕπεται οὐκέτι τοῖς συμμέτροις, ἀλλὰ τοῖς κατ'
εἶδος, οἷον τοῖς κατὰ μῆκος ἢ κατὰ δύναμιν. τὰ γὰρ
στερεὰ μεθῆκεν ὡς οὐ χρησιμευούσης αὐτῷ ἐν τῇ περὶ
ἀλόγων γραφῇ ἐπὶ τοῦτο ἢ τὴν γένεσιν τῶν κατὰ
μῆκος καὶ κατὰ δύναμιν συμμετρίαν καὶ ἀσυμμετρίαν·
15 δεῖται γὰρ ἐν τῷ θ' καὶ τοῖς ἑξῆς, ἐν οἷς κατά τε
ἀναλογίαν καὶ κατὰ σύνθεσιν καὶ διαίρεσιν ἥ τε συμ-
μετρία καὶ ἡ ἀσυμμετρία ἐξετασθήσεται ἄχρι ιγ' θεω-
ρήματος.

Ad prop. V.

20   47. Τὸ τὰ σύμμετρα μεγέθη ἴσον ἐστὶ τῷ τὰ με-
γέθη τὰ κοινῷ μέτρῳ μετρούμενα. τὰ ἔχοντα, φησί,

---

46. PBFVat.Vᵒq (εἰς τὸ αὐτό F, ̄δ V); cfr. nr. 49.
47. Vᵃq (Pⁿ); initium ad ῥητά p. 445, 4 alio loco repetitur
in Vᵇ (V₂), add. περιττῶς ἐγράφη.

---

2. διὰ τοῦτο V.   4. ἀπαράλλακται Vat.   5. τοῖς] τῷ q.
δείκνυσιν B, δείκνυσι q.   7. τῶν] τό q.   8. προσλαμβάνει
q, προλαμβανόντων V, προλαμβανομένων P.   10. τῷ συμ-
μέτρῳ q.   κατά FVat.   11. τά] κατά PFVat.V.   12.
στερεά] στέρησιν PFVat., στερεόν V.   13. ἀλόγου PFVat.
γραφῇ] πρᵒ sq. 1 litt. euan. B.   ἐπὶ τοῦτο] et sqq. uerba
corrupta et mutila.   τῶν] καί? q.   14. καί] (alt.) ἤ Vq.
16. κατά] supra scr. m. 1 Vat.   17. ἄχρις PVat.   ιγ']
'F.   θεωρημάτων P.   21. κοινῷ] τῷ κοινῷ V₂.   τὰ
p. 445, 1 μεγέθη] om. V₂.

κοινὸν μέτρον μεγέθη, ἃ καὶ διὰ τὸ ἔχειν κοινὸν
μέτρον σύμμετρα λέγεται, ταῦτα τὰ μεγέθη λόγον
ἔχει, ὃν ἀριθμὸς πρὸς ἀριθμόν, καί ἐστι ταῦτα καὶ
ὁμοειδῆ καὶ ῥητά. τὰ γὰρ σύμμετρα πάντα εἴτε μήχει
καὶ δυνάμει εἴτε δυνάμει μόνον ῥητὰ καλεῖ ὁ γεω- 5
μέτρης.

48. Ὃν ἀριθμὸς πρὸς ἀριθμόν p. 16, 12] ἤγουν
ῥητόν· ἐν γὰρ τοῖς ἀριθμοῖς οὐ τέμνεται ἡ μονάς .....
ἄρρητον τὸν συντεθέντα ἀριθμόν. τὰ δὲ μεγέθη τεμ-
νόμενα ἔχουσι καὶ τὸ ἄρρητον καὶ τὸ ἄλογον. πᾶς 10
δὲ ἀριθμὸς πρὸς πάντα ἀριθμὸν ἔχει τινὰ λόγον ῥητὸν
ἤγουν ἢ πολλαπλάσιον ἢ ἐπιμόριον ἢ ἐπιμερῆ ἢ πολλα-
πλασιεπιμόριον ἢ πολλαπλασιεπιμερῆ ἢ ἕνα τινὰ τῶν
εἰδικωτέρως ὠνομασμένων, ὡς ἐν τῇ ἀριθμητικῇ τοῦ
Νικομάχου ἔκκεινται πάντες ἡπλωμένοι καὶ διηκριβω- 15
μένοι· οἷον ὡς ἐπὶ ὑποδείγματος ὁ ē ἀριθμὸς πρὸς
τὸν δ̄ ἀριθμὸν συγκρινόμενος εὑρίσκεται ἔχων ὁλο-
κλήρως τὰς δ̄ μονάδας καὶ ἐπέκεινα τούτων μίαν μο-
νάδα, ἥ ἐστιν τῶν δ̄ δ´, καὶ διὰ τοῦτο ὀνομάζεται
ἐπιδ´ λόγον ὁ ē τοῦ δ̄ ἀριθμοῦ. τὸ δὲ πεντάπηχυ 20
πρὸς τὸ τετράπηχυ θεωρούμενον ἐπιτέταρτον μὲν ἔχει
καὶ αὐτὸ λόγον, πλὴν ὡς συνεχῶν ποσῶν τμημάτων
νοοῦνται καὶ οὐχ ὡς διῃρημέναι μονάδες.

49. Τοῦτο ἴδιον τῶν συμμέτρων· τὸ ἔλασσον τοῦ

---

48. r.   49. PBFVat.VᶜVᵃvq (εἰς τὸ ε´ FVat.).

---

8. μονάς] seq. litterae quaedam dubiae (λ͂/ενα?) r.   10.
ἔχουσι] δὲ ἔχουσι r.   20. ἐπιδ´] h. e. ἐπιτέταρτος.   λόγον]
corruptum.   24. τοῦτο] τοῦτο τό q.   ἴδιον τῶν] ἰδίων corr.
ex ἴδιον v.   τῶν] τῷ q.   συμμέτρων] συμ- e corr. v.   ἔλασσον]
comp. Fv, ἔλαττον q.

μείζους ἦσαι μέρος ἀπὸ ἢ μέρη. ἐὰν μὲν οὖν μέρος
ᾖ, λόγον ἔξει, ὃν μονὰς πρὸς ἀριθμόν, ἐὰν δὲ μέρη ᾖ,
ὃν ἀριθμὸς πρὸς ἀριθμόν. τὸ μὲν γὰρ πρότερον
ὑπεπολλαπλάσιον κατὰ λόγον, τὰ δὲ μέρη ἔκ τῶν
5 λοιπῶν ὑπολόγων. ἐὰν μὲν οὖν εὐθεῖαι ὦσιν, καὶ
τὰ ἀπ' αὐτῶν ἐπίπεδα καὶ τὰ στερεὰ λόγον ἔξει, ὃν
ἀριθμὸς πρὸς ἀριθμόν, ἐὰν δὲ ἐπίπεδα, καὶ τὰ ἀπ'
αὐτῶν στερεά, οὐ μέντοι καὶ αἱ εὐθεῖαι, εἰ μὴ ὁ λόγος
τῶν ἀριθμῶν τετράγωνος πρὸς τετράγωνον, ἐὰν δὲ
10 τὰ στερεά, οὐ πάντως τὰ πρὸ αὐτῶν, εἰ μὴ ὁ λόγος
κύβος πρὸς κύβον ᾖ. ἐὰν δὲ τὰ στερεὰ μὴ ἔχῃ λόγον,
ὃν ἀριθμὸς πρὸς ἀριθμόν, οὐδὲ τὰ ἐπίπεδα οὐδὲ
αἱ εὐθεῖαι· οὐ γάρ εἰσι σύμμετρα. καὶ ἐν μὲν
τούτῳ καὶ τῷ ἑξῆς περὶ τῶν ἁπλῶς διαλέγεται συμ-
15 μέτρων καὶ ἀσυμμέτρων, ἐν δὲ τῷ ζ περὶ τῶν μήκει
συμμέτρων καὶ ἀσυμμέτρων, δυνάμει δὲ συμμέτρων,
ἀφ' οὗ δῆλον καὶ περὶ δυνάμει ἀσυμμέτρων, ἐν δὲ

1. ἐάν — 3. ἀριθμόν] om. v lacuna relicta.   2. ᾖ]
εἴη q.   πρὸς ἀριθμόν] e corr. m. rec. Vᵃ.   3. ἀριθμός]
comp. Vᵃ, supra iterum add. m. rec.   γάρ] οὖν q.   4.
ποιεῖ] ποιεῖ τόν q.   τά] ⁘ Vᵃ, τό q.   τῷ λοιπῷ ὑπολόγῳ q.
5. οὖν] om. Vᵃ.   ὦσι BVᵃVᶜq.   6. ἀπ'] om. q, corr. ex
ἐπ' F.   τά] om. Vᶜq.   7. δέ] δ' P.   8. καί] om. q.
αἱ] supra scr. m. 1 PB, om. Vᵃvq.   ὁ] m. 2 B, om. Vat.
10. τά] (prius) om. Vᶜ.   πρό] πρός FVat.q.   αὐτόν q.
εἰ μή] εἰ post lac. 2 litt. Vᵃ.   ὁ] om. PBFVᵃVat.v.   11.
x   s] κθ Vᵃ, κύβου PBFVat.   ἔχῃ] comp. Vᵃq, ἔχει v.
12. οὐδέ] (alt.) οὐδ' PVᵃ, δέ post lac. v.   13. καὶ ἐν
μέν] ὃ μή BFVat.VᵃVᶜv et P, sed ὅ e corr.   14. τοῦτο
BFVat.VᵃVᶜv et corr. ex τούτῳ P.   τῷ] τό PBVᵃVat.Fv,
συμμέτρων — 15. μήχει] mg. m.
2 B.   15. καὶ ἀσυμμέτρων] om. Bv.   ζ] ιζ' Vat., ζι' F.   16.
καί — συμμέτρων] om. q.   17. ἀφ' οὗ] ἐν δὲ τῷ v.   δῆλον]
λον v, δὴ λοιπὸν Vᶜ; scrib. δηλοῖ.   καί] om. Vᵃ.   περί] περὶ
τῶν q.   δυνάμει] δυνᾶ ὡς q, δυνάμεως PBFVat.VᵃVᶜv.

τῷ η′ γένεσιν συμμέτρων καὶ ἀσυμμέτρων μήκει καὶ
δυνάμει.

50. Τὸ τὰ συμμετρα μεγέθη λόγον ἔχουσιν, ὃν
ἀριθμὸς πρὸς ἀριθμόν, ταὐτόν ἐστι τῷ πᾶν σύμμετρον
μέγεθος παντὸς συμμέτρου μεγέθους τὸ ἔλασσον τοῦ 5
μείζονος ἤτοι μέρος ἐστὶν ἢ μέρη· τοῦτο γάρ ἐστι τὸ
λόγον ἔχειν, ὃν ἀριθμὸς πρὸς ἀριθμόν. πᾶς δὲ ἀριθμὸς
πρὸς ἅπαντα λόγον ἔχει ἢ πολλαπλάσιον ἢ πολλαπλασι-
επιμόριον ἢ ἐπιμερῆ ἢ καθ᾿ ἕνα τινὰ λόγον, οὓς αὐτὸς
συνελὼν ἐκ τοῦ ἐλάσσονος ὠνόμασεν ἢ μέρος ἢ μέρη. 10
τὸ μὲν γὰρ μέρος ὑπέκειτο ἢ ὑποπολλαπλάσιον ἢ ὑπο-
επιμόριον, τὰ δὲ μέρη ἐπιμερῆ καὶ ὑποπολλαπλασι-
επιμερῆ. τὸ δὲ ὃν ἀριθμὸς πρὸς ἀριθμόν, ὡς καὶ
πρόσθεν εἴρηται, ταὐτόν ἐστι τῷ ὧν μειζόνων μεγεθῶν
αἱ ὑπεροχαὶ ῥηταί εἰσιν ἤτοι ἀριθμῷ δυνάμεναι ῥη- 15
θῆναι ὡς τῆς δεκάποδος πρὸς τὴν ἑπτάποδα. ἔστι
γὰρ ποδῶν ἡ ὑπεροχὴ τριῶν.

Ad prop. VI.

51. Οὐκοῦν κἂν τετράγωνα ἢ παραλληλόγραμμα ἢ
οἱαδήποτε χωρία λόγον ἔχῃ, ὃν ἀριθμὸς πρὸς ἀριθμόν, 20

50. V^b q (P²); cfr. nr. 45.   51. PFVat. V^c V^a q (εἰς τὸ ϛ′
FVat.); in B euan. (v).

1. η′] ιη′ V^c v.   καὶ ἀσυμμέ-] corr. m. 2 ex ἐν δὲ
τῷ v.   3. τό — 5. μεγέθους] λόγον δὲ ἔχειν λέγεται, ὃν
ἀριθμὸς πρὸς ἀριθμόν, ὅταν V.   5. ἔλαττον V.   6. ἤτοι]
om. V.   τοῦτο — 7. ἀριθμόν] om. V.   9. λόγον — 11. γάρ]
om. V.   11. ὑπέκειτο ἢ] μὲν οὖν ἐστιν ὁ V.   ὑποπολλα-
πλάσιος V, deinde del. ἰδ μῠ.   ὑπο-] supra scr. V.   12.
τὰ δὲ μέρη] μέρη δὲ ὁ V.   ἐπιμερής, ἐπι- e corr., καί]
ἢ V.   ὑποπολλαπλασιεπιμερής V.   13. τό — 17. τριῶν]
om. V.   19. οὐκοῦν — 20. ἀριθμόν] bis B.   19. τετρά-
γωνον V^a.   ἢ] (prius) ᾖ ἢ Fq.   20. οἱαδηποτοῦν q.   Deinde
add. ἀριθμὸν ἀριθμός compp. V^a.   λόγον] καὶ λόγον q.   ἔχει
PV^a q.

σύμμετρα ἔσται τὰ μεγέθη, ὅταν δὲ ὃν τετράγωνος
πρὸς τετράγωνον, καὶ αὐτὰ σύμμετρα καὶ αἱ δυνάμεναι
αὐτὰ μήκει. ἢ ὅταν εὐθεῖαι πρὸς ἀλλήλας λόγον ἔχωσιν,
ὃν ἀριθμὸς πρὸς ἀριθμόν, καὶ αὗται σύμμετροί εἰσι
5 μήκει καὶ τὰ ἀπ᾽ αὐτῶν τετράγωνα ἢ τὰ ἴσα τοῖς
τετραγώνοις αὐτῶν χωρία λόγον ἔχειν ἀναγκάζεται,
ὃν τετράγωνος ἀριθμὸς πρὸς τετράγωνον ἀριθμόν. ἐπὶ
πλέον ἄρα αἱ δυνάμει σύμμετροι τῶν μήκει συμμέτρων
εἰσὶ καὶ περιεκτικώτεραι, ὡς καὶ ἐκ τῶν ἐφεξῆς θεω-
10 ρημάτων ἔσται δῆλον.

52. Μεγέθη πρὸς ἄλληλα λόγον ἔχειν λέγεται, ὃν
τετράγωνος ἀριθμὸς πρὸς τετράγωνον ἀριθμόν, ὅταν
μέσον αὐτῶν δύνηται ἐμπεσεῖν μέγεθος ἀνάλογον,
ὅταν δὲ μὴ δύνηται, οὐ λέγεται ἔχειν, ὃν τετράγωνος
15 πρὸς τετράγωνον, οἷον ἡ τετράπους καὶ ἡ ἐννεάπους·
αὗται γὰρ πρὸς ἀλλήλας ἔχουσιν, ὃν τετράγωνος
ἀριθμὸς πρὸς τετράγωνον· μεταξὺ γὰρ αὐτῶν ἐμπίπτειν
δύναται ἡ ἑξάπους ἀνάλογος· ὡς γὰρ ὁ θ̄ πρὸς τὸν ε̄,
ὁ ε̄ πρὸς τὸν δ̄. ὁ δὲ ιη πρὸς τὸν ιβ οὐκ ἔχει, ὃν
20 τετράγωνος πρὸς τετράγωνον· οὐδεὶς γὰρ μέσος αὐτῶν
ἀνάλογος πίπτει. δεῖ δὲ ἀντὶ τοῦ ιη καὶ ιβ τὴν ὀκτω-
καιδεκάποδα καὶ δωδεκάποδα λαμβάνειν.

53. Σημείωσαι, ὅτι τὸ ἐν τῷ πρὸ τούτου θεω-

---

52. q (P²).   53. Fb.

---

1. ἔσται] δέ comp. Vᵃ, ἔστι q. ὅν] τόν FVat. 2. πρός]
ἀριθμός q.   αἱ] ἐάν εἰσιν εὐθεῖαι αἱ Vᵃ.   3. αὐτάς
PFVat. VᵃVᶜq.   ἔχουσιν Vᵃq.   4. εἰσι] ἀριθμὸς ἀριθμόν
compp. Vᵃ.   5. ἀπ᾽ αὐτῶν] ἀπάντων Vᵃ. τά] ς̄ Vᵃ.   6.
χωρίοις Vᵃ.   7. ἀριθμός] om. Vᵃ.   8. αἱ δυνάμει] αἱ δύο Vᵃ,
μήκει q, αἱ δυνάμεις F.   μήκει] om. q, μή Vᵃ.   10. ἔσται]
ἔστι VᵃVᶜ; deinde ras. 1 litt. Vᵃ.   23. ὅτι] om. b.

ῥήματι δεδομένον ἐγένετο ἐν τούτῳ ζητούμενον καὶ
ἀνάπαλιν.

54. Ὡς ἡ πρώτη πρὸς τὴν τρίτην κτλ. p. 20, 21]
διὰ πόρισμα τοῦ κ' τοῦ ς' τοῦ λέγοντος, ὅτι, ἐὰν τρεῖς
εὐθεῖαι ἀνάλογον ὦσιν, ὡς ἡ πρώτη πρὸς τὴν τρίτην, 5
οὕτως τὸ ἀπὸ τῆς πρώτης τρίγωνον πρὸς τὸ ἀπὸ τῆς
δευτέρας τὸ ὅμοιον καὶ ὁμοίως ἀναγραφόμενον.

Ad prop. VII.

55. Ἐκ τῆς εἰς ἀδύνατον ἀπαγωγῆς.

56. Οὐκ, ὡς ἄν τις οἰηθείη, παρέλκον ἐστὶ διὰ το 10
δείκνυσθαι καὶ τοῦτο τὸ συνημμένον διὰ τοῦ πρὸ
αὐτοῦ. δι' ἐκείνου γὰρ οὐ τοῦτο, ἀλλ' ὅτι τὰ μὴ λόγον
ἔχοντα μεγέθη, ὃν ἀριθμὸς πρὸς ἀριθμόν, ἀσύμμετρά
ἐστιν, ἐδείκνυτο. οὐκ ἄρα ἀναιρετικὸν τοῦ κανόνος
ἐκείνου τοῦ λέγοντος, ὅτι, εἰ ἡ κατάφασίς τινος τῇ 15
ἄλλου καταφάσει ἕπεται, οὐ τῇ τοῦ ἡγουμένου ἀπο-
φάσει ἕπεται ἡ τοῦ ἑπομένου, ἀλλ' ἀνάπαλιν. τοῦτο
γὰρ ἀληθές, ἐφ' ὧν μόνον το κατηγορούμενον ἐπὶ
πλέον ἐστίν, ἐφ' ὧν δὲ ἐπ' ἴσης ὡς ἐπὶ τούτου ἀδιά-
φορόν ἐστιν, ὡς ἄν ἐθέλῃ τις ποιεῖν. ἰστέον δέ, ὅτι 20
ἐν τῷ μετὰ τοῦτο δείξει καὶ τὸ ἄλλο, ὅπερ ἔφαμεν
διὰ τοῦ πρὸ αὐτοῦ δείκνυσθαι, οὐκ ἐπ' εὐθείας, ἀλλὰ
τῇ εἰς ἀδύνατον ἀπαγωγῇ. ἔστι γὰρ τοῖς γεωμέτραις
σύνηθες κἀκεῖνα δεικνύναι τῇ τοιαύτῃ δείξει.

57. Ὅτι μὲν οὖν οὐκ αἱ γραμμαὶ μόναι εἰσὶ με- 25
γέθη, ἀλλὰ καὶ τα ἐπίπεδα καὶ τὰ στερεά, πάντες

---

10. ἐστί] b, εἶναι F. 14. ἄρα] b, ἔστι δέ F. 25. οὖν]
om. Pr.

ἴσασιν. οὐκ ἔχειν οὖν ὅλως δύνανται πρὸς ἄλληλα
λόγον, ὃν ἀριθμὸς πρὸς ἀριθμὸν τὰ ἑτεροειδῆ, οἷον
γραμμὴ καὶ ἐπιφάνεια ἢ ἐπιφάνεια καὶ στερεόν· ταῦτα
γὰρ ἑτεροειδῆ ὄντα οὐκ ἔχει λόγον πρὸς ἄλληλα, ὃν
5 ἀριθμὸς πρὸς ἀριθμόν.

58. Οἷον τὰ ἑτεροειδῆ, ὥσπερ ἡ γραμμὴ καὶ ἡ
ἐπιφάνεια καὶ τὸ σῶμα· ταῦτα γὰρ ἑτεροειδῆ ὄντα
οὐκ ἔχουσι λόγον πρὸς ἄλληλα ἀσύμμετρα ὄντα, ὃν
ἀριθμὸς πρὸς ἀριθμόν.

10   Ad prop. VIII.

59. Ἐκ τῆς εἰς ἀδύνατον ἀπαγωγῆς.

Ad prop. IX.

60. Ἐκ τῆς εἰς ἀδύνατον ἀπαγωγῆς.

61. Ἐνταῦθα δείκνυσιν, ὅτι τὰ μήκει σύμμετρα
15 καὶ δυνάμει ἐστὶν σύμμετρα.

62. Τὸ θεώρημα τοῦτο Θεαιτήτειόν ἐστιν εὕρημα,
καὶ μέμνηται αὐτοῦ ὁ Πλάτων ἐν Θεαιτήτῳ, ἀλλ' ἐκεῖ
μὲν μερικώτερον ἔγκειται, ἐνταῦθα δὲ καθόλου· ἐκεῖ
γὰρ τὰ τετράγωνα τὰ ὑπὸ τετραγώνων ἀριθμῶν με-
20 τρούμενα συμμέτρους ἔχειν καὶ τὰς πλευρὰς φησιν.
μερικὴ δὲ αὕτη ἡ πρότασις· οὐ γὰρ πάντα τὰ σύμ-
μετρα χωρία, ὧν καὶ αἱ πλευραί εἰσι σύμμετροι, περι-
λαμβάνει. τετραγώνων γὰρ χωρίων συμμέτρων τοῦ ιη

---

58. B¹Vᵃv.   59. Vᵃq.   60. Vᵃ.   61. P.   62.
PBFVat.Vᶜq (εἰς τὸ θ' FVat.).

---

9. πρός] om. V.   11. εἰς] om. V.   16. τοῦτο τὸ θεώ-
ρημα q.   Θεαιτήτιον PV.   ἐστιν] comp. corr. ex ὁ F.
εὕρεμα FVat.PV.   17. ὁ] om. Bq.   19. ὑπό] ὑπὸ τῶν q.
22. παραλαμβάνει V.

καὶ τοῦ ῆ αἱ πλευραί, εἰ καὶ μὴ κατὰ τὸ μέτρον τῶν
ἀριθμῶν εὐρίσκονται, ἀλλ᾽ οὖν ἄλλως εἰσὶ σύμμετροι·
ὅμως ὑπὸ τετραγώνων ἀριθμῶν τὰ χωρία οὐ με-
μέτρηται, εἰ καὶ μετρεῖσθαι δύναται. εἰκότως οὖν
ἐνταῦθα ̤οὐ τοῦτον τὸν τρόπον ὡρίσατο, ἀλλὰ τὰ λόγον 5
φησὶν ἔχοντα, ὃν ἀριθμὸς τετράγωνος πρὸς τετρά-
γωνον ἀριθμόν. καὶ ἐνταῦθα δὲ οὐ μάτην ἡ τοῦ
τετραγώνου ἀριθμοῦ γεγένηται μνήμη· εἰ γὰρ ἦν μόνον
ὃν ἀριθμὸς πρὸς ἀριθμὸν ὁρισάμενος, ἐπλεόναζεν ὁ
ὅρος. τὰ γὰρ διπλασίονα λόγον ἔχοντα τετράγωνα 10
πρὸς ἄλληλα συμμέτρους ἔδει τὰς πλευρὰς ἔχειν. οὐκ
ἔχουσι δέ· καὶ γὰρ ἡ τοῦ μείζονος τῆς τοῦ παράλλης
διαγώνιός ἐστιν. εἰ τοίνυν διὰ μὲν τοῦ φάναι ὃν
ἀριθμὸς πρὸς ἀριθμὸν ἐπλεόναζεν ὁ ὅρος περιλαμ-
βάνων καὶ τὰ μὴ συμμέτρους ἔχοντα τὰς πλευράς, διὰ 15
δὲ τοῦ εἰπεῖν ὑπὸ τετραγώνων ἀριθμῶν μετρούμενα
ἐλλιπῶς εἶχεν μὴ περιέχων τὰ συμμέτρους ἔχοντα τὰς
πλευρὰς ὑπὸ τετραγώνων μὲν μὴ μετρηθέντα ἀριθμῶν,
λόγον δὲ τῶν ἀριθμῶν ἐχόντων, ὃν τετράγωνος πρὸς
τετράγωνον ἀριθμόν, εἰκότως πρόσκειται τὸ ὂν τετρά- 20
γωνος πρὸς τετράγωνον· περιλήψεται γὰρ πάντα τὰ
χωρία, ἅ, εἰ καὶ μὴ ὑπὸ τετραγώνων μετρεῖται, ἀλλ᾽
οὖν σύμμετρα ὄντα συμμέτρους ἔχει καὶ τὰς πλευράς.

1. εἰ] om. q.   τὸ μέτρον] μέρος B.   3. μεμέτρηται]
μετρεῖται BFVat.   4. μετρῆσθαι P.   5. οὐ] ὅσ P.   ὡρί-
σαντο B.   6. τετράγωνος ἀριθμός F; reliqua pars scholii in
fol. seq., add. τὰ ἐχόμενα εἰς τὸ ἑξῆς μέτωπον.   8. εἰ] ἡ P.
10. διπλάσιον P, διπλασίον V.   πρὸς ἄλληλα τετράγωνα Fq.
11. τάς] καὶ τάς B.   12. τῆς] scr. πλευρά.   τοῦ] τε q.
παράλλης] PBVq, παράλλου Vat., ου̯ F; scrib. ἐλάττονος.   13.
διαγώνιος q.   ἐστιν] om. q.   14. περιλαμβάνω q.   16.
μετρουμετρουμενα B.   17. ἐλλειπῶς BFVat.V.   περιέχων
τά] περιέχοντα q.   τά] τάς FV.   19. λόγων V.   τῶν]
τόν F.   20. τό] om. F.

29*

τοῦ δ' οὖν ιη̅ καὶ τοῦ η̅ συμμέτρων ὄντων διὰ τὸ
καὶ ἐκ πλευρῶν συμμέτρων ἀναγεγράφθαι εὑρήσεις
τὰς πλευράς, διότι λόγον ἔχουσιν, ὃν ἀριθμὸς τετρά-
γωνος πρὸς τετράγωνον ἀριθμόν. ὡς γὰρ ὁ θ̅ πρὸς
5 τὸν δ̅, οὕτως ὁ ιη̅ πρὸς τὸν η̅. λαβὼν δὲ τὰς πλευρὰς
τοῦ θ̅ καὶ δ̅ ἰσάκις τέμνω τῶν ἐκκειμένων τετραγώνων
τὰς πλευρὰς καὶ ἔχω τὴν συμμετρίαν· ὡς γὰρ τὰ
τετράγωνα πρὸς τὰ τετράγωνα, οὕτως αἱ πλευραὶ πρὸς
τὰς πλευράς.

10   63. Τὰ ἀπὸ τῶν μήκει συμμέτρων εὐθειῶν τετρά-
γωνα πρὸς ἄλληλα λόγον ἔχει, ὃν τετράγωνος ἀριθμὸς
πρὸς τετράγωνον· οὐ μάτην ἡ τοῦ τετραγώνου ἀριθμοῦ
γεγένηται μνήμη. εἰ γὰρ εἴρηκε μόνως ὃν ἀριθμὸς
πρὸς ἀριθμόν, ἐπλεόναζεν ἂν ὁ ὅρος· τὰ γὰρ διπλασίονα
15 λόγον ἔχοντα τετράγωνα πρὸς ἄλληλα συμμέτρους ἔδει
τὰς πλευρὰς ἔχειν· οὐκ ἔχουσι δέ, ὡς ἔχει ἐπὶ τῆς
διαμέτρου καὶ τῆς πλευρᾶς.

64. Ἰστέον, ὅτι τὰ ἀπὸ τῶν μήκει συμμέτρων
εὐθειῶν τετράγωνα λόγον ἔχει, ὃν τετράγωνος ἀριθμὸς
20 πρὸς τετράγωνον ἀριθμόν, οὐ μὴν καὶ ἀντιστρέφει,
ἵνα, ἐὰν τὰ τετράγωνα λόγον ἔχῃ, ὃν τετράγωνος
ἀριθμὸς πρὸς τετράγωνον ἀριθμόν, καὶ τὰς δυναμένας
εὐθείας τὰ τετράγωνα μήκει συμμέτρους εἶναι. ὁ γὰρ
ιη̅ πρὸς τὸν η̅ λόγον ἔχει τετραγωνικὸν διπλασιεπι-

---

63. q°; cfr. nr. 62; εἰς τὸ θ' τοῦ ι' βιβλίου.   64. V^aq
(P²; etiam r, sed del.).

---

1. τοῦ] e corr. F, τό q.   ιη̅] η̅ι F, ὀκτωκαίδεκα B.   τοῦ]
τό Vq.   2. καί] om. FVat.   ἀντιγεγράφθαι q.   εὑρήσει
PFVat., εὗρησις q.   4. ἀριθμὸν τετράγωνον F.   5. ιη̅] δεκα-
οκτώ B.   τόν] om. P.   8. τά] postea ins. m. 1 Vat.   22.
ἀριθμός] ἀριθμόν q.

τέταρτον, ον ὁ ϑ̄ τετράγωνος πρὸς τὸν δ̄ τετράγωνον, καὶ ὅμως ἡ πλευρὰ τοῦ η̄ οὐκ ἔστι σύμμετρος μήκει τῇ τοῦ ῑη πλευρᾷ· ἔστι δὲ τοῦ μὲν ἡ πλευρὰ β̄ μ̄ϑ μ̄β, τοῦ δὲ ῑη δ̄ ῑδ λ̄γ.

65. Οἷον ἐπὶ ὑποδείγματος ἔστωσαν σύμμετροι 5 εὐθεῖαι ἔχουσαι σπιθαμὰς ϛ̄ καὶ δ̄· καὶ τὰ ἀπ᾽ αὐτῶν τετράγωνα τὰ λϛ καὶ τὰ ῑϛ πρὸς ἄλληλα λόγον ἔχουσιν, ὃν τετράγωνος ἀριθμὸς ὁ ϑ̄ πρὸς τετράγωνον τὸν δ̄· ἔχει γὰρ λόγον ὁ ϑ̄ ἀριθμὸς πρὸς τὸν δ̄ διπλασιεπι- τέταρτον, καθὼς καὶ ὁ λϛ πρὸς τὸν ῑϛ. 10

66. Τετράγωνος ἀριθμὸς πρὸς ἕτερον τετράγωνον ἀριθμὸν λόγον ἔχειν λέγεται, ὅταν αἱ πλευραὶ αὐτῶν πρὸς ἀλλήλας πολλαπλασιαζόμεναι ποιῶσιν ἕτερον ἀριθμὸν μέσον ἀνάλογον, οἷον τοῦ ῑϛ καὶ τοῦ λϛ πλευραὶ τετραγωνικαὶ δ̄ καὶ ϛ̄, ὧν πρὸς ἀλλήλας πολλα- 15 πλασιαζομένων γίνεται κ̄δ μέσος ἀνάλογος τοῦ ῑϛ καὶ τοῦ λϛ. ὁ γὰρ λϛ πρὸς τὸν κ̄δ ἔχει λόγον ἡμιόλιον, καὶ ὁ κ̄δ πρὸς ῑϛ ἔχει λόγον ἡμιόλιον. αἱ μὲν οὖν πλευραὶ πρὸς ἀλλήλας εἶχον λόγον ἡμιόλιον, ὁ δὲ λϛ καὶ κ̄δ καὶ ῑϛ ἔχουσι λόγον β̄ ἡμιόλιον. 20

67. Ἔστω ἡ Α τετράπους, ἡ Β ἑξάπους καὶ τὰ ἀπ᾽ αὐτῶν τετράγωνα ἡ ἑκκαιδεκάπους καὶ ἡ λϛ ποδῶν. ὅτι μὲν οὖν ἡ τετράπους τῇ ἑξάποδι σύμμετρός ἐστι

---

65. Vᵃᵛq (P²r).   66. r.   67. Vᵇq (P²).

---

1. τόν] bis q.   4. ῑδ λ̄γ] V, λ̄β κ̄δ q.   6. εὐθεῖαι] αἱ V, εὐθεῖαι αἱ v.   7. τά] (alt.) om. q.   8. ἀριθμός] om. q.   τόν] ἀριθμὸν τό V.   9. ἔχειν v, sed corr.   10. καί] corr. ex αι v. lin. 9 et 10 delenit r add. μᾶλλον δὲ διὰ τοῦ μέσου κ̄δ ἔχει δὶς τὸν ἡμιόλιον, ὃ καὶ βέλτιον, ὥσπερ καὶ ὁ ϑ̄ πρὸς τὸν δ̄ διὰ μέσου τοῦ ϛ̄.   22. ἑξκαιδεκάπους q.   23. οὖν] om. V.

μείζονος ἤτοι μέρος ἐστὶν ἢ μέρη. ἐὰν μὲν οὖν μέρος
ᾖ, λόγον ἕξει, ὃν μονὰς πρὸς ἀριθμόν, ἐὰν δὲ μέρη ᾖ,
ὃν ἀριθμὸς πρὸς ἀριθμόν. τὸ μὲν γὰρ πρότερον
ὑποπολλαπλάσιον ποιεῖ λόγον, τὰ δὲ μέρη ἕνα τῶν
5 λοιπῶν ὑπολόγων. ἐὰν μὲν οὖν εὐθεῖαι ὦσιν, καὶ
τὰ ἀπ' αὐτῶν ἐπίπεδα καὶ τὰ στερεὰ λόγον ἕξει, ὃν
ἀριθμὸς πρὸς ἀριθμόν, ἐὰν δὲ ἐπίπεδα, καὶ τὰ ἀπ'
αὐτῶν στερεά, οὐ μέντοι καὶ αἱ εὐθεῖαι, εἰ μὴ ὁ λόγος
τῶν ἀριθμῶν τετράγωνος πρὸς τετράγωνον, ἐὰν δὲ
10 τὰ στερεά, οὐ πάντως τὰ πρὸ αὐτῶν, εἰ μὴ ὁ λόγος
κύβος πρὸς κύβον ᾖ. ἐὰν δὲ τὰ στερεὰ μὴ ἔχῃ λόγον,
ὃν ἀριθμὸς πρὸς ἀριθμόν, οὐδὲ τὰ ἐπίπεδα οὐδὲ
αἱ εὐθεῖαι· οὐ γάρ εἰσι σύμμετρα. καὶ ἐν μὲν
τούτῳ καὶ τῷ ἑξῆς περὶ τῶν ἁπλῶς διαλέγεται συμ-
15 μέτρων καὶ ἀσυμμέτρων, ἐν δὲ τῷ ζ' περὶ τῶν μήκει
συμμέτρων καὶ ἀσυμμέτρων, δυνάμει δὲ συμμέτρων,
ἀφ' οὗ δῆλον καὶ περὶ δυνάμει ἀσυμμέτρων, ἐν δὲ

---

1. ἐάν — 3. ἀριθμόν] om. v lacuna relicta.   2. ᾖ]
εἴη q.   πρὸς ἀριθμόν] e corr. m. rec. V*.   3. ἀριθμός]
comp. V*, supra iterum add. m. rec.   γάρ] οὖν q.   4.
ποιεῖ] ποιεῖ τόν q.   τά] ∴ V*, τό q.   τῷ λοιπῷ ὑπολόγῳ q.
5. οὖν] om. V*.   ὦσι BV*V°q.   6. ἀπ'] om. q, corr. ex
ὑπ' F.   τά] om. V°q.   7. δέ] δ' P.   8. καί] om. q.
αἱ] supra scr. m. 1 PB, om. V*vq.   ὁ] m. 2 B, om. Vat.
10. τά] (prius) om. V°.   πρό] πρός F Vat. q.   αὐτόν q.
εἰ μή] εἰ post lac. 2 litt. V*.   ὁ] om. PBFV*Vat. v.   11.
κύβος] κῦ V*, κύβου PBFVat.   ἔχῃ] comp. V*q, ἔχει v.
12. οὐδέ] (alt.) οὐδ' PV*, δέ post lac. v.   13. καὶ ἐν
μέν] ὃ μή BFVat.V*V°v et P, sed ὅ e corr.   14. τοῦτο
BFVat.V*V°v et corr. ex τούτῳ P.   τῷ] τό PBV*Vat.Fv,
τά V°.   ἁπλῶν PBv.   συμμέτρων — 15. μήκει] mg. m.
2 B.   15. καὶ ἀσυμμέτρων] om. Bv.   ζ'] ιζ' Vat., ζι' F.   16.
καί — συμμέτρων] om. q.   17. ἀφ' οὗ] ἐν δὲ τῷ v.   δῆλον]
λον v, δὴ λοιπόν V°; scrib. δηλοῖ.   καί] om. V*.   περί] περὶ
τῶν q.   δυνάμει] δυνᾱ ὡς q, δυνάμεως PBFVat.V*V°v.

τῷ η' γένεσιν συμμέτρων καὶ ἀσυμμέτρων μήκει καὶ δυνάμει.

50. Τὸ τὰ συμμετρα μεγέθη λόγον ἔχουσιν, ὃν ἀριθμὸς πρὸς ἀριθμόν, ταὐτόν ἐστι τῷ πᾶν σύμμετρον μέγεθος παντὸς συμμέτρου μεγέθους τὸ ἔλασσον τοῦ 5 μείζονος ἤτοι μέρος ἐστὶν ἢ μέρη· τοῦτο γάρ ἐστι τὸ λόγον ἔχειν, ὃν ἀριθμὸς πρὸς ἀριθμόν. πᾶς δὲ ἀριθμὸς πρὸς ἅπαντα λόγον ἔχει ἢ πολλαπλάσιον ἢ πολλαπλασι-επιμόριον ἢ ἐπιμερῆ ἢ καθ' ἕνα τινὰ λόγον, οὓς αὐτὸς συνελὼν ἐκ τοῦ ἐλάσσονος ὠνόμασεν ἢ μέρος ἢ μέρη. 10 τὸ μὲν γὰρ μέρος ὑπέκειτο ἢ ὑποπολλαπλάσιον ἢ ὑπο-επιμόριον, τὰ δὲ μέρη ἐπιμερῆ καὶ ὑποπολλαπλασι-επιμερῆ. τὸ δὲ ὃν ἀριθμὸς πρὸς ἀριθμόν, ὡς καὶ πρόσθεν εἴρηται, ταὐτόν ἐστι τῷ ὧν μειζόνων μεγεθῶν αἱ ὑπεροχαὶ ῥηταί εἰσιν ἤτοι ἀριθμῷ δυνάμεναι ῥη- 15 θῆναι ὡς τῆς δεκάποδος πρὸς τὴν ἑπτάποδα. ἔστι γὰρ ποδῶν ἡ ὑπεροχὴ τριῶν.

Ad prop. VI.

51. Οὐκοῦν κἂν τετράγωνα ἢ παραλληλόγραμμα ἢ οἱαδήποτε χωρία λόγον ἔχῃ, ὃν ἀριθμὸς πρὸς ἀριθμόν, 20

---

50. V^bq (P²); cfr. nr. 45.   51. PFVat.V°V^aq (εἰς τὸ ς'
FVat.); in B euan. (v).

1. η'] ιη' V°v.   καὶ ἀσυμμέ-] corr. m. 2 ex ἐν δὲ
τῷ v.   3. τό — 5. μεγέθους] λόγον δὲ ἔχειν λέγεται, ὃν
ἀριθμὸς πρὸς ἀριθμόν, ὅταν V.   5. ἔλαττον V.   6. ἤτοι]
om. V.   τοῦτο — 7. ἀριθμόν] om. V.   9. λόγον — 11. γάρ]
om. V.   11. ὑπέκειτο ἢ] μὲν οὖν ἐστιν ὁ V.   ὑποπολλα-
πλάσιος V, deinde del. ὶῷ μϑ.   ὑπο-] supra scr. V.   12.
τὰ δὲ μέρη] μέρη δὲ ὁ V.   ἐπιμερής, ἐπι- e corr., V.   καί]
ἢ V.   ὑποπολλαπλασιεπιμερής V.   13. τό — 17. τριῶν]
om. V.   19. οὐκοῦν — 20. ἀριθμόν] bis B.   19. τετρά-
γωνον V^a.   ἢ] (prius) ἢ ἢ Fq.   20. οἱαδηποτοῦν q. Deinde
add. ἀριθμὸν ἀριθμός compp. V^a.   λόγον] καὶ λόγον q.   ἔχει
PV^aq.

σύμμετρα ἔσται τὰ μεγέθη, ὅταν δὲ ὂν τετράγωνος
πρὸς τετράγωνον, καὶ αὐτὰ σύμμετρα καὶ αἱ δυνάμεναι
αὐτὰ μήκει. ἢ ὅταν εὐθεῖαι πρὸς ἀλλήλας λόγον ἔχωσιν,
ὂν ἀριθμὸς πρὸς ἀριθμόν, καὶ αὗται σύμμετροί εἰσι
5 μήκει καὶ τὰ ἀπ' αὐτῶν τετράγωνα ἢ τὰ ἴσα τοῖς
τετραγώνοις αὐτῶν χωρία λόγον ἔχειν ἀναγκάζεται,
ὂν τετράγωνος ἀριθμὸς πρὸς τετράγωνον ἀριθμόν. ἐπὶ
πλέον ἄρα αἱ δυνάμει σύμμετροι τῶν μήκει συμμέτρων
εἰσὶ καὶ περιεκτικώτεραι, ὡς καὶ ἐκ τῶν ἐφεξῆς θεω-
10 ρημάτων ἔσται δῆλον.

52. Μεγέθη πρὸς ἄλληλα λόγον ἔχειν λέγεται, ὂν
τετράγωνος ἀριθμὸς πρὸς τετράγωνον ἀριθμόν, ὅταν
μέσον αὐτῶν δύνηται ἐμπεσεῖν μέγεθος ἀνάλογον,
ὅταν δὲ μὴ δύνηται, οὐ λέγεται ἔχειν, ὂν τετράγωνος
15 πρὸς τετράγωνον, οἷον ἡ τετράπους καὶ ἡ ἐννεάπους·
αὗται γὰρ πρὸς ἀλλήλας ἔχουσιν, ὂν τετράγωνος
ἀριθμὸς πρὸς τετράγωνον· μεταξὺ γὰρ αὐτῶν ἐμπίπτειν
δύναται ἡ ἑξάπους ἀνάλογος· ὡς γὰρ ὁ θ̄ πρὸς τὸν ϛ̄,
ὁ ϛ̄ πρὸς τὸν δ̄. ὁ δὲ ῑη πρὸς τὸν ῑβ οὐκ ἔχει, ὂν
20 τετράγωνος πρὸς τετράγωνον· οὐδεὶς γὰρ μέσος αὐτῶν
ἀνάλογος πίπτει. δεῖ δὲ ἀντὶ τοῦ ῑη καὶ ῑβ τὴν ὀκτω-
καιδεκάποδα καὶ δωδεκάποδα λαμβάνειν.

53. Σημείωσαι, ὅτι τὸ ἐν τῷ πρὸ τούτου θεω-

---

52. q (P²).   53. F b.

---

1. ἔσται] δέ comp. Vᵃ, ἔστι q.   ὂν] τόν F Vat.   2. πρός]
ἀριθμός q.   αἱ] ἐάν ἐῖσιν εὐθεῖαι αἱ Vᵃ.   3. αὐτάς
PF Vat. Vᵃ Vᶜ q.   ἔχουσιν Vᵃ q.   4. εἰσι] ἀριθμὸς ἀριθμόν
compp. Vᵃ.   5. ἀπ' αὐτῶν] ἀπάντων Vᵃ.   τά] ϛ̄ Vᵃ.   6.
χωρίοις Vᵃ.   7. ἀριθμός] om. Vᵃ.   8. αἱ δυνάμει] αἱ δύο Vᵃ,
μήκει q, αἱ δυνάμεις F.   μήκει] om. q, μή Vᵃ.   10. ἔσται]
ἐστι Vᵃ Vᶜ; deinde ras. 1 litt. Vᵃ.   23. ὅτι] om. b.

ῥήματι δεδομένον ἐγένετο ἐν τούτῳ ζητούμενον καὶ
ἀνάπαλιν.

54. Ὡς ἡ πρώτη πρὸς τὴν τρίτην κτλ. p. 20, 21]
διὰ πόρισμα τοῦ κ´ τοῦ ϛ´ τοῦ λέγοντος, ὅτι, ἐὰν τρεῖς
εὐθεῖαι ἀνάλογον ὦσιν, ὡς ἡ πρώτη πρὸς τὴν τρίτην, 5
οὕτως τὸ ἀπὸ τῆς πρώτης τρίγωνον πρὸς τὸ ἀπὸ τῆς
δευτέρας τὸ ὅμοιον καὶ ὁμοίως ἀναγραφόμενον.

Ad prop. VII.

55. Ἐκ τῆς εἰς ἀδύνατον ἀπαγωγῆς.

56. Οὐκ, ὡς ἄν τις οἰηθείη, παρέλκον ἐστὶ διὰ τὸ 10
δείκνυσθαι καὶ τοῦτο τὸ συνημμένον διὰ τοῦ πρὸ
αὐτοῦ. δι᾽ ἐκείνου γὰρ οὐ τοῦτο, ἀλλ᾽ ὅτι τὰ μὴ λόγον
ἔχοντα μεγέθη, ὃν ἀριθμὸς πρὸς ἀριθμόν, ἀσύμμετρά
ἐστιν, ἐδείκνυτο. οὐκ ἄρα ἀναιρετικὸν τοῦ κανόνος
ἐκείνου τοῦ λέγοντος, ὅτι, εἰ ἡ κατάφασίς τινος τῇ 15
ἄλλου καταφάσει ἕπεται, οὐ τῇ τοῦ ἡγουμένου ἀπο-
φάσει ἕπεται ἡ τοῦ ἑπομένου, ἀλλ᾽ ἀνάπαλιν. τοῦτο
γὰρ ἀληθές, ἐφ᾽ ὧν μόνον τὸ κατηγορούμενον ἐπὶ
πλέον ἐστίν, ἐφ᾽ ὧν δὲ ἐπ᾽ ἴσης ὡς ἐπὶ τούτου ἀδιά-
φορόν ἐστιν, ὡς ἂν ἐθέλῃ τις ποιεῖν. ἰστέον δέ, ὅτι 20
ἐν τῷ μετὰ τοῦτο δείξει καὶ τὸ ἄλλο, ὅπερ ἔφαμεν
διὰ τοῦ πρὸ αὐτοῦ δείκνυσθαι, οὐκ ἐπ᾽ εὐθείας, ἀλλὰ
τῇ εἰς ἀδύνατον ἀπαγωγῇ. ἔστι γὰρ τοῖς γεωμέτραις
σύνηθες κἀκεῖνα δεικνύναι τῇ τοιαύτῃ δείξει.

57. Ὅτι μὲν οὖν οὐκ αἱ γραμμαὶ μόναι εἰσὶ με- 25
γέθη, ἀλλὰ καὶ τὰ ἐπίπεδα καὶ τὰ στερεά, πάντες

---

54. Vᵃ.   55. Fq.   56. Fb (σχόλιον b).   57. Vᵃqr (P?).

---

10. ἐστί] b, εἶναι F.   14. ἄρα] b, ἔστι δέ F.   25. οὖν]
om. Pr.

λόγῳ θεωροῦνται κατὰ τὸ ἀξίωμα τὸ λόγον, ὅτι τὰ
μήκει διπλάσια δυνάμει εἰσὶν τετραπλάσια. ἂν δὲ ἡ
πλευρὰ πρὸς τὴν πλευρὰν ἔχῃ μέν τινα λόγον, ἡμιόλιον
τυχὸν ἢ ἐπίτριτον ἢ ἄλλον τινὰ τῶν ἐπιμορίων ἢ τῶν
5 ἐπιμερῶν, τὰ μὲν ἀπ' αὐτῶν γεγονότα τετράγωνα λόγον
ἔχουσι πρὸς ἄλληλα, ὃν τετράγωνος ἀριθμὸς πρὸς τετρά-
γωνον ἀριθμόν, οὐ μὴν δὲ τὸν τετραπλασίονα, ὡς
ἐπὶ τοῦ θ̄ καὶ τοῦ δ̄, ὧν αἱ πλευραὶ λόγον μὲν ἔχουσιν,
ὃν ἀριθμὸς πρὸς ἀριθμόν, οὐχ ὃν τετράγωνος πρὸς
10 τετράγωνον· τὰ γὰρ δύο καὶ τρία, ἅπερ εἰσὶ πλευραὶ
τοῦ δ̄ καὶ τοῦ θ̄, τὸν ἡμιόλιον ἔχουσι λόγον· διὸ καὶ
οὐ δύναται εἶναι ὁ θ̄ τοῦ δ̄ τετραπλάσιος, ὡς ὁ ῑϛ
τοῦ δ̄ καὶ ὁ λϛ̄ τοῦ θ̄.

Ad lemma prop. IX.

15 81. Οἷον ὅμοιοι ἐπίπεδοί εἰσιν ὁ ν̄ καὶ ὁ ω̄· ἀνά-
λογον γὰρ ἔχουσι τὰς πλευράς. ὡς γὰρ ὁ ῑ πρὸς
τὸν ε̄, οὕτως ὁ μ̄ πρὸς τὸν κ̄. καὶ ἔχουσι λόγον, ὃν
τετράγωνος ἀριθμὸς ὁ ξδ̄ πρὸς τετράγωνον ἀριθμὸν
τὸν δ̄· ἑκκαιδεκαπλάσιος γάρ ἐστιν ὁ ξδ̄ τοῦ δ̄ καὶ
20 ὁ ω̄ τοῦ ν̄.

82. Ὅμοιοι ἐπίπεδοι ἀριθμοί εἰσιν οἱ ἀνάλογον
ἔχοντες τοὺς ἀριθμούς, οἷον ὁ η̄ καὶ ὁ ῑη· τοῦ γὰρ η̄
πλευραί εἰσιν ὁ β̄ καὶ ὁ δ̄, τοῦ δὲ ῑη ὁ γ̄ καὶ ὁ ϛ̄.

---

81. Vᵃq (P²v).   82. BFbq (P²).

---

3. ἔχῃ] e corr. V.   15. οἷον] οἷον ἔστωσαν VP.   ὅμοιον
ἐπίπεδ q.   εἰσιν] om. q.   ω̄] corr. ex σ V.   16. γὰρ]
om. q.   τὰς πλευράς] e corr. V.   17. τόν] (alt.) τό V.   18.
τετράγωνον ἀριθμόν] om. q.   19. δ̄] δ̄ ἀριθμόν q.   ἑξδεκα-
πλάσιος V.   20. ὁ] om. V.   ν̄] corr. ex η̄ V.   21. ὅμοιοι
δέ BFb.   22. καὶ ὁ] τοῦ B.   23. πλευραί εἰσιν] ἢ πλευρά
ἐστιν q.   δέ] om. q.   ὁ ϛ̄] ϛ̄ B.

ὁμόλογοι οὖν εἰσιν αὐτῶν αἱ πλευραί· ἡμιόλιον γὰρ λόγον ἔχουσιν. οὗτοι γὰρ οἱ ἀριθμοὶ ὁ η̄ καὶ ὁ ῑη λόγον ἔχουσιν, ὃν τετράγωνος ἀριθμὸς ὁ δ̄ πρὸς τετράγωνον ἀριθμὸν τὸν θ̄ διπλασιεπιτέταρτον.

83. Τοῦτο ἀντίστροφόν ἐστι τοῦ κη′ τοῦ η′ καὶ 5
δείκνυται διὰ τοῦ ιη′ τοῦ η′ καὶ διὰ τοῦ η′ τοῦ η′.

Ad demonstr. alt. III p. 378, 12.

84. Εἴ τις λέγοι, πόθεν δῆλον, ὅτι ὡς ἡ Α πρὸς τὴν Β, οὕτως τὸ ἀπὸ τῆς Α πρὸς τὸ ὑπὸ τῶν Α, Β, φήσομεν οὕτως· κείσθωσαν αἱ Α, Β εὐθεῖαι ὥστε εἶναι 10 ἐπ᾽ εὐθείας, καὶ ἔστωσαν αἱ ΑΒ, ΒΓ, καὶ ἀναγεγράφθω ἀπὸ τῆς ΑΒ τετράγωνον τὸ ΑΔ, καὶ συμπεπληρώσθω τὸ ΑΖ παραλληλόγραμμον. καὶ ἐπεὶ τὸ ΒΖ τὸ ὑπὸ τῶν ΑΒ, ΒΓ ἐστιν· ἴση γὰρ ἡ ΒΔ τῇ ΑΒ· καί 15 ἐστι κοινὸν ὕψος τῶν ΑΔ, ΒΖ ἡ ΒΔ, ἔστιν ἄρα ὡς ἡ ΑΒ πρὸς τὴν ΒΓ, οὕτως τὸ ἀπὸ τῆς ΑΒ πρὸς τὸ ὑπὸ τῶν ΑΒ, ΒΓ, ὡς καὶ αὐτὸς διὰ λήμματος ἐν τῷ κα′ δείξει. 20

85. Διὰ γὰρ τούτου τοῦ θεωρήματος δείκνυται, ὅτι, ἐὰν ὦσι δύο εὐθεῖαι, ἔστιν ὡς ἡ ἑτέρα τούτων πρὸς τὴν λοιπήν, οὕτω τὸ ἀπ᾽ ἐκείνης τετράγωνον

---

83. Vᵃ.   84. Vᵇq (Pʳ).   85. r.

1. αὐτῶν] BP, αὗται q.   γὰρ] om. q.   2. ἔχουσαι q. οὗτοι sq. usque ad finem hab. P, om. BFbq.   5. κη′] immo κϛ′.   8. λέγει P.   ὅτι] om. q.   ἡ Α] ὁ μ̄ q.   9. τῶν] τό q.   10. εὐθεῖαι] om. V.   12. ΑΒ] Α V.   συμπληρούσθω q.   13. τό] τῆς q.   καί] om. q.   16. ΒΖ] corr. ex ΔΖ V.   19. τό] τῷ q.   τῶν] om. q.   19. ἐν τῷ κα δείξει διὰ λήμματος V.

πρὸς τὸ ὑπὸ ταύτης καὶ τῆς λοιπῆς ὀρθογώνιον· ἄμφω
γὰρ παραλληλόγραμμα καὶ ἰσογώνια, καὶ ὁ τῶν πλευρῶν
λόγος συντιθέμενος μένει ὁ αὐτὸς τῷ ἐξ ἀρχῆς λόγῳ
διὰ τὸ ἐπί τε τοῦ τετραγώνου εἰλῆφθαι τὴν αὐτὴν
5 πλευρὰν δὶς καὶ ἐπὶ τῶν ὀρθογωνίων ἅπαξ τὴν αὐτήν,
οἷον ἔστωσαν δύο εὐθεῖαι ἡ A πήχων δ̄ καὶ ἡ B
πήχεων β̄. τὸ ἀπὸ τῆς A τετράγωνον ἰσογώνιον ὂν
τῷ ὑπὸ τῶν A, B παραλληλογράμμῳ λόγον ἔχει πρὸς
ἐκεῖνο τὸν συγκείμενον ἐκ τῶν πλευρῶν. ὁ δὲ συγ-
10 κείμενος ἐκ τῶν λόγων τῶν δ̄ πρὸς δ̄ καὶ δ̄ πρὸς β̄
λόγος ἐστὶν ὁ ἐξ ἀρχῆς τοῦ δ̄ πρὸς β̄.

ὅτι τὰ ἰσογώνια παραλληλόγραμμα λόγον ἔχει τὸν
συγκείμενον ἐκ τῶν πλευρῶν κγ΄ τοῦ ϛ΄.

86. Ἐπεὶ γάρ ἐστιν, ὡς τὸ ἀπὸ τῆς A πρὸς τὸ
15 ὑπὸ τῶν A, B, οὕτως ἡ A πρὸς τὴν B, ἀλλ᾽ ὡς ἡ A
πρὸς τὴν B, οὕτως τὸ ὑπὸ τῶν A, B πρὸς τὸ ἀπὸ
τῆς B, καὶ ὡς ἄρα τὸ ἀπὸ τῆς A πρὸς τὸ ὑπὸ τῶν
A, B, οὕτως τὸ ὑπὸ τῶν A, B πρὸς τὸ ἀπὸ τῆς B.
οἱ γὰρ τῷ αὐτῷ λόγοι οἱ αὐτοὶ καὶ ἀλλήλοις εἰσὶν οἱ
20 αὐτοί.

Ad prop. X.

87. Προγραφόμενον εἰς τὸ ι΄ θεώρημα.

δύο δοθέντων ἀριθμῶν καὶ εὐθείας ποιῆσαι ὡς
τον ἀριθμὸν πρὸς τὸν ἀριθμόν, οὕτως τὸ ἀπὸ τῆς
25 εὐθείας τετράγωνον πρὸς τὸ ἀπ᾽ ἄλλης εὐθείας τετρά-
γωνον. ἔστωσαν οἱ μὲν δοθέντες δύο ἀριθμοὶ οἱ A, B,

---

86. Vᵃq.   87. PFVat.VᶜVᵇq (B euan.); εἰς τὸ ι΄ FVat.

4. εἰλῆφθαι] scripsi, εἴδη? r.   7. τῆς A] scripsi, τοῦ
A r.   17. ὑπὸ τῶν A] ἀπὸ τῆς q.   18. τό] om. q.   ὑπό]
ἀπό q.   19. οἱ] εἱ q.   λόγοι οἱ αὐτοί] ἀνάλογοι V.   23.
εὐθ Vᵇ.   24. τό] τόν q.   26. οἱ] γὰρ οἱ FVᶜq.

ἡ δὲ δοθεῖσα εὐθεῖα ἡ Γ. δεῖ δὴ προσευρεῖν εὐθεῖαν
ἑτέραν, ὥστε τὸ ἀπὸ τῆς Γ τετράγωνον πρὸς τὶ ἀπὸ
τῆς ἑτέρας εὐθείας τετράγωνον λόγον ἔχειν, ὃν ἀριθμὸς
ὁ πρῶτος πρὸς ἀριθμὸν τὸν δεύτερον. ὅσαι γάρ εἰσιν
ἐν τῷ Α μονάδες, εἰς τοσαύτας ἴσας διῃρήσθω εὐθείας   5
ἡ Γ, καὶ μία αὐτῶν ἔστω ἡ Δ, ὅσαι δέ εἰσιν ἐν τῷ Β
μονάδες, ἐκ τοσούτων ἴσων τῇ Δ συγκείσθω ἡ Ε.
ἔστιν ἄρα ὡς η μονὰς πρὸς τὸν Α, ἡ Δ πρὸς τὴν Γ.
ἀνάπαλιν ἄρα, ὡς ὁ Α πρὸς τὴν μονάδα, οὕτως ἡ Γ
πρὸς τὴν Δ. ἔστι δὲ καὶ ὡς ἡ μονὰς πρὸς τὸν Β,   10
ἡ Δ πρὸς τὴν Ε. δι' ἴσου ἄρα ὡς ὁ Α πρὸς τὸν Β,
ἡ Γ εὐθεῖα πρὸς τὴν Ε. εἰλήφθω οὖν τῶν Γ, Ε
εὐθειῶν μέση ἀνάλογον ἡ Ζ. ἔσται ἄρα ὡς ἡ Γ πρὸς
τὴν Ε, οὕτως τὸ ἀπὸ τῆς Γ πρὸς τὸ ἀπὸ τῆς Ζ. ὡς
γὰρ ἡ πρώτη πρὸς τὴν τρίτην, οὕτως τὸ ἀπὸ τῆς   15
πρώτης εἶδος πρὸς τὸ ἀπὸ τῆς δευτέρας τὸ ὅμοιον καὶ
ὁμοίως ἀναγραφόμενον. ὡς δὲ ἡ Γ πρὸς τὴν Ε, οὕτως
ὁ Α πρὸς Β· καὶ ὡς ἄρα ὁ Α πρὸς Β, οὕτως τὸ ἀπὸ
τῆς Γ πρὸς τὸ ἀπὸ τῆς Ζ. αἱ ἄρα Γ, Ζ εἰσιν αἱ
ζητούμεναι εὐθεῖαι· προσηύρηται γὰρ ἡ Ζ.   20

---

1. Γ] E q.   4. ὁ πρῶτος] PVᶜ, ὁ Α πρῶτος q, πρῶτος
FVat.Vᵇ; scr. ὁ Δ.   τόν] postea ins. m. 1 Vat.   δεύτερον]
FVat.Vᵖ, β̄ δεύτερον q, B PVᶜ recte.   5. τῷ] τῇ Vᶜ.   Α]
πρώτῳ F.   ἴσας] om. q, ἴσας εὐθείας FVᶜVᵇ.   εὐθείας]
om. FVᶜVᵇ.   6. ἡ] corr. ex ὁ Vᵇ.   ἔστω] ἴση ἔστω PFVᶜVat.,
ἔστωσαν q, ὁμοία ἔστω Vᵇ.   Δ] διc Vᵇ.   τῷ] τῇ FVᶜ   7.
ἴσων] ὁμοίων Vᵇ.   Δ] τετάρτῃ F.   8. τόν] τό q, τήν
PFVat.VᶜVᵇ.   τήν] τόν PVat.Vᶜ.   9. ὁ] τό FVᵇ.   Γ]
Α Γ Vᶜ.   10. Δ] Δ συγκείσθω ἡ Ε P.   ἔστι δὲ καί] ἔστιν
ἄρα P.   τόν] τήν codd.   11. δι' — 12. τήν Ε] om. Vᶜq.
12. Γ, Ε] Γ Vᵇ.   13. ἀνάλογος PFVat.VᶜVᵇ.   ἔσται]
ἔστιν Vᵇ.   15. πρώτη] α' Vᶜq.   τρίτην] γ' Vᶜ.   18. Β]
τὸν Β Vᶜq.   Β] τὸν Β q.   19. αἱ] (alt.) e corr. Vᵇ.   20.
ζητούμεναι] om. q.   προηύρηται FVat.Vᵇ.

88. Ἄλλο προγραφόμενον εἰς τὸ αὐτό.

Εὑρεῖν δύο μὴ ὁμοίους ἀριθμοὺς ἐπιπέδους, τουτέστιν ὅπως πρὸς ἀλλήλους λόγον μὴ ἔχωσιν, ὃν τετράγωνος ἀριθμὸς πρὸς τετράγωνον ἀριθμόν. ἐκκείσθωσαν
5 τέσσαρες ἀριθμοὶ οἱ Α, Β, Γ, Δ, ὥστε μὴ εἶναι ὡς τὸν Α πρὸς τὸν Γ, οὕτως τὸν Β πρὸς τὸν Δ, καὶ γεγονέτω ἐκ μὲν τῶν Α, Β ὁ Ε, ἐκ δὲ τῶν Γ, Δ ὁ Ζ. φανερὸν δή, ὅτι οἱ Ε, Ζ ἀριθμοὶ ἐπίπεδοί εἰσιν, ἐπίπεδοι δὲ ἀνόμοιοι, ἐπειδήπερ αἱ πλευραὶ αὐτῶν οὐκ
10 εἰσὶν ἀνάλογον· ὅπερ ἔδει δεῖξαι.

89. Τὸ ἀσύμμετρον διχῶς κατὰ θάτερον, κατ' ἄμφω καὶ θάτερον, οὐκ ἀφωρισμένως μήκει μόνον. ἀμήχανον γὰρ τὰς δυνάμει ἀσυμμέτρους εὐθείας αὐτάς ποτε φανῆναι συμμέτρους.

15 90. Οἷον ἔστωσαν μὴ ὅμοιοι ἐπίπεδοι ἀριθμοὶ ὁ ιε̄ καὶ ὁ ε̄, ὁ δὲ προτεθεῖσα εὐθεῖα ἡ ιη̄. λέγει δὲ τὸ θεώρημα, ὅτι· γεγονέτω ὡς ὁ ιε̄ πρὸς τὸν ε̄, οὕτως τὸ ἀπὸ τῆς προτεθείσης τῆς ιη̄ πρὸς τὸ ἀπὸ τῆς ϛ̄· ἐμάθομεν γὰρ διὰ τοῦ πορίσματος τοῦ ϛ' τοῦ ι'. ἐπεὶ
20 ὁ ιε̄ πρὸς τὸν ε̄ τριπλάσιός ἐστι, καὶ οὕτως θέλομεν ποιῆσαι τὸ ἀπὸ τῆς προτεθείσης τῆς ιη̄ πρὸς τὸ ἀπὸ τῆς ϛ̄, εἰλήφθω τρίτος ἀνάλογος ἡ Β. καί ἐστιν ὁ μὲν ἀπὸ τῆς ιη̄ τκδ̄, ὁ δὲ ἀπὸ τῆς ϛ̄ λϛ̄. καὶ λέγω

---

88. PFVat.VᵃVᶜq (B euan.); ι' add. q.   89. PFVᶜq.
90. Vᵇ.

---

1. ἄλλο — αὐτό] om. Vᵃ. Deinde add. ἐκεῖθεν ζήτει F, in quo reliqua pars in eodem folio uerso legitur.   2. μή] om. Vᵃq. ἀνομοίους Vᵃ. ἐπιπέδους ἀριθμούς Vᵃq.   3. λόγον] om. FVat.   5. τέσσαρεις P, δ̄ FVat.VᵃVᶜ.   6. οὕτως] om. Vᵃq.   7. ἐκ μὲν τῶν] εἰς μὲν τό q.   8. ἐπίπεδοι δέ] om. Vᵃ.   9. ἐπειδή Vᵃ.   10. ὅπερ ἔδει δεῖξαι] om. Vᵃ.   11. δίχα q.   14. φανῆναι] φανῆναι καί P.

ὡς ὁ ιͤ πρὸς ͤ, οὕτως ὁ ἀπὸ τοῦ ιη πρὸς τὸν ἀπὸ
τοῦ ͤ· τρὶς γὰρ τὸν αὐτὸν ἤγουν τὸν τρόπον τοῦ ὂν
ἔχει ἡ προτεθεῖσα εὐθεῖα ἡ ιη πρὸς ͤ, τουτέστιν ἐννεα-
πλασίων.

91. Ἔστω ἡ Α μονάδων ͤ, τὸ ἀπὸ ταύτης λͤ. ͫ
ἔστω ἡ Δ μήκει ἡ πλευρὰ τοῦ κͥ ἤτοι ͤ ιͣ καὶ τὰ
λοιπά. τὰ οὖν λͤ, ἅπερ εἰσὶν ἀπὸ τῆς Α ἤτοι τῶν ͤ,
σύμμετρά εἰσι τῷ κͥ ἀριθμῷ, ἀλλ' οὐκ ἔχεί λόγον ὁ λͤ
πρὸς τὸν κͥ, ὃν τετράγωνος ἀριθμὸς πρὸς τετράγωνον
ἀριθμόν. ἀσύμμετρος ἄρα ἐστὶν ἡ Α τῇ Δ μήκει. 10
τὰ γὰρ ͤ πρὸς τὰ ͤ ιͣ καὶ τὰ λοιπὰ ἀσύμμετρά ἐστι.
μέση ἐστὶν ἡ Ε, πῶς δὲ γίνεται ἡ μέση; τὴν πλευρὰν
τοῦ κͥ τὰ ͤ ιͣ μͤ ν̅ πολλαπλασίασον μετὰ τοῦ ͤ ἤτοι
τοῦ μήκους τῆς Α καὶ ἀναβίβασον τὰ ξ λεπτὰ καὶ ἀνα-
βίβασον τὸ ἀπὸ τῆς μέσης τετράγωνον ἤτοι λα Ͳ καὶ 15
τὰ ἑξῆς. ταῦτα ἀνάλυσον καὶ ποίησον λεπτὰ καὶ εἰπὲ
γίνεται οὐ γίνεται καὶ ἐκβαλοῦ, καὶ τὸ γινόμενον ἔσται
ἡ τούτων πλευρὰ ἤτοι μυ○ καὶ τὰ ἑξῆς.

92. Τουτέστι μὴ ὅμοιοι ἐπίπεδοι p. 32, 13] διὰ
τὸ λῆμμα τοῦ θ' τοῦ ι'. οἱ γὰρ ὅμοιοι ἐπίπεδοι πρὸς 20
ἀλλήλους λόγον ἔχουσιν, ὃν τετράγωνος ἀριθμὸς πρὸς
τετράγωνον ἀριθμόν.

93. Ὥσπερ αἱ ͥξ μονάδες εἰσὶν ἡ εὐθεῖα ἡ Α, ὁ
δὲ λͤ τὸ ἀπὸ τῶν ͤ μονάδων ἤ, εἰ βούλει, τὸ ἀπὸ
τῆς Α εὐθείας ἀναγραφόμενον τετράγωνον, οὕτως 25
τὰ ͤ ιͣ μͤ ἐστιν ἡ Δ εὐθεῖα, ὁ δὲ κͥ τὸ ἀπὸ τῆς Δ

91. Vᵇ. 92. Bq; οἱ γὰρ lin. 20 — ἀριθμόν lin. 22
etiam F. 93. Vᵃq (Pᶻ); εἰς τὸ ι' θεώρημα V; cfr. nr. 91.

6. καί] καὶ ͤ V. 16. λεπτά] λεπτ' V. 26. Δ] B q.
Δ] B q.

ἀναγραφόμενον τετράγωνον. καί ἐστιν ὁ μὲν λ͞ε τῷ κ͞ζ
σύμμετρος· κοινὸν γὰρ αὐτῶν μέτρον ὁ γ͞· τρὶς γὰρ
ι͞β λ͞ε καὶ τρὶς θ͞ κ͞ζ. ἡ δὲ Α τῇ Δ ἀσύμμετρος, ὡς
μαθησόμεθα ἐφεξῆς. ὅτι δὲ ὡς ἀπὸ πλευρᾶς τῆς ε͞ ι͞α μ͞ε
5 γέγονεν ὁ κ͞ζ, μάθοις ἂν οὕτως· τετραγώνισον τὸν κ͞ζ,
εἶτα λαβὲ τὴν πλευρὰν τοῦ γεγονότος τετραγώνου ἀπὸ
τοῦ κ͞ζ, εἶτα ἀναβίβασον αὐτὴν καὶ εὑρήσεις οὐδένα
ἄλλον ἢ τὸν ε͞ ι͞α μ͞ε. εἰσὶν οὖν τετράγωνοι ἀριθμοὶ
ἢ τετράγωνα σχήματα ὅ τε λ͞ε καὶ ὁ κ͞ζ, πλευρὰ δὲ τοῦ
10 μὲν λ͞ε ὁ ε͞, τοῦ δὲ κ͞ζ τὰ ε͞ ι͞α μ͞ε. καὶ ἐπεί, ὡς δέ-
δεικται, τῶν συμμέτρων μήκει εὐθειῶν ἤ, εἰ βούλει,
πλευρῶν τὰ τετράγωνα λόγον ἔχουσιν, ὃν τετράγωνος
ἀριθμὸς πρὸς τετράγωνον ἀριθμόν, ὁ δὲ λ͞ε πρὸς
τὸν κ͞ζ οὐκ ἔχει λόγον, ὃν τετράγωνος ἀριθμὸς πρὸς
15 τετράγωνον ἀριθμόν, οὐδὲ ἡ Α ἡ ε͞ σύμμετρός ἐστι
μήκει τῇ Δ εὐθείᾳ τῇ ε͞ ι͞α μ͞ε. ἀλλὰ πῶς οὐκ ἔχει
ὁ λ͞ε πρὸς τὸν κ͞ζ λόγον, ὃν τετράγωνος ἀριθμὸς πρὸς
τετράγωνον ἀριθμὸν τετραγώνων ἀμφοτέρων ὄντων
καὶ τοῦ λ͞ε καὶ τοῦ κ͞ζ; ἢ οὐ ταὐτόν ἐστι τὸ τὰ τετρά-
20 γωνα λόγον ἔχειν πρὸς ἄλληλα, ὃν τετράγωνος ἀριθμὸς
πρὸς τετράγωνον ἀριθμόν, τῷ τετραγώνους ἀμφοτέρους
εἶναι; ἀλλὰ τότε λέγονται ἔχειν λόγον, ὃν τετράγωνος
ἀριθμὸς πρὸς τετράγωνον ἀριθμόν, ὅταν ἔχῃ ὁ τετρά-
γωνος πρὸς τὸν τετράγωνον ἢ λόγον τετραπλάσιον,
25 ὡς ὁ ι͞ς πρὸς τὸν δ͞, ἢ ἐπιδιπλασιεπιτέταρτον, ὡς

---

2. τρὶς γὰρ — 3. κ͞ζ] om. V. 3. Δ] B q. 4. πλευρῶν?
V q. τῆς] τοῦ, V. ε͞ ι͞α μ͞ε] ol͵ςʹͱ V (h. e. ωιιιϛʹͱ). 6.
τήν] bis V, sed corr. 7. οὐδὲν ἄλλο V. 8. ε͞ ι͞α μ͞ε] oll͵ςʹͱ
V, supra scr. in ras. ε͞ . . . . . 9. τε] om. V. 10. ε͞ ι͞α μ͞ε]
oll͵ςʹͱ V. 15. μήκει σύμμετρός ἐστι V. 16. Δ] B q.
ε͞ ι͞α μ͞ε] oll͵ςʹͱ V. 19. ἐστι] recisum q. τό] om. q.
τετράγωνον q.

ὁ θ̄ πρὸς τὸν δ̄ ἢ ἑκκαιδεκαπλάσιον, ὡς ὁ ξ̄δ πρὸς
τὸν δ̄. ὁ δὲ λ̄ε πρὸς τὸν κ̄ζ τὸν ἐπίτριτον ἔχει λόγον·
ἔχει γὰρ ὁ λ̄ε τὸν κ̄ζ καὶ τὸ τρίτον αὐτοῦ τὸν θ̄. οὐ
πᾶς οὖν ἐν ἀριθμοῖς, οἷον ἐν ἐπιτρίτοις ἢ ἡμιολίοις,
λόγος τετραγώνων ἂν ἀριθμῶν γένοιτο λόγος· οὔτε 5
γὰρ ὁ διπλάσιος οὔτε ὁ ἐπίτριτος, ὡς εἴρηται, ἀλλ' ὁ
τετραπλάσιος καὶ οἱ ἄλλοι οἱ εἰρημένοι. καὶ ἡ μὲν Α
καὶ Δ οὕτως εἰσὶν ἀσύμμετροι μήχει. ἡ δὲ Ε γίνεται
μέση οὕτως· τὴν πλευρὰν τοῦ κ̄ζ τὰ ε̄ ῑα μ̄ε ποίησον
μετὰ τοῦ ε̄ ἤτοι τὸ μῆκος τῆς Α. τὰ δὴ οὖν ε̄ ῑα μ̄ε 10
πολλαπλασίασον μετὰ τοῦ ε̄, καὶ γίνονται μονάδες λ̄
λεπτὰ πρῶτα ξ̄ε καὶ δεύτερα σ̄ο̄ε. καὶ ὅρα ταῦτα, πῶς

κεῖνται ϥ ϥ ταῦτα ἀναβίβασον, καὶ γίνονται λ̄α ῑ λ̄ε,
ϥ ν ϥ

ἅτινα λ̄α ῑ λ̄ε ἐστιν ὁ ἀπὸ τῆς μέσης τετράγωνος.
τούτων τῶν λ̄α ῑ λ̄ε ἤτοι τοῦ ἀπὸ τῆς μέσης τετρα- 15
γώνου λαβὲ τὴν πλευράν, ἥτις ἐστὶ ε̄ λ̄ε ῑ, ἅτινα ε̄ λ̄ε ῑ
ἐστιν ἡ μέση, καὶ τετράγωνος ὁ ἀπ' αὐτῆς ἐστι τὰ
εἰρημένα λ̄α ῑ λ̄ε. εἰ δὲ βούλει, ἔστω ἡ Α ε̄ ῑζ κ̄θ,
καὶ ὁ τετράγωνος ὁ ἀπ' αὐτῆς ὁ κ̄η. εἰ γὰρ τὸν κ̄η
ἀναλύσεις εἰς λεπτὰ καὶ ἐκβαλεῖς τὴν πλευράν, καθὼς 20
εἴωθεν ἡ ἄλογος λαμβάνεσθαι πλευρά, οὐδεὶς ἄλλος
εὑρεθήσεται, εἰ μὴ ὁ ε̄ ῑζ κ̄θ. ἔστω οὖν ἡ προτεθεῖσα
εὐθεῖα ἡ Α, ἥτις καὶ πλευρά ἐστι τοῦ κ̄η, ἔστω οὖν

3. ἔχει — θ̄] om. V. 6. ὁ (tert.) — 7. ἄλλοι] om. V. 9.
ε̄ ῑα μ̄ε] oll ϟϥ V. 10. Scrib. τοῦ μήχους. ε̄ ῑα μ̄ε]
oll ϟϥ V. 12. ὅρα — 13. κεῖνται] Pq, om. V cum descr.
numerorum. 14. λ̄α ῑ λ̄ε] om. V. 15. ἤτοι τοῦ] τῶν ὄντων
τετραγώνου q. τετραγώνου] om. q. 16. ε̄ λ̄ε ῑ] (alt.) om. V.
17. καί — 18. λ̄ε] Pq, om. V. 18. βούλει δὲ V. 19.
εἰ γάρ] hinc. fol. eod. uerso V, om. q. 21. οὐδεὶς ἄλλος]
οὐδὲν ἄλλο q. 22. εὑρηθήσεται q.

ἡ Α ε ιζ κθ, ἡ δὲ Β ἔστω μονάδων γ̄ κ̄ζ̄ ν̄, ὁ δὲ ἀπὸ
τῶν γ̄ κ̄ζ̄ ν̄ τετράγωνος ὁ ῑβ. πάλιν γὰρ εἰ λάβωμεν
τὴν πλευρὰν τοῦ ῑβ, ὡς πεφύκασιν αἱ ἄλογοι πλευραὶ
λαμβάνεσθαι, ὁ γ̄ κ̄ζ̄ ν̄ εὑρεθήσεται. ἔστιν οὖν ἡ Α
5 ἡ ε ῑζ̄ κθ ἀσύμμετρος μήκει τῇ Β τῇ οὔσῃ γ̄ κ̄ζ̄ ν̄
δυνάμει οὖσαι σύμμετροι. ἃ γὰρ δύνανται τετράγωνα,
ὁ κ̄η καὶ ὁ ῑβ, σύμμετρά ἐστι. μέση δὲ ἡ Ε ἔστω μο-
νάδων δ̄ ῑϛ̄ ν̄ϛ̄, ὁ δὲ ἀπ' αὐτῆς τετράγωνος μονάδων
ῑη̄ ῑθ̄ μ̄η̄, ἥτις Ε ἀσύμμετρός ἐστι καὶ μήκει καὶ δυ-
10 νάμει τῇ Α. ἡ δὲ μέθοδός ἐστι τῆς εὑρέσεως, ἥτις
ἦν καὶ ἐπὶ τῶν προειρημένων ἀριθμῶν τοῦ ϛ̄, τοῦ
ε̄ ῑᾱ μ̄ϛ̄ καὶ τοῦ ῡ ε̄ λ̄ε̄ ῑ· τοῦ δὲ λ̄ᾱ ῑ λ̄ϛ̄, ὅστις ἦν ὁ
ἀπὸ τῆς μέσης τετράγωνος, ἡ πλευρὰ εὑρίσκεται ὡς
καὶ αἱ λοιπαὶ ἄλογοι. θετέον γὰρ αὐτὸν ὡδί· μ|ο.
15 εἶτα ῥητέον· ἑξάκις γ̄ ἑξάκις ᾱ· καὶ γίνονται ταῦτα
Ι⅄ϙ. τούτοις προσθετέον τὰ ῑ, καὶ πάλιν ἕτερον
οὐδέν· εἶτα ῥητέον ϛ᾽ ᾱ, ἑξάκις η̄, ἑξάκις ζ̄· καὶ γί-
νονται ταῦτα ΙΙρροο. τούτοις προσθετέον τὰ λ̄ϛ̄· καὶ
γίνονται ΙΙργμϟ. τούτων ἐκβλητέον τὴν πλευράν. εἶτα
20 ἀναβιβαστέον τὰ λεπτά, καὶ τὰ εὑρεθέντα ἐκ τοῦ ἀνα-
βιβασμοῦ ἐστιν ἡ μέση ε̄ λ̄ε̄. εἰ δὲ λείπει τὰ ῑ, θαυ-
μαστὸν οὐδέν· μοῖραι γὰρ καὶ πρῶτα λεπτὰ ἀρκοῦσιν.
εἰ δὲ ποιήσῃς τοὺς τετραγώνους μὴ εἰς τέταρτα λεπτά,
ἀλλ' εἰς ἕκτα, καὶ λάβῃς τὴν πλευράν, εἶτα ἀναβιβάσῃς
25 τὰ λεπτά, εὑρήσεις καὶ δεύτερα λεπτα καὶ τρίτα, οἷον

---

4. εὑρηθήσεται q.   7. ἡ] ἔστιν ἡ V.   12. ῑα] ι V.   τοῦ]
τῆς q.   τοῦ] τῆς q.   14. ἄλογοι] αἱ ἄλογοι V.   μ|ο] Pq,
μ ι
μ|ϙ V.   15. ᾱ] ἕν V.   17. ϛ᾽] h. e. ἑξάκις.   18. ΙΙρροο]
PV, ΙΙροο q.   21. λ̄ϛ̄] om q.   23. ποιήσεις V.   τούς]
om. q.

εἰ ἀναλυθῇ ὁ κ̄ζ̄ μὴ τετράκις εἰς λεπτά, ἀλλ᾿ ἑξάκις ἢ δεκάκις, εὑρεθήσονται καὶ τέταρτα λεπτά.

94. Ἰστέον, ὅτι χωρία ῥητά ἐστι τὰ ἀπὸ ἀριθμῶν τινων παρονομαζόμενα εἴτε τετραγώνων εἴτε ἑτερο-μηκῶν, οἷον τὸ τετράπουν καὶ ἐννεάπουν ῥητὰ ἀπὸ 5 τετραγώνων παρωνομασμένα τοῦ δ̄ καὶ θ̄, τὸ δὲ ὀκτάπουν καὶ ὀκτωκαιδεκάπουν ῥητὰ ἀπὸ ἑτερομηκῶν τοῦ ῑ καὶ η̄ καὶ ἀπὸ τοῦ η̄. ὡσαύτως καὶ εὐθεῖαι ῥηταὶ αἱ ἀπὸ ἀριθμῶν παρονομασθεῖσαι καλοῦνται εἴτε τετραγώνων εἴτε οἱωνδή τινων, οἷον ἡ τρίπους, 10 ἡ τετράπους, ἡ πεντάπους, ἡ ἑπτάπους ἅπασαι ῥηταί· ἐν ἀριθμῷ γὰρ ἅπαν ῥητόν. ὅσαι δὲ οὐκ ἀπό τινος ἀριθμοῦ παρονομάζονται ὡς ἡ πλευρὰ τοῦ ζ̄, τοῦ η̄, τοῦ ῑ ἄρρητοι καὶ ἄλογοι λέγονται, ὁμοίως καὶ χωρία. ῥητὰ δὲ πρὸς ἄλληλα καὶ ῥηταὶ πρὸς ἀλλήλας εὐθεῖαι 15 λέγονται, ὅσα ἢ ὅσαι σύμμετροί εἰσιν.

Ad prop. XI.

95. Ἔστιν ἄρα καὶ ἀσυμμέτρων λόγος. ὀρθῶς ἄρα ἐν τῷ ιε᾿ ἐρρήθη, ὅτι πεντεκαιδεκάκις ὁ λόγος. ἐν-τεῦθεν δὲ καὶ κατ᾿ ἀναλογίαν συμμετρία καὶ ἀσυμ- 20 μετρία. — αὐτὸς ἐκτίθεμαι τὰ ἀσύμμετρα οὐκ ἐκ τῶν φύσεων λαβών· ἔχω γὰρ τὴν γένεσιν αὐτῶν.

Ad prop. XII.

96. Τοῦτο ἀπὸ τῆς ταυτότητος, οὐκ ἀντιστρέφει μέντοι· οὐ γὰρ τὰ ἀλλήλοις σύμμετρα καὶ τῷ αὐτῷ, 25

---

94. q (P²).   95. P.   96. PVᶜq.

---

1. ἀναλυθείη V.   ὁ κ̄ζ̄ — 2. λεπτά] εἰς ἕκτα καὶ δί-κατα V.   18. ὀρθῶς] sq. non intellego.   19. ἐρρήθη P.
30*

εισιν, προσκεχρήμεθα τῷ τετά
βιβλίου· λέγει γάρ, ὅτι· λόγων
ἀριθμοῖς ἀριθμοὺς εὑρεῖν ἑξῆς
θεῖσι λόγοις. εἰ δὲ μή εἰσιν ἐλ
10 λόγον ἐχόντων αὐτοῖς, προσκε
ρήματι τοῦ ζ΄ βιβλίου, ὅτι· ἀρ
σωνοῦν εὑρεῖν τοὺς ἐλαχίστους τ
ἐχόντων αὐτοῖς, καὶ οὕτως προ

Ad prop. X

15   98. Ἔστω ἡ Δ κ̄δ καὶ τὸ ἀ
φο̄ε, ἡ Β η̄ καὶ τὸ ἀπ' αὐτῆς ξ
ἀπ' αὐτῆς σ̄ν̄ε, ἡ δὲ Γ ϛ̄ καὶ
ἐννακισχίλια σ̄ῑε, ἡ δὲ Δ λ̄β καὶ
γωνον φ̄κ̄δ, ἡ δὲ Ζ ξ̄δ καὶ τὸ
20 χίλια ϥ̄ε.

   99. Δῆλον, ὅτι ὡς ἓν τὸ Δ,
ὡς ἀπὸ μιᾶς τῆς Β, Γ τουτέστι

μιᾶς οὔσης καὶ ὡς ἀπὸ μιᾶς, ἀλλ' οὐχ ὡς ἀπὸ δύο
ἀναγραφέντα τὰ ἀπὸ τῶν Α, Β. εἰ γὰρ τὴν ιϛ καὶ
τὴν η̄ ὡς μίαν νοήσομεν, ἔσται εἴκοσι καὶ δ̄, τὸ δὲ
ἀπὸ ταύτης ἴσον τῷ ἀπὸ τῆς Α, διότι καὶ ἡ Α κ̄δ
κεῖται οὖσα.   5

100. Ἐπεὶ ὑπόκειται ἡ Α τῆς Β μεῖζον δύνασθαι
τῷ ἀπὸ τῆς Ε, συναμφότερα πάντως τὰ ἀπὸ τῶν Β, Ε
ἴσα εἰσὶ τῷ ἀπὸ τῆς Α.

101. Διὰ τὴν ὑπόθεσιν δῆλον ὅτι ὡς ἓν τὸ Ε, Β
ἀναγραφέν. τὰ ἄρα ἀπὸ τῆς Β, Ε καὶ τὰ ἀπὸ τῆς Α   10
ἴσα ὄντα πρὸς τὸ αὐτὸ τὸ ἀπὸ τῆς δευτέρας τὸν αὐτὸν
ἔχοντα λόγον, ὡς δὲ τὸ ἀπὸ τῆς Α πρὸς τὸ ἀπὸ τῆς Β,
οὕτως καὶ τὰ ἀπὸ τῶν Β, Ε πρὸς τὸ ἀπὸ τῆς Β.

102. Ἔστω ἡ Α κ̄ ἡ Β ῑβ ἡ Γ ῑ ἡ Δ ϛ̄. δύναται
ἡ Α τὰ ῡ, ἡ δὲ Β ρ̄μ̄δ, καί ἐστι μείζονα τὰ ῡ τῶν ρ̄μ̄δ   15
τοῖς σ̄ν̄ϛ, ἅτινα γίνονται ἀπὸ τῆς ιϛ πλευρᾶς συμ-
μέτρου οὔσης τῇ κ̄. ὁμοίως ὁ ῑ δύναται τὰ ρ̄, ὁ δὲ ϛ̄
τὰ λϛ. δύναται γοῦν τὰ ρ̄ μείζω τῶν λϛ τῷ ξ̄δ, ὧν
πλευρὰ τὰ η̄ σύμμετρα τοῖς ῑ. ἔστι γοῦν ἡ Ε ιϛ, ἡ
δὲ Ζ η̄. πάλιν ἔστω ἡ Α η̄, ἡ δὲ Β ϛ̄, ἡ δὲ Γ δ̄, ἡ   20
δὲ Δ γ̄. δύναται γοῦν τὸ ἀπὸ τῆς Α μεῖζον τοῦ ἀπὸ
τῆς Β τῷ κ̄η, οὗ πλευρά ἐστιν ε̄ ῑζ κ̄θ, ἥτις ἐστὶν
ἀσύμμετρος τῇ Α. πάλιν δύναται τὸ ἀπὸ τῆς Γ μεῖζον
τοῦ ἀπὸ τῆς Δ τῷ ζ̄, οὗ πλευρά ἐστι β̄ λη̄ μ̄δ, ἥτις
ἀσύμμετρός ἐστι τῇ Γ.[1]   25

---

1) Praeterea B hoc scholium habet, cuius pars ultima euan.:
τοῦτο δὲ εὑρίσκεται οὕτως· ἐὰν γὰρ λάβωμεν δύο τρίγωνα ὀρθο-

---

100. V^aq.   101. V^a (σχόλιον).   102. V^a.

---

3. νοήσαιμεν q.   6. ἐπεί] ἐπεὶ γὰρ V.   8. ἴσα — ἀπό]
μείζονα V.   9. τό] τῷ V.   10. ἀναγραφέν V.   τά] (prius)
om. V.

Ad prop. XV.

103. Ῥᾷον ͵δέ σοι ἔσται καὶ δι' ἀριθμῶν ῥητῶν,
εἰ βούλει, ποιήσασθαι τὴν διδασκαλίαν. οἷον ἔστω
ἡ ΑΒ μονάδων ιε̄, ἡ ΒΓ μονάδων ῑ· συντεθειμένα
5 ταῦτα ποιήσουσι τὴν ὅλην εὐθεῖαν τὴν ΑΓ κ̄ε̄, μετρήσει
δὲ ταύτην τὸ Δ μέγεθος ἤτοι τὸ πέντε.

Ad prop. XVI lemma.

104. Οἷον εἰ τύχῃ εὐθεῖα ἡ ΑΒ ἔχουσα σπιθαμὰς ῑ, καὶ
παραβληθῇ παρὰ τὴν ζ καὶ τὴν γ̄ παραλληλόγραμμον οἷον
10 τὸ κ̄ᾱ ἐλλεῖπον εἴδει τετραγώνῳ τῷ θ̄, τὸ παραβληθὲν
οἷον τὸ κ̄ᾱ ἴσον ἐστὶ τῷ ὑπὸ τῶν ἐκ τῆς παραβολῆς γε-
νομένων τμημάτων τῆς εὐθείας τῆς ζ καὶ γ̄ τουτέστι τῷ κ̄ᾱ.

Ad prop. XVII.[1])

105. Λῆμμα ᾱ'.

15   Αἱ μήκει διπλάσιαι δυνάμει τετραπλάσιαί εἰσιν.

γώνια ῥητὰς ἔχοντα τὰς πλευρὰς καὶ ἀνάλογον ἔχοντα τὰς (haec 4
uocab. in ras.) πλευράς, δύναται δὲ ἡ ὑποτείνουσα τὴν ὀρθὴν
τῆς μιᾶς τῶν πρὸς τὴν ὀρθὴν μεῖζον τῷ ἀπὸ συμμέτρου ἑαυτῆς
μήκει, καὶ ἡ τοῦ ἑτέρου τριγώνου ὑποτείνουσα τὴν ὀρθὴν μεῖζον
δυνήσεται τῷ ἀπὸ συμμέτρου ἑαυτῆς μήκει. κἂν ἡ μείζων τῆς
ἐλάσσονος μεῖζον δυνήσεται τῷ ἀπὸ [ἀ]συμμέτρου ἑαυτῆς μήκει
καὶ ἡ ἑτέρα τῆς ἐλάσσονος (in ras.) μεῖζον δυνήσεται τῷ ἀπὸ
ἀσυμμέτρου (ἀ supra scr. m. 1) ἑαυτῆς μήκει καὶ ἡ ἑτέρα πάλιν
τῆς ἐλάσσονος μεῖζον δυνήσεται. οἷον ὡς ἐπὶ ὑποδείγματος ἐκ-
κείσθω τρίγωνον ὀρθογώνιον ἔχον τὴν μίαν τῶν πρὸς τὴν ὀρθὴν
μίαν, τὴν δὲ λοιπὴν δύο. ἔσται οὖν τὸ ἀπο τῆς ὑποτεινούσης
πέντε. ἡ ὑποτείνουσα οὖν τῆς μείζονος δύο μεῖζον δύναται τῷ
ἀπὸ ἀσυμμέτρου ἑαυτῇ μήκει. καὶ εἰ ἕτερον ὑποθώμεθα τρί-
γωνον, ἐπὶ διπλάσιον ἄρα etc.

1) Ad init. prop. XVII hab. P: τὰ λημμάτια τὰ δ̄ τούτου
ἐστὶ τοῦ θεωρήματος.

103 V^a.   104. V^a.   105. PBFVat.V^cq.

14. ιζ' V.   α' λῆμμα P.   α'] om Bq. Deinde add. εἰς
τὸ ιζ' Vat., seq. ἐὰν ὦσιν δύο εὐθεῖαι ἄνισοι τῷ δὲ τετάρτῳ μέρει
τοῦ ἀπὸ τῆς ἐλάττονος καὶ τὰ ἑξῆς BVat.   15. τετραπλάσιαι]
τριπλάσιαι q.   εἰσιν] om. B, εἶσι q.

ἔστω ἡ *AB* τῆς *BΓ* μήχει διπλασίων. λέγω, ὅτι δυ-
νάμει τετραπλασίων ἐστὶν ἡ *AB* τῆς *ΓB*. ἀναγεγράφθω
γὰρ ἀπὸ τῆς *AB* τετράγωνον, καὶ καταγεγράφθω τὸ
σχῆμα. φανερὸν μὲν οὖν, ὅτι τὰ τέσσαρα ἴσα ἀλλή-
λοις ἐστίν. τὰ τέσσαρα ἄρα τοῦ ἑνὸς τοῦ 5
ἀπὸ τῆς *ΓB* τετραπλασίονά ἐστιν. καὶ
εἰσι τῷ ἀπὸ τῆς *AB* ἴσα. τὸ ἀπὸ τῆς *AB*
ἄρα τοῦ ἀπὸ τῆς *ΓB* τετραπλάσιόν ἐστιν.
καί ἐστι μήχει διπλασίων. αἱ μήχει ἄρα
διπλάσιαι δυνάμει τετραπλάσιαί εἰσιν. 10

106. Λῆμμα β'.

Ἐὰν ὦσι δύο εὐθεῖαι ἄνισοι, τὸ δὲ τέταρτον τοῦ
ἀπὸ τῆς ἐλάττονος παρὰ τὴν μείζονα παραβληθῇ ἢ
καὶ ἄλλο ἐλλεῖπον εἴδει τετραγώνῳ, τὸ παραβαλλόμενον
ἴσον ἐστὶ τῷ ὑπὸ τῶν τμημάτων τῆς μείζονος. ἔστωσαν 15
δύο εὐθεῖαι ἄνισοι αἱ *AB*, *Γ*, καὶ ἔστω μείζων η *AB*.
τὸ δὲ τέταρτον τοῦ ἀπὸ τῆς *Γ* ἢ ἄλλο ὁποιονοῦν παρὰ
τὴν *AB* παραβεβλήσθω ἐλλεῖπον εἴδει τετραγώνῳ τῷ
ἀπὸ τῆς *ΔB*. λέγω, ὅτι τὸ παραβαλλόμενον ἴσον ἐστὶ

---

106. PFVat.Vᵇ Vᶜq (B euan.).

---

1. ἡ] om. Vat., m. 2 P.   *ΓB* Vq.   2. ἐστίν] om. q.   *ΓB*]
BΓ P.   8. *AB*] *A* e corr. Vat.   τό] τῷ FVq.   4. μέν]
om. BFVat.   5. ἐστίν] εἰσί Vq.   6. τετραπλάσια FVat.q.
7. εἰσιν PVat.   τῷ] τό V.   τῷ ἀπό] corr. ex τῷ *δ̄* m.
2 P.   τό] τῷ FVat.   τῆς] τοῦ FVq.   8. ἄρα] om. Vat.
9. Ante αἱ add. ἡ *AB* τῆς *ΓB* q.   ἄρα μήχει q.   10.
δυνάμει — εἰσιν] καὶ τα ἑξῆς q.   Figuram hab. P m. 2, et
sine litteris Vat.   11. εἰς τὸ αὐτο λῆμμα β' BFVat., β' ἄλλο
λῆμμα P, om. q.   12. ὦσιν PVat.   ἄΐσοι P.   18. ἐλάσσονος
BFVᶜq.   15. τῷ] τό Vᶜ et P, sed corr.   16. ἄισοι P,
corr. m. rec.   αἱ *ABΓ*(*Δ* postea ins.) ἄνισοι Vᵇ.   ἔστωσαν q.
17. ἢ] supra m. rec. P.   ὁποιοῦν q.   19. Ante ἴσον 1 litt.
eras. Vᵇ.

τῷ ὑπο τῶν ΑΔΒ. ἀναγεγράφϑω γὰρ ἀπὸ τῆς ΔΒ
τετράγωνον τὸ ΒΕ, καὶ καταγεγράφϑω τὸ σχῆμα. ἐπεὶ
τὸ ΒΕ ἐστι τὸ ἀπὸ τῆς ΔΒ,
λοιπὸν ἄρα τὸ ΑΕ παρ-
5 αλληλόγραμμον ἴσον ἐστὶ τῷ
τετάρτῳ τοῦ ἀπὸ τῆς Γ

ἢ ἄλλῳ παραλληλογράμμῳ.[1]) καί ἐστι τὸ ὑπὸ τῆς
ΑΔ, ΔΒ. πάντων ἄρα τῶν παρὰ τὴν ΑΒ παρα-
βαλλομένων παραλληλογράμμων καὶ ἐλλειπόντων εἴδει
10 τετραγώνῳ τὸ γινόμενον ἴσον ἐστὶ τῷ ὑπὸ τῶν τμη-
μάτων.

107.[2]) Λῆμμα γʹ.

Ἐὰν ὦσιν δύο εὐϑεῖαι ἄνισοι, τὸ δὲ τέταρτον τοῦ
ἀπὸ τῆς ἐλάσσονος παρὰ τὴν μείζονα παραβληϑῇ ἐλ-
15 λεῖπον εἴδει τετραγώνῳ, τὸ παραβαλλόμενον οὐ πεσεῖται
ἐπὶ τῆς διχοτομίας. εἰ γὰρ δυνατόν, ἔστωσαν δύο
εὐϑεῖαι ἄνισοι αἱ ΑΒ, Γ, τὸ δὲ τέταρτον τοῦ ἀπὸ τῆς
ἐλάσσονος τῆς Γ παρὰ τὴν μείζονα παραβεβλήσϑω

---

1) ⨍ P, ut saepius; add. ⨍ τὸ σημεῖον τοῦ τετραγώνου
νοητέον.

2) Hoc scholium etiam ad prop. XII legitur in Vᵃ, sed
corruptissime.

Figuram hab. Vat., m. rec. P.   107. PBFVat.VᵇVᶜq.

---

1. ΑΔΒ] in ras. F, ΑΔ q.   ΔΒ] ΒΔ Vᶜq.   Deinde
add. τετράγωνον Vᶜq, m. rec. P.   4. λοιπὸν ἄρα] om. PVᶜq.
Post τό add. δέ Vᶜq, m. rec. P.   παραλληλόγραμμον] τρί-
γωνον q.   6. τοῦ] om. Vᵇ.   7. ἄλλο παραλληλόγραμμον
FVat.Vᵇ.   καί — 10. τμημάτων] om. q.   7. τό] τῷ Vᶜ.
ὑπό] corr. ex ἀπό Vᵇ.   8. τήν] om. Vᶜ.   10. τὸ γινόμενον]
τὸ Γ FVat. et e corr. P, om. Vᵇ.   τὸ παραλληλόγραμμον Vᶜ.
τῷ] τό FVᵇ et P, sed corr.   12. γʹ ἄλλο λῆμμα P, ἄλλο
λῆμμα τρίτον BFVat., om. Vᵇq.   13. ἄνισοι εὐϑεῖαι q.   14.
ἐλάττονος Vat.Vᵇ.   παραληφϑῇ Vᵇ, sed corr.   16. εἰ] ἢ q.
δυναμένη q.   17. εὐϑεῖα B.   18. ἐλάττονος PVat.Vᵇ.

ἐλλεῖπον εἴδει τετραγώνῳ τῷ ἀπὸ τῆς ΔB ἡμισείας
οὔσης τῆς AB. διὰ δὴ τὸ πρὸ τούτου λῆμμα ἴσον
ἐστὶ τὸ παραβαλλόμενον τῷ ὑπὸ τῶν τμημάτων τῶν
ΑΔ, ΔB, τουτέστι τῷ ἀπὸ τῆς ΔB· ἡ γὰρ AB δίχα
τέτμηται κατὰ τὸ Δ σημεῖον. καὶ τὸ ἄρα τετράκις 5
ἀπὸ τῆς ΔB ἴσον ἐστὶ τῷ τετραπλασίῳ τοῦ παρα-
βαλλομένου. καί ἐστι τὸ μὲν τετράκις ἀπὸ τῆς ΔB
τὸ ἀπὸ τῆς AB· αἱ γὰρ μήκει διπλάσιαι δυνάμει τετρα-
πλάσιαι. τὸ δὲ τετραπλάσιον τοῦ παραβληθέντος τὸ
ἀπὸ Γ. καὶ τὸ ἀπὸ τῆς AB ἄρα ἴσον ἐστὶ τῷ ἀπὸ 10
τῆς Γ τὸ ἀπὸ τῆς μείζονος τῷ ἀπὸ τῆς ἐλάσσονος·
ὅπερ ἐστὶν ἀδύνατον. οὐκ ἄρα τὸ ΔΓ ἀπὸ τῆς Γ
ἐπὶ τῆς διχοτομίας πεσεῖται.

108.[1]) Λῆμμα δ´.

Δύο δοθεισῶν εὐθειῶν ἀνίσων τὸ τέταρτον τοῦ 15
ἀπὸ τῆς ἐλάσσονος παρὰ τὴν μείζονα παραβαλεῖν ἐλ-
λεῖπον εἴδει τετραγώνῳ. ἔστωσαν αἱ δοθεῖσαι δύο

---

1) Figuram hab. F Vat. Vᵇ, m. 2 P; in F in dextro angulo
folii est addito ἰστέον ὅτι τὸ σχῆμα τοῦτο ·····. In fine
scholii: ἐξῆς τὸ σχῆμα κάτω εἰς τὴν τοῦ μετώπου γωνίαν.

---

108. P F Vat. Vᶜ Vᵇ q (B euan.).

---

1. τῷ] corr. ex τό m. rec. P.   ΔB] om. q.   2. ΑB]
ΔB Vᵇ. πρὸ τούτου] τοῦ πρώτου Vᶜ. 5. Δ σημεῖον] ΔE q.
6. ἴσον — 7. ΔB] om. B.   7. τετράκις] τετράκις τό q.   8.
τό] τῷ B.   Post ΑB del. τὸ ἀπό ... Vᵇ.   9. τετραπλάσιον]
τετραπλοῦν Vᵇ.   τό] corr. ex τῷ q, τοῦ Vᵇ.   10. Γ]
τῆς Γ q.   τό] m. rec. P.   ἄρα] om. q, ἄρα ἐστί F Vat. Vᵇ.
ἐστί] om. F Vat. Vᵇ.   τῷ] corr. ex τό m. rec. P.   11. τῷ]
τοῦ P, τά B F Vat., τό Vᶜ, om. q.   ἀπὸ τῆς ἐλάσσονος] om. q.
12. ΔΓ] deleo; corr. ex ΓΔ Vᶜ, ΔΓ τό Bq et e corr. m.
rec. P.   τῆς Γ ἐπί] om. Vᵇ.   14. δ´ ἄλλο λῆμμα P, ἄλλο
λῆμμα δ´ F Vat., om. Vᵇq.   16. ἐλάττονος Vat. Vᵇ, μείζονος
comp. q.   μείζονα] μ̂ q.   παραβάλλειν Vᵇ.   ἐλλεῖπον]
ἐπειδή q.

εὐθεῖαι ἄνισοι αἱ ΑΒ, ΓΔ, καὶ ἔστω μείζων ἡ ΑΒ, καὶ
δέον ἔστω ποιῆσαι τὸ προκείμενον. τετμήσθω ἡ ΓΔ δίχα
κατὰ τὸ Ε· φανερὸν δή, ὅτι τὸ τέταρτον τοῦ ἀπὸ τῆς
ΓΔ ἐστι τὸ ἀπὸ τῆς ΓΕ. καὶ γεγράφθω ἐπὶ τῆς ΑΒ
5 ἡμικύκλιον, καὶ τετμήσθω
ἡ ΑΒ δίχα κατὰ τὸ Ζ,
καὶ ἀπὸ τοῦ Ζ τῇ ΑΒ
πρὸς ὀρθὰς ἤχθω ἡ ΖΗ.
ἐπεὶ οὖν μείζων ἐστὶν ἡ
10 ΑΒ τῆς ΓΔ, μείζων ἄρα

καὶ ἡ ἡμίσεια τῆς ΑΒ, τουτέστιν ἡ ΖΒ, τῆς ἡμισείας
τῆς ΓΔ, τουτέστι τῆς ΓΕ. κείσθω οὖν τῇ ΓΕ ἴση
ἡ ΖΘ, καὶ διὰ τοῦ Θ τῇ ΑΒ παράλληλος ἤχθω ἡ ΘΚ,
καὶ ἀπὸ τοῦ Κ ἐπὶ τὴν ΑΒ κάθετος ἡ ΚΛ, καὶ ἐπ-
15 εξεύχθωσαν αἱ ΑΚ, ΚΒ. ὀρθογώνιον ἄρα ἐστὶ τὸ
ΑΚΒ τρίγωνον, καὶ ἀπὸ τῆς ὀρθῆς ἐπὶ τὴν βάσιν
κάθετος ἦκται ἡ ΚΛ. τὸ ἄρα ὑπὸ τῶν ΑΛ, ΑΒ ἴσον
ἐστὶ τῷ ἀπὸ τῆς ΚΛ. ἐκβεβλήσθω οὖν ἡ ΚΛ, καὶ
κείσθω τῇ ΛΒ ἴση ἡ ΛΜ, καὶ συμπεπληρώσθω τὸ
20 σχῆμα. τὸ ἄρα ἀπὸ τῆς ΚΛ, τουτέστι τὸ ἀπὸ τῆς ΖΘ,
ἴσον ἐστὶ τῷ ΑΜ παραλληλογράμμῳ. ἀλλὰ τὸ ἀπὸ τῆς ΖΘ
ἴσον ἐστὶ τῷ ἀπὸ τῆς ΓΕ, τουτέστι τῷ τετάρτῳ μέρει
τοῦ ἀπὸ τῆς ΓΔ. παραβέβληται ἄρα παρὰ τὴν ΑΒ

___

2. τὸ προκείμενον ποιῆσαι Vᵃ.   8. ἡ ΖΗ] om. Vᶜ.   9.
μείζον Vat.   10. ΓΔ] ΔΓ F Vat. Vᵇ.   11. τουτέστιν] om.
P F Vat. Vᵇ.   14. ἐπί] e corr. Vᵇ.   κάθετος] e corr. Vᵇ,
comp. F.   15. ὀρθωγώνιον P, sed corr.   17. ἦκται] e corr. Vᵇ.
τό] τά P Vᶜ.   ὑπό] ἀπό Vᶜ.   τῶν] τό q.   ΑΒ] Α e
corr. Vᵇ.   ἴσον] ἴσα Vᶜ.   18. τῷ] corr. ex τό m. 2 P, τά Vᶜ.
οὖν] γοῦν Vᵒ.   19. συμπεπληρώσθω] συμ- e corr. Vᵇ.   20.
τό] (alt.) om. Vᵇ.   21. παραλληλογράμμῳ] τριγώνῳ q.   ΑΜ
— 22. ἐστὶ τῷ] bis Vᵇ.   22. τῷ] (alt.) τό q.

τὸ τέταρτον τοῦ ἀπὸ τῆς ΓΔ τὸ ΑΜ ἐλλεῖπον εἴδει
τετραγώνῳ τῷ ΜΒ· ὅπερ ἔδει ποιῆσαι.

109. Ἔστωσαν δύο εὐθεῖαι ἄνισοι ἡ μείζων ιε, ἡ
δὲ ἐλάσσων ιβ, καὶ τὸ δ΄ μέρος τοῦ ἀπὸ τῆς ἐλάσσονος,
τουτέστι τὸ λϛ· ἔστι γὰρ ὅλον τὸ ἀπὸ τῆς ἐλάσσονος 5
ρμδ· τῷ τετάρτῳ οὖν μέρει, τουτέστι τῷ λϛ, παρὰ τὴν
μείζονα τὴν ΒΓ ἴσον ἐκβεβλήσθω τὸ ὑπὸ ΒΔΓ ὡς

εἶναι την ΒΔ ιβ, τὴν δὲ
ΔΓ γ̅, ἐλλειπέτω δὲ καὶ
εἴδει τετραγώνῳ τῷ ΔΡ θ̅ 10
ὄντι. διαιρείτω δὲ αὐτὴν
καὶ εἰς σύμμετρα. ἔστι γὰρ
ἡ ΒΔ ιβ, ἡ δὲ ΔΓ γ̅· καὶ
διὰ τοῦτο ἡ μείζων τῆς ἐλάσ-
σονος μεῖζον δύναται τῷ ἀπὸ συμμέτρου ἑαυτῇ μήκει. 15
ἔστι γὰρ τὸ ἀπὸ ΒΓ σκε, τὸ ἀπὸ τῆς Α ρμδ, ἡ ὑπεροχὴ
πα, ὅστις ἀναγράφεται ἀπὸ τοῦ θ̅, ὅς ἐστι σύμμετρος
τῷ ιε. ιε π/α σκε ιβ π/α ρμδ ὑπεροχ πα.

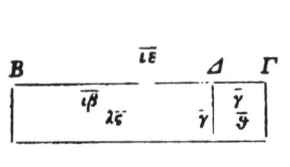

110. Ἔστω ἡ Α, ἥτις καὶ ἐλάττων ὑποτίθεται,
ὀκτάπους. δῆλον δή, ὅτι τὸ ἀπ᾽ αὐτῆς ἐστι ποδῶν ξ 20
καὶ τεσσάρων, τὸ δὲ ἀπὸ τῆς τετράποδος, ἥτις τετρά-
πους ἡμίσειά ἐστι τῆς ὀκτάποδος, τὸ οὖν ἀπὸ τῆς τετρά-
ποδός ἐστι ποδῶν ιϛ. τούτων οὕτως ἐχόντων καὶ τοῦ
προβλήματος ἀσαφῶς ῥηθέντος ἔσται τὸ πλῆρες τῆς
προτάσεως τοιοῦτον· ἐὰν ὦσι δύο εὐθεῖαι ἄνισοι, τῷ 25

109. B.   110. q (P²r).

2. τῷ] τό Vᶜ.   4. τοῦ] τό B.   6. παρά] ⊩ B, supra
scr. π∈ m. 1.   7. τό] τῷ B.   10. εἴδει] ηδι B.   ΔP]
δθ̅ B; corruptum.   11. ὄντι] ὄντ̅ B.   διαιρείτω] scr. διαιρεῖ.
15. ἑαυτῆς B.

δὲ τετραγώνῳ τῷ ἀπὸ τῆς ἡμισείας τῆς ἐλάττονος, ὅπερ
τετράγωνον τὸ ἀπὸ τῆς ἡμισείας ὂν τῆς ἐλάττονος
τέταρτον μέρος ἐστὶ τοῦ ἀπο τῆς ὅλης τῆς ἐλάττονος
τετραγώνου· τὸ γὰρ ῑϛ τὸ ἀπὸ τῆς ἡμισείας τέταρτόν
5 ἐστι τοῦ ξ͞δ τοῦ ἀπὸ τῆς ὅλης· ἐὰν τῷ τετάρτῳ τοῦ
ἀπὸ τῆς ὅλης, γινομένῳ δὲ ἀπὸ τῆς ἡμισείας ἴσον
παραβληθῇ καὶ τὰ ἑξῆς τῆς προτάσεως, γενήσεται τὸ
λεγόμενον.

111. Ἔστωσαν δύο εὐθεῖαι μείζων ἡ ΑΒ ῑ οὖσα,
10 ἐλάσσων δὲ ἡ Ε η̄ οὖσα, καὶ τῷ τετάρτῳ τοῖ ἀπο
τῆς Ε ἴσον ἐκβεβλήσθω παρὰ τὴν ΑΒ τὸ ὑπὸ ΑΓΒ
[ὡς εἶναι] τὴν [Α]Γ η̄, τὴν δὲ ΓΒ [β̄]. ἐλλειπ[έτω]
δὲ καὶ εἴδει τετραγώνῳ τῷ .. δ̄ ὄν[τι] .... οὖν ἡ
μείζων ῑ οὖσα τὰ ρ̄ δύναται [ἡ δὲ ἐλάσσων η̄ οὖσα]
15 τὰ ξ͞δ, ὑπεροχὴ ..... τὸν ξ͞δ ... λϛ, ὃς ἀναγράφεται
[ἀπὸ τοῦ ϛ̄] .... σύμμετρος καὶ τῷ ..... καὶ διῄρηται
ἡ ΑΒ εἰς σύμμετρα κατὰ τὸ Γ.

ι   π   ρ   η   π   ξδ   υπεροχ   λϛ.
    α   α

112. Τέταρτον μέρος τοῦ ἀπὸ τῆς ἐλάσσονος λέγει,
20 ἵνα πρῶτον τετραγωνίσῃς τὸν ἐλάσσονα καὶ εἶθ᾽ οὕτως
λάβῃς τὸ τέταρτον αὐτοῦ, ὅπερ ἐστὶ τὸ ἀπὸ τῆς ἡμι-
σείας τοῦ ἐκκειμένου ἐλάσσονος ἀριθμοῦ ἀναγεγραμ-
μένον, καὶ παρ᾽ αὐτὸ παραβάλῃς παρὰ τὴν μείζονα
παραλληλόγραμμον ἴσον τῷ αὐτῷ χωρίῳ. οἷον ἔστωσαν
25 δύο ἄνισοι ἀριθμοὶ ὁ ῑ καὶ ὁ η̄. καὶ τῷ τετάρτῳ μέρει
τοῦ ἀπὸ τῆς ἐλάσσονος τῆς η̄ ἤγουν τῷ ἀπὸ τῆς ἡμι-

---

111. B euan.   112. V^b.

---

4. τὸ γάρ] τῷ γάρ q.   10. τοῦ] τό B.   11. παρά] ϰ B.
13. εἶθι B.   26. τοῦ] τῷ V.

σείας τῆς τέσσαρα, ὅπερ ιϛ ἐστιν, ἴσον παραλληλό-
γραμμον παραβεβλήσθω λέγων δὶς ὀκτὼ ιϛ, ὅπερ ἴσον
ἐστὶ τῷ δ΄ τοῦ ἀπὸ τῆς ἐλάσσονος κατὰ μῆκος. καὶ
τὰ λοιπὰ τὰ ἐκ τῆς μείζονος δύο ἐλλείπουσιν εἴδει
τετραγώνῳ· δὶς γὰρ τὰ δύο γίνεται τέσσαρα.   ι

113. Τετμήσθω γὰρ ἡ ΒΓ δίχα κατὰ τὸ Ε ση-
μεῖον p. 50, 4] οὐ γάρ ἐστιν ἡ διχοτομία κατὰ τὸ Δ
διὰ τὸ μείζονα εἶναι τὴν ΒΓ εὐθεῖαν.

114. Καὶ τὰ τετραπλάσια p. 50, 10] τὰ γὰρ ἴσα
τετραπλασιαζόμενα ἴσα ἀλλήλοις ἐστίν, ὁμοίως καὶ 10
πενταπλασιαζόμενα καὶ ἐπ᾽ ἄπειρον.

115. Τῷ δὲ τετραπλασίῳ τοῦ ἀπὸ τῆς ΔΕ p. 50,14 sq.]
τὰ γὰρ μήκει διπλάσια δυνάμει τετραπλάσια.

116. Δέδεικται γάρ, ὅτι τὰ μήκει διπλάσια τῇ
δυνάμει τετραπλάσια· οἷον ὡς ἐπὶ παραδείγματος· ἐκ- 15

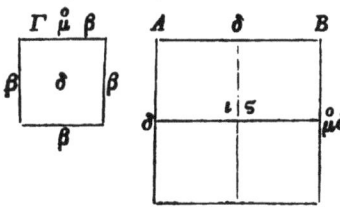 κείσθωσαν γὰρ δύο εὐθεῖαι
ἄνισοι αἱ ΑΒ, Γ, καὶ ἡ
μὲν ΑΒ τῆς Γ διπλασία
ἔστω, καὶ ἔστω ἡ μὲν ΑΒ
μονάδων δ, ἡ δὲ Γ μο- 20
νάδων β, καὶ ἀναγεγράφθω
ἀπὸ τῆς ΑΒ τετράγωνον, καὶ ἔστω μονάδων ιϛ, ἀπὸ
δὲ τῆς Γ μονάδων δ. φανερὸν ἄρα ἐστίν, ὅτι τὸ ἀπὸ
τῆς ΑΒ τετράγωνον τετραπλάσιόν. ἐστι τοῦ ἀπὸ τῆς Γ
τετραγώνου. ὥστε αἱ τῷ μήκει διπλάσιαι τῇ δυνάμει 25
τετραπλάσιονες.

117. Ἴσμεν᾽ ὅτι τὰ μήκει διπλάσια δυνάμει τετρα-
πλάσια. ὥστε καὶ ἡ Α ὅλη τῆς ἡμισείας αὐτῆς μήκει

---

113. P.   114. Vᵃ.   115. PVᵃq (F).   116. B.
117. q; pertinet ad nr. 110.

3. τοῦ] τῷ V.   4. μείζονος] μοίρας V.

οὖσα διπλασία δυνάμει τετραπλασία ἐστί. ἡ γὰρ
ὀκτάπους τῆς τετράποδος μήκει οὖσα διπλασία δυνάμει
τετραπλασία ἐστί. ἔστω οὖν ἡ Α ὀκτάπους. τὸ οὖν
ἀπὸ τῆς ἡμισείας τῆς τετράποδος, ὅπερ ἐστὶ ιϛ, τέταρτον
5 μέρος ἐστὶ τοῦ ἀπὸ τῆς ὀκτάποδος, ὅπερ ἐστὶν ξδ.

118. Σύμμετρος ἄρα ἐστὶ καὶ ἡ ΒΓ p. 50, 23 sq.]
ἐπεὶ γὰρ ἡ ΒΔ τῇ ΔΓ σύμμετρος· οὕτω γὰρ προ-
υπετέθη· καὶ ἡ ΒΓ τῇ ΔΓ σύμμετρος μήκει. ἐὰν γὰρ
δύο μεγέθη σύμμετρα συντεθῇ, καὶ τὸ ὅλον ἑκατέρῳ
10 αὐτῶν σύμμετρον ἔσται. ἀλλὰ ἡ ΓΔ ταῖς ΓΔ, ΒΖ
σύμμετρος· ὥστε καὶ ἡ ΒΓ ταῖς ΓΔ, ΒΖ σύμμετρος.
ὥστε καὶ τῇ λοιπῇ τῇ ΖΔ διὰ τὸ κἂν τὸ ὅλον ἑνὶ
αὐτῶν σύμμετρον ᾖ, δηλαδὴ τῶν ἐξ ὧν σύγκειται, καὶ
ταῦτα σύμμετρα ἀλλήλοις. ἐπεὶ γοῦν ἡ ΒΓ ὅλη συγ-
15 κειμένη ὡς ἐκ δύο οἷον τῆς ΖΔ καὶ τῆς ΒΖ, ΔΓ
ὡς μιᾶς σύμμετρος ᾖ τῷ οἷον ἑνὶ ταῖς ΒΖ, ΔΓ, καὶ
τὰ ἐξ ὧν σύγκειται, τὰ ΒΖ, ΔΓ, ΖΔ μέρη σύμμετρα
ἀλλήλοις. ὥστε ἐπεὶ ἡ ΒΓ σύμμετρός ἐστι ταῖς ΒΖ, ΔΓ,
ἔστι δὲ καὶ ἡ ΖΔ ταύτῃ σύμμετρος, καὶ ἀλλήλαις ἡ
20 ΒΓ καὶ ἡ ΖΔ σύμμετροι διὰ τὸ ιβ´ τοῦ ι´· τὰ τῷ
αὐτῷ μεγέθει σύμμετρα καὶ ἀλλήλοις σύμμετρα.

119. Ὥστε καὶ λοιπῇ τῇ ΖΔ σύμμετρός ἐστιν
p. 50, 27] ἡ ΒΔ τῇ ΔΓ σύμμετρος ὑπόκειται. καὶ
ἡμίσεια ἄρα τῆς ΒΓ ἡ ΕΓ σύμμετρός ἐστι τῇ ΔΓ.
25 σύμμετρος ἄρα ἡ ΕΓ τῇ ΔΓ. καὶ διελόντι ἄρα σύμ-
μετρός ἐστιν ἡ ΕΔ τῇ ΔΓ. καὶ ἡ διπλῆ ἄρα τῆς ΕΔ
ἡ ΖΔ τῇ ΔΓ σύμμετρός ἐστιν. τῇ δὲ ΔΓ σύμμετρός

---

118. Vᵃ.   119. P.

---

12. κἂν] κ e corr. V.   19. ταύτῃ] ταύτης V; fort. ταύταις.

ἐστιν ἡ ΒΓ. καὶ ἡ ΒΓ ἄρα τῇ ΖΔ σύμμετρός ἐστιν. ταῖς αὐταῖς δὲ ἐφόδοις χρώμενοι δείξομεν, ὅτι ἡ ΒΓ τῇ ΖΔ σύμμετρός ἐστιν, δηλονότι εἰς τὸ ιη′ θεώρημα.

120. Τὸ ὑπὸ τῶν ΒΔ, ΔΓ ἴσον ὑπόκειται τῷ ἀπὸ τοῦ τετάρτου μέρους ἀναγραφομένῳ τετραγώνῳ τῆς Α. 5 ὥστε τὸ δὶς ὑπὸ τῶν ΒΔ, ΔΓ ἴσον ἐστὶ τῷ ἀπὸ τῆς ἡμισείας τῆς Α τετραγώνῳ. τὸ ἄρα τετράκις ὑπὸ τῶν ΒΔ, ΔΓ ἴσον ἐστὶ τῷ ἀπὸ τῆς Α. τοῦτο οὖν εἴρηταί μοι ὡς συντελέσον πρὸς τὰ μέλλοντα συνάγεσθαι.

121. Ὁμοίως δείξομεν p. 52, 8] τὸ τετράκις ὑπὸ 10 τῶν ΒΔ, ΔΓ μετα τοῦ τετράκις ἀπὸ τῆς ΕΔ ἴσα εἰσὶ τῷ τετράκις ἀπὸ ΕΓ. ἀλλὰ τὸ τετράκις ὑπὸ τῶν ΒΔ, ΔΓ ἴσον ἐστὶ τῷ ἀπὶ τῆς Α. ὥστε τὸ ἀπὸ τῆς Α μετὰ τοῦ τετράκις ἀπὸ τῆς ΕΔ ἴσον ἐστὶ τῷ τετράκις ἀπὸ τῆς ΕΓ. τῷ δὲ τετράκις ἀπὸ τῆς ΕΔ ἴσον ἐστὶ 15 τὸ ἀπο τῆς ΖΔ· διπλασία γάρ ἐστιν η ΖΔ τῆς ΕΔ. τὸ ἄρα ἀπὸ τῆς Α μετὰ τοῦ τετράκις ἀπὸ τῆς ΕΔ, τουτέστι μετὰ τοῦ ἀπὸ τῆς ΖΔ, ἴσον ἔσται τῷ τετράκις ἀπὸ τῆς ΕΓ. τῷ δὲ τετράκις ἀπο τῆς ΕΓ ἴσον τὸ ἀπὸ τῆς ΒΓ. τὸ ἄρα ἀπὸ τῆς ΒΓ ἴσον ἐστὶ τοῖς ἀπὸ 20 τῶν Α καὶ ΖΔ τετραγώνοις. τὸ ἀπὸ τῆς ΒΓ ἄρα μεῖζόν ἐστι τοῦ ἀπὶ τῆς Α τῷ ἀπὸ τῆς ΖΔ. συνακτέον δη τὸν λόγον καὶ οὕτως· τὸ ἀπὸ τῆς ΒΓ ἴσον ἐστὶ τῷ τετράκις ἀπὸ τῆς ΕΓ. τὸ τετράκις ἀπὸ τῆς ΕΓ ἴσον ἐστὶ τοῖς ἀπὸ τῆς Α καὶ ἀπὸ τῆς ΖΔ τετραγώνοις. 25 τὸ ἄρα ἀπὸ τῆς ΒΓ ἴσον ἐστὶ τοῖς ἀπὸ τῆς Α καὶ ΖΔ.

---

120. q (P²).   121. q (P²).

---

3. σύμμετρος] scr. ἀσύμμετρος; cfr. III p. 54, 20.   9. μέλλοντα] infra lin. 12.   10. εἰς τὸ ιζ′ q.   16. τὸ] τῷ q.   22. τῷ] τό q.

μεῖζον ἄρα τὸ ἀπὸ τῆς ΒΓ τοῦ ἀπὸ τῆς Α τῷ ἀπὸ τῆς ΖΔ.

122. Ὥστε καὶ λοιπῇ συναμφοτέρῳ p. 52, 12] ἡ ΒΓ σύμμετρος τῇ ΖΔ διὰ τὴν ὑπόθεσιν· ὥστε καὶ συν-
5 αμφοτέρῳ τῇ ΒΖ, ΔΓ διὰ τὸ κᾶν τὸ ὅλον ἑνὶ τῶν, ἐξ ὧν σύγκειται, σύμμετρον ᾖ μήκει, τὰ μέρη, ἐξ ὧν σύγκειται, σύμμετρα ἔσται. μέρη δὲ τῆς ΒΓ ἡ ΖΔ καὶ συναμφότερος ἡ ΒΖ, ΔΓ.

123. Ἐδείχθη γὰρ ἐν τῷ ιϛ', ὅτι, κᾶν τὸ ὅλον ἑνὶ
10 αὐτῶν σύμμετρον ᾖ, καὶ τὰ ἐξ ἀρχῆς μεγέθη σύμ-μετρα ἔσται.

124. Ὥστε καὶ ἡ ΒΓ τῇ ΓΔ p. 52, 14] τα γὰρ τῷ αὐτῷ σύμμετρα καὶ ἀλλήλοις ἐστὶ σύμμετρα.

125. Λῆμμα.
15 Ἐὰν ὦσι δύο εὐθεῖαι πρός τινα εὐθεῖαν ἡ μὲν σύμμετρος, ἡ δὲ ἀσύμμετρος, καὶ αὐταὶ ἀσύμμετροί εἰσιν. δύο γὰρ εὐθεῖαι αἱ Α, Β πρός τινα εὐθεῖαν τὴν Γ ἡ μὲν Α πρὸς τὴν Γ σύμμετρος ἔστω, ἡ δὲ Β πρὸς τὴν Γ ἀσύμμετρος. λέγω, ὅτι καὶ αἱ Α, Β ἀσύμ-
20 μετροί εἰσιν. εἰ γὰρ σύμμετρός ἐστιν ἡ Α τῇ Β, ἔστι δὲ καὶ τῇ Γ σίμμετρος, καὶ ἡ Β τῇ Γ σύμμετρός ἐστιν. ἀλλὰ μὴν καὶ ἀσύμμετρος· ὅπερ ἐστὶν ἀδύνατον. οὐκ ἄρα σύμμετρός ἐστιν ἡ Α τῇ Β.

---

122. Vᵃ. 123. Vᵃq. 124. VᵇFB 125. PVᶜ (ad prop. XVIII).

---

14. τοῦτο ὡς θε[ώ]ρημα ἐν ἄλλοις τέτακται μετὰ τὸ ιβ' supra scr. P. 15. εὐθεῖαι δύο ἐὰν ὦσι V. 20. εἰ] ἡ V. 22. ἀσύμμετρον V, sed corr.

Ad prop. XVIII.

126. Ἡ ὅλη ΒΓ μονάδων ῑ, ἡ ἡμίσεια μονάδων ε̄,
ἡ ΔΓ μονάδων μιᾶς καὶ λεπτῶν πρώτων κ̄ε̄, δευτέρων
δὲ μ̄ς̄. τῶν αὐτῶν ἐστιν ἡ ΒΖ. ἡ ΕΔ μονάδων
τριῶν καὶ λεπτῶν πρώτων λ̄δ̄ δευτέρων ῑδ̄. τῶν αὐτῶν 5
ἐστι καὶ ἡ ΖΕ. τὸ δὲ ὑπὸ τῶν ΒΔ, ΔΓ ἐστι μο-
νάδων ῑβ̄ καὶ λεπτῶν ῑε̄.

ἡ ὅλη Α μονάδων ζ̄ καὶ τὸ ἀπ᾽ αὐτῆς μ̄θ̄, τὸ δὲ
τέταρτον τοῦ ἀπ᾽ αὐτῆς μονάδων ῑβ̄ καὶ λεπτῶν ῑε̄.

127. Ἔστωσαν δύο εὐθεῖαι αἱ ΒΓ, Α, καὶ ἡ μείζων 10
ἡ ΒΓ ῑγ̄, ἡ δὲ ἐλάσσων ἡ Α ῑβ̄ καὶ τὸ τέταρτον πάλιν
τῆς Α λ̄ς̄ ..... τὸ ἴσον προσεκβεβλήσθω τῷ ἀπὸ ...
ὡς εἶναι τὴν ΒΔ θ̄ τὴν ΔΓ δ̄ τὸ ἔλλειμμα ῑς̄. καὶ
ἐστιν ἀσύμμετρος .... τῇ ΔΓ. διὰ τοῦτο καὶ ἡ μείζων
ἡ ΒΓ τῆς Α [μεῖζον] δύναται τῷ ἀπὸ ἀσυμμέτρου ἑαυ[τῇ] 15
μήκει. ἔστι γὰρ τὸ ἀπὸ τῆς ΒΓ ρ̄ξ̄θ̄, τὸ δὲ [ἀπὸ τῆς Α ρ̄]μ̄δ̄,
ἡ ὑπεροχὴ κ̄ε̄, οὗ μῆκος ὁ [ε̄] ἀσύμμετρος ὢν τῷ ῑγ̄.

128. Ὑποκείσθωσαν αἱ εὐθεῖαι ἡ μὲν μείζων ἡ ΒΓ
μονάδων ῑ, ἡ δὲ ἐλάττων ἡ Α μονάδων ζ̄. καὶ ἐπεὶ
προστάττει ὁ γεωμέτρης τὸ τέταρτον τοῦ ἀπὸ τῆς Α 20
ἤτοι τὸ ἀπὸ τῆς ἡμισείας αὐτῆς τῆς Α· ταὐτὸν γάρ
ἐστι· τοῦ μὲν γὰρ τετραγώνου τοῦ ἀπὸ τοῦ ἐπτάκις
ἐπτὰ γινομένου μ̄θ̄ το τέταρτόν ἐστι ῑβ̄ μονάδες καὶ ῑε̄
λεπτά, ἅπερ εἰσὶ τέταρτον μονάδος, καὶ τὸ ἀπὸ τῶν γ̄ Ι´
γινόμενον, ἅπερ εἰσὶ τὰ ἡμίση τοῦ ἑπτά, τουτέστι 25
τῆς Α, γίνονται πάλιν μονάδες ῑβ̄ καὶ λεπτὰ ῑε̄ δ´.
ἔστιν εὑρεῖν, ποῦ τέμνεται ἡ ΒΓ κατὰ τὸ Δ ὥστε τὸ

---

11. ἡ Α] supra m. 1 B.   17. ῑγ] ῑε B.   26. δ´] h. e. τέ-
ταρτον (μονάδος, cfr. lin. 24) scripsi; δέ r et comp. miro V.

ὑπὸ τῶν ΒΔ, ΔΓ ἴσον εἶναι τοῖς ιβ καὶ ιε λεπτοῖς.
εὑρίσκεται οὖν οὕτως· ἐπεὶ ἐμάθομεν εἰς τὸ β' βιβλίον
θεώρημα ε', ὅτι, ἐὰν εὐθεῖα γραμμὴ τμηθῇ εἰς ἴσα
καὶ ἄνισα, τὸ ὑπὸ τῶν ἀνίσων τῆς ὅλης τμημάτων
5 περιεχόμενον ὀρθογώνιον μετὰ τοῦ ἀπὸ τῆς μεταξὺ
τῶν τομῶν τετραγώνου ἴσον ἐστὶ τῷ ἀπὸ τῆς ἡμισείας
τετραγώνῳ, ἔχομεν δὲ τὸ ὑπὸ τῶν ΒΔ, ΔΓ παραλληλό-
γραμμον ὁμολογούμενον· ἴσον γὰρ δεῖ εἶναι τοῦτο τῷ
ἀπὸ τῆς ἡμισείας τῆς Δ ἤτοι τῷ τετάρτῳ· τοῦ ἀπὸ
10 τῆς Δ· ἐὰν ἄρα τοῦτο ἀφέλωμεν μονάδων ὂν ιβ καὶ ιε
λεπτῶν, ὡς εἴπομεν, ἀπὸ τοῦ τετραγώνου τῆς ἡμισείας
τῆς ΒΓ, τουτέστι τῶν κε μονάδων· ἡ γὰρ ΕΓ ἡμίσεια
οὖσα τῆς ΑΓ μονάδων ἐστὶ ε, καὶ τὸ τετράγωνον τὸ
ἀπ' αὐτῆς κε· ἐὰν τοίνυν ἀφέλωμεν τὰ ιβ καὶ ιε λεπτὰ
15 ἀπὸ τῶν κε, καταλειφθήσονται ιβ καὶ με λεπτά, ὅπερ
ἐστὶ τὸ ἀπὸ τῆς ΕΔ τετράγωνον, μεθ' οὗ τὸ ὑπὸ
τῶν ΒΔ, ΔΓ ἴσον ἦν τῷ ἀπὸ τῆς ἡμισείας. αὕτη
ἄρα ἡ ΕΔ μήχει ἐστὶ μονάδων τριῶν καὶ πρώτων
λεπτῶν λδ καὶ δευτέρων ιδ· ταῦτα γάρ ἐστιν ἡ πλευρὰ
20 τῶν ιβ καὶ λεπτῶν με. ταύτην οὖν τὴν πλευρὰν ἐὰν
ἀφέλωμεν ἀπὸ τῆς ἡμισείας τῆς ΕΓ οὔσης μονάδων ε,
καταλειφθήσονται μονὰς μία καὶ λεπτὰ κε με. καὶ
ἰδοὺ φανερὸν ἐγένετο, ποῦ μέλλει τεθῆναι τὸ Δ κατὰ
τὴν διαίρεσιν. ἐὰν γὰρ ἀπὸ ὅλης τῆς ΒΓ οὔσης μο-
25 νάδων ι ἀφέλωμεν μονάδα μίαν καὶ λεπτὰ κε καὶ δεύ-
τερα με, καταλειφθήσεται ἡ ΒΔ μονάδες η καὶ λεπτὰ λδ
καὶ ιδ. γίνεται δὲ οὕτως καὶ τὸ ὑπὸ τῶν ΒΔ, ΔΓ
περιεχόμενον μετὰ τοῦ ἀπὸ τῆς ΕΔ ἴσον τῷ ἀπὸ τῆς ΕΓ·
τὸ μὲν γὰρ ὑπὸ ΒΔ, ΔΓ ἐστι ιβ καὶ λεπτῶν ιε καὶ

---

17. αὕτη] V; scr. αὐτή.   26. μονάδες] μὄ V, μονάδων r
bene.   λεπτά] V, λεπτῶν r bene.

δευτέρων δ̄ καὶ τρίτων δ̄ καὶ τετάρτων μ̄δ̄, ὅσον ἦν
καὶ τὸ τέταρτον τοῦ ἀπὸ τῆς Δ, τὸ δὲ ἀπὸ τῆς ΕΔ
γίνεται μονάδων ῑβ̄ καὶ λεπτῶν μ̄δ̄ καὶ δευτέρων μ̄ε̄
καὶ τρίτων ν̄δ̄ καὶ τετάρτων ῑϛ̄, συντιθέμενα δὲ ὁμοῦ
γίνεται μονάδες κ̄δ̄ καὶ λεπτὰ ν̄ᾱ ν̄ϑ̄ ν̄ϑ̄, ἅτινα εἰς ἓν 5
λεπτὸν κεφαλαιούμενα καὶ τῷ κ̄δ̄ προστιθέμενα ποι-
ήσουσι μονάδας κ̄ε̄. ἔστι τοίνυν ἡ μείζων ἡ ΒΓ μο-
νάδων ῑ, ὡς εἴπομεν, ὦν ὁ τετράγωνος μονάδων ρ̄·
δεκάκις γὰρ δέκα ρ̄. ἡ δὲ ἐλάττων μονάδων ζ̄, ὦν ὁ
τετράγωνος μ̄ϑ̄, ἡ δὲ ὑπεροχὴ τοῦ ρ̄ πρὸς τὰ μ̄ϑ̄ 10
ἐστι ν̄ᾱ. τὰ γοῦν ν̄ᾱ πρὸς τὰ ῑ ἀσύμμετρά εἰσι. δύ-
ναται οὖν ἡ μείζων ἤτοι ἡ ΒΓ τῆς ἐλάττονος ἤγουν
τῆς Δ μεῖζον τῷ ν̄ᾱ ἀριθμῷ, ἅπερ ν̄ᾱ ἀσύμμετρά εἰσι
πρὸς τὰ ἐξ ἀρχῆς ῑ.

129. Ὥστε καὶ λοιπῇ συναμφοτέρῳ p. 56, 6] ἐπειδὴ 15
γὰρ ἡ ΓΔ τῇ ΔΕ ὑπόκειται ἴση, ἡ δὲ ΕΖ τῇ ΖΒ,
συναμφότερος ἄρα ἡ ΒΖ, ΔΓ ἴση ἐστὶ τῇ ΖΔ. ἀσύμ-
μετρος δὲ ἡ ΒΓ τῇ ΖΔ. ἀσύμμετρος ἄρα καὶ τῇ ἴσῃ
τῇ ΖΔ, ἥτις ἴση τῇ ΖΔ ἐστιν ἡ συναμφότερος ἡ
ΒΖ, ΔΓ. καὶ ἐπεὶ συναμφότερος ἡ ΒΖ, ΔΓ διπλασία 20
ἐστὶ τῆς ΔΓ, σύμμετρος ἄρα ἐστὶν ἡ συναμφότερος
ἡ ΒΖ, ΔΓ τῇ ΔΓ.

130. Ὅτι ἡ σύμμετρος μήχει τῇ ἐκκειμένῃ ῥητῇ
καὶ δυνάμει ἐστὶν αὐτῇ σύμμετρος, καὶ λέγεται καὶ
αὐτὴ ῥητή, καὶ το ὅλον τοῦτο· ῥητὴ καὶ μήχει καὶ 25
δυνάμει σύμμετρος.

131. Τουτέστιν αἱ μήχει ῥηταὶ πάντως καὶ δυνάμει,
αἱ δὲ δυνάμει οὐ πάντως καὶ μήχει, οὕτως δὲ καὶ αἱ

---

129. q (P²).   130. q (P²); ad lemma p. 56.   131. B;
eodem pertinet.

5. γίνεται] V, γίνονται r.

σύμμετροι. αἱ γὰρ μήκει σύμμετροι πάντως καὶ δυ-
νάμει, αἱ δὲ δυνάμει οὐ πάντως καὶ μήκει. ποτὲ μὲν
γὰρ σύμμετροι ὡς ἐπὶ τοῦ ιϛ' καὶ τοῦ ξδ'· τούτων
γὰρ τὰ μήκη σύμμετρα· ποτὲ δὲ καὶ ἀσύμμετροι ὡς
5 ἐπὶ τοῦ .. καὶ κε'. διὸ τὴν ῥητότητα ἐκ τῆς συμ-
μετρίας κατασκευάζει.

Ad prop. XIX.

132. Ἄχρι τῶν ἐνταῦθα διείλεκται ἡμῖν περὶ συμ-
μέτρων καὶ ἀσυμμέτρων, τὸ δὲ ἐντεῦθεν περὶ ῥητῶν
10 καὶ μέσων.

133. Δεύτερον κεφάλαιον, ἐν ᾧ περὶ ῥητῶν καὶ
μέσων δυνάμει τε συμμέτρων οἰσῶν ἑκατέρων καὶ
μήκει διδάσκει καὶ τῶν χωρίων, ἃ περιέχουσιν, καὶ
τὴν τῆς μέσης πρὸς τὴν ῥητὴν συγγένειαν καὶ τὴν
15 διαφορὰν ἔλαχε καὶ τὴν εὕρεσιν καὶ ὅσα τοιαῦτα.

134. Εὑρεῖν δύο ῥητὰς μήκει συμμέτρους. ἐκκείσθω
τις ῥητὴ ἡ Α καὶ δύο ἀριθμοὶ οἱ Γ, Δ ἤτοι τετρά-
γωνοι ἢ ἁπλῶς λόγον ἔχοντες, ὃν τετράγωνος ἀριθμὸς
πρὸς τετράγωνον ἀριθμόν, καὶ γεγονέτω ὡς ὁ Γ πρὸς
20 τὸν Δ, οὕτως τὸ ἀπὸ τῆς Α πρὸς τὸ ἀπὸ τῆς Ε.
ἔσονται δὴ διὰ τὰ προδεδειγμένα αἱ Α, Ε ῥηταὶ μήκει
σύμμετροι.

135. Θαυμάζειν ἄξιον, ὅπως ἡ τῆς τριάδος κρα-
τητικὴ δύναμις καὶ τὴν ἄλογον ἀφορίζει δύναμιν καὶ
25 διήκει μέχρι τῶν ἐσχάτων, ἔπειθ' ὅτι καὶ ἕκαστον τῶν

132. P.   133. PVᶜ.   134. PVᶜ (ιθ V).   135. PFBVat. Vᶜ
(εἰς τὸ ιθ' F et in ras. Vat.).

15. ἔλαχε] ἔλαχεν P, ἦν ἔλαχε V.   16. ῥητάς] ῥητά P.
σύμμετρα P.   18. ἢ] οἱ V.   25. ἔπειτ' Vat., ἔπειτε P,
ἔπειτα V.

τῆς ἀλογίας εἰδῶν ὑπὸ δή τινος μεσότητος πάντως
ἀφορίζεται, τὸ μὲν ὑπὸ τῆς γεωμετρικῆς, τὸ δὲ ὑπὸ
τῆς ἀριθμητικῆς, τὸ δὲ ὑπὸ τῆς μουσικῆς. καὶ ἔοικεν
ἡ τῆς ψυχῆς οὐσία προσεχῶς ἐπιβατεύουσα τῇ τῶν
μεγεθῶν κατὰ τοὺς ἐν αὐτῇ λόγους καὶ πᾶν τὸ ἐν   5
τοῖς μεγέθεσιν ὁρίζειν ἀόριστον καὶ τὴν τῆς ἀλογίας
ἀπειρίαν τοῖς τριττοῖς τούτοις πιέσαι δεσμοῖς.

ἐπισημαντέον, ὅτι τὸ κοινὸν ὄνομα τῆς μέσης ἐπὶ
μερικωτέρας ἔθετο φύσεως, ἐπεὶ καὶ τὸ ὑπὸ ῥητῶν
μήχει συμμέτρων δυναμένη μέση πάντως ἐστὶ τῶν   10
ῥητῶν ἐκείνων καὶ ἡ τὸ ὑπὸ ῥητῆς καὶ ἀλόγου περι-
εχόμενον χωρίον, ἀλλ' οὐδετέραν τούτων προσαγορεύει
μέσην, ἀλλὰ τὴν τὸ προειρημένον χωρίον δυναμένην·
καὶ ὅτι τὰς δυνάμεις πανταχοῦ παρωνύμως ἀπὸ τῶν
δυναμένων καλεῖ· ῥητὸν μὲν γὰρ τὸ ἀπὸ ῥητῆς, μέσον   15
δὲ τὸ ἀπὸ μέσης. καὶ ὅτι τὴν περὶ τὰς μέσας θεωρίαν
ἐξομοιοῖ ταῖς ῥηταῖς· καὶ γὰρ ταύτας ἢ μήχει συμ-
μέτρους εἶναι ἢ δυνάμει μόνον ὥσπερ ἐκείνας φησὶν
καὶ τὸ μὲν ὑπὸ μέσων μήχει συμμέτρων περιεχόμενον
μέσον εἶναι καθάπερ ἐκεῖ τὸ ὑπὸ ῥητῶν ῥητόν, τὸ δὲ   20
αὖ ὑπὸ μέσων δυνάμει συμμέτρων τότε μὲν γίνεται
ῥητόν, τότε δὲ μέσον. ὥστε τριχῶς μὲν τὸ μέσον,
διχῶς δὲ τὸ ῥητόν· καὶ ἔοικεν ἡ μὲν τῶν μήχει συμ-
μέτρων μέσων ἀνάλογον μεταξὺ ληφθεῖσα καὶ ἡ τῶν
δυνάμει συμμέτρων ῥητῶν ἐκ παντὸς εἶναι μέση, ἡ δὲ   25
τῶν ῥητῶν μήχει συμμέτρων τότε μὲν ῥητή, τότε δὲ
μέση. καὶ διὰ τοῦτο καὶ ἡ ἀσύμμετρος δύναμις τότε

μὲν ῥητή, τότε δὲ μέση. δύο γὰρ εἶναι μέσας δυνάμει
συμμέτρους δυνατόν, ὥσπερ καὶ δύο ῥηταὶ δυνάμει
σύμμετροί ποτε γένοιντο ἄν. αἰτιατέον οὖν τὴν ἀνα-
λογίαν τῆς τῶν περιεχομένων χωρίων διαφορᾶς τὴν
5 μεταξὺ τῶν ἄκρων ἢ δύο ῥητῶν μέσην ἢ δύο μέσων
ῥητὴν καὶ ὅλου τότε μὲν ἐξομοιοῦσαν τὸν δεσμὸν τοῖς
ἄκροις, τότε δὲ ἀνόμοιον αὐτοῖς παρεμβάλλουσαν.

136. Κατά τινα τῶν προειρημένων τρόπων p. 58, 5]
πρόσκειται τὸ κατά τινα τῶν προειρημένων τρόπων
10 ἀντὶ τοῦ ἢ μήκει καὶ δυνάμει ἢ δυνάμει μόνον. οὗτοι
γὰρ ἦσαν οἱ προειρημένοι τρόποι. καθ' οὗ δὲ ἦ τε
μήκει καὶ δυνάμει οὖσα ἦ τε δυνάμει μόνον σύμ-
μετρος, ῥητόν ἐστι τὸ ὑπ' αὐτῶν περιεχόμενον.

Ad prop. XX.

15 137. Εἰ γὰρ ῥητὸν τὸ χωρίον, ῥητὸν δὲ καὶ τὸ
μῆκος, ἀνάγκη καὶ τὸ πᾶν ῥητὸν εἶναι καὶ σύμ-
μετρον τῷ μήκει· ἡ γὰρ ῥητὴ ῥητὸν ἀναγράφει, ῥητὸν
δὲ καὶ τὸ περιεχόμενον ὡς διὰ τοῦτο καὶ ἄγεσθαι καὶ
τὰ μήκη σύμμετρα εἶναι.

20 138. Ἐὰν ῥητὸν δηλονότι χωρίον τὸ ΑΓ, ὅπερ
ἐτέθη μονάδων κδ, παρὰ ῥητὴν δηλονότι εὐθεῖαν
τὴν ΑΒ, ἥτις ἐτέθη μονάδων δέκα, παραβληθῇ, πλάτος
ποιεῖ ῥητὴν καὶ σύμμετρον. τὸ γενόμενον πλάτος ἐκ

---

136. BVᵇ.   187. B.   138. Vᵇq (Pᶻ); εἰς τὸ κ' q.

---

1. δέ] δὲ καί V.   3. γένοιντ' B.   5. μέσων] μέσην B.
6. ὅλου] ὅλον B.   7. αὐτῆς V.   παρεμβαλοῦσαν P.   9.
εἰρημένων V.   10. ἦ] (prius) καί V.   13. ἐστι] δέ V.   15.
τὸ μῆκος] τὰ (?) μήκει B.   18. καὶ ἄγεσθαι] συνάγεσθαι?
22. ΑΒ] ΑΓ q.   πλάτος — 23. σύμμετρον] om. q.   23.
τὸ πλάτος τὸ γινόμενον V.

τῆς παραβολῆς τῶν κ̄δ μονάδων καὶ τῶν δέκα ἐστὶ
μοιρῶν β̄ καὶ λεπτῶν κ̄δ, καί εἰσι ταῦτα τὸ ΒΓ ἤτοι
τὸ πλάτος. εἰσὶ δὲ καὶ σύμμετρα ταῦτα ταῖς δέκα
μονάσιν ἐκβαλλομένων ἀεὶ τῶν ἐλαττόνων ἀπὸ τῶν
μειζόνων.

139. Τὸ ΒΓ πλάτος β̄ κ̄δ, ἃ παραβαλλομένων
τῶν κ̄δ μονάδων τοῦ ΑΓ χωρίου ἐκβάλλονται β̄ μοῖραι
καὶ λεπτὰ κ̄δ.

140. Ἔστω ἡ ΑΒ δωδεκάπους, ἡ δὲ ΒΓ ὀκτάπους
σύμμετροι δηλονότι οὖσαι μήκει· κοινὸν γὰρ αὐτῶν 10
μέτρον ἡ δίπους· δὶς γὰρ τέσσαρα η̄ καὶ δὶς ε̄ ῑβ.
δῆλον δή, ὅτι τὸ ΑΓ ἐστιν q̄ε̄· ὀκτάκις γὰρ ῑβ q̄ε̄·
τὸ δὲ ἀπὸ τῆς ΑΒ τῆς δωδεκάποδος ρ̄μ̄δ· δωδεκάκις
γὰρ τὰ ῑβ ρ̄μ̄δ. ῥητὰ ἄρα καὶ τὰ ΑΓ, ΑΔ ἤτοι τὸ
ρ̄μ̄δ καὶ τὸ q̄ε̄. ῥητὰ οὖν, ὅτι καὶ σύμμετρα· μετροῦνται 15
γὰρ τῷ αὐτῷ χωρίῳ τῷ ε̄. ὁ γὰρ ε̄ μετὰ μὲν τοῦ ῑε̄
μετρεῖ τὸν q̄ε̄, μετὰ δὲ τῶν κ̄δ τὸ ρ̄μ̄δ.

141. Ῥητόν ἐστιν, ὃ κατά τινα γινώσκομεν ἀριθμὸν
πρὸς τὸ τῇ θέσει μέτρον, οἷον εἰ ὡς μέτρον ὑποτεθῇ
ἡμῖν ἡ παλαιστή, τὸ ῑε̄ παλαιστῶν ῥητόν ἐστιν, εἰ δὲ 20
ὁ δάκτυλος ὡς μέτρον κεῖται, τὸ δέκα καὶ ἓξ δακτύλων,
εἰ δ᾿ ὁ πῆχυς ἢ ὁ πούς, τὸ ῑε̄ πήχεων ἢ ποδῶν ἐστι
ῥητόν.

142. Ἔστω τὸ ΑΓ ποδῶν κ̄δ, η δὲ ΑΒ ποδῶν ε̄,
καὶ παραβληθήτω τὰ κ̄δ ἤτοι μερισθήτω παρὰ τὰ ἓξ. 25
ἔσται ἄρα τὸ ἐκ τῆς παραβολῆς πλάτος ποδῶν δ̄. ἰστέον
δέ, ὅτι πλάτος λέγεται τὸ ἐπιλαχὸν ἑκάστῳ, οἷς ἐμερίσθη

139. Vᵇ. 140. q (P²). 141. q (P²). 142. q (P²);
εἰς τὸ κ´ qP.

2. κ̄δ] in ras. V.

το μερισθέν, ὡς ἐπὶ τῶν παρόντων· τὰ γὰρ κ̅δ̅ τοῖς ϛ̅
μερισθέντα ἀνὰ τεσσάρων εἰλήφασιν. ἔστι δὲ τὸ μὲν
ΑΓ κ̅δ̅, τὸ δὲ ΑΔ τετράγωνον τὸ ἀπὸ τῆς ΑΒ τῆς
ἑξάποδος λ̅ϛ̅. δῆλον δή, ὅτι καὶ ῥητὰ καὶ σύμμετρά
5 ἐστι τὰ ΑΔ καὶ ΑΓ. ὅτι δὲ καὶ ὡς τὸ ΑΔ πρὸς
τὸ ΑΓ, οὕτως ἡ ΔΒ πρὸς τὴν ΒΓ, δῆλον· ἐν ἡμιολίῳ
γὰρ εἰσι λόγῳ.

143. Ἄλλως εἰς τὸ κ΄ θεώρημα.

Ἔστω τὸ ῥητὸν παραλληλόγραμμον μονάδων μ̅α̅,
10 καὶ ἡ ῥητὴ πλευρά, παρ᾽ ἣν ὀφείλει παραβληθῆναι,
ἔστω μοῖρα ϛ̅ μ̅δ̅ μ̅, ἅπερ εἰσὶ πλευρὰ τοῦ λ̅γ̅ ἀριθμοῦ,
πρὸς ἣν πλευρὰν παραβαλλόμενα τὰ μ̅α̅ ποιεῖ πλάτος
ζ̅ η̅ ι̅δ̅, ἅτινά εἰσι ῥητὰ τῇ πλευρᾷ τῇ οὔσῃ ϛ̅ μ̅δ̅ μ̅
ἐκβαλλομένων τῶν πλειόνων ἀπὸ τῶν ἐλαττόνων.

15 144. Παρ᾽ ἣν παράκειται p. 58, 21] τὸ παρ᾽ ἣν
παράκειται ἀντὶ τοῦ μεθ᾽ ἧς συμπληροῖ τὸ χωρίον.

145. Ῥητὸν ἄρα ἐστὶ τὸ ΑΔ p. 60, 6] διὰ τὸν
ἀντίστροφον τοῦ ὅρου, ὅτι καὶ τὸ τούτῳ ῥητὸν σύμ-
μετρόν ἐστιν.

20   Ad prop. XXI.

146. Ὅτι ἡ μέση μία οὖσα τῶν ἀλόγων ἐν γεω-
μετρικῇ θεωρεῖται ἀναλογίᾳ, δῆλον ποιεῖ τοῦτο τὸ
θεώρημα· μέση γὰρ ἀνάλογόν ἐστι κατὰ τὴν γεω-
μετρικὴν ἀναλογίαν τῶν δυνάμει μόνον συμμέτρων
25 ῥητῶν ἡ μέση ἐστίν, εἴ γε τὸ ὑπὸ ῥητῶν δυνάμει
μόνον συμμέτρων ἄλογόν ἐστι, καὶ ἡ δυναμένη αὐτό
ἐστιν ἡ μέση. εἰ γὰρ τὸ ὑπὸ τῶν ἄκρων ἴσον ἐστὶ
τῷ ἀπὸ τῆς μέσης, αἱ τρεῖς ἀνάλογόν εἰσιν.

---

143. q° (r).   144. q.   145. q.   146. PV° (κα΄ V).

10. ἤν] ἑνός q.   18. τούτῳ] τοῦτο q.   21. ἐν] ἐν τῇ P.
23. ἐστι] deleo.   28. τῷ] τό P.

147. *Εὑρεῖν δύο ῥητὰς δυνάμει μόνον συμμέτρους.* ἐκκείσθω ῥητὴ ἡ *Α* καὶ δύο ἀριθμοὶ οἱ *Β, Γ* λόγον μὴ ἔχοντες, ὃν τετράγωνος πρὸς τετράγωνον, καὶ γεγονέτω ὡς ὁ *Β* πρὸς τὸν *Γ,* οὕτως τὸ ἀπὸ τῆς *Α* πρὸς τὸ ἀπὸ τῆς *Δ.* ἔσονται δὴ διὰ τὰ προαπο- 5 δεδειγμένα αἱ *Α, Δ* ῥηταὶ δυνάμει μόνον σύμμετροι.

148. *Ἀναπόδισαι εἰς τὸ ια' θεώρημα* καὶ τὰς ἐκεῖσε γραφείσας εὐθείας καὶ ἀριθμοὺς τῶν εὐθειῶν ἐν τούτῳ τῷ κα' θεωρήματι μετένεγκε, εἰ βούλει κυρίως εὑρεῖν ἄλογον εὐθεῖαν καὶ κυρίως ἄλογον χωρίον. 10

149. *Ἰστέον, ὅτι ἡ ἐννεάπους* καὶ ἡ τετράπους καὶ ἄλογοί εἰσι καὶ ῥηταί· ᾗ μὲν γὰρ μήκει εἰσὶν ἀσύμμετροι, ἄλογοι, ᾗ δὲ δυνάμει σύμμετροι, ῥηταί.

150. *Δεκατριῶν οὐσῶν ἀλόγων μία* νῦν παραδίδοται ἡ καλουμένη μόνη μέση, ἒξ αἱ κατὰ σύνθεσιν 15 ἐν τῷ δευτέρῳ τμήματι καὶ ἒξ αἱ κατὰ ἀφαίρεσιν λόγου ᾧ ἐν τῷ γ'· εἰς τρία γὰρ τμήματα διῄρηται τὸ ι' βιβλίον. μέση δὲ λέγεται, διότι ἐξ ἀναλογίας λαμβάνεται· μέση γάρ ἐστιν ἀνάλογον τῶν δύο εὐθειῶν τῶν περιεχουσῶν τὴν ὀρθὴν γωνίαν, καὶ ἐὰν ὦσι 20 τρεῖς εὐθεῖαι ἀνάλογον, τὸ ὑπὸ τῶν ἄκρων ἴσον ἐστὶ τῷ ἀπὸ τῆς μέσης. ταύτας δέ φησιν ἀγορεύ[εσθαι] δύο εὐθείας δυνάμει μόνον συμμέτρους δηλαδὴ διὰ τὸ κατὰ μῆκος αὐτὰς ἀσυμμέτρους εἶναι ..... γὰρ καὶ ἔχει ἄλογον χωρίον ἀναγράφεσθαι ἀπὸ εὐθειῶν ἀσυμ- 25 μέτρων κατὰ μῆκος.

---

147. P V°.   148. Vᵃq (P²).   149. Vᵃq (P²).
150. B.

---

12. ῥηταί] ῥητόν V.   14. μία] μίαν B.   παραδίδωται B.
λόγου ϛ] scr. ἄλογοι?

151. Ἰστέον, ὅτι καθόλου η τῇ ῥητῇ σύμμετρος ῥητὴ καλεῖται εἴτε δυνάμει μόνον εἴτε μήκει.

152. Αὗται δυνάμει μόνον σύμμετροι ὡς πλευρᾶς μὲν οὔσης τῆς α τετρα-γώνου·τοῦ ἀπὸ μιᾶς τῶν περὶ τὴν ὀρθήν, δια-μέτρου δὲ τῆς β δυνα-μένης τὸ ϛΙ χωρίον ἴσον ὃν τοῖς ἀπὸ τῶν ο καὶ ϛ.

10 153. Τὸ ΑΓ παραλληλόγραμμον ὅλον ἐστὶ μονάδων τριῶν καὶ λεπτῶν κϛ ν ιβ ιη, ὃ γίνεται καὶ·ὑπὸ τῶν πλευρῶν τοῦ β̄ καὶ τοῦ ϛ̄. ἡ δυνα-μένη οὖν μέση τὸ ΑΓ χωρίον ἐστὶ ᾱ ν̄ᾱ μ̄. τὸ δὲ 15 ὄνομα τοῦτο τῆς μέσης κεῖται καὶ ἐπὶ ῥητῶν, νῦν δὲ εἰδικῶς ἐπὶ ταύτης ἐτέθη.

154. Ἡ ΑΒ ἐστιν ἡ πλευρὰ τοῦ ϛ̄ ἤτοι β̄ κϛ̄ ν̄η̄, τὸ δὲ ΒΓ ἡ πλευρὰ τοῦ β̄ ἤτοι ᾱ κ̄δ̄ ν̄ᾱ.

155. Τὸ ἀπὸ τῆς μέσης ἡ μέση ἡ ἡ πλευρὰ τοῦ γ̄.

20
τὸ ἀπο	μ		δυνα-	
τῶν	ρν	ΟΙ	μένη	ϛμ
πλευρῶν	Οο	ϛο	τὸ ἀπὸ	ΟΙ
τοῦ β̄	ν		τῆς	
καὶ τοῦ ϛ̄	Ι Λ		μέσης.	

25 156. Ἔστι δὲ τὸ ὑπὸ τῶν ε̄, ϛ̄ κ̄δ̄ ῑᾱ περιεχόμενον ὀρθογώνιον λ̄β̄ ō ν̄ε̄, καὶ ἡ δυναμένη αὐτό ἐστιν ἡ ε̄ λ̄θ̄ κ̄γ̄, ἥτις ἄλογος οὖσα μέση καλεῖται.

Table/diagram region:

β | γ ϛ
6 | α | γ | | ϥ
| | ο | | νϛ
| ο | μο | | ΙΙ
| | νμ | |

α | 8
λ̄ |
κ̄ |
ϛ̄ | χωρίον
ρ̄ | ἄλογον
Ιϥ |
ϡϙ | ΙΛ
ᾱ | ϛΛ
ᾰ | οΛ
λ̄ |
ο | ϛϛ
γ | Ιϥ
ο |
σ |
β | γ

151. q (P²).   152. Vᵇ.   153. Vᵃ.   154. Vᵇ.   155. Vᵇ.
156. Vᵇ.

16. ἰδικῶς V.

157. Ἐπεὶ τὰς πλευρας τὰς περιεχούσας τὸ χωρίον ῥητὰς ὑποτίθεται δυνάμει μόνον, μήκει δὲ ἀσυμμέτρους, ὑποτιθέμεθα τὴν μὲν μείζονα εἶναι τὴν τοῦ ε̄ πλευρὰν οὖσαν β̄ κε̄ νη̄, τὴν δὲ ἐλάττονα τὴν τοῦ δύο οὖσαν μίαν κδ̄ νᾱ. καὶ γὰρ αἱ πλευραὶ τοῦ ε̄ καὶ τοῦ β̄ 5 μήκει μέν εἰσιν ἀσύμμετροι καὶ ἄλογοι, δυνάμει δὲ καὶ σύμμετροι καὶ ῥηταί. ἐὰν οὖν πολλαπλασιάσωμεν αὐτὰς πρὸς ἀλλήλας, γενήσεται χωρίον ὑπάρχον μονάδων τριῶν καὶ λεπτῶν κζ̄ νζ̄ ιη̄. τοῦ δὲ χωρίου ἡ τετραγωνικὴ πλευρὰ ἐκβαλλομένη ἔσται μονάδος ā 10 καὶ λεπτῶν νᾱ μ̄, ἢ καὶ μέση. μέση δὲ καλεῖται εὐθεῖα ἡ δυναμένη τὸ τοιοῦτον χωρίον, διότι καὶ μέση ἀνάλογον εὑρίσκεται ἑκατέρων τῶν πλευρῶν τοῦ ε̄ καὶ τοῦ β̄. τὸ γὰρ ὑπο τῶν ἄκρων ἴσον γίνεται τῷ ἀπὸ τῆς μέσης. 15

158. Μέση p. 60, 18] τὸ ὄνομα τοῦτο κοινὸν ὂν ἐτέθη ὑπὸ τοῦ γεωμέτρου ἐπὶ μερικωτέρας φύσεως εὐθείας τῆς δυναμένης χωρίον περιεχόμενον ὑπὸ δύο εὐθειῶν δυνάμει μόνον συμμέτρων.

159. Ἄλογον ἄρα ἐστὶ τὸ ΑΓ p. 62, 6] δια τὸ ια΄ 20 τοῦ ι΄. τῷ γὰρ ῥητῷ ἀσύμμετρον ἄλογον καλεῖται.

160. Ἔστω ἡ ΖΕ ποδῶν ε̄, ἡ δὲ ΕΗ δ̄· ἡμιόλιος ἄρα ὁ λόγος. καὶ τὸ ἀπὸ τῆς ΖΕ τὸ λε̄ προς τὸ ὑπὸ τῶν ΖΕ, ΕΗ, ὅπερ ἐστὶ ποδῶν κδ̄, ἡμιόλιόν ἐστιν.

161. Αἴτιον δ᾽, ὅτι, ἐὰν μέγεθος δύο μεγέθη πολυ- 25 πλασιάσαν ποιῇ τινα μεγέθη, τὰ γενόμενα τὸν αὐτὸν

---

157. q° (εἰς τὸ κα΄ θεώρημα). 158. V^b; cfr. nr. 185.
159. q 160. q (P²); ad lemma p. 62. 161. PV° (ad lemma).

---

25. πολλαπλασιάσαν V.

ἕξουσι λόγον τοῖς πολυπλασιασθεῖσιν. τούτου δὲ αἴτιον
τὸ ἐὰν ἀριθμὸς δύο ἀριθμοὺς πολυπλασιάσας ποιῇ
τινας, οἱ γενόμενοι τὸν αὐτὸν τοῖς πολυπλασιασθεῖσιν
ἕξουσι λόγον. ἡ οὖν πρώτη εὐθεῖα ἐπὶ δύο εὐθείαις
5 γενομένη ἑαυτήν τε καὶ τὴν β' ἐποίησέ τινα χωρία,
ὧν τὸ μὲν ἀφ' ἑαυτῆς τετράγωνον, τὸ δ' ἄλλο ὡς
ἔτυχεν. ἕξουσιν ἄρα τὰ χωρία τὸν αὐτὸν ταῖς εὐθείαις
λόγον.

162. Ἐὰν ὦσι δύο εὐθεῖαι, ἔστιν ὡς ἡ πρώτη
10 πρὸς τὴν δευτέραν, οὕτως τὸ ἀπὸ τῆς πρώτης πρὸς
τὸ ὑπὸ τῶν δύο εὐθειῶν. ἔστωσαν δύο εὐθεῖαι, ὧν
ἡ μὲν ἐχέτω σπιθαμὰς ϛ, ἡ δὲ δ. ἡ πρώτη οὖν πρὸς
τὴν δευτέραν ἐστὶν ἡμιόλιος. τὸ δὲ ἀπὸ τῆς πρώτης
ἐστὶ σπιθαμῶν λϛ· ἑξάκις γὰρ ϛϛ λϛ· τὸ δὲ ὑπὸ τῶν
15 δύο τῆς τε πρώτης καὶ τῆς δευτέρας ἐστὶν κδ· ἑξάκις
γὰρ δ κδ. τὰ δὲ λϛ πρὸς τὰ κδ τὸν ἡμιόλιον ἔχουσι
λόγον.

Ad prop. XXII.

163. Ἔστω ἡ Α μέση ἡ εἰς τὸ κα' θεώρημα τε-
20 θεῖσα ᾱ ν̄ᾱ μ̄, τὸ δὲ ἀπὸ ταύτης τὸ γ̄ κ̄ξ̄ ν̄, ᾧ ἴσον
παραβεβλήσθω παρὰ τὴν ΓΒ. ἔστω δὲ ἡ ΓΒ ἡ πλευρὰ
τοῦ γ̄ ἡ ᾱ μ̄γ νε. παρὰ τὴν πλευρὰν γοῦν τοῦ γ̄
παραβαλλομένου τοῦ ἀπὸ τῆς Α πλάτος ποιεῖ τὴν ΓΔ
τὸν β̄, ὅστις β̄ ἀσύμμετρός ἐστι τῇ πλευρᾷ τοῦ γ̄.
25 καί ἐστι ῥητός· ὥστε ἡ πλευρὰ τοῦ γ̄ μετὰ τοῦ β̄

---

162. Vᵃqᵒ (ad idem); εἰς τὸ λῆμμα τοῦ κβ' q.   163. Vᵇ.

---

1. πολλαπλασιασθεῖσι V.   2. πολλαπλασιάσας V.   3. τόν]
οἱ τόν P.   5. γινομένη V.   ἐποίησεν P.   6. ἀφ'] ἐφ' V.
δέ V.   14. ἑξάκις — λϛ] om. V.   15. ἑξάκις — 17. λόγον]
ᾱ πρὸς τὸν λϛ ἡμιολίζουσι V.

ἀριθμοῦ δύναται τὸ ἀπὸ τῆς Α, ἤτοι πολλαπλασια-
ζομένου τοῦ β̄ εἰς τὸ ᾱ μ̄γ̄ ν̄ε̄ γίνεται τὸ γ̄ κ̄ζ̄ ν̄ χωρίον,
ὅπερ ἐστὶ τὸ ἀπὸ τῆς μέσης.

164. Τὸ ἀπὸ μέσης χωρίον τὸ αὐτὸ θὲς εἶναι,
ὅπερ εἴπομεν καὶ εἰς τὸ κα΄ θεώρημα μέσην ἄλογον 5
ἤτοι τὰ γ̄ κ̄ζ̄ ν̄ζ̄ ῑη̄, ὅπερ ὑπ᾽ ἀμφοτέρων τῶν πλευρῶν
ἐγένετο τοῦ ϛ̄ καὶ τοῦ β̄. τοῦτο οὖν ἐὰν παραβληθῇ
παρὰ τὴν πλευρὰν τοῦ τρία, ὅπερ ταὐτόν ἐστι τῷ
μερισθῇ, εὑρεθήσεται ἐκ τοῦ ἐπιμοιρασμοῦ τὸ πλάτος.
τοῦ μὲν οὖν γ̄ ἡ πλευρά ἐστι μία μ̄γ̄ ν̄ε̄, πρὸς ἢν 10
τὰ γ̄ κ̄ζ̄ ν̄ζ̄ ῑη̄ παραβαλλόμενα ἤτοι μεριζόμενα ποιήσει
πλάτος αὐτὸν τὸν β̄, ὅπερ πλάτος ῥητὸν μέν ἐστι,
ἐπειδὴ αὐτός ἐστιν ὁ ἀριθμὸς ὁ β̄, ἀσύμμετρον δὲ
μήκει εὑρίσκεται τῇ τοῦ τρία πλευρᾷ, πρὸς ἢν καὶ
παράκειται, τουτέστι μεθ᾽ ἧς συμπληροῖ τὸ παραλληλό- 15
γραμμον.

165. Τὸ ἀπὸ μέσης p. 64, 5] τὸ ἀπὸ μέσης ταὐτόν
ἐστι τῷ ἐὰν μέσον.

166. Διὰ τὴν ὑπόθεσιν ῥητή ἐστιν ἡ ΓΒ καὶ
τὸ ἀπ᾽ αὐτῆς, ῥητὸν δὲ καὶ τὸ ἀπὸ τῆς ΕΖ δυνάμει 20
κατεσκεύασται.

Ad prop. XXIII.

167. Ἡ μέση ἀπὸ τοῦ κα΄ θεωρήματός ἐστι μο-
νάδος ᾱ ν̄ᾱ μ̄, ἡ Β ἡ τῇ μέσῃ σύμμετρος β̄ μ̄ξ̄ λ̄, ἤτις
ἔχει τὸν ἡμιόλιον λόγον πρὸς τὴν Α. ἡ γ̄ ἐστι μο- 25
νάδων τριῶν ῥητή. τὸ γοῦν ἀπὸ τῆς Α, ὅπερ ἐστὶ τα
γ̄ κ̄ζ̄ μ̄θ̄ κ̄ε̄ μ̄, παραβληθὲν παρὰ τὴν ΓΔ πλάτος ποιεῖ

---

164. q^c; εἰς τὸ κβ΄ q^c.   165. P.   166. V^b (q).   167. V^b.

5. μέσην ἄλογον] scr. μέσον ἀνάλογον?   20. ΕΖ] Ζ e
corr. V.

τὴν ΕΔ. ταὐτὸν δέ ἐστι ΓΔ καὶ τὴν γ̄ λέγειν. ἔστι
δὲ ἡ ΕΔ ᾱ ϑ̄ ῑϛ̄. ἡ γοῦν ΕΔ πολλαπλασιασθεῖσα
τῇ γ̄ ποιεῖ τὸ ΕΓ, ὅπερ ἐστὶ τὸ ἀπὸ τῆς Α μέσης.
ῥηταὶ οὖν εἰσιν αἱ ΕΔ, ΔΓ δυνάμει μόνον σύμμετροι.
5 πάλιν τὸ ἀπὸ τῆς Β, ὅπερ ἐστὶ τὸ ξ̄ μ̄ξ̄ λ̄ε̄ ῑε̄ οὐδέν,
πλάτος ποιεῖ τὴν ΔΖ τὴν β̄ λ̄ε̄ ν̄β̄, αἵτινες ῥηταὶ
οὖσαι δυνάμει σύμμετροι ποιοῦσι τὸ ΖΓ, ὃ δύναται
ἡ Β.

168. Ὅτι ἡ μέση διχῶς, ἡ δυναμένη τὸ ὑπὸ ῥητῶν
10 δυνάμει μόνον συμμέτρων ἢ ἡ τῇ μέσῃ σύμμετρος,
μετὰ προσδιορισμοῦ δὲ καὶ ἡ τὸ ὑπὸ μέσων δυναμένη.

δεῖται τούτου τοῦ θεωρήματος εἰς τὸ ἑξῆς· δεῖ
γὰρ πρῶτον δεῖξαι, ὅτι εἰσί τινες σύμμετροι μέσαι
καὶ οὕτως ζητῆσαι, ποῖον τὸ χωρίον τὸ ὑπὸ τούτων
15 περιεχόμενον.

169. Μέση καὶ ἐνταῦθα ὑπετέθη ἡ πρὸ μικροῦ
εὑρεθεῖσα ἡ μία ν̄ᾱ μ̄, σύμμετρα δὲ αὐτῇ τὰ β̄ μ̄ξ̄ λ̄
ἡμιόλιον πρὸς αὐτὴν ἀποσώζοντα λόγον. τὸ δὲ ἀπὸ
μέσης τῆς Α ἤγουν τὰ γ̄ κ̄ξ̄ μ̄ϑ̄ κ̄ϛ̄ μ̄ παρὰ ῥητὴν τὴν
20 οὖσαν τριῶν μονάδων ἤτοι τὴν ΓΔ παραβληθὲν πλάτος
ποιεῖ τὴν ΕΔ ἤτοι μία ϑ̄ ῑϛ̄. καὶ ἡ ταύτῃ δὲ σύμ-
μετρος μέση ἤγουν τὰ β̄ μ̄ξ̄ λ̄ τετραγωνισθὲν ποιεῖ
μοίρας ἑπτά, λεπτὰ μ̄ξ̄ λ̄ε̄ ῑε̄ οὐδέν, ὅπερ τετράγωνον,

---

168. P Vᶜ Vᵇ; lin. 12—15 iterum P Vᵃ; κγ´ Vᵒ.   169. qᵒ (κγ´).

---

9. ὅτι] om. Vᵇ.   διχῇ P.   10. ἡ] om. Vᵇ.   11. διο-
ρισμοῦ Vᵇ.   ὑπὸ μέσων] μέσον Vᵒ.]   12. δεῖται] δεῖται
δέ Vᵇ.   τῷ θεωρήματι P priore loco.   εἰς] om. Vᵇ, τοῦ κγ´ Vᵃ.
13. εἰσί] ἐάν Vᵃ.   μέσαι καί] καὶ διὰ τοῦ πορίσματος τοῦ ϛ´
τοῦ ι´ Vᵇ.   14. οὕτως] οὔτε Vᵃ.   Post ζητῆσαι add. εἰ ἄρα
τῇ μέσῃ σύμμετροι μέσαι εἰσὶν ἢ οὔ. δείκνυται Vᵃ Vᵇ.   ποῖον]
δὲ διὰ τοῦ κγ´ οἷον Vᵇ.   21. μία] scr. ᾱ.

ἐὰν παρὰ τὴν αὐτὴν ῥητὴν τὸν τρία δηλαδὴ παρα-
βληθῇ, πλάτος ποιεῖ δύο λε̄ μβ̄.

170. Τοῦ η̄ ἡ πλευρά   τοῦ ῑ ἡ πλευρά

ν	μ
ϛϡ	ϡ
ϛν	ϛν
ν·	μν
ιο	ιΛ

171. Ἐντεῦθεν δῆλον, ὅτι τὰ ῥητὰ καὶ σύμμετρα,
οὐκ ἤδη δέ, ἐὰν ὦσί τινα σύμμετρα, ἤδη καὶ ῥητά, 10
εἰ μὴ καὶ ῥητὸν τὸ ἓν τούτων ἐστίν.

172. Ἡ Α ᾱ νᾱ μ̄, ἡ Β β̄ μξ̄ λ̄, ἡ ΕΔ ᾱ θ̄ ιϛ̄,
ἡ ΔΓ γ̄, ἡ ΔΖ β̄ λε̄ νβ̄, τὸ ἀπὸ τῆς Β ζ̄ μϛ̄ λϛ̄ ιε̄
οὐδέν.

173. Ἀσύμμετρος τῇ ΓΔ μήκει p. 66, 19] δυνάμει 15
δὲ δηλονότι σύμμετρος, ὡς πρότερον εἴρηται.

174. Σημείωσαι, πῶς ἐν τῇ ἀρχῇ τοῦ θεωρήματος
ἁπλῶς σύμμετροι ἐδόθησαν αἱ Α, Β.

175. Διὰ τοῦ ἀνεπιγράφου ἤτοι τοῦ τοῦ ιθ' καὶ κ'
μεταξύ. 20

176. Εἰ εἴποις τὴν ΓΔ β̄ καὶ παραβάλλοις παρ'
αὐτὴν τὸ ἀπὸ τῆς Α· οὕτως γὰρ ἡ ΕΔ γενήσεται
ῥητὴ δυνάμει σύμμετρος τῇ ΔΓ· ἔστι γὰρ πλευρὰ
τοῦ γ̄ ᾱ μγ̄ νε̄. πάλιν λαβὲ τὴν Β διπλασίαν τῆς Α
ὥστε εἶναι σύμμετρον. ἔσται οὖν γ̄ κζ̄ ν̄. καὶ τὸ ἀπὸ 25
τῆς Β ιγ̄ νᾱ ιζ̄ μϛ̄ μ̄. ταῦτα παράβαλλε παρὰ τὸν β̄

---

170. V². 171. V¹. 172. V². 173. q. 174. V²q;
ad lemma p. 68, sicut sequentia. 175. q. 176. Vᵇ.

---

17. τῇ] om. q. 19. Apud nos est XVIII coroll. 25.
κζ] in ras. V.

καὶ ποιήσεις τὴν ΔΖ ϛ νε λῆ νγ κ, ἃ καὶ δυνάμει σύμμετροί εἰσι τῇ Β· πλευρὰ γάρ εἰσι τοῦ μη.

177. Καλῶς οὐκ ἐτέθη τοῦτο ἐν τῷ βιβλίῳ τοῦ Ἐφεσίου· οὐ γὰρ αἱ μέσαι, καθ᾽ ὃ μέσαι, σύμμετροι,
5 κἂν ἡ τῇ μέσῃ σύμμετρος μέση εἴη, αἱ μέσαι καὶ σύμμετροι, καὶ τὰ ἀπὸ τῶν μέσων ἅπαντα σύμμετρα, καὶ εἰ τοῦτο, πῶς ἕξει χώραν τὸ λε΄ θεώρημα τὸ λέγον· εὑρεῖν δύο εὐθείας δυνάμει ἀσυμμέτρους ποιούσας τό τε συγκείμενον ἐκ τῶν ἀπ᾽ αὐτῶν τετραγώνων μέσον
10 καὶ τὸ ὑπ᾽ αὐτῶν μέσον καὶ ἔτι ἀσύμμετρον τῷ συγκειμένῳ ἐκ τῶν ἀπ᾽ αὐτῶν τετραγώνων. ἰδοὺ γὰρ καὶ μέσα χωρία καὶ ἀσύμμετρα, εἰ δὲ μέσα χωρία ἀσύμμετρα, καὶ αἱ δυνάμεναι αὐτὰ ἀσύμμετροι. οὐκ ἄρα αἱ μέσαι πᾶσαι ἤδη καὶ σύμμετροι.

15 Ad prop. XXIV.

178. Ἐπεὶ γὰρ τὸ ἀπὸ ῥητῆς ῥητόν, καὶ τὸ ἀπὸ μέσης μέσον· ὡς γὰρ τοῖς ἐπὶ τῶν ῥητῶν καὶ ἐπὶ τῶν μέσων ἐξακολουθεῖ.

179. Ὡσαύτως γὰρ τοῖς ἐπὶ τῶν ῥητῶν εἰρημένοις
20 καὶ ἐπὶ τῶν μέσων ἐξακολουθεῖ τὸ ἀπὸ μέσης μέσον.

180. Μέσον ἄρα ἐστὶ τὸ ΑΔ p. 70, 9] ζητητέον, ὅτι πόθεν τὸ ΑΔ τετράγωνον [μέσον]; καὶ λέγομεν οὕτως· ἐπεὶ γὰρ ἡ μέση [δύναται] χωρίον ὑπὸ εὐθειῶν ῥητῶν δυνάμει μόνον συμμέτρων, ἐδείχθη δὲ .... ὑπὸ
25 ῥητῶν δυνάμει μόνον συμμέτρων περιεχόμενον ὀρθο-

---

177. V¹.   178. Vᵃq.   179. Vᵃq.   180. B (κδ΄).

3. τοῦτο — 4. Ἐφεσίου] u. not. crit. ad III p. 68, 20 sq. 19. γάρ] καί V.   τοῖς] τό V.   εἰρημένον V.   21 sq. Uerba uncis inclusa addidi in lacunis codicis.   24. μόνον] supra add. ω m. 1 B.   25. μόνων B.

γώνιον, ἡ δὲ δυναμένη αὐτὸ μέση ἐστίν, μέ[σον ἐστὶ
τὸ] ΑΔ· ἀπὸ γὰρ μέσης ἀνεγράφη.

Ἄλλως. πόθεν, ὅτι τὸ ΑΔ μέσον; οὐδὲ γὰρ ἐπεὶ
ἡ ΒΔ μέση, ἤδη καὶ τὸ ΑΔ μέσον ἐστίν, [ἐπεὶ] δύ-
ναται ἡ ἄλογος καὶ ῥητὸν χωρίον ἀναγράφειν ὥσπερ 5
ἐπὶ τοῦ ν΄. ῥητέον τοίνυν πρὸς τὴν τοιαύτην ἀπορίαν,
ὅτι τὸ μὲν ἀπὸ μέσης πάντως ἄλογον, οὐκ ἀνάγκη δὲ
τὸ ἀπὸ ἄλλης ἀλόγου ἄλογον εἶναι, τὸ δὲ ἀπὸ μέσης
πάντως ἄλογον, διότι ἡ μέση δύναται χωρίον ὑπὸ
ῥητῶν δυνάμει μόνον συμμέτρων, τὸ δὲ ὑπὸ· ῥητῆς 10
δυνάμει μόνον σύμμετρόν ἐστιν, καὶ ἡ δυναμένη αὐτὸ
ἄλογος, καλείσθω δὲ μέση.

Ad prop. XXV.

181. Ἔστω μέση ἡ ΒΓ ἤτοι τὰ β̄ λ̄ξ̄ ν̄ε̄ γενόμενα
ἀπὸ τῶν πλευρῶν τοῦ ε̄ καὶ τοῦ η̄, ταύτῃ δὲ σύμ- 15
μετρος δυνάμει μόνον ἑτέρα μέση ἡ ΑΒ ἤτοι τὰ γ̄ β̄ κ̄.
τῆς μὲν γὰρ μέσης τῆς ἐχούσης β̄ λ̄ξ̄ ν̄ε̄ ἡ δύναμις
ἤτοι τὸ τετράγωνόν ἐστιν ε̄ ν̄ε̄ λ̄ξ̄ μ̄ κ̄ε̄, τῆς δὲ μέσης
τῆς ἑτέρας τῆς ἐχούσης γ̄ β̄ κ̄ ἐστιν ἡ δύναμις θ̄ ῑδ̄ ε̄ κ̄ε̄ μ̄,
ὧν κοινὸν μέτρον εὑρίσκεται τὰ β̄ ῑη̄ ἀφαιρουμένων 20
ἀπο τῶν πλειόνων τῶν ἐλαττόνων. τὰ δὲ θ̄ ῑδ̄ ε̄ κ̄ε̄ μ̄
παραβληθέντα παρὰ ῥητὴν τὴν ΖΗ οὖσαν μονάδων δ̄
ἐποίησε πλάτος τὴν ΖΘ ἤτοι δύο ῑη̄ λ̄ᾱ, τὸ δὲ ὑπὸ
τῶν δύο μέσων τῶν ΑΒ, ΒΓ, ἤτοι τὰ ζ̄ ν̄θ̄ ν̄γ̄ κ̄η̄ κ̄,
ἅπερ εἰσὶν αὐτὸς ὁ η̄, παρὰ τὴν ΘΜ τουτέστιν τὴν ΖΗ 25
παραβληθεὶς πλάτος ποιεῖ τὴν ΘΚ ἤτοι ᾱ ν̄θ̄ ν̄η̄,
ἅπερ εἰσὶν ὁ β̄ ἀριθμός, τὸ δὲ ἀπὸ μέσης τῆς ΒΓ

---

181. Vᵃ (r); τοῦ κε΄ θεωρήματος.

6. ν΄] ?   8. ἄλλη B, corr. m. 1.   10. σύμμετρον B.
Scr. ῥητῶν et 11. συμμέτρων ἄλογόν ἐστιν.

ἤτοι τὰ $\overline{\varsigma}$ $\overline{νε}$ $\overline{λξ}$ $\overline{μ}$ $\overline{κε}$ παρὰ τὴν *KN* παραβληθεὶς τουτ-
έστι τὴν *ZH* πλάτος ἐποίησε τὴν *ΚΛ* ἤτοι $\bar{α}$ $\overline{μγ}$ $\overline{νδ}$.
καὶ φανερὸν ἐγένετο ἐκ τῶν ἀριθμῶν, ὅτι τοῦ ὑπὸ
τῶν δύο μέσων χωρίου ἤτοι τῶν $\overline{ζ}$ $\overline{νθ}$ $\overline{νγ}$ $\overline{κη}$ $\bar{κ}$ παρὰ
5 τὸν $\bar{δ}$ ἀριθμὸν παραβαλλόμενον καὶ πλάτους ἐκβλη-
θέντος αὐτῶν τοῦ $\bar{β}$ ἀριθμοῦ ῥητὸν γίνεται τὸ *ΘN*
χωρίον, ὃ περιέχεται ὑπὸ δύο ῥητῶν εὐθειῶν μήκει
συμμέτρων τῆς τε *ΘM* οὔσης μονάδων $\bar{δ}$ καὶ τῆς *ΘK*
οὔσης μονάδων $\bar{β}$. εἰ δὲ ἡ *ZH* οὐχ ὑπετέθη μονάδων
10 τεσσάρων, τουτέστι μήκει ῥητή, ἀλλά τις πλευρὰ ἀλόγου
ἀριθμοῦ, τουτέστι δυνάμει μόνον ῥητή, ἦν ἂν τὸ
χωρίον τὸ *ΘN* μέσον διὰ τὸ εἶναι καὶ τὴν *ΘM* ἴσην
τῇ *ZH* καὶ τὴν *ΘK* ἐξ ἀνάγκης μὴ εὑρίσκεσθαι ῥητὴν
μήκει, ἀλλὰ καὶ δυνάμει. τὸ δὲ ὑπὸ δύο ῥητῶν δυ-
15 νάμει μόνον συμμέτρων περιεχόμενον μέσον ἐστίν.
μέσον ἄρα ἂν εὑρέθη τὸ *ZN* χωρίον, εἰ μὴ ῥητὴ
ὑπετέθη ἡ *ΘM*, τουτέστιν ἡ *ZH*.

182. Αἱ μέσαι εἰ μὲν μήκει καὶ μόνον εἰσὶ σύμ-
μετροι, μέσον τὸ περιεχόμενον, ὅπερ ἐν τῷ πρὸ αὐτοῦ
20 ἔδειξε θεωρήματι. εἰ δὲ δυνάμει μόνον σύμμετροι,
δύναται τὸ ἐξ αὐτῶν περιεχόμενον ἤτοι ῥητὸν ἢ μέσον
εἶναι. ὁ δὲ διορισμὸς οὗτος· εἰ μὲν γὰρ ἡ *ΘK* ῥητὴ
πάντως οὖσα καὶ τὴν δύναμιν σύμμετρος ᾖ τῇ *ΘM*
ἤτοι τῇ *ZH*, ῥητὸν τὸ περιεχόμενον, εἰ δὲ ἀσύμμετρος,
25 μέσον. τὸ γὰρ ὑπὸ ῥητῶν δυνάμει μόνον συμμέτρων
εὐθειῶν περιεχόμενον ὀρθογώνιον μέσον ἐστίν, τὸ δὲ
ἀπὸ *ΘK* δείκνυσι ῥητὸν ἐκ τοῦ καὶ τὸ ὑπὸ *ΘZ*, *ΚΛ*
ῥητὸν εἶναι, καὶ ἐπειδὴ ῥητόν, φησί, τὸ ἀπὸ *ΘK*,

182. B (κε).

15. μόνον] r, om. V.   18. καὶ μόνον] corruptum.   25.
μόνων B.

ῥητὴ ἄρα καὶ ἡ ΘΚ, ῥητὴ δὲ δηλονότι τῇ δυνάμει·
εἰ γὰρ τῷ μήκει ῥητὴ ᾖ, ἐπειδὴ καὶ ἡ ΘΜ ῥητὴ τῷ
μήκει, πάντως ῥητόν ἐστι τὸ ὑπὸ ΚΘΜ καὶ οὐκέτι
δύναται μέσον δειχθῆναι· πᾶν γὰρ παραλληλόγραμμον
ὀρθογώνιον περιέχεσθαι λέγεται ὑπὸ δύο τῶν τὴν 5
αὐτὴν γωνίαν περιεχουσῶν εὐθειῶν, εἰ δὲ αἱ περι-
έχουσαι τὴν ὀρθὴν γωνίαν ῥηταί εἰσιν, πάντως καὶ
τὸ παραλληλόγραμμον ῥητόν. πῶς οὖν δύναται ποτὲ
μὲν ῥητόν, ποτὲ δὲ μέσον εἶναι; [διὰ τοῦτο] οὖν ἡ ΘΚ
ῥητὴ λέγεται εἶναι τῇ δυνάμει. 10

183.

184. Τὸ ὑπὸ τῶν δύο   τὸ ἀπὸ ταύτης   τὸ ἀπὸ ταύτης
μέσων παρ-   ν   [ἤτοι ...   [ἤτοι ...
αλληλόγραμ-   Oϙ   τῆς ΒΓ] οο   τῆς ΒΑ] ...
μον [ἤτοι τῆς   Oμ   τετρά-   μν   τετρά-   ο
ΒΓ καὶ ΒΑ   μ∧   γωνον   ...ο   γωνον   μϙ 15
τὸ ΑΓ].   μ·   ...   ...ο

---

183. ϙ (similiter P²).   184. Vᵇ cum fig. (quae uncis in-
clusi, a m. 2 sunt).

9. διὰ τοῦτο] lacunam hab. B.   13. τῆς ΒΓ] euan. V.
ΒΑ] ΒΓ V.

185. Ἰστέον, ὅτι τὸ μὲν ῥητὸν δὶς εὑρεῖν ἐστιν,
τριχῶς δὲ τὸ ἄλογον· τὸ γὰρ ὑπὸ δύο ῥητῶν εὐθειῶν
μήκει συμμέτρων περιεχόμενον ῥητόν ἐστι, καὶ τὸ ὑπὸ
δύο μέσων δυνάμει μόνον συμμέτρων ἐστι μέν ποτε
5 ἄλογον, ἔστι δὲ καὶ ῥητόν· ἰδοὺ δὶς τὸ ῥητόν. τὸ
ὑπὸ ῥητῶν δυνάμει μόνον συμμέτρων εὐθειῶν περι-
εχόμενον ἄλογόν ἐστι, καὶ τὸ ὑπὸ δύο μέσων μήκει
συμμέτρων περιεχόμενον ἄλογον, καί, ὡς εἴρηται, τὸ
ὑπὸ δύο μέσων συμμέτρων δυνάμει μόνον συμμέτρων
10 ἔστι μέν ποτε ῥητόν, ἔστι δὲ καὶ ἄλογον. καὶ ἰδοὺ
τὸ ἄλογον τριχῶς εὑρίσκεται, καὶ διήκει οὕτως ἡ τῆς
τριάδος κρατητικὴ δύναμις καὶ ἐπ᾽ αὐτῆς τῆς ἀορίστου
καὶ ἀλόγου φύσεως συνέχουσα τὸ σκεδαστὸν αὐτῆς
καὶ εἰς ὅρον πως τιθεῖσα.

15 ## Ad prop. XXVI.

186. Οὐδὲ γὰρ δύναται τὸ ἄλογον τοῦ ἀλόγου
ῥητῷ ὑπερέχειν. εἰ γὰρ τὸ ὑπερέχον ἄλογον, ἀλλὰ
καὶ τὸ ὑπερεχόμενον, ἀνάγκη πᾶσα καὶ τὴν ὑπεροχὴν
ἄλογον εἶναι. εἰ γὰρ ῥητὴ ἡ ὑπεροχή, καὶ δυνηθείημεν
20 πόσου ὑπερέχει, ἐσόμεθα διεγνωκότες τὸ ὑπερέχον καὶ
τὸ ὑπερεχόμενον· καὶ πῶς ἄλογοι ἀριθμῷ ὑποπίπτουσι;
τὸ δὲ ἄτοπον συνάγεται καὶ ἐκ τοῦ ῥητὴν συνάγεσθαι
τὴν ΕΘ ἄλογον ὑποκειμένην· ἀνάγκη γὰρ τὴν μὲν ΕΗ
ἀσύμμετρον εἶναι τῇ ΕΖ, διότι μέσον τὸ παραβληθέν,
25 τὴν δὲ ΗΘ σύμμετρον τῇ αὐτῇ, διότι ῥητὸν τὸ παρα-
βληθέν, ὡς καὶ διὰ τοῦτο συνάγεσθαι τὴν ΕΗ τῇ
ΗΘ ἀσύμμετρον.

---

185. V^b.   186. B (κϛ).

---

20. πόσου ὑπερέχει] hic alicubi lacuna est.

187. Ῥητὰ γὰρ ἀμφότερα p. 76, 6] τὸ μὲν ἀπὸ τοῦ ΕΗ ῥητόν ἐστιν, ὅτι καὶ ἡ ΕΗ δυνάμει σύμμετρος ἐδείχθη τῇ ἐκκειμένῃ ῥητῇ τῇ ΕΖ, ῥητὸν δὲ καὶ τὸ ἀπὸ τῆς ΗΘ, ὅτι καὶ αὕτη μήκει σύμμετρος ἐδείχθη τῇ ἐκκειμένῃ ῥητῇ τῇ ΕΖ. 5

188. Ὅπερ ἐστὶ τὸ ἀπὸ τῆς ΕΘ p. 76, 11] ἐὰν γὰρ εὐθεῖα γραμμὴ τμηθῇ, ὡς ἔτυχεν, τὸ ἀπὸ τῆς ὅλης τετράγωνον ἴσον ἐστὶ τοῖς τε ἀπὸ τῶν τμημάτων καὶ τῷ δὶς ὑπὸ τῶν τμημάτων περιεχομένῳ ὀρθογωνίῳ.

Ad prop. XXVII. 10

189. Τρίτον κεφάλαιον, ἐν ᾧ παρασκευάζεται πρὸς τὴν τῶν κατὰ σύνθεσιν ἀλόγων εὕρεσιν.

190. Ἡ Α β̄ μ̄θ̄ μ̄β̄, ἡ Β β̄ κ̄ϛ̄ ν̄η̄, ἡ Γ β̄ λ̄ζ̄ ν̄ε̄, ἡ, Δ β̄ ῑϛ̄ μ̄ε̄.

191. Ἔστω ἡ Α δεκάπους, ἡ δὲ Β ἑξάπους, πλευρὰ 15 δὲ τῆς μὲν δεκάποδος γ̄ θ̄ μ̄δ̄, τῆς δὲ ἑξάποδος β̄ κ̄ϛ̄ ν̄δ̄. ἔστιν οὖν ἡ δεκάπους καὶ ἑξάπους τετράγωνα τῆς Α καὶ Β πλευρᾶς ἤτοι τῆς γ̄ θ̄ μ̄δ̄ καὶ τῆς β̄ κ̄ϛ̄ ν̄δ̄. εἰ οὖν βούλει εὑρεῖν μέσην ἀνάλογον τῶν Α καὶ Β ἤτοι τῶν γ̄ θ̄ μ̄δ̄ καὶ τῶν β̄ ϛ̄ ν̄δ̄, ποίησον τὸν γ̄ θ̄ μ̄δ̄ 20 ἐπὶ τὸν β̄ ϛ̄ ν̄δ̄ καὶ τοῦ ἐξ αὐτῶν γεγονότος ἐκβάλλων τὴν πλευρὰν εἶτα ἀναβίβασον, εἰς ὅσα δύναται ἀναχθῆναι ἡ ἐκβληθεῖσα πλευρά. καὶ τὰ ἐκ τῆς ἀναγωγῆς εὑρεθέντα ὄντα β̄ μ̄ϛ̄ ν̄ϛ̄ ἐστι μέση ἀνάλογον ἡ Γ. εἰ δὲ βούλει τῆς Γ πλευρᾶς τῆς οὔσης μοιρῶν 25

---

187. q.   188. B.   189. P.   190. Vᵃ.   191. q (Pˢ).
Inde ab ἐστι μέση lin. 24 etiam Vᵃ.

---

12. ἀλόγων] ἀναλόγων P.   21. ἐκβάλλον q.   22. ἀνάβασον q.

ἤ, εἰ βούλει, ποδῶν δύο, λεπτῶν πρώτων μ͞ϛ καὶ
τρίτων ν͞ϛ εὑρεῖν τὸν τετράγωνον, ποίησον τὰ δύο
μ͞ϛ ν͞ϛ ἐφ᾽ ἑαυτά, εἶτα τῶν γεγονότων μὴ ἐκβάλῃς
πλευράν, διότι πᾶς ἀριθμὸς ἑαυτὸν πολυπλασιάσας
5 τετράγωνον ποιεῖ. οὕτως οὖν καὶ ἐπὶ τούτων χρὴ
μόνον πολλαπλασιάσαι τὸν β̄ μ͞ϛ ν͞ϛ εἰς ἑαυτὸν καὶ τὸν
γεγονότα ἀναβιβάσαι, καὶ ὁ εὑρεθείς ἐστιν ἀπὸ τῶν
δύο μ͞ϛ ν͞ϛ τετράγωνος. ἔστι δὲ ὁ τοιοῦτος τετρά-
γωνος ζ̄ μ͞δ κ͞ϛ, καί ἐστιν ὡς ὁ ῑ πρὸς τὸν ζ̄ μ͞δ ν͞ϛ,
10 οὕτως ὁ ζ̄ μ͞δ ν͞ϛ πρὸς τὸν ϛ̄, καὶ ὡς ἡ Α ἡ οὖσα γ̄ θ̄ μ͞δ
πρὸς τὴν Γ τὴν οὖσαν β̄ μ͞ϛ ν͞ϛ, οὕτως ἡ Γ πρὸς
τὴν Β οὖσαν β̄ κ͞ϛ ν͞δ. πάλιν πολλαπλασίασαι τὴν Γ
ἐπὶ τὴν Β καὶ τὸν γεγονότα εὐθὺς μὴ ἐκβαλὼν πλευρὰν
μέρισον παρὰ τὴν Α καὶ τὰ γεγονότα ἀναβίβασον,
15 καὶ τὸ εὑρεθὲν ἔσται ἡ Δ οὕτως πρὸς τὴν Γ, ὡς ἡ Β
πρὸς τὴν Α, καί ἐστιν ἡ Δ λεπτῶν πρώτων κ͞α καὶ ῑδ
καὶ τρίτων ῑθ. χάριν δὲ σαφηνείας ληπτέον ῥητοὺς
ἀριθμούς· καὶ ἔστω ἡ Α ο͞β, ἡ δὲ Β ῑη, καὶ δέον
εὑρεῖν μέσην ἀνάλογον. ποιητέον τὸν ο͞β ἐπὶ τὸν ῑη,
20 καὶ γίνονται α͞σϛ͞ϛ. ἐκβλητέον τὴν πλευρὰν τῶν α͞σϛ͞ϛ,
καί ἐστι λ͞ϛ· ἡ λ͞ϛ μέση ἀνάλογόν ἐστιν. ὡς γὰρ ὁ ο͞β
πρὸς τὸν λ͞ϛ, ὁ λ͞ϛ πρὸς τὸν ῑη. ἔστω ὁ λ͞ϛ ἡ Γ
πλευρά· ποιητέον τὴν Β πλευρὰν τὰ ῑη ἐπὶ τὴν Γ
τὰ λ͞ϛ, καὶ ἔσται τὸ ἐξ αὐτῶν χ͞μη. μέρισον τὰ χ͞μη
25 ἐπὶ τὰ ο͞β, καὶ τὸ κλάτος τῆς παραβολῆς, ὅπερ ἐστὶν
ὁ θ̄, ἔσται πρὸς τὸν λ͞ϛ, ὡς ὁ ῑη πρὸς τὸν ο͞β.

192. Τὸ κζ´ θεώρημα τῷ κη´ παράκειται θεωρή-
ματι. ἐν μὲν γὰρ τῷ εἰκοστῷ ἑβδόμῳ ἐπιτάττει μέσας

192. B (κζ).

3. εἶτα] ἤ τὴν V. ἐκβάλλῃς V. 4. πολλυπλ. V. 23.
τὴν] (alt.) τῶν V, τόν q. 24. τό] supra scr. V.

εὑρεῖν δυνάμει μόνον συμμέτρους ῥητὸν περιεχούσας,
ἐν δὲ τῷ εἰκοστῷ ὀγδόῳ μέσας μέσον περιεχούσας.

193. Εὑρίσκομεν τὰς δύο μέσας τὰς δυνάμει μόνον
συμμέτρους, ῥητὸν δὲ περιεχούσας, οὕτως· ἐκθέμενοι
δύο ῥητὰς κατὰ τὸν τεχνικὸν δυνάμει μόνον συμ-   5
μέτρους τήν τε τοῦ η̄ πλευρὰν καὶ τὴν τοῦ ϛ̄· τὰ
αὐτὰ γὰρ ἔστωσαν εἰς παραδείγματα τὰ καὶ ἐν τῷ
προλαβόντι κε̄′ ληφθέντα θεωρήματι· πολλαπλασιά-
ζομεν αὐτὰς πρὸς ἀλλήλας καὶ τοῦ ὑπ' αὐτῶν γινο-
μένου χωρίου τὴν τετραγωνικὴν πλευρὰν ἐκβαλόντες 10
ἔχομεν μέσην τὴν β̄ λ̄ζ̄ ν̄ε̄· ἡ γὰρ δυναμένη τὸ ὑπὸ
ῥητῶν δυνάμει μόνον συμμέτρων περιεχόμενον μέση
ἐστίν. καὶ ἐπεὶ ἡ τοῦ η̄ πλευρὰ πρὸς τὴν τοῦ ϛ̄ ἀσύμ-
μετρός ἐστι μήκει, ποιοῦμεν καὶ τὴν εὑρεθεῖσαν μέσην
πρὸς ἄλλην τινὰ τὸν αὐτὸν ἔχουσαν λόγον, ὃν ἡ τοῦ η̄ 15
πλευρὰ πρὸς τὴν τοῦ ϛ̄. λαμβάνομεν οὖν πρώτην μὲν
τὴν τοῦ η̄ πλευράν, δευτέραν δὲ τὴν τοῦ ϛ̄ καὶ τρίτην
τὴν εὑρεθεῖσαν μέσην καὶ ἐπιζητοῦμεν τὴν λοιπήν,
ἥτις ἐστὶ τετάρτη. καὶ ἐπεὶ τὸ ὑπὸ τῆς πρώτης καὶ
τετάρτης ἴσον ἐστὶ τῷ ὑπὸ τῆς δευτέρας καὶ τρίτης, 20
πολλαπλασιάζομεν τὴν τοῦ ϛ̄ πλευρὰν μετὰ τῆς εὑρε-
θείσης μέσης, καὶ τὸ χωρίον τὸ γινόμενον παρα-
βάλλομεν πρὸς τὴν τοῦ η̄ πλευρὰν καὶ τὸ εὑρισκόμενον
πλάτος ποιοῦμεν τετάρτην, ἥτις ἐστὶν ἡ ζητουμένη
μέση οὖσα β̄ ῑε̄ μ̄ε̄, πρὸς ἣν ἡ εὑρεθεῖσα λόγον τε   25
ἔχει, ὃν ἡ τοῦ η̄ πλευρὰ πρὸς τὴν τοῦ ϛ̄, καὶ ἔτι ἀσύμ-
μετρός ἐστι μήκει· καὶ πρὸς τούτοις καὶ τὸ ὑπ' αὐτῶν
γινόμενον εὑρίσκεται ὑπάρχον ῥητὸν διὰ τὸ ἴσον εἶναι

193. Vᵇ (τοῦ κζ̄′ θεωρήματος) (rqᶜ).

20. τρίτης] in ras. V.

τὸ ὑπὸ τῶν δύο μέσων τῷ ἀπὸ τῆς τοῦ $\bar{\varsigma}$ πλευρᾶς
γινομένῳ. τὸ δὲ ἀπὸ τῆς πλευρᾶς τοῦ $\bar{\varsigma}$ μονάδων
ἐστὶν $\bar{\varsigma}$· καὶ τὸ ὑπὸ τῶν δύο μέσων ἄρα γινόμενον
μονάδων ἐστὶ $\bar{\varsigma}$.

5　194. Δείξας ἁπλῶς ἐν τῷ κε΄ θεωρήματι τὸ περι-
εχόμενον ὑπὸ δύο εὐθειῶν δυνάμει μόνον συμμέτρων
ὀρθογώνιον ἢ ῥητὸν ἢ μέσον, νῦν προστίθεται εἰπεῖν,
πότε ῥητὸν καὶ πότε μέσον.

195. Ῥητὸν ἄρα καὶ τὸ ὑπὸ τῶν Γ, Δ p. 78, 10]
10 ἐπεὶ γὰρ ἴσον ἐστὶ τῷ ἀπὸ τῆς Β, σύμμετρόν ἐστιν
αὐτῷ· ῥητὸν δὲ τὸ ἀπὸ τῆς Β, καὶ τὰ σύμμετρα τούτῳ
πάντως ῥητά, ὡς ὁ ὅρος φησίν.

Ad lemma p. 386 (app. 9).

196. Ἀναγεγράφθω γὰρ ὑπὸ τῶν ΔΓ, ΓΕ p. 386, 20]
15 ὑπὸ τῶν ΓΔ, ΓΕ οὐκ ἀριθμῶν, ἀλλὰ μεγεθῶν τόσας
σπιθαμὰς ἢ πήχεις ἢ ἄλλα τινὰ τῶν μέτρων ἐχόντων,
ὅσαι αἱ μονάδες τῶν ΓΔ, ΓΕ ἀριθμῶν. εἰ γὰρ
ἔσονται οἱ ΔΓ, ΓΕ ἀριθμοὶ καὶ οὐ μεγέθη, πῶς περι-
έξουσιν ὀρθογώνιον χωρίον; πῶς δὲ ἔσται δυνατὸν
20 γενέσθαι, ὡς ἀριθμὸν πρὸς ἀριθμόν, εὐθεῖαν πρὸς
εὐθεῖαν; ἐκ τοῦ πορίσματος τοῦ ἐν τῷ ῑ ἕκτου.

Ad prop. XXVIII.

197. Τρία ταῦτα προτίθεται ζητῆσαι, ὅτι δυνάμει
μόνον συμμέτρους, ὅτι μέσον περιεχούσας, καὶ ὅτι
25 μέσας. ὅτι μὲν οὖν μέσας, δείκνυσι κατασκευάζων
τὴν Δ μέσην καὶ ταύτῃ σύμμετρον τὴν Ε. ὅτι δὲ

---

194. r.　195. q.　196. V¹.　197. B (κη).

2. $\bar{\varsigma}$] r, om. V.　8. ἄρα μέσων r.　10. τῷ] τό q.

καὶ μέσον περιεχούσας, δείκνυσιν ἐκ τοῦ τὰς δ̄ εὐθείας
ἀναλόγους ἄγεσθαι τὰς Α, Δ, Ε, Γ, καὶ τὸ ὑπὸ τῶν
Α, Γ ἴσον δείκνυσθαι τῷ ὑπὸ τῶν Δ, Ε, μέσον δὲ
τὸ ὑπὸ τῶν Α, Γ, διότι ῥηταὶ ὑπόκεινται δυνάμει
μόνον σύμμετροι, καί ἐστι τὸ ὑπ' αὐτῶν μέσον· τὸ 5
γὰρ ὑπὸ ῥητῶν δυνάμει μόνον συμμέτρων μέσον ἐστίν·
μέσον ἄρα καὶ τὸ ὑπὸ τῶν Δ, Ε· ὅπερ ἔδει δεῖξαι.

Ad lemma p. 80.

198. Ἔστω ὁ ΑΒ μονάδων ῑϛ, ὁ δὲ ΓΒ μονάδων δ̄.
λοιπὸς ἄρα ὁ ΓΑ ἐστι μονάδων ῑ καὶ β̄. τμηθέντος 10
δὲ τοῦ ΓΑ δίχα τοῦ ῑβ κατὰ τὸ Δ ἔσονται οἱ ΓΔ, ΔΑ
ἀνὰ μονάδων ϛ̄. ἔστι δὲ ὁ ἐκ τῶν ΑΒ καὶ ΒΓ,
τουτέστιν ὁ ἀπὶ τῶν ῑϛ καὶ δ̄, ξ̄ καὶ δ̄· τετράκις γὰρ
τὰ ῑϛ ξ̄δ. ὁ δὲ ἀπὸ τοῦ ΓΔ τοῦ ϛ̄ τετράγωνός ἐστι λϛ̄·
ἑξάκις γὰρ τὰ ϛ̄ λϛ̄. τὰ οὖν ἐκ τῶν ΑΒ τῶν ῑϛ καὶ 15
ΒΓ τῶν δ̄, ἅπερ ἐστὶν ξ̄δ, μετὰ τοῦ λϛ̄, ὅς ἐστιν ὁ
ἐκ τῆς ΓΔ τετράγωνος, τὰ οὖν ξ̄δ καὶ λϛ̄ συντεθέντα
ἀποτελοῦσι τὸν ρ̄ ἀριθμόν, ὃς ρ̄ τετράγωνός ἐστι,
πλευρὰ δὲ αὐτοῦ ἐστιν ὁ ῑ ἀριθμὸς ἤτοι ὁ ΒΑ· ἔστι
γὰρ ὁ ΒΓ μονάδων δ̄, ὁ δὲ ΓΔ μονάδων ϛ̄. ὁ ἄρα 20
ἐκ τῶν ΑΒ, ΒΓ ἤτοι ὁ ξ̄δ μετὰ τοῦ ἀπὸ τῆς ΓΔ ἤτοι
τοῦ λϛ̄ ἴσος ἐστὶ τῷ ἀπὸ τῆς ΒΑ ἤτοι τῷ τετραγώνῳ
τῷ ἀπὸ τῆς ΒΑ ὄντι μονάδων ρ̄. ὅτι δὲ καὶ ὁ ἐκ
τῶν ΑΒ, ΒΓ, ὅς ἐστιν ὁ ξ̄δ, τετράγωνός ἐστι, δῆλον·
ἔστι γὰρ αὐτοῦ πλευρὰ τὰ η̄· ὀκτάκις γὰρ τὰ η̄ ξ̄δ. 25

199. Οὐκ ἀεὶ τετράγωνοι τετραγώνοις συντιθέμενοι
τετραγώνους ποιοῦσιν, ἀλλὰ δύνανται καὶ μὴ ποιεῖν.

---

198. V^aq (P²).   199. B.

2. τῶν] τῆς B.   3. τῶν] τῆς B.   22. ἴσος] ἴσον V.   25.
τά] (prius) τό V.

κείμενον ὑπὸ τοῦ *ΑΒΓ* κα

ἑκάτεροι τετράγωνοι, ὁ μὲν .

εἰσι τετράγωνοι, ἐὰν δὲ ὅμοι

10 πλασιάσαντες ἀλλήλους ποιῶσ

γωνος ἔσται. ἀλλὰ καὶ ὁ ἀπ

δὲ ὁ ὑπὸ *ΑΒΓ* μετὰ τοῦ *Ι*

γὰρ ἡ *ΑΓ* τέτμηται δίχα κατ

αὐτῇ ἐπ' εὐθείας ἡ *ΒΓ*, καὶ

15 μετὰ τοῦ ἀπὸ *ΓΔ* ἴσον τῷ ἀ:

200. Εἴρηται πολλάκις, ὁ

μετροι, δυνάμει δὲ σύμμετροι

τὰ ἀπ' αὐτῶν τετράγωνα σύμμε

οὖν δύο εὐθεῖαι αἱ *Α*, *Β*, ἡ

20 πήχεων ἢ ὅ, τι βούλει ἢ, τ

γωνον ξ̅δ̅, ἡ δὲ *Β* τμημάτων

αὐτῆς ε̅ ι̅ζ̅ κ̅θ̅ τετράγωνον κ̅η̅.

εὐθεῖα ἡ ὀκτάπους, ἐλάττων ·

τὸ μὲν ἀπὸ τῆς ὀκτάποδος τετ

25 τῆς ε̅ ,ι̅β̅ ∟ᾱ ⸻

ἡ μείζων ἡ ῆ τῆς ε ιϛ κθ τὸ ἀπὸ τῆς ϛ τετράγωνον
τὸ λϛ. καί ἐστιν ὁ ϛ τῷ ῆ σύμμετρος μήχει.

201. Ἔστω ὁ ΓΔ λϛ, ὁ δὲ ΔΕ ιϛ. ἔστιν ἄρα ἡ
ὑπεροχὴ τοῦ ΓΔ πρὸς τὸν ΔΕ μονάδων κ. ὁ οὖν κ
οὐκ ἔστι τετράγωνος.

202. Ὁ ἐκ τῶν p. 82, 14] σημείωσαι, ὅτι τὸ ἐκ
καὶ τὸ ὑπὸ ἓν ἔχει ὁ τεχνικός.

Ad prop. XXIX.

203. Τοῦτο καὶ τὸ ἑξῆς λημμάτια τῶν μετὰ ταῦτα.

204. Ἐντεῦθεν ἡ τῶν λοιπῶν ἀλόγων ἄρχεται 10
εὕρεσις καὶ πρῶτον τῶν κατὰ συνθήκην, προλαμβάνει
δὲ τὰ θεωρήματα ταῦτα ὡς ἐκ τούτων ἀναφαινομένων
τῶν κατὰ συνθήκην ἀλόγων.

αὗται δὲ αἱ δύο ῥηταὶ ἄνισοι γενικώτεραι αἱ δυ-
νάμει μόνον σύμμετροι προσεχῶς μὲν τῆς ἐκ δύο 15
ὀνομάτων εἰσὶ πρόγονοι, καὶ πρό γε ταύτης τῆς μέσης.

205. Ἔστω ἡ ΑΒ ὀκτάπους· τὸ ἄρα ἀπ᾿ αὐτῆς
τετράγωνόν ἐστι ποδῶν ξδ. ἔστω δὲ ἡ ΑΖ ε ιϛ κθ·
τὸ ἄρα ἀπ᾿ αὐτῆς ἐστι ποδῶν κη. εἰσὶν ἄρα σύμμετροι
δυνάμει μόνον καὶ διὰ τοῦτο καὶ ῥηταὶ ἡ ὀκτάπους 20
καὶ ἡ ε ιϛ κθ. ἔστι δὲ ἡ ὑπεροχὴ τοῦ ξδ πρὸς τὰ
κη λϛ, ἅτινα λϛ δύναται ἥ ἑξάπους σύμμετρος οὖσα
μήκει τῇ ὀκτάποδι· τὰ γὰρ ἀπ᾿ αὐτῶν τετράγωνα
τὰ ξδ καὶ λϛ λόγον ἔχει πρὸς ἄλληλα, ὃν τετράγωνος

---

201. Vᵃq (P²). 202. Vᵇ. 203. P. 204. PVᶜ (κθ Vᶜ).
205. Vᵃq (P²).

---

2. τῷ] τό V. 3. ἡ] om. V. 11. συνθήκην] in ras.
m. 1 P. 14. δέ] om. V. ἄνισοι] καὶ ἄνισοι αἱ V. 15.
μέν] om. V. 16. εἰσίν P. 20. καὶ ῥηταί] ῥητόν V. 21.
καί] om. V.

τετράγωνόν ἐστι χωρίον, και

καὶ τοῦ κ̄η, δῆλον· τετράκις γὰ̣

206. Κατ᾽ ἄλλην γραφὴ̣

10 θεώρημα.

ἔστω ὁ ΓΔ ξ̄δ καὶ ὁ ΔΕ

οχὴν τὴν ΓΕ κ̄η, ἡ δὲ ΑΒ εὐθ

οὖν τὸ ἀπὸ τῆς ΖΑ ρ̄οε, ἧς ̣

δὲ ἀπὸ τῆς ΖΒ τὰ λοιπὰ τῶν ι̅

15 ἡ δὲ ΒΖ ι̅η, ἥτις ἐστὶ σύμμετρο̣

δυνάμει μόνον ἐστὶ σύμμετρος

207. Ἀναστρέψαντι p. 88, 6] ἀ

ὡς ἐμάθομεν ἐν τοῖς ὅροις τοῦ

ἡγουμένου πρὸς τὴν ὑπεροχήν ̣

20 μενον τοῦ ἑπομένου. ἢν δὲ ἐν

ὁ ΔΓ, ἑπόμενον δὲ ὁ ΓΕ, ὥστι

ὁ ΔΓ τοῦ ΓΕ, ὁ ΔΕ ἐστιν. ἐπ̣

ἴσον ἐστὶ τοῖς ἀπὸ τῶν ·ΑΖ, ̣

ὑπερέχει τοῦ ἀπὸ τῆς ΑΖ τῷ ἀπ

25 λήμματι.

ὁ *AB* ὁ ἡγούμενος πρὸς τὴν ὑπεροχὴν τῶν *BZ·* ὑπεροχὴ γάρ ἐστιν, ὡς εἴρηται, καὶ ἡ *BZ* καὶ ὁ *ΔE*.

208. Τὸ ἀπὸ τῆς *AB* ἴσον τοῖς ἀπὸ τῶν *AZ, ZB* p. 88, 13] διὰ τὸ ὀρθὴν εἶναι τὴν ὑπὸ *AZB* γωνίαν· πᾶσαι γὰρ αἱ ἐν ἡμικυκλίῳ γωνίαι ὀρθαὶ ἔσονται· 5 καὶ ἐπεὶ δέδεικται, ὅτι ἐν τοῖς ὀρθογωνίοις τριγώνοις τὸ ἀπὸ τῆς τὴν ὀρθὴν γωνίαν ὑποτεινούσης πλευρᾶς ἴσον ἐστὶ τοῖς ἀπὸ τῶν τὴν ὀρθὴν γωνίαν περιεχουσῶν πλευρῶν, καὶ διὰ τοῦτο τὸ ἀπὸ τῆς *AB* ἴσον ἐστὶ τοῖς ἀπὸ τῶν *AZ, ZB·* ὅπερ ἔδει δεῖξαι.[1]) 10

Ad prop. XXX.

209. Ἔστω ῥητὴ ἡ *AB* μοιρῶν k̄ καὶ ὁ *ΓΔ* τετράγωνος μοιρῶν μ̄θ̄, ὁ δὲ *ΔE* μοιρῶν λ̄ε̄, ὥστε τὴν ὑπεροχὴν τὸν *ΓE* εἶναι μοιρῶν ῑγ̄. καὶ γεγονέτω ὡς ὁ μ̄θ̄ πρὸς ῑγ̄, οὕτως τὸ ἀπὸ τῆς *AB* ἤτοι τὸ ἀπὸ 15 τοῦ k̄ ἤτοι τὸ ῡ πρὸς τὴν *AZ*. πολυπλασιασθέντος τοῦ ῑγ̄ πρὸς τὸν ῡ καὶ παραβληθέντος πρὸς τὸν μ̄θ̄, καὶ γενήσεται τὸ ἀπὸ τῆς *AZ* μοιρῶν ρ̄ϛ̄ ξ̄ k̄ μ̄η̄ ν̄η̄, ἡ δὲ πλευρὰ τοῦ ρ̄ϛ̄ ξ̄ k̄ μ̄η̄ ν̄η̄ ἤτοι ἡ *AZ* ἔσται

---

1) In PFBVat.Vᶜ seq. lemma p. 388 app. 10 (εἰς τὸ κθ΄ FVat., κθ et κείμενον B, λῆμμα πρὸ τοῦ κθ m. rec.). 7. δέον] δέον ἔστω F, δέον ἐστί PBVat.V. 8. ὡς] om. PFVat.V. τόν] (pr.) corr. ex τὸ προκείμενον F. 9. τό] om. PFV. ἀπό omnes. 11. ἔστω omnes. 12. τόν] τό PFVat. B] B οὕτως FBVat. 16. ὡς] καὶ ὡς omnes. 17. τόν] τό V. In fine add. ὅπερ ἔδει δεῖξαι FBVat., ὅπερ ἔδει ποιῆσαι PV.

---

208. B (κθ). 209. Vᵇ.

---

1. ὁ *AB*] ἡ *AB* V. ὁ] om. q. τῶν] scr. τόν. 5. ἐν] ἐνί B. 16. τήν] scr. τὸ ἀπὸ τῆς. πολλυπλ. V, sed corr. 18. ξ̄ k̄] e corr. V.

210. Εἰς τὸ λ΄ θεώρημα

·Ἔστω ὁ ΓΕ ὁ ὁ ΕΔ λ͞ξ

γωνος, οὗ ἡ πλευρα ἡ ΑΒ

10 ἀπὸ τῆς ΑΖ ῑ ἡ ΑΖ ἡ πλευρ⊂

ἡ ΖΒ θ͞ κ͞θ ι͞β ῑ ἡ πλευρὰ τ

211. Αὗται μητέρες εἰσὶν

ὀνομάτων.

Ad prop. ⁚

15 212. Αὗται αἱ τοιαῦται μ

δύο μέσων πρώτης. ζητητέον

μέσας δυνάμει μόνον συμμέτ⊂

ὥστε τὴν μείζονα τῆς ἐλάσσον

ἀπὸ συμμέτρου μήκει.

20 213. Τῷ ὑπὸ τῶν Α, Β κει

ὥστε ἐπεί ἐστιν ὡς ἡ Α πρὸς

τῶν Α, Β πρὸς τὸ ἀπὸ τῆς

πρὸς τὴν Β, οὕτως τὸ ἀπὸ τῆ⊂

οὕτως· ὡς ἡ Α πρὸς τὴν Β, ο⊂

25 τουτέστι τὸ ἀπὸ ⸗⸗ Γ

ῥητέον οὕτως· ὡς ἡ Α πρὸς τὴν Β, οὕτως τὸ ἀπὸ
τῆς Γ πρὸς τὸ ἀπὸ τῆς Β ἤτοι πρὸς τὸ ὑπὸ τῶν Γ, Δ·
ἴσον γάρ, ὡς εἴρηται, κεῖται τὸ ἀπὸ τῆς Β πρὸς τὸ
ὑπὸ τῶν Γ, Δ. ὥστε ἀντὶ τοῦ λέγειν οὕτως· τὸ ἀπὸ
τῆς Γ πρὸς τὸ ἀπὸ τῆς Β, ῥητέον οὕτως· τὸ ἀπὸ 5
τῆς Γ πρὸς τὸ ὑπὸ τῶν Γ, Δ.

214. Ἡ Α μονάδων κ̄ ἡ Β μοιρῶν ῑ λεπτῶν ῑη ε̄ μ̄
τὸ ὑπὸ τῶν Α, Β μοιρῶν σ̄ϛ λεπτῶν ᾱ ν̄γ κ̄, ὧν πλευρά
ἐστιν ἡ Γ οὖσα μοιρῶν ῑδ λεπτῶν κ̄α ῑγ μ̄· τὸ γοῦν
ἀπὸ Γ ἴσον ἐστὶ τῷ ὑπὸ τῶν Α, Β. τὸ δὲ ἀπὸ τῆς Β 10
ἔστι μοιρῶν ρ̄ϛ λεπτῶν ζ̄ μ̄δ λ̄β ϛ̄ μ̄, ᾧ ἴσον ἐστὶ τὸ
ὑπὸ τῶν Γ, Δ, ὡς εἶναι τὸν Δ μοιρῶν ζ̄ λεπτῶν
κ̄γ λ̄ϛ κ̄ οὐδέν.

215. Εἰς τὸ λα΄ θεώρημα ἀριθμοὶ κατ᾽ ἄλλην γραφήν.

ἔστω ἡ Α κ̄ ἡ Β ἡ πλευρὰ τοῦ ρ̄οε, ἥτις ἐστὶν 15
ῑγ ῑγ μ̄γ. τὸ ὑπὸ τῶν Α, Β· ἤτοι τὸ ἀπὸ τῆς Γ σ̄ξδ
μοιρῶν μ̄δ λεπτῶν πρώτων κ̄ε δευτέρων, ἡ Γ ῑβ
μοιρῶν λεπτῶν πρώτων ῑε λεπτῶν δευτέρων ν̄β, ἡ Δ
ῑ μ̄ε λ̄β τὸ ὑπὸ Γ, Δ ρ̄οε.

216. Τῷ ἀπὸ ἀσυμμέτρου p. 92, 22] εἰς τὸ ἀπὸ 20
ἀσυμμέτρου ἔστω ἡ Α ῑ ἡ Β ἡ πλευρὰ τοῦ ῑ, καθὼς
κεῖται ἐν τῷ λ΄, τὸ ὑπὸ τῶν Α, Β λ̄ᾱ λ̄ϛ κ̄ ἤτοι τὸ ἀπὸ
τῆς Γ. ἡ Γ ε̄ λ̄ϛ κ̄δ, ἡ Δ ᾱ μ̄ϛ μ̄α, τὸ ἀπὸ τῆς Δ
γ̄ θ̄ ν̄δ.

217. Τὸ ὑπὸ τῶν Α, Β ἤτοι τὸ ἀπὸ τῆς Γ μοι- 25
ρῶν ρ̄ϙϡ λεπτῶν πρώτων μ̄ϡ καὶ δευτέρων ρ, τὸ δὲ
Γ, Δ Ινο.

---

214. Vᵇ (λα).   215. Vᵇ.   216. Vᵇ.   217. Vᵇ.

8. τό] (pr.) τῷ q.   8. ν̄γ] m. 1 V, supra scr. μ̄ m. 2.
11. μ̄δ] m. 1 V, supra scr. κ̄α m. 2.   13. λ̄ϛ] m. 1 V,
supra scr. ῑε m. 2.

...μμετρους τὰς A, B, Γ κ[

τοῦ ῑ τὴν πλευράν, τὴν δ[

ἐπεὶ δὲ τὸ ἀπὸ τῆς A πρὸς[

ὁ τεχνικὸς μεῖζον δύνασθαι[

10 ἐκτίθεμεν δύο ἀριθμοὺς ἑτέ[

ὑπεροχή ἐστι τετράγωνος ὁ[

τῷ ἀπὸ συμμέτρου ἑαυτῷ.[

πρὸς τὸν ε̄, οὕτως τὸ ἀπὸ τῆς[

πρὸς τὸ ἀπὸ τῆς Γ, τουτέστιν[

15 δεύτερον τὸν ε̄, οὕτως τρίτον[

ἐὰν ἄρα τὸ ὑπὸ μέσων πολυπλ[

δέκα καὶ πέντε, καὶ παραβά[

νήσεται ἡμῖν τὸ Γ ε̄ λγ̄ κ̄, ο[

ῥητὴ οὖσα δυνάμει καὶ σύμ[

20 πάλιν τὰς A, B ῥητὰς οὖσα[

τίθεται, τὸ δὲ ὑπὸ ῥητῶν δυ[

μέσον ἐστί, καὶ τὸ ὑπὸ τῶν A, B[

μέσον ἐστὶ καὶ αὐτό, καὶ ἡ δυ[

ἤγουν τὰ β̄ νθ̄ κη̄. πάλιν ἐπεὶ[

ὑποτίθεται τῷ ὑπὸ τῶν Δ, Ε, ἐὰν ἄρα τὸ ὑπὸ τῶν
Β, Γ πολυπλασιάσωμεν καὶ παρὰ τὸν δ̄ παραβάλωμεν,
γενήσεται ἡ Ε οὖσα β̄ ῑγ̄ μ̄γ̄· καὶ τὸ ἀπὸ τούτων
τετράγωνον δ̄ ν̄η̄ οὐδὲν ῆ μ̄ϑ. καὶ ἀποτελοῦνται πάντα
τὰ τῆς προτάσεως· ῆ τε γὰρ Δ τῇ Ε σύμμετρός ἐστι 5
δυνάμει μόνον, διότι καὶ ἡ Α τῇ Γ δυνάμει μόνον
σύμμετρος, καὶ τὸ ἀπὸ τῆς Δ πρὸς τὸ ἀπὸ τῆς Ε
μεῖζον δύναται τῷ ἀπὸ συμμέτρου ἑαυτῇ, καὶ πάλιν
τὸ ὑπὸ τῶν Δ, Ε περιεχόμενον μέσον ἐστίν.

220. Ἔστω ἡ Α ῑ ἡ Β ἡ πλευρὰ τοῦ ῑβ̄ γ̄ κ̄ζ̄ ν̄ 10
ἡ Γ ἡ πλευρὰ τοῦ ῑ, καθὸ ἐλήφθη ἐν τῷ λ' θεωρήματι,
τὸ ὑπὸ Α, Β λ̄δ̄ λ̄η̄ κ̄ ἤτοι τὸ ἀπὸ τοῦ Δ, ἡ Δ ε̄ ν̄γ̄ ξ̄
τὸ ὑπὸ Β, Γ ῑ ν̄ξ̄ ῑβ̄ ν̄δ̄ μ̄ ἡ Ε ᾱ ν̄ μ̄γ̄.

221. Εἰς τὸ λβ' κατ' ἄλλην γραφήν.

ἡ Α κ̄ ἡ Β ἡ πλευρὰ τοῦ σ̄ ἤτοι ῑδ̄ η̄ λ̄ᾱ ἡ Γ ἡ 15
πλευρὰ τοῦ ρ̄ο̄ε̄ ἤτοι ῑγ̄ ῑγ̄ μ̄γ̄, καθὼς κεῖται ἐν τῷ κθ',
τὸ ὑπὸ Α, Β σ̄π̄β̄ ν̄ κ̄ ἡ Δ ῑξ̄ μ̄ϑ δ̄ τὸ ὑπὸ Β, Γ
ρ̄π̄ζ̄ δ̄ μ̄ᾱ ν̄β̄ λ̄γ̄ ἡ Ε ῑᾱ ξ̄ κ̄ε.

222. Τὸ ἀπὸ τῆς Δ p. 94, 9] ἤγουν τῶν Α, Β
μέση ἀνάλογον εἰλήφθω ἡ Δ διὰ τὸ ιγ' τοῦ ϛ'· τὸ 20
γὰρ ὑπὸ τῶν ἄκρων ἴσον ἐστὶ τῷ ἀπὸ τοῦ μέσου δια
τὸ ιζ' τοῦ ϛ'.

Ad lemma p. 96.

223. Μαξίμου Πλανούδη.

λέγω, ὅτι καὶ τὸ ὑπὸ τῶν ΑΒ, ΓΔ ἴσον ἐστὶ τῷ 25

220. V⁵.　　221. V⁵.　　222. q (Pᵞ).　　223. V⁵.

2. πολλαπλασιάσωμεν q.　δ] e corr. V.　3. β̄] e corr. V.
μ̄γ̄] q et supra m. 1 V, in textu ν̄ᾱ V.　τό] supra m. 1 V.
4. δ̄ — μ̄ϑ] q et supra V, in textu ε̄ λ̄ϑ ν̄ξ̄ δ̄ κ̄ξ̄ V.　οὐδέν]
τ? q.　7. Δ] δέλτα q.　8. τῷ] τό q.　11. ῑ] seq. ras.
1 litt. V.　20. Δ] ≃ Pq.

Euclides, edd. Heiberg et Menge. V.　　33

ὑπὸ τῶν ΑΓ, ΒΔ. ἔστι γὰρ

τῷ ΑΒΔ. ἔστιν ἄρα ὡς ἡ Β

ἡ ΒΔ πρὸς τὴν ΔΑ. ἐὰν ὶ

10 ἑξῆς. τὸ ἄρα καὶ ὑπὸ τῶν

ὑπὸ τῶν ΑΓ, ΒΔ.

224. Ἔστω ἡ ΒΓ μονάδι

δὲ ΔΓ ιϛ καὶ ἔτι ἡ μὲν ΒΔ

οὖν τὸ ὑπὸ τῶν ΓΒ, ΒΔ, τ

15 καὶ θ̄, ὅπερ ἐστὶ σκε, ἴσον τῷ

τῷ ἀπὸ τῶν ιε. πάλιν τὸ ὑπὸ

τὸ ὑπὸ τῶν κε καὶ ιϛ, ὃν τετρ

τῆς ΔΓ ἤτοι τῷ ἀπὸ τῶν κ.

ΒΔ, ΔΓ ἤτοι τὸ ὑπὸ τῶν θ̄ κ

20 ἴσον τῷ ἀπὸ τῆς ΔΑ ἤτοι τῷ

τὸ ὑπὸ τῶν ΒΓ, ΔΔ ἤγουν τῶι

τῷ ὑπὸ τῶν ΒΔ, ΔΓ, τουτέστι

ε̄ γὰρ καὶ αὐτό.

225. Ἴση γάρ ἐστιν ἡ Δ

25 παραλληλογράμμ

Ad prop. XXXIII.

226. Αὗται μητέρες εἰσὶ τῆς μείζονος τετάρτης ἀλόγου.

227. Ἐὰν ὦσι δύο εὐθεῖαι, ἔσται ὡς ἡ μία πρὸς τὴν ἑτέραν, οὕτως τὸ ὑπὸ συναμφοτέρου καὶ μιᾶς αὐτῶν πρὸς τὸ ὑπὸ συναμφοτέρου καὶ τῆς ἑτέρας. ἔστωσαν δύο εὐθεῖαι αἱ ΑΒ, ΒΓ. λέγω, ὅτι ἐστὶν ὡς ἡ ΑΒ πρὸς τὴν ΒΓ, οὕτως τὸ ὑπὸ τῶν ΑΓ, ΓΒ πρὸς τὸ ὑπὸ τῶν ΓΑ, ΑΒ. ἤχθω γὰρ ἀπὸ τοῦ Β τῇ ΑΓ πρὸς ὀρθὰς ἴση τῇ ΑΓ ἡ ΒΔ, καὶ συμπεπλη- 10 ρώσθω τὸ ΑΕ παραλληλόγραμμον. ἐπεὶ οὖν ἐστιν ὡς ἡ ΑΒ πρὸς τὴν ΒΓ, οὕτως τὸ ΑΔ πρὸς τὸ ΔΓ, καί ἐστι τὸ μὲν ΑΔ τὸ ὑπὸ τῶν ΒΔ, ΑΒ, τουτέστι τὸ ὑπὸ τῶν ΓΑ, ΑΒ· ἴση γὰρ ὑπόκειται ἡ ΒΔ τῇ ΓΑ· τὸ δὲ ΔΓ ἐστι τὸ ὑπὸ τῶν ΒΔ, ΓΒ, τουτέστι τὸ ὑπὸ 15 τῶν ΑΓ, ΓΒ. καὶ ὡς ἄρα ἡ ΑΒ πρὸς τὴν ΒΓ, οὕτως τὸ ὑπὸ τῶν ΓΑ, ΑΒ πρὸς τὸ ὑπὸ τῶν ΑΓ, ΓΒ· ὅπερ ἔδει δεῖξαι.

228. Ὅτι ἐνδέχεται ἐκ μὴ ῥητῶν χωρίων συν- τιθεμένων τὸ ὅλον γίνεσθαι ῥητόν, ἐντεῦθεν ἂν μάθοις. 20 ἐκκείσθω ῥητὴ ἡ ΑΒ καὶ δύο ἀριθμοὶ λόγον μὴ ἔχοντες, ὃν τετράγωνος πρὸς τετράγωνον, οἱ Γ, Δ, καὶ γεγονέτω ὡς ὁ Γ πρὸς τὸν Δ, οὕτως τὸ ἀπὸ τῆς ΑΒ πρὸς τὸ ἀπὸ

---

226. P.   227. PV° (λῆμμα P, λῆμμα λγ V).   228.
PFBV°Vat. (εἰς τὸ λγ′ FVat., λγ B, λδ V).

---

3. ἀναλόγου P.   5. ὑπό] ἀπό PV.   7. αἱ] ἡ V.   8.
ΓΒ] scr. ΑΒ.   9. ΑΒ] scr. ΓΒ.   12. ΑΒ] corr. ex ΑΔΒ
m. 1 P.   13. ΒΔ] corr. ex ΔΒΔ V.   14. ΓΑ (pr.) — 16. τῶν
om. V.   14. ὑπόκειται] ὑπὸ τῶν κεῖται P, sed corr.   ΓΑ
ΓΔ P.   15. ΔΓ] ΑΓ P.

πρὸς τετράγωνον. ἀσύμμετρος
ἄρα μήκει ἡ ΑΒ τῇ ΒΕ.
καὶ λοιπῇ ἄρα τῇ ΑΕ ἀσύμμ
10 ὡς ἡ ΑΒ πρὸς ἑκατέραν τῶν
αὐτῆς τετράγωνον πρὸς ἑκα
γράμμων. ἀσύμμετρον ἄρα τ
αλληλογράμμοις. ῥητὸν δὲ τὸ
τὰ παραλληλόγραμμα μέρη ὅ
15 πληροῦντα τὸ ὅλον.

229. Ἡ ΑΒ δ̄ ἡ ΒΓ β̄
ἡ ΔΓ ᾱ ξ̄ λγ̄ λ̄ ἡ ΑΕ γ̄ λϑ̄
ἀπὸ τῆς ΒΔ ἤτοι τὸ ὑπὸ τῶν
ἡ ΑΖ γ̄ μϑ̄ μβ τὸ ὑπὸ τῶν Β
20 δυναμένη αὐτὸ ἡ ΑΖ ἐστι. τὸ
ἡ δυναμένη αὐτὸ ἡ ΖΒ ᾱ ϑ̄
ἀπὸ τῆς ΒΔ τετράγωνον, ὅπε
μβ ιϑ̄, καὶ παραβάλῃς αὐτὸ πρ
ἀπὸ τοῦ ἀπὸ τῆς ἡμισείας τῆς
25 λείπεται τὸ ἀπὸ τῆς μεταξὺ

230. Ἀσύμμετρος ἄρα ἐστὶν ἡ ΑΕ τῇ ΕΒ p. 100, 8]
τὸ ἀντίστροφον τοῦ ιη΄ τοῦ ι΄ τοῦ λέγοντος, ὅτι, ἐὰν
ἡ μείζων τῆς ἐλάσσονος μεῖζον δύνηται τῷ ἀπὸ ἀσυμ-
μέτρου ἑαυτῇ, τῷ δὲ δ΄ μέρει τοῖ ἐκ τῆς ἐλάσσονος
ἴσον παρὰ μείζονα παραβληθῇ ἐλλεῖπον εἴδει τετρα- 5
γώνῳ, εἰς ἀσύμμετρον αὐτὴν διαιρεῖ.

231. Ἐὰν γὰρ ἀναγράψῃς τὰ παραλληλόγραμμα,
ὑπὸ τὸ αὐτὸ ὕψος γίνονται.

232. Ὥστε καὶ τὸ συγκείμενον ἐκ τῶν ἀπὸ τῶν
ΑΖ, ΖΒ ῥητόν ἐστιν p. 100, 15] ἐπεὶ γὰρ ἡ ΑΒ ῥητὴ 10
ἐδόθη, καί ἐστι τὸ ἀπ᾽ αὐτῆς τετράγωνον ῥητὸν διὰ
τὸν ὅρον, καί ἐστι τὸ ἀπὸ τῆς ΑΒ ἴσον τοῖς ἀπὸ
τῶν ΑΖ, ΖΒ διὰ μζ΄ τοῦ α΄· ὀρθὴ γὰρ ἡ πρὸς τῷ Ζ
διὰ λα΄ τοῦ γ΄· ὥστε καὶ τὰ ἀπὸ τῶν ΑΖΒ ῥητά
ἐστιν. 15

233. Ἴσον γὰρ δύναται ἡ ΑΒ ταῖς ΑΖ, ΖΒ διὰ
τὸ μζ΄ τοῦ α΄· ἡ γὰρ πρὸς τῷ Ζ γωνία ὀρθή ἐστιν.

234. Καὶ ἐπεὶ πάλιν p. 100, 17] διὰ πόρισμα τοῦ η΄
τοῦ ϛ΄ γίγνεται μέση ἀνάλογος ἡ ΖΕ τῆς ΑΕ, ΕΒ,
καὶ διὰ ιζ΄ τοῦ ϛ΄ ἴσον ἐστὶ τὸ ὑπὸ τῶν ΑΕ, ΕΒ 20
ἤτοι τὸ ὑπὸ τῶν ἄκρων καὶ τὸ ἀπὸ τῆς μέσης τῆς ΖΕ
ἐκ κατασκευῆς.

235. Διπλῆ ἄρα ἡ ΒΓ p. 100, 20] διὰ τὸ τὴν
ΒΓ διπλασίονα εἶναι τῆς ΒΑ, τὴν δὲ ΒΑ ἴσην εἶναι
τῇ ΕΖ. 25

---

230. Vᵃ.   231. F (similia Vᵇ).   232. Vᵃ.   233. q.
234. Vᵃ.   235. P.

---

3. τῷ] τό V.   4. τῷ] τό V.   τοῦ] τό V.   7. κοινὸν
γὰρ ὕψος ἔχουσιν ἐὰν ἀναγράψῃς παραλληλόγραμμα τὴν ΑΒ V.
10. ῥητή] ῥητόν V.   13. τῷ] τό V.   17. τῷ] τό q.

237. Αἱ τοιαῦται εὐθεῖαι
καὶ μέσον δυναμένης ἀλόγου.

238. Ἡ ΔΒ $\bar{β}$ $\overline{νη}$ $\overline{μδ}$, ἡ
10 τῆς ΒΓ οὐδὲν $\overline{μϑ}$ $\overline{λδ}$ $\bar{λ}$, τὸ ἀ:
$\bar{μ}$ $\overline{νζ}$ $\bar{μ}$ $\bar{ν}$ $\overline{ιε}$. τὸ ἥμισυ τῆς Α
ἡμισείας τῆς ΔΒ $\bar{β}$ $\overline{ιϛ}$ $\bar{ϛ}$ $\overline{κδ}$ $\bar{δ}$
τῶν τομῶν $\bar{α}$ $\overline{ιδ}$ $\overline{κα}$, τὸ ἀπὸ
$\bar{α}$ $\overline{λβ}$ $\bar{η}$ $\overline{μγ}$ $\overline{ιδ}$.

15 ἡ ΔΔ $\bar{β}$ $\overline{κδ}$ $\overline{ια}$, ἡ ΔΒ $\bar{α}$ $\bar{μ}$
τὸ ἀπὸ τοῦ ἡμίσεος τῆς ΒΓ
βληθῇ πρὸς τὴν ἡμίσειαν τῆς
τοῦ τετραγώνου αὐτῆς τοῦ $\bar{β}$ $\overline{ιγ}$
τὸ ἀπὸ τῆς μεταξὺ τῶν τομῶν,
20 ἡ πλευρὰ αὐτοῦ $\bar{α}$ $\overline{ιδ}$ $\overline{κα}$, ἥπερ
ποιεῖ τὴν ΔΖ $\bar{β}$ $\overline{μγ}$ $\overline{μγ}$, καὶ
οὐδὲν $\overline{ιε}$ $\bar{α}$. καὶ τὸ ὑπὸ τῶν Α
ἀπὸ τῆς ΒΕ. τὸ ὑπὸ τῶν ΒΑ, Δ
ἐστι τομῶν $\bar{α}$ $\bar{α}$

οὐδὲν $\overline{νγ}$ $\overline{ε}$, τὸ ὑπὸ τῶν AB, $BΓ$ ἐστι μοιρῶν $\overline{δ}$ λεπτῶν $\overline{νε}$ $\overline{κα}$ $\overline{κδ}$ $\overline{λϛ}$, τὸ ὑπὸ τῶν AB, ZA μοιρῶν $\overline{β}$ λεπτῶν $\overline{κζ}$ $\overline{μβ}$.

239. Κατ᾽ ἄλλην γραφὴν εἰς το λδ΄ ἀριθμοί.

ἡ AB $\overline{ε}$ $\overline{λζ}$ $\overline{κδ}$, ἡ $BΓ$ $\overline{α}$ $\overline{δ}$ $\overline{μϛ}$, καθὼς καὶ ἐν τῷ τέλει τοῦ λα΄ ἀποδέδεικται, ἡ BE οὐδὲν $\overline{νγ}$ $\overline{κ}$ $\overline{λ}$, τὸ ἀπὸ τῆς BE οὐδὲν $\overline{μζ}$ $\overline{κε}$ $\overline{κ}$ οὐδὲν $\overline{ιε}$ οὐδέν, τὸ ἀπὸ τῆς ZB οὐδὲν $\overline{α}$ $\overline{ιε}$ $\overline{μ}$ $\overline{μ}$, τὸ ἀπὸ τῆς AZ $\overline{λ}$ $\overline{α}$ $\overline{λϛ}$ $\overline{ιϛ}$, τὸ ἀπὸ τῆς AB οὐδὲν $\overline{μη}$ $\overline{μ}$ $\overline{κϛ}$ $\overline{μ}$.

Ad prop. XXXV.

240. Αἱ τοιαῦται εὐθεῖαι μητέρες εἰσὶ τῆς δύο μέσα δυναμένης ἀλόγου.

241. Ἡ AB $\overline{β}$ $\overline{κα}$ $\overline{κε}$, ἡ $BΓ$ $\overline{β}$ $\overline{ιγ}$ $\overline{μγ}$, τὸ ἥμισυ τῆς $BΓ$ $\overline{α}$ $\overline{ϛ}$ $\overline{να}$ $\overline{λ}$, τὸ ἀπὸ τῆς ἡμισείας τῆς $BΓ$ $\overline{α}$ $\overline{ιδ}$ $\overline{λ}$ $\overline{μ}$ $\overline{ιβ}$ $\overline{ιε}$, τὸ ἥμισυ τῆς AB $\overline{α}$ $\overline{κθ}$ $\overline{μδ}$, τὸ ἀπὸ τῆς ἡμισείας τῆς AB $\overline{β}$ $\overline{ιδ}$ $\overline{ιβ}$ $\overline{δ}$ $\overline{ιϛ}$, τὸ ἀπο τῆς μεταξὺ τῶν τομῶν οὐδὲν $\overline{νθ}$ $\overline{μβ}$ $\overline{με}$, ἡ πλευρὰ οὐδὲν $\overline{ζ}$ $\overline{μγ}$ $\overline{με}$.

ἡ AZ $\overline{α}$ $\overline{νζ}$ $\overline{κϛ}$ $\overline{λ}$, ἔνθα μέλλει γενέσθαι ἡ τομὴ $\overline{α}$ $\overline{β}$ οὐδὲν $\overline{λ}^o$.

ὁ $AΔ$ $\overline{α}$ $\overline{β}$ $\overline{κζ}$, ἡ $ΔB$ $\overline{α}$ $\overline{μ}$ $\overline{ιϛ}$.

242. Κατ᾽ ἄλλην γραφὴν ἀριθμοὶ εἰς τὸ λε΄.

ἡ AB $\overline{ε}$ $\overline{νγ}$ $\overline{ζ}$, ἡ $BΓ$ $\overline{α}$ $\overline{ν}$ $\overline{μγ}$, ἡ AZ $\overline{ε}$ $\overline{μδ}$ $\overline{ιβ}$ $\overline{λ}$, ἡ BE οὐδὲν $\overline{νε}$ $\overline{κα}$ $\overline{λ}$, τὸ ἀπὸ τῆς BE οὐδὲν $\overline{να}$ $\overline{δ}$ $\overline{λβ}$ $\overline{μβ}$ $\overline{ιε}$ οὐδέν, ἡ $AΔ$ $\overline{ε}$ $\overline{μη}$ $\overline{λζ}$, ἡ AB οὐδὲν $\overline{μϛ}$ $\overline{δ}$.

---

239. V^b.   240. P.   241. V^b.   242. V^b.

---

8. Post $\overline{α}$ (alt.) del. $\overline{ε}$ V.   18. $\overline{νζ}$] potest legi etiam $\overline{νε}$. τομή] corruptum et incertum.

10

ἡ ΔB	ἡ BE	ἡ BΓ	ἡ ZB	ἡ ⊿
Ι	Ι	ρ	Ι	Ι
ϛ	ϥ	Ιμ	Ι·	ΙΙ
Ιϥ	οΙ	ϛμ	ρΙ	Ιϥ
	μ			

15

244. Ἐπεὶ γὰρ ἀσύμμετρός
μήκει, ἀσύμμετρόν ἐστι καὶ τὸ
ὑπὸ τῶν ΔB, BZ. ἀλλὰ· τὸ μ
ἴσον ἐστὶ τῷ ἀπὸ τῆς ΔΔ, τὸ
20 ἴσον τῷ ἀπὸ τῆς BΔ, ὡς ἐν
ὥστε τὸ ἀπὸ τῆς ΔΔ ἀσύμμετρό
αἱ ΔΔ, ΔB ἄρα δυνάμει ἀσύμ

Ad prop. XX]

245. Ἡ ...

ἡ δὲ συγκειμένη ἐξ αὐτῶν ἐκ δύο ὀνομάτων καλεῖται.
ἀμφοτέρων τοίνυν τῶν ἀλόγων εἰσὶ πρόγονοι κατὰ
διαφόρους γενέσεως τρόπους.

246. Ἔστω ἡ ΑΒ ἑξάπους, ἡ δὲ ΒΓ πεντάπους.
ἔστιν οὖν ἡ ΑΒ τῆς ΒΓ ἐπίπεμπτος. τὸ δὲ ὑπὸ τῶν 5
ΑΒ, ΒΓ ἐστι λ̄· ἑξάκις γὰρ ε̄ λ̄. τὸ δὲ ἀπὸ τῆς
ΒΓ κ̄ε̄· πεντάκις γὰρ πέντε κ̄ε̄. καὶ ὁ λ̄ ἄρα τοῦ κ̄ε̄
ἐπίπεμπτός ἐστιν, ὡς ἔχει ἡ ΑΒ πρὸς τὴν ΒΓ. δεῖ
δὲ τὰς πλευρὰς λαβεῖν τοῦ ς̄ καὶ ε̄ καὶ συνθεῖναι καὶ
ὁρᾶν τὴν γεγονυῖαν. 10

247. Δεῖ εἰδέναι, ὅτι οἱ ἐκκείμενοι ἀριθμοὶ ὁ ς̄
καὶ ὁ ε̄ οὐκ εἰσὶν αἱ ῥηταὶ πλευραὶ αἱ δυνάμει σύμ-
μετροι, ἀλλὰ χάριν τῆς κατασκευῆς πρὸς τὸ εὐσύνοπτον
αὐτὴν γενέσθαι ἐλήφθησαν. δεῖ δὲ λαβεῖν τὴν πλευρὰν
τοῦ η̄ ἀντὶ τοῦ ΑΒ, τὴν δὲ πλευρὰν τοῦ ς̄ ἀντὶ τοῦ 15
ΒΓ· οὕτως γὰρ αἱ μὲν πλευραὶ ἔσονται ἀσύμμετροι
μήκει ἤτοι μὴ ἔχουσαι κοινὸν μέτρον μηδὲ λόγον, ὃν
ἀριθμὸς πρὸς ἀριθμόν, μηδὲ τὰ ἀπ' αὐτῶν τετράγωνα
ἤτοι ὁ η̄ καὶ ὁ ς̄ λόγον ἔχοντα, ὃν τετράγωνος ἀριθμὸς
πρὸς τετράγωνον ἀριθμόν. ἔστι δὲ ἡ μὲν πλευρὰ τοῦ 20
η̄ β̄ μ̄θ̄ μ̄β̄, ἡ δὲ τοῦ ς̄ β̄ κ̄ς̄ ν̄η̄.

248. Μία μὲν ἡ συγκειμένη ἐκ ῥητῶν δυνάμει
μόνον συμμέτρων, ἥτις λέγεται ἐκ δύο ὀνομάτων.

249. Ἐπειδὴ τὸ δὶς ὑπὸ τῶν ΑΒ, ΒΓ τοῖς ἀπὸ
τῶν ΑΒ, ΒΓ ἀσύμμετρόν ἐστιν, εὔδηλον, ὅτι καὶ τὸ 25
συγκείμενον ἐκ τῶν δὶς ὑπὸ τῶν ΑΒ, ΒΓ μετὰ τῶν
ἀπὸ τῶν ΑΒ, ΒΓ, τοῦτο δὴ τὸ πᾶν ἀσύμμετρόν ἐστι

---

246. Vᵃq (P²).　　247. q.　　248. Vᵇ.　　249. Vᵃq (P²);
ad p. 108, 10.

---

2. ἀλόγων] bis V?

Ad prop. X

250. Ἡ ΒΓ $\overline{κ}$, ἡ ΑΒ $\overline{ι}$
10 ἡ ΑΓ $\overline{λ}$ $\overline{ιη}$ $\overline{ε}$ $\overline{μ}$. ἡ ΑΒ ἐστι
τὸ ὑπὸ τῶν ΑΒ, ΒΓ μοιρῶν

251. Τὸ ἀπὸ τῆς ΑΒ τετ
τὸ δὲ ἀπὸ τῆς ΒΓ ὁ $\overline{ε}$, καὶ σ
τὸ δὲ δὶς ὑπὸ τῶν ΑΒ, ΒΓ ι
15 πρὸς τὰ $\overline{ιβ}$ ἀσύμμετρά ἐστιν.

252. Τὸ χωρίον τὸ ῥητὸν
ῥητῷ τινι σύμμετρον ὂν λέγετα
μεγέθη σύμμετρα, τὸ δὲ ἕτερο
ἀσύμμετρον ᾖ, καὶ τὸ λοιπὸν
20 ἔσται. ἀσύμμετρον ἄρα τὸ ἀπὸ
ΑΒ, ΒΓ. ἄλογον ἄρα διὰ τὸν

253. Διὰ τὸ κζ΄ τοῦ ι΄ δυν
τὸ δεδομένον τῆς προτάσεως.

254. Ἔστι ἡ ΑΒ ι

ἡ πλευρὰ τοῦ ε̅ οὖσα β̅ καὶ ι̅δ̅. ἔστιν ἄρα ἡ ὅλη ποδῶν δ̅ λεπτῶν ν̅γ̅· ἄλογος ἄρα. τὸ δὲ ἀπὸ τῶν δ̅ ν̅γ̅ τετράγωνόν ἐστιν κ̅γ̅ ν̅α̅.

255. Ἡ ΑΒ β̅ ν̅η̅ μ̅δ̅, ἡ ΒΓ α̅ λ̅θ̅ θ̅, ἡ ὅλη δ̅ λ̅ξ̅ ν̅γ̅.

Ad prop. XXXVIII.

256. Ἐνστάσεως λύσις τοῦ λη΄ θεωρήματος.

τοῦ θεωρήματος κατὰ τὸν στοιχειωτὴν ἀποδεικνυ-
μένου ἔνστασις παρακολουθεῖ. οὐ γὰρ ἔχομεν ἀπο-
δεδειγμένον, ὅτι μέσον μετὰ μέσου συντιθέμενον μέσον
τὸ ὅλον ποιεῖ. δείξομεν δὲ ἡμεῖς οὕτως· συγκείσθω 10
δύο μέσα χωρία τὰ ΑΔ, ΑΓ. λέγω, ὅτι ὅλον τὸ ΑΖ

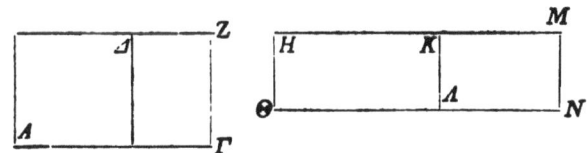

μέσον ἐστίν. εἰ γὰρ μή ἐστι μέσον τὸ ΑΖ, ἔστω, εἰ
δυνατόν, ῥητόν, καὶ ἐκκείσθω τις ῥητὴ ἡ ΗΘ, καὶ
παρὰ τὴν ΗΘ παραβεβλήσθω τῷ μὲν ΑΖ ἴσον τὸ
ΗΝ, τῷ δὲ ΑΔ ἴσον ἀφῃρήσθω τὸ ΗΛ. λοιπὸν ἄρα 15
τὸ ΚΝ λοιπῷ τῷ ΑΓ ἴσον ἐστίν. καὶ ἐπεὶ μέσον
ἐστὶν ἑκάτερον τῶν ΑΔ, ΑΓ, ἴσον δὲ τῷ μὲν ΑΔ
τὸ ΗΛ, τῷ δὲ ΑΓ τὸ ΚΝ, μέσον ἄρα ἑκάτερον τῶν
ΗΛ, ΚΝ. καὶ παρὰ ῥητὴν τὴν ΗΘ παράκειται· ῥητὴ

255. V^b.   256. PV^c; ad p. 110, 24. Figuram ego addidi.

13. ΗΘ] ΗΒ P.   15. ΗΝ] Ν e corr. V.   16. τό]
τῷ P.   ΚΗ V.   ΔΓ] ΑΓ P et V, sed corr.   17. τῷ]
τό P et V, sed corr.   18. τό] τῷ P.   τῷ] τό P et V, sed
corr.   τό] τῷ PV.   19. ῥητή] ῥητόν V.

......ως ἡ ΗΜ πρὸς ΗΚ.
τῇ ΗΚ μήκει. ὡς δὲ ἡ
ἀπὸ τῆς ΗΜ πρὸς τὸ ὑπὸ
δὲ τὸ μὲν ἀπὸ τῆς ΗΜ
10 ῥητὸν γὰρ ἑκάτερον αὐτῶν
τῷ δὶς ὑπὸ τῶν ΜΗ, ΗΚ.
τῷ δὶς ὑπο τῶν ΜΗ, ΗΚ
δύο μεγέθη ἀσύμμετρα συνι
αὐτῶν ἀσύμμετρόν ἐστιν,
15 ἀσύμμετρον ᾖ· καὶ τὰ ἐξ ἀρχ
τὰ ἀπὸ τῶν ΜΗ, ΗΚ λοιπὰ
μετρά ἐστιν. ῥητὰ δὲ τὰ ἀπ
ἄρα τὸ ἀπὸ τῆς ΚΜ. καὶ ι
ἐστιν· ὅπερ ἄτοπον. ἐδείχθη
20 τὸ ΑΖ ῥητόν ἐστιν· ἄλογον
συντεθῇ, καὶ τὸ ὅλον μέσον
    257. Ἡ ΑΒ β̅ ν̅θ̅ κ̅η̅, τὸ
ἡ ΒΓ β̅ ι̅γ̅ μ̅γ̅, τὸ ἀπὸ ταύτ
ὑπὸ τῶν ΑΒ, ΒΓ ξ̅ λ̅θ̅ υ̅ʲ

AB, $B\Gamma$ $\overline{\iota\gamma}$ $\overline{\iota\vartheta}$ $\overline{\nu\varepsilon}$ $\overline{\varkappa\beta}$ $\overline{\eta}$, ή $A\Gamma$ ὅλη $\overline{\varepsilon}$ $\overline{\iota\gamma}$ $\overline{\iota\alpha}$, το ἀπὸ ταύτης $\overline{\varkappa\xi}$ $\overline{\iota\delta}$ $\overline{\mu\gamma}$ $\overline{\mu\eta}$ $\overline{\alpha}$. ὥστε ὁμοῦ τὸ δὶς ὑπὸ τῶν AB, $B\Gamma$ καὶ τὰ ἀπὸ τῶν AB. $B\Gamma$ ἴσα τῷ ἀπὸ τῆς $A\Gamma$. ή δὲ ῥητή δέκα, ή ΔH $\overline{\beta}$ $\overline{\mu\gamma}$ $\overline{\varkappa\eta}$ $\overline{\varkappa\beta}$ $\overline{\mu\beta}$, ή $H\Theta$ $\overline{\alpha}$ $\overline{\iota\vartheta}$ $\overline{\nu\vartheta}$ $\overline{\lambda\beta}$ $\overline{\iota\beta}$, ή $\Delta\Theta$ $\overline{\alpha}$ $\overline{\varkappa\gamma}$ $\overline{\varkappa\eta}$ $\overline{\nu}$ $\overline{\lambda}$. 5

258. Ἐλήφθησαν αἱ εὐθεῖαι ἀπὸ τοῦ κη' θεωρήματος· ή ΔH $\overline{\alpha}$ $\overline{\mu\gamma}$ $\overline{\varkappa\delta}$ $\overline{\iota\varepsilon}$ $\overline{\beta}$, τὸ $E\Theta$ $\overline{\vartheta}$ $\overline{\iota\delta}$ δέκα $\overline{\mu\alpha}$ $\mu\varepsilon$, τὸ ΘZ $\overline{\eta}$ οὐδὲν $\overline{\mu\gamma}$ $\overline{\varkappa\eta}$ $\overline{\varkappa}$, τὸ ΔZ $\iota\varsigma$ $\iota\delta$ $\overline{\beta}$ $\overline{\lambda}$ $\overline{\varkappa}$.

259. ч
$\mu\vartheta$
μ·
·
οο
μo
ϑ
Ι·

10

15

260. Πόθεν δῆλον, ὅτι τὸ $E\Theta$, ΘZ το συγκείμενον ἐκ τῶν AB, $B\Gamma$ μέσον ἐστίν; ἢ ἐπεὶ μέσον ἐστὶν ἑκάτερον τῶν ἀπὸ τῶν AB, $B\Gamma$ καὶ σύμμετρον τῷ ἐξ αὐτῶν συγκειμένῳ· τοῦτο δὲ ἐδείχθη ἐν τῷ ις' 20 θεωρήματι· ἀνάγκη καὶ τὸ ἐκ τῶν ἀπ' αὐτῶν συγκείμενον μέσον εἶναι· τὸ γὰρ τῷ μέσῳ χωρίῳ σύμμετρον μέσον ἐστίν.

Ad prop. XXXIX.

261. Ἡ AB $\overline{\gamma}$ $\overline{\mu\vartheta}$ $\overline{\mu\beta}$, ή $B\Gamma$ $\overline{\alpha}$ $\overline{\vartheta}$ $\overline{\lambda\beta}$, ή ὅλη $\overline{\delta}$ $\overline{\nu\vartheta}$ $\overline{\iota\delta}$. 25

262. Ἡ AB κατ' ἄλλην γραφὴν $\overline{\gamma}$ $\overline{\mu\vartheta}$ $\overline{\mu\beta}$, ή $B\Gamma$ $\overline{\alpha}$ $\overline{\vartheta}$ $\overline{\lambda\beta}$.

---

258. V^b in figura. 259. V^b in fig. ad rectam $H\Delta$.
260. $V^a q$ (P^2); ad p. 112, 4. 261. V^b. 262. V^b ad fig.

18. ἐπεί] ἐπεὶ ἑκατέρα τῶν $\Delta\Theta$, ΘH καὶ ἀσύμμετρος τῇ ΔE μήκει καὶ ἐπεί q.

Ad prop. XL.

263. Ἡ ὅλη $\bar{δ}$ $\bar{θ}$ $\overline{μα}$, ἡ ΑΒ $\bar{β}$ $\overline{κε}$ ιᾱ, ἡ ΒΓ $\bar{α}$ $\overline{μθ}$ $\bar{L}$.

Ad prop. XLI.

264. Ποριζόμεθα τὸ δεδομένον τῆς προτάσεως διὰ
5 τὸ λε′ τοῦ ι′.

265. Ἡ ΑΒ $\bar{α}$ $\bar{μ}$ $\overline{κξ}$, ἡ ΒΓ $\bar{α}$ʹ $\bar{μ}$ $\overline{ιϛ}$, ἡ ὅλη ἡ ΑΓ
$\bar{γ}$ $\bar{κ}$ $\overline{μγ}$, τὸ ἀπὸ τῆς ΑΒ $\bar{β}$ $\overline{μη}$ $\bar{ι}$ $\overline{ιβ}$ $\bar{θ}$, τὸ ἀπὸ τῆς
ΒΓ $\bar{β}$ $\overline{μθ}$ $\overline{λγ}$ $\overline{κθ}$ $\overline{ιϛ}$, ἡ ΔΕ μονάδων δέκα, ἡ ΔΗ τὸ
πλάτος οὐδὲν $\overline{λγ}$ $\overline{λδ}$ $\overline{κα}$ $\overline{λη}$, τὸ ὑπὸ ΑΒ, ΒΓ $\bar{β}$ $\overline{μξ}$ $\overline{να}$ $\overline{μξ}$ $\overline{ιβ}$,
10 τὸ δὶς ὑπὸ τῶν ΑΒ, ΒΓ $\bar{ε}$ $\overline{λε}$ $\overline{μγ}$ $\overline{λδ}$ $\overline{κδ}$, ἡ ΗΚ τὸ
πλάτος οὐδὲν $\overline{λγ}$ $\overline{λδ}$ $\overline{κα}$ $\overline{κϛ}$.

266. Ζήτησον τὸ λε′· ἐξ ἐκείνου γὰρ ἐλήφθησαν αἱ εὐ-
θεῖαι. ἡ ΕΔ $\bar{δ}$, ἡ ΖΗ $\bar{δ}$, ἡ ΘΚ $\bar{δ}$,
ἡ ΖΘ $\bar{β}$ $\overline{μβ}$ $\overline{νβ}$ $\overline{νγ}$ $\overline{ιδ}$, τὸ ΑΖ
15 $\overline{λδ}$ $\overline{λη}$ $\overline{ζ}$ $\overline{νη}$ $\overline{κε}$, ἡ ΕΖ $\bar{η}$ $\overline{λθ}$ $\overline{λα}$ $\overline{νθ}$ $\overline{λϛ}$,
τὸ ΗΘ $\bar{ι}$ $\overline{να}$ $\overline{λα}$ $\overline{λβ}$ $\overline{νϛ}$, τὸ ὑπὸ
τῶν ΑΒ, ΒΓ $\bar{β}$ $\overline{μξ}$ $\overline{να}$ $\overline{μξ}$ $\overline{ιβ}$, τὸ δὶς ὑπὸ τῶν ΑΒ, ΒΓ
$\bar{ε}$ $\overline{λε}$ $\overline{μγ}$ $\overline{λδ}$ $\overline{κδ}$.

267. Ἡ ΗΚ οὐδὲν $\overline{λγ}$ $\overline{λδ}$ $\overline{κα}$ $\overline{ιϛ}$, ἡ ΔΗ οὐδὲν
20 $\overline{λγ}$ $\overline{λδ}$ $\overline{κα}$ $\overline{λη}$, τὸ ὑπὸ τῶν ΑΒ, ΒΓ
$\bar{β}$ $\overline{μξ}$ $\overline{να}$ $\overline{μξ}$ $\overline{ιβ}$, τὸ δὶς ὑπὸ τῶν
ΑΒ, ΒΓ $\bar{ε}$ $\overline{λε}$ $\overline{μγ}$ $\overline{λδ}$ $\overline{κδ}$, τὰ ἀπὸ
τῶν ΑΒ, ΒΓ ἤτοι τὸ ΑΖ $\bar{ε}$ $\overline{λε}$ $\overline{μγ}$ $\overline{λϛ}$ $\overline{κε}$, τὸ ἀπο τῆς
ΑΒ $\bar{β}$ $\overline{μη}$ $\bar{ι}$ $\overline{ιβ}$ $\bar{θ}$, τὸ ἀπὸ τῆς ΒΓ $\bar{β}$ $\overline{μξ}$ $\overline{λγ}$ $\overline{κθ}$ $\overline{ιϛ}$.

25   268. Ζήτησον τὸ λδ′ . ἢ καὶ
οὕτως· ἡ ΑΒ $\bar{β}$ $\overline{να}$, ἡ ΒΓ οὐδὲν $\overline{νγ}$ $\bar{ε}$.

---

263. Vᵇ.   264. q.   265. Vᵇ.   266. Vᵇ ad fig.
267. Vᵇ.   268. Vᵇ.

Ad lemma p. 118.

269. Ἔστω ἴσα τὰ ΑΒ, ΓΔ, μεῖζον δὲ τὸ ΑΕ
τοῦ ΓΖ. δεικτέον, ὅτι ἡ τῶν ΑΕ, ΓΖ ὑπεροχὴ ἴση
ἐστὶ τῇ τῶν ΖΔ, ΒΕ ὑπεροχῇ. κείσθω γὰρ τῷ ΓΖ
ἴσον τὸ ΑΗ. ἡ ἄρα τῶν ΑΕ, ΓΖ ὑπεροχή 5
ἐστι τὸ ΗΕ. ἐπεὶ οὖν ὅλον τὸ ΑΒ ὅλῳ τῷ
ΓΔ ἴσον ἐστίν, ὧν τὸ ΑΗ τῷ ΓΖ ἴσον,
λοιπὸν ἄρα τὸ ΗΒ λοιπῷ τῷ ΖΔ ἴσον. τὸ
δὲ ΗΒ τοῦ ΕΒ ὑπερέχει τῷ ΗΕ. καὶ τὸ
ΖΔ ἄρα τοῦ ΕΒ ὑπερέχει τῷ ΗΕ. ἀλλὰ 10
καὶ τὸ ΑΕ τοῦ ΓΖ ὑπερέχει τῷ ΗΕ. ἡ ἄρα τῶν
ΑΕ, ΓΖ ὑπεροχὴ ἴση ἐστὶ τῇ τῶν ΖΔ, ΕΒ ὑπεροχῇ.

ἐπεὶ οὖν τῷ προδεδειγμένῳ δύο ἴσα ἐστὶ τῷ ἀπὸ
τῆς ΑΒ τετραγώνῳ, ἀφῄρηται δὲ τὰ ἀπὸ τῶν ΑΔ, ΔΒ
ἐλάσσονα τῶν ἀπὸ τῶν ΑΓ, ΓΒ τετραγώνων. ἐπεὶ 15
οὖν καὶ τὸ δὶς ὑπὸ τῶν ΑΒ, ΔΒ τοῦ δὶς ὑπὸ τῶν
ΑΓ, ΓΒ μεῖζόν ἐστι· τὸ γὰρ Δ ἔγγιόν ἐστι τῆς διχο-
τομίας. τοῦτο δὲ τὸ λῆμμα δέδεικται μὲν ἐν τοῖς ἔμ-
προσθεν, δειχθήσεται δὲ καὶ νῦν τοῦ ἑτοίμου ἕνεκα.
τὸ οὖν Δ ἔγγιόν ἐστι τῆς διχοτομίας τῆς ΑΒ εὐθείας 20
ἤπερ τὸ Γ· μείζων γὰρ ὑπόκειται ἡ ΑΓ τῆς ΑΔ. ᾧ

---

269. PFBVat. Vᵒ (λῆμμα εἰς τὸ μγ′ PBV, εἰς τὸ λῆμμα F,
εἰς τὸ μγ′ λῆμμα Vat.); fig. ex PFVat. in fine: εἰς τοῦ μα′
θεωρήματος τὸ λῆμμα ταῦτα (τὰ προκείμενα Β) ἁρμόζει BVat.

---

4. ΒΕ] ΒΘ FBVat.   5. τό] τῷ F.   ΑΕ] ΑΓ V.   7.
ΑΗ] ΔΗ F.   8. ΖΔ] ΔΖ Β.   9. τῷ] τό Β.   12. ΑΕ]
Α e corr. V.   13 sq. aliquid turbatum est.   δύο] om. FBVat.
14. τά] om. FBVat.   15. ἀπὸ τῶν] om. Β.   16. ΔΒ — 17.
ΑΓ] om. V.   17. ΓΒ] ΒΓ V.   ἔγγειον PVat.   20. ἔγγειον
PVat.   21. ΑΓ] ΑΔ Ρ, sed corr.   ΑΔ] corr ex ΑΒ Ρ,
ΔΒ F, ΒΔ BVat.   ᾧ] ὡς PFBVat. V.

ἄρα ὑπερέχει τὰ ἀπὸ τῶν ΑΓ, ΓΒ τετράγωνα τῶν
ἀπὸ τῶν ΑΔ, ΑΒ τετραγώνων, τούτῳ ὑπερέχει καὶ
τοῦ δὶς ὑπὸ τῶν ΑΓ, ΓΒ τὸ δὶς ὑπὸ τῶν ΒΑ, ΔΑ.

270. Δεῖξαι τὸ λῆμμα, ὅτι τὰ ἀπὸ τῶν ΑΓ, ΓΒ
5 τῶν ἀπὸ τῶν ΑΔ, ΑΒ μείζονά εἰσιν. ἐκκείσθω τις
εὐθεῖα ἡ ΑΒ διῃρημένη εἰς μὲν ἴσα κατὰ τὸ Δ, εἰς
δὲ ἄνισα κατὰ τὸ Γ. λέγω, ὅτι τὰ ἀπὸ τῶν ΑΓ, ΓΒ
μείζονά ἐστι τῶν ἀπὸ τῶν ΑΔ, ΑΒ. ἐπεὶ γὰρ τὰ
ἀπὸ τῶν ΑΓ, ΓΒ διπλάσιά ἐστι τῶν ἀπὸ τῶν ΑΔ, ΔΓ·
10 τοῦτο γὰρ δέδεικται ἐν θεωρήματι θ' τοῦ β' στοιχείου·
ἔστι δὲ καὶ τοῦ ἀπὸ τῆς ΑΔ διπλάσια τὰ ἀπὸ τῶν
ΑΔ, ΑΒ διὰ τὸ τέως δίχα τέμνεσθαι τὴν ΑΒ, τοῖ:
δὲ ἀπὸ τῆς ΑΓ διπλάσιόν τὸ δὶς ἀπὸ τῆς ΔΓ, τα
ἄρα ἀπὸ τῶν ΑΓ, ΓΒ ἴσα ἐστὶ τοῖς τε ἀπὸ τῶν
15 ΑΔ, ΑΒ μετὰ τοῦ δὶς ἀπὸ τῆς ΔΓ. ὥστε τὰ ἀπὸ
τῶν ΑΓ, ΓΒ μείζονά ἐστι τῶν ἀπὸ τῶν ΑΔ, ΔΒ
τῷ δὶς ἀπὸ τῆς ΑΓ. ἀλλὰ δὴ μὴ τετμήσθω δίχα
ἡ ΑΒ, ἀλλ' ὡς ἔτυχεν κατὰ τὰ Γ, Δ. ὁμοίως δὴ
δειχθήσεται τὰ ἀπὸ τῶν ΑΓ, ΓΒ μείζονα τῶν ἀπὸ
20 τῶν ΑΔ, ΑΒ. ἐπεὶ γὰρ εὐθεῖα ἡ ΑΒ τέτμηται, ὡς
ἔτυχεν, κατὰ τὸ Δ, τὸ ἄρα ἀπὸ τῆς ΑΒ τετράγωνον
ἴσον ἐστὶ τοῖς τε ἀπὸ τῶν ΑΓ, ΓΒ καὶ τῷ δὶς ὑπο
τῶν ΑΓ, ΓΒ. διὰ τὰ αὐτὰ δη τὸ ἀπο τῆς ΑΒ ἴσον
ἐστὶ τοῖς τε ἀπὸ τῶν ΑΔ, ΑΒ καὶ τῷ δὶς ὑπὸ τῶν

---

270. PVᶜ.

---

3. τό — ΔΑ] m. rec. P.   ΒΔ] ΔΒ F.   ΔΑ] ΔΒ B.
8. ἐστι] εἰσι V.   9. ἀπό] (pr.) διά PV.   13. ΔΓ] (pr.)
ΑΓ PV.   τά — 15. ΔΓ] mg. V.   15. τοῦ] τῶν PV.   18.
ἔτυχε V.   τά] τό PV.   19. τῶν] (alt.) corr. ex τῷ m. rec. P.
21. ἔτυχε V.   Δ] Γ?   23. ΑΓ, ΓΒ] ambo Γ in ras. P.
ΑΒ] corr. ex ΔΒ m. rec. P, ΔΒ V.

ΑΑ, ΑΒ, ὧν τὸ δὶς ὑπὸ τῶν *ΑΑ, ΑΒ* μεῖζόν ἐστι τοῦ δὶς ὑπὸ τῶν *ΑΓΒ,* τουτέστι τὸ ἅπαξ ὑπὸ τῶν *ΑΑ, ΑΒ* τοῦ ἅπαξ ὑπὸ τῶν *ΑΓ, ΓΒ.* λοιπὸν ἄρα τὰ ἀπὸ τῶν *ΑΑ, ΑΒ* τῶν ἀπὸ τῶν *ΑΓ, ΓΒ* ἐλάσσονά ἐστιν.

271. Ἡ πρότασις τοῦ λήμματος τοιάδε ἂν εἴη· ἐὰν εὐθεῖα γραμμὴ ἄλλως καὶ ἄλλως τμηθῇ εἰς ἄνισα, καθ' ἣν τομὴν ὑπερέχει τὸ μεῖζον τμῆμα τοῦ κατὰ τὴν ἑτέραν τομὴν μείζονος τμήματος, τὰ ἀπὸ τῶν κατ' ἐκείνην γινομένων τμημάτων τετράγωνα μείζονά ἐστι   10 τῶν τετραγώνων τῶν ἀναγραφομένων ἀπὸ τῶν κατὰ τὴν ἑτέραν τομὴν γινομένων τμημάτων.

272. Ἔστω ὅλη ἡ *ΑΒ* δεκάπους καὶ τετμήσθω ὡς εἶναι τὴν μὲν *ΑΓ* ὀκτάπουν, τὴν δὲ *ΒΓ* δίπουν, καὶ ἔτι τὴν *ΑΑ* τετράπουν, ἑξάπουν δὲ τὴν *ΑΒ.* τὰ οὖν   15 ἀπὸ τῆς ὀκτάποδος· καὶ ἀπὸ τῆς δίποδος τετράγωνα μείζονά ἐστι τῶν ἀπὸ τῆς ἑξάποδος καὶ τετράποδος τετραγώνων· τὰ γὰρ ὀκτάκις ὀκτὼ καὶ δὶς δύο, ἅπερ ἐστὶν ξ̄η̄, μείζονά ἐστι τῶν ἑξάκις ς̄ καὶ τετράκις δ̄, ἅπερ ἐστὶ ν̄.   20

273. Ἰστέον, ὅτι ὡς ἕν τι λαμβάνει χωρίον τὸ συγκείμενον δὶς ὑπὸ τῶν *ΑΓ, ΓΒ* καὶ ἀπὸ τῶν ἀπὸ τῶν *ΑΓ, ΓΒ* τετραγώνων, ὁμοίως δὴ πάλιν ὡς ἕν τι τὸ συγκείμενον δὶς ὑπὸ τῆς *ΑΔ* καὶ *ΑΒ* καὶ ἀπὸ τῶν ἀπὸ τῶν *ΑΑ, ΑΒ* τετραγώνων. καὶ ἐπεὶ συναμφότερα   25 τὰ δὶς ὑπὸ τῶν *ΑΓ, ΓΒ* παραλληλόγραμμα μετὰ τῶν ἀπὸ τῶν *ΑΓ, ΓΒ* τετραγώνων ἴσα ἐστὶ τῷ ἀπὸ τῆς

---

271. r.   272. q.   273. q (P²).

---

20. ν̄] scr. ν̄β̄.   22. δίς] debuit ἐκ τοῦ δίς, sed omnino neglegentius loquitur.   ἀπό] (prius) debuit ἐκ; cfr. lin. 24.

ΑΒ τετραγώνῳ, ὡσαύτως τὰ δὶς ὑπὸ τῶν *ΑΔ, ΔΒ*
μετὰ τῶν ἀπὸ τῆς *ΑΔ* καὶ *ΔΒ* τετραγώνων ἴσα ἐστὶ
καὶ αὐτὰ τῷ αὐτῷ τῷ ἀπὸ τῆς *ΑΒ*, ἔστι δὲ τὸ δὶς
ὑπὸ τῶν *ΑΓ, ΓΒ* ἔλαττον τοῦ δὶς ὑπὸ τῶν *ΑΔ, ΔΒ*,
5 λείπεται τὰ ἀπὸ τῶν *ΑΓ, ΓΒ* τετράγωνα μείζονα εἶναι
τῶν ἀπὸ τῶν *ΑΔ, ΔΒ* τετραγώνων. εἰ γάρ, ὥσπερ
τὸ δὶς ὑπὸ τῶν *ΑΓ, ΓΒ* ἔλαττόν ἐστι τοῦ δὶς ὑπὸ
τῶν *ΑΔ, ΔΒ*, οὕτως ἦσαν ἐλάττονα καὶ τὰ ἀπὸ τῶν
ΑΓ, ΓΒ τετράγωνα τῶν ἀπὸ τῶν *ΑΔ, ΔΒ* τετρα-
10 γώνων, καὶ τὸ ὅλον τὸ δὶς ὑπὸ τῶν *ΑΓ, ΓΒ* μετὰ
τῶν ἀπὸ τῶν *ΑΓ, ΓΒ* τετραγώνων ἔλαττον ἂν ἦν
τοῦ ὅλου τοῦ δὶς ὑπὸ τῶν *ΑΔ, ΔΒ* καὶ ἔτι ἀπὸ τῶν
ΑΔ, ΔΒ τετραγώνων συγκειμένου. ἔστι δὲ καὶ ἴσον.
ὥστε ἐπειδὴ τὸ δὶς ὑπὸ τῶν *ΑΓ, ΓΒ* μετὰ τῶν ἀπὸ
15 τῶν *ΑΓ, ΓΒ* τετραγώνων ἴσον ὂν τῷ δὶς ὑπὸ τῶν
ΑΔ, ΔΒ μετὰ τῶν ἀπὸ τῶν *ΑΔ, ΑΒ* τετραγώνων
ἐλαττοῦται κατὰ τὸ συγκείμενον παραλληλόγραμμον
ὑπὸ τοῦ περιεχομένου δὶς ὑπὸ τῶν *ΑΔ, ΑΒ*, ἀνάγκη
κατὰ τὰ τετράγωνα τὰ ἀπὸ τῶν *ΑΓ* καὶ *ΓΒ* ὑπερέχειν.
20 εἰ γὰρ ἦν ἐλάττονα καὶ τὰ τετράγωνα ὥσπερ καὶ τὸ
παραλληλόγραμμον, καὶ τὸ σύμπαν ἔλαττον ἂν ἦν τοῦ
σύμπαντος ἴσον ὄν.

Ad prop. XLII.

274. Ἐκ τῆς εἰς ἄτοπον ἀπαγωγῆς.

25 275. Εἰ ἔστιν ἡ *ΑΓ* τῇ *ΑΒ* ἡ αὐτή, οὐδέν τι
διαφέρουσιν ἐν οὐδενί, ὥσπερ οὐδὲ οἶνος καὶ μέθυ.
ὥστε ἔσται ὡσαύτως καὶ ἡ *ΑΔ* τῇ *ΓΒ* ἡ αὐτή, καὶ

---

274. BF.   275. Vᵃq (Pˢ).

12. ἔτι] ἔστιν q.

ἔσται τὸ λέγειν, ὅτι ὡς ἡ ΑΓ πρὸς τὴν ΓΒ, ταὐτὸν
τῷ λέγειν ὡς ἡ ΒΑ πρὸς τὴν ΑΔ. ὥστε οὐ διῄρηται
εἰς ἄλλα καὶ ἄλλα τμήματα ὄντα δύο ῥητά· τοῦτο δὲ
οὐχ ὑπόκειται τὸ εἰς τὸ αὐτὸ τμῆμα διαιρεθῆναι, ἀλλ᾽
εἰς ἄλλο καὶ ἄλλο. χάριν δὲ τοῦ σαφοῦς ἔστω ἡ ΑΒ   5
δεκάπους καὶ διαιρεθήτω εἰς τὰ ὀνόματα κατὰ τὸ Γ ση-
μεῖον, καὶ ἔστω τὸ μὲν ΑΓ ὄνομα ἑπτάπουν, τὸ δὲ ΓΒ
τρίπουν. ἐπεὶ οὖν ἡ ΑΒ κατὰ τὴν ὑπόθεσιν ἡ αὐτή ἐστι
τῇ ΑΓ, καὶ ἡ ΑΒ ἑπτάπους ἐστίν. ὥστε καὶ ἡ ΑΔ τρί-
πους. καὶ ὥσπερ τὸ Γ σημεῖον ἀπ᾽ ἀλλήλων διέστησε τὴν   10
ἑπτάποδα καὶ τρίποδα, οὕτως καὶ τὸ Δ. τὸ Γ ἄρα ση-
μεῖον καὶ τὸ Δ ταὐτόν ἐστι, καὶ διῃρέθη ἡ ΑΒ εἰς τὰ
ὀνόματα οὐ κατ᾽ ἄλλο καὶ ἄλλο τμῆμα ἤτοι σημεῖον,
ὡς ἡ ὑπόθεσις, ἀλλὰ κατὰ τὸ αὐτό. οὐχ ὑπόκειται
δὲ κατὰ τὸ αὐτό, ἀλλὰ κατ᾽ ἄλλο καὶ ἄλλο. ὥστε εἰ   15
μέν εἰσιν αἱ αὐταί, οὐ κατ᾽ ἄλλο καὶ ἄλλο σημεῖον
διῄρηνται, ἀλλὰ κατὰ τὸ αὐτό, καὶ γέγονε τοιοῦτόν τι,
ὡς ἂν εἰ τὴν ὀκτάποδα διέλοι τις εἰς ε̄ καὶ γ̄ καὶ
αὖθις εἰς γ̄ καὶ ε̄· κατὰ γὰρ τὸ αὐτὸ γίνεται ἡ διαίρεσις
τῶν ε̄ καὶ γ̄ καὶ γ̄ καὶ ε̄. ὥστε εἰ διῄρηται εἰς τὰ   20
ὀνόματα κατ᾽ ἄλλο καὶ ἄλλο σημεῖον, οὐκ ἔστιν ἡ αὐτὴ
ἡ ΑΓ τῇ ΑΒ, ἀλλ᾽ ἑτέρα. εἰ δὲ τοῦτο, οὐχ ἡ αὐτὴ
διῄρηται εἰς τὰ ὀνόματα κατ᾽ ἄλλο καὶ ἄλλο σημεῖον,
ὅπερ ὑπόκειται, λέγω δὴ τὸ διαιρεθῆναι τὴν αὐτὴν
κατ᾽ ἄλλο εἰς τὰ ὀνόματα. οὔκουν ἡ ΑΒ διῄρηται   25
εἰς τὰ ὀνόματα κατ᾽ ἄλλο καὶ ἄλλο, ἀλλ᾽ ἑτέρα καὶ
ἑτέρα. οὐκ ἦν δὲ προκείμενον τὸ ἄλλην καὶ ἄλλην
τεμεῖν εἰς τὰ ὀνόματα, ἀλλὰ τὴν αὐτὴν κατ᾽ ἄλλο καὶ
ἄλλο σημεῖον.

---

2. ὡς] τῶν ὡς V.   3. ῥητά] ῥηταί V.   8. ΔΒ] ΑΔΒ V.
15. εἰ] e corr. V.   18. εἰ] ἡ V.   24. ὑπέκειτο V.

34*

278. Κατὰ τὸ αὐτό p. 122, 6] καὶ οὐχὶ κατ' ἄλλο καὶ ἄλλο σημεῖον.

279. Διαφέρει τὰ ἀπό p. 122, 10] αἱ ΑΓ, ΔΒ ἄνισοί εἰσι, καὶ διὰ τὸ λῆμμα τοῦ μβ' καὶ τοῦ πρὸ αὐτοῦ διαφέρει τὰ ἀπὸ τῶν ΑΓ, ΓΒ τῶν ἀπὸ τῶν ΑΔ, ΔΒ. 5

Ad prop. XLIII.

280. Ἐκ τῆς εἰς ἄτοπον ἀπαγωγῆς.

281. Ἐπεὶ τὸ αὐτὸ συμβήσεται, δυνατόν ἐστι πορίσασθαι τὸ δεδομένον τῆς προτάσεως διὰ λζ' τοῦ ι'. 10

282. Φανερόν, ὅτι ἡ ΑΓ τῇ ΔΒ οὐκ ἔστιν ἡ αὐτή, καὶ ὅτι τὰ Γ, Δ σημεῖα οὐκ ἴσα ἀπέχουσι τῆς διχοτομίας, προεδείχθη, καὶ ὅτι διαφέρει τὰ ἐκ τῶν ΑΓ, ΓΒ τῶν ἐκ τῶν ΑΔ, ΔΒ.

Ad prop. XLIV. 15

283. Ἐκ τῆς εἰς ἀδύνατον ἀπαγωγῆς.

284. Διαιρεῖται p. 124, 19] προσυπακουστέον τὸ δηλονότι εἰς τὰ ὀνόματα.

285. Οὐκ ἔστιν ἡ αὐτή p. 128, 21] ἐπεὶ οὐκ ἔστιν ἡ αὐτή, ἀλλ' ἑτέρα, ἄλλη καὶ ἄλλη διῃρέθη εἰς τὰ 20 ὀνόματα καὶ οὐχ ἡ αὐτὴ κατ' ἄλλο καὶ ἄλλο σημεῖον, οὐκ ἦν δὲ προκείμενον τὸ ἄλλην καὶ ἄλλην διαιρεθῆναι εἰς τὰ ὀνόματα, ἀλλὰ τὴν αὐτὴν κατ' ἄλλο καὶ ἄλλο σημεῖον.

Ad prop. XLV. 25

286. Ἐκ τῆς εἰς ἄτοπον ἀπαγωγῆς.

---

278. Vᵃ.   279. Vᵃ.   280. BFq.   281. Vᵃ.   282. Vᵃ.
283. BF.   284. Vᵇ.   285. Vᵃq (P²).   286. BF.

---

13. τῶν] τῆς V.   16. ἀδύνατον] in ras. B.

5 289. Τὸ *EH*   τὸ *ΘK*

O   O

μο   μο

϶μ   ϶μ

μϥ   μ϶

10   ρο   ρ϶

Ι·

Ad definitiones a

290. *Πέμπτον κεφάλαιον*
ἥτις ἐστὶ πρώτη τῶν κατὰ
15 *ποικιλλομένην ἀνευρίσκον.*

291. *Τὸ μεῖζον ὄνομα* p. 13
τὸ μεῖζον τμῆμα καλεῖται.

292. *Ἡ ὅλη* p. 136, 6] ὅ
ὀνομάτων καὶ διαιρεθεῖσα, ὡς

20   Ad prop. XL

202. *Ἐ*

τέσσαρες μονάδες καὶ μ̄ λεπτά. τούτων οὖν ἐχόντων
ὡς ὁ θ̄ πρὸς τὸν πέντε· ἔχει γὰρ αὐτὸν καὶ τέσσαρα
αὐτοῦ μέρη· οὕτως ὁ λε̄ τετράγωνος ὁ ἀπὸ τῆς EZ
τῆς οὔσης ε̄ μονάδων πρὸς τὸν εἴκοσι τετράγωνον τὸν
ἀπὸ τῆς ZH οὔσης μονάδων δ̄ καὶ λεπτῶν πρώτων μ̄. 5
ἔχει τοίνυν ὁ θ̄ τὸν πέντε καὶ τέσσαρα αὐτοῦ πέμπτα·
καὶ ὁ λε̄ οὖν τὸν κ̄ καὶ τέσσαρα αὐτοῦ πέμπτα· ὁ
γὰρ ιε̄, ᾧ ὑπερέχει ὁ λε̄ τοῦ κ̄, ὁ οὖν ιε̄ τέσσαρα
πέμπτα ἐστὶ τοῦ κ̄.

294. Ἔστω ὁ AΓ ὁ ε̄, ὁ δὲ ΓB ὁ δ̄. ὁ οὖν ἐξ 10
αὐτῶν ὁ θ̄ πρὸς μὲν τὸν δ̄ λόγον ἔχει, ὃν τετράγωνος
πρὸς τετράγωνον, πρὸς δὲ τὸν ε̄ οὐκ ἔχει. λόγον δὲ
ἔχειν λέγεται ἀριθμὸς πρὸς ἀριθμόν, ὃν τετράγωνος
πρὸς τετράγωνον, ὅταν μεταξὺ ἐμπίπτῃ ἀριθμὸς ἀνα-
λογίαν σώζων· διὸ ὁ ιε̄ καὶ ὁ θ̄ πρὸς τὸν δ̄ λόγον 15
ἔχουσιν, ὃν τετράγωνος πρὸς τετράγωνον· πίπτει γὰρ
μεταξὺ τοῦ θ̄ καὶ δ̄ ὁ ε̄, καί ἐστιν ὡς ὁ θ̄ πρὸς τὸν ε̄,
οὕτως ὁ ε̄ πρὸς τὸν δ̄, μεταξὺ δὲ τοῦ ιε̄ καὶ δ̄ ὁ ‾.

295. Ἔστω ἡ Δ ἡ πλευρὰ τοῦ ῑ οὖσα μον$_α$δων $\overset{η}{γ}$
λεπτῶν λε̄· ἔστω δὴ καὶ ἡ ΖΗ καὶ αὐτὴ ἡ πλευρὰ 20
τοῦ ῑ· ἴση ἄρα ἡ Δ τῇ ΖΗ· σύμμετροι ἄρα μήκει.
ἡ δὲ ΕΗ οὖσα μονάδων δ̄ λεπτῶν πρώτων ιε̄ ἔστω ἡ
πλευρὰ τοῦ ιη̄. ἔστι τοίνυν ὡς ὁ ΓΑ ἤτοι ὁ ε̄ πρὸς
τὸν ΑΒ· ἔχεται γὰρ αὐτὸς καὶ τέσσαρα αὐτοῦ πέμπτα·
οὕτως καὶ ὁ ἀπὸ τῆς ΖΗ τετράγωνος ὁ ῑ πρὸς τὸν 25
ἀπὸ τῆς ΕΖ τετράγωνον τὸν ιη̄· ἔχεται γὰρ κἂν τού-
τοις ὁ ῑ ὑπὸ τοῦ ῑ καὶ η̄ καὶ τέσσαρα αὐτοῦ πέμπτα·
τὰ γὰρ ὀκτώ, οἷς ὑπερέχει ὁ ιη̄ τοῦ ῑ, τέσσαρά εἰσι
τοῦ δέκα πέμπτα.

---

14. ἀριθμός] ἀριθμ` q.   22. EH] scr. EZ.

.. .... της ◡ ϛ ϭ μ, η ◡ ϱ μ

298. Κατ' ἄλλην γραφὴν
ΑΒ ιϛ, ἡ Δ δ, ὁ ΖΗ ϛ̄, τὸ ἀπὸ
μ̄ᾱ, τὸ ἀπὸ τῆς Θ ιβ, ἡ Θ ἡ

299. Τῇ Δ σύμμετρος ἔστω
δυνάμεθα τῇ ἐκκειμένῃ ῥητῇ ϲ
ἢ ἴσην ἢ διπλασίαν ἢ ἡμίσειαν
ἡ ἐκκειμένη ῥητὴ ἑξάπους, καὶ
ποδα, σύμμετρος ἔσται αὐτῇ
ἑξάπους καὶ ἑαυτήν· πᾶς γὰρ
ἁρμόζων μετρητική ἐστιν ἑαυτ
δεκάποδα μετρεῖ ἀπαρτιζόντως
ἑαυτῆς καὶ τῆς δωδεκάποδος.
ἄλλων τὰ αὐτὰ ῥητέον τῆς τε ἡμ
ῥητῆς καὶ τῆς ἴσης καὶ τῆς τρι

300. Δύναται ἐκτιθέναι εὐθ
ὅρον ἴσην ἢ διπλασίαν ἢ ἡμίσε
καὶ ἑξῆς.

301. Ὥστε σύμμετρόν ἐστι ρ

Ad prop. XLIX.

302. Ὁ ΑΓ ε̄, ὁ ΓΒ δ̄, ὁ ΑΒ ὅλος θ̄, ἡ ΖΗ δ̄,
ἡ Δ ϛ̄, τὸ ἀπὸ τῆς ΖΕ κ̄η μ̄η, ἡ ΕΖ ε̄ κ̄α ν̄θ, τὸ ἀπὸ
τῆς Θ ῑβ μ̄η, ἡ Θ γ̄ λ̄δ λ̄θ, ἡ ὅλη ΕΗ θ̄ κ̄α ν̄θ.

Ad prop. L.

5

303. Ἡ ΑΓ ε̄ καὶ ἡ ΓΒ δ̄ καὶ ἡ ὅλη ΑΒ θ̄, ὁ
Δ ῑβ, ἡ Ε ϛ̄, τὸ ἀπὸ τῆς ΖΗ κ̄ζ, ἡ ΖΗ ἡ πλευρὰ
τοῦ κ̄ζ ε̄ ῑα μ̄ϛ, τὸ ἀπὸ τῆς ΗΘ ῑϛ, ἡ ΗΘ γ̄ νβ κβ, τὸ
ἀπὸ τῆς Κ ῑβ, ἡ Κ γ̄ κ̄ζ ν̄, ἡ ὅλη ἡ ΖΘ θ̄ δ̄ η̄.

304. Τοῦ ν′ θεωρήματος κατ' ἄλλην γραφήν· ὁ 10
ΑΓ ῑβ, ὁ ΓΒ δ̄, ὁ ΑΒ ὅλος ῑϛ, ἡ Δ η̄, ἡ Ε ϛ̄, τὸ ἀπὸ
τῆς ΖΗ ο̄γ, ἡ ΖΗ η̄ κ̄θ ζ̄, τὸ ἀπὸ τῆς ΘΗ νδ, ἡ
ΘΗ ζ̄ κ̄ νδ, τὸ ἀπὸ τῆς Κ ῑη, ἡ Κ δ̄ ῑδ λ̄γ.

Ad prop. LI.

305. Ὁ ΑΓ η̄, ὁ ΓΒ δ̄, ἡ Δ ϛ̄, ἡ ΕΖ θ̄, τὸ ἀπὸ 15
τῆς ΖΗ νδ, ἡ ΖΗ ζ̄ κ̄ νδ, τὸ ἀπὸ τῆς Θ κ̄ζ, ἡ Θ ε̄ ῑα μ̄ϛ,
τὸ ἀπὸ τῆς ΕΖ π̄α, ἡ ὅλη ΕΗ ῑϛ κ̄ νδ.

306. Τοῦ να′. ὁ ΑΓ δ̄, ὁ ΓΒ ζ̄, ὁ Δ ϛ̄, ἡ ΕΖ ῑβ,
ἡ ΖΗ θ̄ μ̄ζ νβ, τὸ ἀπὸ ταύτης ϙ̄ϛ, ἡ Θ πλευρὰ τοῦ μ̄η,
ἥτις ἐστὶν ϛ̄ ν̄ε μ̄α.

20

Ad prop. LII.

307. Ὁ ΑΓ η̄, ὁ ΓΒ δ̄, ἡ Δ ϛ̄, ἡ ΖΗ δ̄, τὸ ἀπὸ
τῆς ΕΖ κ̄δ, ἡ ΕΖ δ̄ ν̄γ ν̄ϛ, τὸ ἀπὸ τῆς Θ η̄, ἡ Θ
β̄ μ̄θ μ̄β. ἡ ΕΗ ὅλη η̄ ν̄γ ν̄ϛ. τὸ ἀπὸ τῆς ΖΗ ῑϛ.

---

302. Vᵇ. 303. Vᵇ. 304. Vᵇ. 305. Vᵇ. 306. Vᵇ.
307. Vᵇ.

---

6. ὁ Δ] corr. ex ἡ Δ V.   23. ἡ ΕΖ] corr. ex τὸ ΕΖ V.

Ad prop. LIII.

308. Ὁ ΑΓ η̄, ὁ ΓΒ δ̄, ἡ Ε ε̄, τὸ ἀπὸ ταύτης κ̄ε,
ὁ Δ ε̄, τὸ ἀπὸ τῆς ZH λ̄, ἡ ZH ε̄ κ̄η λ̄η, τὸ ἀπὸ
τῆς ΗΘ κ̄, ἡ ΗΘ δ̄ κ̄η ιθ, τὸ ἀπὸ τῆς Κ δέκα, ἡ Κ
5 γ̄ θ̄ μ̄δ, ὅλη ἡ ΖΘ θ̄ ν̄ε ιζ.

Ad prop. LIV.

309. Ἕκτον κεφάλαιον δεικνύον τὰς κατὰ σύνθεσιν
ἓξ ἀλόγους χωρία ποιούσας περιεχόμενα ὑπὸ ῥητῆς
καὶ μιᾶς τινος τῶν ἓξ ἐκ δύο ὀνομάτων.

10 310. Διὰ τὸ μη΄ καὶ διὰ τὸ λς΄ δυνατὸν τὰ εἰρη-
μένα πορίσασθαι.

311. Δεῖ πρῶτον εὑρεῖν τὴν ἐκ δύο ὀνομάτων
πρώτην καὶ οὕτως διαιρεῖν εἰς τὰ ὀνόματα διὰ μβ΄ ι΄.

312. Τὸ ἀπὸ τῆς ΕΖ β̄ ῑγ ιθ μ̄η μ̄β ῑε, τὸ ΑΘ κ̄,
15 τὸ ΗΚ τέσσαρες, τὸ ΕΔ ὀκτὼ ν̄ε λ̄θ, τὸ ΖΔ ὁμοίως
τὸ ὑπὸ τῶν ΑΒ, ΑΔ μ̄α ν̄γ ῑη, ἡ ΑΔ ε̄ ν̄η ν̄γ.

313. Κατ᾽ ἄλλην γραφήν· ὁ ΑΔ ῑα ῑα μ̄ε, ἡ ΑΒ ε̄,
ἡ ΑΕ μονάδων ε̄, ἡ ΕΔ ἡ πλευρὰ τοῦ κ̄ζ, τὸ ὑπὸ ΑΒ
καὶ ΑΔ ξ̄ε ῑ λ̄ε, ἡ ΕΖ β̄ λ̄ε ν̄γ, τὸ ἀπὸ τῆς ΕΖ ε̄ μ̄ε,
20 ἡ ΑΗ δ̄ λ̄, ἡ ΗΕ ᾱ λ̄, τὸ ΑΘ κ̄ζ, ἡ ΜΝ ε̄ ῑα μ̄ε,
τὸ ΝΠ θ̄, ἡ ΝΞ γ̄, ἡ ΜΞ η̄ ῑα μ̄ε, τὸ ΕΔ ῑα λ̄ε ῑη.

314. (AB) ϥ, $(AH)\genfrac{}{}{0pt}{}{\mu}{\rho\cdot}$, $(HE)\genfrac{}{}{0pt}{}{}{\zeta\cdot}$, $(EZ)\genfrac{}{}{0pt}{}{\rho\vartheta}{\rho\varphi}$, $(Z\Delta)\genfrac{}{}{0pt}{}{\rho\vartheta}{\rho\varphi}$

25

---

308. V^b.   309. P.   310. q.   311. V^a.   312. V^b.
313. V^b.   314. V in fig.

---

2. τὸ ἀπὸ ταύτης κ̄ε] supra scr. V^a.   5. ν̄ε ιζ] immo
νζ.   15. ΖΔ] scr. ΒΔ.   17. ὁ ΑΔ] scr. ἡ ΑΔ.

315. Καὶ ἡ ΑΕ τῆς ΕΔ p. 160, 4] εἰ γὰρ οὐ διαιρεῖται κατὰ τὰ εἰρημένα, οὐκ ἔστιν ἐκ δύο ὀνομάτων πρώτη.

316. Παραβεβλήσθω οὖν p. 160, 12] καὶ ἔστω λοιπὸν εἴδει τετραγώνῳ διὰ λῆμμα τοῦ ις' ι' καὶ διὰ ις' ι', 5 διότι καὶ εἰς σύμμετρα αὐτὴν διαιρεῖ μήχει.

Ad prop. LV.

317. Τὸ ὑπὸ ΑΗ, ΗΒ χωρίον θέλης ἐντὸς τοῦ ΑΓ χωρίου ἔγγραψον θέλης ἐπὶ τὰ ἕτερα μέρη τοῦ προβαίνει τὸ θεώρημα τῆς δὲ ΑΒ ἐξ ἑτέρας παραλλήλους 10 διὰ τὸ ΝΕ, ΖΔ σημεῖον.

318. Ἡ ΑΒ $\overline{ς}$, ἡ ΑΕ πέντε $\overline{κα}$ $\overline{νθ}$, ἡ ἡμίσεια τῆς ΑΕ $\overline{β}$ $\overline{μ}$ $\overline{νθ}$ $\overline{λ}$, τὸ ἀπὸ τῆς ἡμισείας $\overline{ζ}$ $\overline{ια}$ $\overline{νη}$ $\overline{ιθ}$ οὐδὲν $\overline{ιε}$, ἡ ΕΔ $\overline{δ}$, ἡ ΕΖ $\overline{β}$, ἡ ΖΔ $\overline{β}$, τὸ καταλειπόμενον μετὰ τὴν ἀφαίρεσιν τῆς καταμετρ..... $\overline{ια}$ $\overline{νη}$ $\overline{ιθ}$ $\overline{ιε}$, 15 τὸ ΑΓ ὅλον $\overline{νς}$ $\overline{ια}$ $\overline{νδ}$, ἡ μὴ προστιθεμένης τῆς μεταξὺ τῶν τομῶν $\overline{δ}$ $\overline{κη}$ $\overline{ιξ}$ $\overline{λ}$, ἡ ΗΕ οὐδὲν $\overline{νγ}$ $\overline{μα}$ $\overline{λ}$ ἡ προστιθεμένη πλευρὰ τῇ ἑτέρᾳ ἡμισείᾳ μεταξὺ τῶν τομῶν, τὸ ΑΘ ἤτοι τὸ ΣΝ $\overline{κς}$ $\overline{μθ}$ $\overline{με}$, ἡ αὐτῶν πλευρὰ $\overline{ε}$ $\overline{ι}$ $\overline{με}$, τὸ ΗΚ ἤτοι τὸ ΝΠ $\overline{ε}$ $\overline{κβ}$ $\overline{θ}$, ἡ αὐτῶν πλευρὰ $\overline{β}$ $\overline{ιθ}$ $\overline{α}$, 20 τὸ ΕΔ $\overline{ιβ}$, τὸ ΖΓ $\overline{ιβ}$, ἡ τὸ ΑΓ δυναμένη ἡ ΜΞ $\overline{ζ}$ $\overline{κθ}$ $\overline{μξ}$.

319. Αἱ ΑΕ, ΕΔ ἄρα p. 164, 20] εἰ γὰρ οὐ διαιρεῖται οὕτως, οὐκ ἄρα ἐκ δύο ὀνομάτων ἐστὶ δευτέρα διὰ τὸν ὅρον τῶν δευτέρων, διὰ μβ' τοῦ ι'.

---

315. Vᵃq.   316. Vᵃ.   817. Vᵃ (prorsus corruptum).
318. Vᵇ.   319. Vᵃ.

---

2. κατὰ τὰ εἰρημένα] q, οὕτως V.   ἔστιν] ἄρα V.   3. πρώτη] ἐστι πρώτη V.   5. εἴδει] corr. ex ἤδη V.   14. ΕΔ] Ε V.   16. μή] ?   23. οὕτως] miro comp. V.

320. Καὶ αἱ MN, NΞ ἄρα μέσαι p. 166, 19] γέγραπται γάρ, ὅτι ἡ δυναμένη ἄλογον χωρίον ἄλογός ἐστιν.

Ad prop. LVI.

5   321. Ἡ ΑΔ θ̄ δ̄ η̄, ἡ ΑΕ ε̄ ῑα μ̄ε, τὸ ἀπὸ ταύτης καὶ τῆς ῥητῆς τῆς ΑΒ ε̄ μονάδων οὔσης ν̄δ κ̄δ μ̄η, ἡ ΜΞ ἡ πλευρὰ τοῦ ΒΓ ζ̄ κβ λ̄ε, τὸ ἥμισυ τῆς ΑΕ β̄ λ̄ε ν̄γ, ἡ ΕΔ γ̄ νβ κβ, ἡ ΕΖ ᾱ ν̄ε ῑα, τὸ ἀπὸ τῆς ΕΖ γ̄ μ̄δ ν̄η λ̄δ ᾱ, τὸ ἀπὸ τῆς ἡμισείας τῆς ΑΕ
10 ε̄ μ̄δ ν̄θ λ̄ε μ̄θ, τὸ καταλειφθὲν ἀπὸ τοῦ ἀπὸ τῆς ἡμισείας τῆς ΑΕ γ̄ οὐδὲν ᾱ β̄ μ̄η, ἡ αὐτῶν πλευρὰ ᾱ μ̄γ ν̄ε, ἡ ΑΗ δ̄ ιθ μ̄η, ἡ ΗΕ οὐδὲν ν̄α ν̄η, τὸ ΑΘ ἤτοι τὸ ΣΝ κ̄ε ν̄η μ̄η, ἡ πλευρὰ αὐτῶν ἡ ΜΝ ε̄ ε̄ μ̄θ, τὸ ΗΚ ἤτοι τὸ ΝΠ ε̄ ῑα μη, ἡ πλευρὰ αὐτῶν ἡ ΝΞ β̄ ῑς μ̄ς,
15 τὸ ΕΛ ῑα λ̄ζ ς̄, τὸ ΖΓ ῑα λ̄ζ ς̄.

322. Κατ' ἄλλην γραφὴν εἰς τὸ νς΄· ἡ ΑΒ ς̄, ἡ ΑΕ η̄ κ̄θ ζ̄, ἡ ΕΔ ξ̄ κ̄ ν̄δ, ἡ ΑΔ ῑε ν̄ ᾱ, τὸ ΑΓ ϟ̄ε οὐδὲν ς̄, τὸ ΕΖ γ̄ μ̄ κ̄ζ, ἡ ΑΗ ε̄ κα μ̄α, ἡ ΗΕ β̄ ξ̄ κ̄ε, ἡ πλευρὰ τοῦ ΑΓ θ̄ μ̄δ μ̄η, τὸ ΑΘ λ̄η ῑ ιβ, ἡ τούτων
20 πλευρὰ ς̄ ῑ μ̄α, τὸ ΗΚ ιβ κ̄δ λ̄, ἡ τούτων πλευρὰ γ̄ λ̄δ ῑ.

Ad prop. LVII.

323. Ἡ ΑΕ θ̄, ἡ ΕΔ ζ̄ κ̄ ν̄δ, ἡ ΑΔ ὅλη ῑς κ̄ ν̄δ, τὸ ΑΓ ϟ̄η ε̄ κ̄δ, ἡ ΑΒ ε̄ μονάδων, ἡ ΕΖ γ̄ μ̄ κ̄ς, τὸ ἀπὸ ταύτης ἤγουν τὸ ΕΛ ῑγ κ̄θ ν̄η ιβ θ̄, ἡ ΖΔ ὡσ-
25 αύτως ἴση τῇ ΕΖ, ὁμοίως καὶ τὸ ΖΓ ἴσον τῷ ΕΛ, τὸ ἀπὸ τῆς ἡμισείας τῆς ΑΕ κ̄ ῑε, ἡ ἡμίσεια τῆς

---

320. q.   321. V^b.   322. V^b.   323. V^b.

7. ΒΓ] scr. ΑΓ.   12. ΗΕ] Η e corr. V.   26. κ̄] e corr. V.

AE $\bar{\delta}$ $\bar{\lambda}$, ἡ AH $\bar{\xi}$ $\bar{\varepsilon}$ $\overline{\nu\gamma}$, ἡ HE $\bar{\alpha}$ $\overline{\nu\delta}$ $\bar{\xi}$, τὸ $A\Theta$ ἤτοι
τὸ ΣN $\overline{\mu\beta}$ $\overline{\lambda\varepsilon}$ $\overline{\iota\eta}$, ἡ αὐτῶν πλευρὰ ἡ MN $\bar{\varsigma}$ $\overline{\lambda\alpha}$ $\overline{\lambda\gamma}$,
τὸ HK ἤτοι τὸ $N\Pi$ $\overline{\iota\alpha}$ $\overline{\varkappa\delta}$ $\overline{\mu\beta}$, ἡ αὐτῶν πλευρὰ ἡ
$N\Xi$ $\bar{\gamma}$ $\overline{\varkappa\beta}$ $\overline{\mu\beta}$, ἡ ὅλη $M\Xi$ $\bar{\vartheta}$ $\overline{\nu\delta}$ $\overline{\iota\delta}$, τὸ $E\Lambda$ $\overline{\varkappa\beta}$ $\bar{\beta}$ $\bar{\delta}$,
ὁμοίως καὶ τὸ $Z\Gamma$.　　　　　　　　　　　　5

324. Τοῦ $\overline{\nu\zeta}'$. ἡ AB $\bar{\varsigma}$, ἡ AE $\overline{\iota\beta}$, ἡ $E\Lambda$ $\bar{\vartheta}$ $\overline{\varkappa\zeta}$ $\overline{\nu\beta}$,
ἡ $A\Lambda$ $\overline{\varkappa\alpha}$ $\overline{\varkappa\zeta}$ $\overline{\nu\beta}$, τὸ $A\Gamma$ $\overline{\varrho\lambda}$ $\overline{\mu\zeta}$ $\overline{\iota\beta}$, ἡ τούτων πλευρὰ
$\overline{\iota\alpha}$ $\overline{\varkappa\varsigma}$ $\bar{\iota}$, ἡ EZ $\bar{\delta}$ $\overline{\nu\gamma}$ $\overline{\nu\varsigma}$, τὸ ἀπὸ τῆς EZ $\overline{\varkappa\delta}$, ἡ AH
$\bar{\vartheta}$ $\overline{\varkappa\zeta}$ $\bar{\nu}$, ἡ HE $\bar{\beta}$ $\bar{\beta}$ $\bar{\iota}$, τὸ $A\Theta$ $\overline{\nu\varsigma}$ $\overline{\mu\zeta}$ οὐδέν, ἡ τούτων
πλευρὰ $\bar{\zeta}$ $\overline{\lambda\beta}$ $\overline{\lambda\zeta}$, τὸ HK $\overline{\iota\varepsilon}$ $\overline{\iota\gamma}$ οὐδέν, ἡ τούτων 10
πλευρὰ $\bar{\gamma}$ $\overline{\nu\delta}$ $\bar{\gamma}$.

Ad prop. LVIII.

325. Ἡ $A\Lambda$ $\bar{\eta}$ $\overline{\nu\gamma}$ $\overline{\nu\varsigma}$, ἡ AE $\bar{\delta}$ $\overline{\nu\gamma}$ $\overline{\nu\varsigma}$, ἡ $E\Lambda$ $\bar{\delta}$,
ἡ AB $\bar{\varsigma}$, τὸ $A\Gamma$ ὅλον $\overline{\nu\gamma}$ $\overline{\varkappa\gamma}$ $\overline{\lambda\varsigma}$, ἡ αὐτῶν πλευρὰ ἡ
$M\Xi$ $\bar{\xi}$ $\overline{\iota\eta}$ $\overline{\varkappa\varepsilon}$, ἡ EZ $\bar{\beta}$, τὸ ἀπὸ τῆς EZ $\bar{\delta}$, ἡ AH $\bar{\gamma}$ $\overline{\nu\alpha}$ $\overline{\mu\eta}$, 15
ἡ HE $\bar{\alpha}$ $\bar{\beta}$ $\bar{\eta}$, τὸ $A\Lambda$ $\overline{\varkappa\gamma}$ $\bar{\iota}$ $\overline{\mu\eta}$, ἡ αὐτῶν πλευρὰ ἡ MN
$\bar{\delta}$ $\overline{\mu\eta}$ $\overline{\nu\beta}$, τὸ HK $\bar{\varsigma}$ $\overline{\iota\beta}$ $\overline{\mu\eta}$, ἡ αὐτῶν πλευρὰ ἡ $N\Xi$ $\bar{\beta}$ $\overline{\varkappa\vartheta}$ $\overline{\lambda\gamma}$,
τὸ $E\Lambda$ $\overline{\iota\beta}$, τὸ $Z\Gamma$ $\overline{\iota\beta}$.

Ad prop. LIX.

326. Ἡ $A\Lambda$ ὅλη $\bar{\vartheta}$ $\overline{\nu\varsigma}$ $\overline{\nu\zeta}$, ἡ AE $\bar{\varsigma}$ $\overline{\varkappa\eta}$ $\overline{\lambda\eta}$, ἡ $E\Lambda$ 20
$\bar{\delta}$ $\overline{\varkappa\eta}$ $\overline{\iota\vartheta}$, τὸ $A\Gamma$ $\overline{\nu\vartheta}$ $\overline{\mu\alpha}$ $\overline{\mu\beta}$, ἡ αὐτῶν πλευρὰ ἡ $M\Xi$
$\bar{\xi}$ $\overline{\mu\gamma}$ $\overline{\lambda\delta}$, ἡ EZ $\bar{\beta}$ $\overline{\iota\delta}$ $\bar{\vartheta}$ $\bar{\lambda}$, ἡ $E\Lambda$ ὁμοίως, τὸ ἀπὸ τῆς
EZ $\bar{\delta}$ $\overline{\nu\vartheta}$ $\overline{\nu\eta}$ $\overline{\varkappa\zeta}$ $\bar{\lambda}$ $\overline{\iota\varepsilon}$, ἡ AH $\bar{\delta}$ $\overline{\iota\vartheta}$ $\overline{\iota\alpha}$, ἡ HE $\bar{\alpha}$ $\bar{\vartheta}$ $\overline{\varkappa\zeta}$,
τὸ $A\Theta$ $\overline{\varkappa\varepsilon}$ $\overline{\nu\varepsilon}$ $\bar{\varsigma}$, ἡ αὐτῶν πλευρὰ ἡ MN $\bar{\varepsilon}$ $\bar{\varepsilon}$ $\overline{\varkappa\varsigma}$, τὸ

---

324. V^b.　　　325. V^b.　　　326. V^b.

---

8. $\underline{τῆς}$] supra scr. V.　　9. $\bar{\beta}$] (alt.) e corr. V; debuit $\overline{\iota\beta}$.
10. $\overline{\iota\beta}$] e corr. V.　　13. $A\Lambda$] Λ e corr V, supra scr. ἤτοι
ὅλη.　　22. $\bar{\xi}$] e corr. V.　　$\overline{\lambda\delta}$] corr. ex $\overline{\alpha\delta}$ V.　　$E\Lambda$\ scr. $Z\Lambda$.

HK $\bar{\varsigma}$ $\overline{\nu\varsigma}$ $\overline{\mu\beta}$, ἡ αὐτῶν πλευρὰ ἡ $N\overline{\varXi}$ $\overline{\beta}$ $\overline{\lambda\tilde{\eta}}$ $\overline{\xi}$, τὸ EA
$\overline{\iota\gamma}$ $\overline{\varkappa\delta}$ $\overline{\nu\xi}$, ὁμοίως καὶ τὸ $Z\varGamma$. ἡ AB $\bar{\varsigma}$.

Ad lemma p. 180.

327. Ἔστω ἡ AB δεκάπους καὶ τετμήσθω εἰς μὲν
5 ἄνισα κατὰ τὸ $\varGamma$, εἰς δὲ ἴσα κατὰ τὸ $\varDelta$ ὡς εἶναι τὴν
μὲν $A\varGamma$ ἑξάπουν, τὴν δὲ $\varGamma B$ τετράπουν, τὴν δὲ $A\varDelta$
πεντάπουν, ὁμοίως καὶ τὴν $\varDelta B$ πεντάπουν. τὸ οὖν
δὶς ὑπὸ τῶν $A\varGamma$, $\varGamma B$ ὂν ποδῶν $\overline{\mu\eta}$ οὐκ ἔστι διπλάσιον
τῆς εἰκοσιπεντάποδος τῆς γεγονυίας ἀπὸ τῆς $A\varDelta$ πεντά-
10 ποδος, ἀλλ' ἐλλείπει· τοῦτο γάρ ἐστιν, ὃ εἶπε διὰ τοῦ·
τὸ ἄρα δὶς ὑπὸ τῶν $A\varGamma$, $\varGamma B$ ἔλαττον ἢ διπλάσιόν
ἐστι τοῦ ἀπὸ $A\varDelta$. ἐπεὶ τοίνυν τὸ δὶς ὑπὸ τῶν $A\varGamma$, $\varGamma B$
οὐκ ἔστι διπλάσιον τοῦ ἀπὸ τῆς $A\varDelta$, ἀλλ' ἔλαττον ἢ
διπλάσιον, πολλῷ ἄρα οὐκ ἔσται διπλάσιον τὸ δὶς ὑπὸ
15 τῶν $A\varGamma$, $\varGamma B$ τῶν ἀπὸ τῶν $A\varDelta$, $\varDelta\varGamma$ τετραγώνων.
ὥστε ἐπεὶ τὰ ἀπὸ τῶν $A\varGamma$. $\varGamma B$ διπλάσιά εἰσι τῶν
ἀπὸ τῶν $A\varDelta$, $\varDelta\varGamma$, τὸ δὲ δὶς ὑπὸ τῶν $A\varGamma$, $\varGamma B$ οὐκ
ἔστι διπλάσιον τῶν ἀπὸ τῶν $A\varDelta$, $\varDelta\varGamma$, ἀλλ' ἔλαττον,
τὸ ἄρα δὶς ὑπὸ τῶν $A\varGamma$, $\varGamma B$ ἔλαττόν ἐστι τῶν ἀπὸ
20 τῶν $A\varGamma$, $\varGamma B$. οἷον ὑποδείγματος χάριν, εἰ τὰ $\overline{\iota\beta}$
τῶν $\bar{\varsigma}$ ἐστι διπλάσια, τὰ δὲ $\overline{\iota\alpha}$ οὐκ ἔστι τῶν $\bar{\varsigma}$ δι-
πλάσια, τὰ $\iota\beta$ τῶν $\iota\alpha$ μείζονά ἐστιν.

328. Λῆμμα εἰς τὸ $\xi\beta'$ θεώρημα καὶ εἰς τὰ ἑξῆς
ὅμοια αὐτῷ.

---

327. $V^{a}q$ (P^{2}); ad p. 180, 20 sq.   328. PFBVat. V^{c} (fig. 1
ex PFVat., B m. rec.; fig. 2 ex B); $\xi\beta$ mg. V^{c}.

6. $A\varDelta$] $\varDelta$ e corr. V.   12. τό] postea ins. V.   17. δέ]
τε V.   18. $\varDelta\varGamma$] om. V.   23. λῆμμα — 24. αὐτῷ] εἰς τὸ $\xi\beta'$
λῆμμα F.   23. λῆμμα] om. BVat.   θεώρημα] om. BVat.
ἑξῆς] ἑξ P, ἑξῆς αὐτῷ λήμματα B.   24. αὐτῷ] om. B, αὐτῷ
λῆμμα Vat.

ὅτι τῶν ἀπὸ τῶν ΑΓ, ΓΒ μέσον ἀνάλογόν ἐστι
τὸ ὑπὸ τῶν ΑΓ, ΓΒ. ἐκκείσθω τις εὐθεῖα ἡ ΑΒ
καὶ τετμήσθω, ὡς ἔτυχεν, κατὰ τὸ Γ, καὶ ἀναγεγράφθω
ἀπὸ τῆς ΑΒ τετράγωνον τὸ ΑΔ, καὶ ἐπεζεύχθω ἡ ΒΕ,
καὶ παράλληλος ὁποτέρᾳ τῶν ΑΕ, ΒΔ ἔστω ἡ ΓΖ, 5

ὁμοίως καὶ διὰ τοῦ Η παράλληλος
ἡ ΘΗΚ. τετράγωνον ἄρα ἑκάτερον
τῶν ΘΖ, ΚΓ, καί ἐστι τὰ ἀπὸ τῶν
ΑΓ, ΓΒ, τὸ δὲ ΑΗ παραπλήρωμα
τὸ ὑπὸ τῶν ΑΓ, ΓΒ· ἴση γὰρ ἡ ΗΓ 10
τῇ ΓΒ. λέγω οὖν, ὅτι τῶν ΕΗ, ΗΒ
τετραγώνων μέσον ἀνάλογόν ἐστι τὸ ΑΗ. ἐπεὶ γάρ
ἐστιν ὡς ἡ ΑΓ πρὸς ΓΒ, οὕτως τὸ ΑΗ πρὸς ΗΒ,
ὡς δὲ ἡ ΑΘ πρὸς ΘΕ, οὕτως τὸ ΑΗ πρὸς ΗΕ, καὶ
ὡς ἄρα τὸ ΒΗ πρὸς ΗΑ, οὕτως τὸ ΑΗ πρὸς ΗΕ. 15
τῶν ΒΗ, ΗΕ ἄρα μέσον ἀνάλογόν ἐστι τὸ ΑΗ. καί
ἐστι τὰ μὲν ΒΗ, ΗΕ τὰ ἀπὸ τῶν ΑΓ, ΓΒ, τὸ δὲ ΓΘ
τὸ ὑπὸ τῶν ΑΓ, ΓΒ. τῶν ἄρα ἀπὸ ΑΓ, ΓΒ μέσον
ἀνάλογόν ἐστι τὸ ὑπὸ τῶν ΑΓ, ΓΒ.

Ἄλλο λῆμμα εἰς τὸ αὐτὸ θεώρημα καὶ εἰς τὰ ἑξῆς 20
αὐτῷ ὅμοια.

ἔστω εὐθεῖα ἡ ΑΒ καὶ τετμήσθω εἰς ἄνισα κατὰ
τὸ Γ. δεῖξαι, ὅτι τὰ ἀπὸ τῶν ΑΓ, ΓΒ τετράγωνα
μείζονά ἐστι τοῦ δὶς ὑπὸ τῶν ΑΓ, ΓΒ περιεχομένου

---

3. ἔτυχε V.   4. Ante ἡ del. ὡς ἔτυχεν κατὰ τὸ Γ m. 1 P.
5. ὁπονέρᾳ P, corr. m. rec.   ΒΔ] ΔΒ B.   6. τοῦ] om. B.
7. ἡ ΘΗΚ] ἤχθω ἡ ΗΚ B.   10. τό] τῷ F.   11. οὖν]
om. F.   14. τό] ἡ V.   ΗΕ] corr. ex ΗΘ m. 1 P, τὸ ΗΘ F,
τὸ ΗΕ BVat.   15. τὸ ΗΕ B.   17. ἐστι] ἐστιν P.   Post
μέν del. ΗΒ m. 1 P.   18. ἀπό] ἀπὸ τῶν V.   19. ΑΓΒ Vat.,
sed corr. Dein add. ὅπερ ἔδει δεῖξαι P.   20. ἄλλο — θεώ-
ρημα] εἰς τὸ αὐτὸ ἄλλο (om. B) λῆμμα FBVat.   21. αὐτῶν B.

ὀρθογωνίου. δειχθήσεται δὲ οὕτως· ἐπεὶ ἡ ΑΒ εὐθεῖα
τέτμηται εἰς ἄνισα κατὰ τὸ Γ, μία τῶν ΑΓ, ΓΒ
μείζων ἐστίν. ἔστω ἡ ΑΓ, καὶ
ἀφῃρήσθω ἀπὸ τῆς μείζονος τῆς

5 ΑΓ τῇ ἐλάσσονι τῇ ΓΒ ἴση η ΓΔ. ἐπεὶ οὖν εὐθεῖα ἡ ΑΓ
τέτμηται, ὡς ἔτυχεν, κατὰ τὸ Δ, τὰ ἄρα ἀπὸ τῶν
ΑΓ, ΓΔ τετράγωνα ἴσα ἐστὶ τῷ τε δὶς ὑπὸ τῶν
ΑΓ, ΓΔ καὶ τῷ ἀπὸ τῆς ΑΔ τετραγώνῳ. ὥστε τὰ
ἀπὸ τῶν ΑΓ, ΓΔ τοῦ δὶς ὑπὸ τῶν ΑΓ, ΓΔ μείζονά
10 ἐστι τῷ ἀπὸ τῆς ΑΔ τετραγώνῳ. ἴσα δὲ τὰ μὲν ἀπὸ
τῶν ΑΓ, ΓΔ τοῖς ἀπὸ τῶν ΑΓ, ΓΒ· ἴση γὰρ ἐτέθη
τῇ ΓΒ ἡ ΓΔ· τὸ δὲ δὶς ὑπὸ τῶν ΑΓ, ΓΔ τῷ δὶς
ὑπὸ τῶν ΑΓ, ΓΒ. τὰ ἄρα ἀπὸ τῶν ΑΓ, ΓΒ μείζονά
ἐστι τοῦ δὶς ὑπὸ τῶν ΑΓ, ΓΒ τῷ ἀπὸ τῆς ΑΔ·
15 ὅπερ ἔδει δεῖξαι.

Ad prop. LX.

329. Ἐκ δύο ὀνομάτων πρώτη ἦν, ὅταν τὸ μεῖζον
ὄνομα σύμμετρον ἦν μήκει τῇ ἐκκειμένῃ ῥητῇ.

330. Ἔστω ἡ ΑΒ ἡ ἐκ δύο ὀνομάτων ῥπ, καὶ
20 διῃρήσθω εἰς τὰ ὀνόματα ὡς εἶναι τὸ μεῖζον ὄνομα ῥνε,
τὸ δὲ ἔλαττον κε. ἔστω δὲ καὶ ἡ ΔΕ ῥητή, ἤτοι καὶ
αὐτὴ ῥπ, καὶ παραβεβλήσθω ἤτοι μερισθήτω τὸ ἀπὸ
τῶν ῥπ γινόμενον τετράγωνον, τουτέστι τὸ ἀπὸ τῆς ΑΒ
τῆς ἐκ δύο ὀνομάτων, ἅπερ ὀνόματά ἐστιν, ὡς εἴρηται,

---

329. q (P²).   330. Vᵃq (P²).

---

1. ΑΒ] ΓΒ PV.   2. ΓΒ] ΓΔ F.   5. ἡ ΓΔ] bis Vat.
6. ἔτυχε V.   8. τά] om. Vat.   10. τετραγώνου F.   11.
ΑΓ — τῶν] om. V.   ἴση] in ras. F, ἴσα V.   ὑπετέθη B.
12. ΓΒ] ΑΓ V.   13. ΓΒ] (prius) Γ corr. ex B V.   21.
...ί] (alt.) bis q, sed corr.

ὁ ρ̅ν̅ε̅ καὶ ὁ κ̅ε̅, μερισθήτω τοίνυν τὸ ἀπὸ τῆς ἐκ δύο
ὀνομάτων τετράγωνον ὂν τριῶν μυριάδων καὶ δισχιλίων
τετρακοσίων παρὰ τὴν ῥητὴν τὴν ΔΕ οὖσαν ρ̅π̅, καὶ
τὸ ἀπὸ τοῦ μερισμοῦ εὑρεθέν, ὅπερ πλάτος παραβολῆς
καλεῖται, ἔσται πάντως αὐτὴ ἡ ἐκ δύο ὀνομάτων συγ-　5
κειμένη ἤτοι ἡ ρ̅π̅.

331. Ἡ ΑΒ ς̅ ν̅η̅ ν̅γ̅, τὸ ἀπὸ τῆς ΑΒ μ̅η̅ μ̅δ̅ κ̅γ̅ ῑδ̅ μ̅θ̅,
ἡ ΔΕ δ̅, τὸ πλάτος τῆς παραβολῆς ἡ ΔΗ ῑβ̅ ῑα̅ ε̅ μ̅η̅ μ̅β̅ ῑε̅,
τὸ ἀπὸ τῆς ΑΓ ἤτοι τὸ ΔΘ ῑς̅, ἡ ΔΚ δ̅, τὸ ἀπὸ τῆς
ΓΒ ἤτοι τὸ ΚΛ ἢ ν̅γ̅ ῑθ̅ ῑδ̅ μ̅θ̅, ἡ ΚΜ β̅ ῑγ̅ ῑθ̅ μ̅η̅ μ̅β̅ ῑε̅,　10
τὸ ἅπαξ ὑπὸ τῶν ΑΓ, ΓΒ ῑα̅ ν̅ε̅ λ̅β̅, ἡ ΜΝ β̅ ν̅η̅ ν̅γ̅,
ὁμοίως καὶ ἡ ΝΗ καὶ τὸ ΝΖ.

332. Ἑκάτερον ἄρα τῶν p. 182, 14] ὃ λέγει, ἐστίν,
ὅτι ἕκαστον παραλληλόγραμμον τὸ περιεχόμενον ἅπαξ
ὑπὸ τῶν ΑΓ, ΓΒ οἷον τὸ ΜΞ ἐστι τὸ ἅπαξ ὑπὸ　15
τῶν ΑΓ, ΓΒ καὶ πάλιν τὸ ΝΖ τὸ ἅπαξ ὑπὸ τῶν
ΑΓ, ΓΒ. ἐπεὶ γὰρ ὅλον τὸ ΜΖ ἐστι τὸ δὶς ὑπὸ
τῶν ΑΓ, ΓΒ, τέτμηται δὲ δίχα ἡ ΜΗ, δῆλον, ὅτι
τὸ ΜΞ ἥμισύ ἐστι τοῦ ΜΖ. ὥστε τὸ ἅπαξ ἐστὶ τοῦ
ὑπὸ τῶν ΑΓ, ΓΒ.　20

Ad prop. LXI.

333. Μέση ἦν ἡ δυναμένη χωρίον περιεχόμενον
ὑπὸ ῥητῶν δυνάμει μόνον συμμέτρων, οἷον ἡ εἰκοσι-
τεσσαράπους καὶ τριακοντάπους μήκει μέν εἰσιν ἀσύμ-
μετροι, δυνάμει δὲ σύμμετροι· τὰ γὰρ ἀπ᾽ αὐτῶν　25
τετράγωνα τά τε φ̅ο̅ς̅ καὶ τὸ ἐννακόσιοι κοινῷ χωρίῳ

---

331. V^b.　332. V^a q (P²).　333. q (P²).

---

7. τό] corr. ex ἡ V.　14. τό] ἐστι τό V.　15. τῶν]
τῆς Vq.　16. τῶν] τῆς Vq.　τῶν] τῆς Vq.　26. τὸ ἐννα-
κόσιοι] scr. τὰ ἐννακόσια.

μετροῦνται τῷ ϛ· ἑξάκις γὰρ ϙϛ φοϛ καὶ ἑξάκις ρυ
ἐννακόσιοι. ὥστε ἡ εἰκοσιτεσσαράπους καὶ ἡ τρια‑
κοντάπους μήκει μὲν ἀσύμμετροι, δυνάμει δὲ σύμμετροί
εἰσι, περιέχουσι δὲ χωρίον ποδῶν ἑπτακοσίων εἴκοσι.
5 ἡ οὖν δυναμένη τὸ τοιοῦτον χωρίον ἐστὶ μέση. ληπτέον
δὴ τὴν τοῦ ψκ πλευρὰν τὴν δυναμένην τὸν ψκ, καὶ
ἔσται ἡ μέση. ἔστι δὲ ἡ πλευρὰ τοῦ ψκ κϛ μθ λῆ.

334. Ἡ ΑΒ δ νζ νγ, ἡ ΔΕ δ, τὸ ἀπὸ τῆς ΑΒ
κα κϛ νϑ η μϑ, ἡ ΔΗ ε κα μδ μζ ιβ ιε, ἡ ΑΓ β νη μδ,
10 ἡ ΓΒ α λϑ ϑ, τὸ ἀπο τῆς ΑΓ η νβ κϛ λϛ ιϛ, ἡ ΔΚ
β ιγ ϛ κδ δ, τὸ ἀπὸ τῆς ΓΒ β μγ ν μγ κα, ἡ ΚΜ
οὐδὲν μ νζ μ ν ιε, τὸ ΜΞ δ νϛ κα κδ λϛ, ἡ ΜΝ
α ιγ ν κα ϑ, ὁμοίως καὶ τὸ ΝΖ καὶ ἡ ΝΗ.

Ad prop. LXII.

15 335. Ἡ ΑΒ ὅλη ε ιγ ια, τὸ ἀπὸ τῆς ΑΒ κζ ι δ μγ μη α,
ἡ ΑΓ β νϑ κη, τὸ ἀπὸ τῆς ΑΓ η νϛ μη ιζ δ, ἡ ΓΒ
β ιγ μγ, τὸ ἀπὸ τῆς ΓΒ δ νη οὐδὲν η μϑ, ἡ ΔΕ δ,
ἡ ΔΗ ϛ μη μ νζ οὐδὲν ιε, ἡ ΔΚ β ιδ ιβ δ ιβ ιϛ,
ἡ ΚΜ α ιδ λβ ιβ ιε, τὸ ΜΞ ϛ λϑ νζ μα δ, τὸ δὶς
20 ὑπὸ ἤτοι ΜΖ ιγ ιϑ νϛ κβ η, ἡ ΜΝ α λϑ νϑ κϛ ιϛ,
ἡ ΜΗ γ ιϑ νη ν λβ.

Ad prop. LXIII.

336. Ἡ ΑΒ δ νϑ ιδ, τὸ ἀπὸ τῆς ΑΒ κδ νβ κ λϛ ιϛ,
ἡ ΑΓ γ μϑ μβ, τὸ ἀπὸ τῆς ΑΓ ιδ λϑ κβ ϛ κδ, ἡ
25 ΓΒ α ϑ λβ, τὸ ἀπὸ ταύτης α κ λϑ νγ μ, ἡ ΔΚ γ λϑ ν λα κα,

---

334. V[b].   335. V[b].   336. V[b].

---

5. ἡ] e corr. q.   12. οὐδέν] supra scr. V.   20. ἤτοι]
ἤ^ϛ V; scr. ἤτοι τό.   24. ἡ ΑΓ] ἡ e corr. V.

ἡ ΔΕ δ̄, ἡ ΚΜ οὐδὲν x̄ η̄ μ̄γ ῑϛ, τὸ ὑπὸ ΑΒ, ΒΓ
ἤτοι τὸ ΜΞ δ̄ x̄ϛ ῑα μ̄η x̄δ, τὸ δὶς η̄ ν̄β x̄γ λ̄ϛ μ̄η,
ἡ ΜΗ β̄ ῑγ ε̄ ν̄δ ιβ.

Ad prop. LXIV.

337. Ἡ ΑΒ δ̄ θ̄ μ̄α, τὸ ἀπὸ τῆς ΑΒ ῑζ ῑθ ᾱ μ̄ϛ ᾱ, 5
ἡ ΑΓ β̄ x̄ε ῑα, τὸ ἀπὸ τῆς ΑΓ ε̄ ν̄α ῑη ῑβ ᾱ, ἡ ΓΒ
ᾱ μ̄δ λ̄, τὸ ἀπὸ τῆς ΓΒ γ̄ β̄ οὐδὲν ῑϛ, ἡ ΔΕ δ̄, ἡ ΔΗ
δ̄ ῑθ μ̄ε x̄ϛ λ̄ ῑϛ, ἡ ΚΜ οὐδὲν μ̄ε λ̄ γ̄ μ̄ε, ὁμοίως καὶ
ἡ ΜΝ, ἡ ΔΜ β̄ ῑγ ῑθ λ̄ϛ μ̄ε ῑε, ἡ ΔΚ ᾱ x̄ξ μ̄θ λ̄γ ῑϛ,
τὸ ΜΞ δ̄ ῑβ ν̄α λ̄θ λ̄, τὸ ΜΖ η̄ x̄ε μ̄γ ῑθ, ἡ ΜΗ, ἣν 10
δίχα τμητέον εἰς τὴν ΜΝ καὶ ΝΗ, β̄ ϛ x̄ε μ̄θ μ̄ε.

Ad prop. LXV.

338. Ἡ ΑΒ γ̄ x̄ μ̄γ, τὸ ἀπὸ ταύτης ῑα ῑα x̄ζ ῑ μ̄θ,
ἡ ΑΓ ᾱ δ̄ x̄ξ, τὸ ἀπὸ τῆς ΑΓ β̄ μ̄η ῑ ῑβ θ̄, ἡ ΓΒ ᾱ μ̄ ῑϛ,
τὸ ἀπὸ τῆς ΓΒ β̄ μ̄ξ λ̄γ μ̄δ ῑϛ, ἡ ΔΗ β̄ μ̄ξ μ̄α μ̄ξ μ̄β ῑϛ, 15
ἡ ΔΕ δ̄, τὸ ΔΛ ε̄ λ̄ϛ μ̄γ λ̄ϛ x̄ε, ἡ ΔΜ ᾱ x̄γ ν̄ε ν̄δ ϛ ῑϛ,
τὸ ὑπὸ τῶν ΑΒ, ΒΓ τὸ ΜΞ δύο μ̄ξ ν̄α μ̄ξ ιβ, ἡ
ΜΗ ᾱ x̄γ ν̄ε ν̄γ λ̄ϛ.

Ad prop. LXVI.

339. Ἡ ΑΕ δ̄, ἡ ΕΒ β̄ ν̄η ν̄γ, ἡ ΑΒ ϛ ν̄η ν̄γ, 20
ἡ ΓΔ δέκα ᾱ ν̄ϛ, ἡ ΓΖ ε̄ μ̄δ ν̄β μ̄γ ν̄ x̄ε ῑθ, ἡ ΖΔ
δ̄ ῑξ γ̄ ῑϛ θ̄ λ̄δ μ̄α.

340. Ἕβδομον κεφάλαιον, ἐν ᾧ περὶ τῆς πρὸς τὰς
κατὰ σύνθεσιν ϛ ἀλόγους συμμετρίας διαλέγεται δει-

---

337. V^b.   338. V^b.   339. V^b.   340. P.

8. οὐδέν] supra scr. V.   ὁμοίως καὶ ἡ ΜΝ] corrupta
(καί e corr. V).   9. λ̄γ ῑϛ] scr. λ̄γ οὐδὲν ῑϛ.   21. ν̄] ϱ̄? V.
24. ἀλόγους] ἀναλόγους P.

κνύων, ὅτι ἡ ἑκάστῃ σύμμετρος ὁμοειδής ἐστιν αὐτῇ,
καὶ ἔτι τὰς δυνάμεις αὐτῶν παρὰ τὰς ῥητὰς παρα-
βάλλων ἐπισκέπτεται τὰ πλάτη τῶν χωρίων ἀντίστροφον
ἑτέραν ἑξάδα τῇ ἐν τῷ ξ κεφαλαίῳ παραδοθείσῃ ταύτην
5 εὑρών.

341. Μήκει p. 200, 4] ἀναγκαίως τὸ μήκει πρόσ-
κειται, ἐπεί, ἐάν εἰσι δυνάμει μόνον σύμμετροι, προ-
χωρεῖ ἐκ δύο ὀνομάτων εἶναι τὴν τῇ ἐκκειμένῃ ἐκ δύο
ὀνομάτων σύμμετρον δυνάμει μόνον καὶ αὐτὴν εἶναι
10 ἐκ δύο ὀνομάτων, τῇ τάξει δὲ μὴ εἶναι τὴν αὐτήν.

342. Γεγονέτω ὡς p. 200, 13] πόθεν δῆλον τοῦτο
δυνατὸν εἶναι, ὡς τὴν ΑΒ πρὸς ΓΔ, οὕτως τὴν ΑΕ
πρὸς ἐλάσσονα τῆς ΓΔ; διὰ τῆς ἀδυνάτου. ἔστω ἢ
πρὸς αὐτὴν ἢ πρὸς τὴν μείζονα τῆς ΓΔ· ἐλέγχεται
15 διὰ ιδ' τοῦ ε', ὅτι οὔτε πρὸς αὐτὴν τὴν ΓΔ οὔτε
πρὸς τὴν μείζονα αὐτῆς. λείπεται πρὸς τὴν ἐλάττονα
τῆς ΓΔ, τουτέστι τὴν ΓΖ.

343. Καὶ ἡ ΓΖ τῆς ΖΔ p. 202, 4] διὰ τοῦ κθ'
καὶ λ' τοῦ ι' πορίσασθαι ταῦτα δυνατόν.

20　　　　　Ad prop. LXVII.

344. Ἡ ΑΒ δ̄ λ̄ξ̄ ν̄γ̄, ἡ ΓΔ ξ̄ μ̄ᾱ ν̄ξ̄, ἡ ΑΕ β̄ ν̄η̄ μ̄δ̄,
ἡ ΕΒ ᾱ λ̄θ̄ θ̄, ἡ ΓΖ δ̄ ν̄ξ̄ ξ̄ μ̄ᾱ, ἡ ΖΔ β̄ μ̄δ̄ λ̄ξ̄ ιθ̄.

345. Δεῖ πρῶτον εὑρεῖν τὴν ἐκ τῶν δύο μέσων
πρώτην καὶ δευτέραν· καὶ αὗται δὲ εὑρίσκονται διὰ κη'
25 καὶ διὰ κζ'· καὶ οὕτως δίελε εἰς τὰ ὀνόματα, ἔχουσι
δὲ αἱ δύο κοινῇ δυνάμει μόνον σύμμετρον. ἄλλο ἐστὶ
νόημα τὸ λέγειν εὐθεῖα εὐθείᾳ σύμμετρος μήκει καὶ

---

341. Vᵃ.　　342. Vᵃ.　　343. q.　　344. Vᵇ.　　345. Vᵃ.

---

17. τήν] τῆς V.

ἄλλο εὐθεῖα εὐθείᾳ σύμμετρος δυνάμει μόνον καὶ
ἄλλως εὐθεῖα εὐθείᾳ σύμμετρος. τοῦτο γενικώτατον,
ταυτίζεται δὲ τὸ λέγειν εὐθεῖα εὐθείᾳ δυνάμει σύμ-
μετρος τῷ νοήματι τῷ λέγειν ἁπλῶς εὐθεῖα εὐθείᾳ
σύμμετρος.   5

Ad prop. LXVIII.

346. Ἡ ΑΒ δ̄ ν̄θ̄ ῑδ̄, ἡ ΓΔ η̄ β̄ ιξ̄, ἡ ΑΕ γ̄ μ̄θ̄ μ̄β̄,
ἡ ΕΒ ᾱ θ̄ λ̄β̄, ἡ ΓΖ ϛ̄ ῑβ̄ δ̄, ἡ ΖΔ ᾱ ν̄ ῑγ̄.

347. Καὶ ὡς ἄρα τὸ ἀπὸ τῆς ΑΒ p. 208, 5] διὰ
τὸ κδ΄ τοῦ πέμπτου· πρώτου γὰρ ὑποτεθέντος τοῦ ἀπὸ 10
τοῦ ΕΒ, δευτέρου τοῦ ἀπὸ ΑΒ, τρίτου τοῦ ἀπὸ ΔΖ,
τετάρτου τοῦ ἀπὸ ΓΔ, πέμπτου τοῦ ἀπὸ ΑΕ, ἕκτου
τοῦ ἀπὸ ΓΖ, ἐὰν συντεθῇ πρῶτον καὶ πέμπτον, πρὸς
δεύτερον τὸν αὐτὸν ἕξει λόγον, καὶ τρίτον καὶ ἕκτον
πρὸς τέταρτον, καὶ ἀνάπαλιν τὸ δεύτερον πρὸς πρῶτον 15
καὶ πέμπτον· συντεθὲν τὸν αὐτὸν λόγον ἕξει καὶ τὸ
τέταρτον πρὸς τρίτον καὶ ἕκτον συντεθέν.

348. Καὶ ὡς τὸ ἀπὸ τῆς ΑΕ πρὸς τὸ ἀπὸ τῆς ΕΒ,
οὕτως τὸ ἀπὸ τῆς ΓΖ διὰ λῆμμα ια΄ ε΄, καὶ συνθέντι
καὶ ἐναλλάξ ἐστιν ὡς ἡ συγκειμένη πρὸς τὴν συγ- 20
κειμένην, οὕτως τὸ ἀπὸ τῆς ΕΒ πρὸς τὸ ἀπὸ τῆς ΖΔ.
σύμμετρον δὲ τὸ ἀπὸ τῆς ΕΒ τῷ ἀπὸ τῆς ΖΔ· σύμ-
μετρον καὶ τὸ συγκείμενον τῷ συγκειμένῳ· ῥητὸν ἐκεῖνο
καὶ τοῦτο.

349. Ἐπεί ἐστιν ὡς ἡ ΑΕ πρὸς ΕΒ, ἡ ΓΖ πρὸς 25
τὸ ΖΔ, καί ἐστιν ὡς τὸ ἀπὸ τῆς ΑΕ πρὸς τὸ ὑπὸ
ΑΕΒ, οὕτως τὸ ἀπὸ τοῦ ΓΖ πρὸς τὸ ὑπὸ ΓΖΔ,

---

346. Vᵇ.   347. V².   348. Vᵃ.   349. Vᵃ.

---

4. τῷ] (alt.) τό V.   22. τῷ] τό V.   26. τό] (primum)
scr. τήν.   ἀπό] ὑπό V.   ὑπό] ἀπό V.

ἐναλλάξ ἐστιν ὡς τὸ ἀπὸ τῆς ΑΕ πρὸς τὸ ἀπὸ τῆς ΓΖ,
οὕτως τὸ ὑπὸ ΑΕΒ πρὸς τὸ ὑπὸ ΓΖΔ. σύμμετρον
δὲ τὸ ἀπὸ τῆς ΑΕ τῷ ἀπὸ τῆς ΓΖ. σύμμετρον ἄρα
καὶ τὸ ὑπὸ ΑΕΒ· μέσον ἄρα καὶ τὸ ὑπὸ ΓΖΔ.

Ad prop. LXIX.

350. Ἡ ΑΒ δ̄ θ̄ μ̄ᾱ, ἡ ΓΔ ῑβ κθ̄ γ̄, ἡ ΑΕ β̄ κ̄ε̄ ῑα,
ἡ ΕΒ ᾱ μδ̄ λ̄, ἡ ΓΖ ξ̄ ῑε λγ̄, ἡ ΖΔ ε̄ ῑγ λ̄.

Ad prop. LXX.

351. Ἡ ΑΒ γ̄ κ̄ μγ̄, ἡ ΓΔ ῑ β̄ θ̄, ἡ ΑΕ ᾱ μ̄ κξ̄,
ἡ ΕΒ ᾱ μ̄ ῑε̄, ἡ ΓΖ ε̄ ᾱ κᾱ, ἡ ΖΔ ε̄ οὐδὲν μη̄.

Ad prop. LXXI.

352. Ἑπτά εἰσιν ἑξάδες ἄχρι τῶν ἐνταῦθα εἰρη-
μέναι, ὧν ἡ μὲν πρώτη ἐδείκνυ τὴν γένεσιν αὐτῶν,
ἡ δὲ δευτέρα τὴν διαίρεσιν, ὅτι καθ᾽ ἓν μόνον ση-
μεῖον διαιροῦνται, ἡ τρίτη ἑξὰς τὴν ἐκ δύο ὀνομάτων
εὕρεσιν πρώτης, β′ γ′ δ′ ε′ ϛ′, ἀφ᾽ ἧς ἡ τετάρτη ἑξὰς
τὴν διαφορὰν ἐπεδείκνυ τῶν ἀλόγων, πῇ διαφέρουσιν·
προσχρώμενος γὰρ τῇ ἐκ δύο ὀνομάτων ἀποδείκνυσι
τὴν διαφορὰν τῶν ἓξ ἀλόγων. πέμπτην καὶ ἕκτην
ἐξέθετο δεικνύων ἐν μὲν τῇ ε′ τὰς παραβολὰς τῶν ἀπὸ
τῶν ἀλόγων, ποίας ἀλόγους ποιοῦσι τὰ πλάτη τῶν
παραβαλλομένων χωρίων, ἐν δὲ τῇ ἕκτῃ, πῶς αἱ σύμ-
μετροι ταῖς ἀλόγοις ὁμοειδεῖς αὐταῖς εἰσιν.

350. V^b.   351. V^b.   352. PBFVat.V°(x) (ο´ V°, εἰς
τὸ οα´ BFVat.x).

2. ὑπό] (prius) ἀπό V.   8. τῷ] τό V.   13. ἐδείχθη V,
sed corr.   15. τρίτη] ᾿/. Γ F.   ἑξῆς V.   17. διαφέρουσι
PBV.   18. τῇ] τήν P.   ἀποδείκνυσιν PBVat.   20. ε´]
postea ins. BVat.   τῶν] τάς FV.

πάλιν ἐν τῇ ἑβδόμῃ σαφῶς τὴν διαφορὰν αὐτῶν
ἡμῖν δείκνυσιν. ἀναφαίνεται δὲ καὶ ἐπὶ τῶν ἀλόγων
τούτων ἥ τε ἀριθμητικὴ ἀναλογία, καὶ ἡ μέση λαμ-
βανομένη ἀνάλογον τῶν τμημάτων οἱασδήποτε ἀλόγου
κατὰ τὴν ἀριθμητικὴν ἀναλογίαν καὶ αὐτὴ ὁμοειδής   5
ἐστιν, ὧν ἐστι μέση ἀνάλογον. καὶ πρῶτον, ὅτι ἡ
ἀριθμητικὴ μεσότης ἐν τούτοις ἐστίν. κείσθω γὰρ ἡ
ἐκ δύο ὀνομάτων, εἰ τύχοι, ἡ ΑΒ καὶ διῃρήσθω εἰς
τὰ ὀνόματα κατὰ τὸ Γ. φανερόν, ὅτι ἡ ΑΓ τῆς ΓΒ
ἐστι μείζων. ἀφῃρήσθω ἀπὸ τῆς ΑΓ τῇ ΓΒ ἴση ἡ   10
ΑΔ, καὶ δίχα τετμήσθω ἡ ΓΔ κατὰ τὸ Ε. φανερόν,
ὅτι ἡ ΕΑ τῇ ΕΒ ἐστιν ἴση. κείσθω ὁποτέρᾳ αὐτῶν
ἴση ἡ ΖΗ. φανερὸν δή, ὅτι, ᾧ διαφέρει ἡ ΑΒ τῆς ΖΗ,
τούτῳ διαφέρει καὶ ἡ ΕΒ τῆς ΓΒ· ἡ μὲν γὰρ ΑΓ
τῆς ΖΗ τῇ ΔΕ, τῷ αὐτῷ δὲ ἡ ΖΗ τῆς ΓΒ, ὅπερ   15
ἐστὶν ἀριθμητικῆς ἀναλογίας. δῆλον δὲ καί, ὅτι ἡ ΖΗ
σύμμετρός ἐστι τῇ ΑΒ· τῇ γὰρ ἡμισείᾳ αὐτῆς ἐστιν
ἴση. ὥστε ἐστὶν ἐκ δύο ὀνομάτων. ὁμοίως δειχθήσεται
καὶ ἐκ τῶν ἄλλων.

A   Δ E Γ   B   Z   H
├─────┼─┼─┼─────┤ ├─────┤   20

353. Ὄγδοον κεφάλαιον ἅμα μὲν ἐκ τῆς συνθέσεως
τοῦ ῥητοῦ καὶ τοῦ μέσου ἢ τῶν δύο μέσων χωρίων
σαφῶς ἐπιδεικνύον, ἣν ἔχουσιν αἱ κατὰ σύνθεσιν
ἄλογοι πρὸς ἀλλήλας διάκρισιν, ἅμα δὲ ἐκ τῶν χωρίων,
ἃ δύνανται, τὴν διαφορὰν αὐτῶν συλλογιζόμενον.   25

353. P.

1. σαφῆ V.   ἡμῖν αὐτῶν F.   5. ἀρῆθμητικήν F.   ἀνά-
λογον PV, comp. F.   8. τύχῃ Vat.   11. δίχα] om. V.   ΓΔ]
ΓΔ δίχα PV.   12. ΕΑ] ΑΕΑ V, ΑΕ Β.   13. ᾧ] ὃ Vat.
ΑΒ] scr. ΑΓ.   14. τῆς] τήν P.   18. ὁμοίως] e corr. V.
20. Fig. om. codd.

354. Τέσσαρας ἀλόγοις λέγει τήν τε ἐκ δύο ὀνο-
μάτων κατὰ τὸ λς΄ θεώρημα τοῦ ι΄ βιβλίου τήν τε ἐκ
δύο μέσων πρώτην κατὰ τὸ λζ΄ θεώρημα τήν τε
μείζονα κατὰ τὸ λθ΄ καὶ τὴν ῥητὸν καὶ μέσον δυνα-
5 μένην κατὰ τὸ μ̄ θεώρημα.

355. Τὸ ΑΒ ῥητὸν τὸ ι̅ε̅ ν̅δ̅ ν̅ε̅ ν̅η̅ κ̅η̅ τὸ γινόμενον
ἐν συνθέσει δύο τετραγώνων τῶν γινομένων ἐξ εὐθειῶν
τῶν κειμένων ἐν τῷ λθ΄ θεωρήματι τοῦ παρόντος
βιβλίου, ὧν ἡ μὲν μία ἐστὶ γ̅ μ̅θ̅ μ̅β̅ ποιοῦσα τετρά-
10 γωνον τὸ ι̅δ̅ λ̅θ̅ κ̅β̅ ε̅ κ̅δ̅, ἡ δὲ ἑτέρα ἡ ᾱ θ λ̅β̅ ποιοῦσα
τετράγωνον τὸ ᾱ κ̅ λ̅δ̅ ν̅γ̅ δ. τὰ μὲν οὖν ἀπὸ τούτων
τῶν εὐθειῶν ταῦτα, ὧν τῇ συνθέσει τὸ ... τὸ ΑΒ
γίνεται, τὸ δὲ ὑπὸ τῶν εὐθειῶν τούτων γινόμενον
τὸ ΓΔ τὸ καὶ μέσον δ̅ κ̅ε̅ ι̅α̅ μ̅η̅ κ̅δ̅, τὸ δὲ συναμφό-
15 τερον τὸ ΑΔ ᾱ κ̅ε̅ η̅ μ̅ε̅ ν̅β̅, καὶ ἡ τὸ ΑΔ δυναμένη
δ̅ λ̅ᾱ ι̅δ̅ ἤτοι ἡ ΕΚ. ἡ ΕΘ γ̅ ν̅θ̅ μ̅θ̅ ι̅δ̅ λ̅ζ̅, ἡ ΘΚ
ᾱ ε̅ λ̅β̅ ν̅ζ̅ ε̅. ἡ ΕΖ τεσσάρων μονάδων. ἡ τὸ ΑΔ
χωρίον δυναμένη δ̅ λ̅ᾱ ε̅.

Ad prop. LXXII.

20 356.

Ή ΑΓ	ἡ ΒΓ	τὸ ΑΒ	τὸ ΓΔ	ἡ ΕΖ
Ι	Ι	ρ	ρ	μονά-
ϛ·	ϛ·	ϛλ	ϛν	δων
νν	Ιϟ	Ι·	μμ	τεσ-
		Ιρ	ρϛ	σά-
25 ————		ϟ	Ιϟ	ρων

354. Vᵃq (Pᶻ).   355. Vᵇ.   356. Vᵇ.

3. λζ΄] e corr. V.   6. ῑδ] scr. ῑθ.   12 ὧν τῇ συνθέσει]
in ras. m. rec. V.   τὸ ... τό] comp. dub. V, scr. τὸ ἀπὸ τῆς.
16. ἤτοι ἡ ΕΚ] falsa.   λζ] post ras. 2 litt. V.   20.
ΑΓ] ΑΒ V.

ἡ τὸ ΑΔ δυναμένη   ἡ ΕΔ οὐδέν   ἡ ΘΚ οὐδέν   τὸ ΓΔ

ρ	ϑμ	ϑΙ	ρ
ρΙ	ρ	Ομ	ϑν
ΟΟ	μμ	ρΙ	μμ
ϑΙ	ρ	ϑ	ρϑ
	Ιο		Ιϟ

357. Τῇ τάξει διαφέρει τὸ α' τοῦ δευτέρου καὶ τοῦτο τοῦ γ' καὶ τοῦτο τοῦ δ' καὶ ἑξῆς.

Ad prop. LXXIII.

358. Ἀρχὴ συνθέσεως τῶν κατὰ ἀφαίρεσιν ἑξάδων. 10

359. Ἔνατον κεφάλαιον τὰς δι' ἀφαιρέσεως ϛ̄ ἀλόγους παραδιδὸν ὁμοίως ταῖς κατὰ σύνθεσιν ϛ̄, οἷον τῇ̣ μὲν ἐκ δύο ὀνομάτων τὴν ἀποτομήν· δι' ὧν γὰρ ἐκείνη συνετέθη, διὰ τούτων αὕτη κατ' ἀφαίρεσιν τῆς ἐλάττονος ἀπὸ τῆς μείζονος ἀνεφάνη· τῇ ἐκ δύο μέσων 15 πρώτῃ τὴν μέσης ἀποτομὴν πρώτην καὶ ἐπὶ τῶν ἄλλων ὡσαύτως· ἐφ' οἷς δὴ δείκνυσιν ἑκάστη τὴν προσαρμόζουσαν μίαν οὖσαν.

360. Ἡ ΑΒ λ̄ ῑη ε̄ μ̄, ἡ ΑΓ ῑ ῑη ε̄ δ̄, ἡ ΓΒ κ̄: — ἡ ΒΓ κ̄.

20

Ad prop. LXXIV.

361. Ἡ ΑΒ δ̄ λ̄ξ ν̄γ, ἡ ΑΓ β̄ ν̄η μ̄δ, ἡ ΓΒ ᾱ λ̄ϑ ϑ̄, τὸ ὑπὸ τῆς ΑΒ καὶ ΓΒ ζ̄ ν̄ϛ.

362. Τοῦ οδ' κατ' ἄλλην γραφήν. ἡ ΑΒ Ιϟ ϑϑ, ϑ

ἥτις καὶ μέση λέγεται ὡς δυναμένη χωρίον τὸ γι- 25

357. q (ad p. 222).   358. q.   359. P.   360. Vᵇ.
361. Vᵇ.   362. Vᵇ.

11. Ἔνατον P, sed corr. m. 1.   16. τήν] τῆς P.   19.
λ] in ras. V.   ῑ] in ras. V.

363. Ἡ ΑΒ ε̄ ῑγ ῑα, ἡ ΑΓ
τὸ ὑπὸ τῶν ΑΒ, ΒΓ ῑα λ̄ξ ν̄ξ
10 κ̄ξ ῑδ μ̄γ μ̄η ᾱ, τὸ ἀπὸ τῆς Β.
σύναμα τὸ ἀπὸ τῶν ΑΒ, ΒΓ
η̄ γ̄ ῑ ν̄θ ῑβ λ̄, τὸ δὶς ὑπὸ τῶν
ἡ ΔΖ ε̄ μ̄η ν̄η ν̄θ ν̄ς λ̄, τὸ ἀπ(
ἡ δυναμένη ἢ ἡ ΔΚ μονά

15 364. Τοῦ οε΄ κατ᾽ ἄλλην
μέση ε̄ ν̄γ ξ̄ δυναμένη χωρίον
τῆς πλευρᾶς τοῦ ῑβ, ἡ ΓΒ μέση
μετρον χωρίον τῷ ἀπὸ τῆς ΑΒ
δ̄ ᾱ κ̄ξ, τὸ δὲ ὑπὸ τῶν ΑΒ, Β
20 γινόμενον ἀπὸ τῆς πλευρᾶς
τὸ ἀπὸ τῆς ΑΒ λ̄δ λ̄η κ̄.

365. Οὐκοῦν ἐὰν χωρίον
καὶ ἀποτομῆς, ἡ τὸ χωρίον δυ

ἀποτομήν· ὅπερ ἐστὶν ἀληθές· τρίτην γὰρ ἀποτομὴν ποιεῖ.

Ad prop. LXXVI.

366. Ἡ *AB* ὅλη   ἡ *AΓ*   ἡ *BΓ*

ϛ	μ	ι
οϙ	ϛϙ	ϙ
ιϛ	ϛρ	μρ

367. Εἰς τὸ οϛ′ κατ᾽ ἄλλην γραφήν. ἡ *AB* ὅλη θ̄ ν̄β̄ κ̄ε̄, ἡ *AΓ* η̄ ῑϛ̄ μ̄θ̄, ἡ *ΓB* ᾱ λ̄ε̄ λ̄ϛ̄.

368. Καὶ ἀναστρέψαντι λοιπῷ p. 232, 7] τὰ ἀπὸ 10
τῶν *AB*, *BΓ* ἴσα ἐστὶ τῷ δὶς ὑπὸ τῶν *AB*, *BΓ*
μετὰ τοῦ ἀπὸ τῆς *AΓ*. ἐπεὶ οὖν ἀσύμμετρά εἰσι τὰ
ἀπὸ τῶν *AB*, *BΓ* τῷ δὶς ὑπὸ τῶν *AB*, *BΓ*, καὶ λοιπὸν
ἄρα τούτου ἤγουν τῷ ἀπὸ τῆς *AΓ* ἀσύμμετρά ἐστι.
τοῦτο δὲ πολλαχῶς δεῖξαι δυνατόν· δέδεικται γάρ, 15
ὅτι, κἂν τὸ ὅλον ᾖ αὐτῷ ἀσύμμετρον ᾖ, καὶ τὸ ἐξ
ἀρχῆς μέγεθος ἀσύμμετρον ἔσται· εἰ δὲ ταῦτα ἐξ ἀρχῆς
ἀσύμμετρα, καὶ τῷ ὅλῳ πάντως ἑκάτερον αὐτῶν ἀσύμ-
μετρον ἔσται. ὥστε τῷ ἀπὸ τῆς *AΓ* ἀσύμμετρόν ἐστι
τὸ συγκείμενον ἐκ τῶν ἀπὸ τῶν *AB*, *BΓ*. 20

Ad prop. LXXVII.

369. Ἡ *AB* ὅλη   ἡ *AΓ*   ἡ *BΓ*

ϛ	ρ	ι
ϙ	ρο	ϛϛ
ϛϙ	ιι	μ·

25

---

366. V^b.   367. V^b.   368. q.   369. V^b.

1. ὅπερ ἐστίν] ὅ V. In fine add. ἐλέγχει αὐτὸ ψευδόμενον
τὸ η′ τοῦ ι′ V.   12. *AΓ*] *Γ* q.   τά] τῷ q.   14. τούτου]
incertum; si uerum est, deinde scr. ἤγουν τὸ ἀπὸ τῆς *AΓ*
ἀσύμμετρον (comp. q).   16. Alterutrum ᾖ delendum, nisi pro
ᾖ αὐτῷ scr. ἑνὶ αὐτῶν.   19. *AΓ*] *AE*? q.   25. ιι] scr. ιθ.

370. Τὸ ἀπὸ τῆς ΑΓ ἡ ΑΓ ἀπολαβοῦσα ῥητὸν τὸ ὑπὸ τῶν ΑΒ, ΒΓ δὶς ποιεῖ, μέσον τὸ ἀπὸ τῶν ΑΒ, ΒΓ διὰ ζ΄ β΄.

371. Ἡ μετὰ ῥητοῦ μέσον τὸ ὅλον ποιοῦσα p. 234, 6] τὸ γὰρ ὅλον χωρίον τὸ προτεθὲν δύναται αὕτη μετὰ τοῦ δὶς ὑπὸ ΑΒ, ΒΓ. ὃ) ./. :∼

Ad prop. LXXVIII.

372. Ἡ ΑΒ ὅλη	ἡ ΑΓ	ἡ ΒΓ	ἡ ΔΚ	τὸ ἀπὸ τῆς ΑΒ
μ	Ι	Ι		
ρ·	ϛ·	ϛ·	σάρωι	
ϛμ	ρν	Ιϟ	μο-νάδων	

				Ι· ϛϟ
τὸ σύναμα	ἡ ΔΗ ἤτοι	τὸ ὑπὸ	τοῦ ὑπὸ	
τὸ ἀπὸ	ὑπὸ τῶν	τὸ πλάτος	τῶν	τὸ πλάτος
τῆς ΓΒ	ΑΒ, ΒΓ	τοῦ ἀπό	ΑΒ, ΒΓ	τὸ δίς	ἡ ΔΖ
ρ	Ιμ	μ	ο	ΙΙ	ρ
ϛν	οϟ	μϟ	μο	Ι·	ϛν
μμ	οὐδέν	ϛο	ρο	ο·	ϛρ
ρϛ	μο	Λ	ΙΙ	ρρ	μο
Ιϟ	ο	ϛο	ρΛ	οϟ	ϛϛ

Ad prop. LXXIX.

373. Ἐκ τῆς εἰς ἄτοπον ἀπαγωγῆς.

---

370. V^a.   371. P.   372. V^b.   373. F.

2. τὸ ἀπό] h. e. τὸ ἐκ τῶν ἀπό.   6. Fort. ὃ δεικτέον ἐστίν.   15. σύναμα ὑπό] scr. σ. ἐκ τῶν ἀπό.

374. Ἡ ΑΒ̀   ἡ ΒΓ
    ρ·   ι·
           ιλ
           ο
           ϛ·

375. Ἐναλλὰξ ἄρα p. 338, 10] διὰ τὸ ιϛ′ τοῦ ϛ′.

376. Διὰ τὴν ἐνάργειαν αὐτήν, οὐ διὰ θεώρημα, ὡς ὁ ἡμέτερος διδάσκαλος ἀπέδειξεν· ἀριθμητικὴ γὰρ ἀναλογία ἐνταῦθα, ἀλλ᾽ οὐ γεωμετρική.

377. Διὰ ϛ′ τοῦ ε′· κοινὸν τὸ θεώρημα γεω- 10 μετρικῆς ἀναλογίας καὶ ἀριθμητικῆς.

378. Ἐν τῷ λόγῳ ἄρα εἰσὶ τῆς ἀριθμητικῆς ἀναλογίας ἢ ὑπεροχῇ, καὶ οὐκ ἐν τῷ λόγῳ τῆς γεωμετρικῆς ἀναλογίας.

379. Προσαρμόζουσι κατὰ μῆκος ἄπειροι εὐθεῖαι, 15 ῥητὴ δὲ δυνάμει μόνον σύμμετρος οὖσα τῇ ὅλῃ μία προσαρμόζει.

Ad prop. LXXX.

           ρ   ι
380. Ἡ ΑΒ ολ   ἡ ΒΓ μϟ   20
         ϛϛ   ϟ

Ad prop. LXXXI.

381. Ἐκ τῆς εἰς ἄτοπον ἀπαγωγῆς.

---

374. Vᵇ.   375. Vᵇ.   376. V⁴.   377. Vᵃ (ad p. 338, 10).
378. Vᵃ.   379. Vᵃ.   380. Vᵇ.   381. F.

---

12. τῷ] corr. ex τῷ αὐτῷ ἄρα m. 2 V.   ἄρα] m. 2 V.
13. ἤ] corr. ex τῆς ἐν ἴσῃ m. 2 V.   Post καί add. αἱ m.
2 V.   οὐκ] e corr. m. 2 V.   15. μεῖκος V.

τὸ δὶς ὑπὸ	τὸ ἀπὸ	
τῶν ΑΒ.ΒΓ	τῆς ΒΓ	ἡ ΘΜ
͞Ιμ	͞ϛ	͞μ
͞Ιϟ	͞Ολ	͞Ιϟ
͞ΟΟ	.	͞Ολ
͞μμ	͞λ	͞Ο·
͞λ	͞ϗϟ	͞μψ

Ad prop. L

383. 'Εκ τῆς εἰς ἄτοπον

384. 'Η ΑΒ ͞μ͞ϗϟ͞ϗψ ἡ ΒΙ

385. Τὰ ἀπὸ τῶν ΑΔ, ΔΙ
τῶν ΑΓ, ΓΒ ῥητά εἰσιν ἀμφό
ΑΔ, ΔΒ τῶν ἀπὸ τῶν ΑΓ, .
ῥητῷ. πόθεν δῆλον; ἐπεὶ ῥητ
κἂν τὸ ὅλον ἑνὶ αὐτῶν σύμμετ

Ad prop. LXXXIII.

386. ʽΗ *ΑΒ* ρο   ἡ *ΒΓ* ϛϛ   ἡ *ΓΔ*.

387. Ἐκ τῆς εἰς ἀδύνατον ἀπαγωγῆς.   5

Ad prop. LXXXIV.

388. Ἐκ τῆς εἰς ἄτοπον ἀπαγωγῆς.

389.

ʽΗ *ΑΓ*	ἡ *ΓΒ*	ἡ *ΑΒ*	ἡ *ΕΖ*	τὸ ἀπὸ τῆς *ΑΓ*	τὸ ἀπὸ τῆς *ΑΒ*	
Ι	Ι	μ	μο-	ΙΙ	ρ	10
ϛ·	ϛ·	ρ·	νάδων	ΙΙ	ϛν	
ρν	Ιϟ	ϛμ	τεσ-	ρν	μμ	
			σάρων	Ιο	ρϛ	
				ϛϟ	Ιϟ	

τὸ σύν-αμα	ἡ *ΕΜ* ἤτοι τὸ πλάτος	τὸ ἅπαξ ὑπὸ τῶν *ΑΒ*, *ΒΓ*	τὸ δὶς ὑπὸ τῶν *ΑΒ*, *ΒΓ*	ἡ *ΘΜ* ἤτοι τὸ πλάτος	
Ιμ	μ	ο	ΙΙ	ρ	15
οϟ	ρϟ	μο	Ι·	ϛν	
·	ϛο	ρο	ο·	ϛρ	
μο	Λ	ΙΙ	ρρ	μο	20
ο	ϛϟ	ρΛ	οϟ	ϛϛ	

Ad prop. LXXXV.

390.

ʽΗ *ΑΒ*	ἡ *ΒΗ*	ἡ *ΗΓ* ο	ἡ *ΒΓ* οὐδέν	ἡ *Θ*	
	ϛ	ϟ	ΙΙ ·	ϛΛ	μ
			ϛϟ	Ιϛ	25

ὁ *ΔΕ*   ὁ *ΔΖ*   ὁ *ΖΕ*   τὸ ἀπὸ τῆς *Θ* ἐννέα.

Ιϟ   Ιρ   ϛ

---

386. Vᵇ.   387. F.   388. F.   389. Vᵇ.   390. Vᵇ.

9. *ΑΓ*] (pr.) *Γ* e corr. V; scr. *ΑΒ*.   *ΑΒ*] (pr.) corr. ex *ΑΓ* V; et scr. *ΑΓ*.   23. *ΑΒ*] scr. *Α*.

A . . . . .

353. Ἡ Α μετελθεῖ τεσσ. . .
ὁ ΕΖ δ̄, ὁ ΔΖ ῑβ̄. ὁ ΙΕ . . .
τὸ ἀπὸ τῆς ΗΒ, ὅπερ ἐστὶ . . .
ἡ ΒΓ οὐδὲν ᾗ ᾔ, τὸ ἀπὸ ι

Ad prop. L

394. Εὑρεῖν β̄ τετραγώνου . . .
ὥστε τὴν ὑπεροχὴν αὐτῶν . . .
γωνον διὰ πόρισμα τοῦ α΄ λι . . .
καὶ ἐκκείσθω ἕτερος ἀριθμὸς . . .
μὴ ὅμοιος τῇ ὑπεροτῇ, τουτέ . . .
θήματος. φανερὸν δέ, ὅτι τὸ . . .
ΓΒ, ΒΔ λόγον οὐκ ἔχει, ὃν τε . . .
τετράγωνον ἀριθμόν· εἰ γὰρ . . .
γωνος ἀριθμὸς πρὸς τετράγωνο . . .

ἔσται διὰ κδ΄ η΄. ὑπόκειται δὲ οὐ τετράγωνος· ὅπερ
ἄτοπον. οὐκ ἄρα ὁ E πρὸς ἑκάτερον τῶν ΓΒ, ΒΔ
λόγον ἔχει, ὃν τετράγωνος ἀριθμὸς πρὸς τετράγωνον
ἀριθμόν.

395. Ἡ A μονάδων δύο, ὁ BΓ $\overline{ιϛ}$, ὁ ΓΔ $\overline{ιβ}$, ὁ
BΔ $\overline{δ}$, ὁ E μονάδων $\overline{ϛ}$. — τὸ ἀπὸ τῆς A μονάδων
τεσσάρων, τὸ ἀπὸ τῆς ZH δέκα $\overline{μ}$. — ἡ ZH $\overline{γ}$ $\overline{ιε}$ $\overline{νξ}$.
— τὸ ἀπὸ τῆς ΘH ὀκτώ. — ἡ πλευρὰ τοῦ ὀκτὼ $\overline{β}$ $\overline{μθ}$ $\overline{μβ}$
ἤτοι τοῦ ἀπὸ τῆς ΘH. — τὸ ἀπὸ τῆς K δύο $\overline{μ}$, τοῦ
ἀπὸ τῆς K ἡ πλευρὰ $\overline{α}$ $\overline{λξ}$ $\overline{νη}$, ἡ ZΘ οὐδὲν $\overline{κϛ}$ $\overline{ιε}$.

Ad prop. LXXXVIII.

396. Ἡ A $\overline{β}$, ἡ BH $\overline{ϛ}$, ὁ ΔZ $\overline{ι}$, ὁ ZE μο-
νάδων τεσσάρων, ὁ ΔE $\overline{ιδ}$, τὸ ἀπὸ τῆς BH $\overline{λϛ}$,
τὸ ἀπὸ τῆς HΓ   ἡ BΓ   ἡ HΓ   τὸ ἀπὸ τῆς Θ

Ι·	ρ	μ	ρο
Ιν	ϟν	Ιρ	ϟρ
Λ	μο	ρο	οΙ
μϟ			ρο
Ιν			ϟρ
			ορ

Ad prop. LXXXIX.

397. Ἡ A μονάδων τεσσάρων, ἡ ΓH $\overline{ϛ}$, ὁ ΔZ $\overline{ε}$,
ὁ ZE $\overline{γ}$, ὁ ZE $\overline{γ}$, ὁ EΔ $\overline{η}$, τὸ ἀπὸ τῆς ΓH $\overline{λϛ}$,

τὸ ἀπὸ τῆς HB $\overline{ϟϛ}$, ἡ HB ἡ πλευρὰ τοῦ $\overline{ϟϛ}$ ϟν   ἡ ΓB
                                              ορ   μ
                                                         ϟν
τὰ ἀπὸ τῆς Θ $\overline{ξ}$, ἡ Θ ἡ πλευρὰ τοῦ ξ ϟϟ   ορ
                                            ϟο

395. V^b.   396. V^b.   397. V^b.

1. δὲ οὐ] δ V.   7. ἡ] corr. ex τό V.   12. $\overline{β}$] ϙ corr. V.

14 ἡ αὐτοῦ πλευρὰ ἡ Θ ;ε. τι

πλευρὰ ἡ Κ $\overset{μ·}{ψ}$, ἤτοι ἡ ΖΘ ·

15 τῇ ΖΘ.

400. Εὑρεῖν $\bar{β}$ τετραγώνου;
ὥστε τὸν συγκείμενον ἐξ αὐτ
διὰ β΄ λῆμμα τοῦ κδ΄ τοῦ ι
ἀριθμὸς ὁ Ε μὴ τετράγωνο;
20 ἄνευ θεωρήματος.

401. Τοῦτο δὲ γενήσεται. ὅ
εἰ εὕρωμεν δύο τετραγώνους ι
ὥστε τὸν ἐξ αὐτῶν συγκείμει
τετράγωνον. ἐπεὶ οὖν ὁ ΒΓ
25 οὐκ ἔχει πρὸς τὸν ΔΓ τετρά;
ἀριθμὸν πρὸς τετρά···

πρὸς τετράγωνον ἀριθμόν· εὐχερὲς δὲ τοῦτο· ὥστε
ὁ Ε, ἐπεὶ οὐκ ἔστι τετράγωνος, οὐδὲ πρὸς τὸν ΓΔ
λόγον ἕξει, ὃν τετράγωνος ἀριθμὸς πρὸς τετράγωνον
ἀριθμόν.

402. Ἑκάστη ἀποτομὴ ἰδίαν ἔχει τὴν προσαρμό- 5
ζουσαν αὐτῇ εὐθεῖαν καὶ ὅλην ῥητὴν καὶ οὐχὶ τὴν
τυχοῦσαν· τοῦτο ἡμέτερον νόημα ὡς πρός τι καὶ οὐχ
ὡς ἔτυχεν.

403. Αἱ ἄλογοι.

μέση δύο· ἐκ δύο ὀνομάτων γ'. ἐκ δύο μέσων 10
πρώτη δ'· ἐκ δύο μέσων δευτέρα ε'· μείζων ϛ'. ῥητὸν
καὶ μέσον δυναμένη ζ'. δύο μέσα δυναμένη η'. ἐκ
δύο ὀνομάτων α' θ'. ἐκ δύο ὀνομάτων β' ι'. ἐκ δύο
ὀνομάτων γ' ια'. ἐκ δύο ὀνομάτων δ' ιβ'. ἐκ δύο
ὀνομάτων ε' ιγ'. ἐκ δύο ὀνομάτων ϛ' ιδ'. ἀποτομὴ ιε'. 15
μέσης ἀποτομὴ α' ιϛ'. μέσης ἀποτομὴ β' ιζ'. ἐλάσσων ιη'.
ἡ μετὰ ῥητοῦ μέσον τὸ ὅλον ποιοῦσα ιθ'. ἡ μετὰ
μέσου μέσον τὸ ὅλον ποιοῦσα, ἀποτομὴ πρώτη, δευτέρα,
τρίτη, τετάρτη, πέμπτη, ἕκτη.

Ad prop. XCI. 20

404. Η ΑΒ   ἡ ΒΓ ρ
                          ΟΛ
          ϛ   Ορ

405. Ἔοικε τὰ τοῦ δεκάτου βιβλίου καὶ ἐπέκεινα
ἀδίδακτα πρὸ πολλῶν γενεῶν μεῖναι δι' ἀμέλειαν· διὸ 25
καὶ τὰ διαγράμματα αὐτῶν ἐσφαλμένα, καὶ οὐδὲ τὰς
παρασημειώσεις ἔχουσι, δι' ὧν δείκνυνται.

402. Vᵃ.   403. Vᶜ (q̄).   404. Vᵇ (ad app. nr. 23 p. 400).
405. B⁴.

10. δύο] (pr.) scr. β' (h. e. δευτέρα)   13. β'] εἰ V.
86*

οἷον ἔστω ἡ ΔΗ ὀκτάπους. ἡ
οὖν τὸ μὲν ἀπὸ τῆς ὀκτάποδος
ποδὸς ιϛ. τὰ δὲ ιϛ τέταρτόν

10   407. Ἡ ΔΗ καὶ ἀσύμμετ
πόθεν τοῦτο δῆλον; ἢ ὅτι κεῖ
εἶναι δυνάμει μόνον συμμέτ
καὶ ΑΓ σύμμετροί εἰσι μήκει,
τῇ ΔΗ, δῆλον, ὅτι ἀσύμμετ
15 τὴν ΑΓ. ἔστιν οὖν ἡ συναγω
ΑΓ σύμμετροί εἰσι μήκει· ἡ
μήκει τῇ ΗΔ· δυνάμει γὰρ
καὶ ἡ ΗΔ τῇ ΑΓ ἀσύμμετρός
    408. Ταύτην τὴν ῥητὴν ἐ
20 τῇ εὑρέσει τῆς α' ἀποτομῆς. δ
τὴν ἀποτομὴν καὶ οὕτως τὴν
καὶ προστιθέναι.

    409. Ἡ ΛΝ ἡ ΑΓδ τὸ ΑΒ ἡ

τὸ ἀπὸ τῆς ἡμι- σείας τῆς ΔΗ ἤτοι τῆς ΕΗ	ἡ ἡμί- σεια τῆς ΑΗ	ἡ ΑΗ	τὸ ἀπὸ τῆς ἡμισείας τῆς ΑΗ	τὸ ἀπὸ τῆς μεταξὺ τῶν τομῶν
ρμ	ιο	μ·	ρρϙ	ρ·μ
μι	ϙ	ιλ	μρ	·
ο·	ρ	ο	Ϟμ	Ϟμ
ιι	ο·	Ϟ·	οι	Ϟ·
λ			λ	
ι			ι	
Ϟ·			Ϟ·	

ἡ πλευρὰ τοῦ ἀπὸ τῆς μεταξὺ τῶν τομ^{ων}

ἡ ΑΖ	ἡ ΖΗ		ἡ ΔΖ
ρϙ	·	ιϞ	[ϙ
ρμ	οϞ	ιϞ	ρμ
ομ	λ	οϞ	ομ
ο·	ο·		ο·]

τὸ ΑΙ παραλληλόγραμμον		τὸ ΚΖ	τὸ ΛΜ	τὸ ΝΞ
ιιν		μ	ιιν	μ
μο		μμ	μο	μμ
Ϟν		μο	Ϟν	μο
ρ·		ρ·	ρ·	ρ·

410. Ὑπὸ ῥητῆς p. 274, 20] ταύτης δηλονότι ἐκείνης, ᾗ σύμμετρος ἦν ἡ ὅλη ἡ συγκειμένη, φημί, ἐκ τῆς πρώτης ἀποτομῆς καὶ τῆς ταύτῃ προσκειμένης· ὡσαύτως καὶ ἐπὶ τῶν ἄλλων τῶν περιεχομένων ὑπὸ ῥητῶν καὶ ἀποτομῶν τῇ τάξει διαφόρων ῥητὰς ὀφείλεται λαμβάνειν ἐκείνας, αἷς ἐστι σύμμετρος ἢ ἡ ὅλη ἢ ἡ προσ-

---

410. V¹.

---

12. Numeri sub ἡ ΔΖ legi non possunt. 27. σύμμετρος] litt. ος in ras. V.

ς η την δυναμει μονον σύμμετ.
ἀφαιρεθεῖσα οὐκ ἔστι ῥητὴ δι
οὖσα, ἀποτομή ἐστιν ἡ ΑΔ,
καὶ πρώτη ἡ ΑΔ, ἕξει ἐξ ἀνάγκ
10 αὐτῇ καὶ τὴν ὅλην, καὶ ἡ ὅλη
ναται τῆς προσαρμοζούσης τῷ
μήκει, καὶ ἡ ἄλλη σύμμετρός ι
μήκει. εἰ δὲ ταῦτα οὐχ ἕποντι
ἐστι α'.

15   412. Τῇ ἐκκειμένῃ ῥητῇ ρ.
ἐδόθη πρώτη ἀποτομὴ ἡ ΑΔ,
ἡ ΔΗ· ὥστε ὅλη ἡ ΑΗ διὰ τὴ
σύμμετρός ἐστι τῇ ἐκκειμένῃ ῥη

    413. Τῷ τετάρτῳ μέρει ρ.
20 εὐθεῖαι ἄνισοι, τῷ δὲ τετάρτῳ
ἐλάσσονος ἴσον παρὰ τὴν μείζον
εἴδει τετραγώνῳ, ἡ ἡμίσεια τῆς
τοῦ ἐλάσσονος τμήματος τῆς ι
εὐθεῖαι ἄνισοι αἱ ΑΗ, ΗΔ. καὶ

παρὰ τὴν μείζονα τὴν ΑΗ καὶ ἔστω τὸ ὑπὸ τῶν
ΑΖ, ΖΗ. λέγω, ὅτι ἡ ἡμίσεια τῆς ἐλάσσονος ἡ ΕΗ
μείζων ἐστὶ τοῦ ἐλάσσονος τμήματος τῆς μείζονος τῆς
ΑΗ· τὸ γὰρ Ζ ἐπὶ τῆς διχοτομίας οὐ πεσεῖται διὰ
λήμματος τοῦ ὑποκάτω τοῦ ιϛ' ι'· αἱ ΑΖ, ΖΗ ἄνισοί 5
εἰσιν· μία αὐτῶν μείζων ἐστίν. ἔστω μείζων ἡ ΑΖ.
τὸ γὰρ ὑπὸ τῶν ΑΖ, ΖΗ μεῖζόν ἐστι τοῦ ἀπὸ τῆς ΖΗ
διὰ α' τοῦ ϛ'· ὕψος ἡ ΖΗ· ἴσον δὲ τὸ ἀπὸ τῆς ΕΗ
τῷ ὑπὸ τῶν ΑΖ, ΖΗ. μεῖζον ἄρα καὶ τὸ ἀπὸ τῆς
ΕΗ τοῦ ἀπὸ τῆς ΖΗ διὰ ζ' τοῖ ε'. μείζων ἄρα καὶ 10
ἡ ΕΗ τῆς ΖΗ· ὅπερ ἔδει δεῖξαι. δείκνυται δὲ ἐὰν
μέση ἀνάλογον πέσῃ ἡ ΕΗ τῶν ΑΖ, ΖΗ διὰ τὸ ὑπὸ ō
τῷ ἀπὸ διὰ ιζ' τοῦ ϛ'· δείκνυται καὶ διὰ λῆμμα τοῦ κα'
τοῦ ι'.

Ad prop. XCII.   15

414. Δυνατὸν πορίσασθαι τὴν δευτέραν ἀποτομὴν
διὰ οε' τοῦ ι'.

415. Ἡ ΑΓ   ἡ ΑΔ   τὸ ΑΒ χωρίον   ἡ τὸ ΑΒ δυναμένη

ō	οὐδέν	οὐδέν	ἡ ΑΝ οὐδέν	
Λ	μϛ		Ο	20
μμ	Ιρ		Ο·	
			Ομ	

---

414. Vᵃq.   415. Vᵇ.

---

1. τήν] (alt.) τῇ V.   τό] τοῦ V.   τῶν] τοῦ V.   2.
ἡ] (prius) om. V.   6. αὐτῶν] ἴτον V.   7. γάρ] scr. ἄρα.
τοῦ] τό V.   9. τῷ] τό V.   10. τοῦ] τό V.   11. ΕΗ]
ΕΝ V.   ΖΗ] ΡΗ V.   12. ō] scr. ἴσον.   16. δυνατόν
ἐστι V.   τὴν δευτέραν] β̄ V.   17. τοῦ ι'] θεωρήματος V.

		ἡ ἡμίσεια	τὸ ἀπὸ	τὸ ἀπὸ τῆς μεταξὺ
ἡ ΑΗ	ἡ ΔΗ	τῆς ΔΗ ἢ καὶ ΕΗ	τῆς ΕΗ	τῶν τομῶν οὐδέν
Ι·	Ι·	ο	ρϙ	μ·
ρμ	Ιλ	ϙ	μ	Ιο
5 οϙ	ο	ρ	ο·	ορ
μμ	ϛ·	ο·	ΙΙ	μ·
			Λ	οϙ
			Ι	ορ
			ϛ·	Ιο

	τὸ ἀπὸ ταύτης			
ἡ αὐτῆς	ἤτοι τῆς ἡμι-			ἡ αὐτῶν πλευρὰ
ἡμίσεια	σείας τῆς ΑΗ	ἡ ΑΖ	ἡ ΖΗ	ἢ καὶ ΔΖ
ο	ρν	ο	ο	
ΙΙ	ρϙ	Ιν	ϙ	ο
15 ολ	μ	ρλ	ρλ	μ·
Ιϙ	μλ	ρΙ	ΙΙ	ϛ
μ·	ολ	Ιν	ϛμ	ϛν
	μρ			
	Ιο			

20   416. Καὶ ἀσύμμετρος τῇ ΑΓ p. 282, 3] ἐὰν γὰρ
ἔσται σύμμετρος τῇ ΑΓ, ἔσται καὶ ῥητή· ὑπόκειται
δὲ ἄλογος διὰ οε'· ἐπειδὴ γὰρ ἐδόθη ἀποτομὴ β̄. οὐκ
ἄρα σύμμετρός ἐστιν ἡ ΑΗ τῇ ΑΓ μήκει.

417. Εἰ γὰρ ἔσται σύμμετρος ἡ ΑΗ τῇ ΑΓ, ἔστι
25 δὲ τῇ ΑΓ σύμμετρος καὶ ἡ ΔΗ, ἔσται καὶ ἡ ΑΗ
τῇ ΔΗ σύμμετρος· τὰ γὰρ τῷ αὐτῷ σύμμετρα καὶ
ἀλλήλοις σύμμετρα· ἀλλ᾽ ἔστι καὶ ἀσύμμετρος ἡ ΑΗ
τῇ ΗΔ. οὐκ ἄρα σύμμετροί εἰσιν αἱ ΑΓ καὶ ΑΗ.

---

416. Vᵃ.   417. q (P²).

---

21. ἔσται] (alt.) ὥστε V.

Ad prop. XCIII.

418. Ἀποτομὴ δέ ἐστι γ΄, ὅταν μηδετέρα σύμμετρος ᾖ τῇ ἐκκειμένῃ ῥητῇ μήκει, ἡ δὲ ὅλη τῆς συναρμοζούσης μεῖζον δύναται τῷ ἀπὸ συμμέτρου ἑαυτῇ, κατὰ τοὺς γ΄ ὅρους.

419. Ἡ ῥητὴ ΑΓ   ἡ ΑΔ οὐδέν   ἡ ΑΗ   ἡ αὐτῆς ἡμίσεια

ϛ	ρϟ	ι·	ο
	ιο	ϛϛ	ρρ
		ρ·	ι·
		ϛ·	ρ·

τὸ ὑπὸ ῥητῆς καὶ τῆς ΑΔ   ἡ ΔΗ   ἡ ταύτης ἡμίσεια   τὸ ἀπὸ ταύτης   τὸ ἀπὸ τῆς μεταξὺ τῶν τομῶν

ι	ι·	ο	ρϟ	ρ
ϛο	ιλ	ϟ	μι	ιλ
	ο	ρ	ο·	ϛ
	ϛ·	ο·	ιι	ϛο
			λ	ιλ
			ι	ϛο
			ϛ·	

οὗ ἡ πλευρά   τὸ ἀπὸ ταύτης   ἡ τὸ χωρίον δυναμένη τὸ ΑΒ   ἡ ΑΖ   ἡ ΖΗ

ι	ρλ	ι	ϙ	μ
μι	ϛϟ	ιϟ	ομ	οι
ι	οϛ	ρι	ιι	ϟ
ιϛ	ου		μϛ	ϙ
	ρϟ			
	ϛϟ			
	ϛ·			

4. τῷ] τό V.   22. col. 1 pertinet ad lin. 12 col. 5, col. 2 ad lin. 6 col. 4.

420. Ἠπορήθη τῷ πρὸς τὴν καταγραφὴν ἀπο-
βλεψαμένῳ, ὡς, ἐπεὶ παρὰ τὴν ΑΗ ἴσον τῷ ἀπὸ τῆς
ἡμισείας τῆς ἐλάττονος, τουτέστι τῷ ἀπὸ τῆς ΕΗ,
παραλληλόγραμμον τὸ ὑπὸ τῶν τμημάτων τῶν ΑΖ, ΖΗ
5 περιεχόμενον ἐλλεῖπον εἴδει τετραγώνῳ τῷ ὑπὸ τῶν
ΑΖ, ΖΙ, παράλληλος δὲ ἡ ΖΙ τῇ ΑΓ, ἴση ἄρα ἡ ΑΖ
τῇ ΑΓ· τὸ δὲ ὑπὸ δύο ῥητῶν μήκει συμμέτρων περι-
εχόμενον ῥητόν ἐστι· ὥστε ῥητόν ἐστι το ΑΙ· ἀλλὰ
καὶ μέσον κατὰ τὸν γεωμέτρην· ἡ γὰρ ΑΖ ῥητὴ οὖσα
10 ἀσύμμετρος κατ' αὐτὸν τῇ ΑΓ ῥητῇ οὔσῃ· ὥστε καὶ
μέσον τὸ ΑΙ. ἔστι δὲ τοῦτο ψεῦδος. τὸ γὰρ ἀπὸ
τῆς ΑΖ ἀναγραφόμενον τετράγωνον ἴσας ἕξει τὰς
πλευράς, οὐκ ἔστι δὲ ἡ ΑΖ ἴση τῇ ΖΙ· ἡ γὰρ ἂν
ἴση ἦν καὶ τῇ ΑΓ· ἀλλὰ τῇ ΖΙ ἐκβεβλημένη καὶ τῇ
15 ΑΓ ὡσαύτως ἐκβεβλημένη, ὡς
φέρε εἰπεῖν ἐπὶ τούτου τοῦ σχή-
ματος· τὸ γὰρ ἀπὸ τῆς ΑΖ
ἀναγραφόμενον τετράγωνον τὸ
ΖΛ ἐστι καὶ οὐχὶ τὸ ΖΓ. τὸ
20 μὲν γὰρ ΖΛ ῥητόν, ὅτι καὶ ἀπὸ
ῥητῆς τῆς ΑΖ, τὸ δὲ ΖΓ μέσον
ὡς ὑπὸ δύο ῥητῶν δυνάμει μόνον συμμέτρων περι-
εχόμενον. ὡς οὖν ἡ ΛΞ πρὸς ΞΟ· σύμμετρος δέ·
οὕτω τὸ ΑΞ πρὸς ΞΗ· σύμμετρον ἄρα. καὶ ὡς ἡ ΛΞ
25 πρὸς ΞΟ, οὕτω τὸ ΓΞ πρὸς ΞΚ· σύμμετρον ἄρα.
ἐὰν δὲ ᾖ ὡς ὅλον πρὸς ὅλον, οὕτως ἀφαιρεθὲν πρὸς
ἀφαιρεθέν, καὶ λοιπὸν ἄρα τὸ ΑΙ, ΙΗ ἔσται ὡς ὅλον

420. V².

προς ὅλον. ἐπεὶ οὖν ἡ αὐτὴ ἀναλογία σώζεται, ἡ δεῖξις προβαίνει ἐπὶ τῆς ΑΓ διὰ τὸ ταύτην προυποτεθῆναι ῥητὴν καὶ μὴ τὴν ΑΔ.

421. Ἀσύμμετρος ἄρα ἐστὶν ἡ ΑΖ p. 288, 9] ἐπεὶ ἡ ΑΖ τῇ ΗΔ ἐστιν ἀσύμμετρος, ἡ δὲ ΗΔ τῇ ΕΗ 5 σύμμετρος, ἡ ΑΖ ἄρα τῇ ΕΗ ἀσύμμετρός ἐστιν.

Ad prop. XCIV.

422. Ἡ ΑΔ	ἡ ΑΓ	ἡ ΑΗ	ἡ αὐτῆς ἡμίσεια	τὸ ἀπὸ ταύτης	ὃ μέλλει
ρ	ϛ	ιμ	ϙ	ϟϙ	προς τὸ 10
ϟν	ο	μμϟ	οϟ	ἀπὸ τῆς
μο	ϛ·	ο·	ϟ	ΘΗ παρα-
	ϛ·	ϟ·	ϟμ	βληθῆναι
			μμ	
			ϟϙ	15
			ϛ·	

τὸ ΑΒ χωρίον	ἡ αὐτοῦ πλευρὰ ἡ ΑΓ	ἡ πλευρὰ τοῦ ἀπὸ τῆς μεταξὺ τῶν τομῶν	ἡ ΖΗ	ἡ ΑΖ
ΙΙ	μ	ϛ	ϟ	ι· 20
ι·	ϟ·	ϟ	μϟ·	μο
ϟ·	μϟ	μ	ιϙ	ϟι
		ϟϛ	μϟϙ	ϛ

423. Ταύτην τὴν ῥητὴν λάμβανε, ἣν ἐξέθου ἐν τῇ εὑρέσει τῆς δʹ ἀποτομῆς.   25

---

421. q (P²).   422. Vᵇ.   423. Vᵇq.

24. ἐξέθου] q, ἔχθου V.

Ad prop. XCV.

424. Ἡ ΔΗ	ἡ ΑΔ	ἡ ΑΓ	ἡ ΔΗ	ἡ ΑΗ
Ι·	μ	ϛ	Ι·	Ιϛ
Ιλ	ϛν		Ιλ	ο
ο	ορ		ο	ον
ϛ·			ϛ·	ϛ·

ἡ αὐτῆς ἡμίσεια	τὸ ἀπὸ τῆς ἡμισείας	τὸ ΑΒ	ἡ αὐτοῦ πλευρὰ ἡ ΔΝ
ν	ϛθ	Ιϛ	ϛ
ρ	ϛΙ	ρμ	ν
ολ	ομ	μϙ	μν
ο·	ρμ		
	Ι		
	μΙ		
	ϛ·		

ἡ πλευρὰ τοῦ ἀπὸ τῆς μεταξὺ τῶν τομῶν	τὸ ἀπὸ τῆς μεταξὺ τῶν τομῶν	ἡ ΑΖ	ἡ ΖΗ
ϛ	ρμ	ΙΙ	ρ
ϛλ	Ι·	οΙ	Ιϛ
ϛλ	μ	ϛν	Ι·
μϙ	ΙΙ	ρϙ	Ιϛ
	ομ		
	ρ·		

425. Ἐπεὶ ἀποτομή ἐστιν ἡ ΑΒ, ἔχει τὴν προσαρμόζουσαν αὐτῇ, καί ἐστιν ἡ ὅλη καὶ ἡ προσαρμόζουσα δυνάμει μόνον σύμμετρος. εἰ δὲ οὐκ εἰσὶν ἡ ὅλη καὶ

---

424. Vᵇ.   425. Vᵃ.

ἡ προσαρμόζουσα ῥηταὶ δυνάμει μόνον σύμμετροι, οὐδὲ ἀποτομή ἐστιν ἡ ΑΒ διὰ ογ΄ ι΄.

Ad prop. XCVI.

426. 'Η ΑΔ	ἡ ΑΓ	ἡ ΔΗ	ἡ ΑΗ	ἡ ἡμίσεια τῆς ΑΗ	τὸ ἀπὸ ταύτης	5
μ	ϛ	ι·	ιμ	ϙ	ϛν	
ρν	ιλ	ϛο	ορ	ρρ		
ο·	ο	οο	ολ	ιϙ		
	ϛ·	ϛ·	ο·	ι·		
				ρϛ		10

τὸ ΑΒ χωρίον	η ΛΝ γ αὐτοῦ πλευρά	τὸ ἀπὸ τῆς μεταξὺ τῶν τομῶν	ἡ αὐτοῦ πλευρά	ἡ ΖΗ	
ιμ	μ	ρ	ι	ο	
οι	ϛμ	ο·	ϛι	ιι	
ρ·	ρ·	ρλ	λ	ϛϙ	15
		οϙ		ο·	

Ad prop. XCVII.

427. 'Η ΑΒ	ἡ ΓΔ	ἡ ΗΒ	ἡ ΑΗ	τὸ πλάτος τὸ ΚΜ	
ρ·	ϛ	ι·	μ·	ρϙ	
τὸ ἀπὸ τῆς ΑΒ	ἡ ΓΖ	ιλ	ιρ	μι	20
	ι··	ο	ο	ο·	
ϛ··		ϛ·	ϛ·	ιι	
				λ	
				ι	
				ϛ·	25

---

426. Vᵇ.   427. Vᵇ.

τὸ πλάτος τὸ ΓΚ   ἡ ΓΜ   ἡ ΓΖ ἡ ἀπὸ μονάδων ϙ.

μμϟ   μοϙ
μμ   ϛ
ϛϥ   μν
5   οι   ν
     ∧   ιϥ
     ι   μ
     ϛ·   ν·

428. Τὸ Ν σημεῖον, ὅπερ ἔτεμε τὴν ΖΜ δίχα,
10 οὐ πεσεῖται ἐπὶ τῆς διχοτομίας τῆς μείζονος τῆς ΓΜ,
ἐπεὶ ἔσται ἡ ΖΜ τῇ ΓΜ ἴση. οὐ μὴν οὐδὲ μεταξὺ
τῶν Κ, Μ σημείων πεσεῖται τὸ Ν· εἰ γὰρ πέσῃ, συμ-
βαίνει τὸ μεῖζον τοῦ ἐλάττονος ἔλαττον εἶναι· ὅπερ
ἄτοπον. τὰ γὰρ ἀπὸ τῶν ΑΗ, ΗΒ ἴσα ἐστὶ τοῖς
15 ΓΘ, ΚΛ, τὸ δὲ ἅπαξ ὑπὸ τῶν ΑΗ, ΗΒ ἴσον τῷ ΝΛ.
καί ἐστι τὸ ΝΛ μέσον ἀνάλογον τῶν ΓΘ, ΚΛ· τῶν
γὰρ ἀπὸ τῶν ΑΗ, ΗΒ μέσον ἐδείχθη τὸ ὑπὸ τῶν
ΑΗ, ΗΒ. ἔστιν ἄρα, ὡς τὸ ΓΘ πρὸς τὸ ΝΛ, τὸ ΝΛ
πρὸς τὸ ΚΛ. μεῖζον δὲ τὸ ΓΘ τοῦ ΝΛ· μεῖζον ἄρα
20 καὶ τὸ ΝΛ τοῦ ΚΛ· ὅπερ ἄτοπον, τὸ μεῖζον τοῦ
ἐλάσσονος. οὐκ ἄρα πεσεῖται τὸ Ν μεταξὺ τῶν Κ, Μ
σημείων.

429. Λοιπὸν ἄρα τὸ ΖΛ p. 304, 22] ἐπεὶ τὰ ἀπὸ
τῶν ΑΗ, ΗΒ δύο τετράγωνα, ὡς ἐδείχθη, ἴσα εἰσὶ
25 τῷ δὶς ὑπὸ τῶν ΑΗ, ΗΒ μετὰ τοῦ ἀπὸ τῆς ΓΖ, ἢ
καὶ ἀνάπαλιν ἐπεὶ τὸ δὶς ὑπο τῶν ΑΗ, ΗΒ μετὰ

---

428. V*.   429. q.

---

9. Ν] Η? V.   15. τῷ] τό V.   16. τῶν] τὸ Η? V.   ΓΘ]
Γ e corr. V.   19. ΝΛ] ΓΛ? V.   21. Ν] Η? V.   25.
ἀπο τῆς ΓΖ] debuit dici ΓΕ.

τοῦ ἀπὸ τῆς *AB* τετραγώνου ἴσα εἰσὶ τοῖς δυσὶ τετρα-
γώνοις τῷ τε ἀπὸ τῆς *AH* καὶ τῷ ἀπὸ τῆς *HB*, ἔστι
δὲ τὸ *ΓE* ἴσον τῷ ἀπὸ τῆς *AB*, λείπεται τὸ δὶς ὑπὸ
τῶν *AH, HB* ἴσον εἶναι τῷ *ZΛ*.

Ad prop. XCVIII.

430. Ἡ *AB*   ἡ *ΓΔ*   ἡ *BH*   ἡ *ΓK*   ἡ *KM*

ρ	ϛ	Ι	ο	οὐδέν
ον		μϛ	ρι	ϛ·
ϛϛ		ϛ	ϛϛ	ον
			ϛν	ϛ·
			ιρ	ο·

τὸ ἀπὸ τῆς *AB*   ἡ *ΓZ*   ἡ *AH*

ν	ρ	ϛ
ορ	ιμ	μν
ρο	ϥ	ορ
μϥ	ρϛ	
ιϥ	ϛ	

431. Λοιπὸν ἄρα p. 310, 8] ἐπεὶ τὸ ἀπὸ τῆς *AB*
ἴσον ἐστὶ τῷ *ΓE*, τῷ δὲ ἀπὸ τῆς *AH* τὸ *ΓΘ*, καὶ ἔτι
τῷ ἀπὸ τῆς *BH* ἴσον τὸ *KΛ*, ἀλλὰ τοῖς μὲν ἀπὸ τῶν
AH, HB ἴσα ἐστὶ τό τε δὶς ὑπὸ τῶν *AH, HB* καὶ
τὸ ἀπὸ τῆς *AB·* τοῦτο γὰρ δέδεικται ἐν τῷ ζ΄ θεω-
ρήματι τοῦ β΄ βιβλίου· ὧν τὸ ἀπὸ τῆς *AB* ἴσον
τῷ *ΓE*, λοιπὸν ἄρα τὸ δὶς ὑπὸ τῶν *AH, HB* ἴσον
ἐστὶ τῷ *ZΛ*.

432. Ἑκάτερον ἄρα τῶν *ZΞ, NΛ* p. 310, 22] ἐπεὶ
ἡ *ZN* ἴση ἐστὶ τῇ *NM·* δίχα γὰρ τέτμηται ἡ *ZM*

---

430. V^b.   431. q (P²).   432. q (P²).

---

21. τό] τῷ q.   22. τό] τῷ q.

τῶν *AH, HB*. ἑκάτερον ἄρα τῶ
τῷ ὑπὸ τῶν *AH. HB*, τουτέστι
ZΞ, NΛ ἴσον ἐστὶ τῷ ἄπαξ ὑπ
10 γὰρ ἓν ἕκαστον ἴσον τῷ ἄπαξ,
κείμενον ἴσον τῷ δίς.

Ad prop. XCI

433. *HΓΔ* ἡ *ΛB* ἡ *ΓZ* ἡ *BF*

ϛ	ρ	ρ	ρ
	οθ	ιϛ	ιμ
	ρλ	ιρ	ϛμ
		ϛ	
		ιρ	

15

Ad prop. C.

20   434. *Δυνατόν ἐστι λαβεῖ*

ἡ ΑΒ	ἡ ΓΔ	ἡ ΓΖ	ἡ ΒΗ	ἡ ΑΗ	η ΓΚ	
μ	ϛ	μ	Ι	ϛ	ϥ	
ϛϙ		μϙ	ϙ	οϙ	Ιμ	
ϛρ		ο·	μρ	Ιϛ	ο	
		μΙ			∧	5
		ρΙ			ϛϙ	

ἡ ΚΜ	ἡ ΓΜ	ἡ ΖΜ	ἡ ΖΝ		
οὐδέν	ϥ	ρ	Ι		
ρ·	μμ	ομ	ρϥ		
∧	Ιμ	ρμ	ϛΙ		10
ϛμ	ορ	ρ·	ϛ·		
Ιϥ	ο	ϛϛ	μρ		

Ad prop. CI.

435.	Τὸ ΓΕ	ἡ ΒΗ	ἡ ΑΒ	ἡ ΓΔ	
	ο	Ι	ρ	ϛ	15
	οΙ	ϛϛ	ρο		
	Ι∧	μ·	ΙΙ		
	Ιρ				

ἡ ΓΖ	η ΒΗ	ἡ ΓΚ	ἡ ΚΜ	ἡ ΚΜ	
Ι	ϛ	ϛ	·	ο	20
ρν	ϙ	Ιϙ	ϛο	ο	
ϛϙ	ϛΙ	ϛϛ	μ·	Ιϛ	
μμ		ϛϛ	μ	ϛ∧	
		ο·	ϛο	μο	

---

435. V^b.

---

19. ΒΗ] scr. ΑΗ.   ΚΜ] (alt.) scr. ΓΜ.

Ad prop. CII.

436. ΗΑΒ   η ΒΗ   ἡ ΓΔ   ἡ ΑΗ   ἡ ΓΖ   ἡ ΓΚ   η ΚΜ

Ι	Ι	ϛ	μ	οὐδέν	ρ	οὐδέν
ϛ·	ϛ·	ρ·	ϛρ	ϛν	ϛΙ	
ρν	Ιϙ	ϛμ	ρ	οΙ	οϙ	
			μμ	ϛν	ρΙ	
			ρ	ϛρ	ϛ	

Ad prop. CIII.

437. ΗΑΒ   ἡ ΓΔ   ἱ ΒΕ   ἡ ΑΕ   ἡ ΔΖ   ἱ ΓΖ

ρ·	ρο	Ι·	μ·	Ιρ	μν
		Ιλ	Ιλ	οϙ	οϙ
		ο	ο	μν	μν
		ϛ·	ϛ·	ο	ο

438. Καὶ αἱ ΓΖ, ΖΔ ἄρα p. 332, 9] τὸ δυνάμει
15 οὕτως ἀποδείκνυται· ἐπειδή ἐστιν ὡς ἡ ΑΒ πρὸς τὴν
ΒΕ, οὕτως ἡ ΓΖ πρὸς τὴν ΔΖ διὰ τὸ ἐναλλάξ, ἔστιν
ἄρα διὰ τὸ κβ' τοῦ ϛ' καὶ ὡς τὸ ἀπὸ τῆς ΑΒ πρὸς
τὸ ἀπὸ τῆς ΒΕ, οὕτως τὸ ἀπὸ τῆς ΓΖ πρὸς τὸ ἀπὸ
τῆς ΔΖ. ἀλλὰ τὸ μὲν ἀπὸ τῆς ΑΕ σύμμετρόν ἐστι
20 τῷ ἀπὸ τῆς ΒΕ· δυνάμει γάρ εἰσιν αἱ εὐθεῖαι σύμ-
μετροι· καὶ τὸ ἀπὸ τῆς ΓΖ ἄρα σύμμετρόν ἐστι τῷ
ἀπὸ ΔΖ. ὥστε καὶ αὐταὶ δυνάμει εἰσὶ σύμμετροι.
καὶ μόνον· ἐπεὶ γὰρ ἀσύμμετρός ἐστι μήκει ἡ ΑΕ
τῇ ΕΒ, ὡς δὲ ἡ ΑΕ πρὸς τὴν ΕΒ, ἡ ΓΖ πρὸς τὴν
25 ΔΖ, ἀσύμμετρος ἄρα ἐστὶ μήκει καὶ ἡ ΓΖ τῇ ΔΖ.
δυνάμει δ' ἐδείχθη σύμμετρος· ὥστε δυνάμει μόνον
ἐστὶ σύμμετρος ἡ ΓΖ τῇ ΔΖ.

---

436. Vᵇ.   437. Vᵇ.   438. r.

15. ΑΒ] scr. ΑΕ.   17. ΑΒ] scr. ΑΕ.

Ad prop. CIV.

439. Εἴτε δυνάμει μόνον λάβῃς τὸ σύμμετρον εἴτε καὶ μήκει, προβαίνει.

440. Διὰ τοὺς τριττοὺς ὅρους ἐστὶ πρώτη ἀποτομὴ ἥ τε ΑΒ καὶ ἡ ΓΔ. ὁμοίως καὶ ἐπὶ τῶν λοιπῶν ἑκάστη ἀποτομὴ ἔχει οἰκείαν προσαρμόζουσαν μίαν εὐθεῖαν καὶ ὅλην καὶ ῥητὴν ἐν τῇ ἀποδείξει αὐτῆς. τοῦτο ἡμέτερον νόημα.

441. ʽΗ ΑΒ   ἡ ΓΔ   ἡ ΒΕ ἢ ΕΒ   ἡ ΑΕ   ἡ ΔΖ   ἡ ΓΖ

Ad prop. CV.

442.   ΑΒ   ἡ ΓΔ   ἡ ΕΒ   ἡ ΑΕ   ἡ ΔΖ   ἡ ΓΖ

443. ʽΗ Α   ἡ Β   ἡ ΓΖ   ἡ ΓΔ   ἡ ΖΘ

439. Vᵃ.   440. Vᵃ.   441. Vᵇ.   442. Vᵇ.   443. Vᵇ
(ad app. nr. 25 V₂).

87*

10

|　　|μ
μν　　|·
ϟ9　　ρΟ
μμ　　ον
　　　　ρ

446. Τοῦ ϱη′.　ἡ ΑΒ　ἡ

15

|　　　c
ϟ·　　|
μν　　ρ

447. Η πλευρὰ τοῦ ΕΓ　το

20

ο　　　μ
ϟρ
|ϟ

τὸ ΒΔ　　τὸ ΛΘ　　ἡ ΖΘ

25　μ　　　μ̈ρ　　　9

448. *Δυνατὸν δὲ ἀφαιρεθῆναι μέσον ἀπὸ ῥητοῦ, εἴ γε χωρίον ἐκτεθῇ ῥητὸν τὸ ΑΒΓΔ περιεχόμενον ὑπὸ δύο εὐθειῶν τῶν ΑΒ, ΑΓ ῥητῶν μήκει συμμέτρων, καὶ ληφθῶσι δύο ἀριθμοὶ μὴ ἔχοντες λόγον πρὸς ἀλλήλους, ὃν τετράγωνος ἀριθμὸς πρὸς τετρά- 5 γωνον ἀριθμόν, καὶ γένηται ὡς ὁ μείζων ἀριθμὸς πρὸς τὸν ἐλάσσονα, οὕτω μία τῶν πλευρῶν ἡ ΑΒ πρὸς μέρος αὐτῆς τὴν ΑΕ. ἐπεὶ οὖν ἡ ΑΒ πρὸς*

Λ   Ε   Β *τὴν ΑΕ λόγον οὐκ ἔχει, ὃν τετρά-*
γωνος ἀριθμὸς πρὸς τετράγωνον ἀριθ- 10
μόν, ἀσύμμετρος ἡ ΑΒ τῇ ΑΕ. ὥστε
Γ   Δ *καὶ ἡ ΑΓ τῇ ΑΕ ἀσύμμετρος μήκει*
ἐστί. τὸ δὲ ὑπὸ ῥητῶν δυνάμει μόνον συμμέτρων τῶν ΓΑ, ΑΕ περιεχόμενον μέσον ἐστίν· ὥστε ἀπὸ ῥητοῦ τοῦ ΑΔ ἀφῄρηται μέσον τὸ ΓΕ. 15

Ad prop. CIX.

449.

ἡ πλευρὰ τοῦ ..	ἡ πλευρὰ τοῦ ΕΓ	τὸ ΒΓ τὸ καὶ μέσον	τὸ ΕΓ
ο	ρ	ρϛ	^
μλ	οϛ	ρϟ	ρϟ 20
μλ	οι	μν	μν
		ϛλ	ϛλ
		ρ	ρ

ἡ πλευρὰ τοῦ ..	τὸ ΗΚ	ΚΘ	η ΖΘ	τὸ ΒΔ	ἡ ΖΗ	ΖΚ
ϛ	Ιϥ	ρ	ϥ	Ιϥ	ϛ	ϛ 25
μλ	ἡ δυνα-	ν	ν			
Ιϙ	μένη	ρϛ	ρϛ			
	αὐτό	ρϛ	ρϛ			
	ϛ	ν	ν			30

---

448. V¹.   449. Vᵇ.

8. τήν] corr. ex τό V.   Fig. om. V.

ἀριϑμόν, καὶ ἔστω μείζων *A*
ὁ *Z*, καὶ γεγονέτω ὡς ὁ *Z*
πρὸς τὸν *H*, οὗτως ἡ ἐλάσ-
10 σων ἡ *BA* πρὸς μέρος τῆς *B*
μείζονος τῆς *AΓ*, τουτέστι τὴν
μετρός ἐστι μήκει τῇ *AE*. ὥστ.
AE περιεχόμενον ῥητόν ἐστιν
μέσου τοῦ *BΓ*.

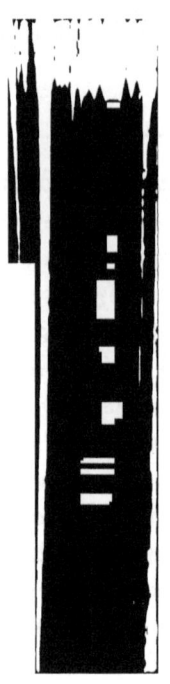

15   Ad prop. C

451. *Δυνατὸν δὲ ἀπὸ μέσοι*
μετρον τῷ ὅλῳ τρόπῳ τοιούτῳ·
δυνάμει ἀσύμμετροι ποιοῦσαι τ
τῶν ἀπ' αὐτῶν τετραγώνων μέσ
20 μέσον καὶ ὅτι ἀσύμμετρον τῷ σ
αὐτῶν τὸ ὑπ' αὐτῶν, καὶ συνεσ
τῷ ἐκ τῶν ἀπ' αὐτῶν συγκειμένῳ
τὸ *ABΓΔ*. καὶ ἐπεὶ τὸ ὑπ' αὶ

Ad prop. CXI.

452. Ἐκ τῆς εἰς ἀδύνατον ἀπαγωγῆς.

453. Ἡ ἀποτομή   ἐκ δύο

ἡ ΕΖ	ὀνομάτων	ἡ ΑΒ	τὸ ΓΕ	
ι·	ο	ρ·	ῡ	5
ιλ	ϙ	ἡ ΔΓ	ἡ ΔΕ	
ο	μϙ	ϛ	ἑκτόν	
ϛ·	ΙΙ			
	ο·			
	μν			10

454. Καὶ λοιπὴ ἄρα p. 352, 7] καὶ ἐὰν ἀπὸ ἴσων
ἴσα ἀφαιρεθῇ καὶ τὰ ἑξῆς, ὁμοίως καὶ ἀπὸ συμμέτρων·
συμμέτρων γὰρ ὄντων τῶν ΔΖ, ΔΗ μήκει, ἐὰν ἀπὸ
τῆς ΔΖ τῷ ΔΗ σύμμετρον ἀφαιρεθῇ τὸ ΔΗ, λοιπὸν
ἄρα τῷ ΔΖ τὸ ΗΖ ἐστι σύμμετρον.   15

455. Ὅτι πᾶσαι αἱ ἄλογοι ιγ̅.

456. Ἡ μέση ἀποτομὴ πρώτη καὶ ἡ μέση ἀποτομὴ
δευτέρα καὶ αἱ μετ' αὐτὰς ἤτοι ἡ ἐλάσσων, ἡ μετὰ
ῥητοῦ μέσον τὸ ὅλον ποιοῦσα καὶ ἡ μετὰ μέσου μέσον
τὸ ὅλον ποιοῦσα ἤγουν ἡ ἐκ δύο μέσων πρώτη, ἡ ἐκ 20
δύο μέσων δευτέρα, ἡ μείζων, ἡ ῥητὸν καὶ μέσον
δυναμένη καὶ ἡ δύο μέσα δυναμένη.

457. Τῇ τάξει τῇ καθ' αὐτήν p. 354, 18] ἡ μέση
ἀποτομὴ πρώτη, μέση ἀποτομὴ δευτέρα, ἐλάττων, μετὰ
ῥητοῦ μέσον τὸ ὅλον ποιοῦσα, μετὰ μέσου μέσον τὸ 25
ὅλον ποιοῦσα.

452. F.   453. Vᵇ.   454. Vᵃ.   455. FVᵇ (ad coroll.
p. 352, sicut duo sequentia).   456. V¹.   457. Vᵃ.

13. ΔΗ] scr. ΔΓ.   14. ΔΗ] (pr.) Η e corr. V; scr. ΔΓ.
16. ὅτι πᾶσαι] σημείωσαι ὅτι ιγ̅ V.   ιγ̅] εὐθεῖαι V.   24.
ἔλαττον V.

ἀποτομὴν πρώτην, δευτέραν, τρίτην, τετάρτην,
πέμπτην, ἕκτην.

Ad prop. CXII.

458. Ἐκ δύο ὀνομάτων ἦν ἡ ἐκ δύο ῥητῶν δυνάμει
5 μόνον συμμέτρων, ὅταν δὲ ἀπὸ ῥητῆς ἀφαιρεθεῖσα
ῥητὴ δυνάμει μόνον σύμμετρος ἦν τῇ ὅλῃ, ἡ λοιπὴ
ἄλογος ἦν καὶ ἐκαλεῖτο ἀποτομή.

459. Ἧς τὰ ὀνόματα p. 356, 18] ἤγουν ἡ προσ-
κειμένη καὶ ἡ ὅλη ἡ ἐκ τῆς ἀποτομῆς καὶ τῆς προσ-
10 κειμένης συγκειμένη.

460.

'ΗΔ	ἡ ΒΓ	ἡ ΔΓ	ἡ ΒΔ	ἡ ΕΖ	ἡ Η
५	μ:	ρ·	Ι·	Ι	μ
τὸ ἀπὸ	Ι∧		Ι∧	ΙΙ	ρϙ
ταύτης	ο		ο	Ι५	ϟ
λ϶	ϟ·		ϟ·		

15

τὸ ὑπὸ τῶν ΓΔ, ΖΕ	ἡ ΘΖ	ἡ ΖΚ	ἡ ΚΕ
ρμ ᾧτινι ἴσον	ρ	ρ	Ι
ϟο τὸ ὑπὸ τῶν	Ι∧	μρ	Ιμ
ρ· ΔΖ, ΖΘ	ϙ	μ·	μΙ
	μ५	ο५	οο

20

461. Γεγονέτω, ὡς p. 358, 5] πόθεν δῆλον, ὡς ἡ ΘΖ
πρὸς ΖΕ, οὕτως ἡ ΖΚ πρὸς ΚΕ; δείξομεν κατὰ ἀνά-
λυσιν. ἐπεί ἐστιν, ὡς ἡ ΘΖ πρὸς ΖΕ, οὕτως ἡ ΖΚ
πρὸς ΚΕ, κείσθω τῇ ΖΕ ἴση ἡ ΖΛ· μείζων γὰρ ἡ
25 ΘΖ τῆς ΖΕ. ἔστιν ἄρα ὡς ἡ ΘΖ πρὸς ΖΛ, οὕτως
ἡ ΖΚ πρὸς ΚΕ. διελόντι ἄρα ἐστὶν ὡς ἡ ΕΛ
πρὸς ΛΖ, οὕτως ἡ ΖΕ πρὸς ΕΚ. κατὰ διαίρεσιν πῶς

---

458. q (P²).   459. V¹.   460. Vᵇ.   461. Vᵃ.

---

19. ΔΖ] scr. ΔΒ.   22. ἀνάλυσιν] ἀναλ°(V.

ποιήσομεν ὡς ἡ ΘΖ πρὸς ΖΕ, οὕτως ἄλλην τινὰ πρὸς
τὴν ἐφαρμόζουσαν τῇ ΖΕ κατὰ τὸ Ε; κείσθω τῇ ΕΖ
ἴση ἡ ΖΛ, καὶ γεγονέτω ὡς ἡ ΘΛ πρὸς ΛΖ, οὕτως
ἡ ΖΕ πρὸς ἄλλην τινὰ τυχοῦσαν τὴν ΕΚ διὰ ιγ'
τοῦ ς'. συνθέντι ὡς ἡ ΘΖ πρὸς ΖΛ, τουτέστι πρὸς ΖΕ· 5
ἴσαι γάρ· οὕτως ἡ ΖΚ πρὸς ΚΕ· ὅπερ ἔδει ποιῆσαι.

462. Γεγονέτω p. 358, 5] **ἤγουν προσεκβεβλήσθω**
ἡ ΖΕ ὥστε τὴν ΖΕ ὅλην μετὰ τῆς προσεκβεβλημένης
πρὸς τὴν προσεκβληθεῖσαν εἶναι ἐν λόγῳ τῷ τῆς ΘΖ
πρὸς ΖΕ· ὅπερ ποιήσομεν οὕτως· ἐκθήσομεν γὰρ 10
εὐθεῖάν τινα ὡς ἐπὶ παραδείγματος τὴν ΛΜ καὶ
ποιήσομεν διὰ τὸ ιβ' τοῦ ς' ὡς τὴν ΘΖ πρὸς τὴν ΖΕ,

Θ   Ζ   Ε   Κ   **οὕτως τὴν ΛΜ πρὸς μέρος τι**
├─────────────┼────┼─┤   **ἑαυτῆς τὴν ΜΝ. δῆλον γάρ,**
Λ   Ν   Μ
├─────────┼────┤   **ὡς ἡ ΛΜ ἔσται ἡ μείζων ἐπὶ** 15
ταύτης τῆς ἀναλογίας, ἐπειδὴ καὶ ἡ ΘΖ μείζων τῆς ΖΕ
διὰ τὸ τὴν μὲν ΘΖ ἀναλογεῖν τῇ ΓΔ τῷ μείζονι
ὀνόματι, τὴν δὲ ΖΕ τῇ ΔΒ τῷ ἐλάττονι. καὶ πάλιν
διὰ τοῦ αὐτοῦ ποιήσομεν, ὡς τὰ μέρη ἐκεῖνα πρὸς
ἄλληλα, τουτέστι τὴν ΛΝ πρὸς τὴν ΝΜ, οὕτως τὴν 20
προχειμένην ΖΕ πρὸς τὴν ΕΚ. καὶ συνθέντι ἄρα
διὰ τὸ ιη' τοῦ ε' ὡς ἡ ΛΜ πρὸς τὴν ΜΝ, οὕτως
ἡ ΖΚ πρὸς τὴν ΚΕ. ἀλλ' ὡς ἡ ΛΜ πρὸς τὴν ΜΝ,
οὕτως ἡ ΘΖ πρὸς τὴν ΖΕ. καὶ ὡς ἄρα ἡ ΘΖ πρὸς
τὴν ΖΕ, οὕτως ἡ ΖΚ πρὸς τὴν ΚΕ. προσεκβέβληται 25
ἄρα καὶ τὰ λοιπά· ὅπερ ἔδει ποιῆσαι.

463. Σύμμετρον δὲ τὸ ἀπό p. 358, 12] αἱ γὰρ
ΓΔ, ΔΒ δυνάμει εἰσὶ σύμμετροι· ἡ γὰρ ΒΓ ἐκ δύο
ὀνομάτων ἐστίν.

---

462. r (fig. emendaui).   463. Vªq (Pª).

28. εἰσὶν ἀσύμμετροι V.

πρώτη πρὸς τὴν τρίτην, τουτέστι
τὸ ἀπὸ ΚΖ, οὕτως ἡ ΘΚ πρὸς

465. Ὥστε καὶ ἡ ΘΕ p. 358,
10 μέγεθός ἐστι τὸ ΘΚ, δεύτερον
καὶ τέταρτον τὸ ΕΚ. ἐδείχθη δ.
τοῦ βιβλίου τούτου, ὅτι, ἂν τέσι
ᾖ, τὸ δὲ πρῶτον τῷ δευτέρῳ
τρίτον τῷ τετάρτῳ σύμμετρον ἔ
15 τρίτον μέγεθος σύμμετρόν ἐστι

466. Ῥητὴ ἄρα ἐστὶ καὶ ἡ Ζ
ἐστιν, ὡς ἡ ΓΔ πρὸς ΔΒ, οὕτως
ἐναλλὰξ ἄρα, ὡς ἡ ΖΚ πρὸς τὴ
πρὸς τὴν ΔΒ. ῥητὴ δὲ ἡ ΚΕ κ
20 μήκει· ῥητὴ ἄρα καὶ ἡ ΚΖ κα
μήκει.

467. Ἐπεὶ γὰρ ὡς ἡ ΓΔ π
πρὸς τὴν ΚΕ, καὶ ἐναλλὰξ ὡς ἡ
οὕτως ἡ ΓΔ πρὸς τὴν ΚΖ, ἡ ι
25 . . . .

Ad prop. CXIII.

468. Ἡ Α   ἡ ΒΔ   ἡ ΚΘ   ἡ ΔΓ   ἡ ΕΘ   ἡ ΒΓ

Ι   ρ·   Ο   ι·   ι   μ·

Ι∧   ϡρ   ι∧

Ο   Ο   5

ϛ·   ϛ·

ἡ ΘΖ   ἡ ΚΖ   ἡ Η   ἡ ΕΚ   ἡ ΖΕ

Ι   μ   μ   μ   ·

ρ·   ϛ·   ι∧   ι∧   ρρ

469. Σύμμετρος ἄρα ἐστίν p. 362, 21] ἐπεὶ γὰρ 10
ἡ Η σύμμετρός ἐστι τῇ ΒΓ, ἴση δὲ κατεσκευάσθη ἡ Η
τῇ ΚΕ, καὶ ἡ ΚΕ ἄρα σύμμετρός ἐστι μήκει τῇ ΒΓ.
συλλογιστέον οὖν ὡδί· ἡ ΚΕ καὶ ἡ Η ἴσαι εἰσίν, ἡ
δὲ Η σύμμετρος τῇ ΒΓ μήκει· καὶ ἡ ΚΕ ἄρα σύμ-
μετρος τῇ ΒΓ μήκει.   15

470. Ὥστε ἡ ΚΖ p. 364, 12] διὰ τὸ ιϛ' τοῦ ι'.
δέδεικται γὰρ ἐκεῖ, ὅτι, ἐὰν τὸ ὅλον ἑνὶ τῶν μερῶν
σύμμετρον ᾖ, καὶ τῷ λοιπῷ σύμμετρον ἔσται.

Ad prop. CXIV.

τὸ ΕΔ   τὸ ΓΕ   20

471. Τὸ χωρίον τὸ ὑπὸ ἀπο-   ὄνομα   ὄνομα   ἡ Η

τομῆς καὶ τῆς   ι·   ι·   ρ·   μ

ἐκ δύο ὀνο-   ϥ   ι∧   ι·

μάτων   ι   Ο   ϡι

τὸ ΓΕ ὄνομα   Ο   ϛ·   25

ἤτοι ἡ ΓΕ   ρμ

ρ·

---

468. V^b.   469. V^a q (P^y).   470. q.   471. V^b.

---

7. Numeri ad ἡ ΖΕ pertinentes om V.

ἡ Θ	ἡ ΚΛ	ἡ ΖΒ	ἡ ΛΖ	ἡ ΛΒ
ιҁ	ʌ	ι·	μ·	ρ·
τὸ ἀπὸ	ρҁ	ιʌ	ιʌ	
τῆς Θ	οϟ	ο	ο	
5 σνϛ		ϟ·	ϟ·	

ἡ ΓΛ	ἡ ΛΜ	ἡ ΚΜ
μ·	ι	9
ιʌ	ιμ	ϟ·
ο	μι	ρο
10 ϟ·		

472. Καί ἐστιν ὡς ἡ ΑΒ p. 368, 14] ἐπειδὴ δύο
παραλληλόγραμμα γίνονται, ἅπερ ἡμεῖς κατεγράψαμεν
τοῦ σαφοῦς χάριν, ἓν μὲν τὸ ΚΓ, ἄλλο δὲ τὸ ΓΒ,
βάσεις μὲν ἔχοντα τήν τε ΚΛ καὶ τὴν ΑΒ, ὕψος δὲ
15 τὸ αὐτὸ τὸ ΔΓ, διὰ τοῦτό ἐστιν, ὡς ἡ ΒΑ πρὸς
τὴν ΛΚ, οὕτως τὸ ὑπὸ τῶν ΓΔ, ΑΒ πρὸς τὸ ὑπὸ
τῶν ΓΔ, ΛΚ. ἐδείχθη γὰρ ἐν τῷ α' τοῦ ϛ' βιβλίου,
ὅτι τὰ τρίγωνα καὶ τὰ παραλληλόγραμμα τὰ ὑπὸ τὸ
αὐτὸ ὕψος ὄντα πρὸς ἄλληλά εἰσιν ὡς αἱ βάσεις. ὡς
20 οὖν ἡ βάσις ἡ ΒΑ πρὸς βάσιν τὴν ΛΚ, οὕτως καὶ
τὸ ΒΓ παραλληλόγραμμον τὸ ὑπὸ τῆς ΒΑ καὶ τοῦ
ὕψους τῆς ΔΓ περιεχόμενον πρὸς τὸ ΚΓ τὸ ὑπὸ τῆς
ΛΚ βάσεως καὶ τοῦ αὐτοῦ ὕψους τῆς ΔΓ περιεχόμενον.

Ad prop. CXV.

	ι		v
25 473. Ἡ Β ϟ	ἡ Λ οι	τὸ ὑπὸ τῶν Β, Λ ρν
	ϟ·		ϟ·

---

472. Vᵃq (Pʸ).   473. Vᵇ.

4. οϟ] (sub ἡ ΚΛ) om. V.   12. Figuram non hab. Vq.
19. αἱ βάσεις] ἡ βάσϛ q.   23. ΛΚ] ΚΛ V.   τῆς] V,
τοῦ q.   25. ρν] immo ρҁ.

474. Οὐδεμιᾷ τῶν πρότερον ἡ αὐτή p. 370, 13]
ἡ γὰρ Γ ἄλογός ἐστιν, ἐπεὶ οὐ ῥητή, καὶ οὐδεμιᾷ τῶν
πρότερον ἀλόγων ἡ αὐτή, τουτέστι τῶν ιγ. οὔτε γὰρ
μέση, ἐπεὶ τὸ ἀπὸ ταύτης παρὰ τὴν Β ῥητὴν παρα-
βληθὲν πλάτος ἂν ἐποίησε ῥητήν, οὔτε ἐκ β ὀνομάτων, 5
ἐπεὶ πάλιν τὸ ἀπ᾽ αὐτῆς παρὰ ῥητὴν παραβληθὲν
τὴν Β δηλαδὴ πλάτος ἂν ἐποίησε τὴν ἐκ β ὀνομάτων α΄,
καὶ ἦν ἂν ἡ Α ἐκ β ὀνομάτων α΄, οὔτε ἐκ β μέσων α΄·
ἦν γὰρ ἂν ἡ Α ἐκ β ὀνομάτων β΄. οὔτε ἐκ β μέσων β΄·
ἦν γὰρ ἂν ἡ Α ἐκ β ὀνομάτων τρίτη. οὔτε μείζων 10
ἐστὶν ἡ Γ· ἦν γὰρ ἂν οὕτω ἡ Α ἐκ β ὀνομάτων δ΄.
οὔτε ῥητὸν καὶ μέσον δυναμένη· ἦν γὰρ πάλιν ἡ Α
ἐκ β ὀνομάτων ε΄· οὔτε β μέσα δυναμένη· καὶ οὕτω
γὰρ ἂν ἦν ἡ Α ἐκ β ὀνομάτων ς΄. οὔτε ἀποτομή,
ἐπεὶ ἡ Α πρώτη ἂν ἦν ἀποτομή· οὔτε μέση ἀποτομὴ α΄· 15
ἡ Α γὰρ ἂν ἦν ἀποτομὴ β΄· οὔτε μέση ἀποτομὴ β΄·
καὶ γὰρ η Α ἦν ἂν τρίτη ἀποτομή. οὔτε ἐλάσσων
ἐστὶν ἡ λεγομένη, τουτέστιν ἡ Γ, ἐπεὶ ἡ Α τετάρτη
ἂν ἦν ἀποτομή. ἀλλ᾽ οὐδὲ μετὰ ῥητοῦ μέσον τὸ ὅλον
ποιοῦσά ἐστιν ἡ Γ, ἐπεὶ καὶ ἡ Α ἦν ἂν ἀποτομὴ 20
πέμπτη. ἀλλ᾽ οὐδὲ πάλιν μετὰ μέσου μέσον τὸ ὅλον
ποιοῦσά ἐστιν ἡ Γ, ἐπεὶ καὶ ἡ Α ἦν ἂν ἕκτη ἀποτομή.
ἐπεὶ οὖν τὸ ἀπὸ τῆς Γ παρὰ ῥητὴν τὴν Β παραβληθὲν
πλάτος τὴν Α πεποίηκεν, ἢ δὴ Α οὐδεμιᾷ τῶν δώδεκα
ἀλόγων εὐθειῶν ἐστιν ἡ αὐτή, ἀλλ᾽ οὐδὲ ῥητή· μέση 25
γὰρ ..... εἰκότως καὶ ἡ Γ οὐδεμιᾷ τῶν πρότερον
θεωρηθέντων ιγ ἀλόγων εὐθειῶν ἐστιν ἡ αὐτί· ἑτέρα

474. V♭.

26. Post γὰρ ras. est in V; infra quaedam scripta sunt,
quae legere non potui (καὶ αντ.... μσσ...). καί] supra
scr. V.   27. ιγ] supra scr. V.

τοιγαροῦν παρὰ τὰς λοιπὰς ἀλόγους ἡ Γ ἐστιν. εἰ
γοῦν ἀπ' ἄλλης τινὸς ἀνωνύμου εὐθείας χωρίον παρὰ
ῥητὴν τὴν Β παραβληθὲν πλάτος ποιήσει τὴν πολλάκις
εἰρημένην Γ, ἡ τὸ χωρίον ἐκεῖνο δυναμένη, τουτέστιν
5 ἡ Δ, ἑτέρα ἔσται παρὰ τὰς ἀναφανείσας ἁπάσας ἀλόγους
εὐθείας, καὶ τούτου γινομένου, τουτέστιν ἀφ' ἑτέρων
εὐθειῶν ἀλόγων χωρίων παραβαλλομένων παρὰ τὴν Β
ῥητὴν καὶ πλάτη ποιούντων τὰς εὐθείας ἐκείνας, ὧν
τὰ ἀπὸ τούτων χωρία παρὰ τὴν Β ῥητὴν προπαρα-
10 βέβληνται, ἐς ἄπειρον ἄλογοι ἂν εὐθεῖαι ἀνώνυμοι
ἀναφαίνοιντο, καὶ ἡ περὶ τούτων θεωρία τέλος οὐχ
ἕξει ποτέ.

475. Ἡ ΑΒ   ἡ ΑΓ

15

476. Εἰ ὑποθώμεθα τὴν ΖΔ τῇ ΔΓ εἶναι τὴν
αὐτήν, ἡ δὲ ΓΔ παρὰ τὴν ΑΒ ῥητὴν παραβληθεὶς
πλάτος πεποίηκε τὴν ΑΓ μέσην, καὶ ἡ ΔΖ ἄρα παρὰ
20 τὴν ΑΒ παραβληθεῖσα πλάτος ποιήσει τὴν ΑΓ μέσην.
ἡ αὐτὴ δὲ ἡ ΔΖ παρὰ τὴν ΓΕ ῥητήν, τουτέστι παρὰ
τὴν ΑΒ, παραβληθεῖσα πλάτος πεποίηκε τὴν ΓΔ.
μέση ἄρα καὶ ἡ ΓΔ· ἐλεγχθήσεται δὲ μὴ εἶναι μέση
διὰ κβ' ι'· ὅπερ ἄτοπον. οὐκ ἄρα ἡ ΔΖ ἡ αὐτή
25 ἐστι τῇ ΓΔ.

---

475. V^b (ad app. nr. 24 p. 402).   476. V^a (eodem
pertinet).

Ad app. nr. 27 p. 408.

477. Ἐκ τῆς εἰς ἄτοπον ἀπαγωγῆς.

478. Ἔστω τετράγωνον τὸ ΑΒΓΔ, διάμετρος δὲ αὐτοῦ ἡ ΑΓ. φανερὸν δή, ὅτι ἰσοσκελές ἐστι τὸ ΓΑΔ τρίγωνον ἴσην ἔχον τὴν ΔΑ τῇ ΔΓ· ὁμοίως καὶ τὸ ΒΑΓ τρίγωνον ἰσοσκελές ἐστιν. ἔστω οὖν ἡ ΔΑ μονάδων δ̄ ἢ ποδῶν δ̄, ὡσαύτως καὶ ἡ ΓΔ δ̄. ὥστε δῆλον, ὅτι τὸ ἀπὸ τῆς ΔΑ ἐστι ῑϛ ποδῶν ἢ μονάδων, ὁμοίως καὶ τὸ ἀπὸ τῆς ΓΔ τοιούτων ῑϛ. καὶ ἐπεὶ τὸ ἀπὸ τῆς ΑΓ ἴσον ἐστὶ τοῖς ἀπὸ τῶν ΔΑ, ΓΔ, ὡς δέδεικται ἐν τῷ μζ' τοῦ α' βιβλίου, δῆλον, ὅτι τὸ ἀπὸ τῆς ΑΓ διπλάσιόν ἐστι τοῦ ἀπὸ τῆς ΔΑ. ἔστι δὲ τὸ ἀπὸ τῆς ΔΑ ῑϛ· τὸ ἀπὸ τῆς διαμέτρου ἄρα ἐστὶ λ̄β̄ ἤτοι διπλάσιον. καὶ ἐπεὶ μήκει σύμμετροι εὐθεῖαί εἰσιν, ὅταν μεγέθει καταμετρῶνταί τινι, καὶ τὰ ἀπ' αὐτῶν τετράγωνα λόγον ἔχῃ, ὃν τετράγωνος ἀριθμὸς πρὸς τετράγωνον ἀριθμόν, ἡ δὲ δυναμένη τὸν λ̄β̄ καὶ ἡ πλευρὰ οὐ καταμετροῦνται μεγέθει τινί, οὐδὲ τὰ ἀπ' αὐτῶν τετράγωνα λόγον ἔχει, ὃν τετράγωνος ἀριθμὸς πρὸς τετράγωνον· οὐδεὶς γὰρ τετράγωνος τετραγώνου διπλάσιος· ἀσύμμετρός ἐστι μήκει ἡ διάμετρος τῇ πλευρᾷ. ἔστι δὲ ἡ δυναμένη τὸν λ̄β̄ ἤτοι ἡ πλευρὰ πέντε μονάδων καὶ λεπτῶν πρώτων λ̄θ̄, ἃ ε̄ λ̄θ̄ καὶ τὰ δ̄ οὐδὲν ἔχουσι κοινὸν μέτρον, ὥσπερ οὐδὲ ὁ λ̄β̄, ὡς εἴρηται, πρὸς τὸν ῑϛ ἔχει λόγον, ὃν τετράγωνος ἀριθμὸς πρὸς τετράγωνον ἀριθμόν.

477. F.   478. Vᵃq (Pʳ).

3. ἔστω — 4. ἐστι] ἐστι τό V.   6. οὖν] om. V.   9. ῑϛ] ἑξκαίδεκα V.   12. ἔστι] λέγω V.   13. λ̄β̄] λ̄ καὶ δύο V.
16. λόγον] ἄλογον q.   21. τῇ] om. V.   22. ἔστι δὲ ἡ] οὔ V.   23. πέντε] om. V.

ἀριθμοὺς πρώτους ὄντας πρὸς αλ
θομεν γὰρ τὸ ἐν τῷ ὅρῳ τοῦ ζ´
ἀλλήλους ἀριθμοί εἰσιν οἱ μονά

---

479. F (ad p. 410, 18).   480. q.

---

3. ἀλλήλους] om. q.   5. ὁ H]
ἴσως V; scr. ἀριθμόν.   6. ἀριθμούς]
ἴσοι V.

In librum XI.

1. Οἱ παλαιοὶ τὴν τῶν ἐπιπέδων γνῶσιν ἀπο τῆς τῶν στερεῶν ἐπιστήμης διέστελλον· ἐκείνην μὲν γὰρ γεωμετρίαν ἐκάλουν, ὡς καὶ Πλάτων ἐν τῇ Πολιτείᾳ δηλοῖ, ταύτην δὲ στερεομετρίαν. οἱ νεώτεροι δὲ διὰ τὸ ἀμφοῖν τοῖν ἐπιστημαῖν κοινὴν εἶναι τὴν περὶ 5 μεγέθη γνῶσιν κοινῷ καὶ ὀνόματι τὴν γεωμετρίαν ἐκάλεσαν συνάψαντες αὐτὰς ὡσανεὶ μίαν πραγματείαν οὖσαν διὰ τὸ περὶ ταὐτό, ὥσπερ εἴρηται, ἔχειν.

ὡς ἐν τοῖς ἐπιπέδοις ἦν τὰ μὲν εὐθύγραμμα, τὰ δὲ κυκλικά, τὰ δὲ μικτὰ ὡς οἱ θυραῖοι καὶ αἱ ἕλικες, 10 οὕτω καὶ ἐν τοῖς στερεοῖς τὰ μὲν ἐξ εὐθυγράμμων ἐπιπέδων, τὰ δὲ ἐκ περιφερογράμμων, τὰ δὲ ἐκ μικτῶν ὡς κύλινδρος καὶ κῶνος· ἔστι δὲ πρὸς μὲν τοῦ πέρατος τὰ κυκλικά, πρὸς δὲ τοῦ ἀπείρου τὰ εὐθύγραμμα ἢ ἐξ εὐθυγράμμων, πρὸς δὲ τοῦ κρυφίου τὰ μικτά. 15

Ad def. 1.

2. Εἴ τι μὲν σῶμα, τοῦτο καὶ στερεόν, οὐκ ἔμπαλιν δέ, ὡς ἐπὶ τῶν προκειμένων· ταῦτα γὰρ φαντασταά ἐστι στερεὰ καὶ οὐκ ἀντίτυπα.

---

1. P Vᶜ (εἰς τὸ ιαʹ Vᶜ).　　2. P Vᶜ (B euan).

2. ἐκείνη P, sed corr. m. 1.　　4. στερεωμετρίαν V.　　5. ἐπιστημοῖν P V.　　7. ὡσανί P.　　8. ταυτί] αὐτό P.　　9. πέδοις V.　　10. οὐραῖοι V.

εὐθειῶν οὐκ ἀναλυθήσεται εἰς αι
εὐθειῶν ἀπειρίᾳ ἀντὶ ὅλου τοῦ ἐ
μένας πρόσκειται, ἵνα μὴ παράλ

Ad def. 5.

10   4. Ὁ μὲν Εὐκλείδης ἐν τῇ κλ
λεται εἶναι, οἱ δὲ Στωικοὶ τὴν κ
δὲ ὁ Εὐκλείδης· πᾶσα γὰρ γωνίι
γεθῶν πρὸς ἑνὶ σημείῳ.

Ad deff. 9—1

15   5. Οἷον εἰ στερεὸν σχῆμα πε
ὑπὸ δ̄ τριγώνων καὶ θ̄ τετραγώνι
γώνων, ἔτι δὲ καὶ ἕτερον στερεὸν
ἔχεται ὑπὸ δ̄ τριγώνων καὶ θ̄ τετρι
γώνων ὁμοίων πάντων τοῖς προει
20 τὰ στερεά, εἰ δὲ μὴ μόνον ὑπὸ ὁμι
περιέχεται ἑκάτερον, ἀλλὰ καὶ ἴσα
κληθήσεται.

Ad def. 11.

6. Οὐ φαῦλος ὁ ὁρισμὸς οὗτος.

7. Ἐλλιπὴς ὁ ὁρισμὸ9 οὗτος· ἡ γὰρ τοῦ τεταρτημορίου τῆς σφαίρας γωνία ὑπὸ πλειόνων μὲν ἢ δύο ἐπιφανειῶν περιέχεται, οὐκ ἐπιπέδων δέ. τὸ γὰρ ἡμι- 5 κώνιον πρὸς τῇ κορυφῇ οὐ ποιεῖ γωνίαν στερεάν· εἰ γάρ ἐστιν ἐκείνη γωνία, καὶ ἡ κορυφὴ τοῦ κώνου γωνία ἐστίν. ὥστε καὶ ὑπὸ δύο ἐπιφανειῶν καὶ ὑπὸ μιᾶς εἶναι στερεὰν γωνίαν· ὅπερ οὐκ ἔστιν ἀληθές. ἄμεινον οὖν ὁρίζεσθαι τὴν στερεὰν γωνίαν σύννευσιν μεγέθους 10 ἢ μεγεθῶν πρὸς ἑνὶ σημείῳ.

8. Δέον προσθεῖναι ἐπιπέδων εὐθυγράμμων διὰ τὸν κῶνον.

Ad def. 12.

9. Οἷον ἐὰν εὐθύγραμμον ἐπίπεδον, ἀπὸ δὲ τῶν 15 περάτων τῶν πλευρῶν αὐτοῦ ἀχθῶσι μετέωροι εὐθεῖαι ἐφ᾽ ἓν σημεῖον συννεύουσαι, τὸ περιληφθὲν σχῆμα πυραμίς ἐστιν, κορυφὴ δὲ πυραμίδος καλεῖται τὸ σημεῖον, ἐφ᾽ ᾧ αἱ εὐθεῖαι συνέπεσον ἀλλήλαις, βάσις δὲ τὸ ἐξ ἀρχῆς ἐπίπεδον. 20

Ad def. 14.

10. Τὴν γένεσιν ὡρίσατο τῆς σφαίρας· δεῖται γὰρ τούτου ἐν τοῖς ἑξῆς· ὁ δὲ Θεοδόσιος τὸν ὁρισμὸν αὐτῆς ἀποδίδωσιν.

6. P (ad priorem def.).   7. PV°p (B euan.).   8. B.
9. VªF².   10. P.

3. ἐλλειπές P.   5. ἡμικόνιον V, ἡμικύκλιον p.   6. στερεὰν γωνίαν p.   9. οὐκ] om. PVp.   ἔστιν ἀληθές] ἄτοπον p.
10. οὖν] p, om. PV.   σύννευσιν] οὗτως· σύννευσις p.   15. Scr. ἐὰν ᾖ.   17. συννεύσουσαι V.   19. ἐφ᾽ — ἀλλήλαις] om. F.   ᾧ] οἷς V.   συνέπεσαν V.   22. ὡρίσατο P.

12. Οὐκ εἴ τις ἄρα διάμετς
ἀποδέδωκεν γὰρ ἂν αὐτὸ σὺν τῷ
ἀλλ᾽ εἴ τις ἄξων, οὗτος καὶ διάμ
πᾶσαν διάμετρον κινεῖται σφαῖρα

10 **Ad def. 18.**

13. *Γένεσιν καὶ ἐνταῦθα ὡρ*
παντός, ἀλλὰ τοῦ ἰσοσκελοῦς, ὁ δ
ὡρίσατο ἐπὶ πλέον τὴν γένεσιν.
εἰς ἰσοσκελεῖς καὶ ἀνισοσκελεῖς,
15 *ὀρθογωνίους καὶ ἰξυγωνίορς καὶ*
πλευρὰν πρὸς τὴν βάσιν συγκρίι
ἐν πάσῃ γωνίᾳ σκαληνοὶ εἶναι δύ
δὲ μόνῃ τῇ ὀξείᾳ οἱ ἰσοσκελεῖς, ἐπε
ἑκατέρα τῶν πρὸς τῇ βάσει ὀξεῖά

20 14. *Δεικτέον, ὅπως ἔσται ὀρϑ*
κορυφὴ αὐτοῦ ὀρθῆς ἐστι γωνίας.
τὸ ΑΒΓ τρίγωνον ὀρθὴν ἔχον τὴι

ἡ πρὸς τῷ Α συνισταμένη γωνία. ἐκβεβλήσθω γὰρ
ἡ ΓΒ ἐπὶ τὸ Δ, καὶ κείσθω τῇ ΓΒ ἴση ἡ ΒΔ, καὶ
ἐπεζεύχθω ἡ ΑΔ. ἐπεὶ οὖν ἴση ἐστὶν ἡ ΑΒ τῇ ΒΓ,
ἴση ἐστὶ καὶ γωνία ἡ ὑπὸ ΒΓΑ τῇ ὑπὸ ΒΑΓ. ἡμίσεια
ἄρα ἑκατέρα αὐτῶν ὀρθῆς διὰ τὸ ὀρθὴν ὑποκεῖσθαι 5

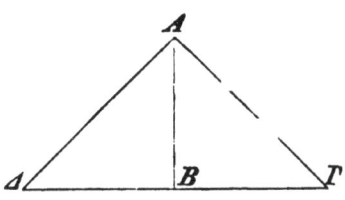

τὴν ὑπὸ ΑΒΓ. διὰ τὰ
αὐτὰ δὴ καὶ ἡ ὑπὸ ΒΑΔ
ἡμίσειά ἐστιν ὀρθῆς. ὅλη
ἄρα ἡ ὑπὸ ΔΑΓ γωνία
ὀρθή ἐστιν. ὀρθογώνιος 10
ἄρα ὁ περὶ τὸ ΑΒΓ γρα-
φόμενος κῶνος. τῆς γὰρ ΑΒ μενούσης εὐθείας καὶ
τῆς ΑΓ περιφερομένης, ἕως ἂν ἀποκατασταθῇ, ὅθεν
ἤρξατο φέρεσθαι, περιφερομένης δὴ τῆς ΑΓ καὶ ΒΓ,
μενούσης δὲ τῆς ΑΒ ἀνάγκη ἐν τῇ περιφορᾷ ἐφαρμόσαι 15
τὴν ΑΓ τῇ ΑΔ διὰ τὸ ἴσην εἶναι τὴν ΓΒ τῇ ΒΔ.
ὥστε ὁ γραφόμενος κύκλος ὑπὸ τοῦ Γ σημείου, ὃς
κύκλος καὶ βάσις ἔσται τοῦ κώνου τοῦ περὶ τὸ ΑΒΓ
τρίγωνον γραφομένου, ὁ δὴ γραφόμενος κύκλος διά-
μετρον ἕξει τὴν ΔΓ βάσιν τοῦ ΔΑΓ τριγώνου ὀρθὴν 20
ἔχοντος τὴν ὑπὸ ΔΑΓ γωνίαν. εἰ οὖν διέλῃ τις τὸν
κῶνον δίχα εἰς δύο ἀπὸ τῆς κορυφῆς τῆς Α μέχρι τῆς
βάσεως, αἱ τῶν τμημάτων ἐπιφάνειαι οὐκ ἄλλο τι
ἔσονται ἢ τὸ ΑΔΓ τρίγωνον ὀρθογώνιον ὄν· ὥστε
καὶ ἡ τοῦ κώνου κορυφὴ ὀρθογώνιός ἐστιν. εἰ δὲ 25
μείζων ἐστὶν ἡ ΒΓ τῆς ΑΒ, μείζων ἡμίσεος ὀρθῆς

1. τῷ] τό β. 2. ΓΒ] ΒΓ β. ΓΒ] ΒΓ β. 13. ἀπο-
κατασταῇ q. 14. τῆς ΑΓ] τῇ Α ante spatium 1 litt. β. 15.
περιφερεία β. ἐφαρμόσθαι β. 16. ΓΒ] ΒΓ β. 17. ὑπό]
ἀπό β. 18. τοῦ ΑΒΓ τριγώνου β. 23. αἱ] om. β. ἄλο q.
26. ἡμίσεως β.

ωστε δια τα προδεδειγμένα καὶ ἡ
ἔσται ὀρθῆς· ὀξεῖα ἄρα. ὀξυγώνιc

Ad def. 26.

15. Ὅτι τὰ Πλάτωνος σχήμαι
10 ἰσοπλεύρων· δυνατὸν γὰρ καὶ ι
σασθαι, ἀλλ' οὐκέτι τὴν ἀπὸ κ(
διχοτομίαν τετράγωνον ποιεῖ.

Ad prop. I.

16. Πᾶσαν γὰρ εὐθεῖαν δυνα
15 βαλεῖν.
17. Δύο εὐθειῶν οὐκ ἔστι κο
δυνατόν, ἔστω δύο εὐθειῶν τῶν .
τμῆμα τὸ ΔΒ, καὶ εἰλήφθω ἐπὶ
κέντρον τὸ Β, διάστημα δὲ τὸ 1
20 γράφθω ὁ ΑΕΖ. ἐπεὶ οὖν τὸ Β σ
τοῦ ΑΕΖ κύκλον, διὰ δὲ τοῦ Β
ΑΒΓ, τοῦ ΑΕΖ ἄρα κύκλου διάμετι

ἐστὶ τὸ ΑΕΓ. πάλιν ἐπεὶ τὸ Β κέντρον ἐστὶ τοῦ ΑΕΖ κύκλου, διὰ δὲ τοῦ Β εὐθεῖά τις ἦκται ἡ ΑΒΔ, ἡ ΑΒΔ ἄρα διάμετρός ἐστι τοῦ ΑΕΖ κύκλου. ἐδείχθη

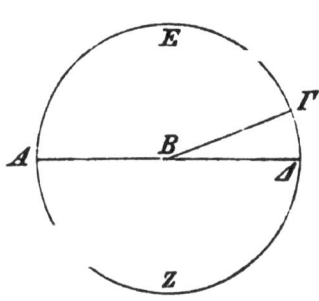

δὲ καὶ ἡ ΑΒΓ διάμετρος τοῦ αὐτοῦ ΑΕΖ κύκλου· τὰ 5 δὲ τοῦ αὐτοῦ κύκλου ἡμικύκλια ἴσα ἀλλήλοις ἐστίν· ἴσον ἄρα ἐστὶ τὸ ΑΕΓ ἡμικύκλιον τῷ ΑΕΔ ἡμικυκλίῳ, τὸ ἔλαττον τῷ μείζονι· ὅπερ 10 ἐστὶν ἀδύνατον. οὐκ ἄρα δύο εὐθειῶν κοινὸν τμῆμά ἐστι· διάφορα ἄρα. καὶ διὰ τοῦτο οὐδὲ δυνατὸν τῇ πεπερασμένῃ εὐθείᾳ εὐθείας κατὰ τὸ συνεχὲς ἐκβαλεῖν, ἀλλ' εὐθεῖαν, διὰ τὸ δειχθῆναι, ὅτι δύο εὐθειῶν κοινὸν 15 τμῆμα οὐκ ἔστιν.

18. Ἔν τισι οὐδὲ ὅλως εὕρηται γραφὲν τοῦτο, ἀλλὰ τὸ ἐπειδὴ ἐὰν κέντρῳ τῷ Α καὶ διαστήματι καὶ τὰ ἑξῆς ἄχρι τοῦ συμπεράσματος, ἐν ἄλλοις δὲ τοῦτο μὲν γέγραπται, λεί ... 20

Ad prop. II.

19. Τὸ προκείμενόν ἐστι δεῖξαι τὰς τεμνούσας ἐν

Fig. om. codd.   18. B².   19. BV°ᵥVᵃq (r).

2. B] κέντρου comp. V.   5. αὐτοῦ] om. PVv.   7. ἐστίν] om. V.   8. ἐστί] om. V.   9. ΑΕΔ] ΑΖΓ V.   10. ἔλαττον] ὑπὲρ V.   τὸ μεῖζον V.   11. ἐστίν] om. V.   13. διάφορα — τοῦτο] διὰ τό V.   τῇ] ἐκ V.   14. πεπερασμένης εὐθείας V.   εὐθείας — συνεχὲς] om. V.   15. δειχθῆναι] δεῖξαι ἡμᾶς V.   16. Post ἔστιν add. ὅτε ἄρα διάμετρός ἐστιν ἡ ΑΒΓ V.   17. γραφὲν τοῦτο] compp. obscuris B.   20. Post λεί una linea prorsus recisa in B.   22. ἐστί] om. B, τὸ V°.

ἐστι σχήματα.

21. Δῆλον, ὅτι ἐφαρμοζουσι
μόσουσι καὶ τὰ πέρατα αὐτῶν, εἰ
τὰ αὐτὰ πέρατα ἔχουσαι χωρὶι
10 ἐστὶν ἀδύνατον· δύο γὰρ εὐθεῖαι
τὰ αὐτὰ πέρατα ἔχουσαι.

Ad prop. V

22. Ἀντιστρόφιον· ἐὰν ὦσι τρ
ἀλλήλων ἐν ἑνὶ ἐπιπέδῳ, ἢ τῇ
15 ταῖς λοιπαῖς εὐθείαις ἐστὶ πρὸς ὅ
εἰ πλείους ὦσιν εὐθεῖαι, δείκνι
πλείους ἢ δύο εὐθείας ἐν ἑνὶ οι
τις ἴσας γωνίας ποιῇ, ὀρθαί τέ
πρὸς τὸ δι᾽ αὐτῶν ἐπίπεδον ὀρθή

20   Ad prop. IX

23. Μὴ οὖσαι ἐν τῷ αὐτῷ

Ad prop. X.

24. Ἀντιστρόφιον· ἐὰν ὦσι δύο γωνίαι ἴσαι ὑπὸ
εὐθειῶν περιεχόμεναι μὴ οὐσῶν ἐν τῷ αὐτῷ ἐπιπέδῳ,
ἢ δὲ μία τῶν ἐν τῷ αὐτῷ ἐπιπέδῳ περιεχουσῶν παρ-
άλληλος τῇ μιᾷ τῶν τὴν λοιπὴν περιεχουσῶν γωνίαν, 5
καὶ ἡ λοιπὴ τῇ λοιπῇ παράλληλός ἐστιν.

Ad prop. XIII.

25. Εἶεν γὰρ ἂν καὶ παράλληλοι τῷ αὐτῷ ἐπι-
πέδῳ πρὸς ὀρθὰς οὖσαι διὰ τὸ ϛ´ αἱ αὐταὶ καὶ συμ-
πίπτουσαι· ὅπερ ἀδύνατον. 10

Ad prop. XIV.

26. Ἀντιστρόφιον· ἐὰν ᾖ παράλληλα ἐπίπεδα, ἡ
τῷ ἑνὶ ἐπιπέδῳ πρὸς ὀρθὰς εὐθεῖα καὶ τῷ λοιπῷ
πρὸς ὀρθάς ἐστιν.

Ad prop. XVI.

15

27. Ἀντιστρόφιον· καὶ ὧν ἐπιπέδων ὑπό τινος
ἐπιπέδου τεμνομένων αἱ κοιναὶ τομαὶ παράλληλοί εἰσιν,
παράλληλά ἐστι τὰ ἐπίπεδα· ἔστι δὲ ψεῦδος.

Ad prop. XVII.

28. Ἀντιστρόφιον· καὶ ἐὰν δύο εὐθεῖαι ὑπό τινων 20

---

24. PBV^c.   25. PBV^aq.   26. PBV^c.   27. PBV^c.
28. PBV^cV^b.

---

2. ὦσιν PB.   9. διὰ τὸ ϛ´] om. Vq.   αἱ αὐταί] om. q.
10. ὅπερ] διὰ ϛ´ ὅπερ V.   ἀδύνατον] ἄτοπον· παράλληλοι
δὲ πῶς; διὰ τὸ ϛ´ τοῦ ια´ q.   12. παραλληλεπίπεδα B.   20.
ἀντίστροφον V^b.   καί] om. V^b.   τινος ἐπιπέδου V^b.

᾽ .... ἐκβαλλόμενα τῷ αυτῷ
ἡ εὐθεῖα τῷ αὐτῷ ἐπιπέδῳ πρὶ

Ad prop. X

30. ᾽Αντιστρόφιον· καὶ ὧν
ἄλληλα ἡ κοινὴ τομὴ πρὸς ὀρθ,
10 τῷ αὐτῷ ἐπιπέδῳ καὶ τὰ τέμν
πρὸς ὀρθάς ἐστιν.

Ad prop. X

31. Λοιπὴ ἄρα ἡ ΔΓ p. 54,
ἡ ΔΓ μείζων ἐστὶ τῆς ΓΕ; ἢ ὅτ
15 τῆς ΒΓ μείζονές εἰσιν, εἰ μή ἐ
τῆς ΓΕ, ἀλλ᾽ ἴση, ἐπειδή ἐστι κι
ἔσονται καὶ αἱ δύο αἱ ΒΔ, ΔΓ
ἐστιν ἡ ΔΒ, ΒΕ ἴση καὶ ἡ Δ.
ἡ ΒΓ ἴση τῇ ΒΔ, ΔΓ, ἡ μία τ
20 ἐστιν ἴση ἡ ΕΓ τῇ ΓΔ, ἀλλὰ μ.
ἴση δὲ ἡ ΕΒ τῇ ΒΔ, ἔσται καὶ

ἡ ΕΓ τῇ ΓΔ οὔτε μείζων, ἐλάττων ἄρα. ἢ καὶ οὕτως
συντομώτερον· ἴση κεῖται ἡ ΕΒ τῇ ΒΔ· εἰ οὖν ἐστι
καὶ ἡ ΕΓ ἴση τῇ ΓΔ, ἔσονται αἱ δύο αἱ ΕΒ, ΒΔ
ἴσαι δυσὶ ταῖς ΕΓ, ΓΔ. ὥστε αἱ ΒΕ, ΕΓ, τουτέστιν
ἡ ΒΓ, ἔσται ἴση δυσὶ ταῖς ΒΔ, ΔΓ· ὅπερ ἄτοπον.   5

Ad prop. XXI.

32. Λοιπαὶ ἄρα p. 56, 20] διαιρετέον τὰς ἐννέα
γωνίας εἰς ἓξ καὶ τρεῖς, τρεῖς μὲν τὰς ὑπὸ ΒΑΓ, ΓΑΔ,
καὶ εἰς ἓξ τὰς λοιπάς. ἐπεὶ οὖν αἱ ἐννέα ἓξ ὀρθαῖς
ἴσαι εἰσίν, ἔχουσι δὲ τῶν ἓξ ὀρθῶν δύο καὶ ἔτι αἱ ἓξ   10
γωνίαι, λείπεται δὴ τὰς τρεῖς γωνίας ἔχειν τὰς λοιπὰς
τῶν ἓξ, αἵτινές εἰσιν αἱ λοιπαὶ οὐ τέσσαρες, ἀλλ'
ἥττονες τῶν τεσσάρων. ἂν γὰρ ἀπὸ τῶν ἓξ ἀφῃρέθησαν
δύο, αἱ καταλειφθεῖσαι ἦσαν ἂν τέσσαρες, ἐπεὶ δὲ οὐ
δύο μόναι ἀπὸ τῶν ἓξ ὀρθῶν ἀφῃρέθησαν, ἀλλὰ δύο   15
καὶ ἔτι, αἱ καταλειφθεῖσαί εἰσι τεττάρων ἥττονες.[1])

Ad prop. XXII.

33. Ἐὰν ὦσιν ὁσαιδηποτοῦν γωνίαι ἐπίπεδοι, ὧν
μιᾶς αἱ λοιπαὶ μείζους εἰσὶ πάντη μεταλαμβανόμεναι,

---

1) Post hoc schol. in P² add. ἀδιανόητον δοκεῖ μοι τὸ
σχόλιον τοῦτο. Deinde: ἐὰν αἱ θ̄ γωνίαι ὦσιν ἓξ ὀρθαῖς ἴσαι,
διότι αἱ τρεῖς τοῦ τριγώνου γωνίαι δυσὶν ὀρθαῖς ἴσαι εἰσίν, αἱ
δὲ τῶν θ̄ γωνιῶν ϛ̄ μείζονες τῶν δύο εἰσὶν ὀρθῶν, λοιπαὶ ἄρα
αἱ καταλειφθεῖσαι τῶν θ̄ τρεῖς αἱ καὶ τὴν στερεὰν γωνίαν περι-
έχουσαι ἐλάσσονες θέλουσιν εἶναι τῶν θ̄ τῶν καταλειφθεισῶν
ἀπὸ τῶν ὀρθῶν.

---

32. q (P²).   33. PBVᶜ (κβ Vᶜ).

---

8. ΓΑΔ] scr. ΓΑΔ, ΔΑΒ.   10. ἔτι] scr. ἔτι τι?; cfr.
lin. 16.

λοιπῆς μείζους ἔστωσαν πάντῃ

δὲ ἔστωσαν αἱ ΒΔ, ΑΓ, ΕΔ, Δ

καὶ ἐπεζεύχθωσαν αἱ ΒΓ, ΕΖ.

10 τῶν ΒΓ, ΕΖ, ΘΚ, ΜΝ αἱ τι

εἰσὶ πάντῃ μεταλαμβανόμεναι.

αἱ πρὸς τοῖς Δ, Δ, Η, Λ γωι

αἱ πλευραὶ αἱ ΒΓ, ΕΖ, ΘΚ, Ι

αἱ τρεῖς τῆς μιᾶς μείζους εἰσὶ πο

15 εἰ δὲ ἄνισοι ὦσιν, μείζων ἡ π

ἡ ΒΓ ἑκάστης τῶν ΕΖ, ΘΚ,

καὶ μετὰ μιᾶς αὐτῶν τῆς ἑτέρας

μείζων ἐστίν. εἰ δὲ τοῦτο, καὶ μετ

τῆς λοιπῆς πολλῷ μείζων ἐστίν.

20 ΘΚ, ΜΝ τῆς ΒΓ μείζους εἰσίν.

ἡ πρὸς τῷ Δ γωνία ἑκάστης τῶ

πρὸς τῇ ΒΔ εὐθείᾳ καὶ τῷ Δ

γωνίᾳ ἴση ἡ ὑπὸ ΒΔΞ, πρὸς

τῷ Δ σημείῳ τῇ Η γωνίᾳ ἴση

τερον ἐντὸς ὡς ἡ ΑΟ, πρὸς δὲ τῇ ΟΑ εὐθείᾳ καὶ
τῷ Α σημείῳ τῇ πρὸς τῷ Λ γωνίᾳ ἴση ἡ ΟΑΠ·
ἐκτὸς γὰρ πεσεῖται τῆς ΑΓ διὰ τὸ τὰς τρεῖς τὰς Δ, Η, Λ
γωνίας τῆς λοιπῆς μείζους εἶναι· καὶ ταῖς ΑΒ, ΑΓ

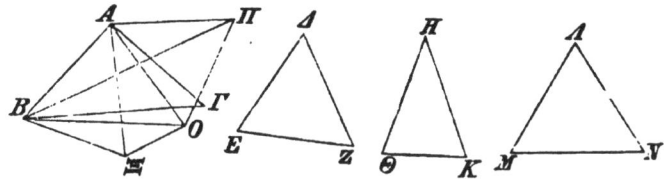

ἴσαι κείσθωσαν αἱ ΑΞ, ΑΟ, ΑΠ, καὶ ἐπεζεύχθωσαν   5
αἱ ΒΞ, ΞΟ, ΒΟ, ΟΠ, ΒΠ. ἐπεὶ οὖν δύο αἱ ΒΑΠ,
ΒΑΓ ἴσαι εἰσίν, γωνία δὲ ἡ ὑπὸ ΒΑΠ τῆς ὑπὸ ΒΑΓ
μείζων, βάσις ἄρα ἡ ΒΠ τῆς ΒΓ μείζων. ἀλλὰ τῆς
ΒΠ μείζους αἱ ΒΟ, ΟΠ· καὶ τῆς ΒΓ ἄρα πολλῷ
μείζους. ἀλλὰ τῆς ΒΟ μείζους αἱ ΒΞ, ΞΟ. αἱ ἄρα 10
ΒΞ, ΞΟ, ΟΠ τῆς ΒΓ πολλῷ μείζους. καί ἐστιν ἡ
μὲν ΒΞ τῇ ΕΖ ἴση, ἐπεὶ καὶ γωνία ἡ ὑπὸ ΒΑΞ τῇ
ὑπὸ ΕΔΖ ἴση, ἡ δὲ ΞΟ τῇ ΘΚ, ἡ δὲ ΟΠ τῇ ΜΝ.
αἱ ἄρα ΕΖ, ΘΚ, ΜΝ τῆς ΒΓ μείζους πολλῷ εἰσιν.

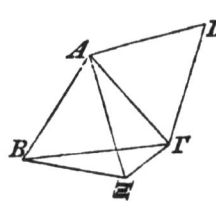

ἀλλὰ δὴ ἡ μετὰ τῆς ΑΞ περι- 15
έχουσα τὴν ἴσην τῇ πρὸς τῷ Η γωνίαν
πιπτέτω ἐπὶ τῆς ΑΓ ὡς ἐπὶ τῆς
δευτέρας καταγραφῆς, καὶ ἐπε-
ζεύχθωσαν αἱ ΒΞ, ΞΓ, ΓΠ. ἐπεὶ
οὖν αἱ ΒΞΓ τῆς ΒΓ μείζους εἰσίν, 20
αἱ ΒΞ, ΞΓ, ΓΠ τῆς ΒΓ πολλῷ μείζους εἰσίν. ἀλλ'

1. ΑΟ] ΑΒ PBV.   ΟΑ] Ο e corr. P, ΘΑ B.   6. δύο]
om. B.   7. εἰσί V, comp. PB.   10. μείζους] (alt.) μείζων
PB.   11. Post μείζους del. ἀλλὰ τῆς ΒΟ μείζους V.   12.
τῇ] τῆς PB.   τῇ] ἡ P.   14. πολλῷ μείζους V.   15. ἡ]
om. PBV.   16. τῇ] om. V.   21. ΞΓ] om. PBV.   ἀλλ... B.

... καὶ ΞΟ. ἐπεὶ οὖν δύο αἱ Β

δύο ταῖς ΒΑΓ ἴσαι εἰσίν, γὶ

δὲ ἡ ὑπὸ ΒΑΠ γωνίας τῆς

10 ΒΑΓ μείζων ἐστίν, καὶ ἡ ΒΠ

τῆς ΒΓ μείζων ἐστίν. ἐπεὶ οὖ

ΒΟΠ μείζους τῆς ΒΠ, μείζου

τῆς ΒΟ αἱ ΒΞ, ΞΟ, αἱ ἄρα

ΞΟ, ΟΠ τῆς ΒΠ πολλῷ μεῖζ

15 τῆς ΒΓ μείζων· αἱ ἄρα ΒΞ, Ξ

μείζους. ἴσαι δὲ αἱ ΒΞ, ΞΟ, Ο

αἱ ἄρα ΕΖ, ΘΚ, ΜΝ τῆς ΒΓ ᾽

αἱ τρεῖς τῆς λοιπῆς μείζους πι

καὶ δύο ὁποιαιοῦν τῆς λοιπῆ

20 λαμβανόμεναι, ἔσται δυνατὸν ἑ

γωνον συστήσασθαι καὶ παρὰ τ᾽

ἔστι δὲ καὶ ἐξ αὐτῶν συστήσα

εἴπερ αἱ τρεῖς τῆς λοιπῆς μεί

λαμβανόμεναι.

Ad prop. XXIII.

34. Ἐὰν ἔν τινι ἐπιπέδῳ ἀπό τινος μετεώρου ση-
μείου ἴσαι εὐθεῖαι προσπίπτωσι, κατὰ κύκλου ἔσονται
περιφερείας, καὶ ἡ ἀπὸ τοῦ εἰρημένου σημείου ἐπὶ
τὸ κέντρον τοῦ κύκλου ἐπιζευγνυμένη εὐθεῖα ὀρθὴ 5
ἔσται πρὸς τὸν κύκλον. ἀπὸ γὰρ

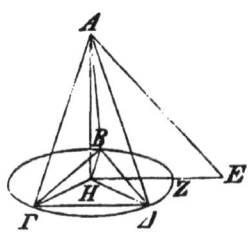

τοῦ Α σημείου τῷ ὑποκειμένῳ
ἐπιπέδῳ εὐθεῖαι συμβαλλέτωσαν
αἱ ΑΒ, ΑΓ, ΑΔ, ΑΕ κατὰ τὰ
Β, Γ, Δ, Ε σημεῖα. λέγω, ὅτι τὰ 10
Β, Γ, Δ, Ε σημεῖα ἐπὶ κύκλου εἰσὶ
περιφερείας. ἐπεζεύχθωσαν γὰρ
ἐν τῷ ὑποκειμένῳ ἐπιπέδῳ αἱ ΒΓ, ΓΔ, ΔΒ, καὶ περὶ
τὸ ΒΓΔ τρίγωνον περιγεγράφθω κύκλος ὁ ΒΓΔΖ.
τὰ Β, Γ, Δ ἄρα σημεῖα ἐν κύκλου περιφερείᾳ ἐστίν. 15
λέγω, ὅτι καὶ τὸ Ε. μὴ γάρ, εἰ δυνατόν, ἀλλ᾽ ἤτοι
ἐκτὸς ἢ ἐντὸς πιπτέτω καὶ ἔστω πρότερον ἐκτός· καὶ
εἰλήφθω τὸ κέντρον τοῦ κύκλου τὸ Η σημεῖον, καὶ
ἐπεζεύχθωσαν ἐπὶ τὰ Β, Γ, Δ, Ε εὐθεῖαι αἱ ΒΗ, ΗΓ,
ΗΔ, ΗΕ, καὶ τεμνέτω ἡ ΗΕ τὸν κύκλον κατα τὸ Ζ, 20
καὶ ἐπεζεύχθω ἡ ΑΖ, ἐπεζεύχθω δὲ καὶ ἡ ΑΗ. καὶ
ἐπεὶ οὖν ἡ ΑΒ τῇ ΑΓ ἴση ἐστίν, ἔστι δὲ καὶ ἡ ΒΗ
τῇ ΓΗ, δύο δὴ αἱ ΑΒ, ΒΗ δυσὶ ταῖς ΑΓ, ΓΗ ἴσαι
εἰσίν. καὶ βάσις κοινὴ ἡ ΑΗ· γωνία ἄρα ἡ ὑπὸ ΑΒΗ
τῇ ὑπὸ ΑΓΗ ἐστιν ἴση καὶ τὸ τρίγωνον τῷ τριγώνῳ 25

---

34. PBV° (κδ V°).　　Fig. om. codd.

---

2. ἔν] delendum?　　8. συμβαλλέτωσαν] συμβαλέτωσαν ς P.
15. περιφερείας P.　　ἐστί V, comp. PB.　　19. Β] om.
PBV.　　αἱ ΒΗ] ἡ ΗΒ V; scr. αἱ ΗΒ.　　20. ΗΕ] (alt.) Ē B.
21. δέ] om. B.　　22. ἐστίν] om. B.　　24. εἰσί V, comp. PB.

τῇ ΗΖ ἐστιν ἴση, κοινὴ δὲ
βάσις ἄρα ἡ ΑΔ βάσει τῇ .
ἑκάστη τῶν ΑΒ, ΑΓ, ΑΕ.
10 ὀρθή ἐστιν, ἡ ὑπὸ ΑΖΕ ἃ
ἐκτὸς γὰρ τοῦ ΑΗΖ· ὥστε ἡ
ἐστὶν ὀρθῆς. τοῦ ΑΖΕ ἄρα
γωνία μείζων τῆς πρὸς τῷ Ε.
τῆς ΑΖ. ἐδείχθη δὲ καὶ ἴση
15 ἐκτὸς πεσεῖται τοῦ κύκλου τὸ
δείξομεν, ὅτι οὐδὲ ἐντός. ἐπ.
εὐθεῖαν καὶ ἐκβαλόντες ἐπὶ
τὸ γινόμενον σημεῖον ἀπὸ τοῦ
τὴν αὐτὴν καὶ ἴσην καὶ ἐλάτ
20 δὲ μήτε ἐντὸς μήτε ἐκτός, ἐπ
ΑΒ, ΑΓ, ΑΔ, ΑΕ ἄρα κ
φερείας, καὶ ἡ ΑΗ ὀρθὴ πρὸς
δεῖξαι.

Πόρισμα. ἐκ δὴ τούτου φαν

γωνίας ὑπὸ ἰσοσκελῶν ἐπιπέδων περιεχομένης τὴν βάσιν
κύκλος περιγράψει.

35. Ἐξ ἐπιπέδων ὁποσωνοῦν δοθεισῶν γωνιῶν,
ὧν μιᾶς αἱ λοιπαὶ μείζους εἰσὶ πάντη μεταλαμβανόμεναι,
στερεὰν γωνίαν συστήσασθαι· δεῖ δὴ τὰς διδομένας 5
τεσσάρων ὀρθῶν ἐλάττους εἶναι. ἔστωσαν αἱ εἰρημέναι
γωνίαι αἱ ὑπὸ ΒΑΓ, ΕΔΖ, ΘΗΚ, ΜΛΝ. δεῖ δὴ ἐκ
τῶν πρὸς τοῖς Α, Δ, Η, Λ γωνιῶν στερεὰν γωνίαν
συστήσασθαι. ἀπειλήφθωσαν ἴσαι αἱ περιέχουσαι αὐτὰς
εὐθεῖαι, καὶ ἐπεζεύχθωσαν αἱ ΒΓ, ΕΖ, ΘΚ, ΜΝ. 10

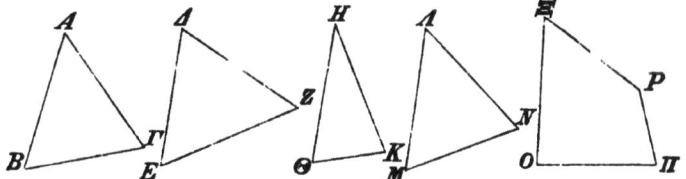

ἰσοσκελῆ ἄρα τὰ τρίγωνα ἔχοντα μιᾶς ὁποιασοῦν τὰς
λοιπὰς γωνίας μείζους πάντη μεταλαμβανομένας. καὶ
αἱ ΒΓ, ΕΖ, ΘΚ, ΜΝ ἄρα ποιοῦσι τετράπλευρον. γε-
γενήσθω καὶ ἔστω τὸ ΞΟΠΡ. καὶ ἐπεὶ δεῖ ἐκ τῶν
ὑπὸ ΒΑΓ, ΕΔΖ, ΘΗΚ, ΜΛΝ ἰσοσκελῶν τριγώνων 15
στερεὰν γωνίαν συστήσασθαι, πάσης δὲ στερεᾶς γωνίας
ὑπὸ ἰσοσκελῶν περιεχομένης τὴν βάσιν κύκλος περι-
γράψει, καὶ τῆς ὑπὸ τῶν ΒΑΓ, ΕΔΖ, ΘΗΚ, ΜΛΝ
ἄρα περιεχομένης τὴν βάσιν κύκλος περιγράψει. ἡ δὲ

---

35. PBV°.   Fig. om. codd.

---

1. ὑπό] ὑπὸ στερεῶν γωνιῶν ὑπό B.   2. ἐπιγράψει PV
et in ras. B.   5. δεδομένας V.   8. πρὸς τοῖς] om. P.   9.
αἱ περιέχουσαι] bis B.   13. ποιοῦσιν B, ποιήσουσι P.   14.
ἐπεὶ δεῖ] corr. ex ἐπειδή B, ἐπειδή V.   16. στερεᾶς γωνίας]
γωνίας στερεᾶς V.   17. κύκλος] om. PBV.

τῆς εἰρημένης γωνίας περιέχεται ἐκ τῶν βάσεων τῶν
εἰρημένων τριγώνων, τουτέστι τοῦ ΞΟΠΡ· τὸ ΞΟΠΡ
ἄρα τετράπλευρον κύκλος περιγράψει. καὶ τὰ αὐτὰ
δὲ λοιπὸν κατασκευάσαντες τοῖς ἐπὶ τῆς ἐκ τριγώνου
5 βάσεως γωνίας τὸ ἐπιτεταγμένον ποιήσομεν.

36. Ἀλλὰ αἱ τρεῖς αἱ p. 64, 6] ἐν τῷ ιε΄ θεωρήματι
τοῦ πρώτου βιβλίου δείξας, ὅτι, ἂν δύο εὐθεῖαι τέ-
μνωσιν ἀλλήλας, αἱ κατὰ κορυφὴν γωνίαι ἴσαι ἀλλήλαις
εἰσί, συνήγαγε πόρισμα¹) τοιοῦτον· φανερόν, ὅτι, ἂν
10 ὁσαιδηποτοῦν εὐθεῖαι τέμνωσιν ἀλλήλας, τὰς πρὸς τῇ
τομῇ γωνίας τέτρασιν ὀρθαῖς ἴσας ποιήσουσιν.

37. Παράλληλος ἄρα p. 64, 16] διὰ τὸ ἀντιστρόφιον
τοῦ β΄ τοῦ ϛ΄ βιβλίου.

38. Ὥστε καὶ λοιπή p. 64, 15] ἐπειδὴ ἡ ΞΛ τῇ ΞΜ
15 ἴση ἐστί· κέντρον γὰρ τὸ Ξ τοῦ κύκλου κεῖται· ἔστι
δὲ ἡ ΟΞ τῇ ΞΠ ἴση, καὶ λοιπὴ ἄρα ἡ ΟΛ λοιπῇ τῇ
ΠΜ ἐστιν ἴση.

39. Ἐπὶ τῆς ΡΞ τὸ μὲν Ρ σημεῖον μετέωρον δεῖ
νοεῖν, τὸ δὲ Ξ ἐν τῷ τοῦ κύκλου ἐπιπέδῳ.

20 40. Εἰ γάρ ἐστιν ἡ ΑΒ τῆς ΛΞ ἐλάττων, δύο
αἱ ΑΒ, ΒΓ, τουτέστι ΔΕ, ΕΖ, ἐλάττους ἔσονται τῶν
ΜΞ, ΞΛ, τουτέστι τῆς ΜΝ· ἀλλ᾽ ἡ ΜΝ ἴση ὑπόκειται

---

1) In q enim ad I, 15 manu 1 postea add. corollarium
illud, quod uol. I p. 42 not. crit. ex V mg. adtulimus (post
ἀλλήλας add. κατά τι σημεῖον. τῇ τομῇ] τῷ σημείῳ. τέσσαρσι]
τέτρασιν. ποιήσουσι] ποιοῦσιν).

---

36. q (P²).   37. q1P².   38. q (1P²).   39. q1.
40. q (P²); ad p. 348, 10.

---

4. τῆς] τοῖς V.   5. ποιήσωμεν V.   13. τοῦ β΄ τοῦ ϛ΄]
Pl, τοῦ ϛ΄ τοῦ β΄ q.   17. ΠΜ] ΟΜ q.   18. τῆς] τοῦ l.
P] Θ q1.   19. νοεῖν] νοῇ. l.

τῇ ΔΖ· καὶ αἱ ΔΕ, ΕΖ ἄρα ἐλάττους ἔσονται τῆς ΔΖ,
αἱ δύο τῆς μιᾶς· ὅπερ ἀδυνατώτερόν ἐστι, λέγω δή,
τὰς δύο τῆς μιᾶς ἐλάττονας εἶναι· δέδεικται γὰρ ἐν
τῷ κ' τοῦ α' βιβλίου, ὅτι παντὸς τριγώνου αἱ δύο
πλευραὶ τῆς μιᾶς μείζονές εἰσι πάντῃ μεταλαμβανόμεναι. 5

41. Ἐπεὶ παράλληλός ἐστιν ἡ ΜΛ τῇ ΠΟ, καὶ εἰς
αὐτὰς ἐμπέπτωκεν εὐθεῖα ἡ ΛΞ, ἐὰν δὲ εἰς παρ-
αλλήλους εὐθείας εὐθεῖα ἐμπέσῃ, τὰς ἐναλλὰξ γωνίας
ἴσας ἀλλήλαις ποιῇ καὶ τὴν ἐκτὸς τῇ ἐντὸς καὶ ἀπ-
εναντίον καὶ ἐπὶ τὰ αὐτὰ μέρη ἴσην, ἴση ἄρα ἐστὶν 10
ἡ ὑπὸ ΜΛΞ γωνία τῇ ὑπὸ ΠΟΞ. μείζων δὲ ἡ ὑπὸ
ΠΟΞ τῆς ὑπὸ ΣΟΞ· περιέχει γὰρ τὴν ὑπὸ ΣΟΞ
ἡ ὑπὸ ΠΟΞ· μείζων ἄρα καὶ ἡ ὑπὸ ΜΛΞ τῆς ὑπὸ
ΣΟΞ. διὰ τὰ αὐτὰ δὴ μείζων ἐστὶ καὶ ἡ ὑπὸ ΝΛΞ
τῆς ὑπὸ ΤΟΞ. ὅλη ἄρα ἡ ὑπὸ ΜΛΝ ὅλης τῆς ὑπὸ 15
ΣΟΤ μείζων ἐστίν· ὅπερ ἔδει δεῖξαι.

Ad prop. XXV.

42. Διὰ τοῦ α' τοῦ ϛ' καὶ τοῦ β' τοῦ ια', ὅτι
ἐπίπεδά ἐστι τὰ λοιπὰ δύο ἑκάστου στερεοῦ, ἔστι δὲ
τὰ αὐτὰ καὶ παράλληλα. 20

Ad prop. XXVII.

43. Εἰ μὲν οὖν τυγχάνοι ἴση οὖσα μηδεμιᾷ τῶν
τοῦ στερεοῦ πλευρῶν, οἷδὲ τὸ ἀναγραφόμενον ἴσον
ἀναγράψαι δυνατὸν πρὸς τῷ καὶ ὅμοιον. εἰ δὲ εἴη
μιᾷ αὐτῶν ἴση, εἰ μὲν μὴ λαμβάνηται ὁμόλογος ἐκείνῃ 25

---

41. q (P²); ad p. 352, 20.   42. q (P²).   43. PVᶜ.

---

1. αἱ] ἡ q.   14. ΣΟΞ] ΠΟΞ q.   16. ΣΟΤ] ΣΤΟ ꝏ.
22. τυγχάνει V.   25. λαμβάνεται P.

88*

δοθεῖσα εὐθεῖα τῶν πλευρ
εἴπομεν τρόπον, καὶ ἴσον
στερεὸν ὅμοιον ἢ ἴσον καὶ ὅ,
10 κεῖσθαι. εἰ γάρ τις πυραμί
γώνου βάσεως ἀνισοσκελῆ μί
ἔχουσαν πρὸς τὴν βάσιν τέ
κατὰ τὴν τοῦ τετραγώνου διαγ
ἔσονται δύο στερεαὶ πυραμ
15 ὁμοίως δὲ τεθῆναι οὐδαμῶ
πεπονθότως. ὥστε δυνατὸν
ὁμολόγου καὶ ἴσης οὔσης μιᾶ
πλευρῶν ἴσον καὶ ὅμοιον στερε
ὁμοίως κείμενον· ἐὰν δὲ το
20 πυραμίδος ἴσον καὶ ὅμοιον κ
τοῦτο καὶ ὁμοίως κεῖσθαι δύ

Ad prop.

44. Ἀντιστρόφιον· τὰ ἴσα

Ad prop. XXXIII coroll.

45. Τοῦτό ἐστι τὸ τοῦ Πλάτωνος πρόβλημα, ἡνίκα τὸν ἐν Δήλῳ βωμὸν κύβον ὄντα προέκειτο διπλασιάσαι.

Ad prop. XXXIV.

46. Ἐπεὶ γὰρ τὰ ἐπὶ ἴσων βάσεων στερεὰ παραλληλ- 5
επίπεδα καὶ ὑπὸ τὸ αὐτὸ ὕψος ἴσα ἀλλήλοις ἐστίν,
καὶ τὰ ἐπὶ ἴσων βάσεων τοιαῦτα σχήματα ὑπὸ τὸ αὐτὸ
ὕψος εἰσίν, εἴ γε ἴσα εἰσίν. εἰ γὰρ ἴσα μέν εἰσι καὶ
ἐπὶ ἴσων βάσεων, ὑπὸ δὲ τὸ αὐτὸ ὕψος οὐκ εἰσίν,
αὐξηθέντος τοῦ ὕψους τοῦ παραλληλεπιπέδου τοῦ 10
ἔχοντος τὸ ἔλαττον ὕψος καὶ ἴσου γεγονότος τῷ ὕψει
τοῦ ἑτέρου παραλληλεπιπέδου καὶ συμπληρωθέντος τοῦ
παραλληλεπιπέδου καὶ γεγονότος μείζονος τοῦ ἔχοντος
τὸ ἔλαττον ὕψος ἔσονται τὰ παραλληλεπίπεδα τὰ ἐπὶ
ἴσων βάσεων ὄντα καὶ ὑπὸ τὸ αὐτὸ ὕψος ἴσα ἀλλήλοις. 15
ἀλλ' ἔστι καὶ τὸ ἔχον ἔλαττον τὸ ὕψος κατὰ μὲν τὴν
ὑπόθεσιν ἴσον τῷ προτέρῳ, κατὰ δὲ τὴν κατασκευὴν
ἔλαττον τοῦ ἔχοντος τὴν αὐτὴν μὲν αὐτῷ βάσιν, τὸ
δὲ ὕψος μεῖζον· ὅπερ ἄτοπον.

Ad prop. XXXV coroll. 20

47. Ἐδείχθη γὰρ ἡ ΘΚ κάθετος τῇ ΜΝ καθέτῳ
ἴση, αἵτινες κάθετοι ἤχθησαν ἀπὸ τῶν ἐπισταθεισῶν
μετεώρων εὐθειῶν τῶν ΑΗ, ΔΜ.

---

45. P.   46. V¹ (ad p. 106, 21 sq., cfr. p. 109 not. 1).
47. q.

---

8. μέν] supra scr. V.   16. ἔχον] corr. ex ἔχων V.

Ad prop. XXXVI.

48. Τὸ ἀπὸ τῆς μέσης, φησίν, οὐ μόνον ἰσόπλευρόν ἐστιν, ἀλλὰ καὶ ἰσογώνιον τῷ προειρημένῳ ἤτοι τῷ ἐκ τῶν τριῶν εὐθειῶν.

5   49. Ἔστωσαν τρεῖς ἀριθμοὶ ἀνάλογον ἐν τριπλασίονι λόγῳ ὁ $\overline{κξ}$ $\overline{θ}$ $\overline{γ}$. τὸ μὲν οὖν ἀπὸ τῆς μέσης στερεὸν παραλληλεπίπεδον ἤτοι τοῦ $\overline{θ}$ πρὸς ἑαυτὸν πολλαπλασιαζομένου καὶ ποιοῦντος τὸν $\overline{πα}$, εἶτα αὐτοῦ πάλιν τοῦ $\overline{θ}$ πολλαπλασιαζομένου εἰς τὸν $\overline{πα}$, ὁ $\overline{ψκθ}$ ἐστιν
10 ἀριθμός. τὸ δὲ ἐκ τῶν τριῶν ἤγουν τοῦ $\overline{κξ}$ $\overline{θ}$ $\overline{γ}$ γίνεται οὕτως· τρὶς ἐννέα $\overline{κξ}$· οὗτος οὖν ὁ $\overline{κξ}$ πολλαπλασιαζόμενος εἰς τὸν τρίτον τῶν ἐκκειμένων ὅρων τὸν $\overline{κξ}$ ἀποτελεῖ πάλιν τὸν $\overline{ψκθ}$.

50. Ὥστε τὰ ΛΘ, ΕΚ p. 126, 11] ὕψος γάρ ἐστι
15 πάντων σχημάτων ἡ ἀπὸ τῆς κορυφῆς ἐπὶ τὴν βάσιν κάθετος ἀγομένη.

Ad prop. XXXVII.

51. Τὰ $\overline{η}$ μετὰ τῶν $\overline{ιβ}$ ποιεῖ $\overline{ϟϛ}$, μετὰ δὲ τῶν $\overline{β}$ τοῦ ὕψους δηλαδὴ $\overline{ϟϟβ}$. πάλιν τὰ $\overline{δ}$ μετὰ τῶν $\overline{ϛ}$

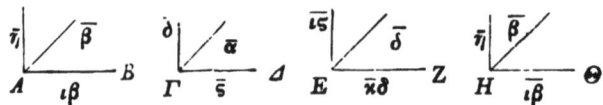

20 ποιεῖ $\overline{κδ}$, μετὰ δὲ τῶν $\overline{α}$ τοῦ ὕψους δηλαδὴ τὰ αὐτά. τὰ $\overline{ιϛ}$ μετὰ τῶν $\overline{κδ}$ ποιεῖ $\overline{τπδ}$ καὶ τὰ $\overline{δ}$ τὸ ὕψος δηλαδὴ μετʼ αὐτῶν $\overline{͵αφλϛ}$. τὰ δὲ $\overline{η}$ μετὰ τῶν $\overline{ιβ}$ $\overline{ϟϛ}$, μετὰ δὲ τῶν $\overline{β}$ τοῦ ὕψους $\overline{ϟϟβ}$. ὀκταπλάσιον δὲ τὸ στερεὸν

---

48. q (ad p. 124, 9).   49. Vᵇ (F²).   50. q.   51. V² (F²).

---

10. τό] e corr. V.

τὰ $\overline{ρϟβ}$ τοῦ στερεοῦ τῶν $\overline{κδ}$, ὀκταπλάσιον καὶ τὸ στερεὸν τὰ ͵$\overline{αφλε}$ τῶν $\overline{ρϟβ}$.

52.

Ad prop. XXXVIII.

53. Κοινὴ προσκείσθω ἡ ὑπὸ ΔΥΟ, καὶ γίνονται αἱ τρεῖς ταῖς τρισὶν ἴσαι. αἱ δὲ τρεῖς δυσὶν ὀρθαῖς ἴσαι· καὶ αἱ τρεῖς δυσὶν ὀρθαῖς ἴσαι. ἐπ' εὐθείας ἄρα ἐστὶν ἡ ΔΥ εὐθεῖα.

54. Ἐν ἄλλῳ οὕτως· ἐὰν κύβου τῶν ἀπεναντίον ἐπιπέδων αἱ πλευραὶ καὶ τὰ ἑξῆς.

Ad prop. XXXIX.

55. Ἓν πρίσμα ἐστὶ τὸ ΑΒΓΔΕΖ, ἕτερον δὲ τὸ ΘΚΛΜΝ.

---

52. V² (F²).   53. F² (ad p. 130, 22).   54. q (hab. script. Theonis).   55. q.

In librum XII.

Ad prop. I.

1. *Καὶ τὸ ἀντιστρόφιον τούτου ζητητέον. τοῦτο δὲ καὶ τὸ ἑξῆς λημμάτιά ἐστι τῶν μελλόντων λέγεσθαι, ὁμοίως δὲ καὶ τὸ τρίτον εἰς τὸν περὶ πυραμίδων καὶ* 5 *κώνων λόγον.*

2. *Λῆμμα εἰς τὸ α΄ θεώρημα.*

εἰς τὸν δοθέντα κύκλον τῷ δοθέντι εἰς κύκλον πολυγώνῳ ὅμοιον πολύγωνον ἐγγράψαι. ἔστωσαν δύο

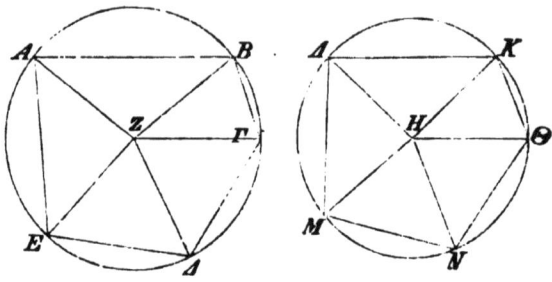

κύκλοι, ὧν κέντρα τὰ Z, H, καὶ εἰς τὸν ΑΒΓΔΕ 10 *κύκλον πολύγωνον ἐγγεγράφθω τυχὸν τὸ ΑΒΓΔΕ,*

---

1. PB.   2. PBVᶜp (in p post finem libri XI).   Fig. om. codd.

---

4. τόν] τό P.   6. λῆμμα — θεώρημα] εἰς τὸ α΄ τοῦ ιβ΄ προγραφόμενον p.   7. δοθέντα] διορθωθέντα B.   8. πολύ-γωνον PBV.   9. τὰ] μὲν τὰ Bp.

καὶ ἐπεζεύχθωσαν αἱ ΑΖ, ΒΖ, ΓΖ, ΔΖ, ΕΖ, καὶ
διήχθω τις εἰς τὸν ἕτερον κύκλον ἀπὸ τοῦ Η κέντρου,
ὡς ἔτυχεν, εὐθεῖα ἡ ΗΔ, καὶ τῇ μὲν ὑπὸ ΑΖΒ γωνίᾳ
συνεστάτω ἴση ἡ ὑπὸ ΔΗΚ, τῇ δὲ ὑπὸ ΒΖΓ γωνίᾳ
ἴση ἡ ὑπὸ ΚΗΘ, τῇ δὲ ὑπὸ ΓΖΔ ἴση ἡ ὑπὸ ΘΗΝ,   5
τῇ δὲ ὑπὸ ΔΖΕ ἴση ἡ ὑπὸ ΜΗΝ. λοιπὴ ἄρα ἡ ὑπὸ
ΑΖΕ ἴση ἐστὶ τῇ ὑπὸ ΔΗΜ. καί ἐστιν ὡς ἡ ΑΖ
πρὸς τὴν ΖΒ, οὕτως ἡ ΔΗ πρὸς τὴν ΗΚ. ὅμοια ἄρα
ἐστὶ τὰ ΑΖΒ, ΔΗΚ τρίγωνα, ὡς δέδεικται ἐν τῷ
ἕκτῳ θεωρήματι τοῦ ϛ΄ στοιχείου. ἔστιν ἄρα ὡς ἡ ἐκ   10
τοῦ κέντρου πρὸς τὴν ἐκ τοῦ κέντρου, οὕτως ἡ ΒΑ
πρὸς τὴν ΚΔ. ὁμοίως δὴ δείξομεν, ὅτι καὶ ἑκάστη
τῶν ΒΓ, ΓΔ, ΔΕ, ΕΑ πρὸς ἑκάστην τῶν ΚΘ, ΘΝ,
ΝΜ, ΜΑ τὸν αὐτὸν ἔχει λόγον. καί εἰσιν ἴσαι αἱ
γωνίαι τῶν πολυγώνων, ἐπειδήπερ καὶ αἱ τῶν τρι-   15
γώνων ἴσαι εἰσίν. τὰ ἄρα ΑΒΓΔΕ, ΘΚΛΜΝ πολύ-
γωνα ἴσας ἔχει τὰς γωνίας κατὰ μίαν καὶ τὰς περὶ
τὰς ἴσας γωνίας πλευρὰς ἀνάλογον. ὅμοιον ἄρα ἐστὶ
τὸ ΑΒΓΔΕ πολύγωνον τῷ ΘΚΛΜΝ πολυγώνῳ. εἰς
ἄρα τὸν δοθέντα κύκλον τὸν ΘΚΛΜΝ τῷ ΑΒΓΔΕ   20
ὅμοιον πολύγωνον ἐγγέγραπται· ὅπερ ἔδει ποιῆσαι.

---

1. ΑΖ] ΑΒ PBV.   3. ΗΔ] ΗΔ PBV.   4. ΒΖΓ]
ΖΒΓ PBV.   5. ΓΖΔ] ΓΔΖ V.   ἴση] om. p.   6. ἴση]
om. p.   ΜΗΝ] ΒΗΝ p, ΜΗΔ P.   7. ἐστί] om. p.   8.
τὴν ΗΚ] ΒΚ p.   ὁμοίως p.   9. ΑΖΗ p.   ΔΚΗ PV.
τῷ — 10. θεωρήματι] θεωρήματι ϛ̄ PBV.   12. ἑκάστη]
ἑκατέρα V.   13. ΓΔ] ΘΔ P, ΘΔ BV.   ΔΕ] ΔΒ V.   14.
αἱ] om. B.   15. ἐπειδήπερ — 16. εἰσίν] om. p.   16. εἰσιν
ἴσαι B.   ΑΒΓΔΗ p.   17. περί] π̄ B, ὑποτεινούσας P.
18. τάς] om. B.   πλευράς] π̄ P, πάλιν B.   ὅμοια p.
ἐστί — 21. ποιῆσαι] εἰσίν p.   19. ΑΘΚΜΝ VB.   21.
ἐγγέγραπται] -ται in ras., dein τό in ras. seq. ras. P.   ποι-
ῆσαι] P, δεῖξαι B, :~ V.

3. Ἀλλ' ἡ μὲν ὑπό p. 140, 2] αἱ γὰρ ἐπὶ τῆς αὐτῆς περιφερείας βεβηκυῖαι γωνίαι ἴσαι ἀλλήλαις εἰσὶν καὶ ἐν τῷ αὐτῷ τμήματι διὰ τὸ κα΄ τοῦ γ΄.

4. Ἔστι δὲ καὶ ὀρθή p. 140, 5] πᾶσαι γὰρ αἱ ἐν
5 ἡμικυκλίῳ γωνίαι ὀρθαί εἰσιν.

Ad prop. II.

5. Ἔστω χάριν τοῦ σαφοῦς τὸ περιγραφὲν τετρά-
γωνον ὀκτάπουν, ὁ δὲ περιεχόμενος ὑπ' αὐτοῦ κύκλος
ἑξάπους, τὸ δὲ ἐγγεγραμμένον ἐν τῷ ἑξάποδι κύκλῳ
10 τετράγωνον ἔστω τετράπουν. τὸ δὴ τετράπουν μεῖζόν
ἐστιν ἢ τὸ ἥμισυ τοῦ ἑξάποδος· τρίπουν γὰρ τὸ τοῦ
ἑξάποδος ἥμισυ. ὅτι δὲ τὸ περιγεγραμμένον τετρά-
γωνον διπλάσιόν ἐστι τοῦ ἐγγραφομένου τετραγώνου,
δέδεικται ἐν τῷ μα΄ θεωρήματι τοῦ α΄ βιβλίου· τὸ
15 γὰρ ΕΖΘ τρίγωνον, ὅπερ ἐστὶ τὸ ἥμισυ τοῦ ΕΖΗΘ
τετραγώνου, ἥμισυ δείκνυται ἐν ἐκείνοις τοῦ ἡμίσεος
τοῦ περιγραφομένου τετραγώνου· ὁμοίως καὶ τὸ λοιπὸν
τὸ ΖΗΘ τρίγωνον ἥμισυ τοῦ λοιποῦ. ὥστε καὶ τὸ
ὅλον ἥμισυ τοῦ ὅλου.

20 6. Ἔστω τὸ Σ χωρίον ποδῶν ἢ πηχέων ἢ ἄλλων
τινῶν ιη, ὁ δὲ ΑΒΓΔ κύκλος τοιούτων κδ· ὑποεπί-
τριτος ἄρα ἐστὶν ὁ ιη τοῦ κδ. ἔστω πάλιν ὁ ΕΖΗΘ
κύκλος ϛ, οἵων ἦν κδ μὲν ὁ ΑΒΓΔ, ῑ δὲ καὶ ῆ
τὸ Σ χωρίον, ἔστω ὁ μὲν κύκλος τοιούτων ϛ, τὸ

---

3. B.   4. B.   5. FVᵃq (P²).   6. FVᵃq (P²).

---

7. τετράγωνον ὀκτάπουν] ὀκτάγωνον τετράπουν q.   16.
τετραγώνου] □ʹ F.   18. τό] (pr.) corr. ex τοῦ V.   20.
πηχέων ἤ] om. F.   21. ιη] δέκα καὶ ἤ q.   κδ] εἴκοσι καὶ
τεσσάρων q, κ καὶ δ V.   22. ἐστίν] comp. F, om. Vq.   23.
ϛ] ἕξ q, λϛ F.   ῑ — ῆ] ιη δέ q.

δὲ T χωρίον ἦ. ἔστι δὲ ἡγούμενον μὲν τὸ Σ χωρίον,
ἑπόμενον δὲ τῷ Σ χωρίῳ ὁ ΑΒΓΔ κύκλος· ὁμοίως
ἡγούμενον μὲν ὁ ΕΖΗΘ κύκλος, ἑπόμενον δὲ τὸ T
χωρίον. τούτων οὕτως ἐχόντων δῆλον τὸ συναγό-
μενον πλὴν ἐκεῖνο σκεπτέον καὶ ἐπὶ τῶν ἀριθμῶν,   5
ὅπερ γεωμετρικῶς συνῆκται, ὅτι ὡς τὸ Σ χωρίον τὰ ῑη
πρὸς τὸν ΑΒΓΔ τὰ κ̄δ, οὕτως ὁ ΕΖΗΘ κύκλος τὰ ϛ̄
πρὸς τὸ χωρίον τὸ T τὰ η̄· ὅ τε γὰρ ῑη τοῦ κ̄δ ὑπ-
επίτριτος καὶ ὁ ϛ̄ τοῦ η̄.

7. Τὸ τοιοῦτον πολύγωνον καθ' ἑαυτὸ δεῖ νοεῖν   10
δίχα τῶν περιφερειῶν τῶν ΕΚ, ΚΖ, ΖΛ, ΛΗ, ΗΜ,
ΜΘ, ΘΝ, ΝΕ, ὀνομάζεται δὲ ἑκάστη εὐθεῖα καὶ περι-
φέρεια διὰ τῶν αὐτῶν στοιχείων· ΕΚ λέγεται καὶ ἡ
εὐθεῖα καὶ ἡ περιφέρεια καὶ αἱ λοιπαὶ ὁμοίως.

8. Λῆμμα εἰς τὸ β' θεώρημα.   15

ἐγγεγράφθω, φησίν, εἰς τὸν
ΓΔ κύκλον τετράγωνον τὸ ΓΗΔΖ.
τὸ ἄρα ΓΗΔΖ τετράγωνον μεῖζόν
ἐστιν ἢ τὸ ἥμισυ τοῦ ΓΔ κύκλου.
ἔστω κύκλος ὁ ΓΔ καὶ ἐν αὐτῷ   20
τετράγωνον ἐγγεγράφθω τὸ ΗΓΖΔ.
δεῖξαι, ὅτι μεῖζόν ἐστι τὸ ΗΓΖΔ
τετράγωνον τοῦ ἡμίσους τοῦ κύκλου, τουτέστι τοῦ
ἡμικυκλίου. περιγεγράφθω γὰρ περὶ τὸν ΓΗΔΖ κύκλον

---

7. Vᵃq (P²).   8. PBV°p.   Fig. om. codd.

---

3. Τ] ταῦ q.   5. ἐκεῖνο] om. F.   8. γάρ] ἄ V.   ὑπ-
επίτριτον q.   13. ΕΚ] ΑΚ Vq.   15. θεώρημα] τοῦ αὐτοῦ p.
19. τό] om. p.   21. τό] om. p.   ΗΓΔΖ Β, ΓΗΔΖ p.
22. ὅτι] δεῖ ὅτι Βp.   ΗΓΔΖ p.   23. τετράγωνον] τρί-
γωνον V.   τουτέστι τοῦ ἡμικυκλίου] om. p.

κυκλίου. ὁμοίως δὴ δείξομε
γωνον μεῖζόν ἐστιν ἢ τὸ
ἡμικυκλίου. ὥστε καὶ ὅλον
μεῖζόν ἐστιν ἢ τὸ ἥμισυ μέϱ
10 δεῖξαι.

9. Εἰς τὸ αὐτὸ θεώρημα
ἔστω τμῆμα τὸ ΑΒΓ, καὶ
φέρεια δίχα κατὰ τὸ Β σημε
τῆς ΑΒΓ περιφερείας ἐφαπτ
15 ἡ ΒΔ. δεῖξαι, ὅτι ἡ ΒΔ
ἀλληλός ἐστι τῇ ΓΔ. ἐπεζεύχθ
γὰρ αἱ ΔΒ, ΒΓ· καὶ ἐπεὶ ἐφά
δὲ ἡ ΒΔ, ἴση ἄρα ἡ ὑπὸ
τμήματι γωνία τῇ ὑπὸ ΒΓ
20 ὑπὸ ΒΑΓ ἐστιν ἴση διὰ τὴν
ᾗ ὑπὸ ΔΒΔ τῇ ὑπὸ ΒΑΓ.
ἀλληλος ἄρα ἡ ΔΒ τῇ ΓΔ·

9. PRVon.   Fig. om. codd

10. *Εἰς τὸ αὐτό.*

Πόθεν, ὅτι ἡ ἐφαπτομένη παράλληλός ἐστι τῇ δια-
μέτρῳ; καὶ λέγομεν, ὅτι· τετμήσθω ἡ ΖΕΘ περιφέρεια
δίχα κατὰ τὸ Ε, καὶ διὰ τοῦ Ε ἤχθω ἐφαπτομένη
ἡ ΚΛ, καὶ εἰλήφθω τὸ κέντρον τοῦ κύκλου καὶ ἔστω 5
τὸ Ο, καὶ ἐπεζεύχθω ἡ ΟΕ. καὶ ἐπεὶ ἐπὶ τεταρτη-
μορίου βέβηκεν, ἡ ὑπὸ ΖΟΕ γωνία ὀρθή ἐστιν. πάλιν

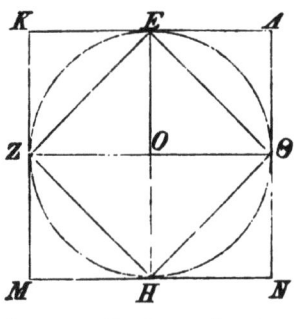

ἐπεὶ ἀπὸ τοῦ κέντρου ἐπὶ τὴν
ἀφὴν ἐπέζευκται ἡ ΟΕ, ἡ
ὑπὸ ΚΕΟ γωνία ὀρθή ἐστιν. 10
καὶ ἐπεὶ εἰς δύο εὐθείας τὰς
ΚΛ, ΖΘ εὐθεῖα ἐμπεσοῦσα
ἡ ΟΕ τὰς ἐντὸς καὶ ἐπὶ τὰ
αὐτὰ μέρη γωνίας τὰς ὑπὸ
ΚΕΟ, ΖΟΕ δυσὶν ὀρθαῖς 15
ἴσας ποιεῖ, παράλληλός ἐστιν
ἡ ΖΘ τῇ ΚΛ. ὁμοίως δὴ καὶ ἐὰν ἀπὸ τῶν Ζ, Η, Θ
σημείων ἄγωμεν ἐφαπτομένας τὰς ΚΜ, ΜΝ, ΝΛ,
παράλληλοί εἰσι τῇ ΖΘ· αἱ δὲ τῇ αὐτῇ εὐθείᾳ παρ-
άλληλοι, καὶ ἀλλήλαις εἰσὶ παράλληλοι. παράλληλοι 20
ἄρα εἰσὶν αἱ ΚΜ, ΜΝ, ΝΛ, ΛΚ. καὶ φανερόν, ὅτι
καὶ συμπίπτουσιν. ἐπεζεύχθω γὰρ ἡ ΕΖ. καὶ ἐπεὶ
αἱ ὑπὸ ΚΕΖ, ΕΖΚ ἐλάττονές εἰσι δύο ὀρθῶν, ἐκ-
βαλλόμεναι ἄρα συμπεσοῦνται αἱ ΜΚ, ΛΚ. διὰ
τὰ αὐτὰ δὴ καὶ αἱ ΚΛ, ΛΝ, ΝΜ, ΜΚ συμ- 25
πίπτουσιν ἀλλήλαις. καὶ φανερόν, ὅτι καὶ τετράγωνόν

---

10. Bp.   Fig. hab. B.

2. ἡ] om. p.   7. ἐστι p, comp. B.   8. τοῦ] om. B.   ἐπὶ
τὴν] ἐπ B.   10. ΚΕΟ] ΑΕΟ p.   ἐστι p, comp. B.   14.
τὰς — 15. ΖΟΕ] om. p.   19. εὐθείᾳ] om. B.   22. ἐπεὶ]
ἐπί comp. B.   24. διά] καὶ διά B.   25. ΜΚ] ΚΜ p.

ἐστιν. ἤχθω γὰρ διάμετρος ἡ ΕΗ. καὶ ἐπεὶ ἴση ἐστὶν
ἡ ΖΘ ἑκατέρᾳ τῶν ΚΛ, ΜΝ· ἀπεναντίον γάρ· ἀλλὰ
καὶ ἡ ΕΗ ἑκατέρᾳ τῶν ΚΜ, ΛΝ ἐστιν ἴση, ἀλλὰ
ἡ ΕΗ τῇ ΖΘ ἐστιν ἴση, καὶ αἱ ΚΛ, ΛΝ, ΝΜ, ΜΚ
5 ἄρα ἴσαι εἰσὶν ἀλλήλαις. τετράγωνον ἄρα ἐστὶ τὸ
ΚΜΝΛ. διπλάσιον τὸ περιγραφὲν τοῦ ἐγγραφέντος.
καὶ πόθεν, ὅτι διπλάσιον τὸ περιγραφὲν τοῦ ἐγ-
γραφέντος; ἐπεὶ γὰρ παραλληλόγραμμον τὸ ΚΘ τοῦ
ΖΘΕ τριγώνου· βάσιν τε γὰρ ἔχει τὴν αὐτὴν καὶ ἐν
10 ταῖς αὐταῖς παραλλήλοις· διπλάσιον ἄρα ἐστὶ τὸ ΚΘ
παραλληλόγραμμον τοῦ ΖΘΕ τριγώνου. διὰ τὰ αὐτὰ
δὴ καὶ τὸ ΖΝ παραλληλόγραμμον τοῦ ΖΘΗ τριγώνου·
ὅλον ἄρα τὸ ΚΝ τετράγωνον ὅλου τοῦ ΕΖΗΘ τετρα-
γώνου διπλάσιόν ἐστι.

15   11. Πόθεν δῆλον, ὅτι αἱ ὑπὸ ΚΕΖ, ΕΖΚ ἐλάτ-
τονές εἰσιν ὀρθῆς; ἐπεὶ ἡ ΟΕ κάθετός ἐστιν ἐπὶ τὴν ΚΕ
ἐφαπτομένην, ὀρθὴ ἄρα ἐστὶν ἡ πρὸς τῷ Ε γωνία.
καὶ περιέχει τὴν ὑπὸ ΚΕΖ· ἐλάττων ἄρα αὕτη ὀρθῆς.
δια τὸ αὐτὸ δὴ καὶ ἡ πρὸς τῷ Ζ ὀρθὴ οὖσα περιέχει
20 τὴν ὑπὸ ΕΖΚ· ἐλάττων ἄρα καὶ αὕτη ὀρθῆς ἐστιν.
καὶ ἄμφω ἄρα δύο ὀρθῶν ἐλάττονές εἰσιν.

    12. Εὐδόξου.

    13. Ἤτοι πρὸς ἔλασσον p. 142, 6] τὸ Σ ἄρα ἢ ἴσον
ἐστὶν ἢ ἄνισον τῷ κύκλῳ, καὶ εἰ ἄνισον, ἢ μεῖζόν
25 ἐστι τοῦ ὑπὲρ τοῦ ΕΖΗΘ κύκλου.

---

11. p man. rec. (ad schol. nr. 10 p. 621, 22).   12. V⁴.
13. Vᵃ.

---

3. ΕΗ] ΕΛ p.   ἑκατέρᾳ — 4. ΕΗ] bis B.   4. ΛΝ]
ΛΜ B.   5. ἀλλήλαις εἰσί p.   ἐστί] om. p.   6. ΚΜΝΛ]
ΚΛΜΝ B, ΚΜΝΛ ἐστι p.   7. ὅτι — ἐγγραφέντος] om. p.
9. τριγώνῳ Bp.   10. ἄρα] om. p.   13. τετραγώνου] om. p.
14. ἐστι] om. B.   18. ΚΕΖ] ΕΚΖ p.   24. τῷ κύκλῳ]
τοῦ κύκλου V.   25. τοῦ ὑπὲρ] scr. ἢ ἔλαττον.

14. Ὥστε τὸ *EZHΘ* p. 142, 15] ἐὰν γὰρ τὸ περι-
γραφόμενον τετράγωνον μεῖζον τοῦ κύκλου, ἥμισυ δὲ
τοῦ περιγραφομένου τὸ ἐγγραφόμενον, μεῖζον ἄρα τὸ
ἐγγραφόμενον τοῦ ἡμίσεος τοῦ κύκλου, ὅτι καὶ τὸ
ἥμισυ τοῦ περιγραφομένου ἤτοι τὸ ἐγγραφόμενον μεῖζον 5
τοῦ ἡμίσεος τοῦ κύκλου. ἐὰν γὰρ τὸ ὅλον τοῦ ὅλου
μεῖζον, καὶ τὸ ἥμισυ τοῦ ἡμίσεος.

15. Ἀλλὰ τὸ καθ' ἑαυτὸ τμῆμα p. 144, 2] περι-
έχεται γὰρ τοῦ κύκλου τὰ τμήματα ὑπὸ τῶν παραλληλο-
γράμμων.   10

16. Ἀλλ' ὡς τὸ *Σ* χωρίον p. 146, 19] τοῦτο εὐθὺς
δείξει μετὰ τὸ συμπεράνασθαι τὸ πρόβλημα.

Ad prop. III.

17. Παράλληλος ἄρα p. 150, 11] δέδεικται ἐν τῷ β'
τοῦ ϛ' βιβλίου θεωρήματι, ὅτι, ἐὰν τριγώνου παρὰ 15
μίαν τῶν πλευρῶν ἀχθῇ τις εὐθεῖα, ἀνάλογον τεμεῖ
τὰς τοῦ τριγώνου πλευράς, καὶ ἐὰν τοῦ τριγώνου αἱ
πλευραὶ ἀνάλογον τμηθῶσιν, ἡ ἐπὶ τὰς τομὰς ἐπι-
ζευγνυμένη εὐθεῖα παρὰ μίαν ἤτοι παράλληλος ἔσται
μιᾷ τῶν τοῦ τριγώνου πλευρῶν. ἐπειδὴ οὖν τριγώνου 20
τοῦ *ΑΒΔ* αἱ πλευραὶ ἀνάλογόν εἰσιν· ὡς γὰρ ἡ *ΒΕ*
πρὸς τὴν *ΕΑ*, οὕτως ἡ *ΑΘ* πρὸς τὴν *ΘΔ*· τέμνει δὲ
αὐτὰς οὕτως ἡ *ΕΘ*, παράλληλος ἄρα ἐστὶ τῇ *ΒΔ*.
πάλιν ἐπεὶ τὸ αὐτὸ τρίγωνον ἡ *ΘΚ* ἀνάλογον τέμνει,
παράλληλός ἐστι τῇ *ΑΒ*.   25

18. Ἐὰν γὰρ τριγώνου αἱ πλευραὶ ἀνάλογον τμη-
θῶσιν, ἡ ἐπὶ τὰ σημεῖα ἐπιζευγνυμένη εὐθεῖα παρ-
άλληλός ἐστιν.

14. Vᵃ.   15. VᵃF².   16. q.   17. Vᵃq (Pᵃ).   18. B.
22. Scr. *ΔΘ πρὸς τὴν ΘΑ*.   δέ] V, δή q.

19. *Καὶ γωνία ἡ ὑπό* p. 150, 17] *εἰς γὰρ παραλλήλους εὐθείας τὰς ΑΒ, ΘΚ καὶ εἰς αὐτὰς εὐθεῖα ἐνέπεσεν ἡ ΑΔ, ἡ ἐκτὸς γωνία ἡ ὑπὸ ΚΘΔ τῇ ἐντὸς καὶ ἀπεναντίον τῇ ὑπὸ ΕΑΘ ἴση ἐστίν.*

5   20. *Ἰσογώνιόν ἐστι τὸ ΑΔΒ* p. 152, 10] *ἐπειδὴ ἐν τῷ δευτέρῳ θεωρήματι τοῦ ς΄ βιβλίου λέγει· ἐὰν τριγώνου παρὰ μίαν τῶν πλευρῶν ἀχθῇ τις εὐθεῖα, ἀνάλογον τεμεῖ τὰς τοῦ τριγώνου πλευράς, ἐν δὲ τῷ ε΄ θεωρήματι τοῦ αὐτοῦ βιβλίου· ἐάν, φησίν, δύο τρίγωνα* 10 *τὰς πλευρὰς ἀνάλογον ἔχῃ, ἰσογώνια ἔσται τὰ τρίγωνα.*

21. *Διπλάσιόν ἐστι τὸ ΕΒΖΗ* p. 154, 8] *δέδεικται ἐν τῷ μα΄ θεωρήματι τοῦ α΄ βιβλίου, ὅτι, ἐὰν παραλληλόγραμμον χωρίον τριγώνῳ βάσιν τε τὴν αὐτὴν ἔχῃ καὶ ἐν ταῖς αὐταῖς παραλλήλοις ᾖ, διπλάσιον ἔσται* 15 *τὸ παραλληλόγραμμον τοῦ τριγώνου. καὶ ἐπεὶ ἔχει τὸ ΕΒΖΗ παραλληλόγραμμον βάσιν τὴν ΒΖ, τὸ δὲ ΗΖΓ τρίγωνον τὴν ΖΓ, ἔστι δὲ ἡ ΖΓ ἴση τῇ ΒΖ, καὶ τὸ ΖΗΓ ἄρα τρίγωνον τὴν ΒΖ ἔχει βάσιν. διπλάσιον ἄρα τὸ παραλληλόγραμμον τοῦ τριγώνου.*

20   22. *Ἐὰν γὰρ τρίγωνον παραλληλογράμμῳ βάσιν ἴσην ἔχῃ, καὶ ἐν ταῖς αὐταῖς παραλλήλοις, διπλάσιόν ἐστι τὸ παραλληλόγραμμον τοῦ τριγώνου.*

Ad prop. IV.

23. *Παράλληλος ἄρα ἐστίν* p. 158, 14] *ἐὰν γὰρ* 25 *τριγώνου αἱ πλευραὶ ἀνάλογον τμηθῶσιν, ἡ ἐπὶ τὰ σημεῖα ἐπιζευγνυμένη εὐθεῖα παράλληλός ἐστι διὰ τὸ β΄ τοῦ ς΄.*

---

19. B.   20. B.   21. V^a q (P²).   22. B.   23. Bq.

1. *εἰς*] scr. *ἐπεί* et *παράλληλοι εὐθεῖαι αἱ.*   17. *δέ*] *δὲ* καί V.   24. *γάρ*] *τοῦ* q.

24. Ἔστιν ἄρα ὡς p. 160, 1] ἐὰν γὰρ τέσσαρες εὐθεῖαι ἀνάλογον ὦσι, καὶ τὰ ἀπ' αὐτῶν εὐθύγραμμα ὅμοιά τε καὶ ὁμοίως ἀναγεγραμμένα ἀνάλογόν εἰσι διὰ τὸ κβ' τοῦ ϛ'.

25. Ἀλλ' ὡς τὸ ΔΞΓ p. 160, 5] τοῦτο γὰρ ἐφεξῆς δείκνυται.

26. Εἰς τοὺς αὐτοὺς λόγους p. 162, 26] ἐὰν γὰρ δύο εὐθεῖαι ὑπὸ παραλλήλων ἐπιπέδων τέμνωνται, εἰς τοὺς αὐτοὺς λόγους τμηθήσονται διὰ τὸ ιζ' τοῦ ια'.

Ad prop. V.

27. Ἔστω λόγου ἕνεκεν τὸ Χ στερεόν τινων ϛ, ἡ δὲ ΔΕΖΘ τοιούτων ῑ καὶ δ̄, ὥστε ἡ ὑπεροχὴ τῆς πυραμίδος, ᾗ ὑπερέχει τοῦ στερεοῦ, ἔστιν ὀκτὼ τοιούτων, οἵων ἦν τὸ μὲν στερεὸν ϛ, ἡ δὲ πυραμὶς ῑδ. ἔστωσαν δὲ αἱ πυραμίδες αἱ ἐλάττονες, ἥτις ὑπεροχὴ ἦν ὀκτώ, ἔστωσαν δὴ αἱ δύο ὁμοῦ πυραμίδες ϛ ἐλάττονες τῆς ὑπεροχῆς οὔσης ὀκτώ. ἐπεὶ οὖν ἡ ὅλη πυραμὶς δέκα καὶ τεσσάρων ἦν, ἀφ' ὧν ῑδ ἔλαβον αἱ δύο πυραμίδες τὰ ϛ, λείπεται ἄρα τὰ πρίσματα ἔχειν τὰ λοιπὰ ὀκτὼ μείζονα ὄντα τοῦ Χ στερεοῖ· τὸ γὰρ Χ στερεὸν ϛ ἦν. ῥητέον δὲ περὶ αὐτοῦ καὶ οὕτως· ἡ ΔΕΖΘ πυραμὶς ἴση ἐστὶ τοῖς δυσὶ τῷ τε Χ στερεῷ καὶ τῇ ὑπεροχῇ· εἰ γὰρ προσθήσομεν τὴν ὑπεροχὴν τῷ Χ στερεῷ, ἴσον γενήσεται τὸ ἐξ ἀμφοῖν τῇ ΔΕΖΘ πυραμίδι. καὶ ἐπεὶ ἡ ΔΕΖΘ πυραμὶς οὐδὲν ἄλλο ἐστὶν ἢ αἱ δύο πυραμίδες καὶ τὰ δύο πρίσματα· εἰς ταῦτα

---

24. B.   25. Bq.   26. B.   ˙27˙ q (P²); ad p. 166, 6 sq.

13. ᾗ] ἦν q.   τοῦ στερεοῦ] τὸ στερεόν q.   15. ἐλάττονες] sc. τῆς ὑπεροχῆς.

γὰρ διῃρέθη· εἰσὶ δὲ αἱ πυραμίδες ἐλάττους τῆς ὑπεροχῆς, μείζονα ἔσται τὰ πρίσματα τοῦ Χ στερεοῦ. ἐπεὶ γάρ, ὡς εἴρηται, τὸ Χ στερεὸν μετὰ τῆς ὑπεροχῆς ἴσα ἐστὶ τῇ ΔΕΖΘ πυραμίδι, ἀφῃρέθησαν δὲ ἀπ' αὐτῆς,
5 λέγω δὴ τῆς ΔΕΖΘ πυραμίδος, αἱ δύο πυραμίδες, εἰ μὲν ἦσαν αἱ ἀφαιρεθεῖσαι αὗται δύο πυραμίδες ἴσαι τῇ ὑπεροχῇ, ἐλείπετο καὶ τὰ δύο πρίσματα ἴσα εἶναι τῷ Χ στερεῷ, ἐπεὶ δὲ ἐλάττους εἰσὶν αἱ πυραμίδες τῆς ὑπεροχῆς, ἔστι τι τῆς ὑπεροχῆς ἐν τοῖς πρίσμασιν·
10 τεσσάρων γὰρ ὄντων μεγεθῶν, δύο μὲν τοῦ τε Χ στερεοῦ καὶ τῆς ὑπεροχῆς, δύο δὲ τῶν δύο πυραμίδων ὡς ἑνὸς μεγέθους νοουμένων καὶ τῶν δύο πρισμάτων ὡς ἑνὸς καὶ αὐτῶν νοουμένων, καὶ ἴσων ὄντων τοῦ Χ στερεοῦ καὶ τῆς ὑπεροχῆς ταῖς δυσὶ πυραμίσι καὶ τοῖς
15 δυσὶ πρίσμασιν, ἐὰν ἦν ἡ ὑπεροχὴ ἴση ταῖς δυσὶ πυραμίσιν, λοιπὰ ἄρα τὰ δύο πρίσματα λοιπῷ τῷ Χ στερεῷ ἦσαν ἂν ἴσα· ἀπὸ γὰρ ἴσων ἴσα ἂν ἀφαιρεθῇ, τὰ λοιπὰ ἴσα ἐστίν. ἐπεὶ δὲ αἱ δύο πυραμίδες ἐλάττους εἰσὶ τῆς ὑπεροχῆς, τὰ δύο πρίσματά εἰσι τό τε Χ
20 στερεὸν καὶ τὸ λοιπὸν τῆς ὑπεροχῆς, ὃ καταλελοίπασιν αἱ πυραμίδες· οὐ γὰρ ἅπασαν, ὡς εἴρηται, τὴν ὑπεροχὴν ἔχουσιν ἢ μᾶλλον οὐ πᾶσα ἡ ὑπεροχή εἰσιν, ἀλλά τι τῆς ὑπεροχῆς.

28. Ὡς ἔμπροσθεν ἐδείχθη p. 168, 15] ἐδείχθη
25 κατὰ τὸ τέλος τοῦ β' θεωρήματος διὰ τοῦ λήμματος.

Ad prop. VI.

29. Ἀλλὰ καὶ ὡς ἡ ΑΓΔ p. 170, 13] ὑπὸ γὰρ τὸ αὐτὸ ὕψος· αἱ δὲ ὑπὸ τὸ αὐτὸ ὕψος οὖσαι πυραμίδες πρὸς ἀλλήλας εἰσὶν ὡς αἱ βάσεις.

28. q.   29. Bq.

30. Καὶ. δι' ἴσου ἄρα p. 172, 5] τρία μεγέθη ἐπί-
πεδα τὰ ΑΒΓΔΕ, ΑΔΕ, ΖΗΘ καὶ ἄλλα αὐτοῖς ἴσα
τῷ πλήθει στερεὰ πρίσματα τρία τὰ ΑΒΓΔΕΜ, ΑΔΕΜ,
ΖΗΘΝ σύνδυο λαμβανόμενα καὶ ἐν τῷ αὐτῷ λόγῳ.

Ad prop. VII.

31. Καὶ ἡ πυραμὶς ἄρα p. 172, 24] αἱ γὰρ ὑπὸ τὸ
αὐτὸ ὕψος οὖσαι πυραμίδες πρὸς ἀλλήλας εἰσὶν ὡς αἱ
βάσεις· ἴσαι δὲ αἱ βάσεις· ἴσαι ἄρα καὶ αἱ πυραμίδες·
32. Καὶ ὡς ἡ ὅλη βάσις πρὸς ἕκαστον τρίγωνον,
οὕτως ὅλη ἡ πυραμὶς πρὸς ἑκάστην πυραμίδα καὶ ὅλον 10
τὸ πρίσμα πρὸς ἕκαστον πρίσμα· ὡς γὰρ τὸ τρίγωνον
πρὸς τὸ τρίγωνον, ἡ πυραμὶς πρὸς τὴν πυραμίδα. καὶ
συνθέντι καὶ πάλιν συνθέντι ὡς ὅλη ἡ βάσις πρὸς τὸ
ἓν τρίγωνον, οὕτως ὅλη ἡ πυραμὶς πρὸς τὴν μίαν
πυραμίδα. πάλιν ὡς ἡ τρίγωνον ἔχουσα βάσιν πυραμὶς 15
πρὸς τὴν τρίγωνον βάσιν ἔχουσαν πυραμίδα, οὕτως
τὸ πρίσμα πρὸς τὸ πρίσμα διὰ ιε' τοῦ ε'. καὶ συν-
θέντι καὶ πάλιν συνθέντι καὶ ὡς ὅλη ῃ πυραμὶς πρὸς
τὴν μίαν πυραμίδα, οὕτως ὅλον τὸ πρίσμα πρὸς ἓν
τῶν πρισμάτων. ἔστι δὲ καὶ ὡς τὸ πολύγωνον ἡ βάσις 20
πρὸς τὸ τρίγωνον, οὕτως ὅλη ἡ πυραμὶς πρὸς μίαν
τῶν πυραμίδων καὶ διὰ ια' τοῦ ε' καὶ ὅλον τὸ πρίσμα
πρὸς ἓν τῶν πρισμάτων. πάλιν ἐπεί ἐστιν ὡς ἑκάστη
τῶν πυραμίδων πρὸς ἕκαστον τῶν πρισμάτων ἀνά-
λογον, διὰ ιβ' τοῦ ε' καὶ ὡς ἡ μία πυραμὶς πρὸς ἓν

---

30. V^a. 31. B. 32. V^a; ad coroll. p. 176.

9. ἕκαστον] dubio comp. (ἑκάτερον?) V, ut lin. 10, 23. τρί-
γωνον] τετράγωνον V. 11. ἕκαστον] ἑκάτερον V. 12. τρί-
γωνον] τετράγωνον V. 20. ἡ] corr. ex αἱ V. 21. τρίγωνον]
τετράγωνον V.

τῶν πρισμάτων, οὕτως ἅπαντα τὰ ἡγούμενα πρὸς
ἅπαντα τὰ ἑπόμενα, τουτέστιν οὕτως ἡ πολύγωνον
βάσιν ἔχουσα πυραμὶς πρὸς τὸ πολύγωνον βάσιν ἔχον
πρίσμα. τρίτον μέσης καὶ διὰ α΄ τοῦ ε΄. ὁμοίως ἢ
5 ὡς ἡ πολύγωνον βάσιν ἔχουσα πυραμὶς πρὸς τὴν
πολύγωνον βάσιν ἔχουσαν πυραμίδα, οὕτως ἡ πολύ-
γωνος βάσις πρὸς τὴν πολύγωνον βάσιν δια ς΄ τοῦ ιβ΄.
πολύγωνον δεῖ βάσιν νοεῖν οὐ μόνον τὴν πεντάγωνον,
ἀλλὰ καὶ τρίγωνον καὶ τετράγωνον καὶ ἑξῆς.

10   Ad prop. VIII.

33. Ἐπειδὴ καὶ αἱ τριγώνους ἔχουσαι βάσεις πυρα-
μίδες αἱ ἐκ τῶν πολυγώνων πυραμίδων διαιρεθεῖσαι
ὅμοιοί εἰσιν ἀλλήλαις, διὰ ιε΄ τοῦ ε΄ προβαίνει ἢ
διὰ τοῦ ε΄.

15   Ad prop. IX.

34. Ἀλλ᾽ ὡς ἡ ΒΜ βάσις p. 182, 21] ἕκαστον
ἥμισύ ἐστι τοῖ καθ᾽ ἑαυτὸ παραλληλογράμμου.

35. Ἀλλὰ τὸ μὲν τοῦ ΕΘΠΟ p. 182, 25] ἰσουψεῖς
γάρ εἰσιν.

20 36. Ἀλλ᾽ ὡς ἡ ΑΒΓ βάσις p. 184, 14] ἕκαστον
γὰρ διπλάσιόν ἐστι τοῦ κατ᾽ αὐτὸ παραλληλογράμμου.

37. Ἀλλὰ τὸ μὲν τῆς ΔΕΖΘ p. 184, 19] πάλιν
γὰρ ἰσουψεῖς.

                    Ad prop. X.
25 38. Εὐδόξου.
39. Εἰ γὰρ το πρίσμα, οὗ βάσις τὸ ΑΕΒΖΓΗΔΘ

---

38. V⁴.   34. B.   35. B.   36. B.   37. B.   38. V⁴.
39. B (ad p. 190, 22).

4. τρίτον — ἤ] corrupta.   12. διαιρηθεῖσαι V.   21.
παραλληλογράμμου] scr. τριγώνου.

πολύγωνον, ὕψος δὲ τὸ αὐτὸ τῷ κώνῳ, μεῖζόν ἐστιν
ἢ τριπλάσιον τοῦ κώνου τοῦ βάσιν ἔχοντος τὸν ΑΒΓΔ
κύκλον, ὕψος δὲ ἴσον, ἀλλὰ τὸ πρίσμα, οὗ βάσις τὸ
ΑΕΒΖΓΗΔΘ πολύγωνον, ὕψος δὲ ἴσον τῷ κώνῳ,
τριπλάσιόν ἐστι πυραμίδος τῆς τὴν αὐτὴν βάσιν ἐχούσης 5
τῷ πρίσματι· τοῦτο γὰρ δέδεικται ἐν τῷ ζ' θεωρήματι
τοῦ αὐτοῦ βιβλίου· καὶ ἡ πυραμὶς ἄρα, ἧς βάσις τὸ
ΑΕΒΖΓΗΔΘ πολύγωνον, ὕψος δὲ ἴσον τῷ κώνῳ,
μεῖζόν ἐστι τοῦ κώνου τοῦ βάσιν ἔχοντος τὸν ΑΒΓΔ
κύκλον καὶ ὕψος τὸ αὐτό· ὅπερ ἐστὶν ἀδύνατον· περι- 10
έχεται γὰρ ὑπὸ τοῦ κώνου.

40. Ἐπειδὴ τὸ ἀνασταθὲν πρίσμα ἀπὸ τοῦ περι-
γραφέντος τετραγώνου περὶ τὸν κύκλον διπλοῦν ἐστι
τοῦ πρίσματος τοῦ ἀνασταθέντος ἀπὸ τοῦ ἐγγραφέντος
τετραγώνου ἐν τῷ κύκλῳ, ἔστι δὲ ὁ κύλινδρος μεταξὺ 15
τῶν τοιούτων δύο πρισμάτων, ἔστι δέ, ὡς εἴρηται,
τὸ πρίσμα τὸ ἀνασταθὲν ἀπὸ τοῦ τετραγώνου τοῦ
ἐγγραφέντος ἐν τῷ κύκλῳ ἥμισυ τοῦ λοιποῦ πρίσματος,
οὐκ ἂν εἴη καὶ τοῦ κυλίνδρου ἥμισυ, ὃς κύλινδρος
ἐλάττων ἐστὶ τοῦ πρίσματος ὡς περιεχόμενος. εἰ γάρ 20
ἐστι καὶ τοῦ κυλίνδρου ἥμισυ καὶ τοῦ πρίσματος, εἴη
ἂν καὶ ὁ κύλινδρος τῷ πρίσματι ἴσος. ἔστωσαν δὲ
χάριν τοῦ σαφοῦς δύο πρίσματα, τὸ μὲν ἓν ποδῶν ῑ
καὶ ϛ, τὸ δὲ λοιπὸν η̄, καὶ μέσον αὐτῶν ὁ κύλινδρος
ποδῶν ῑ καὶ β̄· δῆλον, ὅτι τὸ ὀκτάπουν πρίσμα μεῖζόν 25
ἐστι τοῦ ἡμίσεος τοῦ κυλίνδρου· τὸ γὰρ ἥμισυ τοῦ
κυλίνδρου ἑξάπουν ἐστίν.

---

40. V^a q (P²); ad p. 188, 13.

---

16. δέ] δὲ καί V.   20. τοῦ πρίσματος] om. V.   25. τό]
om. q.

41. Ὥσπερ ἀπὸ τοῦ ἐγγεγραμμένου τετραγώνου πρίσμα ἀνιστᾷ, οὕτως καὶ ἀπὸ τοῦ περιγραφομένου πρίσμα ἀνιστᾷ καὶ οὐκ ἄλλο τι τῶν στερεῶν.

42. Ἔστω ὁ κύλινδρος ἡ ΑΒ εὐθεῖα καὶ ἔστω
5 ποδῶν δέκα καὶ τεσσάρων, καὶ τετμήσθω ἡ ΑΒ κατὰ τὸ Γ σημεῖον, καὶ ἔστω ἡ ΒΓ ὁ κῶνος, ὁ δὲ κῶνος ἔστω ποδῶν δ. δῆλον δή, ὅτι ὁ

τεσσαρεσκαιδεκάπους κύλινδρος τοῦ τετράποδος κώνου μείζων ἐστὶν ἢ τριπλάσιος· ὁ
10 γὰρ τριπλάσιος τοῦ τέσσαρες ὁ δώδεκά ἐστι. τετμήσθω δὴ πάλιν ἡ ΑΒ ὁ κύλινδρος δίχα κατὰ τὸ Δ· αἱ ΑΔ, ΔΒ ἄρα ἴσαι οὖσαι ἑπτάποδές εἰσι. πάλιν τετμήσθω ἡ ΑΒ κατὰ τὸ Ε. καὶ ἐπεὶ ἡ ΒΔ τὸ ἥμισυ τοῦ κυλίνδρου ἐστί, μείζων δὲ τῆς ΒΔ ἡ ΒΕ, ἡ ἄρα
15 ΒΕ μείζων ἐστὶν ἢ τὸ ἥμισυ τοῦ κυλίνδρου, τουτέστιν ἡ ΒΕ μείζων ἐστὶ τοῦ ἡμίσεος μέρους τοῦ κυλίνδρου. καὶ ἔστω ἡ ΒΕ ποδῶν ῑ, ἥτις δεκάπους νενοήσθω τὸ πρίσμα τὸ ἀνασταθὲν ἀπὸ τοῦ ΑΒΓΔ τετραγώνου. ἔστιν οὖν ἡ ΒΑ ὁ κύλινδρος, ἡ ΒΕ πρίσμα, ἡ δὲ ΓΒ
20 ὁ κῶνος ῑδ. ῑ. δ̄.

πάλιν τετμήσθω ἡ ΑΒ κατὰ τὸ Ζ, καὶ ἔστω ἡ ΑΒ εὐθεῖα ἐλάττων τῆς ὑπεροχῆς, ᾗ ὑπερέχει ὁ κύλινδρος τοῦ τριπλασίου τοῦ κώνου, καὶ ἔστω αὕτη ἡ ΖΑ τὰ ἀποτμήματα τοῦ κυλίνδρου. καὶ ἐπεὶ ὁ κῶνος ποδῶν
25 ὑπόκειται δ̄, τριπλασία δὲ τῆς τετράποδος ἡ δωδεκάπους ἐστίν, ἔστι δὲ ὁ κύλινδρος τεσσαρεσκαιδεκάπους, δῆλον, ὅτι ἡ ὑπεροχὴ τοῦ κυλίνδρου, ᾗ ὑπερέχει τοῦ τρι-

---

41. q.   42. q (P²).   Fig. om.

---

2. ἀνιστᾷ] comp. in q hic et lin. 3 uix aliter explicare licet.   11. ἤ] ὁ q?   αἱ] ἡ q.

πλασίου τοῦ κώνου, δίπους ἐστίν. ἐπεὶ οὖν ἡ ὑπερ-
οχὴ δίπους ἐστίν, ἔστω ἡ ἐλάττων αὐτῆς τῆς ὑπεροχῆς,
ἥτις ἐλάττων ἡ ΖΑ ἦν, ἔστω ἡ ΖΑ ποδιαία. ἡ ΕΖ
ἄρα τρίπους ἐστί· τῆς γὰρ ΒΕ, ἥτις ἦν μείζων τοῦ
ἡμίσεος τῆς ΑΒ, τῆς δὴ ΒΕ δεκάποδος οὔσης λείπεται   5
τὴν ΕΑ τετράποδα εἶναι· ὥστε ἐπεὶ ἡ ΖΑ ποδιαία
ἐστίν, ἡ ΖΕ ἄρα τρίπους ἐστί. δέκα δὴ ποδῶν οὔσης
τῆς ΒΕ, τριῶν δὲ τῆς ΕΖ ἡ ΒΖ ἄρα τριῶν καὶ δέκα
ποδῶν ἐστιν, ἥτις τρισκαιδεκάπους τὸ ὅλον πρίσμα
ἐστὶ τὸ συγκείμενον ἐκ τῶν πρισμάτων τῶν ἀνα-   10
σταθέντων ἀπό τε τοῦ τετραγώνου τοῦ ΑΒΓΔ καὶ
τῶν τριγώνων τῶν ΑΕΒ, ΓΗΔ, ΔΘΑ. ἡ ΒΖ ἄρα
ἤτοι τὸ τρισκαιδεκάπουν πρίσμα μεῖζόν ἐστι τοῦ τρι-
πλασίου τοῦ κώνου· δωδεκάπουν γάρ ἐστι τὸ τρι-
πλάσιον τοῦ κώνου. συνετέλεσε δὲ ἡμῖν τὸ λαμβάνειν   15
τὰ μείζονα τῶν ἡμισέων εἰς τὸ λαβεῖν τὸ ἔλαττον τῆς
ὑπεροχῆς, ᾗ ὑπερεῖχεν ὁ κύλινδρος τοῦ τριπλασίου
τοῦ κώνου· ἐπεὶ γὰρ ἡ ΒΕ μείζων ἐστὶ τοῦ ἡμίσεος
τῆς ΑΒ, πάλιν, ἂν τῆς ΕΑ λάβω μεῖζον ἢ τὸ ἥμισυ,
φθάσοιμι ἄν ποτε εἴς τι μέρος τῆς ΑΒ, ὁποῖόν ἐστιν   20
ἐνταῦθα τὸ ΖΑ, ἔλαττον ὂν τῆς εἰρημένης ὑπεροχῆς.
καὶ ἐπεὶ τὸ πρίσμα μεῖζόν ἐστιν ἢ τριπλάσιον τοῦ
κώνου, τριπλάσιον δὲ τῆς πυραμίδος, ἡ πθραμὶς μείζων
ἐστὶ τοῦ κώνου. ἔστω τὸ πρίσμα δωδεκάπουν, ἡ
πυραμὶς τετράπους, ὁ κῶνος τρίπους· καί ἐστι τὸ   25
δωδεκάπουν τοῦ μὲν τετράποδος τριπλάσιον, τοῦ δὲ
τρίποδος μεῖζον ἢ τριπλάσιον, καὶ τὸ τετράπουν τοῦ
τρίποδος μεῖζον.

43. Νενοήσθω ἡ ΑΒ εὐθεῖα ὁ κύλινδρος καὶ ἔστω

---

43. q (Pᵞ).

ποδῶν εἴκοσι καὶ τεσσάρων, καὶ τετμήσθω κατὰ τὸ Γ,
καὶ νενοήσθω ἡ ΒΓ ὁ κῶνος καὶ ἔστω ποδῶν δέκα.
ἡ δεκάπους δὲ μείζων ἐστὶ Α   Γ Δ   Β
τῆς ὀκτάποδος, ἥτις ὀκτάπους

5 τρίτον ἐστὶ τῆς εἴκοσι καὶ τεσσάρων οὔσης ποδῶν.
εἴκοσι τεσσάρων δὴ οὔσης ποδῶν τῆς ΑΒ, δέκα δὲ
τῆς ΒΓ, ἥτις ἐστὶν ὁ κῶνος, ὁ κῶνος ἄρα μείζων ἐστὶν
ἢ τὸ ἥμισυ τοῦ κυλίνδρου, ὅς ἐστιν ἡ ΑΒ. τετμήσθω
δὴ καὶ ἡ ΒΓ ὁ κῶνος ἡ δεκάπους κατὰ τὸ Δ, καὶ
10 ἔστω ἡ ΒΔ ἐπτάπους μείζων ἢ τὸ ἥμισυ τῆς δεκά-
ποδος, ἥτις ἐπτάπους νενοήσθω ἡ ἀνασταθεῖσα πυραμὶς
ἀπὸ τοῦ ἐγγραφέντος ἐν τῷ κύκλῳ τετραγώνου. λοιπὴ
ἄρα ἡ ΓΔ τρίπους ἐστίν· ἐπεὶ γὰρ ἡ ΒΓ δεκάπους
ἐστί, κεῖται δὲ ἡ ΒΔ ἐπτάπους, ἡ ΔΓ τρίπους ἐστί.
15 τετμήσθω καὶ ἡ ΔΓ ἡ τρίπους κατὰ τὸ Ε, καὶ ἔστω
ἡ ΔΕ μείζων ἢ τὸ ἥμισυ τῆς ΔΓ τρίποδος, καὶ ἔστω
ἡ ΔΕ δίπους μείζων τοῦ ἡμίσεος τῆς τρίποδος· ἡ ΕΓ
ἄρα ποδός ἐστιν ἑνὸς ἐλάττων οὖσα τῆς ὑπεροχῆς, ᾗ
ὑπερέχει ὁ κῶνος τοῦ τρίτου μέρους τοῦ κυλίνδρου·
20 ὑπερέχει δὲ πόδας δύο. ἡ δὲ ΓΕ οὐδέν ἐστιν ἄλλο
ἢ τὰ τοῦ κώνου ἀποτμήματα. ὥστε ἐπεὶ ἡ ΓΕ τὰ
ἀποτμήματά ἐστι τοῦ κώνου, ἡ ΕΒ ἡ ὅλη ἐστὶ πυραμὶς
ἡ ἔχουσα βάσιν τὸ πολύγωνον, ἥτις πυραμίς ἐστιν ἡ
συγκειμένη ἐκ τῆς ΒΔ τῆς ἀνασταθείσης ἀπὸ τοῦ
25 ἐγγραφέντος ἐν τῷ κύκλῳ τετραγώνου καὶ ἀπὸ τῶν
πυραμίδων τῶν ἀνασταθεισῶν ἀπὸ τῶν ΑΕΒ, ΒΖΓ,
ΓΗΔ, ΔΘΑ τριγώνων. ἐπεὶ οὖν ἡ ΒΓ δεκάπους
ἐστίν, ἡ δὲ ΓΕ ποδιαία, ἡ ΒΕ ἡ ὅλη πυραμὶς ἐννεάπους

Fig. om.

8. ἥμισυ] scr. τρίτον. τοῦ] om. q. 27. ΓΗΔ] ΓΗΖ q.

ἐστὶν μείζων οὖσα τῆς ὀκτάποδος τῆς οὔσης τρίτου
τῆς εἰκοσιτεσσαράποδος. μᾶλλον δὲ ῥητέον συντόμως
οὕτως· ἐπειδὴ ἡ πυραμὶς τοῦ μὲν πρίσματος τρίτον
ἐστὶ μέρος, τοῦ δὲ κυλίνδρου μείζων ἢ τὸ τρίτον μέρος,
τὸ πρίσμα μεῖζόν ἐστι τοῦ κυλίνδρου· εἰ γὰρ τὸ αὐτὸ   5
καὶ ἓν δύο τινῶν τοῦ μὲν ἑνός ἐστι τρίτον μέρος,
τοῦ δὲ λοιποῦ οὐ τρίτον, ἀλλὰ μεῖζον τοῦ τρίτου, τὸ
ἓν τῶν δύο τὸ ἔχον πρὸς τὸ αὐτὸ τὸν τριπλασίονα λόγον
μεῖζόν ἐστι τοῦ μὴ ἔχοντος τριπλασίονα λόγον, ἀλλ'
ἧττονα. ἔστω οὖν ἐπὶ ἀριθμῶν τὸ λεγόμενον δῆλον·   10
ἔστωσαν δύο ἀριθμοὶ ὁ θ̅ καὶ ὁ ϛ̅ καὶ ἄλλος τις ἡ γ̅.
ἡ δὴ γ̅ τοῦ μὲν θ̅ τρίτον ἐστὶ μέρος, τοῦ δὲ ϛ̅ μείζων
ἢ τρίτον, καί ἐστιν ὁ θ̅ ὁ τὸν τριπλασίονα λόγον ἔχων
πρὸς τὸν γ̅ μείζων τοῦ ϛ̅, ὃς ἐξ οὐκ ἔχει πρὸς τὸν γ̅
τριπλασίονα λόγον, ἀλλ' ἧττονα. ἔστωσαν πάλιν ὁ ιε̅,   15
ὁ ιβ̅ καὶ ὁ πέντε. ὁ ε̅ τρίτον μέρος ἐστὶ τοῦ ιε̅, μείζων
δὲ ἢ τὶ τρίτον τοῦ ιβ̅, καί ἐστιν ὁ ιε̅ μείζων τοῦ ιβ̅.
νενοήσθω δὴ ὁ μὲν ιε̅ τὸ πρίσμα, ὁ δὲ ιβ̅ ὁ κύλινδρος,
ὁ δὲ ε̅ ἡ πυραμίς.

44. Τὸ δὴ ΑΒΓΔ p. 186, 21] ἐπειδήπερ, ἐὰν διὰ   20
τῶν Α, Β, Γ, Δ σημείων ἐφαπτομένας εὐθείας τοῦ
κύκλου ἀγάγωμεν, τοῦ περιγραφομένου περὶ τὸν κύκλου
τετραγώνου ἐλάττων ἐστὶν ὁ κύκλος· ὥστε τὸ ΑΒΓΔ
ἐγγεγραμμένον τετράγωνον μεῖζόν ἐστι τοῦ ἡμίσεος
τοῦ ΑΒΓΔ κύκλου.   25

45. Καὶ ἕκαστον ἄρα τῶν p. 188, 22] ἐὰν γὰρ τὸ
ἀνασταθὲν πρίσμα ἀπο τοῦ παραλληλογράμμου παρ-

---

44. Vᵃ.   45. V².

---

11. Scr. τις ὁ γ̅. ὁ δή.   27. παραλληλεπίπεδον] fort. scr.
ἐπιπέδῳ.

ἀλληλεπίπεδον τμηθῇ δίχα, διὰ τὸ λβ' τοῦ ια' ἔσται
ὡς ἡ βάσις πρὸς τὴν βάσιν, οὕτως τὸ στερεὸν πρὸς
τὸ στερεόν. ἴση δὲ ἡ βάσις τῇ βάσει, καὶ τὸ στερεὸν
τῷ στερεῷ. ἐὰν δὲ ἕκαστον τῶν τμημάτων ἐπιπέδῳ
5 τμηθῇ κατὰ τὰς διαγωνίους, δίχα τμηθήσεται διὰ τὸ κη'
τοῦ ια'. διπλάσιον ἄρα ἐστὶ τὸ πρίσμα τὸ ἀφ' ἑκατέρου
τῶν παραλληλογράμμων τμημάτων τοῦ πρίσματος τοῦ
βάσιν ἔχοντος τὸ ἥμισυ τοῦ 'παραλληλογράμμου τρί-
γωνον ὂν καὶ ὕψος ἴσον. ἐὰν δὲ μεγέθη ἀνάλογον ᾖ,
10 ἔσται ὡς ἓν τῶν ἡγουμένων πρὸς ἓν τῶν ἑπομένων,
οὕτως ἅπαντα τὰ ἡγούμενα καὶ τὰ ἑξῆς· διπλάσιον
ἄρα τὸ ἀπὸ τοῦ παραλληλογράμμου ἀνασταθὲν πρίσμα
τοῦ ἀπὸ τοῦ τριγώνου, ὅπερ ἥμισύ ἐστι τοῦ παραλληλο-
γράμμου, ἀνασταθέντος πρίσματος.

15 46. Ἐπειδὴ ἕκαστον τῶν πρισμάτων τῶν ἀνα-
σταθέντων ἀφ' ἑκάστου τῶν τριγώνων ἥμισύ ἐστιν
ἑκάστου τῶν παραλληλογράμμων, μεταξὺ δὲ τῶν στε-
ρεῶν παραλληλογράμμων καὶ τῶν πρισμάτων εἰσὶ τὰ
τοῦ κυλίνδρου τμήματα, περὶ ὧν τμημάτων λέγει,
20 ἐπειδὴ οὖν μεταξύ εἰσι, καὶ δῆλον, ὅτι τὰ πρίσματα
μείζονά εἰσι τῶν ἡμισέων τοῦ κυλίνδρου τμημάτων·
εἰ γὰρ εἰσι τὰ πρίσματα οὐ μείζονα τῶν ἡμισέων,
ἀλλ' ἴσα, ἔσται καὶ ἕκαστον τῶν τοῦ κυλίνδρου τμη-
μάτων ἑκάστῳ τῶν στερεῶν παραλληλογράμμων ἴσον·
25 ὧν γὰρ ἥμισυ τὸ αὐτό, ἐκεῖνα ἴσα εἰσίν.

---

46. q (l); ad p. 188, 22 sq.

---

1. διὰ τὸ λβ'] euan. V. 3. ἴση] in ras. V. 7. παραλληλο
supra scr. γράμμων V; ego deleo. 8. παραλληλογράμμου]
infra scr. τμήματος V; et sic scribendum. 14. ἀνασταθέντος
πρίσματος] in ras. V.

47. Καὶ ἔστω τὰ ΑΕ p. 190, 15] ΑΕ, ΕΒ, ΒΖ, ΖΓ, ΓΗ, ΗΔ, ΔΘ, ΘΑ οὐ τὰς εὐθείας λέγει, ἀλλὰ τὰς περιφερείας. ἐπεὶ γὰρ βάσις τοῦ κώνου ὁ κύκλος ὑπόκειται, καὶ τῶν ἀποτμημάτων τοῦ κώνου βάσεις αἱ περιφέρειαι ἔσονται καὶ οὐχὶ αἱ εὐθεῖαι.   5

48. Καὶ ἡ πυραμὶς ἄρα p. 190, 22] ἐπεὶ οὖν τὸ πολύγωνον ἔχον βάσιν πρίσμα πρὸς μὲν τὴν πυραμίδα τὴν ἔχουσαν τὸ αὐτὸ πολύγωνον βάσιν τριπλασίονα λόγον ἔχει, πρὸς δὲ τὸν κῶνον μείζονα ἢ τριπλασίονα, μείζων ἔσται ἡ πυραμὶς τοῦ κώνου διὰ τὸ δέκατον 10 τοῦ πέμπτου.

49. Ἐμπεριέχεται γάρ p. 190, 26] ἐπειδὴ τὸ εὐθύγραμμόν ἐστι βάσις τῆς πυραμίδος, ὁ δὲ κύκλος βάσις τοῦ κώνου, ἐμπεριέχεται καὶ τὸ πολύγωνον ὑπὸ τοῦ κύκλου, δῆλον, ὅτι καὶ ἡ πυραμὶς ὑπὸ τοῦ κώνου.   15

50. Ἀνάπαλιν ἄρα p. 192, 6] εἰ γὰρ ὁ κύλινδρος τοῦ κώνου ἐλάττων ἐστὶν ἢ τριπλάσιος, ἔσται ἄρα καὶ ὁ κῶνος τοῦ κυλίνδρου μείζων ἢ τριπλάσιον.

51. Καὶ ἑκάστη ἄρα τῶν p. 194, 10] ἐὰν γὰρ εὐθεῖά τις ἐφαπτομένη τοῦ κύκλου ἀχθῇ παράλληλος 20 τῇ τοῦ ἐγγραφομένου τετραγώνου πλευρᾷ τῇ ΑΒ τυχὸν τῇ καὶ ὑποτεινούσῃ τὴν πρὸς τῷ Ε τοῦ τριγώνου γωνίαν, καὶ ἐπιζευχθῶσιν αὗται, γενήσεται παραλληλόγραμμον διπλάσιον τοῦ ΑΕΒ τριγώνου διὰ τὸ μα´ τοῦ α´ βιβλίου. ἐὰν δὲ τὸ παραλληλόγραμμον δίχα 25 τμηθῇ διὰ τῆς διαγωνίου, καὶ ἀνασταθῶσιν ἰσουψεῖς

---

47. Vᵃq.   48. V².   49. Vᵃ.   50. B.   51. V².

2. ΔΘ] ΔΕ q.   ΘΑ] ΕΑ q.   3. ἐπεί] καὶ ἐπεί V.   4. ἀποτμημάτων] ἀπὸ τῶν τμημάτων V.   5. αἱ] om. q.   14. ἐμπεριέχεται καί] scr. καὶ ἐμπεριέχεται.   18. τριπλάσιον] scr. τρίτον.

τῷ κώνῳ πυραμίδες ἀπὸ τῶν τριγώνων, ἴσαι ἀλλήλαις
ἔσονται δια τὸ ε΄ τοῦ ιβ΄ βιβλίου. αἱ δὲ δύο τῆς μιᾶς
διπλασίους· ἡ ἄρα ἀπο τοῦ παραλληλογράμμου ἀνα-
σταθεῖσα πυραμὶς ἰσουψὴς τῷ κώνῳ διπλασία τῆς ἀπὸ
5 τοῦ ἡμίσεος αὐτοῦ τριγώνου ἀνασταθείσης ἰσουψοῦς
πυραμίδος. ἀλλὰ καὶ τὸ ΑΕΒ τρίγωνον ἥμισύ ἐστι
τοῦ παραλληλογράμμου· ὥστε καὶ τῆς ἀπ᾽ αὐτοῦ ἀνα-
σταθείσης ἰσουψοῦς πυραμίδος διπλασίων ἔσται. ἐπεὶ
δὲ ἡ ἀπὸ τοῦ παραλληλογράμμου ἰσουψὴς τῷ κώνῳ
10 πυραμὶς μείζων ἐστὶ τοῦ κώνου τμήματος· περιέχει
γάρ· καὶ ἡ ἀπὸ τοῦ τριγώνου ἰσουψὴς τῷ κώνῳ πυραμὶς
ἡμίσεια οὖσα ταύτης μείζων ἔσται ἢ τὸ ἥμισυ τοῦ
καθ᾽ ἑαυτην κώνου τμήματος· ὡσαύτως δὲ καὶ ἐπὶ τῶν
ἄλλων.

15 52. Τὸ ἄρα πρίσμα p. 194, 27] εἰ γὰρ ὁ κύλινδρος
τοῦ κώνου ἐλάττων ἐστὶν ἢ τριπλασίων, ἀλλὰ τὸ
πρίσμα, οὗ βάσις μὲν τὸ ΑΕΒΖΓΗΔΘ πολύγωνον,
ὕψος δὲ τὸ αὐτὸ τῷ κώνῳ, μεῖζόν ἐστι ἢ τριπλάσιον τοῦ
κώνου, καὶ τὸ πρίσμα ἄρα, οὗ βάσις τὸ ΑΕΒΖΓΗΔΘ
20 πολύγωνον, ὕψος δὲ ἴσον τῷ κώνῳ, μεῖζόν ἐστι τοῦ
κυλίνδρου τοῦ βάσιν ἔχοντος τον ΑΒΓΔ κύκλον,
ὕψος δὲ ἴσον τῷ κώνῳ. ἀλλὰ καὶ ἔλαττον· ἐμπεριέχεται
γὰρ ὑπ᾽ αὐτοῦ· ὅπερ ἐστιν ἀδύνατον.

53. Ὡς τὸ τρίτον μέρος τοῦ κυλίνδρου πρὸς τὸν
25 κύλινδρον, οὕτως ἡ πυραμὶς ἡ τὴν βάσιν ἔχουσα τὴν
ΑΕΒΖΓΗΔΘ πρὸς τὸ πρίσμα τὸ τὴν αὐτὴν βάσιν
ἔχον τῇ πυραμίδι καὶ ὕψος ἴσον. μεῖζον δὲ ἡ πυραμὶς

---

52. B. 53. Vᵃ (ad p. 194, 27).

16. τριπλασίων] supra ω scr. o B. 17. ΑΓΒΖΓΗΔΘ B.
24. τρίτον] τρίγωνον V. 26. πρὸς τό] Α ὅ V. 27. ἔχον]
ἐχόντων V. δέ] καί V.

τοῦ τρίτου μέρους τοῦ κυλίνδρου, ὡς ἐδείχθη· μεῖζον ἄρα καὶ τὸ πρίσμα τοῦ κυλίνδρου διὰ ιδ΄ τοῦ ε΄· ὅπερ ἄτοπον, τὸ ἐμπεριεχόμενον τοῦ περιέχοντος.[1])

54. Διὰ τὸ δέκατον τοῦ ε΄ βιβλίου· τοῦ γὰρ πρίσματος τοῦ τὸ πολύγωνον ἔχοντος βάσιν τριπλασίονα 5 λόγον ἔχοντος πρὸς τὴν πυραμίδα, ἧς τὸ αὐτὸ πολύγωνον βάσις, τοῦ δὲ κυλίνδρου ἐλάττονα διὰ τὸ ταύτην μείζονα δειχθῆναι ἢ τὸ τρίτον τοῦ κυλίνδρου, ἀνάγκη πάντως τὸ πρίσμα μεῖζον εἶναι τοῦ κυλίνδρου. τῶν γὰρ πρὸς τὸ αὐτὸ λόγον ἐχόντων τὸ μείζονα λόγον 10 ἔχον ἐκεῖνο μεῖζόν ἐστιν.

Ad prop. XI.

55. Λοιπὴ ἄρα ἡ πυραμίς p. 200, 3] εἰ γὰρ τὰ Ξ, Ψ στερεὰ ἴσα ἐστὶ τῷ ΕΝ κώνῳ, ἀλλὰ τὰ ΕΘΟ, ΕΠΖ, ΖΡΗ, ΗΣΘ ἀποτμήματα ἐλάσσονά ἐστι τοῦ Ψ στερεοῦ, 15 λοιπὴ ἄρα ἡ πυραμίς, ἧς βάσις τὸ ΘΟΕΠΖΡΗΣ πολύγωνον, ὕψος δὲ τὸ αὐτὸ τῷ κώνῳ, μείζων ἐστὶ τοῦ Ξ στερεοῦ.

56. Ἀλλὰ καὶ ἔλασσον p. 202, 3] πῶς ἔλασσον τὸ Ξ στερεὸν τῆς ἐν τῷ ΕΝ κώνῳ πυραμίδος; δείξομεν 20 οὕτως· ἐπεὶ ὁ ΕΝ κῶνος ἴσος ἐστὶ τοῖς Ξ, Ψ στερεοῖς, ἀλλὰ τὰ ἀποτμήματα τοῦ κώνου ἐλάσσονα τοῦ Ψ στερεοῦ, τὸ Ξ ἄρα ἔλασσον τῆς ἐν τῷ ΕΝ κώνῳ πυραμίδος.

---

1) Antecedit: μεῖζον τοῦ γ΄ μέρο(υ)ς τοῦ κυλίνδρου Vᵃ; cfr. uol. IV p. 194, 22.

---

54. V² (ad p. 194, 27).   55. B.   56. V¹.

---

7. ταύτην] τούτων V.

57. Τὸ Ξ στερεὸν μεῖζον ὑπόκειται τοῦ ΕΝ κώνου·
ὡς δὲ τὸ Ξ στερεὸν πρὸς τὸν ΑΛ κῶνον, οὕτως ὁ ΕΝ
κῶνος πρὸς ἐλασσόν τι τοῦ ΑΛ κώνου δείκνυται καὶ
διὰ τοῦ ἀδυνάτου καὶ ἐπ᾽ εὐθείας, ὡς καὶ εἰς τὰ ἐπάνω
5 διὰ τὸ β΄ προαποδείκνυται τοῦ ἐπάνω.

Ad prop. XII.

58. Τὸ ἐν τριπλασίονι ἀντὶ τοῦ τρὶς τὸν αὐτὸν
λόγον ἕξει ὁ κῶνος πρὸς τὸν κῶνον, ὃν ἔχει ἡ βάσις
πρὸς τὴν βάσιν· οἷον εἴ ἐστιν ἡ βάσις διπλασίων τῆς
10 βάσεως οἷον ὡς ὁ δ̄ πρὸς τὸν δύο, ἔσται ὁ κῶνος πρὸς
τὸν κῶνον ὡς ὁ μη̄ πρὸς τὸν ϛ̄· τρὶς γὰρ ὁ μη̄ πρὸς
τὸν ϛ̄ ἔχει τὸν τοῦ δ̄ πρὸς τὸν β̄ λόγον.

59. Λόγον ἔχειν πρὸς ἄλληλα μεγέθη λέγονται,
ἃ δύναται πολλαπλασιαζόμενα, καὶ πᾶν μέγεθος προς
15 πᾶν μέγεθος ὁμογενὲς λόγον ἔχει. ἕξει ἄρα καὶ ὁ
ΑΒΓΔΛ κῶνος πρὸς μέγεθος ὁμογενὲς αὐτῷ τρι-
πλασίονα λόγον ἢ πρὸς ἑαυτοῦ μόριον ἢ πρὸς ἕτερον
μέγεθος, ἐκεῖνο δὲ ἢ ἴσον ἐστὶν ἢ μεῖζον ἢ ἔλαττον
τοῦ ΕΖΗΘΝ κώνου.

20 60. Λοιπὴ ἄρα ἡ πυραμίς p. 206, 18] εἰ γὰρ ὁ
κῶνος τοῦ στερεοῦ μείζων ἐστίν, ἀλλὰ τὰ ἀποτμήματα
τοῦ κώνου ἐλάττονά εἰσι τοῦ Ξ στερεοῦ, λείπει ἄρα
ἡ πυραμίς, ἧς βάσις τὸ ΕΟΖΠΗΡΘΣ πολύγωνον.

---

57. Vᵃ (ad p. 202, 12). 58. Vᵃq (P²l); peruersum.
59. Vᵃ (ad p. 204, 16 sq.). 60. B.

---

1. Ξ] ξσ V. 5. προαποδείκνυται] προαποδ΄ V. 12.
τοῦ] τόν V. 14. πολλαπλασιαζόμενα] (sc. ἀλλήλων ὑπερέχειν)
πό̣ V. 17. ἢ] (alt.) om. V. 18. ἔλαττον] ὑπέρ V. 22.
ἐλάττονα] ἔλαττον corr. ex ἐλάττων B.

61. Ἐὰν ὦσι δύο μεγέθη ἄνισα, καὶ ἀπὸ μείζονος ἀφαιρεθῇ ἔλασσόν τι τῆς ὑπεροχῆς, μεῖζον διαμένει τὸ μεῖζον τοῦ ἐλάσσονος. ἐὰν δὲ ὅλη ἡ ὑπεροχὴ ἀφαιρεθῇ ἀπὸ τοῦ μείζονος, τὰ λοιπὰ ἴσα διαμένουσι· καί ἐστι κοινὴ ἔννοια.

62. Καὶ περὶ ἴσας γωνίας p. 208, 9] ὀρθὴ γὰρ ἑκατέρα αὐτῶν.

63. Ὡς ἡ ΒΚ πρὸς τὴν ΚΤ p. 208, 12] ἐπειδήπερ ἑκάτεραι αὐτῶν ἐκ τοῦ κέντρου εἰσίν.

64. Ἐπειδήπερ, ὃ μέρος p. 218, 14] διὰ λγ' τοῦ ς' 10 ὡς ὁ ΑΒΓΔ κύκλος πρὸς τὰς δ̄ ὀρθάς, οὕτως καὶ ἑκάστη περιφέρεια τῶν τμημάτων τοῦ κύκλου πρὸς ἕκαστον τμῆμα γωνίας τῶν τεσσάρων ὀρθῶν. ἐναλλὰξ ὡς ἕκαστον τμῆμα τοῦ κύκλου πρὸς τὸν κύκλον, οὕτως ἑκάστη ὑποτεινομένη γωνία πρὸς τὰς δ̄ ὀρθάς· ἀλλ' 15 ὡς ἑκάστη περιφέρεια τοῦ κύκλου πρὸς τὸν κύκλον, οὕτως καὶ ἑκάστη περιφέρεια τοῦ κύκλου πρὸς τὸν κύκλον, οὕτως ἑκάστη περιφέρεια τοῦ ΕΖΗΘ κύκλου πρὸς τὸν ΕΖΗΘ κύκλον, καὶ ὡς ἑκάστη ὑποτεινομένη γωνία ὑπὸ ἑκάστης περιφερείας πρὸς τὰς δ̄ ὀρθάς, 20 οὕτως ἑκάστη ὑποτεινομένη γωνία τοῦ ἑτέρου κύκλου πρὸς τὰς δ̄ ὀρθάς. ὃ ἄρα μέρος ἐστὶν ἑκάστη τῶν γωνιῶν τῶν δ̄ ὀρθῶν, τὸ αὐτὸ μέρος ἐστὶ καὶ ἑκάστη γωνία τοῦ ἑτέρου κύκλου τῶν δ̄ ὀρθῶν. ἴση ἄρα ἑκάστη γωνία τῇ ἑκάστῃ διὰ θ' τοῦ ε', ἢ τὰ δὲ τοῦ 25 αὐτοῦ ἡμίσεα ἢ τρίτα ἴσα ἀλλήλοις ἐστίν.

---

61. Vᵃ. ʼ62· B. 63. B. 64. Vᵃ.

3. ἐλάσσονος] ὑπερέχοντος V. 14. ὡς] om. V. 16. περιφέρεια] περί V, ut lin. 17. 18. Post κύκλον excidit aliquid. περιφέρεια] π̄ V. 19. τόν] om. V. ὡς] om. V. 22. μέρος] μένει V. 24. ἄρα] ἐστίν V.

Ad prop. XIII.

65. Λῆμμα.

ἐὰν κύλινδρος ἐπιπέδῳ τμηθῇ παραλλήλῳ τοῖς ἀπ-
εναντίον αὐτοῦ, ἡ τομὴ κύκλος ἐστίν. κύλινδρος γάρ,
5 οὗ ἕδρα μὲν ὁ ΑΒ, ἐφέδρα δὲ ὁ ΓΔ, ἄξων δὲ ὁ ΗΘ,
ἐπιπέδῳ τινὶ τετμήσθω παραλλήλῳ ταῖς βάσεσιν αὐτοῦ,
καὶ ποιείτω τομὴν ἐν τῇ ἐπιφανείᾳ τοῦ
κυλίνδρου τὴν ΗΘΚΛ γραμμήν. ὅτι ἡ
γραμμὴ κύκλος ἐστίν. καὶ ἐπεὶ παράλληλόν
10 ἐστιν ἑκατέρῳ τῶν ΑΒ, ΓΔ, συμβαλλέτω
τῷ ΕΖ ἄξονι τὸ διὰ τῆς ΗΚΘΛ γραμμῆς
ἐπίπεδον κατὰ τὸ Μ, καὶ διήχθω διὰ τοῦ
ἄξονος ἐπίπεδον· τομὴν δὴ ποιήσει παρ-
αλληλόγραμμον· δέδεικται γάρ. ποιείτω
15 ἑκάτερον τῶν ΕΓ, ΕΔ, ἐν δὲ τῷ ΗΘΚΛ εὐθεῖαν
τὴν ΗΜΘ. πάλιν διήχθω διὰ τοῦ ΕΖ ἄξονος ἕτερον
ἐπίπεδον καὶ ποιείτω ἐν μὲν τῇ κυλινδρικῇ ἐπιφανείᾳ
παραλληλόγραμμον ἑκάτερον τῶν ΕΞ, ΖΝ, ἐν δὲ τῷ
διὰ τῆς ΗΚΘΛ ἐπιπέδῳ εὐθεῖαν τὴν ΚΜΛ. ἐπεὶ
20 οὖν δύο ἐπίπεδα παράλληλα τό τε ΑΒ καὶ τὸ διὰ τῆς
ΚΘΛΗ ἐπιπέδῳ τινὶ τέτμηται τῷ ΑΕΗΜ ὄντι διὰ
τοῦ ἄξονος, αἱ κοιναὶ αὐτῶν τομαὶ παράλληλοί εἰσιν.

---

65. PBV°p. Fig. om. codd.

2. λῆμμα εἰς τὸ ιγ' τοῦ αὐτοῦ p. 5. δὲ] γὰρ comp. Β.
ΓΔ] in hoc desinit V. δὲ ὁ ΗΘ] PB, ἡ ΔΕ p, scr. δὲ
ὁ ΖΕ. 7. τοῦ] αὐτοῦ τοῦ p. 8. ΑΘΚΛ p. ὅτι] λέγω
ὅτι Βp. ἡ] αὕτη ἡ p. 9. καὶ ἐπεί] P, ἐπεὶ οὖν B, ἐπεὶ
γὰρ p. παράλληλον] ἴσος comp. B, ἴσον P, ἴση p. 10.
ἑκάτερα p. 11. τύ] τῷ B, τά p. ΗΘΚΛ p. 12. ἐπίπεδα p.
16. διήχθω] δὴ ἤχθω P. 18. ΕΞ] ΕΖ Pp. ΖΝ] ΖΗ P.
19. ΗΘΚΛ Βp. ΚΜΛ\ ΜΛ p. 21. ΗΘΚΛ p.

παράλληλος ἄρα ἐστὶν ἡ μὲν ΑΕ τῇ ΗΜ, ἡ δὲ ΑΗ
τῇ ΕΜ. παραλληλόγραμμον ἄρα ἐστὶ τὸ ΑΜ. πάλιν
ἐπεὶ δύο ἐπίπεδα παράλληλα.τό τε ΑΒ καὶ τὸ διὰ τῆς
ΗΚΘΛ ἐπιπέδῳ τινὶ τέτμηται παραλλήλῳ τῷ ΕΚ
ὄντι διὰ τοῦ ἄξονος, αἱ κοιναὶ ἄρα αὐτῶν τομαὶ παρ- 5
άλληλοί εἰσιν. παράλληλος ἄρα ἐστὶν ἡ ΕΝ τῇ ΚΜ.
ἀλλὰ καὶ ἡ ΝΚ τῇ ΕΜ· παραλληλόγραμμον ἄρα τὸ ΕΚ.
ἴση ἄρα ἐστὶν ἡ ΕΝ τῇ ΚΜ. ἐπεὶ οὖν αἱ ΑΕ, ΕΝ, ΕΒ
ἴσαι ἀλλήλαις εἰσίν· ἐκ γὰρ τοῦ Ε κέντρου· ἀλλ' ἡ
μὲν ΑΕ τῇ ΗΜ, ἡ δὲ ΝΕ τῇ ΜΚ, ἡ δὲ ΕΒ τῇ ΜΘ, 10
καὶ αἱ τρεῖς ἄρα ἴσαι ἀλλήλαις εἰσίν· κύκλος ἄρα ἐστὶν
ἡ ΗΘΚΛ γραμμή. καὶ φανερόν, ὅτι ὁ ΗΘΚΛ κύκλος
τῷ ΑΒ ἴσος ἐστίν· αἱ γὰρ ἐκ τῶν κέντρων ἴσαι εἰσίν.

Ad prop. XV.

66. Ἀντιπεπονθέναι γὰρ λέγεται, ὅταν ἐν ἑκάστῳ 15
τῶν σχημάτων ἡγοίμενοί τε καὶ ἑπόμενοι ὅροι εἰσίν.

67. Ληπτέον ἄκρους μὲν ὅρους τὰς βάσεις καὶ τὰ
ὕψη, μέσον δὲ τοὺς κυλίνδρους καὶ συλλογιστέον ἐν
πρώτῳ σχήματι οὕτως· ὡς ἡ ΑΒΓΔ βάσις πρὸς τὴν
ΕΖΗΘ βάσιν, οὕτως ὁ ΑΞ κύλινδρος πρὸς τὸν ΕΣ 20
κύλινδρον· ἀλλ' ὡς ὁ κύλινδρος πρὸς τὸν κύλινδρον,
οὕτως τὶ ΜΝ ὕψος πρὸς τὸ ΠΝ ὕψος. καὶ ὡς ἄρα
ἡ βάσις πρὸς τὴν βάσιν, τὸ ΜΝ ὕψος προς τὸ ΠΝ
ὕψος. εἶτα πάλιν ληπτέον ἄκρους μὲν τοὺς ΑΞ καὶ

---

66. Bql.   67. q (P²).

1. ἐστίν] om. p.   2. ἐστί] P, om. Bp.   3. ἐπεί]
ἐπειδή P.   4. ΗΘΚΛ p.   6. ἐστίν] om. p.   8. ἐστίν]
om. p.   10. ΜΚ] ΗΚ PB, ΜΝ p.   11. ἐστίν] om. p.   12.
ΗΘΚΛ] (alt.) ΗΚΛΘ B.   κύκλος] om. p.   13. τοῦ κέν-
τρου p.   22. ΠΝ] e corr. q.

$A\Xi$ κύλινδρος πρὸς τὸν $E\Sigma$
κύλινδρος πρὸς αὐτὸν τὸν $E\Sigma$
τὸ αὐτὸ τὸν αὐτὸν λόγον ἔχ
10 ἴσος ἄρα ὁ $A\Xi$ τῷ EO· ὃν
πρὸς τὸν $E\Sigma$, τὸν αὐτὸν ἔχει
τὸν $E\Sigma$.

Ad prop. Σ

68. Τὰ λαμβανόμενα εἰς ι
15 αὐτῷ ζητουμένοις λήμμασίν ἐς
Ἐὰν σφαῖρα ἐπιπέδῳ τινὶ
ἡ τομὴ κύκλος ἐστὶ τὸ αὐτὸ κ
σφαῖρα γὰρ ἐπιπέδῳ τινὶ τετρ
αὐτῆς, καὶ ποιείτω γραμμὴν
20 αἱ ἄρα ἀπὸ τοῦ κέντρου αὐτῆς
ἴσαι ἀλλήλαις εἰσίν. ἐν δὲ τῇ
ἡ εἰρημένη γραμμή· πᾶσαι αἱ
τῆς σφαίρας πρὸς τὴν γραμμὴν
ἴσαι ἀλλήλαις εἰσίν· ὥστε κύκ.

μὲν οὖν ἐπὶ τὸ παρὸν δέδεικται διὰ τὸ νῦν χρησιμεῦον
ἡμῖν, ἐν δὲ τοῖς Θεοδοσίου σφαιρικοῖς καθολικώτερον
δείκνυται, ὅτι, κἂν μὴ διὰ τοῦ κέντρου τῆς σφαίρας ᾖ
τὸ τεμνόμενον ἐπίπεδον, ὁμοίως ἡ τομὴ κύκλος ἐστίν.

69. Τὸ διὰ τῆς ΑΞ καὶ ΒΔ ἐπίπεδον ὀρθὸν χρὴ 5
νοεῖν πρὸς τὸ τοῦ ΒΓΔΕ κύκλου ἐπίπεδον, ὁμοίως
δὲ καὶ τὸ δια τῆς ΑΞ καὶ ΚΝ ὀρθὸν καὶ αὐτὸ νοεῖν
δεῖ πρὸς τὸ αὐτὸ ἐπίπεδον τοῦ ΒΓΔΕ κύκλου, διότι
καὶ ἡ ΑΞ πρὸς ὀρθὰς ἵσταται ἐν τῷ τοῦ ΒΓΔΕ
κύκλου ἐπιπέδῳ. καὶ δὴ καὶ τὸ ΒΞΔ ἡμικύκλιον καὶ 10
ἔτι τὸ ΚΞΝ πρὸς ὀρθὰς ἱστάμενα χρὴ νοεῖν ἐν·τῷ
τοῦ ΒΓΔΕ ἐπιπέδῳ.

70. Καὶ ἐπεὶ ἡ ΞΑ ὀρθή p. 232, 6] ἐπειδήπερ,
ἐὰν εὐθεῖα ἐπιπέδῳ τινὶ πρὸς ὀρθὰς ᾖ, καὶ πάντα τὰ
δι' αὐτῆς ἐπίπεδα τῷ αὐτῷ ἐπιπέδῳ πρὸς ὀρθὰς ἔσται. 15

71. Ὅσαι ἄρα εἰσίν p. 232, 14] ἐὰν τοσαυτάκις
διαιρεθῶσι καὶ τὰ ἴσα τῷ ΒΕ δύο τεταρτημόρια δίχα,
ἴσα εἰσὶ καὶ τὰ τμήματα διὰ λγ' τοῦ γ' καὶ αἱ εὐθεῖαι
διὰ κθ' τοῦ γ'.

72. Πεσοῦνται δὴ ἐπί p. 232, 20] ἐὰν ᾖ ἐπίπεδον 20
πρὸς ἐπίπεδον ὀρθόν, καὶ ληφθῇ τυχὸν σημεῖον ἐπὶ
ἑνὸς τῶν ἐπιπέδων, ὅτι ἡ ἀπὸ τοῦ ληφθέντος σημείου
ἐπὶ τὸ ἕτερον ἐπίπεδον κάθετος ἀγομένη ἐπὶ τὴν
κοινὴν τομὴν πίπτει τῶν ἐπιπέδων· δειχθήσεται δὲ
οὕτως· ἔστω γὰρ τὸ ΑΒΓΔ ἐπίπεδον πρὸς ὀρθὰς τῷ 25
ΒΕΖΔ, καὶ εἰλήφθω ἐν τῷ ΑΒΓΔ ἐπιπέδῳ τυχὸν

---

69. Vᵃq (P²); ad p. 282, 2 sq.   70. B.   71. Vᵃ.
72. P (ἄλλο λαμβανόμενον).

---

1. διά — 2. ἡμῖν] om. p.   1. χρησιμεῦον] χρησιμεύειν?
4. τεμνόμενον] scr. τέμνον.   ἐστί p.   18. αἱ εὐθεῖαι]
τμήματα V.   24. τῶν ἐπιπέδων] τὸ ἐπίπεδον P.

πεδον ὀρθόν ἐστι, καὶ τῇ
κοινῇ τομῇ τῶν ἐπιπέδων
πρὸς ὀρθὰς γωνίας ἦκται

10 ἐν ἑνὶ τῶν ἐπιπέδων εὐθεῖα γραμ
τῷ λοιπῷ ἐπιπέδῳ πρὸς ὀρθάς ἐ
ὥστε ἡ ἀπὸ τοῦ Η ἐπὶ τὸ ΒΖ ἐ
μένη ἐπὶ τὴν κοινὴν τομὴν τι
ἔδει δεῖξαι.

15   73. Ἐὰν γὰρ ἐπίπεδον πρὸ
καὶ ἀπό τινος σημείου τοῦ ἐν
τὶ ἕτερον ἐπίπεδον κάθετος ἀχθ
σεῖται τῶν ἐπιπέδων τομῆς ἡ
τὸ λη´ τοῦ ια´.

20   74. Ἴση ἄρα ἐστίν p. 232, 2
ἴσων κύκλων τὰ ΑΒΓ, ΔΕΖ, κι
περιφέρειαι αἱ ΑΒ, ΔΕ, καὶ κι
αἱ ΒΗ, ΕΘ ἐπὶ τὰς ΑΓ, ΔΖ.
ἡ μὲν ΒΗ τῇ ΕΘ, ἡ δὲ ΑΗ τ
25 αἱ ΑΒ, ΔΕ, καὶ ἐπεὶ ἴσαι περ

γωνίαι ἴσαι ἀλλήλαις εἰσίν. ἴση ἄρα ἡ ὑπο ΒΑΓ
γωνία τῇ ὑπὲ ΕΔΖ. ἀλλα καὶ ὀρθαὶ αἱ Η, Θ· δύο
δὴ τρίγωνα τὰ ΑΒΗ, ΔΕΘ τὰς δύο γωνίας ταῖς δύο
γωνίαις ἴσας ἔχει ἑκατέραν ἑκατέρᾳ καὶ μίαν πλευρὰν

τὴν ΒΑ μιᾷ πλευρᾷ τῇ ΔΕ ἴσην τὴν ὑποτείνουσαν   5
ὑπὸ μίαν τῶν ἴσων γωνιῶν· πάντα ἄρα πᾶσιν ἴσα
ἐστίν. ἴση ἄρα ἡ μὲν ΑΗ τῇ ΔΘ, ἡ δὲ ΒΗ τῇ ΕΘ·
ὅπερ ἔδει δεῖξαι.

75. Διὰ τὸ κϛ' τοῦ α'· δύο γὰρ τρίγωνά ἐστι
τὰ ΟΒΦ, ΣΚΧ τὰς δύο γωνίας τὰς ὑπὸ ΟΒΦ, ΒΦΟ   10
ταῖς δυσὶ ταῖς ὑπὸ ΣΚΧ, ΚΧΣ ἴσας ἔχοντα ἑκατέραν
ἑκατέρᾳ καὶ μίαν πλευρὰν μιᾷ πλευρᾷ ἴσην τὴν ΒΟ
τῇ ΚΣ· ὥστε καὶ τὰς λοιπὰς πλευρὰς ταῖς λοιπαῖς
πλευραῖς ἴσας ἕξει ἑκατέραν ἑκατέρᾳ καὶ τὴν λοιπὴν
γωνίαν τῇ λοιπῇ.   15

76. Πόθεν, ὅτι ἴση ἐστὶν ἡ ΣΧ τῇ ΟΦ, ἡ δὲ ΒΦ
τῇ ΚΧ; καὶ λέγομεν οὕτως· ἐπεὶ ἴση ἐστὶν ἡ ὑπο
ΚΧΣ τῇ ὑπο ΟΦΒ· ὀρθαὶ γὰρ ἀμφότεραι· ἔστι δὲ
καὶ ἡ ὑπὸ ΣΚΧ τῇ ὑπὸ ΟΒΦ ἴση, ἐπειδὴ ἐπὶ ἴσων
περιφερειῶν βεβήκασι τῶν ΣΝ, ΟΔ, ἔστι δὲ καὶ ἡ   20
ΟΒ τῇ ΣΚ ἴση, δύο δὴ τρίγωνά ἐστι τὰ ΒΟΦ, ΚΣΧ
τας δύο γωνίας δυσὶ γωνίαις ἴσας ἔχοντα ἑκατέραν

Fig. om.   75. Vᵃ bis (V₁ V₂), q (P²).   76. B.

1. εἰσί p.   3. ταῖς] ταί P.   δύο] δυσί p.   4. ἑκατέραν]
ἑκατέρα p.   9. διά] βⁱ ια' ζ' V₂.   τό] om. V₂, τοῦ q.   τρι-
γώνων V₂.   11. δυσί] δύο V₂.   ΣΚΧ] ΚΧ V₂.   12. ἴσην]
ἴση V₂.   τήν] V₁, τῇ V₂ q.   13. τῇ] τήν V₂.   ὥστε] om. V₂.
15. λοιπῇ γωνία V₂.   21. ΣΚ] ΟΚ B?   ΚΣΧ\ΣΟΧ B?

ἑκατέρᾳ καὶ μίαν πλευρὰν μιᾷ πλευρᾷ ἴσην τὴν ὑπο-
τείνουσαν ὑπὸ μίαν τῶν ἴσων γωνιῶν, καὶ τὸ τρί-
γωνον τῷ τριγώνῳ ἴσον ἔσται· ἴση ἄρα καὶ ἡ ΣΧ
τῇ ΟΦ, ἡ δὲ ΒΦ τῇ ΚΧ.

5   77. Παράλληλος ἄρα p. 234, 5] ἐὰν γὰρ δύο εὐθεῖαι
τῷ αὐτῷ ἐπιπέδῳ πρὸς ὀρθὰς ὦσι, παράλληλοι ἔσονται
αἱ εὐθεῖαι διὰ τὸ ϛ´ τοῦ ια´.

  78. Παράλληλος ἄρα ἐστίν p. 234, 2] ἡ μὲν ΒΑ
καὶ ἡ ΚΑ οὐκ εἰσὶ παράλληλοι· συμπίπτουσι γάρ· ἡ
10 δὲ ΧΦ τῇ ΚΒ παράλληλός ἐστιν.

  79. Καὶ αἱ ΧΦ, ΣΟ p. 234, 6] αἱ τὰς ἴσας γὰρ
παραλλήλους ἐπιζευγνύουσαι εὐθεῖαι καὶ αὐταὶ ἴσαι τε
καὶ παράλληλοί εἰσιν διὰ τὸ λγ´ τοῦ α´.

  80. Τὸ ΚΒΟΣ ἄρα τετράπλευρον p. 234, 10]
15 τετράπλευρόν ἐστιν, οὐ μὴν καὶ παραλληλόγραμμον·
ὥστε οὐκ ἀνάγκη τὴν ΣΟ ἴσην εἶναι τῇ ΚΒ.

  81. Καί ἐστι τῷ μὲν ἀπὸ τῆς p. 236, 15] ἐκ κέντρου
γὰρ βϊ α´ μζ´ καὶ πᾶν τρίγωνον ἐν ἑνί ἐστιν ἐπιπέδῳ.

  82. Ὁμοίως δὴ δείξομεν p. 236, 21] βϊ ζ´ η´ πόρισμα.
20 ὀρθογώνιον τὸ ΔΚΒ τρίγωνον διὰ λα´ τοῦ γ´. πῶς;
ἐπεζεύχθωσαν γὰρ αἱ ΑΟ, ΑΣ, ΨΟ, ΨΣ. καὶ ἐπεὶ
ἴσον ἐστὶ τὸ ἀπο τῆς ΑΟ τῷ ἀπὸ τῆς ΑΣ· ἐκ κέντρου
γάρ· ἴσον δέ ἐστι τὸ ἀπὸ τῆς ΑΟ τοῖς ἀπὸ τῶν
ΨΟ, ΨΑ· ὀρθὴ γὰρ ἡ πρὸς τῷ Ψ· τοῖς δὲ ἀπὸ τῶν

---

77. B.   78. Vᵃq1 (Pˢ).   79. B.   80. Vᵃq (Pˢ).
81. Vᵃ.   82. Vᵃq (Pˢ).

---

16. ΣΟ] e corr. V.   19. βʳ — 20. γ´](pertinent ad p. 238, 15)
ὁμοίως δὴ δείξομεν, ὅτι καὶ αἱ ἀπὸ τοῦ Ψ q, om. P.   20.
πῶς; ἐπεζεύχθωσαν] δειχθήσεται οὕτως q.   22. ΑΟ — τῆς]
om. V.   τῷ] τῆς q.   ἐκ] ἐκ τοῦ q.   23. τοῖς] τῷ q.   ἀπὸ
τῶν — 24. τοῖς δέ] bis q (alt. loco recte τῶν pro τῆς).   23.
τῶν] τῆς q.   24. ΨΟ] ΒΟ V.   γάρ] γάρ ἐστιν q (utroque
loco).   τῷ] τό V et q (utroque loco).

ΨΣ, ΨΑ ἴσον τὸ ἀπὸ τῆς ΣΑ, κοινὸν ἀφῃρήσθω
τὸ ἀπὸ τῆς ΑΨ. λοιπὸν ἄρα τὸ ἀπὸ τῆς ΨΟ ἴσον
ἐστὶ τῷ ἀπὸ τῆς ΨΣ. ἴσον δὲ καὶ τὸ ἀπὸ τῆς ΑΣ
τῷ ἀπὸ τῆς ΑΚ· ἐκ κέντρου γάρ· ὥστε αἱ δ̄ εὐθεῖαι
αἱ ΒΨ, ΨΚ, ΨΟ, ΨΣ ἴσαι ἀλλήλαις εἰσίν.   5

83. Καὶ ἐπεὶ μείζων ἐστίν p. 236, 27] εἰ μὴ γὰρ
μείζων ἐστὶν ἡ ΒΚ τῆς ΧΦ, οὐ συμπεσοῦνται αἱ
ΒΦ, ΚΧ· συμπίπτουσι δὲ κατὰ τὸ Α· οὐκ ἄρα ἴση
ἐστὶν ἡ ΚΒ τῇ ΧΦ.

84. Ἐδείχθη ἡ ΦΧ τῇ ΒΚ παράλληλος, ἀλλ' οὐκ   10
ἀνάγκη, ἐπειδὴ παράλληλός ἐστι, καὶ ἴσην αὐτῇ εἶναι.
εἰ μὲν γὰρ ἦν, καὶ ἡ ΚΧ τῇ ΒΦ παράλληλος ἦν ἄν,
καὶ τὸ ΒΚΧΦ χωρίον παραλληλόγραμμον, καὶ ἦν ἂν
καὶ ἡ ΦΧ τῇ ΒΚ ἴση· τῶν γὰρ παραλληλογράμμων
χωρίων αἱ ἀπεναντίον γωνίαι τε καὶ πλευραὶ ἴσαι   15
ἀλλήλαις εἰσίν. ἐπεὶ δὲ οὐκ ἔστι τὸ χωρίον παραλληλό-
γραμμον, παράλληλος μέν ἐστιν ἡ ΦΧ, ὡς δέδεικται,
τῇ ΒΚ, οὐ μὴν καὶ ἴση. καὶ ἐπεὶ ἡ ΒΚ τὴν πρὸς
τῷ Ψ ὑποτείνει γωνίαν ὀρθὴν οὖσαν, ἡ δὲ ΦΧ
τὴν ὑπὸ ΚΑΒ μὴ οὖσαν ὀρθήν, |μείζων ἄρα ἡ ΒΚ   20
τῆς ΦΧ.

83. Vᵃ (cum nr. 82 coniunctum), Vᵇq (Pˢ).   84. Vᵃq (Pˢ).

1. ΣΑ] q, ᾶ V.   3. τῷ] τό V.   ἴσον] ἔστι q.   ΑΣ]
ΑΣ ἴσον q.   4. τῷ] τό V.   ἐκ] ἐκ τοῦ q.   ὥστε] ω e
corr. V.   δ̄] V, τέσσαρες q.   6. εἰ — 7. ΧΦ] εἰ γὰρ μή
ἐστι μεῖζον Vᵃ, ἐπεὶ εἰ μὴ τις ταύτην τὴν ΚΒ μείζονα εἴποι Vᵇ.
7. αἱ — 8. ΚΧ] om. Vᵃ.   8. ἴσον Vᵃ.   9. ἡ — ΧΦ]
om. q.   ΧΦ] ΦΧ Vᵇ.   Dein add. οὐδὲ μὴν ἐλάττων διὰ τὰ
αὐτά· μείζων ἄρα Vᵃ.   11. ἐπειδή — ἐστι] om. V.   αὐτῇ]
om. V.   12. ἦν] ἦ V.   14. ΒΚ] e corr. V.   15. αἱ — 16.
εἰσίν] om. V.   17. ἐστιν — 18. ἴση] ἔστι, οὐκ ἴση δὲ ἡ ΦΧ
τῇ ΒΚ V.   18. ἐπεὶ καί V.   τήν] τῇ V.   19. τῷ] τό q.
τείνει Vq.   20. τήν] corr. ex τῇ V.   ἄρα] om. q.   21.
τῆς] ἐστι τῆς q.   ΧΦ V.

σημεῖον, καὶ ἐπεζεύχθω ἡ ΓΨ·
λέγω, ὅτι τὸ ἀπὸ τῆς ΜΓ τοῦ
ἀπὸ τῆς ΓΨ μεῖζόν ἐστιν ἢ δι-
πλάσιον. ἐπεζεύχθωσαν γὰρ αἱ
10 ΟΨ, ΥΨ, ΨΜ. καὶ ἐπεὶ ἴση
ἐστὶν ἡ ΓΨ τῇ ΨΥ, καὶ κοινὴ
ἡ ΨΟ, δύο δὴ αἱ ΓΨ, ΨΟ
δυσὶ ταῖς ΥΨ, ΨΟ ἴσαι εἰσὶν
βάσις ἡ ΓΟ βάσεως τῆς ΟΥ μεί
15 ἡ ὑπὸ ΓΨΟ γωνίας τῆς ὑπὸ Ο
ἴση ἐστὶν ἡ ὑπὸ ΓΨΟ ἑκατέρᾳ τά
ἐπὶ γὰρ ἴσων περιφερειῶν βεβή
ΥΜ τῷ τὰς εὐθείας ἴσας εἶναι·
ὑπὸ ΓΨΜ, ΜΨΥ τῆς ὑπὸ ΥΨ
20 τέσσαρες ἄρα αἱ ὑπο ΟΨΥ, Ο
τέσσαρσιν ὀρθαῖς ἴσαι εἰσίν· π

85. P (λῆμμα), Vᵇq (Pⁿ).   Fig.

2. ΜΓΟΥ] ΚΒ. ΒΟ ΟΥ ΥΚ

τῷ Ψ· ἀμβλεῖα ἄρα ἑκάστη τῶν ὑπὸ ΟΨΓ, ΓΨΜ,
ΜΨΤ· ἀμβλυγώνιον ἄρα τὸ ΓΨΜ τρίγωνον. ἐν δὲ
τοῖς ἀμβλυγωνίοις τριγώνοις τὸ ἀπὸ τῆς τὴν ἀμβλεῖαν
γωνίαν ὑποτεινούσης πλευρᾶς τετράγωνον μεῖζόν ἐστι
τῶν ἀπὸ τῶν τὴν ἀμβλεῖαν γωνίαν περιεχουσῶν εὐ- 5
θειῶν τετραγώνων. τὸ ἄρα ἀπὸ τῆς ΓΜ μεῖζόν ἐστι
τῶν ἀπο τῶν ΜΨ, ΨΓ. ἀλλὰ τὰ ἀπο τῶν ΜΨ, ΨΓ
διπλάσιά ἐστι τοῦ ἀπὸ τῆς ΨΓ· ἴση γὰρ ἡ ΜΨ
τῇ ΨΓ. τὸ ἄρα ἀπὸ τῆς ΜΓ τοῦ ἀπὸ τῆς ΓΨ μεῖζόν
ἐστιν ἢ διπλάσιον· ὅπερ ἔδει δεῖξαι. 10

86. Πόθεν, ὅτι τὸ ἀπὸ τῆς ΚΒ τοῦ ἀπὸ τῆς ΒΨ
μεῖζόν ἐστιν ἢ διπλάσιον; καὶ δεικτέον οὕτως· ἐπεὶ
γὰρ ἐπιζευγνυμένων τῶν ΨΟ, ΨΣ αἱ ὑπὸ ΚΨΒ,
ΚΨΣ, ΣΨΟ, ΟΨΒ γωνίαι τέτρασιν ὀρθαῖς ἴσαι
εἰσίν· πρὸς γὰρ τῷ κέντρῳ τοῦ 15
κύκλου τῷ Ψ. καὶ ἐπεὶ ἴση ἐστὶν
ἡ ΣΚ τῇ ΚΒ, κοινὴ δὲ ἡ ΚΨ,
καὶ βάσις ἡ ΣΨ βάσει τῇ ΨΒ
ἐστιν ἴση, καὶ γωνία ἄρα ἡ ὑπ`
ΣΨΚ γωνίᾳ τῇ ὑπὸ ΚΨΒ ἴση· 20
διὰ τὰ αὐτὰ δὴ καὶ η ὑπὸ ΚΨΒ
γωνία τῇ ὑπὸ ΟΨΒ ἐστιν ἴση.
καὶ ἐπεὶ ἴση ἐστὶν ἡ ΒΨ τῇ ΨΣ, κοινὴ δὲ ἡ ΨΟ,
βάσις δὲ ἡ ΒΟ βάσεως τῆς ΣΟ μείζων ἐστίν, καὶ

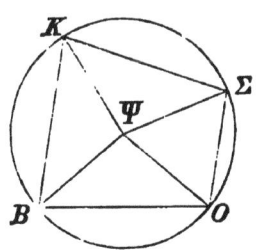

86. B (fig. hab.).

1. Ψ] Ψ εἰσιν q, Ψ εἰσι V.   ΟΨΒ, ΒΨΚ, ΚΨΣ Vq.
2. ΒΨΚ Vq.   3. τό] τῷ q.   4. τετραγώνου P.   5. Post
τήν del. ὀρθήν P.   6. ΚΒ Vq.   ἐστι] ἔσται V.   7. ΚΨ,
ΨΒ Vq.   ΚΨ, ΨΒ Vq.   8. ΨΒ Vq.   ΚΨ Vq.   9.
ΨΒ Vq.   ΚΒ Vq.   ΒΨ Vq.   10. ὅπερ ἔδει δεῖξαι]
om. V.   13. ΨΣ] ΨΕ B.   14. ΚΨΣ] ΚΨΓ B.   17. τῇ]
τῆς B.   23. ἐπεί] ͤ (= ἐπί) B; item p. 650, 3.   24. μείζων
et μεῖζον eodem comp. (ᵹ) B.

. . . . . ἄρα τὸ ἀπὸ τῆς ΚΒ τα . . .
ἴση δὲ ἡ ΒΨ τῇ ΨΚ· ὥστε ι . . .
ἐστιν ἢ διπλάσιον τοῦ ἀπὸ τῆς . . .

87. Πῶς αἱ ὑπὸ ΟΨΥ, . . .
10 τέσσαρσιν ὀρθαῖς εἰσιν ἴσαι, νῦι . . .
τριγώνου αἱ γὰρ γωνίαι δυσὶν . . .
ἄρα ὑπὸ ΨΥΜ, ΥΜΨ, ΜΨ . . .
εἰσίν. ὁμοίως καὶ αἱ ὑπὸ ΨΜΙ . . .
ὀρθαῖς ἴσαι εἰσίν, καὶ αἱ ὑπὸ . . .
15 δυσὶν ὀρθαῖς ἴσαι εἰσίν, καὶ ἔτι . . .
ΟΥΨ δυσὶν ὀρθαῖς ἴσαι εἰσίν. . . .
ΥΜΨ, ΜΨΥ, ΨΜΓ, ΜΓΨ, . . .
ΟΓΨ, ΟΨΥ, ΨΥΟ, ΥΟΨ ἐπὶ . . .
ἴσαι εἰσίν· ὧν αἱ ὑπὸ ΟΥΜ, . . .
20 τέσσαρσιν ὀρθαῖς ἴσαι εἰσίν· παντ . . .
αἱ τέσσαρες γωνίαι τέσσαρσιν ὀρθ . . .
ἄρα αἱ ὑπὸ ΥΨΜ, ΜΨΓ, ΓΨ . . .
. . . .

89. Κάθετος ἡ ΚΩ p. 238, 7] ἡ ἀπὸ τοῦ Κ καὶ ἔτι ἐπὶ τὴν ΒΦ πεσεῖται ἐπὶ τὸ σημεῖον, ἐφ' ὃ καὶ ἡ ἀπὸ τοῦ Ο κάθετος, ἐπὶ τὸ Φ· ἡ δὲ ἀπόδειξις ἡ αὐτή.

90. Καὶ ἐπεὶ ἡ ΒΔ p. 238, 7] εἰ γὰρ ἡ ΒΔ τῆς ΔΑ διπλῆ ἐστιν, μείζων δέ ἐστιν ἡ ΔΦ τῆς ΔΑ, ἡ ἄρα ΒΔ τῆς ΔΦ ἐλάττων ἐστὶν ἢ διπλῆ.

91. Ἡ γὰρ ΒΔ τῆς ΑΔ ἐστι διπλῆ, μείζων δὲ ἡ ΦΔ τῆς ΑΔ· διὰ τὸ α' τοῦ ϛ'.

92. Καί ἐστι τῆς ΚΔ p. 238, 13] τῆς ΚΔ ἐπι-ζευγνυμένης γίνεται τρίγωνον ὀρθογώνιον τὸ ΔΚΒ ὀρθὴν ἔχον τὴν ὑπὸ ΔΚΒ γωνίαν. τὸ ἄρα ἀνα-γραφόμενον ἀπὸ τῆς ΒΦ τετράγωνον καὶ τὸ συμ-πληρούμενον ὑπὸ τῆς ΦΔ παραλληλόγραμμον τὸ ΚΔ ἐστιν ὅλον παραλληλόγραμμον περιεχόμενον ὑπὸ τῶν ΔΒ, ΒΚ εὐθειῶν. ἐπέζευξε δὲ τὴν ΚΔ πρὸς παρά-στασιν τοῦ τὸ ΚΔ παραλληλόγραμμον περιέχεσθαι ὑπὸ τῶν ΔΒ, ΒΦ ἤτοι μῆκος μὲν γίνεσθαι τὴν ΚΒ, πλάτος δὲ τὴν ΒΔ. ἐπεὶ γὰρ τὸ ΚΔ παραλληλό-γραμμον διπλάσιόν ἐστι τοῦ ΔΚΒ τριγώνου, ὡς δέ-δεικται ἐν τῷ λδ' θεωρήματι τοῦ α' βιβλίου· δίχα γὰρ τὸ παραλληλόγραμμον τέμνει· εἰ δὲ δίχα, δῆλον, ὅτι ἡ ΚΒ ὕψος τέ ἐστι τοῦ ΚΔ παραλληλογράμμου καὶ βάσις τοῦ ΔΚΒ τριγώνου· τούτων οὕτως ἐχόντων

89. P.   90. B.   91. Vᵇq (P²).   92. Vᵇq (P²).

2. ἐπί] (pr.) in ras. P.   7. διπλάσιος B.   8. τῆς ΑΔ] om. V. δέ] ἄρα Vq.   9. διά — ϛ'] om. q.   12. ὑπὸ ΔΚΒ] πρὸς τῷ Β V, supra scr. ὑπὸ ΚΒΔ. ἐν ἡμικυκλίῳ γάρ· ἐκ τούτου οὖν προβαίνει ἡ δεῖξις διὰ τὰ πορίσματα τοῦ η' τοῦ ϛ'. Cfr. nr. 82.   14. ΦΔ] in ras. V.   18. τῶν] τῆς Vq.   ΒΦ] scr. ΒΚ.   21. λδ' τοῦ α' δίχα V.

γίνεται ἡ ΚΒ μέση ἀνάλογον, ὡς ἡ ΔΒ πρὸς τὴν
ΒΚ, οὕτως ἡ ΒΚ πρὸς τὴν ΒΦ· ἐὰν δὲ τρεῖς εὐθεῖαι
ἀνάλογον ὦσι, τὸ ὑπὸ τῶν ἄκρων περιεχόμενον ἴσον
ἐστὶ τῷ ἀπὸ τῆς μέσης.

5   93. Πολλῷ ἄρα ἡ ΑΨ p. 238, 26] ἐπειδὴ τὰ ἀπὸ
τῶν ΒΨ, ΨΑ ἴσα ἐστὶ τοῖς ἀπὸ τῶν ΑΗ, ΗΛ, ἔστι
δὲ τὸ ἀπὸ τῆς ΑΗ, ὡς πρὸ ὀλίγου δέδεικται, μεῖζον
τοῦ ἀπὸ τῆς ΒΨ, λείπεται τὸ ἀπὸ τῆς ΑΨ μεῖζον
εἶναι τοῦ ἀπὸ τῆς ΗΛ. ἴση δὲ ἡ ΗΛ τῇ ΗΛ, ὡς
10 δείξω· μεῖζον ἄρα τὸ ἀπὸ τῆς ΑΨ τοῦ ἀπὸ τῆς ΑΗ.
ὥστε καὶ ἡ ΑΨ μείζων ἐστὶ τῆς ΑΗ· εἰ γὰρ ἡ ΨΑ
μείζων τῆς ΛΗ, ἡ δὲ ΛΗ ἴση τῇ ΑΗ, ἡ ΨΑ ἄρα
μείζων ἐστὶ τῆς ΑΗ. δεικτέον δή, ὅτι ἡ ΑΗ ἴση
ἐστὶ τῇ ΗΛ, οὕτως· ἐπειδὴ γὰρ ἡ ὑπὸ ΑΗΛ γωνία
15 τοῦ ΑΗΛ τριγώνου ὀρθή ἐστιν, ἑκατέρα ἡ ὑπὸ ΗΛΛ
καὶ ΛΛΗ ἡμίσεια ὀρθῆς ἐστιν. ὥστε ἴση ἐστὶν ἡ
ὑπὸ ΗΛΛ τῇ ὑπὸ ΛΛΗ. αἱ δὲ τὰς ἴσας ὑποτείνουσαι
ἴσαι ἀλλήλαις εἰσίν· ὑποτείνει δὲ τὴν μὲν ὑπὸ ΗΛΛ
γωνίαν ἡ ΗΛ, τὴν δὲ ὑπὸ ΗΛΑ ἡ ΑΗ· ἴση ἄρα
20 ἡ ΑΗ τῇ ΗΛ. ἡ δὲ ΗΛ ἐλάττων ἐδείχθη τῆς ΑΨ·
καὶ ἡ ΑΗ ἄρα ἐλάττων ἐστὶ τῆς ΑΨ.

94. Ἐν ἄλλοις ἀντιγράφοις οὐκ ἔστιν ΗΛ, ἀλλα ηα,
ἤτοι τὸ ἦτα στοιχεῖον καὶ τὸ ἐπίσημον τῶν χίλια.

95. Πολλῷ ἄρα ἡ ΑΨ τῆς ΑΗ· ἐπεὶ πλέον ἀπέχει
25 τὸ Ψ σημεῖον τοῦ Η ἤπερ τὸ Φ διὰ τὸ καὶ τὴν ΑΨ

---

93. Vᵇq (P²l); ineptum.   94. l.   95. Vᵇq (P²).

---

3. ὦσι] om. V.   περιεχόμενον] om. V.   4. ἐστί] om. V.
6. τῶν] (alt.) om. V.   ΑΗ] e corr. q.   ἔστι δὲ τό] τὸ
δέ V.   7. ἀπὸ τῆς] supra scr. V.   14. ἐστί] om. V.   ΑΗΛ]
Λ e corr. V.   18. εἰσί V.   ΗΛΛ] ΕΛ? V.   19. ΗΛ]
ΛΛ Vq.   ἄρα] ἄρα ἐστίν V.   21. ἐστί] om. V.

μείζονα δεδεῖχθαι τῆς ΑΦ, οὐ ψαύσει· εἰ γὰρ ἔψαυεν,
ἦν ἂν ἡ ΨΑ τῇ ΗΑ ἴση.

96. Ἔστω ἡ ΒΔ ι̅β̅, ἡ δὲ ΒΦ δ̅, ἡ δὲ ΦΔ η̅.
ἡ οὖν ΒΔ ὁ ι̅β̅ ἡμιόλιός ἐστι προς τὴν ΦΔ τὸν η̅·
ἀλλὰ καὶ τὸ ὑπὸ τῶν ΔΒ, ΒΦ, τουτέστιν ὁ ὑπο τοῦ ι̅β̅   5
καὶ τοῦ δ̅, μ̅η̅ πρὸς τὸ ὑπὸ τῶν ΔΦ, ΦΒ, τουτέστι
πρὸς τὸ ὑπὸ τοῦ η̅ καὶ τοῦ δ̅, τὰ λ̅β̅, ἡμιόλιόν ἐστιν.
ὡς γαρ τὰ ι̅β̅ τῶν η̅ ἡμιόλια, οὕτως τὰ μ̅η̅ τῶν λ̅β̅.

97. Εἰπών, ὅτι ἡ ΑΒ ἡ ἐκ τοῦ κέντρου τῆς σφαίρας,
σαφηνίζων, ποίας σφαίρας, ἐπήγαγε· τῆς περὶ τὸ κέντρον   10
τὸ Α, ὡς εἰ ἔλεγε· τῆς σφαίρας, ἧς κέντρον ἐστὶ τὸ Α.

Ad prop. XVIII.

98. Ἔστιν ἄρα ὡς p. 244, 16] ἐν τῷ αὐτῷ λόγῳ
εἰσίν· ἀναλογία ἐστὶν ἡ τῶν λόγων ταυτότης. ἐτα-
νύσθησαν οἱ λόγοι, ὥσπερ ἐπὶ τῶν μεγεθῶν τὰ τοῦ   15
αὐτοῦ τριπλάσια ἴσα ἀλλήλοις εἰσίν, οἱ τοῦ αὐτοῦ
λόγου τριπλοῖ ἴσοι ἀλλήλοις καὶ ταὐτοί εἰσιν.

99. Ὡς δὲ ἡ ΛΜΝ σφαῖρα p. 246, 9] διὰ τὸ β′
τοῦ ι̅β̅′· πληρώσας γὰρ τὴν τοῦ β′ θεωρήματος ἀπό-
δειξιν οὕτως ἔδειξε τὸ προκείμενον.   20

---

96. V^b (ad p. 288, 8).   97. V^aq (P^x); ad p. 240, 25.
98. V^a (corruptum).   99. V^aq.

1. ἔψαυσεν V.   4. τήν] τόν V.   6. δ̅] δίς V; fort. δ̅, τά.
7. τά] τῶν V.   8. τῶν} τά V.   10. σαφανίζων V.   17.
ταὐτοί] sic V.   19. ι̅β̅′] ια′ q?

In librum XIII.

1. Ἐν τούτῳ τῷ βιβλίῳ, τουτέστι τῷ ιγ΄, γράφεται τὰ λεγόμενα Πλάτωνος ε̄ σχήματα, ἃ αὐτοῦ μὲν οὐκ ἔστιν, τρία δὲ τῶν προειρημένων ε̄ σχημάτων τῶν Πυθαγορείων ἐστίν, ὅ τε κύβος καὶ ἡ πυραμὶς καὶ τὸ
5 δωδεκάεδρον, Θεαιτήτου δὲ τό τε ὀκτάεδρον καὶ τὸ εἰκοσάεδρον. τὴν δὲ προσωνυμίαν ἔλαβεν Πλάτωνος διὰ τὸ μεμνῆσθαι αὐτὸν ἐν τῷ Τιμαίῳ περὶ αὐτῶν· Εὐκλείδου δὲ ἐπιγράφεται καὶ τοῦτο τὸ βιβλίον διὰ τὸ στοιχειώδη τάξιν ἐπιτεθεικέναι καὶ ἐπὶ τούτου τοῦ
10 στοιχείου.

Ad prop. I.

2. Ἄκρον καὶ μέσον λόγον εὐθεῖα τετμῆσθαι λέγεται, ὅταν ᾖ ὡς ὅλη πρὸς τὸ μεῖζον τμῆμα, οὕτως τὸ μεῖζον πρὸς τὸ ἔλαττον. αὕτη δέ ἐστιν ἄλογος·
15 οὐχ ὑποπίπτει γὰρ ἀριθμῷ.

3. Τοῦτό ἐστι τὸ ἄκρον καὶ μέσον λόγον τμηθῆναι εὐθεῖαν. ὅταν τὸ ὑπὸ τῆς ὅλης καὶ ἑνὸς τῶν τμημάτων

---

1. P.   2. PBV*qB².   3. V*q.

---

4. Πυθαγορίων P.   9. ἐπιτεθηκέναι P.   12. καί] δὲ
καί P.   13. ὅλη] ἡ ὅλη P.   πρὸς τὸ μεῖζον] ἀποτομή q.
οὕτως] ᾖ B.   14. μεῖζον] μέν q, μεῖζον τμῆμα P.   ἔλασσον
PV.   αὕτη — 15. ἀριθμῷ] διὰ ὅρον τοῦ ς΄ V, ὡς φησὶν ἐν
τοῖς ὅροις τοῦ ς΄ P, om. B¹.   15. ἀριθμοῖς B.   16. τοῦτό
ἐστι] τουτέστι V (cum nr. 2 coniunctum).

περιεχόμενον ὀρθογώνιον ἴσον ᾖ τῷ ἀπὸ τοῦ λοιποῦ τμήματος τετραγώνῳ ὡς ἐπὶ τῆς ἐκκειμένης εὐθείας.

4. Πενταπλάσιον δύναται p. 248, 4] δύναται εἶπεν, τουτέστιν ὅτι τὸ ἀπὸ τοῦ μείζονος τμήματος μετὰ τοῦ ἀπὸ τῆς ἡμισείας τῆς ὅλης πενταπλάσιόν ἐστι τοῦ ἀπὸ 5 τῆς ἡμισείας.

5. Καί ἐστι τὸ μέν p. 248, 15] ἐπειδὴ τὸ ΑΕ τετράγωνον ὑπόκειται, ἴση ἐστὶν ἡ ΑΒ τῇ ΒΕ. περιέχεται δὲ τὸ ΓΕ ὑπὸ τῶν ΕΒ, ΒΓ, δηλονότι ὑπὸ τῶν ΑΒ, ΒΓ περιέχεται· ἴση γάρ, ὡς εἴρηται, ἡ ΑΒ τῇ ΒΕ. 10

6. Εἰσὶ δὲ καί p. 250, 1] τὰ γὰρ παραπληρώματα ἴσα ἐστὶν ἀλλήλοις διὰ τὸ μγ' τοῦ α'.

7. Τετραπλάσιόν ἐστι p. 250, 5] τὰ γὰρ μήκει διπλάσια δυνάμει τετραπλάσια.

8. Τουτέστι τὸ ΑΕ τοῦ ΔΘ p. 250, 6] τὰ γὰρ περὶ 15 τὴν αὐτὴν διάμετρον τετράγωνά εἰσιν.

Ad prop. II.

9. Τοῦτο ἀντιστρόφιον τοῦ πρὸ αὐτοῦ.

10. Τετραπλάσιον ἄρα p. 252, 5] τὰ γὰρ μήκει διπλάσια δυνάμει τετραπλάσια. 20

11. Τουτέστι τὸ ΓΗ τοῦ ΑΘ p. 252, 6] τετράγωνα γάρ.

12. Διπλάσιον ἄρα καί p. 252, 10] ὑπὸ γὰρ τὸ αὐτὸ ὕψος.

1. ἴσον ᾖ τῷ] ὡς εἴη τό q, ἴσον εἶναι τῷ V.   2. τετράγωνον q.   9. τῶν] τῆς Vq.   τῶν] τῆς Vq.   12. ἐστίν] εἰσίν b.   διά — α'] om. b.   13. διὰ τὸ τα μήκη P.

13. Ἔστιν ἄρα ὡς p. 252, 17] ἐὰν γὰρ ὦσι τρεῖς
εὐθεῖαι, καὶ τὸ ὑπὸ τῶν ἄκρων ἴσον ᾖ τῷ
μέσης, αἱ τρεῖς εὐθεῖαι ἀνάλογόν εἰσιν.

14. Ἡ διπλῆ τῆς ΓΑ ἢ ἴση ἐστὶ τῇ ΓΒ ἢ ἐλάσσων
5 ἢ μείζων· ἴση δὲ ἢ ἐλάσσων οὐκ ἔστιν, ὡς δείκνυει·
μείζων ἄρα ἡ διπλῆ τῆς ΓΑ τῆς ΓΒ· διὰ δ' τοῦ β'
βιβλίου.

15. Ὅπερ ἀδύνατον p. 254, 9] τὸ γὰρ ἀπὸ τῆς ΒΑ
ἴσον ἐστὶ τοῖς ἀπὸ τῶν ΒΓ, ΓΑ καὶ τῷ δὶς ὑπὸ
10 τῶν ΒΓ, ΓΑ, ὡς δέδεικται ἐν τῷ δ' θεωρήματι τοῦ β'
βιβλίου.

Ad prop. III.

16. Καὶ τὸ ἀντιστρόφιον· ἐὰν εὐθεῖα τμήματος
ἑαυτῆς πενταπλάσιον δύνηται, ἡ τοῦ τμήματος διπλῆ
15 προστεθεῖσα τῷ λοιπῷ τμήματι τὴν ὅλην ποιεῖ εἰς
ἄκρον καὶ μέσον λόγον τεμνομένην, καὶ τὸ μεῖζον
ὄνομά ἐστιν ἡ προστεθεῖσα εὐθεῖα· δύναται δὲ εἶναι
καὶ τὸ ἀντιστρόφιον τοῦ πρώτου.

17. Τετραπλάσιον ἄρα p. 254, 27] τὰ γὰρ μήκει
20 διπλάσια δυνάμει τετραπλάσια.

18. Ἀπεναντίον γάρ. — ὑπὸ γὰρ τὸ αὐτὸ ὕψος.

Ad prop. IV.

19. Ἔστιν οὖν διπλάσιον εὑρεῖν ἐκ τῆς διαγωνίου,
τριπλάσιον ἐκ τούτου τοῦ θεωρήματος, τετραπλάσιον
25 ἐκ τοῦ μήκει διπλασίους εἶναι τὰς πλευράς, πεντα-

---

13. Bbq.   14. Vᵃ (ad lemma p. 254).   15. Vᵃq (P²).
16. P.   17. b.   18. b (ad p. 256, 8—9).   19. P.

1. γάρ] om. q.   2. ᾖ] B, om. bq.   4. διπλῆ] obscurum
comp. V.   ΓΑ] Α e corr. V.   τῇ] τῆς V.   ἢ ἐλάσσων ἢ
μείζων ἴση δέ] bis V.

πλάσιον ἐκ τοῦ πρώτου καὶ τρίτου, ἑξαπλάσιον διὰ τοῦ τριπλασίου· ἐκείνου γὰρ διπλάσιον ποιήσαντες ἔχομεν ἑξαπλάσιον.

20. Τὸ ἄρα ὑπὸ τῶν p. 258, 6] ὅταν γὰρ εὐθεῖα ἄκρον καὶ μέσον λόγον τμηθῇ, τὸ ὑπὸ τῶν ἄκρων ἴσον 5 ἐστὶ τῷ ἀπὸ τῆς μέσης.

21. Ἄκρον γὰρ καὶ μέσον λόγον τμηθείσης τῆς ΑΒ κατὰ τὸ Γ ἁρμόττει ἐπ᾽ αὐτῆς τὸ ιζ΄ θεώρημα τοῦ ϛ΄ βιβλίου τὸ λέγον· ἐὰν τρεῖς εὐθεῖαι ἀνάλογον ὦσι, τὸ ὑπὸ τῶν ἄκρων περιεχόμενον ὀρθογώνιον ἴσον ἐστὶ 10 τῷ ἀπὸ τῆς μέσης τετραγώνῳ.

22. Καὶ ἐπεὶ ἴσον ἐστί p. 258, 9] παραπλήρωμα γάρ· διὰ τὸ μγ΄ τοῦ α΄.

Ad prop. V.[1])

23. Ἐάν p. 258, 25] ἐὰν εὐθεῖα γραμμὴ ἄκρον καὶ 15 μέσον λόγον τμηθῇ, ἔσται ὡς συναμφότερος ἡ ὅλη καὶ τὸ μεῖζον τμῆμα πρὸς τὴν ὅλην, οὕτως ἡ ὅλη πρὸς τὸ μεῖζον τμῆμα.

24. Ἀλλὰ τῷ μὲν ΓΕ p. 260, 14] τῶν γὰρ παραπληρωμάτων ἴσων ὄντων καὶ κοινοῦ προστεθέντος τοῦ 20 ΖΕ τὸ ΓΕ τῷ ΘΕ ἴσον ἐστί.

---

1) In mg. ad prop. VI legitur V²: περιττόν· χρὴ γὰρ μετὰ τὰς συνθέσεις καὶ τὰς ἀναλύσεις λαβεῖν τοῦτο; in mg. opposito: τοῦτο αὐτό ἐστι τὸ πέμπτον τῇ δείξει μόνῃ τὸ διάφορον ἔχον· ἄλλως τὸ πέμπτον Vᵇ, sequitur app. nr. 7 p. 362 Vᵇ (p. 362, 17 ὡς] corr. ex ὠ, 21 ΒΑΓ] supra scr. Α, p. 364, 10 ΒΑΓ] supra scr. Α, 11 καί — 12 ΑΓ] om., 12 ἴση — 14 ΑΔ] del., 13 ἡ] (prius) om.).

---

20. Bb.   21. V⁴.   22. B.   23. b⁸.   24. V².

---

5. ὑπό] ἀπό B.   6. τῷ] τό b.

Ad prop. VIII.

25. Ἐδείχθη ἴση p. 270, 8] ἡ αὐτὴ δεῖξις τῇ δεικνυούσῃ τὴν ὑπὸ ΕΔΓ γωνίαν ἴσην τῇ ὑπὸ ΑΒΓ ἤτοι τῇ ὑποτεταγμένῃ.

5   26. Ἔδειξε τοῦτο, ἐν οἷς ἄνωθεν ἔλεγεν ἴσην εἶναι τὴν ὑπὸ ΒΑΓ ἤτοι τὴν ὑπὸ ΒΑΘ τῇ ὑπὸ ΑΒΕ ἤτοι τῇ ὑπὸ ΑΒΘ.

27. Ὁμοίως δὴ δείξομεν p. 270, 19] ἐπεὶ γὰρ ἡ ΑΓ ἴση τῇ ΒΕ, ὧν ἡ ΑΘ τῇ ΘΒ ἴση, λοιπὴ ἄρα ἡ ΓΘ
10 λοιπῇ τῇ ΘΕ ἴση ἐστίν. ὡς ἄρα ἡ ΒΕ πρὸς τὴν ΕΘ, ἡ ΑΓ πρὸς τὴν ΓΘ, καὶ ὡς ἡ ΕΘ πρὸς τὴν ΘΒ, ἡ ΓΘ πρὸς τὴν ΘΑ· καὶ ἡ ΑΓ ἄρα ἄκρον καὶ μέσον λόγον τέτμηται κατὰ τὸ Θ, καὶ τὸ μεῖζον τμῆμά ἐστιν ἡ ΓΘ.

15   ## Ad prop. IX.

28. Πενταπλασίων ἄρα p. 272, 12] ὅτι μὲν ἡμικύκλιόν ἐστι τὸ ΑΓΒ, δῆλον· διάμετρος γάρ ἐστι τοῦ κύκλου ἡ ΒΑ. καὶ ἐπεὶ ἡ ΒΓ περιφέρεια δέκατόν ἐστι μέρος τοῦ ὅλου κύκλου· δεκαγώνου γάρ ἐστι
20 πλευρὰ ἡ ΒΓ· ἐπεὶ οὖν, ὡς εἴρηται, ἡ ΒΓ δέκατόν ἐστι μέρος τοῦ ὅλου κύκλου, τοῦ ἡμικυκλίου τοῦ ΑΒΓ πέμπτον ἐστίν.

29. Ἡ ἄρα ὑπὸ ΑΕΓ γωνία p. 272, 17] ἐκτὸς γάρ ἐστι τοῦ ΒΕΓ τριγώνου, παντὸς δὲ τριγώνου ἡ ἐκτὸς
25 δύο ταῖς ἐντὸς καὶ ἀπεναντίον ἴση ἐστίν· ὥστε τῆς μιᾶς διπλασία ἐστίν.

---

25. V^b.   26. V^b.   27. V^1.   28. V^aq (P^2).
29. V^aq (P^2).

---

10. ὡς] postea ins. comp. V.   21. ΑΒΓ] q, mut. in
ΑΓΒ V.   24. ἐστι] om. V.   25. ἀπεναντίας V q.

Ad prop. X.

30. Ἀλλὰ ἡ ὑπὸ ΛΑΝ p. 278, 9] τουτέστιν ἡ ὑπὸ ΚΛΑΝΒΘ γωνία τῇ ὑπο ΚΒΘΝΑ γωνίᾳ ἐστὶν ἴση· ἡ γὰρ ΑΚ περιφέρεια τῇ ΚΒ περιφερείᾳ ἐστὶν ἴση.

31. Μᾶλλον δὲ καὶ ἡ ΒΚ εὐθεῖα τῇ ΚΑ εὐθείᾳ 5 ἴση ἐστὶ διὰ τὸ καὶ τὰς περιφερείας ἴσας εἶναι.

32. Τὸ ὑπὸ τῶν ΑΒ, ΒΝ καὶ ΒΑ, ΑΝ οὐδὲν ἄλλο ἐστὶν ἢ τὸ δὶς ὑπὸ τῶν ΑΒ, ΒΝ, τὸ δὲ δὶς ὑπὸ τῶν ΑΒ, ΒΝ ἴσον ἐστὶ τῷ ἀπὸ τῆς ΑΒ. ἐπεὶ οὖν τὸ ἀπὸ τῆς ΑΒ ἴσον ἐστὶ τῷ δὶς ὑπὸ τῶν ΑΒ, ΒΝ, 10 τὸ δὲ δὶς ὑπὸ τῶν ΑΒ, ΒΝ ἴσον δέδεικται τῷ ἀπὸ τῆς ΒΖ μετὰ τοῦ ἀπὸ τῆς ΑΚ, συμπέρασμα, ὅτι τὸ ἀπὸ τῆς ΑΒ ἴσον ἐστὶ τῷ ἀπὸ τῆς ΒΖ μετὰ τοῦ ἀπὸ τῆς ΑΚ.

Ad prop. XI. 15

33. Ζήτει τὴν ἐλάσσονα ἐν τῷ q̄ε̄ τοῦ ι′.

34. Ῥητὴ δὲ ἡ ΑΖ p. 280, 10] ῥητὴ ἡ ΑΖ, ὅτι ἡμίσεια τῆς διαμέτρου τοῦ κύκλου, ἡ δὲ ὑπόκειται ῥητή· τοῦτο δὲ δια τὸ ϛ′ τοῦ ι′.

35. Ὧν ἡ ΑΒΓ p. 280, 13] ἀμφότερα γὰρ τὰ 20 τμήματα ὑπὸ ἴσων δύο πλευρῶν τοῦ πενταγώνου ἀποτέμνονται.

36. Καὶ διπλῆ ἡ ΓΔ τῆς ΓΑ p. 280, 16] συναχθήσεται οὕτως· ἐὰν ἐπιζευχθῇ ἡ ΑΔ, ἴση ἔσται τῇ ΑΓ· τὰς γὰρ ἴσας περιφερείας ἴσαι εὐθεῖαι ὑπο- 25 τείνουσιν. ἀλλὰ καὶ αἱ πρὸς τῷ Α γωνίαι ἴσαι ἔσονται· ἐπὶ γὰρ ἴσων περιφερειῶν τῶν ΓΗ, ΗΑ βεβήκασιν.

---

30. Vᵃ. 31. Vᵇ (ad nr. 30). 32. Vᵇq (Pˢ); ad p. 278, 18 sq. (peruersum). 33. Vᵃ. 34. Vᵇ. 35. Vᵇ. 36. Vᵃq (Pʸ).

---

10. ἐστί] om. V. τῶν] τῆς Vq. 17. ὅτι] ὅτη V. 21. πλευρῶν] falsum, si scholium huc pertinet. 27. ἐπί] ὑπό Vq.

42*

ἔστι δὲ κοινὴ ἡ ΔΔ. ὥστε δύο τρίγωνά ἐστι τὰ
ΑΓΔ, ΔΔΔ τὰς δύο πλευρὰς ταῖς δυσὶ πλευραῖς ἴσας
ἔχοντα ἑκατέραν ἑκατέρᾳ καὶ τὰς ὑπὸ τῶν ἴσων εὐθειῶν
περιεχομένας γωνίας ἴσας· καὶ τὴν βάσιν ἄρα τῇ βάσει
5 ἴσην ἕξουσι καὶ τὰς λοιπὰς γωνίας ταῖς λοιπαῖς γωνίαις.
ὥστε ἴσαι ἔσονται αἱ πρὸς τῷ Δ γωνίαι ἀλλήλαις. ἴσαι
δὲ καὶ αἱ ΓΔ, ΔΔ βάσεις· διπλῆ ἄρα καὶ ἡ ΓΔ
τῆς ΓΔ.

37. Ὡς δὲ ἡ τῆς ΜΖ διπλῆ p. 282, 1] τοῦτο δῆλον·
10 ὡς γὰρ ἡ διπλῆ πρὸς τὴν ὅλην, οὕτως ἡ ἁπλῆ πρὸς
τὴν ἡμίσειαν τῆς ὅλης. ἔστω γὰρ λόγου χάριν ἡ
ΜΖ ιβ, ἡ δὲ ΖΑ ϛ· ὡς οὖν τὰ κδ τὰ διπλάσια τῶν ιβ
πρὸς τὰ ϛ, οὕτως τὰ ιβ πρὸς τὰ γ τὰ ἡμίση τῶν ϛ.

38. Πενταπλάσιον ἄρα τὸ ἀπό p. 284, 2] ἔστω ἡ
15 ΖΚ δίπους, ἡ δὲ ΒΖ ὀκτάπους· τετραπλασία ἄρα ἡ
ὀκτάπους τῆς δίποδος. καὶ ἐπεὶ ὀκτάπους μέν ἐστιν
ἡ ΒΖ, δίπους δὲ ἡ ΖΚ, ὅλη ἄρα ἡ ΒΚ δεκάπους
ἐστίν. πενταπλασία ἄρα ἡ δεκάπους ἐστὶ τῆς ΖΚ τῆς
δίποδος. ἔστι δὲ τὸ ἀπὸ τῆς ΒΚ τετράγωνον τῆς
20 δεκαπόδος ἑκατοντάπουν, τὸ δὲ ἀπὸ τῆς ΖΚ τῆς δί-
ποδος τετράπουν, τὸ δὲ ἑκατοντάπουν εἰκοσιπεντα-
πλάσιόν ἐστι τοῦ τετράποδος. καὶ ἐπεὶ πενταπλάσιον
ἐν τῷ παρόντι θεωρήματι προαποδέδεικται τὸ ἀπὸ τῆς
ΜΚ τοῦ ἀπὸ τῆς ΖΚ, ἔστι δὲ τὸ ἀπὸ τῆς ΖΚ τετρά-

---

37. Vᵇq (P²).   38. Vᵇq (P²).

---

1. δέ] δὲ καί V.   ἡ] supra scr. V.   2. δυσί] δύο V.   3.
τὰς ἴσας εὐθείας q.   9. δῆλον] φανερὸν γίνεται V.   15.
δίπους] β̄ V, et similiter ubique.   ἡ (alt.) — 16. δίποδος]
ὁ ἡ τοῦ β̄ V.   17. ΖΚ] Ζ e corr. V.   18. ἐστίν] ἐστί q.
δεκάπους ἐστί] ΒΚ V.   τῆς δίποδος] om. V.   19. τῆς
δεκαπόδος] om. V.   20. τῆς] (alt.) τοῦ V.   21. τό] ὁ V.

πουν, τὸ ἀπὸ τῆς MK τὸ πενταπλάσιον αὐτοῦ ἔσται
εἰκοσάπουν. ὥστε τὸ ἀπο τῆς BK ἑκατοντάπουν ὂν
πενταπλάσιόν ἐστι τοῦ ἀπὸ τῆς MK εἰκοσάποδος.

39. Εὐλόγως πενταπλάσιον τὸ ἀπὸ τῆς BK τοῦ
ἀπὸ τῆς KM. τοῦ γὰρ ZK τὸ KM πενταπλάσιον, 5
οὗ ZK εἰκοσιπενταπλάσιον τὸ ἀπὸ τῆς BK. λείπεται
ἄρα πενταπλάσιον εἶναι τοῦ οὗ μέρος γίνεται τὸ εἰκοσι-
πενταπλάσιον ἤτοι τὸ ZK ἤτοι τοῦ KM.

40. Λόγον οὐκ ἔχει p. 284, 4] οὐδὲ γὰρ ἔστιν εὑρεῖν
ἀριθμὸν τετράγωνον τετραγώνου πενταπλάσιον. 10

41. Ἀναστρέψαντι ἄρα· p. 284, 19] ἐπεὶ πεντα-
πλάσιόν ἐστι τὸ ἀπὸ τῆς BK τοῦ ἀπὸ τῆς KM, τὸ
ἀπο τῆς BK δηλονότι τοῦ ἀπὸ τῆς KM τέσσαρσιν
ὑπερέχει. εἰ οὖν ἀναστρέψομεν, ἔσται τὸ ἀπὸ τῆς BK
πρὸς τὸ ἀπὸ τῆς N μονάδι ὑπερέχον. τὸ δὲ ἀπὸ τῆς N 15
ὑπερεῖχε τοῦ ἀπὸ τῆς KM 'τῷ ἀπὸ τῆς BK. εἰ οὖν
τὸ ἀπὸ τῆς BK πέντε ἐστί, καὶ μονάδι ἔλαττόν ἐστι
τὸ ἀπὸ τῆς N τοῦ ἀπὸ τῆς BK, τὸ ἀπὸ τῆς N πάντως
τέσσαρα ἔσται. ὥστε λόγον ἕξει τὸ ἀπὸ τῆς BK πρὸς
τὸ ἀπὸ τῆς N, ὂν πέντε πρὸς δ. ἀναστροφὴ δὲ λόγου 20
ἐστὶ λῆψις τοῦ ἡγουμένου πρὸς τὴν ὑπεροχήν, ᾗ ὑπερ-
έχει τὸ ἡγούμενον τοῦ ἑπομένου.

42. Ἰσογώνιον γίνεσθαι p. 286, 3] ἔσται ἰσογώνια
οὕτως· εἰ γὰρ ἐπιζεύξομεν τὴν AΘ, ὀρθὴ ἔσται ἡ πρὸς
τῷ A γωνία ὡς ἐν ἡμικυκλίῳ οὖσα. ἔστι δὲ καὶ ἡ 25
ὑπὸ AMB γωνία ὀρθή· ἐδείχθη γὰρ· καὶ κοινὴ τῶν

---

39. Vᵇ (extrema corrupta).   40. q.   41. Vᵇq (P²).
42. Vᵇq (P²).

---

3. εἰκοσάποδος] τοῦ εἴκοσι V.   5. γάρ] bis V.   15. ὑπερ-
έχον] ὑπερεξ q.   16. τῷ] τό q.   19. ἕξει] ἔσται ἔχον V.

δύο τριγώνων ἡ πρὸς τῷ Β· καὶ λοιπὴ ἄρα ἡ ὑπὸ
ΑΘΒ λοιπῇ τῇ ὑπὸ ΒΑΜ ἴση ἐστίν.

Ad prop. XII.

43. Λῆμμα εἰς τὸ ιβ´ θεώρημα πρῶτον τόδε·
5 ἔστω τρίγωνον ἰσόπλευρον τὸ ΑΒΓ. λέγω, ὅτι
τοῦ περὶ τὸ ΑΒΓ τρίγωνον κύκλου γραφομένου τὸ
κέντρον ἐντός ἐστι τοῦ ΑΒΓ τριγώνου. μὴ γάρ, ἀλλ'
εἰ δυνατόν, ἔστω πρότερον ἐπὶ μιᾶς τῶν πλευρῶν τὸ Δ,
καὶ ἐπεζεύχθω ἡ ΑΔ. ἐπεὶ οὖν
10 τὸ Δ σημεῖον κέντρον ἐστὶ τοῦ
περὶ τὸ ΑΒΓ τρίγωνον κύκλου,
ἴση ἐστὶν ἡ ΑΔ τῇ ΔΒ. ὥστε
καὶ γωνία ἡ ὑπὸ ΑΒΔ τῇ ὑπὸ
ΔΑΒ ἴση ἐστίν. ὑπόκειται δὲ
15 καὶ ἡ ὑπὸ ΑΒΔ γωνία τῇ ὑπὸ
ΒΑΓ ἴση· ἰσόπλευρον γὰρ τὸ
ΑΒΓ τρίγωνον. καὶ ἡ ὑπὸ ΒΑΓ

ἄρα τῇ ὑπὸ ΒΑΔ ἴση, ἡ μείζων τῇ ἐλάσσονι· ὅπερ
ἄτοπον. οὐκ ἄρα τὸ κέντρον τοῦ περὶ τὸ ΑΒΓ τρί-
20 γωνον κύκλου ἐστὶν ἐπὶ μιᾶς τῶν πλευρῶν. λέγω δή,
ὅτι οὐδὲ ἐκτός. εἰ γὰρ δυνατόν, ἔστω τὸ Ε, καὶ ἐπε-
ζεύχθωσαν αἱ ΑΕ, ΒΕ. ἐπεὶ οὖν πάλιν τὸ Ε κέντρον
ἐστὶ τοῦ περὶ τὸ ΑΒΓ τρίγωνον κύκλου, ἴση ἐστὶν
ἡ ΑΕ τῇ ΕΒ. ὥστε καὶ γωνία ἡ ὑπὸ ΕΑΒ τῇ ὑπὸ
25 ΑΒΕ ἐστιν ἴση. καί ἐστι μείζων ἡ ὑπὸ ΑΒΕ τῆς

---

43. PV° (fig. om. P, imperfectam hab. V°).

---

2. ΒΑΜ] ΑΒΜ Vq.   ἐστιν ἴση q.   8. Δ] Α P.   10.
ἐστί] om. V.   19. οὐκ — 20. πλευρῶν] om. V.   20. δή]
δέ V.   22. οὖν] om. V.   τὸ Ε] om. V.   23. περὶ — τρί-
γωνον] om. V.   24. τῇ ὑπὸ ΑΒΕ] om. P.

ὑπὸ ΑΒΓ. ὥστε καὶ ἡ ὑπὸ ΒΑΕ τῆς ὑπὸ ΑΒΓ
μείζων ἐστίν. ἀλλὰ τῆς ὑπὸ ΒΑΕ μείζων ἐστὶν ἡ
ὑπὸ ΒΑΓ· πολλῷ ἄρα ἡ ὑπὸ ΒΑΓ τῆς ὑπὸ ΑΒΓ
μείζων. ἀλλὰ καὶ ἴση· ἰσόπλευρον γὰρ ὑπόκειται τὸ
ΑΒΓ τρίγωνον. οὐκ ἄρα οὐδὲ ἐκτὸς πεσεῖται τοῦ 5
ΑΒΓ τριγώνου τὸ κέντρον τοῦ κύκλου. ἐδείχθη δέ,
ὅτι οὐδὲ ἐπὶ μιᾶς τῶν πλευρῶν. ἐντὸς ἄρα· ὅπερ
ἔδει δεῖξαι.

44. Δεύτερον λῆμμα.

ἔστω τρίγωνον τὸ ΑΒΓ καὶ κάθετος ἡ ΑΔ ἐπὶ 10
τὴν ΒΓ καὶ ἔστω τὸ ὑπὸ τῶν ΒΔ, ΔΓ ἴσον τῷ ἀπὸ
τῆς ΔΑ. λέγω, ὅτι ὀρθή ἐστιν ἡ ὑπὸ ΒΑΓ γωνία.
ἐπεὶ γὰρ το ὑπο τῶν ΒΔ, ΔΓ περιεχόμενον ὀρθο-
γώνιον ἴσον ἐστὶ τῷ ἀπὸ τῆς ΔΑ τετραγώνῳ, καὶ τὸ
δὶς ἄρα ὑπὸ τῶν ΒΔ, 15
ΑΓ ἴσον ἐστὶ τῷ δὶς
ἀπὸ τῆς ΔΑ. κοινὰ
προσκείσθω τὰ ἀπὸ τῶν
ΒΔ, ΔΓ τετράγωνα·

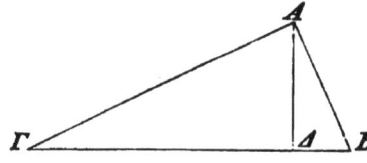

τὰ ἄρα ἀπὸ τῶν ΒΔ, ΑΓ μετα τοῦ δὶς ὑπὸ τῶν 20
ΒΔ, ΔΓ, τουτέστι τὸ ἀπὸ τῆς ΒΓ, ἴσον ἐστὶ τῷ τε
δὶς ἀπὸ τῆς ΑΔ μετὰ τῶν ἀπὸ τῶν ΒΔ, ΔΓ. ἀλλὰ
τὰ μὲν ἀπὸ τῶν ΑΔ, ΔΒ ἴσα ἐστὶ τῷ ἀπὸ τῆς ΑΒ,
τὰ δὲ ἀπὸ τῶν ΑΔ, ΔΓ ἴσα τῷ ἀπὸ τῆς ΑΓ· τὸ

4. μείζων] μείζων ἐστίν V. 5. τρίγωνον. οὐκ ἄρα] om. V.
οὐδ᾽ ἐκτὸς ἄρα V. τοῦ — 8. δεῖξαι] om. V. 9. λῆμμα β´
ὅπερ καὶ τοῦτο λείπει V. 11. τῷ] ἐστι τό V. 12. λέγω
— 14. τετραγώνῳ] om. V. 15. ἄρα] om. V. 16. τῷ] τό V.
17. κοινή P. 18. προσκείσθω] ἄρα (comp.) κείσθω P. 19.
τετράγωνα] om. V. 22. ἀλλὰ — 24. τῆς ΑΓ] τούτοις δὲ ἴσα
τὰ ἀπὸ τῶν ΒΔ, ΑΓ· ὀρθαὶ γὰρ αἱ πρὸς τὸ Δ V.

ἄρα ἀπὸ τῆς ΒΓ τετράγωνον ἴσον ἐστὶ τοῖς ἀπὸ τῶν
ΒΔ, ΑΓ τετραγώνοις. ἐὰν δὲ τὸ ἀπὸ τῆς ΒΓ ἴσον
ᾖ τοῖς ἀπὸ τῶν ΒΔ, ΑΓ τετραγώνοις, ὀρθὴ ἔσται ἡ
ὑπὸ ΒΑΓ γωνία· ὅπερ ἔδει δεῖξαι.

5   45. Τρίτον λῆμμα.

ἔστω τρίγωνον τὸ ΑΒΓ ὀρθὴν ἔχον τὴν ὑπὸ ΒΑΓ
γωνίαν. λέγω, ὅτι τὸ ἐπὶ τῆς ΒΓ γραφόμενον ἡμι-
κύκλιον ἥξει καὶ διὰ τοῦ Α σημείου. τετμήσθω γὰρ
ἡ ΒΓ δίχα κατὰ τὸ Δ, καὶ ἐπεζεύχθω ἡ ΑΔ, καὶ
10 διὰ τοῦ Δ τῇ ΑΒ παράλληλος ἤχθω ἡ ΔΕ. ἐπεὶ
οὖν ἴση ἐστὶν ἡ ΔΕ τῇ ΕΓ, καὶ παράλληλος ἡ ΑΒ
τῇ ΔΕ, καὶ ὀρθὴ ἡ ὑπὸ ΒΑΓ,
ὀρθὴ ἄρα καὶ ἡ ὑπὸ ΔΕΓ.
ἐπεὶ οὖν ἴση ἐστὶν ἡ ΑΕ
15 τῇ ΕΓ, κοινὴ δὲ καὶ πρὸς
ὀρθὰς ἡ ΕΔ, βάσις ἄρα ἡ

ΑΔ βάσει τῇ ΔΓ ἐστιν ἴση. ἀλλὰ ἡ ΔΓ τῇ ΔΒ
ἐστιν ἴση· καὶ ἡ ΑΔ ἄρα τῇ ΔΒ ἐστιν ἴση. αἱ τρεῖς
ἄρα αἱ ΓΔ, ΔΑ, ΔΒ ἴσαι ἀλλήλαις εἰσίν. ὁ ἄρα
20 κέντρῳ μὲν τῷ Δ, διαστήματι δὲ ἑνὶ τῶν ΔΒ, ΔΑ, ΔΓ
κύκλος γραφόμενος ἥξει καὶ διὰ τοῦ Α σημείου· ὅπερ
ἔδει δεῖξαι.

Ad prop. XIII.

46. Καὶ ἐπεί ἐστιν p. 292, 2] πόθεν φαίνεται, ὡς
25 ἡ ΑΓ πρὸς τὴν ΓΔ, οὕτως ἡ ΓΔ πρὸς τὴν ΓΒ; εἰ
γὰρ ἐπιζεύξομεν τὴν ΔΒ, ἴση ἔσται ἡ ὑπὸ ΑΔΒ

1. τετράγωνον] om. V.   2. τετραγώνοις — 3. τετραγώνοις]
om. V.   3. ἔσται] ἄρα V.   4. ὅπερ ἔδει δεῖξαι] om. V.   6.
ἔχον] ἔχων P.   18. τῇ] τῆς P.   24. ὡς] supra scr. V.

γωνία τῇ ὑπὸ ΑΓΔ· ὀρθὴ γὰρ καὶ ἡ ὑπο ΑΔΒ ὡς
ἐν ἡμικυκλίῳ οὖσα. καὶ κοινὴ τῶν β̅ τριγώνων τοῦ
τε ΑΓΔ καὶ τοῦ ΑΔΒ ἡ πρὸς τῷ Α γωνία. καὶ
λοιπὴ ἄρα ἡ ὑπὸ ΑΔΓ λοιπῇ τῇ ὑπὸ ΑΒΔ ἐστιν
ἴση. εἰ οὖν ἡ ὑπὸ ΑΔΓ γωνία τῇ ὑπὸ ΑΒΔ ἐστιν 5
ἴση, εἰσὶ δὲ καὶ αἱ πρὸς τῷ Γ ἐφεξῆς γωνίαι ὀρθαὶ
καὶ διὰ τοῦτο ἴσαι, καὶ λοιπὴ ἄρα ἡ πρὸς τῷ Α
γωνία λοιπῇ τῇ τοῦ ΓΔΒ τριγώνου. ἀνάλογον ἄρα
ὡς ἡ ΑΓ πρὸς τὴν ΓΔ, οὕτως ἡ ΓΔ πρὸς τὴν ΓΒ,
ὡς ἐν τῷ δ΄ τοῦ ϛ΄ δέδεικται. 10

47. Ἥξει καὶ διὰ τοῦ Ε p. 292, 9] εἰ γὰρ οὐχ ἥξει
διὰ τοῦ Ε, συμβαίνει ἄτοπον· ἡ ἐκτὸς γωνία ἴση γὰρ
τῇ ἐντὸς καὶ ἀπεναντίον τοῦ τριγώνου.

48. Διὰ τὸ ἰσογώνιον γίνεσθαι. p. 292, 11] ἰσο-
γώνια γίνονται τὰ τρίγωνα διὰ τὸ ϛ΄ τοῦ ϛ΄. πόθεν 15
δὲ δῆλον, ὅτι ὀρθογωνίου γινομένου τοῦ ΚΕΔ τρι-
γώνου τὸ ἐπὶ τῆς ΚΔ γραφόμενον ἡμικύκλιον ἥξει
διὰ τῆς πρὸς τῷ Ε ὀρθῆς γωνίας; ἡ μὲν γὰρ ἐν ἡμι-
κυκλίῳ γωνία ὀρθή ἐστιν, ἄδηλον δέ, εἰ καὶ ἀντι-
στρέφει. φαμὲν οὖν οὕτως· ἔστω τρίγωνον ὀρθογώνιον 20
τὸ ΑΒΓ ὀρθὴν ἔχον τὴν ὑπὸ ΑΒΓ γωνίαν. λέγω,
ὅτι τὸ ἐπὶ τῆς τὴν ὀρθὴν γωνίαν ὑποτεινούσης πλευρᾶς
τῆς ΑΓ γραφόμενον ἡμικύκλιον διὰ τοῦ Β ἐλεύσεται.
εἰ γὰρ μὴ δι' αὐτοῦ ἔλθοι, εἴτε ὑπερβαλεῖ πάντως τὸ Β
καὶ ὑπεράνω τῆς πρὸς τῷ Β ὀρθῆς γωνίας πεσεῖται 25
εἴτε ἐλλείψει καὶ τεμεῖ τὰς ΑΒ, ΒΓ εὐθείας. ὑπερ-

---

47. V^b.   48. V^b; cfr. nr. 45.

---

3. καὶ λοιπή — 4. ΑΔΓ] bis V.   5. Supra ἴση scr. διὰ
τὸ καὶ ἐὰν ἀπὸ ἴσων ἴσα V.   8. τοῦ] e corr. V.   Post
ΓΔΒ 1 litt. del. V.   12. γάρ] scr. γίνεται?   18. τῆς]
τοῦ? V.   Ε] Η V.

βαλέτω πρότερον καὶ πιπτέτω ἐκτὸς τοῦ B σημείου
ὡς τὸ ΑΔΓ ἡμικύκλιον, καὶ ἤχθω ἐπ' εὐθείας τῇ ΑΒ
εὐθεῖα ἡ ΒΔ, καὶ ἐπεζεύχθω ἡ ΔΓ. ἐπεὶ οὖν ὀρθή
ἐστιν ἡ ὑπὸ ΑΒΓ γωνία, ὀρθή ἐστι καὶ ἡ ὑπὸ ΔΒΓ

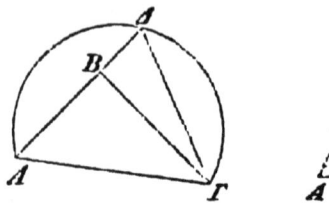 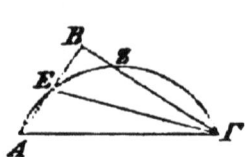

5 ἐφεξῆς αὐτῇ. ἔστι δὲ καὶ ἡ ὑπὸ ΑΔΓ γωνία ὀρθὴ
καὶ ἐν ἡμικυκλίῳ οὖσα. τριγώνου δὴ τοῦ ΔΒΓ αἱ β̄
γωνίαι δύο ὀρθῶν οὐκ εἰσὶν ἐλάσσονες· ὅπερ ἀδύνατον.
οὐκ ἄρα τὸ ἐπὶ τῆς ΑΓ γραφόμενον ἡμικύκλιον ὑπερ-
βαλεῖ τὴν πρὸς τῷ Β ὀρθὴν γωνίαν. ἀλλὰ δὴ ἐλλειπέτω
10 τὸ ἐπὶ τῆς ΑΓ γραφόμενον ἡμικύκλιον ὡς τὸ ΑΕΖΓ,
καὶ τεμνέτω τὰς ΑΒ, ΒΓ εὐθείας κατὰ τὰ Ε, Ζ, καὶ
ἐπεζεύχθω ἡ ΕΓ. ἐπεὶ οὖν ἡ ὑπὸ ΑΒΓ γωνία ὀρθή
ἐστι· ὑπόκειται γάρ· ἔστι δὲ ὀρθὴ καὶ ἡ ὑπὸ ΒΕΓ
ἐφεξῆς οὖσα τῇ ὑπὸ ΑΕΓ ὀρθῇ ἐν ἡμικυκλίῳ οὔσῃ·
15 ὥστε τριγώνου τοῦ ΒΕΓ ἡ ἐκτος γωνία ἡ ὑπὸ ΑΕΓ
ἴση ἐστὶ τῇ ἐντὸς καὶ ἀπεναντίον τῇ ὑπὸ ΕΒΓ· ἀλλὰ
καὶ μείζων ἀναγκάζεται εἶναι· ὅπερ ἄτοπον. ἐπεὶ οὖν
τὸ ἀπὸ τῆς ΑΓ γραφόμενον ἡμικύκλιον οὔτε ὑπὲρ
τὸ Β οἷόν τε ἐλθεῖν οὔτε ἐλλείψαι καὶ τὸ τρίγωνον
20 τεμεῖν, ὥστε διὰ τοῦ Β ἐλεύσεται· ὅπερ ἔδει δεῖξαι.

Figg. hab. V.

2. τῇ] τῆς V.   6. καὶ ἐν] scr. ὡς ἐν.   15. ὥστε] con-
structionem perdit; et omnino haec conclusio demonstrationis
initio parum respondet.   20. ὥστε] cfr. ad lin. 15.

Ad prop. XIV.

49. *Σφαίρα περιλαβεῖν* p. 298, 9] *περίληψις συναποδεικνυμένην ἔχουσα τὴν σύγκρισιν τῆς διαμέτρου τοῦ περιλαμβάνοντος πρὸς τὴν πλευρὰν τοῦ περιλαμβανομένου.* 5

50. *Τὸ ἄρα ἀπὸ τῆς ΛΜ* p. 298, 22] *ἰσόπλευρον ἀπεδείχθη τὸ ΛΕΘ τρίγωνον, τούτου δὲ ὄντος, ἐπειδὴ ἡ ΔΒ ἴση κεῖται τῇ ΕΘ, ἡ δὲ ΕΘ ἴση ἐστὶ τῇ ΛΕ διὰ τὸ τὸ τρίγωνον εἶναι ἰσόπλευρον, καὶ ἡ ΑΒ ἄρα ἴση ἐστὶ τῇ ΛΕ. καὶ ἐπεὶ ἡ ΑΒ ἴση ἐστὶ τῇ ΛΜ* 10 *καὶ ἡ ΔΒ τῇ ΛΕ, ἔστι δὲ τὸ ἀπὸ τῆς ΑΒ διπλάσιον τοῦ ἀπὸ τῆς ΑΒ, καὶ τὸ ἀπὸ τῆς ΜΛ ἄρα διπλάσιόν ἐστι τοῦ ἀπὸ τῆς ΛΕ. ἔστι δὲ ἡ ΜΛ διάμετρος τῆς σφαίρας, ἡ δὲ ΛΕ πλευρὰ τοῦ ὀκταέδρου· ἡ διάμετρος ἄρα ἡ ΛΜ δυνάμει διπλασίων ἐστὶ τῆς ΛΕ πλευρᾶς.* 15

51. *Ὡς δὲ ἡ ΑΒ* p. 298, 24] *πόθεν, ὅτι ως ἡ ΑΒ πρὸς τὴν ΒΓ, οὕτως τὸ ἀπὸ τῆς ΑΒ πρὸς τὸ ἀπὸ τῆς ΑΔ; καὶ λέγομεν, ὅτι ἐπιζευγνυμένης τῆς ΑΔ ὀρθογώνιον γίνεται τὸ ΑΔΒ τρίγωνον· καὶ ἀπὸ τῆς πρὸς τῷ Δ γωνίας κάθετος ἐπὶ τὴν ΑΒ βάσιν ἦκται* 20 *η ΔΓ, ὡς γίνεσθαι διὰ τὸ πόρισμα τοῦ η' τοῦ ς' τῆς ΑΒ βάσεως καὶ τοῦ ἑνὸς τῶν τῆς βάσεως τμημάτων τὴν πρὸς τῷ τμήματι πλευραν μέσην ἀνάλογον τὴν ΔΒ· ὥστε ἔσται ὡς ἡ ΑΒ πρὸς τὴν ΒΓ ἤγουν ὡς η πρώτη πρὸς την τρίτην, οὕτως τὸ απι τῆς πρώτης* 25 *τῆς ΑΒ πρὸς τὸ ἀπὸ τῆς δευτέρας τῆς ΔΒ ὡς ἐν τῷ πορίσματι τοῦ κ' τοῦ ς' φησίν.*

---

49. P.   50. V^bq (P²).   51. V^b (*τοῦ ιδ' θεωρήματος*).

18. *ἐστι*] om. V.   17. *ἀπὸ τῆς*] (alt.) del. V.   19. *ΑΔΒ τρίγωνον*] *ΑΔ τετράγωνον* V.

Ad prop. XV.

52. Διὰ τὸ ὀρθὴν εἶναι τὴν ὑπὸ ΚΕΗ γωνίαν· ὅτι δὲ ἥξει, ἐν τῷ ιγ' διὰ σχολίου ἀπεδείχθη.

53. Ὥστε καὶ ἐάν p. 302, 14] ἐπιζευγνυμένης τῆς ZK ὀρθὴ γίνεται ἡ ὑπὸ ΖΚΗ γωνία· ὀρθὴ δὲ διὰ τὴν ΗΖ ὀρθὴν οὖσαν πρὸς τὸ ΖΚ ἐπίπεδον καὶ πρὸς πάσας ἄρα τὰς ἀπτομένας αὐτῆς εὐθείας καὶ οὔσας ἐν τῷ αὐτῷ ἐπιπέδῳ ὀρθὰς ποιεῖν γωνίας.

54. Ὡς δὲ ἡ ΑΒ p. 302, 28] τοῦτο ἐν τῷ πρὸ τούτου ἐδείχθη διὰ σχολίου, ὃ καὶ ἐν τῇ ἀρχῇ τοῦ κατ... κεῖται, ὅτι διὰ τὸ πόρισμα τοῦ η' τοῦ ϛ' καὶ τοῦ κ' τοῦ ϛ'.

Ad prop. XVI.

55. Τὸ ΛΜΝΞΟ p. 304, 27] ΛΜΝΞΟ τὰς ΛΜ, ΜΝ, ΝΞ, ΞΟ, ΟΛ λέγει, καί εἰσι τοῦ μὲν προτέρου πενταγώνου πλευραὶ αἱ ΕΖ, ΖΗ, ΗΘ, ΘΚ, ΚΕ. ἐδήλωσε δὲ τὴν μὲν ΕΖ διὰ τοῦ Ε, τὴν δὲ ΖΗ διὰ τοῦ Ζ, τὴν δὲ ΗΘ διὰ τοῦ Η, τὴν δὲ ΘΚ διὰ τοῦ Θ, τὴν δὲ ΚΕ διὰ τοῦ Κ. καὶ τοῦ μὲν προτέρου πεντα- γώνου αὗται, τοῦ δὲ δευτέρου αἱ ΛΜ, ΜΝ, ΝΞ, ΞΟ, ΟΛ. καὶ ἐπεὶ ἡ ΟΛ πενταγώνου ἐστὶ πλευρά, ἡμίσεια δὲ αὐτῆς ἡ ΕΟ, ἡ ΟΕ ἄρα δεκαγώνου ἐστὶ πλευρά.

---

52. V^b (ad p. 302, 12).   53. V^b.   54. V^b.   55. V^b η (P^z).

---

2. γωνίαν] Θ V.   5. ΖΚΗ] scr. ΚΖΗ.   διά] scr. διὰ τ'.   8. ποιεῖν] e corr. V.   11. κατ...] comp. incertum V. 16. αἱ] ἡ Vq.   21. ἐστί] om. V.   22. ἡ ΟΕ] om. V.   ἐστί] om. V.

56. *Καὶ ἐπεὶ ἑξαγώνου* p. 306, 18] ἴση γὰρ ὑπό-
κειται τῇ ἐκ τοῦ κέντρου τοῦ κύκλου.

57. *Ἐπεὶ δέδοται ἡ ΠΕ ἴση τῇ ἐκ τοῦ κέντρου,*
ἑξαγώνου ἄρα ἐστὶ πλευρὰ διὰ πόρισμα τοῦ ιε'
τοῦ δ'. 5

58. *Καὶ τὸ μεῖζον* p. 310, 16] η γὰρ ΦΧ ἑξαγώνου
ἐστὶ πλευρά, ἡ δὲ ΧΩ δεκαγώνου, μείζων δὲ ἡ τοῦ
ἑξαγώνου τῆς τοῦ δεκαγώνου.

59. *Ἴση δὲ ἡ μὲν ΩΦ* p. 310, 25] ἐπειδὴ ἡ ΩΧ
καὶ ἡ ΦΨ ἴσαι εἰσί· δεκαγώνου γάρ εἰσι πλευραὶ τοῦ 10
εἰς τὸν αὐτὸν κύκλον ἐγγραφομένου· κοινὴ δὲ ἡ ΦΧ,
ἡ ΩΦ ἄρα ἴση ἐστὶ τῇ ΧΨ.

60. *Ἀμφότεραι γὰρ δεκαγώνου τοῦ εἰς τὸν αὐτὸν*
κύκλον ἐγγραφομένου, κοινὴ δὲ ἡ ΦΧ· ἡ ΩΦ ἄρα
τῇ ΧΨ ἐστιν ἴση. 15

61. *Πενταπλάσιον ἄρα ἐστί* p. 312, 15] ἐπεὶ πεντα-
πλάσιόν ἐστι τὸ ἀπὸ τῆς ΩΑ' τοῦ ἀπὸ τῆς ΧΑ', ἔστι
δὲ τῆς ΩΑ' διπλῆ ἡ ΩΨ, τῆς δὲ ΧΑ' διπλῆ ἡ ΧΦ,
καὶ τὸ ἀπὸ τῆς ΩΨ ἄρα πενταπλάσιόν ἐστι τοῦ ἀπὸ
τῆς ΧΦ. εἰ γὰρ τὸ ἀπὸ τῆς ἁπλῆς πενταπλάσιόν ἐστι 20
τοῦ ἀπὸ τῆς ἁπλῆς, καὶ τὸ ἀπὸ τῆς διπλῆς πεντα-
πλάσιον ἔσται τοῦ ἀπὸ τῆς διπλῆς· οἷον εἰ τὰ πέντε
πενταπλάσιά ἐστι τοῦ ἑνός, καὶ τὰ δέκα τὰ διπλάσια
τῶν πέντε πενταπλάσια ἔσται τῶν δύο τῶν διπλασίων
τοῦ ἑνός. 25

---

56. V^b.   57. V^b.   58. V^bq (P^2).   59. q (P^2)   60. V^b.
61. V^bq (P^2).

---

7. τοῦ] om. q.   13. τοῦ — 14. ἐγγραφομένου] postea
add. V.   17. ΩΑ'] V, ΩΑ q.   ΧΑ q.   18. Post δὲ ras.
5 litt. V.   ΩΑ q.   ΧΑ q.   24. δύο] β̄ corr. ex ᾱ V.

τὰ ἄρα ἀπὸ τῶν ΠΘ, ΘΤ τριπλάσια τοῦ ἀπὸ ΠΤ.
15 ἡ δὲ ΠΘ ἑκατέρᾳ τῶν ΒΘ, ΘΓ ἴση ἐστίν, ἡ δὲ ΠΤ
τῇ ΤΧ· τὰ ἄρα ἀπὸ τῶν ΒΘ, ΘΤ τριπλάσια τοῦ
ἀπὸ ΤΧ. ὁμοίως καὶ τὰ ἀπὸ τῶν ΓΘ, ΘΤ τριπλάσια
τοῦ ἀπὸ ΤΧ. ἀλλὰ τὰ ἀπὸ τῶν ΒΘ, ΘΤ ἴσα τῷ
ἀπὸ ΒΤ· ὁμοίως καὶ τὰ ἀπὸ τῶν ΓΘ, ΘΤ ἴσα τῷ
20 ἀπὸ ΓΤ. τὸ ἄρα ἀπὸ τῆς ΒΤ τριπλάσιον τοῦ ἀπὸ ΤΧ·
ὁμοίως καὶ τὸ ἀπὸ τῆς ΓΤ τριπλάσιον τοῦ ἀπὸ ΤΧ.
τὰ ἄρα ἀπὸ τῶν ΒΤ, ΤΧ τετραπλάσια τοῦ ἀπὸ ΤΧ.
ἀλλὰ τοῖς ἀπὸ τῶν ΒΤ, ΤΧ ἴσον τὸ ἀπὸ ΒΧ· ὡσαύτως
καὶ τοῖς ἀπὸ τῶν ΓΤ, ΤΧ ἴσον τὸ ἀπὸ ΓΧ. τὸ ἄρα
25 ἀφ᾽ ἑκατέρας τῶν ΒΧ, ΓΧ τετραπλάσιον τοῦ ἀπὸ ΤΧ.
διπλῆ ἄρα ἑκατέρα τῶν ΒΧ, ΓΧ τῆς ΧΤ. ἀλλὰ ἡ ΧΤ

62. q (P²).   63. V¹

7. ἡ] (pr.) om. q.   10. ΧΓ] ΧΔ V.   11. Τ] non
liquet V.   13. Τ] ταῦ V.   16. ΤΧ] e corr. V.   20. τό]
τα V.   τῆς] τοῦ V.   24. τό] (alt.) e corr. V.

ἴση τῇ ΤΡ· ἴση ἄρα καὶ ἑκατέρα τῶν ΒΧ, ΓΧ ἑκατέρᾳ
τῶν ΒΤ, ΤΦ. ὁμοίως δὴ καὶ τὴν ΦΓ δείξομεν ἴσην
ταῖς τέτρασιν ἐπιζεύξαντες τὴν ΣΓ καὶ λαβόντες εἰς
τὴν ἀπόδειξιν τὴν ΞΓ ἴσην τῇ ΟΞ. ἴσαι ἄρα πᾶσαι
αἱ τοῦ πενταγώνου πλευραί εἰσι πρὸς ἀλλήλας. ἕξομεν 5
δὲ καὶ τὴν ὑπὸ ΤΦΓ γωνίαν ἴσην τῇ ὑπὸ ΒΧΓ, εἰ
λάβοιμεν ἀντὶ τῆς ΝΣ τὴν ΟΞ καὶ ἐπιζεύξαιμεν τὴν
ΡΓ, ΤΓ καὶ τοῖς ῥηθεῖσιν ἐπὶ τῇ ἀποδείξει τοῦ ἴσας
εἶναι τὰς πρὸς τοῖς Τ, Χ γωνίας καὶ ἡμεῖς χρησαίμεθα.

64. Ἐπεὶ γὰρ ἑκατέρα τῶν ΤΦ, ΒΓ τῇ ΡΣ ἐστι 10
παράλληλος, καὶ ἀλλήλαις εἰσὶ παράλληλοι διὰ τὸ θ'
τοῦ ια'. καὶ ἐπεὶ ἡ ΨΧ καὶ ἡ ΒΓ τέμνουσιν ἀλλήλας,
ἐν ἑνί εἰσιν ἐπιπέδῳ διὰ τὸ δεύτερον τοῦ ια'· ἐν δὲ
τῷ δι' αὐτῶν ἐπιπέδῳ τὸ πεντάγωνόν ἐστιν· ἐν ἑνὶ
ἄρα ἐστὶν ἐπιπέδῳ τὶ πεντάγωνον. 15

65. Σχόλιον. διὰ β' τοῦ ια' δεῖ ἐπιζεῦξαι καὶ
τὰς ΧΤ, ΤΦ εὐθείας διὰ ιη' τοῦ ια' τελέως ἀπο-
δεῖξαι τὸ πεντάγωνον ἐν ἑνὶ ὂν ἐπιπέδῳ ἢ διὰ α'
τοῦ ια'.

66. Ἐὰν δύο εὐθεῖαι τῷ αὐτῷ ἐπιπέδῳ πρὸς ὀρθὰς 20
ὦσι, παράλληλοί εἰσιν αἱ εὐθεῖαι διὰ ς' τοῖ ια'. αἱ
ΡΤ, ΣΦ εὐθεῖαι παράλληλοι ἀλλήλαις εἰσίν. εἰσὶ δὲ
καὶ ἴσαι .... αὐταῖς τὰς ΡΟ, ΟΣ ἀλλήλαις εἶναι·
αὗται δὲ ἴσαι εἰσὶ διὰ α' τοῦ ιγ'. καὶ αἱ ΤΦ, ΡΣ
ἴσαι καὶ παράλληλοί εἰσι. παράλληλος δὲ ἡ ΡΣ τῇ ΒΓ· 25
καὶ ἡ ΤΦ ἄρα τῇ ΒΓ παράλληλός ἐστι διὰ θ' τοῦ ια',

---

64. P (ad p. 318, 17 sq. sicut nr. 65 et 66). 65. Vᵃ.
66. Vᵃ (corrupta).

---

3. ΣΓ] Σ dubium V. 6. γωνίαν] supra scr. V. 22.
παράλληλοι ἀλλήλαις] πρὸς ἀλλήλας V. 28. Ante αὐταῖς quae-
dam euan. V.

καὶ αἱ ΒΥ, ΓΦ ἐν τῷ αὐτῷ ἐπιπέδῳ εἰσὶ ταῖς ΥΦ, ΒΓ παραλλήλοις· τὸ ΡΒΓΦ ἐν ἑνί ἐστιν ἐπιπέδῳ.

67. Ἴση δὲ ἡ μὲν ΝΣ p. 324, 4] δείκνυσι τὴν ΨΩ ἴσην τῇ ΝΣ οὕτως· ἐπειδὴ ἡ ΟΩ ἡμίσειά ἐστι τῆς
5 πλευρᾶς τοῦ κύβου, ἔστι δὲ ἡμίσεια τῆς πλευρᾶς τοῦ κύβου ·καὶ ἡ ΝΟ, αἱ ΝΟ καὶ ΟΩ ἴσαι εἰσίν. ἔστι δὲ καὶ ἡ ΨΟ· ὑπόκειται γὰρ τοῦτο· ἔστι δὲ καὶ ἡ ΨΟ τῇ ΟΣ ἴση· τοῖς δὲ ἴσοις ἴσα ἂν προστεθῇ, τὰ ὅλα ἴσα ἐστίν. ἴση ἄρα ἡ ΝΣ τῇ ΨΩ. ἔστιν οὖν, ὡς
10 εἴρηται, ἡ ΝΟ τῇ ΟΩ ἴση, ἡ δὲ ΨΟ τῇ ΟΣ ἴση, καὶ αἱ ΨΟ, ΟΩ ἴσαι εἰσὶ ταῖς ΝΟ, ΟΣ ἤτοι ἡ ΨΩ τῇ ΝΣ.

68. Τὰ ἄρα ἀπὸ τῶν p. 324, 6] ἐπειδὴ τὰ ἀπὸ τῶν ΝΣ, ΣΟ τριπλάσιά εἰσι τοῦ ἀπὸ τῆς ΝΟ, ἐδείχθη
15 δὲ ἡ ΨΩ τῇ ΝΣ ἴση, ἡ δὲ ΣΟ τῇ ΨΥ ἴση, καὶ τὰ ἀπὸ τῶν ΩΨ, ΨΥ τριπλάσιά εἰσι τοῦ ἀπὸ τῆς ΟΝ. ῥητέον οὖν οὕτως· τὰ ἀπὸ τῶν ΝΣ, ΣΟ, τουτέστι τὰ ἀπὸ τῶν ΩΨ, ΨΥ, τριπλάσιά εἰσι τοῦ ἀπὸ τῆς ΟΝ.

69. Ἐὰν δὲ ῥητὴ γραμμή p. 326, 19] ῥητὴ γὰρ
20 ἡ ΑΒ ἄκρον καὶ μέσον λόγον τετμήσθω κατὰ τὸ Γ, καὶ ἔστω μεῖζον τὸ ΑΓ. προσκείσθω δὲ ἡ ΑΔ ἡμίσεια τῆς ΑΒ· ῥητὴ ἄρα καὶ ἡ ΑΔ. καὶ ἐπεὶ πενταπλάσιον τὸ ἀπὸ ΓΔ τοῦ ἀπὸ ΔΑ, αἱ

Δ   Α   Γ   Β
|———————|———|————————|

ΓΔ, ΔΑ ἄρα ῥηταί εἰσι δυ-
25 νάμει μόνον σύμμετροι· ἀποτομὴ ἄρα ἡ ΑΓ. ῥητὴ δὲ ἡ ΑΒ· τὸ δὲ ἀπὸ ἀποτομῆς παρὰ ῥητὴν παρα-

---

67. V*q (P²).   68. V*q (P²).   69. PV*; cfr. prop. VI.

---

1. αἱ] om. V.   2. ΡΒΓΦ] scr. ΤΒΓΦ.   4. ΝΣ] Σ q.   5. τοῦ] (alt.) om. q.   6. αἱ ΝΟ] 2 litt. euan. V, om. q. εἰσί q.   11. καί] om. q.   22. καί] (pr.) om. V. 24. εἰσιν P.

βαλλόμενον πλάτος ποιεῖ ἀποτομήν· ἀποτομὴ ἄρα ἐστὶν ἡ ΒΓ. ἑκάτερον ἄρα τῶν ΑΓ, ΓΒ ἀποτομή ἐστιν, προσαρμόζουσα δὲ τῆς μὲν ΑΓ ἡ ΑΔ, τῆς δὲ ΓΒ ἡ ΓΔ.

Ad prop. XVIII.

70. Ἔστω ἡ ΑΒ $\overline{ιβ}$· αἱ ΑΓ, ΓΒ ἄρα $\overline{ς}$ εἰσι· διπλῆ ἄρα ἡ ΑΒ τῆς ΓΒ. πάλιν ἔστω ἡ ΑΔ ὀκτώ· λοιπὴ ἄρα ἡ ΑΒ $\overline{δ}$ ἐστι. καὶ ἐπεὶ ἡ ΓΒ $\overline{ς}$ ἐστι, ἡ δὲ ΑΒ $\overline{δ}$, ἡ ΔΓ ἄρα $\overline{β}$ ἐστι· ἡ ΑΒ ἄρα ἡ $\overline{δ}$ τῆς ΔΓ τῆς $\overline{β}$ διπλῆ ἐστι.

71. Ὡς δὲ ἡ ΒΑ p. 328, 16] ἴση γάρ ἐστιν ἡ ὑπὸ ΑΖΒ γωνία τῇ ὑπὸ ΑΔΖ· ὀρθὴ γὰρ ἑκατέρα. καὶ διὰ τὸ εἶναι ἰσογώνια ἔστιν ἄρα ὡς ἡ ΒΑ πρὸς τὴν ΑΖ, οὕτως ἡ ΑΖ πρὸς τὴν ΑΔ. καί εἰσι πρώτη μὲν ἡ ΒΑ, δευτέρα ἡ ΑΖ καὶ τρίτη ἡ ΑΔ. ἔστιν ἄρα ὡς ἡ πρώτη πρὸς τὴν τρίτην, οὕτως τὸ ἀπὸ τῆς πρώτης πρὸς τὸ ἀπὸ τῆς δευτέρας.

72. Ἴση δὲ ἡ ΘΓ p. 330, 21] ἄκουσον, διότι ἴση ἡ ΘΓ τῇ ΓΒ. δίχα γὰρ τέτμηται ἡ ΑΒ κατὰ τὸ Γ σημεῖον· ὥστε τὸ Γ κέντρον ἐστὶ τοῦ ἡμικυκλίου τοῦ ΑΕΒ. αἱ δὲ ἀπὸ τοῦ κέντρου πρὸς τὴν περιφέρειαν ἴσαι· ἴση ἄρα ἡ ΓΘ τῇ ΓΑ· ἡ δὲ ΑΓ τῇ ΓΒ· καὶ ἡ ΓΘ ἄρα τῇ ΓΒ ἴση ἐστί.

73. Λοιπὴ ἄρα ἡ ΒΑ p. 330, 24] ἔστω ἡ ΑΒ δωδεκάπους· αἱ ΑΓ, ΓΒ ἄρα ἑξάποδές εἰσι· διπλῆ

---

70. V^b; ad p. 330, 24 sq.   71. V^{a}q (P^2).   72. V^{b}q (P^{2}l). 73. q (P^2); cfr. nr. 70.

2. ἐστιν] ἐστιν ὃ P.   13. τό] τοῦτο q.   14. τὴν ΑΔ] τῇ ΚΛΔ V.   16. τρίτη] γ΄ V.   18. ἄκουσον — 19. ΓΒ] V, om. q.   19. τέμηται V.   20. σημεῖον] om. q.   23. ἐστί] om. q.

10 ταύτῃ δὲ ἑξῆς ἡ τοῦ ὀκταέδ(
κύβου καὶ μετ᾽ αὐτὴν ἡ τ(
αὐτὴν ἡ τοῦ δωδεκαέδρου.

76. Ἡμιολία p. 334, 10]

77. Ἡ μείζων πλευρὰ τὴ
15 τείνει. καὶ ἐπεὶ ἡ ΜΒ τὴν
τείνει, ἡ δὲ ΜΔ τὴν ὑπὸ Ι
ΜΔΒ τῆς ὑπὸ ΜΒΔ, μείζων
ἀλλὰ πόθεν δῆλον, ὅτι ἡ ὑ·
ἐστὶ τῆς ὑπὸ ΜΒΔ; ἢ ἐπειδὴ
20 αἱ τρεῖς γωνίαι δυσὶν ὀρθαῖ
ὑπὸ ΜΔΒ ὀρθή· ἡ ὑπὸ Μ1
ἐστιν.

78. Ἔστω ἡ ὀρθὴ μοίρα
λεπτῶν ἐστιν ξ̄. ἐπεὶ οὖν αἱ τ
25 ὀρθαῖς ἴσαι εἰσίν, αἱ δὲ δύο

---

74. Vᵃq (P²l). |75. Vᵃq (P²);
(P²l). 77. Vᵃq (P²l); ad p. 336

ἑκάστη τῶν τριῶν γωνιῶν ἀνὰ μ̄ ἔσται λεπτῶν. τὰ δὲ μ̄ λεπτὰ δίμοιρόν εἰσι τῶν ξ̄ λεπτῶν ἤτοι τῆς μοίρας. ἐπεὶ γὰρ τὰ κ̄ τρίτον εἰσὶ τῶν ξ̄, τὰ μ̄ δίμοιρόν ἐστι τῶν ξ̄.

79. Ἄκρον γὰρ καὶ μέσον λόγον τέτμηται ἡ BZ 5 κατὰ τὸ N, καὶ τὸ ὑπὸ τῶν ἄκρων ἴσον ἐστὶ τῷ ἀπὸ τῆς μέσης.

80. Σφαῖρα πυραμίς ὀκτάεδρον κύβος

ς̄   δ̄   γ̄,   β̄.

81. Πυραμίδα τῷ πυρί, ὀκτάεδρον ἀέρι, κύβον 10 τῇ γῇ, εἰκοσάεδρον ὕδατι, δωδεκάεδρον τῷ παντί.

82. Τί ἐστι τὸ κατὰ ἀνάλυσιν; ὅταν προβλήματος δοθέντος λάβῃ τις τὸ ζητούμενον ὡς εὑρημένον καὶ ἀναλύσῃ ἐπί τι γνώριμον τῶν ἤδη προαποδεδειγμένων, καὶ ὅταν εὕρῃ, λελύσθαι λέγεται τότε τὸ πρόβλημα 15 κατὰ ἀνάλυσιν :~ Τί ἐστι τὸ κατὰ σύνθεσιν; ὅταν τις ἀπὸ τῶν γνωρίμων ἀρξάμενος καὶ συνθεὶς εὕρηται τὸ ζητούμενον.

---

79. B; ad app. nr. 10 p. 380, 5—6.　　80. Vᵇ ad finem libri XIII.　　81. P̂ (ad finem libri XIII).　　82. Pˢ; ad app. nr. 8 p. 364, 17 sq.

---

1. τά] e corr. V.　　2. δίμοιρα V.　　3. δίμοιρα V.　　4. εἰσι V.　　11. τῷ] supra scr. P.　　17. εὕρηται] comp. incerto P, fort. εὕρηκεν.

APPENDICES.

Appendix scholiorum I.

In librum XIV.

1. *Καὶ κείσθω τῇ EZ* p. 4, 18] ἡ γὰρ *ΔE* μείζων τῆς *EZ*. ὅτι δὲ μείζων ἡ *ΔE* τῆς *EZ*, δῆλον ἐκ τοῦ δύνασθαι τὴν μὲν *ΔΓ* ἑξαγώνου πλευρὰν οὖσαν τὰ ἀπὸ τῶν *ΔE, EΓ*, τὴν δὲ *ΖΓ* δεκαγώνου οὖσαν τὰ ἀπὸ τῶν *ΖE, EΓ*. ἐπεὶ οὖν ἡ *ΔΓ* μείζων τῆς *ΖΓ*, 5 καὶ τὰ ἀπὸ τῶν *ΔE, EΓ* μείζονά εἰσι τῶν ἀπὸ τῶν *ΖE, EΓ*, καὶ κοινοῦ ἀφαιρεθέντος τοῦ ἀπὸ τῆς *EΓ* μεῖζον τὸ ἀπὸ τῆς *ΔE* τοῦ ἀπὸ τῆς *EZ*· ὥστε καὶ ἡ *ΔE* τῆς *EZ* μείζων ἐστίν.

2. *Καὶ ἡ ΑΓΖ ἄρα περιφέρεια* p. 4, 23] ὡς τὸ 10 ὅλον πρὸς τὸ ὅλον, οὕτως καὶ τὸ ἥμισυ πρὸς τὸ ἥμισυ.

3. *Ὡς δὲ ἡ ΑΓ πρὸς τὴν ΖΓ* p. 4, 25] διὰ τὸ λγ' τοῦ ἕκτου τὸ λέγον· ἐν τοῖς ἴσοις κύκλοις αἱ γωνίαι τὸν αὐτὸν λόγον ἔχουσι ταῖς περιφερείαις, ἐφ' ὧν βεβήκασι. 15

4. *Διπλῆ δέ* p. 6, 2] διὰ τὸ εἶναι τὸ *ΖΔΓ* τρίγωνον ἰσοσκελές· ἐπεὶ δὲ παντὸς τριγώνου ἡ ἐκτὸς γωνία ἴση ἐστὶ δυσὶ ταῖς ἐντὸς καὶ ἀπεναντίον, αὗται

---

1. V¹.   2. V².   3. V².   4. V².

---

3. *μέν*] supra scr. V.

δὲ ἴσαι αἱ πρὸς τῷ Z καὶ Γ, διπλῆ ἐστιν ἡ ὑπὸ ΑΔΓ τῆς πρὸς τῷ Z γωνίας.

5. *Διπλῆ ἄρα* p. 6, 3] διὰ τὸ τὰ ὑποδιπλάσιά τινος διπλάσια εἶναι τοῦ ὑποτετραπλασίου ἐκείνου.

6. *Ἔστι δὲ καὶ ἡ ὑπὸ ΕΖΓ* p. 6, 4] δύο γὰρ τρίγωνα τὰ ΗΓΕ, ΕΓΖ τὰς δύο πλευρὰς ταῖς δυσὶ πλευραῖς ἴσας ἔχει καὶ τὰς πρὸς τῷ Ε γωνίας ἴσας· ὀρθαὶ γάρ· καὶ τὴν βάσιν τῇ βάσει ἴσην ἕξει ἤτοι τὴν ΗΓ τῇ ΓΖ καὶ τὰς γωνίας τὰς πρὸς τῷ Η καὶ Ζ ἴσας, ὑφ' ἃς αἱ ἴσαι πλευραὶ ὑποτείνουσι.

7. *Ἴση ἄρα καὶ ἡ ΔΗ τῇ ΖΓ* p. 6, 7] τριγώνου γὰρ τοῦ ΗΔΓ ἐκτός ἐστι γωνία ἡ ὑπὸ ΕΗΓ, καί ἐστιν ἴση δυσὶ ταῖς ἐντὸς καὶ ἀπεναντίον ἤτοι ταῖς πρὸς τῷ Δ καὶ Γ. ἔστι δὲ τῆς πρὸς τῷ Δ διπλῆ· καὶ τῆς πρὸς τῷ Γ ἄρα. ἴση ἄρα ἡ πρὸς τῷ Δ τῇ πρὸς τῷ Γ· ἴση ἄρα ἡ ΔΗ πλευρὰ τῇ ΗΓ.

8. Ἐπεὶ γὰρ κάθετος ὑπόκειται ἡ ΔΖ ἐπὶ τὴν ΒΓ, ἡ ΑΖ ἄρα ἐκβληθεῖσα ἐπὶ τὸ Ε ὀρθὰς ποιήσει καὶ τὰς ὑπὸ ΒΖΕ, ΓΖΕ· ἐὰν γὰρ δύο εὐθεῖαι τέμνωσιν ἀλλήλας, τὰς κατὰ κορυφὴν γωνίας ἴσας ἀλλήλαις ποιήσουσι. ἔστι δὲ καὶ ἡ πρὸς τῷ Δ γωνία ἴση τῇ πρὸς τῷ Ε· ἰσοσκελὲς γὰρ τὸ ΔΒΕ τρίγωνον διὰ τὸ ἑξαγώνου πλευρὰν εἶναι τὴν ΒΕ, ἴσην δὲ εἶναι ταύτῃ τὴν ἐκ τοῦ κέντρου τὴν ΔΒ. δύο δὴ τρίγωνα τὰ ΑΒΖ, ΖΒΕ ἰσογώνιά εἰσιν· ἀνάλογον ἄρα

---

5. V². 6. V². 7. V². 8. V² (fig. hab.).

---

7. Ante *ἔχει* del. *καί* V. 18. *τό*] *τήν* V.

ὡς ἡ ΒΔ πρὸς ΔΖ, οὕτως ἡ ΒΕ πρὸς ΕΖ. ἴσαι δὲ
αἱ ΔΒ, ΒΕ· ἴσαι ἄρα καὶ αἱ ΔΖ, ΖΕ. ἡ ΔΕ ἄρα
διπλῆ τῆς ΔΖ.

9. Τῷ δὲ ἀπὸ τῆς ΒΕ p. 8, 22] ἡμικύκλιον
γάρ ἐστι τὸ ΒΑΕ, ἡ δὲ ἐν ἡμικυκλίῳ γωνία ὀρθή 5
ἐστιν, τὸ δὲ ἀπὸ τῆς ὑποτεινούσης τὴν ὀρθὴν γωνίαν
τετράγωνον ἴσον ἐστὶ τοῖς ἀπὸ τῶν περὶ τὴν ὀρθὴν
γωνίαν τετραγώνοις.

10. Ἐὰν δὲ κύβου πλευρὰ ἄκρον καὶ μέσον λόγον
τμηθῇ, τὸ μεῖζον τμῆμά ἐστιν ἡ τοῦ πενταγώνου 10
πλευρά.

11. Ἐν γὰρ τῇ συστάσει τοῦ εἰκοσαέδρου δείκνυται,
ὅτι ἡ τοῦ εἰκοσαέδρου πλευρὰ δύναται τὴν ἐκ τοῦ
κέντρου τοῦ κύκλου, ἀφ' οὗ τὸ εἰκοσάεδρον ἀνα-
γράφεται, καὶ τὴν τοῦ δεκαγώνου τοῦ εἰς τὸν αὐτὸν 15
κύκλον ἐγγραφομένου.

12. Ἐὰν γὰρ ὑπὸ μίαν ἑκάστην γωνίαν τοῦ πεντα-
γώνου ἰσογωνίου ὄντος ἀγάγωμεν εὐθείας, εὑρίσκονται
ε̅ εὐθεῖαι ἴσαι ἀλλήλαις τό τε τετράγωνον δηλαδὴ καὶ
τὸ ὕψος τοῦ κύβου. 20

13. Διὰ τὸ η' τοῦ ιγ' βιβλίου· ἐὰν γὰρ πεντα-
γώνου ἰσογωνίου καὶ ἰσοπλεύρου τὰς κατὰ τὸ ἑξῆς
δύο γωνίας ὑποτείνωσιν εὐθεῖαι, ἄκρον καὶ μέσον
λόγον τέμνουσιν ἀλλήλας, καὶ τὰ μείζονα τμήματα ἴσα
εἰσὶ ταῖς τοῦ πενταγώνου πλευραῖς. 25

14. Ἐπεί, ἐὰν δύο εὐθεῖαι ἄκρον καὶ μέσον λόγον
τμηθῶσιν, ἐν ἀναλογίᾳ εἰσὶ τῇ ὑποκειμένῃ, τέτμηνται

---

9. V². 10. V². 11. V¹. 12. V², sed del. 13. V²,
sed del. 14. V¹, ad p. 12, 6.

---

24. τέμνωσιν V.

δὲ αἱ ΔΗ, ΜΝ ἄκρον καὶ μέσον λόγον, καὶ εἰσι
μείζονα τμήματα αἱ ΗΓ, ΜΞ, ὡς ἄρα ἡ ΔΗ πρὸς
τὴν ΗΓ, οὕτως ἡ ΜΝ πρὸς τὴν ΜΞ· καὶ τὰ ἀπ᾽
αὐτῶν, ὡς δὲ τὸ ἀπὸ ΔΗ πρὸς τὸ ἀπὸ τῆς ΗΓ,
5 οὕτως τρία τὰ ἀπὸ τῆς ΔΗ πρὸς τρία τὰ ἀπὸ τῆς
ΗΓ διὰ τὸ ιβ΄ τοῦ ε΄. ὁμοίως δὲ καὶ ὡς τὸ ἀπὸ
τῆς ΜΝ πρὸς τὸ ἀπο τῆς ΜΞ, οὕτως ε̄ τὰ ἀπὸ ΜΝ
πρὸς ε̄ τὰ ἀπὸ ΜΞ διὰ τὸ αὐτὸ ιβ΄ τοῦ ε΄. καὶ ὡς
ἄρα τρία τὰ ἀπὸ τῆς ΔΗ πρὸς τρία τὰ ἀπὸ τῆς ΗΓ,
10 οὕτως ε̄ τὰ ἀπὸ ΜΝ πρὸς ε̄ τὰ ἀπὸ ΜΞ. ὅτι δὲ ἡ
ΗΓ μεῖζον τμῆμα τῆς ΔΗ ἄκρον καὶ μέσον λόγον
τμηθείσης, ἀπὸ τοῦ ἐν τῷ ιζ΄ τοῦ ιγ΄ τῶν στοιχείων
πορίσματος δῆλον.

15. Διὰ τὸ ἐναλλάξ, ὡς τρία τὰ ἀπὸ ΔΗ πρὸς ε̄
15 τὰ ἀπὸ ΜΝ, οὕτως γ̄ τὰ ἀπὸ ΗΓ πρὸς ε̄ τὰ ἀπὸ ΜΞ·
τρία δὲ τὰ ἀπὸ ΑΗ ε̄ τοῖς ἀπὸ τῆς ΜΝ ἴσα. καὶ
τρία ἄρα τὰ ἀπὸ τῆς ΗΓ ε̄ τοῖς ἀπὸ τῆς ΜΞ εἰσιν
ἴσα. ἀλλὰ ε̄ τὰ ἀπὸ τῆς ΜΝ καὶ ε̄ τὰ ἀπὸ τῆς ΜΞ
ἴσα ε̄ τοῖς ἀπὸ τῆς [ΚΛ], ἤτοι ε̄ τὰ ἀπὸ τῆς ἐκ τοῦ
20 κέντρου τοῦ κύκλου, ἀφ᾽ οὗ τὸ εἰκοσάεδρον ἀνα-
γράφεται, καὶ ε̄ τὰ ἀπὸ τῆς τοῦ ἐν τῷ αὐτῷ κύκλῳ
ἐγγραφομένου δεκαγώνου πλευρᾶς ἴσα ε̄ τοῖς ἀπὸ τῆς
ΚΛ εἰκοσαέδρου πλευρᾶς, ὡς ἐν τῇ συστάσει τοῦ

15. V¹ (ad p. 12, 9).

1. Post λόγον del. κατὰ τὰ .. σημεῖα V.   2. ΔΗ] seq.
ras. 1 litt. V.   5. τῆς] τῶν V.   τῖς] τῶν V.   9. τῆς]
τῶν V.   τῆς] τῶν V.   15. ΜΞ] ΜΖ e corr. V.   16. τῆς]
τῶν V.   17. τῆς] τῶν V.   τῆς] τῶν V.   18. τῆς] τῶν V.
τῆς] τῶν V.   19. τῆς] (pr.) τῶν V.   ΚΛ] euan. V.   τά]
supra scr. V.   20. Ante ἀφ᾽ del. καὶ ε̄ τά V.   οὗ] ἡ V.
21. τῖς τοῦ] τῆς? V.

εἰκοσαέδρου δείκνυται. καὶ ε̄ ἄρα τὰ ἀπὸ τῆς ΚΛ
ἴσα τρισὶ τοῖς ἀπὸ ΔΗ καὶ τρισὶ τοῖς ἀπὸ ΗΓ.

16. Ὡς τὸ ἀπὸ ΑΒ τῆς διαμέτρου τῆς σφαίρας
πρὸς τὸ ἀπὸ τῆς ΔΗ πλευρᾶς οὔσης τοῦ κύβου· ἔχει
δὲ τριπλασίονα λόγον διὰ τὸ ιη′ τοῦ ιγ′ βιβλίου· 5
οὕτως τὸ ἀπὸ τῆς τοῦ ΚΛΘ τριγώνου ἰσοπλεύρου,
ἐξ οὗ τὸ εἰκοσάεδρον ἀναγράφεται, πρὸς τὸ ἀπὸ τῆς
ΜΝ ἐκ τοῦ κέντρου οὔσης τοῦ κύκλου, ἐν ᾧ τὸ τοι-
οῦτον ἐγγράφεται τρίγωνον, διὰ τὸ ιβ′ τοῦ ιγ′ βιβλίου·
καὶ ἐναλλάξ· ἀλλὰ τρία τὰ ἀπὸ τῆς ΔΗ ἴσα ε̄ τοῖς 10
ἀπὸ ΜΝ. ε̄ ἄρα τὰ ἀπὸ ΚΛ ἴσα τρισὶ τοῖς ἀπὸ ΑΒ.
πέντε οὖν τὰ ἀπὸ τῆς ΚΛ ἴσα ἔσονται τρισὶ τοῖς ἀπὸ
ΔΗ, ΗΓ. ὅπως δὲ πέντε τὰ ἀπὸ ΚΛ ἴσα τρισὶ τοῖς
ἀπὸ ΑΒ, δῆλον· ἐπεὶ γὰρ τὸ μὲν ἀπὸ τῆς ΑΒ πεντα-
πλάσιον τοῦ ἀπὸ τῆς ΜΝ ἐκ κέντρου οὔσης τοῦ κύκλου, 15
ᾧ ἐγγράφεται τὸ ἰσόπλευρον τρίγωνον, τὸ δὲ ἀπὸ τῆς
πλευρᾶς τοῦ τοιούτου τριγώνου τριπλάσιον τοῦ ἀπὸ
τῆς ΜΝ, ἐὰν τὸ πενταπλάσιον τριπλασιασθῇ καὶ το
τριπλάσιον πενταπλασιασθῇ, ἰσωθήσονται. ὅτι δὲ καὶ
τρία τὰ ἀπὸ τῶν .. ΔΗ καὶ ΗΓ, τῆς ὑποτεινούσης 20
λέγω τὴν τοῦ πενταγώνου γωνίαν καὶ τῆς πλευρᾶς
τοῦ πενταγώνου, ἴσα τρισὶ τοῖς ἀπὸ ΑΒ, δῆλον ἐν-
τεῦθεν· δέδεικται ἐν ι′ τοῦ ιγ′ βιβλίου, ὡς ἡ τοῦ
πενταγώνου πλευρὰ δύναται τὴν τοῦ ἑξαγώνου καὶ
δεκαγώνου τῶν εἰς τὸν αὐτὸν κύκλον ἐγγραφομένων. 25
ἐπεὶ οὖν ἐν τῷ προρρηθέντι θεωρήματι ἐδείχθη τὸ ἀπὸ

----

16. V² (ad p. 12, 9).

----

3. τὸ ἀπό] supra scr. V.   4. τὸ ἀπό] supra scr. V.   7.
τό] (alt.) supra scr. V.   16. ἀπὸ τῆς] supra scr. V.   20. Ante
ΔΗ quaedam euan.   καί] supra scr. V.

τῆς ὑποτεινούσης τὴν τοῦ πενταγώνου γωνίαν καὶ τῆς
πλευρᾶς τοῦ πενταγώνου πενταπλάσιον τοῦ ἀπὸ τῆς
ἐκ τοῦ κέντρου τοῦ κύκλου, ᾧ ἐγγράφεται τὸ πεντά-
γωνον· ἡ γὰρ τοῦ πενταγώνου πλευρὰ δύναται τὴν
5 τοῦ ἑξαγώνου καὶ τοῦ δεκαγώνου, ὡς εἴρηται· ἴσον
ἔσται τὸ ἀπὸ τῆς ΑΒ καὶ τὰ ἀπὸ τῶν ΔΗ, ΗΓ· τοῦ
γὰρ ἀπὸ τῆς ΜΝ πενταπλάσιον κἀκεῖνο καὶ ταῦτα.
ὥστε καὶ τρία τὰ ἀπὸ τῆς ΑΒ τρισὶ τοῖς ἀπὸ τῶν
ΔΗ, ΗΓ ἴσα. τρισὶ δὲ τοῖς ἀπὸ τῆς ΑΒ πέντε τὰ
10 ἀπὸ τῆς ΚΛ ἴσα· πέντε ἄρα τὰ ἀπὸ τῆς ΚΛ τρισὶ
τοῖς ἀπὸ τῶν ΔΗ, ΗΓ ἴσα. καὶ τὰ λοιπὰ δῆλα.

17. Τὸ γὰρ παραλληλόγραμμον τὸ ὑπὸ τῶν ΓΔ, ΗΖ
διπλάσιον τοῦ ΓΖΔ τριγώνου· καὶ τὸ πεντάκις ἄρα
ὑπὸ τῶν ΓΔ, ΗΖ ἴσον τριγώνοις δέκα ἐν δυσὶ γρα-
15 φομένοις πενταγώνοις. τὰ ὅλα οὖν ἑξάκις τά τε δύο
πεντάγωνα καὶ τὰ ε̄ παραλληλόγραμμα τὰ ὑπὸ ΓΔ, ΗΖ.

18. Ἐπεὶ ὡς τὸ ὑπὸ τῆς ΖΗ καθέτου καὶ τῆς ΓΔ
πλευρᾶς τοῦ πενταγώνου πρὸς τὴν ἐπιφάνειαν τοῦ δω-
δεκαέδρου, οὕτως τὸ ὑπὸ τῆς ΔΕ καθέτου καὶ τῆς ΒΓ
20 πλευρᾶς τοῦ τριγώνου πρὸς τὴν τοῦ εἰκοσαέδρου ἐπι-
φάνειαν· ἑκάτερον γὰρ τῶν παραλληλογράμμων τρια-
κοστὸν τῆς ἐπιφανείας τοῦ πολυέδρου· καὶ ὡς τὸ
παραλληλόγραμμον πρὸς τὸ παραλληλόγραμμον, ἡ ἐπι-
φάνεια πρὸς τὴν ἐπιφάνειαν.

25 19. Ἐπεὶ δύο τρίγωνα ἴσα ἐστὶ τῷ ὑπὸ ΔΕ, ΒΓ
παραλληλογράμμῳ, ἐὰν τριπλασιασθῶσιν, γίνονται τὰ
μὲν τρίγωνα ἕξ, τὰ δὲ παραλληλόγραμμα τρία. ἓξ δὲ
τρίγωνα ὡς τὰ ΔΒΓ ἴσα ἐστὶ δυσὶ τριγώνοις τοῖς ΑΒΓ.

---

17. V² (ad p. 14, 17).   18. V¹ (ad p. 16, 7).   19. V².

---

3. τοῦ] (alt.) e corr. V.

καὶ πάντα ἑξάκις, ἤτοι τὰ τρία παραλληλόγραμμα τὰ
ὑπὸ ΑΕ, ΒΓ καὶ τὰ δύο τρίγωνα τὰ ΑΒΓ· γίνεται
οὖν τὰ μὲν τριάκοντα, τὰ δὲ εἴκοσι· εἴκοσι δὲ τὰ ΑΒΓ
τρίγωνα ἡ ἐπιφάνειά ἐστι τοῦ εἰκοσαέδρου.

20. Ἐπεὶ τῆς ΕΒΓ ὡς μιᾶς ἡμίσειά ἐστιν ἡ ΕΗ 5
διὰ τὸ πρῶτον τοῦ παρόντος βιβλίου, ἔστι δὲ καὶ τῆς
ΕΒ ἡμίσεια ἡ ΕΖ διὰ τὸ πόρισμα τοῦ αὐτοῦ πρώτου
θεωρήματος, ὡς ἄρα ἡ ΕΒΓ ὅλη πρὸς τὴν ΕΗ, οὕτως
ἡ ΕΒ πρὸς ΕΖ· διπλῆ γὰρ ἑκατέρα ἑκατέρας. καὶ
ἐναλλάξ, ὡς ἡ ΕΒΓ ὅλη πρὸς ΕΒ· τεμνομένη γὰρ 10
ἄκρον καὶ μέσον λόγον μεῖζον τμῆμα ἔχει τὸ ΕΒ διὰ
τὸ θ' τοῦ ιγ' βιβλίου· οὕτω καὶ ἡ ΕΗ πρὸς ΕΖ.
τεμνομένη ἄρα καὶ ἡ ΕΗ ἄκρον καὶ μέσον λόγον
μεῖζον ἕξει τμῆμα τὸ ΕΖ. ἀλλὰ καὶ ἡ Θ ἡ τοῦ κύβου
πλευρά, εἰ τμηθήσεται ἄκρον καὶ μέσον λόγον, τὸ 15
μεῖζον ἕξει τμῆμα τὴν τοῦ πενταγώνου πλευρὰν διὰ
τὸ πόρισμα τοῦ ιζ' τοῦ ιγ' βιβλίου. ὡς ἄρα ἡ Θ
πρὸς τὴν ΓΔ τὴν τοῦ πενταγώνου πλευράν, οὕτως
ἡ ΕΗ πρὸς ΕΖ. τὸ ἄρα ὑπὸ τῆς Θ καὶ τῆς ΕΖ
ἴσον ἔσται τῷ ὑπὸ τῶν ΑΓ καὶ ΗΕ διὰ τὸ ις' τοῦ ϛ' 20
βιβλίου. τὸ ἄρα ὑπὸ τῆς Θ καὶ ΕΖ περιεχόμενον
παραλληλόγραμμον πρὸς τὸ ὑπὸ τῆς ΑΓ, ΕΖ λόγον
ἕξει, ὃν ἡ Θ βάσις πρὸς ΑΓ βάσιν διὰ τὸ τὸ αὐτὸ
ὕψος ἔχειν τὴν ΕΖ. καὶ ὡς ἄρα ἡ Θ πρὸς τὴν ΓΔ,
οὕτως τὸ ὑπὸ ΓΑ, ΗΕ πρὸς τὸ ὑπὸ ΓΔ, ΖΕ. ἐδείχθη 25
δέ, ὅτι τὸ τριακοντάκις ὑπὸ μιᾶς τοῦ ἰσοπλεύρου καὶ
ἰσογωνίου πενταγώνου καὶ τῆς ἐπὶ ταύτην καθέτου

---

20. V²; eodem loco eras. scholium similis, ut uidetur, ar-
gumenti V¹.

---

1. ἑξάκις] immo δεκάκις.   20. τῶν] comp. obscuro V.
23. τὸ τό] τό V.

ἀπὸ τοῦ κέντρου τοῦ κύκλου, ἐν ᾧ ἐγγράφεται, ἴσον
ἐστὶ τῇ τοῦ δωδεκαέδρου ἐπιφανείᾳ. ὡσαύτως καὶ τὸ
τριακοντάκις ὑπὸ τῆς τοῦ ἰσοπλεύρου τριγώνου καὶ
τῆς ἐπὶ ταύτην καθέτου ἀπὸ κέντρου τοῦ κύκλου, ἐν
5 ᾧ ἐγγράφεται τὸ τοιοῦτον τρίγωνον, ἴσον ἐστὶ τῇ τοῦ
εἰκοσαέδρου ἐπιφανείᾳ. καὶ ὡς ἄρα ἡ Θ πρὸς ΔΓ,
οὕτως ἡ τοῦ δωδεκαέδρου ἐπιφάνεια πρὸς τὴν τοῦ
εἰκοσαέδρου.

21. Ἀλλὰ τὸ ὑπὸ ΑΔ, ΒΗ p. 20, 20] τὸ γὰρ παρ-
10 αλληλόγραμμον τὸ περιεχόμενον ὑπὸ τῆς ΑΔ, ΒΗ
διπλάσιόν ἐστι τοῦ ΑΒΔ τριγώνου.

22. Τὸ ὑπὸ ΑΖ, ΗΘ διπλοῦν p. 22, 1] ἐὰν γὰρ
ὕψος κοινὸν ποιήσωμεν τὴν ΖΑ, ἔσται ὡς ἡ ΗΘ βάσις
πρὸς ΘΓ βάσιν, οὕτω τὸ ὑπὸ ΗΘ, ΖΑ παραλληλό-
15 γραμμον πρὸς τὸ ὑπὸ ΘΓ, ΖΑ παραλληλόγραμμον.

23. Ἰσόπλευρον ἄρα ἐστί p. 22, 21] ἐπεὶ γὰρ ἡ
ΕΖ ἴση οὖσα τῇ ΑΕ· ἐκ κέντρου γάρ· διπλῆ ἐστι τῆς
ἐπὶ τὴν βάσιν τοῦ ΑΔΜ τριγώνου ἀγομένης ἀπὸ τοῦ
κέντρου τοῦ κύκλου, ἐν ᾧ ἐγγέγραπται τὸ τρίγωνον,
20 ἰσόπλευρόν ἐστι τὸ ΑΔΜ τρίγωνον.

24. Τὸ δὲ ὑπὸ ΑΗΔ p. 22, 23] τὸ γὰρ παρ-
αλληλόγραμμον τὸ ὑπὸ ΑΗΔ περιεχόμενον διπλοῦν
ἐστι τοῦ ΑΔΗ τριγώνου· ἴσον ἄρα τῷ ΑΔΜ.

25. Ἔστιν ἄρα ὡς τὸ ὑπό p. 22, 24] τὸ ὑπὸ
25 ΑΗ, ΘΒ περιεχόμενον παραλληλόγραμμον ἴσον τῷ
πενταγώνῳ, τὸ δὲ ὑπὸ ΑΗΔ παραλληλόγραμμον ἴσον
τῷ ΑΔΜ ἰσοπλεύρῳ τριγώνῳ. ὡς ἄρα τὸ ὑπὸ ΑΗ, ΘΒ

---

21. V². 22. V². 23. V². 24. V². 25. V².

1. κέντρου τοῦ] om. V. 7. τοῦ] (alt.) om. V. 20. ἰσό-
πλευρον] corr. ex ἰσογώνιον V. τό] e corr. V.

παραλληλόγραμμον πρὸς τὸ πεντάγωνον, οὕτως τὸ ὑπὸ *Α Η Δ* παραλληλόγραμμον πρὸς τὸ τρίγωνον. ἐναλλὰξ ἄρα.

26. Καί εἰσι δώδεκα p. 24, 5] ἐπεὶ γὰρ ἡ μὲν *ΒΘ* πενταπλασίων τῆς *ΘΓ*, ἡ δὲ *ΒΓ* τῆς *ΘΓ* ἑξα- 5 πλασίων, ἑξάκις ἡ *ΒΘ* πεντάκις τῇ *ΒΓ* ἴση ἔσται, καὶ ἀναλόγως δωδεκάκις ἡ *ΒΘ* δεκάκις τῇ *ΒΓ* ἐστιν ἴση.

27. Ὡς τὸ ἀπὸ τῆς *Η* πρὸς τὸ ἀπὸ τῆς *Ε*, οὕτως [τὸ τετράγωνον] τὸ ἴσον τοῖς ἀπὸ τῶν *ΒΓ*, *ΓΔ* πρὸς τὸ τετράγωνον τὸ ἴσον τοῖς ἀπὸ τῶν *ΒΓ*, *ΖΔ*. 10

28. Ἐν δὲ ταῖς σφαίραις p. 28, 22] ὡς ἐν τοῖς σφαιρικοῖς τοῦ Θεοδοσίου δέδεικται.

29. Ὅτι μὲν ἴσον ἀπέχουσιν ἀπὸ τοῦ κέντρου οἱ ἐν τῇ σφαίρᾳ ἴσοι κύκλοι, δείκνυταί πως διὰ τοῦ ς΄ τοῦ πρώτου τῶν σφαιρικῶν· ὅτι δὲ καὶ ἐπὶ τὰ κέντρα 15 τῶν κύκλων πίπτουσιν αἱ ἀπὸ τοῦ κέντρου τῆς σφαίρας ἐπὶ τὰ ἐπίπεδα κάθετοι ἀγόμεναι, δῆλον ἀπὸ τοῦ πορίσματος τοῦ πρώτου θεωρήματος τοῦ α΄ βιβλίου τῶν σφαιρικῶν.

30. Ὥστε καὶ ὡς τὸ ἀπό p. 34, 1] ἀλλὰ τὸ τε- 20 τράκις ὑπὸ τῶν *ΑΒ*, *ΒΓ* μετὰ τοῦ ἀπὸ τῆς *ΑΓ* ἴσον ἐστὶ τῷ ἀπο τῆς *ΑΒ* καὶ τοῦ λοιποῦ τμήματος τῆς *ΒΓ* δηλαδὴ ὡς ἀπὸ μιᾶς ἀναγραφέντι τετραγώνῳ διὰ τὸ η΄ τοῦ δευτέρου βιβλίου.

31. Ὡς συναμφότερος ἡ *ΑΒΓ* p. 34, 3] αἱ *ΑΒ*, 25 *ΒΓ* μετὰ τῆς *ΑΓ* δύο εἰσὶν αἱ *ΑΒ*· ἡ γὰρ *ΑΓ* προσ-

---

26. V². 27. V¹ (ad p. 28, 4). 28. V². 29. V¹ (eodem pertinet). 30. V². 31. V².

---

9. το τετράγωνον] euan. V. 10. *ΖΔ*] scr. *ΒΔ*. 25. αἱ] incertum ob maculam V (fort. ἡ).

λαβοῦσα τὴν ΒΓ ἴση ἐστὶ τῇ ΑΒ· ὡσαύτως καὶ ἡ ΔΖ
προσλαβοῦσα τὴν ΖΕ ἴση γίνεται τῇ ΔΕ.

32. Καὶ τὰ ἡμίση p. 34, 6] ἐπεὶ γὰρ τῶν ΑΒ,
ΒΓ μετὰ τῆς ΑΓ ἡμίσειά ἐστιν ἡ ΑΒ, ὡσαύτως
5 δὲ καὶ τῶν ΑΕ, ΕΖ μετὰ τῆς ΑΖ ἡμίσεια ἡ ΔΕ,
τὰ μέρη τοῖς ὡσαύτως πολλαπλασίοις τὸν αὐτὸν ἕξει
λόγον.

33. Ἐπεὶ γάρ ἐστιν p. 36, 12] ὡς δὲ ἡ τοῦ δω-
δεκαέδρου ἐπιφάνεια πρὸς τὴν τοῦ εἰκοσαέδρου, οὕτως
10 ἡ τοῦ κύβου πλευρὰ πρὸς τὴν τοῦ εἰκοσαέδρου πλευράν.

In librum XV.

1. Ἀπὸ μὲν τοῦ Κ ἐπὶ τὸ ΕΖΑΘ, ἀπὸ δὲ τοῦ Α
ἐπὶ τὸ ΖΗΘΚ, ἀπὸ δὲ τοῖ Θ ἐπὶ τὸ ΗΕΚΔ.

2. Ἔστω βάσις πυραμίδος τρίγωνον τὸ ΑΒΓ, καὶ
τετμήσθω ἡ μὲν ΑΒ πλευρὰ κατὰ τὸ Ε, ἡ δὲ ΑΓ
15 κατὰ τὸ Η, ἡ δὲ ΒΓ κατὰ τὸ [Ζ], ἡ δὲ τοῦ ὕψους
πλευρὰ ἡ μὲν ΑΔ κατὰ τὸ Θ, ἡ δὲ ΒΔ κατὰ τὸ Κ,
ἡ δὲ ΓΔ κατὰ τὸ Λ. ἐπεὶ οὖν ἡ ΑΒ πρός τε τὴν
ἐν τῷ ὑποκειμένῳ τριγώνῳ τῷ ΑΒΓ παράλληλον
ἠγμένην αὐτῇ τὴν ΗΖ καὶ τὴν ἐν τῷ ΑΔΒ ἠγμένην
20 παράλληλον τὴν ΚΘ τὸν αὐτὸν ἔχει λόγον, πρὸς ἃ δὲ
τὸ αὐτὸ τὸν αὐτὸν ἔχει λόγον, ἴσα ἀλλήλοις, ἴση ἐστὶν
ἡ ΘΚ τῇ ΗΖ· αἱ γὰρ παράλληλοι τῇ ΑΒ ἡ ΘΚ καὶ
ἡ ΗΖ ἀνάλογον τέμνουσι τὰς τοῦ τριγώνου πλευράς.

---

32. V².   33. V². —— 1. V² (ad p. 42, 4).   2. V²
(ad p. 40, 10 sq.).

---

3. τῶν] τῆς V, ut uidetur.   5. τῶν] τῆς V.   11.
ΕΖΑΘ] Θ e corr. V.   15. Ζ] euan. V.

εἰσὶ δὲ καὶ παράλληλοι ἡ ΘΚ τῇ ΗΖ· αἱ γὰρ τῇ αὐτῇ
παράλληλοι καὶ ἀλλήλαις εἰσὶ παράλληλοι. ὁμοίως δὲ
καὶ τὰ λοιπὰ δειχθήσεται. ὅτι μὲν οὖν ἰσόπλευρόν
τε καὶ παραλληλόγραμμον τὸ ΘΚΖΗ τετράπλευρον,
δῆλον· ὅτι δὲ καὶ ἰσογώνιον, φανερὸν ἀπὸ τοῦ ὅρου   5
τοῦ ια'· ἐπιπέδου γάρ, φησίν, πρὸς ἐπίπεδον κλίσις
ἐστὶν ἡ περιεχομένη ὑπὸ τῶν πρὸς ὀρθὰς τῇ κοινῇ
τομῇ ἀγομένων πρὸς τῷ αὐτῷ σημείῳ ἐν ἑκατέρῳ τῶν
ἐπιπέδων. εἰ μὲν οὖν ὀρθὸν εἶναι φήσει τις πρὸς τὸ
ὑποκείμενον τρίγωνον τὸ ΘΚΖΕ ἰσόπλευρον, ἔχομεν   10
τὸ ζητούμενον· εἰ δὲ κεκλιμένον, ὃ δῆτα καὶ ἀληθές,
ἀπὸ τοῦ ὅρου δῆλον· ἡ γὰρ τῇ κοινῇ τομῇ τῶν ἐπι-
πέδων ἀπὸ τοῦ τοιούτου ἐπιπέδου καὶ τοῦ ὑποκειμένου
τριγώνου ὀρθὰς ποιήσει γωνίας μετ' αὐτῆς.

3. Φανερόν, ὅτι καὶ ὀρθογώνιον p. 42, 18] αἱ   15
γὰρ ΚΜ, ΛΝ διάμετροι ἴσαι ἀλλήλαις· ἡ γὰρ ΚΜ
παράλληλος οὖσα τῇ ΟΠ ἴση ἐστὶν αὐτῇ διὰ τὸ ἴσας
ἐπιζευγνύειν καὶ παραλλήλους τὰς ΚΟ, ΠΜ. διὰ τὰ
αὐτὰ καὶ ἡ ΛΝ ἴση τῇ ΞΟ. ἴσαι δὲ αἱ ΞΟ, ΟΠ·
τετραγώνου γὰρ πλευραί. καὶ αἱ ΚΜ, ΛΝ ἄρα ἴσαι.   20
δύο ἄρα αἱ ΚΛ, ΛΜ ἴσαι εἰσὶ δυσὶ ταῖς ΛΜ, ΜΝ,
καὶ βάσις ἡ ΛΝ βάσει τῇ ΚΜ ἴση, καὶ ἡ γωνία τῇ
γωνίᾳ, καὶ τὰ λοιπὰ δῆλα.

4. Ὅτι δὲ καὶ ἕκαστον τῶν τοῦ ὀκταέδρου τριγώνων
ἴσον ἐστί, δῆλον ἐντεῦθεν· περιέχεται γὰρ τὸ ὀκτάεδρον   25
ὑπὸ δ τετραγώνων τῶν ΛΚΕΗ, ΗΘΚΞ, ΖΚΛΕ, ἃ

3. V². 4. V² (ad p. 44, 1), sed del.

4. τετράπλευρον] hinc totum hoc scholium del. V.   21.
ἄρα] uel οὖν obscurum V.   ΛΜ] (prius) e corr. V.   26.
Litterae corruptae sunt.

καί εἰσιν ἴσα. ἐὰν οὖν διαχθῶσι διάμετροι ἐπὶ τῶν
τετραγώνων .ὡς γενέσθαι τὴν τοῦ ἑνὸς κάθετον πρὸς
τὰς τῶν λοιπῶν δύο, δειχθήσεται, ὡς καὶ παρὰ τοῦ
στοιχειωτοῦ ἐδείχθη [ἐν τῇ] τοῦ ὀκταέδρου συστάσει.

5   5. Τὰ κέντρα τῶν περὶ τὰ τρίγωνα κύκλων. ἤχ-
θωσαν ταῖς βάσεσι τῶν τριγώνων παράλληλοι αἱ ΗΘ,
ΘΚ, ΚΛ, ΛΗ. παραλληλόγραμμον ἄρα ἐστὶ τὸ ΗΘΚΛ
τετράπλευρον· ἀλλὰ καὶ ἰσόπλευρον· τὸν γὰρ αὐτὸν
λόγον ἔχουσιν αἱ βάσεις τῶν τριγώνων πρὸς τὰς παρ-
10 αλλήλους διὰ τὴν ἰσότητα. ἀλλὰ καὶ ὀρθογώνιον διὰ
τὸ ι′ τοῦ ια′.   •

    6. Ὅτι δὲ ὀρθογώνιον, δῆλον ἐντεῦθεν· ἐπεὶ γὰρ
εἰς τὴν ΗΟ εὐθεῖα ἡ ΚΑ ἐφέστηκε, τὰς ἐφεξῆς γωνίας
τὰς ὑπὸ ΗΛΚ, ΚΑΟ δυσὶν ὀρθαῖς ἴσας ποιήσει· ὧν
15 αἱ ὑπὸ ΚΛΟ, ΜΛΠ μιᾷ ὀρθῇ ἴσαι· ἑκατέρα γὰρ
ἡμίσεια ὀρθῆς· λοιπὴ ἄρα ἡ ὑπὸ ΚΛΜ ὀρθή ἐστιν.
ὡσαύτως καὶ αἱ λοιπαί.

    7. Ἴση ἄρα ἡ ΝΘ τῇ ΜΘ p. 44, 12] ἐπεὶ τρί-
γωνον ἰσόπλευρόν ἐστι τὸ ΒΑΓ, δύο δυσὶν εὐθεῖαι
20 αἱ ΒΑ, ΑΘ, ΓΑ, ΑΘ ἴσαι εἰσί. καὶ βάσις ἡ ΘΒ τῇ
ΘΓ ἴση· ἐκ κέντρου γὰρ τοῦ περὶ τὸ ΑΒΓ τρίγωνον
κύκλου. ἴσαι ἄρα αἱ ὑπὸ ΒΑΘ, ΘΑΓ γωνίαι. διὰ
τοῦτο δὴ καὶ ἡ βάσις τμηθήσεται δίχα.

    8. Τὰ κέντρα τῶν ἐφεστώτων τετραγώνων ἤτοι
25 τῶν κύκλων τῶν περὶ ταῦτα γραφομένων ἢ τὰ σημεῖα
μᾶλλον τά, δι′ ὧν αἱ διηγμέναι εὐθεῖαι τέμνουσιν
ἀλλήλας.

5. V² (ad p. 44, 4 sq.).   6. V² (nescio, quo pertineat;
litterae nullibi conueniunt).   7. V².   8. V².

    4. ἐν τῇ] euan. V.   7. ἄρα] e corr. V.   22. ἴσαι] corr.
ex ἴση V.   αἱ] supra scr. V.

9. Ὅπως δὲ καὶ τὸ ὕψος ἴσον ἔσται τῇ τοῦ τετρα-
γώνου πλευρᾷ, δείξομεν οὕτως· ἀναγεγράφθω τετρά-
γωνον ἀπὸ μιᾶς τῶν διηγμένων παρὰ μίαν ἑκάστην
τῶν βάσεων τῶν τριγώνων, καὶ συμπεπληρώσθω τὸ
τετράγωνον. ἴσαι ἄρα πᾶσαι. αἱ τοίνυν διηγμέναι 5
παρὰ τὴν κοινὴν βάσιν τῶν ἐφ' ἑκάτερα τριγώνων
ἴσαι οὖσαι πρὸς τὴν εἰρημένην κοινὴν βάσιν τὸν αὐτὸν
ἕξουσι λόγον· τὰ γὰρ ἴσα πρὸς τὸ αὐτὸ τὸν αὐτὸν
ἕξει λόγον. ἀλλὰ ὃν λόγον ἔχουσιν αὗται βάσεις οὖσαι
τῶν ἐλαττόνων τριγώνων πρὸς τὴν κοινὴν βάσιν ἑκα- 10
τέρου τῶν μειζόνων, οὕτω καὶ αἱ πλευραὶ τῶν ἐλατ-
τόνων τριγώνων πρὸς τὰς τῶν μειζόνων διὰ τὴν
ὁμοιότητα. ἀλλ' αἱ τῶν μειζόνων τριγώνων πλευραὶ
ἴσαι. ὥστε καὶ αἱ τῶν ἐλαττόνων ἴσαι. ὥστε καὶ τὰ
ἐγγραφέντα τετράγωνα ἴσον ἀπέχοντα τοῦ τετραγώνου, 15
ἀφ' οὗ τὸ ὀκτάεδρον ἀναγράφεται, ἴσα ἔσται.

10. Εἰς δοθὲν εἰκοσάεδρον δωδεκάεδρον ἐγγράψαι.
κέντρον λέγει τῶν κύκλων τῶν περὶ τὰ τρίγωνα
γεγραμμένων τὰ ἀπὸ μιᾶς ἑκάστης τοῦ πενταγώνου
πλευρᾶς ἀνασταθέντα καὶ συγκορυφωθέντα πρὸς τὸ Ζ 20
σημεῖον. ἐπιζευχθεισῶν οὖν τῶν ἀπὸ τῶν κέντρων
τῶν εἰρημένων τριγώνων γίνεται πεντάγωνον ἰσό-
πλευρον. ἐὰν οὖν ἀφ' ἑκάστης τῶν πλευρῶν τοῦ ἀπὸ
τῆς ἐπιζεύξεως τῶν ἐκ τῶν κέντρων γεγονότος πεντα-
γώνου ἀνασταθῶσι τρίγωνα συγκορυφωθέντα πρὸς 25
τὸ Ζ, ἑκάστη τῶν πρὸς τῷ Ζ γωνιῶν τῶν τοιούτων

9. V² (ad p. 46, 8).   10. V² (ad p. 46, 12 sq.).

2. τετράγωνον] supra scr. V.   5. ἴσαι] corr. ex ἴση V.   6.
ἐφ'] e corr. V.   10. ἐλαττόνων] corr. ex μικρῶν V.   21.
οὖν] postea add. V.   24. γεγονότος V, sed corr.

44*

... τμηθήσεται δια το γ του ϛ´.
καὶ αἱ λοιπαὶ τοῦ πενταγώνου
10 πλευραὶ τοῦ ΑΒΓΕΔ ἐκβαλλο-
μένων ἀπὸ τοῦ Ζ τῶν τεμνουσῶν
ταύτας δίχα ἐπὶ τὰς πλευρὰς τοῦ
τὰς ΑΒΓΔΕ δηλαδή. ἐπεὶ δὲ
τοιαῦται πλευραί, ἐὰν ἐπιζευχθῶσιν
15 εὐθεῖαι, ἴσαι ἀλλήλαις ἔσονται. ἐ
παρὰ δύο εὐθείας ἁπτόμεναι ἀλλή
ἐπιπέδῳ ὦσι, ἴσας γωνίας περιέξουσ
ἔσται οὖν καὶ ἰσογώνιον τὸ ΗΘΚ
δειχθήσεται δέ, ὅτι καὶ ἐν ἑνὶ ἐπι
20 αἱ ἀπὸ τοῦ Ζ σημείου ἐπὶ τὰς πλε
πενταγώνου τοῦ ΗΘΚΛΜ τοῦ κ
ὑποκειμένῳ πενταγώνῳ τῷ ΑΒΓΔΕ
διχοτομοῦσι ταύτας, προσεκβληθεὶ
καὶ τὰς τοῦ ΑΒΓΔΕ πενταγώνου
25 σθωσαν καὶ διχοτομείτωσαν τὰς Α
τὰ Ξ, Ν, Ο σημεῖα, καὶ ἐπεζεύχθ

τὸ θ' τοῦ α' τῶν Θεοδοσίου σφαιρικῶν· ἐὰν ᾖ ἐν
σφαίρᾳ κύκλος, ἀπὸ δέ τινος τῶν πόλων αὐτοῦ ἐπ'
αὐτὸν κάθετος ἀχθῇ, ἐπὶ τὸ κέντρον πεσεῖται τοῦ
κύκλου. ἐὰν δὴ ἀπὸ τοῦ N ἐπὶ τὸ σημεῖον, καθ' ὃ
συμβάλλει ἡ ἀπὸ τοῦ Z κάθετος, τουτέστι τὸ κέντρον 5
τοῦ περὶ τὸ ΑΒΓΔΕ πεντάγωνον κύκλου, ἀχθῇ τις
εὐθεῖα, ὀρθὴν γωνίαν ποιήσει μετὰ τῆς ἀπὸ Z τοῦ
πόλου τοῦ περὶ τὸ ἐκκείμενον πεντάγωνον κύκλου
ἀχθείσης καθέτου ἐπὶ τὸ ἐπίπεδον αὐτοῦ διὰ τὸν ὅρον
τοῦ ια' τῶν στοιχείων. ἐὰν δὴ ἀπὸ τοῦ Θ σημείου 10
παράλληλον ταύτῃ τῇ ἀπὸ τοῦ N ἀχθείσῃ εὐθείᾳ,
συμβαλεῖται τῇ ἀπὸ τοῦ Z καθέτῳ· ἡ γὰρ αὐτὴ κάθετος
πεσεῖται καὶ ἐπὶ τὸ κέντρον τοῦ περὶ τὸ ΗΘΚΛΜ
πεντάγωνον κύκλου· ἐν σφαίρᾳ γὰρ παράλληλοί εἰσιν
οἱ κύκλοι. καὶ ἐπεὶ εἰς δύο εὐθείας τήν τε ἀπὸ N 15
καὶ τὴν ἀπὸ Θ εὐθεῖα ἐνέπεσεν ἡ ἀπὸ τοῦ Z κάθετος,
μεθ' ἑκατέρας αὐτῶν ὀρθὴν ποιήσει γωνίαν, καὶ ἡ
ἐκτὸς τῇ ἐντὸς καὶ ἀπεναντίον ἴση, τουτέστιν ἡ ἀπὸ Θ
μετὰ τῆς ἀπὸ Z καθέτου τῇ ἀπὸ N μετὰ τῆς αὐτῆς
καθέτου ἴση ἔσται. πάλιν ἐὰν ἀπὸ τοῦ Μ ἐπὶ τὸ ση- 20
μεῖον, καθ' ὃ συμβάλλει ἡ ἀπὸ Θ τῇ ἀπὸ Z καθέτῳ,
ἀχθῇ εὐθεῖα, ὀρθὴν ποιήσει μετὰ τῆς αὐτῆς καθέτου,
καὶ διὰ τὸ ιδ' τοῦ α' τῶν στοιχείων ἐπ' εὐθείας
ἔσονται ἡ ἀπὸ Θ τῇ ἀπὸ Μ. μία ἄρα εὐθεῖα ἔσται
ἡ ΘΜ. διὰ δὲ τὸ α' τοῦ ια' τῶν στοιχείων εὐθείας 25
γραμμῆς μέρος μέν τι οὐκ ἔστιν ἐν τῷ ὑποκειμένῳ
ἐπιπέδῳ, μέρος δέ τι ἐν μετεωροτέρῳ· δέδεικται
ἄρα, ὅτι καὶ ἐν ἑνὶ ἐπιπέδῳ ἐστὶ τὸ ΗΘΚΛΜ πεντά-
γωνον.

---

7. ποιήσει] -ει e corr. V.   10. Post δή del. καί V.

ἡ ὑπὸ ΡΛΠ τρίτου ὀρθῆς ἐστιν, ἔστι δὲ καὶ ἡ ὑπὸ
ΛΠΡ ὀρθή, καὶ ἡ πρὸς τῷ Ρ διμοίρου ὀρθῆς ἔσται.
κάθετος ἄρα ἔσται ἡ ΛΠ τριγώνου ἰσοπλεύρου, οὗ
πλευρὰ ἡ ΛΡ. ἐπεὶ οὖν ἡ ὑπὸ ΛΡΠ ὀξεῖα γωνία
ἐστίν, ἀμβλεῖα ἔσται ἡ ὑπὸ ΚΡΛ. ἐν τριγώνῳ οὖν   5
τῷ ΚΛΡ μεῖζων ἐστὶν ἡ ΛΚ τῆς ΛΡ· αὕτη δὲ τῆς
ΛΠ μείζων. ὥστε καὶ ἡ ΚΛ τῆς ΛΠ μείζων.

18. Καὶ διὰ τοῦτο ἡ ὑπὸ ΜΚΛ p. 64, 14] ὅτι
ἡ ὑπὸ ΛΚΜ γωνία ἀμβλεῖά ἐστι, δῆλον ἐντεῦθεν·
ἐπεὶ γὰρ ἡ ἀπὸ τοῦ Κ ἐπὶ τὸ τετράγωνον κάθετος   10
ἀγομένη ἐλάττων ἐστὶ τῆς ἡμισείας τῆς ΜΛ ὡς ἴση
τῇ ἡμισείᾳ τῆς πλευρᾶς τοῦ πενταγώνου, ἀλλὰ τὸ ἀπὸ
τῆς καθέτου δὶς καὶ τὸ ἀπὸ τῆς ἡμισείας τῆς ΜΛ
δὶς ἴσον ἐστὶ τοῖς ἀπὸ τῶν ΛΚ, ΚΜ, τὸ δὲ ἀπὸ τῆς
ΛΜ ἴσον ἐστὶ τῷ τετράκις ἀπὸ τῆς ἡμισείας, μεῖζον   15
ἄρα ἐστὶ τὸ ἀπὸ τῆς ΛΜ τῶν ἀπὸ τῶν ΛΚ, · ΚΜ,
ἐπεὶ καὶ ἡ ἡμίσεια τῆς ΛΜ τῆς καθέτου μείζων ἐστίν.
ἀμβλεῖα ἄρα ἡ ὑπὸ ΛΚΜ γωνία.

18. V¹.

10. τετράγωνον] corr. ex ἐπίπεδον V.   17. ἡ] om. V.
18. Post γωνία del. ἔστι δὲ τὸ ἀπὸ τῆς ΛΜ ἴσον V.

Appendix scholiorum II.

1. Ἐπίπεδον ἐπιφανείας διαφέρει, ὅτι τὸ μὲν ἐπί-
πεδον ἐπὶ τοῦ λεῖα καὶ ἴσα τα οἰκεῖα μόρια ἔχοντος
λέγεται, ἡ δὲ ἐπιφάνεια καὶ ἐπὶ τοῦ ἄνισα.

2. Ἐν ἐπιπέδῳ εἶπεν, ἵνα διακρίνῃ τὴν τοῦ στερεοῦ
5 γωνίαν οὐκ οὖσαν ἐν ἐπιπέδῳ, δύο δὲ γραμμῶν εἶπεν,
ἐπειδὴ ἐκ μιᾶς γωνίαν γενέσθαι ἀδύνατον, καὶ διὰ
τὴν τοῦ στερεοῦ· ἐκεῖ γὰρ οὐκ ἐκ δύο, ἀλλ᾽ ἐκ πλειόνων.
τὸ δὲ ἁπτομένων διὰ τὰς ἀπ᾽ ἀλλήλων κειμένας καὶ
γωνίαν ποιῆσαι οὐ δυναμένας διὰ τὸ κεχωρίσθαι.

0 3. Ὁ κύκλος διχῶς νοεῖται ἤτοι τὸ ὑπὸ τῆς γραμμῆς
περιεχόμενον σχῆμα ἢ καὶ αὐτὴ ἡ περιφέρεια. νοητέον
οὖν, ἐὰν λέγῃ κύκλος κύκλον τέμνει τὴν περιφέρειαν
λέγει, ἐὰν δὲ ἐν κύκλῳ ἡ διάμετρος μεγίστη ἐστί, τῶν
δὲ ἄλλων καὶ τὰ ἑξῆς, τὸ ὑπὸ τῆς γραμμῆς λέγω ὡρι-
5 σμένον σχῆμα. καὶ τὰ ἄλλα σχήματα διχῶς νοεῖται,

In hanc appendicem conieci, quae aut serius inueni scholia,
quam ut in ordinem reciperentur, aut ex codicibus raptim in-
spectis aliqua de causa hic illic enotaueram.

---

1. t fol. 36ᵛ (ad I def. 5).   2. t ibid. (ad I def. 8).
3. t ibid. (ad I def. 15).

---

6. ἐπειδή] scripsi; ἐπὶ δεῖ t.   γωνίαν] γωνία t.

ὁτὲ μὲν μετὰ τῆς ὕλης, ὁτὲ δὲ ἄνευ τῆς ὕλης, τουτ-
έστι ἐπίνοια ψιλή.

4. Πᾶν τρίγωνον ὀξεῖαν ἔχει γωνίαν καὶ οὐ μίαν
ταύτην, ἀλλὰ δύο· εἴτε ὀρθογώνιον εἴτε ἀμβλυγώνιόν
ἐστι, τὰς λοιπὰς δύο γωνίας ὀξείας ἔχει. τὸ δὲ ἰσό- 5
πλευρον οὐ τὰς δύο, ἀλλὰ τὰς τρεῖς ἔχει ὀξείας, καὶ
διὰ τοῦτο ὀξυγώνιον τοῦτο ἐκάλεσεν μόνον, τῶν δ᾽
ἄλλων τὸ μὲν ὀρθογώνιον ἀπὸ τοῦ καλλιστεύοντος
εἴδους, τὸ δὲ ἀμβλυγώνιον ἀπὸ τοῦ τῷ μεγέθει καὶ
αὐτὸ καλλιστεύοντος ὑπάρχειν· μεῖζον γὰρ αὐτὸ καὶ 10
τῆς ὀρθῆς εἶπεν.

5. Τὸ ἑτερόμηκες τῷ τῶν πλευρῶν ἀνίσῳ μόνον
ἀπολείπεται τετραγώνου· οὐ πάντως ὁμοίως ἔχει τὰς
πλευρὰς ἴσας. εἶτά ἐστι ῥόμβος· ἀπὸ γὰρ τοῦ τετρα-
γώνου πιεσθέντος κατὰ τὰς ἀπεναντίον γωνίας γίνεται 15
ὁ ῥόμβος τετράγωνον ἐν διαστροφῇ. τέταρτον δὲ τὸ
ῥομβοειδὲς ὡς ἀπὸ τοῦ ἑτερομήκους καθ᾽ ὁμοιότητα
ῥόμβου γεγονὸς καὶ αὐτὸ διαστροφῇ τοῦ ἑτερομήκους·
ἑκάτερον γὰρ ἑκατέρου ἀντίκειται.

6. Ἐπειδὴ τρεῖς εἰσι τοῦ τριγώνου κατὰ τὰς πλευ- 20
ρὰς διαφοραί, ἰσοπλεύρου, ἰσοσκελοῦς καὶ σκαληνοῦ,
ἀνάγκη καὶ τὴν σύστασιν τῶν λοιπῶν δύο ἀποδεῖξαι.
συνίσταται οὖν τὸ ἰσοσκελὲς τρίγωνον ἐπὶ τῆς δοθείσης
εὐθείας οὕτως· ἔστω ἡ δοθεῖσα εὐθεῖα ἡ ΑΒ, καὶ
κέντρῳ τῷ Α, διαστήματι δὲ τῷ ΑΒ κύκλος γεγράφθω 25
ὁ ΑΔΕ, καὶ κέντρῳ τῷ Β, διαστήματι δὲ τῷ ΒΑ
κύκλος γεγράφθω ὁ ΒΔΖ, καὶ καταγεγράφθω τὸ
σχῆμα. ἴση δή ἐστιν ἡ ΑΕ τῇ ΒΖ· ἀλλ᾽ ἡ ΑΕ

---

4. t ibid. (ad I def. 21).   5. t ibid. (ad I def. 22).
6. Mut. III B 4 ante Elem. libr. I (ad I, 1).

τῇ ΑΗ ἴση. καὶ ἡ ΑΗ ἄρα τῇ ΒΖ ἴση. ἀλλ' ἡ ΒΖ
τῇ ΒΗ ἴση· καὶ ἡ ΒΗ ἄρα τῇ ΑΗ ἴση. ἰσοσκελὲς

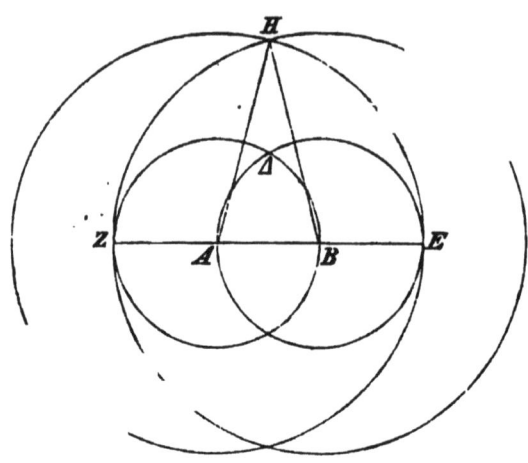

ἄρα ἐστὶ τὸ ΗΑΒ τρίγωνον καὶ συνέστη ἐπὶ τῆς ΑΒ.
ὅτι δὲ ἡ ΑΒ ἐλάττων τῆς ΑΗ, δῆλον, ὅτι καὶ τῆς ΑΕ
5 ἐλάττων.

'Αλλ' ἐπεὶ τὸ ΗΑΒ τρίγωνον συνέστη ἐπὶ τῆς ΑΓ
εὐθείας ἐλάττονος τῶν ΗΑ, ΗΒ, ἔστι δυνατὸν συστή-
σασθαι τὸ τοιοῦτον ἰσοσκελὲς τρίγωνον ἐπὶ τῆς δο-
θείσης εὐθείας καὶ μείζονα εἶναι τὴν δοθεῖσαν τῶν
10 δύο ἴσων σκελῶν. ἔστω γὰρ ἡ δοθεῖσα εὐθεῖα ἡ ΑΓ,
ἐφ' ἧς δεῖ τὸ τοιοῦτον ἰσοσκελὲς τρίγωνον συστήσασθαι,
καὶ εἰλήφθω ἐπὶ τῆς ΑΒ τυχὸν σημεῖον τὸ Γ. εἰ μὲν
οὖν ἐπὶ τῆς διχοτομίας ἐστὶ τὸ Γ, φανερόν ἐστι το
ζητούμενον. ληφθέντος γὰρ τοῦ σημείου ἐπὶ τῆς ΑΓ καὶ
15 κέντρῳ μὲν τῷ Γ, διαστήματι δὲ τῷ Γ καὶ τῷ ληφθέντι
σημείῳ κύκλου γραφέντος ἀφεξαιρηθήσονται ἀπὸ τῶν
περάτων τῆς ΑΒ εὐθείας διὰ τοῦ τοιούτου κύκλου ἴσαι

εὐθεῖαι αἱ ΑΔ, ΕΒ, καὶ οὕτως ἔσται ῥᾴδιον τὸ ζητούμενον. ἴση γὰρ ἔσται ἡ ΒΔ τῇ ΑΕ.

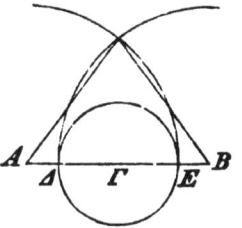

καὶ κέντρῳ τῷ Β, διαστήματι δὲ τῷ ΒΔ κύκλος γραφήσεται, καὶ πάλιν κέντρῳ τῷ Α, διαστήματι δὲ τῷ ΑΕ κύκλος γρα- 5 φήσεται. καὶ τμηθήσονται ὑπ' ἀλλήλων οἱ κύκλοι, καὶ ἀπὸ τῆς τομῆς ἐπιζευχθήσονται ἐπὶ τὰ πέρατα τῆς ΑΒ εὐθείας εὐθεῖαι, καὶ οὕτως συσταθήσεται τὸ ζητούμενον τρίγωνον, εἴπερ ἐπὶ τῆς 10 διχοτομίας ἐστὶ τὸ Γ σημεῖον. εἰ δὲ μὴ ἐπὶ τῆς διχοτομίας ἐλήφθη τὸ Γ σημεῖον, μία τῶν ΑΓ, ΓΒ μείζων ἐστίν. ἔστω μείζων ἡ ΓΒ, καὶ κέντρῳ μὲν τῷ Γ, διαστήματι δὲ τῷ ΓΑ κύκλος γεγράφθω ὁ ΑΗΕ, καὶ πάλιν κέντρῳ τῷ Γ, διαστήματι δὲ τῷ ΓΒ κύκλος 15 γεγράφθω ὁ ΔΚΒ, καὶ πάλιν κέντρῳ τῷ Α, διαστήματι δὲ τῷ ΑΔ κύκλος γεγράφθω ὁ ΔΘΖ. ἴση δή ἐστιν

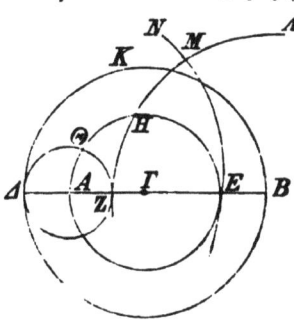

ἡ ΓΒ τῇ ΓΔ, ὧν ἡ ΓΑ τῇ ΓΕ ἴση· λοιπὴ ἄρα ἡ ΑΔ λοιπῇ τῇ ΕΒ ἴση. ἀλλ' ἡ 20 ΑΔ τῇ ΑΖ ἴση· καὶ ἡ ΑΖ ἄρα τῇ ΕΒ ἴση. κοινὴ προσκείσθω ἡ ΖΕ. ὅλη ἄρα ἡ ΑΕ ὅλῃ τῇ ΒΖ ἴση. καὶ κέντρῳ μὲν τῷ Β, διαστήματι 25 δὲ τῷ ΒΖ κύκλος γεγράφθω ὁ ΖΜΔ, καὶ πάλιν κέντρῳ μὲν τῷ Α, διαστήματι δὲ τῷ ΑΕ κύκλος γεγράφθω ὁ ΝΜΕ, καὶ ἀπὸ τοῦ Μ

---

1. αἱ ΑΔ, ΕΒ] mg. Mut.   5. ΑΕ] ΑΒ.   12. ἐλείφθη.
15. ΓΒ] ΓΑ.   17. ΔΘΖ] Ζ e corr.   27. διαστήματι δὲ
τῷ] om.   Tres figg. in cod. sunt, sed deprauatae.

σημείου, καθ' ὃ τέμνουσιν ἀλλήλους οἱ κύκλοι, ἐπε-
ζεύχθωσαν αἱ ΜΑ, ΜΒ. φανερὸν δή, ὅτι μείζων
ἐστὶν ἡ ΑΒ ἑκατέρας τῶν ΑΜ, ΜΒ. λέγω, ὅτι καὶ
ἴσαι ἀλλήλαις. ἐπεὶ γὰρ ἐδείχθη, ὅτι ἴση ἐστὶν ἡ ΑΕ
5 τῇ ΒΖ, ἴση δὲ ἡ ΑΕ τῇ ΑΜ, καὶ ἡ ΑΜ ἄρα τῇ ΒΖ
ἴση ἐστίν. ἀλλ' ἡ ΒΖ τῇ ΒΜ ἴση· καὶ ἡ ΑΜ ἄρα
τῇ ΜΒ ἴση. ἰσοσκελὲς ἄρα ἐστὶ τὸ ΜΑΒ τρίγωνον,
καὶ συνέστη ἐπὶ τῆς δοθείσης εὐθείας τῆς ΑΒ.

7. Τινὲς διὰ τὸ τὸν Εὐκλείδην μετ' ὀλίγον ἰσο-
0 σκελοῦς μεμνῆσθαι τριγώνου ὡς ἐνδέον τῇ αὑτοῦ
πραγματείᾳ τῶν τῆς γεωμετρίας στοιχείων συνιστῶσι
ἰσοσκελὲς μετὰ τὸ ἰσόπλευρον μηδενὸς ἑτέρου προσ-
δεηθέντες θεωρήματος ἢ προβλήματος, ἀλλ' ἐκ μόνων
τῶν ἀρχῶν. τοῦτο δὲ περιττῆς ἐστιν ἀντικρὺς φιλο-
5 τιμίας· οὔτε γὰρ ἐνδεῖ ἐν τῷ τόπῳ τῇ πραγματείᾳ,
οὔτε ὁ Εὐκλείδης πάντη παρῆκε τὴν τῶν ἄλλων παρὰ
τὸ ἰσόπλευρον τριγώνων κατασκευήν· μετὰ ταῦτα γὰρ
πᾶν εἶδος συνίστησι τριγώνου ἐκ τριῶν εὐθειῶν, αἳ
εἰσιν ἴσαι ταῖς δοθείσαις, καὶ οὐδέ γε λαμβάνει ὁ
0 Εὐκλείδης τὸ ἰσοσκελὲς καὶ τοῦτο μὴ ἰσόπλευρον πρὸς
κατασκευὴν καὶ σύστασιν σχήματος ἑτέρου, ἀλλὰ πρὸς
δεῖξιν θεωρήματος, λέγων τάδε τινὰ συμβαίνειν τοῖς
ἰσοσκελέσι, κἂν ἰσόπλευρα δηλονότι εἴη κἂν μή, μόνον
ἂν ὦσιν ἰσοσκελῆ, ὥσπερ λέγει καί· ἐὰν τριγώνου αἱ
5 δύο γωνίαι ἴσαι ἀλλήλαις ὦσι, καίτοι μήπω διδάξας,
πῶς τριγώνου αἱ δύο γωνίαι ἴσαι ἀλλήλαις ἔσονται
τῆς ἑτέρας μὴ οὔσης ταύταις ἴσης. ἐπὶ πάντων γὰρ
τῶν θεωρημάτων τὸ ἐὰν ὦσι λέγομεν τάδε τινά, τάδε
συμβαίνειν· ἐν μόνοις γὰρ τοῖς προβλήμασι δεῖ εἶναι

7. Mut. III B 4 (a nr. 6 tabula quadam numerorum di_
remptum).

προσυνεσταμένα τε καὶ προδεδειγμένα ἡμῖν τὰ πρὸς
τὴν τούτων κατασκευὴν χρησιμεύοντα. εἰ δέ γε χρεία
ἦν τῷ στοιχειωτῇ παντὸς εἴδους ἰσοσκελοῦς, ἐν τῷ δ΄
θεωρήματι ἦν ἂν αὐτῷ, καὶ ἡμεῖς ἂν δεηθέντες τοῦ β΄
τε καὶ τοῦ τρίτου πᾶν εἶδος ἰσοσκελοῦς συνεστήσαμεν   5
παρὰ τὸ ἰσόπλευρον, ἐπεὶ τοῦτο αὐτὸς συνίστησιν ὁ
Εὐκλείδης πρὸ τῶν ἄλλων πάντων σχημάτων. καὶ δὴ
συσταίη ἂν ἰσοσκελὲς μείζονας ἔχον τὰς δύο τῆς μιᾶς

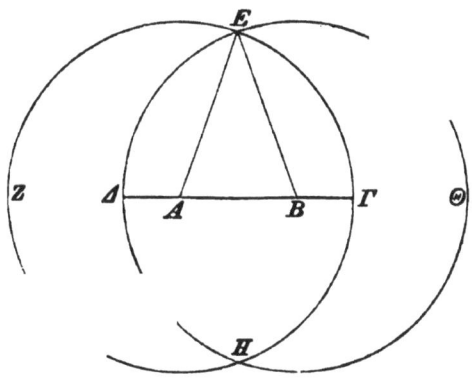

ἐπὶ τῆς δοθείσης εὐθείας οὕτως· ἔστω ἡ δοθεῖσα
εὐθεῖα ἡ ΑΒ καὶ ἐκβεβλήσθω ἐφ᾽ ἑκάτερα ἐπὶ τὰ Γ, Δ,   10
καὶ κείσθω ἴση ἡ ΑΔ τῇ ΒΓ, καὶ κέντρῳ μὲν τῷ Α,
διαστήματι δὲ τῷ ΑΓ κύκλος γεγράφθω ὁ ΕΖΗΓ,
κέντρῳ δὲ τῷ Β, διαστήματι δὲ τῷ ΒΔ κύκλος γε-
γράφθω ὁ ΕΘΗΔ, καὶ ἐπεζεύχθωσαν αἱ ΑΕ, ΒΕ. καὶ
συνέσταται ἐπὶ τῆς ΑΒ τρίγωνον ἰσοσκελὲς τὸ ΑΕΒ   15
ἐπὶ τῆς ΑΒ· ἐπεὶ γὰρ κέντρον ἐστὶ τοῦ ΕΖΗΓ
κύκλου τὸ Α, ἴση ἐστὶν ἡ ΑΓ τῇ ΑΕ. πάλιν ἐπεὶ
κέντρον ἐστὶ τοῦ ΕΘΗΔ κύκλου τὸ Β, ἴση ἐστὶν ἡ
ΒΔ τῇ ΒΕ. ἴση δὲ ἡ ΑΓ τῇ ΒΔ, ἐπεὶ καὶ ἡ ΑΔ
τῇ ΒΓ ἴση. ἐλάττων δὲ ἡ ΑΒ ὁποτέρας τῶν ΔΒ, ΑΓ.   20

ὁμοίως δὲ κἂν ἀφέλῃς ἑκατέρωθεν ἴσας τῆς ΑΒ, κατασκευάσεις ἰσοσκελὲς τὴν βάσιν τῶν λοιπῶν πλευρῶν μείζονα ἔχον.

καὶ μηδενὸς δὲ δεηθέντες καὶ ἡμεῖς ἄλλως συστή-
5 σομεν τρίγωνον ἰσοσκελὲς ὁμοίως μείζονα ἢ ἐλάττονα ἔχον τὴν βάσιν, εἰ καὶ μὴ ἐπὶ ὡρισμένης τῆς βάσεως, ἀλλ' ἐπὶ τῆς ἴσης αὐτῇ· καὶ ἐλάττονα μὲν ἕξει τὴν βάσιν οὕτως· ἔστω τις εὐθεῖα ἡ ΑΒ καὶ ἐκβεβλήσθω

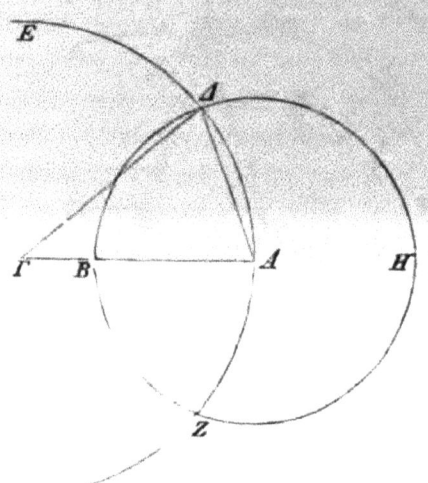

ὁσονδήποτε ἐπὶ τὸ Γ, καὶ κέντρῳ μὲν τῷ Γ, διαστήματι
10 δὲ τῷ ΑΓ κύκλος γεγράφθω ὁ ΑΔΕΖ, κέντρῳ δὲ τῷ Α, διαστήματι δὲ τῷ ΑΒ κύκλος γεγράφθω ὁ ΒΖΗΔ· καὶ συνέσταται τὸ ΑΓΔ τρίγωνον ἐπὶ τῆς ἴσης τῇ δοθείσῃ τῇ ΒΑ τῆς ΑΔ ἴσας μὲν ἔχον τὰς ΑΓ, ΓΔ, τὴν δὲ ΑΔ ἐλάττονα ἴσην οὖσαν τῇ ΑΒ.

9. Γ] (alt.) scripsi, Α Mut.   10. ΑΓ] scr. ΓΑ.   14.
ΑΔ] corr. ex ΑΓ.

μείζονα δὲ ἕξει τὴν βάσιν οὕτως· ἔστω ἡ AB εὐθεῖα, καὶ εἰλήφθω ἐπ᾽ αὐτῆς τυχὸν σημεῖον τὸ Γ, καὶ κέντρῳ μὲν τῷ B, διαστήματι δὲ τῷ BA κύκλος γεγράφθω ὁ AΔE, κέντρῳ δὲ τῷ Γ, διαστήματι δὲ τῷ ΓB κύκλος γεγράφθω ὁ BΔE, καὶ ἐπεζεύχθωσαν αἱ 5

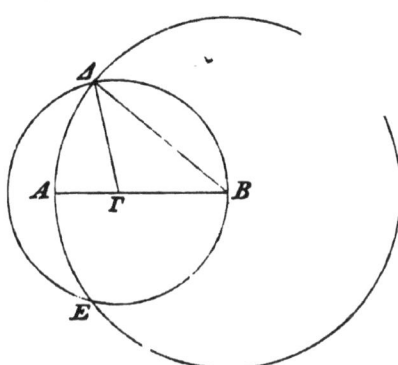

BΔ, ΔΓ· καὶ γέγονε τρίγωνον τὸ BΓΔ ἔχον τὰς μὲν BΓ, ΓΔ ἴσας, τὴν δὲ BΔ μείζονα ἴσην οὖσαν τῇ BA. καὶ γεγόνασιν ἰσοσκελῆ ἐπὶ τῆς ἴσης τῇ δοθείσῃ βάσεως ἢ ἐπὶ τῆς δοθείσης εὐθείας ἑνὸς τῶν δύο σκελῶν γενομένου, τὴν δὲ βάσιν ἑτέραν ἔχοντα, ὅπ... 10 δὲ γέγονε ..., τὸ ἰσοσκελὲς ἑκατέρως συνέσταται τρίγωνον.

8. Τινὰ τῶν ἀντιγράφων ταῦτα μόνα τὰ β̄ σχήματα[1]) ἔχει ἐν ὅλῳ τῷ κς΄ θεωρήματι, καὶ οὐκ ἀπεικότως, ἔνια δὲ διὰ τὸ σαφέστερον ἰδίαν ἔχοντα 15

1) Quas dedimus figuras I p. 63, eae et ipsae in u sunt hoc scholio adscripto.

8. u (ad I, 26).

15. Supra δέ scr. γε m. 1 u.

τὴν Θ πλευρὰν ἕτερα δύο καταγεγραμμένα ἔχουσι σχή-
ματα καὶ τὰ προκείμενα τμήματα χωρὶς τῆς Θ. ἐν-
ταῦθα οὖν καὶ ἀμφότερα
ἐσχημάτισται.

5 9. Νῦν λέγει τὰ παρα-
πληρώματα· περιέχεται
γὰρ τὸ μὲν ἀπὸ τῆς ΑΓ παραπλήρωμα, τὸ δὲ ἀπὸ τῆς
ΓΒ ἤτοι τῆς ΗΚ· ἴση γὰρ ἡ ΓΒ τῇ ΗΚ. λέγει οὖν τὸ
ἀπὸ τῆς ΑΒ ὅλον τετράγωνον ἴσον εἶναι τοῖς τε ἀπὸ
10 τῶν ΘΗ, ΔΖ καὶ ΓΒ, ΗΚ τετραγώνοις καὶ τοῖς παρα-
πληρώμασιν.

10. Σώζοιεν ἂν οἱ ἀριθμοί, καὶ εἴ τις ἀντὶ τῶν
προτεθέντων θείη τὸ μὲν ΑΒ ὅλον Ιρ, τεμεῖ δὲ τὴν
μὲν ΑΕ εἰς μ, τὴν δὲ ΕΒ εἰς 9, καὶ τὴν Γ θείη
15 ὁμοίως 9, τὴν Δ δὲ ν, καὶ τὴν μὲν ΖΗ 9, τὴν
δὲ ΗΘ μν, ὅλην δὲ τὴν ΖΘ μϛ, εἶτα κατὰ τὸν
στοιχειωτὴν τὴν μὲν Λ διπλασίαν τῆς Δ οὖσαν Ιϛ,
τὴν δὲ Μ τριπλασίαν ρι, τὴν δὲ Ν ρλ καὶ τὴν
Κ μν.

20 κείσθω πάλιν τὸ μὲν ΑΕ ο, τὸ δὲ ΕΒ ν, ἢ τὸ
μὲν ΑΕ 9, τὸ δὲ ΕΒ μ, ἂν ὅλον τὸ ΑΒ τεθείη Ιρ.
ὁμοίως οὖν καὶ διὰ τῶν αὐτῶν πάλιν τὸ θεώρημα
κατασκευασθήσεται.

11. Τῶν πρός II p. 32, 2] τῶν ἀνίσων μεγεθῶν
25 δηλονότι. τοῦτο τὸ ί. ἐστιν ἀντίστροφον τοῦ η΄ τὸ
τὸν μείζονα λόγον ἔχον, τὸ ἀπὸ τῶν τριῶν μεγεθῶν
λέγον τὸ μέγιστον, ἐκεῖνο μεῖζόν ἐστιν, οὐ τοῦ πάνυ

---

9. ν (ad II, 4 p. 128, 4 sq.). 10. p (ad V, 8). 11. f¹
(ad V, 10); scriptura hic illic admodum incerta; ultimam
partem ab ἐστιν p. 705, 4 in altero mg. habet. sententia satis
obscura est.

σμικροῦ, ἀλλὰ καὶ τοῦ μέσου, πρὸς ὃ δὲ τὸ αὐτὸ
μείζονα λόγον ἔχει, τὶ σμικρότατον λέγον μέγεθος πρὸς
τὸ μέσον, ἐκεῖνο ἔλαττόν ἐστι, τουτέστι τὸ μέσον, εἰ
καὶ μὴ ᾖ ... ἐστιν ἔχει γὰρ τὸ β προς τὸ γ τὸν ἡμι-
όλιον, τυχὸν δὲ καὶ τὸν διπλασίονα λόγον· ἀλλ' οὖν 5
πρὸς τὸ τῶν ἄλλων μέγιστον ἤτοι πρὸς τὸ α μέγεθος
ἔλασσόν ἐστι τὸ μέσον.

12. Ἰστέον, ὅτι τὸ καὶ ἄνισα δύναται συναριθ-
μεῖσθαι ἐν τῷ κειμένῳ καὶ μή· καὶ γὰρ τὸ ἐν διπλασίονι
λόγῳ δύναται οὐ μόνον ἐπὶ τῶν ἀνίσων, ἀλλα καὶ 10
ἐπὶ τῶν ἴσων λαμβάνεται λαμβανομένου τότε τοῦ δι-
πλασίονος οὐ κατὰ τὴν ὑπεροχήν, ἀλλὰ κατα τὸ θεω-
ρεῖσθαι μόνον τῷ μεταξύ τι ἕτερον ἴσον ἐκείνοις, οἷον
ἂν τριῶν μεγεθῶν ἴσων ἀλλήλοις πρὸς ἄλληλα θεω-
ρουμένων φῶμεν τὸ πρῶτον πρὸς τὸ ἔσχατον δι- 15
πλασίονα λόγον ἔχειν, κατὰ τὴν θέσιν μόνον τὸ δι-
πλάσιον λέγομεν. ὁμοίως δὲ κἂν πλείω μεγέθη τὰ
θεωρούμενα πρὸς ἄλληλα ὦσιν, τὸ τριπλάσιον ἢ τὸ
πολλαπλάσιον νοοῦμεν κατὰ μόνην τὴν θέσιν. ὅτε δέ
εἰσιν τὰ θεωρούμενα ἄνισα, τότε οὐ μόνον κατὰ τὴν 20
θέσιν, ἀλλὰ καὶ κατὰ τὴν ὑπεροχὴν τὸ διπλάσιον θεω-
ρεῖται. τὰ αὐτὰ δέ φαμεν καὶ ἐπὶ τῶν τριγώνων καὶ
ἐπὶ τῶν ἄλλων· ὥστε κατὰ μὲν τὰ πρότερον ῥηθέντα
ἐπὶ τῶν ἴσων δύναται χωρὶς τοῦ ἄνισα τὸ παρὸν
θεώρημα κεῖσθαι, κατὰ δὲ τὸν β' λόγον δεῖ προσκεῖσθαι 25
τὸ καὶ ἄνισα.

---

12. r (ad VI, 19).

---

11. λαμβάνεται] scr. λαμβάνεσθαι.   17. μεγέθη — 18.
ἄλληλα] supra scr. ead. manu.
Euclides, edd. Heiberg et Menge. V.   45

13.

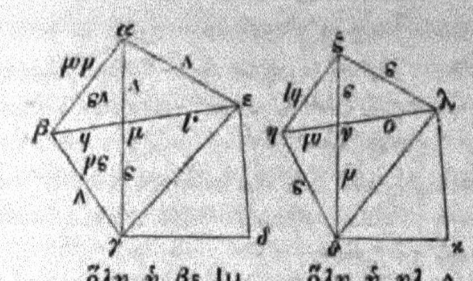

ὅλη ἡ βε Ιцֹ.   ὅλη ἡ ηλ Λ.

'Αφὲς ταῦτα· ὅρα τοὺς ἐν τῷ σχήματι κειμένους ἀριθμοὺς ἐμοὶ πολλὰ καμόντι ἐφευρεθέντας.

14. Μετα τὸ εὑρεῖν τῶν A καὶ B καὶ Γ τριῶν
5 ἀριθμῶν τὸ μέγιστον κοινὸν μέτρον τὸ Δ δηλαδὴ καὶ ἀποδεῖξαι τοῦτο ἐξ εὐθείας καὶ διὰ ἀδύνατον λύει τὴν θέσιν ταύτην καὶ ζητεῖ ἐκ περιουσίας εὑρεῖν καὶ τοῦ κοινοῦ καὶ μεγίστου μέτρου αὐτοῦ τε καὶ ἐκείνων τῶν τριῶν ἕτερον κοινὸν καὶ μέγιστον μέτρον διὰ τὸ πό-
10 ρισμα τοῦ πρὸ αὐτοῦ προβλήματος καὶ εὑρίσκει τὸν E δι' ἀποδείξεως ὁμοίας τῷ ἀνωτέρω.

15. Ἐπεὶ γὰρ τετράγωνος ἀριθμός ἐστιν ὁ ὑπὸ δύο ἴσων ἀριθμῶν περιεχόμενος, εἰπὲ οὕτως· δωδεκάκις δώδεκα, καὶ γίνονται ρ̄μ̄δ.

15 16. Εἰ βούλει εὑρῆσαι τὸν μέσον ἀνάλογον τῶν A, B, λαβὲ τὰς πλευρὰς ἀλλήλων, καί εἰσι τοῦ μὲν A πλευραὶ τὰ γ̄ καὶ ξ̄, τοῦ δὲ β̄ τὰ δύο καὶ δ̄. πολλα-πλασίασον τὴν ἐλάττονα πλευρὰν τοῦ A μετὰ τῆς μείζονος πλευρᾶς τοῦ B, καὶ εὑρήσεις τὸν μέσον ἀνά-
20 λογον. εἰπὲ γάρ· τρὶς δ̄· καὶ γίνεται ιβ̄· καὶ πάλιν δὶς ξ̄· καὶ γίνεται τὰ αὐτά.

13. P² (ad VI, 20 supra aliud alius manus scholium eandem prop. per numeros illustrans).   14. r (ad VII, 3 post schol. VII nr. 22).   15. P² (ad IX, 1; cfr. schol. IX nr. 1).   16. P² (ad IX, 1).

17. Πλευραὶ τοῦ κδ τὰ δ καὶ ϛ, τοῦ ϛ τὰ β καὶ γ. εἰπὲ γοῦν δὶς ϛ ιβ καὶ πάλιν τρὶς δ ιβ· καὶ εὑρίσκεται ὁ μέσος ἀνάλογον ἀπὸ τῶν πλευρῶν.

18. Ἔστω κύβος ὁ Α η καὶ ἑαυτὸν πολλαπλασιάσας ποιείτω τὸν ξδ· ὁ ξδ κύβος ἐστί, πλευραὶ δὲ αὐτοῦ ὁ δ καὶ ὁ ιϛ· τετράκις γὰρ τὰ δ ιϛ καὶ τετράκις τὰ ιϛ ξδ.

19. Καὶ ἔχεις τοῦτο διὰ τοῦ πορίσματος τοῦ β' βιβλίου τοῦ η' ὅτι· ἐὰν δὲ δ ἀριθμοὶ ἀνάλογον ἔχωσιν, οἱ ἄκροι αὐτῶν κύβοι· ἡ γὰρ μονὰς δυνάμει ἐστὶ τὰ πάντα.

20. Εἰπὲ οὕτως· τρὶς πέντε ιε καὶ ἑπτάκις ιε ρε· εἰ δὲ βούλει, οὕτως· τρὶς ἑπτὰ κα καὶ πεντάκις κα ρε.

21. Τοῦ δευτέρου ἤτοι τοῦ ΘΚ ξβ ὄντος ἔστιν ἡ ὑπεροχή, ᾗ ὑπερέχει τοῦ πρώτου ἤτοι τοῦ Ε ἐστι λα, ἔστι γοῦν ὑπεροχὴ τοῦ δευτέρου πρὸς τὸν πρῶτον ἀριθμὸν ἴση· λα γὰρ ὁ Ε, καὶ ἡ ὑπεροχὴ τοῦ δευτέρου ἤτοι ὁ ΝΚ λα· ὥστε ἡ ὑπεροχὴ τοῦ δευτέρου πρὸς τὸν πρῶτον ἴση. ὡς γοῦν ἡ τοῦ δευτέρου ὑπεροχὴ πρὸς τὸν πρῶτον, οὕτως καὶ ἡ τοῦ ἐσχάτου ὑπεροχὴ ἤτοι τοῦ ΞΗ πρὸς τοὺς πρὸ ἑαυτοῦ πάντας. ὑπεροχὴ δὲ τοῦ ἐσχάτου ἐστὶν ὁ ΞΗ, ἥτις ἐστὶ νξε· ἐκ γὰρ τῶν υϙϛ ἀφαιρεθέντος τοῦ λα ἴσου τῷ Ε ἐναπελείφθησαν τὰ νξε, ἅτινα ἔχουσι πρὸς τοὺς πρὸ ἑαυτοῦ οὕτως, ὡς ἡ τοῦ δευτέρου ὑπεροχὴ πρὸς τὸν πρῶτον· ὡς γὰρ ἐκεῖ ἴση ἦν ἡ ὑπεροχὴ τοῦ δευτέρου πρὸς τὸν

---

17. P² (ad IX, 2; cfr. schol. IX nr. 3).   18. P² (ad IX, 3).
19. P² (ad IX, 3 p. 344, 19—20).   20. P² (ad IX, 14; cfr. schol. IX nr. 21).   21. P² (ad IX, 36).

7. Immo propter VIII, 2 coroll. (pro βιβλίου debuit dici θεωρήματος).   9. δυνάμει] comp. ambiguo P.   13 sq. Dicere noluit, E esse 31 et ita differentiae aequalem.

πρῶτον, οὕτως καὶ ὧδε ἡ ὑπεροχὴ τοῦ ἐσχάτου ἤτοι
τὰ υξε ἴσα εἰσὶ τοῖς πρὸ αὐτοῦ οἷον τῷ Μ, Δ, ΘΚ
καὶ Ε. τὰ γὰρ σμη καὶ ρκδ καὶ ξβ καὶ λα ποιοῦσι
πάλιν συντεθέντα τὸν υξε. ὥστε ἴσαι αἱ ὑπεροχαί.

5   22. Αἱ λαμβανόμεναι δύο εὐθεῖαι, ἐξ ὧν αἱ κατὰ
σύνθεσιν ἢ ἀφαίρεσιν ἄλογοι γίνονται.

ἢ δυνάμει μόνον ἀλλήλαις σύμμετροι

μέσαι

ῥηταὶ τὸ μὲν | τὸ μὲν ἀπ' | τὸ ἀπὸ καὶ
10   ἀπ' αὐτῶν | αὐτῶν μέ- | τὸ ὑπὸ μέ-
συγκείμενον | σον, τὸ δὲ | σον μέσαι
ῥητόν, το δ' | ὑπὸ ῥητὸν | μέσον πε-
ὑπ' αὐτῶν | μέσαι ῥη- | ριέχουσαι.
μέσον. | τὸν περι-
15 | ἔχουσαι.

ἢ καὶ μήκει καὶ δυνάμει
ἀσύμμετροι

ἢ τὸ μὲν | ἤ τὸ ἀνά- | ἢ ἑκάτε-
ἀπ' αὐ- | παλιν | ρον καὶ
τῶν συγ- | τὸ ἀπὸ | τὸ ἀπὸ
κείμενον | μέσον, | καὶ τὸ
ῥητόν, | τὸ ὑπὸ | ὑπὸ
τὸ δὲ | ῥητόν. | μέσον.
ὑπὸ
μέσον.

Τῶν ἀλόγων

αἱ μὲν κατὰ γεω- | αἱ δὲ κατὰ ἀριθμη- | αἱ δὲ κατὰ ἁρμονι-
μετρικὴν γίνονται μέ- | τικήν· αἱ κατὰ σύν- | κήν· αἱ κατὰ ἀφαί-
σότητα· αἱ μέσαι. | θεσιν ἄλογοι. | ρεσιν ἄλογοι.

20   23. Ὁ τοῦ εἰκοσιεπτὰ ἀριθμοῦ τετραγωνισμὸς δί-
δωσι τῇ οἰκείᾳ πλευρᾷ μοίρας πέντε, λεπτὰ πρῶτα ια′,
μς″ η‴ νε⁗, καὶ ἀποτελεῖται τὸ ἐμβαδὸν αὐτοῦ μοῖραι
κς λεπτὰ νθ′ νθ″ νθ‴ νε⁗ να⁗⁗ λη⁗⁗⁗ νγ⁗⁗⁗⁗ κε

---

22. B fol. 4 ad X deff. (infra col. 2 ἢ καὶ μήκει κτλ. prae-
terea nomina XII irrationalium κατὰ σύνθεσιν et κατ᾽ ἀφαίρεσιν
habet). fol. 2—3 eadem prolegomena leguntur (διαίρεσις τοῦ
δεκάτου τῶν Εὐκλείδου στοιχείων), quae in q fol. 174ᵛ—175ᵛ
(u. p. 418 not.).   23. f¹ (τοῦ ι′ θεωρήματος) ad X, 10; cfr.
schol. X nr. 93.

ὄγδοα. καὶ ἄλλως ἐν τῷ αὐτῷ τετραγωνισμῷ τοῦ
εἰκοσιεπτὰ ἀριθμοῦ δίδονται τῇ πλευρᾷ μοῖραι πέντε,
λεπτὰ πρῶτα ἔνδεκα, δεύτερα τεσσαράκοντα ἕξ, τρίτα
ὀκτώ, πεντήκοντα ἑπτὰ τέταρτα. καὶ οὕτως τῷ τετρα-
γωνισμῷ συνάγονται μονάδες εἰκοσιεπτὰ διὰ τῶν τεσ- 5
σάρων γνωμόνων ἀπό τε αὐτοῦ τοῦ προυποτεθειμένου
τετραγώνου τοῦ ἔχοντος μοίρας εἰκοσιπέντε. περιτ-
τεύουσι δὲ ἐν τοῖς καταγεγραμμένοις γνώμοσι λεπτὰ
τέταρτα ιε πέμπτα β ἕκτα Μϛ ἕβδομα ϛ ὄγδοα θ, ἅτινα
παρεῶνται ὡς λεπτότατον λίαν πολλοστημόριον τῆς 10
μονάδος, ἃ καὶ ἀνεπαίσθητα τῇ φύσει καλοῦσι.

24. Οὐ χρεία σοι ὦ οὗτος ἀριθμῶν καὶ λεπτῶν
ὧδε, ἀλλ᾽ οὐδὲ λεπτῶν ὅλως ἐν ὅλῃ γεωμετρίᾳ· ματαία
γὰρ αὕτη φιλοτιμία· ἀλλ᾽ ὡς ὁ γεωμέτρης δείκνυσι
ταῦτα, οὕτω χρὴ κατανοεῖν τὴν τούτων ἀπόδειξιν. ἐν 15
δ᾽ ἀστρονομίᾳ οἰκεῖος ὁ τῶν λεπτῶν ἐπιλογισμός, καθὸ
καὶ ὁ Πτολεμαῖος τοῦτο ποιεῖ· ἐκ γὰρ τοῦ συνεγγί-
ζοντος καὶ τοῦ πρὸς αἴσθησιν ἀκριβοῦς αἱ ἀστρονομικαὶ
ἀποδείξεις· ἐνταῦθα δὲ ἐκ τοῦ πλήρους, ὅπερ εὑρεῖν
οὐ δύναται ὁ ἐκ τῶν λεπτῶν συμψηφισμός. 20

25. Ῥηταὶ παρὰ τῶν παλαιῶν οὐ μόνον αἱ μήκει
σίμμετροι ἐλέγοντο, ἀλλὰ καὶ αἱ δυνάμει σύμμετροι
καὶ αὐταὶ ῥηταὶ ἐλέγοντο.

---

24. 1 m. rec. fol. 157ʳ (refertur ad schol. X nr. 833 ad
prop. LXI, quod 1 eodem loco habet a manu 1). 25. P²
(adscriptum ad X, 108).

6. ἀπό τε] incerta. 10. πολοστημόριον f. 11. ἃ καί]
bis f.

Appendix scholiorum III.

1. α΄ γένος. πολλαπλάσιος ἀριθμός ἐστιν ὁ με-
τρούμενος ὑπὸ τοῦ, οὗ ἐστι πολλαπλάσιος, καὶ λέγεται
κατὰ γένος, κατὰ εἶδος δὲ διπλάσιος, τριπλάσιος καὶ
εἰς ἄπειρον.

5 β΄. κατὰ γένος ἐπιμόριος ἀριθμός ἐστιν ὁ ὑπὸ
ἑτέρου μετρούμενος ἅπαξ καὶ περισσεύων τινός, ὅπερ
τινὸς μετρεῖ τὸν μετρήσαντα, οἷον ὁ $\overline{θ}$ καὶ ὁ $\overline{ιβ}$· μετρεῖ
ὁ $\overline{θ}$ τὸν $ιβ$ καὶ περισσεύει $\overline{γ}$, καὶ ὁ $\overline{γ}$ μετρεῖ τὸν $\overline{θ}$.
κατὰ εἶδος δὲ ἐπίτριτος, ἐπιτέταρτος, ἐπιέβδομος καὶ
10 εἰς ἄπειρον.

γ΄. κατὰ γένος ἐπιμερὴς δὲ ὁ μετρούμενος ὑπὸ
ἑτέρου ἅπαξ, καὶ περισσεύει τι, ὅπερ οὐ μετρεῖ τὸν
μετρήσαντα, οἷον ὁ $\overline{θ}$ καὶ ὁ $\overline{ια}$. κατὰ εἶδος δὲ ἐπι-
δισμόριος ἢ ἐπιτρισμόριος καὶ ἔτι κατὰ εἶδος ἐπιδισ-
15 έννατος καὶ ἐπιτρισέννατος.

ἐὰν τρεῖς εὐθεῖαι ἀνάλογον ὦσιν, ἡ πρώτη πρὸς
τὴν $\overset{η}{γ}$ διπλασίονα λόγον ἔχειν λέγεται ἥπερ πρὸς τὴν β΄,

In hanc appendicem conieci quaedam, quae non proprie
scholia in Elementa uocari possunt, sed tamen cum iis aliqua
saltim necessitudine coniuncta sunt ideoque in codd. Euclidianis
adscripta.

1. B fol. 118—122 compendiis plurimis (imaginem fol. 119ᵘ
habes Palaeogr. soc. tab. 66).

6. τινός] scr. τινί.   7. τινός] scr. τι.   11. ἐπιμερις,
sed corr.

τουτέστιν ἐὰν ἔχῃ ἡ α΄ πρὸς τὴν β΄ λόγον τριπλασίονα, ἡ α΄ πρὸς τὴν γ΄ λόγον ἕξει δὶς τὸν αὐτὸν τὸν τριπλασίονα, τουτέστιν ἐννεαπλασίονα· τρὶς γὰρ τὰ τρία θ̄. τοῦτο γάρ ἐστι καὶ τὸ λεγόμενον ἐν τοῖς ὅροις τοῦ ϛ΄ βιβλίου.

λόγος ἐκ λόγων συγκεῖσθαι λέγεται καὶ τὰ ἑξῆς· οἷον τρὶς τρὶς θ, ὁ ἐννεαπλοῦς διπλασίων ἐστὶ τοῦ

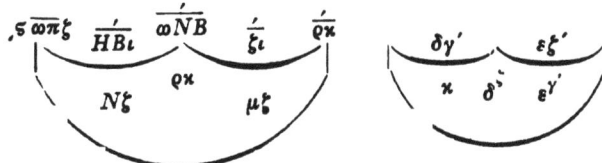

τριπλασίου, καί ἐστι λόγος ἐκ λόγων συγκείμενος. ὁ δὲ δωδεκαπλάσιος λόγος σύγκειται ἐκ β̄ λόγων τριπλασίου τε καὶ τετραπλασίου ἢ διπλασίου καὶ ἑξα- 10
πλασίου, καὶ ἐπὶ πάντων τὸ αὐτὸ νοείσθω. τὰ ὅμοια τρίγωνα πρὸς ἄλληλα ἐν διπλασίονι λόγῳ ἐστὶ τῶν ὁμολόγων πλευρῶν, καί ἐστιν ὁ μὲν τῆς εὐθείας πρὸς τὴν εὐθεῖαν 15 τὴν ὁμόλογον τῆς βγ πρὸς τὴν εξ

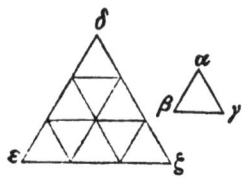

τριπλάσιος, ὁ δὲ λόγος τοῦ αβγ τριγώνου πρὸς τὸ εδζ τρίγωνον ἐννεαπλάσιος, ὁ δὲ λόγος τοῦ λόγου διπλάσιος.

      ἁπλοῖ   ἁπλοῖ   ἁπλοῖ
πολλαπλάσιος ἐπιμόριος ἐπιμερίς   20
     διπλοῖ οἱ πολλαπλάσιοι
πολλαπλασιεπιμόριος   πολλαπλασιεπιμερίς
ὑποπολλαπλάσιος ὑποεπιμόριος   ὑποεπιμερίς
ὑποπολλαπλασιεπιμόριος ὑποπολλαπλασιεπιμερίς

---

6. inc. fol. 118ᵘ.   20. ἐπιμερίς] scr. ἐπιμερής; item lin. 22, 23, 24.

ἡ πηλικότης τοῦ τριπλασίου ἐστὶν ὁ τρία πρὸς ἕνα, τοῦ τετραπλασίου ὁ τέσσαρα πρὸς ἕνα, τοῦ ἡμιολίου ὁ τρία πρὸς δύο καὶ τὸ ἑξῆς.

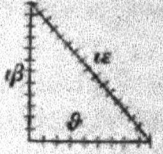 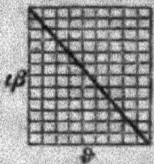

ὁ ἐκ διπλασίου καὶ ἡμιολίου ὁ τοῦ ἓξ πρὸς τρία
5 καὶ τρία πρὸς δύο. ὁ ἐξ ἡμιολίου καὶ τριπλασίου λαμβανόμενος ὁ τρία καὶ δύο ἡμιόλιος, ὁ δύο καὶ ἕνα

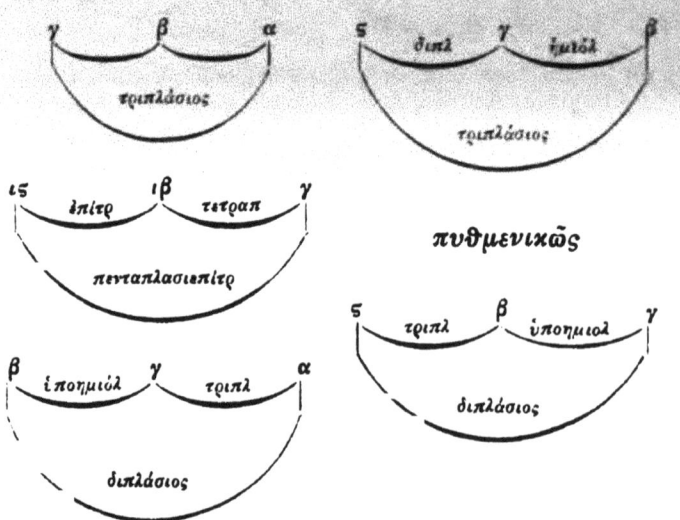

πυθμενικῶς

διπλάσιος. ὁ ἐξ ἐπιτρίτου καὶ τετραπλασίου λαμβανό-
μενος ἐπίτριτος ὁ ιϛ τοῦ ιβ, καὶ ὁ ιβ τοῦ τρία τετρα-
πλάσιος. ὁ ἐξ ἀφαιρέσεως διπλασίου τριπλάσιος ὁ
10 καταλειπόμενος ὑποημιόλιος. ὁ ἓξ διπλάσιός ἐστι τοῦ γ.

4. inc. fol. 119.

ἐὰν ἀπὸ τοῦ ε̄ ἀφαιρῇς προς δύο ἤγουν τὸ τριπλάσιον, καταλείπεται ἱ δύο πρὸς τρία ὑποημιόλιος.

ὁ ἐξ ἀφαιρέσεως τοῦ διπλασίου τριπλάσιος πρὸς τὸν ἐλάσσονα ὁ καταλειπόμενος ὑποημιόλιος, ὁ β̄ πρὸς ἕνα διπλάσιος, ἐὰν ἀφέλωμεν ἀπὸ τοῦ ἑνὸς τὸν τρία 5 πρὸς ἕνα τριπλάσιον, καταλείπεται δύο πρὸς τρία ὑποημιόλιος.

ὅτε οἱ τρεῖς ὅροι οὐκ εἰσὶν ἐν τῇ ταυτότητι τῶν λόγων τῆς ἀναλογίας, τότε οὐ λέγομεν τὸ πρῶτον καὶ τὸ τρίτον διπλασίονα λόγον ἔχειν ἤπερ πρὸς τὸ 10 δεύτερον.

ἔστωσαν γὰρ ἀριθμοὶ οἱ α, β, γ, καὶ ὁ μὲν ὑπὸ α, β ἔστω ὁ δ, ὁ δὲ ὑπὸ β, γ ὁ ε, ὁ δὲ ὑπὸ α, γ ὁ ζ, καὶ ὁ μὲν α τὸν ε πολλαπλασιάσας τὸν η ποιείτω, ὁ δὲ β τὸν ζ πολλαπλασιάσας τὸν θ ποιείτω, καὶ ἔτι ὁ γ τὸν δ 15 πολλαπλασιάσας τὸν κ ποιείτω. λέγω, ὅτι ἴσοι εἰσὶν οἱ η, θ, κ ἀριθμοί. ἐπεὶ γὰρ ὁ α τὸν β πολλαπλασιάσας τὸν δ πεποίηκεν, τὸν δὲ γ πολλαπλασιάσας τὸν ζ πεποίηκεν, ἔστιν ἄρα, ὡς ὁ β πρὸς τὸν γ, οὕτως ὁ δ πρὸς τὸν ζ. ὁ ἄρα ὑπὸ β, ζ, 20 τουτέστιν ὁ θ, ἴσος ἐστὶ τῷ ὑπὸ γ, δ, τουτέστι τῷ κ. πάλιν ἐπεὶ ὁ γ τὸν μὲν α πολλαπλασιάσας τὸν ζ πεποίηκεν, τὸν δὲ β πολλαπλασιάσας τὸν ε πε- ποίηκε, ἔστιν ἄρα, ὡς ὁ α πρὸς τὸν β, 25 οὕτως ὁ ζ πρὸς τὸν ε. ὁ ἄρα ὑπὸ α, ε, τουτέστιν ὁ η, ἴσος ἐστὶ τῷ ὑπὸ β, ζ, τουτέστι τῷ θ. οἱ ἄρα η, θ, κ ἀριθμοὶ ἴσοι ἀλλήλοις εἰσίν· ὅπερ ἔδει δεῖξαι.

4. ὑπο-] in ras. 19. διὰ τὸ ιζ΄ τοῦ ζ΄ mg. 22. διὰ τὸ ιθ΄ τοῦ ζ΄ καὶ ἐκ κατασκευῆς mg. 25. διὰ τὸ ιζ΄ τοῦ ζ΄ mg. 27. διὰ τὸ ιθ΄ τοῦ ζ΄ καὶ ἐκ κατασκευῆς mg. 28. διὰ τὸν ὅρον τοῦ α΄ mg.

ἔστω β̅ μεγέθη τὰ α, γ, καὶ ἐχέτω λόγον τὸ α πρὸς
τὸ γ, οὗ πηλικότης ὁ δ, καὶ παρεμπεσέτω μέσον τῶν
α, γ μεγεθῶν τυχὸν μέγεθος τὸ β. λέγω, ὅτι ὁ τοῦ α
πρὸς τὸ γ λόγος ὁ δ σύγκειται ἐκ τοῦ, ὃν ἔχει τὸ α
5 πρὸς τὸ β, οὗ πηλικότης τὸ ζ, καὶ
τοῦ β πρὸς τὸ γ, οὗ πηλικότης τὸ ε.
ἐπεὶ γὰρ ὁ δ τὸ γ πολλαπλασιάσας τὸ α
πεποίηκεν, τὸ α ἄρα τοῦ γ πολλα-
πλάσιόν ἐστι κατὰ τὸ δ. πάλιν ἐπεὶ
10 ὁ ε τὸ γ πολλαπλασιάσας τὸ β πε-
ποίηκε, ὁ δὲ ζ τὸ β πολλαπλασιάσας
τὸ α πεποίηκεν, ὁ ἄρα ζ τὸν ἐκ τῶν ε, γ πολλα-
πλασιάσας τὸ α πεποίηκεν. καὶ ὁ γ ἄρα τὸν ἐκ τῶν ζ, ε
πολλαπλασιάσας τὸ α πεποίηκεν διὰ τὸ πρὸ ἑαυτοῦ
15 λῆμμα. ἴσος ἄρα ἐστὶν ὁ ἐκ τῶν ζ, ε τῷ δ. ὁ δ ἄρα
σύγκειται ἐκ τοῦ πολλαπλασιασμοῦ τῶν ζ, ε.

ὑπόμνημα σχόλιον εἰς τὰς τῶν λόγων σύνθεσίν τε
καὶ ἀφαίρεσιν Λέοντος.

ἔστωσαν ἀριθμοὶ οἱ α, β, γ, καὶ ὁ μὲν ὑπὸ α, β
20 ἔστω ὁ δ, ὁ δὲ ὑπὸ β, γ ὁ ε, καὶ ἔτι
ὁ ὑπὸ α, γ ὁ ζ, καὶ πάλιν ὁ μὲν ὑπὸ
α, ε ἔστω ὁ η, ὁ δὲ ὑπὸ β, ζ ὁ θ,
καὶ ἔτι ὁ ὑπὸ γ, δ ὁ κ. λέγω, ὅτι
οἱ η, θ, κ ἀριθμοὶ ἴσοι ἀλλήλοις εἰσίν.
25 ἐπεὶ γὰρ ὁ μὲν ὑπὸ α, β ἐστιν ὁ δ, ὁ δὲ
ὑπὸ α, γ ἐστιν ὁ ζ, ἔστιν ἄρα, ὡς ὁ β
πρὸς τὸν γ, οὕτως ὁ δ πρὸς τὸν ζ. ὁ ἄρα ὑπὸ γ, δ

---

7. διὰ τὸν ὅρον ἀριθμὸς ἀριθμὸν πολλαπλασιάζειν λέγεται
mg. numeros in fig. postea add.   16. πολλαπλασιασμοῦ] πολλᵃ,
quod alibi signif. πολλαπλάσιος, πολλαπλασιάσας cet.   17. inc.
fol. 120.   σχόλιον] σχ̅, fort. σχολικόν.

ἴσος ἐστὶ τῷ ὑπὸ β, ξ, τουτέστιν ὁ κ ἴσος ἐστὶ τῷ ϑ.
πάλιν ἐπεὶ ὁ μὲν ὑπὸ α, β ἐστιν ὁ δ, ὁ δὲ ὑπὸ β, γ
ἐστιν ὁ ε, ἔστιν ἄρα, ὡς ὁ α πρὸς τὸν γ, οὕτως ὁ δ
πρὸς τὸν ε· ὁ ἄρα ὑπὸ γ, δ, τουτέστιν ὁ κ, ἴσος ἐστὶ
τῷ ὑπὸ α, ε, τουτέστι τῷ η. ἀλλ' ὁ κ τῷ ϑ ἐστιν   5
ἴσος· οἱ τρεῖς ἄρα οἱ η, ϑ, κ ἀριθμοὶ ἴσοι ἀλλήλοις
εἰσίν.

Λῆμμα β'.

ἔστω ἀριθμὸς ὁ α τοῦ β πολλαπλάσιος κατὰ τὸν γ.
λέγω, ὅτι καὶ ὁ β τοῦ α πολλαπλάσιός ἐστι κατὰ τὸ   10
ὁμώνυμον μέρος τοῦ γ. ἐπεὶ γὰρ ὁ β τὸν α μετρεῖ
κατὰ τὸν γ, ἔστιν ἄρα, ὡς ὁ β πρὸς τὸν πρῶτον,
οὕτως ἡ μονὰς πρὸς τὸν γ. ὡς δὲ ἡ μονὰς πρὸς

ια ιβ   τὸν γ, οὕτως τὸ ὁμώνυμον μόριον τοῦ γ
ιγ μ̄ ὁμώνυμον   πρὸς μονάδα. καὶ ὡς ἄρα ὁ β πρὸς   15
τοῦ γ μόριον   τὸν α, οὕτως τὸ ὁμώνυμον μόριον τοῦ γ
τὸ γ'.   πρὸς μονάδα. ὁ ἄρα υπὸ τοῦ β καὶ

μονάδος, τουτέστιν αὐτὸς ὁ β, ἴσος ἐστὶ τῷ ὑπὸ τοῦ α
καὶ τοῦ ὁμωνύμου τῷ γ.

ἵνα δὲ καὶ ἀριθμητικῶς σαφηνισθῇ τὰ τοιαῦτα,   20
ἐπὶ μὲν τοῦ α' λήμματος λέγομεν, ὅτι ὁ τετράκις πέντε
ἑξάκις ἴσος ἐστὶ τῷ πεντάκις τε ἓξ τετράκις καὶ τῷ
ἑξάκις τέσσαρα πεντάκις, τουτέστι τῷ ρ̄κ̄. ἐπὶ δὲ τοῦ
β' λήμματος ὁ ἑκατὸν τοῦ εἴκοσι πολλαπλάσιός ἐστι
κατὰ τὸν ε̄, καὶ ὁ κ̄ τοῦ ρ̄ πολλαπλάσιός ἐστι κατὰ   25
τὸν ε'.

Λῆμμα γ'.

ἔστω ὁ α τοῦ β ἐπιμόριος κατὰ τὸν γ. λέγω, ὅτι
καὶ ὁ β τοῦ α ἐπιμόριός ἐστι κατὰ τὸ ὁμώνυμον μόριον

τοῦ γ ἐναλλάξ, τουτέστιν, εἰ ἔστιν ὁ α τοῦ β ἐπίτριτος,
τουτέστιν ἔχων αὐτοῦ τρία τέσσαρα, καὶ ὁ β τοῦ α
ἔσται τέταρτα τρία. ἐπεὶ γὰρ ὁ α πρὸς τὸν β λόγον
ἔχει, ὃν τέσσαρα πρὸς τρία, καὶ ὁ β ἄρα πρὸς τὸν α
5 λόγον ἕξει, ὃν τρία πρὸς τέσσαρα, καὶ ἐπὶ τῶν ἑξῆς
ἐπιμορίων ὡσαύτως.

Λῆμμα δ'.

ἀλλὰ καὶ ἐπὶ τῶν ἐπιμερῶν τὸ αὐτὸ συμβαίνει. εἰ
γὰρ ὁ α πρὸς τὸν β λόγον ἔχει, ὃν ὁ ξ πρὸς τὸν ε̄,
10 καὶ ὁ β πρὸς τὸν α λόγον ἕξει, ὃν ὁ ε̄ πρὸς τὸν ξ̄
ἐναλλάξ, τουτέστιν ἀντὶ τοῦ ἑπταπέμπτου τὸν πεντα-
έβδομον, καὶ ἐπὶ τῶν ἄλλων ὡσαύτως. τὰ δ' αὐτὰ
νοεῖν δεῖ καὶ ἐπὶ τῶν συνθέτων λόγων οἷον πολλα-
πλασιεπιμορίων καὶ πολλαπλασιεπιμερῶν. εἰ γὰρ ἔσται
15 τυχὸν ὁ α τοῦ β διπλασιεπίτριτος, τουτέστι λόγον ἔχων
πρὸς τὸν β, ὃν ὁ ξ πρὸς τὸν γ̄, τουτέστιν ἑπτάτριτος
αὐτοῦ, ἔσται καὶ ὁ β τοῦ α ὑποδιπλασιεπίτριτος, τουτ-
έστι λόγον ἔχων πρὸς αὐτόν, ὃν ὁ γ̄ πρὸς τὸν ξ,
τουτέστι τριέβδομος. τὸ δ' αὐτὸ νοητέον καὶ ἐπὶ τῶν
20 πολλαπλασιεπιμερῶν. εἰ γὰρ ὁ α τοῦ β διπλασιεπι-
τρίπεμπτος εἴη, τουτέστι λόγον ἔχων πρὸς αὐτόν, ὃν
ὁ ῑγ πρὸς τὸν ε̄, τουτέστι τρισκαιδεκαπέμπτος, ἔσται
καὶ ὁ β τοῦ α πεντατρισκαιδέκατος, καὶ τὰ ἄλλα οὕτως.
τούτων δὲ προθεωρηθέντων ἔστω τὸ α μέγεθος
25 πρὸς τὸ β λόγον ἔχον, οὗ λόγου πηλικότης ἔστω τὸ γ,
καὶ μεταξὺ τῶν α, β ἐμπιπτέτω τυχὸν μέγεθος τὸ δ.
λέγω, ὅτι ὁ τοῦ α προς τὸ β λόγος συνῆπται ἔκ τε
τοῦ, ὃν ἔχει τὸ α πρὸς τὸ δ καὶ τὸ δ πρὸς τὸ β. ὅτι

---

26. μεταξύ] M in ras. (idem comp. etiam p. 717, 16, 17).

μὲν γὰρ τὸ β τὴν γ πηλικότητα τοῦ λόγου πολλα-
πλασιάσαν τὸ α ἐποίησεν, δῆλον· ἀλλ' ἐπεὶ πάλιν τὸ β
μέγεθος τὴν ζ πηλικότητα τοῦ λόγου τῶν δ, β πολλα-
πλασιάσαν τὸ δ πεποίηκεν, ἀλλὰ καὶ τὸ δ μέγεθος
τὴν ε πηλικότητα τοῦ λόγου τῶν α, δ πολλαπλασιάσαν 5
τὸ α πεποίηκεν, διὰ τὸ α' ἄρα λῆμμα, ἐπειδὴ τὸ ε τὸν ἐκ
τῶν β, ζ πολλαπλασιάσαν τὸ α πε-
ποίηκεν, καὶ τὸ β ἄρα τὸν ἐκ τῶν ε, ζ
πολλαπλασιάσαν τὸ α πεποίηκεν. ἀλλὰ
μὴν καὶ ὁ ὑπὸ β, γ ἐστιν ὁ α, καὶ 10
πάλιν ὁ ὑπὸ β, ζ, ε ἐστιν ὁ α· ἴσος
ἄρα ἐστὶν ὁ ὑπὸ β, γ τῷ ὑπὸ β, ε, ζ.

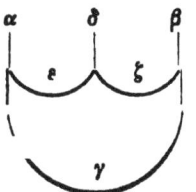

ἡ ἄρα γ πηλικότης τοῦ τῶν α, β μεγεθῶν λόγου ἴση
ἐστὶ τῇ ὑπὸ τῶν ε, ζ πηλικοτήτων γενομένῃ. σύγκειται
ἄρα ἡ γ πηλικότης ἐκ τῆς ε ἐπὶ τὴν ζ πολλαπλασια- 15
σθεῖσαν. τὰ δ' αὐτὰ ἐροῦμεν, καὶ ἐὰν μεταξὺ τῶν α, δ
ἐμπέσῃ μέγεθος, καὶ πάλιν ἐὰν μεταξὺ τῶν β, δ ἄλλο
ἐμπέσῃ· ἡ γὰρ αὐτὴ ἔφοδός ἐστιν.

ὑπόδειγμα·

Ἔστω ὁ α πρὸς τὸν β̄ λόγον ἔχων, ὃν ὁ ζ̄ πρὸς 20
τὸν ε̄· ἡ ἄρα γ πηλικότης οὖσα τοῦ λόγου τῶν α, β
ἔσται πεμπτημορίων ζ̄. ἐμπιπτέτω δὴ μεταξὺ τῶν α, β
μέγεθος τὸ δ ἔχον καὶ αὐτὸ μονάδας ῑα. ἡ ἄρα ζ
πηλικότης οὖσα τῶν δ, β τοῦ λόγου ἔσται πεμπτη-
μορίων ῑα· ἡ ἄρα ε πηλικότης οὖσα τῶν α, δ τοῦ 25
λόγου ἔσται ἑνδεκάτων ζ̄.

Ὅτι δὲ τὸ ὀρθογώνιον τὸ περιεχόμενον ὑπό τε ἑν-
δεκάτων ζ̄ καὶ ὑπὸ πεμπτημορίων ῑα γίνεται πεμπτη-

---

3. πηλικότητα] inc. fol. 121.   15. Debuit πολλαπλασια-
σθείσης.   27. ὀρθογώνιον] ⚹.

μορίων ζ, φανερόν· τὰ γὰρ ζ
ἐπὶ τὰ ῑα γίνεται ο̅ζ, τὸ
δὲ ἐνδεκατημόριον ἐπὶ τὸ
πεμπτημόριον πολλαπλασια-
5 ζόμενον γίνεται πεντηκοστο-
πεμπτημόριον· τὰ οὖν ο̅ζ
πεντηκοστοπεμπτημόρια γίνεται πεμπτημόρια ζ, τουτ-
έστιν ἡ πηλικότης τοῦ λόγου τῶν α, β.

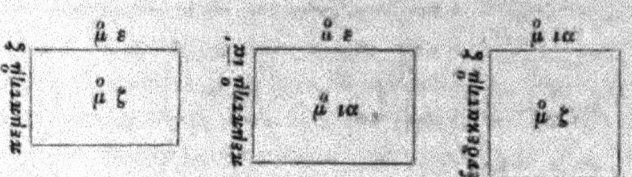

ἀλλὰ δὴ νῦν
10 ὑποκείσθω τὸ α
πρὸς τὸ β λόγον
ἔχον, ὂν ὁ ῑζ ἀριθ-
μὸς πρὸς τὸν ῑγ,
καὶ δὲ ἐξ αὐτοῦ ἀφελεῖν, ὂν ἔχει λόγον ὁ ῑθ πρὸς
15 τὸν ῑα. ποιῶ οὖν, ὡς ὁ ῑθ πρὸς τὸν ῑα, οὕτως τὸν ῑζ
πρὸς ρ̅π̅ζ ἐννεακαι-
δέκατα. λοιπὸς ἄρα
λόγος μένει ὁ τῶν ρ̅π̅ζ
πρὸς μονάδας ῑγ, τουτ-
20 έστιν ἐὰν ἐννεακαι-
δεκάκις τὰ ῑγ ποιήσωμεν ἐν ἐλαχίστοις ἀριθμοῖς τοῖς
τῶν ρ̅π̅ζ πρὸς σ̅μ̅ζ· ἅπερ προέκειτο δεῖξαι.

---

3. In -κατημόριον inc. fol. 121ᵘ.   14. δέ] scr. δέον? —
Hic desinit commentarius Leonis, de quo mathematico dixi
Biblioth. math. 1887 p. 33.

αἱ ἐπίπεδοι γωνίαι περιέχονται

ἢ ὑπὸ τῶν αὐτῶν καὶ ὁμοίων γραμμῶν

ἢ ὑπὸ ἀνομοίων

ἢ εὐθύ-γραμμοι

ἢ περιφερό-γραμμοι

ἢ ὑπὸ περι-φερειῶν ἀνομοίων

ἢ ὑπο εὐθείας καὶ περιφερείας

ἢ ὀξεῖα ἢ ὀρθή ἢ ἀμβλεῖα

αἱ δύο κυρταί αἱ δύο κοῖλαι

ἢ κυρτῆς ὡς ἡ κερατο-ειδής

ἢ κοίλης ὡς ἡ τῶν τμημάτων

τῶν τριπλεύρων

ἰσόπλευρον ἰσοσκελές σκαληνόν

τῶν τριγώνων

ἀμβλυγώ-νιον ὀρθογώ-νιον ὀξυγώνιον

τῶν τετραπλεύρων

παραλληλόγραμμον

τραπέζια

ὀρθογώνιον

οὐκ ὀρθογώνιον

τὸ ἀπεναντίον ὄν

ἰσόπλευρον ἑτερό-μηκες

ἰσόπλευρον ῥόμβος ῥομβο-ειδές

ᾱ εὐθύγραμμος
β̄ ἐκ δύο κυρτῶν
γ̄ ἐκ δύο κοίλων
δ̄ τῶν μηνίσκων
ε̄ τῶν τμημάτων
ϛ̄ κερατοειδής

Haec stemmata fol. 122ʳ occupant manu Arethae ipsius scripta. quae fol. 122ᵘ sequuntur ab eodem exarata, recepi inter scholia libri VII (1, 2, 3).

2. Ἡ τῶν λόγων σύνθεσις ἐν τρισὶν ὅροις γίγνεται
τοῦ μέσου ὅρου ὁτὲ μὲν τοῦ μὲν τῶν ἄκρων ἐλάττονος,
τοῦ δὲ μείζονος λαμβανομένου, ὁτὲ δὲ καὶ ἑκατέρου
μείζονος, ὁτὲ δὲ καὶ ἑκατέρου ἐλάττονος, καὶ τούτου
5 ἐν τῶν λόγων τῇ συνθέσει ὑπεξαιρουμένου· ἡ δὲ λόγου
ἀπὸ λόγου ἀφαίρεσις ἐκκειμένων τριῶν ὅρων, ὧν εἷς
κοινὸς τοῦ τε ἀφαιρουμένου λόγου καί, ἀφ᾽ οὗ δεῖ
τὸν ἀφαιρούμενον τοῦτον ἀφελεῖν, καὶ ἔπειτα τετάρτου
ἀνάλογον προσευρημένου τὸν λοιπὸν ὅρον ἐν τῷ τε
10 κοινῷ τῶν προεκκειμένων καὶ τῷ τετάρτῳ τούτῳ προσ-
ευρημένῳ καταλείπει μέσῳ ληφθέντι τῶν τὸν λόγον
περιεχόντων ὅρων, ἀφ᾽ οὗ δεῖ τὸν ἀφαιρούμενον
ἀφελεῖν, καὶ ἔπειτα θατέρου τῶν ἄκρων ὑπεξῃρημένου.
ὁ δὲ τέταρτος ἀνάλογον ὅρος προσευρίσκεται δυοῖν
15 μὲν ὅρων ἀλλήλους πολλαπλασιασάντων, τοῦ δὲ ἐκ
τοῦ πολλαπλασιασμοῦ γεγονότος παρὰ τὸν λοιπὸν με-
μερισμένου· ὁ γὰρ ἐκ τοῦ τοιούτου μερισμοῦ γεγονὼς
ὁ τέταρτος ἀνάλογον ὅρος ἐστίν, ὅς, ἐὰν μὲν τῶν ἐξ
ἀρχῆς ὅρων οἱ ἄκροι, τουτέστιν ὅ τε μέγιστος καὶ ὁ
20 ἐλάχιστος, ἀλλήλους πολλαπλασιάσωσι, παρὰ δὲ τὸν
μέσον ὁ μερισμὸς γένηται, μέσος ληφθήσεται τοῦ τε
ἑτέρου τῶν ἄκρων καὶ τοῦ τῶν ἐξ ἀρχῆς μέσου, ἐὰν
δὲ τῶν ἐξ ἀρχῆς ὁ μὲν μέσος τὸν ἕτερον τῶν ἄκρων
πολλαπλασιάσῃ, παρὰ δὲ τὸν λοιπὸν ὁ μερισμὸς γέ-
25 νηται, οἱ μὲν ἀλλήλους πολλαπλασιάσαντες μέσοι, παρ᾽

---

2. Uen. Marc. 301 fol. 466ⁿ, Uindob. suppl. gr. 9 (63 Kollar)
fol. 189.

---

4. μείζονα Vind.   5. ὑπεξερουμένου Vind.   6. ἀπὸ
λόγου] om. Vind.   9. ἐν — 10. τούτῳ] om. Vind.   11.
τῶν] om. Vind.   14. ἀνάλογος Vind.   18. ἀνάλογος Vind.
22. τοῦ] om. Vind.

ὃν δ' ἂν ὁ μερισμὸς γένηται, καὶ ὁ ἐκ τοῦ μερισμοῦ οὗτος γεγονὼς οἱ ἄκροι ἔσονται.

3. Γεωμετρία ἐστὶ γνῶσις ποσοῦ συνεχοῦς ἐν θέσει ἀκινήτῳ· ποσὸν γὰρ συνεχὲς θέσει ἀκίνητόν ἐστιν ἡ γῆ. ἀστρονομία δὲ γνῶσις ποσοῦ διωρισμένου ἐν θέσει 5 ἀκινήτῳ. ἄλλως· γεωμετρία ἐστὶν ἐπιστήμη περὶ ποσὸν καταγινομένη συνεχὲς ἀκίνητον συλλογιστικαῖς μεθ- όδοις δι' ἀξιωματικῶν ἐννοιῶν μήκους, πλάτους καὶ βάθους μέτρησιν εὑρίσκουσα.

4. Πρόβλημα μέν ἐστι μέρος λόγου εἰς ἑτέρου 10 δεῖξιν προβαλλόμενον, ὡς ὅταν λέγωμέν τινι· δεῖξον, εἰ ἡ ψυχὴ ἀθάνατός ἐστιν, ἰδοὺ τοῦτο πρόβλημά ἐστι. θεώρημα δέ ἐστι-ἐπισκεπτόμενον πρᾶγμα μόνῃ διανοίᾳ καὶ μέχρι ταύτης ἱστάμενον.

5. Ὁ Μεγαρικὸς οὗτος Εὐκλείδης ἰσόχρονος ἦν 15 τῷ Ἀλεξάνδρῳ, ὁ δὲ Θέων τῷ Ἀδριανῷ.

6. Ἕτερον.

μαθεῖν νοητῶν εἰ ποθεῖς ὄντων φύσιν
ἐκ τῶν ὁρατῶν ὑλικῶν ποιημάτων
ἕξει, μετελθὲ γράμματα τάδ' Εὐκλείδου   20
γραμμικά τε γνώρισον ὡς δέον λόγοις
ἐπίπεδά τε καὶ διπλῆν ἄλλην ὕλην
μαθηματικῶν μὴ παραδράμῃς φίλος
τοὺς μετρικούς τε συμβαλὼν τούτοις λόγοις
καὶ νοῦν ἐν αὐτοῖς ἐργασάμενος μέγαν   25
ἥξον πρὸς αἰθέριον ἐν τάχει θέαν
τὴν τῶν νοητῶν ἱστορῶν πᾶσαν φύσιν.

---

3. qᵇ fol. 16ᵘ. 4. qᵇ fol. 18ᵘ. 5. Paris. suppl. Gr. 12, Magliab. X, 58 bis (sed μεγαρ⁽ᵒᶜ⁾ et altero loco μεγαρος, et utroque loco ισοⁿχρονος); cfr. Studien üb. Eukl. p. 176). 6. Coisl. 174 fol. 120ᵘ post duo illa epigrammata codicis B (u. praef.).

7. Τὰ θεωρήματα τῆς γεωμετρίας εἰσὶ ταῦτα·
τοῦ α' μη τοῦ β' ιδ τοῦ γ' λζ τοῦ δ' ιϛ τοῦ ε' κε
τοῦ ϛ' λγ τοῦ ζ' μα τοῦ η' κξ τοῦ θ' λϛ τοῦ ι' ϱκγ
τοῦ ια' μ τοῦ ιβ' ιη τοῦ ιγ' ιζ ὁμοῦ ..

5 8. Ὅτι δυνατὸν ἑκάστην τῶν ἀλόγων ἐπ' ἄπειρον
λαμβάνειν.

Πτῶσίς ἐστιν διάφορος μετάθεσις σημείου τε καὶ
εὐθείας.

Ὅτι ἑπτὰ εἴδη τῶν τριγώνων· τὸ ἰσόπλευρον μονο-
10 ειδῶς, τὸ δὲ ἰσοσκελὲς ἢ ὀρθογώνιόν ἐστιν ἢ ἀμβλυ-
γώνιον ἢ ὀξυγώνιον, καὶ τὸ σκαληνὸν ὡσαύτως.

Ὅτι οὐκ ἔστιν εὑρεῖν τετράγωνον ἀριθμὸν τετρα-
γώνου διπλάσιον, ἀλλ' οὐδὲ ἰσοπλεύρου τριγώνου
ὀρθογώνιον τὴν ὑποτείνουσαν ἴσον τῶν δύο τῶν περὶ
15 τὴν ὀρθὴν γωνίαν ἔχον.

Ῥητὰ μεγέθη λέγεται, ὅσα ἐστὶν ἀλλήλοις σύμμετρα,
ὅσα δὲ ἀσύμμετρα, ἄλογά ἐστι μὴ ἔχοντα λόγον πρὸς
ἄλληλα.

9. Ἐὰν κύκλου ληφθῇ τι σημεῖον ἐκτός, ἀπὸ δὲ
20 τοῦ σημείου πρὸς τὸν κύκλον προσπίπτωσιν δύο εὐθεῖαι
ἐφαπτόμεναι τοῦ κύκλου, ἴσαι ἀλλήλαις εἰσίν.

κύκλου γὰρ τοῦ αγβ εἰλήφθω τι σημεῖον ἐκτὸς τὸ ε,
καὶ ἀπὸ τοῦ ε πρὸς τὸν αγβ κύκλον προσπιπτέτωσαν
δύο εὐθεῖαι αἱ εα, εβ ἐφαπτόμεναι αὐτοῦ κατὰ τὰ α, β
25 σημεῖα. λέγω, ὅτι αἱ εα, εβ ἴσαι ἀλλήλαις εἰσίν.
εἰλήφθω τὸ κέντρον τοῦ κύκλου καὶ ἔστω τὸ δ, καὶ
ἐπεζεύχθωσαν αἱ αδ, δβ, βα. καὶ ἐπεὶ αἱ βε, εα εὐθεῖαι
ἐφάπτουσι τοῦ κύκλου, ἀπὸ δὲ τοῦ δ κέντρου ἐπιζευχ-

---

7. Coisl. 174 post nr. 6.   8. B fol. 4ʳ manu Arethae (mg.
περιφερόγραμμοι γωνίαι χ). praecedunt quae recepi app. II
nr. 22, sequuntur quaedam m. rec.   9. B² fol. 5ᵘ.

θεῖσαί εἰσιν εἰς αὐτὰς εὐθεῖαι αἱ δα, δβ, αἱ ἄρα
ὑπὸ δαε, δβε ὀρθαί εἰσιν. δῆλον δέ, ὅτι καὶ γωνίαι

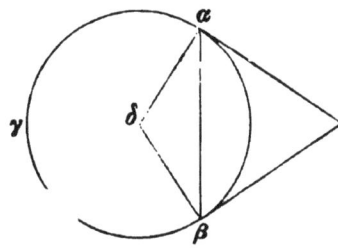

αἱ ὑπὸ δαβ, δβα ἴσαι ἀλ-
λήλαις εἰσίν· λοιπὴ ἄρα ἡ
ὑπὸ βαε λοιπῇ τῇ ὑπὸ αβε 5
ἴση ἐστίν. ἐὰν δὲ τρι-
γώνου αἱ δύο γωνίαι ἴσαι
ἀλλήλαις ὦσιν, καὶ αἱ ὑπὸ
τὰς ἴσας γωνίας ὑποτεί-
νουσαι πλευραὶ ἴσαι ἀλ- 10
λήλαις ἔσονται. ἴση ἄρα καὶ ἡ αε τῇ εβ. ἐὰν ἄρα
κύκλου καὶ τὰ ἑξῆς· ὅπερ ἔδει δεῖξαι.

10. Νικηφόρου τοῦ Γρηγορᾶ πρόβλημα.

Ἐπὶ τῆς δοθείσης εὐθείας τετράπλευρον συστή-
σασθαι ὥστε εἶναι τὰς μὲν τρεῖς πλευρὰς ἴσας ἀλλήλαις, 15
τὴν δὲ τετάρτην μείζονα ἑκάστης τούτων, καὶ γίνεσθαι
τὸ ἀπὸ ταύτης τετράγωνον μεῖζον τῶν τριῶν τετρα-
γώνων ὁμοῦ συναγομένων τῶν ἀπὸ τῶν τριῶν πλευρῶν
ἰδίᾳ γινομένων τῷ ἀπὸ τῆς μιᾶς πλευρᾶς τῶν τριῶν
γινομένῳ τετραγώνῳ. 20

ἔστω ἡ δοθεῖσα εὐθεῖα ἡ αβ καὶ τετμήσθω δίχα
κατὰ τὸ ε, καὶ συνεστάτω ἐφ' ἑκατέρου τῶν τμημάτων
ἰσόπλευρα τρίγωνα τό τε αγε καὶ τὸ εδβ, καὶ ἐπε-
ζεύχθω ἡ γδ. λέγω, ὅτι τῇ αβ παράλληλός ἐστιν ἡ γδ.
ἐπεὶ γὰρ τα δύο τρίγωνα τό τε αγε καὶ τὸ εδβ ἴσα 25
ὄντα ἐπὶ ἴσων βάσεων βεβήκασι καὶ ἐπ' εὐθείας ἔχουσιν
αὐτὰς καὶ ἐπὶ τὰ αὐτὰ μέρη εἰσί, καὶ ἐν ταῖς αὐταῖς

---

10. r (in fine libri IX), mg. ὤφειλε τεθῆναι ἐν τῷ δεκάτῳ
στοιχείῳ (ubi?). hab. etiam cod. Arundel. 548 fol. 178 (in
fine ποιῆσαι) praemissis his uerbis et Ιρμϛοϙναϙιο, prorsus
eodem modo cod. Riccard. 22.

παραλλήλοις εἰσί· παράλληλος ἄρα τῇ αβ ἡ γδ. λέγω
δή, ὅτι καὶ τῆς γδ μεῖζον δύναται ἡ αβ τῷ ἀπὸ
ἴσων αὐτῇ τριῶν πλευρῶν. ἐπεὶ γὰρ παραλληλό-
γραμμόν ἐστιν ἑκάτερον τῶν αγδε καὶ βδγε καὶ ἐν ταῖς
5 αὐταῖς παραλλήλοις ταῖς γδ, αβ καὶ ἐπὶ τῆς αὐτῆς
βάσεως τῆς γδ, ἴσα ἀλλήλοις
εἰσίν. ἴση ἄρα ἐστὶν ἡ αγ τῇ εδ
καὶ ἡ βδ τῇ εγ· τῶν γὰρ παρ-
αλληλογράμμων χωρίων αἱ ἀπ-
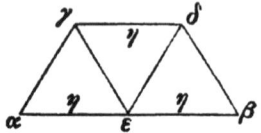
10 εναντίον πλευραί τε καὶ γωνίαι
ἴσαι ἀλλήλαις εἰσίν. ἴση ἄρα καὶ ἡ γδ ἑκατέρᾳ τῶν αε, εβ
τον ὅμοιον τρόπον. ὅλη ἄρα ἡ αβ διπλασίων ἐστὶ
τῆς γδ· τὰ δὲ μήκει διπλάσια δυνάμει τετραπλάσια·
τετραπλάσιον ἄρα τὸ ἀπὸ τῆς αβ τοῦ ἀπὸ τῆς γδ. τὰ
15 ἄρα ἀπὸ τῶν τριῶν πλευρῶν τετράγωνα τῆς τε αγ
καὶ γδ καὶ δβ ἐλάττονά εἰσι τοῦ ἀπὸ τῆς αβ ἑνὶ
τούτων τετραγώνῳ. μεῖζον ἄρα τὸ ἀπὸ τῆς αβ τῶν
ἀπὸ τῶν τριῶν πλευρῶν γινομένων τετραγώνων τῷ
ἀπὸ μιᾶς πλευρᾶς τῶν τριῶν γινομένῳ τετραγώνῳ.
20 ἐπὶ τῆς δοθείσης ἄρα εὐθείας τετράπλευρον συνέσταται
καὶ τὰ ἑξῆς· ὅπερ ἔδει δεῖξαι.

Appendix scholiorum IV.

ΒΑΡΛΑΑΜ ΜΟΝΑΧΟΥ
ἀριϑμητικὴ ἀπόδειξις τῶν γραμμικῶς ἐν τῷ δευτέρῳ τῶν
στοιχείων ἀποδειχϑέντων.

Ὅροι.

Ἀριϑμὸν ἀριϑμὸν πολλαπλασιάζειν λέγω, ὅταν,
ὅσαι εἰσὶν ἐν τῷ πολλαπλασιάζοντι μονάδες, τοσαυτάκις
συντεϑεὶς ὁ πολλαπλασιαζόμενος ποιήσῃ τινά, ὃν καὶ
μετρεῖ κατὰ τὰς ἐν τῷ πολλαπλασιάζοντι μονάδας.

καλῶ δ' αὐτὸν τὸν ἐκ τούτων γενόμενον ἐπίπεδον.
τετράγωνον δ' ἀριϑμὸν λέγω τὸν γενόμενον ἀπό τινος
ἑαυτὸν πολλαπλασιάσαντος.

ἀριϑμὸν ἀριϑμοῦ μέρος λέγω τὸν ἐλάττονα τοῦ
μείζονος, ἄν τε μετρῇ ἄν τε μὴ μετρῇ τὸν μείζονα.

α'.

Ἐὰν δύο ἀριϑμῶν ὄντων διαιρεϑῇ ὁ ἕτερος αὐτῶν
εἰς ὁσουσδηποτοῦν ἀριϑμούς, ὁ ἐκ τῶν ἐξ ἀρχῆς δύο

Hunc libellum ex editione Cunr. Dasypodii (Argentorati
1564) recepi, nullius codicis ope adiutus. interpretationem
Latinam omissis definitionibus habet Commandinus fol. 104 sq.
discrepantias Dasypodii infra adscripsi.

---

4. ποιήσει.   10. μετρεῖ.   μετρεῖ.   11. προτάσεις.   πρό-
τασις α' ϑεώρημα, et sic deinceps.

ἀριθμῶν ἐπίπεδος ἀριθμὸς ἴσος ἐστὶ τοῖς ἔκ τε τοῦ
ἀδιαιρέτου καὶ ἑκάστου τῶν μερῶν τοῦ διαιρεθέντος
γινομένοις ἐπιπέδοις.

Ἔστωσαν δύο ἀριθμοὶ οἱ αβ, γ, καὶ διῃρήσθω ὁ αβ
5 εἰς ὁσουσδηποτοῦν ἀριθμοὺς τοὺς αδ, δε, εβ. λέγω,
ὅτι ὁ ἐκ τῶν γ, αβ ἐπίπεδος
ἴσος ἐστὶ τοῖς ἐκ τῶν γ, αδ,
γ, δε, γ, εβ ἐπιπέδοις.

Ἔστω γὰρ ἐκ μὲν τῶν γ, αβ ὁ ζ ἔκ τε τῶν γ, αδ
10 ὁ ηθ, ἐκ δὲ τῶν γ, δε ὁ θι, ἐκ δὲ τῶν γ, εβ ὁ ικ.
καὶ ἐπεὶ ὁ αβ τὸν γ
πολλαπλασιάσας ἐποί-
ησε τὸν ζ, ὁ ἄρα γ
μετρεῖ τὸν ζ κατὰ τὰς ἐν τῷ αβ μονάδας. διὰ τὰ αὐτὰ
15 δὴ καὶ τὸν ηθ μετρεῖ κατὰ τὰς ἐν τῷ αδ μονάδας,
τὸν δὲ θε κατὰ τὰς ἐν τῷ δε, τὸν δὲ ικ κατὰ τὰς ἐν
τῷ εβ μονάδας. ὅλον ἄρα τὸν ηκ μετρεῖ ὁ γ κατὰ
τὰς ἐν τῷ αβ μονάδας. ἐμέτρει δὲ καὶ τὸν ζ κατὰ τὰς
ἐν τῷ αβ μονάδας. ἑκάτερος ἄρα τῶν ζ, ηκ ἰσάκις
20 ἐστὶ πολλαπλάσιος τοῦ γ. οἱ δὲ τοῦ αὐτοῦ ἰσάκις
πολλαπλάσιοι ἴσοι ἀλλήλοις εἰσίν. ἴσος ἄρα ἐστὶν ὁ ζ
τῷ ηκ. καί ἐστιν ὁ μὲν ζ ὁ ἐκ τῶν γ, αβ ἐπίπεδος,
ὁ δ᾽ ηκ ὁ συγκείμενος ἔκ τε τοῦ γ καὶ ἑκάστου τῶν
αδ, δε, εβ ἐπιπέδων. ὁ ἄρα ἐκ τῶν γ, αβ ἐπίπεδος
25 ἴσος ἐστὶ τοῖς ἔκ τε τοῦ γ καὶ ἑκάστου τῶν αδ, δε, εβ
ἐπιπέδοις.

ἐὰν ἄρα δύο ἀριθμῶν ὄντων διαιρεθῇ ὁ ἕτερος
αὐτῶν εἰς ὁσουσδηποτοῦν ἀριθμούς, ὁ ἐκ τῶν ἐξ ἀρχῆς

---

4. οἱ] ἡ.   In demonstrationibus add. suis locis ἔκθεσις,
διορισμός, κατασκευή, ἀπόδειξις, συμπέρασμα, in figg. numeros
arab.

δύο ἀριθμῶν ἐπίπεδος ἴσος ἐστὶ τοῖς ἔκ τε τοῦ ἀδι-
αιρέτου καὶ ἑκάστου τῶν μερῶν τοῦ διαιρεθέντος
ἐπιπέδοις· ὅπερ ἔδει δεῖξαι.

β'.

Ἐὰν ἀριθμὸς εἰς δύο ἀριθμους διαιρεθῇ, δύο 5
ἐπίπεδοι ἀριθμοὶ οἱ γενόμενοι ἔκ τε τοῦ ὅλου καὶ
ἑκατέρου τῶν μερῶν συναμφότεροι ἴσοι εἰσὶ τῷ ἀπὸ
τοῦ ὅλου τετραγώνῳ.

ἀριθμὸς γὰρ ὁ αβ διῃρήσθω εἰς δύο ἀριθμοὺς
τοὺς αγ, γβ. λέγω, ὅτι δύο ἐπίπεδοι ἀριθμοὶ ὅ τε ἐκ 10
τῶν αβ, αγ καὶ ὁ ἐκ τῶν αβ, βγ συντεθέντες ἴσοι εἰσὶ
τῷ ἀπὸ τοῦ αβ τετραγώνῳ.

ὁ γὰρ αβ ἑαυτὸν πολλαπλασιάσας ποιείτω τὸν δ,
ὁ δὲ αγ τὸν αβ πολλαπλασιάσας ποιείτω τὸν εζ, τὸν
δὲ αὐτὸν αβ καὶ ὁ γβ πολλαπλασιάσας ποιείτω τὸν ζη. 15
ἐπεὶ τοίνυν ὁ αγ τὸν αβ πολλαπλασιάσας ἐποίησε τὸν εζ,

ὁ ἄρα αβ μετρεῖ τὸν εζ
κατὰ τὰς ἐν τῷ αγ μο-
νάδας. πάλιν ἐπεὶ ὁ γβ
τὸν αβ πολλαπλασιάσας 20
ἐποίησε τὸν ζη, ὁ ἄρα αβ
μετρεῖ τὸν ζη κατὰ τὰς ἐν τῷ γβ μονάδας. ἐμέτρει
δὲ καὶ τὸν εζ κατὰ τὰς ἐν τῷ αγ μονάδας· ὅλον ἄρα
τὸν εη μετρεῖ ὁ αβ κατὰ τὰς ἐν ἑαυτῷ μονάδας. πάλιν
ἐπεὶ ὁ αβ ἑαυτὸν πολλαπλασιάσας ἐποίησε τὸν δ, 25
μετρεῖ ἄρα καὶ τὸν δ κατὰ τὰς ἐν ἑαυτῷ μονάδας.
ἑκάτερον ἄρα τῶν δ, εη μετρεῖ ὁ αβ κατὰ τὰς ἐν ἑαυτῷ

---

13. ποιήτω.　　14. ποιήτω.　　15. ποιήτω.　　19. πάλιν —
24. μονάδας] bis (22 μετρῇ, 24 αὐτῷ).　　27. εη] εα.

μονάδας. ὁσαπλασίων ἄρα ἐστὶν ὁ δ τοῦ αβ, τοσαυτα-
πλασίων ἐστὶ καὶ ὁ εη τοῦ αβ. οἱ δὲ τοῦ αὐτοῦ
ἀριθμοῦ ἰσάκις πολλαπλάσιοι ἀριθμοὶ ἴσοι ἀλλήλοις
εἰσίν· ἴσος ἄρα ἐστὶν ὁ δ τῷ εη. καί ἐστιν ὁ μὲν δ
5 ὁ ἀπὸ τοῦ αβ τετράγωνος, ὁ δὲ εη συντεθεὶς ἐκ δύο
ἐπιπέδων ἀριθμῶν τῶν ἐκ τῶν αβ βγ, βα αγ. ὁ ἄρα
ἀπὸ τοῦ αβ τετράγωνος ἴσος ἐστὶ τῷ συγκειμένῳ ἐκ
δύο ἐπιπέδων τῶν ἐκ τῶν αβ βγ, βα αγ.

ἐὰν ἄρα ἀριθμὸς εἰς δύο ἀριθμοὺς διαιρεθῇ, δύο
10 ἐπίπεδοι ἀριθμοὶ οἱ γενόμενοι ἔκ τε τοῦ ὅλου καὶ
ἑκατέρου τῶν μερῶν συναμφότεροι ἴσοι εἰσὶν τῷ ἀπὸ
τοῦ ὅλου τετραγώνῳ· ὅπερ ἔδει δεῖξαι.

γ'.

Ἐὰν ἀριθμὸς διαιρεθῇ εἰς δύο ἀριθμούς, ὁ ἐκ τοῦ
15 ὅλου καὶ ἑνὸς τῶν μερῶν ἐπίπεδος ἴσος ἐστὶ τῷ ἐκ
τῶν μερῶν ἐπιπέδῳ σὺν τῷ ἀπὸ τοῦ προειρημένου
μέρους τετραγώνῳ.

ἀριθμὸς γὰρ ὁ αβ διῃρήσθω εἰς δύο ἀριθμοὺς
τοὺς αγ, γβ. λέγω, ὅτι ὁ ἐκ τῶν αβ, βγ ἐπίπεδος ἴσος
20 ἐστὶ τῷ τε ἐκ τῶν αγ, γβ ἐπιπέδῳ καὶ τῷ ἀπὸ τοῦ γβ
τετραγώνῳ.

ὁ γὰρ αβ πολλαπλασιασάτω τὸν γβ καὶ ποιείτω
τὸν δ, ὁ δὲ αγ τὸν γβ πολλαπλασιασάτω καὶ ποιείτω
τὸν εζ, ὁ δὲ γβ ἑαυτὸν πολλαπλασιάσας ποιείτω τὸν ζη.
25 καὶ ἐπεὶ ὁ αβ τὸν γβ πολλαπλασιάσας ἐποίησε τὸν δ,
ὁ ἄρα γβ μετρεῖ τὸν δ κατὰ τὰς ἐν τῷ αβ μονάδας.
πάλιν ἐπεὶ ὁ αγ τὸν γβ πολλαπλασιάσας ἐποίησε τὸν εζ,

1. ὁσαπλάσιον.   τοσαυταπλάσιον.   22. πολλαπλασιάτω·
ποιήτω.   23. πολλαπλασιάτω.   ποιήτω.   24. ποιήτω.

ὁ ἄρα γβ μετρεῖ τὸν εξ κατὰ τὰς ἐν τῷ αγ μονάδας.
πάλιν ἐπεὶ ὁ γβ ἑαυτὸν πολλαπλασιάσας ἐποίησε τὸν ζη,
μετρεῖ ἄρα ὁ γβ τὸν ζη κατὰ τὰς ἐν ἑαυτῷ μονάδας.
ἐμέτρει δὲ καὶ τὸν εξ κατὰ τὰς ἐν τῷ αγ μονάδας.
ὅλον ἄρα τὸν εη μετρεῖ ὁ γβ κατὰ τὰς ἐν τῷ αβ μο- 5
νάδας. ἐμέτρει δὲ καὶ
τὸν δ κατὰ τὰς ἐν
τῷ αβ μονάδας. ἰσάκις
ἄρα ὁ γβ ἑκάτερον
τῶν δ, εη μετρεῖ· οἱ 10
δὲ ὑπὸ τοῦ αὐτοῦ ἰσάκις μετρούμενοι ἴσοι ἀλλήλοις
εἰσίν· ἴσος ἄρα ἐστὶν ὁ δ τῷ εη. καί ἐστιν ὁ μὲν δ
ὁ ἐκ τῶν αβ, βγ ἐπίπεδος, ὁ δὲ εη ὁ ἐκ τῶν αγ, γβ
ἐπίπεδος σὺν τῷ ἀπὸ τοῦ γβ τετραγώνῳ. ὁ ἄρα ἐκ
τῶν αβ, βγ ἐπίπεδος ἴσος ἐστὶ τῷ τε ἐκ τῶν αγ, γβ 15
ἐπιπέδῳ καὶ τῷ ἀπὸ τοῦ γβ τετραγώνῳ.

ἐὰν ἄρα ἀριθμὸς εἰς δύο ἀριθμοὺς τυχόντας δι-
αιρεθῇ, ὁ ἐκ τοῦ ὅλου καὶ ἑνὸς τῶν μερῶν ἐπίπεδος
ἴσος ἐστὶ τῷ τε ἐκ τῶν μερῶν ἐπιπέδῳ σὺν τῷ ἀπὸ
τοῦ προειρημένου μέρους τετραγώνῳ· ὅπερ ἔδει δεῖξαι. 20

δ'.

Ἐὰν ἀριθμὸς διαιρεθῇ εἰς δύο ἀριθμούς, ὁ ἀπὸ
τοῦ ὅλου τετράγωνος ἴσος ἐστὶ τοῖς ἀπὸ τῶν μερῶν
τετραγώνοις καὶ τῷ δὶς ἐκ τῶν μερῶν ἐπιπέδῳ.

ἀριθμὸς γὰρ ὁ αβ διῃρήσθω εἰς δύο ἀριθμοὺς 25
τοὺς αγ, γβ. λέγω, ὅτι ὁ ἀπὸ τοῦ αβ τετράγωνος ἴσος
ἐστὶ τοῖς τε ἀπὸ τῶν αγ, γβ τετραγώνοις καὶ τῷ δὶς
ἐκ τῶν αγ, γβ ἐπιπέδῳ.

_____

25. διαιρήσθω.

ἔστω γὰρ ἀπὸ μὲν τοῦ αβ τετράγωνος ὁ δ, ἀπὶ
δὲ τοῦ αγ ὁ εζ, ἀπὸ δὲ τοῦ γβ ὁ ηϑ, ἐκ δὲ τῶν αγ, γβ
ἑκάτερος τῶν ζη, ϑκ. ἐπεὶ
τοίνυν ὁ αγ ἑαυτὸν πολλα-
5 πλασιάσας ἐποίησε τὸν εζ, ὁ
ἄρα αγ μετρεῖ τὸν εζ κατὰ
τὰς ἐν ἑαυτῷ μονάδας. πάλιν

ἐπεὶ ὁ γβ τὸν γα πολλαπλασιάσας ἐποίησε τὸν ζη,
μετρεῖ ἄρα τὸν ζη ὁ αγ κατὰ τὰς ἐν τῷ γβ μονάδας.
10 ἐμέτρει δὲ καὶ τὸν εζ κατὰ τὰς ἐν ἑαυτῷ. ὅλον ἄρα
τὸν εη μετρεῖ ὁ αγ κατὰ τας ἐν τῷ αβ μονάδας. ὁ ἄρα
αβ πολλαπλασιάσας τὸν αγ ἐποίησε τὸν εη. ὁ εη ἄρα
ἐπίπεδός ἐστιν ὁ ἐκ τῶν βα, αγ. ὁμοίως δὴ δείξομεν,
ὅτι καὶ ὁ ηκ ἐπίπεδός ἐστιν ὁ ἐκ τῶν αβ, βγ. καί
15 ἐστιν ἀπὸ τοῦ αβ τετράγωνος ὁ δ. ἐὰν δὲ ἀριθμὸς
διαιρεθῇ εἰς δύο ἀριθμούς, ὁ ἀπὸ τοῦ ὅλου τετρά-
γωνος ἴσος ἐστὶ δυσὶ τοῖς ἐκ τοῦ ὅλου καὶ ἑκατέρου
τῶν μερῶν ἐπιπέδοις. ἴσος ἄρα ὁ δ τῷ εκ. ἀλλὰ
μὴν ὁ εκ συγκείμενός ἐστιν ἔκ τε τῶν ἀπὸ τῶν αγ, γβ
20 τετραγώνων καὶ τοῦ δὶς ἐκ τῶν αγ, γβ ἐπιπέδου· ὁ
δὲ δ ὑπάρχει ὁ ἀπὸ τοῦ αβ τετράγωνος. ὁ ἄρα ἀπὸ
τοῦ αβ τετράγωνος ἴσος ἐστὶ τοῖς τε ἀπὸ τῶν αγ, γβ
τετραγώνοις καὶ τῷ δὶς ἐκ τῶν αγ, γβ ἐπιπέδῳ.

ἐὰν ἄρα ἀριθμὸς διαιρεθῇ εἰς δύο ἀριθμούς, ὁ ἀπὸ
25 τοῦ ὅλου τετράγωνος ἴσος ἐστὶ τοῖς ἀπὸ τῶν μερῶν
τετραγώνοις καὶ τῷ δὶς ἐκ τῶν μερῶν ἐπιπέδῳ· ὅπερ
ἔδει δεῖξαι.

ε'.

Ἐὰν ἄρτιος ἀριθμὸς δίχα διαιρεθῇ, διαιρεθῇ δὲ
30 καὶ εἰς ἀνίσους ἀριθμούς, ὁ ἐκ τῶν ἀνίσων μερῶν

ἐπίπεδος μετὰ τοῦ ἀπὸ τοῦ μεταξὺ τετραγώνου ἴσος ἐστὶ τῷ ἀπὸ τοῖ ἡμίσεος τετραγώνῳ.

ἔστω γὰρ ἄρτιος ἀριθμὸς ὁ αβ καὶ διῃρήσθω δίχα μὲν εἰς τοὺς αγ, γβ, ἀνισαχῇ δὲ εἰς τοὺς αδ, δβ. λέγω, ὅτι ὁ ἀπὸ τοῦ γβ τετράγωνος ἴσος ἐστὶ τῷ ἐκ τῶν 5 αδ, δβ ἐπιπέδῳ μετὰ τοῦ ἀπὸ τοῦ γδ τετραγώνου.

ἔστω γὰρ ἀπὸ μὲν τοῦ γβ τετράγωνος ὁ ε, ἐκ δὲ τῶν αδ, δβ ἐπίπεδος ὁ ζη, ἀπὸ δὲ τοῦ δγ τετράγωνος ὁ ηϑ. καὶ ἐπεὶ ὁ βγ ἀριθμὸς διῄρηται εἰς δύο ἀριθμοὺς τοὺς βδ, δγ, ἔστιν ἄρα ὁ ἀπὸ τοῦ βγ τετράγωνος, 10 τουτέστιν ὁ ε, ἴσος τοῖς ἀπὸ τῶν βδ, δγ τετραγώνοις μετὰ τοῦ δὶς ἐκ τῶν βδ, δγ. ἔστω οὖν ἀπὸ μὲν τοῦ βδ τετρά- 15 γωνος ὁ κλ, ἀπὸ δὲ τοῦ δγ ὁ νξ, ἐκ δὲ τῶν βδ, δγ ἑκάτερος τῶν λμ, μν· ὅλος ἄρα ὁ κξ ἴσος ἐστὶ τῷ ε. καὶ ἐπεὶ ὁ βδ ἑαυτὸν πολλαπλασιάσας ἐποίησε τὸν κλ, μετρεῖ ἄρα αὐτὸν κατὰ τὰς ἐν ἑαυτῷ μονάδας. πάλιν ἐπεὶ ὁ γδ τὸν δβ 20 πολλαπλασιάσας τὸν λμ ἐποίησε, ὁ ἄρα δβ μετρεῖ τὸν λμ κατὰ τὰς ἐν τῷ γδ μονάδας. ἐμέτρει δὲ καὶ τὸν κλ κατὰ τὰς ἐν ἑαυτῷ μονάδας· ὅλον ἄρα τὸν κμ μετρεῖ ὁ δβ κατὰ τὰς ἐν τῷ γβ μονάδας. ἴσος δὲ ὁ γβ τῷ γα. ὁ ἄρα δβ μετρεῖ τὸν κμ κατὰ τὰς ἐν τῷ γα μονάδας. 25 πάλιν ἐπεὶ ὁ γδ πολλαπλασιάσας τὸν δβ ἐποίησε τὸν μν, ὁ ἄρα δβ μετρεῖ τὸν μν κατα τὰς ἐν τῷ δγ μονάδας. ἐμέτρει δὲ καὶ τὸν κμ κατὰ τὰς ἐν τῷ αγ μονάδας· ὅλον ἄρα τὸν κν μετρεῖ ὁ βδ κατὰ τὰς ἐν τῷ αδ μονάδας. ἀλλὰ μὴν καὶ τὸν ζη μετρεῖ ὁ βδ κατὰ τὰς ἐν 30

---

30. ἀλλὰ — p. 732, 1. μονάδας] om.; hab. Command.

ἐκ τῶν αδ, δβ ἐπίπεδος

10 γώνου ἴσος ἐστὶ τῷ ἀπὸ

ἐὰν ἄρα ἄρτιος ἀριθμ

δὲ καὶ εἰς ἀνίσους ἀριθμι

ἐπίπεδος μετὰ τοῦ ἀπὸ τι

ἐστὶ τῷ ἀπὸ τοῦ ἡμίσεος τ.

5

ἐὰν ἄρτιος ἀριθμὸς δι

τις αὐτῷ, ὁ ἐκ τοῦ ὅλου σι

προσκειμένου ἐπίπεδος μετὰ

ἴσος ἐστὶ τῷ ἀπὸ τ

20   καὶ τοῦ προσκειμέν

ἄρτιος γὰρ ἀριθμὸς ὁ αμ

ἀριθμούς, καὶ προσ

ὁ βδ. λέγω, ὅτι ὁ

μετὰ τοῦ ἀπὸ τοῦ γβ τετρα

25 τοῦ γδ τετραγώνῳ.

γὰρ ἀπὸ μὲν τοῦ γι

τῶν αδ, δβ ἐπίπεδος ὁ ζη, ἀπ

ὁ ηθ. καὶ ἐπεὶ ὁ

τοῦ βδ ὁ κλ, ἐκ δὲ τῶν δβ, βγ ἑκάτερος τῶν λμ, μν, ἀπὸ δὲ τοῦ βγ ὁ νξ. ὅλος ἄρα ὁ κξ ἴσος ἐστὶ τῷ ἀπὸ τοῦ γδ τετραγώνῳ. καί ἐστιν ἀπὸ τοῦ γδ τετρά-

γωνος ὁ ε· ὁ ἄρα κξ ἴσος ἐστι τῷ ε. καὶ ἐπεὶ ὁ βδ ἑαυτὸν πολλαπλασιάσας τὸν κλ πεποίηκε, ὁ ἄρα βδ μετρεῖ τὸν κλ κατὰ τὰς ἐν ἑαυτῷ μονάδας. μετρεῖ δὲ καὶ τὸν λμ κατὰ τὰς ἐν τῷ βγ μονάδας· ὅλον ἄρα τὸν κμ μετρεῖ ὁ δβ κατὰ τὰς ἐν τῷ γδ μονάδας. καὶ ἐπεὶ ὁ δβ μετρεῖ καὶ τὸν μν κατὰ τὰς ἐν τῷ γβ μονάδας, ἴσος δὲ ὁ γβ τῷ γα· ὑπόκειται γάρ· ὅλον ἄρα τὸν κν μετρεῖ ὁ δβ κατὰ τὰς ἐν τῷ αδ μονάδας. ἀλλὰ μὴν καὶ τὸν ζη μετρεῖ ὁ δβ κατὰ τὰς ἐν τῷ αδ μονάδας· ὑπόκειται γὰρ ὁ ζη ἐκ τῶν αδ, δβ· ἴσος ἄρα ὁ ζη τῷ κν. ἔστι δὲ καὶ ὁ θη τῷ νξ ἴσος· ἑκάτερος γάρ ἐστιν ὁ ἀπὸ τοῦ γβ τετράγωνος. ὅλος ἄρα ὁ ζθ τῷ κξ ἐστιν ἴσος. ὁ δὲ κξ ἀπεδείχθη τῷ ε ἴσος· καὶ ὁ ζθ ἄρα τῷ ε ἴσος ἐστί. καί ἐστιν ὁ μὲν ζθ ὁ ἐκ τῶν αδ, δβ μετὰ τοῦ ἀπὸ τοῦ γβ τετραγώνου, ὁ δὲ ε ὁ ἀπὸ τοῦ γδ. ὁ ἄρα ἐκ τῶν αδ, δβ μετὰ τοῦ ἀπὸ τοῦ γβ ἴσος ἐστὶ τῷ ἀπὸ τοῦ γδ τετραγώνῳ.

ἐὰν ἄρα ἄρτιος ἀριθμὸς διαιρεθῇ δίχα, προστεθῇ δέ τις αὐτῷ, ὁ ἐκ τοῦ ὅλου σὺν τῷ προσκειμένῳ καὶ τοῦ προσκειμένου ἐπίπεδος μετὰ τοῦ ἀπὸ τοῦ ἡμίσεος τετραγώνου ἴσος ἐστὶ τῷ ἀπὸ τοῦ συγκειμένου ἔκ τε τοῦ ἡμίσεος καὶ τοῦ προσκειμένου τετραγώνῳ· ὅπερ ἔδει δεῖξαι.

ζ'.

Ἐὰν ἀριθμὸς διαιρεθῇ εἰς δύο ἀριθμούς, ὁ ἀπὸ
τοῦ ὅλου τετράγωνος μετα τοῦ ἀφ' ἑνὸς τῶν μερῶν
τετραγώνου ἴσος ἐστὶ τῷ δὶς ἐκ τοῦ ὅλου καὶ τοῦ
5 εἰρημένου μέρους ἐπιπέδῳ μετὰ τοῦ ἀπὸ τοῦ λοιποῦ
μέρους τετραγώνου.

ἀριθμὸς γὰρ ὁ αβ διῃρήσθω εἰς τοὺς αγ, γβ ἀριθ-
μούς. λέγω, ὅτι οἱ ἀπὸ τῶν βα, αγ τετράγωνοι ἴσοι
εἰσὶν τῷ δὶς ἐκ τῶν βα, αγ ἐπιπέδῳ μετὰ τοῦ ἀπὸ
10 τοῦ βγ τετραγώνου.

ἐπεὶ γὰρ ὁ ἀπὸ τοῦ αβ τετράγωνος ἴσος ἐστὶ τοῖς
ἀπο τῶν βγ, γα καὶ τῷ δὶς ἐκ τῶν βγ, γα, κοινὸς
προσκείσθω ὁ ἀπὸ τοῦ αγ τετράγωνος·

α _____ γ ____ β

ὁ ἄρα ἀπὸ τοῦ βα μετὰ τοῦ ἀπὸ τοῦ αγ
15 ἴσος ἐστὶ δυσὶ τοῖς ἀπὸ τοῦ αγ τετραγώνοις καὶ ἑνὶ
τῷ ἀπὸ τοῦ γβ μετὰ τοῦ δὶς ἐκ τῶν βγ, γα. καὶ ἐπεὶ
ὁ ἅπαξ ἐκ τῶν βα, αγ ἴσος ἐστὶ τῷ ἅπαξ ἐκ τῶν βγ, γα
μετὰ τοῦ ἀπὸ τοῦ γα τετραγώνου, ὁ ἄρα δὶς ἐκ τῶν
βα, αγ ἴσος ἐστὶ τῷ δὶς ἐκ τῶν βγ, γα μετὰ δύο τῶν
20 ἀπὸ τοῦ γα τετραγώνων. κοινὸς προσκείσθω ὁ ἀπὸ
τοῦ βγ τετράγωνος· δύο ἄρα τετράγωνοι ἀπὸ τοῦ αγ
καὶ εἷς ἀπὸ τοῦ γβ μετὰ τοῦ δὶς ἐκ τῶν βγ, γα ἴσοι
εἰσὶν τῷ δὶς ἐκ τῶν βα, αγ μετὰ τοῦ ἀπὸ τοῦ γβ. ὁ
ἄρα ἀπὸ τοῦ αβ τετράγωνος μετὰ τοῦ ἀπὸ τοῦ αγ
25 τετραγώνου ἴσος ἐστὶ τῷ δὶς ἐκ τῶν βα, αγ μετὰ τοῦ
ἀπὸ τοῦ λοιποῦ γβ μέρους τετραγώνου.

ἐὰν ἄρα ἀριθμὸς διαιρεθῇ εἰς δύο ἀριθμούς, ὁ ἀπὶ
τοῦ ὅλου τετράγωνος μετὰ τοῦ ἀφ' ἑνὸς τῶν μερῶν

6. τετραγώνῳ.   17 ὁ] om.

τετραγώνου ἴσος ἐστὶ τῷ δὶς ἐκ τοῦ ὅλου καὶ τοῦ
εἰρημένου μέρους ἐπιπέδῳ μετὰ τοῦ ἀπὸ τοῦ λοιποῦ
μέρους τετραγώνου· ὅπερ ἔδει δεῖξαι.

η′.

Ἐὰν ἀριθμὸς εἰς δύο ἀριθμοὺς διαιρεθῇ, ὁ τετράκις 5
ἐκ τοῦ ὅλου καὶ ἑνὸς τῶν μερῶν ἐπίπεδος μετὰ τοῦ
ἀπὸ τοῦ λοιποῦ μέρους τετραγώνου ἴσος ἐστὶ τῷ ἀπὸ
τοῦ ὅλου καὶ τοῦ προειρημένου μέρους ὡς ἀφ᾽ ἑνὸς
τετραγώνῳ.

ἀριθμὸς γὰρ ὁ αβ διῃρήσθω εἰς δύο ἀριθμοὺς 10
τοὺς αγ, γβ. λέγω, ὅτι ὁ τετράκις ἐκ τῶν αβ, βγ μετὰ
τοῦ ἀπὸ τοῦ αγ τετραγώνου ἴσος ἐστὶ τῷ ἀπὸ τοῦ
αβ, βγ ὡς ἀφ᾽ ἑνὸς τετραγώνῳ.

κείσθω γαρ τῷ βγ ἀριθμῷ ἴσος ὁ βδ. καὶ ἐπεὶ
ὁ ἀπὸ τοῦ αδ ἴσος ἐστὶ τοῖς ἀπὸ τῶν αβ, βδ τετρα- 15
γώνοις καὶ τῷ δὶς ἐκ τῶν
αβ, βδ ἐπιπέδῳ, καί ἐστιν
ὁ βδ ἴσος τῷ βγ, ἔστιν ἄρα ὁ ἀπὸ τοῦ αδ τετράγωνος
ἴσος τοῖς ἀπὸ τῶν αβ, βγ τετραγώνοις καὶ τῷ δὶς ἐκ
τῶν αβ, βγ ἐπιπέδῳ. τὰ δὲ ἀπὸ τῶν αβ, βγ τετρά- 20
γωνα ἴσα ἐστὶ τῷ δὶς ἐκ τῶν αβ, βγ ἐπιπέδῳ καὶ τῷ
ἀπὸ τοῦ αγ τετραγώνῳ· ἔστιν ἄρα ὁ ἀπὸ τοῦ αδ
τετράγωνος ἴσος τῷ τετράκις ἐκ τῶν αβ, βγ ἐπιπέδῳ
καὶ τῷ ἀπὸ τοῦ αγ τετραγώνῳ. καί ἐστιν ὁ ἀπὸ τοῦ αδ
τετράγωνος ὁ ἀπὸ τοῦ αβ, βγ ὡς ἀφ᾽ ἑνός· ὁ γαρ βδ 25
ἴσος ἐστὶ τῷ βγ. ἔστιν ἄρα ο ἀπὸ τοῦ αβ, βγ ὡς ἀφ᾽
ἑνὸς τετράγωνος ἴσος τῷ τετράκις ἐκ τῶν αβ, βγ καὶ
τῷ ἀπὸ τοῦ αγ.

ἐὰν ἄρα ἀριθμὸς εἰς δύο ἀριθμοὺς διαιρεθῇ, ὁ
τετράκις ἐκ τοῦ ὅλου καὶ ἑνὸς τῶν μερῶν ἐπίπεδος 30

μετὰ τοῦ ἀπὸ τοῦ λοιποῦ μέρους τετραγώνου ἴσος ἐστὶ
τῷ ἀπὸ τοῦ ὅλου καὶ τοῦ προειρημένου μέρους ὡς
ἀφ' ἑνὸς τετραγώνῳ· ὅπερ ἔδει δεῖξαι.

ϑ'.

5 Ἐὰν ἀριθμὸς διαιρεθῇ δίχα, ἔτι δὲ διαιρεθῇ καὶ
εἰς ἀνίσους ἀριθμούς, οἱ ἀπὸ τῶν ἀνίσων ἀριθμῶν
τετράγωνοι διπλάσιοί εἰσι τοῦ ἀπὸ τοῦ ἡμίσεος τετρα-
γώνου μετὰ τοῦ ἀπὸ τοῦ μεταξὺ τετραγώνου.

ἄρτιος γὰρ ἀριθμὸς ὁ αβ δίχα διῃρήσθω εἰς τοὺς
10 αγ, γβ ἀριθμούς, εἰς ἀνίσους δὲ διῃρήσθω τοὺς αδ, δβ.
λέγω, ὅτι οἱ ἀπὸ τῶν αδ, δβ τετράγωνοι διπλάσιοί εἰσι
τῶν ἀπὸ τῶν αγ, γδ τετραγώνων.

ἐπεὶ γὰρ ἄρτιος ἀριθμὸς ὁ αβ εἰς ἴσους μὲν διῄρηται
τοὺς αγ, γβ, εἰς ἀνίσους δὲ τοὺς αδ, δβ, ὁ ἄρα ἐκ
15 τῶν αδ, δβ μετὰ τοῦ ἀπὸ τοῦ γδ

ἴσος ἐστὶ τῷ ἀπὸ τοῦ αγ τετρα-
γώνῳ. ὁ δὶς ἄρα ἐκ τῶν αδ, δβ μετὰ δύο τῶν ἀπὸ
τοῦ γδ τετραγώνων διπλάσιός ἐστι τοῦ ἀπὸ τοῦ αγ
τετραγώνου. καὶ ἐπεὶ ὁ αβ δίχα διῄρηται εἰς τοὺς αγ, γβ,
20 ὁ ἄρα ἀπὸ τοῦ αβ τετράγωνος τετραπλάσιός ἐστι τοῦ
ἀπὸ τοῦ αγ τετραγώνου. καὶ ἐπεὶ ὁ δὶς ἐκ τῶν αδ, δβ
μετὰ δύο τῶν ἀπὸ τοῦ δγ διπλάσιός ἐστι τοῦ ἀπὸ
τοῦ γα, ἐὰν δὲ ὦσι δύο ἀριθμοὶ ὁ μὲν ἕτερος αὐτῶν
τοῦ αὐτοῦ τετραπλάσιος, ὁ δ' ἕτερος διπλάσιος, ὁ τετρα-
25 πλάσιος διπλάσιός ἐστι τοῦ διπλασίου, ὁ ἄρα ἀπὸ τοῦ
αβ διπλάσιός ἐστι τοῦ δὶς ἐκ τῶν αδ, δβ μετὰ δύο
τῶν ἀπὸ τοῦ δγ. ἔστιν ἄρα ὁ δὶς ἐκ τῶν αδ, δβ
ἐλάττων ἡμίσεος τοῦ ἀπὸ τοῦ αβ τῷ δὶς ὑπὸ τοῦ δγ.

---

5. ἐάν] scr. ἐὰν ἄρτιος.   7. ἡμισείας.

καὶ ἐπεὶ ὁ δὶς ἐκ τῶν αδ, δβ μετὰ τοῦ συγκειμένου
ἐκ τῶν ἀπὸ τῶν αδ, δβ ἴσος ἐστὶ τῷ ἀπὸ τοῦ αβ, ο
ἄρα συγκείμενος ἐκ τῶν ἀπὸ τῶν αδ, δβ μείζων ἐστὶν
ἡμίσεος τοῦ ἀπὸ τοῦ αβ τῷ δὶς ἀπὸ τοῦ δγ. καί ἐστιν
ὁ ἀπὸ τοῦ αβ τοῦ ἀπὸ τοῦ αγ τετραπλάσιος· ὁ ἄρα 5
συγκείμενος ἐκ τῶν ἀπὸ τῶν αδ, δβ μείζων ἐστὶ δι-
πλασίου τοῦ ἀπὸ τοῦ αγ τῷ δὶς ἀπὸ τοῦ δγ. διπλάσιος
ἄρα ἐστὶ τῶν ἀπὸ τῶν αγ, γδ.

ἐὰν ἄρα ἄρτιος ἀριθμὸς διαιρεθῇ δίχα, ἔτι δὲ
διαιρεθῇ καὶ εἰς ἀνίσους ἀριθμούς, οἱ ἀπὸ τῶν ἀνίσων 10
ἀριθμῶν τετράγωνοι διπλάσιοί εἰσι τοῦ ἀπὸ τοῦ ἡμί-
σεος τετραγώνου μετὰ τοῦ ἀπὸ τοῦ μεταξὺ τετραγώνου·
ὅπερ ἔδει δεῖξαι.

ι'.

Ἐὰν ἄρτιος ἀριθμὸς διαιρεθῇ δίχα, προστεθῇ δέ 15
τις αὐτῷ ἕτερος ἀριθμός, ὁ ἀπὸ τοῦ ὅλου σὺν τῷ
προσκειμένῳ καὶ ὁ ἀπὸ τοῦ προσκειμένου οἱ συν-
αμφότεροι τετράγωνοι διπλάσιοί εἰσι τοῦ ἀπὸ τοῦ ἡμί-
σεος τετραγώνου καὶ τοῦ ἀπὸ τοῦ συγκειμένου ἔκ τε
τοῦ ἡμίσεος καὶ τοῦ προσκειμένου ὡς ἀφ' ἑνὸς τετρα- 20
γώνου.

ἔστω γὰρ ἄρτιος ἀριθμὸς ὁ αβ καὶ διῃρήσθω δίχα
εἰς τοὺς αγ, γβ, καὶ προσκείσθω αὐτῷ ἕτερός τις ἀριθμὸς
ὁ βδ. λέγω, ὅτι οἱ ἀπὸ τῶν αδ, δβ τετράγωνοι δι-
πλάσιοί εἰσι τῶν ἀπὸ τῶν αγ, γδ τετραγώνων. 25

ἐπεὶ γὰρ ἀριθμὸς ὁ αδ διῄρηται εἰς τοὺς αβ, βδ,
οἱ ἄρα ἀπὸ τῶν αδ, δβ τετράγωνοι ἴσοι εἰσὶν τῷ δὶς
ἐκ τῶν αδ, δβ ἐπιπέδῳ μετὰ τοῦ ἀπὸ τοῦ αβ τετρα-
γώνου. ὁ δὲ ἀπὸ τοῦ αβ τετράγωνος ἴσος ἐστὶ τέσ-

---

11. ἡμισείας.   18. ἀπὸ τοῦ] ἀπό.

σαρσι τοῖς ἀπὸ τῶν αγ, γβ τετραγώνοις· ἴσος γάρ ἐστι
ὁ αγ τῷ γβ. οἱ ἄρα ἀπὸ τῶν αδ, δβ τετράγωνοι ἴσοι
εἰσὶ τῷ τε δὶς ἐκ τῶν αδ, δβ καὶ τέσσαρσι τοῖς ἀπὸ
τῶν βγ, γα. καὶ ἐπεὶ ὁ ἐκ τῶν αδ, δβ μετὰ τοῦ ἀπὸ
τοῦ γβ ἴσος ἐστὶ τῷ ἀπὸ τοῦ γδ, ὁ ἄρα δὶς ἐκ τῶν
αδ, δβ μετὰ δύο τῶν ἀπὸ
τοῦ γβ ἴσος ἐστὶ δυσὶ·τοῖς

α _____ γ ____ β ___ δ

ἀπὸ τοῦ γδ. οἱ ἄρα ἀπὸ τῶν αδ, δβ τετράγωνοι ἴσοι
εἰσὶ δυσὶ τοῖς ἀπὸ τοῦ γδ καὶ δυσὶ τοῖς ἀπὸ τοῦ αγ.
διπλάσιοι ἄρα εἰσὶν τῶν ἀπὸ τῶν αγ, γδ. καὶ ἔστιν
ὁ μὲν ἀπὸ τοῦ αδ τετράγωνος ὁ ἀπὸ τοῦ ὅλου καὶ
τοῦ προσκειμένου, ὁ δὲ ἀπὸ τοῦ δβ ὁ ἀπὸ τοῦ προσ-
κειμένου, ὁ δὲ ἀπὸ τοῦ γδ ὁ ἀπὸ τοῦ συγκειμένου ἔκ
τε τοῦ ἡμίσεος καὶ τοῦ προσκειμένου. ὁ ἄρα ἀπὸ τοῦ
ὅλου σὺν τῷ προσκειμένῳ τετράγωνος μετὰ τοῦ ἀπὸ
τοῦ προσκειμένου διπλάσιός ἐστι τοῦ ἀπὸ τοῦ ἡμίσεος
μετὰ τοῦ ἀπὸ τοῦ συγκειμένου ἔκ τε τοῦ ἡμίσεος καὶ
τοῦ προσκειμένου.

ἐὰν ἄρα ἄρτιος ἀριθμὸς δίχα διαιρεθῇ, προστεθῇ
δέ τις αὐτῷ ἕτερος ἀριθμός, ὁ ἀπὸ τοῦ ὅλου σὺν τῷ
προσκειμένῳ καὶ ὁ ἀπὸ τοῦ προσκειμένου οἱ συν-
αμφότεροι τετράγωνοι διπλάσιοί εἰσι τοῦ ἀπὸ τοῦ
ἡμίσεος τετραγώνου καὶ τοῦ ἀπὸ τοῦ συγκειμένου ἔκ
τε τοῦ ἡμίσεος καὶ τοῦ προσκειμένου ὡς ἀφ' ἑνὸς
τετραγώνου· ὅπερ ἔδει δεῖξαι.